Ricarda Huch

Der Dreißigjährige Krieg

Ricarda Huch

Der Dreißigjährige Krieg

Anaconda

Ricarda Huchs »Der Dreißigjährige Krieg« erschienen zuerst in drei Bänden
zwischen 1912 und 1914 unter dem Titel »Der große Krieg in Deutschland«
im Insel-Verlag Leipzig. Textgrundlage dieser Ausgabe ist
»Der Dreißigjährige Krieg«, gekürzte Ausgabe in zwei Bänden,
Insel Taschenbuch, Frankfurt am Main (1974).
Orthografie und Interpunktion wurden unter Wahrung von Lautstand und
grammatischen Eigenheiten auf neue Rechtschreibung umgestellt.

MIX
Papier aus verantwor-
tungsvollen Quellen
FSC® C083411

Penguin Random House Verlagsgruppe FSC® N001967

Die Deutsche Nationalbibliothek verzeichnet diese Publikation in der Deutschen
Nationalbibliografie; detaillierte bibliografische Daten sind im Internet über
http://dnb.d-nb.de abrufbar.

Umschlagmotiv: Albert Kretschmer (1825–1891), »Deutsche Trachten 1600«,
Privatsammlung / © Look and Learn / Bridgeman Images
Umschlaggestaltung: www.katjaholst.de
Satz und Layout: Roland Poferl Print-Design, Köln
Druck und Bindung: CPI Books GmbH, Leck
ISBN 978-3-7306-0792-3
www.anacondaverlag.de

INHALT

ERSTER TEIL

Das Vorspiel

1585 bis 1620

Im Jahre 1585 wurde im Schlosse zu Düsseldorf die Hochzeit des jungen Herzogs Jan Wilhelm mit Jakobe von Baden so pomphaft und majestätisch gefeiert, wie es dem Ansehen des reichen Jülicher Fürstenhauses entsprach. Nachdem die Festlichkeiten abgelaufen waren, verabschiedete sich der Kurfürst von Köln, Ernst von Wittelsbach, der Bruder des Herzogs von Bayern, von der Braut, die seine Nichte war, und sagte zu ihr, er scheide leichteren Mutes, als er gekommen sei; denn es habe oftmals an seinem Gewissen genagt, ob die Heirat, zu der er sie in wohlwollender Meinung und Absicht auf ihr Glück überredet habe, sie auch zufriedenstellen werde. Nun habe er sich aber, da er während der Hochzeit ihr lächelndes Antlitz und auch die vielfache Pracht ihrer neuen Umgebung und die Höflichkeitsbezeigungen der Familie gesehen habe, darüber zur Ruhe begeben.

Jakobe lächelte mit Augen und Mund halb gutmütig, halb spöttisch und erwiderte: »Mich dünkt die Umgebung nicht so prächtig und die Familie nicht so höflich wie Euch. Alle Farben erscheinen mir hier aschenfarben und alle Kurzweil wie Langeweile und Trübsal. Mein Schwiegervater, der alte Herzog, den Ihr mir als den verständigsten und stattlichsten Herrn im Reiche geschildert hattet, ist ein alberner Greis, der den Löffel Suppe verschüttet, den seine zitternde Hand zum Munde führt. Meine fromme Schwägerin Sibylle hat mich mit kalten, trocknen Lippen geküsst und die Augen jämmerlich verdreht, als ob ein Leichenbegängnis gefeiert würde.«

Ja, sagte der Kurfürst ein wenig verlegen, er habe nicht gewusst, dass es so hässlich um den alten Herzog stehe; der Schlag, der ihn kürzlich getroffen, habe seinen Verstand geschwächt, doch sei ja zu hoffen, dass seine Ärzte ihm wieder einen Aufschwung gäben; andererseits sei er bei so hohen Jahren, dass man sich auf seinen Hintritt gefasst machen müsse, und dann werde sie die Herrin werden. Denn sie habe doch wohl Schönheit und Witz genug, ihren Gemahl, ein wie mächtiger Fürst er auch sei, ihrer noch mächtigeren Herrschaft zu unterjochen. Ihr heimliches Händedrücken und Auf-die-Füße-Treten bei der Tafel sei ihm nicht entgangen; sie solle nur bekennen, dass sie mit Jan Wilhelm wohlversehen sei. Dabei streichelte der Kurfürst ihre vollen, dunkel erröteten Wangen und ihren mit Perlenschnüren behängten Nacken.

Mit ihrem Gemahl sei sie zufrieden, sagte sie; sie hätte nicht geglaubt, dass er so hübsch und so artig sei. Der würde ihr gewiss nicht viel zu schaffen machen.

Der Kurfürst betrachtete sie unschlüssig und gab ihr dann noch eine Reihe guter Lehren und Ermahnungen. Zu leicht solle sie sich's auch nicht vorstellen, sie sei am bayrischen Hofe zwischen frommen und liebevollen Verwandten aufgewachsen, hier in Düsseldorf seien große Aufgaben für sie, aber auch Gefahren, und es gelte Vorsicht und Misstrauen zu üben. Es wäre wohl schön, wenn sie die Kirche in diesen Landen wieder aufrichten könnte; aber die Stände seien meistenteils kalvinisch und hätten leider allzu viel Macht, sie müsse sich hüten, mit der Gewalt dreinzufahren, lieber Gelegenheiten abwarten und listig durchschlüpfen. Vor allen Dingen solle sie sich zurückhalten, bis sie ein Prinzlein geboren haben werde, das werde ihr Ansehen verleihen, und es werde ja wohl nicht lange damit anstehen.

Ob er etwa meine, er könne ihr jetzt schon etwas anmerken, sagte die junge Frau lachend, indem sie sich seiner Abschiedsküsse zu erwehren suchte. Er solle nur ihretwegen ruhig sein, sie sei nun einmal hier, habe sich darein ergeben und wolle sich mit Gott so gut einrichten, wie es möglich sei.

Seine Ratschläge seien überflüssig, dachte sie, als er sie verlassen hatte; aber er meine es gut mit ihr und habe sie aufrichtig lieb. Warum sollte er sie auch nicht lieben, da sie doch ihr Angesicht so wonnevoll auf dem runden venezianischen Spiegel wie eine Wasserrose auf blanker Seefläche schwimmen sah. Nun wollte sie aber zeigen, dass sie mehr vermöge als Blicke werfen und Laute spielen; sie, die als Protestantin geboren und durch Gottes Fügung an den bayrischen Hof gebracht und zur Kirche zurückgeführt war, wollte im Jülicher Lande die Ketzerei ausrotten und sich dadurch der höchsten Ehre bei Papst und Kaiser, vor allen Dingen bei ihrem Pflegevater, dem Herzog Wilhelm von Bayern, wert machen.

Nach ihrer Meinung konnte es nicht so bleiben, dass Jan Wilhelm, ihr Mann, als ein Kind und fast als ein armer Tropf am Hofe galt; sie hatte den künftigen Herzog eines reichen Landes geheiratet, und als solcher sollte er sich öffentlich zeigen. Ihm kam es vor, als werde er zum ersten Male recht gewürdigt und in seiner Bedeutung erkannt, und er griff hastig nach den Zügeln der Regierung, um die er sich vorher niemals bekümmert hatte. Da es eben damals geschah, dass die Stadt Wesel, die als eine einhellig kalvinische, tapfere und wohlhabende Gemeinde bekannt war, einen katholischen Geistlichen hinausgeschafft hatte, machte sich Jan Wilhelm dahinter und ordnete an, die Stadt solle eine ihrer Kirchen dem katholischen Gottesdienst einräumen. Dagegen erhoben sich die Stände, die protestantisch waren, als gegen eine gewaltsame Neuerung, und auch der alte Herzog, nachdem er eine Weile erstaunt und misstrauisch zugesehen hatte, verbat sich das vordringliche Gebaren seines Sohnes. Darüber kam es zu bösen Auftritten in der Familie, wobei der alte Herzog vorzüglich Jan Wilhelm bedrohte, Sibylle hingegen Jakoben vorwarf, sie sei schuld an der Verwandlung ihres Bruders, der bis dahin ein frommer, gehorsamer Sohn gewesen sei. Mit dem Schwiegervater und der Schwägerin hätte sich Jakobe allenfalls fertig zu werden getraut; aber mächtiger als diese waren, wie sie allmählich bemerkte, einige Räte des Herzogs, vor allen Herr von Waldenburg, genannt Schenkern, der anstelle des hinfälligen Alten nach seinem Gutdünken regierte. Dieser war es, dessen Befehlen der Hofstaat und die Dienerschaft gehorchten und der immer dahinsteckte, wenn ihre und ihres Mannes Wünsche auf Widerstand stießen.

Als sie eines Abends mit einigen jungen Herren und Frauen von Adel beim Brettspiel saßen und die Schatulle leer fanden, aus der sie das Geld zu einem neuen Einsatz nehmen wollten, wurde ihnen vom Zahlmeister, nach dem sie schickten, bedeutet, sie hätten mehr verbraucht, als ihnen zustehe, er wolle ihnen wohl für den Augenblick mit einer Kleinigkeit aus seinem Eigenen aushelfen, inskünftige mochten sie aber das Wams nach dem Stücke schneiden und die Schleppe ein wenig stutzen.

Es gelang Jakobe nicht, in ihrem Manne dieselbe Entrüstung zu erregen, die sich ihrer bemächtigt hatte, noch weniger, ihn zum Einschreiten gegen den Marschall Schenkern zu bringen, auf den der Zahlmeister sich berufen hatte. So zog sie denn den mächtigen Mann selbst zur Rechenschaft und hielt ihm vor, dass sie nicht etwa ihn um Geld bitte, vielmehr verlange, dass ihr unerbeten geliefert werde, was zur Bestreitung eines fürstlichen Hofhalts erforderlich sei.

Das sei ihnen geliefert worden, entgegnete Schenkern kalt, sie hätten es aber allzu schnell verbraucht.

Das Blut stieg der jungen Frau ins Gesicht. Nicht so viel sei ihr gereicht worden, wie sich zum Nadelgeld für eine unvermählte Prinzessin schicke. Was sie denn ausgegeben hätte? Gewänder und Kleinodien hätte sie mitgebracht, hier nichts dergleichen erhalten. Ob es ihr etwa verboten sein solle, bei ihrem täglichen Gang in die Messe Almosen auszuteilen?

Oder ob ihnen das Brett- und Kartenspiel als ihre einzige Unterhaltung zu missgönnen sei? Es gebe Untertanen des Herzogs, die prächtiger als sie und ihr Herr aufzogen, ausreisten, so oft und wohin es ihnen beliebte, und Gnaden verteilten wie regierende Fürsten. Dabei lenkte sie das zornige Feuer ihrer dunkelblauen Augen gerade auf ihn.

»Ich genieße«, sagte Schenkern mit dreistem Lächeln, »was meine Ämter mir einbringen. Einem jeden das Seine. Ihre Gnaden müssen mit Ihrem Einkommen haushalten und sich in die Stellung Ihres Gemahls fügen lernen, die bescheidener ist als die hochfahrenden Mienen und Worte Eurer Gnaden. Denn bis jetzt ist der junge Herr nur der erste Untertan unseres regierenden Herzogs.«

»Der Rat, den Ihr mir gebt, ist gut für Euch«, rief Jakobe aufbrausend. »Wir werden sehen, wer sich eher in die Stellung bücken muss, die ihm zukommt, Ihr oder ich.«

Einstweilen freilich musste Jakobe das kärgliche Leben fristen, das ihr vorgeschrieben war, womit es eher schlimmer als besser wurde, umso mehr, als sie nach Verlauf einiger Jahre noch immer nicht schwanger geworden war. Die Sucht, sich hervorzutun, zu der sie Jan Wilhelm angespornt hatte, ließ gänzlich bei ihm nach und wich trüben Gedanken, wie dass Gott ihn mit Kinderlosigkeit für seine Sünden strafe, als welche er vorzüglich ansah, dass er seinem Vater getrotzt und dass er Elend über seine Untertanen gebracht habe. Es waren nämlich in die Stadt Wesel, die er zur Einführung eines katholischen Pfarrers hatte zwingen wollen, spanische Truppen eingelegt worden, die sich wegen des Krieges mit den niederländischen Staaten an der Grenze befanden, und er hatte eine Bittschrift der Stadt gelesen, in der sie über ihre Bedrängung Klage führte. Ein Satz, der darin vorkam, nämlich:

›Schreit es nicht zum Himmel, dass schutzlose Witwen und Waisen, die keines anderen Verbrechens schuldig sind, als dass sie in ihrem Glauben verharren wollen, von einer fremden, grausamen Soldateska unausstehliche Marter und Qual Leibes und der Seele erdulden müssen?‹, hatte sich ihm so eingeprägt, dass er durch nichts anderes zu verdrängen war. Weder Schelten noch Schmeicheln, wodurch Jakobe ihn wechselweise umzustimmen suchte, noch die sonst beliebte Zerstreuung des Brett- oder Ballspiels verfingen; ja, eines Tages kam es so weit, dass der Prinz sich aufzustehen weigerte, weil ihm die Lust am Leben vergangen sei.

Um diese Zeit starb Dietrich von Horst, der Jan Wilhelm erzogen hatte und dem er, obwohl er von ihm mit Strenge behandelt worden war, so zärtlich anhing, dass man sich nicht getraute, seine Schwermut durch die Todesbotschaft zu vermehren. Die Ärzte des alten Herzogs, unter denen ein sechzigjähriger Mann, der Doktor Solenander, das meiste Ansehen hatte, erteilten den Rat, den Kranken durch eine Reise zu entfernen; währenddessen könne der von Horst bestattet werden, und zugleich würden die neuen Eindrücke den jungen Herzog auf andere Gedanken bringen.

Jakoben, die ihren Gemahl begleiten wollte, riet Solenander freundlich davon ab; er ehre und verstehe ihre Liebe und Treue, urteile jedoch als Arzt, dass eine vollständige Veränderung der Umgebung dem Kranken am dienlichsten sei, besonders auch, weil es nicht anders sein könne, als dass die Nähe seiner jungen und schönen Frau ihn zu allerhand Zärtlichkeiten ehelicher Liebe reize, wodurch er seine Kraft erschöpfe, und das müsse eben jetzt am allermeisten vermieden werden. Trotz ihres Vorurteils gegen den Arzt, der kalvinisch war, flößte sein redliches und würdiges Wesen ihr Vertrauen ein, sodass sie ihm mit kindlich huldvollem Lächeln erwiderte, sie wolle sich seinen Anordnungen fügen. Freilich war es ihr aufs Bitterste zuwider, dass es Schenkern war, dem ihr Mann anvertraut wurde und der ihn wie einen Gefangenen mit sich führte; allein sie tröstete sich damit, dass Jan Wilhelm in einem leidlichen Zustande wiederkommen und dass sie zunächst einmal von dem Druck seiner seltsamen Melancholie frei sein werde.

So recht von Herzen frei und fröhlich, ob man das in dem weitläufigen Schlosse von Düsseldorf sein könne, daran zweifelte sie zwar. Oftmals stand sie vor dem Bilde der verstorbenen Herzogin Maria, der Mutter ihres Mannes, die, wie man ihr erzählt hatte, jahrelang voll irrer und trübseliger Gedanken, fast abwesenden Geistes gewesen war. Nicht ohne Grauen betrachtete sie die schmale, in sich zusammengekrochene Gestalt, die von dem scharlachfarbenen Brokatkleid erdrückt schien, das spukhaft bleiche, angstvolle Gesicht unter den gelblich-roten Haaren und die dünnfingrigen Hände, die sich wächsern um ein Andachtsbuch bogen. Auch ihr gefiel es, Schwiegertochter einer Tochter des hochseligen Kaisers Ferdinand I. und Tante des regierenden Kaisers Rudolf zu sein; trotzdem machte es sie ein wenig lachen, dass man sich hier auf diese missratene Person so viel zugute tat. Wie ein Gespenst vor der Morgenröte musste dies Jammerbild vor ihrer Kraft und Schönheit erlöschen! Verse aus einem Gedicht fielen ihr ein, das Graf Philipp von Manderscheid einst für sie gemacht hatte, ihr Geliebter, den ihre Heirat in Raserei und selbstmörderischen Tod getrieben hatte, und die lauteten: ›Königin Sonne, du leuchtest so! Ich und der Sommer, wir brennen lichterloh!‹

Ein tiefer Unmut stieg in ihr auf: während die Welt überall voll Lust und Prangen war, musste sie in diesem Schlosse eingesperrt sein, dessen Luft Gott weiß woher von verderblichen Übeln voll zu sein schien. Kaum war sie der düsteren Gesellschaft ihres Mannes ledig, so kam der alte Herzog und klagte sich unter Weinen und Seufzen an, er habe den einzigen Sohn, der ihm übrig geblieben sei, zur Verzweiflung getrieben, indem er ihn nicht zur Regierung habe zulassen wollen; das habe ihn mit argwöhnischen und widerwärtigen Gedanken erfüllt; er sei ein harter, ungerechter Vater gewesen, zur Strafe werde nun sein Haus aussterben und Unglück über sein Land kommen. Jakobe dachte bei sich, dass dem Alten recht geschehe; aber lange mochte sie ihn doch nicht weinen sehen und beschwichtigte ihn mit mitleidigen Worten und ausgelassenen Neckereien, sodass er sie zuletzt aus seinem Jammer kläglich anlachen musste. Er und Sibylle schrieben lange Briefe an Jan Wilhelm, er solle sich nur lustig machen, daheim gehe alles gut und nach Wunsch; denn Doktor Solenander hatte ihnen gesagt, es sei wichtig, dass der Kranke heitere Eindrücke erhalte.

Drei Tage später jedoch wurde der Reisende von Schenkern zurückgebracht, der erklärte, nach einer anfänglichen Besserung habe des Kranken Melancholie so zugenommen und ein so heilloses Ansehen gewonnen, dass er schleunig habe umkehren müssen; der Wunsch, zu Hause zu sein, sei der einzige Trieb gewesen, der noch einiges Leben in dieser armen Seele verraten habe. Eine gewisse Beruhigung schien der Kranke zu spüren, als er sich wieder in Jakobes Händen fühlte; allein wenn er auch allmählich zu einer Lebenstätigkeit zurückkehrte, so war diese doch unregelmäßig und ungeordnet und erweckte Grauen. Des Nachts besonders ruhte er nicht, sondern ging hin und wider in den langen Gängen des Schlosses und verlief sich wohl gar, und wenn der alte Herzog oder sonst jemand von der Familie ihm entgegentrat mit Beschwörungen, er solle sein Lager aufsuchen, so stierte er sie sinnlos an oder schrie und fuchtelte mit den Armen, bis sie zurückwichen und sich verbargen.

Einmal erwachte Sibylle in der Nacht durch ein absonderliches Krachen der Stiege unter dem Dache, und da sie, vorsichtig schleichend, dem Geräusch nachging, kamen ihr ihres Bruders Bedienstete verstört entgegen und meldeten, dass er in Begleitung eines einzigen Edelknaben auf die Zinne des Schlosses gestiegen sei, um nach dem Feinde auszulugen, und dass er gedroht habe, es dürfe ihnen niemand folgen. Sibylle weckte zitternd den Alten, kleidete ihn notdürftig an und zog ihn, der kaum verstand, was vorging, mit sich fort aus dem Tor hinaus auf den Schlossplatz. Es war November, und der Sturm heulte feucht von Westen her über den Rhein. Nach oben blickend, gewahrte Sibylle auf dem Dache eine schattenhafte Bewegung und unterschied zwei Gestalten, von denen die kleinere eine Fackel trug, deren Flamme die sausende Luft flackernd auseinanderbog; die andere, hoch und schmal, warf lange Arme in die Luft, bückte sich, kniete nieder und beugte sich weit zwischen den Zinnen vor in die Tiefe. Mit entsetztem Finger deutete Sibylle auf das herabhängende Haupt, dessen langes Haar der Wind hin und her blies; plötzlich erlosch die Fackel, die von dem Knaben gehalten wurde, worüber der in seinem Pelz schaudernde Alte erschrak und, beide Arme nach oben ausbreitend, den Namen seines Sohnes hinaufjammerte. Angstvoll drückte Sibylle ihre Hand auf seinen Mund, weil sie glaubte, es sei gefährlich, einen Nachtwandler anzurufen; ohnehin hatte der Wind die schwachen Greisenlaute verweht, und es schien nicht, als ob der irre Träumer sich der Gegenwart seiner Angehörigen bewusst geworden sei.

Jakobe war erwacht, als ihr Mann das Lager verließ; da sie aber daran gewohnt war, hatte sie sich nicht darum bekümmert und war wieder eingeschlafen. Als Sibylle mit grämlich scharfen Worten darauf hindeutete, sagte Doktor Solenander, der Schlaf sei der armen Frau wohl zu gönnen, die tagüber Plage und Sorge vollauf habe. Vielleicht sei es ratsam, um verderbliche Zufälle zu verhüten, dass Jakobe künftig das Schlafgemach zuschließe und ihren Mann nicht hinausgehen lasse, vorausgesetzt, dass sie sich getraue, ihn zu bemeistern. Übrigens sei da nichts zu machen, als dass der Körper des Kranken verständig durch gute Luft und milde, bekömmliche Nahrung gepflegt werde, damit von dort aus das trübe Wesen nicht noch genährt werde; er habe auch erfahren, dass die absterbenden Monate November und Dezember Schwermütigen gefährlich waren, und vertröstete auf das neue Jahr, dessen wachsendes Licht Besserung bringen könne.

Diese Hoffnung versiegte in den Frühlingsmonaten, da sich in dem Zustande des Kranken nichts Wesentliches änderte, wie er auch wechselte. Jakobe vermochte ihn wohl nachts im Schlafzimmer festzuhalten, indem sie seinen Wutausbrüchen tapfer standhielt; nun aber weigerte er sich zu essen, weil die Speisen, die man ihm vorsetzte, vergiftet seien, und bezichtigte die kalvinischen Ärzte, dass sie ihm nach dem Leben stellten. Wenn der Alte, Sibylle oder Jakobe vor seinen Augen aus seiner Schüssel aßen, nahm er wohl auch ein wenig davon, aber mit Seufzen und Ekel, und wendete sich bald stillschweigend weg nach der Wand; denn er blieb meistens im Bett liegen und stand erst am späten Abend auf, um stundenlang im Gemach auf und ab zu gehen.

Die Kunde von der seltsamen Erkrankung des Erben von Jülich-Cleve war nicht geheim zu halten und regte viele Höfe auf, indem die Fürsten das Anrecht und die Anwartschaft überlegten, die sie etwa an der beträchtlichen Erbschaft könnten geltend machen. Die schwächliche Leibesbeschaffenheit Jan Wilhelms hatte schon in seinen Knabenjahren allerlei besondere Gedanken in der Verwandtschaft aufkommen lassen; als jedoch der junge Herzog mannbar wurde und heiratete, hatte man es dabei bewenden und auf sich beruhen lassen. Wie nun die Nachkommenschaft ausblieb und ein Gebrechen um sich griff, das aller ärztlichen Kunst spottete, setzte man sich allerorten in Bereitschaft, um bei der ersten Gelegenheit zuzugreifen, ehe ein anderer zuvorkäme. Vollends als im Jahre 1592 der alte Herzog starb, dessen erloschener Geist dem Zusammenbruch noch gewehrt hatte, wie eine von Dünsten verhüllte Mondscheibe die Bilder der Erde trübe zusammenhält, die nach ihrem Untergange in Nacht versinken, nahm die Verwirrung und Entzweiung im Schlosse auf das Ärgste zu und ebenso die Begier der beteiligten Anverwandten, sich einzumischen.

Sibylle und Jan Wilhelm hatten drei ältere Schwestern, die in der Zeit aufgewachsen waren, als der nun verstorbene Herzog, Wilhelm der Reiche, noch rüstig und seines Geistes mächtig gewesen war. Im evangelischen Glauben erzogen, waren sie froh, den Verfolgungen, die sie durch den wachsenden Einfluss der katholischen Räte erdulden mussten, zu entrinnen, indem sie sich mit protestantischen Fürsten vermählten, die älteste, Marie Eleonore, mit dem brandenburgischen Herzog von Preußen, die beiden anderen mit zwei Wittelsbacher Vettern, dem Pfalzgrafen Philipp Ludwig von Neuburg, der eine unerschütterliche Säule des lutherischen Bekenntnisses war, und dem Pfalzgrafen Johann von Zweibrücken, einem unerschrockenen Vorkämpfer des Kalvinismus. Als Marie Eleonore, von ihrem Vater selbst geleitet, in Preußen anlangte, ergab es sich, dass der Bräutigam blödsinnig und also keineswegs der stattliche Freier war, als welchen man ihn am Jülicher Hofe empfohlen hatte; allein die Braut, von deren Entscheidung abhängig gemacht wurde, was nun geschehen sollte, dachte an ihre trübselige Gefangenschaft im Schlosse zu Düsseldorf, wo ihr Vater, um sie zur Messe zu zwingen, sie an den Haaren geschleift hatte, und urteilte, dass sie es als Herzogin von Preußen eher besser als schlimmer haben und wenigstens in Sicherheit ihrem Glauben obliegen können werde. Demgemäß erklärte sie sich bereit, des Schwachsinnigen Frau zu werden und ihn treu und geduldig zu pflegen. Jetzt ließ sie es sich angelegen sein, ihr väterliches Land den Brandenburgern zuzuwenden, damit es nicht in die Gewalt der Katholiken käme.

Der Pfalzgraf von Zweibrücken, ein biederer, ungestümer Herr, der es nicht anders wusste, als dass die Protestanten Söhne des Lichts und die Katholiken Söhne der Finsternis wären, und die Letzteren bekämpfte, wie und wo er vermochte, misstraute der Jakobe, die erst kürzlich vom Papst durch die Goldene Rose ausgezeichnet worden war; aber als er in das Treiben am Düsseldorfer Hofe mit eigenen Augen hineinsah, gewann es damit eine andere Gestalt. Es wurde deutlich, dass der erzkatholische Schenkern, der es mit Spanien hielt, und Sibylle, die täglich lange Briefe voll Heimlichkeiten an die jesuitischen Wittelsbacher in München schrieb, ihre Feinde waren und sie in allen ihren Rechten kränkten.

Die protestantischen Stände, Graf von Falkenstein, die Herren von Bongart, Orsbeck und Palland, mit denen der Pfalzgraf sich in Verbindung setzte, erzählten, die arme Herzogin sei übel daran: obwohl sie stolz und leidenschaftlich sei, vermöge sie allein nichts wider Schenkern, der keinen Zipfel der Macht aus den Händen lassen wolle. Deshalb bediene sie sich ihrer, der Stände, um ihren Willen durchzusetzen; sowie es sich aber darum handle, ihnen den Preis zu bewilligen, um den sie arbeiteten, nämlich die Duldung ihres Bekenntnisses, so weiche sie aus und zürne wohl gar, dass man ihr, der Herzogin, eine Rechnung mache, anstatt ihr umsonst zu dienen. Schenkern würde sich dem Teufel verschreiben, um die Macht zu behalten, ja hatte es eigentlich schon getan, da er mit den

Spaniern im geheimen Bunde sei. Es sei weit und breit keine Hilfe für die Herzogin als bei ihnen, möchte sie es nur einsehen! Sie ihrerseits setzten ihre Hoffnung auf die protestantischen Erbansprecher, denen sie gern den Weg ins Land bahnen wollten.

Wie stürmisch des Pfalzgrafen Sinn auch war, wusste er doch, dass er sich einstweilen noch zurückhalten musste, besonders weil das Erbrecht seiner Frau durch einen Verzicht, den sie bei der Heirat getan hatte, zweifelhaft und sein Land zu klein und unausgiebig war, als dass er vereinzelt etwas hätte ausrichten können. Zunächst riefen die streitenden Parteien die höchste Macht des Kaisers an, und Gesandte und Bevollmächtigte reisten zwischen Prag und Düsseldorf ergebnislos hin und wider. Die Instruktionen Kaiser Rudolfs waren nämlich darauf zugerichtet, dass der Zustand womöglich erhalten bliebe, in dem alle Parteien sich die Waage hielten, und höchstens etwa Schenkern ein wenig geschützt würde, von dem man sich am ehesten Nutzen versprach; denn so blieb der Kaiser Schiedsrichter und konnte nach dem Aussterben der regierenden Familie desto besser die Beute an sich reißen.

Zuweilen war Jakobe niedergeschlagen und weinte verstohlen, um nachher desto fröhlicher zu sein. Es gehörte zu ihrem Hofstaat ein Narr, den sie wohl leiden mochte, weil er sie jederzeit zum Lachen brachte. Er hatte ein bartloses Gesicht, dem nicht anzusehen war, ob er jung oder alt sei, und eine jämmerliche Miene, obwohl er sich gewohnt hatte, seinem Berufe gemäß beständig Späße zu machen, ja auch das Ernsthafte in alberner Form vorzubringen. Jakobe pflegte stundenlang tolles Zeug mit ihm zu schwatzen und lachte bis zu Tränen dabei, besonders wenn ihre Schwägerin Sibylle dazukam und scheele Blicke auf ihre Ausgelassenheit warf. Einmal beriet sie mit dem Narren, was sie anstellen konnten, um ihren schwermütigen Gemahl zu erheitern, und nach allerlei Vorschlägen, mit denen sie sich gegenseitig steigerten, kamen sie überein, der Narr solle Kleider und Kopfputz der Herzogin anlegen und so zu Jan Wilhelm gehen und ihm schöntun, wie wenn er Jakobe wäre, was sie auch ausführten. Durch eine Spalte der Tür sah Jakobe zu, wie der Narr, den sie selbst ausstaffiert hatte, seine weinerliche Stimme so süß anschlug, wie er konnte, um dem Kranken allerlei gezierte und freche Zärtlichkeiten vorzutragen, und ihn zuletzt zu einem Tänzchen bewog, wobei er sich absonderlich verdrehte und mit der schweren Schleppe ihres Gewandes scharwenzelte.

»Gott steh mir bei«, sagte Jakobe, während sie den seufzenden Narren aus seiner Vermummung befreite, »was für ein Scheusal bin ich in meines Gemahls Augen! Mich nimmt wunder, wie er doch allewege so sehr in mich verliebt sein mag.«

Indessen musste Jakobe wahrnehmen, dass die Anhänglichkeit ihres Mannes, der sie sich nach fast zehnjähriger Ehe und nach so vielen Proben sicher wähnte, abnahm, ja zuweilen sich in das Gegenteil verkehrte. Meinte sie anfänglich, dass es sich nur um eine der sinnlosen Launen handle, wie seine Krankheit sie mit sich brachte, so überzeugte sie sich allmählich, dass etwas anderes dahintersteckte, und richtete ihren Verdacht auf Schenkern, der nebst seinen Anhängern den Herzog häufig besuchte und auf ihn einredete. Als sie nun den Dienern Befehl gab, niemanden mehr ohne ihr Wissen zu ihrem Gemahl zu lassen, kam eines Tages Herr von Ossenbruch, in allen Dingen Schenkerns Helfer und Geselle, das Kammerfräulein beiseite schiebend in ihr Gemach und beklagte sich, dass sie den Herzog absperre.

Wie er sich erdreisten könne, so gröblich zu ihr hereinzufahren, herrschte sie ihn an. Sie solle ihn doch nicht für ihren Feind ansehen, sagte nun Ossenbruch, sie sei ein viel zu schönes Weibchen, als dass ein Mann sie hassen könne. Sie stehe ja auch so verlassen da, und wenn sie des Trostes bedürfe, mochte sie sich doch an ihn halten, er sei ein Mann für zehn Männer, er sei ein Fels, sie solle es nur mit ihm versuchen, und so weiter. Wie er ihr dabei zudringlich näher kam und sein dunstiger Atem sie streifte, rief sie, er sei betrunken und solle sie auf der Stelle verlassen, was er aber nicht für Ernst nahm; so schlug sie ihn mit der Hand in das gedunsene Gesicht und gebot den Dienern, die inzwischen herbeigeeilt waren, ihn fortzuschaffen.

Hierüber kam es zu einem Streit mit Schenkern, der Genugtuung für den seinem Freunde zugefügten Schimpf forderte, während Jakobe verlangte, dass Ossenbruch bestraft und dass sie inskünftig vor ähnlicher Ungebühr gesichert würde. Es wundere ihn, sagte Schenkern, was für überspannte Prätentionen sie stelle, da sie doch ihre Pflichten als Gemahlin des Herzogs nicht erfülle, vielmehr ihren Mann einschließe, um allein zu herrschen, ihm auch nicht einmal einen Erben geboren habe, was ihn füglich veranlassen könnte, das unfruchtbare Bündnis aufzulösen, wofür es an Beispielen aus der alten und neuen Geschichte nicht fehle. Mit spöttischem Lächeln entgegnete Jakobe, er habe wohl vergessen, dass sie und ihr Gemahl der heiligen katholischen Kirche angehörten, welche die Ehescheidung nicht zulasse; solange sie am Leben sei, könne der Herzog nur Bastarde zeugen, wenn er überhaupt dazu fähig sei.

Schenkern antwortete darauf nicht; denn es traf ihn, dass sie recht haben könnte: solange sie am Leben sei, würde er nichts Durchgreifendes ausrichten können. Es war in der Tat unwahrscheinlich, dass der Papst sich zur Scheidung der Ehe bereitfinden lassen würde; wollte er, Schenkern, den Herzog anderweitig vermählen, so müsste Jakobe sterben. Nachdem er sich dies eine kurze Zeit hatte durch den Kopf gehen lassen, schrieb er an den Doktor Solenander, der mit Giften wie mit Heilmitteln Bescheid wusste, weil es zum gemeinen Nutzen notwendig sei, solle er die Herzogin Jakobe, die den Tod vielfach aus diesen und jenen Gründen verdient habe, ganz heimlich mit einem geeigneten Gifte, das etwa einer Arznei oder den Speisen beigemischt werden könne, vergeben; zugleich ihn mit nicht ausbleibender schrecklicher Strafe bedrohend, falls er von dem heiklen Geschäft etwas ruchbar werden ließe.

Solenander beantwortete dies Schreiben mit einem Briefe des Inhalts: Einem Arzte, der im Namen Gottes die Kunst, zu heilen und die Menschen an Leib und Leben zu fördern, ausübe, sei es desto schändlicher, seine Wissenschaft zum Zwecke des Mordes zu benützen, und weder die Furcht vor Rache noch die Gier nach Belohnung würde ihn je dazu bewegen, sich an irgendjemandem, geschweige an der Herzogin zu vergreifen. Habe dieselbe eine Schuld auf sich geladen, so sollten Richter, denen es zustehe, darüber erkennen; er sei aber der Meinung, wenn er auch den Staatsgeschäften fernstehe, dass sie sich kein so barbarisches Urteil mit Recht zugezogen habe, da vielmehr, selbst wenn sie aus Jugend und Unbedacht sich einmal verfehlt hätte, die traurige und höchst schwierige Lage, in die sie unvorbereitet geraten sei, sie von jedem Vorwurf freisprechen müsse.

Nicht ohne Besorgnis betrachtete Solenander seitdem die Herzogin, die er von dem Mordwillen eines fast allmächtigen Mannes umkreist wusste, und er sann vergeblich, wie sie aus dem Feuergürtel, der sie umzüngelte, zu retten sei. Das gefährliche Geheimnis jemandem anzuvertrauen, wagte er nicht; es hätte wohl auch nicht einmal ein Fürst den Gewalthaber, der den Kaiser und sogar den König von Spanien hinter sich hatte, auf das bloße Zeugnis eines an einen Arzt gerichteten Briefes zu stürzen unternehmen dürfen. Gelegentlich ließ er ein warnendes Wort gegen Jakobe fallen, sie solle doch Nachgiebigkeit und Vorsicht üben, da sie bei der traurigen und leider unheilbaren Krankheit des Herzogs einer Witwe gleichzustellen und schutzlos den grausamen Unbilden des Lebens preisgegeben sei; aber sie lachte ihn aus in der Meinung, Gott sei ihres Rechtes und ihrer guten Absicht bewusst und werde sie so oder so am Ende zum Triumphe führen.

Indessen hatte Schenkern beschlossen, da Solenander versagte, die Herzogin durch die Anklage auf ein Kapitalverbrechen zu stürzen, und war eifrig bemüht, den Stoff dazu zusammenzubringen. Deshalb näherte er sich allmählich der Sibylle, die kümmerlich und sorgenvoll als eine freiwillig Gefangene im Schlosse lebte und sich gegen jedermann beklagte, dass die Schwägerin sie nicht zu ihrem Bruder lasse und dass sie seit dem Tode ihres Vaters verachtet und verstoßen in steten Ängsten leben müsse. Er hinterbrachte ihr, wie das Unkraut der Ketzerei im Lande fortwuchere, da es nicht ausgereutet werde, sondern unter dem Schutze der Herzogin sich frech ausspreizen könne; wie die protestantischen Fürsten sich schon als Herren gebärdeten und wie man ihr, der Sibylle, zu guter Letzt auch noch einen ketzerischen Gemahl aufzwingen werde.

Das solle niemals geschehen, sagte Sibylle, lieber wolle sie unter ausgesuchten Martern sterben; sie habe es aber auch schon bemerkt, dass man sie herumzukriegen hoffe.

Wenn sie nur eine Stütze an ihrem Bruder hätte, sagte Schenkern. Es sei doch wunderlich, wie Jan Wilhelm vor der Hochzeit ein so gesunder, frommer und trefflicher Herr gewesen sei und wie mit dem Einzuge der Jakobe das Unwesen seinen Anfang genommen habe.

Niemals habe sie ihr trauen mögen, sagte Sibylle; schaurig sei es ihr über die Haut gelaufen, als sie sie zuerst erblickt habe, und auch ihr armer Bruder habe oft wunderliche Reden über sie geführt, wenn er sich auch nicht offen herausgetraut hätte, da er offenbar von ihr verstrickt und verzaubert gewesen sei. Dass sie ihm niemals mit rechter ehelicher Liebe zugetan gewesen sei, könne sie, Sibylle, genugsam beweisen; was für Teufeleien sie mit ihm und ihnen allen vorhabe, wisse keiner genau, und es sei wohl angezeigt, sich rechtzeitig in Defension zu setzen. Es hielt nicht schwer, die Prinzessin in der Überzeugung zu bestärken, es werde nicht eher gut, als bis Jakobe mit ihren Teufelskünsten fortgeräumt sei; dann erst werde es mit der Religion, dem Herzog und dem ganzen Lande wieder in den alten Flor kommen. Als eine fleißige Schreiberin setzte Sibylle die Punkte auf, durch welche ihre Schwägerin sich von Anfang an verdächtig gemacht habe, ging sie mit Schenkern durch, der noch dies und jenes hinzusetzte, und gab das Versprechen, vor Gericht alles mündlich zu wiederholen und zu bekräftigen, wenn der Prozess nur stracks angezettelt und eifrig gefördert würde.

Bald danach kam Herr von Bongart in großer Erregung zu Jakobe: Schenkern habe allen Ständen, Beamten und herzoglichen Dienern angezeigt, der Herzog werde unter dem Vorgeben, dass er krank sei, von seiner Gemahlin in gefängnishafter Einsperrung gehalten; niemand solle ihr bei Strafe Leibes und Lebens mehr dienen, er wolle den Herzog befreien, damit die Untertanen ihres rechtmäßigen Herrn wieder genießen könnten. Jakobe solle nicht meinen, dass dies nur leere Drohungen wären; man munkle schon, dass auf ein gegebenes Zeichen die Spanier einfallen und eine neue Bartholomäusnacht veranstalten würden, welcher keiner entrinnen sollte, der reformierten Glaubens sei oder sich Schenkern widersetzen würde. Die Herzogin müsse sich nun entscheiden, ob sie es mit ihnen halten wolle, so wollten sie auch Gut und Blut an ihre Rettung wagen. Sie solle ihrem Glauben in Frieden anhängen und ihn im Schlosse ausüben, ebenso sollten ihre Glaubensgenossen, sofern sie sich bescheiden hielten, vor gewaltsamer Bedrängung sicher sein; doch müsse sie ihrerseits den Reformierten ihren Glauben und sonstige Rechte verbürgen und ihnen Sicherheit gegen die Spanier und Jesuiten geben. Sie wollten sich jetzt mit ihrem fürstlichen Wort zufriedenstellen, weil Gefahr im Verzuge sei, später, wenn sie erst freie Hand vor den Tyrannen hatten, könne der Vertrag im Einzelnen ausgemacht werden.

Nein, rief Jakobe aufflammend, sie kennten sie schlecht, wenn sie glaubten, dass sie etwas zur Verkleinerung ihrer Religion unternehmen würde. Dann würde Gott freilich die Hand von ihr abziehen, wenn sie Land und Leute den Ketzern auslieferte. Sie wolle mithilfe Gottes und auf seine Gerechtigkeit bauend aller ihrer Feinde Herr werden. Davon war sie nicht abzubringen, sodass Bongart nach langer vergeblicher Unterredung mit düsterer Miene das Schloss verließ.

Jakobe meinte im Schlosse sicher wie in einer Festung zu sein; als aber die Dunkelheit des Abends hereinbrach und sie vom Rhein her ein Plätschern und Rauschen zu hören glaubte, wurde ihr bange, und es fiel ihr ein, selbst an den Fluss zu gehen und den Fährleuten zu befehlen, dass sie während der Nacht niemanden, wer es auch sei, übersetzten. Sie legte ihren Pelz an, denn es war Winter, und ging, nur von einer ihrer Kammerfrauen begleitet, zu den Hütten der Fährleute, die ihr bereitwillig Gehorsam zusicherten. Über dem schwarzblanken Strome wogte kalter Dunst, und am Himmel glitzerten die Sterne mit Eisglanz. Es könnte leicht die kälteste Nacht des Winters werden, sagte ein Fährmann, indem er dem Rauch seines Atems nachblickte. Sie wolle ihnen einen guten Schlaftrunk hinunterschicken, sagte Jakobe munter; dann sollten sie sich aufs Ohr legen und ausruhen, denn in dieser Nacht sei ihr Dienst, keine Dienste zu leisten.

Wie ehrlich die Fährleute es auch im Augenblick meinten, stimmten sie doch die Versprechungen Schenkerns und noch mehr seine Drohungen rasch um; denn wer, dachten sie, würde sie hernach vor seinem Zorne beschirmen? Und so setzten sie die Verschworenen mit ihren Knechten und Waffen nacheinander über den Strom. Auch im Schlosse fanden diese nur geringen Widerstand, besetzten es, quartierten Jan Wilhelm in die Gemächer seiner Gemahlin ein und führten Jakobe unter höhnischen Drohungen und anzüglichen Späßen in das Zimmer, das er seit drei Jahren nie verlassen hatte. Sie sei die Zauberin Circe und habe ihren eigenen Gemahl als ein verächtliches Schwein in einen Koben gesperrt; aber wie der rühmliche Held Odysseus die Listige überlistet habe, so müsse sie nun selbst in den unflätigen Käfig wandern, wo sie zuvor das Opfer ihrer Teufelskünste gehalten hätte.

Wie dann die förmliche Anklage ans Licht trat, in welcher Jakobe als eine Ehebrecherin und Zauberin abgeschildert war, die den Scheiterhaufen verdient habe, entsetzte und entrüstete sie sich zwar anfänglich; aber sie tröstete sich ihres Mannes, der sie, wie sie meinte, doch nicht ganz vergessen und verstoßen haben könnte, ferner des Kurfürsten Ernst, des alten Herzogs von Bayern, ihres Pflegevaters, und anderer Freunde, schließlich der Stellvertreter Gottes auf Erden, des Papstes und des Kaisers, welche beide oftmals ihr väterliches Wohlwollen für sie umständlich angezogen hatten.

Was Jan Wilhelm anbelangt, so bekam er krampfhafte Zufälle, wenn man nur den Namen seiner Frau nannte, und schimpfte sie Betrügerin, Zauberin und Hexe, die ihm zuerst mit gottlosen Ränken den Kopf krank gemacht und ihn dann für toll ausgegeben habe, um die Herrin zu spielen und seiner zu spotten. Als es ihr vermittelst ein paar treuer Diener gelang, ihm einen Brief zuzuspielen, in dem sie ihn an die eheliche Liebe und Treue mahnte und anflehte, sie im Unglück nicht zu verlassen, antwortete er ihr, er liebe sie zwar immer noch zärtlich, könne ihr aber wegen ihrer Untreue und Bosheit nicht mehr vertrauen und stelle alles der Zukunft anheim; und hernach noch einmal, er werde nun eine neue, hübsche und junge Gemahlin nehmen, bei der er es gut haben werde; mit ihr, Jakoben, habe er nichts mehr zu schaffen, und sie solle sich nicht unterstehen, wieder an ihn zu gelangen.

Trotz Schenkerns und Sibyllens Eifer schleppte der Prozess sich langsam hin; denn die kaiserlichen Abgeordneten waren beauftragt, nichts Endgültiges von sich zu geben, vielmehr die Sache hinzuspinnen, umso mehr, als Jakoben nichts nachzuweisen war, was ein Malefizurteil begründet hätte. Andererseits hätte ein Freispruch die Gegenpartei bloßgestellt und neue schwierige Knoten geschürzt. In allen Punkten vermochte sich Jakobe gut oder genugsam zu verteidigen. Sie gab zu, allerlei Mittel zur Heilung des Herzogs versucht zu haben, so habe sie Zettel mit Sprüchen in sein Wams eingenäht, um Zauber und schädlichen Einfluss von ihm fernzuhalten; aber die Gegenpartei, namentlich Sibylle, hätte dergleichen als etwas Übliches auch vorgenommen. Doktor Solenander gab das Urteil ab, solche Mittel seien zwar abergläubisch und könnten Krankheiten nicht überwinden, ebenso wenig jedoch sie hervorrufen oder steigern. Dass sie Ehebruch begangen habe, bestritt sie, wenn sie auch zugestand, dass ein gewisser junger Edelmann ihr gern und häufig aufgewartet habe. Der freundliche Umgang mit ihm, sagte sie, könne ihr nicht als Sünde angerechnet werden, da sie so einsam und freundlos, einer Witwe gleich, gelebt habe. Am wenigsten ließ sich mit dem Verdacht der Ketzerei ausrichten, da sie die Anforderungen der protestantischen Stände niemals wirklich bewilligt hatte und viele Zeugen aussagten, wie fleißig sie nicht nur stets die Messe besucht, sondern auch die Andacht in ihrem Gemach verrichtet hatte. Als man ihr vorwarf, dass in dem fürstlichen Trauerhause, wo Gott, sei es zur Strafe oder zur Warnung, die Lichter ausgeblasen habe, sodass die Bewohner, voran Sibylle, in einem Labyrinth von Trübsal, Furcht und Grauen umhergeirrt waren, man sie allein, Jakoben, allezeit guter Dinge und zu Spaßen aufgelegt gesehen habe, reckte sie sich ein wenig und sagte, man habe sie in ihrer Kindheit gelehrt, es sei fürstliche Pflicht und Tugend, den Kummer in sich zu verzehren und den Untertanen ein helles Antlitz zu zeigen, wie die Sonne von Gott bestellt sei, der Erde Licht und Wärme zu geben, deren sie bedürfe und von sich aus nicht mächtig sei.

An hilfsbereiten Freunden blieben Jakobe indessen doch nur zwei: der Kurfürst Ernst von Köln, ihr Oheim, und der Landgraf von Leuchtenberg, ihrer jüngeren Schwester Mann. Zwischen dem Kurfürsten und den Jülich-Cleveschen Räten, nämlich Schenkern und seinem Anhang, schwebte schon lange eine Streitsache, indem sie mehrere Ämter, die der Kurfürst als ihm zustehend in Anspruch nahm, dem protestantischen Grafen Bentheim verkauft hatten, was ihn darin bestärkte, sie für eigenmächtige, frevelhafte und nur den eigenen Nutzen bezweckende Leute zu halten. Sie ihrerseits sagten, man sehe wohl, warum er in Jakobens Angelegenheit ihr Widersacher sei; sie hatten ihn verhindert, sich auf Kosten von Jülich-Cleve zu bereichern, wobei ihm die Herzogin wohl gern behilflich gewesen wäre.

Dem Landgrafen von Leuchtenberg hätte in früherer Zeit Jakobe besser angestanden als ihre weniger schöne Schwester, und er hatte ihr eine gewisse Anhänglichkeit bewahrt, obwohl sie nun bald vierzig Jahre alt war und die Zauberei der Jugend nicht mehr ausstrahlte. Daneben war es ihm bange, die gewalttätigen und räuberischen Räte möchten sich des Juwelenschatzes der Jakobe bemächtigen, der nicht unbeträchtlich war und der, da sie keine Kinder hatte, nach seiner Meinung ihm zufallen musste, wenn sie etwa stürbe. In Anbetracht ihrer bedenklichen, unfreien Lage hätte er es angezeigt gefunden, dass sie ihm die Kostbarkeiten gleich jetzt in Verwahrung gäbe, und suchte eine Gelegenheit, die Übergabe heimlich zu bewerkstelligen. Der Landgraf konnte diesen Zuschuss gut gebrauchen, denn er watete bis zum Halse in Schulden und war oft nahe am Ertrinken. Indessen da er von Natur munter und umgänglich und dazu meistens betrunken war, erdrückte ihn die Sorge nicht, wenn er nur so viel auftrieb, um das Leben in seiner Art weiter zu fristen. Sein gemütliches Wesen machte ihn geeignet, zwischen den streitenden Parteien im Reiche zu vermitteln, und so reiste er im Auftrage des Kaisers an den Höfen umher und erfüllte fröhlich seine Pflicht, indem er bei vollem Humpen den hadernden Fürsten gütlich zuredete.

Es war Mai, als der Landgraf mit seiner Frau in Düsseldorf ankam und zu seiner Schwägerin in das Schloss gelassen zu werden begehrte. Die Wachen jedoch gaben ihm zu verstehen, dass das nicht angehe, und trotz seiner Proteste musste er am Ende zufrieden sein, in einem Wirtshause vor der Stadt Quartier zu nehmen. Unter der Hand benachrichtigte er die gefangene Herzogin, dass er da sei und nachts in einem Boote vor ihr Fenster fahren und versuchen wolle, sich von dorther mit ihr zu besprechen. Jakobe, welche wenig Unterhaltung hatte, harrte willig vom Einbruch der Dunkelheit an im Fenster und vertrieb sich die Zeit mit bunten Erinnerungen aus ihrer schönen Jugend. Endlich weckte sie ein Glucksen und Rieseln des Wassers aus ihren Träumen, worauf sie bald die Umrisse eines näher gleitenden Nachens wahrnahm und das Zeichen eines wehenden Tüchleins, das ihre Schwester bewegte, ebenso erwiderte. Freudig erkannte sie den dicken Landgrafen und ihre zierliche Schwester, breitete die Arme aus, lächelte, dankte und erzählte flüsternd, sie sei wohlauf, es fehle ihr soweit an nichts, sie habe eine bescheidene Frau zur Bedienung, erhalte gut und reichlich zu essen, auch Wein zu trinken, freilich sei sie der Gefangenschaft müde, der Landgraf solle doch auf eine Zusammenkunft dringen; wenn sie seinen Ernst sähen, würden sie nicht wagen, ihm dauernd zuwider zu sein.

Sie solle nur getrost sein und ihm vertrauen, erwiderte der Landgraf, jedermann wisse, dass er ein besonders Vertrauter des Kaisers sei; wenn es nicht anders gehe, werde er stracks nach Prag reisen und sich strenge Befehle vom Kaiser selbst holen, die ihm schon den Weg zu ihr bahnen würden. Inzwischen solle sie auf der Hut sein und sich demütig und fügsam anstellen; denn wenn ein Lamm von einem grimmigen Hunde bewacht werde, dürfe es ihm keinen Vorwand oder Anlass geben, es zu zerreißen. Jakobe schüttelte lachend den Kopf und sagte, sie sei nicht als ein Lamm, sondern als eine Fürstin geboren.

Lange wagten sie die Unterredung nicht fortzuführen, und mit nassen Augen sah Jakobe das winzige Fahrzeug verschwinden, um das herum der breite Fluss rollte und der hohe Himmel flutete und dem der Mond als eine Fackel voranschwebte.

Der Landgraf machte sein Wort wahr und fuhr schleunig nach Prag, wo er zunächst durchsetzte, dass das Endurteil des Prozesses bis auf Weiteres verschoben wurde. Wie er dies nun aber dem Kurfürsten von Köln mitteilte, meinte dieser, bedenklich seine große höckerige Nase reibend, damit sei mehr geschadet als gewonnen; denn nun würde Schenkern daran verzweifeln, mit dem Prozess sein Ziel zu erreichen, und würde auf andere Mittel denken, denen niemand begegnen könne. Er habe kürzlich vernommen, fügte er hinzu, dass Schenkern einen berühmten Arzt aus England habe kommen lassen, um den Herzog zu heilen, der so schwach im Kopfe sei wie je, mit dem er aber sicherlich etwas vorhabe, sei es, dass er ihn verheiraten oder dass er nur beweisen wolle, wie gesund er sei, seit ihn Jakobe nicht mehr verzaubern könne. Es sei zu fürchten, dass die Herzogin in den Händen der Räte nicht mehr sicher sei, und es handle sich darum, ihnen das Opfer zu entreißen. Sie durch Gewalt oder List selbst zu befreien, sei ein zweifelhaftes und hochgefährliches Werk, dessen sie sich nicht unterfangen dürften; dahingegen könne man den Kaiser vielleicht dahin bringen, dass er anordne, die Herzogin solle bis zum endlichen Austrage des Prozesses einem Unparteiischen, etwa dem Landgrafen von Leuchtenberg, zur Bewachung übergeben werden.

Das, sagte der erschrockene Landgraf, getraue er sich wohl auszurichten, und machte sich wieder auf die Reise, nachdem er Jakobe Nachricht hatte zukommen lassen, sie solle getrost sein, in Bälde werde sie aus dem Elend und der Unwürdigkeit hinausgeführt werden.

Während dieser Zeit hatte Schenkern viel Arbeit und Mühe mit Jan Wilhelm, der, da er sich vor Fremden fürchtete, in der Meinung, sie könnten ihm etwas antun, von dem englischen Arzt durchaus nichts wissen wollte. Auch Sibylle und einige von den Räten meinten, dass es eine verfängliche Angelegenheit sei, bei der man schrittweise und mit wohlüberlegten Kautelen vorgehen müsse, umso mehr, als der verschriebene Engländer ein Ketzer sei. So wurde verfügt, er müsse seine Kunst zunächst an einem andern erweisen, wozu der Sohn einer Bürgersfrau ausersehen wurde, der nach einem schweren Fall blödsinnig geworden war und allen Besprechungen, Beschwörungen und Arzneien bisher getrotzt hatte. Es zeigte sich, dass das dem Burschen verabreichte Mittel ihm gut anschlug; ja seine Mutter und andere Zeugen fanden ihn aufgeweckter, als er jemals gewesen sei. So hinderte denn nichts mehr, es mit dem Herzog gleichfalls zu versuchen, dessen angstvollen Widerstand Schenkern dadurch überwand, dass er ihm die längst versprochene schöne Frau in Aussicht stellte, wenn er sich der Kur unterzöge, die ihn vollständig wiederherstellen würde. Doch verlangte seine Furcht noch allerlei Sicherheitsmaßregeln, worin ihn Sibylle schwesterlich unterstützte, dass nämlich der Arzt selbst, Schenkern und mehrere andere Räte zuerst von der Arznei tränken, die Jan Wilhelm einnehmen sollte. Nachdem sie sich durch Gebet und das heilige Abendmahl darauf vorbereitet hatten, würgte ein jeder seinen Anteil an dem Schleim, der widerlich schmeckte, hinunter, worauf Jan Wilhelm nach Verordnung des Arztes vierundzwanzig Stunden lang, soweit möglich ohne Ruhepause, im Zimmer auf und ab gehen musste. Auch hierbei mussten mehrere Ratspersonen gegenwärtig sein, teils um die richtige Ausführung des Geschäftes zu überwachen, teils um den Kranken durch Gespräch zu zerstreuen und durch ihr Beispiel zu ermuntern.

In dieser Arbeit war Schenkern begriffen, als das Gerücht zu ihm gelangte, der Kaiser habe befohlen, dass die Herzogin dem Landgrafen von Leuchtenberg übergeben werde, und derselbe sei schon unterwegs, um die seinem Schutz Empfohlene abzuholen. Dass er dies nicht geschehen lassen dürfe, stand Schenkern sogleich fest. Um Jakobe würden sich alle scharen, die Anspruch machten, ihm die Herrschaft zu entreißen, und vielleicht würde die Rachsüchtige ihm nun ihrerseits die Schlinge eines Prozesses drehen und um den Hals werfen. Dagegen musste er eine eilige Anstalt treffen.

Jakobe lebte unterdessen fröhliche Tage. Sie träumte davon, dass sie nun bald frei und unter Freunden sein, Neues und Schönes sehen und wieder die Huldigungen genießen würde, die einer hochgeborenen, regierenden Herrin und einem schönen Weibe gebührten. Sie malte sich auch aus, dass sie ihren Gemahl wiederhaben und ihm seine Untreue vorwerfen würde, wie sich allmählich Angst und Liebessehnsucht in seinem hübschen Gesichte ausprägen, wie er weinen, sie ihm endlich vergeben und sich von ihm liebkosen lassen würde. Oder aber es würden ihr andere, viel herrlichere Männer begegnen und ihr neue, große Beseligungen geben und ihr zu ihrem Recht und ihrer Rache verhelfen. Ungeduldig indessen war sie nicht, sondern ließ, mit Beten und Sticken beschäftigt, die feuerhellen Herbsttage mit den Fluten des Rheins unter ihrem Fenster vorbeifließen, ohne sie zu wägen oder zu zählen.

So war es denn eine nachdenkliche Sache, dass die Herzogin am Morgen des 3. September 1597 von ihrer Kammerfrau, die wie üblich in ihr Gemach kam, tot im Bette gefunden wurde; denn niemand hatte Zeichen eines Übelbefindens am vorhergehenden Abend an ihr wahrgenommen.

Bevor das Ereignis noch recht bekannt wurde, ließ Schenkern das Begräbnis vornehmen, hastig und schändlich, wie es sich für geringe, namenlose Leute oder Armesünder geschickt hätte. Zweifelte nun auch niemand daran, dass es bei diesem Todesfall etwas gewaltsam zugegangen sei, so hütete sich doch ein jeder, den Verdacht öffentlich zu äußern oder gar den mutmaßlichen Mörder zur Rechenschaft zu ziehen; denn ohne Beweise hätte man sich damit in eine dornige Sache eingelassen.

Damit man ihm desto weniger anhaben könne, ließ Schenkern die Spanier ins Land, die unter ihrem Feldherrn Mendoza mehrere Plätze besetzten und sich dort als rechtmäßige Herren gebärdeten. Einen Grund zu diesem unerhörten Schritt zog Schenkern daraus ab, dass er einen Plan der protestantischen Erbansprecher, sich in Besitz des Landes zu setzen, entdeckt habe und diesen habe zuvorkommen müssen. Ein Geschrei der vergewaltigten Gegend erfüllte bald das Reich, dessen Glieder denn auch zu erwägen begannen, was bei einem derartigen feindlichen Einbruch durch die Reichsgesetze vorgesehen sei. Diese nun legten die Pflicht, den Feind abzuwehren, dem nächstgelegenen Kreise auf, welches in diesem Falle der westfälische war, und derselbe setzte sich demgemäß in Beratung, wie das Kreisheer und das Geld, es zu besolden, zusammenzubringen sei. Da jedoch mehrere Monate darüber verliefen, während welcher die Spanier nach ihrer Weise Stadt und Land verwüsteten, traten einige Fürsten zusammen, um etwa von sich aus der feindlichen Eigenmacht zu steuern, die dem Reich zur Unehre gereiche und ihnen gefährlich sei. Es waren dies der Landgraf Moritz von Hessen, der Herzog Heinrich Julius von Braunschweig und der Pfalzgraf Kurfürst Friedrich IV., deren Länder dem Herzogtum Jülich nahe lagen und die überhaupt gewohnt waren, bei allen vorkommenden Reichshändeln Partei zu ergreifen.

Pfalzgraf Friedrich IV. fühlte sich für seine Person nicht anders wohl als bei den fürstlichen Unterhaltungen der Jagden, Turniere und Trinkgelage; aber er war sich bewusst, der Träger eines ruhmvollen Namens und Erbe von Fürsten zu sein, die sich durch kampfbereites Einstehen für ihre religiöse Überzeugung angesehen und gefürchtet gemacht hatten, und hielt darauf, die Überlieferungen seines Hauses fortzusetzen. Die blühende Pfalz sollte die Vormacht und Stütze der Reformierten im Reiche und eigentlich der Evangelischen überhaupt bleiben, da Sachsen anfing, eine träge und zweideutige Politik zu befolgen, um es mit dem Kaiser nicht zu verderben. Deshalb umgab sich Friedrich IV. mit reformierten Räten, die an seiner Statt unternehmend, ehrliebend und fleißig waren, hing ihnen dankbar an und unterwarf sich ihnen in allen Stücken, mit der Einschränkung, dass er sich ihrer unbequemen Herrschaft nicht selten entzog, um an befreundeten Höfen beim vollen Becher sich ihrer Ratschläge und Grundsätze gänzlich zu entschlagen. Auch seine Gemahlin, die Oranierin Luise Juliane, deren Herkunft die Verbindung mit ihr zum Zeichen für kühne, kampfbereite reformierte Sinnesart machte, hatte er wegen ihrer Bildung, ihres beherrschten Wesens und tüchtigen Charakters anfänglich geliebt und verehrt; auf die Dauer aber vermochte er ihre Überlegenheit, da sie eine Frau war, nicht zu ertragen und zeigte ihr die seinige durch rohe Behandlung, die sie mit Geduld und Würde ertrug; diese Art und Weise schien ihm aber Verachtung auszudrücken und gab daher seiner Erbitterung stets neuen Stoff.

Anders geartet war Landgraf Moritz von Hessen, ein schlanker, stattlicher, überaus tätiger und kluger Mann, von einer gewissen Feinheit und Ehrlichkeit des Denkens, sodass er, wie er selbst durch Unrat und Unordnung gestört wurde und sich stets gedrängt fühlte, in dunkle Winkel hineinzuleuchten, überall unbequem empfunden wurde, wo schmutzige oder stumpfsinnige Behaglichkeit waltete. Er war seit dem Jahre 1593 mit Agnes aus dem gräflichen Hause Solms-Laubach verheiratet, die wegen ihrer Schönheit mit der Göttin Venus verglichen wurde und diese Gabe den Kindern vererbte, die sie ihm gebar.

Dagegen hielt der Herzog von Braunschweig am Alten fest, aber wie der Landgraf war er dem Müßiggang feind und dazu von so ausgezeichneter Gesundheit, dass das Trinken ihn nicht vom lebhaften Betrieb und vielfacher Tätigkeit abhielt. Diese beiden Herren gerieten leicht aneinander, weil ein Streit zwischen ihnen schwebte, indem der Herzog auf mehrere Ämter Anspruch erhob, die der Landgraf als sein Eigentum ansah und stets angesehen hatte und in deren Besitz er sich, rechtlicher Entscheidung vorgreifend, gewaltsam gesetzt hatte. Davon abgesehen, reizten den Landgrafen des Herzogs breite Gemütlichkeit, sein selbstgefälliges Behagen, seine altväterischen Sitten und die Langsamkeit seines Verstandes; den Herzog dagegen ärgerte das neuerungssüchtige Wesen des Landgrafen, das er unfürstlich fand, seine Redefertigkeit und Überlegenheit, wie er denn das Gefühl hatte, als schlage der Landgraf seine, des

Herzogs, weltberühmte Gelehrsamkeit gering an. Allerdings dachte der Landgraf diesbezüglich, der Herzog sei ein Fass voll Sauerkraut, es sei wohl viel darin, aber geringe, grobe Nahrung. In der Politik war Herzog Heinrich im Grunde der Meinung, die Dinge waren gut, wie sie eben waren, und das alte Römische Reich, wie es nun einmal sei, dürfe durchaus nicht angetastet werden; da er aber darauf erpicht war, die Stadt Braunschweig, die sich als Reichsstadt gebärdete, sich untertänig zu machen, und der Kaiser in diesem Zwist kürzlich gegen ihn und zugunsten der Stadt entschieden hatte, schloss er sich mit zähem Nachdruck den Fürsten an, die es antikaiserlich trieben.

Bevor es zu einer gemeinsamen Beratschlagung kommen konnte, musste der zwischen dem Landgrafen und dem Herzog schwebende Streit wegen der Ämter in etwas beigelegt werden, was der Pfalzgraf über sich nahm; dann traten die Herren der Sache näher unter einer starken Rede des Herzogs Heinrich Julius, wie schimpflich der spanische Einfall für das Reich sei. Wenn es nicht Spanien wäre, meinte Hessen, würde der Kaiser sich eher rühren, wie träge er auch sei. Nun, man müsse eben selbst handeln, sagte Heinrich Julius, und da sie einmal so weit einig waren, solle das Unwesen bald ein Ende nehmen. Als es daran ging, das Heer zusammenzubringen, das die Spanier vertreiben sollte, zeigten sich jedoch vielerlei Schwierigkeiten in Bezug auf die Anzahl der Truppen und wie sie auf jeden zu verteilen wären; denn es wollte jeder so wenig wie möglich besolden. Am Ende, meinte Moritz von Hessen, könne man sich so helfen, dass man es den Holländern überlasse, die Spanier zu vertreiben, und sie nur mit Geld dabei unterstütze. Die Holländer hätten sowieso Soldaten auf den Beinen und hätten ebenso viel Interesse daran wie das Reich selbst, dass die Spanier sich nicht im Cleveschen festsetzten. Was?, rief der Herzog von Braunschweig entrüstet, mit den Holländern wolle man gemeine Sache machen und ihnen gar noch Dank schuldig werden? Mit den Rebellen und Trotzköpfen, die es den Fürsten gleichtun wollten? Lieber wolle er spanisch oder türkisch werden, und es solle keiner mehr mit einem solchen Vorschlag seiner fürstlichen Ehre zu nahe treten. Dies war eine besondere Kränkung für Moritz von Hessen, der mit den holländischen Staaten in einem freundschaftlichen Verhältnis stand, so viel wie möglich Holländer nach Hessen zu ziehen und die dort herrschende Blüte an Kunst und Gewerbe in sein Land zu verpflanzen suchte.

Nach Verlauf einiger Wochen, während welcher die Spanier ernstlich verwarnt worden waren, sich aus dem Reich zurückzuziehen, einigte man sich über die Zahl der zu werbenden Truppen; nun aber erklärte Christian von Anhalt, er wolle den Oberbefehl, worauf man sich doch verlassen hatte, nicht übernehmen. An seinem Mut und guten Willen werde man nicht zweifeln, sagte Anhalt, es sei ja bekannt, unter welchen Schwierigkeiten er seinerzeit dem König von Frankreich zu Hilfe gekommen sei; aber seine Ehre sei ihm zu lieb, als dass er sie bei einer zweifelhaften Sache aufs Spiel setzen mochte. Er habe von Anfang an gesagt, dass man mehr Mittel an das Unternehmen wenden müsse, wenn etwas dabei herauskommen solle, und wenn man nicht auf ihn höre, wolle er auch keine Rolle dabei spielen.

Zwar verdachten die Fürsten dem Anhalter dessen Entschluss, aber er brachte Moritz von Hessen auf den Gedanken, dass er an seiner Stelle das Amt des Feldherrn übernehmen und auf diesem Felde Lorbeeren gewinnen könne. Es bemächtigte sich seiner bei der Vorstellung eine gewisse Unruhe, und er wusste selbst kaum, ob seine Lust oder seine Bedenken größer wären. Gefahren und Strapazen fürchtete er nicht; und doch fühlte er sich des Erfolges nicht so sicher, wie wenn er ein mathematisches Problem hätte lösen oder eine theologische Disputation hätte halten sollen. Indessen gerade diese Unsicherheit spornte ihn an; es war ihm, als ob jeder die Zweifel hege, die in ihm selbst aufstiegen, und als müsse er sie durch die Tat entkräften.

Kaum war Landgraf Moritz mit seinem Anerbieten hervorgetreten, als der Herzog von Braunschweig erklärte, er habe sich bereits zum Direktorium des Krieges entschlossen und wolle nun nicht davon zurücktreten. Er dachte bei sich, es sei ein lächerlicher Anspruch von Moritz, der doch nur ein Maulheld sei, den Feldherrn spielen zu wollen, während der Landgraf fand, nachdem Heinrich Julius erst kürzlich vor Braunschweig abgeblitzt sei, täte er besser, hinter seinem Bierkrug sitzen zu bleiben. Hierüber zerschlug sich der Feldzug der verbündeten Fürsten; die Truppen, die sie schon geworben hatten, übernahmen die benachbarten Kreise; da diese aber kein Geld hatten, sie ordentlich auszurüsten und zu unterhalten, verlief sich das Heer, bevor etwas Eigentliches unternommen war, und die Festung Orsau blieb einstweilen im Besitze der Spanier.

Während der junge Erzherzog Ferdinand von Steiermark zu Ingolstadt studierte, begab es sich an einem Festtage, dass er später als gewöhnlich zur Messe in die Kirche kam und den vorderen Stuhl, den er sonst innehatte, von seinem Vetter Maximilian, dem Sohne des Herzogs von Bayern, besetzt fand. Indem er diesen mit freundlichem Anlachen begrüßte, blieb er wartend vor ihm stehen, und da Maximilian nicht Miene machte, ihm den Platz zu überlassen, forderte er ihn leichten Tones dazu auf. Er wisse nicht, dass das Ferdinands Stuhl sei, antwortete Maximilian zögernd und kühl; dass er ihn bisher gehabt hatte, hindere nicht, dass heute er, Maximilian, ihn behalte, da er ihm einmal zuvorgekommen sei. »Mein Platz ist es«, entgegnete Ferdinand, »weil er als der vordere meinem Range gebührt, und lege ich auch als Freund und Vetter keinen Wert darauf, so bin ich es doch seit dem Tode meines Vaters meiner Würde schuldig, darauf zu bestehen.«

Hätte er gewusst, sagte Maximilian, dass Ferdinand es so auffasste, würde er ihm den Stuhl vorher nicht immer überlassen haben, was nur aus dem Grunde geschehen sei, weil er sich an der bayrischen Landesuniversität dem steiermärkischen Vetter gegenüber als Wirt gefühlt habe; nun werde ihm seine Höflichkeit als Unterwürfigkeit ausgelegt. Ein Herzog von Bayern sei so viel wie ein Erzherzog von Steiermark, vorzüglich auf bayrischem Gebiet, wo keinem Erzherzoge auch nur so viel wie eine Scheune oder ein Heustock gehöre.

Das könne man nicht wissen, entgegnete Ferdinand und lächelte; er gehöre zur kaiserlichen Familie und könne noch einmal Kaiser werden, wenn es Gott gefällig sei.

Der ältere Vetter, der, gerade gewachsen und sich steif haltend, auf den vor ihm stehenden, ein wenig schlotterigen Steiermärker herabzusehen schien, errötete vor Ärger, blieb aber kalt und sagte: »Ich etwa nicht? Es gibt kein Gesetz in der Güldenen Bulle, dass nicht auch ein Bayer zum Kaiser könnte erwählt werden.«

Die beiden Hofmeister, die bisher vergeblich den Wortwechsel zu steuern versucht hatten, drangen nunmehr durch, der bayrische, indem er Maximilian flüsternd an den Befehl seines Vaters erinnerte, stets höflich gegen Ferdinand zu sein und auf alle Fälle in gutem Vernehmen mit ihm zu bleiben, während der steiermärkische Ferdinand mit dem Zorn seiner Mutter schreckte, die ihm streng befohlen hatte, dem Herzog von Bayern, ihrem Bruder, wie einem Vater zu gehorchen und Maximilian wie einen älteren Bruder zu respektieren. Der Gedanke daran, dass seine Mutter schon mehrmals gedroht hatte, ihn von Ingolstadt fortzunehmen, wie es der Kaiser und dessen Brüder, Ferdinands Oheime, wünschten, schlug seinen Hochmut nieder, und er verstand sich dazu, Maximilian zu bitten, er möge ihm den Stuhl, abgesehen von der Rangfrage, aus vetterlicher Freundschaft überlassen, weil er sich an ihn gewöhnt habe. Maximilian gab mit kühler Herablassung, aber im Grunde nicht ungern nach; denn inzwischen waren ihm Zweifel aufgestiegen, ob er nicht doch einem Habsburger gegenüber, der des Kaisers Neffe war, ein wenig zu weit gegangen sei. Während der kirchlichen Zeremonie gab sich Ferdinand ausgelassenen Späßen über einen der Geistlichen hin, der augenscheinlich den Schnupfen hatte und seine rot geschwollene Nase mit dem reich gestickten Unterärmel seines Gewandes putzte; aber wie der Hofmeister seine Lustigkeit nicht zu dämpfen vermochte, so gelang es ihm nicht, Maximilian zum Lachen zu bringen.

An diesen Vorfall knüpfte sich ein langer, nicht unbeschwerlicher Briefwechsel zwischen Maximilians Vater, Herzog Wilhelm von Bayern, und dessen Schwester, der Erzherzogin Maria von Steiermark, Ferdinands Mutter, die sich herzlich liebten, obwohl die Heftigkeit der jüngeren Erzherzogin ihrem friedfertigen Bruder manche Nachgiebigkeit zumutete. Maria hielt ihre bayrische Familie für weit tüchtiger und verdienstlicher als die ihres Mannes, die sie im Stillen herzlich verachtete; allein da ihre Kinder nun einmal Habsburger waren, trotzte sie auf deren Titel und Rechte und gebärdete sich sogar dem Herzog gegenüber zuweilen als die Höhere, deren Ansprüchen ein jeder zu weichen habe. Da von ihren fünfzehn Kindern die meisten kränklich und unbegabt waren, machte ihr die Erziehung viel zu schaffen, umso mehr, als sie bei ihrem Manne wenig Unterstützung fand, im Gegenteil seine Trägheit, Gleichgültigkeit und Leichtfertigkeit beständig durch ihren Ernst und ihre Tatkraft ersetzen musste. Wenn sie bedachte, wie sie ihn stets hatte stoßen und treiben müssen, damit er den Anmaßungen seines Adels standhielt, wie sie hatte wehren müssen, wo er nachgeben wollte, wie sie mit Drohen, Keifen, Predigen und Intrigieren allem Gegenwirken der Stande zum Trotz Jesuiten und Kapuziner ins Land gebracht hatte, dass sie nunmehr allenthalben das wahre katholische Leben sprießen und um sich greifen sah, so mochte sie sich füglich von ihrer

Wichtigkeit und Machtfülle durchdrungen fühlen. Auch hatte keines von ihren Kindern gewagt, ihr den Gehorsam zu weigern; aber das konnte sie doch nicht hindern, dass etwas habsburgisches Unkraut selbst in ihres Ferdinands gute Anlagen, die er von bayrischer Seite mitbekommen hatte, hineinwilderte.

Als er das erste Mal nach dem Tode des Vaters von Ingolstadt nach Hause kam, hoffte sie ihn etwas gereifter und männlicher zu finden; indessen musste sie ihm schon beim Eintritt seine Lustigkeit und Scherze mit der Dienerschaft als dem Trauerhause unziemlich verweisen. Sie überraschte ihn mit einem Geschenk aus dem Nachlasse des Vaters, einer reich mit Perlmutter und Elfenbein eingelegten Büchse, die der Nürnberger Künstler Jamnitzer verfertigt hatte; denn er sollte sie künftig an Stelle des Vaters zur Jagd begleiten. Der sechsjährige Leopold, der auch zur Jagd zu gehen verlangte, wurde im Hinblick auf seine Bestimmung zum geistlichen Stande mit einem Rosenkranz aus böhmischen Granaten getröstet, der neben dem Bette des verstorbenen Vaters gehangen hatte. Dies gab Anlass zu einer Rauferei, da Ferdinand den Kleinen auslachte und neckend sagte: »Lerne du nur fleißig beten, du kannst nicht zur Jagd gehen, denn du wirst Weiberröcke tragen und müsstest als ein Weib auf dem Sattel sitzen«, eine von den Anspielungen, mit denen die Geschwister den wilden Buben zu reizen liebten. In lautloser Wut stürzte sich Leopold auf den großen Bruder, warf ihn mit dem ersten Anlauf zu Boden und schlug den jämmerlich Schreienden mit der Faust auf den Kopf, indem er schrie: »Ich will dir auf deinen dreckigen Grind beten!«, bis Marias feste Hand den Knäuel auseinanderriss. Sie gab Leopold zwei Ohrfeigen, die eine wegen seiner Versündigung am heiligen Gebet, die andere, weil er seinen älteren Bruder, dem er Gehorsam schuldig sei, verprügelt habe; dann sich plötzlich zu Ferdinand wendend, der bei der Bestrafung seines Bruders zu wehklagen aufgehört und lachend zugesehen hatte, versetzte sie auch ihm eine, denn er sei nicht minder schuldig als Leopold, insofern er mit unziemlichen Neckereien den Anfang gemacht habe, wo er doch vielmehr den künftigen Priester in seinem Bruder ehren sollte. Dann wischte sie Leopold die Tränen ab, der unter dem Schluchzen wütende Blicke auf seinen Bruder schoss, reichte ihm einen Apfel und führte ihn in ein anderes Zimmer, wo ihn die Schwestern mit neugierigen Blicken und Fragen empfingen. Von der Zurückkehrenden bat sich Ferdinand, halb dreist, halb ängstlich, auch einen Apfel aus; Leopold werde von ihr verhätschelt, und das sei der Grund, warum er ihm nicht gehorche, er wisse wohl, dass die Mutter ihm alles hingehen lasse, die Ohrfeigen habe sie ihm ja auch gleich vergütet.

Es verhalte sich ganz anders, sagte Maria streng; eigentlich hätte sie ihn, Ferdinand, allein strafen sollen, denn nicht nur, dass er als der Ältere der Verständigere sein und ein gutes Beispiel geben sollte, hatte er, der Große, sich von dem tapferen Kleinen wie ein Feigling zu Boden schlagen und verprügeln lassen, dazu noch Zeter geschrien. Frömmigkeit sei zwar für einen christlichen Regenten die Hauptsache, und auch die katholischen Wissenschaften und die Historie seien ihm nützlich, aber die ritterlichen Übungen und eine stattliche, kriegerische Haltung dürfe er nicht vernachlässigen. Die Verwandten machten ihr Vorwürfe, dass sie ihn zu lange auf der Universität lasse, wo er nichts als gelehrtes Silbenstechen und Disputieren lerne.

Ferdinand sagte maulend, er nehme Reit- und Fechtstunden und habe schon große Fortschritte gemacht. Der päpstliche Nuntius, der kürzlich durch Ingolstadt gekommen sei und ihn in der Fechtschule gesehen habe, habe ihn mit dem Blitze schleudernden Apollo verglichen. Was hätten sich auch seine Oheime, die Erzherzöge, einzumischen? Sie, die Mutter, hatte allein zu bestimmen und allenfalls ihr Bruder, der alte Herzog von Bayern, ihnen beiden wolle er gern gehorchen.

Ganz besänftigt, hieß Maria ihren Sohn sich zu ihr setzen und sprach ihm vertraulich von ihren Sorgen und Plänen. Einen erbitterten Kampf habe sie führen müssen, bis man sie mit ihren Kindern im Schlosse zu Graz gelassen habe; man hätte sie am liebsten auf die Seite gestellt, nicht weil man an ihrer Kraft zweifelte, die Regentschaft zu führen, im Gegenteil, weil man ihre Entschlossenheit fürchte. Der Kaiser und seine Brüder seien zwar gut katholisch, das wolle sie ihnen nicht abstreiten, aber es fehle ihnen der Mut, den allein das reine Gewissen verleihen könne. Das sei ein beständiges Paktieren und Feilschen mit den Ketzern! Dadurch, dass man sie fürchtete, würden sie fürchterlich. Jetzt freilich blähten sie sich auf und spritzten ihr Gift dahin und dorthin.

Aus einem Schubfach ihres Schreibtisches holte sie Briefe, die sie von ihrer Tochter Anna, der Gemahlin des Polenkönigs Sigismund, erhalten hatte. Sigismund sei ein guter, frommer Mann, sagte sie, und ihr als Eidam wert, aber allzu sanftmütig und den boshaften Schweden nicht gewachsen, wie er denn ein feierliches Versprechen gegeben habe, die lutherische Religion in Schweden zu erhalten und zu schützen; denn sonst hätten ihm die unbotmäßigen Stände nicht huldigen wollen. Dahinter stecke niemand anders als Karl, sein Oheim, der, als ein echter Abkömmling der bösen, wölfischen Wasabrut, selbst auf den Thron spekuliere. Nachdem nun Sigismund das leidige Versprechen einmal gegeben habe, solle er sich wenigstens nicht daran gebunden halten; denn den Untertanen stehe keinerlei Recht zu, den ihnen von Gott gesetzten Herren Eide und Bündnisse abzunehmen, sondern als gottlose Räuber solle er sie einfach zu Paaren treiben. Auch sei Anna sehr traurig darüber, dass es so gekommen sei und dass sie sich von den lutherischen Affen hatte müssen krönen und salben lassen, welches doch nicht mehr zu bedeuten habe, als wenn man von einem Bader wegen eines Aussatzes oder anderen Schadens geschmiert werde. Könnte sie nur allen ihren Mut und ihre Überzeugung einflößen, so würden die Unruhen und Empörungen, das Geschrei der tollköpfigen Bauern um freie Religionsübung und das Lärmen der Prädikanten auf den Kanzeln einmal aufhören. Die Bauern gehörten an den Pflug, die Bürger in ihre Werkstatt und die Prädikanten an den Galgen; hielte man sich daran, so würde der liebe Friede und die alte Ordnung bald wieder hergestellt sein. Freilich müsse zuerst der übermütige Adel gebeugt werden, damit das ketzerische Volk keinen Rückhalt mehr an ihm finden könne.

Er wolle schon Ordnung schaffen, sagte Ferdinand, der sich bemüht hatte, aufmerksam zuzuhören; wenn er drei Jahre regiert hätte, solle keiner mehr im Lande sein, der nicht das Knie beugte, wenn die Prozession vorübergehe. Er wolle den großen Prahlhänsen schon ein Gebiss ins Maul klemmen, die störrischen Ketzeresel sollten ihm Säcke in seine Mühle tragen.

Maria zählte einige Herren vom Adel auf, die ihr am meisten zu schaffen machten, die Räknitz, die Praunfalk und die Windischgrätz. Bereits hatten sie sich beim Alten, nämlich beim Kaiser, beklagt, dass sie sie Untertanen geheißen hatte; und doch müssten sie wohl Untertanen sein, wenn der Fürst der Herr sei. Sie steckten mit allen Ketzern und Aufrührern in Österreich, Schlesien und Mähren, ja auch in Böhmen und Ungarn zusammen, wo es an dergleichen nie gefehlt habe, und mochten etwa gar freie Schweizer oder Holländer sein. Ein hübscher Staat ohne göttliches und irdisches Haupt, eine schöne Ordnung, wo die Untertanen mit ihrem kurzen Verstande Gott und die heilige Kirche lästern dürften, ohne dass einer sie beim Schopfe nehme. Sie wisse auch im Reich draußen manch einen, der dabei sein möchte.

»Sie werden schon zu Kreuze kriechen, wenn der Ferdinand die Zügel führt«, sagte dieser lachend.

Wenn sie nur erreichen könnte, meinte Maria, dass er ein paar Jahre früher mündig erklärt werde; die habsburgische Vormundschaft sei doch nur eine Misswirtschaft. Es komme darauf an, dass er sich seinem Oheim, dem Kaiser Rudolf, persönlich vorstellen könne; der Rat Rumpf, der alles beim Alten vermöge, sei ein guter Freund von ihr und habe sich bereit erklärt, einen solchen Besuch zu vermitteln. Inzwischen müsse Ferdinand sich in körperlichen Übungen vervollkommnen, damit er eine anständige Haltung bekomme, nicht wie ein Hampelmann einhergehe, müsse sich ein ernstes, aufrichtiges, bescheidenes Betragen angewöhnen, um auf Rudolf einen günstigen Eindruck zu machen, denn davon hänge nun einmal alles ab.

»Ich bin gut genug für den alten Unflat!«, sagte Ferdinand, indem er die lange Unterlippe hängen ließ, unterbrach sich aber sogleich, von der Mutter derb am Arme geschüttelt. Er hätte eine Maulschelle verdient, rief sie zornig; wie er so frech von der kaiserlichen Majestät reden dürfe! Wenn das seine jüngeren Geschwister gehört hätten!

Sie hätten es oft genug von ihr gehört, brummte Ferdinand, wie er es auch nicht aus sich selber habe. Sie habe gesagt, dass er sich Huren halte und mit gemeinen Leuten und Ketzern saufe und schändliche Künste treibe.

»Dir ziemt nicht, alles zu sagen, was mir ziemt«, sagte sie unwirsch, »denn du kannst nicht unterscheiden, wo und wann du den Mund auftun sollst.« Sie sei Rudolfs Freundin nie gewesen, aber er sei nun einmal der Kaiser und habe ihr Schicksal in seinen Händen, darum müsse Ferdinand sich Mühe geben, ihm zu gefallen.

Schließlich eröffnete Maria ihrem Sohne einen Ausblick in die Zukunft: Bis jetzt hatten weder der Kaiser noch seine lebenden Brüder einen Erben; er sowie Matthias, Ernst und Albrecht waren unvermählt, Maximilian dürfe als Deutschordensmeister nicht heiraten, der Sohn Ferdinands von Tirol sei als Kind der Welserin unebenbürtig, nur der jüngste Bruder, Karl, sein verstorbener Vater, habe Söhne in der Ehe erzeugt. Ersichtlich stehe das Haus unter der Malediktion Gottes, die es sich durch Lauheit im Glauben zugezogen habe, und so wäre es nicht unmöglich, dass noch einmal alle habsburgischen Länder auf ihn kämen. Wenn Gott es so füge, sei dabei jedenfalls seine Absicht, einen frommen Glaubenshelden an die Herrschaft zu bringen, der die katholische Kirche wiederherstellen werde, und obschon er natürlicherweise seinen Oheimen nichts Übles wünschen dürfe, vielmehr fortfahren solle, für ihre Gesundheit und Fortpflanzung zu beten, so müsse er sich doch im Stillen auf sein großes Amt vorbereiten, falls Gott im Schilde führe, ihn dahin zu erhöhen.

Ferdinand war ein wenig rot geworden; aber er sagte leichthin, warum sollte denn der Kaiser nicht noch heiraten und Nachkommenschaft erzielen, da er doch Hurenkinder habe. Auch Matthias, Ernst und Albrecht wären noch in den Jahren, sich zu vermählen; mit so weit aussehenden Sachen wolle er sich nicht ernstlich abgeben.

Dank den Anweisungen, die sein Beschützer, Minister Rumpf, dem Knaben gab, wie auch durch seine natürliche Unbefangenheit und Schlauheit fiel Ferdinands Besuch am Kaiserhofe gut aus; überhaupt hatte der Kaiser an jungen Leuten, die sich ihm mit bescheidener Bewunderung und Ehrerbietung näherten, Wohlgefallen und liebte es, Späße mit ihnen zu machen, bei denen er eine anmutig überlegene Freundlichkeit entfalten konnte. Ferdinand kehrte nicht wenig gehoben nach Graz zurück und musste sich manche Neckerei von Seiten der Geschwister gefallen lassen, die das pomphafte Wesen an dem Dämel, wie sie Ferdinand nannten, der beim Spiel der Albernste war, nicht leiden konnten.

Es schien in der Tat, als wolle Gott das Haus der Erzherzogin Maria erhöhen; denn nach vielen Weiterungen, die die Launenhaftigkeit des greisen Königs von Spanien, Philipps II., verursachte, kam endlich die Verlobung zwischen seinem Sohne Philipp, dem Thronfolger, und ihrer Tochter, der kleinen blonden Margareta, zustande. Maria, die das Reisen außerordentlich liebte, geleitete sie selbst nach Madrid und hatte große Mühe, das kindische Wesen der Tochter vor den so anders gearteten Spaniern zu verbergen. Als die erste spanische Gesandtschaft die Reisenden unterwegs antraf und der Prinzessin ein auf Elfenbein gemaltes Miniaturbild ihres Bräutigams überreichte, hielt sie den Ausbruch ihrer Lustigkeit unter dem strengen Blick der Mutter notdürftig zurück; sowie sie aber allein waren, warf sie sich auf einen Stuhl und rief unmäßig lachend: »So also sieht der Lipperli aus! Und dies soll mein Mann sein! Er gleicht einer Quarkrübe! Ich werde ihm ein Lätzlein mitbringen denn er kann gewiss noch nicht sauber essen.«

Dass sie selbst noch in die Kinderstube gehöre, sagte Maria strafend, beweise ihr Benehmen. Dann betrachtete sie das Bildchen, stellte einige Familienähnlichkeit fest und meinte, es sei überhaupt fraglich, ob der Prinz selbst dazu gesessen habe; denn der alte König habe seine Kinder nicht mehr konterfeien lassen, seit ihm mehrere bald nach dem Abmalen gestorben seien.

Ob denn etwa die Maler in Spanien als Zauberer verbrannt würden?, fragte die Kleine neugierig. Es gehe eben seltsam zu in Spanien, sagte Maria, der alte König habe zuletzt voll Bosheit und Narrheit gesteckt, es komme ihr wohl, dass er noch gerade gestorben sei. Die spanischen Verwandten seien alle ein wenig verstockt und verdreht, man heiße das die spanische Krankheit, und sie könne es sich gut vorstellen, wenn sie die widerwärtigen Spanier sähe, in deren Gesellschaft es einem eng ums Herz werde. Zwischen dieser gelben, langnasigen, ranzigen Nation und den Juden sei kaum ein Unterschied.

Vielleicht bekomme sie diese Krankheit auch, wenn sie erst in Spanien sei, sagte Margareta, so wolle sie sich bis dahin noch recht lustig machen. Damit war auch Maria einverstanden. Die vielen Geschenke, die den hohen Reisenden unterwegs von Fürsten und Städten überreicht wurden, die Kostbarkeiten und Heiligtümer, die die Erzherzogin einkaufte, wurden abends beim Glückstopf verspielt in der Art, dass für die daheim zurückgelassenen Kinder mit gesetzt wurde. In Mailand gefiel der Kleinen nächst den vielen Kirchen und Klöstern ein Flohtheater am besten, und sie lag der Mutter mit dringenden Bitten an, es ihr zu kaufen. Indessen schlug es ihr Maria ab, weil die leidigen Spanier, wenn sie dahinterkämen, es ihr übel auslegen könnten, obwohl sie selbst gewiss mehr Flöhe, Läuse und Wanzen hatten als ein Bauernkind auf dem Miste.

Großen Trost fand Maria in der Begleitung des Hans Ulrich von Eggenberg, der, aus einer lutherischen, durch Geldgeschäfte reich gewordenen Familie stammend, sich, seit er erwachsen war, zur katholischen Kirche gehalten hatte, kürzlich vom Kaiser in den Freiherrnstand erhoben und bei der Erzherzogin und ihrer ganzen Familie sehr beliebt war. Seine offenen blauen Augen und sein gemütliches Wesen versinnbildlichten ihr unter den Fremden die deutsche Heimat. Wenn sie eine Weile mit ihm geschwatzt habe, sagte sie zu ihm, sei ihr zumut, als sei sie daheim im Walde spaziert und habe Fichten und Buchen rauschen hören, und hatte sie nicht von Zeit zu Zeit eine solche Erquickung, möchte sie es nicht so lange zwischen den stinkenden spanischen Zwiebelfeldern aushalten. Auch die kleine Margareta sagte, sie würde lieber nach Madrid reisen, wenn Eggenberg noch kein Weib hätte und König von Spanien wäre; worauf Eggenberg erwiderte, er würde ihr dann gewiss auch so viele Flöhe fangen, dass die Hofdamen sich ihren Bedarf aus Aranjuez müssten kommen lassen.

Gleichzeitig fand eine andere habsburgische Vermählung statt, durch welche Ferdinands Aussichten einen unerwarteten Niederschlag erlitten; sein Oheim Albrecht nämlich heiratete die Prinzessin Isabella von Spanien, die einzige, wegen ihres Verstandes und ihrer Tüchtigkeit berühmte Tochter Philipps II., die seit so vielen Jahren mit ihrem Vetter Rudolf, dem Kaiser, verlobt gewesen war, dass man sich gewohnt hatte, dies als einen dauernden Zustand zu betrachten. Die Geschwister kicherten und warfen listige Blicke auf Ferdinand, Leopold streckte ihm hinter dem Rücken der Mutter die Zunge aus. Da er seine Wut an dem jüngeren Bruder nicht selbst auslassen konnte, der eine breite Brust und starke Muskeln bekommen hatte, machte Ferdinand die Mutter aufmerksam, die dann auch mit der Strafe nicht zögerte. Einen solchen Rüpel könne sie den Passauern nicht als Bischof anbieten, fuhr sie Leopold an: sie müsse so von ihrer eigenen Familie genug darüber hören, dass sie alle geistlichen Würden für ihren unmündigen Buben wolle. »Ich speie Euch auf den Passauer Bischofshut!«, sagte Leopold trotzig, worauf er mit einem Gebetbuche eingesperrt wurde, keinen anderen Besuch als den des Beichtvaters empfangen durfte und durch mehrtägiges Fasten auf die seinem Stande geziemende Sanftmut heruntergebracht wurde.

Merklichere Aufregung und Veränderung rief die Nachricht von der Verlobung am Hofe zu Prag hervor. Rudolf nämlich hatte sich nie entschließen können, die spanische Brant zu heiraten, aus Scheu vor jeder Fessel sowohl, wie weil ihr fester und gebietender Charakter ihm ein unbestimmtes Gefühl von allerlei zu nehmenden Rücksichten einflößte, dann auch, weil er das gewohnte Zusammenleben mit einer Frau aus geringerem Stande, die ihm mehrere Kinder geboren hatte und die jede seiner Launen und Begierden gehen ließ, durchaus nicht hatte aufgeben mögen. Andererseits war ihm das Bewusstsein wert, die Prinzessin jeden Augenblick heimführen zu können, und es schien ihm nicht anders, als hätte sie eine frevelhafte Treulosigkeit begangen, sein Bruder aber sich ein Stück von seinem Besitztum angeeignet. Der Schmerz wurde dadurch verbittert, dass Rudolf durch seinen Kammerdiener Matkowsky einige Einzelheiten der vom Minister Rumpf geführten diplomatischen Verhandlungen erfuhr, die der Vermählung vorangegangen waren. Rumpf, von welchem man wusste, dass er das ganze Vertrauen des Kaisers besaß und das Treiben am Hofe durch und durch kannte, hatte dem spanischen Gesandten mitgeteilt, von einer Heirat mit dem Kaiser müsse die Prinzessin gänzlich absehen, er könne keinen Entschluss fassen, lasse alles gehen, wie es wolle, kümmere sich nur um sein leibliches Wohlergehen und etliche Liebhabereien und sei überhaupt zum Regieren unfähiger als ein abgerichteter Pudel.

Rudolfs Erstaunen über diese Beleidigung seiner Majestät ging in einen Zorn über, den er anfänglich nur im Blute des Schuldigen kühlen zu können glaubte, indessen beschwor ihn Matkowsky selbst, von einem Hochverratsprozess abzusehen, der die verkleinernde Äußerung des Ministers weiterverbreiten würde. Demnach begnügte sich Rudolf damit, den Nichtsahnenden mit allen Zeichen der Ungnade zu entlassen, sodass er sich vor Untergang der scheinenden Sonne aus Prag zu entfernen habe. Diese nachdrückliche Justiz, die sich niemand zu erklären wusste, verbreitete Schrecken und unbestimmte Erwartung; aber es folgte zunächst nichts als eine große Stille. Da für den gestürzten Minister, durch dessen Hand alle Geschäfte gegangen waren, nicht sogleich ein Ersatz zur Stelle war, blieb alles liegen; der Kaiser erteilte weder Audienzen noch unterzeichnete er Erlasse und Handschreiben, und man hätte glauben können, er sei gestorben, wenn sich nicht hie und da sein blasses Gesicht an einem Fenster des Schlosses gezeigt hatte. Der Böhme Matkowsky war der einzige, den er jederzeit gern um sich hatte, und ihm erzählte er unter Tränen, wie er seit seinen Jünglingsjahren die Prinzessin Isabella geliebt habe, wie aber ihr Vater, Philipp II., sich geweigert hätte, ihm das Herzogtum Mailand als Mitgift zu geben, worauf er als Kaiser und Mehrer des Reichs hatte bestehen müssen.

Matkowskys williges Zuhören und herzliche Rührung taten ihm wohl, sodass er seinerseits dessen Berichte gern annahm, der, als Böhmischer Bruder ein gewissenhafter Bekenner der evangelischen Religion, beteuerte, seine Glaubensgenossen blickten auf den Kaiser wie auf ihren Heiland und trügen seine Ungnade ergeben, während er für die Katholiken nur ein Mittel wäre, dessen sie sich bedienten, um zu herrschen, und dessen sie sich zu entledigen versuchen würden, wenn er ihnen nicht in allem zu Willen wäre.

Eines Abends begab sich der Kaiser in ein gewisses Turmstübchen, wo seine Goldmacher und Künstler arbeiteten, unter denen er sich mit Vorliebe aufzuhalten pflegte. Er saß mit halb geschlossenen Augen in einem Lehnstuhl, während die Männer unter sich fortplauderten, weil sie wussten, dass ihm das angenehm war. Der Glasschneider Lehmann und sein Schüler Georg Schwanhard waren damit beschäftigt, eine Ansicht der Stadt Nürnberg in einen Pokal zu schneiden, obwohl die feine Arbeit beim Kerzenlichte für ihre Augen anstrengend sein mochte, einer knetete und mischte Wachs an einer Flamme, und ein anderer sortierte einen Haufen Edelsteine. Eine Tochter des Kaisers, ein üppiges blondes Mädchen, saß auf einem Schemel neben dem Ofen des Goldmachers und starrte verträumt in die Pfanne, wo sein blankes Gemenge brodelte. Durch ein offenes Fenster strömten die Düfte des Sommers und der unendliche Gesang einer in den dicken Gebüschen des Burggrabens verborgenen Nachtigall. Meister Vianen, der dem Fenster zunächst saß, erzählte halblaut, dass er sich lange bemüht habe, eine künstliche Nachtigall herzustellen, dass das Vöglein aus Silber und Schmelz ihm auch nett gelungen sei, dass aber die Flöte, die er hineingesetzt habe, dem süß schmetternden Ton des wirklichen Tieres nicht gleichgekommen sei, was ihm jetzt besonders auffalle, da er es höre. »Du wärest der Herrgott«, sagte Kaspar Lehmann, »wenn du eine lebendige Stimme machen könntest, die aus einem lebendigen Herzen kommt.« Gerade jetzt wurde der wohllautende Gesang durch ein schrilles Glockenzeichen unterbrochen, das den Kaiser zusammenfahren machte; Matkowsky erklärte, es komme aus dem Kapuzinerkloster, das unterhalb des Schlosses neu errichtet worden sei. Zu viele Maulwurfshügel schadeten dem Felde, sagte Lehmann leise lachend; aber wenn die Kapuziner auch Bettler und Müßiggänger wären, so gingen sie doch wenigstens nicht mit Gift und Dolch um wie die Jesuiten.

So ungefährlich wären die Kapuziner auch nicht, sagte Matkowsky, er habe von seinem Vater gräuliche Geschichten darüber erzählen hören. Zu der Zeit, als in Znaim ein Kapuzinerkloster gegründet worden sei, habe es sich begeben, dass der Sohn eines evangelischen Ratsherrn, der diese Gründung bekämpft gehabt habe, von einer sonderbaren Krankheit befallen worden sei, gegen die kein Arzt etwas habe ausrichten können. Allmählich sei es allen aufgefallen, dass der Kranke immer zu der Zeit von den Krämpfen heimgesucht worden sei, wenn der Chorgesang im neuen Kapuzinerkloster begonnen habe, das dem Hause des Ratsherrn benachbart gewesen sei. Dieser, ein beherzter Mann, habe sich denn einmal zur Nachtzeit in das Kloster geschlichen und sei ungesehen durch den dunklen Kreuzgang bis an das Chor der Kirche gekommen. Da wären die Mönche beim trüben Licht eines Lämpchens unter dem Altar um ein Wachsbild gehockt und hätten mit hohler Stimme Beschwörungen gesungen, und bei gewissen Stellen hätten sich alle erhoben und mit langen Nadeln in die Figur hineingestochen. Nach und nach hätten sich die Augen des Ratsherrn an die Dunkelheit gewöhnt, und da hätte er erkannt, dass das wächserne Bild ihn selbst darstelle, worauf ihn anfänglich das Entsetzen so gelähmt hätte, dass er sich nicht von der Stelle hätte bewegen können, obwohl ihm von der Anstrengung der Schweiß in Bächen über die Stirne geronnen sei. Endlich habe ihn ein Stoßgebet freigemacht, sodass er sich habe retten können, aber im Laufen habe er die höllischen Kapuziner hinter sich her klappern hören, und zu Hause angekommen, sei er in Krämpfe verfallen und stracks gestorben, nachdem er noch habe erzählen können, was ihm begegnet sei.

Während des Gesprächs, dass die Erzählung angeregt hatte, stand der Kaiser plötzlich auf und streckte mit angstvoller Gebärde den Arm nach dem Fenster aus, worauf Matkowsky zu ihm eilte und ihn dicht an das Fenster zog in der Meinung, Rudolf fühle sich engbrüstig und bedürfe frischer Luft. Der Kaiser jedoch wandte sich voll Schrecken fort und befahl Matkowsky, er solle ihn in den sogenannten Kaisersaal hinunterführen, der im unteren Geschoss lag und wo seine Sammlung von Kunstgegenständen und Kuriositäten aufgestellt war. Die Tochter, für die der prächtige Saal, der sich ihr nur selten auftat, etwas besonders Anziehendes hatte, sprang auf und wollte, sich an den Kaiser drängend, mitgenommen werden; aber er stieß sie von sich und befahl ihr, heimzugehen und sich zu Bette zu legen. »Warum ist sie hier?«, fragte er böse. »Ich habe gesagt, dass ich das Hurenvolk nicht um mich sehen will.« Unten im Saale wühlte er, während Matkowsky mit einer Fackel leuchtete, unter einem Haufen von Korallen, Erzstücken, Wurzeln und anderen Seltsamkeiten. Er suche die Meernuss, sagte er, die der Doria ihm kürzlich zugeschickt habe und die den, der sie bei sich trage, gegen Zauberei beschütze. Matkowsky, der ängstliche Blicke auf die Schatten warf, die von ihren Gestalten auf die weiße Wand fielen, murmelte indessen Gebete und flehte den Kaiser an, einzustimmen, denn das sei das wirksamste Mittel.

Endlich gelang es ihm, den Erschöpften zu Bette zu bringen; aber am folgenden Abend begann die Unruhe von Neuem und so heftig, dass er selbst nach einem seiner Leibärzte verlangte. Doktor Altmanstetter verordnete dem Kaiser ohne Besinnen einen starken Schlaftrunk, denn Schlaf sei das einzige, was ihm fehle. Rudolf sah ihn erschreckt an und sagte: Trinken? Er könne ja nicht trinken, da ihm der Bauch nach vorne und die Brust nach hinten stehe. Ob er es nicht bemerkt habe? Die Kapuziner hätten ihn so verdreht. »Die Sache wollen wir unverweilt ins Reine bringen!«, sagte Doktor Altmanstetter lachend, nahm den Kaiser um den Leib, drehte und rollte ihn mehrmals hin und her und stellte ihn dann fest auf die Beine, indem er triumphierend ausrief: »Nun fehlt kein Haarbreit mehr an der rechtmäßigen Figuration!« Dann ließ er eine Kanne Bier kommen und trank dem Kaiser zu, der ihm Bescheid gab, lustig und gesprächig wurde und nach kurzer Zeit in tiefen Schlaf fiel. Aber derselbe währte nicht lange, und am folgenden Abend zeigten sich ähnliche Erscheinungen. Zuweilen wurde der Kaiser zornig, weil ohne sein Vorwissen Klöster gegründet würden, wollte wissen, wer daran schuld sei, und drohte mit Strafen, damit man erführe, dass er der Herr sei. Dann wieder zog er Matkowsky in einen Winkel und fragte ihn aus, ob die Kapuziner wohl um Geld jemanden totbeten würden oder ob sie seinem Bruder Albrecht die Manneskraft abzaubern könnten, wenn es ihnen befohlen würde.

Die Nachricht von der seltsamen Krankheit des Kaisers verbreitete sich bald und gab in der Familie zu sorglichen Betrachtungen Anlass. Schon längst hatte man dort gewünscht, dass der kinderlose Monarch einen Nachfolger ernenne und womöglich nach dem Brauch bei Lebzeiten zum römischen König wählen lasse, damit bei seinem allfälligen Tode nicht die Evangelischen, die, wie man wusste, dem habsburgischen Hause abhold waren, die Zwischenzeit für ihre Absichten ausnützen könnten. Sie hatten indessen doch nicht darauf zu dringen gewagt, weil bekannt war, dass der Kaiser Einmischungen seiner Brüder nicht liebte, besonders aber durch Anspielungen auf die Möglichkeit seines Sterbens gereizt wurde. Jetzt jedoch wurden alle der Meinung, dass längeres Zuwarten hochgefährlich sei, und namentlich der zunächst Betroffene, Matthias, erklärte nachdrücklich, etwas unternehmen zu wollen. In seiner Jugend war Matthias ein fröhlicher Herr gewesen und hatte seines älteren vorsichtigen Bruders Missfallen erregt, weil er ein wenig fahrlässig in den Tag hineinlebte, nur bedacht, zu Gelde zu kommen, um sein planloses Dasein zu bestreiten. Die Anläufe, die er hie und da nahm, um seine Würde geltend zu machen, verliefen stets im Sande und nahmen sich hernach wie Grillen aus, die der Beachtung nicht Wert waren; im Ganzen war er es zufrieden, dem kaiserlichen Bruder aus dem Wege zu gehen. Seit er aber Statthalter von Österreich geworden war und Khlesl, der Bischof von Wien, sich seiner bemächtigt hätte, fing er an die Rolle des künftigen Kaisers zu spielen, wie sie Khlesl, der aus einem lutherischen Wiener Bäckerssohn beinahe die einflussreichste Person in Österreich geworden war, ihm einblies. »Gehen Sie nach Prag«, sagte ihm Khlesl, »und verlangen Sie vom Kaiser Audienz. Sie dürfen sich nicht abschrecken lassen, wenn er Sie abweist, am Ende muss er den Bruder doch vorlassen. Treten Sie dann ehrerbietig auf, aber fest, im Bewusstsein des Rechtes. Der Kaiser ist ein Schwächling und hat ein böses Gewissen, ein redlicher Fürst muss leicht mit ihm umspringen können.« Auch mit Verhaltungsmaßregeln für den Verkehr mit dem evangelischen böhmischen Adel versah ihn Khlesl. »Die Ketzer werden Ihnen alle zufallen, denn sie sind nun einmal der Meinung, Sie glichen Ihrem Herrn Vater, dem hochseligen Kaiser Maximilian, und wären heimlich den Protestanten hold. Benützen Sie das getrost; denn warum sollten Sie aus dem Irrtum oder der Dummheit rebellischer Untertanen nicht Vorteil ziehen? Nur einen schriftlichen Vertrag dürfen Sie nicht unterzeichnen und überhaupt in keiner Weise sich förmlich binden, sonst aber sollen Sie gegen jedermann leutselig, kaiserlich, willfährig sein. Kommt es nachher anders, so ist der Khlesl da, der alles auf sich nimmt. Ich mache mir nichts aus ihrem Toben; aber ich will nicht sterben, bevor ich nicht die habsburgischen Lande allesamt unter dasselbe katholische Hütlein gebracht habe.«

Am liebsten wäre Khlesl selbst nach Prag gegangen, um alles einzuleiten; aber er wusste, dass er in dem hussitischen Lande unbeliebt war und dass er seiner Sache schaden könnte, wenn er zu früh in den Vordergrund trat. So machte sich denn Matthias allein auf und setzte sich mit der spanischen Partei und dem Beichtvater des Kaisers in Verbindung. Dieser, ein betriebsamer Mann, der die Seelen seiner Zöglinge so gut kannte, wie etwa ein Koch die Eigenheit, Tüchtigkeit und Verwendbarkeit seiner Schüsseln und Pfannen unterscheidet, ging auf die Absichten des Matthias umso verständnisvoller ein, als er ein Spanier war und Spanien eben nicht in gutem Vernehmen mit Rudolf stand. Bei nächster Gelegenheit stellte er dem Kaiser seine Pflicht vor, seinen Bruder Matthias wie einen Sohn zu lieben, was er doch als sein Nachfolger auch dem Herkommen gemäß sei. Als er das innere Widerstreben des Kaisers spürte, machte er eine geschickte Wendung, sprach missbilligend von dem Neid und der Herrschbegierde des Matthias und entlockte ihm dadurch am Ende das Zugeständnis, dass er seinem Bruder den Tod wünsche. Kaum hatte der Kaiser die Worte ausgesprochen, als sein Äußeres sich zu verändern begann; seine Augen wankten einige Augenblicke unstet hin und her und hefteten sich dann starr auf den Geistlichen, bis sie sich plötzlich nach oben verdrehten, seine Arme und Beine durchfuhr ein Zucken. Zuerst dachte der Beichtvater, dies sei ein Anfall von Wut oder eine Machination, um das eben Gesagte als in der Besinnungslosigkeit von sich gegeben erscheinen zu lassen oder um weiteren Fragen zu entgehen; aber die abscheulich verzerrten Züge und hin und her zuckenden Gliedmaßen schienen doch nicht willkürlich hervorgerufen werden zu können, und so rief er denn Arzt und Dienerschaft und versuchte inzwischen mit Beten gegen das Teufelswerk anzukämpfen, was da im Spiele zu sein schien.

Nach Verlauf einiger Wochen erreichte zwar Matthias eine Audienz; aber nicht ohne dass er sich zuvor verpflichtet hatte, ein von den Räten aufgesetztes und von seinem kaiserlichen Bruder gebilligtes Gespräch einzuhalten, welches nur die allgemeinen Fragen des beiderseitigen Wohlergehens und der gegenseitigen Geneigtheit beziehungsweise Devotion berührte. Dagegen versicherten die Räte, welche beträchtliche Summen von Matthias empfangen hatten, um die Zusammenkunft zuwege zu bringen, sie würden die Angelegenheit, deren hohe Wichtigkeit offenkundig sei, in dienstwillige Überlegung ziehen, und zweifelten nicht, dass der Kaiser sich willig finden lassen würde, das Notwendige zu verfügen; der Erzherzog werde mit seinem fürstlichen Verstande begreifen, dass eine so weitaussehende Sache nicht von heute auf morgen könne entschieden werden, sondern fürsorglich und achtsam von allen Seiten müsse erwogen werden.

Zwei Männer gewannen auf Rudolf Einfluss, die seine Stimmung vollständig veränderten, was freilich auch im Zusammenhang mit dem auf und ab gehenden Laufe seiner Krankheit stehen mochte. Der eine war der aus Tirol gebürtige Philipp Lang, der sich ihm zuerst in geschäftlichen Angelegenheiten nützlich erwiesen hatte. Ein Juwelier nämlich bot dem Kaiser mehrere Säcke voll Edelsteine, Rubine, Smaragde und Opale, zum Kauf an und forderte eine verhältnismäßig geringe Summe dafür, die aber bar ausgezahlt werden sollte, da der Kaiser ihm bereits viel Geld schuldete und er Ursache hatte zu zweifeln, ob er jemals befriedigt werden würde. Aus der Finanzkammer kam der Bescheid, dass kein Geld vorhanden sei, nicht einmal das Notwendige könne bestritten werden, es hatte sich sogar der Apotheker endlich geweigert, die Datteln, Morsellen und den Rosenzucker auf die kaiserliche Tafel zu liefern, wenn er nicht zuvor wenigstens teilweise ausgezahlt würde. Wenn der Kaiser die Edelsteine haben wolle, ließ man ihm sagen, solle er sie aus seiner eigenen Schatulle zahlen, und deutete an, er müsse doch durch die Goldmacherei, für die er so viel aufwende, genug erübrigt haben. Hierüber geriet der Kaiser in Zorn und tobte und jammerte abwechselnd, dass er Blutsaugern ausgeliefert und von Räubern umringt sei. In dieser Not erbot sich Philipp Lang, einen Ausweg zu finden, und behauptete sogar, dass dies leicht und dass nur das Ungeschick oder der böse Wille der Finanzräte an einer solchen Verlegenheit schuld sei. Erstens gebe es mehrere reiche Leute in Prag, die dahin bearbeitet werden könnten, dass sie eine passende Summe herliehen; ferner sei es bekannt, dass einige von den wohlhabendsten Zünften der Städte sich zusammengetan hätten, um auf die Ausschaffung der Juden aus Prag anzutragen, und dass sie dahin beschieden seien, sie möchten es unterlassen, da es bei Hofe unliebsam aufgenommen werden würde. Dies sei ein großer Fehler gewesen; denn den Zünften sei an der Sache viel gelegen, und sie würden gewiss den höchsten Preis dafür gezahlt haben. Die

Juden trügen ihm aber doch noch mehr, wendete der Kaiser ein. Es sei ja auch nicht seine Meinung, sagte Lang, die Juden auszuweisen; einstweilen könne man aber doch den Zünften eine gewisse Aussicht eröffnen und sie zahlen lassen, das Übrige könne man getrost der Zukunft überlassen. Man würde eine Untersuchung einleiten und auch die Judenschaft vernehmen, die sich gewiss dem Kaiser auch ihrerseits nicht verächtlich empfehlen würde. Überhaupt, sagte Philipp Lang, würde der Kaiser viel mehr Mittel haben, wenn seine Umgebung redlich sei; er sei arm und habe reiche Diener, das könne nicht mit rechten Dingen zugehen; er, Philipp Lang, könnte ihm über manches die Augen öffnen, wenn der Kaiser ihn beschützen und seiner Huld versichern wollte.

Diese Andeutung bezog sich auf Matkowsky, und da dem Kaiser das sichere und trostreiche Wesen Langs zusagte, fand derselbe bald Gelegenheit, noch mehr Verdacht auf den begünstigten Kammerdiener fallen zu lassen. Matkowsky sei keineswegs von Ergebenheit gegen den Kaiser erfüllt, sondern sei ein Werkzeug der böhmischen Protestanten und habe deswegen durch falsche Anklagen den Grafen Rumpf gestürzt, der das Haupt der katholischen Partei gewesen sei. Durch seinen Argwohn und seine Befürchtungen habe er den Kaiser mit einem schwarzen Netz von Schwermut umgarnt und ihn krank und ohnmächtig gemacht. Wozu die Melancholie und die Furcht? Er sei der mächtigste Monarch der Erde, die Einkünfte der reichsten Länder ständen ihm zu Gebote, er brauche gewissermaßen nur wie ein Zauberer einen Ring zu drehen, so sei die Erfüllung seiner Wünsche schon da, wenn er nur seine Kraft und sein Vermögen recht erkennte und anwendete. Was vermöchte sein Bruder Matthias gegen ihn? Derselbe sei ein vorzeitig gealterter Mensch, ohne Nachkommenschaft, arm und von ihm abhängig, eine Puppe in den Händen des Bischofs von Wien, der doch schließlich nur des Kaisers Untertan sei. Der Kaiser solle Matkowsky entfernen, der einen unheilvollen Schatten auf sein Gemüt geworfen habe und ein nichtswürdiger Ketzer sei; bei einem Prozess würde sich ergeben, dass er ein großes Vermögen besitze, welches dem Kaiser abgestohlenes Gut sei, und die Konfiskation desselben würde billigerweise die kaiserliche Kasse füllen.

Dieser Rat wurde befolgt und erwies sich nützlich, indem Matkowsky in der Tat ein nennenswertes Vermögen besaß, wovon Philipp Lang sich die größere Hälfte aneignete, während der Rest an den Kaiser kam.

Der andere Günstling des Kaisers war Graf Hermann Christoph Ruß-worm, ein schöner, heißblütiger Offizier, der sich in den Türkenkriegen mehrfach hervorgetan hatte und nun der höchsten Stufe militärischer Macht zustrebte. Dieser herrschsüchtige und rücksichtslose junge Mann war weder unter den Hofherren noch beim Kriegsrate, noch bei seinem Vorgesetzten, dem Feldmarschall Adolf von Schwarzenberg, beliebt, ja sein Verhältnis zu diesem war so misslich, dass er sich kaum länger hätte halten können, wenn jener nicht kurz nach seinem großen Siege bei Papa vom Tode wäre hingerafft worden. Rußworm hoffte in die offene Stelle einzutreten, wozu der Kaiser auch geneigt gewesen wäre; aber er getraute sich nicht, einem so jungen Menschen gegen den allgemeinen Wunsch eine so verantwortungsvolle Würde zu übertragen, und so erhielt sie der Herzog Philipp Emanuel von Mercoeur, ein Mann, der mit dem Ruhme der Kriegserfahrung den edler Sitten vereinigte.

Auf der Reise nach Ungarn jedoch wurde Mercoeur in Nürnberg von einem bösartigen Fieber ergriffen. Durch den Arzt auf die Möglichkeit eines tödlichen Ausgangs hingewiesen, bat er den Rat der Stadt um Er-laubnis, einen katholischen Geistlichen kommen zu lassen, der ihm die Sterbesakramente reichen sollte, wurde aber abschlägig beschieden, weil das den städtischen Satzungen zuwiderlaufe und ein bedenkliches Bei-spiel geben könne. Als der Zustand des Kranken sich gegen den Abend verschlimmerte, schickte er noch einmal an den Rat, der die Antwort gab, zu so später Stunde könne man nicht so viele Herren zusammenbringen, dass ein gültiger Beschluss zustande komme, man wolle die Sache am fol-genden Morgen in Erwägung ziehen und ihm dann Bericht sagen. Von seinem Sterbebette aus ließ Mercoeur dem Rate sagen, er habe nicht ge-wusst, dass die Angelegenheit so schwierig sei, und bitte um Verzeihung, dass er den Herren eine solche Ungelegenheit bereitet habe; worauf er seinen Geist aufgab.

Doch erfüllte sich Rußworms Hoffnung noch nicht sogleich; erst als auch der Nachfolger des Mercoeur, Graf Solms, eines plötzlichen Todes gestorben war, beförderte Rudolf seinen Liebling zum Oberbefehl. Wenn der stolze Mann im glänzenden Harnisch vor den Kaiser hintrat, so glich er dem Ritter Georg, der sich von seinem himmlischen Herrn zum Kampfe gegen den Sündendrachen weihen lässt. Wenn er schwur, dass der Kaiser ihm Gott auf Erden sei, dass er seinen Namen unter Heiden und

Ketzern groß machen, ja seinen besten Freund und eigenen Bruder um des Kaisers willen niederstoßen würde, so fühlte dieser, dass es dem jungen Kriegshelden damit Ernst sei und dass er sich auf seine Ergebenheit durchaus verlassen könne. Rußworm zweifelte niemals weder an den Rechten des Kaisers in irgendeiner Beziehung noch an seiner eigenen Fähigkeit und Unüberwindlichkeit. Mit der Erlaubnis, frei zu reden, ausgestattet, erzählte er dem Kaiser, sein Heer, soweit es deutsch sei, sei ihm ganz ergeben und würde unter seiner Leitung jeden Feind besiegen, wäre es nur nicht durch die Trägheit und Selbstsucht des Kriegsrates und durch die Zweideutigkeit der welschen Offiziere gehemmt. Die Welschen, die ja die Mehrzahl der hohen Stellen innehatten, die Basta, die Gonzaga, die Belgiojoso und viele andere, umgarnten wohl das kaiserliche Ohr mit schmeichlerischen Worten, meinten es aber nicht ehrlich; das Schicksal des Reiches sei ihnen, den Fremden, gleichgültig, sie wollten nur ihre Taschen füllen, säßen wie habgierige Geier über den ihnen anvertrauten Provinzen und verließen sie, selbst vollgesogen, als ausgemergelte Wüsten. Der Kaiser sei zu milde, er habe das Schwert über den Erdkreis und solle seine Schärfe der Welt zeigen. Die Ketzer spotteten seiner und rühmten sich, er sei ihnen heimlich zugetan oder er fürchte sich, sie offen zu bekämpfen; wollte er nur einmal seine Majestät scheinen lassen, so würden sie geblendet niederfallen, und die alte Kaisermacht würde sich erneuern.

Siegesnachrichten vom Schauplatze des Türkenkrieges trugen dazu bei, den Kaiser in Vorstellungen von unerschütterlicher Macht zu wiegen. Der Bildhauer Adriaen de Vries erhielt den Auftrag, ihn geharnischt, in olympischer Haltung, gleichsam als einen Jupiter darzustellen, und durfte sogar zuweilen in Rudolfs Gegenwart, mit Benutzung seiner Person arbeiten. Der ihm von Philipp Lang dargebrachte Glückwunsch, dass er nach Überwindung der hässlichen Krankheit als ein anderer Herkules vergnügt und vergöttlicht aus der Asche des Scheiterhaufens steige, leuchtete ihm ein, und er beeilte sich, die Erde so weit wie möglich vor seiner Macht erzittern zu lassen.

Staunend und mit Kopfschütteln hörten die Prager zu, wie auf den Gassen und Plätzen unter Trompetenschall ein jahrhundertaltes Edikt verlesen wurde, welches die Anhänger der Böhmischen Brüderunität mit dem Tode bedrohte. Der protestantische Herrenstand überlegte sich, ob etwas vorzunehmen, etwa ein Aufstand einzuleiten sei; aber da geraume

Zeit verging, ohne dass dem wunderlichen Erlass etwas Weiteres folgte, vielmehr alles beim Alten blieb, ließ man es hingehen. So konnte dem Kaiser berichtet werden, das Edikt sei vom ganzen Volke mit stillschweigender Unterwürfigkeit aufgenommen, worauf eine weit schärfere Maßregel, um Ungarn zu schrecken, erfolgte: es wurden nämlich alle Gesetze und Verordnungen bestätigt, die seit König Stephans Zeiten zum Schutze der katholischen Religion erlassen waren.

Dies gewaltsame Gesetz, das nichts weniger als die Ausrottung des Protestantismus bedeutete, schlug in Ungarn, das sich ohnehin in einem Zustande dauernder Gärung befand, als ein Zeichen zum Aufruhr ein, der sogleich auch Siebenbürgen ergriff und Mord und Blutvergießen in dem wilden Lande hervorrief. Unbehagen erfasste die habsburgische Familie und auch die kaiserlichen Räte; denn wenn man die schwierige Stimmung der Protestanten im Reich bedachte und wie sie jederzeit im Trüben zu fischen geneigt waren, ferner, dass der Kaiser kein Geld hatte und infolgedessen auch kein zuverlässiges Heer aufbringen konnte, um einer großen Kriegsmacht zu widerstehen, so hatte es das Ansehen, als steuere man unaufhaltsam dem Abgrunde zu. Der Grausamkeit der Basta und Belgiojoso, die zuerst zur Durchführung des Ediktes, dann zur Niederwerfung des Aufstandes nach Ungarn geschickt waren, gelang es wohl, das Feuer an einzelnen Orten zu ersticken, aber es flammte stets an anderen desto heftiger auf, und schließlich hielt es der Kriegsrat für notwendig, Basta, den unmenschlichen Neapolitaner, zurückzurufen, damit das kaiserliche Regiment nicht vollends verhasst gemacht werde. Die Feinde Bastas, an deren Spitze Rußworm stand, ergriffen die Gelegenheit und verlangten die Bestrafung dieses Teufels, der unter dem Vorwande der Religion seiner Lust an Quälerei und Blutvergießen gefrönt, eine Menge Menschen wahllos dem Henker überliefert und durch Verhöhnung und Vergewaltigung der Opfer seinen Namen fluchwürdig gemacht habe. Rußworm selbst leitete das Gericht, vor dem sich Basta zu verantworten hatte, und zweifelte nicht am Untergange seines Gegners, dem eine Reihe schändlicher Vergehen nachgewiesen waren, als der Prozess plötzlich eine andere Wendung nahm, indem Basta eine Vollmacht des Kaisers vorlegte, nach welcher er über seine Verwaltung Ungarns niemandem sollte Rechenschaft abzulegen haben und jedes ihm gut dünkende Mittel zur Bekämpfung des Aufstandes sollte anwenden dürfen. Außer sich vor Entrüstung, eilte Rußworm zum Kaiser, der denn auch leugnete, die Vollmacht ausgestellt zu haben; Basta, meinte er, müsse sie sich wohl auf betrügerische Weise verschafft haben. Im ersten Augenblick fühlte sich Rußworm erleichtert; aber wie er von der Burg herunterstieg, sank seine Stimmung. Die Miene des Kaisers, sein unsicherer Blick, der schnelle Wechsel der Farbe auf seinem blassen Gesicht schwebten ihm vor und wollten ihm nicht gefallen; er konnte sich des Eindrucks nicht erwehren, dass der Kaiser die Unwahrheit gesagt habe. Er dachte sich den Zusammenhang so, dass Lang, von Basta bestochen, Rudolf die Unterschrift abgelistet habe; man wusste ja, dass er die Geschäfte hasste und sie sich gern von seinem Kammerdiener abnehmen ließ. Rußworm bemerkte, dass die Richter im Allgemeinen den Worten des Kaisers keinen Glauben schenkten, und wenn dies auch nicht geradezu ausgesprochen wurde, so fiel doch dementsprechend das Urteil milde aus, was anfangs niemand für möglich gehalten hatte.

Diese Niederlage Rußworms ermutigte seine italienischen Feinde, und selbst unter seinen früheren Anhängern waren manche, die es ihm jetzt verdachten, dass er, dessen Laufbahn von Gewalttätigkeiten keineswegs frei war, einen Kameraden hatte richten wollen. Es war an einem warmen Sommerabend im Jahre 1605, als er, von einer Audienz beim Kaiser heimkehrend, an einer Straßenecke auf Francesco Belgiojoso stieß, der, festlich in Weiß gekleidet, im Begriffe schien, eine Gesellschaft aufzusuchen. Zwischen ihnen entspann sich ein Wortwechsel und Kampf, in dessen Verlaufe Belgiojoso von einem Diener Rußworms erstochen wurde; ob der Italiener, wie Rußworm behauptete, ihm aufgelauert hatte, um ihn zu überfallen, und er in der Notwehr sich befunden hatte, ließ sich zunächst nicht feststellen. Da es nicht das erste Mal war, dass Rußworm einen Gegner im angeblichen Zweikampf getötet hatte, rechnete er auch diesmal mit Sicherheit darauf, dass die Untersuchung unterdrückt werden oder nur zu einer leicht zu ertragenden Scheinstrafe führen würde.

Indessen das gefängnisartige Zimmer, in dem er verwahrt, und die Rücksichtslosigkeit, mit der er behandelt wurde, machten ihn stutzig, und vollends als er die vielen Anklagepunkte las, die die Grundlage eines gegen ihn eingeleiteten Prozesses bilden sollten, erschrak er und begriff, dass es auf seinen Untergang abgesehen war. Er wurde da nicht nur beschuldigt, den Belgiojoso getötet, sondern auch den Herzog von Mercoeur und den Grafen Solms ermordet zu haben, die seinem Ehrgeiz im Wege gewesen waren, ja er sollte den schmählichen Ausgang eines Feldzuges gegen die Türken verschuldet haben, den der junge Erzherzog Ferdinand in so unzureichender Weise geführt hatte, dass Rußworm, als er zu seiner Hilfe herbeieilte, das unglückliche Ende nicht mehr abwenden konnte. In dieser Bedrängnis wusste Rußworm keinen Mann von Einfluss am Hofe, der für ihn hätte wirken wollen, nur auf die Gnade des Kaisers hoffte er; zuweilen jedoch fiel ihm dessen blasses Gesicht und seine furchtsame Haltung von jenem Tage ein, wo er ihn wegen Bastas Vollmacht befragt hatte, und dann wurde ihm bange zumute. Sollte es wahr sein, was Graf Kinsky, den er als einen evangelischen Böhmen verachtete, gesagt haben sollte, dass die heilige kaiserliche Majestät ein hohles Binsenrohr und ein feiger, zweizüngiger Lügner sei? Er verscheuchte den Gedanken und sprach sich selbst Zuversicht ein; wenn er nur zu ihm gelassen würde, dachte er, wurde er Rudolf wie sonst für sich gewinnen.

Unter der Dienerschaft des Kaisers war einer, der Ofenheizer Blahel, der Rußworm anhing, und diesem gelang es, sich mit dem Gefangenen in Verbindung zu setzen. Blahel hatte früher des Kaisers Vertrauen besessen, aber in der letzten Zeit, klagte er, sei er von Philipp Lang verleumdet und verdrängt worden. In dem düsteren Stübchen, das Rußworm nicht verlassen durfte, saß der geängstigte Mensch und weinte, seit Tagen sei es ihm nicht möglich gewesen, allein mit dem Kaiser zu sprechen, Lang sei der Schwarzen Kunst mächtig und habe den alten Herrn behext. Er könnte entsetzliche Dinge von Lang sagen, wenn er es sich getrauen dürfte; auch Rußworms Schicksal wäre in seiner Hand, und Rußworm hätte einen großen Fehler begangen, dass er sich nicht Langs Gunst zu erwerben versucht hätte. Nein, sagte Rußworm, mit den Zähnen knirschend, Lang sei ein schnöder Jude und ehrloser Mensch, vor dem erniedrige er sich nicht, lieber wolle er sterben. Ach, sagte Blahel, warum er sich so aufblasen wolle? Selbst der Erzbischof von Prag, der Herr von Lamberg, hatte Lang seinen größten Beförderer genannt und ihn ganz untertänig zu seiner Konsekration eingeladen; und der Erzherzog Matthias hätte erst kürzlich einen Brief an ihn geschrieben, in dem er ihn seinen insonders hochvertrauten, viel geliebten Herrn und Freund genannt hatte. »Wenn ich ihn sähe«, sagte Rußworm, »würde ich ihm ins Gesicht speien.«

»Es ist nun auch doch zu spät«, sagte Blahel, »er hasst Euch so, dass ein Sack voll Goldstücke ihm nicht Euren Kopf aufwägen würde.«

Ein Vetter Rußworms, der sich dem Kaiser zu Füßen werfen wollte, wurde nicht vorgelassen, und ein anderer Versuch, der zu seiner Rettung unternommen werden sollte, verschlimmerte nur seine Lage. Seit nämlich im Reiche die Frage, wer Rudolfs Nachfolger werden sollte, besprochen wurde, zogen einige evangelische Fürsten in Betracht, ob Maximilian, der Herzog von Bayern, sich dazu schicken und bereit finden lassen würde. Sie berechneten, dass dadurch Bayern für immer von Österreich getrennt und die katholische Partei gespalten würde; nur fragte es sich, ob Maximilian, der das durchschauen musste, für einen so gewagten Schritt zu gewinnen wäre. Auf vorsichtige Andeutungen antwortete der Herzog ausweichend und dachte bei sich, dass er die stachelige Krone nur dann nicht ausschlagen würde, wenn er dabei von österreichischer Seite keine Gefahr liefe. Er tat einige unvorgreifliche Schritte, indem er Rußworm, den ruhmvollen Feldherrn und Günstling des Kaisers, mit dessen Bewilligung in seinen Dienst nahm und indem er einen Gesandten nach Paris schickte, der insgeheim zu erforschen hatte, wie seine Bewerbung etwa aufgenommen werden würde. Der Kaiser war es wohl zufrieden, einen so mächtigen und angesehenen Reichsfürsten gegen seinen Bruder ausspielen zu können, andererseits erfüllte ihn die Anmaßung des Bayernherzogs, der ihm überhaupt nicht geheuer war, doch mit Widerwillen, und seine Fürbitte zugunsten Rußworms schien ihm damit im Zusammenhang zu stehen. Der von Lang angeregte Verdacht, Rußworm habe ohne Zweifel von den verräterischen Plänen des Herzogs gewusst, wohl mit daran geholfen, erbitterte den Kaiser dermaßen, dass er nicht länger zögerte, sondern den vielen Stimmen nachgab, die den Tod des unbezähmbaren Feldherrn forderten.

Ein bänglich weissagendes Gefühl beschlich Rußworm, als ihm hinterbracht wurde, dass seine Diener, die beim Tode des Belgiojoso zugegen gewesen waren, gefoltert und, obwohl man kein Geständnis von ihnen habe erpressen können, hingerichtet waren. Blahel hatte die Exekution mit angesehen und schlich sich in der Dunkelheit zu Rußworm, um ihm davon zu erzählen. Der eine habe ein freches Lied gepfiffen und deshalb von dem Jesuiten, der neben ihm gegangen sei, eine Maulschelle empfangen, was die anderen begleitenden Pfaffen getadelt hatten, sodass es unter diesen fast zu einer Schlägerei gekommen wäre; der andere wäre, seiner Meinung nach, vor Angst gestorben, als ihm die Schlinge um den Hals gelegt worden wäre; denn er hatte nicht das Wenigste gezappelt. »Die haben es hinter sich«, sagte Blahel, »wenn es mit uns nur auch schon vorüber wäre.« Am folgenden Tage wurde er wegen der entdeckten Zwischenträgerei mit Rußworm verhaftet, und dieser hörte nun nichts mehr von draußen.

Daran, dass er zum Tode verurteilt werden würde, zweifelte er nicht mehr; aber dass das Urteil ausgeführt würde, das glaubte er doch nicht, im letzten Augenblick würde die Gnade des Kaisers dazwischentreten.

Es war ein dunkler Novembertag, als ihm angekündigt wurde, dass er sein Gefängnis verlassen müsse, um nach dem Rathause übergeführt zu werden: ein weiteres Zeichen des nahen Endes. Die lange Haft hatte ihn so schwach gemacht, dass er ohne Hilfe die steile Treppe nicht hinuntersteigen konnte. Das Zimmer, das ihm angewiesen wurde, war größer und luftiger als das vorige, die Tür war von Soldaten bewacht, die bloße Schwerter in der Hand und Gewehre über der Schulter hängen hatten. Im Laufe des Tages wurde ihm das Todesurteil zur Kenntnis gebracht, und gleichzeitig kam der Jesuit, der ihn vorbereiten und seine Beichte empfangen sollte. Anfänglich gebärdete sich Rußworm ungestüm entrüstet als das Opfer boshafter Ränke und tyrannischer Willkür; aber die verständnisvolle Milde des Geistlichen machte ihn allmählich zugänglicher. »Ich glaube Euch«, so etwa sagte dieser, »dass rachsüchtige Feinde die Ursache Eures Todes sind, auch mag es sein, dass jener Belgiojoso nicht von Eurer Hand gefallen ist oder dass er Euch nach dem Leben stellte; aber anstatt an Eure Feinde und ihr Unrecht zu denken, vergleicht Euch mit jenem Mercoeur, der, ein tadelloser Held, durch den Willen Gottes unter Ketzern sterben musste, oder vergleicht Euch mit dem Herrn Christus, unserem Heiland, der zwischen Missetätern am Kreuze hing. Scheint es Euch dann noch, als ob Ihr schuldlos littet? Ist kein Flecken auf Eurem Gewissen, den mit Eurem Blute tilgen zu dürfen Euch lieb sein sollte?«

Rußworm wurde hierauf schweigsam und nachdenklich. Da der Pater ihn nach einer Weile fragte, ob er das heilige Abendmahl zu nehmen wünsche, bat er, zunächst eine Weile allein bleiben zu dürfen; er fühle das Bedürfnis, in sein Inneres einzukehren und sich mit Gott zu versöhnen, bevor er das Sakrament empfinge.

Dunkel zusammengeballt waren Gefühle und Gedanken in der Seele des Feldherrn emporgestiegen; es graute und gelüstete ihn zugleich, sie zu entwirren. Er trat an das Fenster und sah in die unruhige Spätherbstnacht hinaus: wie eine Herde hungriger Wölfe jagte der Wolkenhimmel über die schaudernde Stadt hin. Vor der kalten, nassen Luft, die durch die Fugen drang, zog Rußworm unwillkürlich seinen Mantel dichter über sich zusammen. Es fiel ihm auf einmal die lang vergangene Zeit ein, wo er sich vor der Dunkelheit in die Arme der Mutter geflüchtet hatte. Wie hatte ihn einst ihr Kuss beseligt, mit dem sie zuweilen, wenn er fragend zu ihr aufsah, ihm die Augen schloss! An seinem Bette hatte sie das Lutherlied gesungen, und er erinnerte sich plötzlich deutlich an das trotzige Blitzen ihrer schönen Augen, das sich für ihn mit dem Gesang verknüpfte. Wie hatte er später, als Katholik, dies Lied so hassen können, dass er, wenn er es in einer Kirche singen hörte, sich kaum zurückhalten konnte, mit seinen Soldaten einzubrechen und den Ketzern mit dem Schwerte das Maul zu stopfen? Hatte er sich überhaupt immer zurückgehalten? Fast nie mehr hatte er an seine Kindheit zurückgedacht; der Tag seines Religionswechsels hatte ihn von der Wurzel seiner Vergangenheit losgerissen und den Stürmen des Schicksals preisgegeben. In die blendende Zukunft stürzte er sich, deren Gipfel er in einem Anlauf nehmen wollte, einen Gipfel des Ruhmes, des Reichtums, aller irdischen Genüsse. Wer ihm dabei im Wege stand, den betrachtete er als seinen Feind; niemals war es ihm in den Sinn gekommen, das Recht der anderen und eigenes Recht oder Unrecht abzuwägen. Ein graues Schloss im Elsass stieg vor ihm auf, dessen unheilvolle Schwelle seine Erinnerung nie wieder betreten hatte; nun tat er es unwillig, mit der Hand den Griff des Fensterkreuzes umklammernd. Im Auftrage seines damaligen Vorgesetzten, des Marschalls Bassompierre, hatte er es besetzt und zugleich den Schutz einer vornehmen Dame und ihrer Tochter übernommen, die sich dorthin geflüchtet hatten. Die Mutter war schöner; aber das Mädchen, fast noch Kind, hatte ihn wie einen Gesandten Gottes angesehen, dessen Beruf es sei, das Böse auf Erden zu bekämpfen, und ihr bewundernder, unbewusst sich hingebender Blick hatte ihn hingerissen. Nachdem er sie verführt hatte, schien es ihm, als habe sie Schuld an der ärgerlichen Sache, und die Empörung und Verzweiflung der Mutter und das Flehen des Kindes erregten eine so grausame Lust in ihm, dass er die Geschändete in einer wilden Nacht seinen trunkenen Kameraden überließ. Er fühlte keine Reue, sondern Wut und Hass, als er die entehrenden Worte hören musste, mit denen Marschall Bassompierre ihm seine unritterliche Tat vorwarf. Vor schmachvoller Strafe rettete ihn die Flucht, und schon wähnte er sich sicher, als ein zufälliges Abenteuer ihn wieder in die Hände des Marschalls führte, der unverzüglich das Todesurteil an ihm vollziehen wollte.

Damals war er verfallen. Warum büßte er nicht willig seine ersten Verbrechen? War es Gott, der ihm noch einmal die Freiheit gab, damit er sich durch edle Taten entsündigte? Er jedoch hatte die Frist benutzt, um sich desto tiefer in die Hölle zu verstricken. Jetzt schien es ihm, als habe er, während er sich der zweiten glücklichen Flucht gerühmt und sie als Gewähr betrachtet habe, dass er gefeit vor Gefahren sei, zutiefst in der Brust das Bewusstsein getragen, dass er ein entronnener Verbrecher sei. Er sah sich, wie er den Soldaten, den Kameraden, den Vorgesetzten erschien: stolz, gefürchtet, bewundert, gehasst; wie ihm nichts genügte und eine sinnlose Ungeduld ihn vorwärts trieb. Die Siege, die ein anderer errang, freuten ihn nicht, die Ehren, die anderen zuteilwurden, schmerzten ihn schlimmer als Wunden. Ermordet hatte er weder Schwarzenberg noch Mercoeur, noch Solms; aber hätte er sie nicht sterben lassen, wenn es in seiner Macht gewesen wäre? Gewiss war, dass ihr Tod ihm willkommen war und dass er sich einbildete, Gott habe alle diese Männer hingemäht, damit er aufstiege. Er, der alle hasste, die über ihm waren, vergab niemals Neid oder Eifersucht und Widersetzlichkeit, die sich gegen ihn richteten. Er sah sich bei Raab, als die Türken besiegt und in die Flucht geschlagen waren, wie er, trunken vom Schlachten, triefend und klebend von Schweiß, Schmutz und Blut, durch das verlassene Lager der Türken voll der von ihnen zurückgelassenen Schätze ritt, deren größter Teil ihm, als dem Feldobersten, zufallen musste. Als sein Blick auf zwei Offiziere fiel, die sich über einen Haufen kostbarer Waffen hergemacht hatten und eben einen krummen Säbel aus geätztem Silber mit einem edelsteinbesetzten Knauf in den Händen hielten, übermannten ihn Zorn und Gier, sodass er vom Pferde sprang und sie Diebe schalt, die sich seines Eigentums bemächtigten. Der eine von ihnen erschrak und entschuldigte sich, insofern es nicht erlaubt war zu plündern, solange der Feind noch verfolgt wurde; der andere, ein Neapolitaner, gab eine gereizte Antwort, die zu rächen sich Rußworm vorbehielt. In Prag war es, Jahre nachher, als er in das

Zimmer dieses Mannes drang, ihm ins Gesicht schlug und ihn, als er den Degen zog, im raschen Zweikampf erstach. Der war nicht der Einzige, der von seiner Hand gefallen war.

Dann kam der Tag, wo das Schicksal ihn daran mahnte, dass er verfallen war. Es war ein Sommerabend in Ungarn, und ein breiter Wind hauchte über das Schilf, das am Ufer der still strömenden Theiß wuchs, sodass die schmalen Silberleiber sich drehten und nach den Weisen zu tanzen schienen, die um ein Feuer lagernde Zigeuner geigten. Er, Rußworm, saß mit ein paar Freunden in seinem Zelt und trank und spielte, als einige Offiziere näherkamen, unter denen ein Fremder war, der durch die ausgesuchte Eleganz, Keckheit und Anmut seiner Erscheinung auffiel. Rußworm erkannte sogleich, dass es weder ein Deutscher noch ein Italiener, noch ein Wallone war; es musste ein Franzose sein, und ein seltsames Frösteln überlief ihn, indem er das dachte. Unterdessen waren die Offiziere herangetreten und stellten den Fremden als den jungen Herrn Bassompierre vor, der im Gefolge des Prinzen von Joinville gekommen sei, um unter Rußworms Führung gegen die Türken zu kämpfen. Indem er sich verneigte, sagte der schöne junge Mann, Rußworm habe, soviel ihm bekannt sei, seine Laufbahn unter seinem Vater, dem alten Marschall Bassompierre begonnen; umso eher werde er jetzt dem Sohne gestatten, das Handwerk von ihm zu lernen. Rußworm gab eine nicht unhöfliche, aber kurze Antwort, während sein Herz bebte; es kam ihm vor, als sei die scheinbare Unbefangenheit des Franzosen erkünstelt und als spiele ein spöttisches Lächeln um seinen freundlichen Mund. Er wartete einen Augenblick ab, wo er mit Bassompierre allein war, um ihm zu sagen, er habe nichts gegen ihn und werde ihm nichts zuleide tun; aber sein Anblick sei ihm zuwider, und er solle ihn meiden, soviel das möglich sei. Dennoch sah er ihn oft, nicht nur im Felde, sondern auch in den Häusern des katholischen Adels in Prag, wo niemand so erfolgreich wie der junge Bassompierre den Damen den Hof zu machen wusste; und sowie er ihn erblickte, hörte Rußworm die süßen Geigentöne wieder, die die Zigeuner an jenem Abend an der Theiß gespielt hatten.

Nie war Rußworm so wild und übermütig, als wenn er Bassompierre in der Nähe wusste. Tolle Feste feierten sie auf dem Schlosse des Burggrafen von Karlstein, in dessen jüngste Tochter er, Rußworm, eben damals verliebt war. In den Sälen, wo man tanzte, roch es nach Wachs, Schweiß und Blumen; er hielt die Geliebte in den Armen und drückte zum Abschied auf eine ihrer Brüste, die aus dem seidenen Mieder quollen, einen langen Kuss, sodass eine rötliche Stelle sichtbar blieb und das Mädchen aufatmend davonlief, um sich frisch zu pudern. Dann ritt er mit Bassompierre in die alte Stadt und erzählte diesem, er wisse einen Gastwirt mit zwei hübschen Töchtern, die er ihnen für ein paar Dukaten verkuppeln würde. Der Wirt saß noch bei einem Lämpchen in der Gaststube zwischen den Töchtern, von denen die eine ihr gelöstes Haar kämmte, während die andere aus einem alten Kalender vorlas. Sie wurden eingelassen, und Rußworm setzte sich sofort zu der, die ihre Haare flocht und deren scheuer Blick seine Leidenschaft entzündet hatte. Er wollte keine Zeit verlieren, nannte sie Liebchen und umarmte sie, und als der entrüstete Vater ihn anpackte, drohte er diesem und behauptete, er habe schon Geld von ihm für seine Kinder angenommen. Dass Bassompierre ihn warnte und zu vermitteln suchte, reizte ihn nur mehr: er hielt das jammernde Mädchen in einem Arme fest und wehrte mit bewaffneter Hand den Vater ab; indessen hatte die andere Tochter ein Fenster geöffnet und schrie um Hilfe in die Nacht. Nun kamen von verschiedenen Seiten die Nachbarn, mit Knüppeln, Messern und Äxten bewaffnet; er versuchte eine Weile, sich zu wehren, musste aber doch endlich, am Arme verwundet, das Mädchen loslassen und, von der erbitterten Menge verfolgt, durch die engen und steilen Gassen flüchten.

Der Schweiß trat ihm bei der Erinnerung auf die Stirne. Damals hatte es ihn nicht angefochten; nur ein paar Tage später ritt er nachts an der Spitze eines Maskenzuges, denn es war Fasching, durch die Stadt, er in der Tracht eines reichen Türken, mit einem perlenbehangenen Turban und einer scharlachroten Schärpe ausstaffiert. Am Tore der Altstadt wurden sie durch Wächter aufgehalten, die die Verordnung hatten, bei Nacht niemanden, wer es auch sei, passieren zu lassen. Rußworm, nicht willens zu gehorchen, trotzte und drohte mit seinem Namen und Ansehen; der Lärm führte den Hauptmann der Polizeiwache herbei, der, nachdem Rußworm sich zu erkennen gegeben hatte, die Gesellschaft vorbeiließ und zugleich die Wächter entschuldigte, die als arme Leute nur erhaltene Befehle ausgeführt hätten. Diese Demütigung genügte nicht, seinen Zorn zu besänftigen; vielmehr bewirkte er, dass die Wächter in hartes Gefängnis geworfen wurden und wochenlang dort schmachteten. Die Frauen der Männer warfen sich ihm zu Füßen und flehten sein Erbarmen an, ohne dass es ihn rührte; ihren Männern, sagte er, geschehe recht, der Übermut müsse gestraft werden, in Zukunft würden sie seinen Namen kennen. Erst als zwei von den Gefangenen vor Kälte und Hunger gestorben waren, ließ er die übrigen frei.

Was hatte ihn umgetrieben bei allem seinem Tun? Wohin war er geraten? Seine Blicke folgten den schwarzen Wolken, die unaufhaltsam vorüberfegten wie die Augenblicke seines grauenvollen, besinnungslos vergeudeten Daseins. Er hatte das Wiedereintreten des Jesuitenpaters überhört und wendete sich mit einem Schrei des Schreckens um, als dieser die Hand auf seinen Arm legte und ihn fragte, ob er bereit sei, das Abendmahl zu empfangen.

Rußworrn schlug die Hände vor das Gesicht, stürzte auf die Knie und rief aus: »Ich bin der sündenvollste aller Sünder, nicht wert, dein Gewand, mein Vater, zu berühren! Wie sollte ich den Leib des Herrn empfangen?« Der Geistliche legte die Hand auf Rußworms Scheitel, sagte, dass Reue auch ein Übermaß von Sünde zu tilgen vermöge, und forderte ihn auf, zu beichten. Fast eine Stunde verging darüber, worauf der Jesuit dem Büßenden das Credo vorzusprechen begann. Als er die Worte aussprach: »Et incarnatus est«, erbebte Rußworm, wie wenn ein Posaunenstoß sie begleitet hätte. »Auch meine Seele«, rief er aus, »war ein unsterblicher Hauch Gottes, aber das Fleisch, in das sie einging, hat sie verschlungen.

Die Edle ist eine Sklavin geworden, entstellt und besudelt, und ließ das Fleisch als einen grausamen Herodes über sich triumphieren. Es ist zu viel, zu viel«, stöhnte er, »meine Schuld ist zu groß für Gottes Gnade.« Die Tränen stürzten heftig aus seinen Augen, indem er die Knie des Paters umschlang. »Gottes Gnade ist unermesslich«, sagte dieser sanft. »Da der Augenblick da wäre«, flüsterte Rußworm, »wo ich dies Fleisch opfern darf, das durch und durch voller Sünde ist! Aber ist das Buße, dass ein Schwert meinen Nacken durchschneidet? Ich möchte, dass jedes meiner Glieder einzeln zu Tode gemartert werden könnte. Langsam sollte das Feuer mich verzehren; vielleicht ließe Gott zu, dass, während mein Fleisch in Qualen schmölze, meine Seele verjüngt und gereinigt würde.«

Der Pater suchte den leidenschaftlich Schluchzenden zu beruhigen. »Ergib deinen Willen in Gott«, sagte er zu ihm, »auch darin, dass du nicht mehr opfern willst, als er von dir verlangt. Bringe dich ihm willig dar, wenn die Stunde kommt, und harre demütig, wie er mit dir schalten will.«

Nach dieser gewaltsamen Aufregung kam eine wohltätige Ruhe und tiefer Schlaf über den Verurteilten. Er wurde durch die Schritte und Reden verschiedener Männer geweckt, die sein Zimmer betraten und unter denen er die vermummte Gestalt des Henkers erkannte. Ob es schon Zeit sei?, fragte er; man hätte ihn länger schlafen lassen können. Es sei sechs Uhr, wurde ihm geantwortet, um sieben müsse alles vorbei sein. Der Jesuitenpater, der ein Kruzifix trug, nickte ihm zu und schien ihm etwas sagen zu wollen; allein er beachtete es nicht, plötzlich von einem durchdringenden Widerwillen und Zorn erfasst. Auf seine laute Frage, ob des Kaisers Majestät davon unterrichtet sei, dass jetzt sein Haupt fallen solle, antwortete einer der anwesenden Richter, es geschehe alles auf Befehl des Kaisers. Rußworm stutzte; es drängte ihn, das Fenster aufzureißen und die Vorübergehenden um Rettung anzurufen, der Kaiser werde sie dafür belohnen. Nicht möglich schien es ihm, nicht möglich, dass der Kaiser ihn verließe!

Draußen war es noch dunkel, in das Zimmer fielen rote Lichter von den Fackeln, die die Wächter hielten. Das Gefühl, es beobachteten ihn höhnende Blicke und weideten sich an seiner Todesfurcht, ließ ihn sich fassen; er richtete sich stolz auf und bat die Anwesenden, seinen Abschiedsworten Gehör zu schenken.

Der Tod sei ihm erwünscht, sagte er ruhig, durch den er die zahlreichen Sünden seines Lebens büße. Wolle der Henker ihm die befleckte Hand abhauen, bevor er ihm das Haupt vom Rumpfe trennte, so werde er es ihm danken. Nicht als ob er am Tode des Herzogs von Mercoeur schuldig sei; auch den Belgiojoso habe er nicht getötet, vielmehr habe der ihm nachgestellt und sei in die Grube gestürzt, die er ihm zum Falle gegraben habe.

Er wurde lebhafter und sprach schneller und lauter. Noch weniger, fuhr er fort, habe er sich jemals gegen das Haupt des Römischen Reiches, den Kaiser, verfehlt. Ja, er sei neidisch und rachsüchtig gewesen, habe wüst mit Weibern gewirtschaftet; aber den Kaiser habe er verehrt wie einen Vater und Herrn, der Traum seiner Jugend wie das Ziel seiner Manneskraft sei gewesen, sein Leben auf dem Schlachtfeld für den Kaiser zu wagen. Er habe die Feinde nie gefürchtet, die von außen die Macht des Kaisers angegriffen hätten, noch die im Innern des Reiches sein Diensteifer gereizt hätte. Heilig über alles sei ihm der Kaiser gewesen, Huld und Lohn hätte er von ihm verdient; anstatt dessen gebe er ihn dem Henker preis. Zu spät werde er ihn zurückwünschen, er werde keinen finden, der ihm so ergeben sei wie er. Niemand werde ihn vor den Verrätern schützen, die ihn umringten, verlassen werde er sterben, arm und einsam wie ein heimatloser Bettler.

Während einige von Rußworms Rede erschüttert waren, machte der Vorsitzende des Gerichtes Miene, seine Lästerungen gegen die kaiserliche Majestät zu unterbrechen; indessen legte der Jesuit die Hand auf seinen Arm und hielt ihm mit traurigem Blick das Kruzifix entgegen. In Rußworms Zügen ging eine jähe und schreckliche Veränderung vor; er riss das Kreuz dem Geistlichen aus der Hand, drückte es an die Lippen und an das Herz und rief aus, indem er sich auf die Knie warf: »Mein Heiland Jesus Christus, vergib mir; ich sterbe gern als ein Sünder zu deinen Füßen.« In dieser Stellung verharrte er schweigend, bis der Streich fiel, der ihn mit eins tötete.

Dieselbe Nacht war dem Kaiser unruhig verlaufen. Abends hatte er mit Philipp Lang, ein paar Malern und Frauen beim Weine gesessen, bis er plötzlich müde wurde und zu Bett verlangte. Er wachte aber nach kurzem Schlaf wieder auf und wurde, je länger er sich schlaflos hin und her warf, desto aufgeregter. Philipp Lang, den er zu sich rufen ließ, durchschaute, dass er gern von Rußworm gesprochen hätte, aber nicht selbst anfangen mochte, und erzählte scheinbar beiläufig, der Verurteilte habe seine Schuld eingesehen und sich reumütig auf den Tod vorbereitet.

»Er ist ein trotziger Mensch«, sagte der Kaiser. »Warum hat er meine Gnade nicht angerufen, da ich ihm doch immer ein milder Herr gewesen bin?« Er sei sich wohl bewusst gewesen, dass er sie nicht verdient habe, meinte Lang; auch habe er niemand außer sich selbst geachtet.

Er sei auch tüchtig gewesen, sagte der Kaiser. Ja, er habe ihm Glück gebracht. Jetzt sei er von Verrätern umgeben und wisse nicht, wem er trauen solle.

Lang nannte diesen und jenen, der Rußworm weit überlegen sei, und führte Beispiele von dem verwahrlosten Zustande an, in den das Heer unter ihm geraten sei. Er habe nur den Vorzug plumper Tapferkeit besessen; der verstorbene Schwarzenberg habe stets an ihm getadelt, dass er alles besser wissen wolle als die anderen, dass aber seine Pläne unausführbar seien.

»Einer beneidet den anderen, und einer misstraut dem anderen«, sagte Rudolf. »Sie haben es im Grunde alle nur auf mein Geld abgesehen.«

Wenn der Kaiser wollte Gnade walten lassen, sagte Lang vorsichtig, so könne niemand ihn an der Ausübung dieses göttlichen Rechtes hindern, wenn es hie und da auch böses Blut machen werde.

»Ich habe niemand als dich«, sagte Rudolf klagend, »diejenigen, die mich ehren und lieben sollten, trachten nach meinem Leben. Mag der Rußworm übrigens sein, wie er will, er war mir ergeben und war deshalb meinem Bruder Matthias im Wege, der ihn verleumdete. Sie haben es darauf abgesehen, dass ich in ihm mich selbst opfere.« Er stand vom Bett auf und ging, auf Lang gestützt, im Zimmer auf und ab, das ein trübes Nachtlämpchen erhellte. Indessen kroch der Morgen an das Fenster; mit fiebrigen Augen sah der Kaiser zu, wie sich unten die Dächer und Türme spitz und fröstelnd in das kahle Zwielicht zu bohren begannen.

Wäre Rußworm der kaiserlichen Majestät so ergeben gewesen, sagte Lang, so hätte er nicht dermaßen frevelhafte Reden über sie führen sollen, wie viele gehört hätten; freilich sei er ja noch jung, und im Rausche könne man die Worte nicht wägen, Gnade sei immer wohl angewandt; wenn der Kaiser es wolle, so werde er schleunig einen Boten mit der Begnadigung auf das Rathaus schicken. Eile tue jetzt not, fuhr er fort, da Rudolf, sichtlich erleichtert, doch noch ein wenig zauderte, mit Tagesanbruch solle ja die Hinrichtung vollzogen werden; worauf er geschäftig die nötigen Anordnungen traf und dem Boten einschärfte, zu laufen, so schnell ihn seine Beine trügen. Als derselbe vor dem Rathause ankam, wurde eben der in schwarze Tücher gewickelte Körper des Gerichteten auf einen Wagen geladen, um aus der Stadt geschafft zu werden.

Dieser Misserfolg erschütterte den Kaiser im ersten Augenblick nicht sonderlich; denn er hatte sich inzwischen vorgestellt, was für unbequeme Folgen sein Eingriff nach sich ziehen konnte und wie Rußworm vielleicht über seine Schwäche prahlen und ihn heimlich auslachen würde. Schon am selben Abend jedoch kam die Beängstigung wieder, und es gewann den Anschein, als sollte die Melancholie, die man schon überwunden glaubte, sich des Kaisers von Neuem bemächtigen.

Der junge Maximilian von Bayern war zäh, schlau und herrschsüchtig, verstieg sich in seinen Plänen aber nie zu hoch, sondern zügelte sie mit Geduld und Vorsicht und wusste seinen Hochmut sehr wohl mit einer scheinbaren Unterordnung unter die Jesuiten zu vereinen, die jedoch bald merkten, dass ihre Macht über ihn nicht weiter ging, als sein Vorteil zuließ oder etwa als ihr Verstand es über den seinigen davontrug. Das Äußere betreffend, war er gut gewachsen und hatte ein hübsches, regelmäßiges Gesicht, das freilich die Weichheit der Jugend früh verlor; seine Sinnlichkeit war feurig, und es konnte nicht fehlen, dass er in Liebesangelegenheiten geriet, denen er sich mit Leidenschaft hingab. Sein Beichtvater, dem bei den häufigen Gesprächen, die er mit Maximilian führte, diese Vorgänge nicht verborgen blieben, beschränkte sich zuerst auf die Warnung, der Prinz solle Meister seiner Gefühle zu bleiben suchen. Nach einer Weile ließ er sich häufiger darüber aus, was für Pflichten ein katholischer Regent in Bezug auf die Weiber, insbesondere seine Ehefrau habe; er sei nämlich für ihr Betragen verantwortlich und müsse sie so ziehen und halten, dass sie zu keinem Tadel, vielmehr zum Lobe Anlass gebe. Vor allen Dingen dürfe er ihr keinen Einfluss auf die Regierungshandlungen gestatten, denn für diese müsse hauptsächlich der Wille Gottes und das Wohl der Kirche, teils aber auch die sogenannte raison d'état oder Staatsvernunft maßgebend sein. Es sei deshalb notwendig, dass kein weiblicher Einfluss, wie er im Ehebett sich allzu leicht geltend mache, sich eines Fürsten bemächtige und dass in seinen Verhältnissen zu den Weibern die Neigung zurücktrete. Die fleischlichen Triebe, die der Natur des Menschen anhafteten, dürften wohl befriedigt werden, aber es dürfe kein Verhältnis daraus erwachsen, das sein Fühlen und Denken dauernd in Anspruch nähme.

Zum ersten Male bemerkte der Beichtvater, dass sein sonst so williger Schüler ihm schweigend widerstrebte, weshalb er sich entschloss, die Gefahr, die sich hier entwickeln konnte, nachdrücklich zu bekämpfen. Er sprach eingehend über die Beschaffenheit des Weibes, die es wohl tauglich mache, ein Gefäß des Mannes, aber nicht würdig, seine Gefährtin zu sein. Viele Kirchenlehrer seien im Zweifel, ob das Weib fähig sei, in den Himmel, das heißt in die unmittelbare Nähe Gottes zu gelangen als höchstens mittelbar durch den Mann, da es keine persönliche Seele habe und des Eigenlebens bar sei, insofern etwa mit den Tieren auf einer Stufe. Geschaffen sei die Frau, ebenso wie das Tier, damit der Mann sich seiner nach Bedarf bediene, und sei deshalb seiner fleischlichen Natur entsprechend und auf sie wirkend gemacht, als derjenigen Seite seines Wesens, mit der er selbst verwerflich und vergänglich sei. Nur *eine* Frau habe auf Erden gelebt, die rein und von der Gebrechlichkeit der Weiber frei sei, die Heilige Jungfrau, und es sei die Meinung einiger gelehrter Väter des Ordens Jesu, dass das weibliche Geschlecht durch sie erlöst werden könne, während andere glaubten, dass Maria gewissermaßen die Darstellerin dieses niederen Geschlechtes sei und dasselbe in ihr Anteil an Gott habe, ohne selbst über seine kurze tierische Existenz hinauszukommen. Dieses alles bedenkend, könne ein Fürst der Weiber sich wohl bedienen, wenn es nötig sei, solle sich aber nicht zu ihrem Knecht machen, vor ihnen scharwenzeln und kniebeugen, sie etwa gar vergöttern, wie manche heidnischer- und schamloserweise täten. Die Königin des Himmels, die von Engeln Getragene, die unbefleckt empfangen habe, der solle er sein Herz weihen. Sie, die makellos Schöne, die unverwelkliche, nie sich entblätternde Rose, die wolkenlos Strahlende, die Holdselige, Gnadenreiche, Allverzeihende, sei die einzige Dame, der ein Fürst sich anbetend hingeben könne, ohne sich zu erniedrigen. Wer ihr hienieden nie wankende Ergebenheit bewiese, den würde ihre Lilienhand am Tore des Himmels empfangen, um ihn in der Ewigkeit für die kurze Spanne irdischer Entsagung zu entschädigen.

Solche Worte fachten allmählich Liebe zu der Himmelsjungfrau im Herzen des Prinzen an, freilich nicht ohne Kämpfe und Rückfälle. Um die Entwicklung zu befördern, legte der Beichtvater seinem Zögling allerlei geistliche Übungen auf, Versenkung in vorgeschriebene Betrachtungen, vielstündige Gebete und zwischendurch Geißelungen und Kasteiungen. In dem dadurch hervorgerufenen Zustande von Erregung erblickte der Prinz zufällig ein von dem Maler Rottmann verfertigtes Bild der Jungfrau Maria in einer von zahllosen Blumen durchsprossten Landschaft, von lachenden Engelskindern wie von einem Frühlingskranze umgeben, den Beschauer mit frauenhafter Güte und Lieblichkeit anlächelnd. Hingerissen von der Schönheit der unerreichbar Schwebenden, gelobte er ihr das reine Feuer seines Herzens und den Dienst seines ganzen Lebens, sodass er alle seine Taten in ihrem Namen und zu ihrer Verherrlichung tun wolle. Bald reiften ihm auch die Früchte seines Entschlusses, indem das Bewusstsein, der himmlischen Frau anzugehören, insgeheim mit ihr, der über allen irdischen Weibern, ja über allen Menschen Thronenden inbrünstig und auf ewig verbunden zu sein, ihn in erhabener Höhe unerschütterlich feststellte. Er begann die Frauen, die er mit der Vollkommenheit seiner Herrin verglich, gering zu schätzen und ungerührt an ihnen vorüberzugehen, während sie durch seine strenge Zurückhaltung doppelt angezogen wurden. Es wäre ihm nicht schwer geworden, unvermählt zu bleiben; aber da er für einen Nachfolger zu sorgen hatte, heiratete er seine Base Elisabeth Renate von Lothringen, übrigens ohne dass der Zweck der Verbindung erreicht wurde. Die Alleinherrschaft der Jungfrau Maria im Herzen Maximilians wurde durch die Ehe nicht angetastet, gründete sich vielmehr mit den Jahren immer fester und sicherer. Die oft langwierigen Regierungsgeschäfte erhielten eine gewisse Süßigkeit durch die Vorstellung, dass es sich um ihr Land und ihr Volk handle, welches er, als der Statthalter der angebeteten Königin, um sie zufriedenzustellen, in einen möglichst heiligmäßigen Zustand zu versetzen habe.

Am pfälzischen Hofe war man der Meinung, dass die Katholiken zu einem großen Schlage ausholten, um die Protestanten zu vernichten; dafür sprachen allerlei bedenkliche Zeichen. Schon im Jahre 1601 war ein Reisender durch Heidelberg gekommen, der sich Brocardo Baronio nannte und ein Italiener zu sein vorgab, der zum protestantischen Glauben übergetreten sei und deshalb verfolgt werde, und da er sich ansehnlich und wohlredend zeigte, hatte man ihn im Schlosse empfangen. Dieser hatte allerlei hässliche Eröffnungen gemacht, wie dass eine Verschwörung unter den Katholiken bestehe mit dem Papst an der Spitze, dass eine ungeheure europäische Bartholomäusnacht vorbereitet und ein unauslöschlicher Blutstrom sich durch alle Länder ergießen werde. Die Schrift ›De autonomia‹, die von der Notwendigkeit, die Ketzer auszurotten, handelte, weil es nur *eine* Wahrheit gebe, und diese sei bei den Katholiken, bewies, wie sicher die Feinde sich fühlten. Denn wie hätten so unumwundene Gesinnungen und Drohungen sonst gedruckt und veröffentlicht werden können? Den Räten, Lingelsheim, Loefenius, Schug, Camerarius, stieg das Blut heiß zum Kopfe, wenn sie sich vorstellten, in welcher Verfassung diese Gefahren die protestantische Partei antrafen. Während das Heer der Jesuiten und Kapuziner in zahllosen Wellen, Rinnsalen und Bächen zusammenfloss und mit einem Male alles Land überschwemmen konnte, blieben die Protestanten vereinzelt, untereinander entzweit, kaum auf Verteidigung bedacht, geschweige denn, dass sie den Angriff wagen könnten. Soeben kam Loefenius von Stuttgart zurück, wo eine Vermählung stattgefunden hatte, zu der der Kurfürst geladen war, was man hatte benutzen wollen, um eine Vereinigung mit dem Herzog von Württemberg zu erzielen und dadurch die Grundlage zu einer weiteren Union zu gewinnen. In Lingelsheims Bibliothek berichtete er seinen Kollegen von dem Misserfolg seiner Sendung. Ihr Herr sei entweder auf der Jagd oder bei Tafel gewesen oder habe seinen Rausch ausgeschlafen. Einmal habe er ihn allein gesprochen, da habe er geweint, weil er wegen der Gliederschmerzen am letzten Turnier nicht habe teilnehmen können. Es sei aus mit ihm, er könne nie mehr gesund werden, er, Loefenius, solle ihn trinken lassen, damit er sein Unglück vergäße; Geschäfte habe er das ganze Jahr, diese wenigen Tage sollte Loefenius ihm nicht vergällen.

»Die schwerste aller Lasten ist ein leichter Kopf«, sagte Lingelsheim in lateinischer Sprache, »das gilt für den Einzelnen wie für den Staat.« Ob denn Loefenius nichts mit den Räten des Herzogs habe ausrichten können? Außer dem Enslin, sagte Loefenius, sei keiner, der ein klares Wort zu reden sich getraue, und Enslin sei ihm absichtlich ausgewichen. Er habe gehört, dass Enslin daran arbeite, die Lehensrechte, die Österreich über Württemberg habe, abzulösen, und dass er sich deshalb den Kaiser geneigt erhalten wollte. Bis das erledigt sei, werde Württemberg dem Kaiser in allen Dingen nachgeben und sich auf nichts Verdächtiges einlassen. Jammervoll sei es, wie am Hofe gehaust werde, in einem Freudenhause könne es nicht ärger zugehen. Mehr als fünfhundert Personen zähle der Hofstaat, und die Tafel sei immer voll gedeckt. Der Herzog wolle durchaus eine stattliche Hofhaltung führen, obwohl doch wenig Adel im Württembergischen vorhanden sei und das Land gedeihen könnte, wenn es nicht absichtlich verderbt würde. Geld fließe wie Wasser, und um es sich zu verschaffen, ließe der Herzog Goldmacher kommen und stecke ihnen Tausende von Talern in die Tasche, bevor eine Erbse groß Gold aus ihrem Tiegel komme. Schlau genug sei der Herzog, aber er kümmere sich nur noch darum, etwas ins Bett und in den Beutel zu bekommen, und der Enslin könne und wolle nicht über Württemberg hinausdenken.

Indessen hatte der Großhofmeister, Graf Solms, seine Not mit dem Kurfürsten, der, übellaunig von der Reise zurückkehrend, auf seine Gemahlin schimpfte, weil sie ihm nicht entgegengekommen sei, und in ihre

Gemächer dringen wollte, um sie zur Rede zu stellen. Er sei eben nicht in dem Zustande, der hohen Frau aufzuwarten, sagte Graf Solms ernst; er habe getrunken und sei nicht Meister über seine Zunge. »Desto mehr über meine Faust«, stammelte der Kurfürst und rollte die Augen.

Wenn er ihn verhindern könne, seine edle Gemahlin zu beleidigen, so wolle er Leib und Leben daransetzen, sowohl ihretwegen wie seinetwegen.

»Warum verbirgt sie sich denn wie ein Weib, das seinem Eheherrn übel gesinnt ist?«, schrie der Kurfürst »Hätte sie mich geliebt, wie es sich gebührt, so hätte sie einen guten Mann an mir gefunden. Willst du leugnen, dass ich ein gutherziger, nachgiebiger Mensch bin? Ich will doch sehen, ob ich ihren Stolz und Trotz nicht beugen kann! Ob sie mit ihrem Latein und Französisch einen Ausweg vor meinen Fäusten findet!«

Der Graf stemmte sich gegen die Tür und sagte ruhig: »Der Leib Eures Dieners ist Euer Schild, er schützt Euch gegen Tod und gegen Schande.« Diese Worte und der vorwurfsvolle Blick des Grafen wendeten Friedrichs Sinn augenblicklich; er warf sich, in Tränen ausbrechend, an seine Brust und rief: »O mein Herz, mein treuester Johannes, ich tötete ja mich selbst in dir! Verlass mich nicht! Denn was wäre ich ohne dich! Was habe ich dir getan, dass du mir die kaltherzige, ungehorsame Frau vorziehst und mich um ihretwillen deiner Liebe beraubst?«

»Weil ich Euch liebe«, sagte Solms traurig, »will ich nicht, dass Ihr eine hohe Dame beleidigt, die Ihr vielmehr beschützen solltet«, und fuhr fort, ihm in dieser Weise zuzusprechen, worüber er schläfrig wurde und zu Bett gebracht werden konnte.

Bei wiedererlangter Nüchternheit pflegte der Pfalzgraf Anwandlungen von Reue über die verübten Exzesse zu haben, besonders seit er dem vom Landgrafen Moritz bei Gelegenheit eines Familienfestes in Heidelberg gegründeten Mäßigkeitsorden beigetreten war. Moritz hatte es damals ärgerlich empfunden, dass der Stumpfsinn der Betrunkenen nicht die Art der Unterhaltung aufkommen ließ, die er liebte, und hatte den Vorschlag gemacht, man solle sich eine gewisse Beschränkung im Essen und Trinken auferlegen und zu diesem Zweck einen Verein stiften. Der Mensch sei zum Ebenbilde Gottes, nicht zum Ebenbilde von Affen und Schweinen geschaffen, denen er im Rausch ähnlich werde.

Es sei gar zu anstrengend, Mensch zu sein, sagte der Herzog von Württemberg, man müsse sich von Zeit zu Zeit in der Sauerei davon erholen. – So?, sagte Moritz höhnisch, das sei je nachdem: ein Vierfüßler könne nicht lange aufrecht gehen, ihm würde es Mühe machen, auf allen vieren zu laufen. Gott habe den Menschen ja ein Bad der Erquickung gerichtet in der Betrachtung seiner Vollkommenheit und in der Erforschung der Weltwunder. Da der Mensch aus Gottes Geist geschaffen sei, könne ihm auch nur durch den Geist Leben zufließen. Freilich müsse man essen und trinken, um den Körper zu erhalten, mit dem der Geist verbunden sei; aber wenn man zu viel Holz in den Ofen schiebe, so ersticke das Feuer, um dessentwillen doch nur geheizt werde. Die Fürsten sollten dessen vor allen Dingen eingedenk sein, die ihren Untertanen ein Vorbild aufstellen sollten. Sie als christliche Fürsten möchten auch nicht einen Baal oder Moloch anbeten, der im eisernen Bauch Kinder verbrenne und sich mit Opferblut begießen lasse; so könnten sie auch christlichen Völkern nicht zumuten, Herren zu dienen, die im Sumpf der Völlerei heimisch wären. Wenn sie ihren Untertanen nicht das Beispiel eines edleren Lebens geben könnten, wozu waren sie dann da? Hätte Gott sie eingesetzt, damit sie sich desto besser besaufen könnten? Ein Fürst stehe auf beleuchteter Höhe, und sein Wandel müsse so sein, dass jeder ihn mit Lust betrachten und sich danach bilden könne.

Von solchen und ähnlichen Reden des Landgrafen Moritz wurde der Pfalzgraf endlich so erschüttert, dass er zu weinen anfing, dem Landgrafen um den Hals fiel und ihm sagte, er habe sein Gewissen geweckt, es sei alles wahr und richtig, er, der Pfalzgraf, wolle nun vom Saufen lassen und ein fürstliches Leben führen, damit die evangelische Wahrheit durch ihn offenbar werde. Es wurde demnach zur Einrichtung des Ordens geschritten, wonach niemand bei einer Mahlzeit mehr als sieben Becher Wein trinken durfte; zu einem kleineren Maße wollte der Herzog von Württemberg, der aber hernach wieder austrat, sich nicht verstehen, da er meinte, Gott könne es nicht darauf abgesehen haben, die Fürsten und Herren verschmachten zu lassen. Außer dem Landgrafen Moritz und dem Pfalzgrafen traten dem Orden bei der Landgraf Ludwig von Hessen-Darmstadt, Moritzens Vetter, der Markgraf von Jägerndorf und einige Grafen von Nassau, Solms, Erbach und Leiningen.

Als Erfolg und Zuwachs wurde es in Heidelberg begrüßt, dass Landgraf Moritz von Hessen im Jahre 1603 den reformierten Glauben annahm. Auf einer Reise durch die Schweiz und Frankreich hatte er die

Einrichtungen der reformierten Kirche durch eigene Anschauung und ihre Leiter persönlich kennengelernt und einen Eindruck davon gewonnen, der seine schon bestehende Neigung verstärkte. In Basel, Zürich und Genf fand er Friedfertigkeit, Ordnung und Tüchtigkeit, sah er alle Kräfte des Gemeinwesens gesammelt, um eine harmonische Erscheinung hervorzubringen. Die Geistlichen, mit denen er sich unterhielt, schwärmten nicht in Geheimnissen, die sie allein besitzen wollten, vielmehr suchten sie die göttliche Vernunft allen zu entschleiern. Es schien ihm, als hätten die Menschen dort klarere und festere Gedanken, gesündere, regelmäßiger schlagende Herzen, und Ungeduld ergriff ihn, einen ähnlichen Zustand nach Deutschland, wenigstens nach dem ihm untergebenen Hessen zu verpflanzen. Den König von Frankreich, Heinrich IV., betrachtete er als noch der reformierten Religion zugehörig, soweit er ihn bewunderte; seine Fehler, die Ausschweifungen, die Liederlichkeit seines Ehelebens und allerlei Zweideutigkeiten und Unregelmäßigkeiten schrieb er seinem Zusammenhange mit der katholischen Kirche zu. Er war überzeugt, dass Heinrich IV. sich im Herzen mit den Bekennern seines alten Glaubens einig fühlte, die auf der Seite seines guten Genius ständen, und sie in etwaigen Kämpfen und Nöten unterstützen würde. Dazu kam, dass seine zweite Frau – denn die zarte Agnes war nach neunjähriger Ehe gestorben –, die sechzehnjährige, kluge Juliane, eine Oranierin war, reformierten Glaubens, eine Vertreterin des Geschlechtes, dessen Namen ein Meerhauch von Kraft und Freiheit umwitterte.

Mit einigen ergebenen Geistlichen arbeitete Moritz selbst die neue Verordnung aus, nach welcher vornehmlich die Änderung stattfand, dass alle Bilder aus der Kirche entfernt und beim Abendmahl das Brot zum Gedächtnis Jesu gebrochen und an die Gemeinde ausgeteilt werden sollte. Eines Sonntags trug ein Prediger in der Kasseler Hofkirche in einer größtenteils von Moritz selbst verfertigten Rede alle Gründe vor, die den Landgrafen zu der neuen Ordnung geführt hatten, forderte das Volk auf, sich damit bekannt zu machen, sie zu prüfen und etwaige Zweifel dem Landesherrn selbst vorzutragen, der bereit sei, jedem seiner Untertanen Antwort zu geben. Moritz war mit seiner Familie anwesend und folgte dem Vortrage aufmerksam und etwas ungeduldig; er hätte selbst zur Gemeinde gesprochen, wenn er es nicht für ziemlich gehalten hätte, an dem dem Gottesdienst geweihten Orte hinter dem dazu bestellten Geistlichen zurückzustehen. Seine hohe, elastisch aufrecht gehaltene Gestalt und sein Blick voll geistigen Feuers beherrschte die Zuhörer, sodass er den Eindruck gewinnen konnte, die Ausführungen seines Pastors hätten jedermann überzeugt.

Vor der Kirche blieb er im Gespräch mit seiner Frau und seiner ältesten Tochter aus erster Ehe stehen und sah freundlich in die Runde, um diejenigen zu ermutigen, die etwa eine Frage stellen mochten. Als er einige bemerkte, die sich nähern zu wollen schienen, winkte er mit der Hand und forderte den nächsten auf, sich ohne Scheu zu erklären. Der Mann, ein Buchdrucker, sagte unter vielen Bücklingen, dass er belehrt zu werden wünsche, warum es denn sträflich sei, sich an Bildern zu erbauen, wofern man sie nicht anbete, was ein evangelischer Christ doch ohnehin nicht tue. Offenbar erfreut, dass er Gelegenheit bekam, seine Ansichten zu erörtern, sagte Moritz lebhaft und mit lauter Stimme: »Möge sich ein jeder an Bildern erfreuen, wenn sie gut gemalt sind und etwas Gutes darstellen; aber nicht in der Kirche und beim Gottesdienste, denn ein anderes ist die Kunst und ein anderes die Religion. Wir sind schwache Menschen und wider unser Wissen und Wollen geneigt, das Bild für das Wesen zu halten. Es steht geschrieben: ›Gott ist Geist, und die ihn anbeten, sollen ihn im Geist und in der Wahrheit anbeten.‹ Das ist wohl zu begreifen, aber schwer ist es, danach zu leben. Wer möchte nicht vor bunten Bildern träumen und Gebete lallen? Wir sollen aber das Herz rein halten, die Gedanken hoch richten und nach Gottes Geboten tun.«

Der Mann wagte diesen entschieden gesprochenen Worten keins entgegenzusetzen; auch blickte der Landgraf schon auf einen anderen, einen alten Mann bäuerischen Ansehens, der, aufgefordert zu sprechen, mit verlegenem Lächeln sagte: »Der Herr Landgraf wird alles am besten wissen; aber unser Herr Pfarrer hat gesagt, wie der Luther das Abendmahl eingesetzt habe, so sei es gut, und dabei solle es sein Verbleiben haben.« Diese Worte schienen den Landgrafen zu ärgern, aber er zwang sich, gelassen zu bleiben, und erwiderte: »Nun, mein Sohn, so vernimm meine Meinung gegen die deines Pfarrers. Gottes Allmacht kann Wunder tun, wenn er will, und ein Wunder ist es, dass ein im Fleische Geborener ohne Sünde war; aber Brot, das wir als Brot gebacken haben, bleibt Brot, denn Gott treibt keinen Schabernack mit uns. Glaubst du, er würde den himmlischen Leib seines Sohnes durch deinen schmutzigen Bauch gehen lassen?

Wir sollen die Worte Gottes nicht nach unserer lockeren, schelmischen Fantasie auslegen, sondern sie so annehmen, wie er sie vor unseren Sinnen und unserem denkenden Geiste ausgebreitet hat.«

Damit ließ er den Bauern, der fortfuhr, dreist oder verlegen zu lächeln, stehen und entfernte sich mit so schnellen Schritten, dass ihm Frau und Kinder kaum folgen konnten. Der Anblick eines Elefanten, den ein fremdartig orientalisch gekleideter Mann, die Trommel schlagend, eben auf den freien Platz vor dem Schlosse führte, stellte seine Laune sofort völlig wieder her. Er ließ den Mann durch einen Diener in den Schloss-hof holen und rief selbst seine Tochter, seine ältesten Söhne und deren Hofmeister, den Züricher Grob, herbei, um ihnen das fabelhafte Tier zu zeigen. Die Mittagssonne überstrahlte den steingrauen Koloss, auf des-sen gewölbtem Rücken ein kleiner Affe saß und an einem Apfel knab-berte. Zuerst ließ sich der Landgraf von seinen Kindern die deutschen und lateinischen Namen sowie die Heimat der Tiere sagen, und nachdem er befriedigende Antwort erhalten hatte, forderte er Grob auf, sie nach seinem Wissen weiter über den Elefanten zu belehren, worauf dieser ei-nige Beispiele von seiner Klugheit gab und über Nutzen und Verwend-barkeit des Elfenbeins berichtete. In Nürnberg allein würden jährlich viele tausend Pfund durch geschickte Kammmacher, Drechsler und Bild-hauer verarbeitet. Auch das Äfflein, fügte er schmunzelnd hinzu, sei nicht durchaus zu verschmähen, wenigstens behaupteten einige Reisende und Kuriositätensammler, dass sich in seinem Leibe zuweilen ein köstlicher Stein, der Bezoar simiarum oder Affenstein, finde, den die Apotheker teuer verkauften. Wie der Elefant auf ein Zeichen seines Herrn die Knie bog, gleichsam als ob er eine Reverenz vor dem Landgrafen mache, sagte dieser lebhaft, nun sehe man, wie unwahr es sei, was viele behaupteten, dass der Elefant keine Gelenke in den Beinen habe; er hoffe, es werde sich ein Gelehrter in Gießen oder Marburg finden, der etwas Gründli-ches darüber schreibe, damit nicht Märchen statt Naturwissenschaft ver-breitet würden. Gleichzeitig winkte er mehreren jungen Leuten von Adel, die auf dem Schlosshofe spielten, und fragte, als sie misstrauisch näher kamen, den einen von ihnen, ob er wisse, wie dies Tier heiße und woher es komme. Der Junge schüttelte verdrossen den Kopf, und auch die übrigen, die hinter ihm standen, schwiegen. Ob er wisse, wodurch sich der Mensch vom Tier unterscheide? Ob er wisse, zu welchem Zweck man die Natur und ihre Eigenschaften studiere? Ob er wisse, wozu man überhaupt etwas lerne?, fragte der Landgraf schnell hintereinander, wobei er spöttisch lachte, sodass seine langen, gelben, etwas schief stehenden Zähne sichtbar wurden. Anstatt aller Antwort warf der junge Mensch einen feindselig tückischen Blick auf Moritz, der eben den Führer durch Zeichen aufforderte, er möchte den Elefanten knien lassen, damit sie aufsitzen könnten. Ob er nicht Lust hätte, einen Ritt zu tun?, fragte er dann den Jungen; er wisse ja gut mit Pferden umzugehen, so solle er wenigstens diese einzige Kunst, deren er mächtig sei, zeigen. Dieser erschrak und machte Miene davonzulaufen, als plötzlich der Affe mit seinem angefressenen Apfel nach ihm zielte und ihn gerade auf die Backe traf. Während der Landgraf und der Hofmeister in helles Gelächter ausbrachen, heulte der Getroffene, das sei der Teufel, der Teufel habe ihm den Hals umgedreht, er wolle es seinem Vater sagen, er sei verloren, und mehr dergleichen. Wieder ernst werdend, gebot ihm der Landgraf Schweigen und hielt eine Ansprache über die Unwissenheit und ihre Folgen, Aberglauben und Furchtsamkeit und dass gerade der adelige Stand, der über die anderen zu herrschen sich anmaße, diesen Vorzug durch Bildung zu verdienen suchen müsse. Es sei jetzt meistens so, dass ein gemeiner Bürgerknabe die Söhne der Adligen belehren könne, das müsse anders werden, angeborene Würde tauge nur, wenn sie durch Tugend und Wissen besiegelt werde. Nachdem er geendet hatte, wandte er sich wieder an seine Kinder und forderte sie auf, den Elefantenführer aus ihrem Taschengeld zu beschenken, tadelte den Erstgeborenen, Otto, der das seinige bereits für seidene Strümpfe ausgegeben hatte, und umarmte die zarte Elisabeth, die reichlich geben konnte. Der Mann wurde samt seinen Tieren aus der fürstlichen Küche gut bewirtet und dem Gesinde gestattet, die Fremdlinge in Augenschein zu nehmen. Am nächsten Sonntag zeigte es sich, dass eine größere Abneigung gegen die reformierte Ordnung bestand, als der Landgraf gemeint hatte; denn während er auf einer kleinen Reise abwesend war, brach in der Hofkirche beim Gottesdienst ein Tumult aus, dem beinahe die amtierenden Geistlichen zum Opfer gefallen wären. Dies war für Moritz umso peinlicher, als er es grundsätzlich missbilligte, in Angelegenheiten des Glaubens die Untertanen zu zwingen, und doch im Dienste der Wahrheit und Ordnung vorwärtskommen wollte. Vorzüglich erbitterte ihn der allgemeine Widerstand der Ritterschaft, von der er am ehesten erwartet hatte, sie würde ohne Weiterungen seinem Beispiel folgen als die dem Throne am nächsten Stehenden und ihm am meisten Verpflichteten.

Indessen entmutigten ihn solche Erfahrungen nicht, sondern regten ihn an, seine Tätigkeit zu verdoppeln. Stets sah man den unermüdlichen Mann beschäftigt: in der von ihm gegründeten Ritterschule, wo er die Aufsätze der Schüler verbesserte und besprach, im Gespräch oder Briefwechsel mit Gelehrten aller Art, auf der Reise in den verschiedenen Teilen seines Landes oder an den Höfen glaubensverwandter Fürsten, um sie zur Wachsamkeit anzuspornen. Die Aufmerksamkeit auf das nahe Jülich gerichtet, mahnte er die Ansprecher, welche hauptsächlich in Betracht kamen, sich über das schöne Erbe nicht zu verfeinden, sondern sich zu gemeinsamer Besitzergreifung zu verbinden, damit nicht ein Dritter zum Schaden des evangelischen Glaubens es an sich reiße. Einstweilen verpflichteten er und Kurpfalz sich, Brandenburgs gerechten Anspruch zu unterstützen; schwieriger war es, mit dem alten Herzog von Pfalz-Neuburg ins Reine zu kommen.

In dem stattlichen Schlosse zu Neuburg an der Donau waltete dieser lutherische Fürst ehrbar und bedächtig, den Welthändeln im Ganzen abgeneigt und der reichen Erbschaft, die ihm durch seine Jülich-Clevische Gemahlin zufallen sollte, mit ebenso viel Misstrauen wie Begehrlichkeit entgegensehend. Da sein Ländchen ihm nur eine geringe Summe an jährlichen Einkünften abwarf, hatte er die rheinischen Lande mit ihren gewerbfleißigen Städten gut gebrauchen können; doch beängstigten ihn die Verwicklungen, die der Besitzergreifung vermutlich vorausgehen mussten und die auszufechten seine Macht allein nicht ausreichte.

Von seinen drei Söhnen war der älteste ihm am meisten ungleich, ein hübscher junger Mann, der den Frauen gefiel, sowohl durch seine Beredsamkeit wie durch das verhaltene Selbstbewusstsein, das seine Erscheinung königlich umgab. Dessen Meinung war, dass man guttue, sich beizeiten nach wirksamer Hilfe in Bezug auf Jülich umzusehen und sich deshalb mit Brandenburg und Kurpfalz in Verhandlungen einzulassen, während Herzog Philipp, sein Vater, mit den Reformierten nichts zu tun haben wollte. Er nannte sie Abtrünnige, deren Selbstüberhebung und Unabhängigkeitsgelüste etwas Teuflisches waren und die man ebenso bekämpfen müsse wie den Gräuel des Papismus.

Sein Vater habe zwar recht, sagte dagegen Wolfgang Wilhelm, doch müsse man die Politik vom Kirchlichen abtrennen. Sei Jülich erst einmal in seinen Händen, werde er natürlich das Luthertum dort einführen. Was schade es, wenn Reformierte zu diesem Zweck beitrügen? Heftig und entschieden auf seinem Willen zu bestehen, war indessen seine Art nicht, nur gelegentlich ließ er Eltern und Brüder etwas von seinen Wünschen und Plänen merken. Die Brüder waren zu bescheidener Unterordnung unter den ältesten erzogen; doch ertappte sich der zweite, August, zuweilen auf einem Gefühl des Misstrauens, ja der Abneigung gegen ihn, das er im Bewusstsein seiner Sündigkeit zu bekämpfen suchte. Johann Friedrich dagegen, der viel jünger war, sah in Wolfgang Wilhelm die Verkörperung des Edeln, der Schönheit und Liebe, und er dachte nicht ohne seliges Beben an den Augenblick, wo es ihm gelungen war, seine wohlgeformte weiße Hand zu küssen, als sie sich gerade schon gebogen auf einer karminroten Damastdecke ausbreitete.

Meistens beschäftigten sich Wolfgang Wilhelms Träume mit seinem künftigen Reich am Rheine; denn Neuburg hielt er für etwas Ungenügendes und Vorläufiges. Es wurmte ihn, dass er die Erbschaft mit Brandenburg teilen sollte, und da es ihm schwer möglich schien, den mächtigeren Fürsten ganz zu verdrängen, malte er sich aus, wie er sich durch Heirat mit einer brandenburgischen Prinzessin zum Herrn des Ganzen machen könne. Um seinen Vater mit der Heirat auszusöhnen, würde er sie zu seinem Glauben bekehren, was er sowieso für notwendig zum ehelichen Glücke hielt. Er beschloss, sich ihr Bild zu verschaffen, und suchte eine Gelegenheit, sie zu sehen; denn ohne Liebe wollte er nun einmal keine Ehe eingehen. Für alle Fälle schien es ihm gut, sich auch andere Fürsten warm zu halten, und da kam unter den Verwandten der Herzog Maximilian von Bayern in Betracht als derjenige, dessen Freundschaft am meisten nützen, wie seine Feindschaft am meisten schaden konnte. Dieser Einsicht verschloss sich Herzog Philipp Ludwig nicht; doch schien ihm in dem Verkehr seines Sohnes mit dem erzkatholischen Vetter etwas Hochbedenkliches zu liegen. Er hatte darüber mit seinem Vertrauten, dem Hofprediger Heilbrunner, eine lange Unterredung, in der er sagte, sie hätten nun gottlob in seinem Lande den Irrglauben vollständig ausgerottet, die Saat des Lutherischen Wortes sei herrlich aufgegangen, sodass Gottesfurcht und gute Sitte bei den Untertanen herrsche, soweit es die menschliche Schwachheit zulasse. Ob er nicht ein gefährliches Beispiel gebe, wenn er seinem ältesten Sohn erlaube, sich da, wo des Teufels Unkraut am üppigsten wuchere, vertraulich umzutreiben, das Gift, das die alte Hure von sich gehe, einzuatmen, wohl gar abergläubischen und gottesschänderischen Gebräuchen scheinbar beifällig beizuwohnen? Ob er das vor seinem Gott verantworten dürfe?

Das sei alles nur zu wahr, antwortete sorgenvoll der Prediger; doch müsse der Herzog auch bedenken, zu welcher Glaubensfestigkeit sein Sohn erzogen sei und wie man nicht zu fürchten brauche, dass der Antichrist etwas über ihn gewinne, wie er vielmehr auf die Verstocktheit der Glaubensfeinde wirken könne, und dass der Mensch den feingesponnenen Plänen des Herrn nicht vorgreifen solle. Freilich dürfe es nicht so weit gehen, dass der junge Herr in Person dem Baalsdienst beiwohne, wovor er aber durch die Keuschheit seines Gewissens oder durch eine väterliche Verordnung bewahrt werden könne.

Mit dementsprechenden Ermahnungen versehen, trat Wolfgang Wilhelm die Reise nach München an, wo er mit dem Herzog Maximilian gut auskam, obwohl dieser bald merken ließ, dass er sich die Bekehrung des jüngeren Vetters zum Ziel gesetzt hatte. Wolfgang Wilhelm widersprach ihm nicht mit hitzigem Eifer, wie die Lutheraner zu tun pflegten, sondern hörte achtungsvoll an, was Maximilian in Glaubenssachen vorbrachte, ohne von seinem Standpunkte abzuweichen, und nötigte den Gegner dadurch, mit seinem Gaste auch seinerseits vorsichtig und rücksichtsvoll umzugehen.

Am liebsten hielt sich der alte Philipp Ludwig zum Herzog von Württemberg, von dem ihn keine gleichartigen Ansprüche trennten, während das gemeinsame Bekenntnis des Luthertums sie verknüpfte; aber es war schwer, dem Herzog Friedrich beizukommen, der von besonderen Grundsätzen beherrscht war, die Philipp August nicht durchschauen konnte. Um wegen der Ablösung der österreichischen Lehensrechte sich die Gunst des Kaisers zu erhalten, hielt er sich beiseite, wenn die Glaubensgenossen etwas unternehmen wollten, um ihre Rechte zu wahren, wollte es aber doch nicht mit ihnen verderben und verwickelte sich dadurch oft in Widersprüche. Einmal brachten es die Umstände dahin, dass der Markgraf von Baden ihm gewisse Gebietsteile abzutreten versprach, wenn er einen Vertrag mit Neuburg abschlösse, worauf jener, Herzog

Friedrich von Württemberg, ohne Besinnen einging, um sich die billige Erweiterung nicht entgehen zu lassen. Auch wäre ihm das Neuburger Bündnis recht gewesen, wenn nicht Neuburgs Verfeindung mit Kurpfalz dazwischengestanden hätte, dem Württemberg schon durch Verträge verpflichtet war. Wie nun die neuburgischen Gesandten nach Stuttgart gereist kamen, um den Vertrag abzuschließen, an welchem Philipp August viel gelegen war, entwich Herzog Friedrich rasch auf sein Schloss Tübingen, und als sie ihm dahin folgten, auf ein anderes, und so fort, bis sie es aufgaben und unverrichteter Sache und sehr erstaunt nach Neuburg zurückkehrten.

Mit der Feindschaft zwischen Pfalz-Neuburg und Kurpfalz hatte es folgende Bewandtnis: Bei der zunehmenden Hinfälligkeit des Kurfürsten Friedrich musste man, da sein Sohn und Nachfolger noch im kindlichen Alter stand, beizeiten in Heidelberg an die Vormundschaft denken, die nach alten Verträgen dem neuburgischen Vetter zustand. Die Pfälzer hielten es aber für bedenklich, dadurch dem Luthertum eine Pforte zu öffnen, und wandten sie dem reformierten Herzog von Zweibrücken zu, mit dem Kurpfalz ohnehin im engsten Einvernehmen stand. Eine so gewaltsame Verkürzung seiner Rechte kränkte den Herzog von Neuburg umso mehr, als er sich in der Tat Rechnung darauf gemacht hatte, diese Gelegenheit zur Ausbreitung des lutherischen Bekenntnisses zu benutzen.

Außer der Jagd und den Trinkfesten nahmen Liebessachen die Zeit Herzog Friedrichs von Württemberg in Anspruch. Er hatte mehrere Jahre mit einem ehemaligen Hoffräulein seiner Frau gelebt, die ihm bereits langweilig zu werden anfing, als er die fünfzehnjährige Tochter eines Sängers aus seiner Kapelle sah, deren spröde Jugend ihn entzückte und die zu voller Blüte anzufachen er sich sofort unwiderstehlich getrieben fühlte. Mit der Entlassung der bisherigen Geliebten wurde der Hofprediger betraut, der sich denn auch seufzend anschickte, die Frau in Kenntnis zu setzen. Sie solle sich, riet er ihr, zu ihrer Familie begeben oder sonst einen entlegenen Ort wählen, wo sie in der Stille weilen könne; denn in der Nähe des Herzogs sei ihres Bleibens nicht länger, ihre Gegenwart sei ihm unleidlich, weil sie ihn an begangenes Unrecht erinnere. Es bleibe ihr somit nichts anderes übrig, als den Willen des Herzogs zu respektieren und sich zu bessern.

Die fassungslose Dame war den Ratschlägen und Vorstellungen des Predigers nicht zugänglich und wusste sich den Zutritt zum Herzog zu erzwingen. Dieser fing an mit kurzen, schnellen Schritten im Zimmer auf und ab zu gehen und laut über ihr ungehorsames, widerspenstiges, unartiges Wesen zu klagen. Unmöglich sei es, mit einem solchen Weibe zu leben, zu lange schon habe er es ertragen, anstatt ihm dankbar zu sein, habe sie ihn unglücklich gemacht; wenn er nicht schleunig von ihr befreit werde, müsse er zugrunde gehen. Indem sie sich auf den Boden warf und seine Füße umschlang, erinnerte sie ihn unter Tränen an seine Liebesschwüre, vergangenes Glück und dergleichen, wie er an einem lieblichen Frühlingsabend unter einem blühenden Birnbaum sie, die Verzagte, an sich gezogen und sich verschworen habe: die Zunge solle ihm verfaulen, wenn er je ein unholdes Wort zu ihr spreche!

»Ja«, schrie der Herzog wütend, »damals liebte ich dich, und jetzt hast du meine Liebe verscherzt, das ist ein Unterschied!« Wenn sie sich jetzt in anständiger Verborgenheit halten und ihre Zunge hüten wolle, fuhr er ruhiger fort, wolle er etwas für sie tun; führe sie aber fort, ihn zu erzürnen, so werde er sie einsperren und gebührend bestrafen.

Nachdem diese Person beseitigt war, erhielt der Hofprediger den Auftrag, die Herzogin davon in Kenntnis zu setzen, was ihn veranlasste, den Herzog mit vorsichtigem Augenblinzeln zu fragen, ob er etwa das neue Dirnlein auch anweisen müsse. Der Herzog zog zuerst die Brauen zusammen, schlug dann aber ein lautes Gelächter auf und sagte, nein, darauf verstehe er sich besser.

Die Herzogin, eine Prinzessin von Anhalt, sah ihren Gemahl nur noch selten. Sie beschäftigte sich damit, in der Bibel zu lesen und Stücke daraus, die sie besonders liebte, in französische Sprache zu übertragen. Beinah täglich empfing sie den Besuch des Hofpredigers, mit dem sie sich über theologische Fragen unterhielt und von dem sie über die Vorgänge am Hof und im Lande unterrichtet wurde. Als er ihr von der Verabschiedung der letzten Geliebten ihres Mannes Mitteilung machte und zugleich ihre Mildtätigkeit für die Verstoßene in Anspruch nahm, bemerkte er, dass das blasse Gesicht der Herzogin sich rötete und den Ausdruck hoffender Erwartung kaum zurückhalten konnte. Er betrachtete sie verwundert und schwieg eine Weile in großer Verlegenheit, während er sich mit einem Tüchlein den Schweiß von der Stirn wischte. Dann erwähnte er behutsam das kleine Mädchen, das die Aufmerksamkeit des Herzogs erregt habe und für dessen Zukunft er väterlich sorgen wolle, weswegen es in der Nähe des Schlosses einquartiert sei. Die Augen der Herzogin erloschen wieder, und sie sagte, sich auf ihr ehemaliges Hoffräulein beziehend, sie wolle sie gern nach ihrem geringen Vermögen unterstützen, wenn ihre Eltern es nicht täten. »Ich habe es ihr vorausgesagt«, fuhr sie fort, »dass es so kommen würde, denn ich kannte meinen Herrn. Sie stand ein wenig beschämt vor mir, aber doch sah ich, wie glücklich und wie stolz und eigensinnig sie war, und konnte von ihrem Gesicht, das wie Apfelblüten leuchtete, ablesen, was sie dachte: ›Du kennst ihn nicht, du Armselige! Du freilich vermagst ihn nicht zu fesseln! Keine vermochte es! Aber ich, ich! Mich, die Allerlieblichste, wird er niemals verlassen!‹ – Es ist nur Gott«, setzte die Herzogin gedankenvoll hinzu, »der uns niemals enttäuscht, weil er die Vollkommenheit ist. Aber unsere Seele, die der niedrigen Erde verwachsen ist, erreicht den Himmel nicht immer.«

»Das Gebet, das liebe Gebet trägt uns hinauf«, sagte der Pfarrer und fing an, allerlei kuriose Geschichten von der Wunderwirkung des Gebetes zu erzählen, womit er die Herzogin schließlich sogar zum Lachen brachte.

Eines Vormittags trat in die Apotheke ein in Pelzwerk und einen bunten Kaftan wunderlich gekleideter Mann, der Antimon, Merkur und Flos ferri zu kaufen verlangte und um Erlaubnis bat, in irgendeinem Nebenraum der Apotheke einige Versuche damit machen zu dürfen. Er bediente sich dabei der lateinischen Sprache, die er mit deutschen, fremdartig ausgesprochenen Wörtern vermengte. Der Apotheker, der in dem Manne sofort einen Adepten erkannte, antwortete zögernd, das Goldmachen, worauf er augenscheinlich ausgehe, sei im Württembergischen eine weitaussehende, gefährliche Sache, die allerlei Unvermutetes nach sich zu ziehen pflege. Er selbst sei auch in der Wissenschaft nicht unerfahren, hielte aber die Hände davon und riete auch dem Fremden, seine Kenntnisse als ein vorsichtiger Mann geheim zu halten. Es waren unterdessen mehr Leute in den Laden getreten, deren Neugier durch die auffallende Erscheinung des Reisenden, seinen hohen Pelzhut, die große silberne, mit farbigen Steinen besetzte Schnalle, die den scharlachrot gefütterten Kaftan zusammenhielt, erregt wurde. Obwohl der Apotheker warnend den

Finger auf den Mund legte, ließ der Fremde sich nicht bitten, sondern schwatzte bereitwillig von seiner Kunst und zeigte ein in einem gläsernen Büchschen verschlossenes pfirsichblütenfarbenes Pulver, mit dessen Hilfe er sich rühmte, ganz Stuttgart mit purem Golde überziehen zu können. Als er wiederum mit dem Apotheker allein war, mahnte ihn dieser ernstlich, nunmehr flugs die Stadt zu verlassen, bevor seine Anwesenheit dem Herzog hinterbracht sei; denn dieser sei nun einmal auf das Goldmachen erpicht und würde ihn nicht eher loslassen, als bis er seinen Durst nach diesem Metall vollkommen gestillt habe. Vor einigen Jahren sei auch einer gekommen, den habe der Herzog wie einen Heiland empfangen, ihn zum Feldmarschall und Oberjägermeister ernannt, ihn bei Tische neben sich sitzen lassen und ihm selbst das Fleisch vorgeschnitten und den Wein eingeschenkt. Nächtelang habe der Herzog ihm zugesehen, wie er im Laboratorium gemischt und gekocht habe, ja einige behaupteten sogar, er habe ihn umarmt und Herzbruder genannt. Wie aber die Taler und das Gold haufenweise in den Taschen des Adepten verschwunden seien, in seiner Pfanne aber nichts geraten sei, habe ihn der Herzog in billiger Entrüstung am Galgen aufhängen lassen.

Das habe der Betrüger denn wohl auch verdient, sagte der Fremde mit einem überlegenen Lächeln; ihm könne es so nicht gehen, denn er sei im Besitze des wahren Arkanums, er führe den echten Bräutigam in die Kammer, der die Braut nicht ungesegnet aus dem Feuerbett lassen werde.

Ach, sagte der Apotheker, das werde ihm auch nicht helfen, an einem Bröcklein oder Häuflein Gold werde sich der Herzog niemals genügen lassen; so viel, wie der haben wolle, könne ein armer Adept gemeiniglich doch nicht produzieren, da müsse er schon mit dem Teufel im Bunde stehen. Er hatte kaum ausgesprochen, als einer vom Hofstaat des Herzogs in die Apotheke trat, ein höfliches Gespräch mit dem Fremden anknüpfte und ihn aufforderte, einige Experimente im Schlosse zu machen; der Herzog habe ein vortreffliches Laboratorium und wolle sich gern von einem erprobten Künstler unterweisen lassen. Es hatte nämlich einer von den Bediensteten der Hofküche, der gerade Einkäufe an Gewürzen und Leckereien in der Apotheke machte, die Neuigkeit von der Anwesenheit des Wundermannes in das Schloss getragen, worauf Herzog Friedrich Befehl gegeben hatte, ihn einzuladen und, koste es, was es wolle, zu ihm zu führen. Der Fremde erschrak ein wenig, wollte es aber nicht merken lassen und bestellte, sich gewaltig aufblasend, noch allerlei Tinkturen und Mineralien bei dem Apotheker, der ihm, während er alles zusammentrug, kläglich zuzwinkerte.

Billigten die Theologen das Treiben ihres Herrn auch nicht, so dankten sie es ihm doch, dass er sie ungestört in ihrem Kreise walten ließ und nicht etwa wie andere Fürsten kalvinistische Umsturzgelüste hatte. Die Lutheraner hatten nach ihrer Meinung eine felsensichere Stütze in der Augsburgischen Konfession, als die von Kaiser und Reich verbürgt sei, und glaubten, es könne nur über die Kalviner hergehen, die kein Recht und keine Sicherheit erworben und auf nichts Schriftliches pochen konnten.

Da fiel ein Ereignis vor, welches die Evangelischen in weitem Umkreis aufschreckte und auch den Bequemeren zu denken gab. Zunächst hatte es nicht viel zu bedeuten, dass in der evangelischen Reichsstadt Donauwörth, wo sich ein katholisches Kloster befand, eine Prozession wider das Herkommen außerhalb der Kirche mit fliegenden Fahnen umzog und von angriffslustigem Straßenvolke belästigt wurde; aber unversehens nahm die Sache ein ernsteres Aussehen, da die Katholischen sich klagend an den Kaiser wandten, der Stadtrat aber, von der trotzigen Bürgerschaft gedrängt, nicht nachgeben wollte. Hin und wider wurde vermittelt und beraten, aber keine Verständigung erzielt, worauf der Kaiser endlich über die hartnäckige Stadt die Acht verhängte und den Herzog von Bayern zum Vollstrecker derselben erklärte. Dieser eigenmächtige Akt rief allgemeine Entrüstung unter den Evangelischen hervor, und auch die Katholischen billigten ihn nicht alle, teils aus Eifersucht auf Bayern, teils, weil die Berechtigung dazu augenscheinlich bestreitbar war. Am meisten regte sich der alte Herzog von Neuburg als der Nachbar von Donauwörth und Bayern auf; denn er zweifelte nicht daran, dass Maximilian bei dieser Gelegenheit sein Gebiet überziehen und überhaupt gegen alle Ketzer auf einmal ausholen würde. Er schickte Boten nach allen Seiten: nach Donauwörth, um ihm Hilfe zu versprechen und es zum Ausharren zu ermuntern, nach der Stadt Ulm und nach Württemberg, um auf freundnachbarliche und glaubensverwandte Unterstützung zu dringen, ja sogar nach Kurpfalz, um anzuklopfen, wessen man sich in der Not von dort zu gewärtigen habe.

Auch dem Herzog von Bayern war nicht durchaus wohl zumute. Er hatte längst ein Auge auf die Stadt Donauwörth geworfen, an welche er alte Rechte haben wollte, und hatte deshalb die Gelegenheit, sich einzudrängen, gern ergriffen; aber er verhehlte sich nicht, dass er damit das Pfand noch nicht im eigenen Sacke hatte, und wenn er nach vollzogener Acht wieder abziehen musste, so hatte er umsonst viele Kosten aufgewendet, die ihm weder die kleine Reichsstadt noch der in Schulden fast ertrinkende Kaiser ersetzen würde.

Jocher, sein klügster und fleißigster Rat, musste den Fall vom rechtlichen Gesichtspunkt untersuchen und kam zu dem Schlusse, dass kein Rechtstitel vorhanden sei, unter dem der Herzog Anspruch auf die Reichsstadt erheben könne; indessen ließen sich, wenn der Herzog wolle, schon Umwege zum Ziele finden, und einen solchen biete eben die Geldfrage. Er müsse nämlich die Rechnung über die aufgewendeten Kosten von vornherein so groß machen, dass der Kaiser in absehbarer Zeit nicht daran denken könnte, sie zu bezahlen, und also die Sache stillschweigend veralten und verjähren lassen müsse.

Nun blieb freilich immer noch zu fürchten, dass die Stadt sich klüglich der Gnade des Kaisers unterwürfe, was beiden, der Stadt und dem Kaiser, das Liebste gewesen wäre; aber dies unterblieb auf das Drängen einiger Heißsporne, die das Volk mit dem verheißenen Beistand der Glaubensgenossen vertrösteten. Der Herzog von Neuburg wollte sich hervorwagen, wenn die Stadt Ulm den Anfang machte; da sich diese aber auf Württemberg verließ, welches nicht geneigt war, sich einzumischen, so rührte sich keiner, und es blieb der Verlassenen, vor der heranrückenden Macht des Herzogs heftig erschrockenen Stadt nichts übrig, als sich dem gestrengen Herrn zu unterwerfen. In seinem Gefolge waren mehrere Jesuiten, die den Auftrag hatten, die Bürgerschaft in der Weise zum katholischen Glauben zu bekehren, dass das gegebene Wort des Herzogs, gewaltsame Mittel sollten dazu nicht angewandt werden, dabei bestehen könne.

Die evangelischen Fürsten ärgerten sich nicht wenig, dass die glaubenstreue Stadt so liederlich verloren gegangen war und dass der hochmütige und habgierige Bayernherzog eine so geschwinde und billige Beute hatte gewinnen können, und der Drang, das Geschehene in etwas gutzumachen und ähnliche Verstöße in Zukunft zu verhindern, befeuerte sie zu einer gewissen Einmütigkeit und Tatkraft. Von dem herzhaften Christian von Anhalt zusammengehalten und angespornt, brachten sie ein Bündnis zuwege, das sie Union nannten und das seinen eigentlichen Rückhalt, da sich im Reiche genügende Kraft nun einmal nicht aufbringen ließ, in einem heimlichen Freunde, dem Könige von Frankreich, Heinrich IV., finden sollte. Hessen-Kassel und Kurbrandenburg wurden im folgenden Jahre für die Union gewonnen, Kursachsen hingegen, obwohl die eigentliche Vormacht der Evangelischen, ebenso Herzog Heinrich Julius von Braunschweig-Wolfenbüttel blieben missbilligend abseits.

Einer von den Söhnen Kaiser Rudolfs, Don Giulio d'Austria, war durch die Ordnungslosigkeit seiner Lebensführung so anstößig geworden, dass der Vater ihn nach der Herrschaft Krumau entfernt hatte, wo er weniger bemerkt wurde und wo die Einwohnerschaft sehen musste, mit ihm auszukommen. Das zügellose Benehmen des jungen Bastards erschöpfte jedoch endlich ihre Geduld; er verfolgte Mädchen und Frauen auf der Straße und bis in die Häuser und behandelte die Männer, die es ihm wehren wollten, als rebellischen Pöbel, den er zu strafen wissen werde. Daraufhin wurde er vom Kaiser wohl einmal zur Ordnung gewiesen. ohne dass jedoch etwas Wesentliches geändert wurde. Nun lernte Don Giulio bei einem Tanz, wo er sich eingedrängt hatte, die Tochter eines Barbiers kennen, ein scheues, mehr liebreizendes als schönes Mädchen, in die er sich verliebte und die er so an sich zu ziehen wusste, dass sie ihre Eltern verließ, um als seine Geliebte bei ihm zu wohnen. Seine nicht unedle Erscheinung, sein leidenschaftliches und zugleich hochfahrendes Wesen machten sie so sehr zu seiner Sklavin, dass sie sich selig pries, den Staub von seinen Füßen küssen zu dürfen, und dass eine Liebkosung von seiner Hand ihr fast die Besinnung raubte. Alle Versuche der Eltern, ihr Kind zurückzuholen, waren vergeblich; er jagte sie fort mit dem Bedeuten, es sei ihr freier Wille, ihm in seinem Hause als Magd zu dienen.

In einer Nacht jedoch kam das Mädchen schwer verwundet vor die Tür ihres Elternhauses und ließ sich jammernd in ihr verlassenes Bett tragen; den Prinzen hätte, als sie in seinen Armen lag, plötzlich eine Raserei ergriffen, sodass er sie würgte, sie in die Brust biss und sie ermordet hätte, wenn auf ihr Schreien nicht ein Diener gekommen wäre und ihr die Flucht ermöglicht hätte. Wider Erwarten genas das Mädchen unter der Pflege der Eltern, die es nun ängstlich im Hause hüteten. Trotzdem gelang es Don Giulio, ihr Briefe zuzustecken und auch selbst einzudringen; allein der Vater warf ihn hinaus und rief, um sein Kind vor ferneren Nachstellungen zu sichern, den Schutz des Statthalters von Krumau an. Dieser verwünschte im Herzen den unbequemen Bastard, gab aber doch seinem herrischen Drängen und Drohen nach und ließ es zu, dass der Barbier, weil er den Sohn des Kaisers angegriffen hatte, ins Gefängnis geworfen wurde. Nun erreichte Don Giulio seinen Willen; denn die furchtsame Mutter glaubte durch Nachgiebigkeit Gnade für ihren Mann erkaufen zu müssen, und das Mädchen vermochte, wiewohl es sich entsetzte und verloren gab, keinen Widerstand zu leisten. Durch Demut und Zärtlichkeit suchte sie einen neuen Ausbruch seiner seltsamen Wut zu beschwören, indes er sie misstrauisch beobachtete, weil es ihm schien, als sei sie traurig und verlange nach Hause. So waren mehrere Wochen vergangen, als er eines Abends, nachdem er mehr Wein als gewöhnlich getrunken hatte, sie aufforderte, sich zu ihm zu setzen und mit ihm zu trinken. Ihre Weigerung reizte ihn, und es kam ein Blick in seine Augen, der ihr eine schreckliche Erinnerung einflößte und ihre Glieder lähmte. Als er ihre Angst sah, verriegelte er Tür und Fenster, warf sie auf das Bett und ließ nicht von ihr ab, bis sie tot war; ihren empfindungslosen Körper zerriss und zerhackte er, worauf ihn plötzlich die Kräfte verließen.

Das geschehene Unglück suchte man nach Möglichkeit zu vertuschen. Der Barbier, der im Gefängnis schwer erkrankt war, wurde zunächst darin gelassen, damit sein Geschrei das Übel nicht vermehre; später dachte man, wenn es noch nötig sei, ihn durch Geld abzufinden. Freilich sah der Statthalter ein, dass ernstliche Maßnahmen getroffen werden müssten, um den Unhold an der Ausübung weiterer und vielleicht empfindlicherer Abscheulichkeiten zu verhindern.

Philipp Lang unternahm es, den Kaiser von dem Vorgefallenen in Kenntnis zu setzen, machte aber durchaus nicht den Eindruck damit, den man gefürchtet hatte. Das Mädchen hätte sich vorsehen sollen, meinte der Kaiser, man könne nicht für jede Hure in der Welt aufkommen. Das sei wohl wahr, sagte Lang; aber es sei doch wohl an dem, dass der junge Herr ein wenig hauptkrank sei, wie die Ärzte wissen wollten, und man tue daher vielleicht am besten, wenn man ihn der Bewachung eines geschickten Arztes sowie eines Geistlichen anvertraue, die wechselweise mit Purganzen und Bußpredigten, wie es sich eben schicke, ihren Vorteil an ihm wahrnehmen könnten. »Meinetwegen«, sagte der Kaiser; man solle nur gründlich mit ihm abfahren, ihm sei alles gleich. Seine Söhne taugten nichts, frönten auf seine Kosten einem üppigen Leben, ohne es ihm zu danken. Er ziehe jetzt die Hand von Don Giulio ab, und es dürfe bei seiner Ungnade künftig nicht mehr von ihm geredet werden.

In der habsburgischen Familie wurde diese Geschichte Don Giulios mit Schadenfreude und Entrüstung besprochen und bestärkte sie in der Meinung, mit Rudolf gehe es abwärts, und sie müssten sich zusammenschließen, damit er nicht das ganze Haus in den Abgrund ziehe. Schon im Jahre 1606 hatten sie unter sorgfältigen Vorkehrungen zur Geheimhaltung ihres Unterfangens einen Vertrag abgeschlossen, nach welchem Matthias, als der Älteste, zu ihrem Haupt angenommen werden und befugt sein sollte, im Falle der Not etwas Entscheidendes vorzunehmen.

Rudolf hatte sich, nachdem er seines treuen Feldherrn beraubt war, dazu bewegen lassen, dass er Matthias in dem noch immer fortdauernden Türkenkriege den Oberbefehl übertrug, und unter dessen Leitung war es zu einem nicht gerade ungünstigen Friedensvertrage gekommen. Als nun aber der Vertrag dem Kaiser vorgelegt wurde, weigerte er sich zu unterschreiben, weil darin schimpfliche Verluste für ihn vorgesehen waren; der Krieg, sagte er, solle bis zur vollständigen Unterwerfung des Feindes fortgesetzt werden. Dagegen war zu erwidern, dass es zur Fortführung des Krieges an Geld fehle, dass die Ungarn sich mit den Türken verbinden würden und dass es dem doppelten Angriff zu widerstehen noch weniger möglich sein würde; aber Rudolf entgegnete, er wisse recht gut, dass Matthias durch den Frieden das Heer frei bekommen wolle, um es nach Prag zu führen und ihm, seinem Bruder, die Krone zu entreißen; dahin wolle er es nicht kommen lassen.

Diesen Verdacht galt es dem Kaiser auszutreiben, und da Matthias sein Gewissen nicht rein fühlte, auch die Abneigung des Bruders gegen seine Person sich nicht zu überwinden getraute, machte sich Khlesl nach Prag auf, um den Kaiser von seines Schützlings Unschuld und Ergebenheit zu überzeugen. Bei dem Hasse Rudolfs gegen Matthias war diese Reise nicht ohne Gefahr für den Bischof, und viele warnten ihn, er solle seinen Kopf nicht mutwillig in des Löwen Rachen stecken; aber Khlesl ließ sich nie durch Befürchtungen für seine Person von einem Unternehmen abhalten, auch weil er sich als Werkzeug Gottes noch zu vielen Taten und Ehren vorbehalten glaubte. Freilich konnte er sich in Prag neuer, unbehaglicher Gefühle nicht immer erwehren. An das kleine, bürgerliche Wien gewohnt, wo ihn jedermann kannte und ehrfürchtig grüßte, schien er sich fast in einen anderen Erdteil und unter barbarische Fremdlinge versetzt, deren Blick teils gleichgültig, teils mit feindseliger Drohung auf ihm ruhten. Wenn sie hier ein Bubenstücklein an dir verüben wollten, ging es ihm zuweilen durch den Sinn, so mochte es wohl lange währen, bis ein Hahn danach krähte; aber er ließ das nicht aufkommen, sondern beruhigte sich damit, dass Gott den Khlesl schon nicht werde sinken lassen.

Eine Audienz erwirkte Philipp Lang, gemäß seinem Grundsatze, es mit Matthias nicht ganz zu verderben, der früher oder später doch den neuen Kaiser abgeben würde; freilich musste Khlesl geloben, nichts, was dem Kaiser empfindlich sein könnte, vorzubringen. Während er durch lange Gänge und über dunkle Treppen zu dem kaiserlichen Vorgemach geführt wurde, kamen ihm die seltsamen Gerüchte über des Kaisers schwarzblütige Einfälle zu Sinne nebst den beklemmenden Anwandlungen, denen er sonst nicht unterworfen war. Er erinnerte sich, wie manches Mal er den Kaiser in vertraulichen Gesprächen einen Bärenhäuter, Lügenvater und Schmutzfinken genannt, ja dass er ihm Schwachgläubigkeit und mangelnden katholischen Eifer vorgeworfen hatte, und er dachte, wie leicht er hier oben in einem plötzlich sich öffnenden Verlies für immer verschwinden konnte. Vorwärts, Khlesl, raunte er sich zu, die Furcht kommt vom Teufel! Und sie wich denn auch mit einem Schlage von ihm, als er dem Kaiser gegenüberstand, dessen Blick sich in die Augenhöhlen zurückzuziehen schien und der ihm mit vornehmer Liebenswürdigkeit die Hand reichte. Leise und langsam sprach er dabei sein Vergnügen aus, den berühmten Bischof kennenzulernen, der so viel für die Wiederherstellung der Kirche getan habe, und zeigte sich über diese Verhältnisse gut unterrichtet. Unwillkürlich duckte sich Khlesl zusammen, als wisse er mit seiner großen, mageren, starkknochigen Person dem sanften, verborgenen Manne vor ihm nicht beizukommen, und begann von seiner Anhänglichkeit an die Majestät zu sprechen, woran er die Bitte knüpfte, der Kaiser möge doch etwaigen Verleumdungen keinen Glauben schenken, sondern ihn als den ergebensten seiner Diener betrachten. Er hatte jedoch den Satz kaum vollendet, als er sich durch ein gelindes Kopfnicken und freundliches Handwinken des Kaisers aus dem Zimmer geschoben fühlte und sich nach wenigen Minuten zwar unbeschädigt, aber ohne irgendein Ergebnis errungen zu haben wieder vor die Burg versetzt sah.

An eine zweite Audienz war nicht zu denken, ohnehin bedurfte der Kaiser mehrere Tage, um sich von der Anstrengung dieses Empfanges zu erholen. Von der Falschheit und Raublust des Matthias nur desto mehr überzeugt, blickte er angstvoll nach jemandem aus, der ihn vor seinen Feinden schützte. Durch die Donauwörther Sache verpflichtete er sich den Herzog von Bayern, bereute es aber, sowie es geschehen war, und hätte es gern rückgängig gemacht. Wie hatte er auf Kosten der Reichsstädte, deren stets gefüllte Kasse ihm in so manchen Verlegenheiten ausgeholfen hatte, den ehrgeizigen, heimtückischen, nur allzu mächtigen Fürsten bereichern können? Hätte er es nicht lieber mit den Evangelischen halten sollen, von denen er in seiner Umgebung so oft hörte, dass sie ihm ergebener wären als seine Glaubensgenossen und dass sie nicht, wie die Jesuiten, den Königsmord für eine erlaubte Sache hielten?

Die bedrängte Lage des Kaisers, die an den Höfen im Reiche wohlbekannt war, brachte den unternehmendsten unter den deutschen Fürsten, Christian von Anhalt, auf den Gedanken, dass die Protestanten sie benützen müssten, um ihre Stellung durch Anschluss an das Reichsoberhaupt zu befestigen. Dieser Prinz, dessen munteren, tapferen Geist die Sorge für sein kleines Land nicht ausfüllte, hatte eine Statthalterschaft im pfälzischen Dienst angenommen, die ihn in lebhafteren Zusammenhang mit den Welthändeln brachte. Reisen und Briefwechsel vermittelten ihm die Kenntnis von allem, was vorfiel, und lieferten ihm dadurch den Stoff zu stets neuen Anschlägen im Interesse seiner Glaubenspartei. Auch in Prag war er schon einmal gewesen, hatte dort Beziehungen zum böhmischen Adel angeknüpft und war sogar vom Kaiser empfangen und mit Auszeichnung behandelt worden. Mit der Überzeugung, dass es seiner Kühnheit und Schlauheit nicht fehlen könne, trat er die Reise an. Von den protestantischen Herren in Prag wurde er gut aufgenommen, und ihre Gastfreundschaft entzückte ihn; fast verwunderlich kam es ihm vor, dass sie so viel Wert auf den Beistand der Union legten, da doch die deutschen Fürsten, an ihrem Reichtum gemessen, arme Schelme waren. Die reformierten Herren Wenzel von Budowa, Ruppa und Erasmus von Tschernembl, der bedeutendste Standesherr von Österreich, hatten ungemeine theologische Kenntnisse und waren in der Politik aller Länder bewandert. Sie trauten alle dem Kaiser durchaus nicht, man könnte ihn allenfalls zwingen, Versprechungen zu geben, nicht aber, sie zu halten, er sei ein Reptil, das überall durchschlüpfe. Mit Matthias sei vielleicht eher etwas auszurichten, er könne die Hilfe der Protestanten durchaus nicht entbehren, und wenn man nur den Khlesl abschaffte, so werde er leicht zu regieren sein.

Tschernembl sagte, die Habsburger hätten alle Prätensionen, die wären ihnen nicht auszutreiben, am besten würde man ganz ohne sie auskommen. Ja, sagte Ruppa, ein bescheidener und vernünftiger Fürst, der ihnen von vornherein ihre uralten Rechte verbürgte und ohne das nicht zugelassen würde, schickte sich besser für sie. Sie könnten dann Sorge tragen, dass er nicht um sich griffe und sich breit machte. Wozu man sich überhaupt damit belüde, meinte Tschernembl. Wenn sich die Stände von Österreich, Böhmen, Mähren und Schlesien verbündeten, so waren sie doch stark genug, selbst ihre Interessen wahrzunehmen. Auf Venedig, Schweiz, Holland und die Union könnten sie immer rechnen. Die Republiken hätten doch viele Feinde, meinte Graf Thurn kopfschüttelnd, und in diesen kriegerischen Zeiten wäre man ohne ein fürstliches Haupt übel versorgt, gleichsam als trüge man die Hosen ohne Gurt. Tschernembl verwies auf das Beispiel der Holländer; wachsam und einmütig müsse man sein, davon hänge alles ab. Man sähe zur Genüge an den griechischen und römischen Staaten, wie sie in der Freiheit geblüht hätten. Es sei leichter, sich äußerer als einheimischer Tyrannen zu erwehren; wie schwer wäre es, die Habsburger abzuwerfen, da sie einem einmal im Genick säßen.

Christian von Anhalt hörte solchen Gesprächen, wo die Fürsten wie Würfel hin und her gespielt wurden, verwundert und mit heimlicher Missbilligung zu, ließ sich aber nichts merken, auch weil er dachte, dass es damit noch gute Weile habe. Das üppige Wesen mit den Weibern, das in Prag im Schwange war, missfiel ihm gleicherweise, und er hielt sich einigermaßen davon zurück. Er pflegte sich stets einen Raum in seinem Geiste wie eine Kapelle vorzuhalten, wohin Lärm, Schmutz und Ungeziefer der Weltgeschäfte nicht drang, wo der klare Hauch des reinen Gottesglaubens und hoher Menschlichkeit wehte und wo das Bildnis einer Frau thronte, die er inbrünstig liebte und die ihm angehörte, seiner Gemahlin, einer Gräfin Bentheim, mit der er nun seit etwa zehn Jahren verheiratet war. Was ihn umgab und was er tat, mochte hie und da einmal übel schmecken, das Bewusstsein, dass seine Seele, wann er wollte, sich in einem Paradiese läutern könnte, verlieh seinem Wesen einen anmutigen und stolzen Schwung.

Hoffnung beschwingte seinen Schritt, als er den Weg zum Kaiser antrat, und blies wie ein frischer Flügelschlag mit ihm in das Gemach des Monarchen; er erwiderte Anhalts ehrfurchtsvollen Gruß freundlich, erinnerte ihn an ihre frühere Begegnung und ermunterte ihn, sich zutraulich zu äußern. Zunächst, sagte Anhalt, könne er nur Dank äußern, dass der Kaiser ihm das Glück seiner Gegenwart gewähre, Dank, dass er in diesem Augenblick nicht nur als der Untertan zu seinem Herrscher, sondern dass er als ein Fürst und ein Mann zu dem sprechen dürfe, von dem die Geschicke der Welt abhingen.

»Sollte es Euer Liebden allein unbekannt sein«, sagte Rudolf wehmütig, »dass kaum ein Herr auf seinem Gute so verlassen und ohnmächtig ist wie der Kaiser?«

»Der Kaiser winke nur«, sagte Christian lebhaft, »und das Reich ist gerüstet, seinem Befehl zu gehorchen.« Der Kaiser kenne ja nur einen kleinen Teil des Reiches, er solle doch einmal nordwärts reisen, da werde ihm alles zu Füßen liegen. Er solle doch denen nicht Glauben schenken, die aus Unkenntnis oder Gehässigkeit ihm die Protestanten wie Heiden und Reichsfeinde abschilderten; sie selbst nennten sich Katholiken, denn sie hätten ja den alten Glauben nicht abgeschafft, sondern in seiner ursprünglichen Reinheit wiederhergestellt. Könnte er nur die Herzen der evangelischen Untertanen aus ihrer Brust nehmen und aufmachen wie einen Schrein, so würde er das Bild des Kaisers als ein Heiligtum darin verschlossen finden. Möchte er nur zwischen den Parteien ein gerechter Schiedsrichter sein und den Beschwerden der Evangelischen abhelfen, so würde der Frieden im Reiche wieder aufblühen. Könnten sie nur zu der Quelle gelangen, wo das Recht unverfälscht und unverstopft fließe, so würden die evangelischen Fürsten des Kaisers treue Ritter und Erzengel sein. Warum sollte die alte Eintracht zwischen den Parteien sich nicht wieder begründen lassen? Hätten sie doch den gleichen Feind, den Türken, der über ihrem Streiten ausgelassen und mächtig geworden sei.

Der Kaiser hatte Anhalt von Zeit zu Zeit durch einen Blick oder eine Handbewegung ermuntert, fortzufahren. Sein Auge ruhte mit Wohlwollen auf der ebenmäßig kräftigen Gestalt des Fürsten, aus dessen hübschem Gesicht Offenheit und Scharfsinn strahlten und von dessen Wesen eine Wärme ausging, die es ihm leicht machte, seinen Worten zu folgen. Nicht nur währte die Audienz außergewöhnlich lange, sondern der Kaiser beendete sie auch mit der Aussicht auf eine zweite und mit Andeutung, dass eine engere Abmachung die Folge sein könne.

Noch im Laufe desselben Tages wurde der Kaiser an dem günstigen Eindruck, den er empfangen hatte, wieder irre. Er hatte sich, so schien es ihm nun, einem lustigen Feuer genähert, um sich daran zu wärmen, und würde sich schließlich daran verbrennen. Durch seine Keckheit, seinen Witz und seinen Schein von Offenheit hatte dieser Mensch ihn zu umgarnen gesucht, dem es doch zuletzt nur auf den Vorteil und Nutzen seiner Partei ankam. War Anhalt nicht ein berüchtigter Aufwiegler, der im Dienste Heinrichs IV. von Frankreich gestanden hatte und der es ohne Zweifel auch mit den holländischen Staaten, den Türken des Nordens, hielt? Ja, wenn er in den lästigen und leidigen Streitfragen, mit denen man ihn seit Jahren belästigte, zugunsten der Evangelischen entschiede, so würden sie ihn hilflos seinen Feinden ausliefern. Aufmerksam rief er sich alles zurück, was Anhalt gesagt hatte, ob ein Versprechen darin versteckt gewesen wäre, die Union würde ihm gegen Matthias zu Hilfe kommen. Gegen diesen listigen Fürsten galt es die Waffe umzukehren und ihn so zu bearbeiten, dass er ihm, dem Kaiser, die Dienste der Union zur Verfügung stellte und eine nach Belieben zu zahlende Rechnung dafür ausschriebe.

Bei der zweiten Audienz spürte Anhalt sofort, dass mit dem Kaiser eine Veränderung vorgegangen war; er schien eine fremde Maske vorgebunden zu haben, der gegenüber der verwirrte Gast das herzliche Gespräch vom vorigen Male nicht wieder anzuknüpfen wusste. Er wisse wohl, sagte Rudolf, dass sein Bruder Matthias sich Hoffnung auf den Beistand der Evangelischen mache, auch sein Bruder Maximilian hätte mit diesen zu tun gehabt, er durchschaue alles, man solle im Reich nicht denken, dass ein Blinder oder ein Kranker auf dem Hradschin sitze. Dann plötzlich beklagte er sich, dass die Stände nachlässig im Zahlen der Türkensteuer gewesen wären und ihn dadurch zu einem schmählichen Frieden mit den Türken gezwungen hätten. Von der Türkensteuer mache er alles abhängig, vorher lasse er sich auf nichts ein. Er wolle gehorsame Untertanen sehen, dann werde er auch ein gnädiger Kaiser sein.

Anhalt war vor Ärger und Enttäuschung rot geworden; wie ein Sumpf kam ihm der Kaiser vor, in den es ihn reizte mit Steinen zu werfen. Man hatte die Türkensteuer entrichtet, sagte er, obwohl es manche seltsam gedünkt hätte, die niemals einen Türken gesehen hätten noch je sehen würden. Aber man bewillige selbst den Bauern, wenn sie ihre Abgaben und Fronden ordentlich leisteten, das, was sie, um ihr Leben zu fristen, nötig hätten. Für die Evangelischen jedoch sei im Reiche kein Recht und kein Richter. Wehe dem Reich, wenn die Verkürzten in ihrer Not zum Schwerte griffen und die Fehden zwischen Brüdern sich erneuerten.

Das lasse sich wie eine Drohung hören, sagte der Kaiser vorsichtig, und Anhalt bemerkte, dass seine Hand, die um den Rand des Tisches griff, zu zittern begann. Von Ungeduld und Widerwillen hingerissen, antwortete er, indem er sich stolz aufrichtete, er stehe als ein Untertan vor seinem Kaiser, aber Gott sei über ihnen beiden, der nach Belieben umwenden könne, was er erschaffen habe. Rudolf solle nur das Ende Cäsars bedenken, welches Gott habe geschehen lassen, nachdem er ihn so hoch gerückt habe, dass noch heute die Weltbeherrscher nach ihm genannt würden.

Diese Audienz hatte einen nachteiligen Einfluss auf den Zustand des Kaisers. Die Anspielung auf die Ermordung Cäsars gab ihm beständig Anlass zu Befürchtungen, die Lang eher verstärkte als entkräftete. An diesem Anhalt, sagte er, sehe der Kaiser nun, was die Evangelischen im Schilde führten und wozu sie fähig wären, er hätte sich nie so weit mit ihm einlassen sollen.

Je mehr sich Lang des Kaisers sicher fühlte, desto gleichgültiger und rücksichtsloser wurde er gegen seine Person. Befriedigte er auch nach wie vor seine täglichen Bedürfnisse, so war doch der Ton seiner Stimme dabei oft hart und befehlend und lag in seinem Wesen eine wegwerfende Verachtung, was der Kaiser tief spürte, ohne es merken zu lassen. Seinerseits fiel es Lang nicht auf, dass der Kaiser ihn seltener zu sich rief, vielmehr oft absichtlich fernhielt; denn er war froh, des lästigen Dienstes einmal überhoben zu sein. Mehr und mehr lastete das Bewusstsein auf dem Kaiser, dass er sein Vertrauen diesem Manne, der ihn nicht liebe, geschenkt habe; es war ihm, als hätte er ein Stück von seiner Seele in Langs Hand gegeben und müsse sie um jeden Preis wiederhaben.

Vor Jahren hatte Tycho de Brahe, der kaiserliche Astronom, in einer missvergnügten Stimmung den Kaiser vor seinem sechzigsten Lebensjahre gewarnt, während dessen sein Leben durch Mord oder sonstiges Verhängnis in Gefahr schwebe. Zu weiteren Erklärungen hatte sich Tycho nicht bewegen lassen, wie denn überhaupt der hoffärtige Däne seine Aussprüche wie Kostbarkeiten von sich gab, von denen er sich ungern trennte. Von Johannes Kepler, dem armen Schwaben, der um des Glaubens willen Amt und Brot verloren hatte und dankbar sein musste, in Prag eine Unterkunft zu finden, hatte der Kaiser erwartet, dass er ausgiebiger sein würde; anstatt dessen war von diesem eigensinnigen Manne noch weniger herauszubekommen. Je mehr sich der Kaiser seinem sechzigsten Jahre näherte, desto häufiger lag ihm die Prophezeiung des Tycho beängstigend im Sinne, und eines Abends ließ er seinen Astronomen zu sich bescheiden in der unbestimmten Hoffnung, derselbe könne sie entkräften oder eine tröstliche an ihre Stelle setzen. Kepler, der es nicht vertragen konnte, in der Arbeit gestört zu werden, war ungehalten; er sei nicht des Kaisers Narr, murrte er, indem er seine Mappe zurückstieß, dass die beschriebenen Blätter im Zimmer umherflogen. Da sich seine Frau unter Seufzen anschickte sie aufzulesen, rief er ihr zu, sie solle das lassen. »Wenn ich meinen Brei verbrannt habe, werde ich ihn auch selbst auslöffeln«, sagte er ärgerlich. Warum er sich beklage, sagte jetzt die Frau vorwurfsvoll, dass der Kaiser ihn wie einen Lakaien oder Laufburschen traktiere? Er hätte zeitig vorbauen und als ein Mann von Adel, und der auf seine Würde hielte, auftreten sollen. Auch der Tycho hätte ihn, Kepler, wie einen Diener behandelt, und er hätte sich's gefallen lassen, nur zu Hause könne er den Part des Löwen brüllen.

Kepler entschuldigte sich, er dürfe es doch mit dem Kaiser nicht verderben, schließlich sei es ja das Schlimmste nicht, dass er nachts noch einmal auf das Schloss müsse, so gehe es bei Hofe einmal zu. Der Kaiser habe ihm doch auch Huld und Vertrauen erwiesen, und er habe Ursache, ihm dankbar zu sein. Was nämlich in Prag für Kepler unschätzbaren Wert hatte, waren die Beobachtungen, die Tycho de Brahe in langen Jahren über die Bahn des Planeten Mars angestellt hatte und die er zum Ausbau seines Systems gebrauchte. Als nun nach dem Tode des Tycho seine Erben diese Papiere nebst dem ganzen Nachlass für sich beanspruchten und dem Kepler nicht zur Einsicht lassen wollten, entschied der Kaiser zu seinen Gunsten, damit er sein Werk vollenden könne.

Im Schlosse angelangt, erzählte Kepler, in der Meinung, der Kaiser wolle über den Fortschritt seiner Arbeit unterrichtet sein, es gehe rüstig vorwärts, und im Laufe eines Jahres könne er etwas Neues, der Aufmerksamkeit Würdiges im Druck erscheinen lassen. Durch die Berechnungen des Tycho sei er instand gesetzt, den erhabenen Traum des Kopernikus auf die festen Säulen der Wirklichkeit zu gründen, und er zweifle nicht, dass diese Entdeckung den Ruhm des Kaisers vermehren werde, dessen Großmut ihm zum Besitz der dazu notwendigen Hilfsmittel verholfen habe.

Der Kaiser hörte freundlich und ein wenig zerstreut zu; ob der neue Kalender noch nicht fertig sei?, fragte er. Nein, antwortete Kepler, es stehe noch etwas aus, er sei allzu sehr in seine große Arbeit vertieft gewesen, hätte auch einen neuen Stern am Himmel beobachtet, was ihm viel Zeit und Gedanken genommen hätte.

Ein neuer Stern?, fragte der Kaiser; was das zu bedeuten habe. Ob es ein Komet sei. Nein, sagte Kepler, ein Komet sei auch sichtbar, aber dieser Stern gebe ihm mehr zu denken. Ob er ihn sehen wolle? Er könne ihn von der Galerie des Belvedere aus beobachten. Die Dienerschaft und die übrigen Anwesenden waren erstaunt, als der Kaiser seine Geneigtheit erklärte, und vollends erschrocken, als er ihre Begleitung ausschlug. Der Kepler solle ihn führen, sagte er, indem er diesen fragend ansah, worauf der lachend antwortete, das getraue er sich wohl, und sehen müsse der Kaiser ohnehin mit seinen eigenen Augen. Es könne der Majestät doch etwas zustoßen, sagte der neue Ofenheizer Rhutsky ängstlich, wenigstens müsse mit Windlichtern geleuchtet werden, und unten vor der Galerie müsse jemand warten, für den Fall, dass der Kaiser etwas benötige. Nachdem alles angeordnet war, ergriff der Kaiser Keplers Arm und ließ sich von ihm durch den Schlossgarten am singenden Brunnen vorüber zum Belvedere führen. Vor dem jähen Anblick der himmlischen Unendlichkeit schloss der Kaiser die Augen und hieß Kepler durch einen Wink mit der Hand einen Sessel dicht an die Mauer rücken, denn er litt an Schwindel. Den Pelz, den man ihm umgehängt hatte, dicht um sich ziehend, obwohl es eine laue Frühlingsnacht war, setzte er sich und blieb eine Weile so, ohne sich zu rühren. Nachdem er sich erholt hatte, wies ihm Kepler erst den Kometen, der als ein schwacher, etwas verschwommener Schein aus dem blassblauen Himmel auftauchte, und dann den neuen Stern, der sich im Sternbild der Leier zeigte. Wenn er recht aufmerke, sagte er zum Kaiser, werde er sehen, dass dieser Stern anders als die anderen, wie eine stark brennende Fackel aussehe und dass zuweilen rubinrote Zungen darin aufflammten, als ob in einem Hochofen gewisse Stoffe zerschmolzen würden. Er halte dafür, dass es mit diesem Stern seine besondere Bewandtnis habe.

Was er damit andeuten wolle?, fragte der Kaiser aufmerksam, er solle es ungescheut heraussagen.

»Wie«, sagte Kepler, »wenn es gar kein Stern wäre, sondern eine Welt, die jenseits der uns sichtbaren Sonnenwelten läge und die, durch inneres Gesetz oder unerforschliche Revolutionen erschüttert, untergehend durch unseren Raum stürzte? Dann freilich müsste sie, wie sie aus ihrer, unseren armen Werkzeugen unzugänglichen Entlegenheit herausbrach, auch wieder verschwinden.« Ein neuer Stern müsse einen neuen Kaiser bedeuten, sagte der Kaiser, so viel verstehe er auch von der Sternkunst.

Ach nein, sagte Kepler gutmütig, indem er sich über den Lehnstuhl des Kaisers beugte, das solle er sich doch aus dem Sinn schlagen. Der Weltensturz, der jetzt dort erscheine, sei vor unmessbarer Zeit geschehen, als die römischen Kaiser deutscher Nation noch gar nicht vorhanden gewesen.

Aber umsonst könne er doch nicht erscheinen, beharrte der Kaiser, und auch nichts Geringes zu bedeuten haben.

Kepler zuckte ein wenig ungeduldig die Schultern und sagte nach einer Weile: »Wenn es so wäre, dass wir, die irdische Luft verlassend, im Äther atmen und in den Weltraum hineinschiffen könnten, dann würden wir Jahrhunderte reisen, bis wir etwa in die Nähe jener Welt kämen. Wenn unser Herz dann von dem Donner der umrollenden Sonnen und dem Anblick der entblößten Allmacht Gottes noch nicht gebrochen wäre, würden wir vielleicht sehen, wie ein aus den Weltentrümmern verjüngter Ball durch den kochenden Ozean rollte. Scheiterte dann unser Schiff in der feurigen Brandung, wer früge danach? Was könnten wir den Erstlingen Gottes gelten?«

Der Kaiser wendete sich mit misstrauischem Blick nach Kepler um. Er sei ein Ketzer, sagte er; ob er etwa nicht glaube, dass Gott, der die Menschen erschaffen habe, ihren Lauf und die Stunde ihres Todes wisse? Ob er nicht glaube, dass Gott sie durch Zeichen warnen könne?

»Alles, was geschieht, geschieht in Gott«, sagte Kepler eifrig, »und also ist Gott allwissend.« Es möchte auch wohl sein, fuhr er fort, dass, da alle Teile der Welt in Gott zusammenhingen, der eine Teil sich im anderen spiegle. Aber so im Einzelnen könne man dem nicht nachgehen. Es könnten auch Kaiser auf anderen Sternen regieren, um die sich Gott bekümmern müsste, man könnte da leicht etwas auf den unrechten Ort beziehen. Wolle der Kaiser aber durchaus eine Auslegung von ihm haben, so wolle er ihn mahnen, nach Ungarn zu blicken, weil der Stern dort hinüber aufgegangen sei.

So gehe es doch auf den Matthias, murmelte der Kaiser, in sich hinein schaudernd.

Das habe er nicht gemeint, sagte Kepler, mitleidig in das fahle, jammervolle Gesicht des Kaisers blickend. Die Ungarn seien rebellisch, das sei allbekannt, aber es fehle ihm ja nicht an treuen Untertanen. Er wolle den Kaiser nun aber wieder hinunterführen, die nächtliche Kühle könne ihm schaden, und der Komet sei ohnehin schon untergegangen.

Folgsam stand Rudolf auf, lehnte sich auf Keplers Arm und wandte sich der Treppe zu, ohne noch einen Blick in den Himmel zu werfen, der von unzählbaren aus seiner Unermesslichkeit quellenden Keimen zitterte.

Trotz seiner Müdigkeit konnte der Kaiser nicht schlafen. Von Matthias, stöhnte er, von Matthias drohe ihm Gefahr, er sei des Todes, niemand könne ihn retten. Philipp Lang suchte ihn zu beruhigen: hier in der Burg sei er sicher, alle Zugänge seien von zuverlässigen Leuten besetzt, zu ihm könne man nur über seine, Langs, Schwelle. »Du verstehst mich nicht«, sagte der Kaiser, der aufrecht im Bette saß; »ich fühle, als bohre sich ein glühender Nagel in meinen Kopf und als zerschmölze mein Gehirn zu Gallert und fließe aus.« Das freilich schmecke nach Zauberei, sagte Lang; er kenne aber einen alten Juden, der wisse einen Gegenzauber, bei Tage wolle er ihn auf die Burg kommen lassen. Einstweilen solle der Kaiser sich wieder niederlegen und zu schlafen versuchen. In der Tat legte sich der Kaiser, damit Lang ihn verließe; es war ihm plötzlich eingefallen, dass es auch Lang sein könnte, der ihn vermittelst Zauber zu Tode quälte, wenn er mit solchen Leuten Umgang hatte. Er konnte es im Auftrage des Matthias tun oder um böser Lust zu frönen; der Schweiß tropfte ihm von der Stirn, indem er bedachte, wie nah er seinen Henker bei sich hatte. Als Rhutsky am Morgen in seine Kammer trat, winkte er ihn zu sich und fragte ihn leise, ob er oder einer von den anderen Dienern den Lang jemals bei verbotenen Künsten ertappt hatte. Er solle es bei seinem Leben bekennen.

Rhutsky fiel auf die Knie und gestand endlich, er habe lange schon den Argwohn, dass Lang ihn, den Kaiser, behext habe. Er solle sich aber nicht merken lassen, dass er ihm auf der Spur sei, sonst könne es ein böses Ende nehmen; nur solle er Lang unter diesem und jenem Vorwande nicht so viel an sich heranlassen, und wenn er ihn berührt hätte, sich darüber bekreuzen.

Zu seinem Stellvertreter bei dem Reichstage, den das immer dringender werdende Geldbedürfnis notwendig machte, ernannte der Kaiser seinen Neffen Ferdinand von Steiermark, der ihm weniger anstößig war als seine Brüder. Den Protestanten war das unlieb, denn die Gewaltsamkeit, mit der Ferdinand in seinem Lande das evangelische Bekenntnis ausgerottet hatte, ohne Erbarmen mit dem Jammer der Betroffenen zu haben und selbst die Verödung seines Reiches nicht scheuend, hatte Misstrauen und Abneigung gegen ihn erregt. Ferdinand war vergnügt, eine so bedeutende Rolle spielen und weithin wahrnehmbares Gepränge entfalten zu können; andererseits gab er seine häusliche Bequemlichkeit ungern auf und dachte mit Unlust an die verwickelten Schwierigkeiten, die es zu lösen galt. Er hatte vor einigen Jahren seine Cousine, die Schwester des Herzogs Maximilian von Bayern, geheiratet, nachdem seine Mutter unter Aufbietung ihres Ansehens und ihrer Strenge ein untunliches Liebesverhältnis, das ihn beherrschte, abgeschafft hatte. Nach einiger Zeit verliebte er sich denn auch in die Base, obwohl sie unansehnlich, schwächlich und kränklich war, und fühlte sich in der Ehe vollkommen befriedigt. Zwar fehlte es seiner Frau nicht an beschränktem Eigensinn, aber er zeigte sich fast nur in der Religion, wo es ihm recht war; ihm und seiner Mutter gegenüber war sie ganz Opfer und Hingebung. Diese, deren nie geschonter Körper allmählich mürbe zu werden begann, gewöhnte sich, den Herrscher in ihrem Sohne zu sehen, seit er einen eigenen Hausstand hatte, und so fühlte er sich zu Hause weich gebettet und geborgen und wusste nichts anderes, als dass es ihm überall und jederzeit gelingen müsse.

Auf den Straßen nach Regensburg, wohin der Reichstag ausgeschrieben war, zogen Lastwagen die Vorräte für die Tafel der anwesenden Fürsten und Herren; von Gradisca kamen Austern, Thunfisch und Stockfisch, von Triest allerhand Südfrüchte, vom Breisgau Wein, von Linz gesalzener

Hecht und Konfekt. Die Fuhrleute, die die Frachten begleiteten, waren sorglich in Schafpelze gewickelt; denn der Winter war kälter, als er seit Menschengedenken gewesen war. Der Schnee war hart gefroren und bog sich wie eiserne Stangen unter den Füßen; man erzählte sich, dass irgendwo der Wein im Keller erfroren wäre.

Die protestantischen Fürsten erschienen nicht selbst, sondern waren durch Gesandte vertreten, die einmütig darauf unterwiesen waren, nichts zu bewilligen, bis die Justizreform, welche die Evangelischen verlangten, an Hand genommen sei. Über den Vorverhandlungen, was zuerst beraten werden solle, ob die Türkensteuer oder die Justizreform, vergingen Wochen, die den Protestanten manches unliebsame Erlebnis brachten. Nach einem Gastmahl, welches von katholischer Seite veranstaltet war, wurde einer aus der kurpfälzischen Gesandtschaft so krank, dass er mitten in der Nacht einen Arzt rufen lassen musste. Dieser, ein Jude, untersuchte den Kranken, schüttelte den Kopf und fragte, was er gegessen und getrunken habe, ob er Feinde habe, die ihm etwas Giftiges beigebracht hätten? Nachdem er wiederhergestellt war, wurde er mit dem Arzt und seinen vertrauten Freunden einig, die Sache zu verschweigen, sich aber inskünftig vorzusehen. Andererseits war es bedenklich, Einladungen von der katholischen Partei auszuschlagen, da das als Misstrauen konnte gedeutet werden. Einem anderen wurde nach einer Purganz, die er aus der Apotheke hatte holen lassen, so übel, dass er mehrere Tage das Bett hüten musste. Wenn man nun aus der Apotheke für Heilmittel schädliches Gift erhielte, sagte man sich, wie sollte man denn in diesem Mordpfuhl sein Leben bewahren?

In der Weihnachtszeit kam ein Jesuitenpater aus Rom, der dem Erzherzog Segenswünsche des Papstes überbrachte und der von den Katholiken als ein Phönix der Gelehrsamkeit und der Beredsamkeit gepriesen wurde. Wenn er predigte, war die Kirche von den fürstlichen und anderen hohen Herrschaften, die in großer Pracht aufrückten, angefüllt. Dahin zu gehen, unternahmen die Protestanten zwar nicht, aber es wurde manches von dem, was er gesagt hatte, gerüchtweise umgetragen wie auch gedruckt, sodass es jedermann lesen konnte. Es sei nun die heilige Zeit, hatte er in einer Predigt gesagt, wo das teure Gottessöhnlein zur Welt geboren sei und auf unbegreiflich wunderbare Weise jedes Jahr wieder herabgesendet werde. »Ach, wie gut werden ihn die frommen Knechte und

demütigen Seelen empfangen! Da ist ja kein Herodes mehr, kein Laster-
könig, den es gelüstet, sich im Unschuldsblute zu besaufen! Armes Kindlein, du meinest es wohl; aber da stehen schon die heuchlerischen Phari-
säer, fletschen die Zähne und stellen dir Fallen, um dich seraphisches
Häslein zu fangen! Sie schreien Mord! und Feuer!, nennen Christum den
Antichrist und werfen Seile aus, um die heilige Kirche zu erwürgen. Und
wie steht es unterdessen mit den christlichen Gläubigen, die das Kindlein
warten und schützen sollen? Ja, den Glauben hätten sie wohl, aber am
Mut des Glaubens fehlt es. Wie Pilatus, der Trottel, für den Gott das Fegefeuer eingesetzt hat, waschen sie die Hände, halten Maulaffen feil und
tratschen, während Herodes seinen Blutrat über das Kindlein hält. Drauf!
Drauf, ihr Lauen! Zieret euch nicht, brecht den Wölfen die Zähne aus, die
das Kindlein zerreißen sollen!«

Allerdings wollten sich die Katholiken verantworten, als gingen solche
Anspielungen auf die ungläubigen Heiden und die Gottlosen im Allgemeinen; aber was davon zu halten war, lag am Tage. Der Regensburger
Rat gab das Versprechen, der Drucker solle vernommen und bestraft werden, richtete aber trotz vieler Worte nichts aus, um es mit den mächtigen
katholischen Fürsten, die anwesend waren, nicht zu verderben.

Mit dem Erzherzog Matthias, der sich eine Zeit lang in Regensburg
aufhielt, und seinem Abgesandten, dem Herrn von Starhemberg, waren
die Evangelischen in leidlich gutem Einvernehmen, sehr zum Ärger Ferdinands, der mutmaßte, sein Oheim wolle mit den Glaubensfeinden paktieren, um sich ihres Beistandes zu rebellischen und gefährlichen Zwecken zu versichern. Eines Abends hatte der Erzherzog den pfälzischen
Großhofmeister, Grafen Solms, und den Erzbischof Schweikhard von
Mainz eingeladen, die etwa um Mitternacht zusammen aufbrachen. Der
Erzbischof war ein stämmiger, aufrechter Herr, zwischen fünfzig und
sechzig Jahren, mit rundem, fröhlichem Gesicht, der weder beim Zechen
noch bei der Jagd oder im Gespräch ein Spielverderber war und weniger
Anstoß an einem von dem seinigen abweichenden Glaubensbekenntnis
nahm, als wenn einer seinen Lieblingswein verschmähte oder ein Rebhuhn nicht essen mochte, das er geschossen hatte. Seine Rede war, mit einem Biedermann könne man immer auskommen, einerlei ob er katholisch oder evangelisch sei, es sei töricht, sich das Leben mit Zwist und
Hader zu verbittern, das ohnehin voll Ungebühr und Gefahren sei. Den

Evangelischen gegenüber betonte er gern seine friedfertige, altdeutsche Gesinnung und stand in freundnachbarlichem Verkehr mit dem Kurfürsten von der Pfalz wie auch besonders mit dem gleichgesinnten, kaisertreuen Landgrafen von Hessen-Darmstadt.

Indem nun der Erzbischof in seinen Wagen steigen wollte, der an der Tür auf ihn wartete, bemerkte er, dass Graf Solms und sein Begleiter Camerarius keinen hatten, und lud sie ein, zu ihm einzusteigen, er wolle sie nach Hause fahren. Sie waren fremd hier, es gäbe allerhand Gesindel und Raufbolde in einer großen Stadt, sie hätten selbst pokuliert und waren nicht so fest auf den Füßen wie sonst, sie konnten in den engen Gassen einen Schrecken davontragen. Graf Solms dankte, sie hätten nicht weit zur Herberge und wollten ihn nicht belästigen, noch viel weniger seine Nachtruhe verkürzen. Ob sie ihn für einen alten Mann ansähen?, fragte der Erzbischof lachend; so wolle er ihnen etwas Besseres zeigen. Wollten sie nicht mit ihm fahren, so wolle er mit ihnen gehen, der Wagen könne langsam hinterdreinfahren. Es war weit und breit still, man hörte nichts als das leise Singen des Schnees unter den Füßen. Hinter den Fenstern war nirgends mehr Licht, die Sterne glitzerten fern und frostig, und die Lichter in den Laternen, die die Diener trugen, hüpften wie die Augen einer wilden Katze über den Boden. Wie sie über den Platz bei der Emmeranskirche gingen, schien es ihnen, als ob sich am Chore etwas bewege, und indem sie sich umsahen, kam zwischen den Bäumen, die dort standen, ein verhüllter Mann hervor, trat schnell an des Grafen Seite und bat dringend um ein Almosen. Während der Diener, dem der Graf einen Wink gab, mit zitternder Hand in der Tasche nach einer Münze suchte, schob der Erzbischof seine Pelzkapuze zurück, trat dicht vor den Mann und sagte mit laut schallender Stimme: »Mitternacht ist keine Zeit, um Almosen zu bitten; wenn du in Not bist, so melde dich morgen bei mir, dem Erzbischof von Mainz«, worauf der Verhüllte augenblicklich zurückwich und in eiliger Flucht hinter der Kirche verschwand. Schweikhard triumphierte, er hätte es vorausgesagt, es sei jetzt ein großer Zulauf von abenteuerndem Gesindel in Regensburg, wäre er nicht zur Stelle gewesen, hätte der Wegelagerer ihnen noch ein Stück Geld abgeängstigt. Die Herren ließen es dabei, hielten aber dafür, der Mann sei ein Jesuit oder von Jesuiten gedungen gewesen und hätte es auf einen Mord abgesehen gehabt. Würde ein Bettler, dachten sie, sich in diesen kalten Nächten, wo die Vögel erfroren, auf die menschenleere Gasse stellen? Wer konnte sagen, ob der Erzbischof nicht von dem schwarzen Anschlag Wind bekommen und ihn aus löblichem Antrieb seines Herzens zunichte gemacht hatte?

Dem Stellvertreter des Kaisers, Ferdinand, wurde seine Bürde desto lästiger, je weniger ein Ende abzusehen war. Kam er vergnügt von einer Jagd oder Prozession zurück, so konnte er sicher sein, dass ihn eine unbequeme Nachricht von den Geschäften erwartete. Die Ketzer seien nun einmal halsstarrige Esel, sagte er, vergeblich traktiere man sie mit Hü und Hott, guten und bösen Worten, die Bestie sei nicht von der Stelle zu bringen. Inzwischen wurde ihm die Mutter krank, sorgte sich die Frau um ihn und um die Kranke, verlangte der Bube nach seinem Vater; er hätte den ganzen Kram zusammenschmeißen mögen. Da ereignete sich ein Zwischenfall, der ihn von ganz anderer Seite in die größte Bestürzung und Drangsal versetzte. Zufälligerweise nämlich geriet die Korrespondenz, welche von dem im Jahre 1606 zwischen den Gliedern der habsburgischen Familie abgeschlossenen Vertrage handelte, in die Hände eines kaiserlichen Beamten, und die sorgfältig geheim gehaltene Abmachung, ja gleichsam Verschwörung wurde dadurch dem Kaiser bekannt. Der Zorn desselben, der sein Misstrauen gerechtfertigt sah, stieg aufs Höchste und wendete sich hauptsächlich gegen Ferdinand, den er für anhänglich und weniger gefährlich als seine Brüder gehalten hatte. Das Herz sank dem Erzherzoge, als das Missgeschick offenbar wurde und keine Möglichkeit blieb, das Geschehene abzuleugnen. Zwar wurden sofort Briefe an den Kaiser abgeschickt mit Versicherungen, der Vertrag sei keineswegs gegen seine Hoheit gemeint, sondern hatte nur für den etwaigen, hoch zu beklagenden Fall seines Todes Vorsorge treffen sollen; allein sie verfingen nicht, und es galt nun, einen entschiedenen Standpunkt einzunehmen. Am liebsten hätte Ferdinand sich der Gnade des Kaisers anvertraut und Matthias verleugnet, da der Kaiser nun einmal das rechtmäßige Oberhaupt war und zunächst den sichersten Schutz bot; inzwischen hatte Matthias aber Fortschritte in Ungarn gemacht, und man musste darauf gefasst sein, dass er den rebellischen Protestanten in Böhmen die Hand bot und mit dem Kaiser abfuhr: wo blieben dann diejenigen, die es mit dem Abgedankten gehalten hatten? Im vertrauten Kreise schimpfte Ferdinand auf Matthias, der an allem schuld sei; hätte er voraussehen können, dass der desperate Mensch in solcher Furie gegen den eigenen Bruder losziehen würde? Die Suppe hatte ihnen der Khlesl eingebrockt, der mehr als der Gottseibeiuns zu fürchten sei; der hatte dem Matthias, der ein guter, frommer Mensch gewesen sei, so lange den Wolfspelz umgehängt, bis er ein Wolf geworden sei. Seine Mutter, die Erzherzogin Maria, die sich in den verschiedenen Klöstern, denen sie angehörte, mit Andachtsübungen auf den Tod vorbereitete, stimmte eifrig ein und riet zu vorsichtiger Zurückhaltung, um es weder mit Rudolf noch mit Matthias zu verderben; auch ihr Bruder, der alte Herzog von Bayern, Ferdinands Schwiegervater, sei der Meinung, da Ferdinand nun einmal in dieser Klemme stecke, müsse er ein wenig dissimulieren, um Zeit zu gewinnen, inzwischen könne dies oder das geschehen und die Lage sich ändern.

Einen Trost gewährte das Anerbieten Schweikhards von Mainz, er wolle nach Prag reisen und Frieden stiften. Die kaiserliche Majestät sei zwar ein wenig spanisch und besonders, im Grunde aber gut und fromm, man müsse ihn nur zu nehmen wissen. In den jetzigen gefährlichen Läuften dürfe nicht noch ein Familienstreit zu den vielen im Reiche obschwebenden Zwistigkeiten kommen; auch Matthias meine es ja nicht böse, bei allseitigem gutem Willen werde sich die Sache wohl wieder einrenken lassen.

Der Reichstag hatte inzwischen keine guten Früchte gezeitigt. Im Februar wurden die württembergischen Gesandten wegen des durch einen Schlagfluss herbeigeführten jähen Todes des Herzogs Friedrich zurückgerufen, worauf auch die übrigen Evangelischen einer nach dem andern abreisten.

Der Kaiser hatte in ohnmächtiger Wut zusehen müssen, wie Matthias sich zum Herrn von Ungarn machte, und erfuhr nun auch von seinen geheimen Verhandlungen mit den unzufriedenen böhmischen Ständen, sodass er sich nicht mehr verhehlen konnte, wie nahe er daran war, auch die böhmische Krone zu verlieren. Der zuverlässigste unter seinen Räten, Hannewald, wie auch der ihm unbedingt ergebene katholische Kanzler, Popel von Lobkowitz, rieten ihm beide, einen Landtag einzuberufen, auf welchem die Stände ihre Forderungen vortragen könnten; dies sei das einzige Mittel, das Vertrauen wieder herzustellen. Hannewald war ein kluger, arbeitskräftiger Mann, der einzig den Vorteil des Kaisers im Auge hatte, alle Menschen außer sich selbst verachtete und durch nichts aus dem Geleise zu bringen war. Zuweilen betrank er sich so, dass er für einige Tage aussetzen musste; aber das einmal gesteckte Ziel behielt er trotzdem im Auge. Er beredete den Kaiser sogar dazu, den Landtag in Person zu eröffnen, denn im Volk sei das Gerede im Schwange, der echte Kaiser Rudolf sei lange tot, man halte einen im Schloss verborgen, der ihm ähnlich sehe, darum müsse er sich einmal öffentlich zeigen.

Die dem außerordentlichen Ereignis vorausgehenden Tage war Rudolf unruhig mit den Vorbereitungen zu seinem Aufputz beschäftigt; er wollte einen schönen und majestätischen Eindruck hervorbringen. Als er mit niedergeschlagenen Augen, von dem Kanzler und einigen Räten geleitet, in den hohen und weiten Versammlungssaal trat, zitterten seine Knie vor ängstlicher Erregung; er hatte das Gefühl, als starrten ihm die Blicke der anwesenden Stände wie Lanzenspitzen entgegen. Dem war jedoch nicht so: Die schwarzgekleidete, ein wenig gebeugte Gestalt des Kaisers, der feine Silberschimmer, der über seinen Haaren lag, der Ausdruck des Leidens auf seinem bleichen Gesicht erregte Mitleid und Rührung in den Gemütern und schlug für den Augenblick die feindliche Leidenschaft nieder. Diese gesänftigte Stimmung, die er mit einem verstohlen auf die Versammelten geworfenen Blick erhaschte, erleichterte es ihm, die wenigen Worte, die er zu sprechen hatte, in würdevoller Haltung und mit dem Schein edler Gelassenheit vorzutragen.

Als die Sitzung vorüber war und er sich von der ungewohnten Anstrengung erholt hatte, ließ er auftischen und nahm mit Frauen und Zechgenossen eine Mahlzeit ein. In heiterer Laune machte er sich über die trotzigen Stände lustig, die er am Narrenseil springen ließe; nichts, nichts würde er von ihren Forderungen bewilligen, sie möchten sitzen und beraten und Paragrafen schreiben, solange es sie gelüstete, zuletzt schickte er sie mit langer Nase heim. Es trug zu seinem Wohlbefinden bei, dass Lang auf einer Reise abwesend war; denn dessen Fall war, seit die Sache mit Matthias zum Ausbruch gekommen war, beschlossen. Bei seiner Rückkehr wurde er verhaftet, vor ein Gericht gestellt, und auf sein Vermögen wurde Beschlag gelegt. Einen Teil davon erhielten die vielen Herren, die nun Klagen einreichten, sie hatten Lang große Summen ausgezahlt, damit er ihre Anliegen, Beförderungen und andere Gnadenakte beim Kaiser betreibe, aber keinen Erfolg gesehen; das Übrige fiel dem Kaiser zu. Viele wünschten, den hochmütigen und habgierigen Mann am Galgen oder auf dem Scheiterhaufen enden zu sehen; allein das Gericht fand eine solche Schärfe dem ehemaligen Liebling des Kaisers gegenüber nicht angezeigt, zumal da ihm weder in hochverräterischen Handlungen noch in Zauberei etwas Eigentliches nachzuweisen war, und ließ es bei Verlust des Vermögens und der Freiheit auf Lebenszeit bewenden.

Matthias hatte sich die künftige Größe mehr Mühe und Arbeit kosten lassen, als von seiner Natur zu erwarten war, nur in einem wichtigen Punkte blieb er hartnäckig, nämlich in dem einer standesgemäßen Heirat. Hätte er einen ehelichen Nachfolger gehabt, so hätte er weit mehr Aussicht auf allgemeine Anerkennung gehabt, als jetzt der Fall war, und er selbst wie die Verfechter seiner Sache hätten viel ruhiger in die Zukunft blicken können. Die Schwierigkeit bestand aber darin, dass er seit Jahren mit einer Frau namens Susanna Wachter zufrieden und bequem lebte, von der er sich durchaus nicht trennen wollte. Diese hatte einen feurigen und herrschsüchtigen Charakter, weswegen die Menschen im Allgemeinen nicht mit ihr anzubinden liebten; ihn jedoch, der ihr vollkommen ergeben war, versorgte sie mütterlich, und ihre genaue Bekanntschaft mit seinen Gewohnheiten und Bedürfnissen ermöglichte es ihr, ihm das tägliche Leben glatt eingehen zu lassen.

Die ersten Versuche Khlesls, diesen heiklen Gegenstand anzurühren, ließ Matthias abgleiten, als ob er ihn nicht verstehe; dann wehrte er sich, indem er die Heirat auf die Zeit verschieben wollte, wo er sein Ziel erreicht hätte. Das gehe nicht an, sagte Khlesl, man müsse einmal zugeben, dass seine Jugend ohnehin verrauscht sei, wolle er noch Nachkommenschaft erzielen, so müsse er sich dazuhalten. Seinem früheren Stande hätte es hingehen mögen, dass er sich eine Beischläferin genommen habe, jetzt müsse er als ein Mann und Christ den Pflichten seines hohen Amtes nachkommen. In seiner Verblendung bilde er sich ein, dass von der Susanna Wachter seine Seligkeit abhänge; wenn er aber einmal eine andere koste, werde er merken, dass der eine Teig gewälzt und gebacken sei wie der andere und dass dieselbe Ware auf jedem Markte feil sei. Um ihn davon zu überzeugen, führte ihm Khlesl bei Gelegenheit eines Reichstages eine hübsche Person zu, die sich bereit erklärte, wenn es so der Wille Gottes sei, dem Erzherzog entgegenzukommen; aber schon nach kurzer Zeit wurde Matthias ihrer überdrüssig und verlangte mit verdoppelter Sehnsucht Susanna Wachter zurück. Dieser Umstand legte die Vermutung nahe, dass Matthias von der Wachter behext und unfähig gemacht sei, Kinder zu erzeugen oder überhaupt sich mit anderen Frauen einzulassen. Mit Vorstellungen, welche Gefahr er an der Seite dieses Weibes laufe, brachte Khlesl es allmählich dahin, Matthias ein wenig ängstlich und misstrauisch zu machen und ihn wenigstens zum Anhören seiner Vorschläge zu bewegen.

Es war die jüngste Schwester des Herzogs von Bayern, Magdalena, die Khlesl ins Auge gefasst hatte, um damit seinem Schützling den Beistand dieses tatkräftigen und glaubensstrengen Herzogs zu sichern, und Matthias ließ es endlich zu, dass der Bischof nach München reiste und insgeheim anklopfte, wie die Werbung des Erzherzogs am dortigen Hofe aufgenommen werden würde. Da Magdalena bisher noch keine Bewerber gehabt hatte, die ernstlich in Betracht gekommen wären, begann die Frage ihrer Versorgung dem alten Herzog, ihrem Vater, ernste Gedanken zu machen, und die Aussicht auf diese Heirat versetzte ihn in nicht geringe Aufregung. Allerlei Bedenken standen freilich entgegen: erstens das Alter des Matthias, der damals fünfzig Jahre alt war, ferner sein wunderliches Verhältnis zu Rudolf und sein verwegenes Scharmützieren in Ungarn und Böhmen, womit er noch alles verspielen könne. Hiergegen führte Khlesl an, wie lästerlich und schändlich es in Prag zugehe, dass Gottes Beistand dem Matthias nicht fehlen könne und dass er ja auch nichts Unbrüderliches gegen Rudolf vorhabe, sondern auf dem Wege der Billigkeit bleiben wolle. Anders ließ sich die Erzherzogin Maria, Wilhelms Schwester, vernehmen: er solle sich doch den stinkenden Matthias vom Leibe halten, schrieb sie ihrem Bruder; nach außen scheine er vielleicht noch ein wenig, aber innen sei alles verfault, und der Teufel werde über kurz oder lang damit davonfahren. Ob Wilhelm nicht wisse, dass seine Hure, die Wachter, ihm die Manneskraft abgehext habe? Das wäre ein gottloser Handel, wenn er seine Tochter einem solchen Manne gäbe, von dem sie keine Kinder gewinnen und auch sonst wenig Ehre davontragen könnte.

Diese Warnungen machten nur geringen Eindruck auf den alten Herzog und noch weniger auf Magdalena selbst; ihre Tante sei neidisch, sagte sie, und fürchte, dass Matthias von ihr Kinder bekomme und dadurch für ihren Ferdinand die Aussicht, Kaiser zu werden, dahinschwinde. Maximilian erinnerte sie neckend daran, wie sie, als ihre Schwester Maria Anna den Ferdinand genommen habe, spöttisch gesagt habe, sie möchte keinen von den buckeligen Österreichern zum Manne; worauf Magdalena errötend entgegnete, der Ferdinand sei allerdings ein alberner Löffel und wackelig in den Gelenken wie ein Hampelmann, mit Matthias sei es etwas anderes, er sei bei Jahren, habe Vernunft und Erfahrung, solle gar nicht so übel sein. Übrigens, sagte sie, müsse ein jeder sein Glück versuchen, sie wolle es auch, die Susanna Wachter wolle sie ihm schon austreiben, und das uneheliche Klosterleben sage ihr vollends nicht zu, so sei doch etwas bei der Heirat gewonnen.

So war die Angelegenheit schon auf einen Punkt gegenseitiger Verständigung gekommen, als sie durch etwas Unvorhergesehenes durchkreuzt wurde, nämlich durch die Werbung des Kaisers um Magdalena. Als das Gerücht von der geplanten Heirat des Matthias nach Prag kam, wurden in der Umgebung des Kaisers höhnische Bemerkungen gemacht, wie sie seinen Beifall haben mussten. Wenn die Magdalena ein Kind bekäme, hieß es, hätte sie es wohl eher vom Teufel als von Matthias. Aufziehen möchte er die Braut schon, wenn es aber dann zum Tanz käme, wie er bestehen sollte? Wenn die Hochzeit auch vollzogen würde, sagte Rhutsky, würde die Wachter doch nicht leiden, dass er den Fuß auf das Ehebett setzte; es sei ja bekannt, dass sie in einem gewissen Kloster ein Lämplein brennen habe, womit sie ihm das Lebenslicht ausblasen könne.

Der Kaiser hörte wohlgefällig zu, war einige Tage nachdenklich und kam dann damit heraus, dass er die Magdalena selbst heiraten wolle. Er wolle dem Matthias seine falschen Karten verschlagen, ohnehin sei es jetzt Zeit für ihn, sich zu vermählen. Zwar gefalle ihm auch eine florentinische Prinzessin gut, deren Bild er kürzlich gesehen habe, aber er wolle es nun zuerst auf die bayrische abstellen. Er müsse lachen, sagte er, wenn er sich den Schrecken und die Enttäuschung unter seinen habgierigen Brüdern ausmale.

Rudolfs Räte schüttelten den Kopf, hielten es aber für klüger, ihr Erstaunen nicht zu äußern, und so ging denn eine vertrauliche Gesandtschaft nach München ab, um unvorgreiflich über die Sache zu reden. Der alte Herzog verlor einigermaßen die Fassung, denn diesen Bewerber auszuschlagen schien ganz und gar unmöglich, und doch wäre ihm Matthias, als der künftige Kaiser, bei Weitem lieber gewesen. Auch Magdalena wollte von Rudolf nichts wissen: vor Matthias grause ihr weniger, weil er nicht gar so alt und auch sonst nicht so unflätig sei wie der Kaiser.

In ihrem Widerstande wurde Magdalena durch die Bekanntschaft mit ihrem Vetter Leopold bestärkt, Ferdinands jüngerem Bruder, der sich in sie verliebte und eine heftige Zuneigung in ihr erweckte. Der nun zwanzigjährige Bischof von Passau ging mit dem Gedanken um, sich nach dem Tode der Mutter des geistlichen Wesens, zu dem er niemals Lust gehabt hatte, zu entäußern und ein fröhliches Fürstenleben anzufangen, wie es andere seinesgleichen führten. Er fühlte sich fähig, ein Held zu sein, sowohl im Krieg wie im Regiment und in der Liebe, und womöglich den Dämel, seinen Bruder Ferdinand, den er für einen Duckmäuser ansah, aus dem Sattel zu heben. Da er an jenem gehässigen Familienvertrage vom Jahre 1606 nicht beteiligt gewesen war, hatte der Kaiser eine Vorliebe für ihn gefasst und ihm Hoffnung gemacht, er werde ihn etwa noch zu seinem Sohn und Nachfolger erheben. Die Erlaubnis, das geistliche Kleid abzulegen, würde ihm der Herzog von Bayern, glaubte er, leicht in Rom erwirken können.

Von dieser Leidenschaft ergriffen, sträubte sich Magdalena nunmehr ebenso wohl gegen Matthias wie gegen Rudolf und erklärte, sie wolle als Nonne in ein Kloster gehen, wenn man sie zwingen wolle, einen anderen Mann als Leopold zu heiraten. Diesen liebe sie und werde nie einen anderen lieben, und ebenso ungestüm gebärdete sich Leopold zur großen Verlegenheit des alten Herzogs.

Die ersten Jahre der zweiten Ehe des Herzogs Jan Wilhelm von Jülich-Cleve waren reich an Aufregungen für die beteiligten Fürsten; denn zuweilen hieß es, er sei nun gesund und wohlauf, halte offene Tafel und gehe zur Jagd, ja die Herzogin sei guter Hoffnung, und die Geburt eines Erben stehe bevor. Allein dies bewahrheitete sich niemals, und diejenigen schienen recht zu behalten, die von Anfang an behauptet hatten, Jan Wilhelm sei ebenso verwirrt wie früher und werde nur jeweilen, wenn er eine ruhige Zeit habe, dem Volke von fern gezeigt, damit es ihn für gesund ansehe. Die Herzogin halte sich für betrogen, sei bitterböse und werde nur mit Mühe bewogen, nicht zu ihren Verwandten in die Heimat zurückzukehren. Auch erfuhr man, dass sie einen Prozess gegen Schenkern wegen sei-

ner vielen Gewalttaten anstrengte, wobei er aber mit dem Leben davon-
kam, wenn er auch von seinen Ämtern weichen musste. Dann kamen
Nachrichten über die Abnahme von Jan Wilhelms Lebenskraft, die den
Kurfürsten von Brandenburg und Wolfgang Wilhelm von Neuburg in
Atem hielten; Wolfgang Wilhelm hatte Beauftragte in Düsseldorf, die es
ihn ohne Verzug wissen lassen sollten, wenn der erwartete Todesfall einträte. Indessen vergingen noch mehrere Jahre unter wechselnden Gerüch-
ten, bis Jan Wilhelm, ganz in Blödsinn verfallen, im Anfang des Jahres
1609 endgültig starb.

Ohne Zeitverlust machte sich Wolfgang Wilhelm mit einem kleinen
Gefolge nach dem Norden auf, das Ziel seiner geschwinden Reise möglichst geheim haltend. Während er durch die aufgeweichten Straßen zog,
unter hochschiffenden Frühlingswolken und feuchten Stürmen, und den
Blick über die braune Erde schweifen ließ, die von langsamen Pflügen
aufgelockert wurde, hob sich seine Brust unter angenehmen Träumen.
Niemand, dachte er, würde so früh wie er von dem Tode Jan Wilhelms
unterrichtet sein, er würde als der Erste anlangen und sich der Herrschaft
bemächtigen. Gnädig würde er die Huldigung der Stände im Namen seines Vaters entgegennehmen und etwaige Widersacher entschlossen beugen; der Brandenburger würde am Ende froh sein, seine Ansprüche auf
seine Tochter übertragen und sie ihm zur Ehe geben zu können. Spanien
würde voraussichtlich alles aufbieten, um das Land in die eigene Gewalt
oder in die eines von ihm abhängigen Fürsten zu bringen; aber er brauchte es nicht zu fürchten, da ja die Union ihm zur Hilfeleistung verpflichtet
war und der König von Frankreich selbst ihn mit seinem Siegesschwert
verteidigen würde. Die Vorstellung schmeichelte ihm, wie umsichtig er
Vorsorge getroffen hatte und dass vielleicht ein Krieg unter den Völkern
entbrennen würde, um ihn zum reichsten Fürsten im Deutschen Reiche
zu machen.

Er war gerade am Ziele seiner Reise angelangt, als ein widerwärtiger
Anblick plötzlich seine frohe Stimmung umkehrte: er sah das wohlbekannte brandenburgische Wappen am Tore angeschlagen, ein Zeichen,
dass der Kurfürst bereits dort war oder durch einen Stellvertreter von der
Hauptstadt Besitz ergriffen hatte. Viel weniger hätte es ihn erbittert,
wenn ihm spanische Waffen entgegengestarrt hätten, denn diese hätten
seine Glaubensgenossen verdrängen können; wer aber würde ihm helfen,

den verhassten Nebenbuhler loszuwerden? Keiner von den protestantischen Fürsten würde ihm darin beistehen, das ganze Land ungeteilt für sich zu behalten. Obwohl ihm zunächst nichts übrig blieb, als sich in die Tatsache zu fügen, fühlte er sich allzu beleidigt, um es nicht den Markgrafen Ernst von Brandenburg, des Kurfürsten Vertreter, merken zu lassen, und es wäre zu einem folgenschweren Zerwürfnis gekommen, wenn nicht Landgraf Moritz von Hessen sich die Vermittlung hatte angelegen sein lassen.

Man möge doch auf gelegenere Zeit verschieben, stellte dieser beiden Parteien vor, wie das Land unter seinen Ansprechern zu teilen sei, und jetzt alle Kräfte darauf richten, dass es nicht dem Kaiser oder Spanien zufalle. Bei dem Kampfe, der sich darüber entspinnen werde, müsse man einig sein, jetzt seien alle Umstände günstig, die Habsburger, die Pest des Reiches, seien unter sich uneinig, im Begriffe, sich selber zu verschlingen. Der Augenblick sei für die deutschen Fürsten gekommen, sich ihre Unabhängigkeit zu erobern. In demselben Sinne sprach Anhalt, der geschäftig hin und her flog, um die letzten Zurüstungen zu betreiben, damit auf ein gegebenes Zeichen die Feuer an allen Orten zugleich aufflammen könnten.

In den habsburgischen Ländern bereitete sich sichtlich ein großer Umschwung vor, denn Matthias und Rudolf standen sich unversöhnlich gegenüber, und den Sieg davontragen musste der, dem die Übermacht der Protestanten zufiel. Khlesl und Matthias konnten sich dem nicht verschließen, dass sie der protestantischen Herren bedurften und dass diese sich nicht billig verkaufen würden.

Zuerst waren sie mit Anlockungen und Vorspiegelungen ausgekommen; nachdem aber Rudolf Ungarn, Mähren und Österreich wirklich abgetreten hatte, verlangte der protestantische Adel wirkliche, mit Brief und Siegel beglaubigte Zugeständnisse, namentlich Glaubensfreiheit, die Matthias doch nicht gewähren zu dürfen glaubte. Der nunmehrige König von Ungarn wusste durchaus nicht, wie er diesen gewiegten, redefertigen, grundgelehrten und vorurteilslosen Herren begegnen sollte. Khlesl hatte gut sagen, nun solle er zeigen, dass er dem erhabenen Erzhause angehöre, er müsse ihre Dreistigkeit durch Majestät in Schranken halten; Matthias klagte, es werde ihm übel in den Eingeweiden, wenn er diese Leute nur sähe, der Teufel führe ihnen die Zunge, sie sollten ihm nicht mehr vor die

Augen kommen. Hiervon nahm er einzig den mährischen Baron Zierotin aus, der denn auch schließlich die Verhandlungen zu einem Ende brachte, indem er einerseits den Adel in etwas nachzugeben und Matthias den notwendigen Forderungen Genüge zu leisten bestimmte.

Zierotin war ein kluger, fein gebildeter, etwas kränklicher Herr, der nach mancherlei Enttäuschungen jugendlicher Begeisterung die aufgeregten Kämpfe seiner Zeit mit melancholischem Zweifel verfolgte. Er war der Ansicht, dass die Evangelischen nicht auf die Gleichberechtigung ihres Bekenntnisses dringen sollten, wenn der Frieden davon abhänge; was verschlage es ihnen, ob sie ihre Andacht in dieser oder jener Kirche verrichteten, ob sie ihre Gebeine auf diesem oder jenem Kirchhof beerdigten, an welchem Orte sie ihren Glauben laut bekennen dürften? Wenn sie nur nicht verhindert würden, Gott in ihrer Weise zu dienen, und nicht gezwungen, Abgötterei zu treiben. Wollten sie mehr erreichen, müssten sie weniger selbstsüchtig und einig untereinander sein. Die Hussiten bekrittelten die Meinungen der Böhmischen Brüder, beide hassten die Lehren der Reformierten, und kaum hinderte sie die gemeinsame Gefahr, sich gegenseitig zu zerreißen. Wie oft hätte er versucht, die Herren aller habsburgischen Länder so zu vereinigen, dass sie einen Körper bildeten, der mächtig allen Gegnern gewachsen wäre; die Eifersucht der Schlesier und Mähren auf Böhmen und Österreich hatte es verhindert. Sie sollten sich mit dem Erreichbaren begnügen, da sie das Vollkommene zu verdienen nicht fähig wären.

Die ungewöhnliche Erscheinung des blassen Herrn im braunen Sammetkleide, dessen traurige Augen Überlegenheit und zuweilen eine leise, zurückgehaltene Verachtung ausdrückten und dessen sanfte Stimme eher zögerte als sich aufdrängte, gewann auf alle solchen Einfluss, dass sie sich, wenn auch widerwillig, fügten.

Die Herren zürnten ihm, dass er, von seinem früheren, schärferen Standpunkt abweichend, für Zugeständnisse stimmte, und auch Matthias gab, ohne überzeugt zu sein, mit bekümmertem Gewissen nach.

Wie ein vom Himmel stürzender Donnerkeil traf Matthias die Exkommunikation des Papstes, weil er sich mit den Ketzern verglichen und ihnen eine, wenn auch beschränkte, Duldung gewährt habe. Dies sei die Strafe, jammerte er, für sein Rebellieren und Traktieren! Hätte er sich doch niemals so viel unterstanden! Nun ziehe Gott die Hand von ihm ab, und zu so viel Plage und Ungemach auf Erden stehe ihm jenseits noch die Hölle bevor. Khlesl redete ihm ernstlich zu: »Sie nehmen sich die Sache allzu sehr zu Herzen«, sagte er, »die adeligen Herren sind keine Handwerker oder Bauern, die man ohne Weiteres in ein Gefängnis werfen oder aus dem Lande jagen kann; man muss mit ihnen dissimulieren, und der Heilige Vater würde es selbst nicht anders machen, wenn er dergleichen Untertanen hätte.« Solange Matthias, fuhr er fort, in seinem Herzen ein guter Katholik sei und sich vorbehalte, die Ketzerei auszurotten, sowie er die Möglichkeit dazu habe, brauche er sich nicht schuldig zu fühlen.

In demselben Sinne sprach sich auch der Beichtvater aus, bei dem Matthias Trost suchte. Er bewog den König, eine ausdrückliche Erklärung insgeheim auszustellen, dass er nur gezwungen den Ketzern nachgegeben habe und den Kampf gegen sie zu gelegener Zeit wieder aufnehmen wolle; wodurch sich denn der zürnende Papst versöhnen ließ.

Unterdessen stritten auch die böhmischen Herren miteinander, um eine gemeinsame Formel für ihre Forderungen zu finden, worüber es beinahe zu vollständiger Entzweiung gekommen wäre. Die Lutheraner und Utraquisten schrieben eine bestimmte Kleidung für ihre Geistlichen vor, während die Böhmischen Brüder der Ansicht waren, Frömmigkeit solle sich durch die Reinheit des Herzens und der Sitten ausdrücken, und es sollten sich deshalb die Geistlichen nicht durch äußerliches Gewand von der Menge unterscheiden. Schon hatten die Lutheraner erklärt, sich lieber von den Katholiken Hunde schelten lassen als den Böhmischen Brüdern die Hand reichen zu wollen, als diese durch Nachgiebigkeit den Frieden wieder herstellten. Nunmehr legten die Einmütigen Rudolf ihre Forderungen vor und drohten, nicht auseinanderzugehen, bis er sie bewilligt habe.

Schrecken und Unruhe bemächtigte sich der Bürger, die nicht wussten, auf welche Seite sie sich bei dem augenscheinlich bevorstehenden Kampfe schlagen sollten. Als Protestanten fühlten sie die Pflicht, zu ihren Glaubensgenossen zu stehen; aber sie waren dem Kaiser, in dem sie einen guten alten kranken Mann sahen, ergeben und betrachteten die adeligen Herren mit Misstrauen. Sie verwünschten das Lärmschlagen und Zusammenrotten, das den Geschäftsgang ins Stocken brachte und Handel und Wandel bedrohte. Nicht mindere Verlegenheit herrschte auf der Burg. Der Kaiser wollte die Abgeordneten nicht vor sich lassen, so erzürnt war er über ihre

Dreistigkeit: aber ihre Forderungen geradezu abzuweisen, getraute er sich auch nicht. Auf der anderen Seite mochte er die katholischen Kronbeamten, Lobkowitz, Martinitz, Slawata, seine Unsicherheit nicht merken lassen, die ihn drängten, fest zu bleiben und die Verbündeten als Rebellen zu behandeln. Erzherzog Leopold, der anwesend war, bestürmte ihn, den Krieg entscheiden zu lassen. Er hatte mehrere Offiziere aufgetrieben, darunter Lorenz Ramée, einen wilden Menschen, der im Besitz der feinsten Kriegskunst zu sein behauptete und sich vermaß, ganz Böhmen in einem Feldzuge zum Gehorsam zu bringen. Die Kronbeamten stimmten ihm bei: Rudolf dürfe sich von den Ständen nichts vorschreiben lassen, zeige er ihnen jetzt nicht den Herrn, würde er ihr Sklave werden. Und wenn der Kaiser selbst, sagte Lobkowitz, den Vertrag unterschreibe und ihn bei seinem Leben hieße, es auch zu tun, so würde er doch seinen Namen nicht daruntersetzen. Er sei nicht nur ein Diener des Kaisers, sondern auch Gottes und seines beschworenen Amtes.

Die herrische Art dieses Magnaten erfüllte den Kaiser mit Abneigung und Argwohn; es fiel ihm ein, dass Heinrich III. nicht durch einen feindlichen Ketzer, sondern durch einen seines Glaubens ermordet war. Diese Leute, dachte er, maßten sich mehr an als die Protestanten, während sie doch mehr als jene zur Unterwürfigkeit gegen ihn verpflichtet wären. In äußerster Ratlosigkeit ließ er Hannewald rufen, dem es nie an tüchtigen Auskunftsmitteln gebrach, den einzigen Mann, von dem er glaubte, dass es ihm nur um die Erhaltung der Kaisermacht zu tun wäre.

Gelassen ruhten Hannewalds Blicke auf dem graubleichen Gesicht und den zitternden Händen seines Herrn. Was der Lobkowitz und die anderen Herrschaften vorgebracht hätten, sagte er, könne der Kaiser an die Wand malen lassen, sonst sei es zu nichts gut. Krieg! Man hatte jetzt gesehen, wie man mit dem Matthias gefahren sei.

»Ich bin verloren!«, sagte der Kaiser, indem er das Gesicht mit den Händen bedeckte; »alles verlässt mich. Der Tod wird mich aus dem Elend erlösen!« Hannewald, der solche Klagen öfters gehört hatte, war nicht dadurch gerührt und ließ sich nicht darauf ein. »Es gibt einen vergrabenen Schatz im Königreich Böhmen«, sagte er, den Kaiser fest ins Auge fassend, »wer den hebt, ist Herr des Landes, und Eure Majestät kann ihn ohne viel Mühe oder Gefahr gewinnen!« Rudolf, in dem sogleich abenteuerliche Hoffnungen auftauchten, hob den Kopf und sah Hannewald begierig an; er werde doch aber nicht allein bei der Nacht etwas Schauerliches verüben sollen? Nein, sagte Hannewald, dergleichen nichts. Er brauche nur den Städten die Reichsunmittelbarkeit zu verleihen und die Bauern zu befreien, so hätte er ein Heer, das für ihn kämpfen und siegen werde. Wie lange hätte er den Übermut und Trotz des Adels erduldet, von dem sich jeder mehr als der Kaiser dünke und die darauf ausgingen, eine Adelsrepublik zu gründen. Dieser Adel habe das Reich an sich gerissen, indem er die Bauern zu Knechten gemacht habe und für sich arbeiten lasse. Die Schmarotzer sogen sich voll, indes der Kaiser und das Land verarmten. Auch die Städte fürchteten den Neid und die Missgunst des Adels und blickten voll Sehnsucht nach dem Kaiser; die Bauern riefen ihn an als ihren Heiland. Kürzlich hatten die Bauern eine Beschwerde gegen ihre Herren aufsetzen lassen, um sie dem Kaiser zu überreichen; wie das herausgekommen wäre, hatten die Herren den Bauern die Köpfe und dem Schreiber, der die Beschwerde geschrieben hatte, die Hände abschlagen lassen. Sie wollten es nicht leiden, dass die Bauern einen Kaiser hatten, darum hätte der Kaiser keine Bauern und kein Kriegsheer mehr. Er, der katholische Kaiser, könne mit einem Wort die evangelischen Bürger und Bauern zu seinen treuen Untertanen machen. Nur von ihm hänge es ab, ob er ein mächtiger Herr über ein blühendes Land sein wolle.

Der Kaiser starrte Hannewald enttäuscht und befremdet an. »Das ist Rebellion«, sagte er langsam. »Das ist wider Gottes Gebote.« Ob Gott dem Adel die Erde geschenkt habe?, fragte Hannewald. Es handle sich da nicht um Religion, sondern um Vernunft und Notwendigkeit. Indessen, was Hannewald auch entgegnete, der Kaiser schüttelte den Kopf und sagte am Ende, das wären Schimären, Hannewald solle ihm auf andere Art helfen. Er könne ja abdanken, sagte Hannewald ärgerlich und schickte sich an, fortzugehen. Rudolf hielt ihn kläglich bittend zurück; wenn er, Hannewald, ihn verlasse, so bleibe ihm nichts übrig, als sich ins Grab zu legen. »Wenn Sie sich zum Handeln nicht entschließen können«, sagte Hannewald, sich an der Tür umwendend, »so müssen Sie den Evangelischen nachgeben.« Geld, um Söldner zu einem aussichtsvollen Kriege zu werben, sei nicht vorhanden. Die ganze Erde hätte nicht Wasser genug, um den Brand zu löschen, der entstehen würde, wenn irgendwo ein Feuerfunken zündete. Pfalz und Hessen spitzten die Ohren, um das Schwert zu ziehen, sowie irgendwo die Waffen klängen; Frankreich und Holland würden einfallen. Wo wolle er da bleiben ohne Heer? Er sei nicht einmal Bayerns sicher. Dann mochte sich Lobkowitz mit dem Papst vor seinen Thron stellen und ihn beschützen.

Dieser Ausgang, die Forderungen der protestantischen Herren zu bewilligen, war dem Kaiser im Grunde erwünscht; denn seine Unterschrift kostete ihn nichts, und er gewann Zeit, neue Rettungspläne einzufädeln. Von solchen Hintergedanken äußerte er gegen Hannewald nichts; aber am Tage, nachdem er die Urkunde unterschrieben hatte, durch welche der böhmische evangelische Adel seine Rechte zu versichern dachte und welche unter dem Namen des Majestätsbriefes bekannt wurde, empfing er seinen Neffen Leopold und erteilte ihm die Erlaubnis, sich umgehend nach Jülich aufzumachen und in seinem Namen von der Festung Besitz zu ergreifen. Auf diesen kriegerischen jungen Mann, der ihm leidenschaftliche Ergebenheit beteuerte, setzte er jetzt sein Vertrauen, und ihn dachte er gegen seine Brüder und seinen Neffen Ferdinand auszuspielen. Böhmen und Jülich sollten Leopolds Hausmacht werden, und als Schwager Maximilians von Bayern würde er auch über dessen Macht verfügen können; Rudolf nämlich gab seine Heiratspläne bereitwillig auf, um die Braut für seinen Neffen zu werben, der ihm seine Liebe und die damit verknüpften Hoffnungen gestanden hatte.

Leopolds abenteuerliche Fahrt ließ sich zuerst besser an, als zu erwarten war: der Kommandant von Jülich, Rauschenberg, der die Festung weder dem Brandenburger noch dem Neuburger hatte einräumen wollen, überließ sie dem Günstling des Kaisers, der sich in Verkleidung glücklich bis dahin durchgeschlagen hatte.

Damit war die Losung zum Kriege gegeben; denn die Union hatte sich verpflichtet, den Fürsten von Brandenburg und Neuburg zur Erhaltung des Rheinlandes, wenn es ihnen etwa streitig gemacht werden sollte, zu Hilfe zu kommen. Dass es sich dabei nicht eigentlich nur um das Herzogtum Jülich handelte, wussten alle; bei diesem Anlass sollten einmal die alten Streitfragen ausgefochten werden, die in Güte nicht zum Austrag zu bringen waren. Nach dem Zusammentritt der Union hatten sich auch die katholischen Fürsten verbündet, um den Protestanten nötigenfalls eine tüchtige Kriegsmacht entgegensetzen zu können. Maximilian von Bayern hatte sich bereit erklärt, die Leitung des Bundes und den Oberbefehl über das Heer im Fall eines Krieges zu übernehmen unter der Bedingung, dass

Österreich nicht darin aufgenommen würde. Doch hatte Spanien, das dem Bunde gern beigetreten wäre, wenigstens die Zulassung Ferdinands von Steiermark durchgesetzt, wenn er auch freilich mit einem bloßen Titel abgefunden wurde; da man schon Frankreich gegen sich hatte, hielt es Maximilian nicht für rätlich, es auch mit Spanien zu verderben.

Während der protestantische Adel Böhmens noch in kriegerischer Stimmung auf dem Rathause zu Prag versammelt war, eilte Christian von Anhalt hin, um auf den Sturz des Kaisers zu dringen und einen Anschluss an die Union zu vereinbaren. Wie sehr er jedoch seine Reise beschleunigte, kam er erst an, als Rudolf schon den Majestätsbrief unterzeichnet und dadurch eine Versöhnung herbeigeführt hatte. Anhalt war enttäuscht und entrüstet, dass man sich so hatte einfangen, vom abgefeimtesten der Lügner hatte hinters Licht führen lassen. Nie mehr, und wenn er seine Seele zum Pfande setze, würde er Rudolf trauen; er hatte keine, seine Brust sei leer wie ein hohler Baum, in dem die Fäulnis leuchtete. So arg sei es doch wohl nicht, meinte Wilhelm von Lobkowitz, und man vermeide doch lieber die Extremitäten, wogegen andere sagten, sie trauten Rudolf keineswegs, einstweilen hätten sie ihm aber die Hände gebunden, das Weitere müsse man abwarten. Graf Thurn war unzufrieden und teilte Anhalts Meinung, man hätte den mürben Strick nicht noch einmal anknoten sollen; nun aber, sagte er auch, müsse man sich damit weiterhelfen, solange er hielte. Vergebens malte Anhalt die Gunst der Umstände: überall recke die Freiheit das Haupt, Venedig sei im Kampfe mit dem Papst Sieger geblieben, man könne keine kühnere Sprache führen als der Doge und jener vom kalvinischen Geiste beseelte Mönch Paolo Sarpi. Was für Veränderungen, wenn die weltliche Herrschaft des Papstes stürzte, das tönerne Haupt des großen Tieres zerschellte! Wenn Genf, die Keusche, ihren Fuß auf den Nacken der römischen Hure setzte! Vergeblich mahnte er zum Eintritt in die Union und bot ihre Hilfe an: insgeheim fürchteten die böhmischen Herren für ihre Selbstständigkeit und hüteten sich, Verpflichtungen gegen die deutschen Fürsten auf sich zu laden.

In Wahrheit waren die Kräfte und Mittel der Union weniger glänzend, als Anhalt sie darstellte. Keiner von den Fürsten hatte Geld genug, um sein Heer lange Zeit im Felde zu halten, oder Lust, das etwa Vorhandene daranzuwagen. Nur die Städte hatten einen vollen Beutel, zogen ihn aber nicht auf, außer wenn es ihnen wirklich und erweislich unmittelbar zugutekam.

Wir möchten sie so markten, sagte dann wohl Anhalt ungeduldig, wenn es sich um die Freiheit der Gewissen handele! Wollten sie still sitzen, wenn nun die Horden der Jesuiten und Kapuziner näher rückten, um die dem reinen Gottesdienst geweihten Kirchen mit ihrem Baalsdienst zu besudeln?

Sie würden sich wehren, erwiderten die Städte, wenn die Widersacher ihnen zu Leibe rückten; aber davon wären noch keine Anzeichen vorhanden. Wenn in ihrem Gebiet ein Päpstlicher sich unbescheiden aufführte, so hatten sie Mittel, ihn zu strafen trotz Kaiser und Papst. Bisher hatte der Kaiser sie bei ihren Rechten und Gewohnheiten belassen, wie sie ihm wiederum ihre Schuldigkeit geleistet hätten.

Sie hätten keinen Gemeinsinn, warf ihnen Anhalt vor.

Ob die Fürsten nicht auch zuerst ihre Selbsterhaltung bedächten, entgegneten die Städte. Es wäre bisher so gewesen, dass sie vom Kaiser ihren Lebensfaden angesponnen und dass die Fürsten ihn abzuschneiden getrachtet hätten; sollten sie sich nun gegen den Kaiser zu den Fürsten stellen? Man sehe jetzt wieder, wie der Herzog von Wolfenbüttel der Stadt Braunschweig nachstellte und sie zu einer gemeinen Landstadt herunterdrücken wollte.

Ja, und der Kaiser hätte sie nicht beschützt, sagte Anhalt triumphierend, ebenso wenig wie die Reichsstadt Donauwörth, die er vielmehr aus Glaubenshass dem Jesuitischen Herzog von Bayern preisgegeben hätte.

Wäre die Stadt vorsichtig gewesen und hätte dem Pöbel nicht zu viel nachgegeben, antworteten wiederum die Städte, möchte es nicht so weit gekommen sein. Übrigens wüssten sie wohl, dass die gegenwärtigen Läufte gefährlich und besonders für die Städte verdächtig wären; sie müssten mühselig zwischen Scyllam und Charybdim hindurchsteuern, wollten sie die heile Haut davontragen.

Als Christen sollten sie nicht an ihre Haut denken, sagte Anhalt, sondern an ihren Gott. Worauf der nürnbergische Abgesandte einmal entgegnete: »Euer Liebden reden viel von Gott, wenn Sie zu uns sprechen. Sprechen Sie aber zu Ihresgleichen, so reden Sie von der Libertät, welches so viel heißt, als dass die Fürsten dem Kaiser nicht untertan sein wollen.«

Was ferner den Städten durchaus nicht eingehen wollte, war die Verbindung mit dem König von Frankreich als mit einem ausländischen Fürsten. In der guten alten Zeit würde man dergleichen als Hochverrat angesehen haben, und es könne nichts Gutes aus solchem Bündnis kommen. Noch dazu sei der König von Frankreich ein Apostat, habe seinen Glauben abgeschworen, seine Glaubensbrüder verraten und bekämpfe sie jetzt. Wie reime sich das damit, dass er den Protestanten im Nachbarlande beistehen wolle? Dabei sei kein Treu und Glauben, und es möchte den guten Deutschen ergehen wie dem Bären oder Hasen, als er mit dem Fuchs gemeinsame Sache machte.

Auf der Straße, die durch die Berge der Eifel nach Düren führte, überholte ein Trupp Mansfeldischer Reiter einige Landleute, die eine Hochzeit zu vollziehen sich in das nächste Kirchdorf begaben. Es waren das Brautpaar, dessen Eltern und die Verwandtschaft mit ihren Kindern, alle sauber gekleidet, die Braut mit Bändern und einer turmartigen Krone geschmückt, unter der ihr junger Kopf sich ernst und schamhaft beugte. Beim Anblick der Reiter erschraken die Leute, beruhigten sich aber, als einer derselben, ihren Dialekt komisch nachahmend, sie freundlich ansprach, nach dem Wege fragte und versicherte, dass sie nichts Feindliches im Sinne hätten, vielmehr selbst der Hilfe bedürftig wären. Die vom Schreck befreiten Bauern gaben Bescheid, worauf die Reiter sich ihnen anschlossen und unter dem mühselig geführten Gespräch zur Hochzeit einluden, da sie noch nichts im Leibe hätten, auch Genügsamkeit gelobten, als die Leute auf das geringe Maß der im Dorfe vorhandenen Vorräte hinwiesen. Es war Anfang Januar, und nach langen Regentagen setzte scharfe Kälte ein; ein beißender Nordwind pfiff durch das leere Ginstergestrüpp, das hie und da die Hügel bewuchs, und die erst durchweichten, nun gefrorenen Wege waren für die barfuß laufenden Kinder schwer zu begehen. Eine Viertelstunde von dem Dorfe kamen den Hochzeitern Befreundete entgegen, denen Spielleute vorangingen, und wiederum zerstreute die gute Laune der Reiter die Besorgnis, die ihr unerwartetes Erscheinen einflößte. Da sich zeigte, dass sie gute Katholiken waren, die Knie beugten und beteten wie die anderen, war die Einwohnerschaft vollends zu gastlicher Aufnahme willig, und das Hochzeitsmahl wurde durch herzugetragenes Brot, Fleisch und Dünnbier, so gut es gehen wollte, erweitert. Beim Tanze, der sich an das Essen anschloss, entspann sich ein Streit, indem ein betrunkener Reiter die Braut um die silbernen Beschläge ansprach, die ihr Mieder zierten und die seine Habgier reizten.

Der Bräutigam lief zu ihrem Schutze herbei, der Reiter wurde hitzig, zog die Braut an sich und stach ihr, als sie sich ihm schreiend entwinden wollte, ein kurzes Schwert, das ihm an der Seite hing, ins Herz. Daraus entwickelte sich ein allgemeines wildes Kämpfen, das durch die plötzliche Ankunft Mansfelds, des Regimentsobersten, unterbrochen wurde. Er sprang sofort vom Pferde, trat unter die Wütenden und hieß einen der Seinigen sprechen, der die Schuld des Geschehenen auf die Bauern zu schieben suchte, als hätten sie einen listigen Überfall vorbereitet, dessen sie, die Soldaten, sich gewaltsam hätten erwehren müssen. Mansfeld stellte sich an, als ob er ihm Glauben schenkte, befahl seinen Leuten, alles herauszugeben, was sie sich etwa den Bauern Gehöriges angeeignet hätten, ließ sie aufsitzen und sprengte mit der ganzen, nun vereinigten Truppe so schnell wie möglich davon, ohne dass die Bauern der bewaffneten Übermacht gegenüber Widerstand zu leisten hätten wagen können.

Schon lag das frühe Dunkel auf den Hügeln, über die die Reiter hinjagten. Mansfeld war verstimmt und sagte ungehalten zu dem Leutnant, der die Schuldigen angeführt hatte, er durchschaue den wahren Sachverhalt wohl und würde eine blutige Strafe verhängt haben, wenn er nicht hoffen könne, dass die Tat in diesem verlassenen Winkel begraben bleibe. Als der Leutnant sich damit entschuldigen wollte, dass nach langem Fasten ihnen Essen und Trinken zu Kopfe gestiegen sei, hieß ihn Mansfeld schweigen; er müsse für ihre Zügellosigkeit büßen, ihm hängten sie den Namen eines Mordbrenners an, der die Katholiken so wenig verschone wie die Evangelischen. An einer Wegscheide ließ er Halt machen, sprach sein Missfallen und die Hoffnung aus, die Übeltäter würden sich beeifern, ihr Schelmenstück durch eine soldatenmäßige Heldentat wieder gutzumachen. Einige Meilen entfernt liege das Städtchen Schleyden, das in Feindeshand, aber ungenügend besetzt sei und leicht überrumpelt werden könne. Dort wolle er sich festsetzen, um mit sicherem Rückhalt Streifzüge zu wagen und weiter um sich zu greifen. Dieser Überfall gelang; aber schon am folgenden Tage erschien eine starke Abteilung brandenburgischer Soldaten unter dem Grafen Friedrich Solms, denen gegenüber Mansfeld den schwach befestigten Ort nicht halten konnte. Nach tapferer Gegenwehr musste er sich mit den überlebenden Soldaten gefangen geben, wurde nach Düren gebracht und wartete dort ungeduldig auf das Lösegeld, das sein Kriegsherr, Erzherzog Leopold, für ihn zu erlegen aufgefordert wurde.

Während der erzwungenen Untätigkeit, die ihn von Tag zu Tag unleidlicher drückte, lief an Mansfelds Geiste sein vergangenes Leben, aus Kampf, Enttäuschung und Bitterkeit bestehend, vorüber. In seinem zehnten Lebensjahre hatte es sich begeben, dass er in die Bücher, die ihm gehörten, ein paar französische Andachtsbreviere, eine Befestigungslehre und einen lateinischen Plutarch, neben seinen Namen Peter Ernst Mansfeld den Wahlspruch seines Vaters geschrieben hatte, der ihm überaus wohlgefiel: Force m'est trop. Dies hatte der Hofmeister der Pagen, mit denen er erzogen wurde, gesehen und ihn auf Befehl seines Vaters mit Schlägen so gezüchtigt, dass Blut geflossen war. Es wurde ihm dabei gesagt, dass er der Gewalt sich zu fügen lernen müsse, dass das störrische, unbändige Wesen ihm ausgetrieben werden solle, und als er sich zornig beklagte, ein Fürstensohn dürfe nicht wie ein Knecht behandelt werden, wurde ihm entgegnet, er sei ein Bastard, solle nach dem Willen seines Vaters nicht anders behandelt werden als die Pagen, die im Schlosse dienten, und habe kein Recht, seines Wappens und Wahlspruchs sich zu bedienen. Wenn ihn seitdem ein Gegner mit dem Namen Bastard gehöhnt hatte, überlief ihn jedes Mal dasselbe Gefühl von Scham und ohnmächtiger Wut, das damals seine kindliche Brust fast erdrückt hätte. Hass und unersättliche Rache gegen den Vater durchdrangen ihn, dessen gesundes Alter kalt, zufrieden und würdevoll in seinen Schlössern thronte und der seinen Sohn namenlos, ohne Heimat, Erbe und Ehre zurückließ. Oft sehnte er sich danach, den hochmütigen Greis, dem man sich nur voll Ehrfurcht und unter Bücklingen genähert hatte, aus der Erde herauszuwühlen und öffentlich verletzter Vaterpflicht und unnatürlicher Grausamkeit anzuklagen. Fluch über ihn, der seinen Sohn wie Ismael in die Wüste gestoßen hatte. Noch jetzt musste er oft rühmen hören, wie treu sein Vater als Gouverneur von Luxemburg dem Hause Habsburg gedient und ihnen sogar alle seine Güter hinterlassen habe; ihm schien es nicht rühmenswert, dass er den übermütigen Herren seinen Überfluss vermachte und seinen Sohn ihrer Gnade zu empfehlen sich begnügte. Er hatte es nicht anders gewusst, als dass er im Dienste des Hauses Österreich das Schwert führen müsse, und hatte es getan, so gut er es verstand, tapfer und ohne sein Leben zu schonen; sie dagegen hatten ihn wegen eines fehlgeschlagenen Kriegsunternehmens, woran er sich unschuldig glaubte, kassiert. Zurücksetzungen und Kränkungen aller Art waren ihm zuteil geworden, sodass er sich endlich klargemacht hatte, er als berechtigter Erbansprecher der väterlichen Hinterlassenschaft sei ihnen im Wege. Warum ließ er sich treten von denen, die ihn ausgeplündert hatten? Er konnte leicht anderswo sein Glück finden, ja es waren ihm schon Anträge von evangelischer Seite gemacht worden; dann konnte er vielleicht den Gegnern mit Gewalt nehmen, was sie dem geduldigen Diener vorenthielten. Immer, wenn er die Möglichkeit erwog, zur Union überzugehen, störte ihn die Vorstellung, dass er sich gleichsam als ein Flüchtling und Verschmähter denen anschloss, auf die er als auf Ketzer und Rebellen herabzusehen gewohnt war; dagegen sagte er sich, dass er der Mann sei, ihnen seinen Wert zu erweisen. Das Ergebnis langer Kämpfe war, dass er den Grafen Solms bat, ihn gegen Ehrenwort zu entlassen, damit er den Erzherzog Leopold persönlich auffordern könne, ihn auszulosen, widrigenfalls er zur Union übergehen wolle; weigere sich Leopold, so sei er entschlossen, die Drohung auszuführen. Graf Solms zögerte mit der Antwort; denn er hatte die Meinung, dass das Ehrenwort eines Bastards nicht gelte, und war nahe daran, ihm dies zu verstehen zu geben. Indem er aber Mansfeld in das kluge, reizbare Gesicht sah, das sich rötete und argwöhnisch leidend verzog, weil er des Unschlüssigen Zweifel richtig deutete, besann er sich plötzlich eines anderen, reichte dem Bittenden die Hand und sagte: »Ich habe Euch kämpfen sehen wie einen Edelmann, und als einem solchen gebe ich Euch die Freiheit«, worauf Mansfeld dankte und davonritt.

Von Erzherzog Leopold, der sein erträumtes Reich von Jülich aus zerfließen sah, ohne Geld, weil er selbst keins habe, und mit den spöttischen Worten entlassen, er solle unter Freunden und Verwandten für sich sammeln lassen, kehrte er grollenden Herzens nach Düren zurück. Nicht nur redeten ihm Ansbach, Anhalt und Solms zu, sich nunmehr der Union anzuschließen, sondern Solms schenkte ihm auch die Freiheit, großmütig auf das Lösegeld verzichtend; allein das bestärkte Mansfeld in dem Vorsatz, nur an der Spitze eines Regiments, nicht als Bettler zu den bisherigen Feinden zu kommen. Einige Monate vergingen, die er im Belgischen und Luxemburgischen, werbend und streifend im Dienste des Erzherzogs, zubrachte, immer noch ein Zeichen erwartend, dass ihm Anlass gäbe, bei der alten Fahne zu bleiben. Anstatt dessen geriet er in einen Wortwechsel mit Leopold, weil dieser sich weigerte, den Söldnern, die Mansfeld für ihn geworben hatte, den Sold auszuzahlen. Im Vertrauen auf seine, des Erzherzogs, Ehre habe er den Söldnern sein Wort verpfändet, warf ihm Mansfeld vor, worauf der Erzherzog spottete, er sei ja dem Grafen Solms das Lösegeld schuldig geblieben, und derselbe habe das Recht, Mansfelds Namen auf den Schandpfahl zu schlagen. Des Lösegelds solle er ewig eingedenk sein, antwortete Mansfeld kurz, drehte sich um und verließ Leopold, entschlossen, nun ein Ende zu machen. Unter dem Vorwande, einen Futtertransport eskortieren zu müssen, verließ er mit seinem Regiment das Elsass, wohin er sich zurückgezogen hatte, und führte es dem einstigen Feinde zu. Auf einem freien Felde hielt er eine Ansprache, in der er die Gründe, die ihn bewegten, auseinandersetzte. Er sprach von dem Geiz und der Undankbarkeit des Hauses Habsburg und wie lange er die Tyrannei desselben ertragen habe in der Meinung, es müsse so sein, dass einige Hunger und Durst, Frost und Hitze, Entbehrung und Mangel litten, während andere in Überfluss, Gütern und Titeln schwelgten. Es sei nicht so; das Evangelium der Freiheit sei längst ausgegangen in die Welt, man hätte es ihnen aber vorenthalten. Zur evangelischen Freiheit wolle er von nun an sich halten. Er sei als Fürst geboren und aufgewachsen so gut wie ein Erzherzog, das Haus Habsburg habe ihn seines Landes und seiner Rechte, so wie sie ihres Soldes, beraubt. Er sei jetzt, obwohl ein Fürst, arm, habe aber ein Schwert, mit dem er sich die Welt erkämpfen könne. Dem Schwert und der Freiheit wolle er vertrauen; wie er sie nicht verließe, sollten sie ihm treu bleiben.

Diese und ähnliche Worte sprach er vom Pferde herunter, den Hut in der Hand, zu den Soldaten, die ihm als einem verwegenen und großmütigen, wenn auch mitunter maßlos heftigen Führer im Ganzen zugetan waren. Die meisten jubelten ihm zu, umso mehr, als sie größtenteils Protestanten waren; andere gingen einstweilen mit, um sich gelegentlich zu verlieren, wenn ihnen der Wechsel nicht zusagen sollte; nur wenige kehrten aus Anhänglichkeit an die einmal ergriffene Sache oder aus Misstrauen gegen die neue zurück.

Während im Nordwesten des Reiches die Waffen klirrten, reisten die Kurfürsten von Köln, Mainz und Sachsen nach Prag zu einem Konvent, den der Kaiser zur Beratung der schwebenden Fragen ausgeschrieben hatte, nämlich der Jülicher Sukzession, des Streites um Donauwörth, seines Handels mit Matthias und der Nachfolge im Reich. Wegen der Aussöhnung des Kaiser mit Matthias hatte sich Ernst von Köln während des Winters längere Zeit in Prag aufgehalten, aber keine Audienz beim Kaiser erhalten können, sodass er über die Einladung, die er gleich nach seiner Rückkehr erhielt, füglich erstaunt war; da jedoch die mildere Jahreszeit heranrückte und die Kriegsfrage für ihn als Nachbar von Jülich von hohem Belang war, machte er sich geduldig wieder auf den Weg. Im Ganzen sahen die Herren einer fröhlichen Zeit entgegen, da sie in Prag Gäste des Kaisers sein sollten, der zu großer Verlegenheit des Finanzrates die Fürsten üppig zu bewirten liebte.

Nach feierlicher Eröffnung durch den Kaiser leitete der Konvent seine Tätigkeit dadurch ein, dass er von mehreren Universitäten Gutachten über die verwickelte Jülicher Erbfolge einzuholen beschloss, welcher denn von den verschiedenen Erbansprechern, zu denen auch der Kurfürst von Sachsen gehörte, das beste Recht hätte. Sie waren noch in Erwartung der Antworten, als die Nachricht von der Ermordung Heinrichs IV. von Frankreich eintraf, wodurch die Kriegsgefahr sich erheblich verringerte. Herzog Heinrich Julius von Braunschweig-Wolfenbüttel, der wegen seines Streites mit der Stadt Braunschweig sich schon vor mehreren Jahren persönlich mit dem Kaiser in Verbindung gesetzt und ihn ganz auf seine Seite gebracht hatte und der auch jetzt wieder in Prag anwesend und von dem ihm besonders vertrauten Kaiser zum Konvente zugezogen war, gab bei dieser Gelegenheit ein Gastmahl, dessen vornehmste Tafelzierde ein die Judith mit dem Haupte des Holofernes darstellendes Schaustück bildete. Es bestand aus Mandeln, Honig und Mehlteig und war dadurch merkwürdig, dass der Zuckerbäcker auf Anweisung des Herzogs von Braunschweig dem von der Judith am Schopfe gehaltenen Haupte die Züge Heinrichs IV. zu geben versucht hatte. Er sei selbst in der Werkstatt des Meisters gewesen und habe nicht ungeschickt mit zugegriffen, erzählte der Herzog seinen Gästen, die denn auch die Arbeit wohlgelungen und des Königs Nase und Bart wohlgetroffen fanden. Der rüstigen Mörderin, erklärte der Herzog, habe er nur das Gesicht eines beliebigen schönen, gesunden Weibsbildes geben lassen, denn er wisse nicht, wie der Mann beschaffen sei, der den König erstochen habe, auch sei das Ganze mehr als ein Symbolum aufzufassen. Wer er auch sei und ob man auch die Mordtat nicht billigen könne, sagte der Erzbischof von Köln, so sei sie, wenn nicht auf Anstiftung, doch unter Zulassung Gottes geschehen, der das fromme Kaiserhaus augenscheinlich beschütze. Der kecke und unruhige Geist des Königs hätte ein hübsches Kriegsfeuer am Rheine anzünden können, daran sie lange zu löschen gehabt hätten. Ja, sagte Kurfürst Christian von Sachsen, mit Frommsein und Zuwarten übe man meist die feinste Politik aus, indem Gott die Entscheidung in allen Dingen zustehe und er alles zum Besten der Frommen einrichte.

Um nun die Jülicher Frage vollends zum Ende zu bringen, erklärte sich der Kaiser einverstanden, den Kurfürsten von Sachsen mit dem erledigten Herzogtum zu belehnen, welche Handlung gleich während des Konventes feierlich vollzogen werden sollte.

Hatte Rudolf es auch bereits seinem Neffen Leopold versprochen, so konnte doch inzwischen der sächsische Kurfürst damit zufriedengestellt werden, den als den mächtigsten evangelischen Fürsten von Zeit zu Zeit durch eine unvorgreifliche Vergünstigung zu verpflichten ein Hauptstück der kaiserlichen Regierungskunst im Reiche war. Mit Eifer nahm sich dieser Sache der Herzog von Wolfenbüttel an, indem er für die richtige Ausführung des Belehnungsaktes nach den Vorschriften der Goldenen Bulle, die er auswendig wusste, Sorge trug. Die Fürsten, welche seine Gelehrsamkeit bewunderten, fügten sich seinen Anordnungen und kamen in dem Gasthof, den er bewohnte, zusammen, um dem Kurfürsten von Sachsen seine Rolle einzustudieren. Christian nämlich war von großer, breiter, muskelstarker Gestalt, hatte sich als Jüngling bei Turnieren ausgezeichnet und pflegte sich von den Bildhauern als Herkules darstellen zu lassen; aber das übermäßige Trinken hatte ihn aufgeschwemmt und zu einer trägen, unförmigen Masse gemacht, sodass es nicht leicht war, ihn seinem alten Ruhme gemäß eindrucksvoll zu verwenden. Vornehmlich schwer wurde ihm das Niederknien vor dem Kaiser, das den wichtigsten Punkt der Darstellung bildete, da er in der engen und schweren Rüstung, die dazugehörte, noch unbeweglicher als sonst war. Die Erzbischöfe musterten etwas besorgt das rot gedunsene Gesicht mit den schlaff hängenden Backen unter dem Kurhute, an dem der Schweiß hinunterzulaufen begann, während der Herzog ihn unnachsichtig den Kniefall wiederholen ließ, bis es ohne Anstoß gelungen wäre. Es habe nichts auf sich, sagte der Herzog, wenn der Kurfürst sich etwas langsam und unanstellig gebärde, nur dürfe er weder lachen noch greinen oder das Maul hängen lassen, ebenso wenig taumeln oder stolpern oder schnaufen, was alles der fürstlichen Majestät Abbruch tue, vor allen Dingen aber beim Niederknien nicht wie ein voller Sack zu Boden plumpsen, sondern sich gelinde und gleichsam aus freien Stücken niederlassen und wieder aufstehen. Schließlich kamen die Fürsten überein, dass es besser wäre, dem Kurfürsten zwei Knappen beizugeben, die ihm beim Niederknien und Wiederaufstehen unter die Arme griffen, da man sonst doch sich eines Unfalls besorgen müsse.

Der Kurfürst, den das häufige Proben etwas verdrossen hatte, gewann bei dem sich daran schließenden Gelage seine gute Laune wieder, übernahm sich aber im Trinken so sehr, dass er am folgenden Morgen, als die Belehnung vorgenommen werden sollte, gänzlich unfähig und seiner nicht mächtig war und dadurch die Fürsten in nicht geringen Schrecken versetzte. Sie sollten ihm einen Humpen voll zu trinken geben, sagte Christian übellaunig zu ihnen, die ihn vorwurfsvoll umstanden, dann werde er alles ordentlich ausrichten, erst müsste er allemal den Schlaf, der ihm wie Blei in den Gliedern liege, mit einem Frühtrunk fortspülen.

Dem widersetzte sich anfangs der Herzog von Braunschweig, da es erstens der Goldenen Bulle nicht gemäß sei und zweitens auch gefährlich, indem der Kurfürst sich wieder übernehmen und dadurch alles zum Scheitern bringen könne; allein auf Zureden der anderen, dass Christian in einer mäßigen Trunkenheit besser figurieren könne als nüchtern, ließ ihm der Herzog einen Krug Bier verabreichen, worauf er sich erholte und die Zeremonie unter großem Gepränge und Zulauf vorgenommen wurde und auch leidlich abging. Das Gesicht des Kaisers blickte fahl und traurig aus dem starrenden Ornat, mit dem er behangen war; er hatte sich in der letzten Zeit von den gemeinsamen Zusammenkünften zurückgezogen, da die Fürsten allmählich abreisen und vorher dasjenige Geschäft erledigen wollten, das ihm widerwärtig war, nämlich die Aussöhnung mit Matthias.

Auch dieser wollte anfangs nichts davon hören, aber der Herzog von Braunschweig, der unverdrossen nach Wien reiste, um ihn zu bearbeiten, brachte ihn dahin, dass er die Waffen niederzulegen versprach, wenn der Kaiser das Kriegsvolk entließe, das er im Bistum Passau geworben hatte und das gegen ihn bestimmt sei. Darauf wollte Rudolf jedoch nicht eingehen: das Passauer Kriegsvolk, sagte er, gehöre seinem Neffen Leopold und solle in der Jülicher Fehde verwendet werden; er habe nichts damit gegen Matthias im Sinne, aber er und seine übrigen Brüder und Neffen, mit Ausnahme Leopolds, wären ein vatermörderisches Geschlecht und wollten ihn wehrlos machen, um ihn desto besser ausplündern zu können. Die Fürsten waren über Rudolfs seltsame Geisteskonstellation etwas betreten, ließen aber nicht nach, auf ihn einzureden, bis er einwilligte, die Passauer zu entlassen und die Abbitte der schuldigen Verwandten entgegenzunehmen, nur Matthias wolle er nicht sehen. Es wurde also ausgemacht, dass anstatt seiner die Erzherzöge Maximilian und Ferdinand vor ihm erscheinen sollten; aber eine neue Schwierigkeit entstand dadurch, dass der Kaiser die Bedingung stellte, sie müssten die Abbitte kniend vortragen, wozu sich wohl Ferdinand, aber nicht Maximilian verstehen wollte. Als dem Kaiser endlich mitgeteilt werden konnte, dass sein Bruder in Hinsicht auf den Kniefall nachgegeben habe, fing er an zu weinen und sagte, er wolle nun und nimmermehr einen Habsburger auf den Knien sehen, sondern werde Maximilian aufheben, sobald er die Knie zu beugen begonnen haben werde. Dies führte er auch aus, reichte beiden Erzherzögen die Hand und sprach sie freundlich an, indem er sich nach Ferdinands Frau und Kindern erkundigte.

Nachdem diese Angelegenheit erledigt war, besprach sich der Kaiser mit den Fürsten noch über die Nachfolge im Reich, die er keineswegs Matthias, sondern seinem Neffen Leopold zuwenden wollte. Die Kurfürsten widersprachen ihm nicht, sondern erklärten sich bereit, Leopold die Stimme zu geben; Trier und Köln wollten Matthias wegen seiner Anzettelungen mit den Protestanten nicht wohl und waren es deswegen zufrieden, ihn zu übergehen. Um die Stimmen der protestantischen Kurfürsten zu gewinnen, knüpfte Rudolf eingehende Verhandlungen mit Pfalz an, wobei er sich auf den Majestätsbrief berief und auch im Reiche den Forderungen der Evangelischen Rechnung zu tragen verhieß. Indessen wurde diese Übereinkunft durch den Tod des Pfalzgrafen, der im September desselben Jahres 1610 erfolgte, abgerissen.

Nachdem die Festung Jülich von den Unierten erobert war, kehrte Leopold ruhmlos nach Prag zurück, doppelt auf große Unternehmungen erpicht, durch die er seine Niederlage wettmachen wollte. Er flößte seinem Oheim Mut ein, mit den in Passau geworbenen Truppen Matthias Ungarn und Österreich wieder abzunehmen, was denn auch in geheimer Übereinkunft beschlossen wurde. Als nun Matthias, der inzwischen sein Heer, dem gegebenen Versprechen gemäß, entlassen hatte, auf die Entlassung der Passauer drang und der Herzog von Braunschweig deswegen beim Kaiser vorstellig wurde, entschuldigte sich dieser, er habe kein Geld, den Passauern ihren Sold, nämlich 400 000 Gulden, auszuzahlen, ohne welchen sie nicht auseinandergehen wollten.

Der Sold müsse aufgebracht werden, sagte der Herzog eifrig, er mache sich dazu anheischig, wenn es nicht anders sei. Die Sache wurde nämlich dadurch dringender und gefährlicher, dass die Passauer erklärten, das Bistum sei jetzt gänzlich erschöpft und ernähre sie nicht mehr, sie müssten wohl oder übel nach Böhmen ziehen und sich dort erholen. Die Angst vor diesem Heuschreckenschwarm bewog die böhmischen Stände, dem Herzoge, der sie darum anging, 300 000 Gulden zu versprechen, worauf er einige vermögende Prager Bürger überredete, das Übrige dazu zu steuern. Froh über das Erreichte, erbot sich der Herzog selbst, nach Passau zu eilen und die Entlohnung des Heeres zu betreiben, das mit dem Einfall in Böhmen drohte; das Geld versprach der Kaiser, sowie es flüssig gemacht wäre, nebst einer Vollmacht dem Herzog durch einen Zahlmeister nachzuschicken.

Es war ein kalter Nachmittag im Dezember, als der Wagen des Herzogs, sich der Bischofsstadt nähernd, plötzlich angehalten wurde. Als der Herzog, um zu sehen, was es gäbe, sich aus dem Kutschenfenster beugte, erblickte er einen Haufen zerlumpter Männer, die Almosen heischten, und er erkannte nun wohl, dass er mitten in das Lager der Passauer geraten war. Viele von den Leuten glichen mehr Bettlern als Soldaten, hatten Weiberröcke und Tücher umgebunden, um sich vor der Kälte zu schützen, und die bloßen Füße, auf denen sie mühsam forthinkten, in alte Flicken gewickelt. Verdutzt und erschreckt über diesen erbärmlichen Anblick, verteilte der Herzog, was er an Münze bei sich hatte, und fragte, ob kein Leutnant oder Hauptmann da sei; denn diesem dachte er zu eröffnen, wer er sei, und ihn mit der baldigen Ankunft des Soldes zu vertrösten. Der Leutnant liege besoffen in seinem Zelte, wurde ihm mitgeteilt, er habe mit drei oder vier Soldaten einen Auszug in die nächsten Dörfer unternommen und ein Fässlein Wein heimgebracht, jetzt müsse er den Rausch ausschlafen. Hie und da brannte ein Holzfeuer, von dem feiner, bläulicher Rauch steil in die graue Schneeluft hinaufkletterte. Über einen großen, von Weiden und Erlen umstandenen Sumpf hatte sich eine Frosthaut gezogen, unter der es leise gluckste und polterte.

Nachdem er sich aufmerksam umgesehen hatte, gab der Herzog dem Kutscher ein Zeichen, schnell weiterzufahren und sich durchaus nicht von den Heischenden oder Drohenden aufhalten zu lassen. In der bischöflichen Residenz fand er den Erzherzog Leopold mit den anderen hohen Offizieren, nämlich den Grafen Sulz und Althan, den Herren Trauttmansdorff und Ramée, die ihn höflich aufnahmen und bewirteten. Er hätte nicht gedacht, sagte der Herzog, dass es so böse im Lager aussehe; er könne den elenden Anblick nicht aus den Gedanken schlagen und sei froh, dass er das nahe Ende dieses kläglichen Zustandes ankündigen könne. Der Zahlmeister des Kaisers kam jedoch weder am nächsten noch an den folgenden Tagen, worauf der Erzherzog mit Sulz, Althan und Trauttmansdorff nach Prag abreiste, um, wie er sagte, sich nach dem Verbleib des Geldes zu erkundigen. Also blieb Heinrich Julius mit Ramée allein zurück, der ein wortkarger Gesellschafter und dem Herzoge schon durch sein Äußeres unheimlich war. Es ging nämlich durch sein eines Auge eine Narbe und verursachte, dass es von unten her aus einem Hinterhalt zu lauern schien, unabhängig von der Blickrichtung des anderen; infolgedessen war es unmöglich, aus seiner Miene etwas abzulesen, abgesehen davon, dass er auch absichtlich seine Gedanken verbergen zu wollen schien. Um sich das Zusammensein mit ihm zu verkürzen, schlug der Herzog ein Kartenspiel vor, worauf Ramée auch einging und wobei er fortwährend gewann. Er spielte schweigsam, rasch und sicher, strich schweigend das Geld ein und verteilte die Karten unaufhaltsam, wobei er den Herzog mit seinem heilen Auge unverwandt ansah. Obwohl diesen der andauernde Verlust wurmte, hielt er doch an sich und sagte nur einmal wie im Scherze, Ramée verstehe wohl die Kunst, die Karten mit den Fingern zu sehen. Nein, sagte Ramée, während ein diabolisches Lächeln um seinen Mund lauerte, er habe nur die Gewohnheit, vor dem Spiel dreimal auf die Karten zu klopfen und dabei für sich zu sprechen: ›Im Namen der heiligen Jungfrau‹; das helfe zum Gewinnen, der Herzog könne es auch versuchen. Der Herzog spielte und verlor daraufhin weiter, ohne etwas zu sagen, und sehnte den Tag herbei, wo der Zahlmeister aus Prag einträfe.

Endlich sagte Ramée, er müsse die Truppen nun in ein anderes Quartier führen, wenn sie nicht alle Hungers sterben sollten. Der Herzog habe ja nicht einmal eine Vollmacht, man könne nicht wissen, ob er wirklich einen Auftrag vom Kaiser empfangen habe. Wie er es wagen könne, seine fürstliche Ehre anzutasten, schrie der Herzog zornig; wer er sei, sich solcher Sprache gegen einen Reichsfürsten zu unterstehen! Der Herzog solle sich nicht aufregen, sagte Ramée, wenn das Geld komme, sei er bereit, ihn um Verzeihung zu bitten. Unterdessen möge er die Truppen beschwichtigen, die sich zusammengerottet hätten und ihren Sold verlangten. Dazu erklärte sich der Herzog bereit, rüstete sich, stieg zu Pferde und ließ sich von Ramée auf einen Platz führen, wo die Meuterer in einem Haufen zusammenstanden. Bei seinem Anblick erhob sich ein lautes Murren, Pfeifen und Aneinanderschlagen der Waffen, auch an drohenden Gebärden und Zurufen fehlte es nicht. Wütend sprang der Herzog vom Pferde, riss einem eine Trommel aus der Hand, schlug mit dem Griff seines Schwertes darauf und verschaffte sich endlich Gehör, worauf er sagte, die Truppen hätten zwar ein Recht auf ihren Sold, aber ihn auf diese meuterische Art zu verlangen, stehe rechtschaffenen Soldaten nicht zu. In zwei Tagen werde das Geld eintreffen, er stehe mit seinem fürstlichen Wort dafür, so lange sollten sie sich gedulden.

Nach Verlauf dieser Zeit suchte Ramée den Herzog auf und sagte mit seinem teuflischen Lächeln, wenn der Herzog nach Prag zurück wolle, biete er ihm ein Geleit von zuverlässigen Leuten an, die ihn auf verborgenen Wegen aus Passau führen sollten, damit er das Lager vermeide. Er für seinen Teil glaube wohl, dass der Herzog es ehrlich gemeint habe, die wilde Soldateska könne sich aber leicht einbilden, er habe ihnen eine Falle aufgestellt, und ihren Zorn an seiner Person auslassen, zumal er kein Katholik sei.

Trotz seines Misstrauens und heimlichen Ärgers entschloss sich der Herzog, das Anerbieten des Ramée anzunehmen, und machte sich bei einbrechender Dämmerung nach Prag auf. Die Pistole im Gürtel, folgte er zu Pferd zwei Bewaffneten, die ihn über Hügel und durch Wälder an einem vereisten, krachenden Fluss entlang verwachsene Pfade führten, nicht wenig froh, als er an der Grenze des Bistums wohlbehalten auf der gemeinen Heerstraße anlangte. In Prag warteten seiner neue Enttäuschungen und Widerwärtigkeiten, indem der Kaiser sich nicht sehen ließ und die böhmischen Stände ihn, den Herzog, mit Vorwürfen anfielen und ihr Geld von ihm zurückforderten, das sie auf sein Wort hergegeben hätten, das aber nicht auf den ihnen vorschwebenden Zweck verwandt sei.

Johannes Kepler bewohnte auf der Kleinen Seite, nicht weit vom Schlosse, ein Haus, in dessen dunklen Räumen seine Frau sich heimisch zu fühlen niemals gelernt hatte: Ihr fehlte die frische, heitere Luft der Steiermark, aus der sie stammte, der harmlose Frohsinn ihrer Landsleute, die Familie und das sorglose Wirtschaften, an das sie in ihrem Elternhause gewöhnt gewesen war. Da ihr Mann das Gehalt, auf das er Anspruch hatte, fast niemals erhielt, fehlte es immer an Geld, und es kam vor, dass sie die Wäsche und die Gewänder, die sie für sich und die Kinder brauchte, nicht anschaffen konnte. In den ersten Jahren hatte sie ihren Mann gedrängt, beim Kaiser auf der richtigen Auszahlung des Gehaltes zu bestehen, obwohl sie sah, dass ihm das schwer wurde, und merkte, dass es nicht nützte; später jedoch tat sie es nicht mehr, hörte überhaupt auf, irgendetwas ändern zu wollen, sondern wurde untätig und starrte oft stundenlang in schwermütigen Gedanken vor sich nieder. Ihr einst liebliches Gesicht fing an abgezehrt und ältlich auszusehen, und ihre schönen Augen hatten oft einen verstörten Ausdruck und wichen dem Blick anderer scheu aus. Gegen die Mitte des Februar erkrankte ein Kind, ein zierliches braunes Mädchen mit geheimnisvollen Augen und wunderlichen, fantastischen Einfällen, das Kepler besonders liebte. Es war Nachmittag und dämmerte schon im Wohnzimmer, als die Frau, die im Schatten saß, plötzlich aufschrie, weil es stark an die Haustür geklopft habe, die Gerüchte von dem Herannahen der Passauer Truppen machten sie reizbar und ängstlich, Kepler, der das kranke Kind im Arme hatte, trat an das Fenster und blickte auf die Gasse; drunten sei alles still, sagte er beruhigend zu seiner Frau, sie müsse sich getäuscht haben. Indessen war es der Leibarzt des Kaisers, Doktor Altmanstetter, der als ein Freund des Hauses sich nach dem Befinden der Kranken umsehen wollte und gleich darauf in das Wohnzimmer trat. Wie es auf der Burg stehe?, fragte Kepler; ob sich der Kaiser bequemt habe, die Passauer aufzuhalten?

Es sehe böse oben aus, sagte Altmanstetter. Der Kaiser habe zuletzt wohl oder übel nachgeben und Befehl ausgehen lassen müssen, dass die Passauer aus Böhmen gingen; aber sie rückten gleichwohl an, da sie den Befehl für erzwungen hielten und des Kaisers eigentliche Meinung besser kennten. Selbst der Lobkowitz habe den Kaiser gewarnt, nur der Martinitz und der Slawata hätten ihm beigestanden und bliesen in das Kriegshorn; der spanische Gesandte solle so entrüstet über den Bischof von Passau, nämlich den Erzherzog Leopold, sein, dass er gesagt habe, da er nicht ruhig sitzen könne, solle man ihn laufen oder hängen lassen.

Die Frau jammerte, was aus ihnen werden solle, wenn das Kriegsvolk in Prag einfiele? Die Evangelischen würde es gewiss nicht am Leben lassen. Altmanstetter tröstete sie, es gelte den Ständen, sie sollten gezwungen werden, den Majestätsbrief wieder herauszugeben, und mit den Häuptern, als Thurn, Budowa und Kinsky, hätte man auch vielleicht etwas Blutiges vor. Kepler aber gehöre dem kaiserlichen Hofstaat an und habe nichts zu besorgen. Sie sollten nur für die Nacht das Haus gut verschließen. Das fiebernde Kind, das still zugehört hatte, hob jetzt den Kopf und sagte, es fürchte sich nicht vor den Soldaten, denn wenn sie sie umbrächten, kämen sie in den Himmel, mit Ausnahme des Doktors, der könne nicht mit hinein. Dieser lachte, setzte sich zu dem Kinde, das ihn schalkhaft anlächelte, und wollte wissen, warum er nicht in den Himmel kommen könne. Es stehe geschrieben, sagte es endlich, die Pforte zum Himmel sei eng, da werde der Doktor wohl nicht hindurchkommen. Hierüber lachte er laut und herzlich, dass sein umfangreicher Leib schütterte, und noch während er die Treppe hinunterging, hörte man sein Gelächter. Kepler herzte sein Kind und trug es in sein Bett zu den Geschwistern, worauf er wieder zu seiner Frau zurückkehrte. Er wollte noch in die Dachkammer gehen, um die Sterne zu beobachten, sagte er, weil die Nacht so klar sei; sie solle unterdessen die Magd hereinrufen, damit ihr die Weile nicht lang werde. Ob er denn durchaus hinaufgehen müsse?, sagte sie schüchtern. Er möge ihr nur zuvor sagen, ob die Stelle aus der Offenbarung auf die Passauer zu deuten sei: ›Und die Zahl des reisigen Zeuges war vieltausendmal Tausend; und ich hörete ihre Zahl. Und also sah ich die Rosse im Gesicht, und die darauf saßen, dass sie hatten feurige und gelbe und schwefelichte Panzer, und die Häupter der Rosse wie die Häupter der Löwen, und aus ihrem Munde ging Feuer und Rauch und Schwefel.‹

Nicht doch, sagte Kepler ungeduldig, das beziehe sich auf längst vergangene Zeiten; aber Rosse mit Löwenköpfen hätte es nach seiner Meinung selbst damals nicht gegeben, das werde wohl ein Symbol oder ein Geflunker sein. Sie solle sich doch mit dem vielen Bibellesen die Gedanken nicht schwer machen.

»Was sollte ich wohl sonst tun?«, sagte sie traurig, indem sie ihn aus ihren dunklen Augen ansah. Ein peinliches Gefühl zog sein Herz zusammen; sie solle jetzt ein wenig mit der Magd plaudern, sagte er, er komme bald wieder und bleibe dann bei ihr. Damit ging er schnell aus der Tür und stieg die schmale Treppe zu dem Dachstübchen hinauf, wo er zu arbeiten pflegte und wo ein Schemel an dem niedrigen Fenster stand. Da das Haus hoch lag, konnte er die Alte und die Neue Stadt jenseits der Moldau überblicken: wie eine geängstete, in die Hürde zusammengedrängte Herde schienen die Häuser sich eins am anderen verbergen zu wollen.

Dicht über dem Horizonte, der Erde zugehörig, hing der abnehmende Mond, eine trübe Laterne am Stabe eines armen Hirten; aber hoch oben begannen die Sterne aus schwarzen Schluchten an ihre Stelle zu treten. Wie Kepler den Blick hinaufrichtete und die vertrauten Erscheinungen aufsuchte, fielen die Sorgen, die ihn noch eben bedrückt hatten, von ihm ab; er ging denselben Weg und trank dieselbe Luft wie die Dämonen des Himmels, vernahm nichts mehr als die labyrinthische Fuge ihrer diamantenen Bahn. Ja, von allen Sterblichen war er es, der ihre unberührbaren Spuren gefunden, ihre geheimnisvollen Verschlingungen entwirrt hatte. Wie hätte er das vermocht, wenn nicht von dem schaffenden Geist eine Feuerflocke seine Seele entzündet hätte, dass sie, götterhaft beflügelt, sich über die Erde aufschwingen konnte! Er hatte den Todessprung in den Raum gewagt, und anstatt dass er an der Feste zerschmetterte, rissen geschmiedete Ketten und eröffneten sich verschlossene Pforten, durch die die Unendlichkeit wie Frühling hereinquoll und ihn trug. Ihn, das dürftige Tier der Erde, hatte die Welt als ihren Bürger empfangen, da er sie durchdacht und entdeckt hatte. Er stand auf, öffnete das Fenster, durch das die kalte Winterluft eindrang, und beugte sich hinaus; eine mächtige Trunkenheit schien ihn in den mit Göttlichkeit erfüllten Abgrund hinabzuschleudern, dem er sich gleich fühlte, er, auch bodenlos und von göttlichen Gedanken überfließend. Wie er sich um Welten schwang, durchströmten ihn Welten; an dem winzigen Fenster eines zerbrechlichen Hauses stand er und lenkte sie an dem unentrinnbaren Bande seines Geistes.

Aus diesem Taumel schreckte ihn plötzlich verworrener Lärm, der, wie er glaubte, aus der Richtung des Südtores herkam. Er horchte einen Augenblick hinaus, schloss das Fenster und lief die Treppe so hastig hinunter, dass er stolperte. Als er in das Wohnzimmer trat, warf sich seine Frau an seinen Hals; die Magd lief betend und jammernd hierhin und dorthin. »Siehst du«, sagte die Frau, »es kommt doch so, wie es von den Reisigen geschrieben steht: ›und von diesen ward ertötet das dritte Teil der Menschen‹.« Kepler sagte beruhigend, so groß sei die Gefahr nicht, die Stände hätten auch Truppen und würden die Stadt wohl verteidigen. Sie könnten auch auf die Burg flüchten, dort wären sie ganz sicher, der Kaiser würde ihnen ein Obdach nicht versagen. Vom Kaiser, rief sie entsetzt, gehe ja das Morden aus, er werde sie so wenig sparen, wie Karl IX, seinen Admiral Coligny geschont hätte. Lieber wolle sie ihre Kinder von den Soldaten aufgespießt sehen, als sie dem alten Satan auf der Burg ausliefern. Indem sie so sprach, öffnete sich leise die Tür, und das kleine Mädchen trippelte auf bloßen Füßen im langen Nachtkittel herein und sagte mit heller Stimme, die Eltern sollten dableiben, damit sie miteinander in den Himmel gingen. »Ist Herr Altmanstetter nicht da?«, fragte es, indem es neugierig um sich blickte; »ich mochte ihn gern zur Hölle fahren sehen.« Kepler raffte das kleine Mädchen an sich und wickelte es in ein Tuch; um die anderen Kinder nicht zu wecken und dadurch die Unruhe zu vermehren, trug er es nicht in die Schlafkammer zurück.

Indessen war der Lärm nähergekommen, man hörte Geschrei und das Krachen von Schüssen. Während die Magd betete, flüsterte Keplers Frau, angstvoll in einen Winkel stierend: »Ich höre das Blut durch die Gasse rinnen, ich höre es von den Dächern tropfen, ich höre es über die Stiege hinunterfließen«, und wieder von vorne und weiter. Plötzlich erdröhnten Fußtritte dicht unter den Fenstern, und gleich darauf krachte eine Tür, wie wenn mit Keulen dagegen geschlagen würde. Es sei im Nachbarhause, sagte Kepler, der, das Kind auf dem Arme, am Fenster stand, hatte aber noch nicht ausgesprochen, als gellendes Geschrei ertönte, ausgestoßen von auf der Straße oder im Nebenhause Überfallenen. Im gleichen Augenblick schrie auch die Magd auf, die bis dahin laut gebetet hatte, und wie Kepler sich umdrehte, sah er seine Frau mit den Armen in die Luft greifen und dann in einem Krampfe bewusstlos zu Boden stürzen.

Während Kepler sich um Frau und Kind bemühte, wälzte sich die Schar der Söldner weiter, angeführt vom Erzherzog Leopold und bekämpft von den ständischen Truppen, deren jedoch zu wenige waren, um sie zurückzuwerfen. Einer kleinen Abteilung gelang es, über die Moldau-brücke in die Altstadt zu dringen, dort aber wurden sie bis auf wenige ge-tötet; denn die Bürgerschaft hatte Zeit gehabt, sich zu bewaffnen, und wehrte sich ingrimmig.

Nachdem die Eindringlinge überwältigt waren, warf sich die entfessel-te Kampflust auf die in der Stadt befindlichen Gegner, Klöster von Jesui-ten und Kapuzinern, die, von niemandem verteidigt, gräuelvoll ausgemor-det wurden. In der Kleinseite quartierten sich die Passauer ein und wirtschafteten gewalttätig; aus Angst vor Marter und Mord verließen vie-le Bewohner ihre Häuser und irrten auf der Straße umher, bis die Sorge um ihre Habseligkeiten sie wieder zurücktrieb.

Einen wichtigen Fang hatten die Söldner mit den Personen der Grafen Thurn, Wenzel, Kinsky und Fels von Colonna getan, die, zum Teil ver-wundet, vom Erzherzoge gefangen gehalten wurden. Ramée redete ihm zu, sie ohne Weiteres zu töten, er selbst erbiete sich zur Exekution; Graf Sulz hingegen beschwor den Unschlüssigen, sich nicht durch Mord zu beflecken. Solange sie lebten, stifteten sie Schaden, sagte Ramée, man brauche nicht so viel Aufheben von ein paar ketzerischen Schuften zu machen. – Der Kaiser könne sie vor ein Gericht stellen, sagte Sulz, viel-leicht könne man sich auch mit ihnen vertragen, indem man ihnen Geld oder hohe Ämter anbiete. »Es ist genug«, sagte er zu Leopold, »dass das Volk Euch mitten unter Banditen gesehen hat, die rauben und morden, als ob dies ihr Geschäft sei. Ihr habt die Kirche in Eurer Person bloßge-stellt. Hätte ich gewusst, dass es dahin kommen könnte!«

Das hätte er freilich wissen können, sagte Ramée höhnisch. Ob er ge-dacht hätte, sie sollten bescheiden wie Bettler anklopfen und demütig um den Sieg flehen als um ein Almosen? Wo Sulz bisher Krieg geführt hätte, und ob die Söldner da einen Bettelsack trügen anstatt Schwerter und Lanzen?

Inzwischen war der Kaiser gehobener Stimmung und ließ niemanden von denen vor, die ihn anflehen wollten, durch einen entschiedenen Be-fehl den Gräueln und Leiden Unschuldiger Einhalt zu tun. Anstatt des-sen unterhielt er sich mit dem Maler Bloemart, der aus Rom zurückge-kehrt war und ihm ein Bild des deutschen Malers Adam Elsheimer beschrieb, das er gesehen hatte und das die Zerstörung Trojas darstellte. Keiner habe zuvor vermocht, erzählte er, auf ein Bild zu malen, was ohne

Umriss mit dem Raum selbst zusammenflösse: stürmische Finsternis, glühende Nacht. Auf dieser Tafel habe der wunderbare, in gedankenvolle Schwermut versunkene Mann gleichsam sich selbst zur Erscheinung gebracht: seinen erlöschenden Geist bewundere man in der Flammenpracht der zusammenstürzenden Burg und dem Untergang des herrlichen Volkes. Begierig hörte der Kaiser zu und wünschte das Bild zu besitzen, es koste, was es wolle; wenn Elsheimer nach Prag kommen und in seinen Dienst treten möchte, so solle es ihm an nichts fehlen, kürzlich sei der alte Spranger gestorben, er könne dessen Witwe heiraten und sich gleich in ein gepolstertes Nest setzen.

Am zweiten Abend nach dem Einfall der Passauer gelang es doch Hannewald und dem Grafen Sulz, zum Kaiser vorzudringen, der mit Rhutsky beim Brettspiel saß und die Herren zum Mitspielen einlud. Ach Gott, sagte Graf Sulz, hätte der Kaiser den Jammer gesehen, der unten in der Stadt herrsche, möchte es ihm das Spiel verleiden. Er wäre eben auf dem Wege zur Burg einer Frau begegnet, die hatte den blutüberströmten Leichnam eines kleinen Kindes auf dem Arm getragen und singend hin und her gewiegt; unter den Fenstern der Burg standen Verzweifelte und heulten zum Kaiser hinauf um Hilfe; ob er es nicht höre? Es sei, als hätte die Hölle einen Spalt aufgetan und ihre Gräuel herausgelassen.

Die Leute hätten es nicht anders haben wollen, sagte der Kaiser gleichgültig, die Stadt hätte es mit den Rebellen gehalten, nun dürfe man die Soldaten in ihrem Geschäft nicht stören. Sie sollten sich keine Mühe geben, ihn zu erweichen, er wolle fest bleiben.

Was denn aber werden solle?, fragte Sulz, die Hände ringend. Es sei dem Erzherzoge nicht gelungen, die Altstadt zu erobern, auch auf der Kleinen Seite fasse sich die Bürgerschaft jetzt zum Widerstand zusammen. Matthias sei im Anrücken, die Stadt werde sich mit ihm verbünden, dann sei der Kaiser verloren. Ramée denke nur an Raub und wie er seine Beute vor der Ankunft des Matthias in Sicherheit bringen könne. Hätte man sich doch nie mit dem Wüterich eingelassen! Jetzt kam aber auch Leopold und flehte den Kaiser an, sich nicht abwendig machen zu lassen. Würde der Kaiser nur fest zu ihm halten, so sei noch nichts verloren. Er hätte Verbindungen in der Altstadt und könne Feuer anlegen lassen, wenn der Kaiser ihn dazu ermächtige; es sei besser, dass Prag in Flammen aufgehe, als dass es dem Feind in die Hände falle und der Kaiser zugleich.

Während die übrigen Leopold wegen eines solchen Vorschlags tadelten, trat der Kaiser an das Fenster und stellte sich vor, wie wohl es ihm täte, wenn er die treulose Stadt in Feuersnot zu seinen Füßen sich winden, den Rauch über die Vernichtung sich hinwälzen sähe. Er ärgerte sich über seinen Neffen, der auf seinen Befehl zu der Brandstiftung wartete; auch er hatte nicht Mut zu handeln, sondern wollte die Verantwortung für die Tat auf ihn wälzen, solcher Diener bedurfte er nicht, sondern kluger und entschlossener, die seinen Willen erkannten und ausführten, bevor er noch selbst es wusste. Dazwischen kam die Furcht vor Matthias, der mit jedem Augenblick an der Spitze eines Heeres näherkam. War es nicht besser, wie Hannewald riet, Leopold und seine Genossen zu verleugnen und Frieden mit den Ständen und der Stadt zu machen, sodass Matthias vor verschlossene Türen käme und wieder abziehen müsste?

Noch bevor er sich für irgendetwas entschieden hatte, war Ramée, in der Einsicht, dass er sich zwischen zwei Feinden nicht würde halten können, mit den Söldnern abgezogen. Mehrere mit Säcken voll geraubter Schätze beladene Wagen hatte er unter Bedeckung vorangeschickt. Über die Kranken und Verwundeten, die zu schwach waren, um mitzugehen, fielen die erbitterten Bürger her, bei denen sie im Quartier lagen, und schlugen, würgten oder marterten sie zu Tode.

Bald nach dem Abzuge der Passauer erschien Matthias vor Prag, von der Bevölkerung, die sich von Rudolf verraten fühlte, freudig als Retter begrüßt. Rudolf blieb nichts übrig, als auf die böhmische Krone zu verzichten; denn alle huldigten dem neuen Herrn und schienen sich kaum seiner Anwesenheit zu erinnern. Er zog sich in dasjenige seiner Gemächer zurück, wohin am wenigsten Geräusch von außen drang, und versuchte sich anzustellen, als gingen die Ereignisse in der Stadt ihn nichts an. Doch erfuhr er, dass zwei Deutsche, die in seinem Auftrage Zauberei gegen Matthias getrieben haben sollten, gefangen und gefoltert wurden, und musste dies und anderes ohnmächtig geschehen lassen. Was ihn tröstete, war, sich auszudenken, durch was für Machinationen er Matthias den Triumph wieder entreißen könne, und dazu konnten ihm jetzt nur noch die Protestanten im Reiche verhelfen. Dass Anhalt ihm nicht mehr traute, fühlte er und hatte auch den Verwegenen nicht mehr sehen mögen; aber es fehlte nicht an anderen Fürsten und Unterhändlern, die jeden Augenblick bereit waren, mit dem Kaiser anzuknüpfen.

Von Leopold war nichts mehr zu erwarten, denn er war nach dem kläglichen Misserfolg seines Unternehmens so niedergedrückt und beschämt, wurde von jedermann mit so sichtbarer Kälte und Verachtung behandelt, dass er einstweilen nur darauf bedacht war, sich zurückzuziehen und den Menschen auszuweichen. Auch seinen Hoffnungen auf die Heirat mit der bayrischen Prinzessin musste er entsagen und sich mit dem so leichtfertig abgeworfenen Bischofskleide wieder begnügen.

Magdalena hatte lange an ihrer Liebe zu Leopold festgehalten, bis es dem weitberühmten Pater Lorenz von Brindisi, den der alte Herzog eigens dazu kommen ließ, gelang, sie zum Verzicht zu bewegen, indem er ihr Leopolds Priesterstand, ihre Pflicht gegen Gott, Vater und Bruder und die Strafen im Jenseits vorstellte, die ertrotzten irdischen Freuden folgen könnten. Es war umso bitterer für sie, als Matthias sich inzwischen mit seiner Nichte Anna, der Tochter seines Bruders Ferdinand von Tirol, verheiratet hatte, und dass noch ein anderer Bewerber sich einstellen könnte, wie ihr Vater tröstete, wollte sie nicht glauben. Eines Tages begab es sich jedoch, dass Maximilian einen Verwandten als Gast zur Tafel lud, nämlich den jungen Herzog Wolfgang Wilhelm von Pfalz-Neuburg, auf welchen er Magdalena bedeutungsvoll als auf einen zukunftsreichen Fürsten aufmerksam machte, der sich in Hinsicht auf den Glauben möglicherweise eines Besseren belehren lassen würde, besonders wenn sie, als eine verständige und vorsichtige Person, sich dies Gott wohlgefällige Werk angelegen sein ließe. Ihrem Vater verhehlte Magdalena nicht, dass sie den Vetter schön und liebenswürdig finde; aber außer einigen Scherzworten, die sie erröten machten, und etwa einem besonders nachdrücklichen Händedruck waren ihm keine Annäherungsversuche nachzuweisen. Immerhin betrachtete es Maximilian als einen Erfolg, dass Wolfgang Wilhelm sich von ihm hatte bereden lassen, einer Messe beizuwohnen, und die Zeremonie mit augenscheinlichem Respekt beobachtet hatte.

Um die noch nicht geregelte Frage der Nachfolge im Reiche zu ordnen, beraumten die Kurfürsten auf Michaelis 1611 eine Versammlung in Nürnberg an, auf welche die Stadt sich den Sommer über in fröhlicher und sorglicher Geschäftigkeit vorbereitete. Es erforderte reifliches Bedenken, wo und wie ein jeder nach seiner Würde solle einquartiert werden, und wenn dies auch zum Teil dem Erbmarschall Pappenheim, als dem Quartiermacher, oblag, so ging der Verkehr mit diesem wegen der vielfach sich kreuzenden Befugnisse nicht ohne Vorsicht und Spitzfindigkeit vonstatten. So waren einige Männer auf den Einfall gekommen, während des Kurfürstentages einen Glückstopf zu eröffnen, und hatten sich wegen der Erlaubnis an Pappenheim gewendet, dieselbe auch erhalten. Als sie dann den Rat in zweiter Stelle angingen, erteilte ihnen dieser einen gänzlichen Abschlag und steckte sie zum Beispiel und zur Lehre, obwohl sie zu den ehrbaren Bürgern gehörten, für mehrere Tage ins Loch; denn bei den überall ausschlüpfenden Prätentionen der Fürsten und des Adels galt es von vornherein, den Untertanen die Hoheit zu weisen.

In der sich täglich mehr mit Fremden füllenden Stadt musste streng auf Ordnung gehalten werden. Da kamen Pastetenbäcker aus Lothringen, Spitzenverkäufer aus Lyon und Perlenhändler aus Marseille, und wenn das neugierige Volk daran Ergötzen hatte, so ereiferte sich das einheimische Gewerbe, dem dadurch Schaden drohte. Die jeweiligen Beschwerden wollten gründlich untersucht werden, wie denn die Klage der Uhrmacher, dass sie auf dem Reichstage zu Augsburg im Jahre 1582 nicht zugelassen worden waren, richtig befunden und die Augsburger Uhrmacher daraufhin füglich abgewiesen werden konnten. Misshelligkeiten waren vor allen Dingen infolge des Zusammenströmens verschiedener Bekenntnisse in der Stadt zu befürchten, und es wurde deshalb der Geistlichkeit mehrfach und nachdrücklich eingeschärft, sich während dieser Zeit des überflüssigen Kritisierens und Fantasierens zu enthalten, vielmehr bescheidentlich bei der Auslegung des Textes zu bleiben.

Lustige Tage waren es, als unter heiterem Spätsommerhimmel die hohen Personen nacheinander mit ihrem Gefolge einrückten. Den meisten Beifall fand beim Volke Kurfürst Schweikhard von Mainz, des Reiches Erzkanzler, der, aufrecht und fröhlich im Wagen sitzend, nach allen Seiten grüßte und segnete, während der Kurfürst Ernst von Köln, abgemagert und trübsinnig, sich der Festfreude nur wie einer Mühseligkeit zu unterziehen schien. Am prächtigsten hergerichtet war der von Trier aus dem rheinischen Geschlechte der Metternich, ein schöner, blühender Mann mit krausem braunem Haar, schwungvoller Nase und hell glänzenden Augen, der sich wie ein Kavalier hielt und den Zuruf der Menge mit erhabenem und herablassendem Kopfneigen erwiderte. Von den weltlichen Kurfürsten fehlte der noch unmündige Pfälzer, an dessen Stelle die strittigen Vormünder, Herzog Johann von Pfalz-Zweibrücken und Herzog von Pfalz-Neuburg, ferner Großhofmeister Graf Solms und der Doktor Camerarius erschienen. Für den Kurfürsten Christian von Sachsen, dessen Händen kürzlich der volle Becher auf immer entfallen war, kam sein Bruder und Nachfolger, Johann Georg I., der froh war, bei diesem Anlass seine Würde zum ersten Mal in der Öffentlichkeit zeigen zu können.

Sein Aussehen war einnehmend, sein Betragen bieder und umgänglich und sein Verhalten gegen die geistlichen Kurfürsten, die dem mächtigsten unter den evangelischen Fürsten überaus wohlwollend entgegenkamen, bescheiden und friedliebend. Ein unbeliebter Gast war Khlesl, der Bischof von Wien, der als Vertreter des Königs und Kurfürsten von Böhmen in einem an Pracht alle übertreffenden Aufzuge in Nürnberg einfuhr. Es nahm die Stadt nicht wenig wunder, dass der Verfolger der Ketzer, wenn er sich überhaupt in Nürnberg zu zeigen wagte, nicht wenigstens in der Stille und kleinlaut aufzog, anstatt dreist daherprunkend alle Augen auf sich zu ziehen. Wenn er über die Straße ging, hager, knochig und gelb, einen fetten Mönch zur Seite, pflegten ihm die Buben johlend und pfeifend nachzulaufen, sodass der Rat es für nötig hielt, die Lehrer zu besserer Zucht ihrer Schüler anzuweisen. Da aber ein Lehrer den Buben in der Schule ansagte, wenn sie etwa in dieser Zeit einen Teufel sähen, der einen Esel zur Hölle triebe, welche Anspielung auf den Namen des Bischofs von Groß und Klein verstanden wurde, sollten sie ihre Verwunderung nicht laut äußern, denn es geschehe mit obrigkeitlicher Bewilligung, so wurde das Gespött und Gelächter eher ärger als zuvor. Da dem Rate wohlbekannt war, wie ungern Khlesl auch von den Fürsten gesehen war, schritt er nicht schärfer ein, sondern ließ es bei den fruchtlosen Klagen des Bischofs bewenden.

Nachdem der obschwebende Streit zwischen Zweibrücken und Neuburg vorläufig beigelegt war, nahmen die Verhandlungen in dem großen Saale des Rathauses ihren Anfang, der mit den Bildnissen der Kaiser und mit einigen hochberühmten Kunstwerken, nämlich Dürers Adam und Eva und einer lieblichen Madonna des Lukas Cranach, ausgeziert war. Der Rat trug Sorge, dass auf dem Tische stets eine Schale voll Konfekt und eine Kristallflasche voll Malvasier stand, damit sich die Ratschlagenden unter der Arbeit daran erquicken könnten.

Zwischenhinein gaben die Fürsten Bankette, bei denen der eine den andern durch immer köstlichere Leckerbissen zu übertrumpfen suchte, welcher Wettstreit keine Empfindlichkeit erregte, vielmehr den Witz und die Laune reizte. Den größten Erfolg erzielte der Kurfürst von Köln, der, seit er sich im Trinken mäßig verhalten musste, desto lieber mit Konfekt umging, durch kunstvolles Zuckerwerk, das er aus Amsterdam bezogen hatte. Es erschien in Gestalt von Wurst, Schinken, Semmeln, Krautköpfen und anderen Esswaren und ahmte dieselben in frischer, richtiger Färbung so gut nach, dass sich die Unbefangenen über seine Natur täuschten. Namentlich der Kurfürst von Sachsen konnte nicht aufhören, diese neckische Bäckerei zu bewundern, und schmeichelte dem Erzbischof immer wieder ab, ein neues Stück anzuschneiden, damit er sich überzeuge, ob es echt oder wirklich nur Konditorwerk sei. Es wurde nicht ohne verstohlene Späße bemerkt, dass der Erzbischof, welcher als geizig bekannt war, zwischen dem Vergnügen, seine Leckerbissen gewürdigt zu sehen, und dem Unmut, so viel davon zu verlieren, schwankte; auch wurde er gesehen, wie er einem abtragenden Diener, der von den Überbleibseln naschte, eine Maulschelle versetzte und ihm befahl, sie sorgsam zu verpacken und nach Köln in seine Residenz zu schicken.

Bei den Turnieren trug zur Freude der Nürnberger der Pfälzer Obentraut die meisten Siege davon, ein fröhlicher Mann mit kühnen, aufrichtigen Augen, der bei den Katholiken kaum minder beliebt war als bei seinen Glaubensgenossen. Als der Kurfürst von Mainz ihm einen prächtigen Türkisring als Schwertdank zu überreichen hatte, legte er dem vor ihm Knienden die Hand auf den Kopf und sagte: »Bist du, mein Sohn, auch nicht aus demselben Weihbecken in der Kirche getauft, so doch wie ich aus dem Rheine«, was mit Beifall aufgenommen und weitererzählt wurde. Freilich hatte der Rat im Stillen ein mühseliges Steuern und Ausbiegen, um allerlei Anstoß zu vermeiden. So ereignete es sich, dass trierische Knechte ein kleines achtjähriges Mädchen, das still für sich mit Murmeln auf der Straße spielte, in ein Wirtshaus lockten, um es für ihre schändliche Lust zu gebrauchen, und dass ein gutherziger Fassbindermeister, der dazukam und sie hindern wollte, schwer verwundet wurde. Der Rat hätte die Missetäter gern nach Verdienst bestraft gesehen, scheute sich aber doch, den feinen und großartigen Kurfürsten von Trier mit einer so hässlichen Sache zu behelligen, und überredete deshalb den Verwundeten und seine Frau, sich mit einem reichlichen Schmerzensgeld zufriedenzugeben.

Ferner hatte man dem Herzog von Zweibrücken gestattet, seinen Hofprediger Petiscus öffentlich predigen zu lassen, trotz gerechter Besorgnis, er möchte die kalvinische Religion einzuschmuggeln versuchen; aber man hatte den Unrat lieber mit Schweigen zugedeckt als die Aufmerksamkeit darauf hingelenkt, wie es nun der kursächsische Hofprediger Hanisch tat, indem er in seinen Predigten anzüglich darüber stichelte. Auch die eigene Geistlichkeit gab manches zu schaffen, besonders der Pastor Mannich, der sich leider des Samstags zu betrinken pflegte und infolgedessen am Sonntag auf der Kanzel, die er unvorbereitet und noch nicht ganz ernüchtert betrat, allerhand Seltsamkeiten vorbrachte, besonders dem Rat dies und jenes aufmutzte, was dem niederen Volke ein beliebter Ohrenschmaus war. So klagte er jetzt, dass einem ehrlichen nürnbergischen Untertan, der sich während des Kurfürstentages auf dem Seil hatte sehen lassen wollen, dies als eine unnütze und gottlose Gaukelei verboten sei, während hernach ein angeblicher Meister aus Frankreich, der doch nur ein gemeiner Bortenwirker aus Schwaben sei, die Erlaubnis erhalten habe, indem die Ausländer stets begünstigt und die Einheimischen an ihrem Brot verkürzt würden. Mit diesem Mannich war es schwer, etwas auszurichten; denn zuweilen predigte er so herrlich, dass es allen Zuhörern durch Mark und Bein ging und man meinte, der selige Luther selbst sei zum Troste der Gemeinde wieder auferstanden.

Gegen Ende November nahm der Kollegialtag sein Ende, nachdem die Kurfürsten den Beschluss gefasst hatten, sich im Mai des nächsten Jahres zur Wahl eines römischen Königs von Neuem zu versammeln. Noch vor diesem Zeitpunkt indessen klärte sich die Lage, indem Kaiser Rudolf an der Wassersucht erkrankte und aus dem Leben schied.

Seit Matthias König von Böhmen geworden war, entwarf der Kaiser Pläne, um sich wieder in Besitz der verlorenen Macht zu setzen, wobei sein Vertrauter der Markgraf von Ansbach war, der sich in Prag aufhielt, um die Umstände für seine Glaubenspartei auszunützen. Rudolf zeichnete ihn sichtbar aus, führte ihn in seine Kunstkammer, zeigte ihm seine Bilder und Raritäten, schenkte und versprach ihm auch manches und gewährte ihm lange Unterredungen. Die Aufforderung des Markgrafen, er solle die Prager Burg, wo er wie ein Gefangener lebte, heimlich verlassen und ihm ins Reich folgen, wo er mit Jubel und Ehrfurcht empfangen werden würde, versprach er zu erwägen. Viel lieber aber malte er sich aus, dass er nach Tirol gehen wolle, und vertiefte sich in ein Buch, das der belgische Maler Roelant Savery in seinem Auftrage angefertigt hatte und das die Gebirge dieses von ihm über alles geliebten Landes darstellte. Wenn er es durchblätterte, träumte er von dem Glück, in dieser Einsamkeit zu leben und die wilden Umrisse, an denen die zackigen Wälder hinaufkrochen und die die Wolkengeister umtanzten, als ein verschollener Beschauer in sich aufzunehmen. Ein Reisewagen stand bereit, um ihn jeden Augenblick dahin oder dorthin führen zu können; aber jeden Plan durchkreuzte ein anderer, wie er denn auch damit umging, der Witwe Heinrichs IV., Maria von Medici, seine Hand anzutragen und durch diese vornehme Heirat seinen Bruder Matthias gründlich zu beschämen.

In einer stürmischen Winternacht stand der Kaiser vom Bett auf und verbarg sich jammernd in den dunklen Gängen der Burg; denn der Teufel, dem er sich verschrieben habe, sagte er, klopfe ans Fenster und wolle ihn holen. Wie er bald danach erkrankte und schwächer wurde, hörten diese ängstlichen Anfälle auf. Mit dem Beginn des Jahres 1612 bemerkte Rhutsky, dem die körperliche Pflege des Kaisers hauptsächlich oblag, allerlei Anzeichen, dass das Ende nicht mehr fern sein könne. Der arme Mann wusste wohl, dass er viele Feinde und Neider hatte, die nach dem Tode Rudolfs ihre Wut an ihm auszulassen versuchen würden, und machte Pläne, um mit dem Vermögen, das er zusammengebracht hatte, aus Böhmen zu entweichen; aber wenn er den alten, ins Grab sinkenden Mann ansah, wurde sein Herz weich, und er beschloss, noch einen und noch einen Tag auszuharren. Hatte der Kaiser auch in seinen schlimmen Tagen zuweilen gegen ihn getobt, auch mit Messern und Tellern nach ihm geworfen, so hatte er das doch hernach mit freundlichen Worten und Geschenken gutzumachen gesucht, ja sogar Tränen darüber vergossen. Besonders seit er das Bett hüten musste, war er sanft und fügsam und sagte wohl, er habe sich als Knabe in Spanien nach Deutschland als nach seiner Heimat gesehnt; aber es sei die rechte Heimat nicht gewesen, und er sei froh, es zu verlassen.

An einem Morgen im Februar erwachte Rudolf mit der Frage, ob sein Löwe noch am Leben sei; es gab nämlich eine Prophezeiung, nach welcher er zugleich mit dem Löwen, den er im Zwinger hielt, sterben sollte, und die Nachricht, dass derselbe krank sei, hatte ihn deswegen beunruhigt. An Rhutskys Verlegenheit erkannte der Kaiser, dass der Löwe wirklich in der Nacht gestorben war; er wurde aber nicht dadurch niedergedrückt, sondern sagte, er wolle die Prophezeiung zuschanden machen, fühle sich wohl und wolle aufstehen. Auch solle sogleich ein Brief an die Witwe des Kurfürsten von der Pfalz, Juliane von Nassau-Oranien, aufgesetzt werden mit Heiratsvorschlägen, weil er sich der kalvinischen Partei, als der tatkräftigsten unter den Evangelischen, verbünden wolle. Diese Wendung seiner Politik setzte seine Umgebung wohl in Verwunderung, fand aber wenig Glauben; auch kam nichts davon zur Ausführung, da der Kaiser noch am selben Vormittage verstarb, noch nicht sechzig Jahre alt, nachdem er sechsunddreißig Jahre lang regiert hatte.

Sogleich nach seinem Tode wurde die Burg besetzt und die Mehrzahl der kaiserlichen Diener ins Gefängnis geworfen, darunter Rhutsky, indem zugleich sein Vermögen eingezogen wurde. Da Khlesl dem vieler Verbrechen Beschuldigten in bösen und höhnischen Worten die Folter androhte und er einsehen musste, dass er von keiner Seite Hilfe zu erwarten hatte, erhängte er sich, sodass nur noch sein Leichnam geviertelt werden konnte. Das überaus prächtige Trauergerüst, das zu Rudolfs Leichenfeier im Dome aufgerichtet war, kaufte der noch immer in Prag anwesende Herzog Heinrich Julius als Andenken für eine große Summe und führte es auf einem Wagen mit nach Wolfenbüttel, konnte sich aber nicht lange mehr daran erfreuen, da er schon im nächsten Jahre dem Kaiser im Tode nachfolgte.

Dem Matthias fiel nun auch die letzte und höchste der Kronen seines Bruders zu, und im Mai begab er sich mit seiner Gemahlin zur Kaiserwahl nach Frankfurt. Unterwegs verweilte er mehrere Tage in Nürnberg, um sich auszuruhen, denn er litt gerade unter einem heftigen Anfall seiner Gicht, wovon er bis zu den Feierlichkeiten frei zu werden hoffte. Beim Einzuge in Nürnberg gab es Misshelligkeiten: Der Markgraf von Ansbach nämlich, mit dem die Stadt ohnehin nicht in gutem Einvernehmen war, behauptete, das Geleitsrecht zu haben, und pflegte beim Besuch hoher Gäste der Stadt zum Trotz gewaltsam davon Gebrauch zu machen. Darüber kam es zwischen den Nürnbergern und Ansbachern zum Streit, bei dem es mehrere Verwundungen absetzte und keiner den Sieg davontrug; wenigstens wichen die Ansbacher nicht vom Platze. Dieses Blutvergießen konnte nur als ein übles Vorzeichen ausgedeutet werden, und überhaupt machte Matthias keinen tröstlichen Eindruck. Er trug das Wams so lose, dass das Hemd am Halse hervorlugte, und seine Füße waren mit wollenen Tüchern umwickelt; so, die Beine auf einen Schemel streckend, empfing er die Abgeordneten der Stadt, die ihm den Wein als üblichen Willkommen überbrachten. Dagegen war die Kaiserin guter Dinge, dick, weiß und rot, mit Haaren von der rötlich-blonden Färbung, wie sie vielen Habsburgerinnen eigen waren. Von ihrer Vorliebe für Leckereien in Kenntnis gesetzt, überreichte der Rat ihr eine große Schale auserlesenen Konfekts, wovon sie beständig naschte, während sie in einem weltlichen Historienbuche las, danach sie verlangt hatte und das im Besitz der Welserischen Familie vorgefunden und ihr ausgeliehen war. Überhaupt suchte sie sich zu belustigen und war erfreut über die Gelegenheit, einer Geschlechterhochzeit zuzusehen, die eben in diesen Tagen stattfand. Ihr zuliebe legten die Frauen und Mädchen altertümliche Trachten an, die sonst bei den Vornehmen nicht mehr üblich waren, und sie sah allem vom Fenster aus mit lautem Vergnügen zu, in die Hände klatschend, wenn ihr etwas besonders gefiel. Die Kränzeljungfern ließ sie zu sich in das Gasthaus bitten, betastete ihre mit Seidenbändern verflochtenen Zöpfe, ob sie echt wären, und ließ sich ihre Heiratsaussichten von ihnen erzählen. Auch benützte sie die Gelegenheit, sich einen Aderlass praktizieren zu lassen, und der Barbier, der damit betraut wurde, konnte nicht genug von ihrem fetten weißen Arm erzählen und wie zutraulich sie ihn aufgemuntert habe, fest anzugreifen, da sie nicht zimperlich sei. Es hatte ihr in Nürnberg so wohl gefallen, dass sie die Augen mit dem Tüchlein trocknen musste, als sie in der breiten Reisekutsche, neben ihrem wohlverpackten Gemahl sitzend, ein Büchslein voll Konfekt auf dem Schoße, zum Tore hinaus- und den Krönungsfeierlichkeiten entgegenfuhr.

Maximilian von Bayern führte mit Wolfgang Wilhelm von Neuburg viele Gespräche über den Glauben, wobei er alles das wiederholte, was er von den Jesuiten über die Wahrheit des katholischen Bekenntnisses gelernt hatte, während Wolfgang Wilhelm die lutherische Lehre so verteidigte, wie es ihm von Heilbrunner, dem Hofprediger seines Vaters, beigebracht worden war. Dabei gebot ihm der Umstand, dass Maximilian der

Ältere war, eine gewisse Bescheidenheit, sodass dieser den Eindruck gewann, sein Schüler werde sachte von der Kraft seiner Beweisführung durchdrungen, und er müsse nur eine Weile zuwarten um die Früchte seines Eifers zu ernten. Ohne dass etwas Entscheidendes geschehen wäre, reiste Wolfgang Wilhelm wieder ab. Magdalenas bewundernde und fast verliebte Blicke hatten ihm zwar wohlgetan, und obwohl sie blass und kränklich aussah, hatte sie ihm nicht übel gefallen, da sie klug und kräftig von Charakter zu sein schien; aber er konnte das argwöhnische Gefühl nicht loswerden, als sähen sie im Grunde alle ein wenig auf ihn herab, und das verstimmte ihn, wenn es ihn auch zugleich reizte und anzog, Dachte er an seinen Vater, so wurde ihm sehr unbehaglich zumute, und er verfolgte den Gedanken an die bayrische Heirat und alles, was damit zusammenhing, nicht weiter. Zu Hause jedoch gefiel es ihm gar nicht; stets kam es zu Wortwechseln zwischen ihm und seiner Familie, wie sehr er sich auch nach seiner Meinung bemühte, nicht merken zu lassen, dass sein Gesichtskreis sich inzwischen erweitert hatte. In seiner zweifelnden Stimmung beschloss er, sich am Hofe zu Berlin umzusehen, ob sich etwa dort eine Aussicht böte, die ihm Bayern entbehrlich machte. Der Kurfürst von Brandenburg näherte sich dem Plan einer ehelichen Verbindung seiner Tochter mit dem Neuburger behutsam; denn da er sich mit der Absicht trug, öffentlich zum reformierten Glauben überzutreten, wäre ihm eine kalvinische Heirat lieber gewesen. Immerhin wurde ein festliches Essen veranstaltet, wobei sich eine engere Vertraulichkeit entfalten und die Verlobung eingeleitet werden sollte. Die Prinzessin war ein wenig schnippisch und kicherte, anstatt des Freiers Anreden schicklich zu beantworten; dazu kam, dass die Überheblichkeit, der er hier begegnete, ihn weit mehr ärgerte als die am Münchner Hofe, wo denn doch weit mehr Anstand, Pracht und fürstliches Wesen herrschte. Er gab also zu verstehen, dass er die brandenburgischen Ansprüche an Jülich-Cleve nicht hoch anschlug und voraussetzte, der Kurfürst werde es wohl zufrieden sein, sie mit der Tochter an ihn, als den eigentlichen Erben, abzutreten. Darüber brauste der Kurfürst seinerseits auf und sagte, dass Wolfgang Wilhelms Mutter sich eigentlich durch einen Verzicht ihres Anteils an der Erbschaft begeben habe, nun wolle er das Ganze und seine Tochter noch dazu, die von polnischer, schwedischer und dänischer Seite her Anträge habe und außerdem gar nicht von Berlin fort wolle.

Die Prinzessin, sagte Wolfgang Wilhelm, dürfe es sich bei ihm gefallen lassen; in Düsseldorf sei guter Wein und in Neuburg gutes Bier, während in Berlin nicht einmal das Wasser gut sei. Diese Keckheit erzürnte den Kurfürsten so, dass er, ohnehin vom Trunk erhitzt, dem neuburgischen Prinzen eine Ohrfeige versetzte, womit das Gastmahl und die Werbung ein plötzliches Ende nahmen. Mit dem Gefühl der Rachsucht verließ Wolfgang Wilhelm Berlin und reiste schnurstracks nach München, entschlossen, sich nunmehr Maximilian in die Arme zu werfen. Der katholischen Glaubenslehre, die ihm namentlich von dem gelehrten Jesuiten Reihing einleuchtend unterbreitet wurde, lauschte er bereitwilliger als früher, und nachdem er den Unterricht eine Zeit lang genossen hatte, erklärte er sich für überzeugt und von dem Wunsche beseelt, in den Schoß der Kirche zurückzukehren. Seine den Vater betreffenden Bedenken verstand Maximilian und verschmähte es, ihn in dieser Hinsicht zu drängen. Er möchte, schlug er vor, so schnell wie möglich den Übertritt vollziehen, weil in einer so hochwichtigen Heilsangelegenheit auch nicht ein Tag versäumt werden dürfe; aber im Geheimen, damit sein Vater es nicht erfahre. Diesen solle er zunächst mit der Heirat zu befreunden suchen, was leichter gelingen werde, wenn der Gedanke an einen etwaigen Religionswechsel seines Sohnes noch gar nicht bei ihm aufgetaucht sei.

Dementsprechend verfuhr Wolfgang Wilhelm und malte dem alten Herzog aus, welche Hilfe er von dem mächtigen bayrischen Vetter haben werde, um seinen Anspruch auf Jülich durchzusetzen, wozu noch die Aussicht komme, Magdalena werde sich zum lutherischen Glauben bekehren lassen. Er schilderte die Prinzessin als verständig und tugendhaft, sodass er, wenn sie erst seine Frau sei, sie gewiss zur Einsicht des Besseren bringen und sie seinem Wunsche sich fügen werde. Hatte Philipp Ludwig geschwankt, ob er in die gefährliche Heirat willigen sollte, so wurde er durch die Aussicht auf diese Möglichkeit zu ihren Gunsten bewegt, und eine väterliche Neigung für das Mädchen, das er und sein treuer Heilbrunner mit der reinen Religion bekannt machen würden, ergriff sein Herz; nun erst fing er auch an den irdischen Vorteilen der Verbindung Geschmack zu gewinnen an. Vor der Hochzeit freilich, sagte Wolfgang Wilhelm, müssten die Bekehrungsversuche anständigerweise zurückgehalten werden, und es wurde festgesetzt, dass die Vermählung sowohl nach katholischem wie nach evangelischem Gebrauch vollzogen werde, damit der Glaube beider Teile zur Geltung komme und keinem von beiden ein Präjudiz geschehe.

Vorher unternahm Magdalena mit ihrem Vater eine Wallfahrt nach Altötting, um Gott zu danken, dessen weise Führung sie nun erst recht bewundern lernte; denn es zeigte sich ja, was er damit bezweckt hatte, dass er das Opfer ihrer Liebe zu Leopold von ihr forderte, weil er ihr ein weit schöneres Glück und dazu eine erhabene Aufgabe vorbereitet hatte. Auch der alte Herzog von Neuburg wiegte sich in Hoffnungen, die nur zuweilen durch aufsteigende Sorgen getrübt wurden. Eine Sicherheit hatte ihm Wolfgang Wilhelm für die künftige Bekehrung seiner Braut nicht gegeben; konnte der junge Mann nicht durch weibliche Künste und die Gebrechlichkeit der menschlichen Natur sich haben verblenden lassen, dass er eine der Abgötterei verschworene Jesabel für ein frommes, verständiges Mädchen ansah? Wenn sie sich ihm widersetzte, welche Unzuträglichkeiten würden daraus entstehen, namentlich in Bezug auf die Kinder, die aus der Ehe erzielt werden würden; es war ja leider nicht anders, als dass die Frauen, und namentlich solche, die mit jesuitischen Kniffen umzugehen gewohnt waren, oft den Mann umgarnten, und er würde nicht immer da sein, um Wolfgang Wilhelm durch sein väterliches Ansehen zu stärken. Indessen suchte er solche Gedanken durch sein Vertrauen auf Gott zu bekämpfen, der die Wahrheit nicht zuschanden werden lassen würde.

Nachdem die Hochzeit in München mit großer Pracht begangen war, richtete Philipp Ludwig eine Nachfeier in Neuburg zu, die Kosten nicht scheuend, um dem bayrischen Gepränge nicht nachzustehen, wie denn weder ein Turnier noch ein Feuerwerk, noch auch eine Sauhatz fehlte. In der ersten Nacht brach aber nicht weit vom Schlosse eine große Feuersbrunst aus, die sich so gefährlich anließ, dass der alte Herzog seinen Sohn, der sich eben mit seiner jungen Frau zu Bette begeben wollte, herausklopfte, damit er sich auch wie die anderen Herren am Lösch- und Rettungswerk beteilige. Hier tat sich namentlich Prinz August, Wolfgang Wilhelms jüngerer Bruder, rühmlich hervor, und man sah mit großer Bewunderung seinen hochgewachsenen Körper und sein blondes Haupt unerschrocken zwischen Rauch und Flammen auf- und untertauchen. Philipp Ludwig und seine zur Schwermut neigende Frau standen unterdessen im Schlosse am Fenster, wo sie durch die kahlen Gebüsche,

denn es war November, die schwarzen Donauwellen im düsteren Glut-
schein aufblinken sehen konnten, und beteten nicht ohne trübe Vorah-
nungen.

Von Neuburg führte Wolfgang Wilhelm seine Frau nach Düsseldorf
und hätte sich der neuen Würde uneingeschränkt freuen können, wenn
sein Beichtvater ihn nicht gedrängt hätte, nunmehr seine Zugehörigkeit
zur katholischen Kirche offen zu bekennen, weil dies zum Heil seiner Untertanen, die sich ihm anschließen würden und müssten, notwendig sei.
Wolfgang Wilhelm wagte keinen Gegengrund zu äußern und ordnete, da
es einmal sein musste, die Zeremonie festlich an, damit das vorauszuse-
hende Murren des Volkes durch einen bedeutenden Eindruck überwältigt werde.

An den Hof von Neuburg waren zuweilen Gerüchte von einer großen
Veränderung gedrungen, die in Düsseldorf im Schwange sei; aber Philipp
Ludwig hatte es nicht laut werden lassen und sich einzureden gesucht, dass
ein solcher Verrat seines Sohnes unmöglich sei. Endlich ließ er den Heilbrunner zu sich rufen und fragte ihn, indem er ihn scharf ansah, ob er glaube, dass Wolfgang Wilhelm seinen Gott und seinen Vater zugleich verraten habe? Heilbrunner schwieg eine Weile mit niedergeschlagenen Augen;
dann sagte er: »Weil Euer Gnaden es mir befehlen, so will ich antworten.
Ich habe mich lange gesträubt, es zu glauben, und mit Gott deswegen gestritten. Abraham hat Isaak unschuldig geopfert und David Absalom
schuldig, und beide waren treue Knechte Gottes. Wir müssen kämpfen
und ausharren bis ans Ende: das von Euer Gnaden und meines sind nicht
mehr fern.« Hierauf setzte sich Philipp Ludwig an seinen Schreibtisch
und forderte von seinem Sohne eine runde, offene Erklärung, die denn
auch erfolgte. Wolfgang Wilhelm und Magdalena schrieben zusammen in
höflichen, entschiedenen Worten, dass es so sei und nicht anders sein könne und dass sie hofften, der Vater werde es ihm, Wolfgang Wilhelm, nicht
verargen, dass er nach seiner Überzeugung gehandelt habe.

Das Blatt zitterte in den Händen des alten Mannes, während er las,
und die Tränen begannen ihm langsam über das Gesicht zu laufen. Sein
Herz war so hart geschlagen, dass er nicht einmal in der Bibel Trost finden konnte. Nicht nur der Abfall seines Sohnes war es, der ihn bekümmerte, sondern der Gedanke an die bitteren Folgen, die für seine armen
Untertanen daraus erwachsen mussten, wenn der Abtrünnige ihnen sei-

nen Irrglauben aufzwingen würde. Viele Stunden verbrachte er in leisem Gespräch mit seiner Frau, lange saß er aber auch allein, von einem drohenden Schwall teuflischer Zweifel geängstigt. Warum ließ Gott es zu, dass die Arbeit seines Lebens zunichte gemacht werde, sein Gärtlein, in dem er das Unkraut des Unglaubens und des Lasters ausgejätet, wo er Frömmigkeit, Ordnung und Tugend gesät und aufgehen gesehen hatte, von seinem eigenen Sohne verwüstet wurde? Er hatte geglaubt, der Segen Gottes ruhe auf seinem Tagewerk, und nun sollte sein brechendes Auge es scheitern sehen. War es eine ihm auferlegte Prüfung, wie konnte Gott den Verlust so vieler Seelen damit verbinden?

Den ernstlichen Vorstellungen Heilbrunners, man müsse sich dem Verhängnis Gottes auch dann unterwerfen, wenn man es nach seinem schwachen menschlichen Verstande nicht begreife, fügte er sich, insofern er nicht laut klagte; anstatt dessen beschäftigte er sich in großer Unruhe damit, das Unheil, soviel an ihm war, von seinem Lande abzuwenden. Nachdem er dem Sohne in ernsten Worten sein Unrecht vorgehalten hatte, forderte er von ihm ein bündiges Versprechen, in seinem väterlichen Erblande die Augsburgische Konfession nicht antasten noch ausländische Beamte dort einführen zu wollen, welches Wolfgang Wilhelm nach langem Zögern auch gab, dabei die Unverbrüchlichkeit eines Fürstenwortes betonend. Dann band er seinem zweiten und seinem dritten Sohne, August und Johann Friedrich, aufs Herz, dem reinen Glauben, in dem sie auferzogen waren, unerschütterlich anzuhangen, sich durch keinen irdischen Vorteil, Bedrohung oder Verlockung abwendig machen zu lassen, auch stets für ihre Untertanen, wenn diese etwa trotz aller Verträge von Wolfgang Wilhelm bedrängt werden sollten, väterlich zu sorgen und einzuspringen, da Gott die Seelen der Untertanen von den Fürsten fordern werde. Augusts aufrichtiger Blick und treues Wort beruhigten ihn über dessen Zukunft, für den schwachen und etwas vergnügungssüchtigen Johann Friedrich dagegen musste der ältere Bruder die Verantwortung mit übernehmen. Heilbrunner und die übrigen Geistlichen erhielten den Auftrag, an jedem Sonntag die Gemeinde auf die bevorstehende Gefahr aufmerksam zu machen und sie zur Glaubenstreue zu vermahnen. Es herrschte im ganzen Ländchen Betrübnis und Sorge, und aus freien Stücken beteten alle täglich, Gott möge ihren frommen Fürsten erhalten und das Übel von ihnen abwenden.

Nichtsdestoweniger ging das Leben des schon lange gichtleidenden alten Fürsten schnell zur Neige. Er änderte nichts in seiner Lebensführung, stand in der Morgenfrühe auf, aß zur Mittagszeit seinen Brei, obwohl er ihm fast zuwider war, arbeitete mit seinen Räten und las zur bestimmten Stunde in der Bibel; aber seine Angehörigen sahen ihn oft mitten in der Beschäftigung einschlafen oder leer vor sich hin stieren, während ihm Tränen aus den Augen schlichen. In den ersten Tagen des August ließ er die Frömmsten und Redlichsten aus der Bürgerschaft, wie die Prediger sie vorschlugen, zu sich auf das Schloss fordern, um ihnen Maßregeln für ihr Verhalten nach seinem Tode zu geben. Sie würden nun bald, redete er sie an, eine Herde ohne Hirten sein und könnten leicht den Wölfen, die jederzeit umgingen, zur Beute fallen. Zwar würden seine Sohne ihnen fürstlich und getreulich vorstehen, und Heilbrunner würde ihnen nach wie vor Gottes Wort auslegen und sie zum Guten anhalten, aber sie wüssten ja wohl auch, wie böse die Zeitläufte wären, welche Macht der Teufel auf Erden besäße und wie weit der päpstliche Antichrist seine Schlingen würfe. Da müssten sie denn auch selbst mit Beständigkeit gewappnet sein, wenn sie die Prüfung bestehen und dereinst den Himmel gewinnen wollten. Danach fragte er viele von ihnen einzeln, wie sie sich verhalten würden, wenn sie mit Gewalt zur Messe gezwungen werden sollten, ob sie sich fügen oder Hab und Gut preisgeben, auswandern und ihre irdische Zukunft Gott anheimgeben wollten. Einige Männer sagten, sie hofften das Beste, aber landsfremde Bettler würden nirgends gern gesehen, man müsse auch für Weib und Kind Sorge tragen; einige Frauen, sie würden sich nach dem Willen ihrer Männer verhalten; aber ein paar alte Männer und alte Witwen sagten, von Gottes Wort würden sie nicht lassen, sollten sie auch darüber Leib und Gut verlieren müssen, und sie würden dem Herzog gleich die Hand darauf geben.

Er wisse wohl, dass die Prüfung hart sei, sagte Philipp August, aber himmlischer Lohn harre des Überwinders, und er wolle auch hier und dort für sie beten. Dann prägte er ihnen ein, seinen Söhnen Gehorsam zu leisten, wenn er bald nicht mehr sein werde, und sagte ihnen Lebewohl, worauf alle unter herzzerbrechendem Schluchzen auseinandergingen.

Einige Tage später fiel der alte Herzog beim Aufstehen in Ohnmacht, erholte sich aber wieder und ließ sich vollends ankleiden, wenn schon die Ärzte Bedenken äußerten und Familie und Dienerschaft sich kopfschüttelnd daran erinnerten, dass man den 12. August schrieb, also gerade drei Monate nach dem Übertritt Wolfgang Wilhelms in Düsseldorf verflossen waren. Wie alltäglich nahm er dann an einer Sitzung der Räte teil und ließ sich von Heilbrunner ein Kapitel aus der Bibel erklären, um doch für alle Fälle auf das Ende vorbereitet zu sein. Beim Mittagessen, das bald nach zehn Uhr stattfand und an dem seine Gemahlin, seine Söhne, Heilbrunner und ein Arzt teilnahmen, legte er plötzlich den Löffel aus der Hand und schlief ein, um nicht mehr zum Leben zu erwachen.

Der Todesfall rief unendlichen Jammer im neuburgischen Lande hervor; nun, hieß es im Volke, würde man das Schicksal des benachbarten Donauwörth erleiden, wo die Schlechten, die ihren Glauben verrieten, Anstellungen und Ämter erhielten und straflos die Besseren quälen und unterdrücken durften. Es waren in den letzten Jahren viele Donauwörther nach Neuburg gezogen, und diese sahen nun kommen, dass ihres Bleibens auch hier nicht wäre, sondern dass sie weiterwandern müssten, ärmer und hoffnungsloser als zuvor.

Im Februar des folgenden Jahres, nämlich 1615, hielt Wolfgang Wilhelm seinen Einzug in Neuburg und erklärte rundweg, von seinem Erbrecht nichts aufgeben zu wollen, worauf sich August und Johann Friedrich, um nur etwas zu bekommen, zu einem Vertrage bequemten, der jeden von ihnen mit einem kleinen Gebiet abfand, August mit Sulzbach und Johann Friedrich mit Hilpoltsheim, so aber, dass dem Ältesten, Wolfgang Wilhelm, auch über diese Landesteile die Oberhoheit zustand. Traurig verließen die verwitwete Herzogin und ihre Söhne das Neuburger Schloss, denen bald auch Jakob Heilbrunner, von der neuen Regierung verabschiedet, folgte.

War die neuburgische Vermählung unheilvoll für die evangelische Sache gewesen, so wurde in dem älteren Zweige der pfälzischen Familie im selben Jahre eine gefeiert, die den Verlust reicher einbringen zu sollen schien: der junge, eben mündig gewordene Kurfürst Friedrich V. nämlich führte die englische Prinzessin Elisabeth, Tochter Jakobs I., heim, deren Name an die große Beschützerin der protestantischen Freiheit erinnerte. Die pfälzischen Räte rühmten und freuten sich dieses Erfolges ihrer Diplomatie nicht wenig, denn sie glaubten damit die Unterstützung derjenigen Macht gewonnen zu haben, deren herrlicher Triumph über die spanische Tyrannei noch frisch in aller Gedächtnis war. Der junge Friedrich ließ sich gern sagen, wie gut er nunmehr versorgt und für seine hohe Rolle ausgerüstet sei, wie weit er durch die königliche Verwandtschaft andere Fürsten überrage; doch waren ihm die schöne Braut, die vielfachen Annehmlichkeiten des Ehelebens, die Hochzeit und der Empfang zu Hause, der das Übliche an Pracht übertreffen sollte, zunächst wichtiger. Der verwöhnten Engländerin sollte das neue Reich am Rheine nicht armselig erscheinen, vielmehr sollte sie womöglich durch Überfluss überrascht werden. Ein mit farbigen Tüchern ausstaffiertes, von bunten Fahnen umflattertes, wie ein schwimmendes Schlösslein mit Gold- und Silberzeug eingerichtetes Schiff führte sie bis Mainz, wo ihr Gemahl, der ihr vorausgereist war, sie erwartete. Von allen pfälzischen Städten hatte ihr die Festung Frankenthal, welche als eine Kolonie aus Frankreich auswandernder Hugenotten von dem Kurfürsten Friedrich III. war gegründet worden, den schönsten Empfang bereitet. Aus einem rosigen Gewölk blühender Aprikosen- und Apfelbäume stiegen die grauen Mauern kantig hervor, hinter denen das heitere Städtchen voll zierlich gegiebelter Häuser in gepflegten Gärten sich barg. Wie wenn ein in Eisen gerüsteter Ritter das Visier öffnet und ein freundliches Jünglingsgesicht zwischen den dunklen Platten sichtbar wird, so überraschte das Bild der geschmückten Stadt die durch das Tor Einziehenden. Festliche Jugend überreichte der Königstochter ein von Frankenthals berühmten Goldschmieden angefertigtes Kleinod: eine große, von einem aus Saphiren und Smaragden bestehenden Stirnband, welches das Meer versinnbildlichte, herabhängende Perle, mit Anspielung auf Elisabeths Beinamen ›die Perle von England‹. Die Ehrenbogen, die über die Hauptstraße ausgespannt waren, trugen Bilder mit Inschriften, unter denen das wichtigste eine Darstellung des Seesieges der englischen Flotte über die von Philipp II. ausgesandte furchtbare Armada darstellte. Darüber waren die Worte geschrieben: ›Elisabeth rex‹, das heißt: Elisabeth König, und darüber: ›Deus flavit‹, das heißt: Gott blies. An dieser Pforte wurde der nunmehrigen Kurfürstin eine Anrede in deutscher Sprache gehalten, von welcher sie, des Deutschen unkundig, nichts verstand; auch hätte sie ohnehin, von herrlichen Gefühlen allzu ungestüm bewegt, den umständlichen Worten nicht folgen können. Auch ihr Name, das fühlte sie, konnte ein Zauberwort für die evangelischen Völker werden, hatte sie doch Kraft und Begeisterung genug; es sollte nur Feindeswut sich heranwälzen, ihr Herz würde wie ein Fels stehen und wie die Sonne Segen verbreiten, ohne je verdunkelt zu werden. Sie lächelte das Volk, das ihr zujubelte, verheißungsvoll an und wandte sich nach ihrem Garten um, dessen Blicke verliebt an ihr hingen; nein, sie würde es niemals bereuen, dass sie, auf die Ansprüche ihrer königlichen Geburt verzichtend, eine Kurfürstin im Reiche geworden war. Wie ansehnlich ihres Mannes Stellung war, zeigte sich vollends in Heidelberg, als ihr seine Vasallen entgegenzogen, unter denen einige Fürsten und viele Grafen und Ritter waren. Diese Herren, als die Helden des Trojanischen Krieges ausstaffiert, begrüßten Elisabeth als die schöne Helena und geleiteten sie durch die Stadt den Hügel hinauf nach dem Schlosse, sodass es von Weitem aussah, als werde eine riesenhafte Blumengirlande den verschlungenen Weg hinauf gewunden; staunend sah das gedrängte Volk die blanken Rüstungen, das prunkvolle Geschirr der Rosse, die flatternden Helmbüsche und Schärpen durch das frühlingshelle Grün der Gebüsche blitzen.

Einige Jahre später heiratete die Schwester Friedrichs V. den jungen Kurprinzen von Brandenburg, Georg Wilhelm, wodurch diese beiden reformierten Häuser nahe miteinander verbunden wurden und gemeinsame Wirksamkeit desto natürlicher schien. Noch ein Hoffnungsstern ging den unierten Fürsten um diese Zeit im Norden auf, indem nach dem Tode König Karls IX. von Schweden dessen Sohn Gustav Adolf den Thron bestieg, dem das Gerücht trotz seiner Jugend heroische Neigungen und Tätigkeiten zuschrieb.

Nachdem Karl IX. im Jahre 1611 gestorben war, übernahm sein Sohn Gustav Adolf nach Wahl der Stände die Regierung und ernannte alsbald seinen Erzieher und Freund, den um etwa zwölf Jahre älteren Grafen Axel Oxenstierna, zu seinem Minister. Als Knabe hatte er inniger einem anderen Lehrer, dem aus dem Volke stammenden Johann Skytte angehangen, der ihn mit den Sagen aus der Urzeit der nordischen Völker und mit den Geschichten seiner Vorfahren, den Wasa, das Herz so mächtig zu erschüttern wusste. Am liebsten ließ sich der junge Königssohn von seinem unglücklichen Oheim Erich erzählen, der im Wahnsinn, als Gefangener seines Bruders Johann und wahrscheinlich durch denselben ermordet, gestorben war: von der Unbändigkeit seines Wissensdranges und

seiner Eroberungssucht; denn nicht nur hätte Schweden seiner unersättlichen Begier keine Genüge getan, sondern, erzählte Skytte, wenn die Erde sein gewesen wäre, würde er sich über die Sterne haben ausbreiten wollen; dann wie zuweilen eine uralte heidnische Wildheit in ihm aufgekocht
sei, in der er nach Blut gelechzt habe wie ein Wolf, und wie er einmal in
einer solchen Raserei die Sture, die ihm trotzten, mit eigenen Händen erschlagen habe; dann wie er voll Musik gewesen sei und ihrer so mächtig,
dass in der Zeit seiner Gefangenschaft und seines Wahnsinns König Johann ihm die Laute habe fortnehmen lassen, damit die Süßigkeit seiner
Gesänge nicht die Kerkermeister betöre.

Es machte Skytte schweren Kummer, dass sein Zögling sich in den
Jünglingsjahren mehr dem Oxenstierna anschloss, dem er als einem von
Adel misstraute und dessen Einfluss er für gefährlich hielt, weil er glaubte, dass er Gustav Adolf in seiner Neigung zu einer kriegerischen, weit
ausgreifenden Politik bestärke. Nach seiner Meinung war es die Aufgabe
eines schwedischen Königs, Frieden und Ordnung im Innern des Reiches
herzustellen, wo der Adel ebenbürtig und auf die königliche Vorherr-
schaft eifersüchtig, wo die Städte arm und das Gewerbe unentwickelt sei,
nicht aber, das so vielfach bedürftige Reich zu vergrößern. Gustav Adolf
ließ es sich angelegen sein, Skyttes Empfindlichkeit zu beschwichtigen,
und hatte darüber eine Unterredung mit ihm im Schloss, wo er sich etwa
ein Jahr nach seiner Thronbesteigung während der Friedensverhandlungen mit Dänemark aufhielt.

Er habe unrecht, begann er gegen Skytte, Oxenstierna zu misstrauen,
der ihn liebe und es treu mit ihm meine. Ja, sagte Skytte, indem er sich bedächtig seinen schwarzen gegabelten Bart strich, dessen Enden geflochten
und von einer roten Schnur durchzogen waren, ja, so treu es ein Adliger mit
seinem König meinen könne, dem er sich im Grunde überlegen fühle.

Gustav Adolf zögerte einen Augenblick, dann lachte er und sagte, am
letzten Ende sei es doch das Volk, das den König am wenigsten lieben
könne; es halte nur zu ihm, solange der Adel es drücke.

Wenn das wahr sei, sagte Skytte, sei es ein schlechtes Zeichen für die
Könige. »Was willst du?«, sagte Gustav Adolf, »sie sind nun einmal da, so
wie Gott da ist. Möchtest du auch aus dem Himmel eine Republik machen? Einer muss die Zügel führen, und das werde ich tun trotz Oxenstierna.«

Er wolle es glauben, erwiderte Skytte; aber der Mensch folge auch unbewusst dem Rat, der ihm beständig ins Ohr falle. Er wisse wohl, was Oxenstierna im Sinne habe: er wolle den König durch Krieg beschäftigen, damit sich der Adel daheim des Steuers wieder bemächtigen könne. Darum wecke er in Gustav Adolf die Erinnerung an das alte skandinavische Dreikönigreich und reize ihn gegen Dänemark, mit dem er es doch nicht aufnehmen könne.

Nein, rief der junge König rasch und heftig aufspringend, wenn er es wissen wolle, so sei es umgekehrt. Er, ja er, hätte sich blind auf den König von Dänemark stürzen und ihn am liebsten mit den Händen erwürgen mögen, den aufgeblasenen Prahler, der sich erdreistet hatte, ihn mit seiner Flotte bis in das Schloss von Stockholm zu beunruhigen! Oxenstierna sei es, der ihm zurede und vorstelle, er müsse jetzt an sich halten, bis er seine Flotte verstärkt und ein tüchtiges Heer formiert und es im Kampfe mit schwächeren Feinden geübt habe. Er sei weder eine Puppe in Oxenstiernas Händen noch ein Schwächling, der sich vor dem König von Dänemark verkrieche, das wolle er seinerzeit beweisen!

Skytte trat einen Schritt zurück und betrachtete nicht ohne Wohlgefallen die hohe und breite Gestalt des blonden Königsknaben, der auf ihn zugesprungen war und mit blitzenden Augen drohend vor ihm stand. »Es scheint zuweilen«, sagte er sinnend, »als hätte ein Geschlecht nur einen einzigen durch die Zeit sich streckenden Riesenleib; denn so, wie du jetzt vor mir stehst, denke ich mir deinen Oheim, den unglückseligen Erich Wasa.«

»Und warum nicht?«, sagte Gustav Adolf, »habe ich doch sein Blut in meinen Adern.«

»Das Blut der Wasa«, sagte Skytte, die Stirn zusammenziehend, »fließt nicht wie ein breiter, befahrener Strom, sondern wie die Katarakte des Nordens, die donnern und schäumen und hoch aufspritzen.«

»Das ist rechtes Königsblut!«, fiel Gustav Adolf rasch ein, dessen blaue Augen leuchteten.

Skyttes Gesicht verdüsterte sich immer mehr. »Wie könnte ein König wohltätig herrschen«, sagte er, »der sein eigenes Herz nicht bändigen kann!« Nun, sagte Gustav Adolf, es seien jetzt andere Zeiten als die seines Großvaters und seiner Oheime, und er habe wohl ihr Blut, aber einen anderen Geist. Dass er sein Herz bemeistern könne, beweise er jetzt in der dänischen Angelegenheit und werde es ferner tun; aber es bleibe doch wahr, dass eines Königs Brust heißer und begieriger sein müsse als die anderer Menschen; denn in ihm schlage das Herz des ganzen Volkes.

Wenn das wahr wäre, sagte Skytte eigensinnig, würde er, Gustav Adolf, die Scholle lieben, die das Volk pflüge, nicht aber nach dem Meere trachten. Was früge das Volk, das sein Leben auf den Schlachtfeldern verbluten lassen müsse, nach fremden Ländern, dessen Schätze den König zum Tyrannen machten?

Von plötzlicher Ungeduld überwältigt, schlug Gustav Adolf mehrmals mit der geballten Faust auf den Tisch und rief, was denn alles dies heißen solle? Er, Skytte, sei es gewesen, der ihm als Knaben, während er ihn an der Hand durch die stillen verschneiten Wälder führte, von den Strömen des Nordens erzählt habe und wie man durch den Donner ihrer Wasserfülle zuweilen die schmelzende Harfe könne singen hören, die der Neck spiele. Er, Skytte, sei es gewesen, der ihm zuerst von seinem Großvater Gustav Wasa und von seinen Oheimen erzählt und seine Brust mit Träumen seines ungeheuren Geschlechts erfüllt habe. Warum er das getan hätte? Warum er seinen Großvater den Hort Schwedens und die Sonne des Nordens genannt hätte? Nun schelte er ihn, weil er Wolfsblut habe und König sei.

Skytte sah den erzürnten Jüngling erstaunt an und bedachte sich eine lange Weile. »Jener war ein Bauernkönig«, sagte er, »darum liebte ich ihn.«

Ob er das etwa nicht sei, sagte Gustav Adolf eifrig. Ob ihm die Bauern nicht zujubelten und anhingen? Aus seinen Bauern wolle er ein unbesiegbares Heer machen und unsterbliche Taten mit ihnen tun. Er verachte die Tugenden der Bauern nicht, ihre Genügsamkeit und Rauheit sei ihm mehr wert als weichliche Bildung. Was er zu tun vorhabe, werde er zum Wohle des schwedischen Volkes tun und zum Heil und Ruhm des reinen Christenglaubens, dessen Bekenner er sei.

Als Skytte ihn verlassen hatte, hing Gustav Adolf noch lange den mächtig durcheinanderflutenden Gedanken nach, die das Gespräch in ihm erregt hatte. Das leicht aus Holz gebaute Schloss, in dem er sich befand, bebte zuweilen von den Stößen des von einem starken Wind an die Küste geschleuderten Meeres, ohne dass es dem Träumenden zum Bewusstsein kam. Er dachte an das, was er dem dänischen König gegenüber bereits durchgesetzt hatte, dass er nämlich wie jener Wappen und Titel der drei skandinavischen Königreiche führen durfte und dass er ihm die große Summe, die er ihm zu zahlen sich verpflichtete, nicht als Schuldigkeit oder Tribut, sondern als freiwilliges Geschenk leistete. Viele Gesandtschaften waren darüber hin und her gegangen und viele Verhandlungen gepflogen, und auf keine der anzüglichen Prahlereien König Christians war er ihm die Antwort schuldig geblieben. Das mochte der Welt wenig scheinen, und es kostete ihn viele Mühe, sich mit so versteckten, einer Niederlage abgerungenen Erfolgen zu begnügen; aber einst würden sie seine Mäßigkeit und Weisheit bewundern und begreifen, um welch heroischer Ziele willen er seine Ansprüche und seinen Mut gezügelt hatte. Die Zeit würde kommen, wo Christian IV., der vermeintliche Riese des Nordens, kleingebeugt vor ihm weichen würde, wo seine Angelegenheiten die des ganzen Erdkreises sein würden. Er fürchtete weder ihn noch die anmaßenden Hansestädte, noch die reichen holländischen Staaten, die Griechen der neuen Zeit, noch England, noch seinen Vetter, den polnischen König Sigismund, der ihm die Krone streitig machte, und am wenigsten den gichtbrüchigen Jesuitenkaiser mitsamt seiner spanischen Verwandtschaft, die jenen offen und heimlich unterstützten; es war eine unaussprechliche Gewissheit in ihm, dass er, wenn er einmal seine ganze Kraft ausströmen ließe, über sie alle hinausginge. Er war nur der arme Schwedenkönig; aber sein war das salzige Meer, das einen Ring um die Erde schloss. Während in grauer Vorzeit die Völker des Festlandes miteinander um die Erde stritten, hatten die Nordmänner das Meer unterjocht, das Urelement, das Länder gebiert und verschlingt. Über das Meer hin rauschten sie auf geflügelten Drachen und gründeten stolze Staaten mitten in der Wonne des Südens. Auch er wollte nun reisen und die Welt sehen. Sowohl Skytte wie Oxenstierna hatten Deutschland bereist und ihm von seinen Wundern viel erzählt; seitdem liebte er es, sich das uralte Reich vorzustellen, schwer von Ruhm und Weisheit, geheimnisvoll starrend und glühend von den Juwelen seiner Städte, die wie köstliche Schreine den heiligen Staub von Jahrhunderten verwahrten. Da waren die handelsmächtigen Hansestädte Bremen, Lübeck, Stralsund, Braunschweig, Magdeburg, mit dem strengen Prunk und der kampfgewohnten Ehre ihrer Rathäuser, mit ihren Domen, die Burgen Gottes glichen, mit der gebieterischen Wucht ihrer Mauern und Türme. Dann öffneten sich die reizenden Gefilde des Südens, durch welche Rhein, Main und Neckar, Donau und viele andere Ströme, traubenumrankt und segentriefend, sich ergossen, widerspiegelnd die himmelhohen Türme des goldenen Mainz, die reichen Märkte Frankfurts, die strotzenden Kaufhäuser Ulms, das bilderprangende Augsburg und das königliche Prag. Es schien ihm unbegreiflich, dass die Kaiser, in deren Hände noch dazu die neuen Reichtümer Spaniens flossen, dass die vielen, von gelehrten Räten umgebenen Fürsten, die Herren aller dieser Macht und Pracht, so ratlos und hilflos nach ausländischem Beistand suchten, unfähig, sich aus der Verwirrung, in die sie sich selbst gebracht hatten, zu lösen oder gewaltsam zu reißen. Waren sie entartet oder verweichlicht, oder war es vielleicht Gottes Ratschluss, der sie verblendete, um eine neue Herrlichkeit zu seiner Ehre über den Trümmern zu errichten? Wollte er sich aus den gestürzten Säulen der alten verrotteten Kaiserherrlichkeit ein Jerusalem bauen, an dessen Altären dem wahren Glauben gedient wurde? Und wies sein allmächtiger Finger auf ihn als den Baumeister, der das himmlische Werk gründen sollte? Er hatte Augenblicke, wo er sich fühlte, als sei er auserwählt, etwas Großes zu vollbringen, und wo er seine Brust von dem Gotteswillen geschwellt glaubte, der in ihm wirkte.

Er nahm seine Laute von der Wand und griff träumend ein paar Akkorde; es ging ihm plötzlich durch den Sinn, dass er alle diese Herrlichkeit, ja die Welt hingeben würde um den Besitz eines Mädchens, das er liebte und auf die er, so sagten Oxenstierna sowohl wie seine Mutter, verzichten müsse, weil sie zwar adligen, aber nicht fürstlichen Standes war. Wenn die Leute erst einmal merkten, sagte Oxenstierna, dass die Gräben zwischen den Ständen sich überspringen ließen, würde keiner mehr Untertan sein wollen. Das Heiraten sei ein Geschäft, und jeder wolle doch ein gutes Geschäft machen, bei dem er sich verbessere. Heirate er eine vom Adel, das würde Einmischungen, Einreden und Übergriffe der Verwandtschaft, Eifersucht der anderen geben; anstatt dessen könne ein fürstlicher Schwiegervater ihm im Notfall Verstärkung geben und sein Ansehen erhöhen. Zu seiner Mutter sagte er, dass die Geliebte klüger und feiner sei als alle Königstöchter der Welt und dass er, indem er sie heirate, sie zur Königin mache; worauf seine Mutter entgegnete: was Herz und Geist eines Menschen tauge, gehe Gott an, die Menschen müssten nun einmal nach Titel und Stand unterscheiden. Wer in der Welt fortkommen wolle, müsse das Weltliche und Göttliche auseinanderhalten, denn das beides vermische sich nicht. Wolle man sich das Gebäude irdischen Wohlergehens errichten, müsste man Stein und Mörtel, Holz und Balken dazu nehmen. Liebe, Großmut, Mitleid und Frömmigkeit, das sei alles gut an seinem Ort, nur dürfe es keine Folgen im Weltlichen haben. Es stehe deshalb auch geschrieben, der Mensch könne nicht Gott dienen und dem Mammon. Ach und die Liebe! Er werde doch ein paar warme Nächte nicht mit seinem Leben bezahlen? Seiner Mutter könne er vertrauen: an die Liebe glaube nur, wer nie ein Geliebtes besessen habe.

Dies alles leuchtete Gustav Adolf nicht ein; denn gab es überhaupt Vorschriften für einen Willen? Machte ein Wille nicht alle Erfahrungen und Gesetze schmelzen wie die Sonne den Schnee? Er, er sollte nicht zugleich in der Welt herrschen und Gott dienen können? Dennoch brachte er die Vorstellung nicht wieder aus dem Sinn, wie die verschwägerte Adelssippe ihn beeinträchtigen und belästigen würde, während verwandte Fürsten, etwa im Reich, sein Ansehen heben und seine Macht verstärken könnten. Gerade eine solche Heirat würde ihn in den Stand setzen, Gott zu dienen, indem er seine Anhänger um sich scharte und, von ihnen unterstützt, seine Widersacher bekämpfte.

Nach Rudolfs Tode nahmen die Streitigkeiten in der habsburgischen Familie ihren Fortgang und drehten sich jetzt besonders um die Person Khlesls, den Matthias nach seiner Thronbesteigung sogleich zum Direktor des Geheimen Rates ernannt hatte. Dem rüstigen Manne wollte fast der Mut sinken, als er sich in dem Wust umsah, wo er Ordnung schaffen sollte: da war die nun entlassene Dienerschaft des verstorbenen Kaisers, die, seit Jahren nicht bezahlt, aus bitterem Elend heraus um ihr Recht klagte, da waren die vielen Personen, die sich während der vergangenen Kämpfe um Matthias verdient gemacht hatten und ihren Lohn forderten, und statt Geldes waren da die unter Rudolf zu Millionen angeschwollenen Schulden. Dazu lief der Waffenstillstand mit der Türkei ab, und ein neuer, fürchterlicher Krieg konnte entstehen, während im Reiche die Union und die Liga trotzten und nirgendwo auf redlichen Beistand zu rechnen war. Der Reichstag lief kläglich auseinander, denn die evangelischen Stände wollten sich zu keiner Steuer verstehen, bevor nicht die Stadt Donauwörth dem Herzog von Bayern abgenommen und wiederhergestellt würde, dieser aber wollte den Raub nicht herausgeben und konnte von dem Kaiser nicht dazu gezwungen werden.

Bald bemerkten die Eiferer unter den Katholischen voll Missvergnügen, dass der ehemalige Vertilger der Ketzer eine versöhnliche Haltung gegen dieselben annahm, ja sie zuweilen geradezu zu begünstigen schien. Auf diesbezügliche Vorwürfe verantwortete sich Khlesl mit solchen Worten: Wer etwas ausrichten wolle, müsse die facta gelten lassen, und er lerne nun als ein factum kennen, dass die Evangelischen im Reiche zu mächtig wären, als dass sie gänzlich könnten ausgerottet oder unterdrückt werden. Also müsse man sich mit ihnen einzurichten suchen. Diejenigen, die in Kirchen und Klöstern steckten und nur Heiligenbilder um sich herum sähen, könnten sich wohl einbilden, der ganze Teig ließe sich in einen himmlischen Model kneten; wer aber in der Welt zu tun hätte, müsse sich aller Art Pasteten gefallen lassen, sonst käme zuletzt gar nichts auf den Tisch. Man müsse die Glaubenssachen von den politicis trennen, es herrschten in der Welt nun einmal nicht die gleichen Grundsätze wie im Reiche Gottes. Der rechte Glauben eröffne dem Menschen den Himmel, auf Erden komme es darauf an, dass einer ein fester und gehorsamer Untertan sei, und es komme vor, dass die Ketzer ihre Pflicht gründlicher täten als rechtgläubige Katholiken.

Dieser Umschwung in Khlesls Politik erzürnte vor allem den Erzherzog Ferdinand, den der Bischof früher in seinem reformatorischen Treiben unterstützt hatte und den er jetzt warnte, er solle die Untertanen nicht zur Verzweiflung und von Haus und Hof treiben, sonst mache er sein Land zur Einöde anstatt zu einem Gottesstaate. Das eigenmächtige Walten des hochfahrenden Bischofs kam Ferdinand überhaupt wie ein Eingriff in seine Rechte vor, da er sich schon als künftiger Herrscher fühlte; denn die oft ausgesprengten Gerüchte von der Schwangerschaft der Kaiserin erwiesen sich stets als Täuschung, und ebenso blieb Erzherzog Albrechts Ehe kinderlos. Erzherzog Maximilian, der Tirol regierte und dem die Evangelischen den Vorzug gegeben hätten, lebte in einem angenehmen Verhältnis mit einer Frau von Rosenberg und wollte seine gesicherte Behaglichkeit nicht um unabsehbare Kämpfe und Widerwärtigkeiten aufgeben, sondern verbündete sich mit Ferdinand, um diesem die Nachfolge seines Bruders zu verschaffen. Während Maximilian seine Abneigung gegen Khlesl weder verbergen konnte noch wollte, behielt Ferdinand einen freundlichen Verkehr mit ihm bei, um sich bei seinem Oheim als ein liebevoller und getreuer Sohn einzunisten. Zunächst kam es ihm darauf an, sich in Besitz der verschiedenen habsburgischen Kronländer zu bringen, und Matthias, der den Tag mit Brett- und Kartenspiel bei seiner Frau verbrachte und sich ungern durch Geschäfte darin stören ließ, versprach denn auch, was er haben wollte. Auf Khlesls Vorwürfe verteidigte sich Matthias, Khlesl hätte lieber den Ferdinand nicht zu ihm lassen sollen, anstatt ihn jetzt zu schelten. Was er denn hätte machen sollen?

Ob er denn nicht einmal nein sagen konnte, sagte Khlesl ungeduldig; das hätte doch selbst der verstorbene Kaiser Rudolf getan, als Matthias ihn um die Nachfolge angesprochen hätte, obwohl er sonst faul und gleichgültig genug in den Geschäften gewesen sei.

»Eben das ist es«, sagte Matthias. »Ferdinand macht es mit mir, wie ich es mit meinem Bruder Rudolf gemacht habe; das muss nun seinen Lauf nehmen.«

»O heilige Melancholie im Lehnstuhl!«, rief Khlesl, die Hände zusammenschlagend, aus, »das muss es freilich, wenn Sie ebenso werden, wie Ihr Bruder Rudolf war. Können Sie sich denn nicht wehren? Können Sie nicht vergnügt und tätig sein, wie Ihr verstorbener Herr Vater war?«

»Wenn du mir sagst, was ich tun soll, will ich es tun«, seufzte Matthias. Ferdinand habe ihm versprochen, sich bei seinen Lebzeiten in nichts einzumischen, es sei nur eine Formsache, wenn er ihm die Kronen von Österreich und Böhmen abträte, man brauche es nicht so wichtig aufzufassen.

Ja, sagte Khlesl, mit dem Leim pflege man stets die Ruten zu bestreichen, mit denen man Vögel fangen wolle.

Der Ferdinand habe sich doch bisher als ein frommer, offenherziger junger Mann gezeigt, meinte Matthias.

Ach Gott freilich, sagte Khlesl, dem Ferdinand sitze die Maske trefflich, er habe sie mit auf die Welt gebracht.

Ein unerwartetes Hindernis trat den beiden Erzherzögen von befreundeter Seite entgegen, indem der König von Spanien als ein Nachkomme König Ferdinands I. Ansprüche auf die Erblande erhob. Vergebens stellten sie dem spanischen Gesandten vor, wie unvorsichtig es zurzeit von der Familie sei, sich in offener und heimlicher Feindschaft vielfach zu zerspalten; er blieb unerschütterlich, wohl wissend, die armen deutschen

Habsburger würden die geldmächtige spanische Verwandtschaft nicht aufs Spiel zu setzen wagen. In der Tat bequemten sich Maximilian und Ferdinand dazu, mit Spanien um den Preis seines Verzichts zu handeln, was sich, da auf der einen Seite möglichst viel verlangt wurde, auf der anderen so wenig wie möglich gezahlt werden wollte, durch viele Monate hinzog. Inzwischen begannen die Verhandlungen mit Khlesl, der sich grundsätzlich zwar mit der Nachfolge Ferdinands einverstanden erklärte, aber behauptete, erst müsse das Reich unter einen Hut gebracht werden, bevor man einen neuen Kaiser dazu suche. Bestehe denn überhaupt noch eine Reichsverfassung, wenn kein Tribunal mehr da sei, dessen Entscheidungen sich alle unterwürfen, und also kein Recht mehr zu erlangen sei? Wenn jeder Stand nach Belieben Bündnisse schlösse und einer wider den anderen praktiziere und rüste? Auch würden nur wenig Fürsten mit Ferdinands Wahl einverstanden sein, bevor ein Vergleich geschaffen sei, und einen solchen herzustellen, müsse also der kaiserlichen Regierung erstes Bemühen sein.

Dagegen eiferte Maximilian, das wären nur Vorwände, durch die Khlesl die Sache hinausschieben wolle; den Ketzern entgegenzukommen, helfe und ändere nichts; man müsse diesen vielmehr den Meister zeigen, wie es auch früher Khlesls Meinung gewesen sei; nun aber gehe er auf gottlose Ränke und Schliche aus, um die Macht in der Hand zu behalten. Noch in einem anderen Falle hatte Ferdinand die Gegnerschaft Khlesls zu spüren. Es gehörte zu seinem Erblande die sogenannte kroatische Mark, die zum Teil von einer wunderlich gemischten Bevölkerung besiedelt war. Zu Flüchtlingen, die der türkischen Herrschaft entsprungen waren, gesellte sich mancherlei wildes Gesindel von den Küsten und Bergen Istriens, und so entstand um die Stadt Zengg herum ein Seeräubervolk, das man Uskoken nannte und das unter dem Schutze der Erzherzöge von Steiermark ein abenteuerndes, gefährliches Wesen trieb. Häufig kamen nun die Uskoken in Streit mit der benachbarten Republik Venedig, die die Herrschaft im Adriatischen Meere ausübte und beanspruchte und der die Abenteurer zwar nicht ernstlich Trotz bieten, die sie aber durch Überfall, Raub und Mord empfindlich schädigen konnten. Da Ferdinand auf die Klagen Venedigs die Schuldigen nur dem Scheine nach bestrafte, in Wirklichkeit aber beschirmte, kam es zum Kriege zwischen ihm und der Republik, in den sich auch Matthias mit hineinziehen ließ, sehr zum Ärger Khlesls, der Ferdinand vergeblich zum Nachgeben hatte bestimmen wollen. Seiner Ansicht nach war Ferdinand im Unrecht, da er mit Seeräubern gemeine Sache mache; überhaupt aber, sagte er, sei überall so viel entzündlicher Stoff auf Weg und Steg versteckt, dass jedes Feuer, irgendwo aufgegangen, einen allgemeinen, nicht mehr zu löschenden Brand erregen könne, und man müsse deshalb den Frieden zu erhalten suchen und keine Funken fliegen lassen.

Namentlich dem Erzherzog Maximilian wurde es immer unleidlicher, sich überall von der Macht und Pracht Khlesls übertrumpft und ausgestochen zu finden. Da er selbst ein sparsamer Hauswirt war und doch niemals mit seinen Einkünften reichte, wurmte es ihn über alle Maßen, wenn er die mit sechs Pferden bespannte Karosse des Bischofs daherfahren sah, oder den mit Zobel gefütterten Mantel, den er im Winter trug, und die Kragen von feuerroter und violetter Seide, auf denen die gelbe Farbe seines Gesichtes hässlich hervortrat. Nicht nur wusste Khlesl geschickt seine Einkünfte zu vermehren, sondern er bezog auch von vielen Seiten, namentlich von Spanien, reiche Pensionen und half dem Not leidenden Kaiser oft mit kleinen Summen aus. Sogar seine Diener konnten als Herren auftreten, denn ohne sie zu bestechen, gelangte niemand zu ihm. Schon seit Jahren sprach man davon, dass der ehrgeizige Bischof nach der Kardinalswürde strebe, und nun hieß es, der Papst könne dem Wunsche des um die Kirche so hochverdienten Mannes nicht länger widerstreben. Voll Ingrimm glaubte Maximilian wahrzunehmen, wie er den Kopf bereits höher aufwerfe und sich in Kleidern und Gebärden pfauenhafter spreize als sonst, und es schien ihm keine Zeit mehr zu krummen Wegen zu sein. Entschlossen legte er Matthias seine und Ferdinands unumstößliche Forderungen vor: Ferdinand müsse durchaus so bald wie möglich in den Erblanden und im Reiche zum Nachfolger gewählt werden. Ein Kurfürstentag müsse ausgeschrieben und die Kurfürsten zur Wahl veranlasst werden; machten die Evangelischen Einwände oder erschienen sie nicht, so müsse die Wahl ohne sie vorgenommen werden. Damit dem ungewöhnlichen Verfahren Nachdruck gegeben werden könne, müsse Matthias unverzüglich ein Heer rüsten, dann könne es ihm nicht fehlen. Nach einigem Sträuben und Wehklagen gab Matthias nach, sodass Maximilian schon den Sieg davongetragen zu haben glaubte.

Plötzlich jedoch nahm die Sache eine ganz andere Wendung: Das Memorial, in welchem Maximilian seine Forderungen aufgezählt und begründet und welches er der kaiserlichen Kanzlei eingereicht hatte, war auf unerklärliche Weise in die Hände der Evangelischen geraten, die sich nun beizeiten gegen die desperaten Anschläge zur Wehr setzen konnten. Es litt bei Maximilian keinen Zweifel, dass Khlesl der Urheber dieses Verrates sei, und er beschloss die Niederlage mit den äußersten Mitteln zu rächen. Sein Hass nahm zu, als eine päpstliche Abordnung dem Bischof die Ernennung zur Kardinalswürde überbrachte, wodurch der Bäckerssohn zum Range der Erzherzöge erhoben wurde. Khlesl verfehlte nicht, dies seine Feinde auf glimpfliche Art merken zu lassen, wenn er auch übrigens gern beiläufig erwähnte, dass er keinen Wert auf äußerliche Auszeichnungen lege.

Von der Ausführung des scharfen Planes, den Maximilian ausgeheckt hatte, konnte nun keine Rede mehr sein, im Gegenteil galt es am Hofe von Dresden die vertrauliche Stimmung wieder herzustellen, dessen reichstreue Politik durch das argwöhnische Memorial ein wenig erschüttert war. Deshalb wurde ein Besuch des Kaisers Matthias und seines Neffen Ferdinand in Dresden vereinbart, bei welcher Gelegenheit die Grundlagen künftigen Zusammenhaltens besprochen werden sollten.

Dies war aus vielen Gründen eine schwere Angelegenheit für Matthias, den bald Gicht, bald Magenschwäche und Verdauungsbeschwerden plagten und der unzählige Übel für seine Gesundheit aus dem mühseligen Reisegeschäft und dem am sächsischen Hofe üblichen Vollsaufen hervorgehen sah. Ferner wurde er durch Ferdinand drangsaliert, weil der die Reise ohne Khlesl machen wollte, den Matthias gerade bei diesem Anlass, wo wichtige Dinge verhandelt werden sollten, nicht von sich lassen wollte und der auch selbst gar nicht darauf verzichtet hätte. In seinem erfinderischen Kopf hatte Khlesl sich ausgedacht, wie dieser Besuch zum Besten seiner Politik auszunützen sei. Es hatte nämlich Erzherzog Ferdinand seine kränkliche bayrische Gemahlin inzwischen durch den Tod verloren, und bei einer neuen Verbindung konnte der Ausgleich mit den Evangelischen etwa mit berücksichtigt werden. Wenn Ferdinand die Witwe des verstorbenen Kurfürsten Christian heiratete und also die künftige Kaiserin evangelisch wäre, so, dachte Khlesl, könnte dies als ein schönes Symbol des hergestellten Einverständnisses im neu geeinigten

Reiche ausgedeutet werden und recht wohl auf die beiderseitige Haltung Einfluss gewinnen. Freilich war es ungewiss, ob der ausschweifende Gedanke die päpstliche Billigung finden würde; aber vielleicht kam ihm die Anmut der dänischen Fürstin, die bereits eine feurige, wenn auch vergebliche Liebesneigung in dem Landgrafen von Hessen-Darmstadt entzündet hatte, zu Hilfe, was besonders bei Ferdinands leicht entflammbarem Temperament nicht unmöglich war.

Nachdem zuvor Ferdinands Krönung zum König von Böhmen vollzogen war, wurde die Reise angetreten, und zwar so, dass die letzte Strecke bis Dresden zu Schiff auf der Elbe gemacht wurde. An der Grenze bewillkommnete der Kurfürst die Österreicher in festlicher Weise durch eine Wasserjagd, indem das Wild durch Treiber und Hunde in den Fluss gehetzt und dort von den in ihren Schiffen befindlichen Gästen erlegt wurde.

Ferdinand genoss die dargebotenen Lustbarkeiten, die für den Kaiser meistenteils beschwerlich waren, in vollen Zügen. Er hatte zwar von Khlesls Heiratsplan nichts wissen wollen, freute sich aber doch auf die Bekanntschaft der schönen Witwe und wurde denn auch durch ihr freies Anlächeln und rätselhaftes Blicken sofort bezaubert. Er fand, dass sie viel feiner und klüger zu reden wusste als seine Schwestern oder seine verstorbene Frau, und die anschmiegende Beweglichkeit ihres zierlichen Leibes war selbst durch den steifen Brokat ihres Kleides zu fühlen. Nachdem er mit ihr getanzt und den Druck ihrer Hand sowie die Zärtlichkeit ihrer Nähe überhaupt gefühlt hatte, schlug das Feuer ihm vollends über dem Kopfe zusammen, sodass Erzherzog Maximilian ihn mit Blicken strafte und Eggenberg für nötig hielt, ihn vor dem Schlafengehen vertraulich zuzureden. Er solle um Gottes Willen die Zügel nicht so fahren lassen, sagte er, sondern bedenken, wohin das blinde Rösslein ihn zuletzt tragen werde. Was werde der Papst zu einer so verwegenen Heirat sagen, vom Erzherzog Maximilian zu schweigen, der ihm seine väterliche Zuneigung ganz entziehen werde. Ob er der Kirche und der Verwandtschaft, der ganzen katholischen Welt trotzen wolle? Die Kurfürstin meine es gewiss auch nicht redlich mit ihm, denn sie sei fest lutherisch, werde nie davon weichen. Die dänische Familie sei schön von Gesicht, aber üppig und verbuhlt; der Kurfürstin könne man ja nichts nachsagen, aber sie werde auch nicht anders sein als ihr Bruder, der König von Dänemark; solche Frauen hätten keine Beschaffenheit zur Ehe, passten besonders nicht für das Erzhaus. Gott möge es dem Khlesl verzeihen, dass er das Feuer angelegt und angefacht habe, er habe sicherlich sein Verderben damit stiften wollen, Ferdinand solle sein Heil bedenken und dem Kardinal zum Torte die Flamme im Entstehen zertreten.

Der kurfürstliche Wirt war in bester Laune, unermüdlich vortrinkend und laut schwörend, dass er beim Hause Österreich leben und sterben wolle. Hatte er in seiner Hauptstadt auch nicht viel Kunstwerke und Raritäten vorzuweisen, so entzückte er doch namentlich Ferdinand durch eine Sauhatz, die mitten in der Stadt auf dem Markte abgehalten wurde, wie auch ebenso durch die Musik, die zur Tafel aufspielte. Während der Kurfürst und sein Hof sich bei Tische nicht sonderlich um die Kapelle bekümmerten, horchten die Gäste zuweilen erstaunt und freudig auf, und Ferdinands Freund, Fürst Eggenberg, stand sogar mehrmals auf, brachte dem Kapellmeister ein Glas voll Wein, stieß mit ihm an und beglückwünschte ihn wegen der Kunst, mit der er die Kapelle leitete. Als der Kurfürst dies bemerkte, erzählte er lachend, dieser Kapellmeister, namens Heinrich Schütz, habe einen besonderen Wert für ihn, weil er ihn dem Landgrafen Moritz von Hessen-Kassel abgejagt habe. Dieser habe den Schütz als einen talentvollen Knaben entdeckt, ihn im Gesang unterrichten lassen und später an seinen Hof gezogen. Als er gehört habe, was für ein großes Wesen der Landgraf aus dem Schütz machte, habe er sich ihn einmal schicken lassen und ihn dann ganz für sich behalten wollen, was der Landgraf Moritz sehr ungern vernommen habe. Da aber der Schütz auf kursächsischem Gebiet geboren sei und da der Landgraf ihm wohl auch nicht dauernd habe zuwider sein mögen, sei der Handel zustande gekommen, was ihn besonders freue, weil Landgraf Moritz sich bekanntlich einbilde, mehr zu wissen und zu können als andere Leute und an seinem Hofe besonders gelehrt und neumodisch eingerichtet zu sein. Er bekomme zuletzt immer, was er wolle, sagte der Kurfürst behaglich, und zwar ohne sich zu rühren. Mit Fechten und Schwitzen könne jeder etwas ausrichten, aber mit Stillsitzen den Sieg davonzutragen, sei die wahre politische Kunst, auf die sich nicht jeder verstehe.

Als vornehmste Ergötzung wurde den Gästen eines Abends eine Komposition Schützens, nämlich ein musikalisches Gespräch zwischen Apollo und den Musen, vorgeführt. In einem Saale des Schlosses war eine kleine Bühne hergerichtet, auf welcher die Sänger auftraten, Apollo mit einem Lorbeerkranz in den blonden Locken, in goldgesticktem Wams und purpurnem Mantel, die Musen in altdeutschen Gewändern mit gepufften Ärmeln. Den Hintergrund bildeten, auf eine Wand gemalt, ein dunkelgrüner Hain und ein weißer Tempel auf sonnenbeschienenem Hügel. Zufrieden lächelnd, beobachtete Johann Georg das Erstaunen und die Bewunderung seiner Gäste während der Darstellung: Matthias und die Kaiserin weinten, Ferdinand wiegte seinen weichen Körper hin und her, und seine blauen Augen funkelten in feuchter Wonne, Fürst Eggenberg schien jeden Ton wie einen aus Wolken tauenden ambrosischen Tropfen aufzufangen und innig zu schlürfen. Am Schlusse des Spiels, das mit einer Huldigung für das Kaiserpaar endete, wurde Schütz vor die Majestäten befohlen, um ihr Lob in Empfang zu nehmen. Ferdinand klopfte ihm auf die Schulter und sagte gemütlich: »Er versteht seine Sache. Ich gebe zehn von meinen großmäuligen Standesherren um ein solches Ketzerle, wie Er ist.« Eggenberg nötigte den Kapellmeister, sich zu ihm in eine Ecke zu setzen, und fragte ihn über seine Komposition aus. Woher er das habe? Das sei etwas Neues und Gewaltsames, aber Wundervolles. Die Musik sei sonst eine überirdische Erscheinung unter den Menschen gewesen, vestalisch verhüllt und unnahbar; nun aber sei es ihm so gewesen, als hätte sie ihre Brust gleich einem Zauberspiegel entschleiert, und ein jeder hätte sich selbst darin erblickt, so wie Gott sich vorbehalten habe, sich zu erkennen, sodass es ihm fast verboten und schaurig vorgekommen sei. Da er nun das genossen habe, glaube er, es werde ihm kein Tonstück von der alten Art mehr schmecken.

Schütz erklärte, dass er derartige Musik in Venedig kennengelernt habe, wo er jahrelang bei dem berühmten Meister Gabrieli studiert habe, und dass er hoffe, mit der Zeit noch größere Vortrefflichkeit darin zu erreichen. Die Musik sei bisher in der babylonischen Gefangenschaft gewesen, und er möchte sie in ihre Heimat zurückführen. Das sei schwer zu erklären und schwer zu begreifen. Er wolle die alte Musik nicht herabsetzen, keineswegs, denn sie sei eine Offenbarung Gottes gewesen; nun aber müsse der Tönebrunnen aus der Menschen Herz ausfließen und künden, was darinnen sei.

»Mein Freund«, sagte Eggenberg, »Ihr seid nur ein bescheidener Kapellmeister, und doch seid Ihr mehr als irgendeiner von uns, wie mir scheint, den Göttern ähnlich. Ihr lasst Licht werden und zaubert tönende Geschöpfe aus dem Abgrund und verbindet die chaotischen Stimmen zu einer geregelten, in Vollkommenheit schwebenden Harmonie.«

Das feine, von heimlicher Träumerei umdunkelte Gesicht Schützens erhellte ein gütiges Lächeln. Sein Geschäft müsse doch um vieles leichter sein als das des Herrgotts, sagte er; denn dessen Kreaturen ständen trotz seiner Allmacht in lauter Hader und Disputieren, die Disharmonien lösten sich niemals auf, und es würde damit immer schlimmer statt besser.

»Ja, das sind Geheimnisse, nickte Eggenberg ein wenig zurückhaltend. »Wir Menschen machen so viel Lärm auf der Erde, dass wir die Harmonie Gottes nicht vernehmen können.«

Khlesl hatte, auch abgesehen von dem Missglücken seines Heiratsplanes, manche Bitterkeit zu schlucken. Er hatte kraft seines Kardinalsranges das Recht, bei Tische zwischen den Erzherzögen zu sitzen; da diese aber mit Abreise drohten, wenn sie nicht über ihn gesetzt würden, was wiederum Khlesl sich nicht gefallen lassen wollte, schlug der bedrängte Hofmarschall vor, Khlesl möchte an einer anderen Tafel sitzen, wo er den unbestrittenen Ehrenplatz einnehmen würde. Hierauf ging Khlesl mit saurer Miene ein, obwohl er wusste, dass es ihm zu Despekt und Schimpf gereichen würde, und es entging ihm auch nicht, mit welcher Schadenfreude Maximlian ihn vom kaiserlichen Ehrentische aus beobachtete.

Der Krieg zwischen Venedig und dem Kaiser lockte viele berühmte Feldherren und junge Herren von Adel nach Gradisca, der die große grüne friaulische Ebene beherrschenden Festung, um die der Kampf hauptsächlich sich drehte. Während Venedig sich des berühmten Giustiniani rühmte, glänzte auf österreichischer Seite namentlich Trauttmansdorff, der seine Laufbahn in den Kriegszügen des Matthias gegen Rudolf begonnen hatte (den von Ramée hatte Erzherzog Leopold schon vor einigen Jahren geschwind und lautlos prozessieren und köpfen lassen). Neben Trauttmansdorff machten sich der Lothringer Dampierre, Marradas, Melander, besonders aber Albrecht von Waldstein oder Wallenstein bemerkbar, ein etwa dreißig Jahre alter böhmischer Edelmann, der als Vasall des nunmehrigen Königs von Böhmen Ferdinand ins Feld gezogen war. Zog Wallenstein die Scharen der Söldner an, so war er doch bei den Kameraden nicht beliebt, wenn man ihm auch zugestand, dass sein Regiment in auffallend guter Ordnung, tüchtig und leistungsfähig sei; aber er schreckte durch zurückhaltendes und hochfahrendes Wesen ab, nahm an den gemeinsamen Banketten selten teil, betrank sich niemals und schien sich überhaupt mit anderen nicht gemein machen zu wollen. Sein Reichtum ermöglichte ihm, prunkvoll gekleidet zu erscheinen und sich mit einem Tross reich ausstaffierter Diener zu umgeben. Man wusste, dass er dies Vermögen seiner Frau, einer verwitweten böhmischen Edelfrau, verdankte, die kürzlich gestorben war, ohne Kinder geboren zu haben. Sie war mehrere Jahre älter als er und nicht schön, aber leidenschaftlicher Natur und in ihren ernsthaften und tiefsinnigen Mann sehr verliebt gewesen. Das Gerücht war von ihr im Umlauf, um sich sein Herz zuzuwenden, habe sie ihre Zuflucht zu einer alten Frau genommen, die sich auf Arzneien und allerlei verborgene Künste verstanden habe, und ihm einen von derselben zusammengekochten Liebestrank eingeflößt, der aber keine Liebe, sondern eine gefährliche Krankheit in ihm erzeugt habe. Nach seiner Genesung sei er noch kälter als zuvor gegen sie gewesen, worüber jene alte Frau sehr erschrocken gewesen sei und gesagt habe, er könne kein fleischliches Herz haben, wenn es diesem Zauber unzugänglich sei. Selbst Tiere würden durch dies Mittel zur Liebesbrunst angefacht, er müsse außerhalb der Natur und mit feindlichen Geistern im Bunde stehen. Die arme Frau versuchte in frommen Übungen Trost zu finden, vermochte es aber nicht, sich der hoffnungslosen Liebe zu entreißen, und ergab sich traurig in den Tod. Zur zweiten Gemahlin wählte der junge Witwer die österreichische Gräfin Harrach, die nicht reich war, ihn aber durch ihre angesehene Familie in nahe Verbindung mit dem Erzhause brachte.

Trauttmansdorff, der den Oberbefehl hatte, war ein Mann, der sich weniger durch Feldherrngabe als durch Kühnheit und Selbstbewusstsein auszeichnete, auch durch seine heldenhafte Gestalt und seinen stolz getragenen blonden Kopf Eindruck machte. Um einen gelungenen Ausfall zu feiern, lud er eines Tages die Offiziere zu einem Gastmahl ein, das im geräumigen Schlosshof aufgerüstet wurde. Der von Mauern eingeschlossene Platz war schattig kühl; jenseits derselben sah man das blaue Meer und die rötlichen Berge in der schwirrenden Luft kochen.

Gleich beim Beginn des Essens entspann sich ein Streit, indem Trauttmansdorff die Gesundheit des Kaisers ausbrachte und sein Glas darauf leerte, welchem Beispiel alle mit Ausnahme Wallensteins folgten. Von Trauttmansdorff darüber zur Rede gestellt, antwortete Wallenstein kurz, dass er das Weintrinken bei der Hitze nicht vertragen könne, wogegen Trauttmansdorff mit Schärfe einwandte, er habe Wallenstein kürzlich trinken sehen, als das Wohl des Erzherzogs von Steiermark ausgebracht worden sei. Der Erzherzog von Steiermark sei König von Böhmen und sein Herr, entgegnete Wallenstein. Das sei nicht wahr, rief Trauttmansdorff, annoch habe Matthias die Oberherrschaft in Böhmen, wenn er auch Ferdinand schon habe krönen lassen. Und ob Wallenstein Matthias nicht als seinem Kaiser Gehorsam vor allem schulde? Indem er sich drohend von seinem Sitz erhob, fragte Wallenstein, ob Trauttmansdorff ihn der Lüge zeihen wolle und ob er behaupten wolle, er, Wallenstein, sei kein treuer Untertan des Kaisers?

Dieser gefährliche Zwist wurde durch die Übrigen glücklich beigelegt, und Trauttmansdorff wie Wallenstein versicherten, dass sie weder dem Kaiser noch dem Könige von Böhmen, noch sich gegenseitig dies zum Schimpf gemeint hätten. Bald jedoch entstand ein neuer Wortwechsel, indem Trauttmansdorff die Hoffnung aussprach, der nächste Krieg werde gegen die ketzerischen Rebellen im Reich gehen; der Umstand nämlich, dass die holländischen Staaten der Republik Venedig ein Hilfsheer unter dem General Grafen Johann Ernst von Nassau gesendet hatten, in dem zahlreiche Protestanten aus dem Reiche dienten, wurde als eine ungebührliche Herausforderung aufgefasst und hatte eine gereizte Stimmung im österreichischen Heer erzeugt. Dagegen sagte Wallenstein in einer Art, als ob seine Meinung besser begründet sei als die der anderen, es werde zunächst gegen die Türken gehen, erst wenn diese gänzlich niedergeworfen wären, könne die Ordnung im Reich hergestellt werden. Trauttmansdorff war Mitglied einer kürzlich gegründeten hochadeligen Gesellschaft, deren Ziel ausdrücklich die Bekämpfung der Heiden war, von der man aber wusste oder mutmaßte, dass sie gegen die Evangelischen gerichtet und zunächst zur Unterstützung des Königs von Polen gegen Schweden bestimmt sei. Wallenstein scheine gründlich unterrichtet zu sein, sagte Trauttmansdorff spöttisch; er hätte selbst den Türken gegenübergestanden und wisse, dass sie nicht sonderlich mehr zu fürchten wären; einstweilen hätte man mit ihnen aufgeräumt, »Die Türken sind so mächtig wie je«, sagte Wallenstein mit kühler Bestimmtheit, »und solange die Türken in Europa sind, wird niemals ein sicheres Gleichgewicht bei den christlichen Staaten herrschen.« Ob er eine Weltmonarchie gründen wolle?, fragte Traurtmansdorff höhnisch. Das komme wohl aus seinem Blute, denn soviel er wisse, sei Attila ein Böhme gewesen.

Noch einmal legten sich die Offiziere zwischen die Streitenden mit dem Vorschlag, die Würfel sollten entscheiden, wer recht habe. Unter lautem Jubel tat Trauttmansdorff den höchsten Wurf, womit es für bewiesen galt, dass der nächste Krieg gegen die Ketzer gehen werde. Als dann der Würfelbecher unter allen umging, und zwar unter der Abmachung, dass der Sieger im Spiel den nächsten großen Sieg davontragen solle, gewann es Trauttmansdorff wieder mit der größten Zahl. Ein paar von den bedienenden Mädchen brachen Zweige von den Lorbeerbäumen, die an der Mauer wuchsen, banden sie zusammen und setzten den Kranz auf seinen blonden Kopf; sein schon erhitztes Gesicht wurde noch dunkler rot, er umfasste die Mädchen, küsste sie, zog sie auf seine Knie und erwiderte das Zutrinken der Übrigen. Wallenstein setzte sein Glas an die Lippen, dann stand er auf und entfernte sich, indem er sich mit der Hitze entschuldigte. Es sei gut, dass er gegangen sei, sagte Dampierre aufatmend; seine Gegenwart lasse keine rechte Fröhlichkeit aufkommen. »Er hat etwas an sich, das mir nicht gefällt«, sagte Trauttmansdorff; »wenn er ein Kavalier ist, so hat er gewiss den Bocksfuß im Wappen.«

Drei Tage später wurde Trauttmansdorff, als er die Wälle besuchte und sich dabei zu sehr aussetzte, von einer Granate getroffen und starb einige Stunden später. Auch der venezianische Feldherr Giustiniani fiel in diesem Kriege, der auf beiden Seiten mit großer Tapferkeit, aber ohne entscheidende Ergebnisse, fast wie ein glänzendes Turnier geführt wurde. Nach wechselndem Kriegsglück kam im Herbst 1617 der Friede dadurch zustande, dass auf Khlesls Betreiben der Kaiser der Republik Venedig günstige Bedingungen zugestand, anstatt Ferdinands Interessen, wie dieser gewünscht hatte, bis zum Äußersten zu vertreten.

Von Gradisca aus fuhr Wallenstein eines Tages über die friaulische Ebene nach Venedig und Padua, um den alten Professor Argoli zu besuchen, von dem er sich als Jüngling in der Astrologie hatte unterrichten lassen. In einem von außen düster aussehenden Hause bewohnte Argoli hohe, luftige

Gemächer, von denen aus man auf einen von Bäumen eingefassten Platz und jenseits desselben auf die aus Gebüschen anschwellende gekuppelte Masse des Domes von San Antonio sah. Auf dem Platze war stets ein lebhafter Verkehr, sei es, dass an Markttagen die Landleute hier zusammenkamen oder dass, im Winter, die reichen Venezianer, die in Padua Paläste besaßen, in Karossen oder Sänften oder auch zu Pferde hier spazierten. Argoli brachte einen großen Teil des Tages damit zu, den Leuten zuzusehen und sich über sie zu belustigen, indem er sie mit dem Gewimmel von Maden auf einem faulen Käse verglich, die übereingekommen wären, sich und ihren Wohnort für etwas Wichtiges und Dauerhaftes auszugeben.

Aus Wallensteins stattlichem Aufzuge reimte er sich sofort seine veränderten Glücksumstände zusammen, ließ aber davon nichts merken, sondern plauderte von diesem und jenem und führte dem Gaste seinen Hund und seine Katze vor, die zwei bequem ausgefütterte Körbe in seinem Arbeitszimmer bewohnten. Er erzählte, dass die Katze, die ein Junges hatte, mit dem Hunde in einer Art von Ehe lebte, insofern sie ihn als Vater des Kindes angenommen habe und er sich als solcher rücksichtsvoll und fürsorglich betrage; er nenne die drei deshalb die Heilige Familie, den Hund San Giuseppe, die Katze Madonna und das neugeborene Kätzlein sei das Bambino. Wallenstein lächelte über den spaßhaften Einfall; aber an Tieren fand er keinen Geschmack und konnte sich nicht überwinden, ihnen Aufmerksamkeit zu widmen. Dann zeigte Argoli ihm sein Theater, nämlich das große Rondell unter dem Fenster, wo eben ein geräuschvoller Zusammenlauf war, weil eine Karosse vor der anderen den Vortritt verlangte, den jene weigerte. »Diese armen Würmlein«, sagte Argoli, »eine dünne Schicht Schimmel auf einem Knäuel von Verwesung, beißen sich bis aufs Blut, weil einer etwas schneller kriechen kann als der andere oder ein Pfund Kot mehr im Leibe hat als der andere«, und lachte dabei so, dass ihm Tränen in die Augen traten. Wallenstein betrachtete ihn ein wenig befremdet, worauf er abbrach und von der Astrologie zu sprechen anfing und allerlei Erfolgen, die er gehabt habe; wie er erzählte, dass er den Tod des Kaisers Rudolf richtig prophezeit habe und dass es ihm hernach von Neidern abgestritten sei, eiferte er sich mehr und mehr, und seine kleinen Augen funkelten böse. Er habe Glauben an ihn, sagte Wallenstein, denn seine ihn betreffenden Prophezeiungen seien eingetroffen: er habe sich vermählt und sei reich, auch einigen Kriegsruhm habe er schon erworben. Das sei nur der Anfang, rief Argoli lebhaft aus, er habe ja noch bei Weitem das größere Stück Weges zu durchlaufen. Es sei jetzt gerade sieben Jahre her, dass er ihm das Horoskop gestellt habe, jetzt sei der rechte Zeitpunkt, die Sterne wieder zu beobachten. Wallenstein bat ihn, es bald zu tun, da er des Krieges wegen nicht lange von seinem Regiment abwesend sein könne; der Professor könne darauf rechnen, dass er, Wallenstein, sich erkenntlich zeigen werde. Das wisse er, sagte Argoli, dass der Herr großmütig sei. Er wolle noch in dieser Nacht ein Bild des Himmels aufnehmen, die Nächte seien ohnehin jetzt klar und wiesen bedeutende Konstellationen auf. Auch dabei zu sein, erlaubte er Wallenstein auf seinen Wunsch und empfing ihn am Abend auf der Zinne des Hauses, wo er ein feines Essen hatte auftischen lassen. Während desselben plauderten sie über die Politik des Papstes und Venedigs, und Argoli sagte, die päpstliche Herrschaft sei im Augenblick zwar etwas wacklig geworden, werde sich aber wieder befestigen und einen neuen Aufschwung nehmen, bis sie zuletzt den ganzen Erdkreis umspannen werde.

Ob nicht ein Gewitter im Anzuge sei?, fragte Wallenstein, nach dem dunstigen Horizont blickend. Nein, sagte Argoli, noch acht Tage, solange Jupiter den Himmel beherrsche, werde die Atmosphäre den entzündlichen Stoff einsaugen und vertilgen; hernach, wenn sie überladen sei, werde es mit furchtbarer Gewalt ausbrechen. Es mochte in entfernten Regionen ein starker Wind lebendig sein; denn während die Wipfel der Platanen um den Platz herum unbeweglich schwebten, eilte dunkles Gewölk unstet durch den blauen Himmel. Etwa um die zehnte Stunde traten die Sterne hervor, und bald darauf zeigte Argoli seinem Schüler die aufblitzende Krone des Jupiter. »Seht«, sagte er, »Wolken und Sterne ducken sich vor dem glücklichen Licht, wie wenn ein König unter sie getreten wäre.« Wallenstein, welcher wusste, dass dieser Planet seine Geburtsstunde beherrscht hatte, betrachtete ihn aufmerksam, der mit dem Feuer des weißen Saphirs, wie eine Ewige Lampe in der marmornen Rotunde eines Domes, den Raum durchglänzte, so blieb es jedoch nur kurze Zeit, dann sammelten sich die Wolken, die die Festung des Lichtes vergeblich berannt und sich zerstreut hatten, in dichteren Haufen und schwollen langsam über den Westen, das Strahlenreich fast ganz mit Finsternis bedeckend. »Das Glück begünstigt nur meinen Anfang«, sagte Wallenstein; »oder ist es der Tod, der meine Laufbahn früh abschneidet?« Aigoli antwortete nicht, sondern blickte in tiefen Gedanken auf das stetig sich verändernde Bild des beweglichen Himmels. Sich nach Norden wendend, sah er, dass dicht über dem Horizont eine graue Dunstmauer sich gebildet hatte, in der es wetterleuchtete; es sah aus, als stieße eine Schlange ihre lechzende Zunge über das Ufer eines Meeres. »Ihr werdet hoch steigen, hoch, hoch«, sagte Aigoli sinnend; »aber das Ende wird vor der Zeit kommen. Es ist eine jähe Bahn. Die Kraft, die der Seele mitgeteilt wurde, verteilt sich nicht gelassen über das Dasein, sondern verdichtet und staut sich und erwirkt mit hitzigem Regiment hitziges Widerstreben; wie sie das Leben verschlingt, so wird das Leben sie verschlingen.« Er blickte forschend in das schmale, gelblich blasse Gesicht des ihm gegenübersitzenden Mannes, dessen in schön gewölbtem Hohl sich verbergende graue Augen mit vorsichtig zurückgehaltener Gier auf ihm ruhten. »Dass ich sterblich bin, weiß ich«, sagte Wallenstein; »habt keine Scheu, mir mitzuteilen, was Ihr wisst, wenn der Bescheid auch bitter ist.« Noch wisse er gar nichts, entschuldigte sich Argoli eifrig, er müsse nun Messungen und Berechnungen anstellen, aus denen er das Ergebnis ziehen werde; am nächsten oder darauffolgenden Tage sei er bereit, Wallenstein ausführliche Auskunft zu geben.

Als Wallenstein am nächsten Tag um die Mittagszeit sich bei Argoli einfand, zierte die Mitte der Tafel ein ausgestopfter Adler, in dessen offenem Schnabel eine Zitrone befestigt war. Es hätte, sagte Argoli, mit listigem Blick lächelnd, eine Orange sein sollen, doch sei ja, wie Wallenstein wohl wisse, diese Frucht eben nicht zeitig; so habe er denn die längliche Zitrone als ungenügendes Symbol des Erdballs benützen müssen. »Das soll nicht bedeuten«, fuhr er fort, »dass ich Euch als Cäsar grüße; denn des Wortes ›Kaiser‹ will ich mich nicht bedienen, um selbst zwischen uns beiden nichts auszusprechen, was wie ein Angriff auf die heilige Majestät klänge.« Aber wenn auch nicht Kaiser, werde er doch dem Kaiser gleich sein. Triumph blitzte aus Wallensteins dunklem Gesicht, und er wurde immer aufgeräumter, je mitteilsamer Argoli unter dem Essen sich zeigte. Vom Osten komme ihm Ruhm und Ehre, sagte Argoli unter anderm, dort werde der Schauplatz seiner Siege sein. Er werde den Thron des Sultans umstürzen und das alte Reich von Byzanz erneuern. Ob er nicht bemerkt habe, wie der dünne Halbmond gestern Nacht beim Aufstieg des Jupiters am östlichen Himmel wie ein fadenscheiniger Leinenfetzen verschwunden sei? Mars sei ihm günstig, nur zuletzt werde etwas kommen, das mächtiger als der Gott der Schlachten sei. Diese Gefahr drohe vom Norden, und vor dem Norden solle er auf der Hut sein; von dorther komme sein Überwinder. Aber das schlummere in ferner Zukunft; noch sei der Kelch seines Glückes nicht erblüht und werde blühend noch lange prangen.

Tags darauf überbrachten reich gekleidete Diener Wallensteins dem Professor Geschenke ihres Herrn: einen silbernen Globus, auf welchem in blauem Schmelz der Sternenhimmel abgebildet war; eine Uhr, welche die in Erz getriebene Gestalt des Riesen Atlas auf der Schulter trug, und eine silberne, mit Halbedelsteinen reich besetzte, kunstreich und geheimnisvoll verschließbare Kassette, in der hundert Golddukaten waren.

Auf der Rückfahrt durch die blaugrüne Luft, die fiebernd über den friaulischen Sümpfen zitterte, saß Wallenstein in seinen Wagen zurückgelehnt und ließ sich, die müden Augen halb schließend, vom mystischen Flimmern der Zukunft umweben. Er atmete das unendliche Schweigen der unbewohnten Ebene wie Weihrauch der Erde ein, die sich unter ihm bückte; jenseits des Umkreises, den die Ehrfurcht seiner Größe einräumte, mochten die zurückgewichenen Völker knien und scheu das sengende Gestirn vorüberrollen sehen.

Moritz von Hessen hatte Ursache, stolz auf seine Kinder zu sein; namentlich war er es auf die anmutige und kluge Elisabeth, die so bescheiden zuzuhören wusste, wenn ihr Vater sich mit gelehrten Männern unterhielt, und so überraschend gedankenvoll mitzusprechen, wenn sie dazu aufgefordert wurde. Schöner waren die Söhne, denen die früh verstorbene Mutter ihren viel bewunderten Reiz zum Gedächtnis eingeprägt zu haben schien: Otto, der älteste, mit dem vollen griechischen Munde und dem runden Kinn, und Moritz mit den goldstrahlenden Augen, dem braunen Gelock und der mädchenhaft leicht errötenden zarten Haut. Die junge Stiefmutter sah die wundervolle Blüte der bevorzugten Nachkommen ihres Mannes nicht ohne Eifersucht, doch war sie zu einsichtig, um es merken zu lassen, und das Ansehen des Landgrafen in der Familie zu groß, als dass Streit und Misshelligkeit sich laut hervorgewagt hätten.

Es war ein Augenblick schöner Genugtuung für Moritz, als sein Erstgeborener im Jahre 1612 den neu gewählten Kaiser Matthias in Frankfurt in einer zierlichen lateinischen Ansprache begrüßte und die Augen der Fürsten neidisch oder wohlwollend auf dem Achtzehnjährigen ruhten, nicht wenige von dem Gedanken erfüllt, wie lieblich der Satan seine gefährlichen Werkzeuge auszuzieren wisse.

Bald darauf traf den glücklichen Vater ein jäher Schlag, indem der zwölfjährige Moritz erkrankte und schon nach zwei Tagen, bevor noch jemand die Gefahr des Zustandes erkannt hatte, starb. Da man nichts anderes annahm, als dass es sich um ein leichtes Fieber handle, stellte Moritz, am Bette des Knaben sitzend, ihm allerlei Aufgaben als Unterhaltung und Prüfung. Er disputierte mit ihm über das Abendmahl, in der Weise, dass er abwechselnd die Rolle eines Lutheraners und eines Papisten spielte und der Kleine die Auffassung der Reformierten beiden gegenüber verteidigen und sie mit Bibelstellen erhärten musste. Dann ließ er ihn Sätze aus dem Deutschen ins Lateinische und Französische übertragen, was alles Moritz zufriedenstellend ausführte, die brennenden Augen eifrig und ein wenig angstvoll auf den Vater gerichtet, dessen Ungeduld beim Unterricht ihm bekannt war. In der Mathematik jedoch, die des Landgrafen Lieblingsfach war, wurden die Antworten des kranken Kindes unsicher und blieben einige Male ganz aus, sodass der Vater es scharf zur Aufmerksamkeit anhielt. »Ich werde es gleich wissen, lieber Vater«, sagte das Kind, erschrocken die Hände faltend, und ließ den Kopf in das Kissen zurückfallen, indem es stammelnd um Wasser bat. Wie der Landgraf das Gesicht seines Sohnes sich verfärben sah, sprang er auf, läutete, rief nach Dienern und Ärzten; eben hatte er noch Zeit, den laut Atmenden in seine Arme zu nehmen und ihm zuzurufen: »Mein Sohn, mein Sohn, denke an Jesus Christus, der von den Toten auferstanden ist!«, als die Augen, die ihn flehend ansahen, brachen, und das geliebte Kindeshaupt leblos auf seine Schulter fiel.

Der Landgraf blieb lange mit dem Leichnam seines Knaben allein und ließ sich während mehrerer Tage nur wenig vor anderen sehen; erschien er aber, so war sein Benehmen sicher und gebietend wie sonst und sprach er ruhig von der Pflicht des Christen, sich dem Schmerz über den Verlust geliebter Personen oder irdischer Güter nicht hinzugeben, sondern die Aufgaben des Tages zu erfüllen. Solche Grundsätze hatte er namentlich seinem ältesten Sohne Otto vorzuhalten, der sich um den Tod des jüngeren Bruders leidenschaftlich grämte und weder durch Arbeit noch durch Betrachtung oder Musik zerstreuen ließ. Plötzlich aber war der Kummer ohne ersichtliche Ursache ganz erloschen; so fing sein Wesen immer verhängnisvoller an, von einer Übertreibung zur andern zu schwanken. Das väterliche Gebot der Mäßigkeit überschreitend, betrank er sich in loser Gesellschaft, knüpfte ein Liebesverhältnis mit einer älteren Frau an und ward einmal, aus einem übelberüchtigten Hause heimkehrend, berauscht auf der Gasse gefunden. Der Zorn und Schmerz seines Vaters schmetterte ihn zu tiefster Zerknirschung nieder, doch hinderte das nicht, dass er sich bald darauf neuen Ausschweifungen ergab, was durch den Ausbruch einer Krankheit an den Tag kam. Dem Verzweifelten Landgrafen, der mit dem Gedanken umging, dem entarteten Sohne die Nachfolge zu entziehen, rieten die Erzieher Ottos, er möchte den nunmehr Zwanzigjährigen verheiraten und dadurch dem geordneten Leben wieder zuführen; und so wurde denn die Vermählung mit einer badischen Prinzessin so schnell wie möglich eingeleitet und vollzogen. Hoffnungsvoll beteiligte sich Moritz selbst an den Vorbereitungen zur Hochzeit, deren vornehmste Unterhaltung ein Kampfspiel der Babylonia und der Ekklesia, eigentlich der babylonischen Hure und der evangelischen Kirche war, die einander beschimpften und herausforderten. Moritz selbst dichtete und komponierte ein Hochzeitslied, das mit den Worten begann: ›Venus, du und dein Sohn, der, dem ihr gnädig seid, Über der Sterblichen Häupter Schreitet er sorglos, ein Gott‹; und wider seinen Willen wurden seine Augen nass, als die ernsten Töne sich in feierlichem Rhythmus über den jungen Vermählten drehten. Auf seinen Wunsch stellte der Pfarrer, der sie traute, ihnen die Bedeutung und die Pflichten der Ehe eindringlich vor und dass sie für einen Fürsten und Landesbeherrscher besonders bindend seien, was auch Eindruck auf Otto zu machen schien. Als jedoch nach einem Jahre die junge Frau im Wochenbette starb, nahm er die anstößige Lebensführung allen Ermahnungen und Drohungen zum Trotz wieder auf. Zwischen den Fürbitten und Ratschlägen der Familie und der Räte beschloss Moritz schleunige Wiederverheiratung, obwohl Otto selbst ihr widerstrebte. Bald sagte er trotzig, dass er die aufgedrungene Frau nicht werde lieben können, dann hatte er Anwandlungen, wo er stundenlang weinte, sich anklagte und sagte, man solle nichts mehr mit ihm versuchen, es sei aus mit ihm, er müsse doch zugrunde gehen.

Im Innersten schwer niedergebeugt, hielt sich der Landgraf abseits von dem Treiben am Hofe und in der Familie, bemühte sich, im Studium der Wissenschaften oder bei den Verwaltungsgeschäften zu vergessen, als ein Verbrechen seinen Blick auf neue Untiefen in seiner Umgebung lenkte. Spät am Abend beim Verlassen des Schlosses wurde Herr von Hertinghausen, ein älterer Mann, durch Rudolf von Eckardsburg, einen schönen, im Umgang angenehmen und besonders bei den Damen beliebten jungen Ritter, ermordet, und zwar, wie sich herausstellte, weil jener eine tadelnde Bemerkung über verliebte Beziehungen des Eckardsburg zur Landgräfin Juliane gemacht hatte. Die Untersuchung ergab nichts, als dass Juliane mit dem von Eckardsburg häufiger als mit andern getanzt und gern mit ihm geplaudert habe; auch unter der Folter beharrte der Angeklagte dabei, dass nichts Strafbares geschehen und dass er seine Augen nie anders als mit der der Fürstin schuldigen Ehrfurcht auf Juliane gerichtet habe. Diese leugnete gleichfalls jede Schuld sowie auch jede Neigung ab und verlangte, dass Eckardsburg freigelassen werde, da er nur einen Verleumder zur Rettung ihrer Ehre im Zweikampf getötet, nicht gemordet habe. Die Zweifel des Landgrafen wurden nicht beschwichtigt, vielmehr, wie wenig er auch vorher an die Möglichkeit ehebrecherischer Liebe seiner Frau zu einem andern Manne gedacht hatte, so fest stand ihm jetzt, dass beide wenigstens gegenseitiger Zuneigung schuldig seien. Die Erinnerung vergangener Jahre suchte ihn heim, als die junge Frau des alten Landgrafen Ludwig von Hessen eines Liebesverhältnisses mit einem adligen Herrn beschuldigt wurde und er mit richtendem Eifer die strengste Bestrafung der Angeklagten durchzusetzen suchte. Unter Qualen fragte er sich, ob ihn damals noch ein besonderer Hass gegen die Miterbin des dem Tode nahen alten Fürsten bewegt habe? Ob er gegen die eigene Frau blind oder nachsichtiger sein dürfe als damals gegen jene? Oder ob die Wut seiner Eifersucht ihm einen Vorwand, Strenge zu üben, zuspielen wollte? Bald dachte er diesen schmachvollen Zustand dadurch zu überwinden, dass er den Eckardsburg dem Martertode preisgab, den das Gesetz für solchen Fall vorschrieb; bald wurde er uneins mit sich, wünschte an die Unschuld seiner Frau zu glauben und forderte von seiner Hoheit und Überlegenheit Verzeihen. Erst nachdem die Geistlichkeit ihm versichert hatte, dass Eckardsburg dem Rechte nach nicht anders als mit dem Tode zu bestrafen sei, und nachdem auch die Richter auf Befragen sich dahin ausgesprochen hatten, es liege kein Anlass, Gnade zu üben, vor, unterzeichnete er das Urteil, nach welchem der Schuldige gerädert werden sollte.

Die Landgräfin hatte bemerkt, was im Herzen ihres Mannes vorging, und aufgehört, zu Eckardsburgs Gunsten zu sprechen; sie war schweigsam und hielt sich in ihren Gemächern. Am Tage vor der Hinrichtung teilte er ihr mit, dass das Urteil unter den Fenstern des Schlosses, als auf dem Schauplatze des Verbrechens, vollzogen werde und dass es sein Wille sei, sie solle der Exekution mit ihm zuschauen zum Zeichen für jedermann, dass sie beide an der Bestrafung eines Missetäters, auch wenn er von hohem Range sei, ein Wohlgefallen hätten. Juliane entschuldigte sich damit, dass ihr nicht wohl sei, weshalb sie schon seit mehreren Tagen das Zimmer gehütet habe; doch da er, den Blick scharf auf sie richtend, sagte, sie habe sich sonst wohl auf seinen Wunsch oder aus eigenem Antrieb zu beherrschen gewusst, entgegnete sie nichts mehr und erschien zur festgesetzten Stunde am Fenster. Sie hörte dünnes Geläut den langsamen Zug verkünden und sah den von zwei Geistlichen geleiteten Verurteilten im langen schwarzen Gewande heranschreiten, das weiche blonde Haar sorgfältig geordnet, hinter ihm rüstige Henker mit Keulen in den muskelstarken Armen. Er zitterte vor Furcht und heimlicher Hoffnung; denn er konnte es doch nicht glauben, dass er, der Schöne und Vielgeliebte, zu einem so gräulichen Tode bestimmt sei. Als er das Rad aufgerichtet sah, auf dem er hingeschlachtet werden sollte, schauderte er und blieb gelähmt stehen, indem er unwillkürlich flehend am Schlosse hinaufsah. Sein Auge begegnete dem starren Blick der Landgräfin, in dem nichts von Gnade zu lesen war, und gleichzeitig stießen ihn die Knechte vorwärts. Juliane stand während der ganzen Zeit aufrecht ohne sich zu rühren: Ihre großen dunklen Augen sahen leer auf den menschenerfüllten Platz, und auf ihren schmalen Lippen saß ein schwaches Lächeln.

Am Nachmittage begleitete sie den Landgrafen auf die Jagd und gab sich wie sonst ihrer Lust an wagehalsigem Reiten hin, eine Veränderung in ihrem Wesen höchstens insofern zeigend, als sie ihrem Manne gegenüber schweigsam und von verhaltener Reizbarkeit war.

Zur zweiten Frau seines ältesten Sohnes wählte Moritz ein Mädchen aus der Anhaltischen Familie, das sich besonders durch Vernunft und

Frömmigkeit empfahl und mehrere Jahre älter als Otto war. Die junge Frau klagte über nichts, sondern äußerte sich dem Landgrafen gegenüber zufrieden. Einige Monate nach der Hochzeit jedoch wurde Otto am Morgen erschossen im Bette aufgefunden, wahrscheinlich durch eigene Hand gefallen, jedenfalls als ein Opfer seiner lasterhaften Verwilderung.

Nun war Wilhelm, der jüngste Sohn der schönen Agnes, Erbe des Landes. Er war, wenn auch hübsch und fein von Gesicht, ernst und fleißig, doch weniger glänzend begabt als die Brüder und war von seinem Vater stets etwas zurückgesetzt gewesen, freilich ohne dessen Wissen und Willen, der in der Behandlung seiner Kinder auf Gerechtigkeit hielt. Wilhelm suchte die Liebe des strengen Vaters, dem er in bescheidener Zurückhaltung ergeben war, durch Arbeitsamkeit und Pflichteifer zu gewinnen. Seinen zarten Körper stählte er durch ritterliche Übungen und wurde mehr infolge dieser Willenskraft als aus natürlicher Anlage ein tüchtiger Jäger und Soldat.

Damals erschien ein Buch, das dem Landgrafen Anregung gewährte, es hatte den Titel ›Chymische Hochzeit Christian Rosencreuz‹, geißelte mit Witz und Wärme die Laster der Zeit und berichtete von einer Gesellschaft, die zum Zweck eine Reform der Sitten, der Politik und der Kirche, kurz, des ganzen öffentlichen sowie privaten Lebens habe. Es begann mit einer Erzählung, wie die Weiber eines Fabellandes sich im Rathause versammeln, um den herrschenden Übeln abzuhelfen, wie das Volk in Ehrfurcht wartet, auf welche Weise es gebessert und beglückt werden soll, wie endlich die geheiligte Pforte sich öffnet und den Harrenden das Ergebnis verkündet wird, mit welchem der Wendepunkt einer neuen, schöneren Zeit beginnen soll: eine neue Taxe auf Kraut, Rüben und Petersilie.

Die Empfehlung des Landgrafen verschaffte dem Buche in Hessen viele Leser, aber auch in anderen kalvinischen Gegenden erregte es Beifall oder mindestens Interesse, während es im Allgemeinen als frech, aufwieglerisch und voll von Ketzereien getadelt und bekämpft wurde. Der ungenannte Verfasser, nach dem man vergebens fahndete, war ein Schwabe, der aus einer Familie von Theologen stammte, Johann Valentin Andreae, ein rastloser Geist, dessen Verstand ebenso durchdringend und unbestechlich wie seine Fantasie lebhaft war, heiter, stolz, warmherzig und unternehmend. Durch seine Abkunft zur Theologie bestimmt, widmete er sich doch zunächst aus Neigung der Mathematik und Mechanik, der Malerei, Musik und Dichtung, führte ein ungebundenes Reiseleben oder verdiente sich seinen Unterhalt als Erzieher. Etwa im Jahre 1613 war er mit zwei Freunden, dem österreichischen Edelmann Abraham Hoelzel und dem schwäbischen Juristen Besold, seiner Gesundheit wegen im Bade Griesbach, ohne Stellung und willens, sich durch Unterricht die Einnahmen zu verschaffen, deren er bedurfte. Während eines längeren Aufenthaltes in Italien hatte er in Padua Fechten und Voltigieren gelernt und es mit seinem geschmeidigen Körper darin zu großer Fertigkeit gebracht. Als er eines Tages mit Hoelzel an einem Platze vorbeikam, der zur Kurzweil für die anwesenden ritterlichen Gäste bestimmt war, lockte es ihn, sich ein wenig zu tummeln, und belustigte sich in allerlei Spielen und Künsten mit Hoelzel zusammen, der, plumper gebaut und weniger gewandt, Johann Valentins Vorzüge in desto besserem Licht erscheinen ließ. Am nächsten Tage erzählte Hoelzel, es hätten ihn mehrere vornehme junge Leute aufgesucht und ihn nach dem jungen Manne ausgefragt, der sich mit einem so vortrefflichen und ungewöhnlichen Voltigieren habe sehen lassen; er, Hoelzel, habe darauf Andreaes Talente und Fertigkeiten gerühmt, und sie seien begierig, seine Bekanntschaft zu machen. Er solle sich bereithalten, vielleicht blühe ihm hier das Glück. In kurzer Zeit hatte er wirklich mehrere junge Edelleute zu Schülern im Fechten und Voltigieren, die übrigens gute Gesellschafter waren. War er mit Hoelzel und Besold allein, so diente es ihnen zu großer Belustigung, dass Andreae nun endlich das Gebiet gefunden habe, auf welchem er Ehre und Vorteil erringen könne; kärglich sei es ihm ergangen, solange er sich der Weltweisheit, Kunst und Gottesgelehrtheit befleißigt habe, als Fechtmeister werde er zu Ruhm und Ansehen kommen. Übrigens beschloss er sogleich, unvermerkt auf das Innere der jungen Männer zu wirken, die ihn mit der Ausbildung ihres Körpers betraut hatten, und als ein anderer Merkur ihre Seelen zu Gott zu führen. Bei dem häufigen Zusammensein fand er Gelegenheit, seine Kenntnisse in der Mathematik zu zeigen und sie so für diese Wissenschaft zu interessieren, dass sie sich alle etwas davon anzueignen wünschten und ihn um Unterweisung baten. Kamen sie dann auf theologische Fragen, so lobte Besold wohl die Schriften des Mystikers Valentin Weigel, während ihn weder Luthers noch Kalvins

Lehre ganz befriedige. Sie waren, sagte er, offenbar von den Menschen aufsteigend zu Gott gekommen, während man doch, um zu Gott zu kommen, sich so weit wie möglich von den Menschen entfernen müsse. Die Anschauung unseres Lebens müsse man verlassen, wenn man Gott finden wolle; denn Gott wisse nichts von uns, Gott wisse nur von sich, darum müsse, wer zu ihm wolle, die feste Erde von sich stoßend einen Sturz in den bodenlosen Abgrund wagen, der für unsere irdischen Sinne die Nacht und das Nichts sei.

Diese Auffassung bekämpfte Andreae als schwärmerisch und gefährlich. Gott, dessen Wesen Licht sei, sei nur durch das Licht zu erreichen. Es sei viel Wahrheit in dem, was Besold sage, aber das Ganze sei unwahr. Man dürfe nicht vergessen, dass die Welt, welchen Anteil auch das Böse an ihr habe, doch von Gott erschaffen, von seinem Samen und Blut sei. Es komme nicht so sehr darauf an, dass der Einzelne im Glauben Befriedigung finde und Gott näherkomme, wie dass die Gesellschaft, die kleinste wie die umfassendste, eine harmonische Ordnung darstelle. Luther sei kein Gott, also nicht unfehlbar, wenn auch göttlichen Geistes voll gewesen; aber welcher andere Mensch sei das? Wohin würde man geraten, wenn ein jeder die Macht haben sollte, den eigenen Träumen über die höchsten Dinge nachzugehen, sich eigene Wege zur Seligkeit zu graben? Sie wüssten wohl alle, dass das Wort Religion von Binden komme, und sie solle in der Tat ein heiliges Band um alle Menschen, ja um alle Welt schlingen. Das möchte ihnen katholisch klingen; aber Luther habe ja auch die katholische Kirche nicht abschaffen, nur reinigen wollen. Einst werde gewiss die Kuppel der alles umfassenden Kirche mit dem Gewölbe des Kosmos sich decken und ein Gotteshaus für alle sein. Das Grübeln, Schwärmen und Disputieren müsse einmal aufhören, jeder solle sich auf dem festen Boden gemeinsamen Glaubens einem tätigen tugendhaften Leben widmen. Was für eine wundervolle Harmonie habe er in den Städten Basel, Zürich und Genf gesehen!

Die glichen lichtbringenden Sternen, die sich streng, voll Ruhe und fast gleichgültig auf regelmäßiger Bahn bewegten.

Er erzählte mit Vorliebe von dem Leben in den eidgenössischen Städten, von der Tüchtigkeit und Vernünftigkeit ihrer Bewohner, wie sie ihrer Arbeit fleißig nachgingen, ein jeder tue, was ihm obliege, die Vornehmen stolz auf ihre Pflichten, auch die Geringeren auf die ihrem Stande eigentümliche Würde. Fehle es auch nicht ganz an Flecken und Abweichungen, so würden sie doch ausgeglichen durch die Regelmäßigkeit der Bewegung und die Fülle des Lichtes im Ganzen. Freilich waren die Theologen dort auch anders geartet als die im Reich und leider nicht zum wenigsten in Schwaben; sie lehrten, predigten, walteten in der Gemeinde, täten ihr Tagewerk, anstatt alberne Spitzfindigkeiten auszubohren und sich hernach darüber zu zanken und zu verfluchen.

Damals waren die lutherischen Theologen über zwei Streitfragen gespalten, deren eine die Allenthalbenheit oder Ubiquität Christi genannt wurde. Einige sagten, dass, da Christi Leib beim Abendmahl im Brote sei, und zwar ohne dass, wie die Katholischen fälschlich lehrten, eine Verwandlung vor sich gehe, dies so erklärt werden müsse, dass er eben allenthalben sei; während die andern entgegenhielten, die Welt sei voll Unrat, und es sei unziemlich, anzunehmen, Christus sei im Dreck enthalten. Ferner nahmen die Theologen der Universität Gießen, die zu Hessen-Darmstadt gehörte, als Dogma an, dass Christus während seines Wandels auf Erden im Vollbesitz seiner göttlichen Natur gewesen sei und sich nur scheinbar der Leiblichkeit mit ihren Gebrechen unterworfen habe, um seine Aufgabe vollführen zu können. Dies verwarf das Haupt der württembergischen Theologen, Osiander, gänzlich, da, wenn Christus nicht wirklich ein Mensch gewesen sei, sein Tun und Leiden auf Erden bedeutungslos und gewissermaßen Spiegelfechterei genannt werden müsse. Er habe sich vor der Menschwerdung seiner göttlichen Eigenschaften entäußert, und es bestehe das ganze Geheimnis in seiner Gottmenschheit, wie aus vielen Bibelstellen zu erhärten sei. Ebenso stützten die Gegner ihre unwiderlegliche Beweisführung mit großer Gelehrsamkeit auf Bibelsprüche.

Unter dem Druck der schwäbischen Theologenherrschaft hatte auch Johannes Kepler zu leiden, der ja im Württembergischen geboren war. Eine Anstellung in seiner Heimat für ihn zu erwirken, war seinen Freunden nicht möglich; freilich hatten sie auch nicht den Mut, sich um seinetwillen sehr auszusetzen. Seine Frau war bald nach dem epileptischen Anfall, den sie beim Einbruch der Passauer in Prag erlitten hatte, gestorben, und schon vorher hatte er das kleine Mädchen, seinen Liebling, verloren; noch im selben Jahre folgten diesen beiden zwei andere Kinder. Er arbeitete damals angestrengter als je, zwischendurch aber kämpfte er mit traurigen und peinvollen Gedanken. Wenn er sein Eheleben, das nun abgeschlossen und unwiederbringlich hinter ihm lag, überblickte, karg an Glück, reich an Entbehrung, Streit und Misshelligkeit, so schien es ihm jetzt nicht mehr, als fiele die Schuld daran auf seine arme tote Frau, sondern als hätte er es anders gestalten können. Sie war wohl oft unzufrieden, ängstlich auf den Erwerb und die Notdurft bedacht, bitter und grämlich gewesen; aber wie hatte er seine Pflicht erfüllt? War er der Stab gewesen, an dem sie sich aufrichten, der Quell, aus dem sie Erfrischung schöpfen konnte? Seine schönen, überschwänglichen Stunden hatte er bei der Arbeit gehabt; für sie war Müdigkeit und Ungeduld übrig geblieben. Er entsann sich der holdseligen kindlichen Witwe, als die er sie kennenlernte, wie rührend ihre Bangigkeit und ihre Zweifel ihm erschienen waren und wie er sich vermessen hatte, ihr das Leben lieb und leicht zu machen. In den ersten Jahren, wenn er nachts den Himmel beobachtet hatte und hernach an ihr Bett kam, hatte sie ihn oft mit seltsam sehnsüchtigen Augen angelächelt und etwa gesagt: »Dein Antlitz schimmert noch von den Sternen«; aber es war ihm niemals eingefallen, dass er ihr von seiner Fülle etwas hätte mitteilen können. Ihre religiösen Grübeleien hatten ihn gelangweilt und geärgert; das hatte er nie bedacht, womit sie denn sonst ihre schmachtende Seele hätte speisen sollen.

Freunde und Freundinnen sagten ihm, er hätte sich nichts vorzuwerfen, sondern sei ein vorzüglicher Ehemann gewesen, und rieten ihm, sich wieder zu verheiraten, damit er eine richtig geordnete Häuslichkeit hätte. Anfänglich mochte er nichts davon wissen, und keine leuchtete ihm ein, wie viele ihm auch vorgeschlagen wurden. Dann kam ihm in den Sinn, dass er durch die Heirat mit einer Dame von Rang und Vermögen des elenden Ringens und Quälens um das tägliche Brot überhoben werden könnte; von seinen schon gekrümmten Schultern würde die lässliche Bürde fallen, frei würde er sich aufrichten und mit leichtem Schritt der Höhe des Lebens zustreben können. Ja, das hätte er können, wenn er allein gewesen wäre; aber nun war er an die anspruchsvolle fremde Dame gebunden, der er den Wohlstand verdankte und die peinlicher lasten mochte als die einstigen Sorgen. Er konnte sich seine Frau nur als ein schlichtes, liebliches Mädchen denken, ein sanftes, unbefangenes, heiter anlächelndes, sittsames, und nach einem solchen fing er allmählich an sich zu sehnen. Da ihm von einer berichtet wurde, nämlich von der schönen Susanna Rettinger, einer Schreinerstochter, die eine vornehme Dame hatte erziehen lassen, entschloss er sich, sie zu heiraten und die Sorge für den Lebensunterhalt weiter zu tragen.

Da Kaiser Matthias ihm weder den rückständigen noch den laufenden Sold auszahlen konnte, nahm er eine Professur an dem Gymnasium in Linz an, wo er unter den Herren von Adel Anhänger seiner Lehre und Bewunderer seiner Schriften hatte und wo er geehrt und friedlich hätte leben können, wenn ihm nicht von der Heimat aus Unruhe und Beschwerde wäre bereitet worden. Es befand sich als Prediger in Linz sein Landsmann Doktor Hizler, mit dem er viel verkehrte; denn Hizler interessierte sich für Astronomie, Mathematik und Mechanik, war lebhaft, wissbegierig und fröhlich und verstand es, den schweigsamen und ungeselligen Kepler durch seine Munterkeit umgänglich zu stimmen. Er hatte kleine, lustige, kindliche Augen, aufwärts gesträubtes Haar und einen spitzen Bart, trank gern guten Wein und hatte meistens, das Theologische auf die Berufsgeschäfte einschränkend, eine mechanische Spielerei in Arbeit; so fertigte er damals ein von selbst laufendes Wägelein an, auf dem ein trompetenblasender und peitschenknallender kleiner Kutscher saß.

Eines Tages um Ostern, als Kepler der Sitte gemäß das Abendmahl nehmen wollte, fiel es Hizler ein, zu fragen, ob Kepler die württembergische Konkordienformel unterschrieben habe, was Kepler verneinte, da er es überhaupt nicht für richtig halte, seinen Glauben auf Formeln zu zwingen, vollends aber jener nicht zustimmen könne. Hizler war erstaunt und böse und bestand darauf, Kepler müsse die Formel unterschreiben, die gut und löblich sei, sonst könne er ihn zum Genuss des Abendmahls nicht zulassen. Kepler antwortete, wegen des Dogmatischen möchte es sein, aber dazu könne er sich nicht entschließen, die Anhänger Kalvins zu verfluchen, das sei gegen seine Überzeugung. Was?, fuhr Hizler auf, ob er etwa die abscheuliche Ketzerei der Kalviner in Schutz nehmen wolle? Ob er etwa behaupten wolle, dass ein Mann durch etwas anderes als den Glauben selig werden könne? Ob er etwa der Ansicht sei, dass ein Untertan sich der von Gott eingesetzten Obrigkeit widersetzen dürfe? Ob er sich einbilde, dass ein Laie zum Predigen berufen sein könne? Ob der Teufel ihm eingeblasen habe, dass das Brot nicht der Leib Christi sei?

Dabei blickte er, die Hände auf den Tisch gestützt und weit übergebeugt, Kepler aus kleinen, funkelnden Augen drohend an.

Darauf wolle er sich nicht einlassen, antwortete Kepler; er habe im Sinn, bei der lutherischen Lehre zu bleiben, auf die er getauft sei; es möchte auch sein, dass die Lehre Kalvins Irrtümer einschließe, nur könne und wolle er nicht einsehen, warum man sie deshalb verfluchen müsse.

So?, rief Hizler hohnlachend, den Grund wolle er wissen, warum man sie verfluchen solle? Kepler möchte doch ihm den Grund sagen, warum man sie nicht verfluchen solle, die der Wahrheit ins Gesicht lügen und wider die Rechtgläubigkeit anbellten!

So möchten er und andere sie immerhin verfluchen, sagte Kepler, nur er könne es durchaus nicht tun, weil er keinerlei Hass oder Abneigung gegen sie habe.

Dabei beruhigte sich Hizler aber keineswegs, sondern kam an den folgenden Tagen wieder, um Kepler abwechselnd zu bedrohen und zu beschwören, dass er die Konkordienformel unterschreibe. »Lieber«, rief er fast weinend, »was gehen dich die Erzschelme und Teufelskinder von Kalvinisten an? Ach Lieber, verfluche sie doch! Verfluche sie in Gottes Namen! Verfluche sie wenigstens mit der Zunge, wenn auch dein Herz nicht dabei ist!« Indessen trotz seiner Verträglichkeit tat ihm Kepler den Willen nicht, worauf Hizler ihn, wie er gedroht hatte, vom Abendmahl ausschloss. Dies glaubte Kepler als einen groben Schimpf sich nicht bieten lassen zu sollen und wendete sich klagend an das Konsistorium in Stuttgart. Wegen seiner Parteinahme für den Gregorianischen Kalender schon vordem gegen ihn eingenommen, entschied dasselbe dahin, Kepler sei ein Schwindelhirnlein, das sich allzu sehr aufblase, wenn er glaube, in theologischen Fragen andere meistern zu können; er solle richtige Kalender machen und fleißig in seinem Berufe sein, in der Theologie aber sich von denen zurechtweisen lassen, die dazu befugt seien.

Seitdem blieben die beiden Landsleute verfeindet; Hizler suchte Kepler, wo er ihn traf, durch ingrimmige Blicke und vor sich hin gemurmelte Scheltworte aus dem Gleichgewicht zu bringen. Unter diesen Widerwärtigkeiten litt Kepler umso mehr, als er neuerdings durch Nachrichten aus der Heimat empfindlich beunruhigt wurde; seine Mutter nämlich, die in Güglingen lebte, war der Zauberei verdächtigt worden.

Katharina Kepler, eine kleine, braune, durch vielerlei Mühseligkeiten früh gebeugte Frau, die aber munteren und beweglichen Geistes war, lebte, seit ihre hübsche sanfte Tochter Margarete sich mit dem Pfarrer Binder verheiratet hatte, ganz allein in leidlichen Verhältnissen. Ihr Mann war vor vielen Jahren, des häuslichen Lebens müde, in den Türkenkrieg gezogen und dort verschollen; ihre Söhne waren, bis auf Johannes, ohne höhere Bildung aufgewachsen, einer war, wie einst sein Vater, als Söldner dem Kriege nachgezogen und kam mit Frau und Kindern bettelarm zurück, nachdem er in der Fremde katholisch geworden war. Entrüstet wies ihn die Mutter, bei der er jetzt unterschlüpfen zu können hoffte, von ihrem Tische. In ihrer Einsamkeit vertrieb sie sich die Zeit, die sie sich durch Lesen nicht verkürzen konnte, denn das verstand sie nicht, mit wunderlichen Träumereien oder dadurch, dass sie Besuche aus der Nachbarschaft empfing, mit denen sie bei einem Glase Würzwein plauderte. Irgendwie verdarb sie es mit manchen von diesen Bekannten, vielleicht weil ihre Augen, obwohl sie fern an den Leuten vorbei ins Weite schweiften, doch tief eindrangen und sie mit unbedacht scharfer Zunge unliebsame Wahrheiten sagte. So kam es dahin, dass eine Frau namens Reinbold, die unter einer immer zunehmenden Lähmung und Verkrümmung der Gliedmaßen litt, die Kepler beschuldigte, ihr das Leiden, mit dem kein Arzt sich auskenne, angehängt zu haben.

Während dies im Gange war, traf es sich, dass ein Bruder dieser Frau, der Barbier Kräutlein, und der Vogt Luther Einhorn bei einem ihnen befreundeten Förster mit dem Bruder des regierenden Herzogs, dem Prinzen Achilles, zusammenkamen, der gerade in der dortigen Gegend jagte. Bei dem gemeinsamen Mittagessen erzählte der Barbier, wie seine Schwester von der Keplerin unheilbar verzaubert sei und dass seiner Meinung nach die alte Hexe gezwungen werden müsse, die Kranke wieder gesund zu machen. Prinz Achilles zeigte sich begierig, mehr von dem Hexenwesen zu vernehmen, womit ihn denn der Vogt und der Barbier gut bedienen konnten. Er vermesse sich, sagte der Vogt, eine Hexe bloß am Gesicht zu erkennen, er habe schon viele prozessiert, er kenne jetzt ihre Schliche, und es könne ihm keine entschlüpfen.

Ob man sich denn dabei nicht den Teufel auf den Hals ziehe, fragte Prinz Achilles, als den Buhlen der Weibsbilder?

Ach, rief der Barbier kichernd, man müsse den Teufel nur nicht fürchten, so könne er einem auch nichts anhaben. Auch glaube er gar nicht, dass dem Teufel viel an den alten Vetteln gelegen sei, deren es ja mehr als genug gebe. Einmal, erzählte er, sei er in den Turm zu einem Hexenverhöre gerufen worden, weil der Henker bei einer Beklagten das Teufelsabzeichen, welches man Stigma nenne, entdeckt habe, sie hingegen es für eine Narbe habe erklären wollen, die nach einem von ihm, dem Barbier, weggeschnittenen Wärzlein zurückgeblieben sei. Dort habe die Frau splitternackt ausgezogen auf einem Stuhl gesessen, laut heulend, während mehrere Richter sie gehalten und an der Narbe oder dem Teufelszeichen, das an ihrer Brust gesessen sei, herumgedrückt hätten. Er hätte es denn auch in Augenschein nehmen müssen, hätte sich auch wohl des Wärzleins erinnert, aber als ein vorsichtiger Mann nichts davon gesagt, sondern gefragt, ob denn der Henker schon die Probe gemacht habe? Denn er wisse wohl, dass, wenn mit einer Nadel in den Flecken hineingestochen werde und kein Blut danach komme, dies ein hinlänglicher und vollgültiger Beweis für die Teufelsbuhlschaft sei. Darauf habe der Henker gelacht und gesagt, freilich habe er das schon getan, die Herren ließen sich eben von der Erzschelmin am Narrenseil führen, worauf er gleich noch einmal mit einer langen, spitzen Nadel in das Mal hineingefahren sei. Er habe denn auch des Heulens und Schwörens der Person ungeachtet gesagt, er wisse nichts von einem Wärzlein, kenne sie auch nicht, worauf sie gehörig gefoltert und zu Asche verbrannt worden sei.

Prinz Achilles, der schon ein wenig angetrunken war, hörte begierig mit rotem Kopf und glänzenden Augen zu. Und splitternackt sei sie gewesen?, fragte er; ob sie denn während des Folterns auch splitternackt ausgezogen wären? Der Vogt und der Barbier bogen sich vor Lachen; freilich, sagten sie, ob man etwa Weiber, die sich nicht schämten, mit dem Teufel zu buhlen, wie Klosterjungfern behandeln solle? Das hätte er nicht gewusst, rief der Prinz, er möchte für sein Leben gern einmal dabei sein, und es wäre etwas gar Schönes und Verdienstliches, den Teufelsdirnen einen Denkzettel zu geben. Ja freilich, brüllte der Vogt, einen feurigen, mit dem sie zur Hölle führen, und so solle man es der Keplerin auch machen, wenn sie den guten frommen Leuten etwas anhänge. Ja, wenn seiner Schwester zu ihrem Rechte verholfen würde, sagte Barbier Kräutlein, wolle er sich dankbar erweisen; worauf der Prinz und der Vogt ihn vertrösteten, die Sache solle betrieben werden, es müsse seltsam zugehen, wenn man einem alten Weibe nicht Meister würde.

Dieser Verabredung gemäß begaben sich Barbier Kräutlein und Vogt Einhorn zu Frau Kepler, hielten ihr vor, was sie begangen haben sollte, und gaben ihr unter Drohungen anheim, den Zauber, durch den sie die Reinbold krank gemacht hätte, wieder aufzuheben. Die Keplerin verteidigte sich tapfer, sie habe die Reinbold nicht verzaubert, verstehe sich auch gar nicht darauf; nach ihrer Ansicht habe die Frau in früherer Zeit einmal heimlich mit einem Manne zu tun gehabt und die Frucht abzutreiben versucht, woraus der Gliederschaden entstanden sein möge. Hierdurch erbitterte sie ihre Feinde noch mehr, was sie aber nicht anfocht; vielmehr bewog sie ihren Sohn, den Zinngießer, und ihren Schwiegersohn, den Pfarrer Binder, eine Beleidigungsklage für sie einzureichen wegen des schimpflichen, ihr zugemuteten Verdachtes.

Der Prozess nahm seinen Anfang, verlief aber nicht so, wie die ihrer Unschuld sich bewusste Frau Kepler für selbstverständlich angenommen hatte; denn die beklagte Partei suchte durch Zeugen den Beweis zu erbringen, dass sie in der Tat mit Hexenwerk umgehe, wodurch eine Menge Weitläufigkeiten und neue Gefahren entstanden. Da kam ein Schuster, der Jahre hindurch fast täglich ein Stündchen bei ihr verplaudert hatte, und behauptete, sie habe ihm in einem Glase Wein etwas Zauberisches beigebracht, wodurch er bettlägerig geworden sei; ferner der Totengräber, der angab, sie habe ihn vor Jahren gebeten, ihr den Schädel ihres verstorbenen Mannes zu verschaffen, sei aber auf seine gut gemeinte Warnung davon abgestanden. Dies leugnete sie nicht, sondern erklärte, sie habe im Sinne gehabt, ihrem Sohne Johannes einen Trinkbecher daraus machen zu lassen, damit er sich nach altem Glauben Kraft und Segen daraus trinke. Auch gab sie freimütig zu, kranke Kinder, zu denen man sie geführt habe, mit allerlei Versen besprochen zu haben, wie das von alters gebräuchlich sei und wovon man immer gute Wirkung verspürt habe. Sie fügte vorwurfsvoll hinzu, es komme ihr unmenschlich vor, dass die Eltern, die sie früher um ihre Hilfeleistung gebeten und ihr dafür gedankt hätten, sie jetzt derselben als einer abscheulichen Missetat zeihen wollten.

Die Kinder der Frau Kepler gerieten über diese Wendung des Prozesses in Aufregung und Sorge, und ihrer Tochter schien es am besten, dem Bruder Johannes in Linz davon zu berichten, der als ein gelehrter Mann und Astronom des Kaisers klug und mächtig genug sein werde, um ihrer Mutter aus der Bedrängnis zu helfen. Dieser riet, die Mutter solle unverzüglich zu ihm nach Linz kommen, damit werde der widerwärtigen Sache am schnellsten ein Ende gemacht. Diesem Vorschlag stimmten die Kinder lebhaft zu, halfen ihr, einige Habseligkeiten zusammenzupacken, und die Abreise ging zur Erleichterung aller vonstatten. Unterwegs aber, allein ihren Gedanken Überlassen, stellte sie sich vor, wie daheim nun alle denken und sagen würden, dass sie augenscheinlich eine Hexe sei, sonst würde sie nicht die Flucht ergriffen haben; wie sie ihr Leben lang für eine Hexe würde gelten müssen und mit was für Augen ihr Sohn Johannes sie ansehen würde. Sie schalt sich töricht, dass sie ihren Kindern nachgegeben hatte: Nichts Böses oder Teuflisches konnte man ihr nachweisen, vielmehr würde sie ihren heimtückischen Verleumdern obsiegen, sodass sich ihre Schande bloß vor aller Augen zeigen würde. Als sie unter solchen Gedanken in Ulm angekommen war, kehrte sie, ohne sich die betürmte Stadt anzusehen, sofort wieder um nach Hause, nicht nur zum Schrecken der Kinder, sondern fast auch ihrer Gegner, die bereits unsicher geworden waren, ob sie nicht am Ende selbst in die gefährliche Grube stürzen möchten. Da die Beute ihnen aber nun wieder erreichbar war und sie zurück nicht mehr konnten oder wollten, suchten sie im Stillen nach neuen Zeugen und Beweisen, um dann ihrerseits mit einer Anklage auf Zauberei hervortreten zu können.

Das Jahr 1618 begann mit einem Triumphe für Khlesl, indem der vollzogene Friede mit Venedig, der sein Werk war, feierlich in Wien begangen werden konnte. Der Kardinal liebte Feste und Umzüge und bekümmerte sich eingehend darum, dass ein in die Augen fallender Prunk dabei entfaltet wurde. In langem Zuge wallten die Hofbeamten, die Kloster- und Weltgeistlichen und die in Zünfte verteilten Bürger um den Stephansdom, jede Körperschaft eine mit Symbolen bemalte Fahne in ihrer Mitte tragend; ein in Flammen aufwärts laufender Salamander, der heilige Martin, der mit dem Schwerte den Mantel zerschneidet, um ihn mit dem Bettler zu teilen, ein mit Lorbeerzweigen umwundenes Schwert und dergleichen. Nach seiner eigenen Anweisung waren auf vier Fahnen die vier Elemente, alle in Purpur, dargestellt: die Luft durch die purpurne Morgenröte, das

Wasser durch das von der Flut zurückgespiegelte Abendrot, die Erde durch purpurne Blumen, das Feuer durch die purpurne Flamme. Lustig prangend und frohlockend bewegte sich die flatternde Prozession durch die klare Winterluft, bis ein Bild nach dem andern in der tiefen, duftenden Dämmerung des Domes sich sacht zusammenlegte und erblich.

Erzherzog Maximilian hatte den Friedensabschluss nicht verhindern können; aber nun sehe man, sagte er zu Ferdinand, dass es mit Khlesl zu Ende kommen müsse. Er sei zweifelsohne von Venedig bestochen worden, des Kaisers Verstandesblödigkeit nehme täglich zu, Khlesl sei der wahre Kaiser und Matthias sein Hampelmann. Bei seiner Kopfschwäche könne Matthias für sich nicht sorgen, sie müssten ihn befreien und ihm und sich selber Recht verschaffen. Auf dem gewöhnlichen Wege wäre der Zweck nicht zu erreichen, sie müssten gleichsam sich selbst für das Tribunal ansehen und den Schuldigen justifizieren, und nach seiner Ansicht geschähe das am schicklichsten, indem sie den gelben Teufel durch ein heimliches Gift, das durch einen vertrauten Arzt wohl zu beschaffen sein werde, auf die Seite schafften. Dieser Vorschlag kam Ferdinand befremdend vor, obwohl er zugleich nicht umhin konnte, die Entschlossenheit seines Oheims zu bewundern. Nachdem er sich mehrere Tage bedacht hatte, antwortete er Maximilian, das Mittel scheine ihm zu scharf, abgesehen davon, dass Khlesls Hochverrat vielleicht nicht ganz zu erweisen sei. Es lasse sich wohl noch ein anderer Weg finden, um zum Ziele zu kommen, er stimme für gelindere Mittel, vorzüglich da es eine geistliche Person, einen Kardinal betreffe, dessen sich schließlich noch der Papst annehmen werde.

Erfuhr Khlesl von diesen geheimen Plänen auch nichts, so empfand er doch die zunehmende Ungunst der beiden Erzherzöge und dass sie sich mit starken Entschlüssen trügen. Sein rüstiger Körper wurde um diese Zeit zum ersten Male von einem Unwohlsein befallen, und die Tage, die er untätig im Bette liegen musste, brachten ihm schwarze Gedanken, was ihm bevorstünde, wenn etwa der Kaiser mit Tode abginge. Doch raffte er sich seiner Gewohnheit nach gewaltsam auf, fürchtete auch, es möchte in seiner Abwesenheit jemand das Steuer an sich reißen, und fühlte sich unentbehrlich, was er für den Kaiser und die Kaiserin in der Tat war. »Lieber Khlesl«, pflegte ihm die Kaiserin zu sagen, »mein Herr bekommt gleich die Melancholie, wenn Ihr ihn nicht täglich ein wenig zusammenschimpft und aufmuntert.« – »Melancholie kommt von Langerweile«, sagte Khlesl zu Matthias, »und die Langeweile kommt Ihnen, weil Sie nichts Rechtes vornehmen, und es gibt doch übergenug zu tun.« Khlesl habe gut reden, da er gesund sei, verteidigte sich Matthias kläglich; ihm aber sei niemals wohl, er könne die Gedanken nicht beisammen halten, das Essen schmecke ihm nicht, gehen könne er auch nicht, es sei nicht anders, als wenn er verzaubert sei. Das wollte Khlesl nicht gelten lassen: Gehen müsse er ja nicht, er sei der höchste Herr der Christenheit und könne fahren; wenn er keine Lust zu essen habe, könne er es bleiben lassen, zu wenig sei besser als zu viel, ihm fehle nichts, die Ärzte fänden nichts an ihm. »Nehmen Sie sich der Geschäfte an«, sagte er, »das ermuntert Ihre Diener und ist auch Ihre Pflicht. Vom müßigen Hinsitzen kommt dickes Blut und Verderbnis der Säfte. Ich will gern für Sie arbeiten und den Hass, der daraus kommt, auf mich nehmen; aber ich könnte Ihnen auch durch Krankheit oder Eifersucht der Feinde abhandenkommen. Was soll dann aus Ihnen werden, wenn Sie die Geschäfte nicht verstehen?«

In den Erbländern, namentlich in Böhmen, verfolgte Khlesl nicht dieselbe versöhnliche Politik wie im Reiche, vielmehr wurde wie zu Rudolfs Zeiten in allen streitigen Fällen meistens zugunsten der Katholiken entschieden. Dies wurde von den protestantischen Ständen namentlich dem Einfluss des Ferdinand zugeschrieben, der als ein Schüler und Anhänger der Jesuiten übel berufen war, und einige, namentlich Graf Thurn, machten darauf aufmerksam, dass er keinesfalls als König dürfe zugelassen werden; aber diese fanden, als der Augenblick zu handeln da war, nicht genügenden Anhang. Jetzt gelte es zu zeigen, sagte Thurn, dass Böhmen ein Wahlreich sei, wie sie ja auch Rudolf abgesetzt und Matthias auf den Thron gehoben hätten, gegenüber der Ansicht der Katholischen, als hätten die Habsburger ein Anrecht auf die Krone; dränge Ferdinand jetzt durch, so behielten sie gewissermaßen recht, und man könne ihn hernach nicht mehr loswerden. Die anderen stimmten ihm wohl zu, meinten aber, Ferdinand mache persönlich einen guten Eindruck, gehe vertraulich und liebenswürdig mit dem Adel um, sei nicht hochmütig wie Rudolf und Matthias, man werde schon mit ihm auskommen, weise er sich später anders aus, so sei man doch immer noch Herr im Hause und werde sich des Hausrechts zu gebrauchen wissen.

Es währte nicht lange, so gab es hier und dort Anlass zur Unzufriedenheit: namentlich der Befehl an Stadt und Universität, sich an der Fronleichnamsprozession zu beteiligen, während das Fest der heiligen Hus und Hieronymus verboten wurde, empörte das ganze Volk; die Herren begannen einander vorzuwerfen, dass sie sich dem neuen Herrscher bequemt hätten, und nahmen sich vor, den begangenen Fehler wieder gutzumachen. In zwei Städten wurde der Bau von protestantischen Kirchen untersagt mit Berufung darauf, dass im Majestätsbrief nur dem Adel und den freien Städten freie Religionsausübung zugestanden wäre, die fraglichen Städte aber nicht frei wären. Die Defensoren, welche eingesetzt waren, um die im Majestätsbrief bewilligten Rechte zu wahren, bestritten das, was sie insofern auch wohl konnten, da die betreffende Stelle im Dokument nicht genau genug gefasst war, um nicht verschiedene Auffassungen aufkommen zu lassen. Wie nun ein scharfer Brief des Kaisers eintraf, der zum Gehorsam ermahnte und widrigenfalls mit Strafen drohte, ergriffen die Stände die Gelegenheit, auf ihrem Recht zu bestehen. Thurn, der, weil er rechtzeitig gewarnt hatte, mehr als früher gehört wurde, drängte, jetzt müsse das Versäumte nachgeholt und die Regierung endlich so eingerichtet werden, dass die Rechte des Adels nicht mehr verkürzt würden; andere dachten, sie wollten es darauf ankommen lassen, wie der Kaiser und der König sich zu ihren Forderungen stellte, und mit etwaiger Nachgiebigkeit sich zufrieden geben. Den Kaiser glaubte man an der ganzen Sache weniger beteiligt als Ferdinand, die Hauptschuld aber maß man den katholischen Kronbeamten bei, Popel von Lobkowitz, der den Majestätsbrief nicht mit unterschrieben hatte, ferner Martinitz und Slawata, die von jeher Gegner der evangelischen Stände gewesen waren und die über alle Vorfälle an den Hof berichteten, wie es ihnen beliebte.

An einem warmen Maimorgen versammelten sich die Stände bei Wilhelm von Lobkowitz, um sich nach gemeinschaftlich eingenommenem Frühtrunk auf das Schloss zu begeben und die Vertreter der Krone zur Rede zu stellen. Jetzt wollten sie sich vor Kompromissen hüten, sagte Kolonna von Fels unter dem Trinken, einmal müsse gründlich aufgeräumt werden mit den Habsburgern, sonst würden sie nie zur Ruhe kommen. Ja, sagte Kinsky, einmal müsse man Mut zum Handeln finden, ein einmaliger starker Bluterguss sei nicht so gefährlich wie das stete Tröpfeln aus einer offenen Wunde.

Das sei nicht gesagt, meinte Wilhelm von Lobkowitz kopfschüttelnd, bei einem starken Bluterguss fahre oft die Seele zugleich heraus. Unvorbereitet loszuschlagen sei sinnlos, man müsse gerüstet sein, wenn es auf einen Krieg auslaufen sollte.

Das sei gewiss, sagte Thurn, dass der Zeitpunkt bei der Wahl Ferdinands geeigneter gewesen wäre. Es sei doch ein anderes, wenn man sich im Rechte wisse. Jetzt hätte man gewissermaßen zugegeben, dass Böhmen ein habsburgisches Erbland sei.

Was?, rief Kinsky, wodurch sie das zugegeben hätten? Sie hätten Ferdinand aus Recht und Freiheit, nicht pflichtschuldig gewählt. Übrigens würde geschriebenes Recht doch nicht geachtet, die Faust gäbe den Ausschlag. Verträge wären nichts anderes als der Schafspelz wölfischer Fürsten, töricht, wer sich dadurch blenden ließe. Und ob sie etwa damals kriegsgerüstet gewesen wären? Wer es ehrlich meine, verschanze sich nicht hinter Ausflüchten.

Auf diese Worte fielen heftige Entgegnungen, mehrere sprangen von den Sitzen, und es wurde laut durcheinandergeschrien. Nachdem sich der Lärm gelegt und die Streitenden sich beruhigt hatten, sagte Thurn, sie wären ja darin einig, dass sie mit dem Hause Österreich nicht weiter wirtschaften wollten. Es wäre voll Lug und Trug, dabei lendenlahm, faul und blöde, ließe übermütige Diener schalten. Alle stimmten zu: Matthias wisse wohl kaum etwas von dem scharfen Schreiben, das in seinem Namen an sie abgelassen wäre, Martinitz und Slawata hätten es verfasst, es wäre wohl niemals aus Prag herausgekommen. Den Prahlhansen müsse einmal gründlich das Maul gestopft werden. Einzelne Stimmen wurden laut, man müsse sie defenestrieren, sie hätten es vollauf verdient, Langmut mache sie nur dreister.

Erhitzt und in wilder Laune stiegen die Herren zu Pferde und ritten den Weg zum Schloss hinan; Goldregen, Rotdorn und Schneeball quollen in dicken Gebüschen über die Mauern der Gärten, und die Luft war von süßen Gerüchen durchkreuzt, als würfen sich spielende Frühlingsgötter mit Haufen von Fliederduft.

Die Vertreter der Krone, die bereits im Schlosse versammelt waren, nahmen die ungestümen Fragen der Stände, sie wollten wissen, wer den kaiserlichen Drohbrief verfasst habe, mit anscheinend hochmütiger Gelassenheit und ein wenig hämischer Höflichkeit entgegen; aber sie konnten ihre Unsicherheit und Ängstlichkeit nicht ganz verbergen, die durch das umgehende Gerücht von der Wut und dem gefährlichen Vorhaben der Evangelischen über sie gekommen war. In den feindlichen Blicken, die unter den Fragen und Antworten auf sie gerichtet waren, bemerkten Martinitz und Slawata plötzlich eine böse Lust, die ihnen Entsetzen einflößte. Martinitz wurde bleich, stotterte etwas von der Gerechtigkeit des Kaisers und dass er nicht vom Majestätsbrief abweichen würde, und wich dabei zurück, um durch ein anstoßendes Gemach zu entfliehen; aber schon wurde er umringt, von mehreren Fäusten gepackt und an das offen stehende breite Fenster geschleppt, vor welchem der goldene Mai sich ausbreitete. Unter Sträuben und Zappeln hörte er lautes Brüllen: »Fahre zur Hölle, Teufelsbraten!«, worauf ihm, bevor er noch an der steilen Mauer hinuntersauste, die Sinne vergingen. Inzwischen hatten schon verschiedene Fäuste den erschrocken zur Flucht sich wendenden Slawata ergriffen und schleuderten den kläglich um Gnade Flehenden dem ersten nach; die beiden Schelme gehören zusammen! hieß es unter höhnischem Gelächter. Den Schreiber der beiden, namens Fabritius, der dem geschwinden Vorgang schlotternd zugesehen hatte, warfen sie nachträglich hinterher, damit er, wie sie ihm lachend zuriefen, sich des fatalen Briefschreibens nicht mehr unterstehen könne.

Der Ausgang dieser raschen Tat war überraschend, indem die drei aus einer Höhe von vierzig Ellen herabgestürzten Männer, durch einen Misthaufen weich aufgefangen, keine Verletzungen erlitten, sondern sich vor der Wut ihrer Feinde, die ihnen noch einige Schüsse nachknallten, in das nahe gelegene Haus des Popel von Lobkowitz flüchten konnten. Während die Geretteten sich des Beistandes der wundertätigen Mutter Gottes rühmten, erließen die Direktoren eine umständliche Rechtfertigung: Sie hätten verräterische Leute, die sie zu Rebellen gegen des Kaisers Majestät hätten machen wollen, nach alter Weise durch die Defenestration justiziert und hofften, der Kaiser, dessen treue Untertanen sie wären und auch bleiben wollten, werde künftig ihre Anliegen gnädig erhören und die Ungerechtigkeiten abstellen, wodurch der liebe Frieden wieder hergestellt werden könne.

Von der Oberpfalz kommend, fuhr am Sonntag, dem 27. Mai, um die Mittagszeit ein breiter, gedeckter Wagen in Regensburg ein, aus dem zwei in unansehnliche Mäntel gehüllte Reisende stiegen, während zwei andere sitzen blieben und weiterfuhren. Die beiden Fußgänger schlugen sich schnell in eine Seitengasse und gingen schweigend und eilig bis zum Kollegium der Jesuiten, wo sie anklopften und eingelassen wurden. Vor dem Rektor legte der eine der beiden Männer Mütze und Mantel ab und gab sich als Jaroslav von Martinitz zu erkennen, derselbe, der vor kaum zehn Tagen in Prag von den Unkatholischen aus dem Fenster geworfen und wunderbarerweise am Leben erhalten war. Er sei, erzählte er, mithilfe des guten Baders und Chirurgen Thomason, als dessen Diener er sich ausgebe, aus Prag entflohen und soeben glücklich in Regensburg angelangt, von wo er sich nach München unter den Schutz des frommen katholischen Herzogs von Bayern begeben wolle. Indem er laut die benedeite Jungfrau lobte, kniete der Rektor vor Martinitz nieder; er müsse durchaus demjenigen Verehrung erweisen, sagte er, den die Heilige Jungfrau so sichtbarlich beschützt habe. Das wolle er nicht leugnen, entgegnete Martinitz, den Rektor aufhebend, freue sich vielmehr der Tatsache, dass die Jungfrau Maria sich in Person seiner angenommen habe; aber er überhebe sich dessen nicht, sondern schreibe es einfältigerweise der Kraft des Gebetes zu, worauf er seit früher Jugend sich zu verlassen gewöhnt sei. »Was für Zeitungen, was für Zeitungen!«, rief der Rektor, das müsse der Bischof hören; wenn es Martinitz recht sei, wollten sie sich unverweilt zu ihm begeben. Während der Lakai, der Martinitz begleitet hatte, zu der übrigen Reisegesellschaft ins Wirtshaus ging, eilten der Rektor und sein Gast zum Bischof, der, von den Vorfällen in Prag bereits im Allgemeinen unterrichtet, begierig war, das Nähere zu vernehmen. Er ließ sich kaum Zeit, Martinitz zu umarmen und zu segnen, und überstürzte ihn dann mit Fragen: er könne und könne es nicht glauben, dass Menschen so keck und böse sein sollten, fromme, unschuldige Leute und hochvornehme Diener des Kaisers aus dem Fenster zu werfen! Und dass er nun eins von diesen jämmerlichen Opfern mit Augen vor sich sähe! Ob er denn arg zerschunden und zerschlagen sei? Dergleichen sei ja kaum bei Türken und Tataren oder den heidnischen Japanesen üblich!

Wahr sei es, sagte Martinitz lachend, davon könne er zeugen, der es am eigenen Leibe erfahren habe; aber unerhört sei es freilich, und der gute

Herr von Slawata, der schwer daniederliege, habe auch geklagt, es stehe wohl in den Historien, dass die römischen Patrioten den ehrgeizigen Cäsar mit Dolchen ermordet hätten, aber aus dem Fenster pflege man nur Katzen oder etwa ein junges Hündlein zu werfen. Ein solcher Schimpf sei unausstehlich, und es wäre kein Wunder, wenn man vor Kummer darüber hinstürbe.

Wie es denn zugegangen sei?, fragte der Bischof. Martinitz solle ihm doch um Gottes willen alles haarklein erzählen. Und was für eine Bewandtnis es denn mit seiner Errettung habe?

Martinitz erzählte, dass sie am Tage zuvor gewarnt worden wären, als ob die Unkatholischen mit Mordgedanken umgingen, sie hätten es jedoch nicht beachtet, sondern waren, auf Gott und ihr gutes Gewissen trauend, zur anberaumten Sitzung auf die Burg gegangen; dass ihre Widersacher sie sogleich mit ungerechten Vorwürfen angebellt und ihre Verantwortung kaum angehört hätten und dass Graf Thurn das Zeichen gegeben und geschrien hätte, wegen ihrer Verbrechen müssten sie jetzt des Todes sein, worauf er und der Smirsitzky ihn gepackt und unter Hohnlachen aus dem Fenster geworfen hätten. Im Fallen habe er aber den Kopf nicht verloren, sondern fortwährend gemurmelt: »Jesus Maria, Maria steh mir bei, Maria verlass mich nicht«, unter welchem Beten er wohlbehalten im Graben angelangt und wie von mütterlicher Hand auf einen gepolsterten Sessel sanft niedergesetzt sei. Gleichzeitig sei in der unteren Stadt eine Prozession über die Brücke gegangen, und ein redlicher Mann, der dabei gewesen sei, habe die allerseligste Jungfrau im blauen Mantel in der Luft flattern gesehn, wie sie ihn, Martinitz, getragen und sorgfältig im Graben abgesetzt habe.

»Was für ein herrliches Wunder!«, rief der Bischof, und der Rektor fügte mit funkelnden Augen hinzu, da alles so wohl abgegangen sei, müsse man sich freuen, müsse man frohlocken, dass die Unkatholischen einmal ihre Tücke und mehr als herodische Grausamkeit gründlich offenbart hätten. Nun müsse doch jedermann und auch der Kaiser einsehen, dass Moderation da nicht am Platze wäre, sondern dass dergleichen Disteln und Dornen nur mit Feuer könnten ausgerottet werden.

Gewiss habe Gott es eigens so veranstaltet, sagte Martinitz. Er und sein lieber Oheim Slawata hätten es immer gesagt, in Böhmen müsse man nicht glimpflich, sondern auf steiermärkisch reformieren, sonst wären diese gottlosen Schelme nicht zu beugen.

Ja, wie er denn so seltsam und eigentlich verschmutzt aussehe?, fragte nun der Bischof, indem er des Martinitz Gesicht in der Nähe musterte.

So künstlich hätte ihn sein Bader hergerichtet, sagte Martinitz, hätte ihn mit Ruß angeschwärzt und auch den Knebelbart gestutzt, um ihn unkenntlich zu machen. Es sei auch notwendig gewesen; denn die Unkatholischen hätten berittene Mörder nach ihm ausgesandt, die ihn auch eingeholt hätten. Er habe aber aufrecht in seiner Kalesche gesessen und sie dreist angesehen, die Pistole in der Hand, worauf sie weitergeritten wären, sei es, dass sie ihn nicht erkannt oder sich nicht an ihn gewagt hätten.

Der Herr von Slawata, berichtete Martinitz ferner, sei schlimmer daran als er, könne das Bett nicht verlassen und kaum reden, so zerschlagen sei er; aber die hochgeborene Frau Polyxena von Lobkowitz pflege ihn unter ihrem Dache; das sei eine so kluge und majestätische Frau, dass die Unkatholischen sich keiner Gewalt gegen sie unterfangen würden.

Der Bischof tischte seinen Gästen ein prächtiges Abendessen auf, während Martinitz seinen Bericht wiederholen und im Einzelnen ausmalen musste. Am folgenden Tage versah er den Flüchtling mit einem kleineren und leichteren Wagen, da man auf den schmalen und gefährlichen bayrischen Wegen, wie er sagte, mit einer schweren Kalesche, wenn sie etwa in den Graben stürzte oder im Schlamme steckenbliebe, übel daran sei. So ausgerüstet, kam Martinitz glücklich nach Landshut und am Tage darauf nach Freising; aber von dort an nahm die Unwegsamkeit der Straße so zu, dass der Diener, welcher die Zügel führte, in große Sorge geriet und endlich anhielt mit den Worten, dass er sich nicht weiter traue oder wenigstens der Verantwortung enthoben sein wolle. Der Bader Thomason stieg aus, um die Gelegenheit zu betrachten, und sagte nach einer Weile, zu Fuße würden sie vollends steckenbleiben, da sie keine hohen Stiefel hätten, und weil sie doch nach München wollten, sei sein Vorschlag, dass sie es mit Gott versuchten, hindurchzufahren. Martinitz warf nur obenhin einen Blick auf die Straße und sagte, freilich müssten sie weiter, nachdem ihn die Himmelskönigin eben erst beim Sturze von der Burg so tapfer behütet habe, wolle er sich jetzt nicht durch Zweifel beflecken. Auch hätten sie ja vier Pferde vor dem Wagen, man solle nur in Gottes Namen daraufschlagen. Unter Peitschenknallen, Stolpern und Ziehen wurde die Reise langsam fortgesetzt; indessen als die Dämmerung hereinbrach, kam es doch dahin, dass der Wagen umschlug, wobei

zwar die Insassen mit einigen Quetschungen und Schrammen davonka-
men, aber die Deichsel zerbrach. Martinitz half den Wagen aufrichten,
was nach schweren Bemühungen glückte, und setzte sich dann auf einen
Stein am Wege und betete, während die anderen mit den wenigen Werkzeugen, die sie bei sich hatten, das Fahrzeug leidlich zusammenflickten.
Über den Saatfeldern und fernen sammetschwarzen Wäldern schwebte
der Himmel wie ein ungeheurer Adler, von dessen Sturmfluge ein leiser,
stetiger Luftzug über die tiefe Erde strich. Von München aus habe er die
Absicht, nach Altötting zu pilgern, sagte Martinitz, sein Gebet unterbrechend, es komme ihm unglaublich vor, dass Gott fromme katholische
Reisende im Stiche lassen sollte. Er möchte sich fast verbürgen, dass sie
noch vor Mitternacht vor den Toren Münchens ankämen.

Dies bewahrheitete sich, und der Exulant fand eine ziemliche Unterkunft im Wirtshause zum Güldenen Hirschen, wo er schon am folgenden
Morgen vom Generalleutnant von Tilly, den er aus früherer Zeit gut
kannte, und von des Herzogs Kämmerer Max Kurtz besucht wurde. Als
dieser ausrichtete, der Herzog wolle Martinitz seine besten Leibärzte und
Chirurgen schicken, um ihn zu behandeln, lachte er überlaut und sagte, er
habe den allerbesten Arzt, das sei die Jungfrau Maria, die habe ihn bereits
so gut kuriert, dass nur noch ein paar blaue Flecken als Spuren des gräulichen Sturzes übrig wären. Tilly sah dem Geretteten andächtig zu, wie er
in die Luft sprang und mit den Armen um sich hieb, um zu beweisen, dass
ihm nichts fehle, und sagte, er hoffe, Gott möge sich seiner, Tillys, bedienen, um die Ketzerei in Böhmen auszurotten und die Not leidende Kirche
wieder aufzurichten. Ob Gott ihn eines Märtyrertums, wie Martinitz und
Slawata erlitten hätten, würdig halte, wisse er nicht, aber sein Eifer dazu
sei stark und mächtig, und nichts wünsche er mehr, als dass Gott das Opfer seines Lebens annähme. Wenn Martinitz ihm die Ehre antun wolle,
in seinem Hause zu wohnen, so wolle er ihm dafür als für eine Gnade
danken, und er zweifle nicht, dass sein Herr, der Herzog, damit einverstanden wäre.

Bei Tilly blieb Martinitz einige Wochen, bis seine Familie sich mit ihm
vereinigte, mit der er dann ein Bürgerhaus am Viehmarkte bezog. Da in
Prag zunächst kein Umschwung eintrat, vielmehr ein Regiment unkatho-
lischer Direktoren eingesetzt, endlich sogar der Kurfürst von der Pfalz
zum Könige gewählt wurde, dachte Martinitz nicht an Heimkehr, son-

dern siedelte von München auf den Befehl des nunmehrigen Kaisers Ferdinand nach Passau über, wohin sich auch Slawata mit den Seinigen flüchtete. Unter dem Schutze des Erzherzog-Bischofs Leopold, mit dem sie zur Zeit Kaiser Rudolfs und des Passauer Einfalls in gutem Einvernehmen gestanden, dem sie sogar die Nachfolge hatten zuwenden wollen, erwarteten sie in behaglichem Frieden, doch nicht ohne Ungeduld die Gelegenheit, nach Böhmen zurückzukehren und sich ihrer Güter wieder zu bemächtigen.

Das Ereignis des Fatsturzes vermehrte den Streit und die Unruhe in der Wiener Hofburg; denn Maximilian und Ferdinand wollten die Empörung, als was sie den Vorfall ansahen, sofort gewaltsam niederschlagen, wohingegen Khlesl der Ansicht war, der Kaiser müsse einstweilen nach Beschwichtigung und Vermittelung trachten. Es sei ein wahres Sprichwort, sagte Khlesl, dass man nur den hängen könnte, den man habe. Wie wollte man denn aber der Schuldigen mächtig werden? Womit wollte man löschen, wenn es einmal brennte? Das Feuer würde Land und Leute bis aufs Hemd und alle miteinander fressen. Wovon sollte man leben, wenn die reichen böhmischen Einkünfte ausblieben? Der Kaiser könne nicht einmal den Kräutler und den Käsestecher bezahlen!

Dem Kaiser leuchtete die Ansicht Khlesls ein, und so wurde denn, während unter der Hand geworben und gerüstet wurde, ein sanft mahnendes Schreiben an die Böhmischen Stände erlassen, sie sollten ihr unziemliches Rebellieren einstellen, anstatt dessen wegen vorhandener Schäden ordentliche Klagen einreichen, vor allen Dingen aber die eigenmächtig geworbenen Soldaten entlassen, so werde der Kaiser ihnen auch wiederum gnädig sein.

Die Stände erwiderten den Brief mit einem Schreiben, in dem sie versicherten, das sie sich durchaus keine Rebellion anmaßten, auch die geworbenen Soldaten unverweilt entlassen würden, wenn der Kaiser zuvor seine Werbungen einstellte, die nach der Aussage friedhässiger Leute gegen sie gerichtet wären; denn sie könnten, solange sie von Krieg und Überfall bedroht wären, die Rüstung nicht wohl ablegen, begehrten aber nichts anderes, als nach wie vor des Kaisers gehorsame und treue Untertanen zu sein.

In Hinblick auf die Geldnot des Kaisers, die ihm nach Khlesls Ansicht das Kriegführen unmöglich machte, spielte der Erzherzog Maximilian auf Khlesls großes Vermögen an, womit er aushelfen könne; aber darauf wollte sich der Erzbischof nicht einlassen, machte vielmehr ein großes Aufheben von den Summen, die er Matthias schon vorgestreckt und nicht zurückerhalten habe. Maximilian jedoch brachte dies Vermögen nicht aus dem Sinn: sie wären aus aller Verlegenheit und hätten, was sie brauchten, sagte er zu Ferdinand, wenn sie dem losen Buben sein Recht zuteilwerden ließen und sein Hab und Gut, das ohnedies erstohlen wäre, dem Kaiser zufiele. Mit einem Galgen, einem Strick und dem rechten Mann daran wolle er ganz Österreich und Böhmen und das Reich dazu in Ordnung bringen.

Während in Böhmen die Rüstung in vollem Gange war, führten die Verhandlungen des Kaisers mit den Ungarn so weit zu einem Verständnis, dass am 1. Juli Ferdinands Krönung in Preßburg vorgenommen werden konnte. Khlesl hatte es sich nicht nehmen lassen, mit zu der Feier zu reisen, wiewohl sein Herz nicht festlich gestimmt war, und sah mit anderen Herren von einem Balkon des erzbischöflichen Palastes, in dem er wohnte, dem in der mächtigen Sommersonne funkelnden Aufzuge zu. Eben als ein Esterhazy mit seinen bewaffneten Untergebenen vorüberritt und Khlesl sich, um ihn besser zu sehen, über die Balustrade beugte, schwirrte der Bolzen einer Armbrust hart an ihm vorbei und blieb in der Wand des hinter dem Balkon liegenden Zimmers stecken. Indes die Herren hineilten, das noch zitternde Geschoss betrachteten und sich über den Zufall verwunderten, ließ sich Khlesl in einen Sessel fallen und trocknete mit einem Tüchlein den Schweiß von der Stirne. »Das war kein Zufall«, sagte er mit schwacher Stimme, »es war ein Gruß für mich von der Fortuna.« Das sei eine stachelige Sprache für ein Frauenzimmer, lachten die Herren, worauf Khlesl sagte, es sei ihr Abschiedsgruß, dabei pflegten die Weiber, habe er sagen hören, mehr zu beißen als zu küssen. Dies gab wiederum zu Scherzen Anlass; denn es war bekannt, dass Khlesl von den Frauen nichts wissen wollte, auch niemals mit ihnen zu tun gehabt hatte; aber heimlich waren alle einerlei Meinung darüber, wo der Schuss seinen Ursprung genommen hätte. Die Nachforschungen, die angestellt wurden, ergaben nichts, niemand wollte von der Sache etwas gesehen haben, und Khlesl kehrte mit bedrücktem Herzen nach Wien zurück.

Dort bereitete Maximilian schleunig die Gefangennahme Khlesls vor, wozu Ferdinand seine Einwilligung gab, um dem Kirchenfürsten wenigstens das Leben zu sparen. Der Umstand, dass Matthias gerade das Bett hütete, erleichterte es ihnen, unvermerkt die Vorbereitungen zu treffen: Sie ließen nämlich einen verdeckten Gang von der Burg nach der Bastei errichten, durch welchen der verhaftete Kardinal in der Stille sollte abgeführt werden, damit nicht etwa das Volk zusammenliefe und ein Lärmen entstände.

Als Khlesl am Vormittage zum Kaiser fahren wollte, kam gerade der Nuntius zu ihm und sagte, er solle doch heute nicht auf die Burg, es habe ihm hässlich geträumt und er fürchte, es werde ihm dort etwas Widerwärtiges begegnen. Nein, sagte Khlesl, er habe niemals etwas auf Träume gehalten; dass seine Feinde Widriges im Sinne hätten, wisse er wohl; aber er vertraue auf den Kaiser, der werde seinen treuen Diener nicht unbeschützt lassen. Er wolle nichts gegen den Kaiser oder sonst jemand anbringen, sagte der Nuntius; aber es liefe doch in dieser Zeit viel Hass und Widerwillen unter, und sich der Gefahr nicht auszusetzen wäre nicht Feigheit, sondern Klugheit. Wolle aber Khlesl durchaus fahren, so solle er ihn mitnehmen und in seiner Herberge absetzen. Als der Wagen in einer engen Gasse durch eine Herde Schweine etwas aufgehalten wurde, sagte der Nuntius wiederum, dass dies ein merkliches Zeichen wäre, und Khlesl beugte sich aus dem Wagenfenster, um dem Kutscher zuzurufen, er solle umkehren; da jedoch im selben Augenblick der Wagen weiterfuhr und Khlesl durch den Ruck auf den Sitz zurückgeworfen wurde, schüttelte er den Kopf und sagte traurig, er wolle es nun seinen Lauf nehmen lassen.

Im Flur der Burg standen Bewaffnete, welche nicht zur Leibgarde des Kaisers gehörten und den Kardinal nicht in der üblichen Weise grüßten, was ihm einen peinlichen Eindruck machte; aber er fasste sich und stieg die Treppe hinauf, die zu den Gemächern des Kaisers führte, dessen Nähe ihn doch auch wieder beruhigte. Im Vorgemach trat ihm sogleich ein Vertrauter der beiden Erzherzöge entgegen und forderte ihn kurz auf, Hut und Mantel abzulegen, dagegen einen bereitliegenden schwarzen Umhang zu nehmen und den wartenden Offizieren, Dampierre und Collalto, zu folgen. Er erhebe Protest, sagte Khlesl, im Namen des Kaisers und des Papstes, hatte aber kaum ausgesprochen, als Dampierre ihn unter Schimpfworten hart anfuhr, er solle gehorchen, sonst werde man Gewalt mit ihm gebrauchen. Khlesl, der vor Schrecken zitterte, überlegte blitz-schnell, ob er versuchen solle, zum Kaiser durchzudringen, oder ob sonst ein Entrinnen möglich sei; aber da er nirgends eine Zuflucht vor der Übermacht sah, ließ er sich ohne Widerrede umkleiden und von den bei-den Offizieren durch den verdeckten Gang treiben, an dessen Ende eine Kutsche bereitstand, die ihn in schneller Fahrt durch Steiermark nach Ti-rol brachte.

Nachdem der Kardinal auf diese Weise entfernt war, erübrigte noch, das Geschehene dem Kaiser beizubringen. Maximilian und Ferdinand traten an sein Bett, teilten ihm mit, dass dem Kardinal an seinem Leibe kein Schaden zugefügt werden solle, dass sie ihn nur in festem Gewahr-sam halten würden und dass dieses zum Besten des Kaisers und der Ge-samtfamilie nötig sei. Solange Khlesl regiere, würde es nie zum Kriege kommen, und die böhmischen Herren würden zuletzt den Kaiser selbst zum Fenster hinauswerfen. Ob er dazu stillhalten wollte? Er solle auch bedenken, dass sie zu Kaiser Rudolfs Lebzeiten ebenfalls das Wohl der Gesamtfamilie im Auge gehabt hätten, sich nicht wundern, wenn sie jetzt auf das gleiche abzielten, und solle der Welt gegenüber sich so anstellen, als sei Khlesls Gefangennahme auf seinen Befehl geschehen.

Während Matthias schweigend zu weinen anfing, jammerte die Kaise-rin laut, Khlesl sei ihr einziger Freund gewesen, sie wisse recht wohl, wo-rauf die Erzherzöge abzielten, nämlich auf ihres Mannes Krone, der ih-nen zu lange lebte. Das wollten sie Gott anheimstellen, sagte Maximilian, und Ferdinand fügte hinzu, sein Gewissen sei rein, sie wollten Matthias vielmehr die Krone fester aufs Haupt drücken. Matthias rief kläglich, er begehre ihrer Hilfe nicht, Khlesl sei sein wahrer Bruder und Freund, den wolle er wiederhaben; allein er hatte das Gefühl, dass offenes Widerstre-ben ihm nur selbst Gefahr bringen konnte, und fügte sich in das Unver-meidliche.

Im Spätherbste des Jahres 1581 fand in dem niederländischen Orte Vaux das Begräbnis des Maximilian von Longueval, Grafen von Buquoy statt, der bei der Belagerung von Tournay an der Seite des Gouverneurs der Niederlande, Alexander Farnese, Herzogs von Parma, gefallen war. Von dem Fenster eines vornehmen Hauses sah sein zehnjähriger Sohn Karl

Bonaventura den festlich trauernden Zug durch die enge Straße marschieren: Voran schritt das Regiment des Grafen mit der florverhüllten Fahne, dann folgte der von Rittern getragene, von einem schwarzen Tuch verhängte Sarg, auf welchem sein Wappen, seine Orden und Ehrenzeichen lagen, dann sein mit schwarzem, nickendem Federbusch gekröntes Leibross und die von ihm im Kriege erbeuteten, entfalteten Fahnen, worauf wieder Abteilungen von Soldaten und geistliche Körperschaften folgten, denen je eine Gruppe Trompeter voranging und sie mit langsamem, starkem Blasen ankündigten. Nachdem die Zeremonien vorüber waren, begrüßte Alexander Farnese die Witwe seines verstorbenen Freundes und erkundigte sich nach den Plänen für die Zukunft ihres einzigen Sohnes. Der herbeigerufene Knabe, der stumm mit heißen Backen und großen Augen auf die Straße gestaunt hatte, nahm tief aufatmend das Wort und sagte, dies sei ein herrlicher Tag gewesen; er wolle werden, was sein Vater gewesen sei, damit er einst mit ebensolcher Pracht zur Erde bestattet werde. Bei sich dachte der Kleine, er werde es vielleicht dahin bringen, dass auf seinem Sarge der Orden des Goldenen Vlieses, des höchsten in der Christenheit, liegen werde, der seinem Vater noch fehlte. Dem Herzog von Parma gefiel der freimütige Ehrgeiz des jungen Buquoy, und er begünstigte ihn, solange er noch lebte; sobald es anging, rückte der Jüngling in die Würden seines verstorbenen Vaters ein und erwarb sich im spanischen Kriege gegen Holland neue. Diesen berühmten Offizier wünschte Matthias, sobald er Kaiser geworden war, in seinen Dienst zu bringen, und gewann auch dazu die Einwilligung des Königs von Spanien sowie seines Bruders, des Erzherzogs Albert, der inzwischen als Gemahl der Tochter Philipps II., Isabella, Gouverneur der spanischen Niederlande geworden war. Buquoy selbst jedoch hatte keine Lust dazu; denn nachdem er im Jahre 1612 das Goldene Vlies erhalten hatte, war sein Ehrgeiz im Wesentlichen befriedigt, abgesehen davon, dass die als kaiserlicher Feldmarschall bei den Kämpfen im Reiche etwa zu erringenden Lorbeeren ihm mit den seinigen verglichen etwas windig vorkamen. Wien samt der Hofburg und dem Kaiser machte ihm, wenn er an Brüssel dachte, einen zurückgebliebenen Eindruck: da war keine Aristokratie, denn die evangelischen Adligen zählte er nicht, sondern alles in allem ein knauseriges, bürgerliches Wesen. Indessen, da die böhmische Revolution ausbrach, konnte er sich dem vereinten Drängen des Kaisers, des Königs von Spanien und des Erzherzogs Albert nicht mehr widersetzen und tröstete sich mit der Versicherung des Letzteren, er werde die böhmischen Ratten bald abgefangen und ausgeschwefelt haben und könne dann reich belohnt zu Heimat und Familie zurückkehren, ließ sich auch den Titel eines kaiserlichen Rattenjägers, den ihm die Kameraden scherzweise anhängten, mit guter Miene gefallen.

Auch am Wiener Hofe hörte er mit Geringschätzung von dem böhmischen Krawall sprechen, freilich auch mit Erbitterung im Kreise der Anhänger Ferdinands, während der Kaiser sich dahin äußerte, es handle sich nur darum, den Böhmen einen Ernst zu zeigen oder etwa eine kleine Niederlage beizubringen, damit sie sich zu einem anständigen Frieden bequemten. Da er nun nicht mehr ausweichen konnte, verkaufte Buquoy wenigstens seine Dienste teuer, nämlich er verlangte 2000 Gulden Gehalt für den Monat, außerdem eine Entschädigung von 13 000 Gulden im Jahre und endlich, beim Abschlusse des Vertrages, ein Geschenk von 6000 Brabanter Kronen. Freigebig wurden ihm dazu noch Aussichten auf liegende Güter in Böhmen gemacht, welche man den besiegten Rebellen abnehmen würde; denn man hoffte ihn durch großen Gutsbesitz an den Dienst des Kaisers zu fesseln.

Zuversichtlich, aber weniger fröhlich als in seinen Jugendtagen zog Buquoy dem Kriegsschauplatze zu, von wo bald lauter böse Nachrichten einliefen. Er befinde in Böhmen alles anders, als man ihm ausgemalt habe, schrieb er unmutig und niedergeschlagen an den Kaiser; die Böhmen seien keineswegs so untüchtig in der Kriegführung und zusammengelaufene Haufen, als welche man sie in Wien habe darstellen wollen, sondern kämpften grimmig, sodass er ihnen nicht habe beikommen können. Für ein Gut in diesem Lande bedanke er sich, denn es liege ihm nichts daran, sich zwischen einer Herde von Wölfen seines Lebens zu wehren.

Durch ein geschicktes Zusammenwirken mit dem Obersten Dampierre hätte Buquoy sich wohl eher helfen können; allein diese beiden konnten sich durchaus nicht vertragen, da Dampierre sich dem Buquoy nicht unterordnen wollte und dieser jenen als einen rohen Menschen ohne adlige Sine verachtete, und außerdem, da Dampierre, als eine Kreatur Ferdinands, den Krieg keineswegs so gelinde führen wollte wie der Feldmarschall des Kaisers, dem es auf eine schleunige Versöhnung mit dem Gegner ankam.

Zu diesen bedenklichen Nachrichten aus Böhmen kam nun im November noch das Erscheinen des Kometen, um den Kaiser zu ängstigen, der sich ohnehin, seit ihm Khlesl so unverhofft von der Seite gerissen war, trübseligen Befürchtungen hingab. Die Ärzte verordneten ihm, um seine Lebenskraft anzuspornen, bald eine Luftveränderung, bald ließen sie ihn purgieren, aber es blieb beim Alten, nicht einmal das dünne Süpplein, das er durch ein Rohr einsog, schmeckte ihm mehr. Zuerst verschaffte es ihm eine gewisse Erleichterung, als im Dezember die fettleibige Kaiserin plötzlich starb; denn nun schien sich die Drohung des Kometen auf sie bezogen zu haben; aber andererseits vermisste er ihr freundliches, unterhaltliches Wesen und verging vor Kummer und Langerweile in den Stunden, wo er sonst mit ihr beim Brettspiel gesessen hatte. Auch verschwand der unheilvolle prophetische Finger nicht vom Himmel, sondern wies unverwandt auf ihn, das weltliche Haupt der Christenheit, als welcher mitsamt seinen verübten Freveln vom Erdboden hinweg müsse, vielleicht durch eine Sündflut sondergleichen weggeschwemmt.

Mansfeld lag, als Feldherr der böhmischen Stände, mit dem im Dienste des Herzogs von Savoyen angeworbenen Heere vor der Stadt Pilsen, die sich mit Berufung auf den Kaiser geweigert hatte, die Prager Direktoren anzuerkennen.

Der Oktober war licht, lauter und überreich an Früchten, es fehlte nicht an Nahrung im Lager. Ein Häuflein Soldaten lagerte um die Geschütze herum, die sie zu bedienen hatten, und verspotteten, nach der Mauer blickend, den Feind, der nicht treffen könne. Nur der Scharfrichter, hieß es, verfehle nie das Ziel, weshalb man glaubte, dass er im Besitze von Freikugeln sei. Mit diesem hatte Mansfeld eine verhängnisvolle Begegnung gehabt: Da er sich nämlich einmal der Mauer allzu sehr näherte, ritt ein Leutnant dicht an ihn heran und bat ihn, sich zurückzuziehen, damit ihn nicht der Scharfrichter, der auf der Wache sei, aufs Korn nehme. Mansfeld, der ungern vor einer Gefahr zurückwich, rief zürnend nach der Mauer hinüber: »Seid ihr ehrliche Bürger und Bauern, dass ihr an eines Scharfrichters Seite schießen müsst?«, worauf augenblicklich eine Stimme, nämlich die des Scharfrichters, zurück höhnte:

»Kämpft ihr doch gar unter einem Bastard!« Über diesen Vorfall plauderten die bei den Geschützen, als ein junger Mensch namens Blasius aus Graz prahlte, er fürchte den Henker nicht und wolle sich kalten Bluts dicht an den Festungsgraben stellen und der Besatzung auf der Mauer zutrinken. Die Kameraden schüttelten zweifelnd den Kopf, andere meinten, er sei vielleicht fest oder trage irgendein Amulett bei sich, das ihn schütze. Er trage allerdings einen Georgentaler, sagte Blasius, aber er sei bereit, denselben vorher abzulegen, wenn die Kameraden nach glücklich vollbrachtem Wagnis drei Taler daraufleegen wollten. Nachdem sie über die Wette einig geworden waren, ergriff er einen vollen Krug, ging hurtigen Schrittes bis zum Graben und schwenkte ihn gegen die Mauer, wobei er herausfordernde Worte rief. Sofort rührte es sich auf dem Wall, und einige Schüsse fielen, Blasius jedoch drehte sich geschickt auf den Fersen um, bückte sich, raffte eine Kugel auf, warf sie in die Luft und verbeugte sich wie nach einem gelungenen Kunststück gegen die Stadt; dann ging er wieder dem Lager zu, wobei er Bedacht nahm, einen gemessenen Schritt einzuhalten. Der Zufall wollte, dass Mansfeld dazukam, als die Kameraden den jungen Wagehals glückwünschend umringten; er lächelte beifällig und reichte ihm ein paar Dukaten, indem er hinzufügte, er habe gerade Geld aus Turin erhalten und sei nicht gewohnt, das schwere Metall lange in der Tasche zu behalten.

Bei den Geschützen wurde auf diesen Glücksfall hin gewürfelt und gezecht. Schon drehte sich die Ampel der Sterne im Schoße der Nacht, als ein Zank unter den Spielern entstand, weil der Blasius einen andern beschuldigte, falsche Würfel untergemengt zu haben. Dieser verteidigte sich durch die Gegenbeschuldigung, Blasius habe trotz des Georgentalers noch irgendeinen Teufelszauber bei sich gehabt, und jeder von ihnen hätte auf diese Weise den Mutigen spielen und den Gewinn davontragen können. »Wenn ich einen Zauber hätte«, rief Blasius, »so brauchtet ihr nicht neidisch zu sein. Ihr könntet euch auch einen verschaffen, wenn ihr den Mut hättet.« Wie sie nun in ihn drangen, das Geheimnis zu bekennen, er sich weigerte, sie ihn zwingen wollten, wurde der Streit toller, und die Raufenden kamen erst zur Besinnung, als Blasius erstochen war.

Geheul und Geschrei zog den Profosen herbei, der Miene machte, Hand an die Schuldigen zu legen, aber einlenkte, als ihm ein paar von Mansfelds Goldstücken in die Hand geschoben wurden. Er hatte früher in einer Türkenschlacht ein Auge verloren und pflegte über die leere Höhle kreuzweise zwei Streifen schwarzer Seide zu kleben; aus dem übrig gebliebenen Auge schoss er jetzt einen schnellen Schlangenblick auf den ärgsten Raufer, wie um ihm ein Merkmal einzuätzen, und beschloss, ihn bei der nächsten Gelegenheit, die nicht ausbleiben würde, zu hängen. Ein gleichfalls herbeigeholter Pfarrer bückte sich über den verscheidenden Blasius und hörte dessen geflüsterte Beichte: es habe ihm kürzlich eine Zigeunerin geweissagt, er werde nicht vor dem Feinde, sondern bei einem Zwist mit Freunden fallen, das habe ihn so kühn gemacht; verbotene Künste habe er nicht getrieben, sondern sterbe als ein guter Christ in Erwartung der himmlischen Seligkeit.

Trotz mehrmonatiger Belagerung war noch immer keine Aussicht, Pilsen zu nehmen. Die durch ihre Lage und vortreffliche Befestigung ohnehin für uneinnehmbar geltende Stadt erfreute sich eines tüchtigen Kommandanten, Fels von Dornheim, der ein gutes Einverständnis zwischen Bürgerschaft und Besatzung wahrte, sodass die Soldaten sich genügender Verpflegung erfreuten; das Belagerungsheer dagegen begann allmählich Not zu leiden und über Untätigkeit und ausbleibenden Sold zu murren. Die Direktoren schickten noch immer kein Geld, sondern ermahnten Mansfeld von Zeit zu Zeit, sich entscheidender Aktionen, durch welche Pilsen einigermaßen in extremis versetzt würde, zu enthalten, denn der Kaiser möchte eine ernstliche Gefährdung der ihm ergebenen Stadt als rebellisch und unrespektierlich empfinden. Einmal erhielt er sogar Befehl, die Belagerung aufzuheben, und zog wirklich ab, jedoch um zurückzukehren, als bald hernach ein Gegenbefehl eintraf.

Fels von Dornheim hatte eine einzige Tochter, die mit einem Obersten verheiratet war und die er herzlich liebte. Diese kam eines Tages zu ihm und klagte über ihren Mann, dass er sie, seit sie in Pilsen wären, vernachlässige und übel behandle, dass er ein Liebesverhältnis mit einer von den Klosterfrauen angeknüpft habe, die vor den Mansfeldischen in die Stadt geflüchtet wären und sich hier die Zeit mit weltlichen Händeln vertrieben.

Dornheim streichelte zuerst das liebe Gesicht der Frau, die ihm glich, und tröstete sie ein wenig zögernd damit, dass das nun leider einmal die Weise der Männer sei und dass er sich am ersten wieder zu ihr und ihren Kindern finden würde, wenn sie geduldig zuwarte. Das habe sie wochenlang getan, entgegnete sie, ihr Lohn sei aber gewesen, dass er sie ins Gesicht geschlagen hätte, als sie ihm zum ersten Mal seine Untreue in gelinden Worten vorgehalten habe. Ihre schön umsäumten Augen flammten schwarz vor Zorn und Scham; lieber, sagte sie, als solche Schmach ferner zu ertragen, wolle sie mit ihren Kindern an der Hand ins Elend wandern. Der Kommandant ging mit großen Schritten im Zimmer auf und ab, während er mehrmals zornig hervorstieß; »Das ist zu viel! Das erleidet kein Dornheim!« Dann legte er den dunklen Kopf der Tochter an seine Brust und sagte beschwichtigend, er wolle ihren Mann zur Vernunft bringen, sie solle ihm vertrauen; solange er lebe, solle sein Kind nicht wie ein Bauernweib geschlagen werden oder ins Elend wandern. Sie lächelte unter Tränen zu ihm auf, und ihr Blick verweilte zärtlich auf der festen, breiten Gestalt des Vaters und auf seinem blühenden, rotbraunen Gesicht, aus dem die Augen so herzlich und sicher heraussehen konnten.

Die Unterredung mit dem Schwiegersohn, die den Kommandanten nicht wenig beunruhigte, verlief bequemer, als er gedacht hatte, und ziemlich zufriedenstellend; wenigstens versprach er, der vor Dornheim viel mehr Angst hatte, als dieser ahnte, Besserung in jeder Hinsicht, das schuldige Verhältnis mit der Verführerin, an der er kein gutes Haar ließ, abzubrechen und seine Frau mit gebührender Rücksicht zu behandeln. Eine Versöhnung wurde zuwege gebracht, bei der der Mann weinte und schluchzte und die junge Frau blass und verschlossen dreinschaute. In seiner Freude lud Dornheim den Schwiegersohn und einige andere Offiziere auf den Abend zu einem Bankett ein und trank mehr als gewöhnlich, während er sich sonst, namentlich während der Dienstzeit, eher durch Mäßigkeit auszeichnete. Doch war er besonnen genug, um Mitternacht die Tafel aufzuheben; vor dem Zubettgehen, sagte er, wolle er noch eine Runde um den Wall machen; er fühle sich wach und nüchtern, als sei er eben aufgestanden, setzte er fröhlich hinzu, indem er seine kräftige Gestalt reckte. Von einigen Fackelträgern begleitet, traten sie den Rundgang an, bei dem Dornheim ziemlich festen Fußes voraufging, während die anderen, berauscht und schläfrig, ihm nachstolperten. Sie waren bei dem sogenannten Badehause angekommen, das ein Hauptziel der Belagerer war, als Dornheim stillstand, weil er ein Geräusch gehört zu haben glaubte; es rührte von einem Arkebusier bei den Mansfeldischen her, der auf dem Bauche bis an den Stadtgraben gekrochen war in der Hoffnung, etwa Gelegenheit zu einer kühnen Tat zu finden. In dem Augenblick, wo Dornheim, einem der begleitenden Soldaten die Fackel aus der Hand nehmend, sich zum Graben hinunterbeugte, legte der versteckte Schütze an und traf den feindlichen Kommandanten so gut ins Herz, dass er, nur noch einen einzigen Seufzer ausstoßend, tot vornüber in die Tiefe stürzte.

Sein Schwiegersohn wurde sein Nachfolger; allein unter seinem launischen Regiment, denn er ließ bequemer Nachsicht unvermittelt bösartige Härte folgen, wurde die Mannszucht der Besatzung locker, die Einwohnerschaft ihrer überdrüssig, und die Verteidigung fing an, dem Feinde allerlei Blößen zu zeigen. Da nun auch endlich von Prag aus Mahnungen an Mansfeld kamen, er solle Ernst gebrauchen, schritt er zum Sturme und konnte in der Frühe des 22. November als Sieger in die eroberte Stadt einziehen.

Vor Pilsen erkrankte einer der reichsten böhmischen Standesherren, Albrecht Johann Smirsitzky, und starb in seinem Hause in Prag, wohin er sich hatte bringen lassen. Er war mit der Prinzessin Amalie von Hanau, einer Enkelin Wilhelms I. von Oranien, verlobt gewesen, die den Bräutigam tief betrauerte und ihr Bild an einer Kette nach Prag schickte, damit es zu ihm in den Sarg gelegt werde. Der junge Mann, der ein wildes und liederliches Leben geführt hatte, war in ihren Augen ein Glaubensheld, da er sich bei der Defenestration der katholischen Räte als einer der Eifrigsten mit eigener Hand beteiligt hatte, und sie hielt sein Andenken heilig. Noch bevor ein Jahr verflossen war, heiratete sie den nunmehr ältesten Sohn des Landgrafen von Hessen-Kassel, Wilhelm, dem sie zwar nicht an Bildung, aber an Gesundheit und Tatkraft überlegen war und der sich ihr mit ganzem Herzen hingab.

Spät an einem Dezemberabend des Jahres 1618 in Straßburg begab sich der Professor der Geschichte Matthias Bernegger mit seinen Schülern zum Münster, um den seit einiger Zeit sichtbar gewordenen Kometen zu betrachten. Bernegger hatte der Religion wegen seine oberösterreichische Heimat verlassen müssen und an der Straßburger Akademie eine Anstellung gefunden. In seinem Hause, das ein fröhlicher Sinn und tätiger Geist belebte, wohnten stets einige Studenten, die liebevoll und dankbar an ihm hingen, nicht selten aber auch ihn ausnützten und betrogen. Dies pflegte seiner Liebe keinen Eintrag zu tun, wie er denn immer mit innigem Anteil von dem Schlesier erzählte, der lateinische Verse aus dem Stegreif machte, zur Mandoline sang und, wenn er ihm Geld abborgte, ihn so unschuldig schelmisch ansah, als ob er ihm im Voraus zu verstehen geben wollte, dass er es nie zurückgeben werde. Ebenso von jenem Basler, der durchaus nichts lernte, sei es, dass er es nicht konnte oder dass er keine Lust dazu hatte, aber seiner Frau in der Küche so anstellig zur Hand ging, dass sie nicht mehr ohne ihn fertig werden konnte, der freilich auch einen ärgerlichen Handel mit einer Dienstmagd anstellte, sodass Bernegger um seinetwillen bittenderweise bei den Ratsherren umherlaufen und bei Freunden eine Anleihe machen musste, um den Schaden einigermaßen zu decken. Noch mehr Not hatte er mit dem von Küssow, einem jungen Pommer, auszustehen, der sich betrank und niemals bezahlte und, wenn Bernegger einen Zweifel aussprach, ob er auch zu dem Seinigen kommen würde, stolz entrüstet sagte, er sei von uraltem deutschem Adel, wolle lieber das Leben einbüßen als die Ehre und fordere jeden vor sein Schwert, der ihm zu nahe träte. Er war faul und begriff nichts, konnte aber gut rechnen und löste, wenn er nüchtern war, die längsten und schwierigsten Aufgaben so geschwinde, als ob sie ihm jemand einbliese.

Während der kleine Trupp, von einem Laternenträger geführt, durch die nebelerfüllten Gassen schritt, erzählte Bernegger von dem Kometen und seiner etwaigen Bedeutung. Viele glaubten, sagte er, ein Komet zeige insbesondere den Tod hoher Herren an, und nachdem kurz vor seinem Erscheinen der Erzherzog Maximilian, sechzigjährig, gestorben sei, habe man ja nun auch den Tod der Kaiserin Anna erfahren müssen, und von bedenklicher Leibesschwäche des Kaisers werde viel gefabelt. Andere bezögen die drohende Fackel mehr auf Krieg und Pest, und auch das könne ja nur allzu leicht eintreffen, da von gewisser Seite, nämlich von den Jesuiten, ungescheut zum allgemeinen Kriege aufgerufen werde und der Krieg schon für sich eine Pest sei. Er wolle ihnen, seinen Schülern, aber nicht verhalten, dass Einzelne, zum Beispiel der große Kepler, den er mit Stolz seinen Freund nenne, von solchen Andeutungen nicht viel hielten, indem Kepler auf alle Erscheinungen der Welt die physikalischen Gesetze angewendet wissen wollte, welche wohl Gottes Größe im Allgemeinen offenbaren, nicht aber seinen Willen in Bezug auf die menschlichen Geschicke im Einzelnen. Er wies auf Keplers großes Werk von der Harmonie der Welt hin, wonach die ganze Welt mit Einschluss der Erde in sich zusammenhänge und durch sich bestehe; freilich wären dies alles gefährliche Wahrheiten oder gar nur Hypothesen, denen vorzüglich die Jugend sich nur behutsam nähern dürfe.

Unter solchen Reden gelangten sie bis dicht vor die plötzlich aus dem dunstigen Dunkel auftauchende Mauer des Münsters, und indem Bernegger seine Herde überblickte, bemerkte er, dass der Pommer fehlte. Wo denn der von Küssow geblieben sei?, fragte Bernegger erstaunt die anderen. Den lockten andere Sterne, sagten die jungen Leute lachend, er werde wohl in irgendein Seitengässchen entschlüpft sein. Bernegger schüttelte seufzend den Kopf und sagte: »Hätte der junge Böotier nicht auf dem Heimwege davonlaufen können?

Inzwischen hatte der durch ein Glockenzeichen herbeigerufene Turmwärter das Pförtlein geöffnet und versicherte während des Aufstiegs, dass der Himmel klar sei; der Nebel liege nur wie ein ausgebreitetes Laken über den Dächern. In der Tat empfing die aus dem engen Schacht auf die Plattform Tretenden der klare Raum, aus dem alles Trübe, Dunstige und Schwere ausgeschieden und in die Tiefe hinabgestoßen zu sein schien; neben sich sahen sie den schlanken Turm wie einen Speer in die diamantene Luft schweben. Bernegger lehnte sich an die Mauer und blickte ein wenig betäubt in das festliche Gewimmel der Sterne. Haben etwa doch diejenigen recht, dachte er, welche behaupten, es sei unerlaubt, natürliche Gesetze auf die göttlichen Geheimnisse anzuwenden? Ist es nicht Frevel von uns Zwergen, das grenzenlose Kleid Gottes ausmessen zu wollen? Uns einzubilden, Gott, der ohne Anfang und Ende ist, der aus dem Nichts schafft, teile mit uns kurzlebigen Würmern dieselben Gesetze? Gleichzeitig dachte er mit Bewunderung des Mannes, der mit mächtigem Finger in das Flammenchaos ewige Linien schrieb, und es schien ihm, als könne Gott dem wagenden Geiste, der sich seinen Spuren nachschwang, um ihn zu erkennen, nicht zürnen.

Sich zu seinen Schülern wendend, fragte er plötzlich, was denn nach ihrer Meinung den Menschen vom Tiere unterscheide?, und erhielt zur Antwort, das tue der Gedanke. »Wohlan«, sagte Bernegger, »misstrauet immer denen, die euch abhalten wollen zu denken; aber vergesst niemals, dass das Denken von Gott stammt und zu Gott führen muss.« Dann zeigte er ihnen die Planeten, welche sichtbar waren, die Sternbilder und den Kometen, der seinen ansehnlichen Schweif quer durch die Milchstraße zog. »Gleicht er nicht«, sagte er, »einem wütenden Stier, der blind in eine Herde fromm weidender Kühe hineinstürmt?« Verhoffentlich wäre dies Himmelsbild kein Vorspiel der Zukunft, sondern diente den streitenden Menschen zur Warnung, dass sie lieber die Rosse vor den Pflug schirrten und die Erde sich zum Nutzen pflegten und schmückten, anstatt sie durch ihre Hufe zerstampfen zu lassen.

Er habe immer gehört, sagte der Turmwart ein wenig missvergnügt, dass die Kometen die notwendige Bestrafung der Menschen anzeigten und deshalb auch die Gestalt einer Zuchtrute hätten, welche Gott drohend aushänge. Auch sei er überzeugt, dass zu keiner Zeit die Menschen mehr und gründlicher ein Strafgericht verdient hatten durch Bosheit, Lüge, Abgötterei und Ruchlosigkeit aller Art, sodass es ihn nicht wundernehmen würde, wenn Gott sie allesamt mit einem Staubbesen wie Sodom und Gomorrha von der Erde fegen sollte.

Es sei im Plutarch zu lesen, erzählte Bernegger, dass vor der Verschüttung der Städte Herkulaneum und Pompeji durch den Vesuv ein rot geschwänzter Komet mehrere Monate am Himmel gestanden habe. Auch jetzt vernehme man wieder von einem Rumoren und Zischen im Innern des Vesuvs, und sei es ja wohl möglich, dass die durch den Kometen in der Sternenwelt hervorgerufene Unordnung sich im Bauche des Erdplaneten spiegle.

Einer der Schüler bemerkte, dass Italien der Sitz des Antichrist sei und die geweissagte Katastrophe also füglich dort Platz greifen könnte, vielleicht stehe gar der Umsturz der päpstlichen Tyrannei bevor.

Bernegger schüttelte den Kopf; Venedig habe den Stuhl des Papstes wohl ein wenig ins Wanken gebracht, aber nun stehe er fester als zuvor.

Die Böhmen seien doch aber in Aufruhr und wollten einen evangelischen König, sagte der Schüler. Wenn sich alle Österreichischen Länder ihnen anschlössen, so könne etwa noch von dort aus die gereinigte Kirche über ganz Europa wachsen.

Er möchte lieber wünschen, sagte Bernegger, das Feuer bliebe auf Böhmen beschränkt und man könnte, wie man bei Waldbränden zu tun pflegte, durch Ausroden ringsum eine Insel aus dem Lande machen, von der die Funken nicht anderswohin übersprängen und zündeten. Schließlich aber könnten sie auf alle Fälle Gott danken, dass sie in der freien Stadt Straßburg wie auf einem glückseligen Eiland säßen, hinter dessen guten

Mauern und Rechten man den Kriegsschwall nur wie fernes Meerbrausen höre.

In der Stadt Straßburg, murrte der Turmwart, sei es auch nicht mehr, wie es sein solle, wer die Augen offen halte, könne auch hier den leidigen Teufel durch die Gassen schwänzeln sehen, und man müsse sich nur der Langmut Gottes verwundern, mit der er die gebührende Strafe noch immer verhalte.

Bernegger, der wusste, dass er als Ausländer und Reformierter in der lutherischen Stadt missbilligt wurde, bezog diesen Tadel nicht mit Unrecht auf sich und schwieg ein wenig kleinlaut, aber er fasste sich wieder und sagte lächelnd, sie wären sich wohl alle mannigfacher Unvollkommenheit und Übertretung bewusst, und so täten sie allesamt am besten, auf die Gnade Gottes zu hoffen, von welcher der Sternenbogen, der schon seit Jahrtausenden ungetrübt über der menschlichen Verworrenheit stehe, ein tröstendes Bild sei.

In der Mitte des Monats März wehte der Wind aus Süden und schien die Sonne so warm, dass die Ärzte dem Kaiser Matthias eine Ausfahrt empfohlen, von welcher er jedoch statt erheitert bitterböse zurückkam, sodass seine dünnen, von faltiger Haut umschlotterten Hände hin und her zitterten. Er pflegte nämlich bei Ausfahrten Zuckerwerk unter die Kinder auszuteilen, die seinem Wagen nachliefen, und als er nun aus dem Sack, den man ihm hingelegt hatte, ein Stück herausnahm, um daran zu lutschen, merkte er, dass es ein Kieselstein war und dass die ganze Tüte nur von solchen voll war. Es entstand ein Laufen unter der Dienerschaft, ein Koch schob die Schuld auf den Konditor, der es wieder auf seine Ausläufer ablud, und endlich wurde dem Kaiser gemeldet, es habe gerade an Geld gemangelt, und da sei der Gewürzkoch auf den Einfall mit den Kieselsteinen gekommen, weil es ohnehin nur für die heillosen Gassenbuben sei; er bitte nun aber demütig um Verzeihung und wolle sogleich aus seiner Tasche gutes echtes Zuckerwerk unter die liebe Jugend verteilen lassen. Das kleine zusammengeschnurrte Gesicht des Kaisers nahm wieder einen freundlichen Ausdruck an, indem er sich zufrieden erklärte, doch klagte er noch ein wenig über die böse Welt, mit der es nun schon so weit gekommen sei, dass man sogar die schuldlosen Kindlein betröge.

Am folgenden Tage blies der Föhn so stark, dass der Kaiser keine Ausfahrt wagen konnte, und er lag kläglich von Schmerzen geplagt in seinem Bette, von den Ärzten vertröstet, dass sie mit dem verderblichen welschen Winde wieder vergehen würden. Zwei Räte statteten ihm Bericht von den Geschäften ab, wie sich der König Christian von Dänemark beschwere, dass der Graf von Schauenburg zum Reichsfürsten ernannt sei und sich obendrein Fürst zu Holstein nenne, was eine unleidliche Provokation für ihn als Herzog von Schleswig-Holstein sei. Ferner hielt sich der König über das Reichskammergericht auf, welches entschieden hatte, dass die Stadt Hamburg eine freie Reichsstadt sei, und ermahnte den Kaiser, den Übermut und die Anmaßlichkeit der hansischen Städte nicht aufkommen zu lassen, welche sich als eine selbstständige Körperschaft gebärdeten und schweizerische und holländische Grundsätze ins Reich einführen wollten, wonach man denn die Fürsten ausstopfen und in die Raritätenkammer stellen könnte. Es wäre auch spöttlich für den Kaiser, dass sie sich hinter den edlen und hochberühmten Reichsadler wie hinter einem Medusenschilde versteckten, ihn hernach aber gleichsam in den Hühnerstall sperrten, ihm die Federn ausrupften und kaum ein mageres Futterkorn gönnten.

Andererseits beklagte sich die Stadt Hamburg, dass der König ihr ungewohnte Zölle abfordere, dass er in öffentlichen Erlassen den guten altdeutschen Elbstrom als den seinigen ungescheut bezeichnet habe und dass er schließlich ihr gegenüber eine neue Stadt gegründet und mit großen Begünstigungen ausgesteuert, ihr also gleichsam als eine Falle auf die Nase gesetzt habe, um ihr das Futter wegzuschnappen. Die Stadt Hamburg hoffe, dass der Kaiser sie nicht so jämmerlich werde verschrumpfen und aussaugen lassen, umso mehr, als sie Türken- und andere Reichssteuern stets pünktlich bezahlt habe und nicht einmal ein Bauer seiner Kuh das Heu ausgehen lasse.

Der Kaiser sagte schmunzelnd, da wären zwei Enten, die an einem Frosch schluckten, und das Beste wäre, keine bekäme ihn, da sie beide schon frech genug wären. Die Räte lachten und waren derselben Ansicht, doch meinten sie, dass der Däne als hochmütiger und unternehmender Fürst ganz besonders zu fürchten sei; sie hatten ein Mahnschreiben an ihn aufgesetzt des Inhalts, der Kaiser verwundere sich höchlich, dass der König von Dänemark so impertinent sein wolle, sich etwelcher Verachtung des heiligen Reiches zu unterstehen und den nordischen Meerstädten die uralte Handelsfreiheit zu verkürzen, welchen Schaden er verhoffentlich bald abstelle, da der Kaiser sonst zu solchen Mitteln greifen müsste, die der König nicht gern sehen würde. Den Schauenburger betreffend würde der Kaiser diesen eindringlich ermahnen, sich ungebührlicher fremder Titel zu enthalten, sich vielmehr in dieser und anderer Hinsicht wie ein ehrliebender deutscher Reichsfürst erfinden zu lassen.

Dass König Christian sich des Grafen von Oldenburg annahm, der den Erzbischof Friedrich Adolf von Bremen verklagte, weil er seit vielen Jahren mit seiner Schwester verlobt sei, aber die Heirat zu effektuieren sich beharrlich weigere, wodurch er und seine Schwester vor aller Welt verächtlich gemacht würden, betrachteten die kaiserlichen Räte nur als einen Umschweif des Königs, um den Erzbischof von seinem Erzbistum zu bringen, in welches er bekanntlich seinen eigenen Sohn einschlüpfen lassen wollte. Er habe denselben über und über mit Gold beschmiert, damit er desto besser durch das Pförtlein einginge, aber die Domherren, wenn sie auch davon abgriffen, so viel sie könnten, hielten ihn doch sorglich auf der Seite, weil ihnen der dänische Hirtenstab zurzeit noch etwas fremd vorkäme.

Vielleicht, sagte der Kaiser, indem er über das ganze Gesicht lachte, wären dem König von Dänemark die Weiber ausgegangen, er solle ja ein Herkules in der Liebe sein, und wolle sich ein neues Jagdgebiet im Reiche gründen.

Ja, sagten die Räte unter anhaltendem Gelächter, der König sei sehr amoros und halte sich auch für einen Adonis, sehe auch dergleichen aus auf den Bildern, die sein Gesandter bei seinem letzten Besuch in Wien verteilt habe. Das Frauenzimmer in Dänemark solle übrigens ausnehmend schön sein, nicht fett wie das hiesige, sondern zart und blond, dazu verliebter Natur und treulos, weil sie in ihrer Unmäßigkeit mit einem Manne nicht genug hätten.

Wenn Dänemark nicht so weit entfernt und nicht ketzerisches Land wäre, möchte er wohl einmal dahin reisen und dem König zu Hilfe kommen, sagte der Kaiser, während die beiden vor sich niedersahen und kaum das Lachen verbeißen konnten.

Hierauf sollte der Kaiser noch die Mansfeldische Achtserklärung unterschreiben; aber er war müde geworden und sagte verdrießlich, es habe keinen Zweck, den Bastard und Habenichts noch zu ächten, mit dem müsse Buquoy auch ohne das fertig werden, wozu bekomme er denn das viele Geld, und so weiter. Die Räte hingegen sagten, das Patent müsse durchaus morgen angeschlagen werden, baten flehentlich, der Kaiser möge doch unterschreiben, und ließen ein Süpplein kommen, um ihn wieder zu erfrischen. ›Wir setzen ihn aus dem Frieden in den Unfrieden und erlauben seinen Leib, Hab und Gut Jedermänniglichem‹, las der eine, während der andere dem Kaiser eine Feder in die Hand gab und ihm die Stelle bezeichnete, wohin er seinen Namenszug setzen sollte. Indem der Kaiser schrieb, dem vor Schläfrigkeit die Augen zufallen wollten, lief etwas Speichel und Suppe über seine herabhängende Unterlippe auf die Urkunde; er blickte errötend um sich, wischte schnell und verstohlen mit dem Ärmel seiner wollenen Nachtjacke darüber und sagte kläglich, die Suppe sei wieder so schlecht gewesen, niemand sorge für ihn, seit dem Tode der Kaiserin habe er keine einzige gute Schüssel mehr bekommen. Noch ehe die Räte sich entfernt hatten, war der Kaiser eingeschlafen und in seinen schweren Kissen und Federbetten fast verloren. Angesichts seiner Schwäche wurde sein Ableben stündlich erwartet, aber es vergingen noch zwei Tage, bis er wirklich, das ungeduldige Warten Ferdinands und seiner Anhänger endlich krönend, verstarb.

Es befand sich damals ein Abgesandter der holländischen Staaten in Prag, ein ruhiger, bedächtiger Mann, der, so behaglich man auch mit ihm plaudern konnte, über die politischen Fragen sich nie recht ausließ, und selbst bei Banketten, wo ein jeder sich aufknöpfte, einer Schnecke gleich, die die Fühler einzieht, vorsichtig in sich zurückkroch, wenn man ihn ausholen wollte.

»Wenn Ihr, meine Herren, betrachtet und nachahmt, was wir getan haben«, sagte er einmal, »so kann es Euch gewiss nicht fehlen. Wir haben vierzig Jahre lang wie ein Wall vor unserm Hause gestanden, und wenn einer gefallen ist, ist ein anderer in die Lücke getreten. Freunde haben wir nicht gehabt als das Meer, das wir wie einen Löwen mit Blut sättigten und das uns unsere Feinde verschlingen half. Wir führten in einer Hand das Ruder, in der anderen das Schwert, waren Kriegsleute und Handelsleute zugleich, ließen uns Bettler und Krämer schelten und sind frei und reich dabei geworden.«

Ja, sagten die böhmischen Herren, ihre Lage sei nicht so günstig, sie wären kein Meervolk, könnten auch zu keiner Eintracht kommen, weil bei der langen habsburgischen Herrschaft deutsche und böhmische Nation, katholischer und hussitischer Glaube nebeneinander aufgegangen sei. Die Städte wären selbstsüchtig und eifersüchtig, wollten für die gemeine Freiheit nichts tun und nichts geben, die Söldner wären ein habgieriges, ehrloses Volk, das sich ohne Geld nicht rührte. Man sollte zahlen und zahlen und könnte sich doch nicht selbst zugrunde richten.

Ob sie denn ihre Untertanen nicht bewaffneten?, fragte der Gesandte. Ja, wer denn inzwischen ihre Güter bestellen sollte?, war die Antwort. Freilich ließe hie und da einer seine Bauern zu Feld ziehen, aber im Ganzen sei es nicht geraten, ihnen Waffen in die Hand zu geben, die sie leicht gegen den eigenen Herrn gebrauchen könnten. Den Bauern gehe es zu gut, darum wollten sie höher hinaus und zögen sich gern hinter den Kaiser, um unter seinem Schutze sich ihren Fronden zu entziehen. Der Kaiser drangsaliere zwar seine eigenen Bauern wie einer, bei den fremden aber spiele er den Schutzherrn; darum sei es eine bewährte Erfahrung, dass man mit den Bauern nicht gegen den Kaiser ziehen könne.

Nun, sagte der Gesandte, der den Auftrag hatte, die Böhmen auf alle Fälle bei der Kriegslust zu erhalten, die hochmögenden Herren befinden sich zwar augenblicklich im Frieden mit Spanien und könnten sich nicht geradezu gegen den Kaiser einlassen, aber das Evangelium ließen sie doch nicht im Stich, wenn es anginge, und wären gottlob imstande, die gute Sache mit Geld zu unterstützen, wenn sie guten Willen und Ausdauer sähen.

Auf diese Vertröstung des geldmächtigen Hollands taten sich die Böhmen viel zugute, doch unterließen sie nicht, sich auch nach anderer, tatkräftigerer Unterstützung umzusehen, die sie hauptsächlich in einem geeigneten König zu finden hofften. Ein König, der Geld und Kredit hätte, meinten sie, würde ihnen mehr nützen als schaden, vorausgesetzt, dass sie seine Rechte in einem der Krönung voraufgehenden Vertrage tunlichst einschränkten. Die meisten von ihnen hielten eine aristokratische Republik mit monarchischer Spitze für die beste Staatsform, da namentlich in Kriegszeiten eine einheitliche Leitung vorteilhaft sei. Welcher Fürst für das Amt in Betracht komme, darüber gingen natürlicherweise die Ansichten auseinander. Graf Thurn und Graf Schlick, welche Lutheraner und deutscher Abkunft wären, stimmten für den Kurfürsten von Sachsen, weil er einer der mächtigsten evangelischen Fürsten und ihr Nachbar sei, vor allem aber, weil er mit dem Kaiser gut stehe und derselbe sich nicht leicht mit ihm verfeinden würde. Die Kalviner dagegen, die bei Weitem in der Mehrzahl waren, wollten lieber einen König ihres Glaubens und brachten den Kurfürsten von der Pfalz in Vorschlag, der eine weit mutigere und entschlossenere Politik verfolge als der Sachse und durch seine Verwandtschaft mit England und Schweden sowie durch andere gute Verbindungen, mit den Staaten, der Union und der Schweiz, Nutzen bringen könne. Während diese beiden Fürsten zunächst noch kein Zeichen von Bereitwilligkeit verrieten, gab ein anderer große Geneigtheit zu verstehen: das war der Herzog von Savoyen, ein unruhiger, nach Vergrößerung trachtender Mann, der durch die Nachbarschaft mit Mailand oft in Streit mit Spanien geriet und als ein natürlicher Feind dieser Macht und Österreichs zu betrachten war. Er empfahl sich hauptsächlich durch fabelhaften Reichtum, der ihm zugeschrieben wurde, und wenn er auch katholisch war, so bekannte er sich doch als Feind des Papstes und behauptete, von Vorurteilen gegen Andersgläubige frei zu sein.

Die pfälzischen Räte vernahmen von der etwa möglichen Wahl ihres Herrn auf den böhmischen Thron nicht gerne, der doch ein wenig allzu unsicher und gleichsam am Rande eines Vulkanes stand. Es war einmal nicht zu leugnen, dass Ferdinand bereits erwählter böhmischer König war, und vorauszusehen, dass er nicht gutwillig einem andern Platz machen würde. Wurde er Kaiser, so war es vollends eine heikle Sache für einen Reichsfürsten, seinem Oberhaupt im offenen Krieg entgegenzutreten, und verlor er leicht seine Bundesgenossen im Reiche. Nun hatten freilich nicht nur Pfalz, sondern auch andere ansehnliche Reichsfürsten längst beschlossen, diesmal die Kaiserkrone vom Hause Habsburg abzuwenden; allein noch hatte man sich nicht auf einen andern Kandidaten geeinigt, geschweige denn, dass ein solcher gewonnen wäre. Da von einem evangelischen Kaiser doch abgesehen werden müsste, die Kalviner sich einen lutherischen auch nicht einmal gewünscht hätten, zielte die pfälzische Politik noch immer auf den wittelsbachischen Vetter, den Herzog von Bayern, ab, und der Rat Camerarius reiste eigens nach München, um die Stimmung des verschlossenen und vorsichtigen Herrn zu erforschen. Jocher, des Herzogs erfahrenster Rat, mit dem Camerarius verhandeln musste, wusste genau, dass sein Herr auf den Antrag der Evangelischen nicht eingehen würde; seine Aufgabe bestand nur darin, ihre etwaigen geheimen Anschläge in Erfahrung zu bringen und, wenn möglich, einen Vorteil für den Herzog herauszupressen, also zwar nicht anzunehmen, sich aber den Abschlag auch nicht gleich herauswischen zu lassen.

Vertraulich erzählte Jocher, wie schon im vergangenen Jahre Ferdinand ihn um Hilfe angegangen und ihm Oberösterreich habe verpfänden wollen, das ihnen seiner Lage wegen natürlich anstehen würde. Sie hätten sich aber darüber noch nicht vernehmen lassen, denn es kaufe niemand ein Pferd, das ihm von selbst in den Stall liefe. Auch ohne das würde der Herzog sich jedenfalls gründlich bedenken, ob es rätlich für ihn sei, die Macht Österreichs zu stärken; denn er sei doch auch ein Reichsfürst, und die fürstliche Libertät, die durch Österreich und Spanien gefährdet würde, liege ihm wie jedem guten Deutschen am Herzen.

Hieran knüpfte Camerarius, zählte die Schäden auf, die der habsburgische Dominat dem Reiche gebracht habe, und mahnte, was für eine hohe Aufgabe es sei, und nur von einem klugen und mächtigen Fürsten wie Maximilian zu erfüllen, die alte Kaiserherrlichkeit wieder herzustellen.

Ja, sagte Jocher lachend, Kaiser und Reich ständen nicht gut in einem Ofen, wenn eins aufgehe, schrumpfe das andre zusammen. Bei jeder neuen Wahl werde ein Stein aus der Kaiserkrone genommen und dafür ein Dorn eingesetzt, und so sei schon eine Dornenkrone daraus geworden, die einen doch nicht zum Heiligen mache, obschon sein Herr eine gewisse Anlage dazu habe. Auch Camerarius lachte und fragte, was für ein Herr der Herzog im täglichen Umgange sei? Ob er wirklich ein härenes Hemd trüge und sich geißelte, wie viele erzählten? Ob es in ganz München so streng und ehrbar zugehe wie am Hofe? Ob der Herzog wirklich nie mit Weibern zu tun hätte?

Jocher zog die Augenbrauen hoch und war augenscheinlich von Ehrfurcht durchdrungen. »Nichts dergleichen«, sagte er; »der Mann würde ganz Bayern zu einem Kloster machen, wenn er Augen und Hände allerorten hätte. Aber Gott hat den Menschen aus Fleisch gemacht, das den Keim des Verderbens und der Fäulnis in sich trägt, und darf es nicht ans Licht, so wuchert es im Verborgenen.« Laster und Vergnügen seien schwer zu trennen, und es seien unter den Beamten viele, die sagten, wenn des Herzogs Vergnügen die Arbeit sei, so könne er das doch nicht von jedem voraussetzen und verlangen, besonders da es ihnen nicht zugutekomme. Zuweilen führe er der Gesundheit wegen aufs Land, und bei Festlichkeiten wolle er, dass es hoch herginge, aber das Lustigsein zähle er herunter wie einen Rosenkranz oder säge es weg wie einen Klafter Holz.

Camerarius sagte, ihm gefielen die Menschen nicht, denen das Herz nicht einmal überlaufe. Für das Regiment möchte es freilich nützlich sein und besser taugen als die Natur seines jungen Herrn, der weder zur Arbeit noch zum Vergnügen die rechte Lust habe. Es sei immer, als ob er nur spiele oder noch nicht recht aufgewacht sei, und doch schliefe er bis in den hellen Tag. Übrigens sei er lieb und gut, trübe kein Wasser und nehme guten Rat an.

Jocher meinte, er sei ja auch noch jung, oft müssten die Jahre den Organismus erst ein wenig schütteln, damit alles an seinen Platz käme.

Das wäre zu wünschen, rief Camerarius; den feinen Verstand der Mutter hätte er, aber die Säfte wären träge, so wäre gewissermaßen ein gutes Mühlrad da, dem der Umschwung fehle, sodass das Korn ungemahlen bliebe. Zuweilen litte er auch an Melancholie, ließe sich aber leicht, namentlich durch das Söhnlein, zerstreuen.

Auch sein Herzog sei melancholisch, sagte Jocher, es habe aber nichts auf sich, sondern sei ihm angeboren, wie einer etwa dunkelfarbiger als andre auf die Welt komme. Eigentlich lachen könne er nicht, das gebe ihm aber gerade etwas Heroisches. Alles in allem sei er ein großer Fürst, und keiner im Reich sei ihm zu vergleichen.

Darum eben, sagte Camerarius, scheine er zum Kaiser bestimmt zu sein. Warum er denn die große Aufgabe nicht ergreifen wolle, für die Gott ihn geschaffen habe? Er sei der einzige katholische Fürst, für den die Stimmen der Evangelischen zu gewinnen sein würden. Und wie denn Jocher glaube, dass er seinerseits sich zu den Evangelischen stellen würde?

Jocher zuckte die Achseln. Die Gesetze würde der Herzog respektieren, sagte er. Aber da er Gesetz und Ordnung liebe, würde er kaum das Regiment in einem Reich zwiespältigen Glaubens übernehmen. Vielfältige Erfahrung lehre, dass dabei keine Ordnung möglich sei, schon wegen der geistlichen Fürstentümer. Ob die Kirche sich jemals gutwillig ihre Einkünfte würde entziehen lassen?

Der Knoten wäre leicht zu lösen, meinte Camerarius, wenn alle protestantisch wären. Dann gäbe es keine geistlichen Fürstentümer mehr, jeder

Fürst sei unabhängig vom Papste, Herr im eigenen Lande, und zwischen Fürst und Kaiser herrsche kein Misstrauen mehr.

Jocher wand sich vor Lachen in seinem Stuhle. In den katholischen Ländern, sagte er, herrsche nun einmal mehr Gehorsam, das sei erwiesen. Wo das hinaus wolle, wenn zuletzt ein jeder seine eigene Meinung hätte? Es sei viel besser und einfacher, wenn alle Evangelischen zur alten Kirche zurückkehrten, der Weg zum Stalle zurück sei immer leichter als hinaus. Ob Pfalz nicht den Anfang machen wolle?

Entrüstet sprang Camerarius auf und rief aus, da könne eher der Rhein zurück und in den Main fließen. Wer einmal die Freiheit geschmeckt habe, begebe sich nicht freiwillig wieder in die Dienstbarkeit.

Ach, sagte Jocher, das sei eine geschwollene Rede. Es sei doch im Grunde einerlei, ob man diesen oder jenen Katechismus auswendig lerne. Ein gescheiter Mann denke sich dabei, was er wolle, und inzwischen werde der Pöbel im Zaum gehalten.

»So gemütlich nehmen wir es nicht«, sagte Camerarius ruhiger. »Wenn es sich tun ließe, wäre ich für meine Person es zufrieden; aber es lässt sich nicht tun. Ich fürchte nur, dass wir über diesem Streiten alle in die Servitut Spaniens geraten.«

»Wir nicht«, sagte Jocher breitspurig; sein Herzog hielte die Augen offen. Und wenn er Kaiser würde, täte er es gewiss, um Spanien einen Possen zu spielen.

Im Grunde war es den pfälzischen Räten recht, dass das Projekt an Maximilians Abneigung scheiterte, wenn auch freilich kein anderer Kandidat vorhanden war, zu dem man mehr Vertrauen haben konnte; denn die Bewerbung des Herzogs von Savoyen war vollends eine verfängliche Sache. Als deren Verfechter erschien Graf Mansfeld, vom Turiner Hofe kommend, mit einem gründlichen Memorial, in welchem ausgeführt war, dass das Haus von Savoyen von dem altdeutschen Helden und Fürsten Wittekind abstamme, pures, lauteres deutsches Blut führe und wegen dieser Stammverwandtschaft wohl zur Kaiserwürde im Deutschen Reiche berufen sei; wie er den Katholischen von Haus aus gefällig, auch den Protestanten wegen seiner Feindschaft mit den Jesuiten wert sein müsse, dass er glücklich im Kriege sei und viel Geld habe.

»Ich meine«, sagte Christian von Anhalt, nachdem das Memorial vorgetragen worden war, »wir könnten schließlich auch den Mogul von Persien zum deutschen Kaiser machen. Mir sollte es recht sein, wenn es der Religion und der Freiheit zunutze wäre.« Graf Solms sagte, ein Kaiser deutscher Nation müsse von deutschem Blute sein, und der Herzog von Savoyen sei trotz Wittekind ein Welscher, so gut wie die Habsburger Spanier wären. Camerarius sagte auf Befragen, er halte nicht dafür, dass der Herzog von Savoyen bei der Wahl durchzubringen sei. Er werde den Kurfürsten im Allgemeinen fremd und absonderlich vorkommen. Mansfeld entgegnete ärgerlich, der Herzog sei reich genug, um sich den Kurfürsten vertraut zu machen. Mit Geld, einem Schwert und festem Willen ließe sich leicht ein deutscher Kaiser machen. Freilich müsse man wollen und die Bedenklichkeit fallen lassen. Die Sache blieb aber gleich daran hängen, dass der Herzog ein Land im Reiche zu besitzen wünschte, um etwas Sicheres unter den Füßen zu haben, und dies mit äußerster Vorsicht erwogen werden müsste. Man fand, es sei besser, dem Herzog zwar nicht alle Aussicht abzuschneiden, aber auch nichts Bindendes von sich zu geben, sondern ihn mit Verhandlungen hinzuhalten. Wenn man ihn dahin bringen könnte, die gute Sache nur mit Geld zu unterstützen, so wäre das vorzuziehen. Demgemäß wurde wieder eine Gesandtschaft an den Hof von Turin abgeordnet mit dem Auftrage, den Herzog bei guter Gesinnung zu erhalten, ohne aber seinem Ehrgeiz eine Brücke ins Reich zu schlagen.

Um die Gesinnung des Kurfürsten von Sachsen wegen der römischen Thronfolge zu erforschen, begab sich Graf Joachim Andreas Schlick, der ein Jugendgespiele Johann Georgs gewesen war, nach Dresden und erlangte auch nach einigen Weiterungen eine Audienz. Der Kurfürst dachte zwar nicht im Ernst daran, die Krone anzunehmen, wollte sie aber auch nicht geradezu ablehnen, einerseits, weil seine Stände größtenteils böhmisch gesinnt waren, sodann, um sich dem Kaiser kostbar zu machen, der in diesem Streite jedenfalls seiner Hilfe bedurfte. Er empfing deshalb den Grafen nicht allzu freundlich, und als dieser sich dreimal bis auf den Boden verneigte und darauf Gott anflehte, einen so großmütigen Herrn wie den Kurfürsten der Welt, dem Reich und der lutherischen Kirche zu erhalten, nickte er nur beiläufig, ohne den Blick von seiner Beschäftigung wegzuwenden. Auf einem vor ihm stehenden Tischlein nämlich lag ein Haufen sauber geputzter Gänseknochen, welche er auseinanderlas, ans Licht hielt und betastete. Nach einer Weile sagte er zu dem bescheiden wartenden Grafen, er gehe damit um, die Gänseknochen zu verwerten, denn bei einem fürstlichen Haushalt, an dem so viele Mäuler zehrten, müsse Sparsamkeit herrschen, davon hänge das Gemeinwohl ab; daran dächten freilich die adligen Herren nicht, die nur daherkämen, um zu fressen und zu saufen, und nicht fragten, woher es komme; ein gewisses Knöchlein, nämlich das Steißbein, werde verpulvert und komme dann in die Apotheke seiner Frau als ein vorzügliches schweißtreibendes Mittel, für die anderen habe er noch keine Verwendung, aber es werde ihm schon etwas einfallen.

Nachdem er die landesväterliche Fürsorge des Kurfürsten gepriesen hatte, sagte Graf Schlick, er habe als Bube auf dem Gänsebrustknochen blasen können, und wenn es der Kurfürst gestatte, wolle er ihm das Stücklein vormachen. »Ei der Tausend«, rief Johann Georg, als Schlick ausgepfiffen hatte, indem er einen erstaunten Blick auf ihn warf, »ich hätte nicht gedacht, dass du ein solcher Teufelskerl wärest«, hieß ihn sich an seine Seite setzen und ihm das Experiment noch einmal gründlich zeigen. Schlick entschuldigte sich errötend, dass er dem Kurfürsten mit einer bescheidenen Kunst aus der Bubenzeit zu dienen sich unterstehe, es würde gar nichts daran sein, wenn der Kurfürst nicht so gnädig und großmütig zuzuhören geruhe. »Ach was, Schlick«, sagte Johann Georg, »eine blinde Henne darf auch einmal ein Körnlein finden, darum bleibt der Gockel doch Gockel«, und lachte über diesen Spaß, dass ihm die Tränen aus den Augen liefen.

Nachdem somit ein vertraulicher Ton angeschlagen war, brachte Schlick das Gespräch auf die Politik, erzählte von den Kriegsvorfällen, was verfehlt und wie es hätte besser gemacht werden können, und dass die Kalviner mit ihrem tollen Dreinfahren den Karren nur immer tiefer in den Dreck zögen. So erlaubten sie jetzt ihren Bauern, ja ermunterten sie noch dazu, das Fest des Hus zu feiern, obwohl es der Kaiser streng untersagt habe, und mit Recht, da es ein offenkundiger Heilgendienst sei. Er selbst habe den Budowec sagen hören, Hus sei ein Heiliger, weil er sie vom päpstlichen Aberglauben befreit habe, außerdem sei es für die Bauern gleich, ob sie diesen oder jenen Götzen anbeteten, wenn sie nur gehorchten; den wahren Gott, der Christen und Heiden miteinander erschaffen habe, könnten sie doch nicht erkennen. Bei diesen Leuten hatte es oft den Anschein, als ob Doktor Luther gar nicht oder umsonst gelebt habe.

Der Kurfürst schüttelte misstrauisch den Kopf und fragte, was es denn mit dem Hus eigentlich für eine Bewandtnis habe, nachdem er von Kaiser und Papst öffentlich verbrannt worden sei, schicke es sich nicht für einen treuen Reichsstand, einen solchen Malefikanten zu verehren. Ja, sagte Schlick seufzend, es sei eben die Eigenart der Böhmen, immer wider den Stachel zu löcken; wenn der prächtigste Hut vor ihnen läge, nähmen sie ihn nicht an, um lieber mit ihrer eigenen Narrenkappe zu schellklingeln. Aber, setzte er hinzu, sie fühlten jetzt wohl, dass sie sich nicht selbst aus dem Sumpfe reißen könnten, und wenn ein weiser Fürst an ihre Spitze treten wollte, würden sie es ihm kniend danken.

Der Kurfürst überhörte diese Anspielung, war aber während der Tafel, zu welcher Schlick geladen war, sehr aufgeräumt, erzählte von dem Musikinstrument, das er erfunden habe, und warf dem Hofnarren, der hinter ihm am Boden kauerte, einen Gänsebrustknochen zu, indem er sagte, wenn er ihn rein abnage, solle er noch einen Flügel dazu bekommen. »Und wenn ich ihn aus Versehen auffresse?«, fragte der Narr. »So bekommst du zwanzig Stockprügel und wirst einen Tag lang zu den Hunden an die Kette gelegt, weil du Knochen frisst wie ein Köter!«, rief der Kurfürst unter dem Gelächter der Gäste, Als das Gänsebein blank war, schwenkte der Kurfürst es gegen Schütz, der die Tafelmusik leitete, und rief ihm über den Tisch zu, er habe ein Blasinstrument erdacht, welches besser töne als die Flöte, die sein alter Heidenprinz Apollo geblasen habe; Schütz solle einmal herankommen und ihn, den Kurfürsten, die Notenschrift lehren, so wolle er ihm jedes beliebige Stücklein blasen, dass Schütz sich verwundern solle. Schütz trat in bescheidener Haltung an den Stuhl des Kurfürsten und sagte, die Noten seien zu harte Nüsse, als dass man sie so eins, zwei, drei zum Nachtisch knacken könnte; aber er sei überzeugt, der Kurfürst könne sich auch ohne Noten auf dem Gänseknochen recht hübsch hören lassen. Johann Georg wusste nicht recht, ob er diese Worte als Schmeichelei oder als Kränkung auffassen sollte, hieß Schlick spielen und sagte zu Schütz in verdrießlichem und spöttischem Tone, die Musikanten und die Apotheker bliesen sich gern auf, als ob sie eine geheime Kunst verständen; aber man wisse wohl, dass Mist und Dreck die beste Medizin wäre und dass Frösche und Vögel schon zu Adams Zeiten Konzerte gesungen hätten. Dann erzählte er, was ihn die Kapelle koste, was für liederliche Kerle die Sänger wären, dass sie geschmiert werden wollten wie kreischende Wagenräder, und wie überhaupt die Hofhaltung täglich kostbarer werde. Er lasse sich die Mühe nicht verdrießen, täglich selbst den Küchenzettel nachzusehen, dies und das zu streichen und darauf zu achten, dass die Überbleibsel gut verwendet würden. Auf diese Weise hätte sein Großvater, der weise Kurfürst August, Sachsen mächtig und ansehnlich gemacht, und dieser Tage sei es noch notwendiger, aufzupassen, wo das neumodische französische Wesen einzureißen anfange. Da kämen schon seine kleinen Söhne, wollten seidene Strümpfe und wohlriechende Handschuhe und wohl gar französische Hofmeister haben und würden Schutz und Förderung bei ihrer Mutter finden, wenn er nicht allen miteinander dann und wann auf die Finger klopfte.

Graf Schlick, der dem Kurfürsten häufig mit dem Becher Bescheid tun musste, brachte seine Gesundheit aus und rief laut, er fordere jeden vor sein Schwert, der behaupten wolle, es gebe einen weiseren, edleren und tapfereren Fürsten als Johann Georg und ein glückseligeres Land als das Kurfürstentum Sachsen, wobei ihm die Tränen über die Backen liefen.

Gegen das Ende des Gastmahls saß Schlick, den Kopf in beide Hände gestützt, und weinte geradeheraus. Ein solcher Fürst, schluchzte er, sei wie ein Leuchtturm am Meere; wenn es brauste und wütete, lasse er beständiges Licht aus und weise den Schiffbrüchigen das rettende Ufer. Wenn nur seinem Vaterlande in diesen bösen Zeiten ein solches fürstliches Licht erstrahlte, so brauchten sie nicht länger wie Waisenkinder ratlos von den wilden Wassern verschlagen zu werden.

Auch dem Kurfürsten fingen die Augen an überzulaufen, und er brüllte, wer von ihm sage, dass er seine Glaubensgenossen verlasse, der sei ein Hundsfott, seinem Jugendgespielen Schlick könne er nichts versagen, er habe ein Herz für alle seine Untertanen, nur die Kalviner wolle er ausrotten, denn sie seien Schelme und vom Teufel gesätes Unkraut.

Nachdem Graf Schlick noch eine Denkschrift eingereicht hatte, in welcher dem Kurfürsten, für den Fall, dass er die böhmische Krone annähme, der Besitz der benachbarten Lausitz angepriesen wurde, auf welche er längst ein Auge geworfen hatte, begab er sich wieder nach Prag, um vom Erfolge seiner Reise Bericht zu erstatten. Im Hause des Grafen Wilhelm von Lobkowitz fand er auch den Grafen Thurn, der vom Kriegsschauplatz hereingekommen war, um Geld zur Bezahlung der unzufriedenen Söldner aufzutreiben. Lobkowitz blätterte mit niedergeschlagener Miene in dem neuen Kalender für das Jahr 1620, welcher kürzlich ausgegeben worden war und in welchem eine böse Aussicht für die nächste Zukunft eröffnet wurde. Was ihn anbelange, sagte Schlick, so bringe er günstigen Bericht. Er sei vom Kurfürsten in langer Audienz empfangen worden und habe gute Vertröstung von ihm erhalten. Ein bestimmtes Versprechen habe der Kurfürst zwar nicht von sich geben wollen, habe aber fest zugesagt, dass er seine Glaubensgenossen nicht im Stiche lassen werde, desgleichen hatten ihm viele Standespersonen und gute Freunde versichert, sie hielten es mit den Lutherischen und nicht mit den Päpstlichen.

Ob es denn nicht an dem sei, fragte Thurn, dass der Hofprediger Hoë eine goldene Gnadenkette vom Kaiser erhalten habe und dass der erste Rat Kaspar von Schönberg im vertraulichen Gespräch gesagt habe, der Kaiser könne wegen des Kurfürsten unbesorgt sein, ihm schmecke ein Täublein, das der Kaiser ihm verehre, besser als ein Huhn, das er ihm aus dem Stall gestohlen habe.

Das sei nur ein Geschwätz, sagte Schlick, sie möchten es wohl mit dem Kaiser nicht verderben, aber sie hätten es ihm gegenüber an freundlichen Bezeigungen nicht fehlen lassen.

Lobkowitz schüttelte den Kopf und sagte, das möchte wohl gut sein, wenn nur der Kalender nicht wäre. Es wäre für Böhmen großes Blutvergießen geweissagt, sowohl der Herren wie der Untertanen, weil man sich die Mahnung Gottes durch den Kometen nicht zu Gemüt gezogen habe, sondern in den alten Sünden dahingefahren sei.

Der Komet habe doch nicht über Böhmen allein gestanden, sagte Thurn, die Schultern zuckend; in den sächsischen und österreichischen Ländern habe man ihn auch gesehen, soviel er wisse. Wenn Gott ihren Untergang beschlossen habe, so sei dagegen nichts auszurichten; einstweilen halte er es aber für das Beste, sich zu wehren und sich durch böse Zeichen nur desto mehr anspornen zu lassen.

Man könne doch aber auch in sich gehen und sich bedenken, meinte Lobkowitz. Vielleicht sei ihre Rebellion doch Sünde gewesen, und es sei ja noch Zeit, umzukehren.

Wie?, rief Thurn aus, umkehren? Den Majestätsbrief und den Glauben und alle teuer erkauften Freiheiten preisgeben? Blut sei einmal geflossen, jetzt gelte es zu siegen, er für sein Teil wolle sich lieber in die Schlacht wagen als in die Hände der rachsüchtigen Jesuiten fallen.

Auch Schlick war der Meinung, man sei zu weit gegangen, um noch zurück zu können, und wenn sie nur erst ein richtiges Haupt hätten, besonders wenn es der Kurfürst von Sachsen wäre, könne noch alles gut werden. Das große Blutvergießen angehend, könne ja auch das Blut ihrer Feinde damit gemeint sein, und obwohl er für seine Person nicht blutdürstig sei, müsse man doch Gott schalten lassen und ihm Beifall geben.

Diese Aussicht ermunterte Wilhelm von Lobkowirz wieder, und die Verhandlungen nahmen ihren Fortgang, wobei freilich die Aussicht, den Kurfürsten von Sachsen zu gewinnen, bald schwand; denn da der Kaiser ihm für seinen Beistand, ebenso wie die Böhmen, den Besitz der Lausitz versprach, fiel auch diese noch in die Waagschale der altbewährten Politik, und über einige von seiner Frau angeregte Gewissensbedenken half ihm der Hofprediger Hoë hinweg, indem er ihm erklärte, ein guter altdeutscher patriotischer Reichsfürst müsse selbst diese zuweilen dem Reichsoberhaupt zum Opfer bringen.

Während der junge Kurfürst von der Pfalz in seine Frau noch immer sehr verliebt war, erregte sie oft den Unwillen seiner Räte und Geistlichen durch ihr undeutsches und unbedachtsames Betragen. Sie bediente sich nur der französischen Sprache, zeigte auch keine Lust, das Deutsche zu lernen, was vielen, trotz der Vorliebe für französisches Wesen, einer deutschen Fürstin doch nicht ganz anständig schien. In der Bibel wollte sie nicht lesen, denn die kenne sie nun, begnügte sich auch nicht mit Virgil oder Horaz, sondern unterhielt sich mit französischen Romanen. Besonderen Anstoß erregte es, dass sie einmal während des Gottesdienstes spazieren gefahren war, ja man erzählte sich, sie habe einmal, als ihr der Finger geblutet habe, einen Wachsfinger in einer katholische Kirche geopfert, um zu versuchen, ob es helfe. Der Kurfürst ermannte sich nicht dazu, ihr deswegen Vorhalte zu machen, ja er ließ sich selbst, vorzüglich auf Reisen, mancherlei Mutwillen und Exzess entschlüpfen. Als er bei Gelegenheit eines Unionstages in Nürnberg war, nahm er mit der Kurfürstin an einer Geschlechterhochzeit teil, und da er beim Dunkelwerden gerade mit der Braut tanzte, sagte er ihr, sie wollten miteinander um die Kirche tanzen, das sei pfälzische Sitte, und führte sie wirklich tanzend um die Lorenzkirche herum, nicht ohne einige Eifersucht des Bräutigams und der Kurfürstin.

In Nürnberg befand sich damals in einer angesehenen Familie ein weißer singender Fink, der als eine Rarität in der Stadt berühmt war, und da Elisabeth neugierig war, ihn zu sehen, und ihn zu besitzen wünschte, erhandelte ihn Friedrich. Sie wurde seiner bald überdrüssig, er hingegen brachte viele Stunden damit zu, ihn zu necken oder ihn pfeifen zu lassen, trug ihn auf der Hand oder Schulter mit sich herum und war untröstlich, als er starb. Sein Zimmer sei ihm ohne den Vogel verödet, sagte er, es sei ihm recht, wenn es nach Prag ginge, damit er eine andere Welt sähe.

Seine Mutter tadelte ihn, er könne wohl einen anderen Vogel bekommen, nicht aber ein anderes Fürstentum, wenn er das seine verließe.

Er bekomme ja im Gegenteil ein neues, meinte Friedrich, und als verlautete, der Herzog von Savoyen gehe ernstlich damit um, die böhmische Wahl anzunehmen, kam es ihm vor, als habe er sich etwas Kostbares aus der Hand gehen lassen. Der Herzog von Savoyen hatte ein ansehnliches Projekt über die österreichischen Erblande, die nach erfolgter Abschaffung der Habsburger verteilt werden sollten, und zwar so, dass das Elsass und die österreichischen Vorlande, nämlich der Breisgau, an Pfalz kämen; aber während die pfälzischen Räte diesen Zuwachs viel wünschenswerter fanden als das entlegene Böhmen, verdross Friedrich das Anerbieten, das doch nur eine Lockspeise sei, um ihn von dem weit wichtigeren Böhmen abzulenken. Er wollte, dass die Böhmen vor dem unzuverlässigen, falschen und aufschneiderischen Savoyer gewarnt und ihnen hingegen die Vorzüge der pfälzischen Wahl eindringlich vorgestellt würden.

Er und Elisabeth ließen sich oft von Anhalt die Herrlichkeiten Prags schildern, namentlich was er von der berühmten Kunstkammer Kaiser Rudolfs, seinen Kleinodien und Juwelen gehört und gesehen hatte. Dazu drängen, sagten sie beide, wollten sie sich nicht; aber wenn die Wahl Friedrich träfe, wollten sie es als einen Fingerzeig Gottes ansehen und ihm folgen.

Die verwandten und verbündeten Fürsten, bei denen unter der Hand angefragt wurde, rieten ab und warnten, sogar Moritz von Hessen, welcher als einziger für die Annahme der böhmischen Krone stimmte, sprach sich nachdrücklich dahin aus, es könne nur geschehen, bevor Ferdinand von Österreich Kaiser sei, Friedrich müsse also zunächst dazutun, dass die

Kaiserwahl verschoben werde oder, falls dies nicht möglich sei, dass Ferdinand nicht gewählt werde. Der Augenblick, sich der Habsburger zu entledigen, sei jetzt da, nie würde er vielleicht wiederkehren, die ihn jetzt nicht benützten, würden die Folgen zu tragen haben.

Unterdessen tat auch Ferdinand das Seinige, um zum Ziele zu kommen. Sowie Matthias im März, mitten aus den vergeblichen Versöhnungsversuchen mit den Böhmen heraus, gestorben war, schickte er einen seiner vertrautesten Diener, den Liechtenstein, nach Bayern und an die geistlichen Höfe, um für ihn zu werben. Der Gesandte führte eine Schrift mit, in der Ferdinands besondere Tauglichkeit zu einem römischen König und deutschen Kaiser auseinandergesetzt war, wie er nämlich vor allen anderen Fürsten mit den Tugenden der Sanftmütigkeit, Aufrichtigkeit, Holdseligkeit, Ehrbarkeit, Arbeitsamkeit, Erfahrenheit in Sprachen, Dexterität in Ratschlägen, Fazilität in Audienzen und vielen anderen ausgestattet sei. Dazu kamen mündliche Versprechungen, welche namentlich auf den Erzbischof von Trier, Lothar von Metternich, und seinen Familienanhang großen Eindruck machten, sodass dieser Fürst mit allem Nachdruck für die habsburgische Wahl eintrat.

Viel schwieriger war es für Ferdinand, den Vetter von Bayern auf seine Seite zu bringen, der sogar, wenn er wollte, als ein Nebenbuhler und Mitbewerber auftreten konnte; denn diesem konnte er nicht, wie dem Metternich, ein halbes Hunderttausend Gulden oder ein Gütlein anbieten, sondern musste um vieles tiefer in die Tasche greifen, die noch dazu leer war. Mit einem guten Einfall trug sich Ferdinand schon seit längerer Zeit: dass er nämlich das schöne, einträgliche Land Oberösterreich an Maximilian, der schon ein Auge darauf geworfen hatte, verpfänden könne, indem er sich damit zugleich, da es wegen der Religion in vollem Aufruhr war, einer Sorge und Arbeit entledigte. Wenn er dann später mit Maximilians Hilfe Kaiser geworden wäre und Böhmen wieder unterworfen hätte, würde es ihm nicht an Mitteln fehlen, das Pfand wieder einzulösen, indem die Konfiskationen der Rebellengüter seine Kasse reichlich füllen würden. Dies Projekt musste allerdings in großer Heimlichkeit betrieben werden, denn die oberösterreichischen Stände, die nichts von der bayrischen Herrschaft wissen wollten, hätten es gegen ihn ausnützen können, wenn sie vor der Zeit davon erführen. Auf einen eigenhändigen Brief Ferdinands, in dem er Maximilian an ihre alte Freundschaft mahnte und ihn aufforderte, den Bund der Jugend neuerdings zu gegenseitigem Flor und Prosperieren zu bekräftigen, antwortete dieser, er wolle zunächst Oberösterreich als Pfand annehmen, sei auch bereit, Ferdinand in der böhmischen Sache zu helfen, wenn er sich dadurch auch Feinde im Reich machte, es müssten aber zuvor noch einige Punkte festgesetzt werden, über die er sich schriftlich nicht auslassen könne. Was die Kaiserwahl anbelange, so wolle er, Maximilian, sich ihm darin nicht in den Weg stellen.

Den in Heilbronn tagenden Abgeordneten der Union redete Pfalz zu, dass die Kaiserwahl, wenn denn schon die Habsburger in diesem Turnier wieder siegen sollten, wenigstens verschoben werden sollte, damit das Vikariat länger dauerte und der böhmische Streit vorher zur Entscheidung käme. Indessen namentlich die Städte äußerten sich dahin, dass sie eine längere Vakanz nicht gern sähen und dass, wenn denn an einen evangelischen Freier für die Krone nicht zu denken wäre, das Haus Habsburg sich immerhin durch die lange Gewohnheit empföhle. Auch eine Unterstützung von Kurpfalz in der böhmischen Sache lehnten die Städte ab, weil sie sich in die Fürstenhändel nicht mischen wollten, bei denen sie doch nur um das Ihrige kämen. Bei diesem üblen Stande der Dinge wurde durch den Herzog von Zweibrücken, dessen Bruder im Dienste des schwedischen Königs stand, auf diesen als auf einen heroischen jungen Fürsten hingewiesen, der, wenn er in den Bund einträte, wohl in der Lage wäre, die evangelische Sache tüchtig zu sekundieren. Derselbe habe im Kampfe mit den Moskowitern und Polen ausnehmenden Kriegsverstand und Tapferkeit gezeigt, dabei auch jene Mäßigung an den Tag gelegt, die die Größe des wahren Staatsmannes ausmache. Er, der Herzog, habe kürzlich in einem Flugblatt gelesen, wie eine Weissagung des berühmten kaiserlichen Astronomen Tycho de Brahe, die derselbe beim Erscheinen des Kometen im Jahre 1572 von sich gegeben habe, auf den König Gustav Adolf bezogen werde, dass nämlich, um die in jenem Jahre verübten Gräuel der Bartholomäusnacht zu rächen, ein Held im Norden erscheinen und nach zweimal dreißig Jahren untergehen werde.

Des Weiteren erzählte der Herzog von Zweibrücken, dass ihm soeben Bericht von einer wunderbaren Begebenheit aus Schweden gekommen sei: Der junge König habe sich mit seinem Kanzler, dem durch seine Weisheit und Gelehrsamkeit bekannten Grafen Oxenstierna, in einem königlichen Schlosse aufgehalten, als am späten Abend Feuer ausgebrochen sei und nach Art dieses höllischen Elementes rasch um sich gegriffen habe, sodass alsbald das ganze Gebäude lichterloh gebrannt habe. Die beiden Herren hätten miteinander bei der Arbeit gesessen und der König daneben auf der Laute geklimpert, sie hätten keinen unzeitigen Schrecken gespürt, sondern sich schnurstracks aus dem Fenster geschwungen, wobei der König seinem Kanzler noch hilfreich beigestanden hätte. Nachdem sie so dem Feuer entronnen wären, hätten sie noch durch den Burggraben waten müssen, der voll Schmutz und Wasser gewesen sei, sodass es ihnen fast an den Hals gestiegen wäre, und als sie drüben angekommen wären, hätte der König auf sich selbst gescholten, weil er die Laute, die er bei der Flucht unwillkürlich in der Hand behalten, über sich zu heben vergessen hätte und sie nun durch die Nässe verdorben sei. Der Kanzler hätte einen Schnupfen davongetragen, der König aber sei ganz unversehrt geblieben, worüber die Prediger in Schweden viel gepredigt hätten, und auch sein, des Herzogs von Zweibrücken, Hofprediger hätte sich fein auf der Kanzel ausgelassen, wie der protestantische Held nunmehr durch Feuer und Wasser gegangen sei, um erprobt und geläutert, gleichsam als ein Erzengel, den abgöttischen katholischen Drachen zu zertreten.

Trotz des großen Eindrucks, den diese Berichte von dem jungen Schwedenkönig machten, fehlte es nicht an Bedenken gegen ein etwaiges Bündnis: so wollten die Städte gehört haben, dass der König statt mit gutem gemünztem Gelde mit Kupfer zu zahlen pflege, weil dies schlechte Metall in den schwedischen Bergen überflüssig zu finden sei; bemerkten auch, dass Bündnisse mit auswärtigen Potentaten nach der Goldenen Bulle verboten seien und also zwiespältig und skrupulös zu unternehmen wären. Die Fürsten wollten sich darauf weniger einlassen, deuteten aber an, dass der König von Schweden zurzeit noch mit Moskowitern und Polen engagiert sei, auch mit dem König von Dänemark überquer stehen solle, mit dem man es, als mit einem schwerreichen, gewalttätigen Monarchen, der mit vielen Reichsfürsten verschwägert und selbst Reichsglied sei, nicht verderben dürfe. Inzwischen wollte man den jungen Herrn von Schweden nicht aus den Augen lassen und empfahl dem Herzog von Zweibrücken wie auch dem Landgrafen Moritz von Hessen, welche beide zu seiner Verwandtschaft gehörten, ein gutes Vernehmen mit ihm zu erhalten.

Ungehindert wurde nun die Kaiserwahl ausgeschrieben, und Ferdinand begab sich, nachdem er mit vieler Mühe und nachdrücklichen Pressuren das nötige Geld zusammengeborgt hatte, prächtig ausgerüstet nach Frankfurt. Gleichzeitig schleppte sich über die nach Frankfurt führende Landstraße ein schwerer, mit vier Pferden bespannter und von vielen Bewaffneten geleiteter Wagen, in welchem sich nebst zwei Offizieren und zwei Ratspersonen eine auf 140 000 Gulden geschätzte Krone befand. Diesen bedeutungsvollen vergoldeten Wagen zu sehen, war überall ein großes Zusammenlaufen des Volkes, und in Rotenburg, wo die Kutsche bei einbrechender Dunkelheit einzog, fiel es müßigen Leuten ein, zu ihrer festlichen Begrüßung Raketen abzubrennen, welche gerade vor den Füßen der Pferde platzten und zischend in die Luft fuhren. Die erschrockenen Tiere scheuten und bäumten sich, worüber die Kutsche auf die Seite fiel, der Schlag sich öffnete und die Krone in einen neben der Straße hinlaufenden Graben sprang, ohne dass die selbst übereinandergeworfenen Beisitzer es hindern konnten; freilich konnte dieser Vorgang nicht deutlich wahrgenommen werden, weil die Eskorte sich sofort mit gezogener Waffe zum Schutze um das so elend entblößte und ausgesäte Reichskleinod aufstellte.

Dieser Unfall wurde zwar nach Möglichkeit verschwiegen, erregte aber bei denen, die davon hörten, großes Bedenken, wie auch mehrere andere Unzuträglichkeiten, die anlässlich der Kaiserwahl vorfielen, als üble Vorzeichen gedeutet wurden. So verfuhren die Quartiermeister, welche den Kurfürsten und ihrem Gefolge Herberge anzuweisen hatten, so grob und unbedacht, dass sie eine Wöchnerin, die erst vor wenigen Stunden geboren hatte, aus ihrem Zimmer schafften, worauf sie unaufhaltsam von ihrer wehklagenden Familie hinwegstarb. Dadurch wurde der Frankfurter Pöbel noch mehr aufgereizt, der sowieso kein Herz für die Kaisersache hatte, weil bei der letzten Rebellion des Volkes gegen das Patriziat der Kaiser für dieses Partei genommen und die Empörer grausam bestraft hatte. Ferner sollte Moritz von Hessen, der sich vorgenommen hatte, die Wahl des Erzherzogs Ferdinand auf irgendeine Art zu hintertreiben, als er zur Stadt hinaus musste (denn es war Gesetz, dass alle Fremden, mit Ausnahme der Kurfürsten und ihres Gefolges, an den Tagen der Kaiserwahl das Gebiet der Stadt Frankfurt verlassen mussten), bitterböse Drohworte ausgestoßen haben; dieses Fürsten notgedrungener Abzug erregte aber nicht Teilnahme, sondern Schadenfreude des Volkes, weil er sich damals gleichfalls der Rebellion nicht angenommen hatte.

Das größte Aufsehen gab es, als am Tage nach erfolgter Wahl der Erzbischof von Trier, Lothar von Metternich, indem er aus seiner Kutsche aussteigen wollte, von einem Hunde ins Bein gebissen wurde und als ein Schwerverletzter in sein Bett getragen werden musste. Er nahm es sich umso mehr zu Herzen, als er hauptsachlich die Wahl Ferdinands betrieben und zum Effekt gebracht hatte und ihm nun dieser unverhoffte Hundebiss wie ein strafendes Gotteszeichen vorkommen wollte, weil er etwa um persönlichen Vorteils willen das Wohl des geliebten Vaterlandes zurückgestellt hätte. Dass es mit dem Hunde eine besondere Bewandtnis hatte, darauf deutete die Natur der Wunde, die nicht zuheilen wollte, wie auch, dass man den Hund mit eingezogenem Schwanze davonlaufen und nachher gar nicht mehr gesehen hatte. Einige Ärzte äußerten die Befürchtung, der Hund möchte toll gewesen sein, was die Angst und Ratlosigkeit noch vermehrte. Nach allgemeiner Aussage befand sich ein gelehrter Jude in Frankfurt, der gegen den Biss toller Hunde ein geheimes Mittel kenne, aber der Kurfürst zweifelte, ob er sich von einem solchen dürfe behandeln lassen, und bot ihm viel Geld, falls er vorher zum Christentum übertreten wollte. Der Jude antwortete höhnisch, er sei dazu bereit, wenn der Kurfürst hernach aus Dankbarkeit den jüdischen Glauben annehmen wollte, so sei auf beiden Seiten nichts gewonnen und nichts verloren; Geld habe er genug, verlange auch keine Bezahlung für die Kur, die er nur vornehmen würde wegen des Vergnügens, einen so treuen Vasallen des Kaisers gesund zu machen. Hingegen gelang es, die Frau des Juden zu bestechen, dass sie ihrem Manne an dem betreffenden Tage ein geweihtes, mit allerlei Sprüchen und Amuletten hergerichtetes Hemd anpraktizierte, in welchem er den Erzbischof ohne Schaden untersuchte, einsalbte, mit heilsamen Tropfen versah und so weit wieder herstellte, dass er nach Hause reisen konnte. Doch wurde der einst so schöne, majestätische und heitere Fürst die schwermütigen Gedanken nicht wieder los, befürchtete auch immer den Ausbruch der Hundswut und strafte sich selbst, dass er aus Sorge um sein gemeines irdisches Leben sich von einem Juden hatte kurieren lassen, der den Heiland gekreuzigt hatte.

Großes Ärgernis gab ein Mann, der in Tracht und Gebärden eines Quacksalbers während der Wahltage allerlei Gegenstande an die Meistbietenden verkaufte, worunter eine aus Blech verfertigte und mit buntem Glas verzierte Krone war; dieselbe war so nett und künstlich gemacht, auch würzte der Mann den Handel mit so gefälligen Späßen, dass er eine große Summe Geld damit erzielte. Der, welchem sie zugeschlagen wurde, band die Krone einem schäbigen Pudel auf den Kopf, der damit durch die Straßen lief, bis der Rat dem Unfug ein Ende machte, ohne aber der Schuldigen habhaft werden zu können. Der Verdacht fiel auf die in Frankfurt ansässigen Niederländer, die auch die letzte Rebellion angezettelt haben sollten, weil die reichen Bürger und Handelsleute sie wegen des Wettbewerbs und anderer Missstände nicht leiden wollten.

Der nunmehrige Kaiser Ferdinand ließ sich alles dies nicht anfechten, sondern nahm die unter so großen Schwierigkeiten erfolgte Wahl als ein Zeichen Gottes, dass er wegen anererbter und angeborener Tugenden zum Weltregiment und namentlich zur Wiederherstellung der katholischen Religion auserlesen sei und ebenso wunderbar zum Siege über die Böhmen werde geführt werden. Zunächst reiste er zu besserer Befestigung der Freundschaft und Abmachung gegenseitiger Vertragsleistung nach München, wo der Herzog den hohen Gast ehrenvoll empfing, ihm seine Residenz und Kunstschätze zeigte, sich aber in Bezug auf die Geschäfte kaltherzig zurückhielt. Als Ferdinand ihm vertraulich sagte, wenn er nur wolle, so könnten sie miteinander das Unkraut der Ketzerei ausrotten, sie beide und sein Schwager in Spanien würden gleichsam eine irdische Dreieinigkeit bilden, der sich alles unterwerfen müsse, antwortete Maximilian, die Trinität sei ein himmlisches Mysterium, auf Erden habe jeder seinen eigenen Kopf und wolle seinen eigenen Futternapf. Auch Ferdinands weitere Erinnerungen, sie zwei hätten doch von jeher nur ein Herz und Haupt gehabt, auch hätten seine Mutter und Maximilians Vater sie oft ermahnt, wie Brüder zusammenzuhalten, veranlassten ihn nur zu einer gemessenen Erklärung, er werde sich allezeit freundvetterlich und nachbarlich erweisen. Die Verpfändung von Oberösterreich betreffend, ließ er sich endlich näher heraus, sei ihm wenig mit einem aufständischen Lande gedient, das er erst mit vielen Kosten zum Gehorsam bringen und wieder abtreten müsse, wenn es ihm gerade einen Profit abwerfen würde. Wenigstens müsse er für seinen Aufwand einen gewissen Ersatz bekommen, und den könne ihm Ferdinand ja in der Weise leisten, wenn

Pfalz wirklich die böhmische Krone annehme und dadurch die Acht auf sich ziehe, dass er ihm den Vollzug derselben auftrüge und außerdem die pfälzische Kurwürde von der Heidelberger Linie auf ihn und seine Nachkommen übertrüge.

So hoch hatte sich Ferdinand den Preis, den Maximilian fordern würde, doch nicht vorgestellt und hielt seinen Schrecken nicht zurück; nicht nur sämtliche evangelische Reichsfürsten würden sich dawidersetzen, meinte er, sondern auch alle Kurfürsten und vielleicht sogar der Papst und Spanien, denn ein solcher Besitzwechsel werde gemeinhin von niemandem gerne gesehen.

Dagegen sagte Maximilian, wenn der Kaiser es darauf ankommen lassen wollte, Böhmen zu verlieren, so sei das seine Sache, er könne seinem Lande die Lasten eines Feldzuges nicht aufbürden, wenn er nicht einer reichlichen Entschädigung sicher sei. Wollten die Reichsfürsten sich seines Vetters von der Pfalz wirklich annehmen, so sei ja er da, um sie zur Räson zu bringen, er befürchte es aber nicht, Worte waren heutzutage billig wie Sand, Taten aber selten und kostbar wie harte Edelsteine.

Von einer Jagd zurückkehrend, saßen die beiden Vettern in einer Nische des Schlosses zu Grünwald über der Isar, die ihre milchigen Wellen stürmisch zwischen den die steilen Ufer lockig krönenden, sanft hineinrauschenden Eichenwäldern hinführte, Ferdinand lobte die ausgedehnten Forste, die reiche Jagdgelegenheit und, zu einem gegenüberliegenden Fenster tretend, die weißen Gehöfte eines Kirchdorfs, die wie Inseln aus einem Meer golden wogender Äcker ragten; das Himmelsgewölbe stand rund wie eine tönende, kristallene Glocke über dem ebenen Hochland. »Der Boden ist steinig«, sagte Maximilian, »Obst und Wein trägt er nicht, aber Brot genug in Friedenszeiten.« Das könnte ihn die Pfalz leicht kosten, bemerkte Ferdinand, ohne Krieg würde es dabei nicht abgehen.

»Der Krieg soll viele Länder der anderen fressen, ehe er an meines kommt«, sagte Maximilian stolz; »daraufhin wag ich es.« Recht habe er, sagte Ferdinand lachend, während sie sich zu einem Trunk Bier wieder in die Nische setzten; den allzu Bedenklichen gerate nichts. Es möge immerhin ringsum ein wenig krachen, in diesen Fluren würden Rebhühner und Hasen nicht ausgehen noch ihnen die Lust, sie zu jagen. Sie hätten ein gutes Gewissen und wollten sich den frohen Tag nicht durch Sorgen um die Zukunft vergällen.

Nachdem die beiden Fürsten in der Hauptsache einig geworden waren, setzten die Räte einen Vertrag auf, in welchem der Handel mit Oberösterreich, der Pfalz und der Kurwürde einzeln festgesetzt wurde, nicht ohne gegenseitige Verpflichtung, die äußerste Heimlichkeit darüber zu bewahren.

Als der Kurfürst von der Pfalz zum König von Böhmen erwählt war und trotz des Abratens seiner Mutter, seiner Räte und der Verwandtschaft die Krone angenommen hatte, trat er mit seiner Gemahlin die Reise nach Prag an und wurde an der böhmischen Grenze von dem kalvinischen Grafen Wenzel von Budowa und einigen anderen Herren empfangen, die ihm von da bis zur Hauptstadt das Geleite gaben. Eines Tages kam die vergoldete Kutsche, in der Elisabeth mit ihrem Söhnlein und einer Kammerfrau saß, aus einem Walde auf eine weite Lichtung, die im festlichen Sonnenfeuer der ersten Oktobertage brannte. Die Kurfürstin, die es in dem feuchten Walde ein wenig gefröstelt hatte, lehnte sich fröhlich aus dem Wagenfenster und rief aus, dass sie an dieser einladenden Wiesentafel eine Mahlzeit einnehmen möchte, worauf Budowa, der neben dem Wagen herritt, sie einlud, sein Gast sein zu wollen, in einer Stunde werde ein ländliches Mahl gerüstet sein. Auf seinen Befehl hielten die Wagen, die seine Küche führten, und bald drehte sich fettes Geflügel am Spieße über knisterndem Reisigfeuer, während anderswo blitzendes Silberzeug auf schwerem Damast gedeckt wurde und die kurfürstliche Familie mit ihrem Gefolge sich auf mitgebrachten Teppichen lagerte. Budowa wies dem fürstlichen Paare einen spitzen Kirchturm, der ein paar Meilen entfernt aus einer Mulde aufragte, erzählte, dass der Krieg dort gehaust habe, dass das Dorf ausgebrannt und zurzeit noch verödet sei, und zeigte die vertretenen Felder, aus denen geschwärzte Strünke von Rüben und wüste Halme starrten. Zwischen diesem Gestrüpp bemerkte man plötzlich ein paar kriechende Geschöpfe, die in der Erde wühlten und in denen bei schärferem Hinsehen menschliche Wesen zu erkennen waren; gerade in diesem Augenblick wollte der Mann eine Wurzel oder einen Knollen zum Munde führen, als das Kind danach griff, worauf er es auf die Hand schlug und es kreischend zurückwich. Elisabeth fragte erstaunt, was für Wilde das wären, sie hätte sie zuerst für Hunde oder Schweine gehalten.

Budowa sagte, es würden Bauern sein, die der Krieg von Haus und Hof vertrieben hätte, dergleichen Gesindel triebe sich jetzt viel umher, und er rief ihnen in böhmischer Sprache zu, näher zu kommen. Die Leute erschraken und wollten davonlaufen, wurden aber von Budowas Dienern eingefangen und herbeigeschleppt. Auf Budowas Befehl erzählte der Mann zitternd, ihre Hütten wären von Soldaten geplündert und verbrannt, sie wären in die Wälder geflohen und nun schon meilenweit von zu Hause entfernt. In der Nähe befänden sich Zigeuner, denen zögen sie nach, weil sie ihnen erlaubten, nachts an ihrem Feuer zu liegen, und ihnen auch hie und da etwas zu essen gäben; doch müssten sie auch für sie betteln oder ihnen sonst etwas mitbringen. Friedrich und Elisabeth ließen den Leuten Geld reichen, und Budowa schrie ihnen zu, sie sollten niederknien und ihrem König und ihrer Königin danken.

Graf Solms, der misstrauischen und düsteren Blicks dabeigestanden hatte, sagte: »Gott verhüte, dass unsere Pfälzer Bauern einmal so den Pflug verließen, um Zigeunern nachzustreunen«, und wendete sich dann gegen Budowa mit der Frage, warum man den Leuten nicht Vieh und Werkzeug gebe, dass sie das Feld wieder bestellen könnten. Er wisse nicht, wem diese gehörten, antwortete Budowa; es gebe Herren, die sich nicht um ihre Untertanen kümmerten, außer dass sie ihnen das Blut auspressten, und die Bauern wären auch so geartet, das sie verwilderten wie das Vieh, wenn man sie nicht streng in Zucht und Ordnung hielte.

Das werde sich nun alles bessern, sagte Elisabeth; sie möchte aber gar zu gern eine Zigeunerin sehen und sich die Zukunft von ihr auslegen lassen. Sie hätte viel Wunderliches davon gehört und wolle wissen, was daran sei. Ein paar jüngere Hoffräuleins kicherten und unterstützten mit geflüsterten Bitten den Wunsch der Kurfürstin; eine ältere Frau dagegen sagte, man solle Gott nicht versuchen, solcher Vorwitz könne verhängnisvoll werden, wie ihre Mutter selbst erfahren habe. Diese sei in ihrer Jugend am Hofe des Herzogs von Brieg gewesen, der etwas rasch und dem Trunke ergeben, sonst aber ein guter Herr gewesen sei, und sie habe einmal an einer Jagd teilgenommen, als man im Gehölz ein altes Weib angetroffen habe, das im allgemeinen Geschrei gestanden habe, als könne es das Zukünftige weissagen. Der Herzog habe sie angehalten und ihr befohlen, ihm etwas zu prophezeien, und wie er denn grobe Späße geliebt habe, habe er hinzugesetzt, wenn sie ihm nichts Gutes sage, werde er die Hunde auf sie hetzen und ihr bei lebendigem Leibe den Kopf vom Rumpfe sägen lassen. Da habe ihn die Alte fest ins Auge gefasst, mit einem weißen Stöcklein sein Bein berührt – denn er habe zu Pferde gesessen – und langsam mit dünner, deutlicher Stimme gesagt: »Bruder, das nächste Glas Wein, das du leerst, wird dein letztes sein.« Der Herzog sei darauf aschenbleich geworden, als ob ihm ohnmächtig würde, sodass das Gefolge ihm beigesprungen wäre, und als man sich dann wieder nach der alten Hexe umgeblickt hätte, sei sie verschwunden gewesen. Von dem Tage an habe der Fürst mehrere Wochen still und eingezogen wie ein Einsiedler gelebt, sodass seine Gemahlin schon Hoffnung gefasst hätte, er werde das Trinken ablegen; aber eines Morgens sei ein froher Mut über ihn gekommen, er habe sich festlich angekleidet und gerufen: »Möge kommen, was da wolle, es muss einmal wieder gesoffen sein!«, habe Gesellschaft zu Tische bestellt; und sich einen großen Humpen voll Wein bringen lassen. Kaum aber habe er ihn ausgetrunken und niedergesetzt, so sei zum Entsetzen aller Gäste die Farbe in seinem Gesicht erloschen und er tot umgefallen, ohne noch ein Wort zu sagen. Ob dies nun dem Laufe der Natur gemäß oder Zauberei gewesen sei, habe ihre Mutter dahingestellt sein lassen; das alte Weib aber hätte man endlich aufgegriffen und verbrannt.

Die Kurfürstin sagte lachend, um den Fürsten sei es immerhin nicht schade gewesen, und des Grafen Solms Tochter Amalie, ein kleines Fräulein mit klugem, blassem Gesicht, meinte, Leichtgläubigen und Abergläubigen sei leicht prophezeien. Budowa hatte schon Leute ausgeschickt, um eine Zigeunerin auszuspüren, und sie kamen mit einer an, als Elisabeth eben ihr jüngstes Kind an der Brust hielt und Friedrich den Erstgeborenen mit übrig gebliebenem Konfekt fütterte; denn inzwischen hatten die Herrschaften das Essen eingenommen. Die Zigeunerin, ein altes, gelbes, schmutziges Weib, kroch, die Augen verdrehend, an die Kurfürstin heran, ließ sich ihre gepuderte und mit vielen großen Ringen besteckte Hand reichen, drehte sie hin und her und betastete sie und rief plötzlich unter verzückten Gebärden aus: »Heil dir, Mutter von Königen! Mutter von großen, mächtigen Königen!«, was die Umgebung mit Heilrufen und Händeklatschen erwiderte. Elisabeth errötete vor Vergnügen und ließ ihre Hand der Alten, indem sie ihr bedeutete, noch mehr zu sagen. Diese, die nun kecker geworden war, hielt die weiße Hand dicht unter ihre Augen und sagte schmunzelnd und sich krümmend, sie sehe den Venusgürtel in dieser

Hand, den Venusgürtel, in dem sich die Mannsleute fingen. Friedrich und Elisabeth lachten darüber, Graf Solms hingegen runzelte die Brauen, und Budowa suchte dem Auftritt ein Ende zu machen, indem er der Zigeunerin ein Goldstück zuwarf und sie mit sichtlichem Widerwillen hieß, die Hand der Königin fahren zu lassen und sich zu trollen. Das Weib raffte das Geld auf und machte Miene, sich zu entfernen, wobei sie aber einen suchenden Blick in die Runde warf, ob etwa noch jemand ihre Dienste wollte. Dabei blieb ihr Auge auf Budowa haften, und sie sagte, sich aufrichtend, mit der Miene des Schreckens auf ihn deutend: »Wer bist du? Ich sehe einen blutroten Streifen rund um deinen Hals herum!« Der Graf erblasste und griff unwillkürlich nach seinem Halse, während die Übrigen ihn erschrocken anstarrten; nur das kurfürstliche Paar lachte, und Elisabeth meinte, er habe wohl eine Liebste, die ihn mit einem roten Schnürlein angebunden habe, um es zuzuziehen, wenn er ihr untreu werden wolle. Ja, er sei der Vettel wahrhaftig ins Garn gegangen, sagte Budowa ärgerlich, er hätte Lust, ihr nachzugehen und ihr das freche Maul zu schließen. Ei was, sagte Friedrich, eine wahrsagende Zigeunerin hätte so viel Redefreiheit wie ein Narr, es müsse ein jeder sehen, mit ihrem Spruch fertig zu werden. Unterdessen hatte Elisabeth einen Zweig von einer wilden Rebe mit rubinroten Blättern abgebrochen, zusammengeflochten und ihn dem kleinen Prinzen Heinrich aufgesetzt, um den künftigen König zu krönen; der Kleine jedoch schien dies aus irgendeinem Grunde für einen Eingriff und eine Ehrenkränkung zu halten, riss den Schmuck aus den Locken, streifte die Blätter ab und schwang den Zweig wie eine Gerte, indem er seine Mutter herausfordernd mit flammenden Augen ansah. »Das ist ein rechter König von Böhmen!«, rief Budowa aus, »er will das Schwert führen, bevor er sich krönen lässt«, und hob das leichte Kind auf seine breite Schulter, von wo es, seine Ängstlichkeit bezwingend, stolz lächelnd herabsah.

Nachdem die Krönungsfeierlichkeiten in Prag vorüber waren, trafen die rührigsten unter den kalvinischen Herren, an ihrer Spitze Wenzel von Budowa, allerlei Veränderungen und neue Einrichtungen; nämlich sie schafften die Frauenhäuser ab, deren im Schatten der Stadtmauern viele wucherten, gründeten Schulen und beredeten die Stiftung von Armenhäusern, insbesondere aber säuberten sie den Dom vom katholischen Gepränge, um eine ordentliche Gelegenheit für die kalvinische Predigt zu gewinnen. Es war ein frischer Dezembertag kurz vor Weihnachten, als Friedrich, von seinem Hofprediger Skultetus und Wenzel von Budowa begleitet, in das Münster eintrat, um zu sehen, wie weit sie schon gekommen wären, und um die Arbeiter durch sein persönliches Erscheinen anzufeuern. Das Gebäude sei schön, sagte er, indem er sich vergnügt umsah, aber es sei ausstaffiert wie eine Jahrmarktsbude, da müsse noch gehörig aufgeräumt werden. Ja, sagte Budowa, bis jetzt hätten die Arbeiter wohl gebetet; denn geschafft wäre noch nichts, und winkte einem Werkmeister, der die Aufsicht zu führen hatte. Derselbe kam sorgenvoll gelaufen und entschuldigte sich, die Leute trügen Bedenken, die heiligen Gegenstände anzurühren. Und wohin sie damit sollten? Ob sie in eine andere Kirche oder ob sie in die Sakristei gebracht werden sollten? Es sei eine schwere Sache und ginge um die Seele. Einer der Arbeiter, ein kecker, stämmiger Mann, habe das Bild des heiligen Joseph aus der Taufkapelle herunternehmen wollen, da habe es angefangen die Augen zu verdrehen und so zornig ausgesehen, als ob es Flammen spie, worüber dem Manne vor Schrecken schwach geworden sei und er den Arm nicht mehr habe rühren können wie ein Gelähmter. Friedrich lachte; Budowa ließ den Betreffenden vor sich führen, betrachtete den breitschulterigen, stiernackigen Menschen mit strengem Blick und befahl ihm, das Bild vor seinen Augen herabzunehmen. Der Mann schüttelte eigensinnig den Kopf und sagte, das tue er nicht zum zweiten Male, er habe Weib und Kind; er wolle wohl seine Schuldigkeit tun, aber nichts gegen den heiligen Glauben, denn dazu sei er nicht verbunden. »Du bist zu dem verbunden, was der König dir befiehlt«, herrschte ihn Budowa an, »und solange ich bei dir stehe, soll dich weder ein Teufel noch ein Götze behexen; wohl aber werde ich dich lahm schlagen, dass du deiner Lebtage kein Glied mehr rühren kannst, wenn du Widerworte machst!« Nun hob der Mann unter Budowas Augen das Bild herunter, vermied aber, es anzusehen, und lehnte es, so schnell er konnte, verkehrt gegen die Mauer. Unterdessen hatte Friedrich seine Geldbörse hervorgezogen und gab dem Manne, dem der Schweiß auf der Stirne stand, ein paar Münzen; das sei für die ausgestandene Angst und gegen die Einbildungen. Budowa sagte, er wolle nun dem Volke Vernunft beibringen, stellte sich auf die Stufen des hohen Chores, winkte die Arbeiter herbei und hielt mit dröhnender Stimme eine Ansprache: »Ihr bildet euch ein, Glauben zu haben, aber ihr habt nur Aberglauben. Gott ist in der Tugend, in der Bescheidenheit und im Gehorsam, nicht aber in Holz und Leinwand. Eine Holztafel, die mit Farbe bemalt ist, hat so wenig mit Gott zu tun wie eure Nase mit der Kirchturmspitze. Würdet ihr weniger trinken und mehr nachdenken, so würdet ihr Gott besser erkennen. Macht jetzt ein Feuer an und werft alle Bilder, Flitter, Kränze, kurz, allen überflüssigen Kram, der hier herumhängt, hinein, denn es ist weiter nichts als Unrat. Ihr könnt euch zugleich daran wärmen und euren Brei darüber kochen. Führt ihr die aufgetragene Arbeit im Dienste der Obrigkeit gut aus, so dient ihr Gott mehr als mit Kreuzschlagen, Knien und Widerspenstigkeit.«

»Das prasselt wie ein Feuerwerk«, sagte Friedrich im Weitergehen. »Ihr könnt mit meinem Skultetus um die Wette predigen.« Dieser sagte, ein wenig säuerlich lächelnd, es sei ja bekannt, dass der Graf es an Gelehrsamkeit mit jedem Theologen aufnehmen könne; worauf Budowa lachte und entgegnete, seine Gelehrsamkeit würde ihm hier nichts geholfen haben, mit dem niederen Volke müsse man nach seinem Verstande reden. Er kenne sich darin aus, denn er pflege seinen Bauern oft zu predigen und sie im Glauben zu unterrichten.

Jetzt meldete ein Junker Friedrich, dass die Schlitten bereit seien; denn es sollte an diesem Tage eine Schlittenfahrt unternommen werden. Budowa und Skultetus blieben zurück und versprachen, ein Auge auf den Fortgang der Arbeit zu haben, damit am folgenden Tage, als an einem Sonntage, das reine Gotteswort vor dem Könige laut werden könne.

In der Dunkelheit kamen die Schlitten in langem Zuge klingelnd zurück; an einem jeden waren Fackeln befestigt, von denen fliegendes Licht auf den Weg tropfte, das den Schnee in rosigen Sternen erblinken ließ. Der König war von der kalten Luft müde geworden und schlief, an seine Gemahlin gelehnt, die mit einem Kammerherrn in französischer Sprache plauderte; er wachte erst auf, als der Schlitten mit einem Ruck vor dem Schlosse anhielt.

Nachdem er sich erfrischt und ausgeruht hatte, ging er noch in den Dom, um nachzuschauen, ob alles in Ordnung sei. Dort war Geschrei und Bewegung; unter dem steinernen Himmel schwankten an langen Stangen befestigte Lichter um ein ungeheures hölzernes Kruzifix, das von der Mitte des Triumphbogens niederhing, und die dröhnende Stimme Budowas schalt widerhallend durch die Finsternis. Den Hauptgötzen hätten sie ihm zum Trotze hängen lassen, rief er, die faulen, trotzigen und feigen Baalsknechte. Ob das Gottesdienst sei, diesen geschnitzelten Kadaver anzubeten? Dabei entriss er, der auf einer Leiter stand, einem der unten stehenden Männer den Hammer und hieb damit gegen das grauenvolle Antlitz des im Todeskrampf erstarrten Schmerzensmannes. »Das ist hässlich«, sagte Friedrich, der hinzugetreten war und hinaufblickte, »wir wollen den Gräuel an dieser Stätte nicht mehr leiden.« Während Budowa mit Äxten und Stricken eifrig hantierte, drängten sich viele Arbeiter aus der Kirche, andere lagen, sich bekreuzend, auf den Knien. Die Damen und Herren, die sich Friedrich angeschlossen hatten, sahen neugierig zu, und die Damen schrien zuweilen hell auf und deckten die Hände über die Augen. Plötzlich ächzte das Holz und schlug auf den Steinboden mit furchtbarem Krachen, dem ein vielstimmiges Geschrei im Inneren und wie ein Echo außerhalb des Domes folgte. In dem betäubenden Gepolter hatte man einen durchdringenden Jammerlaut unterschieden, und es zeigte sich, dass das stürzende Kreuz einen Mann getroffen hatte, der nun bewegungslos unter dem einen der gewaltigen Holzarme lag, aber noch atmete. Man solle ihn heimtragen, sagte Budowa kurz, warum hätte er auch so vorwitzig sein müssen. Man solle aber die Sache nicht ausschreien, es werde schon übergenug davon geschwätzt, er werde sich nach dem Manne umsehen.

Als alle den Dom verlassen hatten, Schloss Skultetus selbst das Portal ab. Von den Arbeitern und dem angesammelten Volke gingen viele in das nächste Wirtshaus, wo der Mann schon saß, der das Bild des heiligen Joseph hatte abnehmen müssen. Er war bereits vollständig betrunken und kam nur zuweilen zum Bewusstsein, um den Wirt zu rufen, weil sein Humpen geleert sei. Er solle nun aufhören und heimgehen, sagte der Wirt und erklärte auch den Neuankommenden, der Mann habe genug, er sei voll wie ein Schwein. Solange er zahle, lallte der Mann, müsse der Wirt ihm zu trinken bringen, andere mischten sich hinein und rieten teils wie der Wirt zum Heimgehen, teils unterstützten sie ihren Kameraden und munterten ihn zum Weitertrinken auf. Das Sündengeld müsse vertrunken sein, heulte der Mann, er habe die Hölle im Leibe und müsse löschen. Die Leute sahen sich bedeutsam an, sprachen von allem, was sich im Dome begeben hatte, dass Blut am Kruzifix heruntergeflossen sei, weil Budowa den Heiland ins Gesicht geschlagen habe, und dass es unter Türken und Tataren nicht schlimmer zugehen könne. Die Kalviner seien keine rechten Christen, und man hätte sich nie mit den Deutschen einlassen sollen. Der Betrunkene, der wieder eingeschlafen war, fuhr plötzlich schnarchend in die Höhe, griff in die Tasche und sagte, das Sündengeld sei dahin, er fühle sich nun wohler und wolle heimgehen. »Wie willst du heimgehen, du Schwein«, sagte der Wirt, »da du kaum auf allen vieren kriechen kannst!« Ein paar Männer standen auf und sagten, sie wollten ihm auf die Beine helfen, und griffen ihm unter die Arme. Unter Gelächter brachten sie ihn in die Höhe und ermunterten ihn, zu gehen; er hielt sich am nächsten fest und sagte, das Zimmer drehe sich um ihn herum, er müsse ein Glas Wein haben, sonst getraue er sich nicht weiter. Während ein Schenkmädchen lief und das Verlangte holte, gab ihm einer einen Stoß, um ihn in Gang zu bringen; das Gelächter verdoppelte sich, als der ungeschlachte Körper ins Wackeln kam, mit den Armen um sich griff, taumelte und, bevor man ihm beispringen konnte, vornüber auf den Boden fiel. Da es sich zeigte, dass der Mann tot war, hieß es, das sei der Finger Gottes und die Strafe dafür, dass er sich für Geld an einem Heiligen vergriffen habe, sie hätten ihn gewarnt und vorausgesehen, dass es nicht gut enden würde. Das Wirtshaus füllte sich nach und nach mit den Angehörigen des Mannes und vielen Neugierigen. Er sei von Gottes Hand erschlagen, erzählten diejenigen, die es mit angesehen hatten; es sei nicht anders gewesen, als wenn ein Blitz vom Himmel in einen Baum einschlüge und ihn fälle. So sei es gewiss auch Gottes Wille gewesen, sagte der Wirt, dass er so viel hätte trinken müssen, es reue ihn, dass er mit dem armen Sünder harte Worte geredet hätte. Er hätte ihm nicht getraut, weil er lutherisch gewesen sei, nun sehe er aber, dass man alles Gott anheimstellen solle. Nein, der Mann sei ganz recht gewesen, bemerkte ein anderer; im lutherischen Glauben sei er nun einmal aufgezogen gewesen, aber er habe vor den Heiligtümern die Knie gebeugt und ein Kreuz geschlagen, wenn die andern es getan hätten; und er würde sich nicht an den Bildern vergriffen haben, wenn der Budowa ihn nicht gezwungen hätte.

Es war kurz vor Mitternacht, als der Küster des Domes außer Atem gelaufen kam und erzählte, er habe ein schreckliches Zeichen und Gesicht gesehen, und er sei gewiss, es stehe Krieg und Pest bevor, wenn nicht der Jüngste Tag im Anzuge sei. Als er vor einer halben Stunde aus dem Kloster gekommen sei und habe heimgehen wollen, habe er die Fenster des

Domes erleuchtet gesehen, sodass er gedacht habe, es werde noch darin gearbeitet. Über diesen Frevel erschrocken, habe er an alle Türen gefasst, aber sie waren fest verschlossen gewesen, und keinen Laut hätte er vernehmen können. Am liebsten, sagte er, wäre er davongelaufen; aber er hatte sich ein Herz gefasst und wäre an einem der Holunderbäume, die um den Chor herum wüchsen, hinaufgeklettert, bis er durch die Fenster in das Innere hätte hineinsehen können. Da habe ihn Entsetzen erfasst, und er hatte so gezittert, dass er sich kaum an den Zweigen des Baumes hatte halten können: die ganze Kirche sei voll Blut gestanden, das sei alles des Heilands Blut gewesen; unter dem Gewölbe habe sein Leib gehangen, und aus den tiefen Furchen seines Gesichtes sei Blut herabgeronnen, und sein Mund und seine Augen wären wie Brunnenröhren gewesen, aus denen das Blut dick hervorgeschossen sei.

Nachdem die Zuhörer sich von ihrem Schrecken gefasst hatten, wollten sie das Wunder auch sehen, aber der Wirt hielt sie ängstlich zurück; wenn Feuer im Dome sei, könne es sein Haus ergreifen, sagte er, indem er ängstlich nach der Kirche hinüberblickte, deren steile Mauerterrassen in gleichförmigem, schwerem Dunkel lagen. »Seht«, sagte der Küster, »es ist wie ausgeblasen. Wenn es etwas Natürliches gewesen wäre, hätte es nicht so verschwinden können.« Erst als die Nacht sich zerstreute, gingen die Leute verfroren und übermüdet nach Hause.

Am folgenden Tage predigte Skultetus im Dome, der in aller Frühe von den Spuren der gestrigen Arbeit gesäubert worden war. Wie der kleine hagere Mann, auf der Kanzel stehend, sich in dem erhabenen Raume umsah, reckte er sich unwillkürlich und blähte die Brust auf; denn es war ihm, als schwebe er über der erschaffenen Erdkugel und seine Worte würden von der Unendlichkeit verschlungen werden. Hingegen tönte seine Stimme, als ob er in eine Posaune bliese, sodass er selbst vor dem Schall schauderte. Er sagte: Gottes Allmacht hat mich erfasst und hierhergetragen, damit ich die Wahrheit verkündige. Gott wollte, dass das Reich der Finsternis aufhöre und dass die Werke der Finsternis zerstört werden. Dies war das Nest, wo die geschwollene Nachtbrut der Mönche und Jesuiten trotzte, das ist Aberglauben, Tücke, Wut und Zerstörung. Heil uns, der Herr hat gerichtet! Das Licht, das da heißt Vernunft und Wahrheit, fährt stürmisch herauf, und Krähen und Eulen, wie schwere Dämpfe auf dem Bauche kriechend, sausen von dannen.

Friedrich und Elisabeth waren zum Gottesdienst feierlich geputzt, er in einem schwarzen, sie in einem weißen, mit Diamanten besetzten Gewande. Er trug eine mit einem besonders großen Diamanten besetzte Agraffe nebst Reiherbusch am Barett, sie eine ebensolche im Haar, am Hals und in den Ohren trug sie Gehänge von Perlen. Es verdross sie ein wenig, dass viele von den böhmischen Damen in viel reicherem Schmuck erschienen als sie, was sie auch schon auf den Bällen bemerkt hatte, und sie stellte Friedrich vor, dass dies ein Unfug sei, dem er steuern müsse. Die Königin, sagte sie, müsse sogleich am reichsten Schmucke kenntlich sein, und es würde niemals Ordnung und Anstand in einem Lande herrschen, wo die Vasallen schönere Kleider trügen als die Herren. Friedrich sagte entschuldigend, dass er noch ein wenig hinhalten müsse, bis er in Böhmen recht stabiliert sei; sitze er erst einmal fest auf dem Throne, so wolle er einen größeren Schatz von Juwelen anschaffen, wie er ihrem neuen Stande gebühre. Böhmen sei ja ein reiches Land und könne seinen König gebührlich ausstatten, auch hätte er den Eindruck, dass die Untertanen es an nichts fehlen lassen würden, es wären ihnen ja schon stattliche Geschenke überreicht worden. Feine Lebensart hätten die böhmischen Weiber doch nicht und müssten also darin sowie an Schönheit hinter ihr zurückstehen.

Die Zeit verging Friedrich zunächst schnell und angenehm, da er nach Brünn und Breslau reisen und die Huldigung der Mähren und Schlesier in Empfang nehmen musste. Unterdessen regierten in Prag Christian von Anhalt, der Gouverneur, und die Räte der Krone, unter denen Wenzel von Budowa mit einigen andern das Wort führte. Unter seinen Briefschaften fand Anhalt eines Tages eine Bittschrift von Bauern, welche die Aufhebung der Leibeigenschaft verlangten, und nach einigen Bedenken entschloss er sich, dieselbe dem Rat vorzulegen. Er könne darüber nicht entscheiden, sagte er, weil er mit den Verhältnissen in Böhmen nicht vertraut genug sei; allein es komme ihm vor, als würden die Bauern hierzulande über Gebühr geplagt, und er halte es für gefährlich in Kriegszeiten, wenn der Landmann seiner Herrschaft nicht anhänglich sei und etwa gar dem Landesfeind zulaufe, anstatt seine Scholle zu verteidigen.

Die Sache sei so, sagte Budowa: für die Bauern hätte ihr jeweiliger Herr einzustehen, und wenn der der guten Sache anhänge und sie in rechter Zucht halte, würden die Bauern auch ihre Schuldigkeit tun, soweit sie könnten, freilassen könne man die Bauern nicht, denn das verdienten und vermöchten sie nicht, abgesehen davon, dass der König doch wohl den Adel nicht seiner Rechte und seines Besitzes berauben könne, der vielmehr der Quell des Rechtes sein solle.

Dieser Ausführung schloss sich der Kanzler Ruppa an und sagte, zur Zeit Kaiser Rudolfs hätten sich auch einmal die Bauern über ihre Herren beklagt und Befreiung von allerlei Fronden verlangt; Kaiser Rudolf aber, der doch ein mächtiger Herr gewesen sei, hätte die Schuldigen ausgeliefert, und da wären die Rädelsführer mit Rad und Galgen angemessen bestraft worden, worauf es wieder Ruhe gegeben hätte.

Es handle sich hauptsächlich um königliche Bauern, sagte Anhalt, und es scheine ihm nicht rätlich, gleich jetzt mit der Schärfe gegen sie vorzugehen. Man könne ja einen abschlägigen Bescheid geben oder sonst kunktieren. Die Herren sollten bedenken, wie man jetzt daran sei, wenn man noch Mannschaft gegen die Bauern aufbieten müsste und wenn die Felder nicht bestellt würden, wo schon durch den Krieg eine Teuerung wäre.

Sie wären bis jetzt mit den Bauern fertig geworden, entgegnete Budowa, und würden es auch inskünftig werden. Das betreffe die Grundlage ihrer Rechte, und daran dürfe nicht gerüttelt werden. Gewisse Herren könnten ja vermahnt werden, ihren Bauern nicht das Blut auszupressen und ein christliches Einsehen zu haben; er wolle durchaus das Verfahren aller nicht billigen. Aber der König werde auch nicht dulden, dass sein Adel noch einem andern Landesherrn außer ihm huldige. Das würde ein Gelauf und eine Zwischenträgerei geben, wenn die böhmischen Bauern wegen jeder Tracht Prügel, die sie bekämen, an den Hof laufen und klagen wollten. Dahinein dürfe der König sich nicht mischen, sonst hätte man schließlich das Faustrecht und wisse nicht mehr, wer Herr und wer Knecht sei.

Das wisse man auch jetzt nicht, sagte Graf Solms finster; nur so viel sehe er, dass der König hierzulande nicht der Herr sei.

»Meint Ihr«, rief Budowa, »weil unser Land östlich von Eurem liegt, der König wäre hier wie der türkische Sultan und könnte seinen Großen den Kopf vom Rumpfe schneiden, wenn es ihm beliebt?«

»Wenn die türkischen Vasallen es verdienen«, antwortete Solms nachdrücklich, »so hätte der Sultan recht und wäre umso besser daran.«

»Die deutschen Grafen«, rief einer von den böhmischen Herren aufspringend, »müssen wenig Elite haben, wenn sie sich so mit den Hunden in gleiche Reihe stellen!« Auch Graf Solms erhob sich und sagte langsam, während seine Augen Blitze warfen: »Wie blank unsere Ehre ist, zeigt meines Schwertes Fläche, und wie schneidend unser Mut, seine Schärfe.«

Anhalt beeilte sich, Frieden zu stiften, indem er vorstellte, dass sie sich in der Ratsstube des Königs befänden, dem sie alle mit gleicher Treue ergeben wären; dass sie einander nicht zu beweisen brauchten, wie viel Ehre und Tapferkeit sie hätten, und dass sie ihr Blut für den Kampf mit dem gemeinsamen Feinde sparen müssten. Er brachte es auch endlich dahin, dass sich die Streitenden die Hand zur Versöhnung reichten, doch taten sie es mit sichtlichem Widerwillen und gegenseitiger Verachtung. Was die Bauern betraf, so wurde ihnen Untersuchung der einzelnen Klagepunkte in künftiger Zeit verheißen; inzwischen wurden sie vermahnt, sich ruhig zu halten, und zu unerschütterlichem Gehorsam gegen ihre Herren angewiesen.

Im Juni erhielt Herzog Maximilian die Nachricht, dass die Unionsfürsten sich hatten bereden lassen, stillzusitzen, wenn er gegen den Pfälzer ziehe, immerhin sich vorbehaltend, seine pfälzischen Erblande, falls er dort angegriffen werde, zu schützen. Er hatte nicht nach Prag ziehen wollen, solange er befürchten musste, sie würden unterdessen sein Herzogtum überfallen oder Friedrich zu Hilfe kommen, und war deshalb von dem Ergebnis der Verhandlungen sehr befriedigt. Diesen Dienst hatte ihm Frankreich geleistet, und der französische Gesandte tat sich nicht wenig auf die Geschicklichkeit zugute, mit der er den protestantischen Fürsten eingeredet habe, es sei das Beste für sie, Pfalz seinen unsauberen Handel mit dem Kaiser allein ausfechten zu lassen; allein Jocher äußerte sich vertraulich, es hätte ohnehin keiner von diesen Schneckenhelden Lust gehabt, seine Haut für ihren Obersten zu Markte zu tragen. Die Union habe sich, als Anhalt nach Böhmen gezogen sei, gleichsam selbst den Kopf abgebissen, und wenn sie auch wie der Skorpion noch eine Weile mit dem Schwanze zappele, so sei doch keine Lebenskraft darin und werde man sie bald mit bloßen Füßen ohne Schaden zusammentreten können.

So brach denn Maximilian mit einem wohlgeordneten und gerüsteten Heere auf, um zunächst sein Pfand, die Provinz Oberösterreich, in Besitz zu nehmen, und näherte sich in den ersten Tagen des August der Stadt Linz.

Kepler saß am Abend, als es anfing zu dämmern, über seinen Instrumenten und Büchern, als die Herren von Saurau, Vater und Sohn, zu ihm kamen, um sich von ihm zu verabschieden; denn sie gehörten zu den erklärten Rebellen und erwarteten sich nichts Gutes von der Ankunft Maximilians. Ob es denn wahr sei, dass der Bayernherzog auf Linz ziehe?, fragte Kepler. In der Schule hätten einige wissen wollen, er gehe geradeswegs gegen den böhmischen König, andere meinten gar, gegen den Türken. Nein, sagte Herr von Saurau, das sei gewiss, dass es ihnen gelte. Ferdinand hatte sie ausgeliefert, das sei längst geplant gewesen. Widerstand könnten sie dem Herzog nicht leisten, unterwerfen wollten sie sich nicht, so verließen sie denn die Heimat. Sie gingen nach Nürnberg oder einer anderen evangelischen Reichsstadt. Kepler meinte bedenklich und mitleidig, die Füße wären lose, aber das Herz ließe sich nicht so leicht ausgraben.

Der Ältere sah schweigend vor sich nieder, der Jüngere aber sagte, in den Reichsstädten sei ein freieres und lustigeres Leben als in den Bergen zwischen den Bauern, man könne es wohl eine Zeit lang mitmachen, inzwischen gebe es vielleicht eine Änderung, die Zeit sei voll Unruhe, und Ferdinand habe den Bogen zu straff gespannt, aller Tage Abend sei noch nicht da.

Ob Kepler nicht auch verreisen wolle?, fragte der ältere. Sie könnten miteinander gehen, zu Linz sei seines Bleibens doch nicht. Herzog Maximilian sei vom Papste besoldet, die Ketzer auszurotten; man munkele, er werde später abdanken, um Jesuitengeneral zu werden. Wie dem auch sei, verschonen werde er keinen, und die Wissenschaft am wenigsten, die es mit dem kopernikanischen System halte.

Er möchte ungern schon wieder wandern, sagte Kepler; wenn es aber nötig sei, wolle er versuchen, ob er nicht eine Anstellung in Schwaben finde. Wie solle er in Nürnberg sein Brot finden? Die Herren von Nürnberg hätten für Leute seines Schlages kein Geld übrig, und er habe ein Weib und liebe Kinder.

Dem alten Herrn tat es leid, und er nahm traurigen Abschied. »Wenn ich bei Euch saß und Euch zuhörte«, sagte er zu Kepler, »war es mir oft, als schmecke ich den Himmel.« Wenn sie nach Ulm gingen, sagte Kepler, so sei da der Astronom und Mathematiker Faulhaber; der sei ebenso gelehrt wie er und werde ihnen in allem, was er wisse, sicherlich gern zu Diensten sein.

Als das bayrische Heer in Sicht kam, wurde die Aufregung groß in Linz. Auf Bitten seiner Frau begab sich Kepler zu einem Jesuitenpater, der ihn oft aus Interesse an der Astronomie besucht hatte, und fragte ihn, ob er im Notfall hoffen könnte, mit den Seinigen Schutz in seinem Kloster zu finden. »Jetzt wird Euch bange!«, sagte der Jesuit langsam, indem er den Arm in die Seite stemmte und Kepler mit triumphierendem Lächeln ansah; »jetzt kommt Ihr als ein reuiges Kind, das sich im Schoße der schwer gekränkten Mutter bergen möchte!«

»Wenn Ihr damit meint«, sagte Kepler, »ich wollte mich zu Eurer Kirche bekehren, so muss ich freilich nein sagen, jetzt so wenig wie vor zwanzig Jahren, und ich meine auch, es stünde dem Manne noch weniger an als dazumal dem Jünglinge.«

Der Jesuit ereiferte sich: »Es steht einem jederzeit an«. rief er, »Buße zu tun und die Wahrheit zu bekennen. Seht Ihr die Zeichen Gottes noch immer nicht? Wie mögt Ihr, als ein kluger Mann, Institutionen anhängen, die in Kurzem vor einem Hauche Gottes verschwinden werden? Ihr, die Ihr Ordnung und Gesetz am Himmel so herrlich nachgewiesen habt? Wo ist bei Eurer Ketzerei Ordnung und Gesetz? Wo ist da die Basis, die Basis? O göttliche Weisheit Keplers, riechst du auch nach Menschenfleisch? Greifst du es nicht mit Händen, dass es nur *eine* Kirche geben kann, wenn es nur *einen* Gott gibt? Hättest du den Lauf der Sterne ausmessen können, wenn es Ketzer unter ihnen gäbe, die ihn verwirrten?«

»Wer weiß, ob es nicht Zwietracht und Kämpfe unter den Sternen gegeben hat, bevor die Sieger die Triumphspiele begannen, denen wir jetzt zuschauen? Ob die Katholiken oder die Evangelischen unterlegen sind, ist vielleicht in den Historienbüchern des Himmels aufgeschrieben«, sagte Kepler und lächelte.

Der Pater musste wider Willen lachen und nannte Kepler einen Schelm und Phantasten. »Ihr Ketzer seid nun einmal hartnäckig«, sagte er, »ihr Schwaben insbesondere. Euch muss die Not beten lehren, und ich sollte Euch in der Klemme stecken lassen, damit es Eurer Seele zugutekäme.«

»Das hat sie oft getan«, sagte Kepler, »und wenn ich gut kämpfen gelernt habe, so ist es, weil die Not meine Meisterin war.«

»Kepler, Kepler«, seufzte der Jesuit, »was für ein stolzer und verwegener Mann seid Ihr! Wenn ich Euch liebe, so ist es um des hehren Verstandes willen, mit dem Gott Euch Unwürdigen begnadet hat; sonst müsste ich es mir füglich zur Sünde anrechnen.« Um dieser Liebe willen, sagte er, wolle er sich für Kepler verwenden, wenn die Stadt erstürmt würde und er in Gefahr komme, mehr könne er nicht versprechen. Übrigens werde es dessen nicht bedürfen; denn der Herzog von Bayern sei ein frommer katholischer Fürst und werde Barmherzigkeit üben. Kepler trat den Heimweg an in Gedanken darüber, ob er in Wirklichkeit stolz und eigensinnig sei, dass er nicht katholisch werden wollte; denn er hatte schon manchmal gedacht, dass Gut und Böse vielleicht auf beiden Seiten gleich sei, er hatte keinen eigentlichen Widerwillen gegen die Katholiken, noch hielt er seine Glaubensgenossen für unfehlbar. Dennoch hätte ihn vor sich selber geekelt, wenn er seine bedrängten Brüder verlassen und sich zur Beichte und Messe hätte bequemen sollen. Es fiel ihm bei, nach den Mauern zu gehen und den fortschreitenden Arbeiten des Belagerungsheeres zuzusehen; dort traf er Hizler, von einem Häuflein Männer und Frauen umgeben, auf die er in großer Aufregung einredete.

»Seht ihr den Herodes?«, rief er und meinte damit den Herzog Maximilian; »seht ihr die Speere und Schilde in der Sonne blitzen, mit denen sie euch morden wollen? Aber Gott wird mit seinem Volke sein, wenn wir bei seinem Worte bleiben! Ich bin euer Hirt, und ihr sollt mich noch auf dem Scheiterhaufen jubilieren hören! Wären keine Verräter unter uns, so würde der Herr uns nicht so strafen. Aber da ist einer, da ist einer!«, rief er laut, indem er auf den langsam vorübergehenden Kepler zusprang und ihn beim Arme griff. »Der hat die Kriegsnot über uns gebracht, weil er Gott erzürnte. Um deines Trotzes und deiner Sünde willen schickt uns der Herr die Philister über den Hals!«

»Wohlan«, sagte Kepler friedlich, »so schickt er sie vielleicht um deiner Tugend willen wieder heim.«

»Das könnte dir passen, du Obenhinaus!«, knurrte Hizler und fügte verdrießlich hinzu: »Hätte mich der Zorn nicht übermannt, so hätte ich nimmer das Wort an dich gerichtet.«

Darüber brauche er sich kein Gewissen zu machen, sagte Kepler, es seien ja keine gütlichen gewesen.

Unterdessen schlugen unfern Kugeln in die Mauer, dass es krachte und Staub und Steine aufflogen, worüber viele erschraken und fortliefen, um in dieser Not bei den Ihrigen zu sein. Da auch Kepler weitergehen wollte, rief ihm Hizler plötzlich mit wehklagender Stimme nach: »Bekehre dich doch, Kepler!«, komm in den Stall zu den anderen Schafen! Bekehre dich, so soll alles vergeben und vergessen sein.«

»Weißt du«, sagte Kepler stehenbleibend, »in mir ist ein Dämon, dem muss ich treu bleiben; denn er ist ewig, und eure Formeln sind von gestern und währen bis morgen.«

Er ging weiter, hielt aber noch einmal an und rief Hizler zu, er müsse die Zeit, die ihm noch bleibe, zur Arbeit nützen. Die nächste Nacht sei eine Mondfinsternis, wenn Gott gebe, dass die Stadt sich so lange halte, wolle er sie beobachten, und falls Hizler auch dazu Lust habe, sei er willkommen.

Die Gassen widerhallten vom Schritt der Soldaten, die der Kommandant beauftragt hatte, das Volk im Zaume zu halten, das Drohungen gegen ihn ausgestoßen hatte, weil er kapitulieren wollte. Kepler saß in einem offenen Balkon seines Hauses und erwartete den Mond. Der Abend war so still, dass sich kein Blatt im Wipfel der hohen Esche bewegte, die sein Haus beschirmte. Aus der Stadt scholl dann und wann Getöse und Aufkreischen; aber bis zu Keplers Bewusstsein drang in diesem Augenblicke nichts davon. Etwa um neun Uhr erglomm der Giebel des Nachbarhauses im näher rückenden Lichte, und gleich darauf schwebte die leuchtende Welt in den Gesichtskreis des Wartenden. Der Himmel hob sich wie ein milchgraues Meer aus der Dunkelheit, geballte Wolken tauchten auf wie Zacken und Berge und Schiffe und schwärmten langsam vorüber oder sanken zurück in die Finsternis. Kepler fuhr herum, als Hizler durch die niedrige Tür eintrat, dessen Klopfen er überhört hatte. »Ich habe die Sache Gott anheimgestellt«, sagte er, »es steht ein großes Gericht über die ganze Erde bevor, und es wird einem jeden zuteilwerden, was er verdient hat. Ich habe dich gewarnt, nunmehr fahre hin, inzwischen wollen wir nicht hadern.« Da Kepler ihn auf eine blutige Schramme an der Schläfe und seinen humpelnden Gang anredete, sagte er, die rohen Kriegsknechte hätten ihm so übel mitgespielt, als er sie aufgefordert habe, lieber auf die

Wälle zu ziehen und den Antichristen zu vertreiben, anstatt die gläubigen Brüder zu bedrohen. Er wollte sich nicht verbinden lassen, weil ihm jetzt mehr daran gelegen sei, die Mondfinsternis mit Kepler zu beobachten; wenn die Erscheinung vorüber sei, wolle er gern einen Schluck Wein annehmen und sich die Wunde von Keplers Hausfrau waschen lassen; einstweilen ertrage er die Schmerzen freudig um des Erlösers willen.

Schon nach wenigen Minuten sahen sie den Sternenschatten auf den wandernden Mond fallen, worüber Hizler, während Kepler still beobachtete, ganz atemloses Staunen und lautes Vergnügen war. Zu denken, sagte er, dass da oben ein mechanisches Theater ablaufe, regelmäßig wie eine Uhr, die nie aufgezogen zu werden brauche, eigentlich ein Perpetuum mobile, sei höchst wundervoll. Er sprach mit großer Gelehrsamkeit über dies Problem, mit dem er sich viel beschäftigte, wie er denn auch ein allerliebstes drehbares Planetarium aus Messing verfertigt hatte; dann, als die Verfinsterung vorüber war, ließ er den Gegenstand fallen und sagte: »Ein gräuliches Warnungszeichen, das der Herr seinem Volke aufsteckt; aber sie toben und würgen weiter in ihrer Verblendung. Rase nur zu, blutiger Attila! Gott lässt dich eine Weile wüten, jedoch das Strafgericht wartet schon, in das du hineintappen wirst!«

Kepler meinte, Herzog Maximilian habe ein gut ausgerüstetes Heer und mehr Geld als irgendein Fürst im Reiche; solange er zum Kaiser halte, möchte ihnen nicht leicht einer gewachsen sein. »Da sieht man wieder das Schwindelköpflein!«, rief Hizler sich ereifernd. »Willst du die Wege Gottes auskennen? Wenn es ihm gefällt, kann er Tataren und Heiden auferwecken, um seine Befehle auszuführen! Wenn es ihm gefällt, kann er die falschen Götzen mit einem Atemzuge umblasen!«

Kepler, dessen Augen dem kleinen Schatten einer Fledermaus folgten, der pfeilschnell über die getünchte, mondbeschienene Mauer des Hauses huschte, ging nicht darauf ein und überließ es seiner Frau, Hizlers Prophezeiungen, Drohungen und Betrachtungen mit Ehrfurcht und Schrecken entgegenzunehmen. Sein Gemüt war voll Sorgen über die Angelegenheit seiner Mutter, die nach den Berichten aus seiner Heimat eine schlimme Wendung zu nehmen drohte und die umso schwerer wog, weil er sie, als eine schimpfliche und gefährliche Sache, niemandem mitteilen mochte, vielmehr, solange es anging, geheim zu halten suchen musste. Bald nach der Einnahme von Linz kam ein Brief von seiner Schwester, es sei nun alles aus, die Mutter sei aus ihrem Hause in den Turm geschleppt worden und solle durchaus eine Hexe sein. Ihr Mann sei böse über die Schande, ihr Bruder, der Zinngießer, sei vollends außer sich geraten und habe gesagt, wenn die Mutter wirklich eine Hexe sei, so wolle er nichts mehr mit ihr zu tun haben, es sei des Ärgernisses übrig genug. Wenn er ihr nicht schnell zu Hilfe komme, so sei die Mutter gewiss verloren, sie habe keinen Freund mehr. Ihr alter gebrechlicher Körper werde die Kälte, Folter und Marter nicht überstehen, und das werde noch das Beste sein, da sie sonst lebendig ins Feuer müsse. Sie könne nichts tun als beten und weinen, und das tue sie Tag und Nacht; er solle sich eilen, damit er nicht zu spät komme.

Ohne Verzug reiste Kepler nach Güglingen und erfuhr, dass der Vogt Einhorn es dahin gebracht hatte, an die Stelle des schwelenden Zivilprozesses einen Kriminalprozess treten zu lassen, indem er der Frau Reinbold gestattete, eine Gegenklage auf Zauberei einzureichen. Sie hatte unterdessen neuen Stoff zum Beweise zusammengebracht: namentlich sollte die Kepler ein zehnjähriges Mädchen am Arme gefasst haben und sollte dieser Arm lahm geworden sein, sodass das Kind ihn wochenlang nicht hatte gebrauchen können, und ferner sollte die Keplerin ein vierzehnjähriges Mädchen das Zaubern haben lehren wollen, dem sei es aber lange geworden, sodass es ihr unter Vorwänden entschlüpft wäre. Nachdem Kepler die Akten des Prozesses durchgesehen hatte, in die er auf vieles Ersuchen und Verwenden hatte Einsicht nehmen dürfen, stellte er dem Präsidenten des Gerichtes vor, dass die Punkte samt und sonders belanglos wären und durchaus nicht hinreichten, eine Anklage darauf zu begründen. Den Aussagen von Kindern könne man doch keinen Glauben schenken, sie könnten von Frau Reinbold unterrichtet sein oder etwas missverstanden haben; nichts von allem sei erwiesen, und seine Mutter leugne alles.

Das täten die Weiblein freilich alle, sagte der Präsident mit einem feinen und herablassenden Lächeln; dazu wäre er da, um ihnen die Verstocktheit auszutreiben. Wenn er nicht ausreiche, so wären da Schrauben und Zangen, mit denen man meistens rasch zum Ziele käme. Wenn man ein wenig Erfahrung hätte, könne man auch den Hexen ihr Handwerk ansehen, wie einem Pfarrer oder Metzger das seinige. Ihm, Kepler, werde freilich diese Erfahrung abgehn; wo sollte er sie gemacht haben? An seiner Mutter? Er sei der Sohn, da trübe die natürliche Liebe den Blick. Er sei ja auch sonst wohl mit den Wissenschaften und dem Rechtswesen im Besonderen nicht vertraut.

Er habe Theologie studiert, und die Jurisprudenz sei ihm auch nicht fremd, sagte Kepler; nicht so fremd, dass er nicht wisse, es gehöre mehr dazu als die Aussagen von Kindern, um ein Malefizurteil darauf zu gründen.

Nach seinem Dafürhalten, sagte der Präsident gelassen und noch erhabener lächelnd, sei gerade auf das unschuldvolle Wort der Kindlein viel zu geben; sie wenigstens seien meistens noch nicht vom Satan bestochen. Übrigens würde sich das im Verlaufe des Prozesses alles aufklären. Wie es denn in Linz stehe? Da hätten die Evangelischen nun wohl ausgewirtschaftet.

Er hätte gedacht, der Präsident sei selbst evangelisch, sagte Kepler. Ganz gewiss, antwortete der Präsident lächelnd, aber der Übereifer der Herren Pfarrer liege ihm fern. Kepler möge ihm nicht verargen, dass er das ausspreche. Die Prädikanten in Österreich hätten den Pöbel nicht aufhetzen sollen, das könne sich eine Regierung durchaus nicht gefallen lassen. Er münze diese Worte aber nicht auf Kepler, der gewiss vorsichtig und vernünftig gewesen sei.

Kepler merkte, dass der Präsident sich so anstellte, als halte er ihn für einen Pfarrer und wisse gar nichts von seinem wirklichen Beruf und seinen Werken; er biss die Zähne zusammen und verabschiedete sich kurz, damit seine Ungeduld und sein Zorn nicht noch herausführen und er die Lage seiner Mutter verschlimmerte.

Aus der Studienzeit hatte Kepler einen Freund, namens Besold, der Professor der Rechtswissenschaft in Tübingen und ein angesehener Gelehrter war. Zu diesem begab er sich, um sich Rat zu holen, und wurde mit Freude und der alten Herzlichkeit empfangen. Der ganze Prozess sei natürlich ein Monstrum, sagte er lachend; aber darüber solle sich Kepler nur nicht wundern; was ihn betreffe, so wundere er sich nur, dass er selbst noch nicht geköpft oder verbrannt sei. Und doch erinnere sich Kepler vielleicht, dass er ein gutherziger Junge gewesen sei und kaum einer Spinne etwas zuleide getan habe.

Aber wenn der Prozess nach seiner, eines berühmten Juristen, Meinung ein Monstrum sei, sagte Kepler, so müsse man ihn doch sistieren können; oder wenigstens sei doch Hoffnung, dass seine Mutter freigesprochen werde.

Besold zuckte die Achseln und sagte, man müsse nicht immer glauben, dass das Vernünftige geschehe, wenigstens in Schwaben nicht. Unter dem Regiment der lutherischen Pfarrer gingen unglaubliche Dinge vor. Kepler müsse ihn besuchen, er könne ihm haarsträubende Sachen von diesem Pfarrerregiment in Schwaben erzählen, sie wollten miteinander darüber lachen.

Er wolle gern kommen, sagte Kepler, aber bis der Prozess erledigt sei, seine Mutter in Gefahr des Lebens und, was schlimmer sei, der Folterqual und unerträglicher Schande stehe, könne er sich mit nichts anderem befassen.

Das sei begreiflich, sagte Besold mitleidig, ließ sich die Einzelheiten erzählen und bemühte sich, einen Ausweg zu finden.

Kepler solle selbst die Verteidigungsschrift verfassen, riet er ihm, wobei er ihm gern behilflich sein wolle. Kepler solle sich aber nicht bei der Frage aufhalten, ob seine Mutter wirklich hexen könne, noch viel weniger damit, was von der Hexerei überhaupt zu halten oder wie sie zu bestrafen sei; dadurch würde er sich nur verdächtig machen und alle gegen sich aufbringen. Er solle einzig darzutun versuchen, dass es an Beweisen fehle, oder, wenn möglich, sonst einen Fehler in der Prozedur aufdecken. Freilich könne auch das fehlschlagen, Dummheit und Habgier seien unberechenbar; die Leute hätten das kleine Vermögen seiner Mutter wohl schon unter sich verteilt und vielleicht schon im Voraus verzehrt.

Vermutlich, sagte Kepler, werde ein Gutachten von der juristischen Fakultät in Tübingen eingeholt werden. Ob er in diesem Falle auf Besold rechnen könne?

Besold errötete und sagte schnell, ja gewiss, das könne er. Er dürfe sich allerdings nicht bloßstellen, er sei ohnehin anrüchig; aber er rate in solchen Fällen immer zur Milde, das könne sich Kepler wohl denken, und überhaupt sei die Fakultät in dieser Beziehung zurückhaltend. Sie hätte ja nichts davon, dass alte Weiber verbrannt würden, und bestände nicht aus tollen Lutherpfaffen. Wichtiger als alles sei, den Leuten Angst zu machen. Ob Kepler ihnen nicht Angst machen könnte? Er habe ja den Kaiser hinter sich; ob er nicht beiläufig mit dem Kaiser drohen könnte?

Er sei von dem neuen Kaiser noch nicht in seinem Amte bestätigt, sagte Kepler, das wisse man wohl. Augenblicklich sei er wieder einmal ein heimatloser und brotloser Geselle.

»Warum«, fragte Besold, »bist du nicht zur alten Kirche übergetreten? Dann wärst du ein mächtiger Mann, und keiner würde wagen, mit dir anzubinden.«

»Das meinst du nicht im Ernst«, sagte Kepler; »das täte ich nicht einmal, um meiner Mutter Leben zu retten, noch würde sie es wünschen.« Ob man überhaupt jemals ein mächtiger Mann werden könne, wenn man der Wissenschaft Diener sei? Die Livree, die man als solcher trage, habe in der Welt keine Geltung. Übrigens hätte er auch als Protestant gewisse Aussichten gehabt: König Jakob habe ihn nach England eingeladen, und auch nach Italien habe er einen Ruf gehabt, und das habe ihn mächtig angezogen, weil er gern die Bekanntschaft eines so großen Mannes wie Galilei gemacht hätte.

Warum er denn nicht hingegangen sei?, fragte Besold erstaunt. Er, Besold, würde auch als Kaminkehrer nach Italien gehen, wenn man ihn so dort verwerten könne.

Es sei jetzt zwanzig Jahre her, sagte Kepler, dass sie Giordano Bruno in Rom verbrannt hätten. Nach seinem Dafürhalten sei ein Zeitraum von zwanzig Jahren zu kurz für die Menschen, um darin klüger zu werden. »Es scheint«, setzte er mit einem Seufzer hinzu, »dass die Gefahr des Feuertodes eine Krankheit meiner Familie ist.«

Besold lachte darüber herzlich. Was seine Mutter betreffe, sagte er, so sei sie, soviel er wisse, eine etwas einfältige und grobe Frau und sei gewiss auch durch eigene Schuld und Unbesonnenheit in einen solchen Sumpf geraten.

Ja, sagte Kepler, sie habe keinerlei Bildung genossen, wisse so wenig wie ein Viehhirte; aber sie habe einen hurtigen und ungeduldigen Geist, der zusammenfresse, was eben am Wege liege, auch übles und unverdauliches Zeug. Aber mit Gott wolle er kämpfen und die alte Frau retten, die seine Mutter sei.

Er solle nur den Mut nicht verlieren, sagte Besold, und sich ein Ansehn geben. Prahlen und auftrumpfen, je unsinniger, desto besser, seine hohen Bekanntschaften anführen und vom Kaiser reden, als ob er Geheimnisse mit ihm hätte. Er kenne die Zustände in Schwaben nicht und wie das Pfaffenregiment die Leute dumm und stolz mache; sie würden später noch viel darüber lachen, wenn es niemand hörte.

Obwohl sich der Prozess ein Jahr lang hinzog, wurde nichts Neues ans Licht gefördert, um die Schuld der Angeklagten zu erweisen, was aber die

Richter nur desto mehr erbitterte, die sich schlechthin darauf stützten, dass die Beklagte nicht geweint habe, was in einer so kläglichen und gefährlichen Lage jede Frau getan haben würde, die nicht mit dem Teufel umginge. Endlich erkannte das Gutachten der Juristenfakultät von Tübingen, es lägen nicht hinreichende Gründe zur Anwendung der Folter vor, es solle der Angeklagten nur mit der Folter gedroht und sie, wenn daraufhin kein Geständnis erfolge, entlassen werden. Auf vieles Bitten wurde am Tage vor dem letzten Verhör Margarete Binder zu ihrer Mutter gelassen und begann jammervoll zu weinen, als ihr eine kleine, verschrumpfte, hustende Alte entgegengehumpelt kam. »Ach Mutter«, schluchzte sie, »ich kann Sie wie ein kleines Kind auf den Armen tragen!« – »Weine nicht«, sagte die Alte, »Knochen leben so gut wie Fleisch, und eh sie sie mir zerschlagen, will ich ihnen noch manche Nuss zu knacken aufgeben.« – »Ach Mutter, Mutter«, flehte die Pfarrerin, »erzürnen Sie die Richter nicht gegen sich! Schweigen Sie lieber ganz und gar!« Es werde ihr nichts zuleide geschehn, sie solle nur mit der Folter bedroht werden, sie möge nur standhaft bleiben und sich nicht etwa vom Schrecken ein Geständnis erpressen lassen. Andererseits müsse sie auch ihre Zunge im Zaume halten und sich nichts gegen die Richter entwischen lassen, womit man sie zu Falle bringen könnte.

Während der Henker, ein dicker, umständlicher Mann, dem Brauche gemäß der Angeklagten die Folterwerkzeuge zeigte und ihr ihre Anwendung erklärte, bewegte die Kepler fortwährend die Lippen; denn sie hatte sich vorgenommen, damit ihr kein unbesonnenes Wort entführe, den 59. Psalm zu beten, welchen sie auswendig wusste, und zwar hatte sie sich gedacht, dass, wenn sie ihn dreißigmal hintereinander bei sich sagen könnte, dies ein Zeichen sein sollte, dass die darin ihren Feinden angedrohten Strafen sich erfüllen würden. Also betete sie: »Errette mich, mein Gott, von meinen Feinden, errette mich von den Übeltätern und hilf mir von den Blutgierigen, sei der keinem gnädig, die so verwegene Übeltäter sind. Des Abends heulen sie wiederum wie die Hunde«, und so weiter, wobei sie von dem Henker wegsah, ohne ihm und seinen Erklärungen die geringste Beachtung zu schenken. Dies Verhalten machte ihn endlich böse, sodass er sie mit einer eisernen Schaufel auf die Schulter schlug und rief: »Was murmelst du, alte Hexe? Auf mich sollst du schauen, damit dir das Brot auch schmeckt, das du essen sollst.«

»Sage du deinen Spruch und lass mich meinen sagen«, entgegnete die Alte, womit sich der erstaunte Henker, wie die Sache lag, begnügen musste. So wie er waren auch die Richter nicht wenig verstimmt, dass das Opfer ihnen entging; allein sie trösteten sich damit, dass sie ein Auge auf die Hexe haben und ihr gelegentlich schon etwas aufmutzen würden und dass ihr dann der Teufel nicht davonhelfen sollte.

»Siehst du«, sagte sie zu ihrem Sohne, der sie an der Tür des Rathauses erwartete, indem sie ihn triumphierend und herausfordernd aus ihren kleinen versunkenen Augen anblitzte, »ich wusste wohl, dass ich mit den Bösewichten fertig werden würde, und es reut mich, dass ich euch zuliebe ihnen nicht die Wahrheit gesagt habe.« Insgeheim beriet sich Kepler mit seiner Schwester, wie sie die Mutter aus dem Orte entfernen könnten, wo sie, wie sie wohl einsahen, noch in beständiger Gefahr war; aber die gequälte kleine Frau musste sich bald zu Bett legen und stand nicht mehr davon auf, sondern starb im Frühling des folgenden Jahres, also über ihre Verfolger abermals triumphierend.

Nachdem das ligistische Heer unter Maximilian und Tilly sich mit dem kaiserlichen unter Buquoy vereinigt hatte, zogen sie gemeinsam vor Pilsen, unterwegs mehrere von den Böhmen besetzte Plätze erobernd. Dabei gab es viele Misshelligkeiten, denn der Herzog wollte sich nicht mit Plündern und Verwüsten aufhalten, wohingegen Buquoy sagte, das müsse man den Soldaten gestatten, wenn sie Lust zum Werke behalten sollten. Vollends brach der Hader vor Pilsen los, indem Buquoy belagern wollte, denn man könne unmöglich einen vom Feinde besetzten Ort im Rücken lassen, während der Herzog ohne Verzug auf Prag zu gehen wünschte, mit Mansfeld werde man dann schon fertig werden. Sich monatelang vor Pilsen zu legen, war nun freilich Buquoys Meinung auch nicht, aber es werde nicht schwerhalten, sagte er, Mansfeld dahin zu bringen, dass er freiwillig kapituliere. Mit Anhalt sei er ganz verfeindet, und mit Recht, denn der unterstütze ihn nicht und wollte doch den Herrn spielen, überhaupt sei es Mansfeld weder mit dem Evangelium noch mit den Evangelischen rechter Ernst, er sei aus edlem Blut und werde gern die Gelegenheit ergreifen, wieder auf Kaisers Seite und bei redlichen Kavalieren zu stehen. Der Herzog und Tilly waren mit einem dahinzielenden Versuch einverstanden, wollten sich aber nicht persönlich dabei einlassen, da Mansfeld ein Bastard und ein Schelm sei. Darüber lachte Buquoy. Warum sie so heikel wären? Es hätte doch schon mancher große Potentat einen Bastard in die Welt gesetzt. Das wären nicht die Schlechtesten, es komme nur auf das Blut an. Jungfrauen freilich, wie Tilly eine sei, täten gut, sich vor ihm zu hüten. Übrigens sei Mansfeld ein ritterlicher Soldat und tapfer, wie er sich seine Feinde wünsche.

Einen kürzlich gefangenen Mansfeldischen Offizier, namens Carpezow, der dem Grafen am nächsten stand, schickte Buquoy mit dem Auftrage nach Pilsen hinein, Mansfeld Vorschläge wegen einer Kapitulation zu machen und über seinen Eintritt in kaiserlichen Dienst zu verhandeln. Nach ein paar Tagen kam Carpezow zurück und berichtete, Mansfeld sei in schwieriger Lage, da er von keiner Seite Geld erhalte, die böhmischen Direktoren seien ihm eine Million Taler schuldig, dachten aber nicht ans Zahlen, infolgedessen würden die Soldaten unmutig und würden sich nicht lange mehr hinhalten lassen. Es sei ihm also unmöglich, zu kapitulieren, wenn er nicht zuvor Mittel erhalte, sein treues Heer zu befriedigen, er habe den Soldaten sein Wort verpfändet, und das wolle er halten. An anderen Bedingungen müsse er, wie sich von selbst verstehe, zuallererst der Acht enthoben werden, dann ein Regiment erhalten, und wenn er über alles genügende Sicherheit bekomme, werde er schon dem Kaiser seine Treue erweisen. Daneben richtete Carpezow aus, Mansfeld habe gehört, dass es im Lager knapp mit Mundvorräten zugehe, er schicke deshalb einen Transport von Esswaren heraus und bitte Buquoy, dieselben anzunehmen. Buquoy bedankte sich und sagte, er könne Mansfelds Höflichkeit nicht besser erwidern, als indem er Carpezow die Freiheit schenke.

Von diesen Verhandlungen ließen die Kaiserlichen absichtlich Gerüchte nach Prag dringen, in der Meinung, Mansfelds Stellung zu erschüttern und ihm den Übertritt notwendig zu machen. Aufs Höchste erschrocken, schrieb Anhalt an Mansfeld, was denn daran sei. Er könne nicht glauben, dass ein deutscher Edelmann sich solchen Verrats gegen Vaterland und Glauben werde teilhaftig machen; worauf Mansfeld antwortete, er werde niemals aufhören, die spanisch-österreichische Tyrannei zu bekämpfen; wenn er sich mit dem kaiserlichen General in Verhandlungen eingelassen habe, sei es geschehen, um den Feind zu täuschen und aufzuhalten, wodurch er glaube, dem König von Böhmen einen sonderbaren Dienst geleistet zu haben.

Er fühlte sich getröstet und billige Mansfelds Verhalten, schrieb Anhalt zurück; aber um dem bösen Schein, der Verleumdung und allerhand Ärgernis zu entgehen, solle Mansfeld doch lieber die Verhandlungen gänzlich abbrechen. Gleichzeitig schickte er ein paar Gesandte nach Pilsen, die den geheimen Befehl hatten, Mansfeld zu beobachten, von dessen Treue Anhalt trotz seiner Beteuerungen keineswegs überzeugt war.

Zwischen Buquoy und Mansfeld gingen noch einige Briefe hin und her; da es jedoch bei Worten blieb, außerdem böses Wetter eintrat, die Vorräte ausgingen, die Soldaten erkrankten und starben, gab Buquoy dem Wunsch des Herzogs nach, und der Marsch wurde fortgesetzt. Bei Rakonitz traf man das böhmische Heer unter Anhalt, den die Ligisten durch eine Seitenbewegung nach Prag hin veranlassten, sein festes Lager aufzuheben und zum Schutze der Hauptstadt einen vor dem Strahower Tore sich hinziehenden Hügel, den sogenannten Weißen Berg, zu besetzen. Es war Allerseelentag, als der Herzog, Tilly und einige andere Offiziere unter einer breiten und dicken Eiche saßen, wo sie vor dem Regen Schutz gesucht hatten, und grobes Brot und Käse verzehrten; denn es war nichts anderes aufzutreiben gewesen. »Es ist mager«, sagte der Herzog, »aber die meisten Soldaten werden nicht einmal das bekommen.«

»Wenn ich einen sauren Apfel dazu hätte, um das Brot verdaulicher zu machen«, sagte Tilly, »so wünschte ich mir nichts Besseres.«

»Das sollte in dieser Jahreszeit nicht schwer sein«, meinte der Herzog und trug einem aufwartenden Junker auf, nach einem Apfelbaum zu fahnden. »Eure Gesundheit ist es wert«, sagte der Herzog lächelnd, »Ihr bringt mir ein paar Äpfel leicht wieder ein.«

Der Regen hatte nachgelassen und tröpfelte eintönig durch das verwaschene Laub der Eiche, ringsum war der Boden aufgeweicht, und die Wolken hingen grau und schwer wie Säcke herunter. Der Herzog sah sorgenvoll nach dem Himmel und sagte, wenn sie lange hier lägen, ginge sein kostbares Heer zugrunde. Er möchte den Feldzug rasch beenden, damit er wieder heim könne. Was Tillys Meinung sei? Ob das Heer imstande sei, den Feind zu schlagen?

Der Feind habe nach der Aussage der Kundschafter eine günstige Stellung inne, solle zahlreich und tüchtig sein und habe nicht wie sie durch die Witterung gelitten. Es sei aber auch bedenklich, hier die Winterquartiere zu nehmen, wo die Verpflegung so schwierig sei, deshalb stimme er dafür, eine Schlacht zu wagen; man müsse aber wohl zuvor Buquoys Meinung hören. »Viele Köche verderben den Breie«, murrte der Herzog, gab aber doch Auftrag, dass Buquoy gebeten werde, sich zu ihm zu begeben.

Buquoy hatte kürzlich eine Wunde erhalten, die zwar nicht gefährlich, aber schmerzhaft war und ihn am Gehen hinderte, weshalb er übellaunig und kriegerischen Unternehmungen abgeneigt war. Da er außerdem darauf bedacht war, dem Herzoge seine Unabhängigkeit und militärische Ebenbürtigkeit zu zeigen, kam er doppelt langsam heran und ließ sich von seinen Dienern ein Ruhebett aufschlagen, auf dem er sich niederließ. Der Herzog räusperte sich und sagte, es sei sein Wunsch, den Feldzug rasch zu beendigen; er sei dafür, geradeswegs auf Prag zu ziehen und den Feind zu schlagen. Dann bat er Tilly, diese Meinung bündig zu begründen, worauf Tilly noch einmal auseinandersetzte, was er dem Herzoge vorher gesagt hatte.

Buquoy hörte, ungeduldig seinen runden, lockigen Kopf wiegend, zu. Ein jeder wisse, sagte er, dass er nicht säumig sei, sondern schnelle Entschlüsse schnell durchzuführen liebe. Aber weil der Eber sich blindlings auf den Feind gestürzt habe, sei er mit dem Hauer im Baume steckengeblieben, und so habe ihn der Schneider gefangen. Er wolle nicht zu untätigem Warten raten, aber nach den Regeln der Kriegskunst dürften sie in ihrer Lage keine Schlacht anbieten.

Das werde schließlich doch auf untätiges Warten herauskommen, sagte Tilly langsam. Der Kurfürst oder seine Generale würden doch nicht so töricht sein, ihnen zuliebe die günstige Stellung aufzugeben.

»Noch törichter wären sie, wenn sie sich in ihrer günstigen Stellung schlagen ließen«, sagte Buquoy mit spöttischem Lachen und einem hochmütigen Blick auf Tillys schmächtige, mit altmodischer Farbenpracht ausstaffierte Gestalt und sein gelbes, trockenes Gesicht.

Inzwischen war die trübe Nacht eingebrochen, und da es Buquoy fröstelte, wurde aus Reisig und Holzkloben ein rasches Feuer entzündet, das die herankriechenden Nebel verscheuchte. In einiger Entfernung sah man Lichter hin und her huschen und vernahm man ein eintöniges Murmeln von vielen Stimmen; die Soldaten beerdigten ihre verstorbenen Kameraden, sagte Buquoy, und ein Priester hielte Gottesdienst an den Gräbern. »Es ist Allerseelentag«, sagte Tilly, nahm seinen Hut ab und betete.

Auch der Herzog und die übrigen Offiziere lüfteten die Hüte und beugten den Kopf einen Augenblick auf die gefalteten Hände; dann nahmen sie die Beratung wieder auf. Sie waren noch uneinig, als sich ein Trupp Soldaten näherte, an dessen Spitze ein Mönch, der Pater Dominikus, einherschritt, einen unkenntlichen Gegenstand in der Hand schwingend. Sowohl der Herzog wie sämtliche Offiziere erhoben sich, um den berühmten Pater zu begrüßen, der, nachdem er sie gesegnet hatte, verkündete, ein Soldat, ein begnadetes Gotteskind, habe im Gesträuche das wundertätige Muttergottesbild gefunden, das die Bilderstürmer ausgestoßen hätten und ohne welches die frommen Prager sich eine verwaiste Herde gedünkt hätten. Dies sei ohne Zweifel ein Zeichen von Gott, das Sieg verheiße, und der Herzog möchte doch nicht länger zögern; die kirchenschänderischen Ketzer seien ihm gleichsam schon überantwortet.

Der Herzog sagte, dass es sein Wunsch sei, zu schlagen, dass aber erfahrene Offiziere die günstige Position des Feindes dagegen anzögen, dass aber er und gewiss alle die Ansicht eines so heiligen Mannes, durch den Gott selber spreche, vernehmen möchten. Der Pater hielt nun eine schallende Ansprache und sagte: »Ach meine Söhne, glaubt mir, es kommt nicht sowohl auf die Stellung des Feindes an als auf den Willen Gottes. Dass aber Gott mit euch ist, wer zweifelt daran? Bürgte mir nicht der Segen des Heiligen Vaters dafür, den er mir für euch, meine geliebtesten Söhne, mitgegeben hat, bürgte mir nicht dies himmlische Bild dafür, das euch Gott vermittelst eines niedrigen Werkzeugs in die Hände gespielt hat, so sagte mir das Herz, dass die Stunde gekommen ist, wo die Söhne Luzifers gestürzt werden sollen. Ihr, meine Söhne, seid auserwählt zu dem Werke! Schon sehe ich die Glorie des Sieges über euren Heldenstirnen glänzen! Auf! Was besinnt ihr euch, wo es die Ehre Gottes und das Heil unseres armen Erlösers gilt? Ach, unschuldiges Lamm, sollst du noch länger in der Gefangenschaft schmachten? Ach, ach, sie schleppen es zur Schlachtbank, ich höre sein Winseln und Wehklagen! Auf, meine Söhne, das Blut, das in dieser Schlacht vergossen wird, fließt geradeswegs in den Himmel. Rettet das Lamm, das die Heiden ans Kreuz schlagen! Der Erlöser streckt seine blutenden Arme nach euch aus! Vorwärts, vorwärts, wer seinen Heiland lieb hat!«

Als die Rede beendigt war, die der Pater mit schwungvollem Schütteln des Marienbildes begleitet hatte, ging der Herzog auf ihn zu, umarmte ihn, küsste ihn auf beide Wangen und küsste dann auch unter Kniebeugung die Füße der hölzernen Mutter Gottes. »Es muss uns gelingen«, sagte er, »ich bin ungeduldig, den Gräueln in diesem Lande ein Ende zu machen!« Verdugo und Tilly knieten nieder, den Segen des Paters zu erbitten, worauf sich auch Buquoy erhob und, wenn auch mit kühler Miene, sagte, da der Herzog zur Schlacht entschlossen sei, wolle er nicht zurückstehen. Der Herzog ging auf ihn zu und bat, indem er ihm die Hand bot, es in der Schlacht nicht empfinden zu lassen, dass der Kriegsrat sich diesmal gegen ihn entschieden habe. »Fürstliche Gnaden«, antwortete er, indem seine Augen aufblitzten, »ich kämpfe nicht, um recht zu behalten, sondern um zu siegen.«

Allerdings wetteiferte in der Schlacht an besinnungsloser Tapferkeit mit Buquoy nur der junge Herr Gottfried Pappenheim. Denselben hatte vor mehreren Jahren das freundschaftliche Zureden des neu bekehrten Pfalzgrafen Wolfgang Wilhelm von Neuburg zur katholischen Kirche geführt, und er hatte geschworen, dass er bei dieser Gelegenheit der Kirche, die den reuigen Sünder verzeihend aufgenommen, seine Schuld zahlen wolle. Für jedes Jahr seines Lebens, das er im Irrtum der Ketzerei zugebracht, wolle er der Mutter Gottes anstatt einer Kerze eine Wunde darbringen; weshalb er denn stets dahin stürzte, wo das Gefecht besonders heiß zu toben schien, und fast vergaß, dass es sich bei dem Blutvergießen um etwas anderes handelte, als ihm die erforderliche Anzahl Ehrenwunden zu verschaffen. Er wurde denn auch für tot von der Walstatt aufgelesen und kam erst unter dem Messer des Barbiers zu sich, worauf sogleich ein Zählen vorgenommen wurde, was bei der großen Anzahl der erhaltenen großen und kleinen Verletzungen nicht leicht war. Jedenfalls war die Anzahl der Jahre, die er Protestant gewesen war, weit überschritten, und er pflegte seitdem seine Wunden Rosen zu nennen, mit denen er der Jungfrau Maria Füße bekränze, und diese zähle man nicht.

Als nach gewonnener Schlacht die Feldherren sich trafen, reichte der Herzog Buquoy die Hand und sagte, ihm danke er nächst Gott vor allem den herrlichen Sieg; er brauche seine Bravour und seinen Verstand dem Kaiser nicht zu rühmen, da dieselben längst bekannt seien, er tue es nur zu seiner eigenen Genugtuung und der Wahrheit zuliebe. Buquoys braunrotes Gesicht strahlte, und seine breite Brust hob sich unter schnellen, tiefen Atemzügen. Das sei nicht der Rede wert, sagte er; ein echter Ritter ziehe sein Schwert für des Kaisers Majestät und die heilige Kirche; sie seien die Erzengel Gottes auf Erden, und der Sieg könne ihnen nicht fehlen, wenn ihr Glaube fest und ihre Ehre unbefleckt sei. Er bückte den blonden Kopf und ließ den Schweiß in schnellen Tropfen auf den Boden rinnen. Das sei guter Samen, sagte er lachend, wie kein Bauer ihn aussäen könne; nun wolle er gehen und das Gemüt seiner Gefangenen ein wenig erleichtern; es seien ein paar brave Kavaliere darunter, die ritterlich gefochten hätten, sie sollten spüren, dass sie in eines Edelmanns Hände gefallen wären.

Nun wandte sich der Herzog an Tilly, der dem Auftritt ernst und schweigend beigewohnt hatte, und sagte, dem Buquoy müsse einmal Honig ums Maul gesalbt werden, Tilly solle sich deswegen nicht gekränkt fühlen, er, der Herzog, wisse wohl, was er an Tilly habe. Er habe seine Pflicht getan, sagte Tilly, sich verneigend, und sei glücklich, wenn er dadurch zum Wohle des Reichs und zum Heile der Kirche beigetragen habe.

Im Schlosse zu Prag saßen Friedrich und Elisabeth bei der Tafel, Friedrich in gedrückter Stimmung, die er nicht zeigen mochte, weil er fürchtete, seiner Frau dadurch zu missfallen. Er sprach lebhaft davon, dass es dem Herzog Maximilian hingehn möge, wenn er ihn hasse und bekämpfe, er sei von jeher päpstlich und ihm zuwider gewesen, aber seinem Vetter Wolfgang Wilhelm, dem Apostaten, dem könne nicht verziehen werden. Er müsse Jülich-Cleve verlieren, Brandenburg solle es allein haben, das werde er betreiben, sowie seine Angelegenheit mit dem Kaiser erledigt sei. Als die ersten beunruhigenden Nachrichten vom Kriegsschauplatze hereinkamen, sagte er mit ungewohnter Heftigkeit, es sei nicht nötig, ihn durch jeden kleinen Unfall zu erschrecken; jede Schlacht schwanke hin und her, der Sieg werde nie mit einem Male errungen. Es sei ja unmöglich, dass ein Unglück geschehe, Anhalt habe ihm gesagt, wenn jeder seine Pflicht tue, könne es nicht fehlen, und er habe auch selbst die Schlachtordnung besichtigt und vortrefflich gefunden. »Du vertraust dem Anhalt zu viel«, sagte Elisabeth, »mit schönen Augen und kecken Worten hat noch niemand eine Schlacht gewonnen.« Da die üblen Nachrichten sich mehrten, eilte Friedrich an die Mauer, um sich zu überzeugen, wie es stehe, und kam bald darauf in fassungsloser Erregung mit den ersten Flüchtenden zugleich zurück. Diese meldeten, das Heer sei in vollständiger Auflösung, und der Herzog von Bayern habe gesagt, er wolle im königlichen Schlosse zu Nacht speisen. Niemals, sagte Elisabeth, werde sie den Anblick dieses hochmütigen Teufels ertragen, sie wolle in die Stadt, und gab Befehl, in Eile ihren Schmuck und alle Habseligkeiten zu packen. Friedrich sagte, er müsse einen Waffenstillstand haben, es solle sofort darum an den Herzog geschickt werden, inzwischen könnten die Fliehenden sich sammeln und könne man Maßregeln ergreifen. In größter Hast fuhren sie in die Stadt und stiegen im Schlickschen Palaste ab, wohin Anhalt kam, um von dem Unglück Bericht zu erstatten. Schmutz und Regen hatten ihn übel zugerichtet, er grüßte den König und die Königin nur flüchtig und sagte, die ungarischen Truppen hätten sich schlecht, sehr schlecht gehalten, auch übrigens habe es gemangelt, da sei kein Eifer und keine Zucht, er wisse wohl, woran es liege, die böhmischen Herren hätten ihm entgegengearbeitet, sie wären alle den Galgen wert, er hätte umsonst Leben und Ehre aufs Spiel gesetzt.

Wenn der Herzog nur einen Waffenstillstand gewährte, sagte Friedrich, so könne man vielleicht frische Truppen zuziehen.

»Euer Liebden werden den Herzog nicht für einen solchen Narren halten«, sagte Anhalt ungeduldig. Er solle jetzt keine Zeit verlieren, sondern sich zur Flucht herrichten. In Prag sei er seines Lebens nicht sicher. Er für seinen Teil gebe es auf, er hätte seine Kraft ehrlich an dies Unternehmen gesetzt, sein Sohn sei gefangen oder tot, nachdem er tapferer als alle gekämpft hätte, er habe getan und geopfert, was möglich sei. Gegen die Treulosigkeit und den bösen Willen der Böhmen sei nichts auszurichten.

Inzwischen war Budowa gekommen und redete dem König zu, er solle sich selbst zu Pferde setzen und die Fliehenden ermutigen und ermuntern. Es sei durchaus nicht alles verloren, Prag sei kein Dorf, man könne sich noch lange hier verteidigen.

So schnell könne er sich nicht besinnen, jammerte Friedrich, es müsse durchaus ein Waffenstillstand erbeten werden, damit er sich besinnen könne, der Schreck sitze ihm noch in den Gliedern.

»Was Schrecken, Schrecken!«, rief Budowa. »Sie sollten davor erschrecken, eine kostbare Krone fahrlässig auf die Gasse zu werfen.« Er habe genug von dieser Krone, sagte Friedrich, übrigens könne er sich in Brünn oder Breslau sammeln, nur in Prag wolle er nicht bleiben.

»Das ist nicht wie ein König gesprochen!«, rief Budowa zornig aus. Anhalt machte indessen Friedrich Zeichen, dass er sich nicht solle überreden lassen, und flüsterte Elisabeth zu, wenn ihr das Leben ihres Gemahls lieb sei, solle sie ihn zur Flucht bewegen.

Indem er die Krone angenommen habe, sagte Budowa, habe er sich verpflichtet, bei seinem Volke auszuharren, wie dies für ihn kämpfe. Er könne doch seine treue Stadt Prag nicht ohne Haupt dem Feinde preisgeben, damit er seine Rache an ihr kühle!

Nein, sagte Anhalt halblaut, lieber solle er dableiben und sich ausliefern lassen, damit die Rache ihn treffe.

»So musste es kommen, so musste es kommen!«, schrie Budowa außer sich vor Zorn. »Da haben sie die Zeit mit Saufen, Huren und Prassen zugebracht, und wenn der Wirt mit der Rechnung kommt, laufen sie davon und lassen ihren Dreck anstatt der Zahlung zurück.«

Ehe sie sich so von ihren Vasallen behandeln lasse, rief Elisabeth aufbrausend, wolle sie lieber in der Fremde betteln gehn. Sie sei schwanger und müsse ihr ruhiges Kindbett haben. Ob eine belagerte Stadt der Ort für einen Prinzen von Böhmen sei, zur Welt zu kommen? Der König müsse sie ohne zu zögern fortführen und in Sicherheit bringen.

Jetzt näherte sich Graf Solms dem Könige und sagte, er sei bereit, die Königin nach Brünn oder Breslau zu führen, und wolle seinen grauen Kopf zum Pfand für ihre Sicherheit setzen, nur möge Friedrich Prag nicht verlassen. Wenn er bei seiner Königspflicht ausharre, werde Gott ihm beistehn, und wenn nicht, so werde doch seine Ehre ohne Flecken bleiben.

»Verlässt du mich auch, Vater?«, sagte Friedrich fast weinend; »Was habe ich dir getan, dass du mich quälst? Auf dich wollte ich mich allezeit mehr als auf mich selbst verlassen!«

»Ich verlasse Eure Königliche Würde nicht«, sagte Solms traurig, »wenn es sein muss, so gehe ich mit Euch in Tod, Elend und Schande. Aber weil ich Euch liebe, rate ich Euch zu Eurer Hoheit und Ehre.«

»Wenn ich dich nur nicht verliere«, rief Friedrich gerüstet, »so ist mir das mehr wert als das ganze Prag und Böhmen.« Es verschlage ja nichts, fuhr er bittend fort, dass sie jetzt fortgingen, es diene ja der Sache zum Besten, da er aus Schlesien Hilfe holen wolle, das Verlorene wäre dann bald wieder eingebracht.

Ein Wagen wurde bereits angespannt und mit den zusammengerafften Wertsachen der Familie beladen; Anhalt, Ruppa und Graf Thurn erklärten, sich nicht von den Fliehenden trennen zu wollen. Wenn er in des Kaisers Hände falle, sei sein Kopf verloren, sagte Thurn, und er halte ihn für wertvoll genug, um für weitere Kämpfe bewahrt zu bleiben. Als Friedrich das Fenster öffnete, um auf die dunkle Straße hinabzusehen, schlug der Wind den Regen hinein, sodass er es schnell wieder zuschloss. Es sei nicht gut reisen in solcher Nacht, sagte er, ob man nicht bis zum Morgen warten könne?

»Hier bleibst du, König von Böhmen!«, schrie Budowa, mit dem Fuße stampfend, und wollte ihn an seinem Wams packen; aber Solms und Anhalt traten rasch dazwischen, indem sie die Hand ans Schwert legten.

Budowa warf noch einen verachtenden Blick auf Friedrich und verließ das Haus. Man sehe nun, sagte Anhalt, wessen man sich von diesen Böhmen zu versehen habe. Hätte er sie vorher genugsam gekannt, würde er dem König nicht zu dieser Krone geraten haben. Er habe aber durch seinen Sohn dafür gezahlt und wolle auch jetzt sein Leben daransetzen, den König und die Königin in Sicherheit zu bringen.

In Breslau, wo Friedrich Unterstützung zu finden hoffte, zeigte es sich, dass die Stände kein Zutrauen mehr zu ihm hatten, sondern mit dem Kaiser Frieden zu machen wünschten; so flüchtete er weiter ins Reich, um verwandte Fürsten, Glaubens- und Bundesgenossen um Hilfe anzugehen.

Von den zurückbleibenden böhmischen Herren gingen einige dem Herzog von Bayern, als er in Prag einzog, entgegen, um durch ihn den Kaiser zu bitten, er möge sie bei ihren Rechten und ihrem Glauben schützen. Wilhelm von Lobkowitz, der an ihrer Spitze ging, den Kopf hängen ließ und ein betrübtes Gesicht machte, nahm das Wort und sagte, der Herzog möge doch bei dem Kaiser und Könige Fürbitte für sie einlegen; er möge ihm schildern, dass ihr ungestümes und verwegenes Betragen ihnen leid sei. Sie hätten ja einen gnädigen König an ihm gehabt, und er solle doch geruhen, ihnen wiederum ein solcher zu sein. Der Teufel hätte sie leider verführt, künftig wollten sie sich als getreue und gehorsame Vasallen erzeigen. Bei diesen Worten fing Lobkowitz an zu weinen, zog ein seidenes

Tüchlein heraus, hielt es vor die Augen und schluchzte, worin mehrere einstimmten.

Er wolle dem Kaiser von ihrer Reue Meldung tun, sagte der Herzog. Inzwischen sollten sie sich ruhig halten und das Ihre dazu tun, dass Frieden und Ordnung im Lande wieder hergestellt werde.

Kaiser Ferdinand war in fröhlicher Stimmung, dass der Feldzug so schnell zu einem glücklichen Ende geführt war. Die böhmischen Herrlein würden sich ein zweites Mal keines solchen Streiches getrauen, sagte er, sie seien genug gestraft. Es ärgere ihn nur, dass Thurn, Ruppa und Schlick entronnen waren, das waren die hartnäckigsten Übeltäter, denen hätte er gern den Kopf vom Rumpfe springen lassen, und man solle alles aufwenden, um sie einzufangen. Übrigens wolle er jetzt das kaiserliche Gnadenbächlein fließen lassen, nur müsse die Ketzerei von Grund ausgerottet werden; nach einem Jahr dürfe es keine irrgläubige Seele in ganz Böhmen mehr geben, oder er wolle nicht der Sohn seiner Mutter sein.

Dieser Standpunkt des Kaisers erregte in den Hofkreisen große Enttäuschung, welche in einem Schreiben, das ein Herr von Nachod an den Kaiser richtete, Ausdruck fand. Er habe sich immer der Hoffnung getröstet, schrieb Nachod, in der Gnade des Kaisers zu stehen, habe nun aber mit Bestürzung wahrnehmen müssen, dass es nicht an dem sei und dass vielmehr die friedhässigsten Leute und Erzbösewichte die Gnade des Kaisers mehr als er genössen. Diejenigen, die nach des Kaisers Leben und Untergange getrachtet und sich solcher entsetzlichen Frevel dreist gerühmt hätten, säßen vergnügt in ihrem sündlichen Überfluss und verlachten auch wohl die Frommen, die mit unbeschreiblichem Schaden und Verlust unentwegt ihrem Kaiser angehangen hätten. Der Kaiser möge es ihm nicht verargen, wenn er sein Herz von dieser unverhofften Ungnade durchbohrt fühle und die demütige Frage anbringe, ob er seine von der blitzenden Majestät niedergeschlagene Person ihrer Unzufriedenheit gänzlich und für immer entziehen solle.

Eggenberg, mit dem der Kaiser sich darüber unterhielt, meinte, der Brief des Nachod sei nicht hoch anzuschlagen. Wenn des armen Sünders Haus geschleift werde, kämen die Nachbarn mit Karren, um die Steine fortzutragen; aber, stellte er dem Kaiser vor, es wäre von Anfang an auf die Güter der Rebellen gerechnet worden, und Geld brauche der Kaiser durchaus, er dürfe den Schatz, der eben blühe, nicht ungehoben lassen. Er stehe gewiss mit seinem ganzen Vermögen dem Kaiser zur Verfügung und rede nicht von dem, was er schon vorgeschossen habe; aber es sei des Kaisers Schaden, wenn die Schulden immer höher anschwöllen. Mit einer gänzlichen und gründlichen Konfiskation sei es aber gut, die Todesstrafe zu verbinden, und in Anbetracht, dass hoher und niederer Adel in allen Erbländern in offener und heimlicher Rebellion stehe, sei es nützlich, ein Exempel zu geben, wonach ihnen der Hals jucke. Es würde sich empfehlen, auch den einen oder anderen Katholiken daranzugeben, damit es nicht böses Blut setze und die Evangelischen sagten, es geschehe aus Hass wegen der Religion.

Derselben Ansicht waren alle Räte und die sonstige Umgebung des Kaisers. Es müsse durchaus einmal Geld in die Kasse fließen, hieß es, und Klemenz sei gut an ihrem Ort, aber mit Unterschied, damit die Guten ermuntert würden. Es sei leicht, sich einzubilden, wie hoch der Herzog von Bayern die Kosten des Feldzuges berechnen würde, man brauche nur an Donauwörth zu denken, und seitdem hätte er das Addieren gewiss noch besser gelernt. Dann sei der Buquoy da und so viele andere, die eine Belohnung erwarteten und auch verdient hätten; dadurch unterscheide sich der Adel von den Bauern, dass diese ihre Dienste umsonst leisten müssten, ein Fürst müsse seine Diener gut traktieren, wenn er auf Treue wollte rechnen können. Nach einer ungefähren Berechnung, die in der Finanzkammer angestellt worden sei, könne dem Kaiser durch eine ordentliche Konfiskation die Summe von 30 bis 40 Millionen Gulden zufließen; die Flut sei lange ausgeblieben, nun sie komme, dürfe man keinen Damm davorsetzen.

Der Kaiser rief, die Hände zusammenschlagend: »Heilige Schutzpatronin, so reiche Diener habe ich und selbst kein Hellerlein in der Tasche! Das ist freilich unbillig und fast eine Monstrosität zu nennen. Die böhmischen Herren haben an Blutwallungen gelitten, und es ist Zeit, dass ich sie zur Ader lasse.«

Nachdem der Beichtvater dem Kaiser erklärt hatte, er sei, wenn auch nicht verpflichtet, so doch befugt, das Blut der Rebellen zu vergießen, gab Ferdinand seine Einwilligung, und es wurden dreiundvierzig Herren des Hochverrats angeklagt und, soweit sie Böhmen nicht verlassen hatten, verhaftet. Den Vorsitz des zu dem Zweck bestellten Gerichtes führte der neue Statthalter Fürst Liechtenstein mit Strenge und Unerbittlichkeit.

Die Angeklagten beriefen sich darauf, dass Böhmen ein Wahlkönigreich sei und dass sie deshalb die Freiheit gehabt hätten, Ferdinand abzusetzen und einen anderen Fürsten zu wählen; aber das wollte Liechtenstein durchaus nicht gelten lassen. Er brachte einige Daten und Historien vor, welche das Gegenteil beweisen sollten, und außerdem, sagte er, würden dann ja die Untertanen die Herren sein, und die Könige müssten die Throne hinauf- und hinabhüpfen, wie es jenen beliebe; das aber könne unmöglich Gottes Wille sein. Das sei eine neue Lehre, die sie aufgebracht hätten, um ihrer Rebellion ein vornehmes Mäntelein umzuhängen.

Dem Kaiser wurde von den Frauen und Verwandten der Verurteilten, siebenundzwanzig an Zahl, mit Bittschriften nicht wenig zugesetzt, denen er immer noch eine gewisse Neigung hatte nachzugeben, da er das Verfahren ein wenig grob gegen so große Herren fand. Auch war er verdrießlich, dass Matthias Thurn entronnen war, der der Rädelsführer und Hauptmalefikant sei und um den er alle Übrigen freilassen möchte; aber er sah wohl, dass er der Sache ihren Lauf lassen musste, und begnügte sich, den alten Wilhelm Popel von Lobkowitz zu lebenslänglicher Haft zu begnadigen, welcher mit vielen Tränen eine so aufrichtige Reue hatte spüren lassen.

Des Morgens um fünf Uhr am 21. Juni verkündete Kanonenrollen den Beginn der Exekution, zu welcher eine große, schwarz verhangene Holzbühne vor dem Altstädter Rathause errichtet worden war. Für den Fürsten Liechtenstein und seine Beisitzer waren Plätze auf der Altane des Rathauses hergerichtet. Von den drei Henkern, die besorgt waren, um die Arbeit auszuführen, war der eine ein kleines, sehniges, behändes Männlein, hitzig und empfindlich, da man ihm auf den ersten Blick oft nicht viel zutraute. Er pflegte zu sagen, dass es nicht auf Kraft, die er zwar auch besitze, sondern auf Geschicklichkeit ankomme, und brüstete sich mit seinen Erfolgen und mit dem Dank, den ihm mancher Delinquent noch durch den letzten Blick zu verstehen gegeben habe. Ein Herr von Mitrowitz, der zu dem Gerichtshof gehörte und den die Veranstaltung etwas nervös machte, trat zu ihm und fragte ihn, ob er die Arbeit auch auf sich nehmen könne, es kämen neun auf jeden von ihnen, und es liege dem Fürsten daran, dass es ohne Hindernisse abliefe. Der kleine Mann geriet sofort in Zorn, erklärte, dass er Kraft genug habe, dass es aber nur auf Geschicklichkeit ankomme, dass er leicht mit der doppelten Zahl fertig werden könne, und forderte Herrn von Mitrowitz laut auf, ihm für jeden Schweißtropfen, den er auf seiner Stirn finden würde, einen Batzen zu geben. Herr von Mitrowitz entschuldigte sich und sagte, sie würden ohnehin für jeden Kopf, der schlank auf den ersten Streich fiele, eine Extravergütung erhalten, er hätte es nicht anzüglich gemeint, sie sollten bedenken, dass die Delinquenten hohe Herren wären.

Durch die öden Morgenschauer kamen die Wagen angerasselt, die die Verurteilten aus ihren Gefängnissen herbeiführten; sie sahen fahl und übernächtigt aus, und einige von ihnen mussten geführt werden. Den Vorzug, als der Erste gerichtet zu werden, hatte Graf Joachim Andreas Schlick, der auf sächsisches Gebiet geflüchtet, aber vom Kurfürsten ausgeliefert worden war; denn nachdem der Kaiser ihm die Lausitz als Preis für seinen Beistand versprochen hatte, war Johann Georg nachdrücklich auf seine Seite getreten und sagte, die Empörer verdienten Strafe, und er wolle der Gerechtigkeit nicht vorgreifen. Obwohl es dem Grafen sehr übel und traurig zumute war, benahm er sich doch gefasst und würdig und betete voll Inbrunst lutherische Gesänge, worüber ihm fast unversehens der Kopf abgeschlagen wurde. Erhobenen Hauptes und festen Schrittes trat Wenzel von Budowa auf, und als die Jesuiten, die sich die Bekehrung der Todgeweihten angelegen sein ließen, im letzten Augenblick noch einmal auf ihn einreden wollten, schob er sie so unwirsch zur Seite, dass sie taumelten, und sagte: »Fort mit euch, ihr Basilisken! Heute ist mein Feiertag, wo ich das Angesicht Gottes schauen werde!«, sah auch wirklich, solange er vermochte, mit festem, großem Blick um sich, als spüre er schon das Licht der ewigen Geheimnisse.

Jedes Mal, wenn der kleine Henker einen abgefertigt hatte, lehnte er sich nachlässig auf ein Bein, als ob er den Schlag nur so nebenher getan hätte, und warf einen herausfordernden Blick auf Herrn von Mitrowitz, dem diese Aufmerksamkeit so peinlich war, dass ihn schon vorher ein nervöses Zucken befiel.

Während die adligen Herren alle durch das Schwert gerichtet wurden, mussten die Bürgerlichen sich verschärften Prozeduren unterziehen, wie denn dem berühmten Gelehrten Jessenius, der Rektor der Universität gewesen war, vor der Enthauptung die Zunge ausgerissen und er nach derselben geviertelt wurde. Als er daran kam, fing gerade ein kühler Wind an zu blasen, Licht rieselte über die Dächer, und die Sonnenscheibe rückte groß und blendend in den silbernen Himmel. Der Scharfrichter flüsterte ihm zu, er habe einen gewürzten Wein mitgebracht, der gut zu nehmen sei und ein wenig betäube, er sei ein Christenmensch und wolle niemandem zu viel tun, man sehe es ihm, Jessenius, an, dass er schwächlich sei, er solle einen Schluck trinken, dann gehe es leidlicher. Nach einem Augenblick Bedenkens reichte Jessenius dem Manne die Hand und dankte; lange bevor die Sonne dort drüben hinuntergegangen sei, habe er ausgelitten. Er wolle das Kreuz auf sich nehmen; Gott sei gnädig und werde ihn durch die Finsternis des bitteren Todes in das Paradies einführen.

Nachdem die Exekution vorüber war und die Henker ihren Doppellohn erhalten hatten, nahmen die Herren vom Gerichtshof beim Fürsten Liechtenstein ein Frühstück ein. Einer der Appellationsräte erzählte, er hätte in seinen jüngeren Jahren einen guten Freund gehabt, der sei so stark gewesen, dass er seinesgleichen nicht gehabt, und den seine Kraft beständig geplagt hatte, etwas damit zu vollbringen, sodass man sich vor ihm hätte fürchten müssen, wenn er nicht ein so guter Kerl gewesen wäre. Sein größter Wunsch sei immer gewesen, einmal den Henker zu machen, um sich ordentlich genugzutun, was er, der Appellationsrat, aber für Spaß gehalten hätte. Der andere aber hätte wirklich, als einmal eine große Hinrichtung von aufständischen Ungarn gewesen sei, einen Henker bestochen, dass er ihn an seiner Statt zugelassen hätte, und er hätte, gehörig vermummt, seine Sache gut gemacht und allgemeines Lob geerntet. »Als er mir davon erzählte«, sagte der Appellationsrat, »tadelte ich ihn, weil er sich durch diese Verrichtung unehrlich gemacht hätte. Dagegen sagte er, es sei ja nicht sein Geschäft, sondern er hätte es zu seiner Belustigung getan, darum sei es eine andere Sache. Ein Wort gab das andere, und schließlich forderte er mich zu einem Duell heraus, was ich ablehnte, weil ich mich mit einem Henker nicht schlüge; denn ich wollte mich von dem unbesieglichen Kolossus nicht abschlachten lassen.« Glücklicherweise sei damals gerade ein Türkenkrieg ausgebrochen, da sei er hingezogen, um Köpfe abzuschlagen, und wohl auch dort geblieben.

Pfui, sagte Herr von Mitrowitz, solche Neigungen könne er nicht begreifen; ihm sei heute schon das Zusehen auf den Magen gefallen, sodass er kaum imstande sei, etwas zu sich zu nehmen.

Der Appellationsrat lachte und sagte, nach dem fünften oder sechsten Hiebe habe er auch genug gehabt. Das Zusehen, sagte Fürst Liechtenstein kühl, sei natürlich unangenehmer, als selbst zu hantieren; aber so schändliche Rebellen verdienten Tod leiden zu sehen müsse doch jedem Liebhaber der Justiz eine Genugtuung bereiten.

Es wurde nun eine Kommission eingesetzt, um die Konfiskationen ins Werk zu setzen, was eine knifflige und langwierige Arbeit war; denn die Schuldigen wurden je nach dem Grad ihres Vergehens in solche eingeteilt, die ihr ganzes Vermögen, die Hälfte oder den dritten Teil desselben einzubüßen hatten, wozu noch allerhand Ausnahmen und besondere Fälle kamen. In den Stuben der Kommissionäre ging es zu wie auf einem Markt, indem einerseits die Betroffenen feilschten und bettelten, um sich möglichst viel zu retten, und andererseits der böhmische und österreichische Adel, der auf kaiserlicher Seite gestanden und schon seit Langem ein Auge auf die Rebellengüter geworfen hatte, dieselben nun um ein Billiges in seinen Besitz zu bringen suchte. Den größten Gewinn trug Albrecht von Wallenstein davon, der, weil er eine geringe Meinung von den evangelischen Herren und ihren Aussichten hatte, dem Kaiser treu geblieben war.

ZWEITER TEIL

Der Ausbruch des Feuers

1629 bis 1632

Es war Ende Januar, als die Reisekutsche des flüchtigen Königs von Böhmen, so schnell wie möglich durch die schlammige Straße stolpernd, in Wolfenbüttel einfuhr. Seit zwei Tagen fiel dünner, gleichmäßiger Regen, der den Schnee weggeschwemmt hatte, nur im Schutze weit übergreifender Dächer lagerte hier und da noch ein übrig gebliebener, verschmutzter Haufen. Die leeren Gassen glichen Röhren oder Schläuchen, durch die Wasser lief; nur dass sie je länger, desto schmutziger wurden. Im Schlosse saß die Herzogin Anna Sophie am Fenster und sah ein paar großen alten Schweinen zu, die mit ihren Rüsseln in Dreck und Abfällen wühlten, und ihr unregelmäßiges, kluges Gesicht verzog sich zu einem schadenfrohen Lächeln, als die anfahrenden Pferde vor den grunzenden Bestien, die ihnen zwischen die Beine liefen, scheuten und dadurch den Wagen des Böhmenkönigs beinahe zu Falle brachten. Als die Schwester Georg Wilhelms, des nunmehrigen Kurfürsten von Brandenburg, der eine Schwester Friedrichs von der Pfalz zur Frau hatte, war sie mit diesem verschwägert, während ihr Mann ein Vetter der Elisabeth war, da sie beide von dänischen Prinzessinnen, Schwestern des Königs von Dänemark, abstammten. Auf diese nahen verwandtschaftlichen Beziehungen gründete Friedrich die Hoffnung auf Beistand und war sehr enttäuscht, den Herzog nicht daheim zu finden; denn er wusste, dass Friedrich Ulrich, der etwas schwachsinnig war, sich leicht beeinflussen ließ; zu seiner Schwägerin, der Herzogin, dagegen hatte er kein Zutrauen. Der Herzog komme erst in drei Tagen wieder, sagte sie, indem sie die schmutzigen Fußspuren betrachtete, die ihr Gast beim Eintreten hinterließ; wenn er ihn erwarten wolle, müsse er inzwischen mit ihr vorliebnehmen. Ob die Herzogin-Mutter auch nicht da sei?, fragte Friedrich.

Nein, Gott sei Dank, die alte Scharteke traue sich nicht her, wenn sie allein da sei, antwortete Anna Sophie, sie möchte es ihr auch nicht raten. Sie langweile sich zwar toll und voll, das sei aber doch besser, als ein böses Luder um sich zu haben.

Ob sie denn so böse sei?, fragte Friedrich neugierig. Das habe er nicht gewusst. Ihre Schwester, die verstorbene Königin von England, sei zwar ein großes Vieh gewesen, habe ihre Tochter Elisabeth, seine Frau, misshandelt und sich öffentlich über ihren Mann, den König, lustig gemacht.

Sie werde gewusst haben, warum, sagte die Herzogin, kurz auflachend, der sei auch ein Trottel wie ihrer. Den habe jetzt seine eigene Mutter von der Regierung bringen wollen, um ihren Liebling, den Christian, in den sie vernarrt sei, ins Nest zu setzen. Da wären ihrem Mann endlich die Augen über seine Mutter aufgegangen, jetzt dürfe sie sich eine Zeit lang nicht in Wolfenbüttel blicken lassen.

Er habe in Berlin davon munkeln hören, es aber nicht glauben wollen, sagte Friedrich; ob denn Christian damit einverstanden gewesen sei?

Freilich, sagte die Herzogin, der spiele immer mit seiner Mutter unter einer Decke, solange es gegen seinen Bruder gehe. In Wolfenbüttel wäre er zwar doch nicht geblieben, da sei es ihm viel zu langweilig, ihm sei es nur um das Geld zu tun. Die Domherren von Halberstadt wären scharf, ließen ihn nicht nach Belieben stehlen und rauben, darum habe er immer Händel mit ihnen. Mit den hiesigen Räten habe er geglaubt sich besser zu verstehen, das sei auch eine Diebsbande; aber denen sei ein Trottel wie ihr Mann viel lieber, und Christian habe schimpflich abziehen müssen.

Was denn Christian vorhabe?, fragte Friedrich, wozu er so viel Geld brauche? Nun, sagte die Herzogin boshaft, das werde er, Friedrich, wohl am besten wissen. Christian wolle ein Kriegsheld sein, habe sich ja schon vor zwei Jahren von den Böhmen wollen anwerben lassen, es sei aber nichts geworden, sie hätten wohl Wind bekommen, was für ein Käseritter das sei, er verstehe ja nichts vom Kriegswesen. Letzthin habe er Sold von den Generalstaaten genommen, sei auch mit unten in der Pfalz gewesen, aber unverrichteter Sache wiedergekommen. Wenn sie seine Mutter wäre, würde sie ihn gehörig aushauen und dann in die Ecke stellen. Weil er als Knabe von Vater und Mutter nicht ordentlich mit der Rute gestrichen worden sei, hole er sich jetzt seine Schläge draußen, werde wohl einmal genug bekommen.

Sie hatte sich erhitzt, und ihre Augen funkelten feindselig, umso mehr, als sie bemerkte, dass es Friedrich belustigte. Seine Mutter habe doch Geld genug, sagte er; warum sie ihn eigentlich nach Wolfenbüttel habe rufen wollen?

Damit der lieben Justiz aufgeholfen werde, sagte die Herzogin höhnisch, als ob es in Halberstadt anders zugehe als in Wolfenbüttel. Sie gäben eben alle schlechtes Geld aus und leerten hernach den Leuten die vollen Taschen unter dem Vorwande, dass es verbotene Münze sei. Der wahre Grund sei, dass sie in ihn vernarrt sei und gedacht habe, er werde als regierender Herzog vom Kriegswesen lassen. Sie wollte ihn bei sich im

Lande behalten und beten lassen, darum rücke sie kein Geld heraus. Er solle nur nicht etwa glauben, wendete sie sich mit schadenfrohem Lachen zu Friedrich, dass er etwas von ihr verlange, sie halte es mit dem Kaiser wie ihr verstorbener Mann.

Gott sei's geklagt, sagte Friedrich, seit er im Unglück sei, wolle alles kaiserlich sein, Unglück und Armut gelte nicht als vornehm. Der Herzog habe sich doch früher so redlich gegen ihn erklärt, habe von der spanischen Tyrannei nichts wissen wollen, er habe ihn für einen guten protestantischen deutschen Fürsten gehalten. Nun, sagte die Herzogin spitz, wenn er nur diejenigen für rechte deutsche Fürsten halten wolle, die sich zu ihm gegen den Kaiser schlügen, so sehe es windig im Reiche aus. Friedrich solle sich nicht so viel einbilden; der Satan habe ihn geritten, dass er sich mit den lausigen Böhmen eingelassen habe, nun liege er im Dreck. Sollten sich andere dazustellen, dass sie auch noch einen Schmutzkübel über den Kopf bekämen? Der Denkzettel bekomme ihm wohl, er solle sich wieder sauber machen, dann werde man es ihm nicht nachtragen.

Die Herzogin unterhielt ein Liebesverhältnis mit dem Herzog Franz Albrecht von Sachsen-Lauenburg, der damals unter dem Kaiser diente, und vertrat deshalb mit besonderem Nachdruck diese Partei. Ihr Bruder, der Kurfürst von Brandenburg, fuhr sie fort, habe ihn auch weitergeschickt und habe recht gehabt. Ob er etwa geglaubt habe, ihr Mann sei ein Simson oder Herkules? Ihr Mann gehöre zu den Hunden, die jedem nachliefen, der ihnen den Wurstzipfel zeige. Im vorigen Jahre wären die kaiserlichen Gesandten bei ihm gewesen und hätten ihm nicht einmal lange zusprechen müssen. Friedrich werde sehen, wie gut er sein Sprüchlein von der Reichstreue und dem lieben Frieden aufsagen könne. Sie freue sich nur wegen der großmäuligen Pfaffen, die immer dreinreden wollten.

In der Tat begrüßte zwar Friedrich Ulrich seinen flüchtigen Vetter freundlich, fing aber sogleich von der notwendigen Neutralität zu sprechen an und dass Friedrich darauf sehen müsse, seinen Frieden mit dem Kaiser zu machen. Der Kaiser habe eine Gesandtschaft an ihn abgelassen, vornehme und ehrbare Leute, die hätten auf Ehrenwort versichert, dass es in der böhmischen Sache nicht um die Religion gehe, es sei nur Krawall und Rebellion gewesen, wie es dort unten im Schwange sei und woran des Kaisers allzu große Klemenz schuld sei, die die Leute übermütig mache. Nachdem es so sei, hätte sich Friedrich in eine so verfängliche Sache nicht einlassen sollen; warum er es eigentlich auch getan hätte? Er habe oft darüber nachgedacht, könne es aber durchaus nicht begreifen. Die Pfalz ernähre ihn doch fürstlich und reichlich, der Teufel müsste seinen Schwanz darin gehabt haben, anders könne er es sich nicht einbilden, oder er hätte schlechte Räte. Er solle nun förmlich auf Böhmen verzichten und froh sein, dass er so davonkomme, die Hussiten schienen ja gefährlicher zu sein als Spanier und Türken.

Friedrich wurde mit jeder Stunde, die er sich in Wolfenbüttel aufhielt, niedergeschlagener; er hätte nicht für möglich gehalten, dass man ihn so verlassen könne, und wusste sich nicht hineinzufinden. Wohin er kam, sagte man ihm, sein reicher, mächtiger Schwiegervater sei der nächste, etwas für ihn zu tun, wenn der sich weigere, müsste wohl etwas Unrichtiges an der Sache sein. Es war ihm unleidlich, die guten Lehren und klugen Reden anhören zu müssen, wie töricht er gehandelt und dass er sich sein Unglück selbst zuzuschreiben hätte, und er fühlte eine brennende Ungeduld, wieder in eine gebührende Stellung zu kommen, wo er anerkannt und gefeiert würde. Doch hörte er mit gefälliger Miene zu und versprach dem Herzog, dass er auf Böhmen verzichten wolle, woran ihm nichts liege; aber dem Kaiser sei es darum gar nicht zu tun, sondern er reiße seine Erblande an sich, auf die er doch keinerlei Recht habe.

Das könne er sich doch nicht denken, dass der Kaiser sich an der Pfalz vergreifen werde, sagte Friedrich Ulrich; sowie Friedrich sich gehorsam erweise, werde alles ins Reine kommen.

Inzwischen habe Spinola schon die ganze Unterpfalz eingenommen, sagte Friedrich, und die Spanier pflegten nicht loszulassen, was sie einmal in den Zähnen hätten.

Ja, die Spanier könne er auch nicht leiden, sagte Friedrich Ulrich; aber das sei gewiss nur provisorisch.

Ob denn die Acht schon verhängt sei?, fragte die Herzogin lächelnd.

Es scheine nicht mehr weit davon zu sein, sagte Friedrich; aber das habe ja nichts auf sich. Das sei gar keine rechtmäßige Acht, die könne der Kaiser ohne die Kurfürsten nicht über ihn verhängen.

Es sei aber doch eine kitzlige, sehr kitzlige Sache, sagte Friedrich Ulrich ängstlich; wenn er nur nicht auch noch in so etwas hineinpatsche. Sein Bruder Christian sei gar zu waghalsig, unversehens werde er den Kopf in der Schlinge haben.

Nun, sagte Friedrich beschwichtigend, das gäbe dem Kaiser noch kein Recht gegen ihn, und Christian sei sein jüngerer Bruder, den werde er doch regieren können.

Ach Gott, klagte Friedrich Ulrich, er habe doch auch ein Gewissen und sei lutherisch, und seine Pfaffen hielten ihm vor, der Kaiser wolle ganz Deutschland mitsamt dem niedersächsischen Kreis dem römischen Antichrist in den Rachen jagen, auch alle norddeutschen Stifter an sich ziehen, und wenn das wahr wäre, könne er doch nicht ruhig zusehen. Und was Christian anbelange, so könne er einmal nicht ruhig sitzen, der von Marenholz sei schuld daran; seine Mutter habe es auch gesagt, Christian sei als Kind gut und fromm gewesen, habe ihm immer den schuldigen Respekt bewiesen, aber der von Marenholz reize ihn zu allem Bösen, habe sogar einen Advokaten bei sich und werde Christian gewiss zuletzt noch dem Teufel verpfänden.

Wer ihn dem Teufel verpfändet habe, sagte die Herzogin hämisch, sei seine Mutter, indem sie ihn so gottlos verhätschelt habe. Es mache einem fast Bauchweh, das abgöttische Wesen der beiden mit anzusehen, die Früchte davon schmeckten dann freilich sauer und bitter.

Als Friedrich seine Reise nach den Niederlanden fortgesetzt hatte, erschien am Wolfenbüttler Hofe Christian Wilhelm, der Administrator von Magdeburg, Vetter der Herzogin und Schwager des Herzogs, mit dessen Schwester er verheiratet war, in Sorgen, ob etwa Friedrich Ulrich sich auf die Seite des flüchtigen Böhmenkönigs habe ziehen lassen. Der Pfälzer, sagte er, soll seine Suppe allein ausessen; er, Christian Wilhelm, halte den Kaiser für den wahren Hort des Reiches, und der Teufel solle ihn holen, wenn er je vom Kaiser abfiele. Der Hof in Dresden habe kürzlich schon gepredigt, dass die Fürsten um den Kaiser stehen sollten wie die Erzengel vor dem Thron Gottes, die Tränen wären ihm darüber aus den Augen gelaufen, und er habe sich daraus abgezogen, dass der Pfälzer dem Luzifer zu vergleichen sei und billigerweise in den Abgrund fahre. Er hoffe nur, Christian von Halberstadt, des Herzogs Bruder, werde sich beizeiten von seinen rebellischen Umtrieben abwenden lassen, dass er den Herzog nicht noch mit ins Verderben reiße.

Friedrich Ulrich war erschrocken und gerührt, als er seines Schwagers Augen in feuchter Begeisterung glänzen sah; aber seine Frau sagte trocken, ihr komme es so vor, als sei Christians Treiben Christian Wilhelm nicht einmal so unlieb, denn er habe ja längst ein Auge auf das Bistum Halberstadt und meine vielleicht, er könne es erschnappen, wenn Christian es verwirke.

Der Administrator errötete und sagte, er hätte nie gedacht, dass verwandte Häuser eine solche Meinung von ihm hegten. Ja, damals, als der Bischofsstuhl erledigt gewesen sei, habe er sich darum beworben, weil es sich so gut zum Bistum Magdeburg geschickt hätte, und er glaube sagen zu dürfen, dass er tauglicher dafür gewesen wäre als der Hansdampf und Strudelkopf Christian. Er sei aber freundvetterlich zurückgetreten, als Christians Mutter das Bistum für ihren Sohn ersteigert hätte; der Schaden sei ja auch für das Bistum größer als für ihn gewesen. Ob sie sich nicht denken könnten, dass das Turnieren mit den präpotenten Domherren und einer geschwollenen Stadt mehr eine Tragödia als eine Komödia für einen Fürsten sei?

Darum sei ihm wohl ein gewisses mächtiges Kurfürstentum lieber, sagte die Herzogin, ihn dreist anlächelnd. In Berlin bei ihrem Bruder gehe die Rede, der Kaiser habe ihm Brandenburg samt dem Kurhut versprochen für den Fall, dass der Kurfürst abtrünnig werde und sich die Acht auf den Hals ziehe.

Nein, das gehe zu weit, rief der Administrator, womit er so etwas von verwandten Häusern verdient habe! Ob er seinem Vetter, dem Kurfürsten, seine Treue und Liebe nicht hundertfach bezeugt habe! Wenn einige von des Kaisers Dienern aus allzu ungestümer Ergebenheit gegen das Reichsoberhaupt ihm solche Anträge gemacht hätten, so sei das nicht seine Schuld, er sei nicht darauf eingegangen, habe sie nicht einmal verstehen wollen. Das sei der Lohn seiner Redlichkeit, schluchzte er, er gehe von Hof zu Hof, um alle zur Treue gegen den Kaiser zu ermuntern; aber die Lästerzungen könnten nicht ruhen, er sehe nun wohl, dass man Falschheit und Hinterlist gebrauchen müsse, um wohl angesehen zu sein.

Ja, sagte Friedrich Ulrich, das sei doch auch ein wunderliches Gerede, er verstehe gar nichts davon, man könne doch Fürstentümer nicht verhandeln und ausbieten wie alte Hüte. Christian Wilhelm solle nur die Augen trocknen, er halte ihn für einen frommen, unschuldigen Fürsten, der es gewiss nicht böse gemeint habe. Er solle doch nun auch seinem Bruder Christian das Gewissen rühren, damit er der kaiserlichen Majestät seine Pflicht erweise.

An den sei schon genug herangeschwatzt, sagte die Herzogin. Besser wäre es, die Generalstaaten ordentlich aufs Maul zu schlagen; denn ein Pfeifen von den Banditen mache ihn besser tanzen als eine Predigt von ehrlichen Leuten.

Mit diesen Worten hatte die Herzogin ein ergiebiges Fach im Bewusstsein ihres Mannes berührt, und er brach in laute Klagen über die Generalstaaten und die Hansestädte aus, die an allem Unglück auf Erden schuld und gottverfluchte Rebellen und Schweizer wären, sich gegen die Fürsten verschworen hätten und sie auch gewiss allesamt umbringen würden, wenn Gott sie nicht beschützte. Das habe sein hochseliger Vater auch gesagt, es habe ihn aber niemand hören wollen, und sie würden es noch bereuen. Es sei jedermann bekannt, was für uralte, unzweifelhafte Rechte er an die Stadt Braunschweig habe, und er würde die Widerspenstige leicht bezwungen haben, wenn die Generalstaaten und die Hansestädte ihr nicht zuhielten. Er müsse sich nur wundern, dass Gott so lange Geduld mit solchen Frevlern habe und sie nicht längst wie Sodom und Gomorrha mit Schwefel begossen und von der Erde vertilgt habe.

Ja, sagte Christian Wilhelm gedankenvoll, sein Schwager habe recht, es gehe je länger, je mehr gräulich auf Erden zu, und was für Gründe Gott habe, so lange mit der Strafe zuzuwarten, könne er sich auch nicht einbilden. Er sei jetzt am sächsischen Hofe gewesen, da habe er eine seltsame und fast unglaubliche Geschichte gehört, die sich in Frankreich zugetragen habe. Da sei nämlich ein Mann aufgetreten, der habe sich ungescheut als ein Atheist vorgestellt, indem er öffentlich gelehrt habe, es gebe keinen Gott, die Welt bestehe aus sich selbst, und was man von einem solchen seit Jahrhunderten gepredigt habe, sei nichts als Phantasmagorie und Aberglauben.

Die Herzogin, welche auf eine verliebte oder blutige Hofgeschichte gespannt gewesen war, zuckte die Achseln und sagte, das komme davon her, dass man dem Pöbel zu viel Freiheit lasse, außerdem hätte man den Narren ja leicht aus der Bibel heimschicken können.

Das sei auch geschehen, sagte Christian Wilhelm; bevor er verbrannt worden sei, hätten ihn die gesamte Geistlichkeit und hohe Fakultäten ausgefragt und ihm vorgehalten, die Wahrheit leuchte doch so schön aus jedem Würmlein und Blättlein hervor, auch der Ungelernte müsse ja einsehen, dass die Regelmäßigkeit der wechselnden Jahreszeiten, das richtige

Aufziehen der Sterne, die vernünftige Anordnung der Eingeweide im tierischen und gar menschlichen Körper und mehr dergleichen nicht von ungefähr kommen könne; wer denn nach seiner Meinung das alles gemacht habe? Darauf habe der Elende geantwortet: »Regina Natura«, welches aber auch sein letztes Wort gewesen sei, indem man nicht länger gezögert habe, ihm die gottlose Zunge mit einem glühenden Zänglein auszureißen, damit dergleichen ärgerlichen Blasphemien ein für allemal der Ausgang verstopft werde.

Regina Natura?, wiederholte Friedrich Ulrich, indem er den Erzähler erschrocken und ratlos ansah, ob es denn eine Person dieses Namens gebe?

Gott bewahre, sagte Christian Wilhelm, es sei damit schlechtweg die Natur gemeint, der doch nur Heiden oder Gottesleugner einen Platz neben Gott einräumen könnten, welcher allein und unvergleichlich regiere. Da könne man ebenso wohl katholisch sein und die Mutter Maria und die Heiligen anbeten, die nach Ansicht der abergläubischen Papisten denselben Rang wie Gott einnähmen.

Friedrich Ulrich schüttelte den Kopf und sagte, er könne es sich durchaus nicht reimen, was für unverständige und böse Leute es gebe; es müsse wohl eine Sündflut im Anzuge sein, wovon man ja auch schon allerlei Anzeichen habe.

»Dabei möchtest du wohl den Noah spielen«, sagte die Herzogin mit einem spöttischen Lachen, in welches die beiden Herren einstimmten. Wenn er aber hernach die Erde wieder bevölkern wolle, müsse er ein wenig besser arbeiten, sagte Christian Wilhelm, auf des Herzogs Kinderlosigkeit anspielend, mit einem halb schadenfrohen, halb lüsternen Seitenblick gegen die Herzogin. Diese schwieg und lächelte rätselhaft, während sie dachte, wie willkommen ihr eine Sündflut sein würde, die ihren Mann, vielmehr den schwachen Dummkopf, der diesen Titel führte, mitsamt seiner Mutter verschlänge und ihr die Freiheit gäbe, sich einmal durch und durch am Leben zu sättigen.

Schon im August des Jahres 1620 war der spanische Feldherr Ambrosius Spinola am Rhein erschienen und hatte sich still und eilig der Unterpfalz bemächtigt. Mit ihm zogen Mönche und Jesuiten, die an jedem Ort eine oder mehrere Kirchen in Besitz nahmen, den katholischen Gottesdienst einrichteten und Klöster begründeten. Die Jesuiten pflegten überall die Kirchenbücher durchzulesen und sich bei den Kirchendienern nach allen Umständen zu erkundigen, durch die etwa das kirchliche Wesen zu neuem Aufblühen gebracht werden könnte, und so erfuhren sie in Oberwesel, dass sich dort Reliquien des heiligen Werner befinden müssten, dessen Verehrung im Laufe der Zeit in Abgang gekommen und vergessen sei. Hiervon wurde Spinola in Kenntnis gesetzt, von dem man wusste, dass er sich für Heiligenverehrung interessierte und Reliquien sammelte, und der auch Befehl gab, der Sache nachzuforschen. Mit vieler Mühe wurde von der Geschichte dieses Werner Folgendes in Erfahrung gebracht: Vor Jahrhunderten war einmal ein verwahrloster Knabe nach Oberwesel gekommen, welcher entweder seinen Eltern davongelaufen oder von ihnen weggejagt war und der, halb verhungert, von einem Juden und seiner Frau in Dienst genommen wurde. Wie er sich dort aufführte und behandelt wurde, darum bekümmerte sich niemand; indessen geschah es nach einigen Monaten, dass er vermisst und dass später von Schiffern sein Leichnam aus dem Rheine aufgefischt wurde. Die Juden gaben an, dass sie ihn mit einigen Kreuzern zu einem Einkauf ausgeschickt hätten und dass er nicht wiedergekommen sei; ob er nun das Geld verloren oder vergeudet und sich aus Furcht vor Strafe versteckt hatte oder weggelaufen und dabei verunglückt sei, das wollten sie nicht entscheiden, und niemand konnte es feststellen.

Plötzlich aber wurde die Angabe ganz und gar in Zweifel gezogen, und die Juden sollten anstatt dessen den Knaben geschlachtet haben, um mit seinem Blute Zauberei zu treiben, gegen welche Behauptung kein Leugnen und Verteidigen half und wofür sie miteinander verbrannt wurden.

Vom ganzen Rhein her kam der Adel und das Volk, um die Leiche des armen kleinen Märtyrers anzubeten, der nun in der Kirche mit großer Feierlichkeit beigesetzt wurde und Wunder tat.

»Warum war es nicht ein Mädchen?«, fragte Spinola kurz, nachdem die Jesuiten ihm diese Geschichte vorgetragen hatten; denn er hatte eine besondere Verehrung für die heilige Jungfrau und weibliche Heilige überhaupt. Sie entschuldigten sich und sagten, nach allem, was sie gehört hätten, scheine es durchaus ein Knabe gewesen zu sein. Freilich gestanden sie zu, dass sich nicht feststellen ließe, ob der Knabe wirklich vom Papste kanonisiert, also heiliggesprochen sei, doch glaubten sie es aus der Tatsache der großen Verehrung genugsam schließen zu dürfen, womit Spinola auch einverstanden war. Er ordnete an, dass mit allen Mitteln und Kosten den Gebeinen gründlich nachgeforscht werde, was sogleich geschah und zu einem glücklichen Ergebnis führte. Indem man die Kirche untersuchte, stieß man beim Klopfen auf einen Stein, der einen hohlen Klang gab, und da man mit freudigem Herzklopfen nachgrub, entdeckte man darunter menschliche Gebeine auf ein Kissen gebettet. Es war Februar und gerade Tauwetter eingefallen, der aufgelöste Schnee rann in kleinen, fröhlich tröpfelnden Bächen aus den Wasserspeiern, die milden, mondhaften Strahlen der durch Wolken scheinenden Sonne drangen durch ein schmales, buntes Fenster und fielen als ein süßes Licht auf die weißen, auferstehenden Knochen. »Seht da, das Zeichen!«, rief der Jesuit, der die Arbeiter hereingeführt und beaufsichtigt hatte, fiel auf die Knie, sprach ein Gebet und fing an zu weinen, worauf auch die Arbeiter niederknieten und zum Teil schluchzten.

Inzwischen war Spinola benachrichtigt worden, und bald stieg der kleine, schlanke Genuese die steile Steintreppe hinauf, die zwischen der Kirchenmauer und dunklen, hohen Häusern zum Portale führte. Er nahm die Gebeine in Augenschein und fragte die anwesenden Jesuiten, ob es sicherlich die des sogenannten heiligen Werner seien. Ja, antworteten sie, der Ort entspreche der Schilderung in der Chronik, und außerdem hätte Gott ein sichtbares Zeichen gegeben und sie gewissermaßen selbst wunderbar an die richtige Stelle geführt, die sie ohne göttliche Hilfe unmöglich hätten auffinden können.

Spinola nickte und sagte, es sei gut, es solle alles zu Protokoll genommen und dasselbe versiegelt werden. Die Knochen mit Ausnahme des Rückgrats und der Beine, die der Kirche verbleiben sollten, wolle er für sich behalten, teils zum eigenen Gebrauch, teils um davon an verschiedene Personen zu verschenken, zum Beispiel an die Erzherzogin Isabella, die Statthalterin von Belgien, mit der er auf besonders gutem Fuße stehe. Dieser Umstand verdross die Geistlichen; allein da es unmöglich war, dem siegreichen und berühmten Feldherrn zu widersprechen, gaben sie sich mit den ihnen vergönnten Resten zufrieden.

Mit dem Herannahen des Frühlings rechnete Spinola darauf, sich mit den Unionsfürsten schlagen zu müssen, die sich mit einem kleinen Heer aufgestellt hatten und eine scharfe Erklärung abgaben, sie würden eine

Verletzung ihres Gebietes keineswegs dulden, sondern die fürstliche Libertät retten und die armen Untertanen bei ihrem Glauben schützen. Dagegen antwortete Spinola, der Kaiser habe durchaus nichts gegen die deutsche Libertät im Sinne, vielmehr wünsche er den Fürsten ein gnädiger Kaiser zu sein; sie müssten aber mit ihrem hohen Verstande einsehen, dass, nachdem Friedrich V. in die Acht und Aberacht erklärt sei, der Kaiser auch das Recht und die Gelegenheit haben müsse, die Acht zu vollstrecken. Nachdem einige Wochen hin und her verhandelt war, fand eine Zusammenkunft in Aschaffenburg statt, wo die unierten Fürsten versprachen, Spinola nicht anzugreifen, und er seinerseits versprach, ihr Gebiet nicht anzutasten.

Spinola, welcher bessere Mannszucht hielt als üblich war und die Gegenden, die er durchzog, möglichst wenig verwüstete, stand in dem Rufe, der Erbe der diplomatischen Kunst des berühmten Alexander von Parma zu sein, weshalb die deutschen Herren ihn zugleich fürchteten und ihm misstrauten, wozu auch beitrug, dass er im Essen und Trinken außerordentlich mäßig war, eine gewisse höfliche Geringschätzung gegen sie merken ließ und etwas Unergründliches an sich zu haben schien.

Danach versammelten sich die Unierten noch einmal in Heilbronn, um die Union aufzulösen, als welche nun ihren Zweck erfüllt habe. Es seien ja, sagten sie, schöne und heroische Beschlüsse gefasst und im Jülichschen Erbfolgekriege auch herrliche Siege erfochten worden; aber keine von den Mächten, die zuerst so große Zusicherungen gemacht hätten, wären dabei geblieben, und überhaupt herrsche leider Kleinmütigkeit bei vielen Ständen. Hätte nur Kursachsen das Seine getan, so hätte man sich auch mehr herauswagen können, aber man wisse ja, wie es da stehe. Wenn einmal der König von England sich auf seine Pflicht besinne, der so schimpflich seines eignen Blutes und seines Glaubens Niederlage zusehe, und wenn der König von Dänemark und der von Schweden sich die weltbekannten Vor- und Unfälle mehr zu Herzen nähmen, so wollten sie es auch an ihrer Hilfe nicht ermangeln lassen.

Noch gehörte dem Kaiser Böhmen nicht ganz; denn außer einigen unbedeutenderen Plätzen hielt Mansfeld die wichtige Festung Pilsen besetzt, die zu erobern für ein langwieriges und fast unmögliches Unterfangen galt. Am kaiserlichen Hofe hielt man es für das Beste, wenn man Mansfeld gütlich gewinnen könnte, und man meinte, das würde nicht allzu schwer sein, da er doch Katholik und im Dienste des Erzhauses aufgewachsen und nur wegen eines Zanks mit dem Erzherzog Leopold, der dem Kaiser stets Widerwärtigkeiten einbrocke, zu den Evangelischen übergelaufen sei. Lohn und Ehre habe er von dort nicht mehr zu erwarten, biete man ihm ein Regiment und ein gutes Gehalt an, so werde dies schäbige, verzweifelte Hündlein wohl in den hingehaltenen Wurstzipfel beißen. Das zahle sich wohl aus, er sei geschickt, listig, erfahren und gefährlich, wenn auch in Schlachten nicht eben glücklich; nachdem Buquoy Mitte Juli in Ungarn bei einer zufälligen Gelegenheit als ein Opfer seines Übermutes gefallen sei, habe man keinen bedeutenden Feldherrn mehr aufzuweisen außer Tilly, der aber in bayrischem Dienst stehe und also nicht frei verwendbar sei.

Als infolge dieser Beschlüsse ein kaiserlicher Abgesandter Mansfeld aufsuchte, um ein wenig anzuklopfen, sprach Mansfeld von seinen alten Beziehungen zum Erzhause, von seiner Anhänglichkeit und wie er der Sache des Böhmenkönigs müde sei. Überhaupt sei er ja im Solde des Herzogs von Savoyen gewesen, die Sache sei nun erledigt, wenn man ihm ersetze, was er aufgewendet habe, und ihm eine ansehnliche, einträgliche Stelle im kaiserlichen Heer verschaffe, so sei er nicht abgeneigt. Was Böhmen anbetreffe, so könne er darüber nicht sogleich entscheiden, wolle sich's aber zu Gemüte gehen lassen.

Mit grimmigem Lächeln las er den Brief, den Fürst Liechtenstein in dieser Angelegenheit an ihn richtete. Nach zehn Jahren heimatlosen Umherziehens, Kämpfens, Sollizitierens und Drangsalierens hatte er es dahin gebracht, dass die hochmütigen Österreicher sich herabließen, mit Schmeichelworten und Versprechungen seine Dienste nachzusuchen, dass Liechtenstein, der Bluthund, dem seine schamlose Blut- und Geldgier mit dem Fürstentitel bezahlt war, ihn wie einen mächtigen Gönner umwerben musste. Seine Augen schlossen sich halb und schweiften unruhig in die schwankende Zukunft; jetzt konnte er es durchsetzen, dass er als rechtmäßiger Sohn und Erbe seines Vaters anerkannt wurde, Besitz, Ehren und Würden lagen erreichbar vor ihm. Er konnte nach Belgien zurückkehren und seine alten Widersacher und Verkleinerer mit dem beneideten Glanze blenden. Was war von dem Pfälzer Friedrich noch zu erwarten? Der wirbelte hin, wo der Wind ihn hintrieb, er erweckte weder Achtung noch Furcht und würde niemals Glück haben.

Mit Ferdinand II. war es eine andere Sache, er würde noch lange Hilfsmittel aufbringen, seine Feinde würden nicht so leicht mit ihm fertig werden, weil er die Legitimität verkörperte. Eine Empfindung von Hass und Widerwillen stieg in ihm auf: War es klug von ihm, sich diesem Geschlechte hinzugeben, das ihn unter dem Titel des Rechtes um sein Erbe gebracht und ihn ins Elend ausgestoßen hatte? Würde es ihm anstehen, beim Kaiser zu antichambrieren und zu scherwenzeln, zur Messe zu gehen und mit jedem Günstling schönzutun, der eben in Flor war? Er spie aus, indem er sich das vorstellte. War er jetzt auch ein Bettler, jedermanns Feind, in Waffen gegen alle Welt, so war er doch frei und tat, was ihm beliebte. Je länger er darüber nachdachte, desto unleidlicher schien ihm der Zwang und die innere Demütigung, die mit dem kaiserlichen Dienst für ihn verbunden war, woraus aber nicht hervorging, dass er durchaus davon abgesehen, und noch weniger, dass er die Unterhandlungen sofort abgebrochen hätte. Während sie noch spielten, erschien er jedoch plötzlich, nicht zur angenehmen Überraschung der Unierten, in Heilbronn, um sie an die alten Verträge und Versprechungen zu mahnen. Doch konnten sie ihn nicht wohl abweisen, empfingen ihn höflich und beglückwünschten ihn, dass er in so stürmischen Drangsalen sich allein ruhmvoll behauptet habe. Allerdings stehe seine Sache wohl, sagte Mansfeld, Pilsen sei nach der trefflichen niederländischen Art befestigt und außerdem von braven Offizieren verteidigt, auf die er sich verlassen könne, dazu habe er noch Tabor, Elbogen und einige andere Plätze. Auch habe er soeben Briefe seines Herrn, des Königs von Böhmen, empfangen, die ihn über die heroischen Absichten des unglücklichen Fürsten auf das Beste vertrösteten. Er trug dieselben vor, welche aus dem Haag datiert waren und etwa so lauteten: Er, Friedrich, verlasse sich gänzlich auf die Klugheit, Tapferkeit und Treue seines Feldmarschalls, des Grafen Mansfeld, den er seinerseits niemals im Stiche lassen werde. Er habe im Haag eine herrliche, fürstliche Aufnahme gefunden und gedenke keineswegs, wie die Verleumder und Böswilligen ausbreiteten, sein Reich Böhmen und seine treuen Untertanen aufzugeben und sich dem Kaiser zu unterwerfen. Vielmehr werde er bald zum Schrecken seiner Feinde, aber zum Troste seiner Anhänger gewaltig hervorbrechen und solche Taten verrichten, dass die Nachwelt darüber staunen sollte. Geld hätte er leider keines, aber die Herren Staaten würden ihm nach wenigen Monaten so viel vorstrecken, dass er den Krieg zu einem stattlichen Ende führen könnte; bis dahin verlasse er sich auf Mansfelds guten Verstand und löbliche Geschicklichkeit und trage ihm auf, die Pfalz zu verteidigen und an sich zu bringen mit allen Mitteln, die ihm gut schienen.

Die Herren sähen daraus, sagte Mansfeld, wie es stehe. Wenn sie ihn jetzt mit Geld versähen, dass er sein Heer einigermaßen befriedigen könne, so würde sich das Opfer vielfältig ersetzen; denn die Staaten hätten einen vollen Beutel und wüssten wohl, dass sie ihr Geld nicht besser anlegen könnten, als wenn sie Spaniens Feinde damit wacker hielten. Auch die Republik Venedig habe mehr Gold als Brot und gehöre zu seinen guten Freunden, sie wollten aber alle erst sehen, dass die evangelischen Reichsfürsten, die es ja eigentlich anginge, das Ihre täten.

Die Fürsten antworteten kühl, Mansfeld wisse ja wohl, dass die Städte, die das Geld hätten, sich gänzlich von der Union zurückgezogen hätten und zum Kaiser hielten. Auch wiesen sie auf Christian von Anhalts Los hin, der nun geächtet und landflüchtig sei, während sein Sohn in kaiserlicher Gefangenschaft schmachte, das sei der Lohn für seine Aufopferung und Treue.

Anhalt!, sagte Mansfeld wegwerfend, warum sei er davongelaufen! Unter heiterem Himmel trotzen, das könne jeder; wenn es gelte, dem Wetter zu stehen, da zeige sich der Mann. Er sei auch geächtet, aber solche blechernen Blitze schreckten ihn nicht.

Der Markgraf von Ansbach wandte vorsichtig ein, er, Mansfeld, sei ja auch ungebunden, aber sie als Reichsfürsten müssten auf ihre Länder und Untertanen sehen, damit dieselben nicht in Verlust und fremde Botmäßigkeit gerieten.

Aus Mansfelds schmalen grauen Augen flogen gehässige und verachtende Blicke wie kleine, spitze Pfeile auf die fürstlichen Herren. Der Kaiser, sagte er, hätte ihm, dem Ächter, solche Anerbietungen gemacht, dass es ihm an Land und Leuten nicht fehlen würde; aber er verriete seine Fahne nicht. Es dächten doch auch noch andere wie er, in Braunschweig sei der König von Böhmen gut aufgenommen, Landgraf Moritz von Hessen hatte ihn dort besucht und ihm Hilfe zugesagt, der Bischof von Halberstadt sei seinetwegen zu Felde gezogen.

Das wollten sie dahingestellt sein lassen, war die Antwort, es sei doch eine heikle Sache, einen Ächter zu unterstützen, das Gesetz könne man einmal nicht umblasen, Friedrich würde besser tun, sich mit dem Kaiser zu versöhnen und der Acht ledig zu werden, hernach könne man weiter sehen.

Je mehr Mansfeld einsah, dass er nichts ausrichten würde, desto weniger konnte er seine Ungeduld und seine Wut bemeistern. Wenn man ihn stecken ließe, sagte er drohend, so müsse er sich selbst helfen. Wenn man ihm nicht freiwillig gebe, so werde er sich nehmen, was er brauche. Er werde jetzt missachtet; aber er werde sich furchtbar machen.

Um ihn zu begütigen, gestatteten sie ihm, in ihren Gebieten Werbungen anzustellen; etwas anderes erreichte er nicht und war schon wieder auf dem Wege nach Böhmen, als er die Nachricht erhielt, Pilsen habe sich ohne Schwertstreich Tilly übergeben. Die Offiziere, die er mit dem Kommando betraut hatte, verkehrten schon seit Wochen freundschaftlich mit denen vom ligistischen Heere, bankettierten und handelten miteinander und wurden schließlich einig, Pilsen gegen eine gewisse Summe zu überliefern. Mansfeld schalt und fluchte, seine Ehre sei befleckt, denn man werde glauben, er habe dies gutgeheißen, und er wolle nicht weiterleben, wenn er die Verräter nicht am Galgen sähe. Den Regimentsschultheißen Leiningen, der in Prag die Unterhandlungen geführt hatte und der nun flüchtig durch die Oberpfalz kam, ließ er greifen und ins Gefängnis werfen. Dieser jammerte, er habe nur des Grafen Befehle ausgeführt und mit den Herren von Prag unterhandelt, abgeschlossen habe er nicht und auch nie eine andere Meinung gehabt, als dass alles nur zum Schein sei; aber Mansfeld blieb dabei, Leiningen habe sich vom Feinde bestechen lassen, und ließ ihm trotz allen Flehens und Protestierens den Kopf abschlagen. Den schuldigen Offizieren konnte er nichts anhaben, weil sie nicht in seiner Macht waren, auch behaupteten sie, ohne alle Schuld zu sein; sie hätten Briefe über Briefe an Mansfeld geschickt, dass sie Pilsen nicht halten könnten, wenn die Soldaten nicht endlich Sold erhielten, er hätte ihnen nicht geantwortet, sondern sei umhergereist, als gehe ihn die Sache nichts an; auf irgendeine Weise hätten sie sich doch Geld beschaffen müssen. In Wahrheit hatten sie die Absicht, das Geld für sich zu behalten, wenigstens argwöhnten das die Soldaten, da die Offiziere den Sold erst dann auszahlen wollten, wenn die Regimenter Pilsen verlassen hätten. Sie glaubten, die Offiziere würden sie betrügen und im Stiche lassen, sowie sie draußen wären, und es kam darüber zu einer Meuterei, bei welcher Kapitän Syrach von den Aufrührern erschlagen wurde.

Nach Beendigung des Böhmischen Krieges begab sich Buquoy nach Wien, wo er im feierlichen Aufzuge dem Kaiser die dem Feinde abgenommenen Fahnen überreichte. Festlich auf seinem Sessel thronend und von prächtig ausgeputztem Hofstaat umgeben, harrte der Kaiser, als die Tür sich öffnete und zuerst Buquoy eintrat, schön gerüstet und mit gestickter Schärpe umwunden, hinter ihm vierundzwanzig stattliche und gleichfalls reich uniformierte Soldaten, von denen jeder eine der erbeuteten Fahnen trug; sie waren alle aus farbiger Seide mit Bildern und Emblemen bestickt. Auf ein Zeichen Buquoys, der nach tiefer Verbeugung an die Seite des Kaisers getreten war, setzten sich die Soldaten in Bewegung und gingen mehrmals, die Fahnen rhythmisch schwenkend, am Kaiser vorüber, um sie dann, auf ein abermaliges Zeichen des Feldherrn, mit einem langen Rauschen zu Füßen des Kaisers niederzulegen.

Buquoy hätte dies Schauspiel gern als den Schluss seiner Laufbahn in kaiserlichen Diensten betrachtet; denn er hatte noch immer keine rechte Lust weder zu dem Kriege noch zu den böhmischen Gütern, die ihm verliehen worden waren. Er sei nun fünfzig Jahre alt, sagte er zum Kaiser, habe es in seiner Jugend etwas hitzig getrieben, sodass er nun der Ruhe bedürftig sei. Der Kaiser und seine Räte entgegneten ihm, er sehe ja aus wie ein rüstiger Jüngling, würde den Kaiser durch seinen Abgang kränken und fast desperat machen, und der König von Spanien und die Infantin Isabella würden es gewiss nicht billigen, wenn er den Kaiser steckenlasse, bevor er seine Feinde gänzlich niedergeworfen habe. Buquoy seufzte, er laboriere noch an einer Wunde, bringe die Lust zum Kriegswesen nicht mehr so recht auf, sein Sinn stehe nach zu Hause, der Kaiser möchte ihn ziehen lassen. Dieser sprach seinem Feldmarschall zu, im Winter stockten allemal die Säfte, er kenne das auch, da helfe nur die Jagd, und im Frühling werde es besser; er könne durchaus seinen heroischen Arm nicht entbehren, wenn er aber die Ungarn noch zur Räson gebracht habe, wolle er ihn, sofern es nicht anders sein könne, entlassen.

Es blieb Buquoy nichts übrig, als den Feldzug gegen die Ungarn im Frühling zu eröffnen, was er denn auch, da er einmal daran war, mit gewohntem Ungestüm und Bravour tat. Nach einigen Monaten jedoch fiel er vor der Festung Neuhäusel bei Gelegenheit eines Ausfalls, den die Ungarn unternahmen. Der Markgraf von Gonzaga, der vergeblich versuchte, den von allen Seiten Umringten herauszuhauen, schrie ihm zu, er solle sich ergeben, worauf Buquoy unter seinem gestürzten Pferde hervor antwortete, solcher Canaille ergebe er sich nicht, und niedergestochen wurde. Sein Leichnam wurde nach Wien geführt und prächtig in der Franziskanerkirche beigesetzt; auf seinem Sarge lagen das Goldene Vlies, seine Handschuhe, sein mit vielen Edelsteinen besetzter Kommandostab, die vergoldeten Schlüssel der von ihm eroberten Städte und die rotseidene Palme seines Regiments, auf welcher ein Bildnis des Gekreuzigten gestickt war, mit der Umschrift: ›Exurge Domine et judica causam tuam‹, das heißt: Stehe auf, Herr, und richte deine Sache.

Dieser Todesfall setzte das Kaiserhaus in große Bestürzung, umso mehr, als schon im vorigen Jahre auch Dampierre, gleichfalls in Ungarn, gefallen war, und es wurde immer wünschenswerter, Mansfeld zu gewinnen, der plötzlich, sich von der Unterpfalz wegwendend, das elsässische Hagenau erobert hatte und Ferdinands Bruder Leopold, den Erzherzog und Bischof von Straßburg, in seiner Festung Berg-Zabern bedrohte.

Leopold, der sich ohnehin stets zurückgesetzt fühlte und zum Zorn neigte, war entrüstet, dass ihm weder von spanischer noch von österreichischer Seite Hilfe kam, und sagte bitter, man scheine vergessen zu haben, dass er ein Erzherzog sei. Die Statthalterin von Belgien, Isabella, übernahm es diesmal, mit Mansfeld anzuknüpfen, und das Geschäft wurde geführt durch einen Jugendfreund Mansfelds, namens von Rollingen, dem Mansfeld folgende Antwort gab: er habe im vorigen Jahre die Verhandlungen abgebrochen, weil er zum Herzog Maximilian kein Vertrauen habe fassen können. Seine Anhänglichkeit an das Haus Österreich sei unvermindert, namentlich an die Infantin Isabella, die ihm in seiner Jugend so viele Proben ihrer Huld gegeben habe und der zukünftig zu dienen er sich glücklich schätzen werde. Da die Fürstin mit Freuden darauf einging und ihn aufforderte, Vorschläge zu machen, ließ er sich vernehmen, er wolle vor allen Dingen das von ihm eroberte Hagenau als Fürstentum behalten und dazu mit dem Fürstentitel begabt werden, ferner Amnestie für alle seine Untergebenen, Aufhebung der Acht und außer den schon früher versprochenen 200 000 Reichstalern noch 100 000 Goldkronen. Obwohl diese Ansprüche der Statthalterin hoch gegriffen zu sein schienen, so erklärte sie sich doch zu allem bereit, und es herrschte große Freude an den Höfen von Brüssel, Wien und Prag, dass der verstockte Feind endlich versöhnt sei.

Es war im April, wo ein lauer Frühling begann, das pfälzische Land lieblich anzuhauchen, als Herr von Rollingen einer Einladung Mansfelds folgte, damit der Vertrag durch seine Unterschrift fertiggestellt würde. Er fand den Grafen in besonders gesprächiger und angeregter Laune, die er selbst durch einen bevorstehenden werten Besuch erklärte. Als die Tür aufging, erblickte der staunende Rollingen die freundliche Erscheinung des Kurfürsten oder Böhmenkönigs Friedrich, dessen ganz kürzlich erfolgte Ankunft ihm verborgen geblieben war. Friedrich reichte ihm die Hand und sagte lachend, das sei also derjenige, der ihm seinen treuesten Diener habe abspenstig machen wollen; Worauf Rollingen, den Schrecken und Beschämung lähmte, keine passende Antwort einfallen wollte. Bei Tafel herrschte, von Rollingen abgesehen, laute Fröhlichkeit. Friedrich erzählte von seinen Reiseerlebnissen und wie er in Frankreich der Gefahr, erkannt und gefangen zu werden, sehr nahe gewesen sei. »Ich hatte mir geschmeichelt«, sagte er, »dass die Bilder, die von mir im Umlaufe sind, mich nur unvollkommen wiedergäben; allein sie müssen mich doch leidlich getroffen haben, da man mich trotz der Verkleidung erkannte und obwohl ich so gut Französisch spreche wie irgendein Parlamentsrat in Paris.« In Deutschland scheine er weniger gut bekannt zu sein; denn in einem Wirtshause an der Grenze habe er mit Deutschen an einem Tische gesessen, die sich, ohne seine Anwesenheit zu ahnen, sogar über ihn unterhalten und unter anderem Reime vorgetragen hätten, die ihm etwa so im Gedächtnis geblieben wären:

Der Pfälzer Fritze
Stand an der Spitze,
Der bayrische Schütze
Warf ihn vom Sitze,
Ach Gott! in die Pfütze,
Und nahm ihm die Mütze.
Kalvinischer Fritze,
Barhaupt bei der Hitze!

Er lachte vergnügt, indem er sie vortrug, versprach jedem eine Dublone, der einen Vers dazu machte, und während die anderen sich vergeblich besannen, rief er lustig:

Was ist ihm denn nütz
Die pfälzische Mütz
Ohne pfälzischen Witz
Und kalvinische Blitz!

In französischer Sprache, setzte er hinzu, hätte er richtigere und wohlklingendere Verse machen können; aber für sein grobes altes Deutsch schienen sie ihm artig genug zu sein. Bald nach der Ankunft Friedrichs gelang es Mansfeld, Tilly eine Niederlage beizubringen, und er meldete dem Könige, der dem Gefechte zugesehen hatte, zugleich mit der Siegesnachricht, seine, Friedrichs, Anwesenheit habe das Heer angefeuert und die Feinde geschreckt. Friedrich erklärte sich fröhlich bereit, in dieser Weise sein Land zurückzuerobern, und wirklich schienen die Aussichten sich zu klären; nicht nur näherten sich die Scharen des Bischofs von Halberstadt, sondern auch der Markgraf von Baden rückte nach langem Zögern mit einer vorzüglichen Armee und einer trefflich verbesserten Artillerie ins Feld, sodass man meinte, dem ligistischen Heere eine überwältigende Truppenmacht entgegensetzen zu können. Bevor sich aber die verschiedenen Feldherren geeinigt hatten, schlug Tilly den Markgrafen von Baden bei Pforzheim und bot, nachdem er Mansfeld durch eine geschickte Scheinbewegung nach Mannheim gelockt hatte, dem sich Frankfurt nähernden Christian von Halberstadt eine Schlacht an. Diesem rieten seine Offiziere, sich mit dem weit überlegenen Feinde nicht einzulassen, und er hätte auch Zeit gehabt, seine Truppen über die Mainbrücke zurückzuziehen; aber er verwarf ihre Mahnungen mit Entrüstung: es sei nicht Rittersitte, einem herausfordernden Feinde auszuweichen, er wolle lieber untergehen, als dass jemand das Recht haben sollte, ihn Feigling zu schelten.

Von jenseits des Maines sahen die Fischer und Bauern zu, wie die Scharen Christians sich hitzig gegen die ligistischen Regimenter warfen, die in schweren, in Vierecke geordneten Massen vorrückten, von ihnen wie von ehernen Schilden abprallten, mehrere Male mit verzweifeltem Mute wieder dagegen anstürmten und endlich von den unaufhaltsam sich vorwärts wälzenden Kolonnen zermalmt, aufgelöst und in die Flucht geschlagen wurden. Die ersten, die sich zurückzogen, kamen in leidlicher Ordnung über die Brücke, je mehr Fliehende sich aber zudrängten, desto hastiger schoben sie sich, sodass viele von der Brücke ins Wasser stürzten, während andere, die eine Furt durch den Main suchten, vom Flusse weggerissen wurden. Als die untergehende Sonne rosenrot in den Weidengebüschen verschmolz, zwischen denen der Main sanft hinfloss, kamen nur noch Nachzügler, und auf diese warfen sich die Fischer, die sich bis dahin verborgen gehalten hatten, hieben mit Knütteln auf sie ein und schlugen sie nieder oder stießen sie ins Wasser. Die Erschöpften und Verwirrten wussten sich dieser Männer, die aus den Büschen mit gefletschten Zähnen und rollenden Augen wie Wölfe auf sie sprangen, nicht zu erwehren, zumal es bereits dämmerte, und liefen zum Teil vor Entsetzen selbst in den Fluss; wollten sie sich dann wieder ans Ufer retten, warfen ihnen die Bauern Steine auf die Köpfe und riefen ihnen zu: »Hört auf zu quaken, ihr Frösche!« oder »Sauft nur Wasser statt Blut, ihr Mordbrenner!« Die Nacht hindurch zogen die Fischer mit Stangen die Leichen ans Ufer, leerten ihre Taschen, entkleideten sie oder schnitten die Knöpfe und den Besatz von den Röcken und ließen sie weiterschwimmen; schienen es angesehene Leute zu sein, so behielten sie sie wohl zurück, für den Fall, dass die Angehörigen ein Lösegeld für den entseelten Körper ausbieten sollten.

Mit den Überbleibseln seines geschlagenen Heeres zog Christian dem Kurfürsten und Mansfeld zu, denen unterdessen ein stattlicher Fang geglückt war; sie waren nämlich in Darmstadt eingedrungen und hatten den Landgrafen Ludwig, als er im Begriffe war zu fliehen, gefangen genommen, um ihn für seine kaiserfreundliche Haltung zu bestrafen und ihn bei etwaigen Friedenstraktaten zu verwerten. Landgraf Ludwig, ein schlauer, vorsichtiger, behaglicher Mann, war etwas niedergeschlagen, hielt aber seine fürstliche Würde aufrecht und ließ sich mit leidlich guter Miene die Leckerbissen schmecken, die Friedrich als ein Kavalier seinem Gefangenen vorsetzte. Christian von Braunschweig machte sich bei Tische ein Vergnügen daraus, den Landgrafen durch Erzählungen von seinen Kriegsabenteuern und verübten Gewalttaten zu unterhalten, umso mehr, als der Landgraf, der ihn seit seiner Kindheit kannte, ihn noch vor Kurzem väterlich zur Umkehr gemahnt hatte, da er sich sonst selbst das schreckliche Ende der Gottlosen bereiten werde.

Er erzählte von seinen Erfolgen in Westfalen, von seinem Einzuge in Paderborn, wo die Evangelischen ihn mit Halleluja empfangen hatten, als sei er der Heiland und komme auf einem Eselein geritten. Da habe er treffliche Männer kennengelernt, die Söhne des von den Katholiken hingeschlachteten Bürgermeisters Liborius Weichard; die hätten als Kinder zusehen müssen, wie ihrem Vater, auf einen Tisch gebunden, das Herz aus dem lebendigen Leibe gerissen worden sei, weil er rechtmäßigerweise die Freiheit und den Glauben der Stadt gegen den Bischof verteidigt habe. Sie hatten zu ihm gesagt, wo sie auch waren und was sie auch täten, so röchen sie das teure Blut, das damals vergossen worden sei, und sie würden es sich Gut und Leben kosten lassen, wenn sie es rächen könnten. Sie hätten ihm auch gewiesen, wo in Kirchen, Klöstern, jesuitischen Universitäten Geld und Geldeswert zu finden sei, und wenn er sie ermächtigt hätte und es möglich gewesen sei, so hätten sie ganz Paderborn von der Erde weggeschabt, wie die Quacksalber mit dem Rasiermesser die leidigen Warzen von den Füßen schnitten. Er habe sich aber milde bewiesen als ein Gottesmann, der er ja sei, habe niemanden am Leben gestraft, wie die beiden Jesuiten bestätigen könnten, die er mitgenommen habe, damit sie seine wahre, bischöfliche Tugend vor aller Welt bezeugen könnten. Sie müssten zwar dann und wann etwas Ungewohntes mit ansehen, so hatten einmal Soldaten ein Mädchen etwas zu ungestüm gebraucht, sodass es halbtot in einer Scheune gelegen habe; als er dazugekommen sei, da habe er seinen Brandlegern befohlen, die Scheune anzuzünden, damit die Dirne lieber stracks gen Himmel fahre, anstatt als ein Schandfleck und Ärgernis ihr Leben jämmerlich fortzufristen, und die Baracke habe denn auch, bis man drei zählen könne, in Flammen gestanden, so gut verstünden diese Leute ihr Handwerk. Dergleichen möge frommen Vätern fremd vorkommen; aber es sei Kriegsbrauch, und er habe ja die Ungerechtigkeit nicht angestiftet, durch die der Krieg entbrannt sei.

Die beiden Jesuiten, die mit an der Tafel sitzen mussten, blickten steif auf die Teller und sagten, sie entsönnen sich eines solchen Vorfalls nicht, sie für ihre Personen hätten vom Herzog stets eine rücksichtsvolle Behandlung erfahren, wofür sie ihm dankbar wären.

Nun, sagte der Herzog, diese katholischen Geistlichen ließen ihm Gerechtigkeit widerfahren, wohingegen seine Halberstädter Domherren immer wider ihn bellten. Sie nennten ihn Räuber, Dieb und Rehabeam, machten ihm vor der ganzen ehrbaren Welt eine schändliche Reputation, weil sie, geizig und habgierig, seine Soldaten nicht in Quartier nehmen noch sonst zum Kriegswesen kontribuieren wollten. Da wunderten sie sich denn, wenn er sich das Geld anderswie zu beschaffen suchte. Sie gäben allen Unterschlupf und Vorschub, die von seinen Räten beraubt zu sein vorgäben, während seine Räte, als seine treuen Diener, nur unrichtig gemünztes Geld konfiszierten, wobei sie sich freilich wohl einmal irren und vergreifen könnten. Er habe aber ein gutes Mittel, seinen Justiz liebenden Domherren das Maul zu stopfen, indem er von Zeit zu Zeit verordne, sie sollten ihre Konkubinen und Huren abtun. Dann schwiegen sie wieder still, ihre Weiber schickten sie freilich doch nicht heim, ließen sich lieber vom Pöbel auf der Straße ausspotten und nachschimpfen. Und doch gebe er ihnen als der Bischof ein schönes Beispiel, lebe fast als ein Heiliger, sodass er seinen Durst nur lösche, wenn es die Natur durchaus verlange.

Kurfürst Friedrich belustigte sich sehr an solchen Gesprächen, wenn ihm auch die Verehrung des schönen jungen Herzogs für seine Frau, Christians Base, nur zum Teil angenehm war. Elisabeth hatte unleugbar ein gewisses Wohlgefallen an ihm und seinem exorbitanten Wesen, wie es auch Friedrich anzog; denn es war nicht recht dahinterzukommen, ob er ein ritterlicher Held oder ein gottloser Spötter war, der sich über alle Welt lustig machte, oder ob er nur in Erstaunen setzen und bewundert sein wollte. Gerade diese Undeutlichkeit oder Vieldeutigkeit machte Friedrich Vergnügen, und solange Christian bei ihm im Kriege und nicht bei seiner Frau im Haag war, konnte er sich unbesorgt an ihm erfreuen.

An einem heißen Sommertage näherten sich die Spitzen des Mansfeldischen Heeres einem Dorfe an der Straße nach Berg-Zabern, wo die müden und durstigen Soldaten eine Erfrischung zu finden hofften. Wie sie aber an den ersten Häusern anpochten, zeigte es sich, dass sie leer waren, ebenso die folgenden, und es wurde klar, dass die Bewohner sich mit ihrer besten Habe davongemacht hatten. Zurückgeblieben waren ein Blödsinniger und zwei Kinder, die bei der Kirche saßen und sich damit unterhielten, einen alten gesprungenen Tiegel mit Sand und Steinen zu füllen und wieder auszuschütten. Der Blödsinnige grinste die Soldaten freundlich an, wie wenn sie alte Bekannte wären, die er erwartet hätte; von den beiden Mädchen sagte die ältere, die ein zu kurzes Bein hatte und hinkte, als sich alle auf die Wagen gedrängt hätten, um zu entfliehen, hätte sie keinen Platz bekommen und zurückbleiben müssen, denn weit laufen könne sie nicht, und die kleine Schwester hätte sie nicht verlassen wollen. Auf die

Frage der Soldaten, wo etwas zu essen und zu trinken sei, nickte der Blödsinnige stolz und glücklich und führte sie zu einer dickstämmigen, vieläs-
tigen Linde, die in der Mitte eines Platzes stand. Um sie herum lief eine
hölzerne Bank, unter welcher ein kleines Weinfass und ein großer Laib
Brot lagen, dort von den Entflohenen geborgen oder vergessen oder vielleicht für den Blödsinnigen zurückgelassen. Die Soldaten jubelten, schlugen das Fass auf, aßen und tranken und teilten auch den Kindern und dem
Blödsinnigen mit, die neugierig zusahen. Inzwischen waren mehr Soldaten herangekommen, die auch zu essen verlangten und den Blödsinnigen
drängten, er solle zeigen, wo noch mehr versteckt sei. Anfänglich schüttelte er den Kopf, als er aber die drohenden Gesichter sah, rieb er sich die
Stirn, sah sich betrübt um und zeigte plötzlich, als sei ihm ein glücklicher
Einfall gekommen, auf das Gasthaus, das eine blanke Sonne aus Messing
bezeichnete. Lärmend durchsuchten sie alle Zimmer und auch den
Wirtsgarten, der von niedrigen Birnbäumen beschattet wurde, ohne aber
irgendetwas zu entdecken. Der Blödsinnige an den sie sich fragend und
drohend wendeten, schüttelte ratlos den Kopf und schien vergessen zu haben, weshalb sie hergekommen waren, worüber sie endlich wütend wurden und mit Gewehren auf ihn losschlugen, und als er laut und durchdringend wie ein gestochenes Schwein zu schreien anfing, töteten sie ihn
vollends. Nun fielen die Blicke einiger auf die beiden kleinen Mädchen,
die mitgelaufen waren und sprachlos erschrocken dem blutigen Schauspiel zusahen, und von grausamer Lust ergriffen, zogen sie sie in das Haus,
um sie zu missbrauchen. Ein Leutnant, der jetzt in den Wirtsgarten kam,
schalt die Soldaten, dass sie sich aufgehalten hätten, anstatt den Fliehenden nachzusetzen und ihnen die mitgeführten Vorräte abzunehmen, und
ein Trupp Reiter wurde sofort zu diesem Zweck ausgesendet. Mansfeld
und Friedrich, die nun zu Pferde eintrafen, stießen im Gasthause, wo sie
eine Weile rasten wollten, auf die halb entkleideten Leichen der beiden
Kinder; die kleine Brust der Jüngsten atmete noch schwach. Pfui, sagte
Friedrich, das sei ekelhaft, da könne er nicht bleiben. Man solle eine solche
Bestie, die dergleichen verübe, nachdrücklich bestrafen. Mansfeld zuckte
die Achseln und sagte, der würde sich aus dem Staube gemacht haben. Es
hätte sie wohl wild gemacht, dass sie das Nest leer gefunden hätten. Die
Vögel in dieser Gegend hätten ihn jetzt kennengelernt und wären schlau
und vorsichtig geworden. Wie sie aus dem Hause traten, meldete ein Un-

teroffizier, ein Soldat, der aus dem Dorfe gebürtig sei, gebe an, die Bauern hätten, so wie er sie kenne, das bare Geld nicht mitgenommen, sondern wenigstens zum Teil in der Kirche unter einem lockeren Stein vergraben. Ferner wisse er eine halbe Stunde entfernt einen reichen Bauernhof, dessen Besitzer nicht geflohen sein werde, weil er abseits liege und sich im Gehölz versteckt glaube, da werde man Nahrungsmittel im Überfluss finden. Der König gab Befehl, in der Kirche nachzusuchen, und es wurde wirklich Geld gefunden, welches nach Vorschrift unter das Heer verteilt wurde, in der Art, dass der Angeber das Doppelte der Gebühr erhielt.

Friedrich war verdrießlich und zeigte sich unlustig zur Fortsetzung des Krieges. Er sei des zwecklosen Umherziehens müde, sagte er, und sehne sich nach Weib und Kind, hier sei jetzt doch nichts auszurichten. Ohne Geld freilich nicht, sagte Mansfeld; das Land sei ringsherum ausgemergelt und gebe nichts mehr her. Der Landgraf von Hessen-Darmstadt, sagte Friedrich, habe ihm sein Wort gegeben, sich beim Kaiser für ihn zu verwenden; vielleicht komme es zu einem guten Frieden oder Waffenstillstand. Mit Gewalt komme man jetzt nicht weiter, zumal da seine Untertanen sich so feige und wetterwendisch zeigten. Auf den pfäffischen Darmstädter würde er nicht bauen, sagte Mansfeld; Friedrich sollte sehen, wie er seinen Schwiegervater, den König von England, oder seinen Oheim, den König von Dänemark, auf die Beine brächte. Er, Mansfeld, könne sein Heer nach Frankreich hinüberführen, wo es Nahrung genug finden werde; er habe Verbindung sowohl mit dem König von Frankreich wie mit dem Herzog von Bouillon und den Hugenotten. Friedrich ärgerte sich, weil er bemerkte, wie verächtlich Mansfeld ihn zuweilen in Blick und Ton behandelte, denn er fand, dass der länderlose Bastard am wenigsten das Recht dazu habe. Nach einigen Verhandlungen waren es beide zufrieden, sich zu trennen, Friedrich, um sich zunächst wieder zu seiner Familie zu begeben, Mansfeld, um anderswo, sei es bei den Generalstaaten, bei Frankreich oder bei der Statthalterin und dem Kaiser, eine Bestallung zu suchen; freilich war die Lage augenblicklich nicht so, dass er beim Kaiser oder bei Spanien einen guten Preis zu erzielen hoffen konnte.

In einem förmlichen Manifest entließ Friedrich den Grafen Mansfeld und den Herzog Christian nebst ihren Offizieren und der gesamten Soldateska, da er die Mittel nicht habe, sie zu erhalten, und gab ihnen die Befugnis, sich anderswo einen Dienst zu suchen.

Nachdem sich die beiden Söldnerführer eine Zeit lang unter ergebnislosen Verhandlungen in Lothringen aufgehalten und das dortige Land verwüstet hatten, traten sie in den Dienst der holländischen Staaten, schlugen sich, den spanischen Feldherrn Cordova in blutigem Kampfe zurückwerfend, nach Bergen-op-Zoom durch und halfen die von Spinola belagerte Stadt entsetzen.

Es hatte nämlich nach zwölfjährigem Waffenstillstande der Krieg zwischen Spanien und Holland wieder begonnen, obwohl den Spaniern, da es ihnen an Geld mangelte, der Friede lieber gewesen wäre; aber es schien ihnen nicht ehrenvoll, nachzugeben, und sie forderten die Holländer auf, sich wieder unter ihre Botmäßigkeit zu begeben, damit dem gegenseitigen Einverständnis nichts mehr im Wege stehe. Die Holländer antworteten, sie fänden dies Ansinnen befremdend, da sie längst von allen Staaten und Potentaten als freie Republik traktiert würden, und die Feindseligkeiten nahmen zu großer Genugtuung der Kriegspartei, an deren Spitze Moritz von Oranien stand, ihren Anfang.

Gleichzeitig bestieg der junge Philipp IV. den spanischen Thron, nachdem sein Vater, der schwächliche Philipp III., einst das Lipperli, vorzeitig gestorben war. Die letzten Jahre dieses Königs waren durch einen kirchlichen Streit bewegt, der von der Frage über die sündliche oder fleckenlose Empfängnis der Jungfrau Maria herrührte. Die Spanier nämlich, die der Mutter Gottes jede mögliche Ehre zuwenden wollten, erhitzten sich für ihre unbefleckte Empfängnis und fasten gegen ihre Gegner, welches namentlich die Dominikaner waren, die sagten, die Eltern der Maria wären nur gemeine Menschen gewesen, wie sie denn die Maria anders als im Fleisch hätten zeugen sollen? Außerdem sei die Jungfrau Maria nach allen vorliegenden Zeugnissen gestorben, es heiße aber, der Tod sei der Sünden Sold, also müsse sie wohl in Sünden empfangen sein. Damit diese verleumderischen Reden aufhörten, bestürmte König Philipp den Papst, die Lehre der Affirmanten, wie sich diejenigen nannten, die die heilige Jungfrau in Sünden empfangen sein lassen wollten, zu verdammen, womit er denselben in nicht geringe Verlegenheit setzte. Er suchte sich erst durch Ausflüchte zu helfen, da der spanische Gesandte ihm aber keine Ruhe gab, erließ er ein Dekret, die Lehre der Affirmanten solle bei Strafe der Exkommunikation weder in Kirchen noch Universitäten gelehrt werden, es sollten aber diejenigen Affirmanten hiervon ausgenommen sein, denen der Papst es spezialiter gestatte, denn er wolle die Lehre keineswegs verdammen oder verwerfen, wie sie dieselbe denn auch privatim lehren dürften, wenn sie sich nur ärgerlicher Stichelreden enthielten.

Im ersten Taumel des Triumphes zündeten die Spanier, besonders in der Stadt Sevilla, welche als unter dem besonderen Schutze der Jungfrau Maria stehend betrachtet wurde, Freudenfeuer an; bei näherer Betrachtung des Dekretes aber, das überall angeschlagen wurde, erkannte man, dass die Sache eigentlich blieb, wie sie zuvor gewesen war, was sich König und Volk sehr zu Gemüte zogen. Es erschien abermals ein Gesandter in dieser Sache in Rom, den aber der Papst scharf ablaufen ließ; sein geliebtester Sohn, der König von Spanien, solle sich einmal zur Ruhe begeben, er habe das Mögliche für ihn getan, daran müsse er sich genügen lassen. In diesem Stadium befand sich die Angelegenheit, als der König und der Papst nacheinander starben, ihren Nachfolgern die endliche Lösung überlassend.

Kurz nach dem Tode des Königs starb auch seine Witwe Margarete, die Schwester Kaiser Ferdinands, an einer seltsamen, raschen Krankheit, die vergiftetem Räucherwerk und einem Günstling ihres verstorbenen Mannes zugeschrieben wurde. Sie sei überhaupt, hieß es, da sie die Spanier nicht habe leiden mögen und ihre Abneigung allzu sehr habe merken lassen, bei den Spaniern sehr unbeliebt gewesen.

Als im Jahre 1620 Truppen durch Nürnberg zogen, gab ihnen Kaplan Mannich das Geleit bis Fürth mit Bewilligung des Rates; denn derselbe hätte gern gewusst, was die Soldaten eigentlich vorhatten und wohin sie wollten, und meinte, der fröhliche Geistliche, der mit mehreren von den Offizieren bekannt war und vertraulich mit jedermann umzugehen wusste, würde unter der Hand etwas herausbringen. Es war zehn Uhr abends und die Stadt still und dunkel, als auf dem Marktplatz lautes Trompetenschmettern erscholl, das viele, die schon schliefen, aufweckte und veranlasste, aus dem Fenster zu sehen, was es gäbe. Da erblickten sie Kaplan Mannich, der von einem Trüpplein Soldaten heimbegleitet worden war, damit er in der Trunkenheit nicht den Weg verfehle, und dem sie nun einen Abschiedstusch bliesen, was er mit Handwinken und lallenden Worten erwiderte. Als er bemerkte, dass aus einem gegenüberliegenden

Wirtshause neugierige Leute herauskamen und gafften, nickte er ihnen jauchzend zu, auf welche Ermutigung hin sie ihn ihrerseits mit Geschrei und Gelächter begrüßten.

Als dem Kaplan am andern Morgen dieser Auftritt wieder in den Sinn kam, beschloss er, um den Rat zu begütigen, der es etwas empfindlich aufnehmen könnte, eine Predigt zu seinem Belieben zu halten; es war nämlich Sonntag. Es sei hohe Zeit, begann er mit herausfordernden Blicken, dass das Volk einmal Buße tue, sie steiften sich allezeit auf die Gnade des Herrn, die sie so lange überflüssig genossen hätten, statt aber dadurch vorsichtig und demütig zu werden, unterfingen sie sich unchristlicher Zuversicht, säßen in den Wirtshäusern und vergriffen sich mit dem leidigen Besserwissen und Mäkeln an ihrer Obrigkeit. Da könne die Strafe Gottes natürlich nicht ausbleiben, und es hätte ja auch schon der Komet im letzten Jahre leserlich angezeigt, wessen man sich von Gott zu versehen habe. Die vielen Soldaten gäben dem Einsichtigen, der den Weltlauf kenne, auch zu denken; umsonst wären sie nicht auf den Beinen, man wisse nicht, wohin das Wesen ziele, seinerzeit werde es schon ausbrechen. Inzwischen sollten sie sich bessern und sich still und friedlich halten, damit Gott in seiner Barmherzigkeit noch das Übel zum Guten kehre.

Als aus Böhmen die Nachricht von der gänzlichen Niederlage und Flucht des Pfälzers kam, vermehrte sich die Besorgnis der Stadt. Bald trafen vorwurfsvolle und bedrohliche Schreiben des Kaisers ein, dass Nürnberg dem Mansfeld, der doch in der Reichsacht schwebe, Werbungen in seinem Gebiet gestattet habe, was sich allerdings so verhielt und was nun mit einigen zwiespältigen Wendungen vertuscht werden musste. Es verlautete von großen Rüstungen allerorten und dass der König von Böhmen die Türken zu Hilfe gerufen habe, wodurch der Rat schließlich bewogen wurde, wieder einen Türmer auf die Burg zu setzen, was seit Jahrzehnten außer Gebrauch gekommen war. Unter denjenigen, die sich zu dem Amte meldeten, war ein Kammmacher, der infolge von Trunksucht ein wenig in seinem Gewerbe heruntergekommen war, der sich aber durch scharfe Augen und ansehnliche Empfehlungen geeignet machte; auch meinte man, dass er, weil auf dem Turme kein Wirtshaus sei, seinem Laster mehr oder weniger entfremdet werden würde. Seiner beweglichen Bitte, man möchte ihn in der schwindligen Höhe nicht ohne Zusprache und Hilfe, auch Ablösung lassen, willfahrte man, indem man ihm einen Drahtzieher mitgab, welche beiden an einem Septembertage von zwei Ratspersonen in ihre Behausung eingeführt wurden.

Die Ratsherren hielten ihnen vor, welches ihre Pflichten und wie groß ihre Verantwortung sei, und prüften sie gründlich, ob sie mit den Himmelsgegenden, Straßen, umliegenden Dörfern und angrenzenden Ländern Bescheid wussten.

Es war weit und breit nichts zu sehen als Wagen voll bräunlichen Korns, die schwer unter Nussbäumen und Linden hinschwankten, Frauen und Mädchen, die hier und da die abgestreiften Ähren auflasen, und spielende Buben, die, über die Stoppelfelder laufend, ihre papierenen Drachen an langen Fäden nach sich durch den himmlischen Ozean zogen.

Ein besonders fleißiges Aufmerken von Seiten des Rates verlangten die vielen österreichischen und böhmischen Flüchtlinge, die eintrafen und die Erlaubnis, sich niederzulassen, begehrten, von denen zwar viele adelig und begütert waren und den Flor der Stadt mehren zu sollen schienen, die aber, wenn auch fromme und redliche Leute, oft hochfahrend und unruhig waren, mit den Feinden des Kaisers in Verbindung standen oder mit den Einheimischen aneinandergerieten, was dann teils verhütet, teils geschlichtet werden musste.

Eines Tages kam ein junger Mensch in einem buntscheckigen, etwas fadenscheinigen Anzuge auf das Rathaus und meldete, indem er sich stattlich gebärdete, er sei ein Knappe des Don Matthias d'Austria, Sohnes der hochseligen Majestät des Kaisers Rudolf, welcher zum Behuf seiner Vermählung mit einer italienischen Dame in das Welschland zu ziehen im Begriff sei und in der Stadt Nürnberg in der Goldenen Gans zu nächtigen gedenke. In Erinnerung an die Treue, mit der die berühmte Stadt Nürnberg seinem hochseligen Vater angehangen habe, und an die Huld, die derselbe ihr zugewendet habe, wolle er die Stadt um dreihundert Taler Reisegeld angehen, damit er sein Ziel umso förderlicher erreichen möge. Sowie der Knappe sich wieder entfernt hatte, beschieden die Herren den Wirt zur Goldenen Gans auf das Rathaus, einen etwa sechzigjährigen, beleibten, treuherzigen Mann, der bei Reichs-, Kurfürsten- und Fürstentagen aller Art so viele regierende Herren beherbergt habe, dass er sich vortrefflich mit ihnen auskannte. Diesen fragten sie, wie es mit dem fremden Ankömmling bestellt sei, ob er wohl wirklich der natürliche Sohn des Kaisers, Don Matthias d'Austria, sei oder ein Gauner und Abenteurer, der dem Rat Geld ablisten wollte, wie man dergleichen leider nur zu oft erlebte. Der Wirt gab an, ein etwas seltsames Ansehn habe die Sache freilich, doch sehe der Fremde dem hochseligen Kaiser Rudolf gleich, besonders die Unterlippe sei nicht unverfänglich, hänge herab, wie wenn einer schlotterigen Jungfer das Bändel aufgegangen sei; auch trete er wie ein großer Herr auf, rede Spanisch und Italienisch durcheinander und schicke sich überhaupt im Ganzen wohl zur habsburgischen Familie.

Gleich nach seiner Ankunft habe er vom Apotheker Magen-Morsellen, Rosenzucker und dergleichen holen lassen, sitze jetzt im Armstuhl und knabbere daran, habe auch ein paar Mägde von der Bedienung zu sich gerufen und schwatze mit ihnen, wobei er sich bestens zu unterhalten scheine.

Nach dieser Auskunft schien es dem Rat geboten, dem Prinzen die Ehre der Begrüßung nach altem Brauch zu erweisen, indem sie ihm eine Kanne Malvasier zum Willkomm überreichten. Das Geld betreffend, ließen sie es bei zweihundert Talern bewenden, indem sie sich mit den schwierigen Zeitläuften entschuldigten.

Zu den Gästen der Goldenen Gans gehörte um diese Zeit ein österreichischer Musiker namens Fortunatus Ried, der um der Religion willen die Heimat hatte verlassen müssen, mit seiner Frau und sechs Kindern, von denen jedes sein Instrument spielte, eines die Orgel, eines die Bassgeige, eines die Laute, und auch das jüngste, vierjährige hatte ein kleines Saitenspiel, woran es mit Verstand und Geschick ein wenig zupfen konnte. Der Wirt, der Musik und Kinder liebte, pries das liebliche Konzertieren der frommen österreichischen Familie allenthalben so an, dass sie, als sie sich im Gasthaus hören ließen, einen großen Zulauf hatten. Da nun jedermann sie hören wollte, gab ihnen der Rat die Erlaubnis, in der Lorenzkirche zu singen, wo denn die zarten Stimmen der Kinder, die tiefe, glockenhafte der Mutter und die weiche des Vaters wie ein Vogelchor emporstiegen und das heilige Steingewölbe jubilierend belebten.

Der Wirt hatte die Gewohnheit, wenn ihm jemand für eine empfangene Guttat danken wollte, den Dank mit den Worten abzuwehren: »Danke mir nicht, einem armen Sünder und Kinde des Todes, soli Deo gloria!«, was auch die Österreicher oft von ihm vernommen hatten; denn er wollte keinerlei Entgelt von ihnen annehmen. Um sich ihm nun erkenntlich zu zeigen, setzte Fortunatus die Worte des guten Mannes künstlich in Musik, sodass die erste Rede als ein Rezitativ fast ernst und traurig vorgetragen wurde, worauf der Chor mit dem ›Soli Deo gloria‹ anhub, und zwar so, dass eine Stimme nach der anderen einfiel, bis alle miteinander laut und fröhlich durcheinanderwirbelten und ein rechtes Triumphgeschrei entstand. Als der Wirt sein Sprüchlein erkannte und so himmlisch ausgeschmückt auf sich niederschallen hörte, auch die Blicke der Anwesenden, denen seine Redensart vertraut war, sich zu ihm hinwendeten, gingen ihm die Augen über, und er pflegte nachher oft zu erzählen, dass alle gnädigen Worte und Geschenke großer Herren, die ihm viel zuteil geworden, ihm nicht so viel wert wären wie das ›Soli Deo gloria‹ der frommen Auswanderer.

Der Professor der Rechtswissenschaft in Tübingen, Thomas Lansius, ein Österreicher, hatte ein nettes Häuschen mit einem Garten, der sich gemach an einem sanften Hügel unterhalb der Burg hinzog. In einer von Weinlaub überwachsenen Laube saß sein Gast, der Heidelberger Professor Janus Gruter aus Holland, einer der angesehensten unter den lebenden Philologen, der sich besonders durch seine Ausgabe und Erklärung des Tacitus berühmt gemacht hatte. Beim Näherrücken des Krieges hatte er mit seiner Tochter Heidelberg flüchtend verlassen und Zuflucht bei Lansius gefunden, der stolz war, dem befreundeten älteren Kollegen eine Heimat anbieten zu können. Gruter gegenüber saß ein junger Mensch in bescheidener Haltung und sagte, indem er einen Brief überreichte, dass Professor Matthias Bernegger aus Straßburg ihn schicke und dass er ohne dessen Empfehlung nicht gewagt haben würde, einen so berühmten, ehrwürdigen Mann zu stören. Gruter hieß den Jüngling willkommen und sagte ihm, er sei hier an Berneggers statt, den er noch nicht von Person kenne und von dem er viel zu hören wünsche. Die braunen Augen des jungen Mannes leuchteten auf, als er von Bernegger zu erzählen begann, von seiner Güte, Freundlichkeit und Bescheidenheit bei großem Wissen und wie er dies Gold plaudernd, als ob es Spielpfennige wären, unter seine Schüler austeile. In seinem Hause herrsche immer ein guter, froher Geist, obgleich er oft Mühe hätte, den großen Haushalt zu bestreiten; denn der Straßburger Magistrat sei ihm als einem Kalvinisten nicht wohlgesinnt und versuche ihm stets etwas vom Gehalte abzuschneiden oder die Auszahlung zu verzögern. Jetzt wohnten außer seinen Schülern auch der große französische Gelehrte Dionysius Gothofredus und dessen Frau bei ihm, die er wie Eltern pflege und heilig halte.

Gruter erkundigte sich mit Teilnahme nach dem Befinden des Gothofredus, der seit langer Zeit bettlägerig war und dessen Tod bevorstand. »Ein großes Licht«, sagte er gedankenvoll, »das weithin geleuchtet hat und nun in einem Winkel unbemerkt erlischt. So haften in Kriegszeiten oft alle Blicke auf den frechen, schmutzigen Flammen, in denen die Dörfer verbrennen, und kein Auge sieht den Mond an, der darüber im Glanze des puren Lichtes badet.«

Von sich selbst erzählte der junge Mann auf Gruters Befragen, dass er Robert Robertin heiße, Sohn eines Kaufmanns aus Saalfeld sei, in Straßburg studiert habe und eine große Reise machen wolle, um seine Bildung durch die Kenntnis fremder Länder und namentlich durch den Umgang mit hervorragenden gelehrten Männern zu vervollkommnen. Bernegger habe ihm geraten, sich an Gruter zu wenden, der, als einer der Großen im Reiche der Gelehrsamkeit, überall Freunde und Verehrer habe und ihn am besten mit Ratschlägen und Empfehlungen ausrüsten könne.

Das wolle er gern tun, sagte Gruter; er sei hier in Tübingen in der Verbannung, seine Bücher habe er zurücklassen müssen, wodurch ihm die gewohnte Arbeit sehr erschwert sei. Seine Beschäftigung sei jetzt, den Garten zu pflegen, und dabei wanderten seine Gedanken oft in die Vergangenheit, da die Zukunft von Wolken verhängt sei. Er habe das Wuchern der Gemeinen und das Verschmachten der Guten und Unschuldigen so nah mit angesehen, dass seine Seele von Bitterkeit überfüllt sei; sein Lieben sei bei den Freunden seiner Jugend, dahin ziehe sein Geist gern und wiege sich über Erinnerungsblumen.

Hier in Tübingen, sagte er, werde er seinen Gastfreund, Thomas Lansius, kennenlernen, einen klugen und heitern Mann, der seine Pflicht tue, ohne auf seinen Nachbar zu sehen, hilfreich sei, ohne Dank und Lohn zu berechnen, und gleichsam einen süßen Speichel im Munde habe, mit dem er die Pillen einschmiere, die die böse Zeit ihm zu verschlucken gebe.

Dann sei hier der Rechtsgelehrte Besold, ein feiner Geist und weichen, friedfertigen, empfindlichen Gemütes, freilich sei eine Art Süßigkeit darin, die sich leicht in Säure verwandle; allein auch wenn er gar kein eigenes Verdienst hätte, so sei er dadurch empfohlen, dass er ein Freund des besten der Menschen, des Johann Valentin Andreae, sei. Dieser weile im württembergischen Calw, das wohl eine schlechte, kunstlose Fassung für den herrlich geschliffenen, unschätzbaren Edelstein sei. Er sei so milde gegen andere wie streng gegen sich, so tapfer und unerschrocken wie maßvoll, so durchdrungen von Zorn über die wilde, böse Zeit wie erfüllt von Nachsicht und Verständnis für seine schwächeren Nächsten und von Hoffnung auf die Morgenröte eines edleren Tages. Ein Zwiespalt sei in diesem wahren Gottesmanne insofern, als er wie Besold und der Stern unter den Sternen, Johannes Kepler, lutherischen Glaubens, aber den eigenen Glaubensgenossen verdächtig und ein Ärgernis sei. Möchte keiner von ihnen ein Opfer stumpfsinniger Verfolgungssucht werden!

Bei dieser Gelegenheit schaltete Robertin ein, dass die lutherische Gemeinde in Straßburg einen gewissen sächsischen Theologen zu ihrem Prediger gewünscht, dass aber der Oberhofprediger Hoë demselben die Erlaubnis, die Berufung anzunehmen, verweigert habe. Man erzähle sich in Straßburg, dass es versäumt worden sei, dem Hoë rechtzeitig ein güldenes Becherlein in den Rachen zu werfen, und dass dieses große Tier erzürnt sei, weil es das Maul vergeblich aufgesperrt habe.

»Dies Geschlecht«, sagte Gruter, »meint, es könne Gott kaufen, wenn es nur die rechte Dimension für einen himmlischen Becher herausbrächte.«

In Nürnberg, fuhr er dann fort, solle Robertin nicht versäumen, den alten Philipp Camerarius zu besuchen, einen tüchtigen Arzt zu seiner Zeit, der jetzt den heiteren Abend seines tätigen Lebens feiere, den besten Sohn des Vaters des Humanismus, Joachim Camerarius. Ein Enkel dieses großen Mannes sei Ludwig Camerarius, unter den Räten des Kurfürsten Friedrich der entschlossenste und furchtloseste. Ihm seien die Pfiffe und Kniffe, Ränke und Schwänke der Höfe bekannt; ihm würde es zu verdanken sein, wenn der Vertriebene je wieder in seine Heimat zurückkehren könne.

Weiter nach dem fernen Norden vordringend, sagte Gruter, in Danzig, dem einzigen, prächtigen und glücklichen Danzig, da kenne er jedermann und jeder kenne ihn. Die ganze Stadt sei für ihn ein Tempel der Freundschaft; dort habe er, als er vor dem Niederländischen Kriege geflüchtet sei, Jahre des Friedens und wechselseitiger Liebe genossen. Er blickte lächelnd durch das rötlichgrüne Gitter der Laube auf die Beete voll Reseden und Nelken, die von hohen Stockrosen eingefasst waren und in der

Abendsonne prangten. Nach einer langen Pause drehte er sich plötzlich nach dem ehrfürchtig schweigenden Robertin um und sagte, es könne freilich sein, dass einige von seinen Freunden inzwischen gestorben wären, denn er habe seit fast dreißig Jahren keine unmittelbare Nachricht mehr aus der entlegenen Stadt gehabt. Auch erinnere er sich nicht aller Namen mehr, aber die Häuser könne er noch wohl beschreiben, wo sie gewohnt hätten, und die stolzen Straßen, durch die er so oft leichten Herzens gegangen sei.

Ob er auch nach Pommern komme?, fragte Gruter. Ha, sagte Robertin, nach Pommern habe er einen besonderen Auftrag, denn da sei ein junger Küssow zu Hause, der zwei Jahre in Berneggers Hause gewohnt habe und ihm noch hundert Taler für Verpflegung schuldig sei. Derselbe habe sein adliges Ehrenwort, mit dem er überhaupt bei jeder Gelegenheit hervorgebrochen sei, verpfändet, die Schuld pünktlich zu zahlen, der gute Professor warte aber vergeblich, Nun solle er sich an den Vater des jungen Mannes wenden, in der Hoffnung, dass Bernegger auf dem Wege zum Seinigen komme.

Gruter sagte, Bernegger sei allzu unvorsichtig und vertraue zu leicht; man müsse wissen, dass der natürliche Mensch seine Schuldigkeit nur ungern tue, und vollends die Großen und Mächtigen sähen die Pflicht für eine Knechtschaft an, der sie nicht unterworfen wären. Wenn das Früchtlein dem Stamme gleiche, von dem es gefallen sei, werde Robertin wohl vergeblich anklopfen.

Die Reise ging nun weiter nach den Generalstaaten, wo die Namen der bedeutenden Männer und Freunde Gruters noch reichlicher strömten. Allen diesen, sagte Gruter, werde Robertin auch von ihm erzählen müssen, und er solle sagen: Janus Gruter lebe, von der Kriegsfurie in die Wiege schwäbischer Hügel verschlagen, wie ein Kind oder wie ein einsamer alter Gärtner zwischen Blumen und Vögeln. Während er in dieser Laube, erzählte er, das Frühstück einnehme, pflege er den Vögeln Brocken und Körner hinzuzuwerfen, und es kämen Amseln, Finken und eine kleine Blaumeise, die sein liebster Gast sei, ihr Futter aufzupicken, täglich einen Zollbreit näher, sodass sie jetzt schon fast an seine Füße rührten; dies sei für ihn der schönste Augenblick des Tages.

Gruter war viermal verheiratet gewesen und besaß aus zweiter Ehe eine Tochter, die bald nach seiner Ankunft in Tübingen von einem württembergischen Advokaten namens Christoph Welling zur Frau begehrt wurde. Er war vierunddreißig Jahre alt und hatte drei Frauen begraben, von denen eine mit einem Freunde Gruters verwandt gewesen war. Er galt für tüchtig, wurde gut empfohlen, und Agnes Sibylle selbst war der Heirat geneigt. Trotzdem, und obwohl ihm Welling den Eindruck eines einfachen, guten Mannes machte, zögerte Gruter, indem er bedachte, was für ein missliches Los und ungewisses Wagnis die Ehe für die Frau sei. Andererseits war es nicht weniger beunruhigend, ein Mädchen in dieser wilden, gefährlichen Zeit allein zu lassen; auch seine Schwägerin, die Schwester seiner ersten Frau, hatte sich kürzlich wieder verheiratet, obgleich sie bisher nur die übelsten Erfahrungen gemacht hatte. So, da er sich älter und schwächer werden fühlte, gab er sein Jawort, und die Hochzeit wurde unter Anwesenheit weniger vertrauter Freunde vergnügt in Tübingen gefeiert.

So sei er denn seiner Tyrannin ledig, sagte er scherzend, und die Welt stehe ihm wieder offen wie in jungen Jahren. Er hatte den Plan, die Frankfurter Messe zu besuchen, um sich dort mit Verlegern zu besprechen; allein Camerarius, der ihn besuchte, riet ihm davon ab, da die Straßen durch die Soldaten unsicher gemacht wären. Ohne Geleit zu reisen, sei nicht ratsam, aber auch damit könne man schlecht fahren. Nichts Fröhliches konnte Camerarius berichten; das Schlimmste sei, dass der Beschützer der Pfalz selbst, Mansfeld, sich als ihr ärgster Verderber ausweise. Von solchen Leuten könne die Rettung nicht kommen. Auch Tillys Scharen, habgierige Soldaten, zerstörten und raubten; aber wenn auch ein ungenügendes und ungenügend gehandhabtes, sei doch ein Gesetz da und ein Maß des Bösen. Ein Bauer habe ihm unterwegs erzählt, Tillysche Soldaten hätten bei ihm geplündert, und während sie in der Scheune den Hafer aufgeladen hätten, wäre sein Bube gelaufen, um sie anzuzeigen, sodass sie auf der Tat hätten ertappt werden können. Auf einem Hügel bei seinem Hofe ständen ein Birnbaum und ein Nussbaum, und jener sei gerade in voller Blüte gewesen; unter jedem Baum sei ein Fass aufgerichtet worden, und die Hauptschuldigen hätten sich daraufstellen müssen, dann habe der Profos die Schlinge geknüpft, einem jeden »Jesus, Maria« ins Ohr geschrien und die Fässer unter ihren Füßen weggezogen, worauf sie noch eine Weile gezappelt hätten; eine Viertelstunde nachher wären die Soldaten schon weit gewesen, die Leichname habe er noch eine Zeitlang als Warnung hängen lassen, dann habe er sie heruntergelassen, verscharrt und ein Gebet darüber gesprochen.

Von den Mansfeldischen erzählte man sich, da sie nur selten Sold zu sehen bekämen, hätten sie Erlaubnis, zu stehlen, was sie brauchten. In Oggersheim hätten sie einen Bauern, der kein Geld gehabt oder es nicht hatte herausgehen wollen, über ein Feuer gehalten und ihn langsam wie ein Kalb daran rösten lassen. Frau und Kinder hätten schreiend und händeringend dabei gestanden, bis er endlich seinen Geist aufgegeben habe. Wie sie sich nun später bei einem Hauptmann oder Leutnant der Truppe beklagt hätten, hätte der geantwortet, im Kriege sei alles erlaubt, ausgenommen Morden und Brennen; das sei aber kein Mord gewesen; der Bauer sei nur zufällig unter der Marter gestorben.

»So werden die Unschuldigen wie das Vieh geschlachtet, weil die Fürsten sich untereinander berauben«, sagte Gruter. Der Kurfürst solle doch Frieden mit dem Kaiser machen, da er sein Land nicht beschirmen könne.

Camerarius entgegnete lebhaft, der König sei ja bereit, auf Böhmen zu verzichten, wenn der Kaiser ihm nur die Pfalz zurückgeben wollte. Aber der Kaiser habe die Unterpfalz Spanien und die Oberpfalz Bayern versprochen, und die beiden ließen nicht aus den Krallen, was sie einmal gepackt hätten. Auch habe der Papst dem Kaiser sagen lassen, wenn die Kinder des verjagten Kurfürsten katholisch werden wollten, möchten sie restituiert werden, sonst nicht; denn die Rheingegend dürfe nicht in ketzerischen Händen sein wegen der spanischen Niederlande. Ob etwa Gruter wolle, dass der Papst und Spanien die ganze Pfalz und schließlich das ganze Reich verschlängen?

Gruter schüttelte den Kopf und sagte, jetzt sei freilich alles verschüttet; jetzt sei keiner mehr außer Gott, der retten könne.

Einer sei da, sagte Camerarius, der von Gottes Geist voll sei, und meinte damit den König von Schweden, Gustav Adolf, in dessen Dienst er nach der unglücklichen Prager Schlacht getreten war.

Da sich Gruter und Lansius nach den Absichten des schwedischen Königs erkundigten, sagte Camerarius, er sehe wohl ein, dass das Papsttum, Spanien an der Spitze, gegen den Norden vorrücke und dass nur ein einmütiges Zusammenwirken der evangelischen Mächte die steigende Flut zurückwerfen könne. Das Reich müsse sich im Norden konzentrieren, um Österreich das Gleichgewicht zu halten. Die Union sei zerfallen, nachdem sie kaum jemals lebendig gewesen sei; es müsse ein starker Bund gebildet werden, in dem eine Vormacht das Regiment führe. Täte sich dieser Bund, England, Dänemark, Schweden und die Generalstaaten, zusammen und bekämen sie noch von Venedig und der Schweiz Hilfe, so müsse es ihnen gelingen. Der König wolle sich aber nur einlassen, wenn er des Bundes und des Krieges Direktor werde; nicht um sich etwas Fremdes anzueignen, sondern weil er die Kraft dazu in sich fühle und dass Gott mit ihm sein werde.

Gruter schwieg eine Weile und sagte dann, er glaube nicht, dass Fürsten das Elend bessern würden. Die Verderbnis sei allzu groß unter ihnen. Da hätten jetzt die neuen Markgrafen von Baden-Baden bekannt gegeben, dass sie allen Gläubigern ihres Landes, die sich melden würden, die Schulden zahlen wollten. Er gehöre auch dazu, habe gute, beglaubigte Papiere; aber er vernehme, dass die Schulden in schlechtem Gelde ausgezahlt würden, sodass man über die Hälfte verliere. Wie bei solcher Redlichkeit der Fürsten das Volk die Gesetze respektieren sollte!

Sie bedienten sich jedes Mittels, um zu Gelde zu kommen, sagte Camerarius; einer sei darin wie der andere. Wenn sie es wenigstens zu löblichen Zwecken verwenden wollten!

Einige Wochen später vermisste Gruter, als er, in der Laube sitzend, seinen Vöglein das Futter austeilte, die Blaumeise, und als er später das Unkraut von den Beeten ausräumte, fand er sie, auf dem Rücken liegend, als einen kleinen, stillen Leichnam. Er hob ihn auf, trug ihn in der Hand mit sich herum und horchte viele Male, ob nicht doch noch Leben im Herzen sei; endlich begrub er ihn an der Stelle, wo er ihn gefunden hatte. Als Doktor Lansius später in den Garten kam, fand er Gruter unbeschäftigt in der Laube sitzend, mit feuchten Augen ins Weite sehend. Er erzählte Lansius vom Tode seines kleinen Lieblings und fügte hinzu, das habe den Fall Heidelbergs zu bedeuten. »Heidelberg, Heidelberg!«, klagte er, »niemals werde ich die geliebte Stadt wiedersehen! Der Tod meines Vögleins hat es mir angezeigt!« Vergebens suchte Lansius ihn zu trösten, indem er ihn neckend warnte, sich nicht nach Art des Pöbels vom Aberglauben schrecken zu lassen; er ließ sich die Ahnung nicht ausreden und vermochte seine gedrückte Stimmung nicht zu überwinden. Nach ein paar Tagen kam die Kunde von der Eroberung Heidelbergs durch Tilly nach Tübingen; man vernahm, dass die Stadt geplündert, dass viel Blut vergossen sei, dass Zerstörung, Jammer und Verzweiflung herrsche. Allmählich wurden die Nachrichten deutlicher und gewisser: Gruters Haus, das er verschlossen unter dem Schutze eines Dieners zurückgelassen hatte, war gewaltsam geöffnet, seine Bücher waren auf die Straße geworfen, beschmutzt und zertreten worden. Die berühmte Bibliothek war auf Wagen geladen und weggeführt, wie man später hörte, um von Maximilian dem Papste als ein Zeichen seiner Dankbarkeit geschenkt zu werden.

Auch die kaiserlichen Räte waren mit der Übertragung der pfälzischen Kur auf den Herzog von Bayern nicht einverstanden, selbst diejenigen, die einsahen, dass der Kaiser nicht mehr davon könne, hätten gern temporisiert, bis eine gelegenere Zeit käme. Allein der Herzog drängte dermaßen, dass nachgegeben werden musste, und der Kaiser meinte, worauf man auch warten wolle? Er habe keine Feinde mehr, Böhmen sei unterworfen, das Reich beruhigt, und die Scheelsüchtigen, die immer vorhanden wären, müsse der Herzog auf sich nehmen. Man wisse ja, was es mit den Kriegsdrohungen der Fürsten auf sich habe, zwischen Bellen und Beißen sei der Weg lang. Mit der Empfindlichkeit des Kurfürsten von Sachsen war es immerhin eine heikle Sache und vollends mit dem König von Spanien, der sich hatte verlauten lassen, lieber wolle er mit den Staaten Frieden machen als dem Herzog von Bayern den Kurhut lassen; denn je mächtiger Bayern würde, desto gewisser würde es mit Frankreich gemeinsame Sache gegen das Haus Österreich machen. Um die Erzürnten zu beschwichtigen und die Sache irgendwie zur Effektuierung zu bringen, eröffnete der Kaiser im November des Jahres 1622 einen Reichstag in Regensburg, auf welchem von den protestantischen Fürsten nur Landgraf Ludwig von Hessen-Darmstadt persönlich erschien, während die anderen grollend daheim blieben und sich nur durch Gesandte vertreten ließen. Den heftigsten Einspruch gegen die Übertragung der Kur erhob Wolfgang Wilhelm von Neuburg, indem, wenn Friedrich V. sie verwirkt habe, er der nächstberechtigte Erbe sei und den gesetzlichen Anspruch darauf habe. Dieser Protest fand gar keine Berücksichtigung, weil die Kur ja nicht durch Aussterben einer Linie erledigt, sondern durch Felonie verwirkt sei, und es wurde überdem bedauert, dass Neuburg seinem Schwiegervater und Begründer seines Glücks, der ihn zum wahren Glauben zurückgeführt habe, nun so zuwider sei, ja es wurden Zweifel ausgesprochen, ob die Bekehrung vollkommen und aufrichtig in diesem Fürsten durchgegriffen habe. In Wahrheit wankte Wolfgang Wilhelm durchaus nicht im Glauben, wie er denn in allen seinen Ländern ohne Gnade reformiert hatte; aber er hatte längst angefangen, die bayrische Vormundschaft unwillig zu ertragen, weswegen er auch seine Frau mied und, soviel es anging, auf Reisen war. In ihrer Gesellschaft war er schweigsam, oder er nörgelte über irgendetwas bei Tische über die Speisen, weil sie zu viel oder zu wenig gesalzen waren, oder über die Erziehung seines Sohnes Philipp Ludwig oder über zu große und übel angewandte Ausgaben im Haushalt. Waren aber Gäste bei ihm oder war er gar zu Besuch an fremden Höfen, wo er hochangesehen war, so lief das Werk glatt wie frisch mit Öl geschmiert: dann wiegte er sich in fürstlich lächelnder Überlegenheit, gebärdete sich splendid, ließ sich Entwürfe zu neuen Jesuitenkirchen vorlegen und bestellte Bilder bei berühmten Malern, die ihn später, wenn sie zu Hause eintrafen und bezahlt sein wollten, verdrießlich machten und zu neuen Nörgeleien Anlass gaben.

Im Februar fand die feierliche Investitur des Herzogs von Bayern mit der Kur statt, wobei derselbe sich ernst und prächtig zeigte und verstohlen beobachtete, wie sich die anwesenden Fürsten verhielten und dass der spanische Gesandte, um seinen Disgust und Protest öffentlich bemerkbar zu machen, ausgeblieben war. Bei dem feierlichen Mahle, das auf den Akt folgte, hatte Maximilian, als nunmehriger Truchsess des Reiches, dem Kaiser die Schüssel zu präsentieren und stand steif und ein wenig bedrohlich hinter Ferdinands Stuhle. »Vetter, lass das Serviertüchel nicht fallen!«, flüsterte dieser ihm, heimlich lachend, zu; aber Maximilian kniff die Lippen zusammen und tat, als ob er den Scherz überhört hatte.

Vom Erblande des vertriebenen Kurfürsten erhielt Maximilian die Oberpfalz, wogegen er sein Pfand Oberösterreich dem Kaiser zurückzugeben versprach. Auf die Unterpfalz rechnete Spanien gleichsam als Ersatz für die verlorenen niederländischen Staaten, und mit einzelnen Teilen wurden verschiedene Fürsten belohnt, die sich um die kaiserliche Sache verdient gemacht hatten; so erhielt der Erzbischof von Mainz die Bergstraße, auf welche er alte Rechte zu haben behauptete. Die Gebiete benachbarter pfälzischer Grafen erhielt Landgraf Ludwig von Darmstadt, über den sich auch sonst die Fülle kaiserlicher Gnade ergoss. In dem Erbschaftsstreit mit seinem Vetter Moritz wurde nämlich zu seinen Gunsten entschieden, und zwar so, dass er nicht nur den strittigen Teil ganz, sondern auch die Einnahmen erhalten sollte, welche während der Jahre, da Moritz ihn innegehabt hatte, daraus geflossen waren und die auf siebzehn Millionen Gulden berechnet wurden.

Man sehe nun, sagte Landgraf Ludwig im Kreise der befreundeten Fürsten, wie Gehorsam und Geduld bei Gott wohl angesehen sei und zuletzt belohnt werde. Er freue sich, dass er während seiner Gefangenschaft aus dem bitteren Leidenskelche getrunken habe, ohne zu murren, und nie anders gebetet habe als mit dem König David: ›Harre auf den Herrn und halte seinen Weg, so wird er dich erhöhen, dass du das Land erbest.‹ Er triumphiere jetzt auch nicht über die gestürzten Feinde, habe auch mit seinem Vetter Moritz ein christliches Erbarmen, der nun an Land und Leuten verkürzt und dazu in eine unabsehbare Schuldenlast gestürzt sei; aber er habe ihm oft gutmütig vorgestellt, er solle dem widerrechtlich angemaßten Besitz entsagen, Moritz sei halsstarrig gewesen und habe nicht hören wollen, er sei selbst schuld.

Der alte Schweikhard, der etwas eingefallen war und zuweilen während der Verhandlungen einschlief, nickte und sagte, er würde die Bergstraße, obwohl sie von Rechts wegen sein sei, gern fahren lassen, wenn er damit allen Hader, Krieg und Untreue, die im Reiche vorgefallen seien, ungeschehen machen könnte. Die gute alte Zeit sei vorüber, die neue gefalle ihm nicht mehr; er könne nicht begreifen, warum sich Katholiken und Protestanten nicht miteinander vertragen sollten, wenn sie nur alle deutsch, treu und redlich von Herzen wären.

Ja, sagte der Landgraf Ludwig, so habe er auch gedacht; er wolle im Glauben seiner Väter verharren, aber er verehre die katholische Kirche, welche die Mutterkirche sei, und würde sie schon deshalb verehren, weil sein Kaiser ihr angehöre. Etwas anderes sei es mit den Kalvinern, diesen gehe Treue und Glauben ab, was sich auch darin zeige, dass sie alle die frommen altdeutschen Sitten verachteten und sich der französischen sogenannten Höflichkeit befleißigten, die leider Gleisnerei und Gottlosigkeit bedeute. Die Kalviner erkennten keine Obrigkeit an, weder die himmlische noch die irdische, rühmten und trotzten mit Gelehrsamkeit und eigenem Wissen, das, als menschlich, doch allemal Blendwerk sei. Deswegen sei auch die Ritterschaft von Hessen-Kassel uneins mit seinem

Vetter, dem Landgrafen Moritz, halte fest am Kaiser und wolle sich nicht auf die Irrwege ihres Fürsten führen lassen.

Diese beiden Fürsten wurden vom Kaiser dafür gewonnen, den Kurfürsten von Sachsen mit der bayrischen Kur zu versöhnen, und es wurde zu diesem Zweck eine Zusammenkunft in Schleusingen vereinbart, an welcher auch der Kurfürst von Köln, Maximilians Bruder Ferdinand, teilnahm. Anfänglich ließ Johann Georg seiner Empfindlichkeit und Entrüstung freien Lauf: Wohin das führen solle, sagte er, wenn der Kaiser die Kurfürsten des Reiches ohne vorgeschriebene Formalität absetzen und wie Kohlköpfe ausraufen könne? Es müsse doch ein Unterschied zwischen Kur- und anderen Fürsten sein! Ja, das wäre das Fundament des Reiches, ein Unterschied zwischen Kur- und anderen Fürsten müsse sein. Ohnehin wolle jetzt jedes Gräflein ein Fürst sein, und jeder Fürst schiele nach dem Kurhute, dem müsse gesteuert werden. Auf dem Regensburger Tage habe der Kaiser den Eggenberg, der sonst ein guter Mann sei, zum Reichsfürsten gemacht, und so einer wolle dann bei den Reichstagen auf der Fürstenbank sitzen. Das beliebe den guten uralten Fürstenhäusern billigerweise nicht, und ebenso wenig möge er neumodische Kurfürstenmützen neben sich leiden.

Auch habe es ihn sehr verwundert und gekränkt, wie der Kaiser in Böhmen mit seinen lutherischen Glaubensgenossen verfahre, nicht anders, als ob sie Kalviner wären. Da würden ja diejenigen recht behalten, die vorher geschrien hätten, der Kaiser mache keinen Unterschied zwischen den Ketzern und bediene sich nur zuerst der Lutherischen gegen die Kalviner, weil sie das Schwert führten und er denen ihre Bibel hernach leicht aus der Hand winden könne.

Das mit dem Eggenberg wollten Mainz und Darmstadt auch nicht approbieren; dagegen erinnerten sie den Kurfürsten daran, dass die Größe seines Hauses die Frucht der Anhänglichkeit seiner Vorfahren an den Kaiser sei, indem Kaiser Karl V. dem Ernestiner Johann Friedrich wegen seiner Rebellion die Kur genommen und auf seinen Vorfahren Moritz übertragen habe; so solle er doch an dem altgeheiligten Grundsatz festhalten und nicht von der heroischen Bahn abweichen, auf welcher er erst kürzlich wieder die Lausitz davongetragen habe. Über die rechtliche Frage der pfälzischen Kur könne ja auf künftigen Reichstagen entschieden werden, da sie dem Herzog Maximilian nur auf seine Lebensdauer übertragen sei.

Diesen Gründen zeigte sich Johann Georg zugänglich, umso mehr, als der Kaiser ihm kürzlich den Titel Durchlaucht zu führen erlaubt hatte, und die Tage konnten nach bald erledigtem Geschäft gänzlich der Jagd gewidmet werden, die in Schleusingen vortrefflich war und durch heiteres Wetter begünstigt wurde. Nur der Erzbischof von Köln nahm nicht so lebhaft an der Fröhlichkeit teil, sondern litt an Melancholie, hatte auch vor einiger Zeit ein Gelübde getan, das Jagen, als einem geistlichen Fürsten nicht geziemend, aufzugeben, und pflegte erst bei der Tafel nach häufigem Zutrinken gesellig zu werden. Einmal, als die Herren ihn zur Jagd überredet hatten, stießen sie, erhitzt und durstig, auf ein altes Weib, das am Wege saß und Pflaumen verkaufte. Erzbischof Ferdinand, dem das reife Obst verlockend ins Auge stach, ließ durch einen seiner Leibknappen davon einkaufen, worauf er sie sogleich verzehrte. Als sie wieder zu Hause waren, klagte er über heftiges Bauchgrimmen und dass er von der Obsthändlerin verhext sei; es sei ihm gleich aufgefallen, wie sie ihn so seltsam überzwerch angesehen und etwas gemurmelt habe, auch hätten ihm die Pflaumen beim Essen widerstanden, obwohl er es andererseits nicht hätte unterlassen können. Die anderen Fürsten trösteten ihn, es seien wohl etwas viel Pflaumen gewesen, auch habe er nun Bier darauf getrunken, was nicht allemal bekömmlich sei, es könne die Krankheit auch natürlichen Ursprung haben und nach fleißigem Purgieren oder auch sonst wieder vergehen.

Natürliche Schmerzen seien es gewiss nicht, klagte der Erzbischof, vielmehr wühle und reiße es in seinem Leibe, als ob Schlangen und Würmer darin wären, die sich umeinander drehten und mit seinem Eingeweide verwickelten. Er habe sich auch gleich gedacht, dass ihm etwas zustoßen würde, weil er morgens beim Ankleiden das Amulett vergessen habe, das er immer an sich trage und das gut gegen Behexung sei und gewisse arabische Zeichen an sich habe. Wenn die Hexe gefangen und verbrannt werden könnte, würde es vielleicht besser mit ihm werden.

Der Kurfürst von Sachsen sagte, er habe gewiss einen großen Abscheu gegen die Hexen und strafe sie nach Recht und Gesetz, wo er sie antreffe; aber hierherum gebe es keine mehr, dessen könne er gewiss sein, und so dreinfahren könne man auch nicht, man müsse wenigstens erst zusehen, ob sonst etwas gegen die Alte vorliege.

Lange fragen müsse man da nicht, sagte Ferdinand, dem es mittlerweile ein wenig besser geworden war. Freiwillig bekennten sich die Zauberer und Hexen ihrer scheußlichen Frevel nicht schuldig, es müsse durch die Folter ermittelt werden, er habe darin Erfahrung. Das Kölnische sei so voll Hexen, dass er die Scheiterhaufen gar nicht ausgehen lassen könne, so arbeite er seit bald zehn Jahren unermüdlich, und doch sei das Land noch nicht gesäubert.

So schlimm sei es im Mainzischen nicht, sagte Schweikhard; ob das Übel im Kölnischen vielleicht eine Strafe Gottes sei, weil der hochselige Kurfürst Ernst, Ferdinands Oheim, in seiner Jugend der Schwarzen Kunst ergeben gewesen sei, wie man wenigstens gemunkelt habe?

Ja, seufzte Ferdinand, und die Jagd habe er allzu sehr geliebt, wie er ja selbst leider Gottes sich auch wieder von seinem Gelübde hätte abbringen lassen. Aber er, Mainz, könne doch füglich nicht bestreiten, dass er dem Laster auch anhänge, und er fürchte, die Herren seien in der Sache mit den Hexen zu sorglos, weil sie ihre Gefährlichkeit unterschätzten. So habe in Köln kürzlich eine Hexe unter der Folter bekannt, dass die Hexen und Zauberer sich auch in der Kirche mitten unter der frommen Gemeinde aufhalten könnten, wenn sie nur gewisse Vorsichtsmaßregeln beobachteten, und dass Hexen den Platz, wo solche gesessen hätten, an einem gewissen schwefelichten Geruch herauskennen könnten, der aber nur ihnen spürbar sei. Daraufhin hätten die Richter sie in die Domkirche geführt, damit sie alle Plätze, die diesen Geruch von sich gaben, bezeichne und man so den Unholden auf die Spur komme und einen großen Fang mache; da habe sie denn seinen eigenen Platz angemeldet und habe sich, davorstehend, die Nase zugehalten, als ob sie einen unerträglichen Geruch verspüre, auch gerufen: »Weiter, weiter! Denn hier ist es vor Gestank nicht auszuhalten!« Sie sei dann geschwind und in aller Heimlichkeit justifiziert worden, man sehe aber daraus die Bosheit und Gefährlichkeit dieser Geschöpfe und wie notwendig es sei, mit äußerster Schärfe gegen sie vorzugehen. Freilich, meinte er traurig, habe es auch die Hexenbrut auf ihn besonders abgesehen, weil er sie verfolge und sie auszurotten beschlossen habe, und es sei wohl möglich, dass sie ihm doch noch einmal etwas anwischten, wie er jetzt wieder erfahren habe; aber deswegen wolle er doch den Kampf nicht aufgeben.

Am letzten Tage saßen Kurfürst Schweikhard und der Landgraf zusammen auf dem Anstand unter einer Föhre und einer Birke, die dicht aneinander gewachsen waren, um ein paar Hirsche zu erwarten, die vo-

rüberkommen sollten, als es dem Kurfürsten plötzlich schwindelte, sodass er sich einige Minuten an des Landgrafen Schulter lehnen musste,
bis er wieder zu sich kam. Er sah betrübt in die bläuliche Luft, in der
goldene Blätter wie Schmetterlinge auf und nieder schwebten, über das
rosenrote Heidekraut hin zu dem still flammenden Waldsaume und sagte: »Ach, wie wohl ist es uns Menschen unter Gottes Himmelslicht! Ich
habe es nun einundsiebzig Jahre dankbar geschaut, und es mag wohl
bald die Abendstunde näher kommen, wo ich in das dunkle Bett hinuntersteigen muss.« Nicht doch, sagte der Landgraf, dieser Anfall sei nur
eine Folge des vielen Zechens, das sie hier gepflogen hätten und das
Schweikhard in seinem Alter nicht mehr so gut vertragen könne. Ja, sagte Sehweikhard getröstet, das leidige übermäßige Saufen sei die Ursache,
und es sei gut, dass es ein Ende habe. Sonst sei er, Gott sei Dank, noch
rüstig und habe auch ein gutes Gewissen, soweit ein armer Sünder vor
Gott es haben könne. Das sei wohl gesprochen, sagte der Landgraf, dessen volles Gesicht von behaglichem Lebensfeuer blinkte, sie wollten,
wenn ihr Stündlein gekommen sei, als fromme Christen im Grabe einen
ruhigen Schlaf halten, bis Gott sie zur fröhlichen Auferstehung heraus-
blasen lasse.

Auf den Vorschlag der Herzogin Elisabeth, seiner Mutter, nahm Friedrich Ulrich von Wolfenbüttel seinen Bruder Christian selbst in Bestallung, in der Meinung, ihn dadurch unschädlich zu machen. Christian ließ
sich diese Stellung um des ansehnlichen Gehalts willen, und um seinem
Heer gute Quartiere zu verschaffen, gefallen, nicht aber, um seine Kriegs-
pläne aufzugeben, vielmehr nahm er noch den Herzog Wilhelm von Weimar und den Herzog Friedrich van Altenburg in Dienst, welche beide
Regimenter geworben hatten, aber keinen Unterhalt für sie aufbringen
konnten. Friedrich Ulrichs Schrecken war groß, als der Kaiser sich wegen
der verfänglichen Rüstung beklagte und zur Entwaffnung aufforderte;
denn bei der Nähe des ligistischen Heeres unter Tilly schien Gehorchen
ebenso bedenklich wie Widersetzlichkeit, abgesehen davon, dass kein
Mittel an der Hand war, Christian loszuwerden.
    An einem der letzten Märztage des Jahres 1623 speiste Christian mit
seinem Hofmarschall Dodo von Knyphausen bei der Herzogin-Mutter

in Wolfenbüttel zu Abend. Sie sollte ihn gar nicht empfangen, sagte die Herzogin zu Knyphausen; denn sie wisse wohl, dass er an den Extravaganzen ihres Sohnes schuld sei; sie tue es aber ihrem Sohn zuliebe. Nein, so viel maße er sich nicht an, sagte Knyphauscn, Christian sei ein viel zu heroischer Prinz, als dass er sich von einem einfachen Ritter gängeln lasse; aber den Zorn der Herzogin, wenn sie etwa zürne, auf sich zu nehmen, rechne er sich zur Ehre an. Er glaube aber bestimmt, es sei nur wegen der Staatsräson, dass sie ihren Sohn abmahne, ihr Gemüt müsse sein rühmliches Vorhaben billigen.

Sie, die eigene Mutter, wisse ja nicht, was er vorhabe, sagte Elisabeth. Er treibe es jetzt so hoch, dass das Gerede umgehe, er wolle nach Böhmen und sich da mit Bethlen Gabor und gar mit dem Türken verbünden. Es solle der ältere Graf Thurn, der mit Christian herumziehe, selbst in Konstantinopel beim Türken gewesen sein, um etwas abzuschließen. Ob eine christliche Mutter so etwas billigen könne?

Ach, sagte Knyphausen, der Türke sei doch nicht einmal ein Jude, mit dem man ja Handel und Wandel treibe. Der Kaiser habe ihm sogar seine eigene Tochter zum Weibe angeboten, jener sie aber ausgeschlagen.

Da unten, sagte Elisabeth, geschehe wohl vieles, wovor einem grause; in Wien und Prag möchten sie bereits halbe Türken sein. Sie habe auch die vielen Fahrten ihres Herrn, des verstorbenen Herzogs Heinrich Julius, nach Prag nicht gern gesehen, und sie waren ihm auch nicht zum Guten ausgeschlagen.

Das wären andere Fahrten gewesen, sagte Christian lachend; seine würden dem Kaiser Ferdinand nicht so lieb sein wie die seines Vaters dem Kaiser Rudolf.

Nein, sagte Knyphausen, der Kaiser habe sich schon umgehört, wie weit es von Halberstadt nach Prag sei.

Sie möchte wohl noch allein mit ihrem Sohne reden, sagte Elisabeth; denn im Beisein Knyphausens wären es nur vergebliche Worte. Wenn sie, als ihres Sohnes Schutzengel, ihm ins rechte Ohr flüstere, zische er als ihr Gegenpart sogleich in das linke, und sei ja immer das Böse stärker als das Gute.

Wenn er eine solche Schlange wäre, sagte Knyphausen, würde die Herzogin ihm nicht so feind sein, weil seit alters zwischen der Schlange und dem Frauenzimmer eine sonderbare Vertraulichkeit bestände.

Elisabeth klopfte ihm scheltend auf den Arm; sie sei zwar eine Tochter Evas, sagte sie, aber Gott sei Dank auch durch Christi Blut erkauft und habe nichts mehr mit dem listigen Satan zu schaffen.

Zu später Stunde stand Elisabeth auf und befahl Christian, sie in ihr Schlafgemach zu begleiten und dort von ihr Abschied zu nehmen; Knyphausen solle inzwischen sein Gemach aufsuchen.

Ja, sagte Knyphausen, bis an das Bett der Herzogin dürfe er seinem Herrn freilich nicht folgen, und empfahl sich.

Elisabeth zog ihren Sohn zu sich auf den Rand ihres Bettes, fasste seine Hand und bat ihn, sie anzuhören. Er wisse, begann sie, dass sie auf Erden nichts liebe als ihn. Gott möge es ihr verzeihen, er gehe ihr über die Seligkeit. Ob er die Schwarzpappeln vor dem Fenster rauschen höre? Als kleines Kind habe er gern mit glänzenden Augen darauf gehorcht, plötzlich aber habe er sich gefürchtet, beide Ärmlein um sie geschlungen und das frische Gesichtlein an ihrem Hals gedrückt. Das könne sie niemals vergessen; sie lebe nur, um ihn zu schützen und ihm in der Not eine Zuflucht zu sein. Wenn sie ihn von seinem Wege abhalten wolle, so tue sie es nur aus Angst, dass er sich selbst verliere. Gott habe ihm eine schöne Zukunft vorgesteckt; sein Bruder, Friedrich Ulrich, sei kinderlos und werde es bleiben, er sei sein Erbe und Nachfolger, werde wohl auch noch vor Friedrich Ulrichs Ableben an die Regierung kommen. Dann habe er ein schönes, reiches, uraltes Fürstentum; warum er denn fort und nach Unruhe strebe? Sie sei vielleicht zu alt, um ihn zu halten, seine Jugend begehre nach einem Weibe, sie wolle auch nichts dawider haben, habe es schon bedacht und wisse ihm ein vortreffliches, auch hübsches fürstliches Fräulein vorzuschlagen.

Christian riss sich von seiner Mutter los und schlug die Hände vors Gesicht. Davon, nur davon solle sie schweigen. Alle Weiber machten ihm Abscheu bis auf eine, eine einzige, die er ewig anbeten und nie erlangen würde.

Um Gottes willen, rief Elisabeth, es könne doch nicht an dem sein, dass er wirklich die Böhmenkönigin, ihre Nichte, meine? Ach, warum Gott sie so strafe, dass sie lauter Buhlerei und böse Lust in ihrem Hause erleben müsse!

Christian unterbrach sie und gebot ihr, indem er seine brennenden Augen auf sie richtete, zu schweigen, wenn sie nicht wolle, dass er sie augenblicklich für immer verlasse. Er habe ohnehin die Hölle in der Brust, ihr

Jammer schütte Öl in die Flammen. Was es sie denn auch anfechte? Das Herzogtum möge dem anderen Zweig anfallen, ihm sei es gleich und könne es auch ihr sein. Er habe nichts Unrechtes zu tun im Sinn, sondern Großes. Vom Himmelreich der Pfaffen wisse er nichts, aber für Recht und Wahrheit auf Erden wolle er kämpfen, im Reich des wahren Gottes, da wolle er sich einen Fürstensitz erwerben.

Ach, das klinge herrlich, sagte Elisabeth, aber es könne auch Musik des Teufels sein. Ihr verstorbener Herr, Christians Vater, habe immer gesagt, und auch ihr Bruder, König Christian, sage es, der Kaiser sei die Grundlage des Reichs, die dürfe man nicht antasten, denn wenn das uralte heilige Reich einstürze, so werde es uns alle unter seinen Trümmern begraben.

Verfluchtes Affengeschwätz!, rief Christian, indem er aufsprang, um heftig im Zimmer auf und ab zu laufen. Warum denn das alte Reich heilig sei? Es sei voll von Lüge, Falschheit und Dummheit! Und wenn es sie auch alle begrübe, sie müssten doch alle davon, es könne einmal nichts immer dauern, und das sei auch besser. Vielleicht wüchse einmal etwas Schöneres aus dem Moder. Wenn er nur vor ihr, seiner liebsten Mutter, nicht den jahrtausendalten Brei aus Adams Küche vernehmen müsste! Sie sollte ein edles, freies Gemüt haben, sich nicht von Kleinmut und Alltäglichkeit ersticken lassen. Es handle sich darum, ob Glaube und Freiheit sollten ausgerottet werden oder bleiben. Ob sie zu denen gehören wolle, die den Himmel einstürzen ließen, wenn nur ihr eigenes Dach keinen Riss bekäme?

Wenn es nur auch gewiss sei, dass es um die Religion gehe, sagte Elisabeth. Wüsste sie das, so wollte sie gewiss alles, was sie habe, ihr letztes Kleinod und Witwengut ihm aufopfern, damit er seinen ritterlichen Kampf bestehe. Sie wisse ja, dass er nicht toll und nicht gottlos sei, sie kenne sein Herz, das aus ihrem geboren sei: es könne vielleicht Dornen und Unkraut neben dem Lorbeer tragen, aber nicht wüst werden, wie der Acker des Judas. Ja, sie schwöre es ihm, wie viel Herren ihm auch nachliefen und ihm schmeichelten, keiner vertraue ihm so wie sie, seine Mutter. Es werde sie keine Träne und kein Zittern kosten, für ihn zu sterben, wie viel mehr werde sie Hab und Gut und Reputation an ihn wagen. Nur solle er jetzt nicht allein mit ein paar abenteuernden, länderlosen jungen Fürsten, die nichts zu verlieren hätten, den vergeblichen Kampf führen wollen. Er solle jetzt Versöhnung mit dem Kaiser suchen, es sei ja keine Gefahr im Verzuge, der Kaiser könne nicht ganz Deutschland von einem

Tage zum andern zur Messe zwingen. Als regierender Herzog finde er eher Mittel zu einer ordentlichen Aktion. Die Konstellation könne sich ändern, England und Dänemark schwankten jetzt, wolle es Gott, könnten sie noch heroische Entschlüsse fassen. Dann könne er als Feldherr eines mächtigen Heeres Siege erfechten und Ehre davon haben.

Nach der vorangegangenen Erregung war eine plötzliche Ermüdung über Christian gekommen; er legte den Kopf an die Schulter seiner Mutter und brach in Tränen aus. Im rötlichen Schein der Wachslichter, die in einer Ecke des Zimmers brannten, betrachtete sie liebevoll sein fahles, mageres Gesicht und streichelte sein blondes Haar. Er solle ihr versprechen, sagte sie dabei, den vom Kaiser angebotenen Pardon anzunehmen und sich für bessere Zeiten aufzusparen. Nur sie könne ihm raten, Knyphausen sei ihm wohl treu, aber gehe es zum Abgrund mit ihm, Christian, so werde er einen anderen Dienst suchen, kaum eine Träne um ihn weinen. Von den Weimaranern wolle sie gar nicht reden, die wollten nur ihrem Oheim, Johann Georg von Sachsen, einen Tort antun, was ihm wohl auch zu gönnen sei, da er sich der evangelischen Christenheit so wenig annähme; aber sie hätten ja die Mittel nicht dazu und täten besser, sich zu fügen, wer vergeblich wider den Stachel löcke, werde nur ausgelacht.

Schweigsam und müde kam Christian nach Gröningen zurück und eröffnete seinen Offizieren, dass er den Pardon des Kaisers anzunehmen gedenke. Johann Ernst von Weimar richtete sich stramm auf und sah Christian mehr erstaunt als zürnend an. Das könne und wolle er von ihm nicht glauben, sagte er. Zwischen einem rechtlichen evangelischen Fürsten und dem Kaiser könne kein Friede bestehen. Dazwischen sei eine Kluft, die Gott gegraben habe, die sollten Menschen nicht überbrücken wollen. Vielleicht schließe sie sich einmal von selbst durch ein Opfer, das müsse dann aber ein schweres Blutopfer sein.

Auf Christians Wort habe er sich verlassen, sagte Wilhelm; wie er sie jetzt, ohne sie zu befragen, preisgeben könne?

So verhalte es sich nicht, fuhr Christian auf; Wilhelm sei froh gewesen, seinen Dienst anzunehmen. Verpflichtet habe er sich zu nichts, niemand könne ihm etwas vorschreiben.

Das sei einmal wieder eine Überraschung, sagte der junge Friedrich von Altenburg mit großen Augen. Auf einmal solle man auseinanderlaufen, bevor noch eine einzige Aktion stattgefunden habe? Er laufe sich die

Beine ab, um ein Gefecht mitzumachen, und der Krieg laufe vor ihm fort, er komme sich vor wie eine Friedenstaube.

Bernhard von Weimar, dem der Altenburger Vetter unleidlich war, zog die Augenbrauen finster zusammen und sagte halblaut zu seinem Bruder, wenn er die Faselei länger anhörte, würde er ihm an die Kehle springen, und verließ das Zimmer.

Er besorge, dahinter stecke sein Oheim, sagte Johann Ernst. Christian solle doch der listigen Spinne nicht ins Netz gehen, die ihn überfallen und aussaugen werde wie eine Fliege.

Er habe mit dem Kurfürsten von Sachsen nichts zu schaffen, erwiderte Christian, auch mit dem Kaiser nicht; er wolle nur seine Haut nicht umsonst zu Markte tragen. Knyphausen zwinkerte den Weimaranern mit den Augen zu; man solle den Brei nur erst einmal abdampfen lassen, meinte er. Es sei doch auch zu bedenken, was das Heer im Ganzen zu dem Handel sagen würde. Ob das so gutwillig auseinanderginge? Und ob es nicht schade um die schönen, wohlausgestatteten Regimenter sei? Da könne Christian doch lieber wieder in den Dienst der Generalstaaten treten, die würden froh um ihn sein. Vorher könne er ja noch zuwarten, ob Tilly einfalle, und dann den Kreis wider seinen Willen erretten; wenn es gelinge, werde man ihm danken, wenn nicht, so könne er sich immer auf die Staaten zurückziehen.

Er habe, sagte Johann Ernst, obwohl Christian jünger als er sei, ihn wie einen Helden des edlen Altertums geliebt und verehrt, und wenn er ihn abweichen und paktieren sehen müsse, so werde er seinen Fall mehr betrauern, als er den Tod seiner Mutter betrauert habe. Was ihn betreffe, so werde er irgendeinen anderen Dienst gegen den Kaiser annehmen, nie sich unterwerfen. Auf den Sieg könne er verzichten, auf die Ehre nicht.

Das sei wohl gesprochen, sagte Wilhelm; einen ehrlichen Frieden weise er nicht von der Hand; aber Pardon könne er von seinem Feinde nicht annehmen.

Was? Pardon?, rief der Altenburger. Der Kaiser offeriere ihm Pardon? Und er habe doch dem Kaiser sowohl wie der Infantin Isabella seine Dienste angeboten, die sie aber nicht gewollt und nicht bezahlt hätten. Ob er etwa seiner Lebtage auf dem Lotterbett liegen sollte? Irgendwo müsse doch ein junger Kavalier sich im Kriegswesen üben, wenn er eine heroische Laufbahn vorhätte.

Christian sagte, wenn sie treu zu ihm ständen und alles mit ihm wagen wollten, so sei es gut. Im Kreise bleiben könnten sie nicht, die Stände wären feige, wollten es mit niemandem verderben. Etwa könnten sie sich nach Böhmen und Ungarn durchschlagen, wenn nur dem Bethlen Gabor zu trauen wäre. Das Beste wäre, wenn sich Sachsen, Brandenburg und Hessen-Kassel doch noch zu einem Entschluss bringen ließen, er wolle sie noch einmal durch Gesandte mahnen, habe aber wenig Hoffnung.

Ende Juli lagerte Christian beim Kloster Stein in der Nähe von Göttingen, als Tilly aus dem Hessischen vorrückte und es zu einem kleinen Scharmützel zwischen Knyphausen und dem Herzog Franz Albrecht von Sachsen-Lauenburg kam, in welchem der Letztere nebst seinen Gepäckwagen, die viel Geld und wichtige Briefschaften enthielten, gefangen wurde. Unter den Briefen befanden sich zärtliche Schreiben der Herzogin von Wolfenbüttel, durch welche ihr Verhältnis zu dem Lauenburger ans Licht kam und in denen, was Christian besonders entrüstete, seine Mutter mit groben Schimpfnamen belegt wurde. Dieser heuchlerische Bube, sagte er, nachdem er seinen Freunden die Briefe vorgelesen hatte, mit Bezug auf Franz Albrecht, habe am Tische seines Bruders vielleicht mit Mordgedanken gegen denselben gesessen!

Gott bewahre uns!, sagte Knyphausen, der nicht aufhören konnte zu lachen, es habe gewiss keiner so ernstlich für des Herzogs Leben und Gesundheit gebetet wie der Lauenburger; sonst hätte er ja das tolle Weib auf dem Halse und sei ohnehin verheiratet.

Die Weimaraner äußerten unverhohlen ihre Abneigung gegen Franz Albrecht. Herzog Bernhard sagte, er habe keine Ehre, könne Wahrheit und Lüge nicht unterscheiden, sei weder im Glauben noch in der Politik fest. Er habe ihm einmal einen Zweikampf ausgeschlagen, und man wolle wissen, dass er einmal vom König von Schweden wegen irgendeiner Ungebühr eine Ohrfeige angenommen habe, das lasse er aber dahingestellt sein. Vollends widerlich sei ihm seine Buhlerei und Weichlichkeit mit warmen Bädern, Pomade und Wohlgerüchen und dass er immer weiche Betten mit sich führe.

Sonst sei er aber nicht übel, sagte Knyphausen, und könne dem Frauenzimmer schon gefallen.

Ja, er wisse sich überall zu insinuieren, sagte Wilhelm; sein Oheim, der fromme Fürst Ludwig von Anhalt, habe ihn kürzlich als den Weißen mit der Narzisse in seine Sprachgesellschaft aufgenommen, halte ihn gewiss für ein Modell der Unschuld. Man sollte ihm die Briefe schicken, vielleicht nähme er sie für Stücke zu einem Roman auf französische Art, dessen sich der Herzog zum Nutzen der Gesellschaft befleißige.

Nein, dessen Romane seien nicht mit der Feder geschrieben, lachte Knyphausen, und auch nicht in reinlichem Deutsch.

Einige Tage später kam eine Gesandtschaft der niedersächsischen Stände nach Kloster Stein und forderte Christian auf, nunmehr den Pardon des Kaisers, wie er ja bereits versprochen habe, anzunehmen, welcher sich auch nach des Kaisers gnädiger Resolution auf seine Anhänger, Fürsten, Grafen und Herren, erstrecken solle. Andernfalls möchte Christian den Kreis verlassen und andere Quartiere suchen; Tilly rücke drohend näher, werde ganz Niedersachsen mit seinen Kroaten, Kosaken und Wallonen überschwemmen, Christian werde solches Unheil nicht an sein geliebtes Vaterland ziehen wollen.

Christian erklärte den Abgeordneten, dass er willens sei, den Kreis zu verlassen, und hielt ihnen, indem er sie verabschiedete, eine nachdrückliche Ansprache. Sie hätten gehandelt, sagte er, wie eine arme, hirnlose Schafherde, die den Hirten beiseite schiebe, um den Wolf durch Unterwürfigkeit zu rühren, oder wie leichtgläubige Bürger und Bauern, die einem Tyrannen die Schwerter auslieferten, damit er sie verschone. Wer sich freiwillig entwaffne, mache sich zum Knecht und verdiene kein Mitleid. Den Jammer, der nun über sie käme, hätten sie sich selbst zuzuschreiben; er wolle vor der Mit- und Nachwelt entschuldigt sein.

Von seinem Wunsch, sich mit Tilly zu schlagen, brachte Knyphausen den Herzog mit dem Hinweis auf die Übermacht des ligistischen Heeres und auf die feindselige Haltung des Kreises, der ihm im Fall einer Niederlage keinen Rückhalt gewähren würde, ab. Es wurde also der Rückzug nach Holland beschlossen; zuvor jedoch verzichtete Christian förmlich auf sein Bistum Halberstadt und übertrug es seinem längst danach begierigen Oheim, Christian IV. von Dänemark, in der Hoffnung, denselben dadurch in die antikaiserlichen Interessen hineinzuziehen. Tilly, dem daran lag, den Übertritt der braunschweigischen Armee in das Niederländische zu verhindern, rückte den Abziehenden in schleunigen Märschen nach, holte sie in der Nähe von Stadtlohn ein und brachte ihnen eine vernichtende Niederlage bei. Die Auflösung des geschlagenen Heeres war so groß, dass sogar zwei Fürsten in Gefangenschaft gerieten, nämlich Herzog Wilhelm von Weimar und Herzog Friedrich von Altenburg, außerdem die Grafen von Isenburg, Löwenstein, Schlick und Wittgenstein und viele Obersten und Hauptleute.

Nur 2000 Mann konnte Christian nach den Niederlanden führen.

Seit dem Wahltage von Frankfurt hatte sich der Erzbischof von Trier, Lothar von Metternich, nicht mehr erholt, und als am 1. März des folgenden Jahres noch ein Erdbeben dazukam, bemächtigte sich seiner eine solche Niedergeschlagenheit, dass sein Beichtvater ihm schließlich zu seiner Heilung eine durchgreifende Verordnung auferlegte, nämlich sich zwölf Tage lang alles weltlichen Umgangs und aller weltlichen Geschäfte gänzlich zu enthalten und einzig gewissen geistlichen Übungen und Betrachtungen zu widmen. Den Abschluss dieser Zeit der Zurückgezogenheit bildete eine Prozession, bei welcher der Erzbischof selbst das Sanktissimum trug und während welcher ihm so zumute war, als walle er sachten Schrittes auf Gewölk in den Himmel hinein, um das Ergebnis seines Lebens zu Füßen der thronenden Dreieinigkeit niederzulegen. Dieser Zustand glücklicher Gehobenheit musste indessen bald einem neuen Anfall von Krankheit und Gemütsniedergeschlagenheit weichen. Im Frühling des Jahres 1623 begab er sich, schwer leidend, nach Koblenz, um dort die Kanonisation mehrerer Heiligen feierlich zu begehen, des Isidor Agricola, Filippo Neri, Ignatius von Loyola, Franz Xaver und der Teresa a Jesu. Die Vorbereitungen zu diesem Gepränge beschäftigten ihn aufs Angenehmste, griffen ihn aber zugleich so an, dass er am 8. Mai, anstatt die Prozession anzuführen, unter Schmerzen zu Bette liegen musste. Um ein Viertel vor sieben Uhr in der Frühe begannen die Glocken aller Kirchen von Koblenz eine nach der andern zu läuten, und die anschwellende Brandung der Töne schlug donnernd und jubelnd an die Mauern der Burg, wo er krank lag. Nun wusste er, dass der Zug sich vor dem Jesuitenkolleg sammelte und in Bewegung setzte, voran die Predigermönche, dann die Franziskaner und Jesuiten, umschwärmt von den Jesuitenzöglingen, die Blumenkränze in den Haaren trugen und laubumwundene Brautkerzen in den Händen hielten. Dann folgten zu Pferde die Märtyrer Georg, Mauritius und Makarius, denen eine Schar bekehrter Heiden nachströmte. Diese Wilden, unter denen die Märtyrer gelehrt und gelitten hatten, waren wiederum von Jesuitenzöglingen dargestellt und durch allerhand fantastischen Aufputz, als bunte Federn, Tücher und Felle, bezeichnet. Hiernach kamen zu Pferde die triumphierenden Tugenden, die Gerechtigkeit, die Enthaltsamkeit, die Geduld und viele andere, denen sich wiederum geistliche Körperschaften anschlossen.

Der Erzbischof sprach halblaut die Gebete mit, die er für die Prozession vorgeschrieben hatte, und ließ die Augen sehnsüchtig durch das geöffnete Fenster nach dem hellblauen Himmel schweifen, an dem hier und da eine leichte Wolke wie eine rosenbekränzte Barke mit Gesang und Flötenklang hinschiffte. Warum, dachte er, hatte Gott es ihm nicht vergönnt, diesen Tag zu feiern, auf den er sich so sehr gefreut hatte? War vielleicht doch nur ein weltliches Gelüsten, der Hang, sich auf einer großen Bühne vorzustellen, dabei tätig gewesen? Wie er schon manches Mal getan hatte, ließ er wieder sein Leben an sich vorübergehen und sann, womit er die Strafe Gottes verdient habe, die ihn seit dem Frankfurter Wahltage augenscheinlich heimsuchte. Er hatte freilich dem Putz, den Frauen, der Tafel und dem höfischen Wohlleben mehr gefrönt, als seinem geistlichen Stande geziemt hätte; aber er hatte sich doch stets auf die von seinem Beichtvater vorgeschriebene Art mit Gott versöhnt. Er hatte durch allerlei Verordnungen die Unsittlichkeit, die bei seinen Untertanen im Schwange war, bekämpft, hatte den übermäßigen Genuss gewürzter Weine, das üppige Tanzen, die verführerische Musik verboten. Seinen Verwandten hatte er zwar Güter und Ehren in Menge zugewendet und dadurch die Eifersucht der Domherren gereizt; aber wenn er seine Neffen begünstigte, so hatte er auch für ihre Erziehung gesorgt und hatte Ursache, auf ihren Geist und ihr gewandtes Wesen stolz zu sein. Hätte er diese liebenswürdigen, schönen und klugen jungen Männer im Dunkel lassen sollen, um der lasterhaften Ehr- und Habgier seiner Domherren zu schmeicheln? Dennoch, war es die große körperliche Schwäche oder die Wehmut eines kranken Herzens, traten ihm, wenn er die Summe seines Lebens verrechnete, Tränen in die Augen. Wüssten es diejenigen, die ihm Weltlichkeit und Genusssucht vorwarfen, wie wenig Glück er genossen hatte! Jene Tage, die er auf Befehl seines Beichtvaters allein im Dome von Trier oder in einem Gemach seines Schlosses, in Gebet und Betrachtungen versunken, zugebracht hatte, ja, jene Tage waren voll einer reichen, klaren, inbrünstigen Glückseligkeit gewesen, wie er sie niemals vorher oder nachher empfunden hatte. Es war das Feuer des Heiligen Geistes gewesen, das den irdischen Ballast in ihm verzehrt und ihn emporgetragen hatte, als könne er die Erde mit dem Fuße von sich stoßen.

Der Flügelschlag eines lauen Windes wehte Wellen der Musik, die die Prozession begleitete, zu ihm durch das Fenster und an sein bekümmertes Herz, sodass seine Tränen schneller und reichlicher flossen. Warum konnte er das heitere Schweben und grenzenlose Schauen nicht wieder erleben, das ihn damals so sehr beglückt hatte? Sowie er sich eben ein wenig vertieft hatte, störten ihn Geschäfte und Sorgen auf, namentlich wie er seinem Neffen Karl die Nachfolge verschaffen könnte und, wenn es nicht gelänge, welches das Los der Metterniche nach seinem Tode werden würde. Würde der Kaiser der Verdienste eingedenk bleiben, die er um ihn hatte? Es hatte ja alles im Reiche ein so verändertes, verdächtiges Ansehen gewonnen.

Mit was für Hoffnungen hatte er im Jahre 1599 die Kurwürde empfangen, und wie hatte die dahinrauschende Zeit sie kahl gemacht! Es war geradeso, als wäre mit dem Frühling seines Lebens die unschuldige Lust der ganzen Menschheit verblichen. Was für Verträglichkeit und Wohlwollen hatte damals noch zwischen dem Kaiser, den Kur- und anderen Fürsten bestanden!

Bei Jagden und Banketten hatte man die ärgerlichen Glaubensdifferenzen, den Neid und die Eifersucht vergessen. Jetzt grinsten Hader und Hass unversteckt hervor, die Kriegsfurie sauste mörderisch durch das Reich, allenthalben war es Herbst geworden. Er, das könnte er vor Gottes Angesicht beschwören, hatte stets nur den Frieden gesucht, und wenn er die Wahl des Österreichers befördert hatte, so war es nicht aus Eigennutz, sondern deshalb geschehen, weil er glaubte, Ferdinand würde, wie er selbst, die Gelindigkeit der Schärfe vorziehen.

Ein Kammerdiener brachte eine dünne Hafersuppe und erzählte, während er sie dem Erzbischof einlöffelte, wie schön die Prozession ausgefallen sei, wie die Buben in ihren Kränzen zum Abküssen aussähen und wie schade es sei, dass der Erzbischof nicht dabei sein könne.

Ach, sagte der Erzbischof, er sei jetzt zu alt, seinem eingefallenen Gesicht stehe die Pracht nicht mehr an.

Nun, nun, meinte der Diener, Fürstliche Gnaden hätten schon etwas eingepackt seit der letzten Krankheit, seine Frau habe auch gesagt, es sei jammerschade, dass ein so schöner Herr so abkommen müsse; aber wenn er nur erst wieder essen könne, würde er auch wieder besser ansetzen und rote Backen bekommen.

Im Hinblick auf den bevorstehenden Besuch des Arztes, seiner Neffen und einiger Herren, die Bericht von der Prozession erstatten sollten, ließ sich der Erzbischof Puder auflegen und verlangte nach einem Spiegel. Nein, nein, sagte der Diener, das tauge nichts, ein Kranker solle nicht in den Spiegel schauen, er könne leicht etwas anderes darin erblicken, wie sich denn überhaupt der Böse gern mit Spiegeln zu schaffen mache.

Der Erzbischof erholte sich noch einmal so weit, dass er sich nach Trier begeben konnte, wurde aber dort wieder bettlägerig und starb im September desselben Jahres.

Als Friedrich von der Pfalz gleich nach seinem Sturze sich um Hilfe an den Oheim seiner Frau, Christian IV. von Dänemark, wandte, schalt ihn dieser aus, er hätte sich mit der böhmischen Rebellion nicht einlassen sollen, er sei von allen Verständigen gewarnt worden; nun das Unglück da sei, schreie er Zeter, ihm geschehe recht, und die Räte, die ihn dahin gebracht, verdienten gehängt zu werden. Indessen, als der Gedanke des Camerarius, es müsse der kaiserlich spanischen Macht ein nordischer Bund entgegengesetzt werden, von Gustav Adolf lebhaft ergriffen, sich ausbreitete und Gesandte von England, Frankreich und Brandenburg ihm vorstellten, er solle doch Friedrich nicht so ganz verstoßen und der habsburgischen Universalmonarchie zeitig entgegentreten, und als nach der letzten Niederlage Christians von Halberstadt, seines Neffen, Tilly ungehindert den niedersächsischen Kreis überzog, fing er an, dem Zureden geneigtes Gehör zu schenken. Er hatte nun zu dem Bistum Bremen auch Anwartschaft auf das Bistum Halberstadt bekommen, und da er sich der Einsicht nicht mehr verschließen konnte, dass der Kaiser ihm so gut wie den übrigen protestantischen Bischöfen die Belohnung versagen würde, schien es geraten, sich auf anderem Wege mit Gewalt in ihrem Besitz zu befestigen. Fuhr er mit seiner Anhänglichkeit an den Kaiser fort, so verdiente er sich vielleicht von diesem doch keinen Lohn und lief Gefahr, dass Schweden seine Angel in das trübe Wasser ließ, sich der ersten Rolle im Norden bemächtigte und die fetten Brocken erschnappte, während er, dem sie zukämen, leer ausginge. Wer kam denn, da die evangelischen Reichsfürsten eine ausländische Vormacht brauchten, in Betracht außer ihm, den Staaten und Schweden? Es wäre aber, so dachte er, nicht nur ein großer Verlust und Schaden, sondern eine unleidliche Unehre für ihn gewesen, wenn er sich von einem so viel geringeren Fürsten, um von der staatischen Republik ganz zu schweigen, den Rang hätte ablaufen lassen.

Nicht mit Unrecht nahm Christian an, dass es Gustav Adolf mächtig lockte, den Krieg in Deutschland zu führen; aber er war doch zugleich von allerhand Zweifeln und Bedenken bewegt. Könnte er zum Beispiel Schweden hinter sich lassen, ohne vor dem Dänen geschützt zu sein, sei es, dass derselbe sich am Kriege mit beteiligte oder dass er durch Verträge gebunden würde? Aber gebe es bindende Verträge? Was nützten Verträge, wenn der Wille dawider sei? Ferner könne er den Krieg nicht beginnen, ohne einen festen Platz an der Küste des nördlichen Deutschlands zu haben, von dem aus er operieren könne und der ihm den Rücken sichere, etwa im Bremischen. Was für Neid und Missgunst würde das aber bei Dänemark anfachen, abgesehen von der Schwierigkeit, mit einem guten Schein und leidlichen Vorwand dazu zu gelangen? Es könne nicht wohl angehen ohne das Einverständnis der mächtigsten norddeutschen Reichsfürsten, sodass sie ihn förmlich um Beistand anriefen. Er wollte sich nicht wie ein Tollkopf und Habenichts, der alles aufs Spiel setzt, gleichsam wie in einen ungewissen Abgrund hineinstürzen, sondern er wollte das Haupt einer mächtigen Koalition sein, die ihn mit Geld und Truppen ausgiebig unterstützte und unter seiner Direktion die vielen schwebenden Streitfragen einmal gründlich zur Entscheidung brächte.

Diesen gewaltigen Ansprüchen gegenüber machten namentlich auf England die bescheideneren Vorschläge des Dänenkönigs einen weit günstigeren Eindruck; der wollte nicht so weit ausgreifen und die alten, einmal vorhandenen Spaltungen gänzlich zum Austrag bringen, was eine unabsehbare und fantastische Sache sei, sondern er sah es hauptsächlich auf eine teilweise Restitution des Pfalzgrafen und auf ein paar norddeutsche Bistümer ab und wollte zum Ziele kommen, indem er sich an die Spitze des niedersächsischen Kreises stellte, zu dem er ohnehin gehörte. Gustav Adolf dachte daran, den Krieg von Polen und Schlesien her anzufangen, was weit ablag und wovon man sich keinen Nutzen versprechen konnte, und seine Kostenveranschlagung vollends war exorbitant und konnte ihm durchaus nicht eingeräumt werden. Überhaupt genoss König Christian eine allgemeine und unvergleichliche Hochachtung, und man traute sowohl seiner Weisheit wie seinem Heldenmut jeden Erfolg zu. Er hatte gewaltig in seinem Reiche rumort, große Schlösser und Bauten aufgeführt, Handelsgesellschaften gegründet, das Gewerbe angefeuert und ein stehendes Heer errichtet; es erregte Staunen und Bewunderung an allen Höfen, wie er das moderne Wesen in Dänemark so rüstig in die Höhe trieb und kein Geld dabei scheute. Dazu war er eine majestätische Person von großem Ungestüm, gegen den sich niemand eines kecken Wortes unterfangen hätte. Man erzählte sich, dass seine Mutter, wenn sie ihn als Kind gekämmt hätte, Funken aus seinem Haar hatte springen sehen, und es sollte auch ein Meerweib mit seiner Geburt verflochten gewesen sein, indem es dieselbe einem durch wunderliche Schickung an der Küste weilenden Bauern prophezeit hätte.

Bei dem allgemeinen Zutrauen und der Bewunderung, die Christian entgegengebracht wurden, und in Anbetracht der handlicheren Pläne, auf die er sein Unternehmen begründen wollte, schien es den geldsteuernden Mächten besser, es mit ihm zu versuchen, ohne jedoch deswegen Gustav Adolf ganz von der Hand zu weisen; aber dieser zog sich, da seine Vorschläge nicht unbedingt angenommen wurden, zurück, indem er dem König von Dänemark in herzlichen Worten Glück und Erfolg zu seinem großmütigen Vorhaben wünschte.

Eines Tages erschien Christian IV. beim Abendbier, das er mit einigen vom Adel, die er gerade begünstigte, einzunehmen pflegte, in einer neuen, auf seine besondere Anweisung verfertigten, herrlich geätzten und ornamentierten Rüstung. Den Helm, der mit einem großen Federbusch versehen war, trug er unter dem Arm, damit das schon in Locken gebrannte Haar zu sehen wäre; ein Teil desselben war über dem linken Ohr in einen langen, dünnen Zopf geflochten und an der Spitze mit einer seidenen Schleife zugebunden, von der eine ungewöhnlich große Perle herunterbaumelte. Die Herren umringten ihn staunend und rühmend, und ein Ahlefeld sagte, er habe geglaubt, der Gott Mars ließe sich herab, als der König daher gestiegen sei, und ein jeder müsse billigerweise wünschen, die Göttin Venus sein und eines solchen olympischen Fürsten genießen zu dürfen.

Nein, er habe die Rüstung nicht zu einem Liebesturnier machen lassen, sagte der König lächelnd; sie hätten ja wohl vernommen, mit was für kriegerischen Plänen er umgehe und wie er die verschobene Justiz im Reiche wieder ins Gleichgewicht bringen wolle.

Ob es wirklich beschlossene Sache sei?, fragten die Herren jubelnd. Ob es losgehe, und wie bald?

Ja, jetzt heiße es, sagte Christian schlau, aufmerken und sich nicht überlisten lassen. Dieweil er in Deutschland den Glauben und die Libertät beschirme, könne ihm das schwedische Wölflein über seine Schafe kommen, er wisse mehr als eine gute Stadt am Meere, die ihm gern das Pförtlein öffnete. Entweder der Schwede müsse in Polen festsitzen oder mit ihm gemeine Sache machen, sonst ziehe er nicht aus, er sei kein alberner Bauer, der einer verschleppten Gans nachlaufe und unterdessen seinen Stall verbrennen lasse.

Ach, es wäre aber doch schön, wenn es Krieg gäbe, sagte Brockenhuus, sie hätten gar keine Kurzweil, und man müsse sich einmal wieder recht auslüften.

»Wenn ich euch nun gegen Schweden führte?«, sagte Christian, mit den Augen zwinkernd. »Es wäre da noch manch ein Hühnlein zu rupfen.«

Damit wäre er wohl einverstanden, sagte Rantzau lebhaft, denn Gustav Adolf solle ja ein unvergleichlicher Kriegsheld sein, es wäre eine Ehre, sich mit einem solchen zu messen; andererseits wäre er noch nie im Reich gewesen, und es müsse auch ein besonderes Vergnügen sein, die Päpstlichen zu bekämpfen.

Diese Meinungsäußerung berichtigte Christian ein wenig, indem er erstens sagte, Gustav Adolf habe freilich wie alle Wasa ein unruhiges Blut und einen unruhigen Magen; aber es gebe schon Leute, die ihm gewachsen wären, Rantzau solle dafür nur ihn, den König, sorgen lassen, er verstehe doch ein wenig mehr vom Kriegswesen als der junge Mann in Schweden. Den Glaubenskrieg betreffend, so sei das Papsttum freilich ein Gräuel, aber sein Neffe, der Pfälzer, dem er durchaus helfen solle, sei ein Kalviner, und die Kalviner seien nicht einmal rechte Christen, also stinke es an dem Ort fast noch übler als in der katholischen Kirche.

Der König möge ihm verzeihen, sagte Rantzau schüchtern, soviel er wisse, seien die Kalviner auch Christen, und sogar evangelische, nur dass sie alles für vorausbestimmt hielten; aus dem Grunde fürchteten sie sich weniger als andere, weil sie dächten, es komme doch, wie es komme, sie möchten es anstellen, wie sie wollten.

Jawohl, erwiderte Christian scharf, das heiße eben an die heidnische Fatalität glauben, wie er gesagt habe. Zwischen Papisten und Lutheranern sei der Unterschied, dass jene den Papst zum Haupte hätten, diese den Luther, übrigens seien sie Christen, die Kalviner aber erkennten gar kein Haupt an und hätten auch kein rechtes Abendmahl, eben weil sie glaubten, man richte damit doch nichts aus. Ob er, der junge Rantzau, sich für den rechten Mann halte, seinen König in der Religion zu unterrichten? Er habe Lust, ihn als Propheten ins Reich zu schicken, vielleicht könne er den Kaiser überreden, dass er den Kurfürsten von der Pfalz wieder in Gnaden annehme.

Hierüber erhob sich ein dröhnendes Gelächter, während der junge Rantzau errötete; dann wurde gesagt, es werde dem Könige ein ewiger Ruhm sein, wenn er den Tilly aufs Haupt schlüge, von dem es heiße, er sei unbesiegbar, weil er sich nie berauscht und nie ein Weib angerührt habe.

Der König, welcher das noch nicht gehört hatte, lachte unmäßig: so wäre er kein Mann, sondern ein Weib, und so wäre ein Weib unbesiegbar! Er hätte nie anders gewusst, als dass drei Dinge einem Helden zukämen: ein voller Busen, ein voller Becher und ein triefendes Schwert. Er möchte den neumodischen Helden Tilly wohl ein wenig kitzeln, das dänische Schwert reiche ja über den Sund.

In der dänischen Bürgerschaft war der Krieg nicht so gern gesehen wie bei den Jungen vom Adel; vollends eine Erschwerung war es aber, dass ein Teil der niedersächsischen Stände, die ja den König zu ihrem Feldhauptmann machen sollten, keinen Mut zu offener Feindseligkeit gegen den Kaiser hatten und nicht merken durften, worauf die Rüstung eigentlich abzielte, oder wenigstens in der Lage sein wollten, so zu tun, als ob sie nichts davon merkten.

Im Mai des Jahres 1624 saß Kurfürst Friedrich im Haag traurig am Sterbebette des Grafen Solms, der seine letzte Kraft zusammenhielt, um seinem Zögling noch einige Verhaltungsmaßregeln und Warnungen zu hinterlassen. Er solle sich nicht wieder mit Mansfeld einlassen, er solle sich mit dem Kaiser aussöhnen, es werde nichts Gutes aus dem Kriege kommen. Er solle nicht allzu nachsichtig mit seinen Kindern sein, solle sie nicht nur in den Wissenschaften unterrichten, sondern auch im wahren Glauben stärken. »So liebe, schöne, kluge Kinder«, sagte er, »sieh dazu, dass sie auch fromm und gut werden, du bist es Gott schuldig.« Er sank entkräftet auf sein Kissen zurück und ließ seine Augen auf dem blühenden Durcheinander von Flieder, Rotdorn und Goldregen ruhen, das durch das offene Fenster hineinlachte. »Wie mag der Frühling daheim sich anlassen?«, flüsterte er. Dann dachte er, dass er sein kleines Erbland als Anhänger Friedrichs verloren hatte, und er empfahl Friedrich seine nun besitzlosen Kinder, namentlich seine Tochter Amalie, die gute, herzliche, gelassene, der sogar die Aussteuer der Schönheit fehle. Friedrich beruhigte ihn, seine Frau werde sie wie eine Tochter halten, sie würden sie verheiraten, wie es ihrem Stande und der Tugend ihres Vaters gemäß sei; Moritz von Oranien sei damit einverstanden, sie seinem Neffen Friedrich Heinrich zur Frau zu geben, und das solle ausgeführt werden. Nachdem der Sterbende sich somit aller irdischen Sorgen entledigt hatte, schloss er die Augen, sein Gesicht verfärbte sich, und er sagte kaum hörbar: »Es ist soweit, rufe den Geistlichen!« Friedrich warf sich laut aufschluchzend über ihn und jammerte: »Ach Herzensvater, ach mein getreuer Johannes, verlass mich nicht! Verlass mich armen freundlosen Flüchtling nicht!« Allein der Angerufene regte sich nicht und hatte die Klage wohl nicht mehr vernommen.

So aufrichtig des Kurfürsten Betrübnis war, verzog sie sich doch vor allerlei täglichen Zerstreuungen, namentlich aber vor einer verheißungsvollen Überraschung, indem Gesandte aus Schweden anlangten und Friedrich und Elisabeth Geschenke ihres Königs und seiner Gemahlin überreichten. Es waren wertvolle Sachen, darunter russisches Pelzwerk, Hermelin, Silberfuchs und Schwarzfuchs, dann ein Tisch, der aus einem einzigen Stück Lapislazuli hergestellt und mit einem zierlichen Geländer aus vergoldeter Bronze versehen war. Dazu ließ Gustav Adolf Friedrich sagen, er nehme herzlichen Anteil an ihm als an einem Schwager seiner Gemahlin, und er hoffe es ihm einst durch die Tat erweisen zu können. Sie hätten den gleichen Gott und die gleichen Feinde, also sollten sie billig zusammenhalten. Er hätte bisher in mancher Schlacht gesiegt, und obschon ihm das Wasser zuweilen bis an den Hals gegangen, habe er sich doch immer frisch herausgekämpft; er fühle, dass Gott mit ihm sei.

Elisabeth freute sich über die schönen Sachen, die sie als eine ihr dargebrachte Huldigung betrachtete, und meinte, endlich wäre ihnen der wahre Retter erschienen, der ihnen zu ihrem Rechte helfen würde. Die deutschen Fürsten und auch ihr Vater würden sich noch schämen und es sehr bereuen, sie so schändlich preisgegeben zu haben, wenn sie erst wieder im Glücke waren. Sie hatte eine sehr geringe Meinung von Marie Eleonore, der schwedischen Königin, und dachte, sie hätte besser zu Gustav Adolf gepasst; sie und er vereinigt, würden den Papismus niederwerfen und alle die trägen und ungebildeten Fürsten ihrer Zeit überstrahlen.

Als Wallenstein zum Capo alles kaiserlichen Kriegsvolkes ernannt war, bestimmte er die Stadt Eger zum Musterplatz und begab sich selbst dorthin, um das Heer zu ordnen. Er bewohnte das vor der Stadt gelegene alte Schloss Großlahnstein, wo er die Stille haben konnte, die er liebte; im weiten Umkreise standen, als er ankam, Wachen, um die Neugierigen abzuhalten, die der Auffahrt des nunmehr zum Herzog von Friedland erhobenen Feldherrn zusehen wollten. Durch die im Schloss Angestellten erfuhr man, dass der Herzog gelblich im Gesicht und ungesund ausgesehen habe, dass er beim Aussteigen sich auf einen Diener gestützt und, in seinen Gemächern angelangt, sich sofort auf ein Ruhebett gelegt habe. Nachdem er den Generalquartiermeister Gropello de Medici und den Generalkommissar Aldringen, die ihm Bericht erstatten und Aufträge entgegennehmen mussten, abgefertigt hatte, ließ er seinen Leibarzt rufen, der zugleich mit ihm eingetroffen war, und sagte ihm, er habe unterwegs heftige Schmerzen am Bein bekommen, sodass er nicht auftreten könne, auch übrigens fühle er sich unwohl und nicht wie sonst. Nach einer längeren Untersuchung sagte der Leibarzt, der Fürst habe das Podagra, er würde guttun, ein Bad aufzusuchen, etwa Griesbach oder das Karlsbad, einstweilen solle er purgieren und die hitzigen Getränke und die Gewürze vermeiden, so werde es hoffentlich bald vorübergehen. Es müsse vorübergehen, sagte Wallenstein heftig; der Arzt wisse wohl, dass er nicht hierhergekommen sei, um sich aufs Lotterbett zu legen, sondern um dem Kaiser eine Armee zu schaffen und ungehorsame Fürsten und Friedensstörer zur Räson zu bringen. »Das mag leichter sein, als einen rebellischen Körper im Zaume zu halten«, sagte der Arzt lächelnd, »und am Ende werden wir sehen, wer der bessere Generalissimus ist, Fürstliche Gnaden oder ich.« Der Herzog sagte lachend, er hoffe, sein Körper sei annoch nicht so faul wie das Römische Reich, er wolle übrigens dem Arzt gern den Sieg und Ruhm in diesem Wettstreit überlassen, wenn er ihn nur wieder auf die Beine bringe. Ein Wasser, das der Arzt verschrieb, verjagte die Schmerzen so geschwind, dass Wallenstein schon nach zwei Tagen aufstehen und eine Einladung des Grafen Octavio Piccolomini zu einem Bankett annehmen konnte, das dieser ihm zu Ehren veranstalten wollte. Pflegte er sich auch im Allgemeinen an der Geselligkeit der Offiziere nicht zu beteiligen, so hielt er es doch diesmal für gut, eine Ausnahme zu machen, sowohl um Piccolomini eine Aufmerksamkeit zu erzeigen, wie damit jeder sehe, dass er wohlauf sei.

Im Laufe des Tages erhielt er mit der reitenden Post einen Brief seines Schwiegervaters, des Grafen Harrach, aus Wien, der ihm schrieb: er wünsche Wallenstein einen guten Fortgang seiner Angelegenheiten und zweifle nicht, dass er alles wohl hinausführen werde; er bitte ihn aber beweglich, aufzumerken und eingedenk zu sein, dass sein sonderbares Glück ihm am Hofe und im Heere viele Feinde und Neider gemacht habe, die es sich angelegen sein lassen würden, ihm Steine auf den Weg zu rollen. Es sei bei Hofe mancherlei im Schwange; ein gewisser neu geschaffener Kurfürst sei krank vor Ärger, dass der Kaiser ihm, Wallenstein, so viel Macht in die Hände gegeben habe, Trauttmansdorff solle sich haben verlauten lassen, wenn Wallenstein nicht, bevor ein Jahr um sei, entweder von Dänemark aus dem Sattel geworfen oder von einem Jesuiten ermordet sei, wolle er eine Woche lang keine Spielkarte mehr anrühren. Gestern habe er in der Antichambre den bayrischen Gesandten Leuker gesehen, der habe ihn dreist angeblickt, ohne ihm die Begrüßung anzubieten, er habe ihn freilich auch umsonst auf die seinige warten lassen. Ob dem Collalto zu trauen sei, wisse er nicht, er solle geheimen Auftrag vom Kaiser haben, ein wenig zu spionieren; überhaupt solle doch Wallenstein nie vergessen, dass eine Handvoll welscher Treue noch nicht einem Daumbreit deutscher gleich wiege. Es gingen seltsame Dinge vor, nicht einmal die Majestäten seien vor teuflischen Anschlägen sicher, wie ja erst kürzlich wieder in Warschau ein Närrischer, den man leider habe frei herumlaufen lassen, den König von Polen mörderisch angegriffen habe.

Die Menge der Geschäfte drängte Wallenstein zu sehr, als dass er sich mit dem Inhalt des Briefes eingehend hätte beschäftigen können; aber er fand es, liebenswürdig und umgänglich zu sein, schwerer als sonst wohl, wenn es ihm darauf ankam, sich bei Untergebenen beliebt zu machen, und er hätte sich am liebsten entschuldigen lassen.

Schlick und Collalto waren schon eine Weile bei Piccolomini versammelt, als Aldringen kam, hastig und verdrießlich über die Last der Geschäfte klagend, die ihn verhindert hätten, früher zu kommen. Er mache nicht die Miene eines künftigen Krösus, sagte Piccolomini, auf Aldringens einträgliche Stelle als Zahlungs- und Quartierkommissarius anspielend; er hätte ihm, Piccolomini, einen besonders guten Ungarwein für diesen Abend versprochen, aber nicht Wort gehalten, wenn es nun fehle, so trage er die Schuld.

Es sei nicht seine Schuld, sagte Aldringen, er sei bemüht, allen den Herren zu dienen; aber die Quengelei und Schererei nehme kein Ende, er bringe den ganzen Tag mit Laufen, Rechnen und Schreiben zu, und doch sei dem General nie genug geschehen, er schicke sich mehr für das Bett als für ein Gastmahl.

Es wurden anzügliche Scherze gemacht; sie wüssten, dass er verliebt sei, hieß es, jedoch Piccolomini gebot Stillschweigen, Aldringen sei an unglücklicher Liebe erkrankt und müsse geschont werden.

Die Sache war die, dass Aldringen in einem Kloster zu Brünn, wo er im Quartier gelegen hatte, eine junge Novize hatte kennenlernen, namens Anna Maria Schmittin, ein dunkeläugiges, schönes und lustiges Mädchen, in die er sich so sehr verliebte, dass er sich schwur, niemals eine andere als sie zur Frau zu nehmen. Das Mädchen hatte den blonden stattlichen Mann gern und freute sich seiner Zuneigung; aber ihr Vater und ihre Brüder, die voll Schulden waren, drangen in sie, einen reichen alten Mann ihrer Bekanntschaft zu heiraten, der sich um sie bewarb und mit dessen Geld sie sich wieder aufhelfen wollten. Da sie nun keinen Mut hatte, sich ihnen zu widersetzen, andererseits ihr vor dem Alten graute, gab sie der Äbtissin Gehör, die ihr vorstellte, die beste Lösung werde für sie sein, als Nonne im Kloster zu bleiben. Sie erzählte und erhärtete mit vielen Beispielen, wie übel traktiert und drangsaliert die Frauen in der Ehe würden, das Seufzen, Schmeicheln, Schenken und Schwören nehme dann bald ein Ende, und zwar desto schneller, je brünstiger es vorher zugegangen wäre; denn die Liebe der Männer sei nichts anderes als eine Trunkenheit, und je größer der Rausch gewesen, desto heftiger sei hernach der Ekel. Dann sitze sie da mit schreienden Kindern, müsse für Essen und Trinken sorgen, und wenn der Mann voll sei, bekomme sie gar noch Schläge. Das sei aber weltbekannt, dass die Kriegsleute die ärgsten wären, sie zögen mit Huren in der

Welt herum, etwa müsse die Frau auch mit, und dann heiße es: heute auf dem Sattel, morgen unterm Rad. Dies bewog das Mädchen, dem Aldringen abzusagen, worauf er sie mit leidenschaftlichen Worten bestürmte, ihn nicht fortzuschicken, da seine irdische und ewige Seligkeit davon abhinge. »Ach«, sagte sie, unter Tränen wehmütig lächelnd, »das ist nicht die wahre himmlische Seligkeit, die von eines armen Mädchens Liebe abhängt«, und fügte auch hinzu, wie weh es ihrem Herzen tun würde, wenn er einmal ebenso kaltherzig und widerwärtig gegen sie sein würde, wie er jetzt innig und ergeben wäre. Wie er daraufhin sich zu verschwören anfing, dass seine Glut nie, nie erlöschen würde, dass er eher sich selbst als sie hassen oder vergessen könne, schwankte sie zuerst, und er nahm eine überfließende Zärtlichkeit in ihren Augen wahr und streckte schon die Arme nach der teuren Beute aus; aber plötzlich schlug sie die Hände vors Gesicht, flehte ihn an, von ihr abzulassen, da sie eine Nonne werden wolle und müsse, und lief endlich davon, weil er sich nicht dazu entschließen konnte, sie zu verlassen. Seitdem hatte er sie nicht mehr gesehen und kein Zeichen von ihr erhalten, außer dass ihm die Äbtissin geschrieben habe, sie verharre unerschütterlich bei ihrem Entschlusse.

Collalto legte seine Hand auf Aldringens Schulter und sagte freundlich, das könne er nicht glauben, dass ein so hübscher Junge eine unglückliche Liebe haben solle. Wenn er in Italien wäre, würde an jedem dieser blonden Haare ein Mädchenherz hängen. Die Dirne wolle sich nur kostbar machen, man kenne das, er solle sich eine Weile nicht um sie kümmern, so werde sie ihm wie ein Hündlein nachlaufen. Gewiss sei Aldringen zu gut oder kenne sich nicht aus mit den Weibern, er, Collalto, wolle den Freiwerber für ihn machen, er wette, das Mädchen sei zum Zerbersten verliebt in ihn.

Ach, sagte Colloredo, man müsse nur nicht glauben, es liege an einem bestimmten Apfelbaum, wenn ein Apfel gut sei; man könne schütteln, wo immer man wolle, es fielen einem von jeder Sorte mehr vor die Füße, als man brauchen könne.

Inzwischen missfiel Wallensteins langes Ausbleiben. Graf Heinrich Schlick, der im Böhmischen Kriege zu den Aufständischen gehört, aber nach Friedrichs Flucht sich konvertiert und sein Regiment dem Buquoy zugeführt hatte, sagte, während er sich in einem großen Wandspiegel betrachtete, der Fürst sei der größte Feldherr der Zeit, das leide keinen Zweifel, aber er habe seltsame Manieren, an die man sich gewöhnen müsse. Er sei vorgestern angekommen, habe sich dem Fürsten vorgestellt und zu ihm gesagt, dass er früher sein Feind gewesen sei, jetzt aber sein besserer Freund, Anhänger und Diener sein werde. Die böhmische Rebellion sowie Religion habe ihn zuletzt angewidert, er habe die Irrtümer der letzteren durchschaut und setze seine Ehre und sein Heil darein, die Sache des Kaisers, seines gnädigen und gerechten Herrn, so viel er irgend könne, zu fördern.

Anstatt diese vertrauliche und treuherzige Rede ebenso zu erwidern, habe ihn Wallenstein von oben her angesehen und gesagt: »Tue der Herr nur seine Pflicht«, und diese paar Worte wie ein Scheit Holz vor ihn hinfallen lassen. Dies sei ihm als ein wunderlicher Empfang für einen Kavalier seinesgleichen vorgekommen.

Nun, man sei hier nicht in Wien, sagte Piccolomini, der General sei voll hochwichtiger Geschäfte und könne sich nicht mit jedem Einzelnen befassen. Überhaupt sehe er mehr auf Disziplin als auf Kameradschaft, außer wo besondere Beziehungen vorwalteten.

Das sei in der Dienstzeit auch ganz gut, sagte Collalto, aber man müsse doch einen Unterschied machen und dürfe einen Herrn von hoher Geburt und Stellung nicht wie einen Wachtmeister traktieren.

Da sei es mit Buquoy, sagte Schlick, eine andere Beschaffenheit gewesen. Der habe dem Kaiser Siege gewonnen und Fahnen erbeutet wie Sand am Meere, deswegen habe er aber doch die Offiziere mit Courtoisie behandelt und höchstens einmal im Gedränge der Schlacht sich eine Grobheit entfahren lassen, was man ihm aber allgemein hätte hingehen lassen.

Immerhin müsse man bedenken, was Wallenstein für ein großer Fürst und Herr sei, sagte Caraffa; er sei so reich, dass er ganz Wien samt dem Kaiser kaufen könne.

»Er hat sie schon gekauft«, sagte Colloredo und lachte. »Die Majestät sitzt zwar in der Kutsche und der Fürst auf dem Bock, aber die Rosse ziehen, wohin er lenkt, und nicht, wohin der Kaiser befiehlt.«

Das Gespräch verstummte, weil Wallenstein eintrat. »Es ist recht, Herr Bruder«, sagte er zu Piccolomini, »dass Ihr das Holz nicht gespart habt; denn es ist bitterkalt draußen, als ob es Winter statt Frühling wäre.«

Er wisse, sagte Piccolomini, dass der Fürst die Wärme liebe. In den Bergen habe es geschneit, es sei zu befürchten, dass das Obst in der Blüte erfriere und dass das Korn, das schon hoch stehe, nicht werde reifen können.

Seit Menschengedenken habe man ein so seltsames Jahr nicht gesehen, sagte Collalto; es zeige sich früh an als ein auserwähltes, das voll denkwürdiger Heldentaten stecke.

Wallenstein liebte derartige Huldigungen, und seine Stimmung glättete sich noch mehr, als er auf dem Ehrenplatze an der von Silber funkelnden Tafel saß, erwärmt durch das im Kamin knisternde Feuer und durch den heißen Wein, von dem er einige Tropfen zu sich nahm.

Die Unterhaltung, die des Generals Anwesenheit anfangs gedämpft hatte, begann eben lauter zu werden, als Piccolomini bemerkte, dass Wallensteins Gesicht sich verfärbte, und im Begriff, ihm zu Hilfe zu kommen, fragte er, ob ihm nicht wohl sei. Wallenstein winkte ihm mit der Hand, sitzen zu bleiben, lehnte sich in den Sessel zurück und sagte: es sei ihm nur etwas Wunderliches aufgefallen, das ihn fast konfus gemacht habe. Er trage seit Jahren einen Ring, den ihm seine erste Frau zum Geschenk gemacht und den nie vom Finger zu lassen sie ihn hoch verpflichtet habe; es sei nämlich ein sogenannter Blutstein, und es würden ihm sonderbare Kräfte zugeschrieben.

Von einem solchen Stein habe er allerdings gehört, fiel Graf Schlick lebhaft ein; denn Peter Wuk von Rosenberg, der reichste Mann in Böhmen und vielleicht der Welt, solle einen solchen besessen haben. Der Stein sei, soviel er gehört habe, ein Karneol, der schwarz aus der Erde komme und die zauberische Kraft habe, den Mord zu spüren und anzuzeigen, indem er seine ursprüngliche Blutfarbe annehme. Es sei in Prag erzählt worden, dass Kaiser Rudolf, der in steter Angst, und nicht ohne Ursache, vor Meuchelmördern geschwebt habe, hundert Tonnen Goldes um den Besitz eines solchen Steines habe geben wollen und dem Peter Wuk von Rosenberg auch angeboten habe; aber der habe es aus Abneigung gegen den Kaiser, und weil er ohnehin reich genug gewesen sei, abgeschlagen.

»Ich trage den Ring«, sagte Wallenstein, »ohne ihn jemals anzusehen, da ich ihn fast vergessen habe und er unscheinbarer Art ist; da bemerkte ich soeben, als ich das Weinglas niedersetzte, dass er blutrot geworden ist, gleichsam als ob in ihm ein Äderlein aufgesprungen wäre und sein Blut ausgelassen hätte.«

Die Herren sprangen auf und drängten sich um Wallensteins Stuhl, das Wunder in Augenschein zu nehmen. »In Wahrheit«, rief Aldringen, der zunächst stand, »der Stein gleicht einer kleinen Blutlache.«

»Bei Gott und der Heiligen Jungfrau«, sagte Piccolomini, »es ist, als ob eine Feuerflamme daraus hervorschlüge.« Indessen, fuhr er mit liebenswürdiger Herzlichkeit fort, dürfe Wallenstein darauf vertrauen, dass er sich im Kreise seiner getreuesten Diener befinde, die jeden Augenblick bereit wären, nicht sein Blut, wohl aber das seiner Feinde zu vergießen. Zunächst wolle er, als sein Wirt, ihm selbst den Wein kredenzen, den er ihm vorgesetzt habe, damit Wallenstein keinen Widerwillen gegen das Getränk fasse.

Damit ergriff er Wallensteins Glas und leerte es in einem Zuge, bevor dieser ihn daran hätte hindern können. Er hoffe, sagte Wallenstein, Piccolomini wisse, dass er keinen schimpflichen Verdacht gegen ihn oder einen seiner Gäste habe. Er wisse, dass er sich unter Edelleuten und unter Freunden befinde und dass das Phänomen nicht mit ihnen in Zusammenhang stehe, vielleicht auch eher physisch als magisch zu erklären sei.

Bei diesen Worten fiel sein Blick wieder auf den Ring, und indem er die Hand flach auf den Tisch legte, sagte er, nun sei der Ring wieder stumpf und schwarz wie zuvor.

Hätte er es nicht mit seinen lebendigen Augen gesehen, sagte Caraffa staunend, so würde er denken, es sei ein Gaukelspiel des bösen Feindes gewesen, um sie zu verwirren.

Piccolomini meinte, es könne auch vielleicht aus dem Feuer im Kamin ein Schein auf den Stein gefallen sein, oder der silberne Kandelaber, der gerade vor dem General stehe, könne sich in ihm gespiegelt haben.

Nein, sagte Aldringen, der Stein sei aus sich selbst durch und durch blutrot gewesen, das habe er zweifellos wahrgenommen.

Dergleichen Dinge kämen vor, sagte Schlick, und hätten auch etliche Male eine sonderliche Bedeutung. So hätte jener Feldmarschall Rußworm, der im Jahre 1605 enthauptet worden sei, als er das letzte Mal des Abends spät nach Prag gekommen sei, am Tore ein altes Weib sitzen sehen, das Apfel in einem Korbe vor sich gehabt hätte. Obwohl zu dieser Stunde, da der Mond schon aufgegangen und das Tor geschlossen gewesen sei, für gewöhnlich keine Hökerinnen mehr da zu sitzen und Ware feilzuhalten pflegten, es sei ihm doch nicht aufgefallen, und er habe mit seinen Begleitern gesprochen, während das Tor geöffnet worden sei. Wie er nun habe einreiten wollen, habe die Frau einen Apfel vor ihn hin gerollt, worüber sein Ross sich aufgebäumt habe und zurückgeschaudert sei. Dasselbe habe sie noch einmal und noch einmal getan, wie er sich aber nach ihr umgewendet habe, um mit der Peitsche nach ihr zu schlagen, sei sie verschwunden gewesen, und über den leeren Stein, auf dem sie gesessen habe, sei das gelbe Mondlicht hingelaufen. Anstelle der Äpfel hätte man am andern Morgen nichts als gebleichte Knochen gefunden. Er, Schlick, habe die Geschichte vom Obersten Althan, der damals in Rußworms Gesellschaft gewesen und dem es wieder eingefallen sei, als Rußworm durch Henkershand hätte fallen müssen, wie viele sagten, als ein Unschuldiger und Opfer feindlicher Umtriebe.

Hundertmal verdient hatte er das Schafott, rief Collalto heftig; dass er den Belgiojoso erstochen hätte, sei erwiesen, und natürlich sei es auch nicht zugegangen, dass Schwarzenberg und Solms und Mercoeur, seine Vorgesetzten, so plötzlich nacheinander weggestorben wären.

Aldringen wollte gehört haben, der Erzherzog Matthias habe ihn zu Falle gebracht, weil er zum Rudolf gehalten habe, Kaiser Rudolf hätte ihn nachmals gern wieder lebendig gemacht, als es zu spät gewesen sei, und oft des Nachts gejammert, er könne nicht im Bette bleiben, weil der Rußworm komme und sich zu ihm lege.

Wallenstein sagte, wenn Rußworm den Tod nicht wegen Hochverrats, so habe er ihn wegen Torheit und Schwäche verdient; dann verließ er die Gesellschaft, wie er denn nur selten lange bei Zechereien zu bleiben pflegte. Als er, von mehreren Dienern begleitet, zu seiner Kutsche ging, hüllte er sich fest in seinen Pelzmantel; der Himmel war voll weißer, wie gefrorener Schnee glitzernder Sterne. Der Brief seines Schwiegervaters fiel ihm wieder ein, und es ärgerte ihn jetzt fast, dass derselbe ihn mit so nichtsnutzigen Dingen behelligte; wenn er überhaupt etwas zu fürchten hatte, so war es nicht der neidische Schwarm schwatzender Höflinge, hirnloser Kriegsräte und schleichender Beichtvater. Das konnte nur etwas Ungeheures sein, etwas Namenloses, das stärker als er war, etwas Dämonisches; und wenn er es erst kennte und nennen könnte, dachte er, würde er auch das nicht mehr fürchten.

Auch in Donauwörth, wo es inzwischen still und öde geworden war, hatten zu jedermanns Erstaunen schon im Februar Primeln, Krokus und Veilchen geblüht, und die Kinder hatten an Sonntagen Kränze gewunden und Ringelreihen getanzt; aber in den ersten Maitagen blies ein Wind aus

Norden und tötete die verfrühte Lenzfreude, die dann ein dichter Schneefall begrub. Erregte dies schon Verwunderung und Bekümmernis, so entstand vollends Schrecken, als die Saaten durch Hagelschlag vernichtet und die Erntehoffnungen für dies Jahr zerstört wurden. Von den Betroffenen wurden Zweifel geäußert, ob ein solcher Witterungslauf natürlich sein könne, und ein bestimmter Argwohn, den Schaden durch Zauberei herbeigeführt zu haben, begann sich gegen eine wohlhabende Witwe zu richten, die zurückgezogen lebte und trotz aller Bekehrungsversuche dem Luthertum treu geblieben war. Mehrere Leute, die in der dem Hagelfall voraufgehenden Woche spät aus dem Wirtshause gekommen waren, besannen sich darauf, dass sie im Mondschein einen schwarzen Ziegenbock von verdächtigem Aussehen um das einsame Haus der Frau hatten herumspringen sehen; auch wurde es für gefährliche Anzeichen gehalten, dass sie abseits von den anderen lebte, wenig sprach und dass ihr Acker merklich von dem Hagelwetter verschont geblieben war. Demgegenüber half ihr Leugnen nichts, und sie wurde als Hexe verbrannt, nicht ohne dass die Jesuiten sich Mühe gaben, sie vorher zur katholischen Kirche zu bekehren. Auch behaupteten dann einige, die dem Scheiterhaufen zunächst gestanden hatten, sie habe noch aus dem Rauch herausgeschrien, sie schwöre ihrer Ketzerei ab und sterbe im wahren Glauben, wohingegen andere gehört haben wollten, dass sie ihren Herrn, den Satan, um Beistand angerufen habe.

Nach dem Tode dieser Witwe gab es nur noch fünf Evangelische in Donauwörth, nämlich den Schmied Ulrich Hindenach und seine Tochter und drei arme alte Frauen, die in einem Pfrundhause lebten. Diese drei zu bekehren, nahm ein bayrischer Jesuitenpater auf sich, besuchte sie und erzählte ihnen, wie dem Heiland wegen ihres Irrglaubens und ihrer Verstocktheit seine Wunden schmerzten, und lud sie ein, wenn sie sich unterweisen lassen wollten, zu ihm zu kommen; er werde ihnen statt des im Pfrundhause üblichen Haferbreis ein wohlschmeckendes Feigenmüslein vorsetzen. Eine von ihnen folgte der Einladung, kam auch munter und erbaut zurück und rühmte das Feigenmüslein, wie süß und bekömmlich es sei, ganz anders als der steife Haferbrei, den man nicht wohl ohne Widerwillen Tag für Tag fressen könne. Indessen hörte sie allmählich damit auf, da die anderen nichts darauf entgegneten, und wurde überhaupt schweigsam und traurig. An den Sonntagen, wenn die beiden Evangelischen, die keinen Gottesdienst besuchen durften, in einer Postille eine Predigt Doktor Luthers lasen, saß die Alte, die nun keinen Teil mehr daran hatte, allein in einem Winkel, bewegte die Lippen, und aus ihren kleinen matten Augen schlich zuweilen eine Träne.

Der Statthalter Dandorf, der sich vorgenommen hatte, bis zum Jahre 1627 dem Herzoge nach München zu melden, dass kein Evangelischer mehr in Donauwörth sei, geriet in unbezähmbare Wut gegen die paar Ketzer, die ihm das Ziel verrücken wollten. Er hatte für den Fall des Gelingens eine Wallfahrt gelobt, und da er auf Wallfahrten überhaupt erpicht war, konnte er den Gedanken, sie verschieben zu müssen, nicht ertragen. Es könne keine Ordnung bestehen, schnaubte er, wenn sich Untertanen absondern und eine widersetzliche Religion haben wollten, auch sehe man daraus, dass so viele lutherische Weiber als Hexen verbrannt wären, wohin der Irrglauben führe, nämlich zum Teufel. Da nun aber der Herzog befohlen hatte, es solle kein unmittelbarer Zwang zur Bekehrung angewendet werden, und die erlaubten Mittel bei dem Schmied Ulrich Hindenach nicht verfangen hatten, sein Tun und Treiben auch keinen Anlass bot, ihn ernstlich zu behelligen, so wusste der Statthalter nicht recht, wie er ihm beikommen sollte.

Nun traf es sich, dass Hindenach krank wurde und sein Testament machen wollte, um seiner einzigen Tochter, was er besaß, zu verschreiben; denn er sah voraus, dass sein Bruder, der sich bekehrt hatte, seine Verlassenschaft an sich zu ziehen versuchen und dabei die Unterstützung des neuen katholischen Rats finden würde. Wie ihm nun bedeutet wurde, dass ein Evangelischer kein gültiges Testament machen könne, wurde ihm das Herz schwer, indem er sich das künftige Schicksal seiner Tochter, wenn er gestorben sein würde, vorstellte. Sie war ein blühendes Mädchen von fünfundzwanzig Jahren mit schwarzem Haar und schwarzbraunen Augen; das Weiße ihrer Augen hatte einen bläulichen Schimmer, und es waren ein paar dicke schwarze Tupfen darin, und wenn sie lachte, war ihr ganzes dunkles Gesicht in lauter Glanz und Schelmerei getaucht. Wie sollte sie, obwohl sie stark, keusch und fleißig war, als Evangelische in Donauwörth einen Mann bekommen, und wer sollte sie in den Verfolgungen und Drangsalen stützen, denen sie nach seinem Tode mehr als je ausgesetzt sein würde? Diese Sorge quälte ihn dermaßen, dass er den Jesuiten, die ihn während seiner Krankheit besuchten und ihm mit Drohungen und Verheißungen zusetzten, nachgab und sich samt seiner Tochter bekehrte. Sie war zwar anfangs nicht einverstanden gewesen, tröstete sich aber rasch mit dem Gedanken, dass sie nun nicht mehr so abgesondert von der übrigen Jugend sei und bessere Aussicht habe, sich zu verheiraten.

Hindenach dagegen, obwohl er sich von seiner Krankheit wieder erholte, verlor den Schlaf und verfiel bei der Arbeit in so tiefe Gedanken, dass er nichts mehr vor sich brachte. Als er das erste Mal dem katholischen Gottesdienst beiwohnte, die geputzten Priester hin und her springen, knicksen und sich bekreuzigen sah, das Klingeln, Psalmodieren und lateinische Singen hörte, kam es ihm vor, als sei er auf einem der Berge, wo die teuflischen Tänze abgehalten werden sollten, er glaubte, wohin er blickte, höhnisches Grinsen und schadenfrohe Fratzen zu sehen und fühlte sich so übel, dass er kaum das Ende abzuwarten vermochte. Als sie wieder zu Hause waren und seine Tochter in die Küche ging, um das Mittagessen zu rüsten, stieg er, um allein zu sein, auf den Speicher und setzte sich müde auf eine alte Kiste. Durch eine halb geöffnete Dachluke sah er ein Stück des Weges, der sich zwischen Obstbäumen durch Felder aus der Stadt hinaus nach dem Dorfe schlängelte, wohin er sonst, vor ein paar Jahren noch mit seiner seitdem verstorbenen Frau gegangen war, um dem innerhalb der Tore verbotenen lutherischen Gottesdienst beizuwohnen. Der Weg lief so eilig und fröhlich seinem Ziele zu wie einst, wie war es gekommen, dass er ihn nicht mehr gehen konnte? Wie auf einen Traum besann er sich auf die Zeit vor der bayrischen Okkupation, wo er ein Mitglied des Rats gewesen war, wo sein Wort in der Stadt viel gegolten und sein Haus in Freuden und Ehren gestanden hatte. Seitdem hatte er viel Unglück gelitten: war aus dem Rat gestoßen, hatte die alte Kundschaft verloren, war um geringfügige Dinge oder unter Vorwänden gerügt und in Geldstrafe oder Haft genommen worden; aber er hatte doch seinen Kopf hoch getragen und sich Gottes getröstet, welcher es wissen musste, dass er noch der alte Ulrich Hindenach ohne Falsch war. Der Tod seiner Frau, die den vielen Gram nicht mehr verwinden konnte, hatte ihn hart mitgenommen, er fing an zu vereinsamen und einzusehen, dass Gott hienieden sein treues Volk nicht erhalten wollte. Trotzdem war er nicht so elend gewesen wie jetzt, als er noch vor vier Wochen, die Hand seiner Tochter in der seinigen, in der Sonntagmorgenfrühe nach dem Dorfe hinausgewandert war. Er konnte sich nicht besinnen, wie der jämmerliche Wechsel über ihn gekommen war, da er doch früher viel mehr Drangsale um des Glaubens willen ausgestanden hatte als gerade jetzt. Auf einmal hatte er wegen des Testamentes nachgegeben, obschon sich doch vielleicht noch ein anderer Ausweg gefunden hätte, ohne dass er sein einziges Kind dem Antichristen ausgeliefert hätte. Er stützte müde den Kopf in die Hand und schloss die Augen; als er plötzlich das fröhliche Singen seiner Tochter hörte, die unten mit den Tiegeln hantierte, stieg eine schreckliche Angst in ihm auf und schnürte seine Brust zusammen. Er wusste nicht, was er tun sollte, wenn sie ihn rufen würde, zu Tisch zu kommen. Schnell stand er auf, kramte in der Kiste, auf der er gesessen hatte und in der allerlei Hausrat verwahrt wurde, bis er einen starken Strick fand, befestigte ihn mit vor Hast zitternden Händen an einem Balken und erhängte sich.

Nachdem der hartnäckige Schmied sich bekehrt hatte, waren nur noch die beiden steinalten Pfründnerinnen in Donauwörth lutherisch, aber diese zählte der Statthalter nicht und trat also mit großem Aufwand seine Wallfahrt an.

Schwere Folgen hatte die verkehrte Witterung des Jahres 1624 auch in Bamberg und Würzburg, wo die Bischöfe ohnehin mit ungewöhnlicher Schärfe gegen das Hexenwesen vorgingen. Johann Georg II. Fuchs von Dornheim, Bischof von Bamberg, gewöhnte sich so daran, dass das eingezogene Vermögen der justifizierten Hexen und Zauberer in seine Kasse floss, dass es ihm schien, wenn der Strom einmal spärlicher tropfte, als werde der Lauf der Gerechtigkeit aufgehalten und stecke irgendwo eine gröbliche Pflichtverletzung, und er bedrohte die Richter ernstlich, sie sollten sich nicht damit begnügen, hie und da einen faulen Fleck auszuschneiden, sondern dem Übel bis auf den Grund nachgehen, damit sich die Pest nicht weitervererben könne. Demgemäß ließen die Richter allen Verdächtigen durch den Henker peinlich zusetzen, bis sie eine leidliche Anzahl anderer angaben, die auch bei den Hexentänzen gewesen waren, von denen jeder wieder anzeigen musste, sodass es keine Lücken in den Prozessen gab. So kam es, dass auch mehrere Bürgermeister von Bamberg der Hexerei angeklagt wurden, unter ihnen der Bürgermeister Junius, ein stattlicher stolzer Mann von fünfundfünfzig Jahren, der bis dahin bei jedermann angesehen und auch beliebt gewesen war. Dieser verstummte vor Schreck und Staunen, als ihm in der Gerichtsstube ein altes Weib vorgestellt wurde, die er nicht kannte und die gleichwohl behauptete, ihn vor einigen Wochen auf dem Kaulberge beim Satansfest gesehen, mit ihm getanzt und gesehen zu haben, wie er dem hinkenden Bockteufel die Reverenz gemacht und zum Zeichen des Gehorsams den Schwanz geküsst habe. Als er seine Sprache wiedergefunden hatte, schrie er das Weib an, er kenne sie ja nicht, wie solle er denn mit ihr getanzt haben? Er müsste ja toll und voll sein, wenn er mit einer solchen Vettel auf den Tanz ginge, noch dazu bei Nacht auf dem Kaulberge. Wenn es auch wahr sein möchte, dass der Teufel mit den Hexen dort Tanz hielte, obwohl es ihm absonderlich vorkäme, so könne er doch schwören, dass er niemals etwas davon gewusst, geschweige denn dabei gewesen wäre. Sie solle die abscheuliche Lüge, die Gott an ihr strafen werde, zurücknehmen.

Das alte Weib kicherte höhnisch, sie könne nichts anderes sagen, als was sie gesagt habe, er solle nur ein Weilchen warten, dann werde er auch wissen, wie es bei den Teufelstänzen zuginge. Ja, sagte der Richter, wenn er nicht flugs bekenne, solle der Henker ihm helfen, sich zu besinnen. Während der Bürgermeister sich voller Entrüstung verwahrte, dass dies kein rechtliches Gericht sei und dass kein Christenmensch mehr seines Lebens sicher sei, wenn man auf das vereinzelte Zeugnis einer bösen alten Hexe verurteilt werden könne, bemächtigte sich der Henker seiner, er wurde entkleidet, aufgereckt, und die Glieder wurden ihm auseinandergerissen. Da er die Schmerzen nicht lange aushielt, bekannte er, was ihm vorgesagt wurde, und bezeichnete auch mehrere angesehene Bürger, darunter seinen eigenen Schwager, als solche, die sich gleichfalls dem Teufel ergeben hätten.

Als er allein unter fürchterlichen Schmerzen sich auf das, was geschehen war, besann, dachte er an seine Frau, die etwa ein halbes Jahr vor ihm als Hexe verbrannt worden war, dass sie sicherlich ebenso wenig wie er vom Teufel gewusst habe und dass er dazumal nicht hätte stillschweigen sollen, als sie flehentlich schrie und ihre Unschuld beteuerte. Dann dachte er an seine beiden Töchter, die er kürzlich an einem und demselben Tage vermählt hatte, eine mit einem irdischen, die andere mit dem himmlischen Bräutigam im Kloster zum heiligen Kreuz an der Stadtmauer von Bamberg, und dass sie ihn nun für einen gottlosen, verlorenen Mann halten würden. Es gelang ihm, bevor er sterben musste, einen langen Brief an sie aufzusetzen, in dem er ihnen Lebewohl sagte und schilderte, wie es zuginge und wie die falschen Zeugnisse ihm ausgepresst wären.

Da die Zahl der Zauberer und Hexen sich so trefflich vermehrte, schritt der Bischof dazu, eigens zu ihrem Gebrauch ein neues Gefängnis zu bauen, welches Trudenhaus genannt und mit nicht geringen Kosten nahe bei der Mauer am Keßlertürlein errichtet wurde.

In einer Schenke in Hamburg saßen einige hohe Offiziere des neu geworbenen dänischen Heeres zusammen und unterhielten sich über die neue, vom König von Dänemark erlassene Verordnung über das Kriegswesen, mit der sie durchaus nicht zufrieden waren. Knyphausen hatte die gedruckten Artikel in der Hand und las langsam und mit lauter Stimme vor: es sei die Auslöhnung der Soldaten nicht länger den Regimentsobersten zu überlassen, sondern solle ihr Sold durch die königlichen Kommissare ausgezahlt werden. Nach einer Pause, während welcher er sich im Kreise umgesehen hatte, fragte er, ob man je dergleichen vernommen habe und ob man glaube, dass ein einziger Offizier Bestallung angenommen haben würde, wenn er das gewusst hätte? Graf Isenburg heftete seine Augen gespannt auf den Vorleser und bat, er möge die Stelle noch einmal lesen, da er es nicht deutlich verstanden habe.

Nach der zweiten Lesung gerieten alle in Bewegung, und Herzog Franz Karl von Sachsen-Lauenburg sagte, das habe nichts anderes zu bedeuten, als dass die Soldaten künftig mehr von den Kommissaren, also vom König, als vom Regimentsobersten abhingen und dass einer überhaupt nicht mehr recht wüsste, warum er Oberster würde und wieso und wozu. Ein Oberster, der den Sold nicht selbst auszahle, das sei ja gar kein Oberster, da wäre es schon fast besser, müßig dazusitzen.

Ja, das Geld sei der nervus rerum, sagte Knyphausen, das sei ein bekanntes Sprichwort.

Die Herren sollten aber bedenken, sagte Wilhelm von Lohausen, genannt Kalchum, was für eine Unordnung dabei mit unterlaufe. Er wolle ja von den anwesenden Fürsten und Herren nicht reden, aber es wisse doch jeder, wie viele Obersten es gebe, die das Geld in die eigene Tasche steckten und die Soldaten verhungern und verlumpen ließen, und was für böse Folgen das hätte.

Wenn sich andere zwischen einen Obersten und sein Heer steckten, das hätte noch schlimmere Folgen, sagte Graf Solms.

Ja, ob etwa ihn jemand in Verdacht hätte, dass er den Sold für die gemeinen Soldaten in die Tasche steckte, fragte der Herzog von Altenburg. Das sei seiner fürstlichen Ehre zu nahe getreten. Das könne er nicht auf sich sitzen lassen.

Aber so sei es ja nicht gemeint, sagte Lohausen. Derartige Verordnungen bezögen sich nicht auf einen Einzelnen, es gelte die Ordnung im Allgemeinen, und die werde auf diese Art am besten gewahrt.

Als ob die Kommissare das Geld nicht auch in die Tasche stecken könnten, sagte Graf Solms.

Die wären Beamte, sagte Lohausen, und müssten dem König über Heller und Pfennig Rechenschaft ablegen.

Mit dergleichen Forderungen würden sie auch von Zeit zu Zeit geplagt, sagte der böhmische Graf Schlick. Er könne darüber nur lachen. Man könne nicht zugleich das Schwert führen und ein Gelehrter sein, und wenn einer ein guter Rechner und Schreiber sei, so könne er dem von vornherein prophezeien, dass er keine Schlachten gewinnen werde.

Nein, auf seiner fürstlichen Ehre könne er nicht den kleinsten Flecken dulden, fuhr der Altenburger fort, wer das gesagt habe, müsse heute noch den Degen mit ihm kreuzen.

Das werde Kalchum sehen, sagte Graf Isenburg, dass auf diese Weise der König kein Heer zusammenbringe. Keiner werde sich das gefallen lassen. Und dann stehe da noch, dass der König das erste Recht an die Kriegsbeute haben solle! Das sei auch eine Novität! Nach uralten geheiligten Regeln werde die Beute zwischen den Offizieren und gemeinen Soldaten dem Range nach geteilt, der König habe nichts damit zu schaffen gehabt. Ja, warum man denn eigentlich in den Krieg ziehen solle? Ruhm und Ehre komme gewiss an erster Stelle, das sei selbstverständlich, aber man könne auch Unglück haben, die Fortuna sei launisch, und dann gehe es über einen her, denn es müsse allemal ein Sündenbock vorhanden sein. Ferner habe man auch Weib und Kind, und was aus einem werden solle, wenn man alt und invalid geworden sei? Man sei doch kein Bauer, dass man umsonst arbeitete! Die Grundlagen des Kriegswesens dürften nicht angetastet werden, sonst könne niemand heroische Taten verrichten.

Ob etwas Wahres an dem Gerüchte sei, sagte Herzog Franz Karl, den von Lohausen scharf ins Auge fassend, dass er selbst, Lohausen, bei Anfertigung dieser neuen Kriegsgesetze die Hand im Spiele gehabt habe? Er solle sich ja ohnehin auf das Bücherwesen verstehen und mit sogenannten Gelehrten umgehen.

Das leugne er nicht, sagte Lohausen, dass er ein Wörtlein dabei mitgeredet habe; und er habe es nach seinem Verstand und Gewissen getan, zu mehrerem sei ein Ehrenmann nicht verpflichtet.

So solle er auch nur gleich sein Schwert ziehen und sich mit ihm schlagen, rief der Altenburger, er könne nicht eine Viertelstunde länger leben, ohne seine fürstliche Ehre mit Blut zu reinigen. Sie könnten es auch zu Pferde verrichten, wenn das Lohausen lieber sei.

Er wäre Seiner Fürstlichen Gnaden lieber in anderen Sachen zu Dienst gewesen, sagte Lohausen, wolle sich aber auch diesem Befehl nicht entziehen. Wegen der Pferde bedanke er sich, er stehe so fest auf seinem Stelzfuß wie mancher andere nicht auf zwei gesunden Beinen.

Darauf hielt er eine Ansprache an die Versammelten, sie sollten doch wegen der neuen Verordnungen nicht den Dienst verlassen. Leider sei es ja mit Kriegsgesetzen meistens so, dass der Erfolg ganz anders sei als die Absicht und dass es bei den erbaulichen Worten auf dem Papier bleibe, womit man etwaige Nörgler niederschlüge. Einstweilen brauchten sie sich also nicht zu erhitzen. Sie hätten doch alle das Schwert gezogen, um das geliebte Vaterland gegen Spanier und Jesuiten zu verteidigen, davon wollten sie sich nicht abwendig machen lassen. Die Mittel zum Kriege wären schwer aufzubringen, wie schelmisch der König von England verfahre, wisse man ja, die Staaten hatten auch den Erbfeind auf dem Halse, der König von Dänemark sei zwar reich, wolle das Seinige aber auch nicht mutwillig zusetzen. Indessen, des Königs Generosität sei weltbekannt, sei der Krieg erst einmal im Gange und gebe es Sukzess, so werde der Lohn auch nicht ausbleiben.

Am 30. Juli erschien in Hameln, wo Christian IV. sein Hoflager aufgeschlagen hatte, Friedrich Ulrich von Braunschweig-Wolfenbüttel mit der Nachricht, Tilly habe die Weser überschritten und hause jämmerlich in seinem Lande, wenn Christian nicht helfe, sei alles verloren. Der König musterte seinen Neffen, der ein abgerissenes graues Wams trug und sehr erhitzt und verstört aussah, mit einem Lächeln und sagte, man solle meinen, er habe nicht in der Kutsche gesessen, sondern sei davorgespannt gewesen. Friedrich Ulrich trocknete sich den Schweiß ab und sagte, er möchte allerdings lieber ein Pferd als ein deutscher Reichsfürst sein; er hätte alles so treulich, redlich und vorsichtig zu richten gesucht, nun gehe es doch über ihn her. Wenn es sogar dem Unschuldigen und Frommen übel gehe, so bleibe einem ja nur die Desperation übrig.

Er hätte sich ihm eher anschließen sollen, sagte der König, indem er ihm die Hand auf die Schulter legte; nun komme er in zwölfter Stunde nach erlittenem Schaden; es sei ja aber gottlob noch nicht zu spät zur Remedur.

Während des Mittagsmahls berichtete Friedrich Ulrich, was sich ereignet hatte: wie die Amtmänner von Greene, Wölpe und Wickensen händeringend und hilfeschreiend gelaufen gekommen wären und Briefe über Briefe einträfen mit Beschreibung der Gräuel, die die Tillysche Soldateska verübe. In Wölpe hätten sie, nachdem sie schon alles aufgefressen, mehr verlangt, und da die Bauern nichts hätten geben können, hätten sie ihnen Nasen und Ohren abgeschnitten und gesagt, sie wollten sie zu einer Wurst verhacken, da sie nichts anderes hätten.

Der König äußerte sich entrüstet: er habe bisher eine zu gute Meinung von den Papisten gehabt, das sei ganz unchristlich und höchstens bei Türken und Tataren gebräuchlich.

Seine Bauern wären aber auch tapfere Leute, erzählte Friedrich Ulrich kichernd, und hätten sich fleißig zur Wehr gesetzt. In Springe hätten sie sich zuerst demütig angestellt, für einen Rittmeister und einen Haufen Kerle tüchtig aufgetischt und heimlich die Waffen weggebracht, die jene beim Zechen abgelegt hätten. Als sie angetrunken gewesen wären, hätten die Bauern, unter Geschrei hereinstürzend, sie mit Knütteln niedergeschlagen, nackt ausgekleidet und ihnen die Haut abgezogen, auch teils lebendig verscharrt.

»Da siehst du es nun«, sagte der König, »da hast du es!« Ob er denn jetzt endlich so weit sei, dass er sich ihm ganz und gar anschließen und mit der Kraft seines Landes zusteuern wolle?

Ach, wenn es von ihm abhinge, hätte er das ja längst getan, klagte Friedrich Ulrich. Ihm könne ja nichts lieber sein, als alles seinem weisen und siegreichen Oheim anheimzustellen; aber seine steifnackigen Stände drohten ihm mit dem Kaiser, und wenn sie wüssten, dass er hier wäre und was er hier täte, würden sie ihm den Brei versalzen.

Der König lehnte seinen vollen Körper in den Sessel zurück und stützte die Hände auf die Armlehnen. Diese Vasallen, sagte er, möchte er einmal in die Schule nehmen, er verstehe sich darauf, störrische Pferde zuzureiten; er habe einen besonderen Sattel und einen besonderen Zaum, damit zähme er jedes. Ein Fürst müsse aufs Ganze sehen, Bauer und Bürger wären dem Staate nützlich, man könne sie nicht ganz verkommen lassen. Woher man jetzt das Brot nehmen sollte, wenn die Bauern alle davonliefen?

Friedrich Ulrich sah seinen Oheim erschrocken und bewundernd an und seufzte. Die Menschen seien gar zu böse, sagte er, jeder denke nur an seinen Vorteil statt an Gott und den Nächsten. Hätte er das um den Kaiser und Tilly verdient? Und wo es mit der Welt hinaus sollte, wenn man mit Geduld und Gehorsam nichts mehr ausrichtete?

Über diesen Gesprächen trank der König in guter Laune einen Krug Einbecker Bier nach dem anderen und sagte, als er die Tafel aufhob, es sei ihm ein wenig schwer in Kopf und Beinen, er wolle einen Ritt an die Mauer tun, das werde ihn erfrischen. Mithilfe eines Stallmeisters schwang er sich auf sein feistes, braun glänzendes Leibross und trabte nach einer Stelle, wo die Schanzen ausgebessert wurden, um die Arbeit selbst zu besichtigen; denn sonst, sagte er, gehe es doch in die Quere. Es war ein heißer Tag, am blitzenden Himmel ballten sich feste Wolken und standen zum Bersten geschwollen über den laubigen Bergen. Der König knüpfte sich die rotsamtene Weste auf und pustete vor Hitze; es werde vor Nacht noch ein Gewitter geben, sagte er zu den Herren, die ihn begleiteten, er verstehe sich auf die Zeichen.

Als Christian, bei der Mauer angekommen, über eine tiefe, mit Brettern verdeckte Grube ritt, trug es sich zu, dass sein Pferd scheute, ausschlug und zwischen den auseinanderweichenden Brettern hindurch mit ihm in die Tiefe stürzte. Er wurde für tot herausgeholt und in das Schloss getragen, wo er nach einigen Stunden zwar Zeichen des Lebens, aber nicht der Besinnung gab. Am folgenden Tage traf, von dem Unfall in Kenntnis gesetzt, die Herzogin Elisabeth, seine Schwester, ein und fand alles in Verwirrung und Auflösung. Neben dem Schlafzimmer des Königs saß Friedrich Ulrich und wehklagte, nun sei er ganz verloren, Tilly werde erfahren haben, dass er bei Christian gewesen sei, und werde nicht mehr an seine Treue glauben wollen, und Christian könne ihn nicht mehr beschützen.

Elisabeth richtete ihre schönen meerblauen Augen, die in der Erregung schwarz wurden, zürnend auf ihren Sohn. Jetzt sei nicht Zeit zu klagen, sondern zu handeln, insonderheit für einen Fürsten, sagte sie. Er sei alt genug, den Lauf der Welt zu kennen: wer sich zum Schaf mache, den fräßen freilich die Wölfe. Es zeige sich, dass sein Bruder Christian recht gehabt hatte, wenn der noch im Lande wäre, hätte es nicht so weit kommen können. Man hätte unrecht getan, ihn nicht besser zu unterstützen. Nun sei es an ihm, Friedrich Ulrich, seinen armen Untertanen zu helfen, das Elend schreie zum Himmel.

Warum sie denn gegen ihn eifere?, sagte Friedrich Ulrich kleinlaut; er habe ja getan, was er könne, sei hergekommen, um seines Oheims Hilfe zu erflehen.

Ja, sagte sie, und nun sei dem etwas Menschliches begegnet. Damit müsse man allezeit rechnen, das Leben laufe nicht wie ein Mühlrad heute wie morgen und morgen wie heute, sondern wie ein Schiff auf dem Meere, bald im Sturm, bald in der Stille, bald müsse man die Segel auftun, bald einziehen und mit Ruder und Steuer sich durchkämpfen. Jetzt solle er sorgen, dass Munition in die festen Plätze komme, und die Kommandanten anweisen, wenn die Ritter aufsässig wären, die Landleute aufrufen, den Untertanen einen festen Willen zeigen, damit sie Hoffnung fassten und Mut, sich um Haus und Hof zu wehren.

Das möge tun, wer wolle, sagte Friedrich Ulrich, er lasse die Hände davon. Laufe es übel aus, so treffe die Schuld ihn, er wolle Tilly gegenüber seine Unschuld wahren.

Elisabeth hätte ihrem Sohn gern eine Maulschelle gegeben, aber unterließ es wegen der Herren, die im Nebenzimmer um Christians Bett herumsaßen. Dann setzte sie selbst Briefe an verschiedene Städte, Ämter und Räte auf und befahl auch den Verwaltern ihrer Güter, den am meisten bedrohten Plätzen auf ihre Kosten Pulver zu schicken. Mittlerweile hatten die Ärzte Hoffnung auf des Königs Leben gegeben, ob aber sein Verstand ebenmäßig zu erhalten sei, wollten sie noch dahingestellt sein lassen, da er einstweilen nur unzusammenhängende Laute ausstieß. Infolgedessen, sagten die Räte, müsse schleunig für ein anderes Haupt gesorgt werden, und da komme nur der Administrator Christian Wilhelm in Betracht.

So? Der?, sagte die Herzogin; ob sie meinten, dass der seinen Verstand besser beieinander habe als ihr Bruder?

Zu den resoluten Ingenien gehöre der Herr Markgraf zwar nicht, gaben die Räte zu; aber er sei der Würde nach im Kreise der Nächste und solle auch im Kriege von absonderlicher Tapferkeit sein.

Das sei Herzog Johann Ernst von Weimar auch, sagte die Herzogin, dazu redlich und wohlmeinend und vor allen Dingen entschlossen und beständig.

Die Räte zogen die Augenbrauen hoch und sagten, die Weimaraner gehörten nicht zum niedersächsischen Kreise, und Christian Wilhelm könne aus einer solchen Wahl Argwohn und Empfindlichkeit schöpfen. Vielleicht sei dies eine Gelegenheit, den Administrator endlich auf des Königs Seite zu ziehen, wozu sich der König schon viel vergebliche Mühe gemacht habe.

Sehr zum Troste des Administrators erholte sich indessen der König wieder von seinem Unfall, sodass er nach einigen Wochen die Leitung der Geschäfte wieder in die Hand nehmen konnte, allerdings mit keiner anderen Absicht für diesen Sommer mehr, als sich in seiner Stellung zu behaupten. Ende September versammelten sich die vornehmsten Kriegshäupter in Nienburg, wohin Christian IV. sich zurückgezogen hatte, um mit ihrem Obersten Rücksprache zu nehmen, nämlich Herzog Christian der Jüngere und Mansfeld, ferner der Administrator Christian Wilhelm und Hans Philipp Fuchs von Bimbach, ein fränkischer Adliger und stattlicher Mann von etwa fünfzig Jahren, der im Rufe des Scharfsinns und der Tüchtigkeit stand.

Auf des Königs Frage, ob er sich denn nun rund für ihn erklären wolle?, sagte Christian Wilhelm, ja, er sei jetzt so gut wie entschlossen. Tilly könne ihm nichts nachweisen und verdächtige ihn doch immer, da laufe einem doch zuletzt die Galle über. Seine Domherren spionierten ihm nach, warnten und drohten und täten doch nichts für ihn; da habe er sie nachdrücklich gefragt, wenn er nun zum Kaiser hielte und der Kaiser die Stifter hernach doch einzöge, ob sie ihm das Verlorene ersetzen würden? Darauf seien sie die Antwort schuldig geblieben. Wenn man nur die heimlichen Absichten des Kaisers erraten könnte!

Das Rätsel wolle er sofort lösen, sagte Fuchs von Bimbach lächelnd, er wisse genau, dass der Kaiser alle Stifter und Klöster im ganzen Reich restituieren wolle. Er habe längst seinem Beichtvater das Wort gegeben, halte nur aus Furcht noch ein wenig zurück; der Herzog von Bayern sei nämlich dagegen, und den fürchte er fast noch ein wenig mehr als die Jesuiten. Es sei aber keine Frage, dass Wallenstein auf Halle und Magdeburg ziehe; wenn man nicht rasch zuvorkäme, wären sie verloren.

Christian Wilhelm fuhr sich verzweifelt in die Haare. Wenn er nur gleich ein Regiment beieinander hätte!, rief er. Aber die Domherren ließen ihn ja gar nicht herein! Das solle aber das erste sein, dass er die abschaffte, wenn er erst die Gewalt hätte, die Stifter weltlich zu machen.

Nun, nun, sagte der König, dahin wollten sie wohl kommen, nächsten Sommer würden sie Wallenstein und Tilly miteinander zu Paaren treiben.

Fuchs von Bimbach sagte, wenn es der König gestatte, möchte er bemerken, dass man die Armee durch Werbungen vervollständigen müsse; etwa 5000 Mann wären durch Krankheit ausgefallen, und das Kriegstheater erstrecke sich durch die Ankunft Wallensteins immer weiter, man müsse mehr Volk haben, um eine so lange Linie zu besetzen. Wo man aber werben wolle, da der nieder- und obersächsische Kreis schon ausgesogen wären, wisse er auch nicht zu sagen.

Warum er dann überhaupt davon rede?, sagte der König scharf. Wenn er General über das Fußvolk sein wolle, müsse er eben sorgen, dass es vollzählig sei.

Er habe doch noch keine Bestallung angenommen, sagte Fuchs von Bimbach erschrocken; der König solle ihn um Gottes willen verschonen, es sei ja bekannt, in was für einer gefährlichen Lage er sich befinde. Er wolle dem König gern wie bisher mit seiner Erfahrung zur Seite stehen, etwa als Kriegsrat, aber wenn er offen in des Königs Dienst trete, werde der Kaiser sicherlich seine Güter konfiszieren.

Was er mit Kriegsrat meine?, fragte Christian, sich erhebend. Er sei sich selbst Kriegsrat genug. Er sei nicht wie der Kaiser, der in seinem eigenen Hause nicht wisse, wo Kochtopf und Besen ständen, er lasse sich nicht von seinen Dienern an der Nase führen. Aber einen tüchtigen General könne er brauchen, denn er könne nicht allerorten zugleich sein, Fuchs solle ihm nicht langer ausweichen.

Fuchs von Bimbach hatte während des Böhmischen Krieges unter Buquoy gedient, da er aber nicht befördert wurde, nahm er seinen Abschied in der Meinung, er werde als Lutheraner zurückgesetzt, und hielt sich seitdem zur antikaiserlichen Partei. Er habe doch gewiss dem König seine Treue bewiesen, sagte er, aber so weit dürfe er nicht gehen, dass er das

Schwert für ihn ziehe; dann werde der Kaiser ihn für einen Verräter ansehen.

König Christian legte die geballte Faust auf den Tisch und warf einen zornigen Blick auf Fuchs. Im anderen Falle, sagte er, werde er ihn als Verräter ansehen. Es sei ihm schon zugetragen worden, dass er, Fuchs, kein redlicher Patriot, sondern ein kaiserlicher Spion sei. Was das heißen solle, dass er sich zudränge und, wenn es zur Tat komme, sich bemänteln wolle? Wenn er sich ferner so verdächtig mache, müsse er, der König, nach Mitteln greifen, um sich vor ihm zu schützen.

Wer das von ihm gesagt habe?, rief Fuchs, dunkel errötend; er könne seine Ehre nicht so angreifen lassen.

Herzog Christian der Jüngere sprang auf und sagte, Fuchs solle beweisen, dass er es redlich meine; sonst wollten sie es mit dem Schwert ausmachen.

Der König wies beide zur Ruhe; sie sollten nicht vergessen, dass sie in Gegenwart ihres Königs und Kriegsherrn wären. Fuchs müsse nun aber ja oder nein sagen, er sei mit seiner Ehre bei ihm verpfändet.

Nach längerem Hin- und Widerreden bequemte sich Fuchs, als General in des Königs Dienst zu treten, ohne dass die versprochene hohe Besoldung und Aussicht auf Entschädigung, falls der Kaiser seine Güter konfiszieren sollte, seine Stimmung gehoben hätten.

An einem Oktobernachmittag gingen Fuchs und Mansfeld, die auf dem östlichen Kriegsschauplatz zusammen operieren sollten, bei Nienburg an der Weser entlang, in deren dunkelgrüne Flut ein gelber Schein von der untergehenden Sonne fiel. Ein matter Wind hob zuweilen die Zweige der Pappeln und Erlen, die am Ufer des Stromes standen, und ließ ein welkes Blatt auf die beiden Männer fallen, von denen jeder in seine Gedanken vertieft war. Mansfeld hustete und spuckte öfters; seine Brust war eingefallen, seit einem Jahre etwa war er so kränklich, dass er halbe Tage lang im Bett bleiben musste, was er aber zu verbergen suchte. Es nagte beständig der Gedanke an alle die verheißungsvollen Möglichkeiten an ihm, die er ungenützt hatte vorbeigehen lassen; zum Beispiel plagte es ihn jetzt, dass er vor Jahren in Böhmen nicht die Witwe des kalvinischen Slawata geheiratet und dadurch die reiche Smirsitzkische Erbschaft an sich gebracht hatte. Wenn er das damals ausgeführt hätte, so hätte vielleicht der Böhmische Krieg eine andere Wendung genommen, jedenfalls stände dann er so da wie nun jener Wallenstein, der sich betrügerisch in Besitz der herrlichen Güter gesetzt hatte. Er dagegen war immer noch der Habenichts, obwohl er den Titel eines Fürsten von Hagenau führte; das wollte er aber auch im Auge behalten, vielleicht, wenn er ein paar Regimenter beieinander hätte, könnte er irgendwie nach dem Elsass durchbrechen.

Fuchs Von Bimbach warf zuweilen einen geringschätzigen Blick auf den kleinen, verwitterten Mann an seiner Seite; er selbst hatte trotz seiner Jahre eine leichte schwungvolle Haltung und pflegte eine weißseidene Oberjacke zu tragen, die zu seinem braunen Gesicht wohl stand. Er schob im Gehen die feuchten, faulenden Blätter mit dem Fuß beiseite und folgte mit dem Blick dem schweren, breiten Fluss, bis wo die dunstige Ferne ihn verhüllte. Das feiste, gefleckte Rindvieh, das auf diesen Wiesen weidete, gefiel ihm, übrigens aber sagten ihm Land und Leute auf die Dauer nicht zu. Er dachte mit Ärger an die Jesuiten und hohlköpfigen Hofleute, die in Wien regierten; verstände der Kaiser so viel von einer Schlacht wie von einer Prozession und könnte er einen faulen Mönch von einem ehrlichen Kavalier unterscheiden, so, dachte er, möchte er am liebsten wieder kaiserlichen Dienste annehmen. Was sollte bei der Unordnung, die hier herrschte, herauskommen? Und wie sollte er sich mit Mansfeld vertragen, der auf Heldentaten pochte, in denen ihm jeder Räuberhauptmann gleichkam? Freilich wäre er im Grunde nicht schlimmer als die andern und eher gescheiter; sie betrieben ja alle den Krieg wie ein großes Raubgeschäft in Ehren, bei dem es gelte, sich den Beutel zu füllen.

Ob er große Hoffnung auf diesen Feldzug setze?, fragte er endlich Mansfeld. Ihm scheine, der König habe zu viel auf sich, könne nicht alles übersehen. Wenn nicht mehr dazu getan werde, so fürchte er, könne man gegen Wallenstein nichts ausrichten.

Aus Wallenstein werde zu viel gemacht, sagte Mansfeld. Insofern sei er zwar im Vorteil, als er reich sei, er habe in Böhmen gerafft und geraubt.

Dann sei er doch auch kein Säufer wie die meisten Fürsten, sagte Fuchs.

Er denke schon mit ihm fertig zu werden, sagte Mansfeld, fürchte ihn so wenig wie den König von Dänemark. Er wahre sich immer seine Unabhängigkeit; ein scharfes Schwert und ein scharfer Verstand müssten zuletzt allen obsiegen.

Fuchs meinte, man sei doch eben nicht allein; da müsse man zum Beispiel den Markgrafen Christian Wilhelm mitschleppen, der tauge fast mehr zu einem Kegelbuben als zu einem Regimentsobersten.

Dreinreden lasse er sich von dem nicht, sagte Mansfeld; übrigens solle er im Treffen tapfer sein; Wenn er einmal im Zuge sei, haue er so lange drauf, bis der Arm ihm vom Leibe falle.

Fuchs lachte, und dann schwiegen sie wieder eine Weile. Die Sonne war untergegangen, der Himmel wurde kalt, und durch die dunklen Bäume ging ein lang anhaltendes Rauschen.

Am besten wäre es, begann Fuchs wieder, der König machte Frieden. Er habe die Mittel nicht, Krieg zu führen, und es komme ihm fast so vor, als sei sein rühmlicher Verstand durch den erlittenen Unfall etwas in Abgang gekommen.

Mansfeld zuckte die Achseln; Dänemark werde vielleicht kein Glück bei der Sache haben, sagte er; aber was ihn, Mansfeld, betreffe, seinen Frieden mit dem Kaiserhause mache er noch nicht; erst wolle er gründlich restituiert werden.

Fuchs wusste nicht recht, was er sich dabei denken sollte. Er wolle jetzt ein paar Leute im Ort herumschicken, sagte er, um Pferde aufzutreiben, er habe ja kaum zwanzig Pferde bei der Artillerie. Sie stellten sich im Ort so an, als hätten sie keine mehr, schließlich müsse er wohl Zwang brauchen.

Nur nicht lange fragen und feilschen, sagte Mansfeld, im Kriege tue Geschwindigkeit das Beste.

Aber die Geliebte des Königs sei doch ein prächtiges Weib, sagte Fuchs plötzlich, wiewohl ein wenig fett.

Fett sei nie zu viel an Weibern, sagte Mansfeld; aber er habe jetzt genug davon, wenn er nur eine sähe, möchte er gleich pfui sagen.

So!, sagte Fuchs erstaunt. Er wollte nur, es käme ihm da durch die Bäume eine liebe Frau entgegen. Das ganze Leben sei doch nur eine nichts werte Schale um ein paar Liebesnächte.

Mansfeld sah Fuchs mit grimmigem Blick nach, wie seine seidene Jacke perlenschimmernd zwischen den feuchten Stämmen verschwand, hustete und spuckte. Wenn er nicht beim König durchsetzte, dachte er, dass er im Kommando über den aufgeblasenen Franken gestellt würde, schickte er den ganzen Quark zum Teufel und schlüge sich auf eigene Faust nach Ungarn durch.

Landgraf Moritz kehrte vom Begräbnis seiner Tochter Elisabeth, die mit dem Herzog von Mecklenburg verheiratet gewesen war, voll bitterer Gedanken nach Kassel zurück. Am liebsten, dachte er, würde er so weiter reiten bis an der Welt Ende, wo die Wüste des leeren Raumes und die ewige Nacht wäre. Der blaue Himmel und das grelle Licht bedeutete ihm nicht mehr als das Gaukelspiel eines Marktschreiers, gut genug für die Affen und Schweine, die sich auf dem Jahrmarkt des Lebens berauschen wollen. Nun seines Mädchens Augen sich für immer von der Welt weggewendet hatten, ekelte sie ihn doppelt. Wenn ihr Kopf still an seinem Herzen ruhte, so ruhte auch sein Herz; jetzt war Friede für ihn nur außer den Sinnen. Vielleicht, dachte er, lebte sie noch, wenn er sie nicht mit dem immer biervollen Mecklenburger verheiratet hätte, an dessen Seite sie sich so verlassen gefühlt hatte. Warum hatte er es doch getan? Ja, es hatte sie kein anderer wollen, weil sie ihn, den Vater, fürchteten, der in Ungnade beim Kaiser war, über dem die Acht schwebte und der sie alle durchschaute und verachtete. Freilich, wie hätten sie auch sein Kind, seine Elisabeth lieben können, die nichts als rein, klug, gut und holdselig war? Sie war kein feiles Weib, das seinen Busen auslegte, lüsterne Blicke nach Männern auswarf und sich wie eine Mänade der rohen Ausgelassenheit von Satyrn preisgab; eine Rose aus dem Paradiese war sie, dürstend nach dem Lichte der Liebe und dem Hauch des Geistes. So mochte es göttliches Verhängnis sein, dass sie so früh hingegangen war; vielleicht konnte er nun freier nach seiner Einsicht handeln, da ihn nichts mehr band, nichts mehr verpflichtete. Nun sollte seine einzige Aufgabe sein, sein Recht zu erringen; denn was er einst gewollt hatte, dem Reiche Gottes auf Erden den Boden bereiten, Dummheit, Aberglauben und Rohheit ausrotten, dazu hatten ihm seine aufgebrachten Gegner schon die Macht genommen, sodass er nur noch um sein Dasein kämpfen konnte.

Vor Kassel empfing ihn sein Kanzler Wolfgang Günther, ehemals Syndikus von Paderborn, den Moritz nach der gewaltsamen Unterjochung und Katholisierung dieser Stadt durch den Bischof bei sich aufgenommen und zu seinem Geschäftsführer und Berater gemacht hatte. In ihm hatte er einen Mann gefunden, der große Ideen fassen und kühne Pläne, sie zu verwirklichen, entwerfen konnte, der nicht das Zufällige, sondern das Wesentliche sah. Dieser hatte ihm gezeigt, dass er niemals Kraft würde entfalten können, solange der Adel als eine schmarotzende Pflanze seinen Stamm umstrickte und ihn aussaugte. Umsonst arbeite das Volk, sammle sein Wurzelnetz Vorrat aus der Erde; bevor er noch die Krone des Baumes bilden könne, entziehe ihm der anhaftende Schwamm mit tausend Polypenrüsseln die Nahrung. Günther wies ihm nach, wie viel Bauern der Adel schon unter seine Herrschaft gebracht habe und wie er den Landgrafen allmählich zu einem Fürsten ohne Volk machen werde; wie er die Militärpflicht weder selbst leisten noch durch Geld ersetzen wolle und sich also der einzigen Pflicht gegen das gemeine Wesen entledigt habe, wie er gleich einem Vampir nur vom Blute der andern lebe. Er zeigte ihm, wie die Bürgerschaft und die noch freien Bauern ihm ergeben wären und wie er aus ihnen sich ein starkes, treues Heer schaffen könne, das stets bereit sein würde, sein Vaterland zu verteidigen. Die Schritte, die der Landgraf tat, sich durch Errichtung eines Bürgerheeres vom Adel unabhängig zu machen, erbitterte die Ritterschaft bis zu offener Widersetzlichkeit, zur Weigerung der üblichen Geldbeiträge und zum Anschlag an Tilly, wodurch sich bei der schon bestehenden Schuldenlast der gänzliche Zusammenbruch des kleinen Landes vorbereitete.

Ob es den Landgrafen nicht freue, sagte Günther, wie herzlich er in seiner Hauptstadt begrüßt werde? Er habe inzwischen oft mit den Bürgern, Vorstehern, Zunftmeistern und Ältesten gesprochen und überall so viel Liebe und Hingebung an den Landgrafen gefunden wie Hass gegen die Verräter, die den papistischen Tilly mit seinen Kroaten ins Land gezogen hätten.

Ja, der rechtschaffene Bürger und Bauer verstehe ihn, sagte Moritz; aber was das jetzt helfe, nachdem Tilly schon einen Fuß im Lande habe? Nun, er wolle redlich kämpfen, und wenn er unterliege, mit ihm, Günther, nach Holland oder Genf auswandern, wo er einsam, den Blick auf die Letzten Dinge gerichtet, den Tod erwarten könne.

Dazu sei es noch zu früh, sagte Günther; wolle der Landgraf nur den Entschluss fassen und sich mit den Feinden des Kaisers offen verbinden, so könne eine solche Union dem Papismus vielleicht Trotz bieten. Komme es aber zum Äußersten, so getröste er sich der Gerechtigkeit des Landgrafen, dass er die Hand nicht von ihm abziehe, sondern ihn beschütze, damit er nicht das Ende des unglücklichen Bürgermeisters von Paderborn, seines Freundes, erleiden müsse, dem die triumphierenden Feinde das zuckende Herz aus dem aufgeschnittenen Leibe gerissen hätten.

Ja, so möchten sie wohl ihm, Günther, an seiner Statt mitspielen, sagte der Landgraf.

Dass es sie nach seinem Blute gelüste, wisse er, sagte Günther. Kürzlich sei er durch einen Wald geritten, der dem Eitel von Berlepsch gehöre und in welchem er eben gejagt habe. Da sei er auf einem engen Pfade mit dem Berlepsch zusammengetroffen, und der habe ihn geschimpft, weil er sein Jagdgebiet betrete, und ihn festnehmen lassen wollen. Er habe den Berlepsch fest angesehen und gesagt, er sei kein Wilderer, sondern der Kanzler des Landgrafen und in dessen Auftrage unterwegs. Da habe der Berlepsch wölfische Blicke auf ihn geworfen und gesagt, er solle achtgeben, dass er ihm nicht wieder ins Gehege komme; es gebe ein Gesetz, wonach man den Jagdfrevler nackt auf ein wildes Pferd binde und so in den Wald jage.

Sie waren mittlerweile vor dem Schlosse angekommen und stiegen von den Pferden. Er sei zwar nicht viel mehr als ein Bettler, sagte Moritz, aber doch noch Manns genug, einen treuen Diener und Freund zu schützen.

Er fürchte nichts und niemand, sagte Günther, wenn es gelte, seine Pflicht zu tun; aber er müsste ein Narr sein, wenn er als ein Einzelner ohne Nutzen sich einer Horde blutgieriger Wölfe aussetzen wollte.

Der Landgraf reichte Günther seine magere Hand und sagte, er, Günther, habe sein Mannes- und Fürstenwort, dass er ihn niemals im Stiche lassen oder preisgeben werde. Sein Land sei ihm durch Falschheit und Ränke fast ganz geraubt, nicht seine Ehre; mit dem Pfande könne Günther ruhig schlafen.

Ende Oktober zog Tilly vor die Stadt Hannover und forderte sie auf, kaiserliche Besatzung einzunehmen, die sie vor den heranrückenden Dänen schützen würde. Sogleich versammelten sich die Ratsherren, unter denen ein gewisser Borkmann, ein alter weißhaariger Mann, der angesehenste war, auf dem Stadthause und beschlossen, dem Tilly zu willfahren, indem man dem Kaiser Gehorsam schuldig und von dem Dänenkönig nichts Gutes zu erwarten sei. Indessen war aber Herzog Johann Ernst von Weimar, der in dänischen Diensten stand, mit seinem Regiment vor die Stadt gerückt, erzwang sich mit einigen Adjutanten und Kommissaren Einlass und kam selbst auf das Stadthaus: Er habe gehört, sagte er, dass sie mit dem Kaiser parlamentierten; das könne er nicht dulden, verlange vielmehr, dass sie augenblicklich eine dänische Garnison aufnähmen. Die Ratsherren ersuchten ihn, in einer anderen Stube die Entscheidung zu erwarten; sie hätten nichts Feindseliges gegen den Dänenkönig im Sinne, jedoch würden sie sich des offenen Ungehorsams gegen den Kaiser schuldig machen, wenn sie sich mit ihm einließen, da er doch Krieg gegen den Kaiser führe. Das sei nicht wahr, brauste Johann Ernst auf, Christian IV. sei Direktor des niedersächsischen Kreises, der sich gegen Mansfeld in Defension gesetzt habe, was Tilly erst in Kaisers Namen vom Kreise verlangt habe und was er ihm nun mit üblicher jesuitischer Zweizüngigkeit vorrücke und aufmutze. Die Frage sei, ob sie evangelisch oder katholisch sein wollten, und er wisse wohl, dass viele in der Stadt mit den Papisten liebäugelten. Wenn er etwa auf ihn ziele, sagte Borkmann, so könne er bei Gott schwören, dass er seinem Glauben treu anhänge. Es sei ihm aber nicht bekannt, dass es sich um den Glauben handle; denn dergleichen Forderungen seien noch nie an sie erhoben worden, wie man auch von Ausrottung der Religion nirgendwo gehört habe, wohin Tilly gekommen sei.

Als Tilly von diesem Streit hörte, schickte er einen Brief an den Rat des Inhalts, wer spargiere, dass er den lutherischen Glauben ausrotten wolle, tue das aus List, um das blindgläubige Volk gegen den Kaiser aufzuhetzen. Man möge sich erkundigen, ob er irgendwo die Bekenner der Augsburgischen Konfession in ihrem Gottesdienste gestört oder ob er sie nicht vielmehr gegen die oft irregeleitete und unverständige Soldateska geschützt habe. Er versichere nochmals, dass er einen jeden bei seinem Recht lassen, insbesondere geistliche Personen vor Einquartierung und Schaden jeder Art behüten werde, damit der Dienst der Notleidenden und Kranken, überhaupt aller derer, die des Trostes der Religion bedürftig wären, keine Unterbrechung leide.

Inzwischen hatte Johann Ernst auch nicht gefeiert, sondern sich auf der Straße gezeigt und in den Zünften ansagen lassen, wie der Rat und die Herren, die auf ihren Geldsäcken sitzen, sie verraten und die Jesuiten und Spanier in die Stadt locken wollten. Sie sollten sich zu ihm halten, er sei ein deutscher Fürst, der für die Freiheit und den Glauben leben und sterben wolle; wenn sie ihm folgten, würden sie eines guten Gewissens auf Erden und der ewigen Seligkeit im Himmel gewiss sein. Darauf gab es einen solchen Krawall in den Straßen, dass einem Teil der Ratsherren bange wurde; auch meinten sie, es könne doch wahr sein, dass Tilly sie ins

Garn locken wolle, wie es nun einmal jesuitische Art sei, und dass sie am Ende das Trojanische Pferd in ihre Mauern zögen. Man wisse ja, wie es in Böhmen gegangen sei.

Böhmen und Österreich seien die Erblande des Kaisers, da könne der Kaiser nach Belieben schalten, sagte Borkmann, in reichsfürstlichen Landen müsse er die bestehenden Freiheiten respektieren. Ach, sie sollten ihm doch glauben und sich nicht mit den Dänen einlassen, daraus würde unendliches Blutvergießen und zuletzt der Untergang aller hervorgehen.

Während noch so hin und her gehandelt wurde, drangen mehrere dänische Fähnlein mithilfe der Bürger in die Stadt und quartierten sich ein, ohne dass der Rat es zu hindern vermocht hätte.

Johann Ernst hoffte Tilly auch aus dem Schlosse Kalenberg, das er besetzt hatte, zu vertreiben und plante zu diesem Zwecke einen nächtlichen Überfall, der jedoch infolge unglücklicher Zufälle nicht zur richtigen Ausführung kam. Um die einsame Windmühle bei Seelze pfiff die herbstliche Mitternacht, als Herzog Friedrich von Altenburg, nachdem er mehrere Stunden lang auf das Kommando zum Angriff gewartet hatte, heimzugehen beschloss. Die Leute sollten sich wieder in ihre Quartiere begeben, befahl er, auch er wolle sich schlafen legen. Müde und voll verdrießlicher Gedanken ritt er nach Seelze, wo er wohnte, zurück. Warum war aus dem Angriff nichts geworden, hatte er die Truppen umsonst ermüden müssen? Er dachte, dass es Johann Ernst doch wohl an der gehörigen Umsicht fehle; oder hatte Obentraut, sein unmittelbarer Vorgesetzter, der Generalleutnant der Kavallerie, schuld? Obentraut war immer zu rasch und zu sicher; er reizte ihn, Herzog Friedrich, durch seine beständige Munterkeit. Freilich wusste er nichts von den Qualen, die ihn, seit er lebte, verfolgten. Hässliche schwarze Bilder tauchten vor ihm auf; er dachte an seine Mutter, eine Prinzessin von Pfalz-Neuburg, die, an Melancholie erkrankt, in Zurückgezogenheit lebte, nach der er als verlassenes Kind so oft verlangt hatte und deren gespannter Blick und schweres Seufzen ihn ängstigten und schreckten, wenn er bei ihr war; an die Jahre, die er am Hofe von Dresden in Gesellschaft seiner Vettern von Weimar verlebt hatte, die ihm vorwarfen, er suche sich die Zuneigung des verhassten Oheims, Johann Georgs, zu erschmeicheln. Dann dachte er an seinen Bruder, den regierenden Herzog, der es gut hatte und heiraten konnte und der ihn nicht einmal mit genügend Geld versorgte; dann an die gehässigen, verleumderischen

Anklagen, deren Zielscheibe er war. Kürzlich während eines Streites, der beim Bankett entstanden war, hatte ihn der Hofmarschall von Rantzau einen Wortbrüchigen gescholten, weil er bei der Entlassung aus österreichischer Gefangenschaft geschworen habe, nie mehr das Schwert gegen den Kaiser zu führen, und es nun doch tue. Obentraut hatte durch seine Dazwischenkunft den Zweikampf verhindert, den Herzog Friedrich aber doch nicht aufgegeben hatte; denn konnte er seine Ehre kränken lassen, ohne sich zu rächen? Abgesehen davon, dass der Eid erzwungen zu nennen war, kämpfte er ja nicht gegen den Kaiser, sondern hatte Dienst beim König von Dänemark angenommen, der mit Bewilligung des Kaisers Oberster des niedersächsischen Kreises geworden und jetzt von dem ligistischen General Tilly angegriffen worden war. Wie konnte ein dänischer Adliger sich erkühnen, ehrverletzende Reden gegen einen deutschen Reichsfürsten zu führen, und wie konnte Obentraut einen deutschen Reichsfürsten hindern wollen, dass er einen Ehrabschneider strafe? Seine Ungeduld, das Blut des Beleidigers zu vergießen, würgte an seinem Herzen, als ob er ersticken müsse. War es der Böse, der ihm die düsteren Gedanken einblies, vor denen ihm selbst graute? Es war ihm, als ritte der Satan hinter ihm her über die Stoppelfelder, von einem schwarzen Mantel umsaust, der die Welt verdunkelte, und griffe mit zischender Kralle nach ihm. Als er sich entsetzt umwendete, sah er seinen Stallmeister, der, bei Namen gerufen, auffuhr und lachend sagte, er sei im Reiten eingeschlafen.

Sie waren inzwischen beim Quartier angekommen, und nachdem sich Friedrich von seinem Stallmeister die Stiefel hatte ausziehen lassen, warf er sich in den Kleidern aufs Bett und schlief augenblicklich ein. Kaum eine Viertelstunde später kam ein Eilbote von den Vorposten mit der Nachricht, die Tillyschen ständen bei Pattensen, es tue höchste Eile not. Friedrich schickte Botschaft an Obentraut und Johann Ernst; in einem Augenblick hatte er seine Stiefel angezogen, Alarm wurde geblasen, der Boden bebte vom Galopp der fliegenden Reiter. Wie schwarze Wolken vor dem Sturme jagten sie über die Heide; Friedrich fühlte keine Müdigkeit noch Traurigkeit mehr, es war ihm plötzlich überaus wohl zumute. Mit dem ersten Angriff warf die Reiterei das Tillysche Regiment zurück; aber wie es gesammelt wieder vorrückte, wurde Friedrich durch eine Kugel im Unterleib verwundet. Er empfand einen Schmerz; aber der Schmerz sowie alles, was er wahrnahm, schien weit von ihm fort zu sein. Er sah seinen

Stallmeister, der ihn auf dem Pferde stützte, ein schwarzes Wasser und eine Brücke, die mit hölzernen Fingern zu winken schien, und fremde Reiter, die fragten, wer er sei und ob er sich ergeben wolle. Wie er sich bemühte, mit dem Kopfe zu nicken, sah er, dass einer der Reiter sich plötzlich vorbeugte, um ihm ins Gesicht zu sehen, und dass er, indem er rief: »Es ist der meineidige Altenburger!«, den Arm hob und die Pistole gegen seine Brust richtete. Der Stallmeister versuchte seinen Herrn zu decken, konnte ihn aber nur auffangen, wie er tot vom Pferde stürzte. Inzwischen war Obentraut mit seiner Reiterei erschienen und hatte den Feind noch einmal geworfen; aber auch er wurde schwer verwundet und starb, von Tilly auf dem Schlachtfelde gefunden, in dessen Kutsche.

Sich Hannovers zu bemächtigen, glückte Tilly doch nicht. Da er sah, wie die Regierungen fast überall dem Kaiser und dem Frieden geneigt waren und wie der Feind das im protestantischen Volke gegen die Katholiken herrschende Misstrauen ausnützte, ließ er Manifeste aufsetzen, dass das Gerede von Anschlägen des Kaisers gegen Libertät und Glauben ganz und gar nichtig und vielmehr ein listiger Anschlag der Rebellen und Ausländer sei, die sich in das ehedem so stolze und gefürchtete Reich eindrängen und darin rauben und plündern wollten. Was das für eine Libertät sei, die das Reich unter fremdes Joch bringe? Den Glauben betreffend, so sollten sie sich doch umsehen, ob sie in Städten oder Dörfern, durch die er gekommen sei, einen einzigen Geistlichen finden möchten, den er von seinem Amte gedrängt oder an der Predigt oder sonstigen Ausübung seiner Pflicht gehindert hätte.

Dergleichen Manifeste, die auch in der Stadt Braunschweig und in Wolfenbüttel verbreitet wurden, machten der Herzogin Elisabeth schwere Gedanken, zumal täglich Klagen von den Amtleuten einliefen über das schreckliche Hausen der Truppen ihres Bruders und ihres Sohnes. Sie ließ den Kanzler Eltz kommen, der früher in pfälzischen Diensten gestanden hatte, und sagte ihm, sie wolle durchaus wissen, ob der Krieg ein Religionskrieg sei oder nicht; denn um der Religion willen müsse man freilich Trübsal leiden, gehe es aber nicht um die Religion, so müsse dem Blutvergießen und Landverderben ein Ende gemacht werden.

Das sei doch keine Frage, antwortete Eltz lachend, dass es ein Religionskrieg sei. Die Herzogin solle doch einmal nachdenken, wie er angefangen habe. Würden England und die Staaten es sich sonst so viel Geld kosten lassen, und würde ihr königlicher Bruder sein Reich verlassen und sein Leben wagen? Die heuchlerischen Worte des bösen und falschen Tilly hätten sie irregemacht; jetzt freilich hänge er den Schafspelz um, man sollte ihn aber nur einmal hereinlassen in den Stall, so würde er schon die scharfen Wolfszähne zeigen.

Doch habe er sein Wort gegeben, die Waffen niederzulegen, sowie Dänemark entwaffne, sagte Elisabeth, und ihr Bruder habe früher selbst gesagt, Friedrich von der Pfalz hätte sich der Böhmen nicht annehmen sollen und sei ein ungehorsamer Vasall. Er würde seinen Vasallen anders heimleuchten, wenn sie sich so gegen ihn hervorwagen wollten.

Das möge wohl sein, sagte Eltz, aber die pfälzische Sache gehöre gar nicht daher, indem der Kaiser sich ihrer nur als Vorwand gebrauche, um den ganzen Norden in Servitut zu bringen und dem Papst auszuliefern.

Diese Meinungsäußerung befriedigte Elisabeth nicht ganz; denn sie sagte sich, dass sie vielleicht weniger aus der Überzeugung und dem Gewissen stamme als aus dem Geldbeutel des Kanzlers, den ihr Bruder, der König von Dänemark, gefüllt habe. Deshalb forderte sie ein Gutachten von der braunschweigischen Geistlichkeit, ob der Krieg für einen Religionskrieg zu achten sei, und erhielt von dem Konsistorium auf vielen Seiten eine Antwort, welche sich etwa folgendermaßen entwickelte: Obwohl es anerkannt und füglich unbestreitbar sei, dass dem Kaiser jeder Reichsstand Gehorsam schulde, so werde doch hoffentlich niemand zweifeln, dass über dem Kaiser Gott stehe, dem man zuvörderst gehorchen müsse. Nun sei ja freilich nicht zu leugnen, dass die Reichsstände Verbindungen mit ausländischen Potentaten nicht eingehen wie auch, dass sie sich eines Achters nicht annehmen dürften, obwohl die früheren Verträge, das ungewohnte und unbillige Verfahren des Kaisers und dass der König von Dänemark als ein Reichsglied zu achten, in Betracht gezogen werden müsse. Dazu sei es auch an dem, dass der Kaiser sich mit Spanien und dem Papst verschworen hätte, die Ketzer auszurotten, wie es denn zum papistischen Aberglauben überhaupt gehöre, dass man den Ketzern das Wort zu halten nicht schuldig sei. Infolgedessen könne man auch den Papisten und dem Tilly insbesondere die Beteuerung, es solle der evangelische Glaube nicht angetastet werden, nicht glauben, wenn auch Graf Tilly als ein Privatmann ehrbar und tugendhaft sei und es ehrlich meine; es werde doch die sogenannte ratio status, zu deutsch Staatsvernunft, dem

Treu und Glauben vorangesetzt werden. Inwiefern dabei aber eine neue Regel solle eingeführt oder nur das alte systema Cuius regio ejus religio solle beobachtet werden, das wollten sie an seinen Ort gestellt lassen.

Dies Gutachten stellte Elisabeths Zweifel nicht so klar, wie sie gewünscht hätte; aber ihre ursprüngliche Abneigung gegen den Krieg wurde wieder lebhafter, und sie setzte ihre ganze Hoffnung auf den Friedenskongress, der den Winter über in Braunschweig tagte. Die Teilnehmer desselben wünschten einmütig den Frieden, nur verlangten die niedersächsischen Stände und der König von Dänemark, dass betreffs der norddeutschen Stifter alles beim Alten bleibe, Tilly und Wallenstein, dass der König von Dänemark zuerst entwaffnen solle.

Die braunschweigische Geistlichkeit hatte damals noch einen seltsamen Vorfall zu begutachten, nämlich eine Vision, welche König Christian IV. gehabt haben wollte. Derselbe wollte, während er des Morgens früh auf bloßen Knien betete, den Erlöser erblickt haben, blutig und übel zugerichtet, und die Worte vernommen haben, er sei Jesus Christus und werde jetzt zum zweiten Male gekreuzigt; Christian solle unbesorgt sein, er, Christus, werde ihn nicht verlassen. Dem Könige hatte sich die Erscheinung so deutlich eingeprägt, dass er sie aus dem Gedächtnis aufmalte, was indessen das Konsistorium nicht günstiger dafür stimmte. Es sei ja festgestellt, meinten sie, dass Gott zu dieser Zeit aufgehört habe, sich den Menschen unmittelbar zu offenbaren, und dass Gesichte, Prophezeiungen und dergleichen für Einbläserei des Satans zu halten wären. Könne man nun auch bei einem mächtigen Potentaten so verfängliche Konklusionen nicht ziehen, so müsse man vielmehr vermuten, wie ja auch sonst schon vielfach beklagt worden sei, dass der herrliche Verstand des Königs durch den erlittenen Sturz noch etwas erschüttert sei, für seine gänzliche Wiederherstellung beten und die gehabte Vision oder Ausgeburt mit Schweigen überziehen, inzwischen abwartend, wie sich andere hohe Fakultäten darüber vernehmen ließen.

Nun Herzog Christian der Jüngere sich wiederum offen gegen den Kaiser erklärte, war es bei der Kinderlosigkeit und Ehestörung des regierenden Herzogs Friedrich Ulrich vorauszusehen, dass der Kaiser das Herzogtum Braunschweig-Wolfenbüttel auf die Cellische Linie übertragen werde, wenn dieselbe sich gehorsam erwiese; deshalb ließ sich Herzog Christian von Celle nicht mit dem König von Dänemark ein und trat sein jüngerer Bruder Georg nach kurzem Schwanken aus dänischem Dienst in den kaiserlichen. Als Wallenstein im Oktober nach Göttingen kam, schickte ihm Herzog Christian den Landdrosten von Hodenberg entgegen mit der Weisung, den allmächtigen Feldherrn durch höfliche und demütige Bezeigungen gnädig zu disponieren. Wallenstein, der eben im Garten des Bürgermeisters bei Tafel saß und speiste, empfing Hodenberg freundlich, lud ihn ein, mitzuessen, und ließ sich plaudernd über seine Verhältnisse und Pläne aus. Er habe jetzt ein so schönes Heer beisammen, sagte er, desgleichen er noch nicht gesehen habe. Es seien fast alles erprobte Leute, die er aus seinem Eigenen mit Kleidung und Waffen vorzüglich ausgestattet habe. Ein großer Teil sei aus dänischem Dienst zu ihm übergegangen, auch böhmische und österreichische Auswanderer waren viele darunter, evangelischen Glaubens, denn nach der Religion frage er nicht, nur nach der Bravour und dass man sich in alles schicken könne. Gut leben, Beute machen, sich ein Weib halten, raufen und spielen, das wolle doch ein jeder, ob er die Messe höre oder das Lutherlied singe. Man sehe daraus, dass die Evangelischen wegen der Religion nichts zu fürchten hätten; er wolle nur Gehorsam gegen den Kaiser. Man solle den Soldaten gutes Quartier geben und sie keinen Mangel leiden lassen, so werde man über nichts zu klagen haben.

Als das Essen eingenommen war, lud Wallenstein seinen Gast ein, mit ihm nach der Masch zu reiten, da könne er das Heer vorüberziehen sehen. Dumpfes Murmeln und summendes Getöse kündigte es an, bevor es noch sichtbar war; von den Obstbäumen, mit denen die Straße auf beiden Seiten bepflanzt war, starrte nur zuweilen ein Zweig durch den Staub, der dick darum her stand.

Nachdem sie etwa eine Stunde lang, während welcher Zeit Wallenstein die Regimenter nannte und erklärte, zugesehen hatten, sagte Hodenberg tief aufseufzend, das sei, wie wenn eine ganze Stadt sich in Bewegung setze. Das müssten schon Frankfurt und Nürnberg miteinander sein, sagte Wallenstein lachend, sonst lange es nicht. »Ihr habt hierzulande den Adler noch nicht gesehen, dies ist einer von den Blitzen, die er in seinen Klauen hält.« Es sei ihnen doch eigentlich nicht bewusst, wandte Hodenberg vorsichtig ein, wodurch sie solches Gewitter auf sich gezogen hatten.

Nun, entgegnete Wallenstein, jedenfalls hänge es von ihnen ab, ob es vorübergehe oder sich entladen werde.

Noch des Abends, als er im Bette lag, sauste Hodenberg das Summen des marschierenden Heeres in den Ohren, wie wenn er etwa das Meer an die Küste branden hörte. Ein seltsamer Bericht fiel ihm ein, den er einmal gelesen hatte, von einem riesigen Wurm, der Meilen mit seinem Bauche bedecke, der aber, wenn man näher zusehe, aus unzählbaren winzigen Würmern bestehe. Einem solchen Massenwurm gleichend, walzte sich dies Heer durch die schaudernden Länder, mit zahllosen vorgestreckten Köpfen, aus denen lüsterne Zungen hervortasteten und kahle, grausame Augen die bebenden Geschöpfe festbannten, die das Scheusal verschlingen wollte. Schlaflos warf er sich hin und her, bedenkend, wie das böse Tier sich sättigen und wo es bleiben sollte. Durch eine Straße nach der anderen würde es kriechen, alle Saaten mit seinem Geifer überziehen und endlich das ganze deutsche Reich verschlemmen und erwürgen.

Kaum minder als die Evangelischen bedrückte das Herannahen der Wallensteinischen Heeresmassen Tilly. Die Begegnung mit dem kaiserlichen Feldherrn, die wegen der Quartiere stattfinden musste, stand ihm so schwer bevor, dass er sich krank fühlte. Er wollte dem jüngeren Manne gegenüber, der nicht halb so viel Feldzüge und Siege hinter sich hatte wie er, seinen Vorrang behaupten und wusste doch voraus, dass Wallenstein sich für den Höheren ansehe. Mit welchen Mitteln sollte er sich Anerkennung verschaffen? Herzog Maximilian hatte ihn angewiesen, behutsam gegen Wallenstein zu sein und Ärgernisse zu vermeiden. Wallenstein steifte sich auf seinen Herzogtitel, sein Geld und seine Güter, die vom Kaiser empfangenen Gnaden; was hatte er, Tilly, dem entgegenzusetzen? Bei mehr Verdienst war er doch viel weniger ausgezeichnet; denn was nützte ihm der Grafentitel ohne Güter, um die er bis jetzt vergebens angehalten hatte?

Im Dorfe Lauenstein unter einer großen Linde, deren Blätter schon gelb wurden, war ein Platz für die beiden Feldherren hergerichtet. Tilly achtete sorgsam darauf, Wallenstein keinen Schritt mehr entgegenzugehen als dieser ihm, und wartete auf des anderen Anrede, um ihn nicht etwa höflicher zu begrüßen. Hager, gerade aufgerichtet, in schwarzer Kleidung, die nur durch eine scharlachrote Feder am Hute belebt war, kam Wallenstein über den sonnigen Platz geschritten und ließ seine still in der

Tiefe kochenden Augen über den viel kleineren Tilly hinschweifen wie über eine belanglose Kleinigkeit. Seine Worte indessen waren überaus verbindlich, und er unterließ nicht, die Ehrfurcht zu betonen, die er dem Älteren darbringe. Die Quartiere betreffend, sagte er, im Hinblick auf die Geschäfte und Aufgaben, die er vorhabe, müsse er sein Heer hauptsächlich in die Stifter Halberstadt, Halle und Magdeburg einlagern; für Tilly kämen Hessen, die Wetterau, das Braunschweigische in Betracht. Nun wären diese Gebiete bereits so ausgesogen, dass Tilly nicht wusste, wie er sich länger darin erhalten sollte, und er hatte sich fest vorgenommen, sich nicht mit dem Schlechterem abspeisen zu lassen; aber in dem Augenblick, wo es darauf ankam, fand er die Wendung nicht, sich Wallenstein zu widersetzen. Das Gemüt voll Bitterkeit, ritt er von der Zusammenkunft zurück; nicht einmal etwaige Unterstützung im Falle einer Schlacht hatte ihm Wallenstein versprochen, da er dem weit ausgebreiteten dänischen Heere gegenüber sich nicht schwächen dürfe.

So zogen denn Schlick und Collalto in Halberstadt und Halle ein, zum Schrecken der Domherren, die geglaubt hatten, durch ihre Anhänglichkeit an den Kaiser dies Schicksal von sich abwenden zu können. Die Gegend bei Dessau, wo sich die Mulde in die Elbe ergießt, erschien Wallenstein geeignet, sich zu verschanzen. Während des Winters führten seine Soldaten diese Arbeit unter seinen Augen aus, bis das Land in eine Festung verwandelt war.

Da würde Mansfeld nicht wagen, ihn anzugreifen, sagte Wallenstein eines Tages zufrieden zu Aldringen.

Ob er denn den Mansfeld nicht schlagen wolle?, fragte Aldringen erstaunt. Wozu?, sagte Wallenstein. Man solle das Blut der Soldaten nicht unnötig vergießen. Wegen Mansfeld sei es vollends überflüssig, etwas aufs Spiel zu setzen, der sei nur ein Räuberhauptmann, und man hätte ihm schon zu viel Beachtung geschenkt. Aber Kurbrandenburg jammere über die Verwüstung durch Mansfeld, entgegnete Aldringen, und werde vielleicht durch sein Drangsalieren noch ganz auf die dänische Seite gezogen. Auch wollten sie in Wien einmal einen realen Erfolg sehen.

Für den schließlichen Erfolg sorge er, sagte Wallenstein kurz, die Mittel zu wählen sei seine Sache.

Aldringen wagte nichts zu erwidern und ergoss seinen Groll in Briefen an Collalto und an andere Herren des Kriegsrates, mit denen er Verbindungen hatte. Man vergeude die Zeit hier, schrieb er, ohne zu wissen, wozu. Was für verborgene Pläne der General eigentlich habe, wisse keiner. Er könne nicht einsehen, welcher Nutzen dem Kaiser damit geschehe, dass man stillliege und sich hinter sichere Schanzen verstecke. Die Stände, die dem Kaiser ergeben gewesen wären, murrten jetzt, dass sie, anstatt Hilfe zu finden, nun noch das kaiserliche Heer zu dem Mansfeldischen dazu ernähren müssten, also doppelt geplagt wären und wie der Frosch von zwei Enten zugleich verschluckt würden.

Mansfeld hatte sich im Laufe der letzten Jahre zuweilen so unwohl befunden, dass er zu Bett liegen und im Wagen hatte fahren müssen. Das machte ihn ungeduldig, und es wurmte ihn, dass er es nie so bequem hatte wie Wallenstein, der, niedrigerer Geburt als er, stattlich wie ein König mit einer wandernden Hofburg einher zog und überall Huldigung und Tribut einheimste. Wenn er sich zur Versöhnung mit dem Kaiser hätte entschließen können, dachte er, so würde er jetzt diese pomphafte Rolle agieren und das gaffende Publikum erschüttern; denn was tat Wallenstein anderes, als was er, Mansfeld, ihm vorgemacht hatte? Wenn er die Mühsale, Bitternisse und vielen Schmählichkeiten seines Lebens bedachte, so ergrimmte er gegen den prahlerischen Buhlen des Glückes und entbrannte danach, ihm das Schwert aus der Hand zu schlagen und den Siegesweg zu verlegen. Dann würde er gern sterben, dachte er, gern als ein Bettler von der schmutzigen Szene abtreten, wenn er zuvor dies Blendwerk, dies aufgeblasene Nichts über den Haufen stechen könnte. Verglich er seine Truppen mit denen Wallensteins, die dieser mit seinem böhmischen Blutgeld ausgerüstet und in fetten, gehorsamen Quartieren gepflegt hatte, so hätte es mehr als Wagnis, Wahnsinn geschienen, ihn zum Zweikampf herauszufordern, wenn er viel aufs Spiel zu setzen gehabt hätte; aber seines Bleibens war ohnehin in diesen Gegenden nicht mehr, und die Not zwang ihn, sich durch einen Hauptschlag einen Ausweg zu bahnen. Außerdem ahnte er nicht, wie gut und weithin befestigt Wallensteins Stellung bei der Brücke war, vor allen Dingen aber schob er die Schuld an dem unglücklichen Ausgange der Schlacht Fuchs von Bimbach zu, der ihn im Stiche gelassen hatte. Auf Mansfelds Botschaft, er solle ihm zu Hilfe eilen, antwortete nämlich Fuchs, Mansfeld habe nicht gesagt, wie viel Hilfstruppen er haben wolle, über welcher Verzögerung dann die Katastrophe hereinbrach.

Trotz des vollständigen Sieges, den Wallenstein über Mansfeld davongetragen hatte, herrschte Unzufriedenheit in seinem Hauptquartier; denn in dem pomphaften Berichte, den er nach Wien sandte, war Aldringens nur beiläufig gedacht, der sich allein den Erfolg zuschrieb und in zornige Empörung über die hämische Unterdrückung seines Verdienstes geriet. Er schrieb an seine Gönner im Kriegsrate, wie er in großer Sorge um das Kriegswesen stehe; dass sich Wallenstein durchaus nicht mit Mansfeld habe schlagen wollen und von ihm, Aldringen, dazu gezwungen worden sei, dass er die herrliche Viktoria, die ihm gewissermaßen von anderen in den Schoß geworfen worden sei, nicht ausgenützt und trotz aller seiner, Aldringens, Vorschläge dem Mansfeld Zeit gelassen habe, sein flüchtiges Heer wieder zu sammeln und zu neuen verderblichen Impresen Mut zu fassen. Es habe fast das Ansehen, als ob Wallenstein dem Mansfeld mehr Gutes gönne als dem Kaiser; was aus einem solchen Verhältnis entspringen könne, sei leicht zu ermessen.

Ein paar Wochen waren nach der Schlacht vergangen, als Wallenstein, durch einen Brief seines Schwiegervaters vor den heimlichen Korrespondenzen und Umtrieben seines Quartiermeisters gewarnt, Aldringen zu sich beschied. Mit unbehaglichen Empfindungen trat dieser den Gang an und konnte sein Erschrecken kaum verhehlen, als er Wallenstein aufrecht neben seinem Schreibtisch stehen und schwarze Zornblicke auf ihn werfen sah.

»Ich habe Dinge über Ihn vernommen«, sagte der General drohend, »deren ich mir von ihm nicht vermutend war. Ich habe ihm Vertrauen erwiesen und Ihn als treuen Diener behandelt, als welchen Er sich mir bekannt und mit schönen Worten angepriesen hat. Wie kommt es, dass Er mit meinen Feinden und solchen, die es nicht redlich mit mir meinen, in heimlicher Korrespondenz steht? Was hat Er den Spionen und Jesuiten in Wien hinter meinem Rücken über mein Tun und Lassen zu kommunizieren?«

Während dieser Anrede gab sich Aldringen Mühe, den durchdringenden Blick des Generals auszuhalten und eine trotzige, stolze Miene anzunehmen. Seine blauen Augen schwankten ein wenig, und sein Gesicht war dunkel gerötet, als er in gereiztem Tone hervorstieß, darauf könne er nichts antworten, als dass er ein Soldat von Ehre sei; was solle er sonst zu solchen unerwarteten Beschuldigungen sagen? Wenn Wallenstein ihn für keinen Kavalier halte, so solle er es ihm geradeheraus erklären. Womit er das verdient habe? Mehr könne er als Soldat von Ehre seinem General nicht antworten.

Wallensteins Blick, den Aldringen noch eine Weile festhielt, wurde allmählich freundlicher, und er sagte mit gelinder Stimme: »Wenn es so ist, entschuldige Er mich«, indem er seinem Untergebenen die Hand reichte. Es mangele bei Hofe nie an Verleumdern, setzte er hinzu, deren Geschäft und Zeitvertreib es sei, die Guten gegeneinander aufzuhetzen. Aldringen ergriff die dargebotene Hand zögernd und entfernte sich unzufrieden, obwohl er über die wider Verhoffen schnelle und glückliche Auflösung der Gefahr aufatmete.

Grollend erzählte er Schlick, was vorgefallen war: es gebe keinen wunderlicheren Menschen als Wallenstein, sagte er, er selbst tue, was ihm beliebe, ohne sich um des Kaisers Willen und Wohl zu kümmern, aber er schreie Verrat, wenn man nur einen Brief schriebe, ohne ihn um seine Einwilligung oder seinen Beifall zu fragen. Er, Aldringen, meine es aufrichtig mit dem Kaiser, und das verleihe ihm ein ruhiges Gewissen. Übrigens könne sich Wallenstein in seinem versponnenen Hochmute doch nichts anderes vorstellen, als dass sie alle seine ergebenen Diener seien und sich keines eigenen Urteils unterstanden, gerade als habe nur er Verstand und die anderen wären blökendes Vieh, das ihm nachschwänzelte.

Schlick war ganz und gar der Meinung Aldringens; er habe es kürzlich Wallenstein auch gezeigt, dass er ein freier deutscher Offizier und Edelmann sei, als er sich gegen seinen Willen vor dem Schloss Alten aufgehalten und Wallenstein ihn deswegen zur Rede gestellt habe. Man zieht doch ins Feld, um einmal eine Aktion mitzumachen; stillliegen könne man auch zu Hause. Was er aber am wenigsten ertragen könne, sei, dass Wallenstein ihn per Er traktiere. Das bringe sein Blut in Wallung; man glaube sich in der Türkei zu befinden; aber vielleicht würde sich nicht einmal der türkische Sultan so viel herausnehmen.

Höchst wunderbar sei es doch auch, bemerkte Collalto, wie der General sich so ganz ohne Weiber behelfe. Wie viel man auch aufmerke, sei doch nie etwas von Liebessachen bei ihm im Werke.

Seine Frau lasse er auch nie ins Lager kommen, sagte Schlick; er habe nichts als Geschäfte im Sinne.

Nun ja, meinte Aldringen, andre Leute hätten auch genug auf den Schultern; aber deswegen habe man doch sein Herz und seine irdische Natur.

Gott sei Dank ja, seufzte Collalto; da liege ja eigentlich Sinn und Zweck des Lebens. Wie man es denn in diesem Barbarenlande aushalten sollte ohne Frauen! Sie müssten einem hier den blauen Himmel, die rote Sonne, die goldenen Früchte und Reis und Makkaroni dazu ersetzen. Aber Gott habe sie auch danach gemacht. Ach, diese Blonden hätten ja ein verstohlenes Feuer und eine wilde Süßigkeit, dagegen sei die prasselnde Feuerwerkspassion der welschen Weiber einigermaßen monoton.

Schlick war nicht der Meinung; ihm hätten, sagte er, die Ungarinnen am besten gefallen. Die hätten ein so angenehmes, wohlriechendes Fleisch, wären überhaupt wie eine lecker hergerichtete Speise, die Würze steige einem gleich in die Nase, man lange zu und schwelge in Delizien. Übrigens sei das lange her, er sei jetzt verheiratet, habe Kinder und lasse sich an der Familie genügen.

»Ja, so seid ihr Böhmen«, sagte Collalto, »wir sind als Jäger geboren, und die Tauben, die einem gebraten ins Maul fliegen, schmecken uns nicht.« Aber was den General betreffe, so kümmere er sich auch um die Familie nicht viel. Er komme ihm zuweilen so unheimlich vor, als sei er nicht aus Menschenfleisch gemacht. Wenn einer nicht lache, nicht weine, nicht zeche und nicht küsse, so sei er ein Heiliger oder ein Teufel. Aber ein Heiliger könne Friedland nicht wohl sein, weil er so viel fluche.

»Ach«, sagte Aldringen, »der ließe den Papst hängen, wenn er ihn ärgerte.«

Collalto, der sein Quartier in Halberstadt hatte, überhäufte Aldringen stets mit Aufträgen; er brauchte Silber auf die Tafel, gute Weine, Konfekt und Südfrüchte, wie sie in diesen Gegenden nicht aufzutreiben waren; aber Aldringen beschaffte alles und versicherte Collalto dabei, dass es ihn glücklich mache, für ihn arbeiten zu dürfen. Um seine vielen Bedürfnisse einigermaßen bestreiten zu können, eignete sich Collalto einmal eine Ladung Eisen an, die der Stadt Aschersleben abgedrängt war und die Wallenstein für sich behalten wollte, worüber es zu einer scharfen Auseinandersetzung kam. Während Wallenstein mit Collalto sonst freundschaftlich, ja rücksichtsvoll umging, ließ er ihn bei dieser Gelegenheit hart an, was Collalto so empörte, dass er nach Wien aufbrach, um Klage zu führen und sich eine andere Stellung auszuwirken.

Er stamme von den langobardischen Königen ab, sagte er zu Aldringen, und stehe keinem Fürsten im Reich nach, könne sich unmöglich von einem böhmischen Edelmann, wie Wallenstein sei, als Spitzbuben traktieren lassen. Er sei auch Ritter vom Goldenen Vlies, und eigentlich wäre Wallensteins Stelle ihm zugekommen; Wallenstein hätte alle Ursache, sich bescheiden und erkenntlich gegen ihn zu erweisen.

Aldringen weinte fast vor Betrübnis; er könne es zwar Collalto nicht verdenken, dass er fortgehe, sagte er, ein Herr von Collaltos hoher Extraktion könne sich Wallensteins Enormitäten nicht gefallen lassen; aber für ihn sei der Verlust unleidlich. Wie viel lieber würde er seinen Dienst versehen, wenn Collalto das Oberhaupt wäre, der durch Geburt und Bildung ganz anders dafür qualifiziert sei und ehrliche Kavaliere nicht so grob und tyrannisch behandeln würde.

Collalto dankte Aldringen für seine Freundschaft und versicherte, wenn er je in der Lage sei, wolle er es ihm vergelten. Der Kaiser wisse nicht, was alles beim Heere vorgehe, vielleicht werde es bald eine große Änderung geben.

Indessen wagte der Kaiser nicht, Collalto gegen Wallenstein in Schutz zu nehmen, sondern empfing ihn unfreundlich, und er musste sich zur Versöhnung mit dem Herzog bequemen. Auch Aldringen verschluckte seine rebellischen Gelüste und ließ sich von seinen zahlreichen vornehmen Gönnern in Prag und Wien immer wieder zu einstweiligem stillschweigendem Ertragen etwaiger Wallensteinischer Härten und Launen bereden.

Zu den Vertrauten und Gönnern Aldringens gehörte auch der Abt des Prämonstratenserklosters Strahow bei Prag, Kaspar von Questenberg, der die Anwesenheit des Wallensteinischen Heeres im nördlichen Deutschland zur Erfüllung eines Lieblingswunsches benützen wollte. Aldringen sei jetzt in der Lage, schrieb er ihm, eine rühmliche Tat auszuführen und zugleich ihn, Questenberg, zu einem glücklichen, ja seligen Menschen zu machen. Der Dom Unserer Lieben Frauen in Magdeburg berge nämlich die Gebeine des heiligen Norbert, des Erzvaters der schneeweißen Prämonstratenser, eines hochberühmten Wundertäters und Märtyrers, die nun gewissermaßen bei den Heiden in jämmerlicher Gefangenschaft lägen. Schon zu Kaiser Rudolfs Zeiten sei ihm, sicherlich eine Eingebung des Himmels, der Wunsch aufgestiegen, diese gefangenen Gebeine zu erlösen und sie der Verehrung der Gläubigen zuzuführen. Einem christlichen Helden wie Aldringen werde es gewiss nicht schwerfallen, das Kapitel zur gutwilligen Herausgabe der köstlichen Reliquie zu bewegen oder sich mit anderen geeigneten Mitteln in ihren Besitz zu setzen, wofür er seines und der ganzen Christenheit Dankes wie auch eines ewigen Lohnes bei Gott gewiss sein könne.

Aldringen machte sich dienstfertig daran, das Anliegen des einflussreichen Abtes zu erfüllen; aber das Kapitel, an das er sich wandte, wollte nicht ohne Weiteres darauf eingehen. Die Domherren wollten sich allerdings dem Kaiser und dem Abte gern gefällig erweisen, allein sie fürchteten, es möchte anderen seltsam vorkommen, wenn sie die Kirche eines solchen Schatzes beraubten. Wenn die Evangelischen auch die Heiligen und ihre Gebeine nicht anbeteten, so schätzten sie sie doch als Antiquität und Rarität, ja beim Volke ginge es sogar nicht ohne Aberglauben ab; die Nürnberger bewahrten auch die Heilige Lanze, hielten sie wohlverschlossen und ließen sie unter großen Kautelen heraus, um sie vornehmen Reisenden zu zeigen. Vor allen Dingen würden sie sich dadurch den Markgrafen Christian Wilhelm auf den Hals ziehen, mit dem sie ohnehin im Streit lägen, nachdem sie ihn kürzlich abgesetzt hätten.

Aldringen entgegnete, sie sollten sich doch nicht auf Christian Wilhelm berufen, er gehöre zu des Kaisers erklärten Feinden, und sie wären wohl zu verständig, um mit dem Friedensbrecher gemeine Sache zu machen.

Sie erwiderten, es wäre ja allgemein bekannt, in was für Widerwärtigkeiten sie mit ihm begriffen wären; aber der König von Dänemark habe die Reliquien auch verlangt und könne es sich als Beleidigung anrechnen, wenn sie dem Gegenteil damit gefällig wären. Indessen einige Domherren nahmen Aldringen auf die Seite und sagten ihm, es solle ihnen recht und lieb sein, wenn die Gebeine nach Prag kämen, und sie wollten gern das Ihre dazutun, wenn Aldringen dafür ihrer beim Kaiser gedenken, sie auch in den jetzigen Kriegsläuften, wenn nötig, patronisieren wolle. Sie möchten zwar nicht öffentlich einen falschen Schein auf sich ziehen; wenn aber Aldringen das Bewusste mit List durch ein paar vertraute und anstellige Leute wegnehmen lassen wolle, so würden sie ihm Stunde und Gelegenheit dazu bezeichnen. Wären die Gebeine dann erst einmal in Prag, so würden sie nicht leicht zurückgeholt werden, und sie entgingen gehässigem Argwohn.

Auf diesen Bericht reiste Questenberg hocherfreut nach Magdeburg, um das langersehnte Kleinod im Triumph einzuholen. Er wollte es sich durchaus nicht nehmen lassen, die Ergreifung der Gebeine selbst anzuführen, und begab sich nach getroffener Verabredung mit Aldringen und einigen Bewaffneten in den Kreuzgang des Domes, von wo aus sie zu der Kapelle vordringen wollten, in der die Reliquie verwahrt war. Nun hatte aber Christian Wilhelm von diesen geheimen Praktiken Wind bekommen und, um den Raub zu verhindern, einen Haufen Soldaten im Kreuzgange versteckt und mit scharfen Befehlen versehen, und eben als die Äbtischen sich bei spärlichem Laternenlichte schleichend dem in die Kirche führenden Portale näherten, brachen jene mit lautem Geschrei: »Feuer! Diebe! Mord!« hervor und drangen mit gezogenen Schwertern auf sie ein. Der Abt hängte sich mit beiden Armen an Aldringen und zog ihn mit durch die Angst gesteigerten Kräften rückwärts nach dem Ausgange, sodass diesem, der anfänglich zu kämpfen und sich durchzuhauen geneigt war, schließlich nichts übrig blieb, als den Abt in die Kutsche zu setzen, die zur Entführung der Gebeine bereit stand, und so geschwind wie möglich mit ihm davonzufahren.

Die verunglückte Sache nahm eine günstige Wendung durch den Rat der Stadt Magdeburg, der sich umso lieber dem Kaiser willfährig erzeigte, wenn es auf Kosten und zum Trotze Christian Wilhelms geschehen konnte. Nach einigen Verhandlungen erklärten die Herren Aldringen, sie wollten ihm mit den Norbertischen Gebeinen aus besonderer Liebe und Hochschätzung zu Willen sein. Das bewaffnete Gesindel des Administrators wollten sie als ein neutraler Stand in ihrem Gebiet nicht dulden, nächtliches Rumoren und Zusammenlaufen gebührend abstellen und ihm die Reliquie in aller Stille ausliefern, ohne die Rachsucht vermeintlicher Bischöfe und die üble Nachrede böser Mäuler zu fürchten. Durch diese Aussicht hoffte Aldringen den betrübten Abt wieder aufzurichten; allein derselbe war bereits abgereist, und Aldringen musste ihm nachsetzen, um ihm die tröstliche Botschaft beibringen zu können. Seine Person wollte Questenberg zwar den Anfeindungen und Gewalttaten, deren man sich in Magdeburg gegen ihn unterstanden hatte, nicht wieder aussetzen, zumal er geistlichen Standes und nicht dazu bestimmt sei, doch vertraute er Aldringen das hohe Geschäft rückhaltlos an, der denn auch bald hernach die erkämpfte Beute unter zuverlässiger Eskorte nach Prag abgehen lassen konnte.

Im November zogen Harzbauern über den Rücken des Bruchberges nach Elbingerode. Es waren Männer und Frauen, mit Säcken beladen, in denen sie ihre Habe mit sich führten; dazu trugen die Frauen die kleineren Kinder auf dem Rücken. Obwohl es erst vier Uhr war, fiel die Dämmerung ein; der Wind blies kalt und feucht um die verkrüppelten Tannen und pfiff mit weinender Stimme um die aufeinander geballten Granitblöcke, von denen langes Gras herunterschwankte und Heidegestrüpp zottige Tatzen ausstreckte. Durch das Sausen hindurch vernahmen die schnell schreitenden Bauern Pferdegetrappel; sie horchten und flüsterten, es schienen ihrer viele zu sein, sie könnten es nicht mit ihnen aufnehmen, worauf sie sich eilends hinter Tannen und Steinen verbargen. In dem Augenblick, als die Reiter, die nur zu dritt waren, auf dem Wege erschienen, brachen die Bauern lautlos hervor, griffen den Pferden in die Zügel, rissen die Reiter herunter und schlugen sie mit schweren, nägelbeschlagenen Keulen tot. Alle hatten Geld bei sich, trugen Ringe an den Fingern und waren überhaupt reich gekleidet; zwei waren im Mannesalter, einer noch unbärtig. Nachdem sie alles, was ihnen wertvoll schien, in die Säcke gepackt und sich auch der Waffen der Erschlagenen bemächtigt hatten, überlegten sie, ob sie die Leichen liegenlassen oder verbergen sollten, entschlossen sich zu Letzterem und schleppten sie hinter einen Granitfelsen unweit des Weges. Die erschreckten Pferde waren quer über den Berg hingerast und in der nebligen Dämmerung verschwunden. Als die Bauern nach einer Stunde an eine Glashütte kamen, von der Licht ausging, klopften sie dort an und baten um Wasser, das ihnen gereicht wurde. Der Werkmeister betrachtete sie misstrauisch und fragte, wohin sie so spät wollten. Ob sie zu den Tillyschen gehörten?

Dann hätten sie wohl anders angepocht, sagten die Bauern höhnisch. Sie wären von Clausthal, das hatten die Soldaten geplündert und abgebrannt. Sie zögen mit Sack und Pack nach Elbingerode hinüber.

Clausthal sei ja wohl von Tilly abgebrannt, sagte der Werkmeister; es kämen seitdem viele Bauern über den Berg, die sich zusammenrotten wollten.

Ob Soldaten in dieser Gegend streiften?, fragten die Bauern.

Seit etwa zwei Tagen hätten sich keine gezeigt, erwiderte der Werkmeister; aber bald würde es etwas geben. Sie müssten Tag und Nacht Glaskugeln für Herzog Christian gießen, denn der hätte gesagt, dem Tilly und seinen Soldaten könne man mit gemeinen Bleikugeln nicht beikommen, weil sie gefroren und dem Teufel verschrieben wären; Zauber könne nur durch Zauber gebrochen werden. Die Bauern horchten auf und baten den Werkmeister, ihnen einige davon zu geben, sie wollten mit silbernen Knöpfen dafür zahlen. Woher sie die hätten?, fragte der Werkmeister. Von einem toten Reiter, sagten die Bauern und lachten. Was sie denn mit den Kugeln wollten?, fragte jener wieder; sie hätten ja keine Gewehre. Jawohl, die hätten sie, antworteten die Bauern und zeigten die Läufe der geraubten, die aus ihren Säcken vorstanden. Der Werkmeister, der sich fürchtete, gab ihnen einige Glaskugeln und bat sie, ihn nicht zu verraten, da es herzogliches Eigentum wäre. Sie versprachen es, indem sie die Kugeln in die Tasche steckten; er hingegen solle nicht sagen, dass sie hier vorübergegangen wären, wenn man ihnen nachfragte. Es komme jetzt ohnehin keiner mehr, sagte er, und wozu er sie auch verraten sollte? Sie hätten ihm ja nichts zuleide getan. Nein, aber sie könnten wiederkommen und es nachholen, sagten sie; sie hätten von den Soldaten gelernt, wie man eins, zwei, drei ein Haus in Brand stecke. Damit zogen sie schnellen Schrittes weiter, schweigend und von Zeit zu Zeit in die unruhige Nacht hinaushorchend.

Nicht ganz ungern ließ sich Friedrich Ulrich beiseite setzen und seinen jüngeren Bruder als Regenten schalten, der, des Widerstandes der Ritterschaft ungeachtet, das Land in den Krieg hineinriss. Er selbst eilte auf den Hilferuf des Landgrafen Moritz nach Hessen, um ihm beizustehen und ihn zu offenem Anschluss zu bewegen; allein er konnte es nicht erreichen, dass Moritz ihm die festen Plätze seines Landes auslieferte oder sonst einen entscheidenden Schritt tat. Vergebens hielt er dem Landgrafen seinen Mangel an Folgerichtigkeit, das Verhängnis seines Zauderns und Schwankens vor, er musste unverrichteter Sache abziehen und führte sein Heer nach Göttingen, das von Tilly bedroht wurde. In verzweiflungsvoller Erbitterung und überzeugt, dass die niederdeutschen Stände mitsamt dem König von Dänemark doch nichts ausrichten würden, trug er seine Dienste Gustav Adolf an, wurde aber, bevor er eine Antwort erhalten hatte, schwerkrank, sodass er sich, um nicht dem Feinde in die Hände zu fallen, nach Wolfenbüttel musste bringen lassen.

Die Herzogin entsetzte sich, als sie das eingefallene und verzerrte Gesicht ihres Lieblings sah, fasste sich aber, bettete und pflegte ihn und beschied Ärzte. Davon wollte Christian nichts wissen; was ihm fehle, könnten Ärzte nicht heilen, er sei verzaubert und müsse sterben. In seinen Eingeweiden sei Feuer, das sei eine höllische Anstiftung von Tilly, und wenn das Feuer sie gefressen habe, sei er des Todes. Er hätte sich vergebens dem Teufel verschrieben, mit dem krokodilischen Tilly könne es der Teufel selbst nicht aufnehmen.

Gott im Himmel, sagte die weinende Herzogin zu den Ärzten, sie sollten es nicht weitersagen, was für Lästerungen ihr Sohn ausstoße. Sie wisse, dass Tilly ein redlicher Kavalier sei und keine Schuld an Christians Unglück trage; sie habe es längst gesagt, dass jemand ihm etwas angetan haben müsse, weil er plötzlich aus einem frommen, zärtlichen Sohne ein eigensinniger, widersetzlicher, hochfahrender und schließlich ein Tyrann und Wüterich geworden sei. In Halberstadt habe es angefangen, es könne ihn leicht eine von den bischöflichen Huren behext haben, weil er sie schimpflich ausgetrieben habe. Was für seltsame und gottlose Reden habe er oft ausgestoßen! Erst habe ihn der Marenholz verführt, und dann sei der Knyphausen noch dazugekommen; aber sie sei auch schuld, weil sie sich zuletzt aus mütterlicher Liebe und Schwachheit von ihm habe überreden lassen und ihn dadurch in seinem Unwesen bestärkt habe.

Wenn sie an seinem Lager kniend betete, herrschte er sie an, sie solle das Flennen und Plärren unterlassen, es mache ihm übel; nach längerem Toben jedoch wurde er still, fing endlich zu weinen an, legte den Kopf auf ihre Schulter und sagte, es sei der Teufel, der während ihres Betens aus ihm fluche, weil es ihn ängstige; sie solle sich dadurch nicht irren lassen, sie sei seine liebste Mutter, sein einziges Heil auf Erden, sie solle ihn nicht verlassen, dann werde auch Gott sich seiner erbarmen.

Elisabeths Gesicht verklärte sich: nun sei er wirklich das Kind, das sie geboren habe, nun sei er wieder ihr eigen, sie wolle ihn gewiss nicht verlassen, und wenn sie ihn aus der brennenden Hölle herausholen müsse, wolle sie es tun und sich nicht fürchten.

In ruhigen Stunden sprach er von Deutschlands Verkommenheit, verfluchte die Habgier, Faulheit und Dummheit der Fürsten und Ritter und sagte, dass keiner sie vom Untergang retten könne außer Gustav Adolf, der solle ihn rächen.

Wenn das Fieber sich erneuerte, warf er sich wieder hin und her und schrie, er wolle und müsse dem Tilly Meister werden, und müsse er die ewige Verdammnis darüber leiden, so sei es ihm gleich, wenn er nur Tilly und die spanischen Bluthunde auch in der Qual sehen könnte. So starb er in den Armen seiner Mutter, die, nachdem sie den geliebten Leichnam hatte von sich lassen müssen, zusammenbrach und ihm ins Grab folgte. Vorher trug sie Friedrich Ulrich auf, Frieden mit dem Kaiser zu suchen und diesen jammervollen Krieg, der nun Christian selbst verschlungen habe und als ein stets anschwellender Moloch immer neue Opfer fordern werde, zu enden. Sie könne nicht glauben, dass so viel abscheuliche Untaten, Verwüstung des Landes und Mord wehrloser Unschuld den Beifall Gottes hatte oder ihm zuliebe geschehe; auch habe ja Tilly öffentlich anschlagen lassen, dass es kein Religionskrieg sei.

König Christian IV. befand sich in der Gegend von Northeim, um diese Stadt Tilly streitig zu machen, als er die Nachricht von dem Tode Christians erhielt und von der Gefahr, dass das Land sich mit dem Kaiser versöhne, Er beschloss, eilig nach Wolfenbüttel zu gehen und es zu besetzen, was ihm auch insofern lieber war, als das Gerücht eines spanischen Zuzugs, den Tilly von der Infantin erhielte, ihm die Schlacht bedenklich erscheinen ließ. Er zog seine Truppen langsam zurück, wurde aber von Tilly in der Gegend von Lutter am Barenberge eingeholt, wo zwischen einem Meer von Hügeln sich ein für die Evangelischen unheilvoller Kampf entwickelte.

Schon befand sich das dänische Heer in Auflösung, als es dem General Fuchs gelang, das Dorf Dolgen, das Tillysche Reiter besetzt hatten, wieder zu erobern. Bevor sie zurückwichen, setzten die Tillyschen mehrere Häuser in Brand, andere wurden durch die Beschießung der Dänen entzündet, viele Bauern flohen, andere, die vorher fortgelaufen waren, kehrten zurück, nun die Kaiserlichen abzogen.

Etwa hundert Schritt vor dem Dorfe lag ein Mann, den eine Kugel getroffen hatte und der nicht weitergehen konnte; seine Frau holte aus dem vorüberfließenden Bache Wasser und flößte es ihm ein. Ob er nicht aufstehen könne, sagte die Frau, sie hatten ja das Kind verloren, sie müssten das Kind suchen. Der Mann schüttelte den Kopf; er höre die Kuh aus dem brennenden Stall brüllen, flüsterte er, sie solle doch hinlaufen und sie retten. »Lass doch die Kuh brennen!«, sagte die Frau; aber das Kind müsse sie wiederhaben. Da er schwieg und sie nur stier ansah, lief sie noch einmal an den Bach, rieb sein Gesicht mit Wasser und sagte, sie könne es nicht mehr aushalten, sie müsse dem Kinde nach, es könne ja von den Kroaten gespießt werden. In diesem Augenblick hörte man das Klappern von schnellen Pferden, die Frau warf einen Blick auf den stöhnenden Mann, fasste mit beiden Händen nach dem Kopfe und rannte den Reitern entgegen. Indem sie ein Pferd am Zügel fasste, lief sie mit und fragte schreiend, ob sie nicht ein Kind gesehen hätten, ein kleines dreijähriges Mädchen mit hellem Haar und einem feuerroten Tüchlein um den Hals. Der Reiter, der Deutsch verstand und gutmütig war, sagte, er habe wohl vorhin ein totes Kind am Wege liegen sehen, das augenscheinlich überritten gewesen wäre; aber wenn ihr Kind ein rotes Tüchlein getragen hätte, könne es auch geraubt sein. Sie solle ihn nun aber loslassen und aus dem Wege gehen, sonst könne ihr auch etwas zustoßen. Die Frau stieß einen gellenden Schrei aus und lief besinnungslos schluchzend und schreiend in das brennende Dorf.

General Fuchs von Bimbach war sehr erhitzt, als er in Dolgen ankam, und als er auf einem unebenen, mit Gras bewachsenen Platz einen Brunnen rinnen hörte, stieg er unwillkürlich vom Pferde, trank und setzte sich auf den steinernen Rand des Troges. Die Luft siedete in den vom Scheitel des Himmels niederstechenden Sonnenstrahlen, und von den brennenden Häusern kam zuweilen ein Singen und Krachen und ein plötzlicher Glutstrom. Schreiende und ächzende Leute zogen vorüber und schleppten Karren voll ihrer Habseligkeiten hinter sich her, die sie gegen plündernde Soldaten verteidigen mussten; der General bemerkte nichts davon. Plötzlich fuhr er auf, als ein Offizier über das holperige Pflaster auf ihn zusprengte und meldete, sie können diesen Ort nicht halten, von zwei Seiten nahe der Feind, und sie kämen in Gefahr, eingeschlossen zu werden. Gut, sagte Fuchs, indem er auf einen sanften, dunkel belaubten Hügel wies, so wollten sie sich auf jenen Berg zurückziehen, der werde ihnen den Rücken decken. Der Offizier machte ein erstauntes Gesicht und sagte, da böte sich ihnen ja nirgends ein Ausweg, sie würden dort vermutlich zusammengehauen werden; ob sie nicht versuchen wollten, sich nach Wolfenbüttel durchzuschlagen. Nein, nein, sagte Fuchs heftig, das wolle er keinesfalls, der König habe ihn sowieso einen Feigling gescholten, weil er die Schlacht widerraten habe, er wolle es auskämpfen; in jenem Walde wären sie schwer anzugreifen. Jedenfalls sei Gefahr im Verzuge, sagte der Offizier, der General solle eilen. Er sei so müde, dass er kaum aufs Pferd möge, sagte Fuchs, stand langsam auf und hielt seinen Kopf unter das Brunnenrohr, dass das Wasser an seiner weißseidenen, verschmutzten Jacke hinunterlief. Dann stieg er auf und blickte nach dem kühlen Walde hinüber, während der Offizier in großer Hast die Reiter sammelte und das Kommando ausgab. Unweit des Berges entspann sich ein Gefecht, in dem Fuchs verwundet wurde; seinem letzten Wunsche gemäß wurde er da, wo er gefallen war, begraben. König Christian gelangte flüchtig nach Wolfenbüttel, wo sich in den nächsten Tagen die dem Tode Entronnenen um ihn sammelten.

Im Schlosse zu Kassel saßen der Landgraf Moritz und sein Sohn Wilhelm mit ihren Frauen und der Rat Wolfgang Günther in einem Zimmer, dessen Wände mit französischen Gobelintapeten behangen waren und in welchem sich übrigens nur ein paar Stühle und ein Tisch befanden. Juliane, Moritzens Frau, redete heftig auf ihn ein, sich mit der Ritterschaft zu versöhnen, da es aussichtslos und lächerlich sei, sich Tilly allein widersetzen zu wollen.

Er sei nicht allein, sagte Moritz kurz, ohne sie anzusehen, da sein Volk bei ihm stehe. Ja, schlimm genug, dass er sich mit dem Pöbel gemein mache, sagte Juliane; er mache sich der ganzen ehrbaren Welt zum Gespött damit.

Wahrhaft ehrbare Leute, sagte Moritz, müssten der Ritterschaft spotten, die ihren Herrn verriete. Lieber wolle er sein Leben lang trocken Brot essen und am Wegrande sterben, als sich vor seinen Dienern demütigen, den unwissenden Rüpeln und Judasherzen, die mit seinen Todfeinden gegen ihn konspirierten.

So möge er sich denn als ein Narr mit seinem Straßengesindel hier verschanzen, zischte Juliane, sie wolle nichts damit zu tun haben, wolle sich auf eins der ihr verschriebenen Güter unter den Schutz Tillys begeben.

Moritz schoss einen Blick voll Wut, Hass und Verachtung auf sie. Als ein unbotmäßiges Eheweib, sagte er, habe sie gar keine Ansprüche zu machen; aber sie solle nur gehen, das sei die Art der menschlichen Rotte, dem Mächtigen zu schmeicheln und dem Unglücklichen einen Fußtritt zu geben. Sein Sohn werde sie ja wohl begleiten, sie sollten ihn nur alle verlassen, ihm sei es recht; auch wenn er ganz allein sei und nicht einmal ein Schwert mehr hätte, wollte er noch mit den Fäusten gegen Treulosigkeit und Dummheit kämpfen, bis die Seele ihm ausfahre.

Wilhelm und Amalie, seine Frau, suchten vorsichtig zu vermitteln. Er wisse, dass sie wie er denke, sagte Amalie; hätte er sich nur beizeiten dem niedersächsischen Kreise angeschlossen, dass er nicht allein stehe. Wenn Tilly jetzt besiegt würde, sei noch Hoffnung; es sei noch nicht zu spät für ihn, sich mit dem König von Dänemark zu verbinden.

Draußen fiel der Regen klatschend auf das Pflaster, denn nach mehrtägiger Hitze hatte sich ein schweres Gewitter entladen, und das Geräusch dämpfte den Hufschlag eines Reiters, der über den Schlosshof ritt. Es war ein Stallmeister, der die Nachricht vom Tode des zweiundzwanzigjährigen Prinzen Philipp brachte, eines Sohnes des Landgrafen aus seiner zweiten Ehe, der ein Regiment im Dienste des Königs von Dänemark übernommen hatte und in der Schlacht bei Lutter gefallen war. Wilhelm, der hinuntergegangen war, um den Mann auszufragen, kam blass und verstört mit der doppelten Unglücksbotschaft zu den Seinigen zurück. Juliane brach sofort in lautes Jammern und Schreien aus: sie habe es gewusst, sie habe es vorhergesagt, sie sei nicht damit einverstanden gewesen, dass Philipp dänischen Dienst annehme, das sei die Strafe! Der eigene Vater habe seinen Sohn in den Tod getrieben.

Moritz sprang auf sie zu und ballte die Faust vor ihrem Gesichte. Sie wisse recht wohl, rief er, dass er dagegen gewesen sei, dass Philipp es gewollt habe! Ob sie vergessen habe, wie sie vor zwanzig Jahren ihn gegen den Kaiser gehetzt und ihn ausgespottet habe, dass er sich zu viel gefallen lasse?

So, er habe den Mut, ihr vorzuhalten, entgegnete sie, was sie als unerfahrenes junges Ding getan und gesagt habe! Ein schlechtes Zeichen für ihn, wenn er sich danach gerichtet hätte. Übrigens sei es damals auch noch Zeit gewesen, dem Kaiser einen Ernst zu zeigen, jetzt sei es zu spät. Wer ihn aufgehetzt habe, das wisse man ja, und die Folgen seines Frevels würden schon noch über ihn kommen.

Wolfgang Günther, der abseits gesessen hatte, trat vor und sagte, er verstehe, dass die Landgräfin auf ihn ziele. Er habe nach seinem Gewissen gehandelt und könne es vor Gott und dem Landgrafen verantworten, andere Herren habe er nicht. Wenn der König von Dänemark jetzt Glück habe, sei noch nicht alles verloren.

Nun berichtete Wilhelm von der Niederlage des Königs; außer seinem Bruder sei auch der General Fuchs und der junge Graf Hermann von Solms gefallen, der Stallmeister habe von 8000 Toten und 3000 Gefangenen gesprochen. Tilly habe nur ein paar hundert Mann verloren. König Christian habe sich auf Wolfenbüttel zurückgezogen, ob er aber nicht auch in Gefangenschaft geraten sei, wisse man noch nicht. Wenn sich das alles bewahrheite, so sei von Dänemark nichts mehr zu erwarten.

Auf den König von Dänemark habe er niemals Hoffnung gesetzt, sagte Moritz, der, die Ellenbogen auf die Knie und den Kopf in die Hände stützend, vor sich nieder stierte, deshalb habe er sich ja auch nicht mit ihm einlassen wollen. Der habe ein großes Maul und kurze Arme, gut, dass er sich von ihm nicht habe fangen lassen.

In dem tiefen Schweigen, das nun herrschte, hörte man nur den klatschenden Regen und das Jammern der Landgräfin. Ob er nun genug habe?, schrie sie, plötzlich im Weinen innehaltend, ihren Mann an. Ob er nachgeben wolle?

Nachgeben?, rief der Landgraf. Sich vor der Ritterschaft demütigen? Nie, nie, nie! Er habe kein anderes Gebet mehr, als dass die verfluchten Verräter so von Gott geschlagen würden, dass ihnen nichts übrig bliebe als dreißig Heller, um sich einen Strick zum Aufhängen zu kaufen.

Die Landgräfin lachte höhnisch; er selbst, sagte sie, habe ja nicht einmal mehr so viel, aufhängen könne er sich also nicht.

Nein, erwiderte Moritz scharf, das könne und das wolle er nicht, gerade weil es ihr und manchen anderen vielleicht das Liebste wäre.

Ja, was er denn eigentlich wolle?, schrie Juliane außer sich; ob er sich von Tilly gefangen nehmen und nach Wien schleppen und vom katholischen Pöbel anspucken lassen wolle?

Nein, sagte Moritz, er wolle abdanken, was sie und Tilly und die Ritter schon lange wünschten. Dann möchten sie ihre gemeinsame Weisheit leuchten lassen und das Land retten.

Wolfgang Günther redete dem Landgrafen zu, als er mit ihm allein war, er solle doch nicht abdanken, sondern versuchen, ob sich nicht durch Vermittlung von Schweden oder Holland noch ein Abkommen treffen lasse; da Moritz aber nichts davon hören wollte, erinnerte er ihn an sein Versprechen, ihn, Günther, vor der Rache seiner Feinde zu schützen.

Er habe es versprochen und wolle es halten, sagte Moritz. Er werde nie vergessen, dass Günther als der Einzige es redlich mit ihm gemeint habe, dass er als der Einzige mit Verstand und Aufrichtigkeit die faulen Stellen im Staate durchschaut und bezeichnet habe. Er wolle es seinem Sohne ans Herz legen, dass der gute Hirt, der die Schafe treu gehütet habe, nicht den Wölfen dürfe ausgeliefert werden.

Einige Wochen vor der Schlacht bei Lutter war, erst neunundvierzigjährig, Moritzens Vetter und Feind, der Landgraf Ludwig von Hessen-Darmstadt, gestorben, dem zwei Monate später sein älterer Freund und Jagdgefährte, Erzbischof Schweikhard von Mainz, in den Tod nachfolgte.

Einige märkische Herren von Adel kamen zum Kurfürsten von Brandenburg und klagten, sie könnten die Felder nicht mehr bestellen, weil die Bauern ihnen davongelaufen wären. Die Amtleute meldeten, in Lenzen ständen fünfzehn Häuser leer, in Nauen sei es auch nicht besser, an anderen Orten fänden sich höchstens fünf Ackerpferde und zehn Leute, die arbeiten könnten; die Übrigen hätten sich teils anwerben lassen, teils geflüchtet und hielten sich Gott weiß wo verborgen. Es könne nicht so weitergehen.

»Ja, jetzt kommt ihr und beklagt euch«, sagte Georg Wilhelm. Die Bauern wären schon dageblieben, wenn sie sie nicht so bestialisch traktiert hätten. Einer von ihnen hätte vor ein paar Jahren einen Bauern an einen glühenden Ofen gebunden und einen Hering dazugestellt, wenn er Durst bekäme, weil der Bauer ihm sein Gut, das er frei und zu Recht besessen hätte, nicht hätte abtreten wollen. Damals hätten sie nicht auf ihn, den Kurfürsten, hören wollen, jetzt solle er die Schuld tragen.

Die Bauern wären hierzulande nicht so dreist davongelaufen, antworteten die Herren, das hätte sie erst der Krieg gelehrt. Sie hätten zum Kriege keine Ursache gegeben. Der Kurfürst solle doch den Kaiser kontentieren, dass die fremden Soldaten aus dem Lande kämen. Heute hätten sie Mansfelder, morgen die Dänen und die Wallensteinischen auf dem Halse und hätten doch mit den Händeln nichts zu schaffen. Lieber wollten sie sich noch offen auf des Kaisers Seite stellen, sie wären kaiserlich und der Kurfürst hoffentlich auch, so wüssten sie wenigstens, warum ihnen das Fell über die Ohren gezogen würde.

Von offenem Anschluss an den Kaiser wollte der Kurfürst jedoch so wenig etwas wissen wie von offenem Widerstande. Gegen seinen Kanzler Adam von Schwarzenberg, den Sohn jenes berühmten kaiserlichen Generals Adolf von Schwarzenberg, der im Jahre 1600 im Türkenkriege gefallen war, beklagte sich der Kurfürst über seine Stände, die ihre Schuldigkeit gegen ihn nicht täten und doch in allen Leiden die Verantwortung auf ihn würfen. Ein schlechter Edelmann habe es besser als er; nicht einmal das Jagdhündlein hätten sie ihm gegönnt, das er sich neulich gekauft habe, und hätten wegen des Preises genörgelt, den er dafür hatte zahlen müssen.

Der Preis sei freilich ein wenig hoch gewesen, meinte Schwarzenberg, zumal bei den schlechten Zeiten; es wäre besser gewesen, wenn der Kurfürst sich nicht eben auf dies kostbare Hündlein gesteift hätte und überhaupt ein wenig haushälterisch sein wollte.

Die Stände wollten den Beutel gar nicht mehr auftun, weil sie meinten, es gehe doch nicht auf den gemeinen Namen, sondern für des Kurfürsten Pläsier und Extravaganzen.

Der Kurfürst weinte beinahe über diese Vorwürfe: er glaube nicht, dass jemals ein Fürst wegen eines Hündleins so viel habe erdulden müssen. Wenn er sich nicht hie und da auf menschliche Art erholen könnte, möchte er lieber abdanken als sich den vielen Widerwärtigkeiten und Gefährlichkeiten unterziehen. Von Schwarzenberg hätte er sich am wenigsten solcher Vorhalte versehen, da er doch Schwarzenbergs wegen so viel ausstehen müsse.

Nicht alle Räte des Kurfürsten waren mit der kaiserlichen Politik, die Schwarzenberg, seiner Herkunft entsprechend, verfolgte, einverstanden, vielmehr unterhielten einige heimliche Verbindungen mit Schweden und drangen in ihren Herrn, sich der antiösterreichischen Liga beizugesellen.

Im Sommer 1626 kam die Nachricht nach Berlin, Gustav Adolf sei an der preußischen Küste gelandet und habe sich der Stadt Pillau bemächtigt und wolle sie in seiner Gewalt behalten. Gegen Schwarzenberg jammerte Georg Wilhelm über die schwedische Heirat, wie oft er sie schon habe beklagen müssen. Seine Mutter habe gewarnt, aber sein Vater und seine verliebte Schwester hätten den Ausschlag gegeben. Nun sitze er zwischen der Schere, wenn sie zuklappe, gehe es mitten durch seinen Leib.

Allerdings, sagte Schwarzenberg, zwischen dem Schweden und einem Vasallen des Königs von Polen könne keine Freundschaft bestehen. Wolle der Kurfürst Preußen behalten, so müsse er Schweden einmal einen Ernst zeigen.

Einen Ernst zeigen?, rief Georg Wilhelm. Über seinen Ernst würde Gustav Adolf lachen. Der verstehe keinen Ernst, der nicht das Schwert führe, und so weit könne er es doch nicht treiben.

Er hätte ja den Kaiser und Polen hinter sich, beharrte Schwarzenberg.

Ob er sich um der Polen willen in einen Krieg mit seinem eigenen Schwager verwickeln solle?, klagte der Kurfürst nun. Etwas so Barbarisches könne der Kaiser nicht von ihm verlangen. Dem Schweden möchte es schon lieb sein, wenn er einen Vorwand bekäme, sich in sein Land einzudrängen; aber er wolle ihm nicht den Willen tun. Nein, er wolle sich die Neutralität von niemandem aus der Hand winden lassen. Er wolle seine Ruhe behalten, sie möchten lärmen und zerren; wenn er still bliebe, würden sie es endlich müde werden und abziehen.

In Pillau gebot indessen Gustav Adolf, fröhlich, weil der kühne Streich ihm geglückt war, und ungeduldig, ihn auszunützen; denn der kleine Platz, so willkommen er ihm war, genügte seinen Plänen nicht. Da er sich an das feste und mächtige Danzig, das mit guten Worten nicht zu gewinnen war, mit Gewalt nicht wagen mochte, warf er seinen Blick auf Königsberg, das, als eine untertänige Landstadt, sich seinem Willen, wie er meinte, eher fügen würde. Freundlich empfing er die Abgeordneten der Stadt, die sich auf seinen Befehl nach Pillau begeben hatten und vor ihn traten. Sie wüssten, so etwa sprach er zu ihnen, dass er mit dem König von Polen im Kriege liege, der ihm sein Reich streitig machen wolle. Gott habe ihm bisher den Sieg verliehen und werde ihm auch ferner beistehen. Nun müsse er aber, um sich besser wehren zu können, einen Fuß auf der Küste haben, deshalb habe er sich Pillau nehmen müssen, Feinde in seinem Rücken könne er nicht dulden; darum habe er sie rufen lassen, um zu wissen, ob er sie für Freunde oder Feinde halten solle.

Der eine der Abgeordneten nahm das Wort und bat, der König möge sie nicht für Feinde halten, was sie bei Gott nicht sein wollten.

Also, sagte Gustav Adolf, sollten sie ihm Gehorsam geloben und sich einverstanden erklären, dass er eine Besatzung in ihre Stadt lege.

Darüber könnten sie nicht entscheiden, sagte der Abgeordnete, sondern müssten ihren Herrn befragen.

»Euer Herr will ich sein«, sagte Gustav Adolf lachend. Sie wären eine freie Stadt und könnten ihr Haupt wählen, sollten nicht zweifeln, dass er sie gegen jedermann verteidigen könne.

Sie wären nicht frei, entschuldigte sich der Abgeordnete; sie dürften ihre Tore keinem fremden Monarchen und Kriegsvolk öffnen.

Gustav Adolfs Gesicht rötete sich ein wenig, und er begann hastiger und eindringlicher zu sprechen. Sie hätten ihm ja gesagt, dass sie seine Feinde nicht sein wollten. Dann dürften sie auch seinem Feinde keinen Vorschub leisten. Er mute ihnen gewiss nichts Unrechtes zu.

Die Abgeordneten wiederholten, sie müssten sich an die Verträge halten, die zwischen dem König von Polen und dem Kurfürsten von Brandenburg, ihrem Herrn, bestanden, sonst machten sie sich des Hochverrats schuldig.

»Vor den Waffen gelten keine Verträge«, sagte Gustav Adolf heftig. Sie müssten sich erklären, ob sie für oder wider ihn sein wollten. Er habe bis jetzt als ein Freund und Beschützer zu ihnen gesprochen, er habe aber auch andere Pfeile im Köcher.

Nach einer Pause, während welcher die Abgeordneten verlegen und unschlüssig vor sich hin geblickt hatten, nahm wieder einer von ihnen das Wort und sagte, der König möchte sich einmal vorstellen, es käme ein fremder Potentat nach Schweden und verlange von einer schwedischen Stadt, sie solle ihn mit seinem Heer einlassen und ihm huldigen; was er sagen würde, wenn sie sich überreden ließen?

»Es kommt auf die Notwendigkeit an«, sagte Gustav Adolf. Man müsse jeden Fall für sich betrachten, denn es seien nie zwei einander gleich. Er müsse sich gegen einen böswilligen Feind, der ihm die Krone vom Haupte reißen wolle, verteidigen. Ob er sein Reich aufs Spiel setzen solle, um ihre wurmstichigen Verträge zu schonen? Sein armes Volk harre, dass er ihm den Frieden bringe; er müsse sehen, wie er dazu gelange, und er habe ihnen sein königliches Wort gegeben, dass er nichts Unrechtes von ihnen verlangen wolle.

Dies sagte der König mit heiterer Miene und nachdrücklichem Tone; aber die Stimmung war ihm ein wenig verrückt worden. Er äußerte sich enttäuscht gegen Oxenstierna, dass er nicht so vorankomme, wie er gehofft habe, es scheine fast, als müsse er gegen die widerspenstigen Preußen Gewalt gebrauchen. Davon riet ihm Oxenstierna ab, es könne ihm ein schlechtes Ansehen geben, er tue besser, eine Gelegenheit abzuwarten. Georg Wilhelm schwanke hin und her wie ein Kahn auf bewegter Flut, man müsse den Augenblick erpassen, wo er auf die schwedische Seite neige.

Von Schwarzenberg überredet, machte sich Georg Wilhelm mit einem Heer nach Pillau auf, damit der König von Polen sehe, dass er sich nicht in verräterischem Einverständnis mit seinem Schwager befinde. Es kam jedoch nicht zu einer kriegerischen Aktion, vielmehr versprach der Kurfürst dem Könige bei einer Zusammenkunft, ihm nicht in den Weg zu treten. Gustav Adolf fragte lachend, ob er die Fabel gelesen habe, dass es nicht gut sei, sich zwischen zwei kämpfende Löwen zu stellen? Er solle ruhig zuschauen und sich nicht einmischen, dann werde ihm nichts zuleide geschehen.

Nach der Dessauer Schlacht, sagte der Kurfürst, habe er ja den König eifrig gebeten, zu kommen und ihm Hilfe zu bringen. Damals würde er sich ihm offen angeschlossen haben, aber Gustav Adolf sei allzu sehr in den polnischen Krieg verbissen gewesen. Inzwischen habe sich für ihn alles geändert, der Däne sei geschlagen, Mansfeld samt dem Weimaraner unten in der Türkei gestorben und verdorben, der Kaiser mächtig. Er könne nicht den Kaiser und den König von Polen zugleich gegen sich aufbringen.

Wie er nur so unfürstlich reden möge, sagte Gustav Adolf zu seinem Schwager; es sei nicht rühmlich für ihn, des katholischen Polen Diener zu sein. Auch sei er Mannes genug, ihn zu schützen, nur müsse er, Gustav Adolf, sich wiederum auf ihn verlassen können.

Georg Wilhelm hatte sich inzwischen durch einige Gläser Bier einen Mut angetrunken und begann freier zu reden: Diese Abhängigkeit sei allerdings lästig, aber es sei ja nur eine Formsache, einreden lasse er sich von dem Polen nicht. Wo sein Herz sei, könne Gustav Adolf wohl denken. Gustav Adolf solle doch nicht vergessen, dass sein Fürwort ihm seinerzeit die Schwester verschafft hätte. Er wolle so gern mit jedermann in Frieden leben, und gerade er müsse in dieser bösen Zeit leben, wo es sei, als hätten alle ein Tollkraut gefressen, dass sie übereinander herfallen müssten. Hätte er doch in der guten alten Zeit gelebt, wo man in Ruhe seine Hasen gejagt und seine Kanne getrunken hätte.

Das wollten sie wohl noch miteinander tun, sagte Gustav Adolf lachend. Er schösse wohl zwischenhinein auch einmal einen Hasen.

Christian IV. warf sich mit den Seinigen ins Lüneburgische und ließ dort sengen und brennen; denn, sagte er, Herzog Christian von Celle sei an seinem Unglück schuld, da er anstatt zu ihm zum Kaiser gehalten habe; nun solle jeder sehen, wohin solche Treulosigkeit führe. Der Herzog von Celle wandte sich hilfeflehend an Tilly, er solle doch kommen, die Dänen aus dem Lande zu jagen und seine armen Untertanen zu schützen, die kaum noch Brot hätten, um das nackte Lehen zu fristen; worauf Tilly antwortete, er sei bereit, dem Herzog, den er als treuen Anhänger des Kaisers verehre, zu helfen, bitte ihn aber, die Obrigkeit überall anzuweisen, dass sie zu einer guten Ordnung, wie es mit den Truppen gehalten werden solle, mitwirkte, da er sonst nicht für Schaden einstehen könne.

An einem Septembernachmittage ritt Tilly durch die Heide nach Winsen an der Luhe, wo er Quartier nehmen wollte. Er saß auf einem Schimmel, einige Adjutanten folgten ihm, dann kamen Wagen, die langsam durch den Sand rollten. Seine Gedanken trugen sich damit, dass es mit dem Frieden doch noch lange Wege haben werde, obwohl er den Dänenkönig niedergeworfen hatte; derselbe führte doch noch hohe Worte und hatte erst kürzlich wieder Geld von England und den Staaten erhalten. Ehe der Kaiser nicht die Staaten angriffe, den Born, aus dem der Krieg fließe, werde es kein Ende nehmen, dachte er; aber weder der Herzog von Bayern noch die geistlichen Fürsten wollten daran, nichts und niemand konnte ihnen die Augen öffnen. So würde er denn die Last weiterschleppen müssen ohne Ehre, ohne Lohn, ohne Dank. Er dachte, wie satt er sich manchmal seines mühseligen Lebens fühlte, wie gern er an einem Ort, der ihm zu eigen gehörte, ausruhen würde. Warum anderen alles in den Schoß fiel, bevor sie noch angefangen hatten etwas zu leisten, und er, der so viel gedient und gearbeitet hatte, noch immer kein Land hatte, wo er der Herr war, das konnte er nicht begreifen; er müsse es Gott anheimstellen. Indem er aufsah, fiel sein Blick auf einen Schafhirten, der, auf einen Stock gestützt, den kriegerischen Zug betrachtete, während die Schafe, in einen Haufen gedrängt, zwischen dem purpurnen Heidekraut standen. Der Himmel war grau und still, die Luft warm, nichts bewegte sich als die langsam wie ein fernes Segelschiff vorrückende Herde. Tilly dachte, wie wohl dem Manne sein müsse, der nun bald zu seiner Hütte zurückkehrte; immer begleitete ihn diese treue Ebene, harrte und hütete seiner eine hohe Föhre oder ein immergrüner Wacholderbaum oder ein breites Haus mit samtschimmerndem Moosdach. Auch die ernsthaften, schweigsamen Menschen gefielen ihm besser als die vom Rheine; es hätte ihn gefreut, wenn Gott sich seiner als Werkzeug bedienen wollte, um ihnen den rechten Glauben zu bringen.

Einige Tage später kam der Amtmann mit rotem Kopf und brachte unter vielen Entschuldigungen vor, es hätten ein paar Soldaten einen Schafhirten erschossen, der seine Schafe gegen sie hätte verteidigen wollen. Tilly solle die Gnade haben und dazusehen, dass die Schuldigen bestraft würden, es sei großes Geschrei und Jammer im Dorfe, er wisse der wütenden Bauern nicht mehr Herr zu werden. Tilly sagte, er habe die Obrigkeit oft und oft ermächtigt, schuldige Soldaten festzunehmen und nach Gebühr zu bestrafen; ob man denn die Schuldigen kenne und ihrer habhaft geworden sei? Ja, sagte der Amtmann, sie hätten auch gestanden, und der Profos wolle sie henken; da seien andere Soldaten in Haufen gekommen, murrten und wollten es nicht leiden.

Er wolle sofort selbst kommen, sagte Tilly, stieg zu Pferd und ritt dem Amtmann so schnell voran, dass der kaum nachkommen konnte. Vor der nächsten Ansiedelung traf er auf die zusammengerotteten Soldaten, die aber Platz machten, als sie den General kommen sahen, ritt mitten hindurch, hielt an und fragte, wo die Leute seien, die den Schäfer erschossen hätten, sie sollten sich melden. Nach einer Pause traten zwei hervor, der eine mit gesenktem Kopf, der andere dreist und böse Tilly ins Gesicht blickend; von den Stricken hatten die Kameraden sie inzwischen frei gemacht. Der Alte fuhr sie rau an: ob sie die Gesetze nicht kennten? Wie sie dazu gekommen wären, einen friedlichen Hirten, der seine Schafe weidete, zu töten? Ob das eine Tat, eines christlichen Soldaten würdig, sei? Ob sie nicht selbst einsähen, dass sie den Tod verdient hätten? Womit sie sich entschuldigen wollten? – Der eine von beiden antwortete trotzig: sie hätten Hunger und nichts zu essen. Tilly zögerte einen Augenblick; er wusste, dass trotz seiner Mahnungen der Sold seit Langem ausgeblieben war und dass die Bauern mit ihren Lieferungen im Rückstand zu bleiben anfingen; der Amtmann hatte erst kürzlich geklagt, sogar die Mäuse stürben Hungers, weil sie weder im Hause noch im Felde mehr etwas fänden. Andererseits bedachte er, dass Nachsicht ein böses Exempel geben und der Sache schaden könne, zumal er nicht in Feindesland sei; darum sagte er kurz, die Gesetze müssten gehalten werden, die Schuldigen sollten sich zum Tode bereiten, Hunger entschuldige Raub und Mord nicht. Die Übrigen sollten sich durch die Exekution warnen lassen und sich nie wieder der heiligen Justiz in den Arm zu fallen anmaßen. Vor seinem strengen Blick wagte keiner sich zu rühren, die Schuldigen ließen sich stillschweigend ergreifen und hingen in wenigen Minuten leblos von den Zweigen einer in der Sonne flimmernden Birke herunter.

Traurig ritt Tilly heim, von Sorge gequält, wie es mit der Disziplin und dem Soldatenwesen werden sollte, wenn der Krieg noch immer kein Ende nähme und die Unlust der Fürsten, den Beutel zu ziehen, größer statt geringer würde. Die geistlichen Fürsten, die Schatzkammer und Speicher voll hatten, speisten ihn mit Ausreden und Entschuldigungen ab, indes er nicht mehr wusste, wie er mit gutem Gewissen die Ordnung zwischen dem armen gequälten Bauersmann und dem hungernden Soldaten aufrechterhalten sollte. Wie das Vieh wurden die Soldaten geachtet, das zum Abschlachten gekauft wird, und schlechter, da man ihnen nicht einmal das Futter oder den bedungenen Lohn reichte. Er hatte stets Seine Ehre darin gesucht, den Krieg so zu führen, dass dem Soldaten und dem Landmann sein Recht werde, soweit es möglich sei, und er wunderte sich, ob der Herzog von Bayern, sein Herr, ihn nicht besser darin unterstützen und die Ligafürsten zu ihrer Pflicht anhalten könne. Dann dachte er an Wallenstein, wie der seine Soldaten hausen ließ, wie der Kaiser ihn hochhielt, wie Offiziere und Soldaten ihm zuliefen, wie Freund und Feind vor ihm zitterte und wie die Welt von seinem Ruhme voll war. Mühsam überwand er solche Gedanken, indem er bei sich ein Gebet zu Gott und der Heiligen Jungfrau sprach; diesen, dachte er, solle das Gericht überlassen sein.

In Würzburg trug es sich zu, dass zu dem Jesuitenpater Spee eine Frau aus Veitstöckheim kam und zu beichten verlangte. Als er sie zu sprechen aufforderte, sagte sie seufzend, sie sei eigentlich nicht Beichtens wegen gekommen, sondern um seinen Rat einzuholen, da sie gehört habe, er habe vielen Frauen, die als Hexen verbrannt worden wären, in ihrer letzten Not beigestanden. Sie sei nun seit sieben Jahren mit ihrem Manne verheiratet, sie hätten ein Kind miteinander und hätten friedfertig gelebt, bis ihr Mann kürzlich eine wohlhabende Witwe kennengelernt und sich in sie verliebt habe. Seitdem sei er kaltherzig gegen sie geworden, gebe ihr oft harte Worte, lasse sie fühlen, dass sie kein Geld in die Ehe gebracht habe, und bleibe oft nächtelang aus, Spee könne wohl denken, wo. Einmal sei sie in ihrem Schmerz zornig gegen ihn geworden und habe ihm gedroht, sie werde sich rächen, wenn er sie verließe; da habe er gesagt, nun sähe er, was für ein Mensch sie sei, sie gehöre zur Hexenzunft und wolle ihm etwas antun, er werde sich aber zu schützen wissen. Von der Zeit an lasse er sich nur wenig mehr zu Hause sehen, spreche fast nie mehr mit ihr und sehe sie zuweilen scheu von der Seite an, als ob er nichts Gutes gegen sie im Sinne führe; es werde ihr oft bange, und sie habe bei sich bedacht, ob sie nicht ihr Kind nehmen und auswandern sollte, irgendwohin unter dem Schutze Gottes. Hier sei sie schutzlos, seit ihr Mann sich von ihr abgewendet habe, und wenn sie in Bedrängnis geraten sollte, würde sich niemand ihrer annehmen.

Spee betrachtete die Frau mit Anteil: sie hatte dunkle Augen, deren sanfter Blick wie ein balsamischer Finger, so war es ihm, über ihn hinglitt; sonst war sie weder schön noch hässlich, weder groß noch klein, gleichmäßig gewachsen und leise und schüchtern von Gang und Bewegungen. Sie solle es doch noch mit der Güte bei ihrem Manne versuchen, sich nicht zornig und eifersüchtig gebärden, sondern ihn durch Freundlichkeit und Geduld zu gewinnen suchen. Die Miene der Frau verdunkelte sich, indem sie sagte, das habe geholfen, solange er keine andere geliebt habe; Spee kenne die Männer nicht, wenn er glaube, eine Frau könne ihre Liebe durch Liebe wiedergewinnen; dass sie ihn liebe und nach ihm verlange, wisse er ohnehin, wolle es aber nicht wissen. Ob er denn das Kind nicht mehr lieb habe?, fragte Spee. Das sei das Allerweheste, gab sie zur Antwort, dass die andere, die ihren Mann für sich haben wolle, das Kind an sich gezogen habe. Sie schenke ihm seidene Tücher, Puppen, Süßigkeiten, was sie ihm niemals habe geben können, und verlocke es damit. Das Kind, das sonst fromm und gut gewesen sei und an ihr gehangen habe, schaue sie jetzt oft feindlich an, und einmal, als sie es habe strafen wollen, habe es sie Hexe gescholten.

Wenn sie sich unschuldig wisse, sagte Spee nach längerem Nachdenken, so rate er ihr doch, daheim zu bleiben. Wohin sie denn wolle? Das würde den Verdacht erst recht auf sie ziehen. Er könne sich nicht denken, dass ihr Mann so schlecht sei, falsches Zeugnis wider sie abzulegen. Vielleicht rühre Gott sein Herz, dass er in sich gehe und umkehre, sie solle nur in Treue ausharren und sich nichts zuschulden kommen lassen. Gott sei gerecht, ihm dürfe sie vertrauen, wenn sie ein reines Herz habe, und dass sie das habe, fügte er gütig hinzu, lese er in ihren Augen. Die Frau lächelte dankbar, obwohl sie nur wenig getröstet war, und ging heim, wurde aber schon nach drei Tagen als der Hexerei Angeklagte beim Würzburger Gericht eingeliefert.

Spee, der davon hörte, lief sogleich hin, um ihr beizustehen, und kam gerade dazu, als der Mann, das Kind an der Hand, aussagte, was er von ihrer Hexerei wisse. Er habe sie sehr lieb gehabt und zur Frau genommen, obwohl sie ihm kein Heiratsgut gebracht habe und er manche andere, begüterte hätte haben können. Seine Freunde und Verwandten hätten damals schon gesagt, das Mädchen müsse ihn behext haben, weil seine Liebe sonst so groß nicht sein könnte, und jetzt glaube er das auch, wennschon er es damals nicht hätte hören wollen; denn seine Liebe habe hernach bald abgenommen und habe also wohl keinen natürlichen Grund gehabt. Erst habe er nichts Fremdartiges an ihr wahrgenommen, außer dass er zuweilen Kopfweh und Bangigkeit gehabt habe und dass Schmerzen und Angst gleich verschwunden wären, wenn sie ihre Hand auf seine Stirn gelegt hätte. Sie hätte auch besondere Suppen kochen können gegen das Magenweh, und es könne wohl sein, dass sie ihm darin etwas beigebracht hätte, um ihn an sich zu fesseln. Zuletzt wäre er einmal nachts nach Hause gekommen und hätte sie nicht im Bett angetroffen, und als er da aus dem Fenster in den Garten hinuntergesehen hatte, um sich die Zeit zu vertreiben, hätte da eine große schwarze Katze gesessen und ihn falsch aus grünen Augen angeglotzt. Es könne wohl nicht anders sein, als dass das seine Frau gewesen wäre; denn am folgenden Morgen sei seine Frau wieder da, die große schwarze Katze aber verschwunden gewesen. Schließlich sei das Kind krank geworden und hätte eine missfarbige, übelriechende Materie ausgespien, wovon der Arzt die wahre Ursache nicht hätte entdecken können; es habe fast das Aussehen, als habe die Frau es dem Kinde angeblasen, um ihn zu kränken. Auf Befragen sagte das Kind, ein sechsjähriges Mädchen mit rötlichblonden Locken, die Mutter habe es dreimal angehaucht und dazu etwas gemurmelt.

Die Frau hielt während dieser Zeit ihre sanften Augen düster auf ihren Mann geheftet, sagte aber nichts. Spee, der in großer Unruhe zugehört hatte, zog einen der Richter auf die Seite und sagte ihm, er kenne die Frau, sie sei unbescholten, fromm und gut, habe nichts mit dem Teufel zu schaffen, er bürge dafür. Die Aussage ihres Mannes gelte nicht, wer könne wissen, ob er die Wahrheit sage? Was er da geschwatzt habe, seien ja nur törichte, unbegründete Vermutungen.

Wieso?, entgegnete der Richter; der Mann sei ein ordentlicher, gut beleumdeter Mann, und es werde sicher keiner etwas wider seine eigene Frau aussagen, wenn er es nicht Gott und der Wahrheit zuliebe tun müsse. Gerade weil es der Ehemann sei, der gegen sie zeuge, müsse man es glauben und bedürfe es anderer Zeugen nicht mehr.

Großer Gott, rief Spee, man wisse doch, wie oft Eheleute einander feind würden. Der Mann könne ihrer am Ende gar loswerden wollen! Der Richter solle doch bedenken, fuhr er, einem neuen Einfall nachgehend, fort, dass die Frau arm sei, wozu solle man dem Gericht die Kosten aufbürden, sie zu beherbergen, zu beköstigen und endlich zu verbrennen?

Spöttisch das Gesicht verziehend, sagte der Richter, er durchschaue, wo Spee hinauswolle. Spee müsse aber nicht fürchten, dass der Staat sich wegen der Hexe zu sehr angreife, der Mann müsse für sie zahlen, er habe genug dazu.

Indessen war der Henker gekommen, hatte die Frau entkleidet, das Hexenmal gesucht und sagte vergnügt, da hätten sie einen guten Fang getan. Wenn der Mann sich besser auf die Zeichen verstünde, hatte er längst den Bock riechen müssen. Dann holte er eines der Folterwerkzeuge, hielt es ihr vors Gesicht und fragte, ob sie wisse, was das wäre, worauf sie, die bis dahin unverwandt ihren Mann angesehen hatte, unwillkürlich zurückschauderte und sagte: »Das ist ein Bratspieß.« Der Henker begann laut zu lachen: »Ein Bratspieß!« rief er, sich auf die Schenkel schlagend, »ja, da hast du recht! Wir wollen einen hübschen fetten weißen Braten daran rösten! Da wird das Fett herunterfließen! Da wird uns das Wasser im Munde zusammenlaufen!«

Als er dann, gleichsam versuchsweise, einen eisernen Ring um ihren Arm legte und langsam zusammenschraubte und sie laut aufschrie, schrie auch das kleine Mädchen auf und streckte, das Gesicht jämmerlich verziehend, die Arme nach seiner Mutter aus. Das hübsche Gesicht des Mannes wurde fahl, und er sagte, sie möchten ihn nun gehen lassen, er könne kein Blut sehen; wenn sich einer nur in den Finger schneide, werde ihm übel. Ja, sagte der Richter, wenn er so zimpferlich wäre, solle er nur gehen, sie brauchten ihn ohnehin nicht mehr, worauf der Mann, ein wenig geduckt und schleichend wie eine Hyäne, das Kind an der Hand, sich davonmachte. Überhaupt, fuhr der Richter fort, sich an Spee wendend, wäre dies kein öffentlicher Ort, wo alles zusammenlaufen dürfte, Spee solle wiederkommen, wenn er gerufen würde, um das Gewissen zu retten.

Nachdem Spee mehrere Male die Hände ringend um das Ordenshaus herumgegangen war und auf der Schwelle noch unschlüssig gezaudert hatte, ging er hinein und bat um Gehör bei seinem Vorgesetzten, den er für einen klugen, verständigen Mann hielt. Er stellte diesem vor, dass sein Gewissen es nicht länger ertrage, so viele unschuldige Menschen Martern leiden und eines schmerzhaften und schmählichen Todes sterben zu sehen, ohne dagegen Einsprache zu tun. Er könne bei Gott beschwören, dass nicht eine von den Frauen, die er zum Feuertode vorbereitet habe, der Zauberei und des Umgangs mit dem Teufel schuldig gewesen sei, vielmehr hätten viele von ihnen inmitten einer Marter, wie er selbst sich nicht getrauen würde, sie auszustehen, die Himmelsgüte von Heiligen bewiesen, indem sie ihren Feinden und Verderbern vergeben und sich selbst der Sünde geziehen hätten, weil sie sich von der Folterqual falsche Geständnisse hätten entreißen lassen.

Der andere fragte nachdenklich, ob etwa Spee sagen wolle, dass alle der Hexerei Beschuldigten unschuldig wären und es sich dabei überhaupt nur um ein erdichtetes Verbrechen handle?

Das wolle und könne er nicht entscheiden, sagte Spee, obwohl es ihm unwahrscheinlich vorkomme, dass der Teufel fleischlichen Umgang mit Menschen haben sollte; aber er wolle das dahingestellt sein lassen und sich nur an das halten, was er gesehen habe. Das sei keine Justiz, das sei ärger als Raub und Mord. Da seien weder Beweise noch Verteidigung. Die Fürsten, Herren, Geistlichen und Richter, die das anstifteten, zuließen und ausführten, wären gottloser, als der Teufel selbst sein könne.

Ob er schon einmal von diesen Ansichten irgendetwas habe verlauten lassen?, fragte der Obere.

Ja, sagte Spee, er habe den Richtern in einzelnen Fällen Vorstellungen gemacht; sie hätten ihn aber mit groben oder spöttischen Worten abfahren lassen und ihn geheißen, sich nicht einzumengen, auch angedeutet, es sei schon bekannt, dass er es mit den Hexen halte. Anstatt Nutzen habe er sogar Schaden gebracht, indem sie ihm zum Trotz in ihrem System, das nichts als sinnlose Willkür sei, verharrten und seine Vorwürfe die Unglücklichen entgelten ließen. Man müsse es anders anfangen, müsse aller Welt bekannt machen, wie da verfahren würde, wie Ehre, Glück und Leben wehrloser Frauen den Bösen, Habgierigen, Grausamen und Gedankenlosen preisgegeben sei.

Der Obere sagte, das sei eine ernste, schwierige und zweischneidige Sache, die er nach allen Seiten bedenken wolle. Inzwischen gebe er Spee auf, gegen jedermann davon zu schweigen und nichts anderes zu tun, als was ihm als Beichtvater der angeklagten Frauen obliege.

Beklommenen Herzens ging Spee zu der Frau, die, nachdem noch einige Zeugen abgehört worden waren und sie auf der Folter zugestanden hatte, was man ihr abfragte, zum Feuertode verurteilt worden war. Nachdem er sie um Verzeihung gebeten hatte, weil er sie schlecht beraten habe, sagte er, dass sie unschuldig sei, wisse er; er wisse nicht, warum Gott dies Leiden über sie verhängt oder zugelassen habe, das seien Gottes Geheimnisse, die erst vor seinem Angesicht offenbar würden. Sie solle sich in den Willen des Herrn ergeben, ihren Peinigern verzeihen und ihrer Seele ein hochzeitliches Gewand anlegen als eine, die zum Himmel einginge. Sie sah ihn mit ihren sanften braunen Augen an, die düster blickten und rot umrändert waren, und sagte, sie wolle wohl den Richtern und auch dem Henker verzeihen, der sie gefoltert habe, nicht aber ihrem Manne; das könne sie nicht, und das könne Gott auch nicht von ihr verlangen. Spee bedachte sich eine Weile und sagte dann, wenn sie es nicht könne, so glaube er, Gott werde es ihr nicht anrechnen. Sie solle aber wissen, dass Lohn und Strafe in Gottes Hand liege und dass auch ihrem Manne werde gegeben werden, nach dem er gehandelt habe.

Ob er die ewige Pein werde leiden müssen?, fragte sie.

Wenn er seine Sünde nicht bereue, sagte Spee zögernd, so glaube er wohl, dass seine Seele auf ewig der Finsternis angehören werde. »Aber zuvor«, fragte sie, »wird er in Glück und Freuden leben mit seiner neuen Frau und mit meinem Kinde?«

Ach, das sei ja nur ein Augenblick, sagte Spee. So viel seine Seele sündig sei, so viel sei sie schwer und dunkel und versinke mit jedem Augenblick tiefer in das Reich der Finsternis. Vielleicht sei noch ein lichtes Fünklein in seiner Seele, daran die Engel sie erkennen und erlösen könnten: ob sie bereit sei, mit ihm dafür zu beten? Sie schüttelte den Kopf und sagte, dafür könne sie nicht aufrichtig beten.

»Meine Tochter«, sagte Spee bittend, »denke jetzt nicht mehr an deinen Mann noch auch an dein Kind, noch an alles das, was du gelitten hast, sondern denke an Gott. Wirf die Vergangenheit unter dich und schau in das große Licht, das deiner wartet und in dessen Glanze du ausruhen wirst von den Qualen der Erde und ihrer vergessen.«

Sie sagte, wie sie an das Licht denken könne in der schwarzen Grube, in die man sie geworfen habe. Solange er könne, wolle er bei ihr bleiben und mit ihr beten, sagte Spee, und wenn er fern von ihr sei, solle sie denken, dass er auch dann für sie bete. Es wären noch viele da, die er in ebensolchen Leiden trösten müsse, sonst würde er sie nicht verlassen.

An dem Tage des großen Hexenbrandes fuhr Spee mit vier oder fünf Frauen auf einem Karren nach dem Richtplatze vor der Stadt, wo die Scheiterhaufen standen; es waren aus Holzscheiten und Strohbündeln zusammengeschichtete Hütten, in welche die Verurteilten hineingestoßen wurden und wo der Rauch sie schnell erstickte. Die Frauen hatten hohle, fieberrote Wangen, einige stierten blöde vor sich hin, andere stammelten die Gebete mit, die die Priester ihnen vorsprachen. Als sie von dem Karren heruntergerissen waren und warteten, während der Schinder das Feuer anschürte, wandte sich Spee zu der Frau mit den sanften Augen und sagte, sie solle mit ihm beten, dass Gott ihre Seele in Gnaden zu sich nehme. Sie kehrte ihren starren Blick von den Menschen, die in Haufen herumstanden und auf das Schauspiel warteten, zu Spee und sagte: »Ich muss im Feuer verbrennen, damit mein Mann in Freuden mit einem anderen Weibe leben kann; ich kann nicht zu Gott beten.«

»Ach, denke nicht mehr an die Erde«, bat Spee dringend, »denke an den Ewigen Vater, dem du angehörst und der die Arme nach seinem Kinde ausbreitet.« Sie schüttelte kurz den Kopf und sagte: »Ich kann nicht. Wenn mein Mann in der Finsternis ist, will ich dorthin, um ihn noch einmal zu sehen und ihn zu fragen, wie er mir das antun konnte.« Spee sank neben ihr auf beide Knie und flehte laut: »Ach, meine Schwester, geliebte Schwester, wende deine Seele zu Gott! Wende deinen Blick nach oben, wo die Krone der Treuen steht!« Als könne er ihre Augen mit sich ziehen, sah er nach dem glänzenden Himmel, der hoch über den lachenden Fluren flog und am Horizont mit dem funkelnden Main zusammenströmte. Währenddessen hatte sich der Henker ihrer schon bemächtigt und sie mit anderen Frauen in eine von den rauchenden Hütten hineingestoßen, sodass er nicht wusste, ob sie ihn vernommen hatte. So fuhr er fort, laut zu beten und zu rufen: »Gott, Gott, nimm die Seele zu dir, die dein ist, lasse sie nicht in Schmerzen untergehn! Du führst verschlungene Wege, aber sie münden alle in deinem Herzen!«, wie es die Angst und die Not des Augenblicks ihm eingab, bis der Holzhaufen eingestürzt war und kleine Flammen aus dem Schutt hervorleckten.

Am Nachmittage, als seine Arbeit getan war, ging er vor das Tor, den Main entlang und einen Hügel hinauf, der mit Eichen und Buchen licht bestanden war; die Knie wankten ihm, sein Herz war so schwer, dass er es nicht weiter tragen zu können glaubte, er warf sich in das Moos und drückte das Gesicht begierig in die Kühle. Als Knabe hatte er einmal einen Esel unter den Schlägen seines Treibers zusammenbrechen sehen, und das hatte ihn so gewidert, dass er seitdem nach der Zurückgezogenheit des Klosters Verlangen gehabt hatte. Aber als hätte Gott seine Feigheit strafen wollen, verfolgte ihn, wohin er immer sich flüchtete, der Jammer der Kreatur. Das eine hatte er erfahren: unermesslich weit war die Erde von Gott; und wenn sie nun, so fragte er sich zuweilen schaudernd, unerreichbar weit von ihm wäre? Seit er in Würzburg war, hatte er so viel Ekel und Grauen in sich verschlossen, dass seine Seele vergiftet war, sein Auge das Licht oft dunkel sah, die Rose ihm faul roch und das Brot ihm wie Galle schmeckte. Er sah, wie die Mächtigen den Schwachen beraubten, wie sie, wenn er nackt zu ihren Füßen lag, ihre Übermacht Güte und seine Ohnmacht Schlechtigkeit nannten; er sah die käufliche Menge auf den Knien, um ihre Untaten zu feiern, und dienstwillig bei der Hand, um ihre Opfer zum Tode zu schleppen. Er sah die Dummheit stolzieren und die Vernunft verschüchtert schweigen, er sah die Grausamkeit auf dem Stuhle des Richters und die Barmherzigkeit im Kerker der Missetäter.

Indem er sich aufrichtete, sah er unter sich die gekrümmten Zweige einer grauen Weide in das fließende Wasser gebogen und in einer kleinen Bucht, die dadurch entstand, ein paar Enten mit ihren Jungen plätschern; am jenseitigen Ufer war der Boden eingesenkt wie eine Wiege, und aus der mit grünen Büschen gefüllten Vertiefung ragten ein paar rote Dächer hervor und streckte ein Kirchturm seine feine, gerade Spitze. Er wendete seine Augen weg und bedeckte sie mit beiden Händen; nichts freute ihn mehr, die geschmückte Erde erschien ihm wie eine kalte, freche, geschminkte Buhlerin. Um diese Erde zu heiligen, war das Blut des Gottessohnes das

Kreuz hinuntergeflossen; wie kam es nur, dachte Spee, dass das Gottesblut den gemeinen Stoff der Welt doch nicht hatte edel machen können? Hatte er den Menschen nur den Weg weisen wollen, damit sie selbst Anteil an der Erlösung ihrer Heimat hätten? Die Hände erhebend, flehte er zu Gott, ihn auch als Opfer anzunehmen, ihn nicht zu verwerfen, sein Blut in Tau zu verwandeln, das die Zertretenen und die Blinden erquicke.

Es war inzwischen Abend geworden, himbeerfarbene Wolken bekränzten den Himmel und glühten dunkler aus dem Fluss hervor, der, von den Uferhügeln umschlungen, sacht in die weiße Dämmerung hinüberflüsterte. Das Beten hatte Spee beruhigt, und über sein verhärmtes Gesicht flossen Tränen. Jetzt, dachte er, ist das Leiden jener Unglücklichen vorüber, und die versöhnte Klarheit ihrer Augen lächelt der göttlichen Allgegenwart. Der Abendwind, der über ihn hin blies, schien einen Schleier von seiner Seele abzustreifen; es war ihm, als hätte er ein wildes Spiel vermummter Gaukler für schmerzende Wirklichkeit gehalten.

Mit jedem Schritt jedoch, den er der Stadt zu machte, wurde sein Herz wieder schwerer; wenn er einer Frau begegnete, dachte er, dass er ihren Leib vielleicht morgen schon von der Folter zerrissen sehen werde.

Nach einiger Zeit ließ ihn sein Vorgesetzter zu sich rufen und sagte ihm, er habe reiflich über alles nachgedacht, was Spee ihm vorgetragen habe; er glaube, dass viel Ungerechtigkeit bei den Hexenprozessen wie bei anderen Sachen unterliefe; aber der Orden könne sich nicht mit Dingen befassen, die ihm Feindschaft zuziehen würden. Der Orden kämpfe für die Kirche und erweise ihr große Dienste; er würde also der Kirche schaden, wenn er sich schadete, und dürfe sich von seinem Ziel nicht abwenden lassen.

Spee sagte, indem er die Hände übereinander faltete, er leide viel Anfechtung, weil er nicht verstehen könne, dass die Bekenner Christi und namentlich die Geistlichen nicht sollten die Pflicht haben, dem Unrecht überall zu steuern und denen, die Unrecht litten, beizustehen.

Die hätten sie wohl, sagte der Obere, wenn nicht eine höhere Pflicht voranginge; diese wäre jetzt aber, allen Kämpfen auszuweichen, um nur den Kampf für die katholische Kirche zu führen. Er stehe ja den Unrecht Leidenden bei, indem er sie tröste und auf den Himmel vorbereite.

Er finde dabei keine Ruhe, sagte Spee. Er fühle sich gedrängt, das himmelschreiende Unrecht, das er mit Händen greife, in einem Buche darzustellen, aller Augen darauf zu lenken und dafür zu öffnen, damit es sich verkriechen müsse. Gott habe den Erzengeln geboten, die Drachen zu bekämpfen; es sei jetzt einer da, der täglich die Unschuld verschlinge und den noch kein Ritter gewagt habe anzugreifen.

Es könne und dürfe nicht sein, sagte der Obere mit nicht unfreundlicher Strenge. Die Kirche sei für die Kirche da. Spees erste Pflicht sei Gehorsam, den solle er leisten und solle künftig mit dieser Sache nicht wieder an ihn gelangen.

Wenn dem so sei, sagte Spee, so bitte und flehe er, die Last von ihm zu nehmen, ihn anderswohin zu schicken und ihn mit Predigt oder Unterricht zu beschäftigen. Er könne nicht für sich einstehen, wenn er hierbleiben müsse; lieber wolle er selbst mit den Hexen verbrennen als länger ihre Qualen stillschweigend mit ansehen.

Als die Kaiserlichen unter Wallenstein in Verfolgung des Feindes an die Küste von Jütland kamen, sahen sie in der Ferne die dänischen Schiffe, die ihn unerreichbar entführten. Solche Rosse, die auf dem Wasser laufen könnten, müsste er auch haben, sagte Wallenstein zu Arnim, der neben ihm ritt, worauf dieser erwiderte, ja, ohne sie hätten sie die Dänen bis auf den letzten Mann niedergemacht, oder sie hätten in den Graben springen und ersaufen müssen. Wallenstein blieb stundenlang am Strande und starrte auf das unzugängliche Element, das, vor seinen Füßen ausgegossen, ihn durch sein Dasein unterjochte. Es wurmte ihn, dass das Göttertier seinen schäumenden Nacken dem geschlagenen Dänenkönige beugte und ihn, Wallenstein, den Sieger, verhöhnte. Es tanzte vor ihm über die Felsen, dass die aufspringenden Tropfen ihn bespritzten, überblies ihn mit dem Dampf seiner Nüstern, und sein jauchzendes Wiehern gellte ihm ins Gesicht, weil es wusste, dass er ihm keinen Zügel überwerfen konnte. Neue, mächtige Gedanken stiegen in ihm auf; armselig, dachte er, sei die Herrschaft der Erde; es sei das Meer, das Könige mache. Er dachte an Sidon und Tyrus, das Alexander vergeblich belagert hatte, an Griechenland und Rom und Byzanz. Was für ein Bettlerfürst war im Grunde der Kaiser deutscher Nation von jeher gewesen, ein Bauer auf einem verschuldeten Hofe, der niemals Geld in der Hand hatte; eine alte, verschrumpfte Reliquie, die von schlauen Marktschreiern ausgestellt und von Toren verehrt wurde. Macht hatten nur die, denen das Meer gehörte, England und Spanien, und jetzt die Holländer, die es ihnen geraubt hatten. Sie, die Krämer, hatten es gezähmt, das Zauberross, aus dessen Mähne die unschätzbaren Perlen rinnen, dessen Hufschlag Sand in Gold verwandelt, dessen Atem bewaffnete Heere vernichtet. Wallenstein glaubte nicht, dass das heroische Element sich dem Bürgervolke lange bequemen würde; aber da war ein anderer, der es lockte und auf den es horchen mochte, ein junger, rascher König, den sein biegsamer Rücken schon oft getragen hatte, der Schwede Gustav Adolf, der war zu fürchten. Er überdachte, was für ein unbändiges Geschlecht die Wasa waren; sie planten wild und kühn ins Weite. Was für Träume mochte dieser Gustav haben, der, fast noch ein Knabe, das Schwert ergriffen und es siegreich hierhin und dorthin geführt hatte? Schweden war ihm zu arm und zu klein; er fantasierte, das wusste Wallenstein, von einem großen Bunde aller nordischen Mächte gegen Spanien und Österreich. In diesem Bunde würde keine aufrichtige Freundschaft sein; denn Gustav Adolf wollte nicht ein Gleicher unter andern, sondern er wollte der Herr sein, Herr des Meeres, Herr der Erde. Zwischen ihm und den Dänen, wenn sie sich auch als nachbarliche Freunde gebärdeten, war Misstrauen und Eifersucht, ebenso zwischen ihm und den Staaten. Sie waren alle Nebenbuhler um das Meer; es müsste viel Blut fließen, dachte Wallenstein, bevor die Hochzeit mit dieser Amazone gefeiert würde.

Er ließ Arnim zu sich kommen, der vor zehn Jahren im Dienste Gustav Adolfs gestanden hatte, und fragte ihn über den schwedischen König aus. Ob die schwedischen Stände mit dem Kriege einverstanden wären? Ob er sein Land verlassen könne, ohne Rebellion befürchten zu müssen? Ob das Volk zum Handel fähig und willig sei? Arnim sagte, nein, was den Handel betreffe, so habe es damit noch gute Wege. Der König reite einen schärferen Trab als sein Volk, das gehe meist auf schweren Bauernschuhen zu Fuße. Sie waren auch mit dem Kriege nicht einverstanden; aber die Bauern ließen doch nicht von ihm, weil er der protestantische König sei und den Adel in Schranken halte. Freilich habe er, den Adel betreffend, die Zügel ein wenig lockerer gelassen als sein Vater und sein Großvater, denn ein Fürst könne ohne den Adel doch einmal nicht bestehen, und dadurch habe er nun auch den Adel so ziemlich auf seiner Seite. Rebellion habe er nicht zu befürchten, außer wenn er schwere Niederlagen erlitte; aber es würde ihn kaum einer besiegen. Die besonderen Eigenschaften seiner Person kämen dazu, ihn sicher zu machen, die alle Menschen fessele und beherrsche.

Wie denn seine Person beschaffen sei?, fragte Wallenstein.

Das könne man nicht eigentlich beschreiben, erwiderte Arnim. Sein Antlitz sei, wenn er sich unter Menschen aufhalte, immer freundlich und kühn, sein Wort immer so fest und froh, als ob es ihm von Gott eingegeben sei. Er könne mit dem gemeinen Mann sprechen, als sei er seinesgleichen, und doch vergesse keiner je, dass er König sei. Es gehe etwas von ihm aus, dass man ihn lieb haben müsse, wenn man ihm auch dem Verstande nach misstraue.

Ob er tapfer und freigebig sei?, fragte Wallenstein weiter. Ob er sein Tun lange vorher bedenke? Ob er den Weibern zugänglich sei oder sich von Günstlingen leiten lasse?

Ja, so tapfer wie er, sagte Arnim, sei kein anderer. Er sei verwegen, und seine Lust an Getümmel und Gefahr habe Anteil an seiner Kriegspolitik. Er habe auch den Glauben, es könne ihm nichts geschehen; aber das komme wohl mehr aus seinem sorglosen Gemüt als aus Stolz oder Religion. Freigiebig sei er nicht eigentlich, weil er wenig habe, doch auch nicht geizig. Für seine Person liege ihm nichts am Gelde, er wolle nur sein Land reich und mächtig machen. Ebenso habe er für Pracht und Kunst nicht viel Sinn und schätze es nur, weil es die Dignität eines Landes vermehre; er für sich begehre nur Kampf und Abenteuer. Deswegen tue er aber doch nichts voreilig und unbedacht, und es sei überaus schwer, ihn zu täuschen oder zu überlisten, und wenn sein Wille auch stärker sein möchte als sein Rechnen, so verstehe er sich doch wohl auf Temporisieren, Dissimulieren und Hinhalten und könne Gelegenheit erwarten, wenn es sich um große Dinge handle. Die Weiber betreffend, so habe er einige Male unter seinem Stande geliebt, wisse die Flamme aber rechtzeitig auszutreten und fange nicht leicht Feuer. Günstlinge habe er nicht, und der Einfluss des Kanzlers Oxenstierna, wenn er auch sein Freund sei, dürfe nicht zu hoch angeschlagen werden; am Ende gehöre sein Herz ihm allein und fahre für sich verborgene Wege.

Warum er, Arnim, sich denn von Gustav Adolf getrennt habe, fragte Wallenstein zuletzt, da er ihn doch in so großer Konsideration zu haben scheine?

Da er nicht immer des Königs Meinung gewesen sei, sagte Arnim mit einem verdrossenen Blick auf Wallenstein, habe es ihm nicht länger gepasst, ihn ästimieren zu sollen. Was habe auch ein Brandenburger bei den Schweden zu tun? Der Schwede sei wohl besser zu leiden als der Pole; aber man wäre doch allemal froh, wieder unter sich zu sein.

Als Arnim sich entfernt hatte, wiederholte Wallenstein bei sich alles, was jener ihm gesagt hatte, verborgene Wege, dachte er höhnisch; ihm wären die Wege des Schwedenkönigs nicht verborgen. Und sollten sie es Arnim sein? Sollte sich Arnim nicht deshalb von Gustav Adolf getrennt haben, weil er des Königs Absicht durchschaute, sich zum Herrn des Meeres, der deutschen Küsten, ja ganz Deutschlands zu machen? Was Arnim ihm über den Schweden gesagt hatte, war nicht geeignet, Wallenstein zu beruhigen, nur das war günstig, dass der König unbekümmert die Gefahr aufsuche; denn solche, dachte er, treffe zuletzt immer das Schicksal, das sie albern herausforderten, der Seiltänzer ende zerschmettert auf dem Pflaster. Eine Weile freilich schwebe er hoch wie der Vogel, noch halte den König sein Stern; darum sei er auch so sicher, weil sein Stern ihn ziehe. Wie lange das dauern werde, das sei die Frage. Wallenstein versuchte, ob er selbst, mit den Daten, die er hatte, des Königs Horoskop stellen könne.

Aus seiner Versunkenheit schreckte ihn eine kreischende Weiberstimme, die grell in die tiefe Stille, die im Hause herrschte, hineinfuhr. Wallenstein läutete einem Pagen und ließ den Offizier, vor sich rufen, der die Wache im Hofe hatte. Was das zu bedeuten habe?, fragte Wallenstein; ob er nicht wisse, dass er durch keinen Laut gestört werden dürfe? Der Anblick des Generals flößte dem jungen Mann solchen Schrecken ein, dass er zitterte: sein mageres Gesicht war aschgrau, und seine Augen sprühten Feuer wie brennende Kohlen. Der Fürst möge verzeihen, sagte der Offizier, ein Mädchen habe Wasser vom Brunnen geholt, um es zur Küche zu tragen, ein Soldat habe sie im Scherz um den Leib gefasst, da habe sie ihn mit Wasser bespritzt und geschrien. Er habe ihn schon ins Loch legen lassen.

Das sei nicht die Vorschrift, sagte Wallenstein scharf, er müsse hängen. Er solle sofort, ohne Verzug hängen. Sie könnten ihre Hurerei an abgelegenen Orten treiben. Auf diesen Hof dürften keine Weiber kommen, sie sollten das Wasser anderswo holen. Er brauche Ruhe zum Denken, der wachhabende Offizier müsse dafür einstehen; werde er noch einmal gestört, so falle die Strafe auf ihn.

Wallenstein starrte auf die unterbrochene Arbeit und schob sie zurück, um sie einem Astrologen zu geben; er hatte nun keine Ruhe mehr dazu. Jetzt und solange es noch Zeit sei, wollte er die Mittel überdenken, mit denen dem erobernden König zu begegnen sei. Das Sicherste sei, dachte er, ihm zuvorzukommen und sich zuerst auf das schnaubende Ross zu schwingen; denn wer einmal darauf sitze, dem würde es angehören. Zwar hatte er weder Hafen noch Schiffe, noch seetüchtige Mannschaft; aber einem starken Wollen müsse das zu erringen sein. Er suchte auf der Karte die deutschen Meerplätze, die zunächst in Betracht kamen: Die Hansestädte würden eben jetzt noch nicht mit Gewalt, vielleicht aber mit List zu gewinnen sein. Sie fürchteten den Dänen und den Schweden, waren feige und geizig; vielleicht würden sie sich durch Handelsvorteile, die man ihnen einbildete, fangen lassen. Mit Mecklenburg war es anders, das hatte er durch Kriegsmacht in der Hand. Mit den beiden Herzögen, trägen, schwachsinnigen, vertrunkenen Herren, der frechen, selbstsüchtigen Ritterschaft, den an Knechtschaft gewöhnten Bauern würde er leicht fertig werden; nur durfte er nicht Tilly und durch ihn den Herzog von Bayern den Fuß hineinsetzen lassen. Er konnte sich dieses Landes bedienen, wie wenn es sein Eigentum wäre; das angrenzende Pommern würde ohnehin dem Kaiser zufallen, wenn der letzte Herzog, Boleslaw XIV., der sich um Manneskraft und Verstand gesoffen hatte, mit Tode abgegangen wäre. Wenn Brandenburg danach griffe, könnte man ihm auf die Finger klopfen; besorglich war es, dass der Schwede auf die gleiche Beute lauerte. Dahin durfte es nicht kommen, dass der Schwede den Fuß auf die deutsche Küste setzte; er, Wallenstein, wollte dafür sorgen, dass er auf kantige Felsen stieße, an denen seine Schiffe die Rippen zerbrächen, dass er froh sein müsste, auf einem Brett zu seinen Heringsdörfern zurückzuschwimmen.

Noch besser würde es doch sein, dachte Wallenstein weiter, wenn man den König anderweitig beschäftigen könne; und das gehe auf zweierlei Art, durch Polen oder durch Dänemark. Die Polen könnten zwar allein nichts ausrichten, und auch mit Dänemark sei der Ausgang fraglich; immerhin wäre doch Zeit gewonnen, während sie miteinander rauften. Erst kürzlich hatte er wieder Briefe aus Dänemark bekommen, die Stände verübelten es dem König, dass er sich absolut machen wolle, und würden den schlecht geführten Krieg gern benützen, um ihn abzusetzen und sich nach einem anderen Haupte umzusehen. Dies wäre ein Brocken, den man Gustav Adolf hinwerfen könnte, damit er sich die Zähne daran ausbisse. Nach einigem Besinnen setzte er mir eigener Hand einen Brief an den König auf: Es könne ihm nicht unbekannt geblieben sein, wie die Habgier des Königs von Dänemark das Römische Reich mit Krieg überzogen habe und wie er durch die kaiserlichen Waffen verdientermaßen heimgeschickt worden sei. Es verlaute, dass die Dänen sich dies ungeschickte Wesen sehr zu Herzen zögen und sich gern einem anderen Haupt unterwerfen wollten. Nun würde dem Kaiser nichts lieber sein, als an seinen Grenzen einen mächtigen und ehrliebenden Monarchen zu haben, mit dem er sicheres Bündnis halten könne, zumal da ja der König von Dänemark zugleich Glied des Reiches sei. Wenn Gustav Adolf sich dieses gleichsam verwaisten Landes annehmen wolle, so brauche er sich nicht zu besorgen, dass der Kaiser ihm zuwider sein würde, und was ihn, Wallenstein, betreffe, so wünsche er nichts sehnlicher, als ein gutes Verständnis mit der königlichen Würde von Schweden zu unterhalten und ihm seine Ergebenheit durch Taten zu beweisen.

Den Herzogen von Mecklenburg war es lieb, dass Christian IV. die Flucht ergriff; aber sie machten ihm doch Vorwürfe, weil er sie im Stiche ließ: Erst habe er den Karren in den Dreck gefahren, sagte Herzog Albrecht, nun sollten sie ihn wieder herausgraben. Er hätte es sich denken können, entgegnete Christian, dass sie ihm die Schuld aufbürdeten, nachdem er Leib und Leben für sie gewagt hätte. Sie hatten ihm angetragen, sein Land zu verlassen, um ihnen beizustehen; seine Stände waren unzufrieden und seine Gesundheit erschüttert, zu schweigen von allen den anderen Widerwärtigkeiten, die auf ihm lägen.

Hatte er es ihnen zuliebe getan, so würde er sie jetzt nicht im Stiche lassen, sagte Herzog Albrecht; sie sähen nun wohl, dass es ihm nur um die Bistümer zu tun wäre.

Die hätte er eher durch die Gunst des Kaisers erhalten, sagte Christian böse, als dadurch, dass er ihn bekämpfte.

Ja, schrie Herzog Adolf Friedrich, und er würde sie durch Gunst des Kaisers bekommen und sie dafür preisgeben.

Womit er es verdient habe, sagte Christian, dass sie ihn einer solchen Ehrlosigkeit fähig hielten? Er sehe je länger, je mehr, was für ein wunderliches Kramen mit den deutschen Fürsten sei. Da habe er den Markgrafen von Baden-Durlach, der als ein geschlagener, länderloser Herr flüchtig zu ihm gekommen, freundlich empfangen, in seinen Dienst gestellt und ihm ein schönes Regiment anvertraut. Das habe er durch Unverstand und Leichtsinn vom Grafen Schlick zusammenhauen lassen, und wie er ihn nun vor ein Kriegsgericht habe stellen wollen, damit er sich verantworte, wie es recht sei, habe er sich aufgeführt wie eine geschändete Nonne, gelärmt und gedroht, er sei ein souveräner Fürst des Reiches, den niemand richten könne als der Kaiser, wo er doch weder ein Land noch einen Kaiser mehr habe, da er ja wider ihn in Waffen sei. Sie, die Mecklenburger, sollten ihm nicht auch mit Undank lohnen. Er werde ihrer bundesgemäß und freundvetterlich gedenken und beim Friedensschlusse ihren Vorteil im Auge haben. Übrigens sei seine Sache keineswegs verloren, er müsse nur zuerst die Ordnung in Dänemark wieder herstellen, wenn sie da das Auge des Herrn eine Weile nicht sähen, würden sie übermütig. Er habe geglaubt, gegen Tilly zu kämpfen, da habe sich unversehens das halbe Reich gegen ihn herangewälzt. Darauf sei er nicht gefasst gewesen, fürchten tue er sich aber keineswegs; wolle der Kaiser seine Bedingungen nicht annehmen, so sei er bereit, das Schwert wieder aus der Scheide zu ziehen.

Tilly und Wallenstein wären zwei gewaltige Feldherren, sagte Herzog Albrecht bedenklich; es könne es nicht leicht einer mit ihnen aufnehmen. Ei was, rief Adolf Friedrich, wenn sie nicht einen Pakt mit dem Teufel hätten, müsse man ihrer auch Meister werden können. Er spucke auf Tilly und Wallenstein miteinander. Der eine sei ein Wallone, der andere ein Böhme; ob es kaiserlich sei, einem deutschen Reichsfürsten Kosaken und Polacken auf den Hals zu schicken? Kein Wunder, wenn man endlich ein Misstrauen fasse, dass es auf die uralte Reichsfreiheit abgesehen sei.

Christian meinte, er wisse wohl, warum der Kaiser mit den wilden Völkerschaften aufrücke; der deutsche Soldat habe ein Grausen davor und lasse sich desto leichter von ihnen in die Flucht schlagen. Indessen sollten sich die Vettern auf ihn vertrösten, das Blatt werde sich bald wenden. Der Krieg sei einmal wie eine Kinderschaukel, bald sei man oben, bald unten. Nachgeben werde er nicht, auf ihn könnten sie bauen, er werde keinen Frieden schließen, in dem sie nicht mit aller Fürstenehre einbegriffen wären, darauf habe er ihnen sein königliches Wort verpfändet.

Durch diese Versicherungen nicht völlig beruhigt, schickten die Herzöge dem anrückenden Tilly Boten entgegen, sie wären treue Fürsten des

Reichs, dem Kaiser stets ergeben gewesen, meinten dies auch bei künftiger Gelegenheit zu beweisen. In das dänische Wesen wären sie wider ihren Willen hineingezogen worden, hätten nie gedacht, sich dadurch dem Kaiser zu widersetzen, da es ja nur auf Defension abgesehen gewesen sei. Sollte es dieser oder jener damit nicht ehrlich gemeint haben, so bäten sie doch, ihnen eine so verräterische Felonie nicht zuzumuten.

Tilly zwar schien diese Entschuldigungen annehmen zu wollen, dagegen näherte sich nun Wallenstein mit seinen Heeresmassen ihrer Grenze und forderte sie auf, der kaiserlichen Truppe Quartier zu geben und die Dänen, soweit deren noch vorhanden wären, aus ihren Ländern zu verjagen. Auf ihre Versicherung der Treue antwortete Wallenstein, es sei gut; wenn sich ihre Worte bewahrten, wolle er sie dem Kaiser übermitteln; aber Worte zählten bei ihm nicht, bevor sie mit dem Stempel der Tat geprägt wären, und damit habe es leider in Mecklenburg noch kein klares Aussehen.

Bei einer Zusammenkunft, die Wallenstein mit Tilly in Lauenburg hatte, sprach Tilly von den schlechten Quartieren, mit denen er sich nun lange hatte behelfen müssen, dass in Mecklenburg Vieh und Getreide im Überfluss sei und dass seine Soldaten sich nach langen Entbehrungen erholen könnten; er hoffe, Wallenstein werde ihm dabei nicht hinderlich sein. Sie dienten beide dem gleichen Herrn und hätten gleiche Aufgaben, sollten einander also helfen und fördern.

Er freue sich, dass Tilly so denke, erwiderte Wallenstein, und wolle es an Beweisen seiner Dienstwilligkeit nicht fehlen lassen. Was Mecklenburg anbelange, so sei freilich noch nicht die Zeit, darüber Beschlüsse zu fassen, indem die Herzöge unsichere Gesellen wären und vorsichtig gegen sie gehandelt werden müsse. Es habe damit seine besondere Bewandtnis, und so gern er Tillys Wohl befördern möchte, so müsse er doch vorerst des Kaisers Profit ins Auge fassen.

Tilly sagte, die Herzöge seien allem Anschein nach nur von dem schlauen Dänenkönige verführt worden, und man könne ihnen glauben, dass sie sich künftig dem Kaiser unterwerfen würden.

Außerdem könne des Kaisers Nutzen ja nicht besser wahrgenommen werden, als wenn ligistische Truppen in Mecklenburg lägen.

Es müsse sich bald ausweisen, sagte Wallenstein, ob Tillys Meinung von den mecklenburgischen Herzögen nicht zu günstig sei. Zuweilen sei es pfiffig, sich dumm zu stellen. Tilly als ein Mann von Ehre lege jedem die gleiche Gesinnung unter, damit komme man in der Welt nicht durch. Er wolle aber alles tun, was möglich sei, um sich Tilly zu akkommodieren.

Nachdem der Feind allerorten herausgeworfen und gefesselt war, begab sich Wallenstein nach Prag, wo viele Künstler und Handwerker tätig waren, ihm einen Palast zu erbauen und einzurichten. Er gefalle ihm so weit wohl, sagte Wallenstein; ob er nach der neuesten italienischen Art gemacht sei? Der Baumeister wies verschiedene Abbildungen und Risse neuer italienischer Paläste in Mantua, Florenz und Genua vor, um zu beweisen, dass er diesen pompösen und heroischen Stil nicht nur fleißig nachgeahmt, sondern in vieler Beziehung übertroffen habe, womit Wallenstein sich zufrieden erklärte. Auch die Maler, die gleichfalls zum Teil Italiener waren, legten ihm ihre Entwürfe zur Ausmalung der Gemächer vor, unter denen die bedeutendste eine Darstellung des Herzogs im Triumphwagen mit einem Lorbeerkranz auf dem Haupte war. Wallenstein betrachtete das Bild gründlich und sagte zu dem Maler, der es skizziert hatte, er solle eine genaue Aufnahme von ihm machen, damit es ähnlich werde und jedermann ihn erkennen könne. Ferner solle über seinem Haupte ein Stern zu sehen sein, als Symbolum der überirdischen Macht, die seine Triumphe regiere.

Von den italienischen Künstlern ließ er sich auch Beschreibungen der Kleidertrachten machen, die in Italien Mode waren, um danach für seinen Hofstaat Gewänder und Livreen anfertigen zu lassen. Seine Gemächer waren den ganzen Tag über von Besuchern voll, die ihm aufwarteten; denn es wollte keiner bei den Einladungen fehlen, die er veranstaltete und bei denen, wie es hieß, die üppigste Fabelpracht verwirklicht wurde.

Im engeren Kreise schilderte Wallenstein dem Kaiser die gegenwärtige Lage und was künftig unternommen werden müsse. Seiner Feinde wären viele, sagte er, die nordischen Reiche wären alle auf dem Sprunge gegen ihn, er müsse sich gerüstet finden lassen und ihnen zuvorkommen. Wenn auch jetzt ein Friede oder Waffenstillstand gemacht würde, so dürfe der Kaiser das Heer doch nicht abdanken; darauf lauerten seine Feinde nur. Um ein wahrhaft mächtiger Fürst zu sein, müsse der Kaiser das Meer beherrschen, sonst werde es ihm immer an Geld fehlen, das nur der Welthandel einbringe. Wenn man nicht aufmerke und vorsorge, werde das Reich verarmen und die Staaten, Dänemark und Schweden auf seine Kosten reich und mächtig werden. Vielleicht könne der Kaiser die Hansestädte an sich ziehen und durch sie gewissermaßen ein Bollwerk gegen die nordischen Reiche aufrichten, sonst könne es geschehen, dass eines Tages der schwedische König in einen mecklenburgischen oder pommerschen Hafen einlaufe.

Wie weit es denn von da nach Prag sei?, fragte Ferdinand verwundert. Für einen, der so große Schritte mache wie Gustav Adolf, sagte Wallenstein, nur ein paar Tagereisen.

Es sei eine Schmach für die Polen, sagte Ferdinand, dass sie ihren König, der der wahre König von Schweden sei, noch nicht wieder eingesetzt und den Usurpator verjagt hätten. Er möchte gern etwas dazutun, dass die katholische Kirche in Schweden wieder aufgerichtet werde, zumal ja der König von Polen sein Schwager sei.

Er zweifle auch nicht am guten Erfolge, nachdem es mit den norddeutschen Stiftern sich so glücklich anlasse. Wie es denn in Magdeburg und Halberstadt aussehe? Ob es Schulen und Universitäten gebe? Ob sich das Volk dem alten Glauben leicht akkommodieren würde?

Das werde die Zeit lehren, sagte Wallenstein ablenkend. Man müsse mit der Religion nicht gleich so zufahren, sondern die Leute merken lassen, dass sie sich gut dabei stünden, zum Kaiser zu halten. Die Stände wären ohnehin überall kaiserlich, nur die Fürsten wären rebellisch und köderten das Volk mit der Religion.

Ja, die Fürsten, sagte der Kaiser seufzend, sie ließen ihm keine Ruhe, plagten ihn Tag und Nacht, und um nur Frieden zu haben, müsse er nachgeben.

Er wisse wohl, wohin sie zielten, sagte Wallenstein spöttisch; sie fürchteten seinen scharfen Besen, fühlten sich unter Schutt und Gerümpel wohl wie Ratten, schwane ihnen, sie könnten etwa mit hinausfliegen. Wenn einer seiner Untertanen ein so loses Maul gegen ihn machte wie die Fürsten gegen die kaiserliche Majestät, so würde er ihm ein Pflaster daraufsetzen, dass er es nie wieder auftäte.

Der Kaiser lachte; man hatte ja erfahren, was für einen Widerhall eine Maulschelle im Römischen Reich gäbe. Seit dem Böhmischen Krieg könne die Nymphe Echo nicht wieder zur Ruhe kommen.

Wenn ungehorsame Kinder bei Empfang elterlicher Züchtigung schrien, sagte Wallenstein, so müsse man damit fortfahren, bis sie stillschwiegen.

Wallenstein habe recht, sagte Eggenberg, man müsse sich eben der Reichsgesetze bedienen. Das Reich gehe in Stücke, weil jeder tue, was ihm beliebe, das müsse anders werden. Das kleine Geflügel brauche der Adler nicht zu fürchten, das sei froh, sich unter seine Fittiche verkriechen zu können; aber die Geier und Falken, die suchten Gelegenheit, ihm die Federn auszurupfen.

Kahl genug sei der edle Vogel schon, sagte Gerhard von Questenberg, Wallenstein verdanke man es, dass er wieder einen hohen Schwung genommen habe.

Der Kaiser wand sich ein wenig, als er zuerst von der Absetzung der Mecklenburger Herzöge hörte; die Übertragung der Pfalz an Bayern habe Lärm genug gemacht, nun werde es von Neuem anheben. Oft erreiche man mit gelinden Mitteln mehr; der Anhaltiner hatte sich unterworfen, der so lange getrotzt hätte, und man sähe jetzt, wie artig der junge Hessen aufwarte.

Ja, sagte Eggenberg, nachdem man dem alten Wolf die Zähne gezogen hätte, traue der junge sich nicht zu beißen; aber sowie sich diesen Schelmen ein Loch zeige, schlüpften sie wieder aus, das hatte man an dem Weimaraner und dem Altenburger gesehen.

Herr könne man ohne extreme Mittel nicht bleiben, sagte Questenberg. Man sähe, wie gut es dem König von Frankreich bekäme, dass er sich nicht zu lange besänne, eines ungehorsamen Vasallen Kopf springen zu lassen. Der König von Frankreich werde bald nur noch eine Kirche und einen Glauben im Lande haben.

Dieser Ausblick regte Ferdinands Unternehmungslust an. Dafür, meinte er, müsse man freilich alles wagen. Das wäre etwas, wenn er alles wieder einbringen könnte, was Karl V. und Ferdinand I. verloren hätten. Er möchte wetten, der Papst hätte sich so viel nicht von ihm versehen. Sein Sohn Leopold könne die Bistümer Halberstadt und Magdeburg, etwa auch Bremen bekommen, der sei fast ein Heiliger und müsse selbst Kannibalen bekehren können.

Eggenberg warnte, damit müsse Ferdinand etwas gemach kommen, es möchte ihm sonst ausgelegt werden, als wolle er seine Familie versorgen.

Und warum er das nicht solle?, fragte Ferdinand, ein wenig gereizt. Seine bayrischen Vettern hatten Köln und Paderborn, ob er, der Kaiser, nicht ebenso viel beanspruchen könne?

Wallenstein und Eggenberg wechselten einen Blick, welcher bedeutete, dass der Kaiser an diesem Punkte reizbar sei und dass man ihm da wohl etwas werde nachgeben müssen. Überhaupt schwelgte Ferdinand zurzeit in Triumphen und nahm Widriges nicht gern auf; denn er hielt zum ersten Male seit der böhmischen Rebellion Hof in Prag, führte seiner Gattin, einer mantuanischen Prinzessin, die gebändigte Kaiserstadt vor und weidete sich an dem Glanze der wieder hergestellten Kirche. Die Krönung Erzherzog Ferdinands zum König von Böhmen wurde umso prächtiger begangen, als es dem Kaiser nötig schien, seinen Bruder Leopold zu überbieten, der kürzlich seinen lang gehegten Entschluss ausgeführt und nach glücklicher Befreiung von der Bischofswürde eine italienische Prinzessin geheiratet, die Hochzeit aber trotz seiner Armut und üblichen Bettelei kostspieliger ausgerüstet hatte, als die des Kaisers mit Eleonore Gonzaga gewesen war. Ferner gaben die Einweihung der auf dem Schlachtfelde am Weißen Berge gegründeten und der Mutter Gottes geweihten Kirche sowie die Erhebung der Gebeine des heiligen Norbert und die Anwesenheit vieler Fürsten und Herren Anlass genug zu weihevollen Festlichkeiten.

Es machte dem Kaiser nicht wenig Spaß, dass der junge Landgraf von Hessen-Kassel, der Sohn seines grimmigen Feindes, Zeuge dieser Siegesherrlichkeit war. Nach Übernahme der Regierung war der Landgraf nach Prag gereist, um durch persönliche Bitte eine Ermäßigung der großen Schuldenlast zu erreichen, die sein noch dazu gewaltsam verkleinertes Land zugrunde richtete. Die Zähne zusammenbeißend, ertrug er die Demütigungen, die seinen Stolz auf Schritt und Tritt kränkten, und als welche er auch die Herzlichkeit empfand, mit der man ihm entgegenkam. Der schöne, zurückhaltende und gebildete Fürst bezauberte nicht nur die Frauen, sondern auch die Männer, besonders aber gefiel er der Kaiserin, die überhaupt eine Freundin der Geselligkeit und Abwechslung war und sich an den Andachtsübungen ihres Mannes nur beteiligte, soweit sie mit Gepränge verbunden waren. Der Kaiser pflegte sie mit ihrer Vorliebe für ketzerische Prinzen und namentlich für den Prinzen Wilhelm von Weimar zu necken, den sie zurzeit seiner Gefangenschaft begünstigt hatte. Ja, ja, sagte die Kaiserin, diese Nordleute kämen ihr erst wie die eigentlichen Männer vor. Der Landgraf von Hessen sei dem Weimaraner noch vorzuziehen, er habe etwas von der schlanken Herbigkeit des Diomedes, etwas von der edlen Beständigkeit des Hektor und zugleich etwas von der schönen Schwermut des Antinous. Was Gott nur dabei beabsichtige, dass er solche Männer in der Ketzerei steckenlasse? Sie wolle alles daransetzen, ihn zur Kirche zu bekehren. Ferdinand betrachtete seine Gemahlin mit einer Mischung von Bewunderung und Schadenfreude; ihrem Verstande und ihrer Schönheit gelinge mehr als anderen Menschen, sagte er, vielleicht erwerbe sie sich noch die Goldene Rose vom Heiligen Vater. Einer feinen italienischen Frauenhand, sagte die Kaiserin mit selbstzufriedenem Lächeln, gelinge es oft eher, das verstrickte Staatsknäuel zu entwirren, als ungeschlachten Männern; er solle sie nur machen lassen und den jungen Hessen zu häufigen Besuchen ermuntern.

Eines Tages wurde der Landgraf von der Kaiserin und ihrem Gefolge im Park empfangen, wo sich hinter einer Lorbeerhecke ein breiter Rasenplatz erstreckte, dessen Mitte ein figurenreicher eherner Brunnen zierte. Das sei ein vorzüglicher Platz, um Blindekuh zu spielen, sagte die Kaiserin, ihre Fräuleins brennten schon darauf, ihn ein wenig zu zupfen. Wilhelm bat die Kaiserin, ihn zu entschuldigen; er habe den Grundsatz, sagte er scherzend, sich niemals die Augen verbinden zu lassen. Auch nicht, wenn einem dabei unversehens ein warmer Busen ans Herz fliege?, sagte die Kaiserin. Dieser Grundsatz sei für einen Fürsten gut, aber er tauge nicht für verliebte Jugend, und in diesem Park gelte kein Rang noch Staatsräson. Er solle den Amor ansehen, der auf der Spitze des Brunnens stehe und eben den Bogen spanne; einzig der kleine Gott herrsche hier. Wenn er aber durchaus nicht mithalten möge, solle er sich mit ihr auf die Terrasse setzen und dem Spiele zusehen. Unter vielem Gekicher verbanden die Fräuleins einem Kammerherrn die Augen, umschwärmten ihn, bespritzten ihn mit Wasser aus dem Brunnen, und indem sie so taten, als ob sie sich davor hüteten, gaben sie sich Mühe, gefangen zu werden. Dann kam ein Geistlicher an die Reihe, der beim Laufen über sein langes Kleid stolperte, was die Lustigkeit der Mädchen vermehrte, die überhaupt ihm gegenüber noch ausgelassener waren.

Als die Spielenden auf einen Wink der Kaiserin die Terrasse aufsuchten, sagte der Geistliche zu Wilhelm, es habe ihn gewiss gewundert, dass ein Mann seines Standes sich dem Vergnügen hingebe; die Kirche sei eine mildherzige Mutter, die gehorsamen Kindern gern eine Kurzweil gönne und auch die Sünde verzeihe, weil sie die Schwachheit des Fleisches kenne. Es sei weich und wonnig an ihrer Brust zu ruhen, wenn es nur jeder versuchen möchte.

Wilhelm sei wirklich hart und kalt wie nordisches Eis, fuhr die Kaiserin fort. Wüsste sie nur, was für eine Sonne sie aufgehen lassen müsste, um ihn zu schmelzen.

Ein Fräulein bemerkte, die gnadenreichen Augen der Kaiserin wären die mächtigste Sonne; was die nicht erwirke, vermöge keine andere.

Für einen jungen Mann sei ein junges Mägdlein mehr wert als die erhabenste Kaiserin, sagte Eleonore lachend.

Wilhelms Augen glitten flüchtig und fast mit Widerwillen über die vom Spiel erhitzten, hochatmenden Fräuleins, die neugierige und verlangende Blicke nach ihm warfen. Die Kaiserin sei zu gütig gegen ihn, sagte er, er sei seit sieben Jahren verheiratet und kein Junggeselle mehr. Wäre er es aber, so würde er kühn genug sein, seine Huldigung der höchsten unter allen Frauen zu Füßen zu legen und lieber im Anschaun eines unerreichbaren Sternes verschmachten als ein geringeres Glück umarmen.

Die glänzenden Augen der Kaiserin verdunkelten sich, und ihre bräunlichroten Wangen färbten sich tiefer. Er wisse männliche Bescheidenheit so wohl mit ritterlicher Kühnheit zu vereinen, sagte sie, dass keine Dame ihm zürnen könne. Zum Zeichen dessen wolle sie ihm gestatten, sie am folgenden Tage zur Messe zu begleiten.

Er werde sich glücklich schätzen, sie bis zur Kirchentür zu führen, sagte Wilhelm, hinein wage er nicht zu gehen, da er die Gebräuche nicht kenne und zu verstoßen fürchte.

Die Kaiserin warf sich in ihren Sessel zurück und blitzte ihn aus zornigen Augen an. Ihre Güte mache ihn zu dreist, sagte sie. Wenn er sich die Augen nicht verbinden lasse, solle er wissen, dass andere sich auch nicht an der Nase führen ließen.

Wilhelm bat um Verzeihung, wenn er ohne Wissen beleidigt habe. Sein Wunsch sei, ihr zu dienen, so viel er vermöge, nicht, ihre Güte zu missbrauchen. Sie möge ihm, der als Fremdling und Bittsteller am Hofe verweile, ihre Huld nicht entziehen, weil er, unter Pflege der Wissenschaften und zwischen vielen Drangsalen und Kämpfen aufgewachsen, in diesem strahlenden Kreise sich nicht zurechtzufinden wisse. In seinen Augen lag ein Tadel und Vorwurf, der nicht zu seinen Worten stimmte, der aber dazu beitrug, die Zürnende zu entwaffnen. Sie reichte ihm die Hand zum Kusse und sagte, dass ihr vorhin gesprochenes Wort, hier herrsche kein Zwang außer Amors, gelten und Ernst und Empfindlichkeit verbannt sein sollten.

Im Wallensteinschen Palast, wo er antichambrieren musste, traf er mit Piccolomini, Colloredo und del Caretto zusammen, die sich lebhaft über die Machinationen der gerade in Bingen versammelten Kurfürsten gegen ihren General unterhielten. Er hätte große Lust, einen Sprung an den Rhein hinüber zu machen, sagte Colloredo, und das Wespennest auszuräuchern. Man müsse es nicht so wichtig nehmen, sagte Piccolomini, das wären nur Bremsen und Schmeißfliegen, die freilich ein edles Schlachtpferd plagten, es aber nicht umbringen könnten. Der General kümmere sich gar nicht darum und habe recht; sie wollten, dass er sein Heer vermindere, daran sei natürlich nicht zu denken, am wenigsten, wenn das Restitutionsedikt erlassen würde, was doch die geistlichen Herren gerade wollten. Was das eigentlich sei, das Restitutionsedikt?, fragte Colloredo. Genau wisse er es auch nicht, sagte Piccolomini, es betreffe die Klöster und geistlichen Güter, die die Evangelischen den Katholiken weggenommen hätten und nun restituieren sollten. Colloredo zuckte die Achseln; die Kirche habe ohnehin genug, meinte er; aber ihm sei es schließlich gleich, warum geschlagen würde. Nun, sagte Piccolomini, das sei doch mit Unterschied zu verstehen; aber darin halte er es auch mit Wallenstein, dass er glaube, es könne einer mit jeder Konfession ein redlicher Kavalier und ein Held sein. Dabei wandte er sich mit liebenswürdigem Ausdruck seiner braunen Augen an Wilhelm, sprach von der weltbekannten Tapferkeit der hessischen Fürsten und wie schön es sein würde, wenn Wilhelm unter Wallenstein die Lorbeeren seines Hauses vermehren wollte. Der junge Landgraf sagte, dass er die Regierung seines Landes habe übernehmen müssen, welches sehr durch den Krieg gelitten habe und dessen Wiederherstellung er seine ganze Kraft widmen müsse. Piccolomini sprach sein herzliches Bedauern aus; der Friede sei eine schöne, heilige Sache, sagte er; wenn er auch mit Leib und Seele Soldat sei, so verkenne er das doch nicht. Wallenstein ziele auch auf nichts anderes als den Frieden ab, und der Landgraf werde sehen, wie bereit Wallenstein sein werde, ihm gefällig zu sein.

In der Tat empfing Wallenstein den jungen Fürsten bei aller Majestät verbindlich und vertraulich. Er schätze Wilhelms Verständigkeit hoch, sagte er, und freue sich, dass der leidige Streit nun so weit beigelegt sei. Dass die Entscheidungen des Reichsgerichtes nicht immer der Gerechtigkeit gemäß ausfielen, wisse man ja leider; es zeuge von hoher Einsicht, wenn man sich in das Unabänderliche füge. Auch seien im Verlauf dieses langwierigen Krieges noch manche Veränderungen möglich; der Landgraf solle sich mit ihm vereinigen, um den Frieden herbeizuführen.

Sein Vater sowohl wie er, sagte Wilhelm, ermangelten der Friedensliebe nicht. Der Krieg sei ihnen wider Willen und ohne Schuld ins Land gespielt worden.

Es hänge eben nicht alles von ihm und vom Kaiser ab, sagte Wallenstein; er wisse bestimmt, dass Tilly dem kaiserlichen Befehl zuwider in Hessen eingefallen sei, man wisse ja, wer diese alte Marionette tanzen lasse. Nun aber hoffe er, werde sich ein gutes Vernehmen herstellen lassen. Er perturbiere niemanden in der Religion. Der Kaiser in seiner Gutherzigkeit gebe leider den Jesuiten und Beichtvätern zu viel nach. Diese Leute wollten herrschen, darum müsse man den Daumen darauf halten, die Frömmigkeit sei apart. Ob Wilhelm auch so gelehrt sei wie sein Vater, der Landgraf Moritz? Er, Wallenstein, sei auch ein Liebhaber der Wissenschaften, könne sich ihnen aber wegen des leidigen Krieges nicht so widmen, wie er möchte.

Er führte Wilhelm selbst in seinem Palaste umher und zeigte ihm umständlich die prachtvollen Räume, die reiche Einrichtung und die weitläufigen Parkanlagen. Wilhelm betrachtete alles flüchtig mit einem bohrenden Gefühl von Neid und Schmerz. Er könne leider, sagte er endlich, die Schönheiten Prags nicht so recht genießen; die Köpfe der böhmischen Herren, die er am Tore aufgespießt gesehen hätte, verstörten ihm jedes Bild.

Wallenstein zog die Brauen zusammen; im Reich bilde man sich ein, diese Leute wären Märtyrer des evangelischen Glaubens gewesen; das sei aber ein Irrtum. Es wären ungehorsame Vasallen gewesen und mit Recht gerichtet.

Der Kaiser selbst zeichnete Wilhelm so weit aus, dass er ihm Anleitung in dem Kartenspiel Primera gab, das er besonders liebte, und ihn in vertrauliche Gespräche hineinzog. Der Abt Questenberg, der wegen der

Eroberung der Norbertischen Gebeine sehr gefeiert wurde, sagte, so wie man den heiligen Nepomuk das rechte Auge der Stadt Prag genannt hätte, könne man nunmehr billig den heiligen Norbert das linke nennen, und es sei Prag erst jetzt im vollen Besitze seines Augenlichtes. Wenn ihm jetzt nur noch ein Wunsch erfüllt würde, setzte der Kaiser hinzu; er habe gehört, in der Abtei Hersfeld befinde sich einer von den Nägeln, mit denen Christus ans Kreuz geschlagen sei. Der Gedanke an diese Reliquie verfolge ihn seitdem überall; ob Wilhelm sie ihm nicht verschaffen könne? Wilhelm sagte, dass ihm nichts davon bekannt sei, dass er aber nachforschen lassen und, falls etwas Derartiges vorhanden wäre, es gern dem Kaiser überreichen wolle.

Auch dies Versprechen jedoch führte nicht dazu, dass Wilhelm irgendetwas Tatsächliches erreicht hatte, und mit einem Herzen voll Bitterkeit trat er die Rückreise an. In Nürnberg wurde er ehrenvoll begrüßt und beschenkt und hielt gegen die Ratsherren seinen Unmut nicht zurück. In Prag, erzählte er, vernehme man kein klares, deutsches, aufrichtiges Wort, da herrsche spanischer Hochmut und welscher Trug; die Stadt komme einem strangulierten Leichnam gleich, den man prächtig angekleidet und aufrecht hingesetzt habe, um die Vorübergehenden zu täuschen; aber wer offene Sinne habe, spüre den Verwesungsgeruch.

Die Ratsherren sagten, sie wären bisher mit Stillsitzen und Vorsicht leidlich verschont geblieben. Im Jahre 1625 habe Wallenstein im Nürnbergischen Quartier nehmen wollen, da hätten sie sich mit 100 000 Gulden losgekauft. Hätten auch in Wien lange deswegen antichambrieren müssen, ja, und dem Aldringen hätten sie noch 1000 Goldgulden persönlich dreingegeben. Inzwischen hätten sie den Bau des neuen Theaters fertiggestellt, das eben jetzt mit einer Tragödie von der Zerstörung Trojas eröffnet werde, welcher Vorstellung beizuwohnen sie Wilhelm einluden.

Das Spiel begann mit der Vermählung der Königstochter Polyxena, die angesichts der bedrängten Burg vollzogen wird. Wie sich der festliche Zug anschickt, zur Einnehmung eines Mahls das Innere des Schlosses aufzusuchen, ertönt ein Schrei der Kassandra, die in visionärem Zustande das Haus vor sich in Flammen sieht und die Luft vom Geheul Sterbender und schneidender Wehklage erfüllt hört. Da die Übrigen nichts davon wahrnehmen, schelten sie Kassandra wahnsinnig und schreiten endlich über die sich am Boden Windende hinweg unter dem Klange von Flöten und Zimbeln in die Burg. Das Schlussbild zeigte die Burg in Flammen, wie Kassandra es vorausgesehen hatte, und zwar wurde die Brunst durch ein prächtiges Feuerwerk dargestellt, das zugleich die Anwesenheit des Landgrafen feiern sollte. Nach dem Fallen des Vorhangs trat ein Schauspieler vor und sprach als Epilog die folgenden Verse:

Gefalln ist Troja nun, die Asche ihrer Pracht
Düngt die entblößte Erd und fördert wildes Kraut,
Durch das die Schlange kriecht und ihren Klagelaut
Die Eule schallen lässt in langer Wüstennacht.
O jämmerliches End der blinden Sterblichkeit!
Verhüll dich doch, o Mensch, und such den edlen Pfad,
Der aus der morschen Welt führt in die Ewigkeit,
Wo du frisch auferstehst aus Gottes Frühlingsbad.

Unter anderen Fürsten, die sich nach Prag begaben, um dem dort triumphierenden Kaiser aufzuwarten, war auch Pfalzgraf Wolfgang Wilhelm von Neuburg; denn es lag allerlei vor, weswegen er ihn günstig stimmen wollte, namentlich die Klagen seiner beiden Brüder, dass er auch in den kleinen, ihnen gebliebenen Landesteilen zwangsweise die katholische Religion einführen wollte. Auf dem Wege dorthin besuchte der Pfalzgraf, nunmehriger Herzog von Jülich, das berühmte Karlsbad, wo viele Personen des hohen und höchsten Adels namentlich von Podagra, Magenschwäche und Leberübeln Heilung zu suchen pflegten. Damals hielten sich zwar wegen der vorgerückten Jahreszeit nur noch wenige Kranke dort auf, und als der Herzog des Nachmittags zur Quelle hinunterstieg, um das Wasser zu schmecken, sah er nur ein paar Männer und eine alte, von zwei Mägden gestützte Frau dort, welche ihre Gläser empfingen. Von diesen setzten sich einige auf eine oberhalb der gefassten Quelle angebrachte Bank, um aus gläsernen Röhren den Trunk auszuschlürfen, während andere dabei die mit Ulmen und Eschen besäumte Straße auf und ab gingen. Wie der Herzog die Stufen hinaufschritt, sah er neben sich ein bekanntes Gesicht, nämlich das des Jesuiten Reihing, der ihn vor mehr als zehn Jahren im katholischen Glauben unterwiesen hatte und für den er aus diesem Grunde Verehrung und Dankbarkeit hegte. Das sei ihm eine besondere Freude, sagte er, dem Ehrwürdigen Vater wieder zu begegnen, der ihm mit seiner Wissenschaft und Beredsamkeit gleichsam die goldene Pforte zu irdischer und himmlischer Glückseligkeit geöffnet habe. Zwar tue es ihm leid, dass der Ehrwürdige Vater seinen Körper pflegen müsse, er sei auch etwas mager und gelblich geworden; aber er zweifle nicht, dass seine Gottseligkeit und der Brunnen ihm bald wieder zu erwünschter Gesundheit verhelfen würden.

Reihing, der sich anstrengen musste, um mit dem Herzog Schritt zu halten, sagte, zwischendurch tief atmend, ganz andere Gefühle habe des Herzogs Anblick in ihm erregt, ja, wenn er ganz aufrichtig reden dürfe, sei es ihm gewesen, als schlüge die Stunde des Jüngsten Gerichtes, und seine Ankläger fingen an vor Gott aufzuziehen, um gegen ihn zu zeugen. Ob es dem Herzog noch nicht bekannt sei, dass er inzwischen den Weg zur Wahrheit gefunden und Professor der evangelischen Theologie in Tübingen geworden sei?

Das habe er freilich nicht gewusst, sagte der Herzog, die Brauen faltend, und könne es auch fast nicht glauben. Er, Reihing, der ihm die herrlichen Dogmen des katholischen Glaubens so unwiderleglich bewiesen habe, dass seine Zweifel wie Schnee an der Maisonne dahingeschmolzen wären!

Ach, dieser Schnee wäre schon recht weich und flüssig gewesen, sagte Reihing. Sie waren inzwischen oben angelangt, der kühle Wind erfasste ihre schwarzen Mäntel und blies sie hoch auf, sodass Reihing, der das Glas in der einen Hand hielt, Mühe hatte, den seinigen um sich zusammenzufassen.

Doch entsinne er sich noch wohl, fuhr er fort, mehrerer Sätze, die der Herzog ihm entgegengehalten habe und die er, Reihing, geschwind und lächelnd widerlegt habe, etwa wie eine Magd mit dem Besen Staub beiseite fege. Mit Blindheit sei er geschlagen gewesen, dass er die edlen, lauteren Wahrheitsgoldkörner nicht habe schimmern sehn, die Gott ihm vor die Füße gerollt habe, um ihn zu sich zu locken.

Das sei eine wunderliche und fast ungebührliche Rede, sagte Wolfgang Wilhelm mit hervorbrechendem Ärger. Er wisse nicht mehr, was er damals ausgekramt habe, es werde die ungegorene Prädikantenweisheit gewesen sein, die man ihm leider in der Jugend eingegeben habe, augenverblendende Scheinwahrheit, mit der die Ketzer ihre Irrtümer herauszuputzen pflegten. Dass er sie beredt genug vorgetragen habe, möge wohl sein; das verbitte er sich aber, dass Reihing deswegen seinen Abfall gleichsam ihm, dem Herzog, zuschiebe.

Ach nein, das tue er gewiss nicht, sagte Reihing; denn er sei so verstockt gewesen, dass die Worte ihm damals wie Erbsen oder Kieselsteine ins Ohr geflogen, nicht wie göttlicher Laut bis in die Seele gedrungen wären, und das möge daran gelegen haben, dass ihm seit seiner Kindheit die katholische Lehre mit Hämmern eingeklopft worden sei, so wie man Ornamente ins Metall schlage, dass sie in seine Natur selbst eingefleischt gewesen wäre. Die Wahrheit habe ihm noch so licht ins Auge strahlen mögen, dass das die Sonne sei, das wäre ihm niemals eingefallen. Erst als er einmal krank gewesen sei und nachdenklich im Bette liegend die Vergangenheit vor sich aufgerollt habe, da sei das Angewöhnte von ihm abgefallen und der unverfälschte Geist in ihm wiedergeboren, und da sei vieles, was er früher gedankenlos gehört habe, bedeutungsvoll in ihm aufgegangen.

Krank möge er wohl sein, sagte der Herzog, das sehe man ja auch, und er verhoffe nur, dass ihm mit der Gesundheit auch der Glauben und der rechte Verstand wiederkomme.

Da die Wandelnden in diesem Augenblick umkehrten, sauste ihnen der Wind mit einem Schwall brauner Blätter entgegen, sodass der Kranke, sein Gesicht mit dem Mantel bedeckend, nicht sofort antworten konnte. »Der Mensch hofft, solange er lebt«, sagte er endlich; »aber unter dem Hoffen ist es mir, als würde ich keinen Frühling hienieden mehr sehen, und ich fürchte sehr, dass diese Todeskrankheit eine Strafe Gottes für meine Sünden ist, die ich, wenn auch ohne Wissen und Wollen, auf mich geladen habe.« Wenn er daran denke, fuhr er fort, wie viele Seelen er mit seiner flinken Zunge und seiner prasselnden Eloquenz von der Wahrheit weg auf den Pfad des Aberglaubens und der Heuchelei verführt habe, so müsse er verzagen. Wenn er nachts schlaflos liege, so kämen sie oft alle und kreisten um sein Bett als elende Schatten, die aus dem Hades ihrer nichtigen Gottlosigkeit stiegen und ihre Seele von ihm forderten.

Er sehe nun wohl, sagte der Herzog, dass er ein echter, rebellischer Ketzer geworden sei, und es nehme ihn nicht Wunder, dass Gott ihn strafe.

Strafe leide er gern, sagte Reihing, und könnte er dadurch das vielfache Unglück, das er angerichtet hätte, ungeschehen machen, täte er es noch lieber. Ach, wenn er ja nur einzelne Seelen in den Irrtum gezogen hätte!

Aber nein, Fürsten und Herren wären es gewesen, die hernach ihre Untertanen ins Elend verstoßen oder gewaltsam zu Abtrünnigen gemacht hätten. Das sei ja die jesuitische Mode, die Armen wären ihnen zu gering, sie machten sich an die Regenten, damit es besser erklecke. Ach, wenn es ihm nur verliehen wäre, den Sinn des Herzogs zu bewegen! Der Herzog hätte ja damals seinen Verstand und seine Gelehrsamkeit so hoch gerühmt: wenn er ihm doch noch einmal sein Ohr öffnen wollte!

Allerdings, sagte der Herzog scharf, habe er damals Reihings Gelehrsamkeit gerühmt und seine Sätze sich so eingeprägt, dass er sie jetzt noch wiederholen könne. Der Same, den Reihing damals ausgestreut habe, sei bei ihm aufgegangen und habe Blüten und Früchte erzeugt, die er nun Reihing auffrischen und die ihm vielleicht zur Wiedererlangung von seiner Seele Gesundheit dienen konnten. Gott habe vielleicht diese Begegnung gefügt, damit er, der Herzog, Reihing die einst von ihm empfangene Guttat wieder erweise. In Erinnerung daran wolle er der Lästerungen, die Reihing ausgestoßen habe, nicht gedenken, doch müsse Reihing auch in sich gehen und seine Ermahnungen annehmen.

Reihing schüttelte traurig den Kopf. Lieber wolle er jede Marter leiden, sagte er, als den Unrat wieder fressen, den er einmal von sich gegeben; es kröche ja auch eine Schlange nicht wieder in die abgestreifte Haut. Sterben müsse er ohnehin, müsse alles lassen, seine Freunde und Schüler, seine Bücher, sein liebes Weib. Er gehe nicht mehr nach irdischem Vorteil oder Schaden, er tue nur noch, was Gott und der Wahrheit zunutze komme.

Ein Weib habe er auch?, fragte der Herzog zornig errötend. Nun sehe er, aus welcher Quelle Reihing seine Wahrheit geschöpft habe! Der Aberglaube, den er verfolge, sei die Ehelosigkeit, und die reine Lehre, die er erkannt habe, sei die Fleischeslust!

In das gelbe Gesicht des Kranken stieg ein flüchtiges Rot; das habe er öfters hören müssen, sagte er, und könne keine Beweise dagegen bringen, außer wenn man ihm zuhörte und finde, dass er das Evangelium durch und durch studiert und seinen Geist mehr als sein Fleisch geweidet habe. Er atmete schwer beim Sprechen und blieb einige Schritte hinter dem rüstig und unmutig vorwärtseilenden Herzog zurück. Ob der Herzog die Gnade haben möchte, fragte er, auf einer Bank mit ihm auszuruhen?, er könne nicht weiter.

Nein, sagte der Herzog, während er von Reihing weggewendet in die Landschaft hinaussah, das könne er nicht, da er seine Reise morgen in der Frühe fortzusetzen gedenke; auch sehe er nicht, was für Ehre oder Nutzen das Gespräch ihm bringen sollte in Anbetracht von Reihings Verstocktheit.

Die braunen Wälder auf den Bergen und in den Tälern bogen sich mit schwerem Rauschen, als reiße der Wind die Erde unaufhaltsam mit sich; von der späten Sonne riss er die schrägen Strahlen wie gelbe Blätter und jagte sie weit über den durchsichtigen Himmel und die flutenden Hügel.

Es tue ihm leid, sagte Wolfgang Wilhelm, indem er sich gerade aufrichtete und den Arm in die Seite stemmte, dass er Reihing sein Wohlwollen entziehen müsse; indessen wolle er aus fürstlicher Großmut und christlicher Barmherzigkeit für seine Seele beten.

Reihing dankte für des Herzogs guten Willen und sagte, dass er das Gebet von Herzen erwidre. Für sich selbst pflege er zu beten, dass Gott ihm die Tränen und den Untergang der vielen Unschuldigen nicht anrechne, die der Herzog von Haus und Hof getrieben oder des Glaubens ihrer und seiner Väter beraubt habe.

Zu der Zeit, als Wolfgang Wilhelm die Regierung im Herzogtum Jülich antrat, rief er die Spanier ins Land, die unter anderen Festungen auch das protestantische Wesel besetzten. Dieser tapferen Bürgerschaft wurde jedoch Religionsfreiheit zugesichert, woran sich der Kommandant, der ein ehrlicher Offizier war, einstweilen auch hielt. Im Jahre 1615 jedoch rückten die Kapuziner ein, denen die Jesuiten und im Jahre 1628 die Prämonstratenser folgten, welche auf Grund gewisser alter Rechte eine Pfarrkirche für sich verlangten. Dem widersetzte sich die Bürgerschaft, der Geistliche weigerte sich, den Schlüssel zum Kirchenportal auszuliefern, und auch die Schmiede, die es gewaltsam öffnen sollten, erklärten einstimmig, zu solchem Schelmenstück ließen sie sich nicht gebrauchen. Vor der Kirche drängten sich katholische Geistliche verschiedener Orden, Bürger und spanische Soldaten, deren Oberster auf einen herbeigeschleppten Schmied einredete, er solle gehorchen, er könne ein schönes Stück Geld dabei verdienen; tue er es nicht, so werde sich ein anderer willig finden lassen. Er solle es nur versuchen, lachte der Schmied, es sei kein

Verräter in seiner Zunft. Der Offizier wurde zornig und befahl seinen Leuten, den widersetzlichen Kerl zu zwingen, nötigenfalls ihm den Kopf vom Rumpfe zu schlagen, Als der Schmied die mageren spanischen Soldaten auf sich zukommen sah, reckte er hohnlachend seine breite, stämmige Gestalt, durch die Bürgerschaft ging drohende Bewegung, und ein Auflauf schien sich vorzubereiten, als der pfalzgräfliche Kommissar Johann Heinrich Schall von Bell auf dem Platze erschien und Ruhe gebot. Der spanische Offizier erstattete Bericht, worauf ein Magistratsherr vortrat und sich auf die Kapitulation berief, wonach der Bürgerschaft alle ihre Kirchen unangetastet verbleiben sollten. Ein wenig keuchend, denn er war dickbäuchig, und mit tiefer Stimme begann der Kommissar: »Tempora mutantur, nos et mutamur in illis, das heißt, die Erde dreht sich, und die Verträge ändern sich nach Zeit und Gelegenheit.« Er wurde jedoch durch den Kommandanten unterbrochen, der inzwischen auch benachrichtigt worden war und erklärte, um die Kirchen bekümmere er sich nicht, aber das sei sein fester Wille, dass keine Gewalt gegen die Bürgerschaft gebraucht werde, weil er sein Wort darauf gegeben habe, Schall von Bell nahm noch einmal das Wort, um dem Schmied nachdrücklich und rotunde zu befehlen, er habe das Portal bei Leibes- und Lebensstrafe und mit Hintansetzung seines breitspurigen Trotzens zu öffnen; da aber der Kommandant die Soldaten abrief und ihnen verbot, sich in dieser Sache weiter gebrauchen zu lassen, blieb der Schmied ungekränkt und das Portal einstweilen ungeöffnet. Die Angelegenheit wurde dadurch erledigt, dass sich nach langem Suchen ein katholischer Messerschmied, namens Anton Götz, fand, der, aus Belgien flüchtig, sich in Wesel niedergelassen hatte und der, nicht ohne Furcht vor der Rache seiner Mitbürger, unter dem Mantel der Nacht den gewünschten Dienst leistete.

Wie sehr es Wilhelm von Hessen danach verlangt hatte, seine Frau wiederzusehen, wurde sein Herz doch schwerer, je mehr er sich der Heimat näherte. Da harrte seiner die alte, kleinliche Drangsal: seine Stiefmutter verlangte Geld, seines Vaters Dürftigkeit klagte ihn an, ohne dass er helfen konnte, und er selbst stieß mit jedem Wunsch auf die Schranke des Geldmangels. Fast musste er es sich zur Sünde anrechnen, wenn er ein Buch lesen oder Musik hören oder mit seiner Frau auf die

Jagd gehen wollte. Am liebsten hätte er den Besuch bei seinem Vater hinausgeschoben; aber sowohl sein Herz wie sein Gewissen und kindliche Gewöhnung trieben ihn zu dem ohnmächtigen und doch gefürchteten Einsamen.

Moritz saß in Melsungen, wohin er sich zurückgezogen hatte, in einem trotz des draußen blühenden Sommers trüben und frostigen Zimmer neben einem mit Büchern und Schreibereien bedeckten Tische. Auf einem Schemel neben ihm saß sein Sohn Moritz aus zweiter Ehe, zum Andenken an den früh verstorbenen Bruder so benannt. Er hatte als Kind oft gehört, dass er diesem nie gekannten Bruder, der zwölfjährig in den Armen des Vaters gestorben war, ähnlich sehe; denn es schmeichelte Julianen, wenn ihre Kinder mit den Kindern der durch ihre Schönheit berühmten Agnes verglichen wurden; und nichts hatte ihn so beglückt, als wenn der Landgraf liebkosend zu ihm sagte, in ihm sei sein Moritz, der gehorsamste und liebste von seinen Söhnen, ihm wiedergeboren. Er hielt sich jetzt viel bei seinem Vater in Melsungen auf, und wenn er bemerkte, dass die Schwermut ihn überkam und er, wie von einer magischen Kraft gebannt, auf einen Punkt zu starren begann, nahm er seine Laute, griff ein Paar Akkorde und sang mit leiser Stimme einen Psalm oder eine von des Landgrafen eigenen Kompositionen aus früherer Zeit; denn er hatte beobachtet, dass Musik den unheilvollen Zauber löste und zuweilen sogar die qualvollen Augen feucht machte.

Bei Wilhelms Eintritt sprang der junge Moritz auf und begrüßte seinen Halbbruder mit zärtlicher Umarmung. Der alte Landgraf erwiderte Wilhelms Gruß kaum, und als er erzählen wollte, was er in Prag ausgerichtet habe, unterbrach er ihn mit der Hand; er wolle zuerst von dem sprechen, was unterdessen zu Hause vorgefallen sei, sagte er, Wilhelm scharf ins Auge fassend. Dieser sagte errötend, er könne sich denken, dass sein Vater auf Wolfgang Günther anspiele: er habe getan, was in seiner Macht gewesen sei, den Prozess zu verhindern; aber er sei doch kein Sultan, dass er die Justiz aufhalten könne.

Justiz!, sagte Moritz höhnisch; eine schöne Justiz, wenn die Raubtiere den treuen Hofhund zerrissen.

Gerechte Richter wären es gewiss nicht, sagte Wilhelm; aber deshalb dürfe er sich doch nicht zum Richter machen. Wenn er den Rittern ihr Opfer entreißen wollte, so könne er gleich abdanken wie sein Vater.

So solle er es in Gottes Namen tun, rief Moritz, ehe dass er ihn zum wortbrüchigen Verräter machte. Die Mordbrenner hätten den redlichen alten Mann auf die Folter gespannt und seine grauen Haare mit Branntwein begossen und angezündet. Er wolle den Gräuel nicht auf seiner Seele; das müsse Wilhelm verantworten.

Wilhelm sah entsetzt in seines Vaters abgemagertes, verzerrtes Gesicht. Ach, er habe ja das Regiment nicht gern auf seine Schultern geladen, klagte er. Gott sei sein Zeuge, dass ihm davor gebangt und gegraut habe. Der Adel habe seine Abwesenheit benützt, um seine Rache an Günther zu kühlen, das sei nicht mit seiner Zulassung geschehen. Gott könne es ihm nicht anrechnen, und sein Vater dürfe es ihm nicht vorwerfen.

So wolle er die Schuld auf ihn wälzen?, fragte Moritz.

Wilhelm ging die Hände ringend in dem kleinen Zimmer auf und nieder. Er wisse es ja nicht, jammerte er, ein jeder erfülle sein Verhängnis. Er treibe ja selbst dem Abgrunde zu und wisse nicht, warum.

Die Augen des Landgrafen fingen wieder an zu erstarren. »Die Menschen sind Tiere«, sagte er, »und zerreißen einander. Wehe demjenigen, in dessen Kopfe ein Funken Geist brennt und die Tragödie beleuchtet.«

Wallenstein war in Gitschin, und sein Landeshauptmann erstattete ihm Bericht über den Fortgang der öffentlichen Angelegenheiten. Der Bau des Jesuitenklosters sei nicht so schnell fortgeschritten, weil zehn bis zwanzig Maurer, die aus dem Friaul zugezogen wären, keine Unterkunft in Gitschin gefunden hätten. Das dürfe nicht vorkommen, sagte Wallenstein; es sollte augenblicklich eine neue Straße angelegt und dort Häuser nach einer gewissen Bauordnung errichtet werden; keines dürfe weniger als zwei Zimmer haben. Es solle aber beachtet werden, dass die Häuser durch Heizen ausgetrocknet würden, bevor man sie beziehe, sonst gebe es Seuchen. Ob das Armenhaus schon eingerichtet sei?

Der Landeshauptmann sagte, dass er schon Beamte im Auge hätte, die dazu tüchtig wären; er wisse aber noch nicht, was des Herzogs Wille in Bezug auf das Gehalt und die Beköstigung sei und worauf das Geld angewiesen werden solle.

Der Herzog erteilte seine Befehle und sagte, es sei sein Wille, dass eine gute, gerechte Ordnung gehandhabt und dass jeder Arme, der dort aufgenommen sei, leidlich ernährt werde. Bettler wolle er nicht haben; die, welche wegen Alter oder Krankheit nicht mehr arbeiten könnten, müssten versorgt werden. Es müsse auch immer ein Priester vorhanden sein, den alten Leuten das Abendmahl zu reichen. Evangelische dürften nicht aufgenommen werden, er hoffe auch, es ließen sich auf seinem Gebiete keine mehr betreffen.

Es habe sich einmal ein Prädikant eingeschlichen, sagte der Landeshauptmann, und habe auch einigen Zulauf bei den Bauern gehabt. Er habe ihn aber festnehmen und heimlich bei Nacht über die Grenze schaffen lassen.

Er hätte ihn lieber aufhängen sollen und ein paar Bauern dazu, sagte Wallenstein. Unter den Religionsumtrieben leide Handel und Gewerbe, da müsse vorgebeugt werden. Nachdem diese Geschäfte abgetan waren, wandte sich Wallenstein zu Briefen von verschiedenen Astrologen, welche die Nativität Gustav Adolfs betrafen. Die Ausführungen stimmten in ihrem Ergebnis ziemlich überein: der Betreffende, hieß es, sei sanguinischer Komplexion, fröhlich, leutselig, zutraulich, doch nicht ohne Verschlagenheit, waghalsig, nach hohen Dingen strebend. Seine Laufbahn gehe steil aufwärts, solange er lebe, werde sein Glanz alles überblenden. Er sei unbesiegbar und könne nur durch sich selbst fallen. Wallenstein verfolgte aufmerksam die sämtlichen Berechnungen und Schlüsse, schob dann die Papiere zurück, trat ans Fenster und setzte sich wieder an den Schreibtisch. Es schien ihm in diesen Horoskopen angedeutet, dass das Leben des Königs nicht lang sein würde; aber lebte er auch nur noch zehn Jahre, so war die Frist für einen solchen Mann groß genug, um den Erdkreis umzuwenden. Ihm, Wallenstein, schienen danach nur zwei Möglichkeiten zu bleiben: entweder dass er selbst dies Leben, das ihn beschatten wollte, heimlich abriss oder dass er den aussichtslosen Kampf aufgab und den Untergang des jähen Sterns erwartete. Sein Kopf sank im Nachsinnen so tief herab, dass er fast die Platte des Tisches berührte; plötzlich jedoch richtete er sich gerade auf, erhob sich und ging wieder an das Fenster. Kämpfen wollte er, sonst hätte er nicht weiterleben mögen. Wenn er wollte, so fände sich eine Mörderhand, die die Gefahr mit Dolch oder Gift beseitigte; dies Mittel wollte er aber nur wählen, wenn kein anderes verfinge. Zuvor gab es andere, deren er mächtig war, und diese überblickte er nun.

Wenn er sich zum König von Dänemark machte, so war er des Schweden Nachbar und hatte eine Flotte, mit der er den Kyklopen auf seiner Insel überfallen konnte. Es würde zwar nicht ausbleiben, dass Neid, Eifersucht und Widersetzlichkeit wie ein Schwarm stechender Bremsen sich auf ihn würfe, und die Ungelegenheit war das kleine nordische Land am Ende nicht wert. Noch hatte er nicht einmal das Reich in seiner Hand, wie durfte er vorher darüber hinausgreifen? Hatte er einmal das ganze Reich fest, so fiel ihm wohl das kleine Anhängsel von selbst zu; dann würde sein Wort die deutsche Küste von Amsterdam bis Danzig in eine Mauer verwandeln, die kein Pirat des Nordens je übersteigen sollte.

Er schrieb an Arnim, der sich in Pommern einquartiert hatte, er solle unverzüglich alle pommerschen Meerhäfen besetzen und die schwedischen Schiffe verbrennen. Beides sei hochwichtig, und er solle es sich mit aller Kraft angelegen sein lassen. Es liege mehr daran, als sich brieflich sagen lasse; durch nichts solle er sich von diesem Befehl abwenden lassen, er werde mit seiner bekannten Prudenz schon wissen, wie er es anzustellen habe.

Arnim dachte bei sich, es sei leicht, dergleichen von Böhmen aus zu befehlen, aber zustande kommen werde er schon damit, und schritt ohne Zögern zur Ausführung. Er schickte einen Boten an den Rat von Stralsund ab, sie sollten kaiserliche Besatzung aufnehmen und, da der Kaiser Geld benötige, 150 000 Taler auszahlen. Dabei fiel ihm ein, dass die Stralsunder reiche Handelsleute wären und dass er die Gelegenheit benützen könne, um seinen Hofstaat auf ihre Kosten in besseren Stand zu setzen, forderte also außerdem für sich einen großen Posten Gold- und Silberzeug, Stoffe und Bänder; da sie ihm doch als Krämer etwas herunterhandeln und abzwacken würden, dachte er, sei es besser, hoch zu greifen.

Die Stralsunder Ratsherren, die bereits von der Annäherung des kaiserlichen Heeres in Kenntnis gesetzt waren, erwogen bedächtig die Forderungen und waren im Allgemeinen der Ansicht, widersetzen könne man sich dem Kaiser nicht geradezu, eine Besatzung aufzunehmen sei aber auch nicht rätlich. Sie wollten dem Kaiser die Hälfte der von Arnim verlangten Summe, dazu ihm selbst noch ein ziemliches Handgeld offerieren und sich wegen der Besatzung unvorgreiflich entschuldigen, so werde er wohl gutwillig wieder abziehen. Diese Herren zielten ja bekanntlich oft nur darauf ab, sich den Beutel zu füllen.

Als von Arnim die Botschaft zurückkam, mit dem Gelde wolle er sich einstweilen begnügen, kaiserliche Besatzung müsse die Stadt aber zum Zeichen des Gehorsams aufnehmen, geriet der Rat in ernstliche Verlegenheit und neigte zu der Ansicht, es sei besser, sich zu fügen, als in das Kriegswesen hineingezogen zu werden.

Dadurch, dass sie Besatzung aufnähmen, sagte der Bürgermeister Steinwieg, entgingen sie dem Kriegswesen nicht, setzten aber die Reichsfreiheit aufs Spiel. Das sei eine ernstliche Sache. Auf der Freiheit beruhe der Stadt Kraft und Glück, er habe die Pflicht, das Kleinod zu wahren.

Was die Reichsfreiheit betreffe, meinten die Räte, sei es immer bedenklich, darüber zu diskurrieren, untersuche man sie erst einmal, so finde man immer brüchige Stellen. Könne man jetzt durch Nachgiebigkeit stillschweigend durchschlüpfen, so fahre man am sichersten.

Steinwieg war anderer Meinung: er wolle die Reichsfreiheit nicht auf Pergament und Briefe stützen, sondern auf Fakta und die eigene Kraft. Das sei gewiss, dass die Stadt niemals eine Besatzung in ihren Mauern gehabt habe, weder des Kaisers noch anderer Potentaten, und so müsse es bleiben.

Während der Rat noch in der Beratung war, meldeten sich Abgesandte des Herzogs von Pommern mit einem freundlichen Gruß ihres Herrn: derselbe sei von dem Ansuchen des Arnim unterrichtet und nehme sich die schwierige Lage der Stadt väterlich zu Herzen. Er könne wohl voraussehen, wie ungern sie die wilde Soldateska bei sich leiden würde, und er stelle ihr deshalb das wohlmeinende Anerbieten, sie solle ein paar Fähnlein herzoglicher Söldner bei sich aufnehmen, die würden dem Kaiser als Sicherheit und Bürgschaft dienen und zugleich die Stadt vor weiteren Anmutungen schützen. »Da stehen wir wie die Lämmer«, sagte einer des Rates seufzend, »zwischen Wolf und Fuchs und wissen nicht, ob die spitzeren Zähne oder der größere Rachen mehr zu fürchten sei.« Ein anderer meinte lachend, der Herzog habe überhaupt keine Zähne mehr, wie auch sein Magen nicht mehr gut verdauen könne; wogegen wieder ein anderer zu bedenken gab, dafür sei der Herzog nah bei der Hand, der Kaiser aber weit ab und also weniger gefährlich. Das Beste sei, sagte der Bürgermeister, dass sie keine Lammer wären, sondern Männer, die sich vorsehn und sich wehren könnten. Man solle dem Kaiser und dem Herzog geben, was ihnen gebühre, nicht mehr, und es sei immerhin möglich, damit durchzukommen.

Eines Morgens um die Mitte des Februar drängte ein Haufe von Schiffern, Bootsleuten, Lastträgern und anderen Hafenarbeitern zum Rathause, und einige stürmten die Treppe hinauf und pochten an das Ratszimmer, wo um diese Zeit nur wenige Herren anwesend waren. Es seien, meldeten die Aufgeregten, auf einem Kahn ein paar Männer vom Dänholm herübergefahren, die hätten erzählt, wie während der Nacht kaiserliche Truppen gelandet wären und die Insel besetzt hätten. Widerstand hätten sie nicht leisten können, da sie zu wenige und ohne Waffen gewesen wären; auch hätten die Soldaten gesagt, sie kämen auf Befehl des Kaisers und mit Einverständnis des Rates. Wer scharfe Augen habe, könne vom Hafen aus die Soldaten auf der Insel manövrieren sehen.

Die Ratsherren schickten die Leute mit guten Worten heim und machten sich dann nach dem Hafen auf, um die Sache selbst in Augenschein zu nehmen. Der Marktplatz war von Menschen erfüllt, aus deren Mitte mancher böse und misstrauische Blick auf die Herren fiel, die sich stellten, als bemerkten sie es nicht, freundlich nach rechts und links grüßten und den kürzesten Weg zum Hafen einschlugen. Bei Nacht hatte es leicht gefroren, der Morgen war neblig kalt und von grauem Gewölk überhangen. Schwere schwarze Wellen schlugen klatschend an die Mauer, auf der Männer, Frauen und Kinder saßen und schwatzend und mit den Fingern zeigend nach dem Dänholm hinübersahen. Als die Ratsherren erschienen, machte man ihnen Platz, worauf sie die Hände um die Augen rundend und sich über die Mauer biegend gleichfalls nach der Insel blickten.

Bald darauf traf, von lautem Zuruf begrüßt, Bürgermeister Steinwieg ein, hielt Umschau und sagte dann mit vernehmlicher Stimme: es sei allerdings an dem, dass der kaiserliche Feldherr den Dänholm besetzt habe. Dies sei aber ohne Vorwissen der Ratsherren geschehen, die darein niemals gewilligt haben würden; denn der Dänholm sei der Riegel der Stadt, und es dürfe niemand, nicht einmal der Kaiser, daran gelassen werden. Man werde Vorsorge treffen, um dem entstandenen Schaden abzuhelfen, inzwischen solle jeder seiner Arbeit nachgehen; ob sie ihm vertrauten, dass er der Stadt Heil mehr als sein eigenes wahren werde? Dies bestätigte freudiges Geschrei, indessen war die Erregung doch zu groß, als dass die Leute still in ihren Häusern hätten bleiben mögen. Den Ratsherren war nicht wohl zumute; Arnims Untreue liege nun klar zutage, sagten sie, weder mit schönen Worten noch mit Geld lasse er sich abspeisen; auf der anderen Seite zeige sich, was für ein rebellischer Geist im Pöbel wohne, vor dem müsse man das Türlein noch fester schließen als vor dem Kaiser.

Noch am selben Tage erschien eine Abordnung der Zünfte auf dem Rathause: es sei ihnen wohlbekannt, dass kürzlich ein Brief des Dänenkönigs eingetroffen sei, der der Stadt mit Geld und Soldaten gegen das Wallensteinische Heer auszuhelfen sich erbiete, damit sie den heiligen evangelischen Glauben schützen könne. Ob der Rat diese Hilfe anzunehmen oder auszuschlagen im Sinne habe? Die Bürgerschaft wolle ihren Glauben, das teuerste Gut, das die Vorfahren ihnen hinterlassen, nicht preisgeben noch sich das teuflische päpstliche Joch aufschnallen lassen.

Um den Glauben gehe es einstweilen nicht, wurde erwidert, den würde der Rat zu konservieren wissen. Was den Dänenkönig betreffe, so sei es hoch bedenklich, sich mit fremden Monarchen zu verstricken, die Stadt würde sich dadurch sowohl dem Kaiser wie dem Herzog von Pommern verdächtig machen.

Auch Steinwieg war der Ansicht, den Dänen dürfe man nicht einschleichen lassen, er schiele ohnehin beständig nach der deutschen Küste, ob nicht ein Loch im Zaune sei. Freilich, ob sie sich allein gegen Wallenstein halten könnten, sei zweifelhaft; am Ende bleibe nichts anderes, als miteinander unterzugehen.

So weit wollten sie es denn doch nicht kommen lassen, riefen die Ratsherren entrüstet, dazu sei auch keine Ursache vorhanden. Sie könnten ja immer noch mit Arnim akkordieren, den trotzigen Bürgern bekomme es ganz wohl, wenn ihnen ein eisernes Gebiss ins Maul gelegt würde.

Im Zunfthause der Schiffsleute, welches am Hafen lag, kamen allabendlich die unzufriedenen und aufgeregten Männer zusammen und schimpften: die Reichen hielten es mit den Papisten und wollten sie allesamt in die katholische Knechtschaft bringen. Sie ließen sich vom Kaiser goldene Ketten und Ehrentitel schenken, sie, die armen Bürger, müssten die Kosten bestreiten. Die Einquartierung würde auch sie treffen, das wisse man wohl, dass die Reichen sich nichts abgehn und sich nichts auflegen ließen. Sie wollten sich aber nicht verkaufen lassen, und ihre unsterbliche Seele noch weniger. Ehe sie die papistischen Soldaten ins Haus ließen, wollten sie kämpfen und ihr Blut Tropfen für Tropfen vergießen.

Sie fuhren auch auf das Meer und beschossen die kaiserliche Besatzung auf dem Dänholm, worüber der Rat dermaßen erschrak, dass er sich bei Arnim entschuldigte, es sei ohne sein Vorwissen geschehen, und, um ihn zu begütigen, auf einen Vertrag einging, nach welchem Arnim den Dänholm behalten und noch 30 000 Taler dazu geliefert bekommen sollte. Obendrein verkaufte der Rat ihm noch einige Kanonen, die der Stadt gehörten und auf der Mauer am Hafen drohend aufgepflanzt waren.

Damit die Bürgerschaft beim Fortschaffen der Kanonen nicht Argwohn schöpfe, beschloss der Rat, sie vor Tagesgrauen auf Karren mit umwickelten Rädern laden und in der Stille aus der Stadt fahren zu lassen; aber die Sache war ruchbar geworden, und so kam es, dass die Straßen in aller Frühe schon von Menschen erfüllt waren. Die Ratsboten wussten nicht recht, ob sie angesichts der drohenden Volksmenge doch zum Werke schreiten sollten, worüber die Zeit verfloss, sodass die Sonne schon in winterlich gelbem Scheine aufging, als die dazu Beauftragten sich anschickten, die Kanonen auf die Wagen zu schaffen. Sie kamen jedoch nicht weit damit; denn ein paar handfeste Männer ergriffen sie bei den Armen und fragten, was mit den Kanonen geschehen solle. Die Leute sagten, das wüssten sie nicht, es gehe sie auch nichts an, soviel sie gehört hätten, wären die Kanonen verkauft. Verkauft?, schrie das erboste Volk, ja, sie selber wolle man verkaufen! Die Kanonen gehörten der Bürgerschaft, wären das Wahrzeichen und Heiligtum des Hafens, sie wollten lieber Weib und Kind als die Kanonen verlieren. Unterdessen hatte sich einer der Ratsboten fortgeschlichen und einige Ratsherren von dem Auflauf in Kenntnis gesetzt, die nun, so schnell sie konnten, nach dem Hafen liefen, um die Ordnung herzustellen. Vom Meere blies ihnen der Nordwind entgegen und blähte ihre schwarzen Mäntel hinter ihnen auf, und während sie sich mit Anstrengung dagegenstemmten, schrien sie, um sich in dem Getöse von Wind und Wasser vernehmlich zu machen, wer da Aufruhr und Ungehorsam anzettele, den werde es teuer zu stehen kommen. Gleichzeitig winkten sie den Knechten, die Kanonen vollends aufzuladen; sowie sich diese aber losmachen und zugreifen wollten, wurden sie von vielen Händen aufs Neue festgehalten, die Hebebäume, mittels deren sie die Kanonen bewegen wollten, wurden ihnen entrissen, braune Arme reckten sich gewaltig in die Luft, und ein Geschrei erscholl: »Verrat! Verrat! Ins Wasser mit den Kanonen!« Bevor die Ratsherren sich recht besinnen konnten, hörten sie ein donnerndes Plantschen, das Meer, das das eiserne Opfer verschlungen harte, sprang steil an die Mauer hinauf und überspritzte die jauchzende Menge nebst den Ratsherren mit einem Guss eiskalten Wassers.

Wallenstein empfand es mit Ungeduld, dass die Bewältigung der Stadt so lange Zeit erforderte. Er möge es nicht leiden, schrieb er an Arnim, dass die rebellischen Schelme sich ungestraft widersetzten; eine Besatzung müsse die Stadt aufnehmen, Arnim solle seine ganze Dexterität dazu aufwenden und, wenn es nicht anders möglich sei, die äußersten Mittel gebrauchen. Umso ärgerlicher war es für Arnim, dass er, anstatt dem Ziele näherzukommen, durch Stralsunder Schiffe vom Festland abgeschnitten, den Dänholm in den ersten Apriltagen wieder räumen musste. In der Stadt war Freude und Frohlocken; von den hohen dunklen Häusern tropfte der schmelzende Schnee auf die bloßen Köpfe der Bürger, die es einer dem andern zuriefen und über welche hin der feuchte Weststurm den Sieg ins Weite trompetete.

Nicht ganz so unverbittert war die Freude des Rates, der erwog, wie Arnims Zorn und Rachsucht durch den Schimpf gereizt sein würde und wie gering im Grunde die eigene Macht gegenüber der seinigen sei. Da es nun aber so sei, stellte Steinwieg vor, müsse das Gemeinwesen wenigstens einig sein, das Misstrauen zwischen Rat und Volk müsse abgestellt und ein Verbündnis gegenseitiger Treue aufgerichtet werden. Demgemäß schwuren die Ratsherren und die Vertreter der Bürgerschaft auf dem Rathause einen Eid, fest zusammenzuhalten und für Religion und Recht bis auf den letzten Blutstropfen zu streiten. Wie sie aber bisher ein treues Glied des Reichs gewesen wären, so wollten sie auch jetzt dabei verharren, soweit sie es vor Gott, der Nachwelt und den geschworenen Eiden verantworten könnten. Demzufolge wollten sie in ihren Ringmauern keine Besatzung oder Einquartierung aufnehmen, sie werde angemutet, von wem sie wolle, sondern solche mit Vergießung ihres Blutes und tapferer Gegenwehr, unter Hoffnung auf göttlichen Beistand, abwenden.

Einige Wochen waren mit Verhandlungen hingegangen, als ein dänisches Schiff im Hafen einlief, das der Stadt eine Ladung Schießbedarf und einen Brief König Christians brachte: er vernehme, wie das kaiserliche Heer die Stadt mit Belagerung bedrohe, weswegen er ein königliches Erbarmen und allerhand Bedenken verspüre. Sowohl die christevangelische Liebe wie die Kriegsräson erfordere, dass er die Stadt nicht in kaiserliche Hände kommen lasse; sofern sie sich aber seine Hilfe anzunehmen weigere, müsse er argwöhnen, dass sie zu seinem Feinde halten wolle.

Lieber hätte der Rat das dornige Geschenk nicht angerührt; allein da es voraussichtlich zu einer Belagerung kommen würde und sie des Schießbedarfs dabei doch benötigten, da auch der Untergang gewiss war, wenn zu der Belagerung vom Lande her noch ein dänischer Angriff von der Seeseite käme, so entschlossen sie sich zur Annahme, jedoch nicht ohne dem dänischen Gesandten aufzutragen, er solle seinem Monarchen ausrichten, die Stadt stehe nach wie vor in der Devotion des Kaisers, von welchem sie glaubten, dass er von allen diesen Praktiken nicht unterrichtet sei. Der Gesandte staunte, als er dies hörte, und sagte, er wundere sich über ihre Anhänglichkeit an den Kaiser, der sie unterjochen und ihre Religion ausrotten wolle; eine solche Gesinnung sei für ihren König, der mit dem Kaiser in Krieg verwickelt sei, misslich und gefährlich, er müsse Sicherheit haben, dass sie keine kaiserliche Besatzung aufnähmen, und sie sollten ihm ein Brieflein darüber ausstellen. – Das könnten sie nicht, wandte der Rat ein, bevor sie sich mit der Bürgerschaft beredet hatten; worauf der Gesandte erklärte, er werde eher nicht aus der Stadt weichen, und zu ihrem großen Missvergnügen dablieb.

Ungern dachte Arnim an eine ernstliche Belagerung; der feuchte Frühling im Lager hatte seiner Gesundheit zugesetzt, er litt an rheumatischen Schmerzen und war in übelster Laune. Dennoch, da es ihm nicht gelingen wollte, der Stadt die Besatzung auf gute Manier gleichsam unvermerkt einzunisten, da die Kerle so argwöhnisch und schlau waren, musste er sie mit Kugeln zur Räson bringen. Nicht ohne Bangigkeit beobachteten die Stralsunder das Näherrücken des gefürchteten Heeres, und die Brust wurde ihnen merklich leichter, als am 26. Mai hansische Abgeordnete eintrafen, die, aus Arnims Lager kommend, nicht unannehmbare Friedensvorschläge überbrachten. Die Hansestädte hatten sich zur Vermittlung erboten, und man konnte ihnen, als alten bewährten Freunden und die einerlei Interesse mit Stralsund hatten, wohl trauen. Weder der General, sagten sie, noch der Feldmarschall, Arnim, meinten es böse mit der Stadt, Arnim habe männlich und aufrichtig mit ihnen gesprochen; er begreife wohl, dass die Stadt sich der Einlagerung seiner Soldaten nur ungern bequemen wolle, Wallenstein habe auch im Sinn, die

Regimenter gänzlich zurückzuziehen, wolle die Stadt sich nur einigermaßen billig finden lassen. Wenn sie mit dem Schießen von der Mauer aufhörten, so wolle Arnim desgleichen tun.

Während die Bürgerschaft erleichterten Gemütes sorglos schlief, besonders fest auch die Ratsherren, die bis zu später Stunde mit den hansischen Abgeordneten gezecht hatten, rückte das Belagerungsheer vorsichtig und leise vor und erstürmte mit einem ersten, heftigen Angriff die kaum verwahrten Schanzen. Nun erst schreckte das Lärmen und Stürmen der Glocken die Schlafenden aus den Betten; ohne Besinnen ergriffen sie ihre Waffen, liefen durch die blaue Nacht nach den Schanzen und warfen sich auf die Eindringlinge, die nach kurzem Kampfe wieder abziehen mussten.

Gustav Adolf, dessen Flotte vor Danzig lag, beugte sich über den Rand seines Schiffes und sah in das grüne Wasser, das glucksend an den Planken hinaufschlug, als sein Blick auf ein Segel fiel, das vom Westen her mit gutem Winde näherflog. Es schien ein hansisches Schiff zu sein; wie ein weißer Punkt blinkte es dicht über dem blauen Wasser, wuchs schneller und schneller, bis es der Schwinge eines Vogels glich; aber es raste und taumelte nicht wie seetrunkene Möwen, sondern sauste seinen geraden Weg wie ein gefiederter Pfeil. Der König belustigte sich eine Minute damit, zu beachten, wie das unaufhaltsame Geschoss auf die Mitte seines Herzens zu zielen schien; aber es änderte plötzlich seinen Kurs, und er vergaß es über allerlei Geschäften. Am anderen Tage wurde ihm ein Brief seines Admirals Gyldenhielm überbracht: es sei ein Schiff von Stralsund angekommen, um die Stadt Danzig um Pulver zu bitten, da ihr von dem kaiserlichen Heer unter Arnim hart zugesetzt werde. Der Rat von Danzig habe sich entschuldigt, er könne kein Pulver abgeben, weil er selbst in Not sei und außerdem die Verträge mit dem König von Polen im Wege stünden. Er, Gyldenhielm, habe nicht unterlassen wollen, dies dem Könige zu melden, falls er etwa selbst sich der Stralsunder annehmen wolle. Der König blieb, nachdem er den Brief gelesen hatte, einen Augenblick in Gedanken versunken; dann sprang er auf und ging mit großen Schritten auf dem Verdeck auf und ab. Wie viel Mühe hatte er sich mit diesen steifnackigen Stralsundern gegeben: nun war ihre Bedrängnis so groß geworden, dass sie nach Hilfe suchen mussten! Gehobenen Hauptes blickte er über das Meer, das unter einem feinen biegsamen Goldnetz von Sonnenstrahlen lustig schauderte und sich bäumte, dann nach dem Himmel, über den sich flaumige Wolken wie Felder voll weißer Hyazinthen und Lilien hinstreckten.

›Das ist des Herren Finger‹, dachte er freudig, ›der die Fäden geheimnisvoll sammelt und in meine Hand legt. Jener mürrische, neidische Arnim, der mich verließ und mir zu schaden gedachte, treibt mir das Wild selbst zu, dem ich nachstellte. Gott erweckt seinen Bekennern Gefahren, damit sie ihren Retter erkennen.‹ Er überdachte seinen Lebenslauf, der in allen seinen Verschlingungen auf ein großes, nur undeutlich geahntes Ziel hinzuführen schien.

Wie kam es ihm nun zugute, dass er standhaft und vertrauensvoll gewartet hatte, anstatt voreilig etwas Ungereiftes zu erzwingen. Eine Krone verhüllte die Zukunft, deren edle Kleinodien fabelhaft durch das lockere Dunstgewoge funkelten, eine neue nordische Kaiserkrone, weitspannender als die uralten Diademe Alexanders und Konstantins. Die verborgene Stimme, die schon dem Jüngling geflüstert hatte, seinem Haupt sei eine hehrere Krone bestimmt als die seiner Väter, war die Stimme Gottes gewesen. Nun sah er das neue Reich ihm entgegenschwellen, hilfeflehende Arme sich nach ihm ausstrecken, ein ungeheures Schlachtfeld dehnte sich seinen vom Norden herunterstürmenden Völkern entgegen.

Mit einem Lachen verscheuchte er die Träume, ging in seine Kabine, wo eine hölzerne Klappe als Tisch aufgeschlagen werden konnte, und setzte einen Brief an den Rat von Stralsund auf: Er habe mit großem Mitgefühl von der Stadt Bedrängnis vernommen und wundere sich, warum sie sich in der Not nicht an ihre Freunde wende, wie man doch sonst zu tun pflege. Er nehme die Gelegenheit wahr, ihr sein treues Wohlmeinen zu zeigen, indem er ihr ein Fass Pulver als Geschenk anbiete; zu mehrerem sei er als der evangelischen Stadt Glaubensgenosse und guter Freund stets erbötig.

Der Rat von Stralsund empfing das Geschenk des Königs in niedergeschlagener Stimmung. Es sei nicht ohne, meinten sie, dass man die Städte als Frauenzimmer darstelle; denn wie solchen stellten ihnen beutelustige Jäger nach. Sie wären bisher den beiden nordischen Fürsten ausgewichen; ob sie aber bei diesem guten Grundsatz länger bleiben könnten? Das bleibe ihnen immerhin, sagte Steinwieg, dass sie zusamt mit der Bürgerschaft allen, die sich eindrängen wollten, bis auf den Tod widerstünden.

Da jedoch die meisten Ratsherren den Kopf schüttelten und sagten, dies wären wohl rühmliche Sentenzen, mit denen man vor sich selber prunke, aber wenn die Glocke schlüge, pflege die Tat auszubleiben, schwieg auch der Bürgermeister.

Nach Wien an den Kaiser, fuhren die Ratsherren fort, hätten sie ja auch schon Gesandte geschickt; aber da verginge die teure Zeit und das werte Geld mit Antichambrieren, und zuletzt bleibe doch alles beim Alten. Man müsse wohl oder übel die Hilfe des Schwedenkönigs annehmen, könne ja aber gleichzeitig mit den Dänen anbinden und einen gegen den anderen ausspielen. Auch dürfe man nicht versäumen, den Königen schriftlich anheimzugeben, dass die Stadt in der Devotion des Kaisers zu verbleiben steif gesonnen sei und kein Verbündnis ohne Vorbehalt des kaiserlichen Gehorsams eingehe.

Etwa einen Monat später trafen 600 Schweden, gerade so viel, wie erbeten worden waren, in Stralsund ein, unter dem Befehl des Obersten Rosladin, der sogleich auf das Rathaus ging, um sich dem Magistrat vorzustellen und etliche Geschenke des Königs zu überreichen. Die Soldaten sollten dem Rat Gehorsam geloben, sagte er; er habe auch Auftrag, mit aller Strenge dafür zu sorgen, dass Rat und Bürgerschaft nicht über sie zu klagen haben sollten, da sie zum Troste, nicht zur Plage geschickt wären. Der Oberst war ein gerade gewachsener Mann mit lachenden blauen Augen, blondem Haar, das ihm eigenwillig in die freie Stirn fiel, und aufrechtem, zutraulichem Wesen. Er besichtigte die Schanzen und Befestigungen, lobte die guten Einrichtungen und den Mut der Bürger und meinte, eine so tapfere und kluge Stadt hatte seiner vielleicht nicht einmal bedurft; er freue sich aber, ihr dienen zu können.

Das war ein anderer Mann als der dänische Oberst Heinrich Holk, der eine Woche vorher der Stadt mehrere Fähnlein zugeführt hatte und dem Rat gegenüber den Herrn spielte, während er sich in den Zünften mit der Bürgerschaft gemein machte und von der Religion schwatzte.

Im Monat Juli traf aus Dänemark Holks Braut ein, mit der er sich in Stralsund vermählte. Als ein Abgeordneter des Rats ihm den Glückwunsch der Stadt überbrachte, griff er, ohne das Ende der Ansprache zu erwarten, hastig nach dem Becher, den der Redner als Geschenk in der Hand hielt, hob den Deckel ab, und erst, als er sah, dass er mit Goldstücken gefüllt war, verzog sich sein Gesicht zu einem bissigen Lächeln. Er wolle seinem Könige melden, sage er, wie splendid der Rat gegen ihn gewesen sei; der König werde daran ein großes Gefallen tragen. Ohne den Rat um Erlaubnis zu fragen, ließ er an diesem Tage, wie wenn er ein großer Potentat sei, umsonst Wein schenken und Geld austeilen, und man musste bis in die Nacht das Toben und Jauchzen des betrunkenen Pöbels anhören. Wann es ihm beliebte, erschien dieser junge Mensch mit hoffärtigen Gebärden auf dem Rathause, schalt, er wisse wohl, dass der Rat mit Wallenstein über den Frieden traktiere, das stehe ihm aber ohne Einwilligung des Königs von Dänemark nicht zu, und er werde es nicht dulden; wie wenn sie seine Untergebenen oder Gefangenen wären.

Einige Zeit nach der Ankunft des Obersten Rosladin kam ein schwedischer Gesandter, der mit der Stadt über einen mit dem Könige abzuschließenden Vertrag unterhandeln sollte. Er hatte einen Entwurf mitgebracht, den Gustav Adolf selbst gemacht hatte und in dem es unter anderem hieß, die Stadt Stralsund verbleibe beständig bei dem Könige und der Krone Schweden. Erschreckt wandten die Ratsherren ein, dass das mit den Pflichten eines kaiserlichen Standes nicht vereinbar sei; sie hätten nichts anderes gemeint, als des Königs Bundesgenossen zu sein. Der Gesandte erwiderte, eine Stadt könne doch nicht wohl eines großen Königs Bundesgenosse sein; aber sie könnten ja in einem besonderen Artikel reservieren, wie sie es verstanden haben wollten, der König wolle nicht am Buchstaben feilschen. Ja, was kümmern ihn die Buchstaben, dachte der Bürgermeister traurig, da er die Macht hat; und die können wir ihm nicht wieder nehmen.

Gerade in diesen Tagen war Wallenstein im Lager angekommen und hatte gegen die Abgeordneten der Stadt, die ihn aufsuchten, um ihn zu begrüßen und sich mit ihm ins Vernehmen zu setzen, grässliche Flüche und Drohungen ausgestoßen; es war also nicht daran zu denken, dass man sich auch noch den Schweden zum Feinde machte.

Der Sturm, den Wallenstein unternahm, wurde abgeschlagen; aber der fröhliche Oberst Rosladin war dabei geblieben, wodurch, wie durch manche andere traurige und ahnungsschwere Gedanken, die Siegeslust einigermaßen gedämpft wurde. Ende Juli zog Wallenstein das Heer gänzlich von Stralsund zurück und begab sich in sein Herzogtum Mecklenburg. Arnim schickte er bald darauf zur Unterstützung gegen den König von Schweden nach Polen, wo es dem Feldherrn als in einem fast wilden, unheimischen Lande nicht gefiel, und da er außerdem seine Rückstände vom Kaiser nicht ausgezahlt erhielt, nahm er seinen Abschied und zog sich einstweilen auf seine Güter zurück.

Während Tilly in Minden weilte, erhielt er einen Brief von der Stadt Osnabrück voll herzzerreißender Klagen wegen der Einlagerung der Soldaten, die über der Stadt Kräfte gehe. Seit Wochen müssten nun die Bürger die schweren Kontributionen aufbringen, dazu die Soldaten in ihren Häusern beherbergen; wenn das schon die Reichen bedrücke, so könne die Armut vollends nicht dabei bestehen. Sie müssten ihre Betten hergeben und mit Weib und Kind auf dem Speicher oder im Keller auf dem Stroh schlafen, hätten kaum ein Stück Brot zu essen und suchten oft auf der Straße nach Abfall, während daheim die Soldaten an ihren Tischen säßen. Auch die Wohlhabenden sahen seit Wochen kein Fleisch mehr, und bald werde es überhaupt nur noch Bettler in der Stadt Osnabrück geben.

Der Überbringer des Briefes, den Tilly vor sich kommen ließ. bestätigte alles und fügte noch manches hinzu. Sie wüssten, sagte er, dass Tilly gerecht und gut sei und niemanden über Vermögen beladen wolle. Die Stadt sei ja nicht ungehorsam, sie hätten eingesehen, dass Gott sie verlassen hätte; ihre Kirchen hatten sie hergeben müssen, sie vermöchten nichts gegen Gottes Ratschluss, nur um das nackte Leben bäten sie.

Sie wären keine freie Stadt, sondern Untertanen des Bischofs, entgegnete Tilly, ihm müssten sie gehorchen.

Ja, sagte der Abgeordnete, das wüssten sie wohl. Sie hätten viele Jahre lang, Katholiken und Protestanten, friedlich miteinander gelebt und hätten gemeint, es solle immer so bleiben. Der neue Bischof sei ein strenger Herr, aber sie wüssten wohl, dass ihnen nichts übrig bleibe, als zu gehorchen. Wenn aber Tilly ihnen nicht helfen wolle, so müssten sie ganz und gar verderben.

Es gehe ihm zu Herzen, antwortete Tilly, er wolle gern helfen, soviel in seinem Vermögen sei.

Nach einer Stunde gab Tilly einem kleinen Gefolge Befehl, mit ihm nach Osnabrück aufzubrechen, wo er am folgenden Tage eintraf. Ohne Aufenthalt ritt er durch die stattlichen Straßen nach dem Dome, der seit einigen Monaten dem katholischen Gottesdienst übergeben war und wo er, da es Sonntag war, eine Messe hören wollte. Bevor er indes vom Pferde absteigen konnte, sah er sich von vielen Frauen umringt, die die Hände zu ihm aufhoben, sodass er sein Tier zügeln musste, um ihnen nicht Schaden zu tun. Sie schrien ihn an, er sei ihre letzte Zuflucht, wenn er nicht helfe, so wollten sie auswandern und sich dem Kaiser zu Füßen werfen; der werde ihr Elend zu Herzen nehmen und ihre unschuldigen Kinder nicht sterben lassen. Zufällig fiel Tillys Blick auf eine Frau, die an die bräunliche Mauer des viereckigen Domturms angelehnt stand, als gehe sie das Treiben und Drängen nichts an. Sie trug ein halb nacktes Kind mit grämlichem Gesicht, das ihr wie ein leerer Sack im Arme hing, und starrte trocken und gleichgültig ins Leere. Tilly griff in die Tasche, um das Geld zu verteilen, das er bei sich trug. Er wolle helfen, sagte er, so laut er konnte, sie sollten ihm vertrauen; nach einigen Tagen sollten sie Linderung spüren. Darauf machte er rasch kehrt, um nach dem bischöflichen Palaste zu reiten; aber unterwegs begegneten ihm schon der Kanzler und einige Räte des Bischofs, die von seiner Ankunft unterrichtet worden waren.

Seine Gnaden der Bischof, sagte der Kanzler, werde es ungemein bedauern, dass der General sich wegen der Stadt ermüde. Sie verdiene es nicht, der Bischof sei unwillig, dass sie sich beschwere.

Diesen Ritt habe er für seine Pflicht erachtet, sagte Tilly; sie sollten ihn jetzt auf eine Anhöhe führen, wo er die Stadt übersehen und sich von ihrer Ausdehnung und Gelegenheit überzeugen könne.

Während der Kanzler und die anderen Herren auf ihn einredeten: es handele sich um das heilige Werk, die Ketzer zum wahren Glauben zurückzuführen, gutwillig bekehrten sie sich nicht, man müsse sie zwingen, sowie es ihnen besser ginge, würden sie wieder trotzen und das Heil verschmähen, starrte Tilly düsteren Blicks auf die Stadt, die mit vielen spitzen und kantigen Dächern und schweren breiten Türmen aus Gärten und Gebüschen lebendig aufstieg. Wie hatten da seit Jahrhunderten rührige Hände gebaut und gefügt, bis die Heiligtümer und die Habe geborgen waren und aus den Kaminen der Rauch in den weiten Himmel stieg. Heide und Hügel, Föhren, Birken und Eichen umringten sie mütterlich, Friede und Frömmigkeit hatten hier wohlbeschützt hausen mögen. Was war schuld daran, dass die geschmückten Häuser zu Gräbern wurden und Hunger und Tod durch die leeren Gassen glitten? Freilich war es der unselige Irrglaube; aber sollte die heilige Kirche gleich einem Attila auf Leichen und Wüsten Triumphe feiern?

Es sei nicht Gottes Wille noch der des Kaisers, sagte er endlich, die Abtrünnigen durch Not und Tod zum wahren Glauben zu zwingen; auch der Bischof meine es gewiss nicht so. Es sei des Jammers zu viel. Man müsse die Stadt dadurch entlasten, dass ein Teil der Regimenter auf das Land verteilt würde, das noch im Wohlstande und von Einquartierung ganz frei sei.

Damit werde der Bischof nicht einverstanden sein, entgegnete der Kanzler; das Land sei von Anfang an gehorsam gewesen, und er sei es den treuen Untertanen schuldig, sie zu verschonen.

Er werde das dem Bischof gegenüber vertreten, sagte Tilly. Die Stadt habe sich unterworfen und gelobe Gehorsam, demgemäß müsse sie gehalten werden.

Während er durch die Heide zurückritt, bedachte Tilly, wie er sich dem Bischof gegenüber verantworten solle. Der neue Bischof, Franz Wilhelm von Warrenberg, war der natürliche Sohn eines Oheims des Herzogs Maximilian von Bayern, und es war eine bedenkliche Sache für Tilly, einem Vetter seines Herrn, einem Reichsfürsten und Bischof, seinen Willen entgegenzusetzen. Auch als von einem Ligafürsten war Tilly von ihm abhängig und verdankte er ihm viel; denn er hatte seinen Beitrag stets pünktlicher entrichtet als die anderen geistlichen Herren, und ohne seine Zahlungen hätte Tilly viele Male den Sold nicht entrichten können. Gelang es nun aber auch, die Stadt zu erleichtern, was sollte dann werden, wenn auch das Land ausgesogen war? Es sah noch nicht so aus, als solle der Friede zustande kommen; ein jeder beteuerte, dass er ihn ersehne, inzwischen wurde die Trommel gerührt und geworben, und die Söldner liefen herzu, dass man glauben konnte, alle waffenfähigen Männer Europas strömten wie in einen tiefen, mahlenden Strudel in das Deutsche Reich hinunter. Er hatte genug davon gesehen; wie anders wäre sein Leben gewesen, wenn er seine Tage im Kloster unter Betenden, bei friedlichen Geschäften, im Dienste Gottes und der Heiligen Jungfrau zugebracht hätte. Vielleicht, dachte er, wäre die Melancholie, die ihn jetzt zuweilen befiel, die

Strafe dafür, dass er sich dem ihm bestimmten geistlichen Berufe entzogen habe, und er dürfe nun nicht mehr danach streben. Durfte er auch seinen Herrn verlassen, bevor er den Krieg zu Ende geführt hatte? Und doch wurde ihm verwehrt, das zu tun, was den Frieden herbeigeführt hätte. Wie oft hatte er gesagt, dass es nicht hülfe, ein Heer zu schlagen, wenn die Holländer inzwischen schon ein neues warben; man hatte ihm recht gegeben, aber nicht danach gehandelt. Und was half es, die Verderber aus dem Reiche zu jagen, wenn Wallenstein in Kaisers Namen es noch weit ärger verwüstete?

Als er durch das Lager ritt, begrüßte ihn der Zuruf seiner Bataillone; aber es wollte ihm so scheinen, als sei die Begrüßung weniger herzlich als sonst. Vor einiger Zeit hatten die Listen ergeben, dass alle Regimenter beträchtliche Lücken bekommen hatten, und er wusste auch, wie das zusammenhing: es liefen viele zum Wallenstein über. Der hohe Sold, der ihnen versprochen, und die Freiheit, die ihnen gelassen wurde, lockte sie, und es war am Ende kein Wunder, dass der gemeine Mann, der täglich sein Leben wagte, oft Hunger und Kälte litt, von Seuchen hingerafft wurde, dem Gewinne nachlief; aber dass auch von den Offizieren ihn viele verließen, kränkte ihn. Im Grunde, dachte er, hätten die Fürsten Schuld, die Krieg führen wollten, ohne zu zahlen, auf Kosten der Bürger und Bauern, und auch der Kaiser, der es duldete. Wäre es nicht um seines Herrn, des Herzogs von Bayern, willen, so hätte er das Schwert abgelegt; er hätte vor seinem Tode gern noch einmal ein still reifendes Ackerland gesehen, das sich im Sommerwind wiegte, von dem zu seiner Zeit der Schnitter mit der Sense das Korn einheimste, das nicht er mit der Mordwaffe zu zerstören brauchte.

Zum Pfarrer von Nieder-Weisel in der Wetterau kamen Bauern gelaufen und erzählten atemlos, sie hätten auf dem Felde pflügend Reiter auf der Landstraße sich heranbewegen gesehn; es sei gewiss der Feind oder Einquartierung, und sie wären alle verloren. Der Pfarrer hieß sie zum Amtmann laufen und ihm Bescheid sagen, indes wolle er hinauskommen und die Sache ansehen, vielleicht wären es doch nur Reisende oder durchziehende Truppen und Gott führe die Gefahr gnädig vorüber.

Es ergab sich, dass die Ankömmlinge ein Oberst Hausmann mit großem Gefolge waren, der ein Patent von Wallenstein vorwies, in der Wetterau zu werben, um sein Regiment zu vervollständigen. Er habe sich Nieder-Weisel zum Werbeplatz ausersehen, der Pfarrer solle ihn sogleich umherführen und ihm die besten Häuser zeigen, die ihm und seinem Gefolge zum Quartier dienen könnten. Die Landschaft müsse nach alter Gewohnheit zur Anwerbung eine Kontribution zahlen, die von Wallenstein auf 1000 Gulden festgesetzt sei, das gehe den Amtmann an. Während er den Pfarrer, ohne ihn anzusehen, ausfragte, trabte er rasch vorwärts, sodass der alternde Mann kaum mitkommen konnte, und lachte zwischenhinein mit denen, die neben und hinter ihm ritten. Vor dem Pfarrhause, das behaglich zwischen alten Birnbäumen der Kirche gegenüberlag, hielt er an: das sei in diesem Neste das leidlichste Haus, da könne er es ein paar Wochen oder Monate aushalten; dass es das Pfarrhaus sei, habe er gleich gedacht, die Pfaffen strichen sich allemal den fetten Rahm ab. Er hätte nicht gedacht, dass es hierherum so schlecht und ärmlich sei; ob denn keine Klöster in der Nähe wären? Sie wären hierzulande evangelisch, antwortete der Pfarrer; in Butzbach sei ein ehemaliges Kloster, das diene jetzt als Amtshaus, da würde es freilich bequemer für so große Herren sein, »Du möchtest uns wohl auf deine Nachbarn abladen?«, lachte der Oberst; nach Butzbach würden schon auch Truppen gelagert; aber hier wolle er sein Hauptquartier aufschlagen. Nach einiger Zeit kam eine von buntgekleideten Reitern umgebene Kutsche an, aus der eine Dame stieg, die der Oberst als seine Gemahlin ausgab. Sie war mit allerlei prunkhaften Gewandstücken und Geschmeide behangen und führte ein Kruzifix und einen Betschemel mit sich, da sie katholisch sei. Gott im Himmel, seufzte der Pfarrer, ob denn die Dame nicht in einem anderen Hause absteigen könne? Es gebe ja noch mehr ordentliche Hauser im Ort, es zieme sich nicht für einen evangelischen Pfarrherrn, das katholische Wesen unter seinem Dache zu haben. Was er sich einbilde?, rief der Oberst. Ob er etwa ohne seine Frau zu Bette gehen sollte? Eine Schande sei es, dass ein Pfarrer ihm so gottlose Dinge zumute. Er erwarte, dass seiner Frau alle Ehre in seinem Hause bezeigt werde.

Nun sammelten sich im Dorfe die Knechte, die sich wollten anwerben lassen, darunter viele schon mit Waffen versehene Soldaten, die anderswo gedient hatten und ausgerissen waren, um ein Werbegeld zu gewinnen, Der Pfarrer wurde von den Bauern überlaufen, die ihm dies und jenes zu klagen hatten und um seinen Schutz baten. Einer jammerte, dass sein einziger Sohn, dessen Arbeit die alten Eltern erhalten müsse, sich wolle anwerben lassen, der Pfarrer solle ihm doch ins Gewissen reden, dass er dem heillosen Gesindel nicht nachlaufe und Leib und Seele zusetze, sondern an seiner armen Mutter die Kindespflicht übe. Er dürfe sich dessen nicht öffentlich getrauen, sagte der Pfarrer; aber bei Einbruch der Dunkelheit wolle er zu ihm ins Haus kommen und seinem Sohne zusprechen. Dies tat er; aber der junge Bursche, der täglich mit den Soldaten trank und spielte, begegnete ihm mit groben Worten: das Soldatenhandwerk sei so gut wie ein anderes, viele würden reich dabei, Wallenstein, der Generalissimus, sei des Kaisers Liebling und der mächtigste Mann im Reich. Der Pfarrer solle sich nicht da hinein mischen, sonst werde es ihm übel gehn, die Pfaffen regierten ohnehin zu viel in die Welthändel. Als der Pfarrer dem Burschen die Hand auf den Arm legte und ihn von solchen groben Worten abmahnte, ihn erinnerte, wie er, der Pfarrer, ihn unterrichtet und konfirmiert und was er, der Junge, ihm gelobt habe, stieß der junge Mann ihn mit einem Fluch zurück und entwischte aus dem Hause. Der Pfarrer tröstete die weinende Mutter und betete mit ihr für den Sohn, für das ganze Dorf und um Besserung der schlimmen Zeit; sie wollten geduldig sein wie Hiob, sagte er, vielleicht dass der Herr dann die Prüfung allgemach vorüberziehen lasse. Wie er in trüben Gedanken seinem Hause zueilte, brachen hinter dem breiten Stamm einer alten Rüster ein paar Männer hervor, packten ihn an und bedrohten ihn, weil er die jungen Burschen von der Werbung zurückhalte. Obwohl sehr erschrocken, fasste er sich doch, sah die Männer furchtlos an und sagte, er tue seine Pflicht und könne es vor Gott verantworten, er warne sie, unschuldiges Blut zu vergießen. Unter ihren Püffen und Schlägen fiel er auf die Knie und betete, ohne sie zu beachten, die, nachdem sie ihn eine Weile misshandelt hatten, fortsprangen, ihn fast ohnmächtig am Wege liegen lassend. Gefährliche Wunden hatte der Pfarrer nicht erhalten, doch musste er eine Zeit lang das Bett hüten und den Haushalt seinen beiden Töchtern überlassen, da seine Frau seit Jahren taub und bettlägerig war. Als er noch lag, hörte er eines Tages Schelten und Schreien, und bald darauf kam die geputzte Dame in seine Kammer gelaufen, warf sich vor seinem Bette nieder und flehte ihn an, sich ihrer anzunehmen: der Oberst wolle sie aus dem Hause jagen und sich ein anderes Weib zulegen, obwohl sie ihm immer treu gewesen sei und ihm nichts zuleide getan habe. Zitternd stand der Pfarrer auf, nahm seinen Mantel um und wollte hinausgehen, als schon der Oberst eintrat und die Frau anherrschte, wenn sie gütlich dorthin gehe, wohin er es ihr befohlen habe, solle sie dort ungestört wohnen dürfen und auch einigen Unterhalt empfangen, wenn sie sich aber widerspenstig zeige, heule und gegen ihn anbelfere, werde er sie mit der Peitsche aus dem Dorfe jagen lassen. »Da sei Gott vor!«, rief der Pfarrer aus, der Oberst solle nicht so gegen seine Ehefrau wüten. Was Ehefrau!, schrie der Oberst, eine Hure sei sie, ob der Pfarrer etwa ein Hurenhirte sein wolle? Jetzt fing die Frau laut zu schreien an, er selbst sei es doch gewesen, der sie verführt und so weit gebracht habe. Zu Augsburg habe sie am Pranger gestanden, sei schimpflich aus der Stadt gejagt worden und habe betteln müssen. Er habe sie überredet, ihr Kindlein in einem Graben an der Landstraße auszusetzen, wo es gewiss die Pferde zertreten hätten, sie habe es oft und oft im Traume weinen gehört. Er habe sie zu einer elenden, gottverlassenen Sünderin gemacht, und nun wolle er sie auf die Straße stoßen.

Diesem Klagegeschrei machte der Oberst ein Ende, indem er sie packte und seinen Dienern zustieß, denen er befahl, sie sollten sie ihr Bündel schnüren lassen und aus dem Dorfe führen, wenn sie sich je wieder vor ihm sehen lasse, werde er ihr anders das Maul stopfen.

Der Pfarrer rief nach seinen Töchtern und gebot ihnen heimlich, der unglücklichen Frau etwas zuzustecken an Brot und Wurst oder was es sonst sei; allein die ältere fing an zu weinen und jammerte, sie könne es nicht länger verschweigen, ihre Schwester, die Lisbeth, halte es mit dem Obersten, und es sei um ihretwillen, dass er das Weib, das bisher für seine Frau gegolten, verstoßen habe; sie sei wie verhext und wolle sich nicht zureden lassen. Im innersten Herzen erschrocken, sah der Pfarrer die jüngste an, die sich nicht rechtfertigte, aber trotzige Blicke herumwarf und Miene machte, das Zimmer zu verlassen. Sie solle bleiben, rief ihr der Vater zu, und da sie zaudernd stehen blieb, umfasste er sie, zog sie zu sich aufs Bett und sagte, jetzt sei die Stunde der Prüfung für sie gekommen. Er wisse, dass sie ein reines Herz habe, sie solle es rein bewahren, denn dies, ein reines Herz, sei ihrer aller höchstes Gut und das einzige, das ihnen niemand rauben könne. Er wolle ihr nicht vormalen, wie es ihr gehen werde, wenn sie sich verführen ließe, nach dem Beispiel der Elenden, die jetzt auf der Landstraße verkommen werde, noch wolle er sie mit seinem und ihrer Mutter Jammer schrecken; nur an Gott wolle er sie mahnen und ihre unsterbliche Seele, die sie im Begriffe sei, um eines bösen Menschen willen zu verlieren. Sie wich seinem angstvollen Blick aus und sagte in der trotzigen Weise wie vorher, nach dem Ende frage sie nicht, was kommen müsse, solle kommen, ihre Ehre sei nicht ein reines Herz, sondern ihn zu lieben und sich ihm hinzugeben, der ein Held sei, sie könne nicht mehr zurück. »Ach Gott«, sagte der unglückliche Mann, »wie verändert ist schon dein liebes unschuldiges Gesichtlein! Was für ein Fieber ist auf deinen Wangen und in deinen Augen! Warum kannst du nicht mehr zurück? Schämst du dich vor deinem Vater, dessen Arme immer für dich geöffnet sind und an dessen Brust dein warmes Nest ist?«

Wie nun aber draußen die Stimme des Obersten laut wurde: »Lisbeth, holdes Bräutlein!«, und dergleichen mehr, erbebte sie und wollte sich von ihrem Vater losmachen, der sie fest umklammerte und auch ihre Schwester zu Hilfe rief. Gleich darauf trat der Oberst ein, setzte sich, zog das Mädchen auf seine Knie, herzte sie und verhöhnte den Pfarrer: Gott habe Mann und Weib gemacht, die Liebe sei Gottes Werk, und er habe Wohlgefallen daran; wenn er, der Pfarrer, sich nicht darein füge, werde er ihn festbinden lassen, damit er der Lust seines Töchterleins zuschauen müsse. Gott habe es so geordnet, dass die Tochter den Vater verlasse, um ihrem Herrn zu folgen. »Gott ist ihr Herr, nicht du«, rief der Pfarrer aus, »und er wird dich losen, lügnerischen Buben strafen, sei es auch erst beim jüngsten Gerichte!« Der Oberst sprang auf und legte die Hand ans Schwert; das Mädchen umklammerte seine Knie und flehte ihn an, den Vater zu schonen, sie liebe ihn ja und wolle tun, was er gebiete.

Nun, sagte der Oberst, um ihretwillen wolle er ihm das Leben lassen, nur die Strafe solle der Alte haben, dass er sie und ihn selber bedienen solle. Sowieso mache er das ganze Dorf rebellisch und müsse Unterwürfigkeit lernen. Er, der Oberst, sei Offizier Wallensteins und des Kaisers und müsse wie der Kaiser selbst respektiert werden.

Das Jahr 1629 begann für Holland glücklich mit der Ankunft der durch den Admiral Pieter Heyn erbeuteten spanischen Silberflotte im Hafen von Amsterdam. Die Gemahlin des Prinzen Friedrich Heinrich, Amalie von Solms, die sich fast schämte, nunmehr in besseren Verhältnissen zu leben als ihre ehemalige Herrin, die Königin von Böhmen, und ihr, so gut es ging, Unterhaltung zu verschaffen suchte, erzählte, was für Jubel in Amsterdam herrsche und was für Anstalten zum Empfang des erbeuteten Schatzes getroffen seien. Im Stadthause habe eine Aufführung stattgefunden, in der das Meer, die Freiheit und die Tyrannei aufgetreten wären. Zuerst habe niemand die Tyrannei darstellen wollen, endlich habe sich ein Maler erboten, ein verlotterter Kerl, der tolle und freche Stücke male und das Geld, das er dafür bekomme, versaufe, unter der Bedingung, dass er die dazu benötigte Ausstattung geliefert erhalte und hernach behalten dürfe und dass, wenn ihm doch etwas zustieße, die Stadt für seine Hinterbliebenen sorgte. Er sei dann prächtig mit spanischem Mantel, spanischem Hut und Kragen angetan gewesen, aber so dick, dass man gezweifelt habe, ob er es selbst sei, bis er lachend gesagt habe, so habe er sich auswattiert, um die Schläge nicht zu spüren, die er bekommen würde. Das Meer und die Freiheit hätten zu sagen gehabt, wie sie altheilige verschwisterte Götter wären und im steten Kampf mit der Tyrannei lägen, einem missgeborenen Ungetüm, das der Satan mit der Erde erzeugt habe, wie sie es endlich ganz erlegen und festhalten würden, worauf die Erde, entsühnt und vom Meere auf einen neuen Adel getauft, nur noch Geschlechter von Helden tragen werde. Nach solchen Deklamationen habe ein Kampf unter den Gegnern stattgefunden, wobei die Tyrannei besiegt und übel zugerichtet worden sei. Auf den Straßen und Plätzen von Amsterdam werde nun die Aufführung fortgesetzt, wo sich dann das Volk hineinmische, sodass unter lautem Jubel fortwährend gerauft werde und der Darsteller der Tyrannei gewiss längst erschlagen worden sei, wenn er sich nicht so gut unterfüttert hätte.

Der Kurprinz Heinrich Friedrich, der jetzt fünfzehn Jahre alt war, wünschte lebhaft, nach Amsterdam zu fahren und das Fest mit anzusehen. Friedrich V. war stolz auf diesen Sohn, von dem man sagte, dass er seiner schönen Ahnfrau, Maria Stuart, gleiche und den er für viel kluger und vollkommener als sich selbst hielt. Er hatte die vielen Wechsel, Unfälle und Schwierigkeiten der Familie von Anfang an mit erlebt und sich gewöhnt, in den Verlegenheiten sein Wort mitzureden, obwohl es ihm seine Mutter zu verweisen pflegte; sein Vater liebte es und gab viel darauf, wie er überhaupt insgeheim gleichsam als zu einem älteren Bruder zu ihm aufsah. Seine Anmut beim Fechten und Reiten und die Gewandtheit, mit der er das Englische und Französische sprach, wurde allgemein bewundert, und man erzählte sich entzückt, als der Kaiser die Rückgabe der Kur- und Unterpfalz versprochen hatte, unter der Bedingung, dass der Kurprinz katholisch und in Wien erzogen würde, habe er gesagt, wenn er erwachsen sei, wolle er dem Kaiser die Antwort mit dem Schwerte sagen.

Dem Wunsche Prinz Heinrichs entsprechend, trat der kleine Haager Hof die Reise an, die von Haarlem aus in einem kleinen Schiffe den Kanal hinunterging. Es war ein trüber, nasskalter Tag und dämmerte schon; die kahlen Bäume, die die Straße bezeichneten, verschwammen im Nebel. Die Gesellschaft saß im unteren Schiffsraum und vergnügte sich mit Pfänderspielen, wobei eben dem Kurprinzen von einer Dame vorgeschrieben worden war, er solle vor derjenigen Person, die er am meisten liebe, niederknien und sie küssen. Wie er ohne Besinnen auf seinen Vater zuging, ein Knie beugte und ihm die Hand küsste, schrien die Damen auf, so sei es nicht gemeint, er müsse eine Dame, und zwar mit Ausschluss seiner Mutter, wählen. Der Prinz, der sich wieder erhoben hatte, sagte errötend und ein wenig stolz ablehnend, er liebe nur seine Eltern, auf Erden zieme es sich nicht für ihn, eine fremde Dame zu küssen. Elisabeth, seine Mutter, fing an sich zu ärgern und befahl ihm, sogleich eine auszuwählen, ermunterte auch die Betreffende im Voraus, ihm für sein langes Zieren eine tüchtige Maulschelle zu versetzen. Wie er unschlüssig dastand, beschämt und trotzig zugleich, die Augen auf seinen Vater gerichtet, der im Begriffe war, für ihn einzutreten, wurde das Spiel durch eine starke Erschütterung unterbrochen; das kleine Schiff wurde durch ein viel größeres überrannt und schlug um, sodass ein großer Teil der Mitfahrenden, darunter auch Kurfürst Friedrich und sein Sohn, ins Wasser fielen. Fischer, die mit ihren Kähnen in der Nähe waren, ruderten eilig herzu und retteten die meisten, nicht aber den jungen Prinzen; denn die Dunkelheit erschwerte die Arbeit. Der Kurfürst hätte sich selbst wieder ins Wasser geworfen, wenn man ihn nicht mit Gewalt daran gehindert hätte, und war von der Unglücksstätte nicht zu entfernen, bis der Leichnam gefunden war. Während der fieberhaften Krankheit, in die er dann verfiel, hörte er immer die helle Stimme seines Sohnes, der im Versinken flehentlich gerufen hatte: »Vater, hilf! Vater!«, und dem er nicht geholfen hatte. Als er wiederhergestellt war, mochte er doch nicht aufstehen und tat es nur, weil seine Frau ihn tadelte und schalt, es sei unmännlich, sich dem Schmerze hinzugeben, er habe mehr Kinder, für die er sorgen müsse.

Seinem dringenden Wunsche gemäß wurde Friedrich von Spee des Beichtamtes bei den Hexen enthoben und nach Peine geschickt, wo ein Jesuitenkloster eingerichtet werden sollte. Wenn er Muße hatte, entwarf er den Plan zu einem Buche über die Hexenprozesse und das ungerechte und ungesetzliche Verfahren, dessen sich die Richter dabei bedienten, und was daran schuld sei, nämlich teils Verblendung und Unwissenheit, teils Habsucht, Grausamkeit und andere böse Triebe. Hätte er das Buch vollendet, dachte er, würde er auch einen Weg finden, es ans Licht zu bringen, und hoffte, den Menschen würden dadurch die Augen geöffnet und dem Übel würde gesteuert werden. An einem der letzten Apriltage begab er sich von Peine nach Woltorp, um dort zu predigen und Kranke zu besuchen; denn es herrschte dort der Hungertyphus und die Pest, so-dass kürzlich der alte Totengräber, obwohl er seit fünfundzwanzig Jahren in seinem Amte war, davongelaufen war. Er habe nun genug vom Lei-chengraben und wolle lieber unter die Soldaten gehen, hatte er sich ver-nehmen lassen und war nicht mehr gesehen worden, worauf die Leichen unbegraben in den Häusern liegen blieben, bis die verlassene Frau zugriff, die auch vorher schon ihrem Manne geholfen hatte. Auf einem gemäch-lich trabenden Pferde ritt Spee durch einen Buchenwald und ließ seine Blicke fröhlich durch das junge Gefieder der neu belebten Bäume spielen, das im milden Sonnenscheine goldgelb leuchtete. Über dem vorjährigen Laube, das feuchtbraun am Boden klebte, lag der Sternenschleier der Anemonen so lose, als müsse ein leichter Wind ihn weghauchen können.

Sein leichtes Herz flog wie ein Vogel zu jedem Blatt und jeder Blüte, schmiegte sich an sie und küsste sie und kehrte mit duftenden Schwingen und melodisch zu ihm zurück.

Durch ein Geräusch aufgeschreckt, sah er Männer und Frauen durch das Gebüsch näherschleichen, augenscheinlich in der Absicht, ihn anzubetteln oder auszuplündern. Als sie sahen, dass sie bemerkt waren, traten sie hervor, fassten sein erschrockenes Pferd am Zügel und machten sich daran, ihn aus dem Sattel zu reißen. Er wehrte ihnen, indem er sagte, er sei ein Geistlicher und besitze nichts; aber er habe etwas Geld bei sich, um die Notleidenden und Kranken in Woltorp zu unterstützen, davon wolle er ihnen freiwillig mitteilen; denn auch sie schienen sehr arm zu sein. Während sie noch un-schlüssig standen, kam ein Reiter den Weg hergesprengt, zog eine Pistole und schoss unter die Bande, die heulend auseinanderstob und in das Gebüsch lief. Spee wendete sich dem Reiter zu und bat ihn, nicht wieder zu schießen, die Elenden jammerten ihn, sie hätten mehr Aussätzigen als Räubern geglichen. Es zögen sich jetzt viele aus den Dörfern in die Wälder, die kein Dach und kein Brot und kein Vieh mehr hätten, um das Feld zu bestellen; da bliebe ihnen nichts, als das Räuberhandwerk zu treiben. »Ja«, sagte der Unbekannte lachend, »wenn sie es nur besser verständen! Aber es ist feiges Bauernpack und wird ihm diesergestalt nicht weniger auf den Nacken getreten als zuvor.« Wie Spee ihn besser ins Auge fasste, fiel ihm ein, dies müsse der Hornebostel sein, ein berüchtigter Schnapphahn, welcher unter Mansfeld und Wallenstein gedient hatte, dann ausgerissen war und sich auf eigene Hand umhertrieb und der seit Kurzem die Umgegend von Peine heimsuchte. »Seid Ihr nicht der Hornebostel aus Celle?«, fragte Spee und setzte lächelnd hinzu, so wäre er freilich aus dem Regen unter die Dachtraufe gekommen. Nein, nein, antwortete der andere, Spee solle unbesorgt sein, an einem guten und frommen Manne wie Spee vergreife er sich nicht. Spee möge ihm gestatten, dass er ihm bis Woltorp das Geleit gebe, da der Wald unsicher sei; wenn ihm seine Gesellschaft widerwärtig sei, wolle er hinterdrein reiten. Spee dankte dem Manne und bat ihn, an seiner Seite zu bleiben und ihm zu erklären, warum er sich nicht einem ehrlichen Leben zuwende, da er doch ein großmütiges Herz verrate.

Freilich sei er kein schlechter Kerl, sagte der Reiter, wenn er auch von Raub und Diebstahl lebte. Damit tue er aber nichts anderes, als was in der Welt die meisten täten, und am allermeisten diejenigen, die die höchste Ehre genössen. Die marterten oft noch dazu die Armut und Unschuld aus Mutwillen, das sei seine Art nicht, er teile manchmal noch den armen Leuten mit. Ein Heiliger freilich, der stillhalte, wenn er geschlagen würde, und für seine Peiniger bete und dergleichen, ein solcher sei er nicht, von den gemeinen Menschen verlange Gott das aber auch nicht, sondern habe ihnen kräftige Muskeln und Verstand gegeben, sich zu wehren und sich selbst zu helfen.

Sie waren unter solchen Gesprächen an das Ende des Waldes gekommen und sahen den Ort Woltorp mit roten Dächern über der schwarzen Erde flammen, als Spee sagte, es sei ihm seltsam kühl um die Brust, er habe wohl eine kleine Wunde empfangen und fühle sich schwach, er fürchte vom Pferde zu fallen. Der Mann wollte ihn verbinden, er verstehe sich gut darauf; aber Spee meinte, das sei unnötig, nur einen Schluck Wein wolle er nehmen; denn er sehe, dass jener eine Flasche am Gurt hängen habe. Nachdem er getrunken hatte, gab er seinem Begleiter, der sich im Dorfe nicht sehen lassen wollte, die Hand und nahm Abschied von ihm.

Da er schon Leute vor der Kirche warten sah, ging er sofort hinein, um die Predigt zu halten; nach dem Wein fühlte er sich heiß und kräftig, und er glaubte, er werde besonders gut sprechen können. Der Text des Sonntags war vom guten Hirten, und er hatte sich vorgenommen gehabt, vom Wesen des Opfers zu handeln; aber er war jetzt von anderen Dingen erfüllt und begann, wie Gott mit jedem Frühling die unbefleckte Schönheit des Paradieses wieder auftue und harre und winke, dass die Menschen den Weg zurück fänden, und dann malte er den dereinstigen Tag aus, wo sie alle kommen und nach langer schwerer Irrfahrt in die Heimat einziehen würden, Liebende und Unsterbliche.

Während des Sprechens fühlte Spee, wie es kühl aus der Wunde an ihm hinunterlief, und es war ihm auf einmal, als fließe sein Blut auf den steinernen Boden der Kirche und färbe ihn rot. Mitten zwischen den gebückten Menschen sah er aus der dunklen Lache einen ungeheuren Holzstamm steigen, der wuchs und zwei Äste ausbreitete und bis an die Decke stieg; es war das Kreuz, an dem Gottes Sohn hing. Ein zerfleischter, blutüberronnener Leib krümmte sich an dem Marterholze, und durch die zuckende Masse eines vertretenen Gesichtes starrte der Abgrund zweier entsetzlicher Augen. Es war nicht ein einzelnes Augenpaar, es waren viele, unendlich viele aller derer, die jemals gelitten hatten, der Zahllosen, die er selbst hatte leiden und sterben sehen. Indessen das Kreuz wuchs und schwoll, begannen die Fenster zu brennen. Wie dunkelrote Nelken, die Decke zerbarst, und über die schaudernde Erde reckte sich wie eine gerade Fackel der blutende Baum des Leidens. Spee wollte schreien: ›Helft, helft dem Erlöser!‹, aber sein Mund war gelähmt, Feuer schwamm vor seinen Augen, und er griff mit beiden Händen nach der Brüstung der Kanzel, um nicht darüber hinabzufallen.

Nachdem er mehrere Tage am Wundfieber krank gelegen hatte, erlaubte ihm der Orden, sich zur Erholung auf einem westfälischen Gute aufzuhalten, wo er das Buch über die Hexenprozesse schrieb, welches im Jahre 1631 unter dem Titel ›Cautio criminalis seu de processibus contra sagas liber‹, das ist: ›Vorsicht in kriminellen Dingen oder Buch über die Hexenprozesse‹ ohne den Namen des Verfassers erschien.

Amtmann Kahrstedt meldete sich bei Tilly, der in der Burg Winsen an der Luhe im Quartier lag, und schickte, vorgelassen, zögernd voran, er komme in einer beschwerlichen Sache, die Seiner Exzellenz verdrießlich sein möchte, und er bitte um Entschuldigung, wenn er als Diener seines Herrn, des Herzogs Christian von Celle, ihm damit lästig falle. Es wären Praktiken im Gange, den Herzog Friedrich Ulrich um Land und Leute zu bringen, unter Vorgeben, er habe nach dem Vertrage von Celle noch zum Dänenkönige gehalten. Nun aber wisse doch Tilly, wie aufrichtig leid es dem Herzoge gewesen sei, dass er sich auf dänische Seite habe bringen lassen, und wie gern er seine Finger davon gelassen habe. Wenn Tilly der kaiserlichen Majestät erinnere, dass er falsch berichtet worden sei, so werde dieselbe gewiss von ihrem Zorne nachlassen und den guten Fürsten verschonen.

Davon wisse er nichts, sagte Tilly, und sei erstaunt, es zu vernehmen; wer denn den Herzog beim Kaiser verklagt habe und worauf sich die Klage gründe?

Es sei geschwind und geheim vor sich gegangen, erzählte der Amtmann; Graf Pappenheim habe die Räte des Herzogs, Rauschenberg und Eltz, ausgefragt und alles von ihnen bekommen, was er gewollt habe, dann habe er sie nach Güstrow zum Wallenstein, dem neuen Herzog von Mecklenburg, gebracht, wo dann alles ausgemacht worden sei. Pappenheim solle Braunschweig-Wolfenbüttel und Tilly Braunschweig-Calenberg erhalten, Herzog Friedrich Ulrich tue nichts als weinen und wehklagen, wie er von jedermann verlassen sei, jetzt zu Braunschweig in einer Herberge um seinen teuren Pfennig zehren und schließlich am Stabe aus seinem Herzogtum wandern müsse, wenn nicht Tilly sich seiner erbarme. Er könne nicht glauben, dass Tilly, der es immer so aufrichtig mit ihm gemeint habe, sich auf seinen Stuhl setzen wolle.

Das habe er auch nicht im Sinne, sagte Tilly, dessen Gesicht sich gerötet hatte. Wahr sei, dass der Kaiser ihm ein Geschenk von 400 000 Kronen versprochen und das Geld auf braunschweigische Häuser angewiesen habe, die durch den Dänenkönig an ihn gekommen wären. Das Herzogtum beanspruche er aber nicht, glaube auch, dass der Herzog nach anfänglicher, bereuter Verirrung dem Kaiser treu geblieben sei, also seine Lehen nicht verwirkt habe.

Er wisse, sagte der Amtmann, dass Tilly ein gerechter, guter Herr sei und dass er den armen Untertanen wohl bekommen würde; aber hierzulande sei nun einmal ein anderes Volk und ein anderer Glaube, sie hingen ihren alten, angeborenen Fürsten an, wenn sie sie auch zuweilen hart bedrängten und im Elend versaufen ließen. Tilly werde ihm nicht zürnen, dass er so frei heraus rede.

Nein, sagte Tilly, dem Amtmann die Hand reichend, er sei ein redlicher Mann, die Welt würde besser stehen, wenn jeder so treu in seinem Kreise wäre.

Tilly blieb in beunruhigenden Gedanken zurück; was sollte das bedeuten, dass Pappenheim die Räte des Herzogs von Wolfenbüttel vor ein Wallensteinisches Gericht stellte? Sie gegen ihren Herrn aussagen ließ, um dessen Land an sich zu bringen? Dass dies alles ohne sein Vorwissen geschah? Es war ihm vor einiger Zeit hinterbracht worden, dass Pappenheim, wie Anholt und Gallas bereits getan hatten, den bayrischen Dienst zu verlassen und zum Wallenstein überzugehen gedenke; da er ihn deswegen zur Rede stellte, hatte er geantwortet, er liebe und verehre Tilly zu sehr, um sich von ihm zu trennen, er betrachte ihn als seinen Vater und wisse auch, dass er in der Kriegskunst kein besseres Vorbild als ihn haben könne. Zwar sei bei Wallenstein viel zu verdienen; aber das wisse Tilly doch wohl, dass er um der Ehre, nicht um des Geldes willen die Rüstung angelegt habe.

Tilly besann sich auf den kühnen Blick des jungen Mannes, seinen schnellen Gang und seine stolze Haltung; es war immer seine Ansicht gewesen, dass er aus Ehrgeiz und Unbedacht wohl unrecht tun könne, aber kein Lügner und Gleisner sei. Er hatte sich schon öfters über Pappenheim gekränkt, hatte es aber immer verwunden, weil er an seine Ehrliebe, sein redliches Herz und seine Frömmigkeit glaubte. Das letzte Mal, besann er sich, hatte er ihn gesehen, als derselbe ihn um Urlaub bat, wobei er ihm hastig und zerstreut vorgekommen war. Auch erinnerte er sich, wie hartnäckig Pappenheim bei der Belagerung von Wolfenbüttel geblieben war, als der Herzog sich schon unter den Gehorsam des Kaisers zurückbegeben hatte, wie er sich oft laut vernehmen ließ, der Herzog sei ein Schelm und ein Schwachkopf, mit solchen Fürsten im Reiche könne der Kaiser keine Ordnung halten, und was dergleichen Wallensteinische Reden mehr waren.

Für einen verlässlichen Mann hielt Tilly den Herzog von Wolfenbüttel zwar auch nicht; aber das schien ihm doch hart, dass eben die Räte Rauschenberg und Eltz, die ihn vorher an den Dänen verkauft und stets die Religion und Libertät im Munde geführt hatten, ihn nun an Wallenstein verrieten, und er beschloss, einen Brief an den Kaiser abgehen zu lassen, dass er den Herzog für unschuldig halte, Pappenheim aber möge er sein gewalttätiges Vorgehen gegen die braunschweigischen Räte untersagen.

Gelegentlich einer Unterredung, die Tilly in diesen Tagen wegen des dänischen Friedens mit Wallenstein hatte, brachte dieser die Rede auf die braunschweigischen Herzöge. Diesen Leuten sei nicht zu trauen, sagte er, des Kaisers Klemenz sei da übel angebracht. Ihm liege es am Herzen, diese Gegenden in feste, treue Hände zu legen, damit er den Norden verlassen und sich gegen die Türken wenden könne, ihm seien diese Kriegshändel im Reiche leid, sein Ziel sei, den Türken einmal aus Europa zu werfen. Der Halbmond müsse untergehn, er wolle nun nicht lange mehr damit zögern, nur erst das nördliche Deutschland versichern, und er hoffe, Tilly, der immer in gutem Vernehmen mit ihm gestanden, werde auch zu diesem löblichen Werk konkurrieren. Wallenstein war noch niemals so gesellig und vertraulich gegen Tilly gewesen; dieser jedoch hielt sich wie sonst zurück und antwortete, der Kampf gegen den Türken werde ihm als einem christlichen Feldherrn stets erwünscht sein; was den Herzog Friedrich Ulrich betreffe, so halte er ihn nicht für schuldig und habe in diesem Sinn auch an den Kaiser berichtet.

Es stellte sich heraus, dass Pappenheim den ihm von Tilly bewilligten Urlaub benützt hatte, um nach Wien zu gehn und dort zu betreiben, dass Friedrich Ulrich abgesetzt werde und er, Pappenheim, mit Wolfenbüttel, Tilly etwa mit Calenberg belehnt werde, was der Kaiser nicht durchaus zurückwies. Dagegen setzten sich die welfischen Herzöge in Bewegung, namentlich Herzog Georg von Lüneburg, der der mutmaßliche Erbe des Herzogs Friedrich Ulrich war, wandte sich bittend an Tilly sowie an verwandte Fürsten. Mehr als alle nahm sich Kurfürst Maximilian von Bayern ihrer an und erließ ein scharfes Schreiben an Pappenheim, wie er sich unterstehen könne, sich an einem Reichsfürsten zu vergreifen, noch dazu an einem aus dem uralten Welfengeschlechte; er befehle ihm, sich dieser Sache sofort gänzlich zu begeben und künftig die Hand von Dingen zu lassen, die ihm nicht zuständen.

Nachdem dieser Plan vereitelt war, gewann es den Anschein, als solle auch das Pfand für die 400 000 Taler Tilly nicht eingeräumt werden, das der Kaiser ihm versprochen und auf das er ein Recht hatte. Er ärgerte und grämte sich darüber: auf das Fürstentum habe er ja nie gerechnet, dachte er, sei ja auch nicht reich genug, um einen so hohen Stand repräsentieren zu können; aber ein paar Ämter, etwa im Halberstädtischen, die er seinem Neffen vererben könnte, die hätte er sich gewünscht, wie sie ihm auch nach dem Recht zugekommen wären. Wenn Frieden würde, könne er sich dahin zurückziehen und seine Bäume und sein Korn im Sonnenscheine wachsen sehen. Dort würde er Gott besser dienen, als er bisher getan hätte; denn wenn er auch den wahren Glauben hatte ausbreiten helfen, so hatte er doch viel Herzeleid, Seufzen, Not und Tod hinter sich gelassen. Wie sehr sein Beichtvater es ihm auszureden suchte, kam ihm doch oft der Gedanke wieder, die Traurigkeit würde ihn loslassen, wenn er in der Gnade Gottes stände.

Es war nun Mai, ein heiterer, blütenreicher Frühling, der Friede mit Dänemark war abgeschlossen, der Kaiser hatte das Edikt, die Rückgabe aller mit dem Passauer Religionsfrieden von den Evangelischen eingezogenen geistlichen Güter betreffend, trotz mannigfacher Warnungen ausgehen lassen. Tilly saß noch in Winsen, um von dort aus die Exekution des Restitutionsediktes an die Hand zu nehmen, als er den Besuch des schwedischen Barons Bielke erhielt, der ihm einen Brief seines Königs überbrachte. Er habe von den rühmlichen Taten Tillys viel vernommen, schrieb Gustav Adolf, und daraus besondere Hochachtung und Wohlwollen gegen ihn geschöpft; er werde gern dem Grafen Gutes erweisen, so viel er vermöge. Mündlich führte der schwedische Gesandte, der ein gutes Französisch sprach, diese Gesinnung seines Königs weiter aus und erzählte, wie sehr es denselben gekränkt habe, dass sein Abgesandter auf dem Friedenskongress zu Lübeck nicht vorgelassen worden sei; der König habe dies als eine Herausforderung auffassen müssen. Tilly sagte, der Friede sei zwischen dem Kaiser und Dänemark gewesen, weiter habe das nichts zu bedeuten; übrigens danke er dem tapferen König für sein Wohlwollen. Auch ein schmeichelhafter Brief des Dänenkönigs traf ein, in dem er Tilly um eine Zusammenkunft bat, da er Wichtiges mit ihm zu reden habe; allein dieser entschuldigte sich, da er sich doch mit Christian nicht einlassen und auch nicht mit ihm saufen wollte, durch welche Enthaltsamkeit er sich nicht wenig unbeliebt machen würde.

Der Pfleger von Nabburg in der Oberpfalz saß in der Amtsstube in einem Armsessel und ließ sich von seinem Sekretär ein Schreiben vorlesen, welches er von der Regierung in München erhalten hatte. »Ehrsamer, Lieber«, so las der Sekretär, »es ist uns leider beweglich zu Ohren gekommen, wie dass sich gegen unseren vielfachen, nachdrücklichen Befehl noch eine große Anzahl von Evangelischen in deinem Amte Nabburg ganz trotzig und unbescheiden aufhalten, welche trotz empfangener Mahnung die Messe in den Wind schlagen und entweder bei währender Zeremonie in ihren Häusern wohlgemut stillsitzen oder in die benachbarten, teils sächsischen, teils böhmischen Örter zur Ausübung ihres verbotenen Gottesdienstes auslaufen; ferner dass du, was wir zwar billig bezweifeln, einen evangelischen Sekretär bei dir hältst, welches denn den Untertanen ein abscheuliches Exempel und gänzlich nicht zu dulden, ja gebührlich zu bestrafen wäre.«

An dieser Stelle begann der Pfleger zu seufzen und zu jammern: Er möchte nur, dass der Herzog Maximilian einmal an seinem Platze säße! Die in München täten sich leicht, tauchten die Feder tief ein und schrieben, erstens, zweitens und drittens, was alles geschehen solle. Aber man sei hier nicht in Bayern! Hier gehe es anders zu, man sei ja fast in Böhmen, kaum dass die Leute Deutsch verständen. Wie solle sich da einer allein unter lauter fremden, übelwollenden und verstockten Leuten zurechtfinden, wenn er noch dazu das Podagra hätte!

Der Sekretär, ein flinkes, mageres Männlein mit klugen Augen und blanken Zähnen, sagte, der Pfleger solle nur ruhig sein, eine Weile bleibe er schon noch da, bis der Pfleger sich etwas besser auskenne. Der Brief sei nun angekommen, nach einer Woche werde er hübsch langsam eine Antwort aufsetzen, dann ziehe es sich wieder ein paar Wochen mit der Gegenantwort hin, und inzwischen kämen sie ein Stück vorwärts.

Ach Gott, seufzte der Pfleger, ob es denn gar nicht möglich wäre, dass der Sekretär sich bequemte! Er brauche ja nicht eigentlich katholisch zu werden, wenn er nur zuweilen zur Messe ginge, das genüge schon, und er solle es gewiss gut bei ihm haben.

Das glaube er wohl, sagte der Sekretär; aber es sei wirklich nicht möglich, er könne das seiner Frau und seinen Kindern nicht zuleide tun, die wären schon nach Sulzbach verzogen und warteten auf ihn, denen könnte er ja nicht mehr in die Augen sehen.

Ob er sich denn nicht wenigstens so anstellen könnte, als ob er Lust zum katholischen Wesen hätte? Damit sei doch Zeit gewonnen!

Es sei immerhin eine verfängliche Sache, meinte der Sekretär; aber dem Pfleger zuliebe wolle er sich so weit einlassen. Er wolle um ein paar Wochen oder Monate Bedenkzeit bitten, wie das ja viele täten; das wäre eine schöne Frist, während welcher der Pfleger seinetwegen Ruhe hätte.

Ach, sagte der Pfleger, da kenne der Sekretär den Herzog oder nunmehr Kurfürsten wenig. Der könne nicht leiden, wenn einer seine Ruhe hätte; der Sekretär werde schon sehen, was für Wespen des Weiteren aus dem Brief ausschlüpften.

Der Sekretär fuhr zu lesen fort: Es müsse nunmehr Ernst gezeigt werden, ein Verzeichnis aller Evangelischen müsse ausgefertigt werden, die sich noch im Amte aufhielten, nebst Angabe, ob und wo sie die Kirche besuchten, was sie sonst während der Kirchzeit trieben und ob sie im Sinn hätten, sich unterweisen zu lassen. Die Hartnäckigen müssten längstens bis zum Martinstage ausgeschafft sein, aber nicht, bevor sie alle zu diesem Zweck aufgelegten Steuern und Abzüge gegen einen im Amtshause zu beschaffenden Schein erledigt hätten.

Nun also, nun also!, rief der Pfleger; es wären siebzig oder achtzig Evangelische in Nabburg, wie er ausfinden sollte, was bei allen denen während der Messe im Schwange ginge? Wo er doch selbst zur Messe gehen müsste und außerdem das leidige Podagra hätte?

Nun, sagte der Sekretär, er wisse ohnehin, was sie täten, die meisten gingen über die Grenze, wo lutherische Prädikanten wären, und hörten da die Predigt. Außerdem könne der Pfleger ihm noch zwei bewährte Leute zuteilen, um des Sonntags in die Häuser zu gehn und ein wenig hinzuhören, sie wollten es wohl miteinander ausrichten.

Weiters, las der Sekretar, habe leider verlautet, dass etliche aus der Oberpfalz auf die Schule von Altdorf gezogen wären, als ob da ein Mehreres oder Besseres zu erlernen wäre, ebenso, dass Jungfrauen und Jünglinge außer Landes heirateten und ganz unverdrossen väterliches Gut mit herausnähmen, was laut kürzlich erlassener Verordnung durchaus nicht zu gestatten sei. Es komme auch hoch verwunderlich vor, dass den Hexen gar nicht nachgespürt werde, und möchte der Kurfürst gern einen größeren Fleiß und Eifer zur lieben Gerechtigkeit bei seinen Beamten spüren, damit das so wunderbar von Gott neu verliehene Land nicht durch die lästerliche Zauberei und Ketzerei gar verderbt und dem Teufel zugespielt werde.

Ach Gott, ächzte der Pfleger, indem er in seinen Sessel zurückfiel, jetzt sei es aus! Jetzt müsse eine Hexe heraus, anders sei es nicht; wenn der Sekretär ihm nicht beistehe, sei er verloren.

Hm, hm, meinte der Sekretär, das sei freilich eine kitzlige Sache. Es habe nie recht fortgewollt mit dem Hexenwesen in der Oberpfalz; ob man das dem Kurfürsten nicht schreiben könne?

Ach Gott, er kenne ja den Kurfürsten nicht, meinte der Pfleger; das würde dem niemals eingehn. Der glaube einmal, seine Beamten hätten keinen Eifer, wenn Sie nicht von Zeit zu Zeit ein paar Hexen verbrennen ließen. Ob denn nicht doch vielleicht eine aufzuspüren sei, wenn man sich recht befleißige?

Es sei wohl die eine oder die andere da, sagte der Sekretär nach längerem Nachdenken, die sich auf Kräuter und Sprüche verstehe; aber dass sie mit dem Teufel buhlten oder sonst zu tun hätten, glaube er nicht, habe auch nie davon gehört.

Ach, das tue es vielleicht schon, mit den Kräutern und Sprüchen, sagte der Pfleger, indem er sein krankes Bein rieb. Der Sekretär solle doch sehen, dass er ihm die Frauen herschaffe, sonst müsse er zuletzt selbst brennen, wenn er nicht vorher vor Aufregung gestorben sei, er sei ohnehin schwach auf dem Herzen wegen der Fettsucht.

Nun, sagte der Sekretär, er werde schon irgendwie Rat schaffen. Seine Frau habe auch gesagt, er solle den Pfleger nicht verlassen, er sei ein guter Mann und erbarme einen ja. Es werde ihm schon etwas einfallen. Im Eichstädtischen solle es Hexen geben, wenigstens sei vor ein paar Jahren ein großes Brennen dort gewesen, sicherlich wären ein paar übrig geblieben. Vielleicht lasse sich ein Weg finden, um mit List oder Gewalt ein paar hereinzuschleppen.

Das sei ein ausgezeichneter Gedanke, sagte der Pfleger; ihm falle vor lauter Konsternation nichts ein, der Sekretär müsse alles aufbringen.

Da jetzt die Ernte bevorstehe, sagte der Sekretär, könne man etwa sagen, es fehle an Arbeitern wegen des Abzugs der Evangelischen, das lockte schon die eine oder die andere, die etwa auch sonst neugierig wäre. Der Pfleger solle ihm nur alles überlassen, zunächst wolle er ein ganz verständiges und nachdenkliches Schreiben an die münchnerische Regierung aufsetzen, womit sie sich einstweilen vergnügen und den Ausgang erwarten könnten.

In Xanten predigte an einem der letzten Sonntage im August der kalvinische Pfarrer Ewichius über den Kampf wider die Macht des Teufels, zu dem ein jeder verbunden sei. Er erzählte, wie er Anno 1620 mit Weib und Kind aus der Unterpfalz habe auswandern müssen und zum Landgrafen Moritz gegangen sei; wie dieser nach Verlust der Hälfte seines Landes ihn nicht mehr habe behalten können und ihm nach Genf zu gehn geraten hätte; wie er mit den Seinen auf dem Wege dahin von streifenden Soldaten überfallen und so ausgeplündert worden wäre, dass sie nicht mehr als das Hemd am Leibe behalten hätten, und wie bald darauf seine beiden jüngsten Kinder infolge von Kälte und übler Nahrung gestorben wären. Da sie gerade im Vorderösterreichischen gewesen wären, wo sie die Kinder doch nicht in geweihter Erde hätten begraben dürfen, hätten sie die kleinen Leichen eine Weile mit sich geführt und dann bei der Nacht still und geschwind auf freiem Felde unter einem Eichbaum vergraben, in dessen Zweigen, wie er hoffe, die versammelten Vöglein ihnen täglich den Auferstehungschor absängen. Nach vielen Drangsalen waren sie endlich nach Xanten gekommen, wo aber ihres Bleibens vielleicht auch nicht lange sei, denn es wisse ja jeder, wie bedenklich es hierzulande zugehe. So sei vor einem Jahre der Pfarrer Lehmann in Oberkassel ins Gefängnis geworfen worden, weil er billigermaßen die Messe ein Werk des Teufels genannt haben solle, und sei dort so traktiert worden, dass er erst die Sprache, dann das Leben verloren habe. Ebenso sei der Doktor Sundermann, ein gelehrter, tugendhafter Pfarrer, unter dem Vorwande, dass er in seiner Kindheit katholisch gewesen sei, zu Kaiserswerth eingekerkert worden und habe dort kürzlich das Zeitliche gesegnet. Er wisse wohl, was ihm täglich drohe; aber wie seine Kindlein in ihrer Unschuld hätten sterben müssen, so gehe er auch, obwohl ein Sünder vor Gott, dem Tode furchtlos entgegen und wolle lieber vom Teufel zerrissen werden als mit ihm paktieren oder sich vor ihm bücken.

Während er so predigte, öffnete sich das Portal, und ein Mann trat ein und flüsterte einem andern, der nah bei der Tür stand, zu, er komme zu

Pferd von Wesel, wo er Geschäfte halber sich aufgehalten habe. In der verflossenen Nacht hätten drei Bürger, die sich dazu verschworen gehabt hätten, die Holländer über die Mauer gelassen, die hätten sich der Stadt bemächtigt und die Spanier ausgetrieben; es sei lautes Jubeln und Danken in Wesel. »Was gibt es?«, fragte der Pfarrer, der ein Raunen und Rauschen in seiner Gemeinde bemerkte. »Wesel ist staatisch«, rief einer mit lauter Stimme, »die Spanier sind draußen.« Der Pfarrer schwieg einen Augenblick; dann sagte er mit fester Stimme: »Wohlan, so lasset uns Gott danken!«, und stimmte an: ›Gott macht sich auf mit seiner Gewalt‹, worauf die Gemeinde so kräftig einfiel, als hoffe sie, dass es zu Wesel sollte vernommen werden.

Vor dem Amtshause in Stade stand ein alter Franziskanermönch und erzählte mehreren Männern und Frauen, die ihm neugierig zuhörten, wie anstelle dieses Hauses ehedem ein Franziskanerkloster gestanden habe, wie er von weit her gekommen sei, um es gemäß dem vom Kaiser erlassenen Restitutionsedikt wieder in Empfang zu nehmen, und wie er nun erfahren müsse, dass es den Jesuiten überlassen sei, die doch niemals hier im Lande gewesen wären und keinerlei Recht am Kloster hätten. Sie sollten nur in den Hof hineingehen, sagte er zu den Leuten, so sähen sie noch einige Bogen des alten Kreuzganges, die in das neue Haus hineingebaut wären, auch wäre noch ein Grabstein da, auf dem einer ihrer Äbte ganz ähnlich ausgehauen sei; die Linde, deren Wipfel jetzt schon über die Mauer rage, habe dazumal die Mitte des Klostergartens bezeichnet, und auf der steinernen Bank, die noch darunter stehe, hätten er und andere oft in Betrachtung der Gräber ihrer Brüder, vom sommerlichen Duft des Baumes umspielt, gesessen. Sie gingen mit ihm hinein und überzeugten sich von dem Vorhandensein der Bogen und der Grabsteine, die sie oft, ohne sich etwas dabei zu denken, gesehen hatten; der Mönch hielt eine seiner runzeligen Hände in das klare Wasser, das neben der Bank aus einer steinernen Brunnenröhre floss, und sagte, er wisse noch wohl, als sei es gestern gewesen, wie er sich vor mehr als fünfzig Jahren den kühlen Wasserstrahl über die Hand hätte laufen lassen und wie wohl ihm dabei gewesen sei. Die Leute umringten ihn mit zunehmendem Anteil; ob es nicht hart sei, sagte er, dass der Heimkehrende das alte Nest von Eindringlingen besetzt finde? Nicht umsonst nenne man die Jesuiten, die sich überall einschlichen und breitmachten, Füchse, alles Unheil sei von jeher von den Jesuiten gekommen. Einmütig und brüderlich hätten alle Christen miteinander gelebt, bis die Jesuiten aus dem Welschland gekommen wären und Zwietracht gesät hätten. Einst wären sie, die Bettelmönche, überall in Häusern und Hütten willkommen gewesen; was die Reichen ihnen gegeben, hätten sie den Armen mitgeteilt und hätten sich zur Lust Gottes und der Menschen ausgebreitet. Da hätten die Jesuiten mit ihrer falschen Gelehrsamkeit Hass, Hader und Misstrauen erregt, sie meinten es nicht gut mit dem armen Manne, sondern bequemten sich den Mächtigen und ließen sich gebrauchen, um das Volk zu unterdrücken; auch der Obrigkeit machten sie sich aber verdächtig, weil sie nur auf die eigene Herrschaft ausgingen.

Während der Mönch so predigte, sammelten sich immer mehr Menschen an, die ihm Beifall zuriefen und ihn als einen armen alten Pilgersmann reich beschenkten. Im Ort entstand ein Geschrei, man wolle die Jesuiten nicht, man wolle evangelisch bleiben, aber die Franziskaner möchten kommen, sie wären gute Leute, die es redlich mit dem Volke meinten. Eine Abordnung ging deswegen aufs Rathaus, der der Amtmann entgegenhielt, sie müssten sich dem Befehl des Kaisers fügen, falls sie nicht erleben wollten, dass die ganze Stadt dem Erdboden gleichgemacht würde. Sie antworteten, der Kaiser gebiete nichts Ungerechtes, er sei nur von den falschen Jesuiten überlistet, die in evangelischen Landen nichts zu suchen hatten. Aber die Franziskaner wären auch Katholische, sagte der Amtmann. Wenn das wahr wäre, sagten sie nach einer Pause, so wäre es doch etwas anderes, indem sie das Kloster früher besessen hätten und es überhaupt nicht böse meinten. Um die aufgeregten Leute vorderhand zu beschwichtigen, sagte der Amtmann, er wolle beim Kaiser damit vorstellig werden, dass die Jesuiten hier nie etwas besessen hätten, er glaube aber nicht, dass es fruchten werde.

Der Franziskaner verließ wohlbepackt die Stadt und begab sich zu Tilly als zu dem in dieser Gegend mit der Durchführung des Restitutionsediktes Betrauten. Tilly, ein Beförderer der Gerechtigkeit, sagte er ihm, solle nicht zugeben, dass das Kloster dem Orden, der es gegründet habe, entwendet und den Jesuiten ausgeliefert würde. Was sie denn getan hätten, um eine solche Beraubung zu verdienen? Dienten sie nicht Gott seit uralten Zeiten, und wären sie nicht von den Päpsten bestätigt, begabt und gesegnet?

Tilly sagte, er müsse zuvor aus den Urkunden lesen, wem das Kloster gehört habe; wenn der Nachweis zu der Franziskaner Gunsten erbracht sei, müsse es freilich ihnen eingeräumt werden. Bisher sei das Stift von niemandem beansprucht worden, darum sei es den Jesuiten überlassen worden, die so viel für die Ausbreitung des wahren Glaubens getan hätten und deren man zu diesem Zweck auch bedürfe.

Er sei zu schlecht, um dem Grafen zu widersprechen, sagte der Franziskaner, aber er hielte die Jesuiten für ein Unkraut, das der Teufel zum Verderben der Kirche ausgesät habe. Er habe gehofft, seine Tage in der lieben alten Heimat zu beschließen, er würde es nicht überleben, wenn die spanischen Galgenvögel sich da einnisteten.

So anzüglicher Reden solle er sich weiter nicht unterfangen, sagte Tilly, sondern in Geduld warten; so viel an ihm liege, solle niemandem das Seinige genommen werden.

Obwohl Oxenstierna auf die Pläne seines Königs einging, so stellte er ihm doch häufig vor, wie schwierig ihre Ausführbarkeit sei. Die deutschen Fürsten, sagte er, ließen sich zwar neuerdings gern in Traktaten mit fremden Potentaten ein, solange es ihnen vorteilhaft schiene; aber sie wären hochfahrend und eigensinnig, duldeten nicht gern jemand über sich, an der Religion sei ihnen im Grunde wenig gelegen. Das Volk wolle nichts von Fremden wissen, niemand sei den Schweden hold außer des Vorteils wegen. Wenn dem König das Kriegsglück nicht beistehe, was dann aus ihm werden solle im Innern eines feindlichen Landes mit einer Handvoll bewehrter Bauern?

Hochfahrend wären die deutschen Fürsten wohl, entgegnete Gustav Adolf, allein auch feige und unterwürfen sich lieber einem Fremden als ihrem Kaiser. Freilich müsse er Macht haben, sie zu zwingen, dürfe sich nicht auf ihren guten Willen verlassen; aber wenn er Geld von Frankreich bekäme, würde es ihm an Soldaten nicht fehlen, das Reich wimmle davon wie ein Stück faules Fleisch von Maden. Das Volk, soweit es evangelisch sei, fürchte die Papisten und werde ihm anhangen, weil er es bei der Religion schütze. Er könne allerdings scheitern, wenn das Kriegsglück ihn verließe, das sei aber nicht zu fürchten, es folge dem Kühnen, und wagen müsse jeder, der leben wolle. Seit die Eifersucht der Fürsten den Wallenstein verdrängt habe, sei keiner mehr im Reich, der ihm die Stirn bieten könne; vielleicht könne er sogar Wallenstein auf seine Seite ziehn, der des zugefügten Schimpfs wegen empfindlich sein würde. Tilly sei alt, verstehe von neumodischer Kriegführung nichts, habe zu viel Bedenken. Ihn treibe Gott, der wisse, wozu es gut sei.

Sicherer ist es, der Stimme der Vernunft Gehör zu geben, meinte Oxenstierna.

Ob er denn das nicht tue?, rief Gustav Adolf. Ob er nicht seit Jahren zuwarte, bedenke, vorbereite? Auch jetzt würde er nicht handeln, wenn er nicht überzeugt sei, dass so viel günstige Umstände und Zufälle nicht wieder zusammentreffen würden.

Den Heerzug so gut wie möglich auszurüsten, war der König unermüdlich tätig: Kleider, Schuhwerk, Waffen für die Soldaten mussten in Schweden angefertigt werden, und er bereiste selbst das Land, um die Arbeit zu begutachten und zu ermuntern.

Ein wichtiges Projekt betrieb der König schon seit Jahren mit dem Antwerpener Usselinx, der als ein Kalvinist seine Vaterstadt verlassen und im überseeischen Handel viele Erfahrungen erworben hatte, die er zur Bekämpfung und Vernichtung des Erzfeindes verwenden wollte. Seinen Plan zur Errichtung einer westindischen Handelskompagnie, die Spanien aus Amerika verdrängen sollte, hatte er zuerst den holländischen Staaten vorgelegt, dort aber aus gewissen Gründen keinen Beifall damit gefunden. Seiner Meinung nach sollte man nämlich nicht darauf sehen, möglichst viel Edelmetall einzuholen; so habe Spanien verfahren, das komme aber nur einzelnen reichen Handelsleuten zugute. Man solle auch nicht die Arbeit von eingeborenen Sklaven verrichten lassen; denn Sklavenarbeit sei nicht nur teuer, sondern auch kostspielig, da Sklaven unwillig arbeiteten, sich auch bekanntermaßen oft aus Desperation den Tod gäben. Vielmehr solle man den gemeinen Mann in Kolonien ansiedeln, der freudig für eigenen Verdienst arbeiten und mit dem Mutterlande Handel treiben würde, so würde das Volk wahrhaft bereichert, es komme alles dem gemeinen Wesen zunutze, und infolge der Zölle, die man erheben könne, brauche der arme Mann daheim nicht mehr so stark besteuert zu werden.

Die Holländer, denen es mehr um rasche Einfuhr von Gold und Silber zu tun war, gingen auf die Ideen des Usselinx nicht ein, wohl aber ergriff sie Gustav Adolf, wenn es auch freilich schwer war, das nötige Kapital in dem armen Schweden aufzubringen. Eine weitere Hinderung bildete der Umstand, dass Schweden seinen reichen Ertrag an Kupfer in Spanien abzusetzen pflegte und deswegen die Handelsbeziehungen zu Spanien nicht aufgeben konnte; nun aber hoffte Usselinx, dass sich im Deutschen Reich sowohl das Geld zur Fundierung der Kompagnie finden würde, wie auch, dass es ein neues Absatzgebiet für das schwedische Kupfer abgeben könne.

Auf einem Gutshof in der Nähe von Uppsala hatte der König eine Zusammenkunft mit Usselinx; der Abend dämmerte schon, als er den alten Mann mit den leidenschaftlichen Augen nach langem Gespräch entließ. In angeregter Stimmung rief er Skytte, der ihn auf dieser Reise begleitete, um noch ein wenig im Freien mit ihm auf und ab zu gehen; sie erstiegen einen grasbewachsenen Hang, in dessen Schutz das Gehöft lag, und schritten dann zwischen unübersehbaren, stark duftenden Getreidefeldern hin, die das gezackte Band eines Tannenwaldes am Horizont begrenzte. Der Halbmond, der groß und gelb glühend darüber aufging, schüttete einen Strom fremden Lichtes über den steinigen Weg. »Wie schön ist mein Land«, sagte der König, »und wie glücklich wird der Tag sein, wenn ich es wiedersehe!«

Er sei zu alt, um auf diesen Tag zu hoffen, sagte Skytte; der König setze seinen Fuß auf ungewissen Boden, die undurchdringliche Zukunft verschlinge ihn, wer könne wissen, wann sie ihn wiederbringe.

So sei es freilich für diejenigen, die zurückblieben, sagte der König. Ihm sei anders zumute, er gehe winkenden Sternen entgegen wie sie jetzt dem wachsenden Monde. »Die Ferne schimmert«, sagte Skytte; »kommen wir näher, so sehen wir, dass alles aus einerlei Lehm und Staub gemacht ist.«

Nein, nein, sagte Gustav Adolf, das wären grämliche Theologenmeinungen; die Erde sei mannigfaltig, habe freilich überall Vorzüge und Mängel, aber in ungleicher Verteilung. Er wisse wohl, Schweden sei ein schönes Land, und keiner könne es mehr lieben als er, es bringe starke, kluge und treue Menschen hervor, sei aber hart und unergiebig. Warum sollten diese guten Menschen es schlechter als andere haben, weniger verdienen, ungelehrt und ungeübt in vielen Geschicklichkeiten bleiben? Gott habe die Blumen sich festwurzeln lassen, die Menschen aber beweglich gemacht, damit sie das Gute und Nützliche von allen Orten holten.

So hätten wohl auch die alten Wikinger geredet, sagte Skytte, die ausgezogen wären, um im Süden Gold und Überfluss und Üppigkeit zu suchen. Aber sie wären zugrunde gegangen oder hätten dort unten abenteuerliche Reiche gegründet; was für Vorteil aber Schweden davon gehabt hätte?

Er sei kein Abenteurer, rief der König zornig, indem er stehen blieb. Verließe er denn Schweden um seinetwillen? Gehe er nicht blutigen Kämpfen, Anstrengungen und Gefahren entgegen? Tue er das nicht, um seinem Volke neue Wege für seinen Handel, einen Markt für seine Erzeugnisse, feinere Bildung zu erschließen? Wolle er nicht vor allen Dingen den wahren Glauben ausbreiten?

Ach, der sitze ja noch nicht einmal in Schweden fest, rief Skytte. Die Hälfte des Adels und zwei Drittteile der Priesterschaft würden wieder katholisch werden, wenn der Polenkönig den Thron erhielte. Warum Gustav Adolf nicht den Glauben und die Wohlfahrt in Schweden stärken wolle? Hier sei ein arbeitsames, williges Volk, das zu ihm aufblicke als zu seinem Hort und ihn mit schwerem und bitterem Herzen scheiden sehe. Warum er das verlassen wolle?

Er trat mit diesen Worten dicht an den König heran und legte beide Hände fest auf seine Schultern, als ob er ihn festhalten wollte. »Willst du deinem König Gewalt antun?«, rief Gustav Adolf, indem er den Arm reckte und die Faust ballte. »Willst du deinen alten Lehrer schlagen?«, entgegnete Skytte, worauf sie sich eine Weile mit zornblitzenden Augen gegenüberstanden.

Er wolle gern sein Leben lassen, sagte Skytte, als der König den Arm hatte sinken lassen, wenn er ihn nur zurückhalten könne. Er, der König, möge wohl glauben, dass er ausziehe, um seinem Volke teure Güter heimzubringen; aber dem sei nicht so, sein ungestümes Herz blase die Segel auf. Ob er schon bedacht hätte, wie es dann sein würde, wenn er zwei oder drei Siege erfochten hätte? Wenn er Bündnisse mit zwei oder drei Fürsten abgeschlossen, wenn er selbst die alte Kaiserkrone sich aufgesetzt hätte? Ob er glaube, dass er dann Ruhe gefunden hätte?

Der König bedeckte die Augen mit der Hand und schwieg. »Ruhe finde ich wohl nur in der Ewigkeit«, sagte er langsam.

Skytte liefen die Tränen aus den Augen. Er würde auf die Knie fallen, sagte er, wenn es nützte; aber er sehe nun wohl, man könne den König so wenig aufhalten wie das Meer oder den Sturm der Zeit.

Der König umarmte Skytte und lachte. Da er nicht werde glauben wollen, dass es der Teufel sei, der sein Herz unaufhaltsam bewege, sagte er, müsse es Gott sein, also solle er nicht sorgen. Es sei genug der Traurigkeit und der Zweifel, Zweifel sei für ihn Stickluft.

Sie waren inzwischen an einen breiten Graben gekommen, der verschiedene Felder voneinander trennte. Da wolle er hinüber, sagte der König, Skytte solle es ihm nachtun, wenn er könne, nahm einen Anlauf, sprang und hielt Skytte, von der Anstrengung keuchend, die Hand hin. Dieser nahm sie nicht an, sondern führte den Sprung ohne sichtliche Mühe aus, sodass der König ihn verwundert und ein wenig neidisch betrachtete und sagte, Skytte sei ja, obwohl zwanzig Jahre älter als er, sein Meister im Springen. Er fange an fett zu werden, das tauge nicht für einen König, und er müsse mehr Zeit an körperliche Übungen wenden. Jetzt gleich wolle er zu dem Gutshofe zurück und zu einem Tanz aufspielen lassen, Tanzen sei ihm nach der Schlacht der liebste Umtrieb, weil zugleich Musik dabei sei.

Knechte und Mägde waren schon in den Betten, mussten aber aufstehen, und auch eine Zither und eine Fiedel wurden hervorgeholt. Es sei kein guter Tanzboden, sagte der König, aber ein Schwede müsse sein Mädchen auch auf Stoppelfeldern schwingen können. Er tanzte mit Majestät, Anmut und Leidenschaft, zuweilen den Takt mit dem Fuße angebend und in die Musik einstimmend. Im Tanzen sei er Skytte überlegen, rief er diesem triumphierend zu, Fett tanze und Mager springe besser. Als er genug hatte, ließ er sich die Zither geben und begleitete sich mit einigen Griffen zum Gesange, während jung und alt sich auf den Boden lagerte und lauschte. Diesem und jenem Mädchen zunickend, sang er kleine Reime von der Liebe: ›Süß ist es, mit dir zu lachen, süß, dich zu küssen, ach und am süßesten, um dich zu weinen‹; und mehrere dergleichen, lustige und traurige. Plötzlich schien er die Gesellschaft zu vergessen, stützte träumerisch den Kopf in die Hand und sang ein aus dem Italienischen übersetztes Lied, das ihn einst seine Jugendgeliebte, Ebba Brahe, gelehrt hatte:

Der Tag verrinnt, alle Lichter ertrinken,
Einst Wirst du ruhn, mein Herz,
Und in Nacht versinken.

Die Bauern hielten den Atem an, um den König nicht zu stören. Nach einer Weile hob er den Kopf, dankte allen, dass sie ihm zum Gefallen aufgestanden wären, winkte freundlich lachend mit der Hand und wünschte gute Nacht.

Als sich Wallenstein im Februar des Jahres 1630 in Sagan aufhielt und die von ihm gegründete Jesuitenschule besuchte, traf es sich, dass dort gerade von den Schülern eine Tragödie aufgeführt wurde, das Spiel von Welt und Tod, welcher Darstellung beizuwohnen die Väter den Herzog einluden. Das Stück spielte in Rom zur Zeit des Nero, und es war darin das brennende Rom zu sehen, durch dessen Straßen, unangetastet vom Feuer, der Tod schritt, und wie der Kaiser die von ihm entzündete Brunst betrachtete. Nachdem der Tod in den ersten Auftritten gleichsam im Dienste Neros erschienen war und seine Opfer gefällt hatte, wendete er sich zuletzt gegen ihn selbst, als er einen auf der Bühne, festlich gekleidet, seine eigene Schönheit und Größe besingen wollte, sodass er alle Zier ablegen und in einen Bettler verwandelt dem Herrscher folgen musste. Den Schluss bildete die Überwindung des Todes, so dargestellt, dass ein von wilden Tieren in der Arena zerrissener Christ und Märtyrer, über dessen Grab der Tod selbst einen Felsen gesetzt hat, diesen beiseite schiebend aufersteht und mit einem Lichtleib gen Himmel fährt.

Wallenstein nahm die Einladung an und erhielt einen vor alle übrigen Zuschauer gerückten Sessel nebst einem bequemen Schemel für sein krankes Bein. Es trat zuerst der Philosoph Seneca auf und hielt an seine Schüler eine Rede über die Tugend und das glückliche Leben, in welcher er plötzlich, während die Bühne sich durch das Erlöschen der Lichter verdunkelte, durch den von Harfenakkorden verkündigten, hinter ihm eintretenden Tod unterbrochen wurde. Derselbe setzte den Fuß auf die schleppende Toga, in die der Philosoph eingehüllt war, sodass sie von seinen Schultern herab auf den Boden glitt, und sang mit hoher Knabenstimme in rezitativischer Weise:

Schweig stille, Mensch, tritt aus der Zeit.
Ein andrer trägt hinfort dein Kleid.

Der Vers war kaum beendigt, als Wallenstein aufstand, seinen Sessel zurückschob und in augenscheinlicher Missstimmung dem Ausgange des Saales zuschritt. Musik mache ihm übel, sagte er zu den Vätern, die ihm erschrocken nacheilten, sie hätten ihm vorher sagen sollen, dass eine Opera aufgeführt werde. Der Vorsteher der Schule, der klein und zierlich war, sah den unzufriedenen Fürsten von unten herauf teilnehmend an wie einen Kranken, der geschont werden müsse, und entschuldigte sich mit bedauernden Worten. Das Stück sei in der Tat auf die neumodische italienische Art hergerichtet, sagte er, und er habe geglaubt, dem Herzog dadurch eine angenehme Überraschung zu bereiten. Seine Empfindlichkeit sei ihm unbekannt gewesen; ob er befehle, dass das Stück ohne Musik zu Ende gespielt werde? Nein, das wolle er nicht, diejenigen, die an dergleichen ein Belieben trügen, sollten sich seinethalb vollhören, sagte Wallenstein spöttisch. Während die Väter in der Tür stehend den Herzog in seine Kutsche steigen und davonfahren sahen, flüsterte der Kleine den anderen lachend ins Ohr, Wallenstein komme ihm vor wie der Teufel, der mit verstopften Ohren abfahren müsse, wenn der heilige Name Gottes vor ihm ausgesprochen werde; worauf sie wieder hinaufgingen und dem Ende des Stückes beiwohnten. Wallenstein fuhr in seine Burg zurück, wo inzwischen der ihm durch den Großherzog von Florenz empfohlene Astrolog Seni eingetroffen war und ihm vorgestellt wurde. Der Herzog ging dem sich unablässig Verbeugenden entgegen, reichte ihm die Hand, erkundigte sich nach dem Verlauf seiner Reise und fragte, ob Seni mit den ihm angebotenen Bedingungen zufrieden sei. Seine Exzellenz, der Herr von Taxis, der mit ihm verhandelt habe, antwortete Seni, sich noch immer verbeugend, habe ihm 1000 Gulden jährlichen Lohn verheißen, womit er zufrieden und dankbar sei. Der Taxis sei ein schäbiger Hund, fuhr Wallenstein ärgerlich auf, einen verdienstvollen Gelehrten wie einen Barbier oder Feldprediger abfertigen zu wollen; Seni solle das Doppelte erhalten und werde ihm, wie er hoffe, viele und wichtige Dienste leisten.

Der Astrologe hatte Wallenstein noch nicht lange verlassen, als ihm Kepler gemeldet wurde, den er erst nach einigem Besinnen empfing, ohne ihn anzusehen und sich anstellend, als sei er in eine vor ihm auf dem

Schreibtisch liegende Arbeit vertieft. Der Herzog werde wissen, weswegen er komme, sagte Kepler, nachdem er eine Weile gewartet hatte, nämlich seines Geldes wegen. Der Herzog möge die Gnade haben, ihn zu befriedigen, das häufige Erinnern sei ihm zuwider.

Er wisse nicht, dass er ihm etwas schuldig sei, entgegnete Wallenstein, da ja Kepler nicht für ihn arbeiten wolle. Er habe Kepler nach der nächsten Konstellation des Planeten Jupiter mit dem Saturn gefragt, die zu kennen für ihn von höchster Wichtigkeit sei, Kepler habe ihm aber nicht entsprochen, sei es, dass er nicht gekonnt oder nicht gewollt habe.

Er habe nicht wollen, sagte Kepler. Wenn er glaubte, dass es dem Herzoge nützlich sei, würde er es tun, übrigens sei es nicht seine Sache.

Aus dem Grunde, fuhr Wallenstein fort, habe er den berühmten Astrologen Seni in seinen Dienst genommen, der eben eingetroffen sei. Niemand werde ihm zumuten, dass er zwei Astrologen besolde. Er zahle dem Seni 2000 Gulden, obwohl derselbe auch mit der Hälfte zufrieden gewesen sein würde; aber er pflege diejenigen, die ihm dienten und für ihn arbeiteten, reichlich zu belohnen. Für Widerspenstige habe er nichts übrig.

Der Herzog irre sich, sagte Kepler scharf, er sei nicht sein Herr. Der Kaiser schulde ihm 12 000 Reichstaler, was er auch anerkannt und für welche Summe er ihn auf die Einkünfte Mecklenburgs und also auf den Herzog angewiesen habe. Er sei somit des Herzogs Gläubiger und habe von ihm zu fordern.

Wallenstein schoss von der Seite einen zornigen Blick auf den blassen, grauhaarigen, etwas gebeugten Mann, dessen dunkle Augen er auf sich ruhen fühlte. Der Kaiser habe ihn nicht vorher gefragt, sagte er, auf den mecklenburgischen Einkünften stehe noch vieles, was wichtiger und dringlicher sei. Die Majestäten wären offenbar mit seinen Diensten auch nicht sehr zufrieden gewesen, dass sie ihn nicht bezahlt hätten. Was er eigentlich für sie getan hätte?

Im Dienste des Kaisers Rudolf, sagte Kepler, indem er sich stolz aufrichtete, habe er die astronomischen Tafeln gefertigt, die Sterne beobachtet und Kalender gemacht. Übrigens habe er die Physik des Himmels geschaffen und in Büchern niedergeschrieben; aber das habe ihm niemand bezahlt.

»Man bezahlt, was man braucht«, sagte Wallenstein. Seine Bücher brauche vielleicht Gott.

Das hoffe er, sagte Kepler; inzwischen verlange er von den Menschen nur, was sie ihm schuldig wären.

Er sei ein hartköpfiger Schwabe, sagte Wallenstein, indem er mit der geballten Hand auf den Tisch schlug und Kepler gerade ins Gesicht sah.

Dieser lachte ein wenig, indem er erwiderte, dergleichen Köpfe scheine es auch bei den Böhmen zu geben.

Wallenstein lachte nun auch und sagte, wenn doch keiner von ihnen etwas gegen den andern ausrichtete, wäre es das Beste, dass sie sich vertrügen. Übrigens sei ihm hinterbracht worden, dass Kepler in der letzten Zeit fleißig den Himmel beobachtet habe. Ob etwas Neues vorgehe?

Er habe festgestellt, sagte Kepler, dass im nächsten Jahre, dem Jahre 1631, der Planet Venus an der Sonne vorübergehen werde, was noch von keinem Astronomen beobachtet worden sei.

Wallenstein stützte den Kopf in die Hand und verfiel in Sinnen. Das werde den Sieg des Schweden zu bedeuten haben, dachte er; aber plötzlich fiel ihm ein, es könne auch den Einfluss des Bayernherzogs auf den Kaiser anzeigen. Eggenberg hatte ihm zwar versprochen, diesem ingrimmigen Feinde die Waage zu halten; aber Eggenberg, obschon ihm standhaft ergeben und dem Bayern abgeneigt, war doch nur eine steirische Schnecke, behaglich in ihrem Schleime kriechend, das Haus andächtig auf dem Rücken, und die Hörner einziehend, wenn diesem Heiligtum Gefahr drohte.

Kepler zog sich knurrend und seufzend zurück und dachte, er werde wohl bis an seines Lebens Ende weiterbetteln müssen. Schließlich sei es gut, dass von seinen Kindern die meisten klein gestorben wären, obschon er sich jedes Mal gegrämt hatte; aber was ständе ihnen bevor, wenn er ihnen das Erbgut nicht sichern könnte? Sie arteten doch alle nicht nach ihm, dass sie sich vom Wetter nicht verbiegen ließen, sondern ihren unentwegten Wuchs in sich hatten, außer etwa seine Tochter Susanne, welche nun den Magister Bartsch heiratete. Diese Heirat bedrücke ihn ein wenig, insofern, als er fühlte, dass das liebe Mädchen nur aus gehorsamer Liebe zu ihm eingewilligt hatte, der sie auch nur deshalb wünschte, weil er sich zuweilen so erschöpft fühlte, als könne ein Windstoß ihm unversehens das Licht auslöschen. Zuweilen dachte er, dass er am liebsten das teure, zärtliche Köpflein an seine Brust legen und mit aus der Welt nehmen möchte, wenn er stürbe; aber er tröstete sich dann damit, dass ihr reines, tapferes Herz seinen Stand immerhin behalten und seinen Ton singen und also in dem unendlichen Konzert der Welt mitverschlungen bleiben werde. Die Hochzeit der Susanne Kepler richtete Professor Bernegger in Straßburg in seinem Hause aus, wie wenn sie seine eigene Tochter wäre. Das Sparen und Abknappen, an welches man sich in diesen schlimmen Zeiten gewöhnt hatte, sollte an diesem festlichen Tage nicht zu verspüren sein, soweit es die Bedenklichkeit und Nörgelei des Rates zulasse, der alles unnötige Gepränge und namentlich das Musikmachen bei Hochzeiten wegen des Kriegselends verboten hatte. Davon, erklärten die Ratsherren dem Bittsteller, könnten sie durchaus nicht abgehen, sonst murre der gemeine Mann, dass für ihn die Verbote und für die oberen Stände die Übertretungen wären.

Man müsse doch aber bedenken, wandte Bernegger ein, dass es sich um die Tochter des Johannes Kepler handle, eines Mannes, dessengleichen in Jahrhunderten nicht wiederkäme.

Der Kepler sei ein schwäbischer Mathematiker und Kalendermacher, antworteten die Ratsherren missvergnügt, habe sich in katholischen Gegenden sein Brot gesucht, stehe in Kaisers Diensten, sie könnten keine Rücksicht auf ihn nehmen. Das sei Gott geklagt, rief Bernegger sich ereifernd, dass deutsche Männer so redeten. Im Auslande werde Kepler gekannt und verehrt. Ihm habe Gott die Geheimnisse des Universums offenbart, er sollte billig wie ein Prophet oder König gefeiert werden.

Das waren Schwärmereien, antworteten die Ratsherren, und in den jetzigen Zeitläuften müsse man vor Sektierern doppelt auf der Hut sein. Es könne von den erlassenen Vorschriften niemandem zuliebe etwas abgelassen werden und sei überhaupt die Zeit zu Leichenbegängnissen besser geeignet als zu Hochzeiten.

Indessen fand der Rat doch für gut, Berneggern zum festlichen Tage ein Fass guten Weines ins Haus zu schicken, was dieser als einen über jenen davongetragenen Triumph betrachtete und wodurch seine Fröhlichkeit wieder hergestellt wurde. Beim Festmahle nickte er der neben ihm sitzenden Braut ein über das andere Mal herzlich zu und sagte ihr, wie stolz er sei, einen Tag lang Vater der Tochter des großen Kepler sein zu dürfen, und wie froh über ihr mittägliches Glücksschweigen. Ja, sie sei glücklich, sagte sie, denn sie reisten nun zu ihrem Vater, den sie so lange nicht gesehen hätte und nach dem sie sich umso mehr gebangt habe, als er sich seit einiger Zeit nicht mehr so wohl wie sonst befinde. Dies gab Bernegger Gelegenheit, die Gesundheit des echten Brautvaters auszubringen. Er begann damit, zu sagen, es sei eine elementarische Zeit, das Chaos rühre sich, verschlingend und gebärend, ja das Weltall selbst scheine sich zu dehnen und drohe zu bersten. Eine neue, fremde Gewalt werde nun auf den Plan treten, herrlich, siegreich und gefährlich. Es hätte wohl so weit nicht durchaus kommen müssen, sei doch auf Erden mehr Ursache zur Einigkeit als zum Streite; aber es sei ja weltkundig, dass es Leute gebe wie reißende Wölfe, die ein jedes Ding so lange beleckten, bis Blut käme, und es werde ohnehin jeder wissen, dass er damit auf die Jesuiten ziele, und gewisse Luthertheologen wären auch nicht anders. Nun hätten es diese dahin gebracht, dass die Menschen sich als in einen Knäuel ineinander verbissen hätten, und es könne nur noch ein scharfes Schwert den gordischen Knoten auseinanderhauen. Gefährlich sei es, wie das Beispiel der Griechen beweise, die ihrer Freiheit verlustig gegangen wären, als sie sich mit fremden Potentaten, den nordischen Königen Philipp und Alexander dem Großen, der gleichwohl ein Held gewesen sei, eingelassen hätten. Bei den armen Deutschen sei es aber jetzt so, dass einer den anderen auffresse, da herrsche das Gesetz der Notwehr, und ein jeder packe den Halm oder die Stange an, die er ergreifen könne. Noch ein anderes, fremdartiges Meteor sei am Himmel aufgegangen, das schwinge seine wilde Bahn quer wie ein blutiges Schwert durch den stillen Perlenkranz des Himmels. Ob Gottes Wort den Irrstern aufhalten oder ob ein mächtigerer Sternenfürst ihn anprallend zertrümmern werde? Ach, wie müsse ein Zweikampf zwischen solchen Unholden die Erde erschüttern! Wenn er nun aber bedenke, dass der edle Kepler im Hause Wallensteins wohne, so gehe ihm ein Trost auf. Gott führe den Genius sicher durch eine brennende Stadt, so werde er auch für das liebe Heilige Römische Reich Rat wissen. Er gedenke oft eines Wortes, das Kepler gesprochen habe: Wenn er nicht an die göttliche Harmonie geglaubt hätte, die die unendliche Welt wunderbar zu einem Ganzen fasse, und dass es keinen Fehler, Mangel oder Abweichung in ihr gebe, die nicht im Triumphe des Zusammenklingens aufgelöst werde, so hätte er die Gesetze nicht finden können, nach denen die Welt sich im Raume bewege. So wolle er, wenn er auch mit seinen kurzsichtigen Augen den Weg zum Frieden nicht sähe, doch an den Frieden glauben, der wie das grüne glänzende Laub in der braun verpichten Knospe verborgen sei, und denjenigen, der den Frieden bringe, wer immer es sei, willkommen heißen.

Susanne Kepler erzählte, ihr Vater liebe den Wallenstein nicht, er sei, habe er ihr unlängst geschrieben, in seinem Inneren kalt und schwarz wie die erloschenen Sonnen, die unsichtbar durch den eiskalten Weltraum rollten.

Bernegger nickte traurig: ein solches Gestirn, sagte er, werde freilich den werten Frieden nicht bringen. Es wären ja auch kürzlich in Tübingen und anderswo schreckliche Zeichen am Himmel erblickt worden, die auf neuen Kriegsausbruch deuteten. Die Witterung sei unzeitig schwül gewesen und gegen Abend ein großes Gewitter heraufgezogen, da habe man in den Wolken zwei sich gegeneinander bewegende Heerhaufen erkannt mit Kanonen, Lanzen und Fahnen, über denen habe hier ein Adler und dort ein Löwe gestanden, die Klauen und Tatzen gegeneinander gereckt und sich blutlechzend angefallen hätten.

Ja, sagte Magister Bartsch, der Bräutigam, in Tübingen wolle man das Krachen der Kanonen und Wiehern der gereizten Rosse vernommen haben.

Was das anbetreffe, sagte Bernegger, müsse man es wohl dem Aberglauben des ungebildeten Pöbels zuschreiben. Die Tübinger Professoren hätten ausgesagt, es sei allerdings das Bild einer fürchterlichen Schlacht am Himmel erschienen, deren Herkunft durch den Löwen und Adler für jeden Verständigen genugsam ausgedrückt gewesen sei; aber Schlachtendonner und -lärmen hätten sie nicht und hätte wohl auch niemand eigentlich wahrgenommen; es könne ja der furchtsame und leicht einbildnerische Pöbel den natürlichen oder physischen Gewitterdonner damit verwechselt haben.

Zu Memmingen im Hause des Bürgermeisters saß Wallenstein und blätterte in einem Haufen von Briefen, die er über den Verlauf der in Regensburg tagenden Reichsversammlung von Freunden, Anhängern und besoldeten Nachrichtensammlern täglich erhielt. Der Kaiser werde ihn den dringenden Forderungen der Fürsten gegenüber nicht halten können, hieß es. Es liefen täglich neue Beschwerden ein: der Herzog von Pommern klage, sein Land sei zu einem Friedhof umgewandelt, man finde abgezehrte tote Körper am Wege liegen, denen noch das Büschel Gras aus dem Munde starre, womit sie den tobenden Hunger zu stillen gesucht hätten; oft sp ängen die armen Leute in die Brunnen oder in das Meer, weil nur noch beim Tode Zuflucht auf Erden sei. Der Kurfürst von Sachsen habe sehr böse geschrieben, Wallenstein lagere seine Truppen bei ihm ein, ohne um Erlaubnis zu fragen, wessen sich nicht einmal der Kaiser unterstehen dürfe; zuletzt würden die alten deutschen Fürsten am Stecken aus dem Lande ziehen müssen. Dies alles würde aber dem Kaiser nicht viel Kopfzerbrechen machen, wenn nicht die Erbitterung des Herzogs von Bayern wäre, der würde den Ausschlag geben. Er werfe sich zum Schutzherrn der entthronten Herzöge von Mecklenburg auf, wolle überhaupt die neu kreierten Fürsten nicht leiden, habe auch die Jesuiten unter sich gebracht, dass sie beim Kaiser gegen Wallenstein arbeiten müssten, obwohl sie im Grunde auf seiner Seite waren. Erzherzog Leopold, des Kaisers Bruder, und seine Söhne, die Erzherzöge Ferdinand und Leopold, stimmten auch in das allgemeine Geschrei ein, wären neidisch auf Wallensteins Macht und Einfluss. Der Kaiser sei hauptsächlich darauf aus, die Wahl seines Sohnes Ferdinand zum römischen König durchzusetzen, deshalb werde er nachgeben müssen, obwohl ungern. Es sei ihm sehr leid, dass er sich unter die Liga werde stellen müssen, nachdem er ein so stattliches Heer für sich gehabt habe, man habe ihn noch nie so niedergeschlagen gesehen, zumal der Sommer so heiß und wenig Gelegenheit zur Jagd sei. Überhaupt sei die Stimmung so schwül, bänglich und voll verhaltenen Hasses, als ob Sturm und Blitz im Anzuge sei. Viele Fürsten hätten sich anfänglich wegen der Nähe des Wallensteinischen Heeres der Beratungen geweigert und argwöhnten noch, der Kaiser wolle sie zwingen.

Wut und Hass verzerrten Wallensteins Gesicht, während er die Berichte las; wie gern hätte er ihre Befürchtungen wahr gemacht und sie zu Paaren getrieben. Warum tat er es nicht, sondern hielt an sich und ließ sich fesseln wie der Titane Prometheus von den höfischen Göttern? Er lehnte sich in seinen Sessel zurück und schloss die Augen: nein, er konnte sich nicht besser rächen, als indem er die Toren sich selbst, ihrer Ohnmacht und ihrer gegenseitigen Bosheit überließ. Er wollte gehen, ohne einen Blick auf die kläffende, zähnefletschende Meute zu werfen. Noch hatte er den Scheitelpunkt des Glückes nicht erflogen; vielleicht, so dachte er, geschah dies alles nur, damit aus allertiefster Verwirrung und Finsternis seine Glorie desto gewaltiger emporschösse. Dass der Schwede

Krieg gegen Österreich beschlossen hatte, wusste er, wie auch, dass der König von Frankreich daran dachte, ihn zu unterstützen. Mit französischem Gelde ausgerüstet würde der Schwedenkönig eine unwiderstehliche Macht sein; und wen hatte der Kaiser ihm entgegenzustellen? Im Geiste sah er die Krieg gewohnten nordischen Barbaren unaufhaltsam die Elbe hinaufziehn, sich vor Prag und vor Wien, die Residenz des Kaisers, legen. Er lächelte, indem er sich den Schrecken, die Ratlosigkeit und das Durcheinander am Hofe vorstellte. Dann würde dem hoffärtigen Bayernfürsten, der sich einbildete, ein Feldherr zu sein, das Schwert aus der Hand fallen; dann würde kein Beten und Winseln helfen, dann würden sie merken, dass er allein der Gott sei, der retten könne. Dieser Augenblick, der kommen musste, war es wert, durch eine Demütigung erkauft zu werden, wenn das, was ihm zugefügt wurde, eine solche war. Konnten die schlotternden Reichsbettler in Regensburg, die feilschenden Schacher- und Wucherjuden ihn demütigen? Er blieb, was er gewesen war, reich, mächtig, herrschend und gefürchtet; es war niemandem gegeben, ihn zu verrücken.

Von Norden her sollte das große Licht kommen, vor dem er erbleichen würde, aus dem Meere steigen die Macht, die mächtiger als er war. Wenn das wahr würde, dann würde zugleich Kaiser und Reich fallen; jener Ferdinand, der so vergnügt war, wenn er auf einen vorbeigetriebenen Hirsch schießen konnte, und sich in die Brust warf, wenn er an der Spitze einer Prozession durch die Straßen trabte, jener Leopold mit seinem geschwollenen Truthahnkopf und seinem abgestandenen Habsburgerhochmut, das feige Gewürm des Hofadels und der Hofräte, und auch Maximilian von Bayern, der auf dem Bauche die Gipfel der Erde erkriechen wollte, der sich selbst entmannt hatte und darum hasste, was mannhaft war. Sein Grab würde der königliche Scheiterhaufen sein, auf dem wollend oder widerstrebend die Sklaven verbrennen müssten.

Inzwischen würde er seine Gesundheit bedenken, Bader benützen und sich ausruhen; vielleicht war es eine Fürsorge des Schicksals, dass es ihm diese Gelegenheit schuf. Sein Leiden fing an, ihn unleidlich zu beeinträchtigen, es musste einmal bei der Wurzel gegriffen und ausgerissen werden. Seine Träume wurden tiefer: er dachte an die vieltausendjährigen, unauslöschlichen Sterne, die sich im Laufe der Menschen spiegelten, und an seine eiternden Beine, das mörderische Gift in seinem Körper, die

Schmerzen, die ihn oft stöhnen machten. Ob es nun die Hölle war, die nach dem Menschen züngelt, oder das Schandmal der Sterblichkeit, das Gott dem Geschlechte Adams aufbrannte, es sollte keiner an ihm wahrnehmen. Der Kern seiner Person, Feuer wie irgendein Stern, musste diesen Schaden verzehren, oder aber er müsste ihn verbergen können. Wenn er wollte, dass er nicht da wäre, würde er nicht da sein, weil er für niemand wahrnehmbar wäre.

Als die Herren von Questenberg und Werdenberg, die die heikle Aufgabe übernommen hatten, Wallenstein von seiner erfolgten Absetzung Mitteilung zu machen, bei ihm eintraten, empfing er sie gelassen: er wisse alles, sagte er, habe aus den Sternen gesehen, dass Bayern den Kaiser dominiere, und wolle gehorchen; er zürne dem Kaiser nicht, wiewohl es ihn schmerze, dass er sich seiner nicht besser angenommen, geschweige denn ihnen, denen er es vielmehr danke, dass sie Vertrauen genug zu ihm gehabt hätten, ihm die widerwärtige Botschaft auszurichten. Die Herren, denen das Herz bei diesen Worten bedeutend leichter wurde, sagten, jetzt erst zeige sich des Fürsten heroisches Gemüt, was sie freilich vorausgesehen hätten, nun er ein so schweres, ihm zugefügtes Unrecht ohne Empfindlichkeit aufnehme. Der Kaiser habe treulich mit seinen Widersachern gerungen, und es sei ihm, wie ihnen selbst und allen ergebenen Freunden Wallensteins, wehmütig leid, dass er sich eines solchen Helden und erprobten Dieners berauben müsse.

Wenn es möglich wäre, sagte Wallenstein, würde er seinem Herrn gern noch länger gedient haben, und es gehe ihm zu Herzen, dass der Kaiser eine schneidende Waffe aus der Hand gelegt habe, um sich auf morsche Stecken zu stürzen.

Der Kaiser hoffe, sagten die Herren, dass Wallenstein ihn nicht gänzlich verlassen, sondern ihn auch künftig mit seiner unschätzbaren Erfahrung unterstützen werde. Der Kaiser wisse seine redlichen Diener wohl von den falschen und selbstsüchtigen zu unterscheiden und rechne, die Zeit werde nicht fern sein, wo die Plätze wieder gewechselt und einige, die sich jetzt vorgedrängt hätten, leer ausgehn würden.

Bei der Tafel, zu der Wallenstein die Herren lud, wurden sie gesprächig und erzählten, dass so viel Zwist und Hader zu Regensburg sei, dergleichen nie bei einer Reichsversammlung vorgekommen. Zwischen dem Kaiser und dem Herzog von Bayern hätte es fast einen bösen Riss gegeben, indem der Kaiser, nachdem er Wallenstein aufgeopfert, gern seinen Sohn, den Erzherzog Ferdinand, über das Heer gestellt hätte, worauf der Herzog, sich steif aufrichtend, gesagt habe, der Tilly sei ein redlicher, ruhmbedeckter General, mit dem man im Reich wohlzufrieden sei, man brauche keinen anderen. Da sei es dem Kaiser übergelaufen, und er habe gesagt, er sehe wohl, man wolle ihm die Hände binden, er könne sich nicht einmal wehren, wenn einer ihm die Krone vom Kopfe nehmen wolle. Darauf habe der Herzog gesagt, soviel er wisse, gebe es keine Diebe im Reichstage, worauf der Kaiser ein wenig gelacht und geantwortet habe, er spreche nicht von Dieben; aber gewisse Fürsten wären lecker und ließen wohl gern das Reichsäpfelein in ihren Sack schlüpfen. Der Herzog habe die Augen finster zusammengezogen und gesagt, die Reichsäpfel wüchsen nicht nur auf Österreichischen Bäumen, es hätten auch andere Stämme diese Frucht getragen, ohne Diebswesen, sondern mit Recht. Sie hätten es vom Fürsten Eggenberg, der dabei gewesen wäre; der Kaiser solle sich ungewöhnlich dabei alteriert haben. Der von Trier habe ihm mit hämischem Lächeln geraten, er solle Krebsaugen in Wein nehmen, das pflege er zu tun, wenn ihn seine Domherren ärgerten.

Ob denn der König von Ungarn ein so außerordentlicher Kriegsheld sei, fragte Wallenstein, und wo er seine ersten Fahnen erbeutet habe?

Wenn das Vermögen der Lust gleichkomme, sagten die Herren, ein wenig lächelnd, so stehe Großes zu erwarten. Der Kaiser habe große Einbildungen von seinem Sohne, und viele wollten wissen, er fürchte ihn. Er sei anderer Komplexion als sein Vater, schwarz, schlage in die bayrische Familie. Die Kurfürsten trauten ihm nicht und hatten sich mit der Königswahl wieder ausgeredet, indem der Tag nicht dazu ausgeschrieben sei.

So habe der Kaiser bei dem Handel nicht einmal den bedungenen Preis erhalten, sagte Wallenstein.

Nein, diesmal hätten die Kurfürsten das Spiel gewonnen, sagten die Herren, und wären doch nicht einmal einig untereinander. Am Tage, bevor sie abgereist wären, hätte es bei einem Gastmahl, das Eggenberg ausgerichtet hätte, ein abscheuliches Ärgernis gegeben, das über den Erzbischof von Trier, Philipp von Sötern, hergekommen sei. Derselbe habe in Regensburg die Kaiserin gekrönt, weswegen der Kaiser vorher verschiedene Zwistigkeiten mit ihm beigelegt habe. Erstens habe der Erzbischof Streit mit den Städten Trier und Koblenz wegen einer Steuer gehabt, und wie sie sich an den Kaiser gewandt hätten, habe er sie hart gestraft, weil er von appellatio ad Caesarem nichts wissen wolle. Sodann sei er in Prozess mit den Metternichen; eine reiche Tante des verstorbenen Kurfürsten Lothar nämlich hätte demselben ihr Vermögen vermacht, auf welches nun dessen Erben und Neffen Anspruch machten, welches aber Sötern ihnen nicht zugestehen wolle, da der Verstorbene es nicht als persona privata, sondern als Erzbischof besessen habe. Der Kaiser habe es mit den Metternichen gehalten, die Sache wegen des guten Einvernehmens mit dem Kurfürsten jetzt ein wenig hingehalten. Bei diesem Gastmahl nun habe der Kaiser dem Kurfürsten mit freundlichen Worten gedankt, weil er seiner Tante, der Erzherzogin Isabella, ein Partikel des Heiligen Rockes geschenkt habe, worauf sie längst begierig gewesen sei. Hierüber sei etwas Zischeln und Lachen entstanden, und es habe der von Köln angebracht, dass schmähsüchtige Leute behaupteten, die gute Fürstin sei betrogen und bete statt des Rockes Christi einen alten Hemdenzipfel des Kurfürsten von Trier an.

Darauf sei der von Trier in einen abscheulichen Zorn geraten, er wisse, worauf das ziele, das habe der Domherr Husmann von Namédy ausgestreut, der sei ein Schelm und Schuft, wie sein ganzes Kapitel, und er könne es dem Kaiser nicht vergessen, wenn er auch bis jetzt geschwiegen habe, dass er dem Bruder desselben, der ebenso wenig tauge, ein Regiment gegeben und ihn sonst mit allerlei Gnaden bedacht habe. Der Kaiser habe gesagt, er habe nichts davon gewusst, sonst würde er den Heiligen Rock nicht erwähnt haben, es sei peinlich für ihn, dass der Kurfürst sich mit seinen Domherren nicht vertragen könne und sie immer zu ihm sich beklagen kämen. Er wolle sie lehren, habe der Kurfürst geeifert, sich bei anderen zu beklagen und ihn zu verleumden, er sei selbst Herr und wolle sie alle miteinander verfluchen und von Haus und Hof jagen. Was sie und andere gegen ihn hätten, sei, dass er nicht so dumm wie sie wäre und dass er lieber mit einem gescheiten Juden oder Evangelischen als mit einem katholischen Schwachkopf zu tun hätte.

Der von Köln habe gesagt, er glaube, er sei kein Schwachkopf, aber als guter Christ wolle er doch lieber ein Schwachkopf als ein Jude oder Ketzer sein. Es sei dem Reiche schimpflich, dass Trier die vom Kaiser ausgetriebenen österreichischen Evangelischen an seinen Hof lasse und vollends, dass er sich Goldmacherei und Schwarze Kunst zu treiben unterstehe. Es erzählten ja die Leute auf der Gasse, dass ein sehr verfänglicher Ungar bei ihm aus und ein gehe und um Mitternacht in seinem Schlosse den Teufel beschwöre.

Oder ob der Ungar ein Abgesandter des treulosen Siebenbürgers Bethlen Gabor sei, wie auch manche argwöhnten?, habe Mainz hinzugefügt; freilich sei der ja kürzlich zur Hölle gefahren, so möge der Ungar vielleicht ein Franzose sein.

Der von Trier intrigiere nämlich im Stillen hochverräterisch mit den Franzosen, wie Wallenstein wohl bekannt sein werde, weil er ihre Hilfe gegen die Stadt Lüttich brauche, die er unterjochen wolle.

Nein, habe Trier gesagt, der Ungar sei allerdings ein Teufelsbanner und verstehe sich auf Schwarze Kunst, er könne totbeten, wen er wolle, auch mit den Augen ins Herz stechen, dass einer tot umfalle, ohne eine Wunde an sich zu haben. Dabei habe er mit seinen gräulichen Augen auf Köln geschossen und sich seinen langen dünnen Judenbart gestrichen, sodass der sich gefürchtet und ihm sein Kruzifix vorgehalten habe. Da seien sie alle von den Sitzen gesprungen und hätten einander bei den Köpfen gepackt, wenn nicht Eggenberg sein Glas auf dem Tisch entzweigeschlagen und laut gerufen hätte, sie wären alle betrunken und sollten zu Bette gehen, und was an diesem Abend gesprochen wäre, solle als vom Rausch eingegeben nicht gelten.

»Leute, die sich betrinken«, sagte Wallenstein kühl, »sollen die Finger von großen Dingen lassen.« Es sei zu hoffen, dass sie bald selbst innewürden, wohin sie gehörten, vor die Bier- und Weinfässer, an die Putztische oder zu den Musikanten. Das Reich sei in Gefahr, sie drohe von Norden und Osten. Er getraue sich aber mit allen Feinden fertig zu werden; wenn seine Stunde da sei, werde er erst das Nordlicht löschen und dann den Halbmond für immer vom europäischen Himmel in den Abgrund stürzen.

Questenberg sagte, wenn auf Erden noch Wunder geschehen könnten, würde er, Wallenstein, sie tun. Die Sonne sei jetzt untergegangen, aber nicht einmal die kleinen Kinder weinten über das Verschwinden des edlen Gestirns, weil sie wüssten, dass es in kurzer Frist vergnügt und erfrischt aus dem Weltmeer steigend zurückkehren werde.

Als die Herren reich beschenkt Memmingen verließen und in der Reisekutsche nach Wien fuhren, erörterten sie, ob Wallenstein sich die Absetzung wirklich so wenig zu Herzen nehme oder ob seine Gelassenheit

Verstellung sei. Seine Brust sei nicht wie ein klarer See oder Teich, sondern ein dunkles Wasser, dessen Grund niemals sichtbar werde.

Werdenberg sagte, er halte für leicht möglich, dass er sich jetzt gern seinen Fürstentümern widmen wolle. Er sei ein guter und strenger Hauswirt, überwache selbst, suche seine Einkünfte zu vermehren. Friedland allein trage ihm eine Million Taler im Jahre. Er sei so reich, dass er alle Straßen von Prag mit Gold könne pflastern lassen; er habe genug.

»Genug hat nicht einmal Gott«, sagte Questenberg lächelnd, »sonst wäre er nicht ewig.« Außerdem, fuhr er fort, gehe es Wallenstein nicht allein ums Geld, sondern auch um die Macht. Wenn anders er sich auf die Menschen verstehe, so gebe es einen gewissen Reichsfürsten, zu dem Wallenstein, wenn er sich in einen Skorpion verwandeln könnte, gern einmal ins Bett kriechen möchte.

Das ließe sich begreifen, lachte Werdenberg. Vielleicht wären sie ihm aber auch alle zu gering, um sich an ihnen zu rächen; er habe sehr viel Verachtung.

Questenberg zuckte die Achseln und meinte, eine kleine, wohlapplizierte Lektion werde dem Bayern ganz zuträglich sein, und der Kaiser würde wohl ein Auge dabei zudrücken, während er mit dem andern zuschaute.

In Elfsnabben an der schwedischen Küste lag die Flotte vor Anker, bereit, bei günstigem Winde in See zu stechen. Der König verbrachte die unerwünschte Muße damit, ein Manifest zu verfassen, das in Deutschland verbreitet werden und die Gründe erklären sollte, die ihn zum Kriege bewögen. Sein Sekretär hatte einen Entwurf gemacht, in den er kräftig hineinstrich und hineinschrieb. Dass der Kaiser den König von Polen unterstützt und seinen Gesandten nicht zur Lübecker Friedensversammlung zugelassen habe, das sollte stehen bleiben, etwa noch nachdrücklicher betont werden; aber er habe es für eine Beleidigung angesehen, dass Wallenstein den Titel eines Admirals des Baltischen Meeres angenommen habe, das brauche an dieser Stelle nicht angeführt zu werden, er habe Gründe, zu jetziger Zeit bei Wallenstein nicht anzustoßen. Dagegen schob er ein paar Bibelsprüche ein; das schade nicht, sagte er dem Sekretär, und lasse das Liedlein besser ins Ohr schlüpfen, als die Musik zum Texte.

Bereits acht Tage wartete man auf das Umschlagen des Windes, als ein Abgeordneter des Herzogs Bogislav von Pommern eintraf: sein Herr habe ihm aufgetragen, sagte er, sich breitspurig vor dem König aufstellend, den König zu bitten, er möge nicht an der pommerschen Küste landen, weil ihm das Misshelligkeiten mit dem Kaiser verursachen würde; der König habe ja Stralsund, eine vorteilhaftere Stelle gebe es gar nicht. – Das wisse er wohl, sagte der König lachend, dass er nicht in Pommern zu landen brauche; aber es sei ihm eben gelegen, und er hoffe, er werde seinem Vetter, dem Herzoge, willkommen sein. Sicher sei er es dem armen gequälten Volke, das durch die kaiserliche Einquartierung, wie er wohl wisse, zum Äußersten gebracht sei.

Das Elend sei groß, sagte der Gesandte, der arme Mann müsse sich von Kräutern nähren und also in zwiefachem Sinne ins Gras beißen; aber der Herzog habe deswegen siebenundzwanzig Klagepunkte beim Kurfürstentag in Regensburg eingereicht und zweifle nicht, dass das väterliche Herz des Kaisers ein Einsehen haben und den Schaden abstellen werde.

Wenn sie auf die Herren in Regensburg warten wollten, rief der König wieder lachend, möchte zuvor Schnee auf das Gras und auf die Leichen derer fallen, die es gefressen hätten. Er habe den Herren in einem förmlichen Schreiben Krieg angesagt, aber bis jetzt habe sich weder Feder noch Schwert zu einer Antwort gerührt.

Bestürzt sagte der Pommer, die Küste sei von Wallensteinischen Truppen besetzt, die würden schon aufpassen und dem König zu schaffen machen.

»Nun«, erwiderte dieser, »mit Gott gedenke ich das Wagnis zu vollführen und hoffe, dass meines Vetters Liebden für mich beten wird, dass es gelinge.«

Die höfliche Einladung des Königs, ihn zum Hafen zu begleiten und die Flotte in Augenschein zu nehmen, konnte der Gesandte nicht wohl abschlagen und ließ sich mit etwas betrübter Miene die Erklärungen des Königs gefallen. Es waren etwa vierundfünfzig zum Teil neu gebaute Schiffe, von denen eine einige betreten und umständlich besichtigen musste; von vielen nannte der König die Namen: da sei der Storch, da der Schwarze Hund, da der Delphin, da der Skorpion und der Geier, und das Admiralsschiff sei der Merkur, der dies wilde Heer über das stygische Wasser führen werde.

Als alles in Augenschein genommen war, sagte der König, nun wollten sie miteinander Nixenschwänze machen, las ein paar flache Steine von der Küste auf und warf sie mit starkem Schwung von der Seite auf die Oberfläche des Wassers, sodass sie viele Male wieder aufsprangen, einen silbernen Streifen über das stählerne Meer ziehend. Der König zählte, wie viele Male seine Steine aufhüpften, und jubelte, als er es bis auf 30 gebracht hatte, während der Pommer sich vergeblich plagte. »Ihr verdient es nicht, ein Anwohner des Meeres zu sein, sagte der König. »Könnt Ihr rudern? Könnt Ihr segeln? Was tatet Ihr als Bube? Denn ein guter Lateiner seid Ihr wohl auch nicht?« Freilich nicht, antwortete jener, er sei ein guter Deutscher. Aber er habe den Katechismus gelernt, könne angeln und habe als Knabe auch Schlittschuh laufen können, und er mache sich anheischig, die königliche Würde von Schweden, wenn sie sich ihm stellen wolle, unter den Tisch zu trinken. Der König lachte lustig: dazu habe er den Sir Patrick Ruthven, seinen ältesten Obersten, der könne es selbst mit dem Kurfürsten von Sachsen aufnehmen.

Während sie so am Strande standen, von einer Anzahl von Offizieren und weiterhin von Soldaten und Fischern umringt, hob der König zuweilen den Kopf in die leicht flatternde Luft und blickte nach dem Himmel, an dem sich hie und da schaumiges Gewölk bildete, um schnell wieder im abendlichen Blau zu verschwimmen.

In dem Augenblicke, als Trommelzeichen die Stunde des Abendgebetes ankündigten und das Brausen der anmarschierenden Truppen laut wurde, warf der König plötzlich den Hut auf den Sand, kniete nieder und betete laut, indem er die Hände faltete: »Herr, von dem geschrieben steht, dass er die Sterne und die Stürme als seine Kreaturen mit dem Zügel seines Wortes lenkt, du kannst mit einem Atemzuge meine Schiffe über das Meer blasen, wenn du willst. Herr, erhöre mein Gebet! Um dir zu dienen und dein Reich auszubreiten, haben wir uns gegürtet und gerüstet: treibe uns mit gnädigem Hauch über den Ozean als die Heerschar, die für dich zu leben und zu sterben bereit ist!«

Auf dem blaugrünen Meere flammte das blühende Gesicht des Königs, und die Luft, die sich leise bewegte, hob spielend seine blonden Haare. Die, welche ihn sehen konnten, hatten zugleich mit ihm die Hüte gelüftet und die Knie gebeugt und warteten nicht ohne Spannung, ob sich vielleicht sofort etwas ereignen würde.

Nachts erwachte der König von sausenden Windstößen, die an dem hölzernen Hause rüttelten, das er bewohnte. Er öffnete das Fenster und bog sich hinaus, warf einen Mantel um, weckte die Offiziere, die neben ihm schliefen, und trat mit ihnen ins Freie. Der dunkle Wolkenhimmel jagte, der Wind war umgesprungen und blies aus Nordwesten, pfiff und schnob in das Donnern und Klatschen des aufgeregten Meeres. Der König trällerte ein Seemannslied:

»Das Meer ist mein Fels, und das Schiff ist mein Turm,
Und das schwingende Segel mein Stecken,
Und mein bergender Mantel der fliegende Sturm,
Und die Wolke das Dach, mich zu decken.
Hoch flutet der Woge geschmolzenes Erz,
Und es wanken die himmlischen Feuer.
Da ist nichts, was nicht bebt, als mein festes Herz,
Meine kämpfende Hand am Steuer.«

Gott habe ihn erhört, sagte er zu den andern, nun wollten sie durch Entschlossenheit den Segen verdienen, es dürfe keine Zeit verloren werden. Nachdem die nötigen Befehle erteilt waren, legte er sich noch einmal zum Schlafen nieder; die Trompetenstöße dieses kriegerischen Windes, sagte er, würden ihn zeitig wecken.

Der Wind blieb nicht stetig, sondern sprang wechselnd hin und her, sodass die Fahrt schwieriger war und länger währte, als der König berechnet hatte; aber gegen den Abend des 4. Juli begann die Küste sanft glühend, mit einer Laubkrone geschmückt, aus dem Meere zu steigen. »Sie biegt sich mir wie eine sehnende Braut entgegen«, sagte der König fröhlich, »bevor die Sonne sinkt, sollen sie meine Arme umfangen.« Er sprang als Erster aus dem anlandenden Schiffe, kniete nieder und dankte Gott für die glücklich vollendete Fahrt. Niemand war rings zu sehen als ein paar zaghaft abseits stehende Fischer mit ihren Frauen und Kindern, die die Neugierde aus ihren Hütten getrieben hatte. Gustav Adolf trat rasch auf sie zu, sagte, dass er der König von Schweden sei, gekommen, um sie bei ihrem Glauben zu schützen, und fragte, ob kaiserliche Soldaten auf der Insel wären. Nein, antwortete der eine Mann, sie wären durch Gottes Gnade kürzlich abgezogen. Ob das nicht Schanzen wären?, fragte der König, auf eine Befestigung deutend, die aus dem flachen Boden aufstieg. Die Soldaten hätten sie verlassen, sagte der Mann, es wären keine mehr oder nur noch wenige auf Usedom. Die Untersuchung ergab, dass der Mann die Wahrheit gesagt hatte, und die Schweden begaben sich sofort an die Verschanzungsarbeit, während ein Teil von ihnen unter den Waffen blieb. Nachdem der König auf einem kurzen Streifritt Umschau gehalten hatte, kehrte er an den Strand zurück, da, wo die Landung stattgefunden hatte, und warf sich in das hohe, wild wachsende Sommergras. Zu seiner Linken, nicht weit von ihm, sah er einen breiten Strom in das Meer fließen: es schien ihm, nachdem er lange hineingeblickt hatte, als stürze die Flut schneller und schneller, um sich in der Unendlichkeit der harrenden See zu verlieren; wendete er aber den Blick ab und schaute nach einer Weile wieder hin, so schien der Fluss stillzustehen, während nur seine Oberfläche schattenhaft zog und strömte. Zwischen dem Fluss und dem Meer stand ein Hirt mit einem Hunde und einer kleinen Herde magerer Schafe, tief in warme, weiche, graublaue Luft versunken. Der König sah eine Weile zu und winkte dann dem Hirten mit der Hand, näher heranzukommen; ob eine Kirche in der Nähe sei?, fragte er, da er läuten höre. Die nächste Kirche sei wohl eine Stunde weit oder weiter, sagte der Hirt, man höre sie nicht an dieser Stelle, und es sei auch nicht die Stunde. Nachdem er, die Hand ans Ohr haltend, gehorcht hatte, sagte er, er höre nichts; vielleicht habe der König die versunkene Stadt aus dem Meere vernommen. Was das sei?, fragte Gustav Adolf. Vor Hunderten von Jahren, berichtete der Hirt, habe an dieser Stelle eine große, reiche Stadt gestanden, und wegen des Übermutes ihrer Bewohner habe das Meer sie verschlungen. Zuweilen, wenn das Meer sehr glatt sei, könne man die goldenen Turmknöpfe und die Dächer, die mit Gold gedeckt gewesen wären, durch das Wasser schimmern sehen, und das Gerede gehe, wenn einer sterben solle, höre er die Glocken von dort unten her läuten.

Das wären Märchen, sagte der König, und wer dergleichen gesehen hätte, möchte wohl tief in den Weinbecher statt ins Wasser geblickt haben. Es sei unwahrscheinlich, dass an dieser Stelle jemals eine große Stadt gestanden hätte, von der keine Spur geblieben sei.

Er wisse es nicht, sagte der Hirt, und er wünsche auch gar nicht, dass der König das Läuten gehört habe.

»Es könnte dir so gut wie mir gelten«, sagte der König scherzend; »deine Haare sind weiß, die meinen noch blond.«

Der Hirt schüttelte den Kopf und sagte, solche Zeichen pflegten große Herren anzugehen, nicht arme, namenlose Leute. Er blieb in einiger Entfernung von dem Könige stehen und sah ihm zu, wie der, den Kopf auf die Hand gestützt, über das Meer hinblickte. Plötzlich wandte er sich nach der anderen Seite und dann wieder zu Gustav Adolf, indem er sagte, jetzt habe er auch Geläut vernommen, das wären die schönen Glocken von Pasewalk. Die Kirche von Pasewalk habe neue, große Glocken, wie es in ganz Pommern keine schöneren gebe, und wenn die Luft still sei, könne man sie auf Usedom hören.

»Das ist eine himmlische Sirene«, sagte der König fröhlich, indem er aufstand, »der will ich vertrauen.«

Wenige Tage später fuhr der König mit seiner Flotte nach Stettin und erzwang sich durch List und Drohung Aufnahme in die Stadt und ein Bündnis mit dem ratlosen Herzoge.

In einer Kutsche, die auf der Straße von Hamburg nach Magdeburg fuhr, saßen der ehemalige Magdeburger Kaufmann Heinrich Pöpping und der Administrator Christian Wilhelm von Magdeburg, der Letztere in einer blauen Livree als ein Diener gekleidet, Pöpping mit einem großen Federhut und prächtigem Tuchmantel, dessen rote Farbe verschossen war. Sie unterhielten sich über einige Frauenzimmer, mit denen sie sich in Hamburg die Zeit vertrieben und denen sie ihren wahren Charakter verheimlicht hatten, wie zornig die Überlisteten sein würden, wenn sie merkten, dass sie für immer abgereist wären. Besonders die eine, sagte Christian Wilhelm, der er fünfzig Taler schuldig geblieben sei, würde schimpfen, sie sei ohnehin ein hitziges Weibsbild gewesen. »Ach«, sagte Pöpping lachend, »die zahlte gleich das Doppelte, wenn sie Euer Fürstliche Gnaden wiederbekäme.« Ja, das glaube er wohl, sagte der Administrator, aber er hätte nun genug von dem Hamburger Frauenzimmer, sie hätten einen Heringsgeruch an sich, weil sie zu nah am Meere wären. In Magdeburg wären sie hübscher und subtiler. Pöpping nickte, sie wollten sich dort schon lustig machen; aber zuerst müssten sie doch ihr Geschäft betreiben, er, der Administrator, müsse sich ein Ansehn verschaffen und das Volk an sich ziehen.

Das wolle er, sagte der Administrator mit Feuer, Pöpping solle sein Wunder an ihm haben. Er könne es nicht erwarten, es den Ratsherren einzutränken, die ihn schimpflich abgesetzt und ausgetrieben hätten, sie wären allesamt Schelme und Verräter, die es mit dem Kaiser hielten. Gegen Geld hätten sie bei der Restitution die papistischen Mönche in die Klöster gelassen und hernach mit den kaiserlichen Feldherren gezecht, solchermaßen die Religion verkauft und die Rache Gottes auf sich gezogen.

Der neue Rat, den sie nun eingesetzt hätten, sei auch nicht besser als der alte, sagte Pöpping, und die gemeine Rede habe wohl recht, dass das Gewissen im Amtsrock sitze, nicht im Herzen. Die Geldsäcke wollten stillsitzen, um nichts zu verlieren, und von den andern getraue sich kaum einer eines eigenen Willens. Er aber, Pöpping, lasse sich nicht einschüchtern, er kenne ihre Schliche und wisse, wie viel Schmutz und Sünde hinter der ehrbaren Außenseite verborgen sei.

Der Administrator meinte, sicher sei er doch nur eines geringen Anhangs in der Stadt; ob es nicht etwa doch übel ausgehen könne? Die zwei oder drei, die sie im Rat hätten, vermöchten nicht viel, und von der Geistlichkeit wären sie nur mit fünfen einverstanden; ob aber der Oberst Schneidewind viel ausrichten könne, da er gefangen sitze, sei auch zu bezweifeln.

Gegen den Obersten Schneidewind, der zur Zeit des Dänenkrieges magdeburgischer Stadthauptmann gewesen war, hatte Aldringen eine Klage auf Raub und Mord erhoben, doch behaupteten er und seine Anhänger, dass die Kaiserlichen nur einen Vorwand gegen ihn gesucht hätten, weil er es mit den Dänen gehalten habe. Der Rat hatte Schneidewind nicht ausgeliefert, dagegen versprochen, ihm selbst den Prozess zu machen, zog diesen aber hin und hatte ihm kürzlich ein Zimmer im Wirtshaus zur Goldenen Krone als Gewahrsam angewiesen. Er sei ein gerader, ehrlicher Mann, sagte Pöpping; wenn ihm etwas Malefizisches nachgewiesen werden könnte, würde der Rat ihm längst den Prozess gemacht haben. Auf den könne der Administrator bauen, er sei voll Gift und Galle gegen den Kaiser und den Rat dazu, gehöre Christian Wilhelm mit Leib und Seele. Er habe auch viele Freunde, die in der Goldenen Krone zusammenkamen, denn die Wirtin halte es mit ihm, und die alle bereit wären, sich dem Schwedenkönige zu übergeben.

Wenn der Schwedenkönig es nur auch so recht ehrlich mit ihm meine, sagte Christian Wilhelm, das sei sein schwerstes Bedenken. Gustav Adolf habe sich nie ganz frei gegen ihn herausgelassen, er sei nicht freimütig wie die Deutschen, sondern voller List und Verschlagenheit, habe nichts Schriftliches von sich gegeben, sondern gleichsam die Verantwortung ganz auf ihn abwälzen wollen.

Nun ja, sagte Pöpping, er sei fremd, kenne sich nicht aus, trete behutsam auf als einer, der nicht wisse, ob er den Fuß auf Moor oder festes Erdreich setze. Sicherer als ein gegebenes Wort, selbst als ein Pergamentlein mit angehängtem Siegel sei das Interesse der Menschen, Was könne dem Schwedenkönig aber erwünschter sein, als dass sich die Stadt Magdeburg für ihn erkläre und er ein so mächtiges Bollwerk am Elbstrom besetzen könne, das ihm die Straße nach Prag eröffne und den Rücken decke? Er müsse ein Narr sein, wenn er da nicht zugriffe. Er wolle nur nicht vorher die Hand hineinstecken, um sich nicht im Reiche verdächtig zu machen; sei das Feuer einmal angezündet, werde er schon blasen helfen.

Die beiden Reisenden stiegen im Anhaltischen Hofe ab, wo der Administrator unter Pfeifen und Singen, denn Pöppings Zuspruch hatte ihn vollkommen beruhigt, seine Livree ablegte und sich fürstlich herrichtete. In der Frühe des folgenden Tages, der ein Sonntag war, wusste man schon in der Stadt, dass Christian Wilhelm verkleidet hereingekommen sei als Vertreter des Königs von Schweden, der ein Bündnis mit der Stadt Magdeburg schließen wolle, auf die er als auf eine Fürstin und unüberwindliche Heldin unter den evangelischen Städten besonderes Vertrauen setze. Auf seinen Wunsch schickte der erschrockene Rat ein paar Abgeordnete zu ihm ins Gasthaus, die seine ungestümen Vorschläge zagend und zweifelnd anhörten und dagegen einwendeten, dass sie als ein Stand des Reichs sich nicht mit fremden Potentaten einlassen könnten, umso weniger, als sie nicht einmal dem kaiserlichen General Wallenstein das Türlein aufgetan hätten. Die Kaiserlichen wären ringsherum sehr mächtig, und sie könnten in große Pressur, Kalamität und Untergang geraten, wenn sie mit dem Feinde in Korrespondenz träten.

Ob sie etwa immer noch zu dem jesuitischen Ferdinand Vertrauen hätten?, rief Christian Wilhelm aus. Ob sie vergessen hätten, wie Wallenstein sie unter falschen Vorspiegelungen belagert, ihnen Geld ausgepresst und Handel und Wandel verstört hätte? So lohne der Kaiser seinen Ständen ihre Treue. Da sei Gustav Adolf ein anderer Monarch; obwohl er keine Verpflichtung zu der Stadt Magdeburg trage, so sorge er sich doch um ihr Wohl, habe im Sinn, sie mächtig zu fördern und zu erhöhen. Er habe ihm, dem Administrator, in einem Brief geschrieben, sein Wunsch sei, dass das magdeburgische Erzstift an die Stadt komme, weil sich durch jenes der Papismus einschleichen würde. Denn das hätten sie doch wohl gerochen, dass der Kaiser im Sinne habe, seinen Sohn darauf zu setzen; den sächsischen Prinzen werde er ebenso wenig wie ihn, Christian Wilhelm, bestätigen. Noch mehreres habe der König von Schweden ihm mündlich gesagt, was er ihnen alles ausführlich vorlegen und vortragen werde. Ob sie so viel Huld und Gnade mutwillig verlieren wollten? Sie setzten dabei nichts aufs Spiel, da der König sein Wort gegeben habe, sie vor Schaden zu bewahren und ihnen in jeglicher Gefahr beizuspringen. Was ihn anbetreffe, so hätten sie zwar treulos an ihm gehandelt, indem sie ihn, den rechtmäßig gewählten Bischof, nicht mehr hatten anerkennen wollen und dem Sachsen beigefallen wären, der das Stift durch Usurpation und Ränke an sich gerissen hätte; aber er wolle es ihnen nicht weiter gedenken, da sie inzwischen wohl genugsam erfahren hätten, wohin Untreue führe. Zeit zu Bedenken sei jetzt freilich nicht mehr; in wenigen Wochen werde das ganze Reich, soweit es evangelisch und nicht spanisch sei, aufstehn und sich für Gustav Adolf erklären, dann würden die Papisten endlich einmal den verdienten Lohn bekommen, und es könne sich ein jeder selbst ausrechnen, wie es dann denen gehen würde, die um zeitlicher Vorteile willen die Retterhand nicht ergriffen hätten.

Während Christian Wilhelm dies so hurtig und dringlich von sich gab, dass die städtischen Abgeordneten kaum ein Wörtlein einfließen lassen konnten, scharte sich das Volk auf dem Platz vor der Domkirche; denn es hatte verlautet, dass der Administrator im Sinne habe, dem Gottesdienst beizuwohnen. Es war erst zehn Uhr, aber die Julisonne stach schon heiß auf das weiße Pflaster, auf welches der edle Bau einen kurzen, tiefschwarzen scharfen Schatten warf. In der Sakristei disputierte der Domprediger Bake mit einem Ratsherrn, der ihn im Auftrage Christian Wilhelms ersucht hatte, den Beginn der Predigt bis zu seinem Eintreffen zu verschieben. Er sei dem Rat gern zu Diensten, sagte der Domprediger, aber es gefalle ihm nicht, dass man sich nach diesem erzstiftischen Vagabunden richten solle, diesem windigen Gauch, der allerorten nach einem Fürstentümchen stöbere, um seine Eier hineinzulegen, und die Stadt mit seinem Krakeelen in das größte Ungemach stürzen könne.

Der Ratsherr sagte, sie hatten ihn gewiss nicht gerufen, aber er sei nun einmal da, sei ein evangelischer Fürst, auf den der König von Schweden offenbar große Stücke halte. Der Domprediger solle doch um Gottes willen nichts zu seinem Despekt reden. Man könne nicht wissen, was die Zeit bringe und ob nicht eines Tages der Schwede vor der Tür stehe.

Ei ja, es habe schon mancher davorgestanden und sei wieder abgezogen, sagte der Domprediger. Es sei zu beklagen, dass der Rat kein festes Gewissen habe und von einem Bein aufs andere wanke. Jedoch wüssten sie wohl, dass er immer für das Glimpfliche sei, er wolle dem Springinsfeld nur beiwege einen Denkzettel anhängen, aber mit guter Manier und aller schuldigen Ehrfurcht.

Als Geschrei auf dem Platze die Ankunft des Fürsten verkündete, ging der Domprediger in die Kirche, bestieg die Kanzel und kniete sofort nieder, zum stillen Gebet das Gesicht auf die Bibel drückend. Heimlich blinzelte er darüber hinaus und sah mit großem Widerwillen neben Christian Wilhelm Pöpping und den Oberst Schneidewind eintreten, welcher seinen Gewahrsam und Prozess nunmehr als erledigt betrachtete. Nach einer guten Weile erhob er sich wieder, schlug die Bibel auf und las den sonntäglichen Text vor, welcher lautete: ›Wenn du es wüsstest, so würdest du auch bedenken zu deiner Zeit, was zu deinem Frieden dienet. Aber nun ist's vor deinen Augen verborgen. Denn es wird die Zeit über dich kommen, dass deine Feinde werden um dich und deine Kinder mit dir eine Wagenburg schlagen, dich belagern und an allen Orten ängsten. Und werden dich schleifen und keinen Stein auf dem andern lassen, darum dass du nicht erkennet hast die Zeit, darinnen du heimgesuchet bist.‹

Fast erschrocken sei er gewesen, hub der Domprediger an, als er gefunden hatte, dass dies der Text eben des heutigen Sonntags sei. Ob das nicht etwas zu bedeuten hätte und etwa gar ein warnendes Omen sei? Es möchte wohl mancher meinen, Jerusalem sei längst gefallen, und jetzt darüber zu spintisieren sei eine überflüssige Träumerei; aber in der Bibel könnten sich alle Zeiten und alle Völker bespiegeln, und gerade sie, die Magdeburger, sollten sich dadurch vom Übermut abschrecken lassen. Es wisse ja jeder, was für Verfänglichkeiten im Schwange gingen, aber ob das zum

Frieden, zur Religion und Libertät diene, wie die Lärmhansen ausprahlten, das wolle er dahingestellt sein lassen.

Dann erzählte er, wie Jesus, nachdem er um Jerusalem geweint habe, in den Tempel gegangen sei und diejenigen ausgetrieben habe, die darinnen gekauft und verkauft hätten, und zu ihnen gesagt habe: »Mein Haus ist ein Bethaus, ihr aber habt's gemacht zu einer Mördergrube.« Diese Worte rief er drohend hinunter nach der Richtung, wo Christian Wilhelm und Pöpping saßen, sodass mehrere kicherten und Christian Wilhelm vor Ärger rot wurde. Nun stellte sich aber Bake an, als sei er des Administrators jetzt erst gewahr geworden, und fuhr fort, so sei es aber nicht hier wie im Tempel zu Jerusalem, sondern ihnen sei ein hoher fürstlicher Gast erschienen, der das Evangelium hochhalte und beschirme und den Gott auch sicher noch nach Verdienst belohnen werde.

Bei den Anhängern des Administrators hieß es hernach, der Dompfrediger habe den Text falsch ausgelegt, indem man natürlicherweise Christian Wilhelm mit dem in Jerusalem einziehenden Heiland vergleichen müsse, der über die Stadt klage, weil sie ihn, der als Retter komme, von sich stoße. Wenn Magdeburg sich dem Christian Wilhelm nicht anvertraue, dann freilich werde sie von dem grausamen kaiserlichen Wüterich in Blut und Untergang gestürzt werden.

Nach Verlauf einiger Wochen gab der Rat nach und schloss einen Vertrag mit Gustav Adolf ab, in welchem dieser versprach, wenn die Stadt Magdeburg seinetwegen sollte angegriffen werden, wolle er sie auf seine Kosten schützen und in keiner Not verlassen. Danach wurde auch mit dem Administrator ein Vertrag gemacht und ihm gestattet, ein Regiment zu werben, über welches er und Schneidewind den Oberbefehl nahmen. Nachdem die Soldaten einigermaßen geordnet und eingeübt waren, wurden sie in die Dörfer und Klöster des Stiftes verteilt, womit die Stadt sehr zufrieden war, zumal da Christian Wilhelm oft Beutezüge machte und Vieh und Getreide vom Lande hereinbrachte.

Im ersten Schrecken, den die Landung der Schweden hervorrief, hatte Torquato Conti, der kaiserliche Befehlshaber in Pommern, sich aus der Stadt Pasewalk zurückgezogen, worauf Gustav Adolf eine kleine Besatzung hineinverlegte. Wie nun der König nach einem vereitelten Einfall ins Mecklenburgische sich wieder nach Stralsund wendete, kehrte Conti um und überfiel Pasewalk, das sich der Übermacht nicht erwehren konnte. An dem treulosen Gesindel, sagte Conti, wolle er sich ausgiebig rächen; die Soldaten möchten sich einmal nach Herzenslust gütlich tun. Wenn der Ort samt seinen Bewohnern von der Erde verschwinde, sei es nicht schade.

So kann es, dass das kaiserliche Heer sich mit höllischem Geschrei in die wehrlose Stadt ergoss, plünderte und raubte, was irgend Wertvolles aufzutreiben war, und in die ausgeleerten Häuser den Brand warf.

Als ein Pfarrer, der versucht hatte, etwas Kirchengerät zu retten, in sein Haus zurückkam, fand er seine Frau in den Händen von Soldaten, von denen einige ihm sogleich Hände und Füße banden und ihm zuriefen, nachher würden sie ihn umbringen; aber zuvor solle er zusehen, wie sie sich mit seiner Frau lustig machten. »Teufel!«, schrie der Unglückliche, der sich vergebens wehrte, »ihr seid keine Menschen, sondern Teufel aus der Hölle!« Sie waren Teufel aus Lothringen, antworteten die Soldaten hohnlachend, und würden ihn braten, bis seine Seele zum Himmel spritzte.

Conti war inzwischen im Stadthause, lief aus einem Zimmer ins andere und durchwühlte alle Schränke in der Hoffnung, Geld zu finden, als er zufällig ein gut gekleidetes blondes Mädchen bemerkte, die wie viele andere sich in das Stadthaus geflüchtet hatte und auf den Knien liegend betete. Conti, der sofort einen lebhaften Eindruck von ihrer Schönheit empfing, drängte sich dicht an sie und flüsterte ihr Liebesworte zu: »Ich bete dich an, Schönste von allen! Dich haben nicht Menschen, dich hat Gott gemacht! Deine Augen machen Tote lebendig! Dir gehört mein Leben, erhöre mich!«, und was dergleichen mehr war. Das Mädchen, das die halb italienisch, halb deutsch geführten Reden nicht verstand, aber den leidenschaftlichen Atem des Mannes dicht an ihren Ohren spürte, strebte von ihm fort, während zugleich ihr Blut sich unter dem gefährlichen Feuer seines Werbens erhitzte.

Schon glaubte er, sich ihrer bemächtigt zu haben, als ein paar Offiziere mit einer Meldung dazwischenkamen; ob sie nicht dem Plündern und Morden Einhalt gebieten sollten, fragten sie, es werde schier niemand davonkommen, wenn es so weiterginge. Conti, der die Augen nicht von dem blonden Mädchen ließ, sagte ärgerlich, sie sollten doch nicht so viel Geschrei um eine Handvoll Menschen machen; das wäre, wie wenn Gott ein paar Ungeziefer zerknicke, die ihn im Schlafe gestört hätten; im nächsten Augenblick schnarche er schon wieder.

Er habe mit eigenen Augen gesehen, sagte der eine Offizier, wie trunkene Soldaten einer Pfarrersfrau Gewalt getan und ihren Mann zum Zusehn gezwungen hätten; das sei ihm doch unchristlich vorgekommen. Conti stampfte ungeduldig mit dem Fuße; die Soldaten verständen das Handwerk gewiss besser als solch ein Lutherpfaffe; der Frau sei die Abwechslung zu gönnen, sagte er. In einem Augenblick, wo er den Kopf weggekehrt hatte, war ihm das Mädchen entschlüpft; als er es bemerkte, stieß er einen Fluch aus und lief ihr nach. Unterwegs fielen ihm das Geld und die offenen Schränke ein, und wirklich waren dieselben schon von allerlei Volk umringt, die sie ausräumten. Wütend schrie Conti dazwischen, dass das alles ihm gehöre und von niemandem bei Todesstrafe dürfe angerührt werden; da kamen von draußen Leute herein und warnten, der ganze Platz stehe schon in Flammen, bald werde auch das Stadthaus brennen. Außer sich vor Zorn, gab Conti noch Befehl, dass der Inhalt der Schränke mitgenommen werden solle, und eilte dann auf die Straße, laut nach seinem Stallmeister und seinem Pferde rufend, wobei er sich unwillkürlich nach dem blonden Mädchen umsah. Im Begriff, sich aufs Pferd zu schwingen, sah er plötzlich ein junges Weib von einem Soldaten verfolgt aus einem brennenden Hause laufen. Das Haar flatterte ihr um das glühende Gesicht und den entblößten Busen, von dem ihr Verfolger das Obertuch abgerissen haben mochte, ein Anblick, der Contis Herz sofort in Flammen setzte. Seinem Stallmeister den Zügel zuwerfend, herrschte er den erschrockenen Soldaten drohend an, worauf der sich schnell aus dem Staube machte, und bot dann der jungen Frau seinen Arm, indem er um die Erlaubnis bat, sie schützen zu dürfen. Sie wusste nicht recht, ob dies Anerbieten eine neue Gefahr zu bedeuten habe, und sagte ausweichend, er tue ihr zu viel Ehre, sie sei nur eine schlichte Handwerkersfrau. »Du bist eine Königin der Schönheit«, sagte Conti, »und als solche will ich dich halten.« – »Dies verteufelte Pommernnest«, rief er in italienischer Sprache seinem Stallmeister zu, »ist das erlesenste Freudenhaus, das ich jemals gesehen habe, und ich Esel lasse es abbrennen!«

Es war im November, als ein krankes Mädchen im Hessischen wunderbare Gesichte hatte. Es lag seit mehreren Jahren gelähmt im Bette, betrübt, dass es nicht arbeiten könne, vielmehr den Eltern zur Last sei; aber diese empfanden es nicht so; denn es aß wenig, war immer freundlich und voll guter Einfälle, Rat und Trost. An einem trüben, kalten Abend kam die Mutter und brachte dürre Äste aus dem Walde heim, mit denen sie im Herde Feuer machte; dann legte sie Wacholderbeeren auf die erwärmte Platte und sagte, so hätten sie wenigstens einen guten Geruch, wenn sie auch nichts zu essen hätten. Sie war eben beschäftigt, in einem Verschlage zu kramen, ob sie nicht noch ein Stück Brot fände, als das lahme Mädchen, das sie im festen Schlaf geglaubt hatte, einen lauten Schrei tat. Als die beiden Eltern an das Bett liefen, richtete es sich allein auf, blickte mit weit geöffneten Augen auf die Wand und rief: »Da ist er! Er kommt! Unser Retter ist angekommen!« Sie sähen nichts, sagten die erschrockenen Eltern, es träume ihr gewiss. Ohne die Eltern zu beachten, fuhr das Mädchen fort zu schwärmen: »Es leuchtet wie eine Flamme, das Dorf ist taghell. Ich sehe den Markt und den Brunnen und den Kirchturm, aber er ragt über alles. Die Stunde ist gekommen, da der Herr sich seines Volkes erbarmen will. Er schickt seinen Engel mit einem Flammenschwert, das das Haupt des Drachen spaltet. Ach, wie er lächelt, der Holdselige! Sei gegrüßt, du Siegreicher, du Gnadenbringer, unser Kaiser! Meine Hände binden dir die Krone, meine Füße laufen dir entgegen, ich bin auferstanden und alle werden auferstehn und dir danken!«

Zuletzt sank das Mädchen auf sein Lager zurück, und sein Sprechen ging in ein Lallen über; in einen Starrkrampf verfallen, lag es scheinbar leblos da. Während die Mutter am Bette sitzen blieb, lief der Vater zum Pfarrer, um ihm das Vorgefallene zu berichten und seinen Beistand zu erbitten. Ob sie etwas zu essen hätten?, fragte der Pfarrer; er habe selbst nicht viel, aber ein Stücklein Brot könne er doch missen, und wenn das Mägdlein zu sich komme, müsse es eine Stärkung haben. Unterwegs sagte er, er könne sich nicht denken, was das Gesicht zu bedeuten habe; dass der böse Feind aus dem Kinde rede, könne er jedoch nicht glauben; er kenne es, seit es lebe, und habe es nie anders als gut und fromm gefunden. Der Vater wischte sich die Augen und sagte, er selbst sei ein Sünder, das wisse er wohl, und auch seine Buben, die den Soldaten zugelaufen wären; aber das Kind sei wie ein Lamm, habe seit der Wiege nur gelitten und nie geklagt, Gott könne es nicht verlassen haben. Vor dem Häuschen, das die

Leute bewohnten und das am Ende des Dorfes stand, blieben sie einen Augenblick stehen; die Fensterscheiben waren zerbrochen und die Löcher mit Lumpen ausgefüllt, an der Haustür fehlte die Klinke, und der kleine Vorgarten war verwildert; aus Gestrüpp und Unkraut starrten braun und nass ein paar geknickte Malven und Balsaminen. Der Pfarrer schüttelte betrübt den Kopf; vor dem Kriege sei dies Häuschen das sauberste im Dorfe gewesen, sagte er. Ja, sagte der Mann, wenn seine Buben ihm nicht fortgelaufen wären, hätte er sich eher wieder herausmachen können; nun müsse er alles verkommen lassen.

Beim Eintritt der Männer erwachte das Mädchen, sah mit freundlich staunenden Blicken um sich und errötete vor Freude, als sie den Pfarrer erkannte, der sie von Zeit zu Zeit zu besuchen pflegte. Von dem, was es gesehen und gesagt hatte, wusste es nichts mehr, lauschte aber mit glänzenden Augen der Erzählung ihrer Eltern. Es waren inzwischen auch ein paar Nachbarn herangekommen, und alle besprachen das seltsame Gesicht und seine vermutliche Bedeutung.

Kürzlich, sagte der Krämer, habe ein Hausierer aus dem Magdeburgischen die Neuigkeit mitgebracht, dass der Schwedenkönig mit vielen Schiffen übers Meer gekommen sei und schriftlich habe ausgeben lassen, er wolle dem bedrängten Volke den Frieden bringen und den früheren Glücksstand wieder herstellen. Es würden aber große, blutige Kämpfe vorhergehn, ehe die gute Zeit anbräche. »Ja«, sagte der Pfarrer, »wer weiß, ob wir sie erleben. Wenn sie nur unsern Kindern zugute kommt.« Das Kind habe aber vom Kaiser gesprochen, sagte einer, ob damit der Schwedenkönig gemeint sein könne? Der Kaiser sei päpstlich, sagte der Krämer, und sei der Evangelischen Feind. Er habe ihnen die Soldaten auf den Hals geschickt, um sie mit Gewalt vom Evangelium zu bringen und päpstlich zu machen. Das Kind fragte schüchtern, ob es nicht ein Engel mit schneeweißen Flügeln gewesen sei, den es gesehen habe. Nein, antwortete die Mutter, von Flügeln habe es nichts gesagt; der Held sei mit einer Rüstung bekleidet gewesen und habe ein Schwert geführt. Er sei voll Huld und Gnade gewesen, habe die Armen und Beladenen aufstehn heißen, der Macht des Teufels ein Ende gemacht und ein neues Reich des Friedens und des Glückes verkündigt.

Ein Gottgesandter sei es sicherlich gewesen, den das Kind gesehen habe, sagte der Pfarrer, sie wollten beten und hoffen, inzwischen aber wachsam und vorsichtig sein, denn der Verräter gebe es in dieser bösen Zeit viele. Das glaube er fest, dass Gott ihnen mittels einer unschuldigen Jungfrau Vertröstung habe schicken wollen und dass er ihnen die Rettung vorbereite. Die Prüfung sei schwer gewesen, und sie wären wohl fast darunter zusammengebrochen. Sie wüssten ja alle, dass er seine Frau und alle seine Kinder an der Pest verloren hätte, die von den Soldaten eingeschleppt worden wäre; zuerst hätte er geseufzt und geklagt, aber nachdem die Teuerung gekommen wäre, hätte er eingesehen, wie gut es Gott gemeint habe. Ach, wenn er seine Kindlein vor Hunger weinen hatte hören müssen! Anstatt dessen wären sie alle miteinander in der erwünschten Seligkeit, sorglos zwitschernd und lobsingend wie die lieben Vögel. Wenn ihm nur die Soldaten nicht seinen schönen schwarzen Tuchmantel genommen hätten, den er von dem seligen Vater seiner Frau, seinem Vorgänger im Amt, ererbt gehabt habe. Er danke Gott, dass seine Frau das nicht habe erleben müssen. Wie oft habe sie den Mantel geflickt und ausgebessert, das würde ihr das Herz gebrochen haben.

Ja, sagte das kranke Kind, wenn der Herr Pfarrer in dem langen schwarzen Mantel dahergekommen sei, dann sei ihr immer ganz feierlich zumute geworden.

Zumal er sie auch, fügte die Mutter hinzu, an den seligen alten Pfarrherrn erinnert hätte und an seinen schneeweißen Bart, der darüber hinabgewallt sei. Da hätte man gemeint, der liebe Gott selber komme einhergegangen.

Der Pfarrer wischte sich die Tränen aus den Augen und sagte, sie hätten wohl alles opfern müssen; aber es wäre doch nur zeitliches Gut, Gott könne es ihnen zehnfach wiedergeben, wenn er wollte.

Wenn sie nur noch ein einziges Mal ihrem Kinde satt zu essen geben könnte, sagte die Mutter zaghaft; worauf ein Nachbar sagte, es stehe geschrieben: ›Selig sind, die da hungern und dürsten, denn sie werden das Himmelreich sehen.‹ »Es ist so«, sagte der Pfarrer; »solange wir Gottes Wort haben, sollten wir nicht murren.« In Böhmen und Schlesien, erzählte er, hätten die evangelischen Pfarrer am Stabe ins Elend wandern müssen, und alle die, welche dageblieben wären, hätten ihren Gott verleugnen müssen. Wenn man sich darin spiegle, sähe man doch, wie gut man es hätte.

Gott möge ihr die Sünde verzeihen, sagte die Mutter erschrocken, um ihres unschuldigen Kindes willen möge er sie verzeihen.

Der Pfarrer zog nun das Stück Brot hervor, das er mitgebracht und bisher vergessen hatte, und zeigte ihr, wie Gott ihr das schicke, gerade als sie hätte verzagen wollen. Die Frau nickte und dankte und machte sich daran, das Brot im Wasser zu einer Suppe zu kochen, während der Pfarrer und die Nachbarn wieder in die dunkle, feuchte, ahnungsvolle Nacht hinausgingen.

Von dem Grafen Hannibal von Schauenburg, der nach der Abberufung des Torquato Conti den Oberbefehl über die aus Pommern verdrängten kaiserlichen Truppen erhalten hatte, bekam Tilly verzweifelte Briefe aus Frankfurt an der Oder: er finde das Heer in solchem Wirrwarr und Elend, dass es gar nicht zu beschreiben sei. Barbarische Exzesse kämen täglich vor, und es sei die Verwilderung der Offiziere nicht geringer als die der gemeinen Soldaten. Mit solchem Gesindel sei nichts auszurichten, komme es zum Gefecht, würde alles auseinanderstieben und die Schuld des Schadens auf den Obersten fallen. Er sehe seinen Untergang vor Augen, habe doch diese Stelle nicht gesucht, sei wider Willen in diesen Sumpf geraten. Tilly solle ihm um Gottes willen beistehen, er wisse in solcher Extremität nicht ein und aus.

An einem dunklen Januartage traf Tilly mit einem kleinen Gefolge vor Frankfurt ein. Als sie durch ein Kieferngehölz ritten, das sich zwei bis drei Stunden vor der Stadt erstreckte, fanden sie den Weg durch die Trümmer eines Wagens und tote Pferde versperrt und entdeckten bei näherem Zusehen einen von einem Kiefernast herabhängenden Toten und einen andern, der an einem Stamme festgebunden war. Der letzte war halb nackt, von Stichen und Hieben blutrünstig, der Kopf hing ihm kläglich mit grinsendem Munde vornüber. Noch starrten die Herren unschlüssig auf das Schrecknis, als von der Stadt her Schauenburg geritten kam, um Tilly zu empfangen. Das sei ein trauriges Zeichen, dass sie sich an dieser Stelle begegnen müssten, rief er. Da sehe Tilly gleich, wie es zugehe. Ein Warentransport habe nach Leipzig geführt werden sollen, davon hätten Soldaten Wind bekommen, sich im Gehölz verborgen und die Fuhrleute überfallen. Einen hatten sie gehängt, einen, der sich zur Wehr gesetzt, übel bestraft, wie man hier sehe, ein paar andere wären mit Gottes Hilfe entwischt und erfüllten die Stadt mit Geschrei und Lamentieren. Freilich sei es zum Erbarmen, dass kaiserliche Soldaten, der Stadt zum Schutze geschickt, wie Räuber darin hausten. Vielleicht wären sie sogar zu dieser Stunde wieder in Frankfurt und schlügen dort die gestohlenen Waren um ein Billiges los.

Tilly sagte, er zweifle nicht, dass Schauenburg die Schuldigen die Strenge des Gesetzes werde spüren lassen. Wenn er sie hätte, antwortete Schauenburg, wolle er das gern tun; aber sie steckten alle miteinander durch, und er müsse ihnen wohl selbst nachspringen, wenn er sie ertappen wollte. Auch pflegten sie sich damit zu entschuldigen, dass sie seit Monaten keinen Sold gesehen hätten; er müsse in steter Sorge vor Meutereien sein und komme sich vor wie die Tierbändiger auf den Märkten, die Löwen und Bären tanzen ließen, in einer Hand ein Stück rauchendes Fleisch, in der andern die Peitsche schwingend, und dazwischen heimlich Stoßgebete für ihr Leben gen Himmel schickten.

Wie sie aus dem Gehölz herauskamen, sahen sie die Festung am Horizonte wie einen schweren grauen Dunst vor sich liegen. Er könne Tilly nicht genug danken, sagte Schauenburg, dicht neben dem General reitend, dass er selbst gekommen sei; als er ihn erblickt habe, sei ihm so ums Herz geworden, als wenn er seines Heilands ansichtig würde. Wie Tilly helfen solle, könne er sich zwar nicht einbilden, der Schaden sei zu groß. Es müsse früher oder später zu einer Hauptkatastrophe kommen. Aber Tillys Zeugnis, dass er nicht des Eifers ermangelt habe, würde man wenigstens Glauben schenken.

Wie das nur möglich sei! sagte Tilly. Wie es möglich sei! Der Kaiser glaube über ein Heer zu gebieten, dessengleichen die Welt noch nicht gesehen habe.

Listen von 20 000 Mann hätte er bekommen, erzählte Schauenburg; aber kaum 4000 wären aufzutreiben gewesen, und niemand wisse, wo die andern geblieben wären. Er hätte nach den Unteroffizieren gefragt: es sei keiner dagewesen, Wachtmeister ebenso wenig; in einer Schenke waren drei Leutnants gewesen, die hätten besoffen hinter der Ofenbank vorgezogen werden müssen, andere lägen Tag und Nacht bei den Dirnen. Die gemeinen Soldaten bettelten auf den Gassen und sähen zerlumpter und jämmerlicher aus als mancher Bettler an den Kirchentüren.

Tilly beklagte die Unglücklichen; Hunger, Frost und Krankheit wären Würmer, die auch brave Herzen faul machten. Ein anderes sei es mit den Offizieren, wenn die verdürben, fehle es am Kern.

Er habe, sagte Schauenburg, vom Seinigen vorgeschossen, um das Heer vorderhand zu fristen und auch einigermaßen instand zu setzen, das sei nun aber auch schon aufgegangen.

Geld bringe er mit, sagte Tilly, aber damit allein könnten so viele Löcher auch nicht gestopft werden. Er habe vernommen, fuhr er nach einer Pause fort, dass der Schwede lauter kräftige, fröhliche Leute mitgebracht habe. Er halte gute Manneszucht, und an Geld fehle es bis jetzt nicht. Die Augen des alten Generals schweiften über die gefrorene Fläche, an die sich hie und da ein blätterloser Strauch klammerte; die starren schwarzen Ränder der ausgefahrenen Geleise zogen wie kleine Gebirgsketten über die Straße. »Wie sollen da die Leute marschieren, die zum Teil keine Schuhe an den Füßen haben!«, sagte Schauenburg.

Tilly schwieg; da sei nirgends eine Hoffnung, dachte er; so sei es im Alter, dass das Laub nacheinander verdorre und abfalle, nichts mehr übrig bleibe von irdischer Lust, Schönheit und Ehre. Es werde so kommen, dass er sein gutes blankes Schwert verlieren und mit einem schlechten, stumpfen, unehrlichen Messer werde vertauschen müssen. Zur Niederlage werde Schimpf kommen und Hohn.

Schauenburg fing an auf Wallenstein zu schelten: er gleiche einer Hausfrau, die bei Fest und Tanz in Atlas und Brokat stolziere und Bewunderung und Schmeichelei einheimse, bei der aber Küche und Kammer wie ein Schweinestall, Knechte, Mägde und Kinder voll Dreck und Läuse wären.

Tilly sagte, weil er das Heer so stark hätte anschwellen lassen, hätte er die Übersicht verloren. Die Offiziere hätte der hohe Sold verdorben; denn die Menschen wären einmal zu schwach, als dass man sie der Versuchung aussetzen dürfte. Nun, da der Knäuel völlig zerzaust sei, hätte man ihn abgesetzt, und er sei der Verantwortung und des Tadels ledig.

Es könne leicht abgekartetes Spiel sein, meinte Schauenburg. Vielleicht halte er es mit dem Schweden, oder aber er habe vorausgesehen, dass das Unwesen im Heere offenkundig werden müsse, nun er es mit einem mächtigen Feinde zu tun bekomme.

Allerlei wunderliche Gedanken stiegen in Tilly auf über das, was ihm von Wallenstein während des Herbstes widerfahren war. Auf seine vielfältigen Bitten, Wallenstein möge verstatten, dass er das kaiserliche Heer aus Mecklenburg mit Getreide verproviantiere, hatte er stets freundlich und willfährig geantwortet; aber mit der Tat war niemals entsprochen worden, vielmehr hatte sein Statthalter alles Korn außer Landes verkaufen müssen, und trotz alles vorhandenen Überflusses und aller Versprechungen hatten seine Soldaten darben müssen. Wie, wenn anstatt dessen der Schwede sich der Zufuhr zu erfreuen gehabt hätte? Jedenfalls aber sei es ihm zugute gekommen, dass die Kaiserlichen Mangel litten. Wieder und wieder musste er darüber nachdenken, wie das aufzufassen sei: ob Wallenstein nur ihm als seinem Nachfolger und gleichsam Nebenbuhler einen Tort zufügen oder ob er aus Begünstigung des Reichsfeinds und etwa verborgener Rachsucht dem Kaiser schaden wollte. Von diesen Sorgen und Argwohn ließ er jedoch nichts verlauten und sagte zu Schauenburg, freilich sei denen wohl, die des Kriegs überhoben wären; allein sie hätten die Last auf sich genommen und müssten nunmehr ausharren, der Ausgang sei, wie er wolle. Auch wollten sie die Untergebenen ihre Bedenklichkeiten nicht merken lassen, sondern so viel als möglich frischen Mut zeigen, damit nicht die gemeinen Soldaten eine Witterung bekämen, als würden sie zur Schlachtbank geschleppt, und, eh es noch zur Aktion käme, ausrissen.

Der junge Graf Adam Erdmann Terzka hatte Wallenstein zur Taufe seines neugeborenen Sohnes eingeladen und stand mit seinen Eltern an einem Fenster seines Schlosses Opotschna, die Ankunft des hohen Gastes erwartend; durch die kahlen Bäume konnten sie die Landstraße sich die Anhöhe, auf der die Burg lag, hinaufschlingen sehen. Ob er auch wirklich kommen werde?, sagte der alte Graf; den Wechsel der Laune betreffend, sei er ja ärger als Wind und Wetter. Das meinten nur diejenigen, entgegnete Graf Adam, die nicht mit ihm vertraut wären und seine Intentionen nicht kennten. Er wolle seinen Kopf verwetten, dass er komme, ihm sei viel daran gelegen, mit den böhmischen Herren in gutem Vernehmen zu bleiben.

Nun, sagte die alte Gräfin, so wolle sie ihn bei dieser Gelegenheit einmal zum Reden bringen. Mit Träumen und Wünschen werde nichts gefördert, es müsse einmal etwas Erkleckliches beschlossen werden.

Ihr Sohn wendete sich hastig gegen sie und beschwor sie, sich sorgsam zurückzuhalten, mit Vordringlichkeit könne sie alles verschütten. Man dürfe ihm nicht geradezu mit einer Sache auf den Leib rücken, sonst wiche er zurück, es müsse alles gleichsam von ungefähr an ihn herankommen. Er sei scheuer als ein Vogel.

Was ihm einfalle, ihr so übers Maul zu fahren!, sagte die alte Gräfin. Sie werde es schon mit guter Manier anbringen. Das Gestikulieren im Nebel sei lauter Vanität, wer es redlich meine, scheue das Licht nicht.

Sie hatten über diesem Gespräche das Ausgucken vergessen und wurden von der jungen Gräfin, die in einem anstoßenden Zimmer gewesen war, auf das Herannahen Wallensteins aufmerksam gemacht. Terzka gab seinen Eltern einen Wink, den Gegenstand in Anwesenheit seiner Frau nicht zu verfolgen, und eilte dann fort, um den Herzog zu empfangen, indes die anderen den fürstlichen Aufzug betrachteten. Berittenen, die die Wallensteinische Livree trugen, folgte seine vierspännige Kutsche und dieser eine Reihe von Wagen mit der Bedienung und dem Reisegepäck. »Wir haben auf Eure Fürstliche Gnaden wie auf unseren Messias gewartet!«, rief die alte Gräfin begeistert bei der Begrüßung. Das sei viel Ehre für einen podagrischen alten Mann, antwortete Wallenstein scherzend; was er aber für sie tun könne, ohne Hand und Fuß zu rühren, wolle er nicht unterlassen.

Da die Terzkaschen lebhaft sein gutes Aussehen rühmten, sagte er, das sei kein Wunder, nachdem er so lange schon der Ruhe pflege. Er bringe als ein ausgedienter Soldat seine Zeit in den Bädern und auf dem Lotterbett zu.

Ja, sagte die alte Gräfin, wunderlich sei es, bei währender Feuersbrunst den Löscheimer abzuschaffen.

Am folgenden Tage, der der 16. Februar war, wurde in der Schlosskapelle die Taufe gefeiert, wobei auch Wallenstein gegenwärtig war und den Eltern des Kindes für dasselbe eine mit goldenen Dukaten gefüllte Kassette überreichte. Beim Bankett wurde von Gustav Adolf gesprochen und ob es Tilly gelingen werde, seinen Marsch aufzuhalten. Für einen alten Hofhund, sagte Wallenstein, verteidige er sein Gut ganz wacker, müsse ja einen langen Zaun auf und ab laufen. Die Gesellschaft lachte, und es wurde weiter erwogen, ob Gustav Adolf nach Wien oder nach Prag ziehen werde.

Das wäre ein auserlesenes Vergnügen, meinte die Gräfin Kinsky, Adam Erdmanns Schwester, die beiden vornehmsten Helden des Zeitalters beieinander zu sehen. Ihr Bruder warf einen besorgten Blick auf Wallenstein, ob ihn diese Bemerkung gekränkt habe, und fügte rasch hinzu, der König von Schweden verdanke seine Größe bis jetzt der Kleinheit seiner Feinde; er, der König, habe selbst vertraulich geäußert, der Regensburger Reichstag habe ihm ein Brett ins Meer gerückt, sonst wäre er zuletzt doch zu kurz gesprungen.

Im Laufe des Mahles, das unerschöpflich an delikaten Schüsseln war, wobei aber aus Rücksicht auf den Herzog mit dem Trinken zurückgehalten wurde, ereignete es sich, dass die junge Gräfin Terzka, eine geborene Harrach, auf die gegenüberliegende Wand blickend, ihren Schwiegervater fragte, warum er dem Bildnis des Kaisers gegenüber einen freien Platz gelassen habe? Ob ein Bild der Kaiserin oder des Königs von Ungarn dahin solle?

Nein, antwortete der alte Graf, den Platz habe er für ein Bild des Königs von Böhmen freigelassen.

Die Gräfin, eine zierliche blonde Dame, machte große Augen und sagte erstaunt, der Kaiser und der König von Böhmen wären ja dieselbe Person; worauf der alte Graf, laut lachend und mit den Augen zwinkernd, sagte, die Personen wären wohl dieselben, aber die Sache wäre eine andere, und er, als ein Böhme, liebe den Kaiser, der das Reich angehe, nicht so wie seinen König.

Als nach dem Essen die Männer mit der alten Gräfin in einem Seitenkabinett saßen, wo man sich, nicht mehr durch die Dienerschaft gestört, freier herauslassen konnte, seufzte die Alte, ach, warum ihr Sohn auch eine solche Gans geheiratet hätte! Der Herzog möge ihr die ungewaschene Rede verzeihen, denn sie sei ja seine Schwägerin, aber sie, die Alte, könne einmal nicht dissimulieren.

Für eine Frau sei sie recht und gefalle ihm auch ganz wohl, entgegnete Wallenstein; mit ihr, der alten Gräfin, sei es etwas anderes, sie wäre wert, ein Mann zu sein.

»Wenn ich einer wäre«, sagte sie schnell, »säße ich nicht hier.« Freilich, fuhr sie fort, seitdem der Herzog da sei, möchte sie mit niemandem tauschen. Es nehme sie nur Wunder, dass ihr Mann nicht eifersüchtig sei, sie habe kürzlich sogar von ihm, Wallenstein, geträumt. Er habe die alte böhmische Krone auf dem Haupte getragen, das Zepter gehalten und in allen Dingen wie ein rechter König von Böhmen ausgesehen.

Würde der Traum wahr, sagte Wallenstein, der sich sehr behaglich zu fühlen schien, so sollte sie sein Kanzler sein.

Seine Frau träume oft wahr, fiel der alte Graf eifrig ein; Anno 1611 hätte sie dreimal hintereinander von einem breiten schwarzen Sumpf geträumt, durch den sie gewatet sei, immer tiefer, das letzte Mal sei ihr das Wasser bis an den Hals gestanden. Daran hätten sie hernach oft denken müssen.

Ob sie denn etwa glaubten, sagte Wallenstein, der Kaiser werde ihm die böhmische Krone zum Namenstage schenken?

Darauf brauchten sie nicht zu warten, rief Adam Erdmann; der böhmische Adel hätte dabei auch ein Wörtlein mitzureden.

Und dann sei auch der König von Schweden da, fügte die Gräfin hinzu.

Wallenstein blickte sinnend auf seine bleichen Hände. Ja, dass er es könnte, sagte er langsam, wolle er wohl glauben. Es sei da aber noch manches zu bedenken.

Der Kaiser habe sich nicht lange bedacht, sagte Adam Erdmann, dem Herzog unverdienten und unerträglichen Schimpf und Despekt anzutun.

Er vergäße das nicht, sagte Wallenstein. Jenes Band sei abgerissen und könne nimmermehr geknüpft werden. Der Kaiser bilde sich ein, seine Diener wären wie Hunde, ließen sich durch einen Tritt fortjagen und kämen nach einer Weile schwänzelnd wieder gelaufen. Es sei ihm kürzlich hinterbracht worden, der Kaiser fürchte, völlig in die Gewalt des Bayern zu geraten, und wünsche sehnlich, der Friedländer möchte ihn wieder heraushauen. Aber er wolle ein Hundsfott sein und die Hand sollte ihm vom Leibe faulen, wenn er je wieder das Schwert für den Kaiser zöge. Der Kaiser solle lernen, eines Kavaliers Ehre zu respektieren.

Alle stimmten bei und brachen in Klagen über die Undankbarkeit des Kaisers aus. Er wäre ja um Land und Leute gekommen, wenn Wallenstein nicht gewesen wäre. Viele könnten es nicht fassen und würden fast an ihm, Wallenstein, irre, dass er zu einem solchen Streich stillgehalten habe.

Wallenstein lachte leise. Die Rache, sagte er, sei wie ein edler Wein und werde umso feuriger, je später man ihn schlürfe.

Am späten Abend kam noch ein Gast auf die Burg, den Graf Adam freudig begrüßte und zunächst in ein abgesondertes Zimmer führte: Sesyma Raschin, ein böhmischer Flüchtling aus dem niederen Adel. Wallenstein pflege eben der Ruhe, sagte Terzka, und dürfe nicht gestört werden. Aber er habe gute Nachrichten, die Sachen ständen gut, Wallensteins Zorn wegen der Absetzung habe keineswegs nachgelassen, er werde eine

Gelegenheit, sich am Kaiser zu rächen, gern ergreifen, nur müsse es etwas Großes und Absonderliches sein. Wenn der König von Schweden den ersten Schritt tun wollte, so würde er Wallenstein bereit finden. Wo der König sich zurzeit befinde?

Er sei im Mecklenburgischen, erzählte Raschin. Dass er einen Vertrag mit Frankreich abgeschlossen habe, werde Terzka schon bekannt sein; danach müsse der König von Frankreich bezahlen, dürfe dem Schweden aber nicht dreinreden. An Geld fehle es also nicht, aber die Saumseligkeit und Unlust der evangelischen Kurfürsten mache Gustav Adolf zu schaffen. Er werde Wallensteins Hilfe gewiss ergreifen, habe eine hohe Meinung von ihm.

Und wie er die böhmischen Genossen in Sachsen und anderswo gefunden habe?, fragte Terzka.

Da herrsche überall die größte Bereitwilligkeit, sagte Raschin. Der Hrzan, Sommersfelde und Berkofsky wollten dem König von Schweden mit ihrem Vermögen beispringen, andere, so der Bubna und der alte Graf Thurn mit seinen Söhnen, in schwedischen Dienst treten. Der alte Graf Thurn gebärde sich wie närrisch, habe gesagt, die Hoffnung auf das Vaterland quelle wie ein Jungbrunnen durch seine Glieder. Nur den Wallenstein betreffend fehle es noch am rechten Glauben.

»Sie kennen ihn alle nicht, wie ich ihn kenne«, sagte Terzka. Er stehe Bürge für ihn. Der Herzog sei keineswegs ein solcher Tyrann, als welchen ihn seine Feinde verschreien wollten. Gegen getreue Anhänger sei er gut und verschwenderisch, teile ihnen mit vollen Händen aus, er vermöge es ja. Er sei gewiss des Adels Feind nicht, nur auf die Übergriffe der Fürsten passe er scharf.

Raschin erzählte weiter, keiner sei so eifrig, gutwillig und unermüdlich wie der alte Thurn, seiner bedürfe man durchaus zum Verhandeln. Wenn da nur nicht ein alter Hader im Wege wäre, den er mit des Terzka Mutter hätte!

Ja, er wisse warum, sagte Adam Erdmann, es handle sich um eine Schuld, und seine Mutter sei böse, weil der alte Thurn darauf poche, als ein armer Flüchtling brauche er sie nicht zu erstatten. Der alte Thurn bilde sich allzu viel darauf ein, dass er evangelisch geblieben sei, und habe doch gar kein Verdienst daran, da er ja sowieso seine Güter hätte verlieren und exulieren müssen. Ferner hätte er seinen, Adam Erdmanns, Bruder so an sich gezogen, dass derselbe ihn und seine Eltern wegen des Glaubenswechsels hart angelassen und ungebührlich den Prediger bei ihnen gemacht hätte, sodass fast eine Rebellion im Hause ausgebrochen wäre. Dass sein Bruder Böhmen verlassen und französischen Dienst angenommen hatte, sei auch des alten Thurn Werk gewesen. Dies alles würde seine Mutter aber nicht nachtragen, wenn es die gute Sache gelte. Spüre sie bei jemandem eine rechte Affektion zu dem heiß geliebten, verwüsteten böhmischen Vaterlande, so nehme sie denselben im Herzen als ihren Sohn an, ohne übrigens nach seinem Katechismus oder Vermögen zu fragen.

So habe Graf Thurn trotz der Verfeindung sie auch geschildert, sagte Raschin, als eine heroische Frau und rechte böhmische Mutter. Wenn der Herzog von Friedland eines Sinnes mit ihnen sei, so würden die verstoßenen Söhne gewiss bald wieder in die teure Heimat einziehen können.

Die Landung des Königs von Schweden wurde vom Kurfürsten von Sachsen als eine auf ihn gemünzte Beleidigung angesehen, als sei er, das Haupt der Evangelischen im Reich, nicht allein Manns genug, ihren Sachen vorzustehen. Dass er das, und zwar besser als jener, verstehe, beschloss er aller Welt zu zeigen; denn freilich sei es nun nicht anders, als dass dem Kaiser einmal ein Ernst gezeigt werden müsse. Er hatte sein Missfallen wegen des Restitutionsediktes deutlich ausgedrückt; aber der Kaiser hatte es nicht verstehen oder anderen zuliebe nicht berücksichtigen wollen. Mit trotzigen, ungehorsamen und geringen Ständen, sagte der Kurfürst, möge es der Kaiser immerhin scharf treiben; dass er jedoch mit Beiseitesetzung seines, des Kurfürsten, Sohnes August seinen Sohn Leopold in das Stift Magdeburg setzen wolle, das habe ein bedenkliches Ansehn; und wenn der Kaiser in solcher Willkür nicht gehindert werde, so könne leicht das Reich darüber zugrunde gehen. Es sei etwas anderes mit dem Brandenburger Christian Wilhelm gewesen, den habe das Domkapitel nicht leiden wollen, sein Sohn August hingegen sei ordentlich gewählt worden, wo also da für den Leopold Platz sei?, von seinem katholischen Bekenntnis nicht zu reden. Zwei verschiedene Brillen könne man einem nicht auf die Nase setzen, sonst sehe er zuletzt gar nichts mehr. Es sei auch nicht zu leugnen, sagte er zu seinem Hofprediger Hoë, dass er, Hoë, die römische Posaune allzu fleißig geblasen habe, er solle nun einmal in das evangelische Horn stoßen und zeigen, dass es nicht rostig geworden sei.

Diesem Befehl zufolge eröffnete der Hofprediger die nach Leipzig ausgeschriebene Versammlung evangelischer Fürsten durch eine scharfe Predigt über Psalm 83: ›Gott, schweige doch nicht also und sei doch nicht so stille; Gott, halte doch nicht so inne! Denn siehe, deine Feinde toben, und die dich hassen, richten den Kopf auf. Tue ihnen wie den Midianitern, wie Sisera, wie Jabin am Bach Kison, die vertilget wurden bei Endor und wurden zu Kot auf Erden. Mache ihre Fürsten wie Oreb und Seeb, alle ihre Obersten wie Sebah und Zalmuna.‹

Dann sagte er, wie der einäugige Zyklop dem Odysseus versprochen habe, ihn zuletzt zu verspeisen, so denke auch der Papismus die Lutherischen nicht zu verschonen, sondern nur zuletzt zu verschlingen, er habe den Rachen immer offen, die Kalvinischen füllten seinen unersättlichen Bauch nicht, und wenn dieser abgöttische Moloch einem schöne Worte gäbe, so sei das nur ein süßer Schleim, den er einem anstreiche, damit der Bissen sich desto glatter schlucken lasse. »Auf, auf, du Häuflein«, rief er, »rüste dich, gürte dich, dass du nicht wehrlos überfallen werdest! Sei nicht schläfrig, sei nicht wollüstig, lass dich nicht übereilen! Den wackeren Krieger wird der Herr ansehn; aber die Faulen und Lauen sollen ausgerottet werden!«

Diese Predigt erregte große Verwunderung, und manche meinten, Gustav Adolf müsse dem Hofprediger die Räder gut geschmiert haben, dass er so geschwind laufe. Es entstand ein Gemurmel, der Kurfürst werde sich an die Spitze eines neu geworbenen Heeres stellen, geradeswegs auf Wien ziehen und den Kaiser zwingen, entweder das Restitutionsedikt aufzuheben oder vom Throne zu steigen. Dem Kurfürsten schien es, als sei bereits etwas zu weit gegriffen, und vorzüglich wenn er einen Teil seiner Gäste betrachtete, den Landgrafen von Hessen und die Weimaraner, seine Neffen, lauter junge Hähne, die verzweifelt im Sande scharrten und nach einem guten Misthaufen ausschauten, wo man ihre Aufgeblasenheit sähe und bewunderte, hielt er es für nötig, ihr Ungestüm zu dämpfen. Als er den Konvent eröffnete, sagte er, dass er den schwedischen Gesandten, der sich habe einfinden wollen, nicht vorgelassen habe; denn der König von Schweden sei ein Reichsfeind, und gehorsame Reichsfürsten könnten

sich füglich nicht mit ihm einlassen. Er wolle auch, bevor geeignete Maßnahmen zum Schutze der Religion und Libertät verabredet würden, noch
einmal feststellen, dass er unerschütterlich in der Devotion des Kaisers zu
verbleiben gedenke. Von den altheiligen Grundsätzen, in denen sein er-
lauchtes Haus und seine in Gott ruhenden Vorfahren groß geworden wären, wolle er niemals abweichen. Freilich wären die Zeitläufte so böse,
dass er einige Fähnlein habe anwerben müssen, um Hab und Gut seiner
armen Untertanen vor räuberischen Söldnern zu schützen; aber er hoffe,
weder der Kaiser noch andere Potentaten und Fürsten, ausländische und
einheimische, bildeten sich ein, es sei dies als eine feindliche Aktion wider
das Reichshaupt anzusehen.

Nach einer Pause nahm Landgraf Wilhelm von Hessen das Wort und
sagte, mit einem solchen Grundsatz binde sich der Konvent von vornherein die Hände. Wie man sich gegen die Übergriffe des Kaisers wehren
und zugleich in kaiserlicher Devotion bleiben wolle, vermöge er nicht
einzusehen.

Er habe den Konvent einberufen, sagte Johann Georg, um die alte Vertraulichkeit zwischen den Reichsständen wieder herzustellen; das könne
nicht geschehn, wenn man mit Spieß und Schwert drohe. Mit vehemen-
ten Entschlüssen sei überhaupt niemals etwas auszurichten.

Mit halben Entschlüssen noch weniger, sagte Landgraf Wilhelm. Man
sei doch übereingekommen, dass die Religion in Gefahr stehe und dass
viele Fürsten die Hälfte ihres Landes durch das Restitutionsedikt einbüßen würden.

Er wolle gewiss nicht zusehen, sagte der Kurfürst, dass die Augsburgische Konfession ausgerottet werde. Wenn es dazu komme, dann sei es
Zeit, aufzubrechen.

Wenn die Religion ausgerottet sei, sagte Landgraf Wilhelm, nütze das
Kriegführen nicht mehr, dann könne man vielmehr einen Spaten nehmen
und sie begraben.

Man müsse das eine tun und das andere nicht lassen, sagte der Kurfürst. Man müsse nicht immer ein Wolf oder immer ein Lamm oder ein
Hase sein; der feine Diplomat müsse bald dieses, bald jenes Pelzlein überziehen können und dadurch die Politiker irreführen. Es sei genug, dem
Kaiser einmal die Wolfszähne zu weisen; aber so gröblich brauche man es
nicht zu nehmen.

Bei den Gastmählern ließ sich der Kurfürst zuweilen ein wenig mehr aus und erzählte, wie er den Grafen Trauttmansdorff empfangen habe, den der Kaiser nach Dresden geschickt hatte, um ihn Wegen des Restitutionsediktes zu begütigen. Er habe sich nämlich eigens zuvor hingesetzt und auf dem Kamme geblasen, und nachdem er des Trauttmansdorff Begrüßung entgegengenommen, habe er gefragt: »Kann Er, mein lieber Graf, auch auf dem Kamme blasen?«, worauf der Graf etwas verlegen geworden sei und angefangen habe, sein Sprüchlein aufzusagen, der Kaiser habe ungern vernommen, dass der Kurfürst einen Argwohn wider ihn gefasst habe, und so weiter. Er habe ihn eine Weile reden lassen und dann gesagt: »Wenn Er es nicht versteht, mein lieber Graf, so will ich Ihm eins blasen«, und habe geblasen: »Erhalt uns, Herr, bei deinem Wort, deutlich und richtig, welches Liedlein papistischen Ohren bekanntlich vor allen unleidlich sei, bis der Graf sich ganz desperat empfohlen habe.

War aber einmal ein kräftiger Satz zu einem Brief an den Kaiser aufgeschrieben worden, so verlangte er allemal eine gelinde Klausel anzuhängen; denn, sagte er, die Bestie müsse doch ein Schwänzlein haben, an der man sie etwa wieder zurückziehn könne.

»So kommen wir nicht weiter!«, rief Herzog Bernhard entrüstet. Wolle der Kurfürst dem Kaiser predigen, so solle er den Hoë nach Wien schicken, wolle er aber kämpfen, so ihn mit dem Schwert.

»Rühme dich auch noch, ein Söldner zu sein!«, sagte der Kurfürst. Was ihn betreffe, so sei er kein Schnapphahn, sondern ein vornehmer Reichsfürst und müsse sich danach halten.

»Es ist nicht meine Schuld«, sagte Bernhard höhnisch, »dass ich und meine Brüder ärmer sind, als unsere Väter waren.«

»Sieh dich vor«, sagte der Kurfürst, »dass ich dir nicht einmal derb übers Maul wische; denn das steht mir als deinem Oheim und Vormund zu.« Wenn sie sich durch ihr unbesonnenes Dreinfahren in den Sumpf gebracht hätten, dann müsse er heran und helfen, wie damals, als Wilhelm als kaiserlicher Gefangener in Wien gewesen sei und er ihn habe losbitten müssen, was er dann ihm und kaiserlicher Majestät übel gedankt habe.

In vollem Unmut reisten Landgraf Wilhelm und Herzog Bernhard ab, bevor es zum Schlusse gekommen war, und auch dem Kurfürsten wurde der Aufenthalt sehr verleidet durch den Umstand, dass ein Pomeranzenhändler, der auf der Straße seine Früchte feilgeboten hatte, von der Pest befallen wurde und innerhalb einer Stunde verschieden war. Johann Georg führte beim Magistrat Klage, dass dergleichen fremdes Gesindel in die Stadt eingelassen würde, wodurch ganz Leipzig über sein Stadtgebiet hinaus verseucht werde. Der Magistrat erwiderte, es sei doch niemals und nirgends Sitte gewesen, dass man allen Ausländern die Stadt verschließe, würde sich auch mit der Leipziger Messfreiheit schlecht vertragen. Da kämen Händler, Musikanten, Künstler und Quacksalber aller Art aus mancherlei Ländern, an denen sich der Kurfürst auch zu belustigen pflege. Das sei keine Entschuldigung, antwortete der Kurfürst, man solle der Sache besser auf den Grund gehen. Wenn noch mehr dergleichen Pomeranzenhändler in der Stadt wären, sollten sie ausgewiesen werden, er könne sein fürstliches Leben nicht aussetzen.

Am 12. April kam der Leipziger Schluss zustande in der Form, dass sich alle seine Mitglieder in wehrhafte Verfassung setzen wollten, um sich vor den Ausschreitungen der kämpfenden Heere zu schützen; dass aber solche Rüstungen nicht gegen den Kaiser gemeint wären, in dessen Devotion sie getreulich verbleiben wollten.

Zu Anfang April waren fast alle Außenwerke der Festung Magdeburg von den Kaiserlichen eingenommen. Zwei Ratsherren, deren einer Otto von Gericke war, gingen mit dem Marschall Dietrich von Falkenberg, den Gustav Adolf im November des vergangenen Jahres nach Magdeburg geschickt hatte, um als sein Vertreter die Leitung des Kriegswesens in die Hand zu nehmen, auf den südlichen Wall und versuchten durch den stark und gleichmäßig fallenden Regen nach den Schanzen hinüberzusehen. Die Windmühle werde von den Schanzen aus bestrichen, sagte Gericke, es könne nicht mehr dort gearbeitet werden. »Um Geld finden sich wohl noch ein paar Waghalsige, die das Leben daransetzen«, sagte Falkenberg, »das ist die kleinste Sorge. Brot haben wir noch eine Weile.«

Gericke sagte, er hätte nicht gedacht, dass die Außenwerke so schnell fallen würden; freilich sehe er jetzt, dass sie nur aus Sand gemacht gewesen wären. Wie hatte er sie anders machen sollen, entgegnete Falkenberg, da die Zeit gedrängt hatte und niemand hätte arbeiten wollen? Die Zollschanze würde nun auch nicht mehr zu halten sein.

Die Ratsherren erbleichten: »Dann liegt die Stadt dem Feinde offen, sagte Gericke. Dass die Stadt im Süden unbefestigt sei, hätten sie ja doch gewusst, sagte Falkenberg. Es sei das Beste, die Zollschanze gutwillig zu verlassen, wenn man sie doch nicht halten könne.« »Herr Marschall«, sagte Gericke, »so legen wir selbst das Haupt auf den Block.« Ob man ein Werk halten könne, ohne zu schießen?, rief Falkenberg heftig. So sei es aber; wenn es zum Sturme komme, würden sie kein Pulver mehr haben.

Nach einem langen Schweigen fragte Gericke, ob Falkenberg keine Botschaft mehr vom Könige gehabt habe? Nein, sagte Falkenberg, seit etwa vierzehn Tagen nicht mehr. Die Verheißungen des Königs seien aber so bestimmt gewesen, dass er immer noch auf Entsatz rechne.

Man möchte das Wort doch noch einmal bekräftigt haben, sagte der andere Ratsherr, Vielleicht wisse der König nicht, wie gefährlich ihre Lage sei. Sie wollten alles aufbieten, um einen Boten zu ihm gelangen zu lassen, der ihm ihre Not vor Augen stellte.

Eine geeignete Person fand sich in dem Advokaten Hermann Cummius, einem leichtsinnigen, prahlerischen und unordentlichen Manne, der das Abenteuerliche dem Alltäglichen vorzog. Da er bei Nacht aufbrechen wollte, um sich in der Dunkelheit durch das feindliche Lager zu schleichen, brachte er den Abend im Gasthause mit guten Freunden zu, unter denen mehrere Geistliche und auch Frauen waren. Er trank viel und sagte, die Hauptsache sei, dass er einen ordentlichen Rausch habe; denn die Berauschten gingen so sicher wie die Nachtwandler. Er erzählte von vielen Gelegenheiten, wo er durch Trunkenheit einem Unfall entgangen sei; einmal, sagte er, sei er sogar im Rausch in das Schlafzimmer eines schönen Frauenzimmers hinein- und vor Tagesanbruch wieder herausgekommen, ohne dass der Ehemann oder sonst jemand ihn erwischt hätte. Es wurde ihm denn auch eifrig zugetrunken, und als er aufbrach, wurde er mit Umarmungen, Tränen und Segenswünschen entlassen. Eine Frau drängte ihm als Amulett ein Fingerknöchlein von einer der elftausend Jungfrauen auf, welches er zuerst nicht nehmen wollte, da er kein Papist sei, endlich aber doch ihr zuliebe behielt und um den Hals hängte.

Nach etwa acht Tagen kam er zurück und berichtete, er habe den König zu Frankfurt an der Oder selbst gesehen und gesprochen.

Derselbe habe ihn freundlich aufgenommen und wegen seines Mutes hoch belobt, ihm auch eine stattliche Belohnung versprochen und gesagt, die Stadt Magdeburg solle nicht verzagen, er werde ihr königlichen Entsatz bringen und unfehlbar vor Anfang Mai da sein. So lange solle sie aushalten um jeden Preis. Dem Rat und dem Marschall von Falkenberg berichtete er insgeheim, er habe den König merken lassen, dass der Rat schnellerer Hilfe von ihm gewärtig gewesen sei, worauf er verlegen oder ungeduldig geantwortet habe, er habe sich das Ding auch anders vorgestellt, der Administrator habe alles überstürzt, ehe es reif gewesen, er müsse doch einen Schritt vor den andern setzen, könne nicht fliegen. Es habe ihm, Cummius, so scheinen wollen, als sei der König kein so verliebter Freier, wie die Jungfrau Magdeburg sich einbilde, sondern wolle vorher noch ein oder das andere Schäferstündchen abhalten oder denke, sie könne ihm doch nicht entgehen. Er möchte nur wünschen, dass ihm nicht ein anderer zuvorkomme, der der Braut weniger willkommen sei.

Am 4. Mai brachte ein Trompeter aus dem feindlichen Lager Briefe Tillys an den Rat der Stadt Magdeburg, an den Marschall Falkenberg und an Christian Wilhelm, in denen er sie zum Gehorsam gegen den Kaiser ermahnte und gütlichen Akkord anbot. Wenn sie in ihrem Eigensinn und Ungehorsam verharrten, werde er zum Sturm schreiten müssen und wolle dann für die Folgen entschuldigt sein.

Das Ende des Monats sei nun vorüber, sagte der Ratsherr Gericke, und der König nicht gekommen. Sie würden nun, um die Stadt nicht dem Ruin auszusetzen, dennoch daran denken müssen, zu akkordieren. Derselben Ansicht waren die anderen Ratsherren; der Bürgermeister Martin Braun meinte, sie könnten die Vermittlung des Kurfürsten von Sachsen und der Hansestädte nachsuchen, darauf werde Tilly eingehen, und es werde Zeit damit verfließen, so hätten sie eine Frist gewonnen, in der der König doch noch ankommen könne.

Zu später Abendstunde ging Christian Wilhelm zum Kloster der Liebfrauenkirche und suchte den Priester Sylvius auf, der nach der Restitution dort eingezogen war. Dieser empfing den Markgrafen freundlich und herzlich, schon vermutend, was er im Sinne hätte, sagte, dass ihm die Sendung des Trompeters wohlbekannt und dass er in Unruhe sei, ob die Stadt nun endlich zur Pflicht zurückkehre; denn sie müsse doch einsehen, dass sie von dem Schweden betrogen sei und dass es jetzt um Leib und Leben gehe.

Ja, sagte Christian Wilhelm, die Lage sei böse, und er werde zu spät inne, dass er den Menschen zu viel vertraut habe. Da sei der Schneidewind, der abscheuliche Verräter, der sich gestellt habe, als wolle er Kaiserliche und Ligisten miteinander auffressen, und der nun zum Pappenheim übergegangen sei; da sei der Falkenberg, dem er sich immer bescheidentlich nachgestellt habe, als einem erfahrenen Manne, obwohl er doch ein Fürst sei, der halte mit seinen Gedanken zurück, niemand wisse seine wahre Meinung, außer dass er brause und koche wie ein speiender Berg, wenn man von Zweifeln oder Vernünftigkeit oder Akkordieren rede. Er, Christian Wilhelm, sei ein gerader deutscher Mann, der es gut mit jedem meine und immer das Rechte gewollt habe, und sei sich so vielfacher Bosheit und Untreue nicht vermuten gewesen. Da habe er Glück und Reputation an die Stadt Magdeburg gewagt, und nun sei er verachtet und verlassen, und die Schuld des Unglücks werde ihm zugeschoben; die feige, wankelmütige Stadt sei eines solchen Opfers nicht wert.

Wenn er reden und raten dürfte, sagte Pater Sylvius, so wolle er nicht verhalten, dass der Markgraf geirrt habe, wenn auch aus großmütiger Gesinnung. Er hätte dem Kaiser, seinem Herrn, nicht ungehorsam werden und sich mit fremden Potentaten nicht einlassen sollen. Des Kaisers Klemenz sei weltbekannt, es sei noch immer nicht zu spät zur Umkehr, den Reuigen werde er mit offenen Armen empfangen, wovon so vielfaches Beispiel sei, als mit dem Fürsten von Anhalt und den Prinzen von Altenburg und Weimar, die die kaiserliche Gnade so schnöde missbraucht hätten.

Das sei alles wahr, sagte Christian Wilhelm, und er habe den Kaiser auch stets geliebt und geehrt und in allen seinen Widerwärtigkeiten treu zu ihm gehalten. Umso mehr habe es ihn gekränkt, dass der Kaiser ihm sein Erzstift genommen habe, das ihm nach Recht und Billigkeit gehöre. Ob Sylvius glaube, dass der Kaiser ihn dabei belassen werde, wenn er jetzt Frieden mit ihm machte?

Das sei nun freilich eine schwierige Sache, sagte Pater Sylvius. Das Erzstift sei durch das Restitutionsedikt der Kirche wieder eingeräumt und sei dem Erzherzog Leopold verliehen. Es sei ja auch nicht einmal in des Kaisers Macht, etwas dazu zu tun, da dem Kapitel die Wahl zustehe. Aber der Kaiser würde ihn gewiss reichlich entschädigen, es fehle ja leider Gottes nicht an konfiszierten Rebellengütern im Reiche.

Das sei weitaussehend und dunkel, sagte Christian Wilhelm, indem er aufstand; wenn er schließlich doch leer ausginge, könne er ebenso wohl bei seinen Glaubensgenossen bleiben. Er wolle es sich noch überlegen.

Auf dem Rückwege von dem Priester ärgerte er sich mehr und mehr, dass er sich so weit herausgelassen hatte. Er hatte erwartet, Pater Sylvius werde voll Rührung und Dankbarkeit sein über die Aussicht, dass er zum Kaiser übertreten wolle, anstatt dessen hatte er ihn, so schien es ihm jetzt, nicht mit der Ehrerbietung behandelt, die einem Reichsfürsten zukomme.

Da er Falkenberg antraf, fragte er diesen, was denn seine Meinung sei, wie Tillys Brief zu beantworten wäre? Was ihn angehe, so wolle er nicht nachgeben; lieber wolle er als evangelischer Christ und Fürst sterben als mit der verfluchten päpstlichen Rotte unterhandeln. Es sei wohl auch noch nicht so weit, dass man verzagen müsse; die Stadt sei ja fest, habe bisher jeder Belagerung widerstanden, und der König könne ja auch jeden Augenblick eintreffen.

Gewiss, sagte Falkenberg; ein Schuft sei, wer seinen Posten verlasse und mit dem Feinde traktiere.

Leider, sagte Christian Wilhelm, dächten nicht alle so. Es gebe viele Verräter in der Stadt. Da wären zum Beispiel die Mönche vom Liebfrauenkloster, die ständen in Verbindung mit den Belagerern, denn sie wüssten alles, was draußen geschehe, und berichteten auch gewiss heraus, wie es drinnen sei.

Dem wolle er sogleich ein Ende machen, sagte Falkenberg, wendete sein Pferd und ritt zum Liebfrauenkloster, trat unangemeldet ein und herrschte Pater Sylvius an, er unterhalte hochverräterische Verbindung mit den Feinden der Stadt.

Wer denn die Feinde der Stadt wären?, fragte Pater Sylvius. Die Stadt beteuere ja beständig, dass sie gut kaiserlich sei, und Tilly sei des Kaisers General.

Er wolle nicht um Buchstaben streiten, sagte Falkenberg rau, die Stadt werde belagert, und wer mit den Belagerern heimlich Brief und Nachricht wechsele, sei ein Hochverräter. Dabei begann er die Kästen, die im Zimmer standen, zu öffnen und die Fächer eines Schreibtisches zu durchwühlen.

Er spiele umsonst den Häscher, sagte Sylvius, werde nichts finden. Er brauche nichts zu finden, um zu wissen, dass die Mönche Verräter wären, sagte Falkenberg mit einem drohenden Blick auf den unerschrockenen

Priester; er werde sie alle in den Kerker werfen lassen, wo sie der Stadt keinen Schaden mehr zufügen könnten.

Von wem der Stadt Schaden widerfahre, werde die Zukunft lehren, entgegnete Sylvius.

»Du hast den Tod verdiente«, fuhr Falkenberg auf, indem er den Priester am Arm fasste, »und sollst ihn von meiner Hand leiden.«

Sylvius lächelte und sagte, indem er freundlich an der hohen Gestalt Falkenbergs hinaufsah, das wäre freilich keine Kunst für einen großmächtigen Ritter, ein kleines wehrloses Mönchlein umzubringen.

Falkenberg ließ ihn los und lachte ein wenig. Nein, sagte er, Sylvius habe recht, er habe andere Taten zu tun. Die Mönche sollten immerhin ihren Gott und ihren Kaiser behalten; aber er warne sie, mit dem Feinde Korrespondenz zu führen, erfahre er das, werde er Maßregeln treffen müssen, sie zu hindern.

Das Volk, das den Marschall aufrecht, mit ernster Miene geradeaus sehend durch die Straßen reiten sah, schöpfte keinen Trost aus seinem blassen Gesicht. Die Kunde von der Ankunft des Tillyschen Trompeters und dem Inhalt seiner Botschaft hatte Schrecken und Angst verbreitet; viele begannen zu ahnen, dass die Stadt in ernstlicher Gefahr schwebe. Im Hinblick auf diese Stimmung der Bürgerschaft sagte der Pfarrer der Ulrichskirche, Gilbert de Spaignart, der am eifrigsten für das schwedische Bündnis gestimmt hatte, eine besondere Predigt an, um die Wankenden aufzurichten.

Er habe vernommen, sagte er, dass die Stadt schwachherzig sei, dass sie aus Angst, Habe und Leben einzubüßen, sich der päpstlichen Tyrannei unterwerfen möchten. Es schmerze ihn bitter, zu denken, dass unter diesen Schwachmütigen auch seine Beichtkinder sein könnten. Wären das Gottes Kinder, die bei der ersten Prüfung irre würden? Wenn nun auch das Äußerste geschähe, die Feinde erstürmten die Stadt, die entmenschten päpstlichen Soldaten plünderten; was können sie denn verlieren? Gold und Goldeswert, Fleisch und Blut, nicht mehr als verweslichen Staub. Was aber setzten sie aufs Spiel, wenn sie mit den Päpstlichen unterhandelten? Ihre unverwesliche Seele. Wer könne da zögern? Aber es sei ja nicht an dem! Sie hätten ja Wort und Brief des Königs von Schweden, dass er sie königlich entsetzen wolle; was zweifelten sie? Sie wüssten ja, dass der Held nur ein paar Tagereisen von der Stadt entfernt sei; er werde schon den rechten Augenblick ergreifen, sich auf den Feind zu werfen und sie zu retten. Er, der Gottesstreiter, wage eine Krone, ein Reich, ein treues Volk, Weib und Kind, Glück und Leben um seine bedrängten Glaubensgenossen im Reich, und sie wollten an ihm zweifeln? Schande über ihre Kleinmütigkeit! Ihr Ausharren werde gekrönt werden, der Held werde sein königliches Wort halten und sie herrlich erlösen.

Das glühende Auge, das aus dem gelben, spitzbärtigen Gesicht des Pfarrers herauszückend die Herzen der Gemeinde zu durchbohren suchte, feuerte die Zuhörer an, sodass sie sich ein wenig gehoben und getröstet fühlten; aber sowie sie zu Hause waren, bemächtigte sich ihrer die Unruhe wieder, die Männer gingen in die Schenken oder auf die Wälle, und auch die Frauen liefen hinaus, um etwas Neues zu hören und nicht allein zu sein.

In die Wirtschaft ›Zur Eierwiese‹ kam in der Frühe, nachdem die Nachtwache auf dem Walle abgelöst worden war, ein großer schwerer Mann und verlangte etwas Heißes zu essen. Während die Wirtin in das Haus ging, um eine Suppe zu holen, setzte er sich auf eine von den langen Holzbänken, die unter Birnbäumen und Pflaumenbäumen im Garten standen, stützte den Arm auf den Tisch und ließ den Kopf in die Hand fallen; dann aß er hastig und schweigend die Suppe, die ihm vorgesetzt wurde. Die Sonne war noch nicht aufgegangen, über das Gras kroch feuchter, kühler Dunst, und man hörte das Zirpen der erwachenden Vögel. Allmählich füllte sich der Garten, einer stieß den schlafenden Mann an, der zuerst gekommen war, und hielt ihm einen Krug Bier hin. Der tat einen Zug und sagte, saufen, saufen sollte man jetzt, bald sei doch alles aus, was nütze die Schinderei, das Hungern und Nachtwachen? Es habe sich ihm in der Nacht angezeigt, dass Magdeburg hin sei. Nachdem er noch einen Zug getan hatte, wurde er vollends munter und erzählte, er habe um zehn Uhr abends die Wache am Südtor bezogen, sei eine Stunde auf und ab gegangen, habe sich dann auf einen Stein gesetzt, das Gewehr fest in der Hand, und nach der zerstörten Vorstadt Sudenburg hinübergeblickt, wo er früher gewohnt habe. Über die schwarzen eingerissenen Mauern weg habe er die Lichter des feindlichen Lagers gesehen, allmählich sei es ganz dunkel geworden, fast als sitze er in einem Fass mit kleinen Löchern, das seien die Sterne gewesen, die am Himmel aufgezogen wären. Auf einmal habe er das Trappeln von Pferdehufen gehört, habe sich erschrocken aufgerichtet und um sich gespäht. Da sei zuerst ein schwarzer Hund vom Krökentore hergekommen, dem die Zunge aus dem Rachen gehangen habe, dann ein Reiter auf einem schwarzen Pferde. Er habe ein spanisches Hütlein mit roter Hahnenfeder getragen, sein Gesicht sei bleich gewesen, übrigens habe er eine krumme Nase und ein spitzes Kinn gehabt. ›Das ist der Tilly!‹, habe er gedacht und, ohne sich zu besinnen, laut gerufen: »Wer da?« Eine hohle Stimme habe wie aus weiter Ferne geantwortet: »Runde um Mitternacht!« Da ihm das Wesen seltsam vorgekommen sei, habe er wiederum gerufen: »Im Namen Gottes, wer bist du?« Da habe er ein hässliches Lachen wie von einer Eule gehört, und der Reiter sei vor seinen Augen verschwunden gewesen wie ein Rauch in der Luft.

»Es war der Teufel«, riefen einige, andere sagten, es sei Tilly leibhaftig gewesen, er verstehe die Schwarze Kunst, noch andere, er könne auch gestorben sein, und es sei sein Geist gewesen.

Es sei gewiss und wahrhaftig der leidige Teufel gewesen, sagte der Mann. Aber das sei nicht das Ärgste gewesen. Er habe noch bestürzt und am ganzen Leibe zitternd nach der leeren Stelle gestarrt, da habe er plötzlich ein Sausen in der Luft gespürt, habe über sich geblickt und gesehen, dass es Vögel gewesen wären, die hätten sich aus der Stadt hinaus in das Land geschwungen. Erst waren es wenige gewesen, dann wären viele gekommen, Störche, Schwalben und Stare, und es wäre wie ein schwarzer Fluss über ihn hingezogen, dass die Luft kalt davon geworden wäre, bis es sich in der Ferne verloren hätte.

Das sei freilich ein gewisses Vorzeichen, sagte ein alter Schiffer; denn als er ein Kind gewesen sei, sei seinem Vater die Hütte abgebrannt, und da hätten in der Nacht vorher die Schwalben das Nest verlassen, das sie unter dem Dache seit vielen Jahren bewohnt gehabt hätten.

Nun, sagte einer, ob denn das Unglück so groß sei, wenn die Stadt erstürmt werde? Die Soldaten plünderten doch nur da, wo sie reiche Beute zu finden hofften, sie, die Armen, würden nicht davon betroffen, vielleicht fiele noch etwas ab für sie.

Gewiss wäre es eine gerechte Gottesstrafe für die Reichen, sagte der Mann, der das Gesicht gehabt hatte, weil sie die Vorstädte zerstört hätten unter dem Vorwande, dass sich sonst der Feind darin festsetze. Dass sei nichts als Missgunst gewesen, und unchristlicher könne der Feind auch nicht hausen.

Viele meinten, sagte ein Mann halblaut, das arme Volk würde sich sogar besser stehen, wenn durch den Kaiser eine gänzliche Reformation eintrete und das üble Wirtschaften des Rates abgestellt würde. Er wüsste es von solchen, die heimlich draußen im Lager gewesen wären, dass der Kaiser und Tilly es gut mit ihnen meinten.

Es gehe doch aber um die Religion, sagten dagegen andere, und es sei auch nicht an dem, dass nur die Reichen geplündert werden würden, im Gegenteil, die kauften sich los, und die Armen müssten mit ihrer Haut zahlen. Ein Streit drohte auszubrechen, als die junge Wirtin, ein halbjähriges Kind auf dem Arme, unter die Lärmenden trat und zu plaudern anfing. Es verspreche ein gutes Obstjahr zu werden, sagte sie, indem sie zu den blühenden Bäumen aufblickte, eine so gute, anhaltende Witterung sei seit Anno 1619 nicht dagewesen. Lachend hielt sie das Kind hoch, und über ihrem blonden Kopf schwebten die durchsichtigen, von Bienen umsummten Kronen wie ein Baldachin aus leichter weißer Seide. Was sie betreffe, sagte sie, so wären sie zufrieden, das Jahr lasse sich gut an für sie, und Gott werde schon alles zum Guten wenden. In diesem Augenblick trat ein schwedischer Leutnant ein, der einen Trupp Soldaten anführte, ließ sich Branntwein geben und fragte in herrischem Ton, indem er sich umsah, was die Männer hier trieben? Ob sie nicht zur Wache zögen?

Einige schwiegen, andere sagten trotzig, sie gingen, wann sie Lust hätten, sie wüssten wohl, dass von den Reichen keiner käme, obwohl es doch alle gleich treffen sollte.

Der Leutnant entgegnete, das wären Ausreden, sie erhielten ihren ausgemachten Lohn dafür, den steckten sie ein und verzechten ihn in den Wirtschaften.

Nun wurden die Leute böse und schrien durcheinander, was das ihn angehe, das sei seine Sache nicht, die Soldaten hatten den Wall zu bewachen, dafür würden sie von der Bürgerschaft ernährt, sie sollten sich dazuhalten, oder sie würden ihnen Beine machen.

Sie sollten sich schämen, rief der Schwede in gebrochenem Deutsch, sie ließen sich von Fremden verteidigen und beschimpften sie noch. Er wisse wohl, dass die Schweden in der Stadt nicht gern gesehen würden, sie müssten hungern und sollten doch ihr Blut für die Stadt vergießen.

Nein, es sei umgekehrt, sagten die Magdeburger dagegen, die Schweden saugten ihnen das Blut aus; und es wäre trotz des gütlichen Zuredens der jungen Wirtin zu einer Rauferei gekommen, wenn der Marschall von Falkenberg nicht vorbeigeritten wäre und den Lärm gehört hatte. Die Soldaten, entschied er, gehörten auf die Wache und sollten sich in den Wirtshäusern nicht aufhalten. Aber ein schwedischer Offizier dürfe auch keine Schmähreden von den Bürgern dulden, sie müssten sich deswegen entschuldigen oder sollten bestraft werden. Endlich sollten auch die Bürger ihre Pflicht tun und rechtzeitig die Posten beziehen. Die Wirtin erzählte entschuldigend, was für ein Gesicht ein Mann diese Nacht auf dem Walle gehabt habe, und dass sie nun meinten, Magdeburg sei doch hin, und es nütze kein Wachehalten mehr. »Das sind Narrheiten«, sagte Falkenberg streng. »Mein Helmbusch soll euch ein Zeichen sein; solange der flattert, steht Magdeburg.«

Am 18. Mai schickte Tilly wieder einen Trompeter in die Stadt wegen der Kapitulation: es sei nun das letzte Mal; wenn die Stadt jetzt noch in ihrer Verblendung verharre, so müsse er das Gnadenpförtlein schließen und stürmen; dann könne er selbst die Stadt nicht mehr vor schwerem Schaden und Ruin retten. Der Rat versammelte sich und war einmütig darin, dass man kapitulieren müsse; verteidigen könne man die Stadt ja nicht, da es an Pulver fehle. Auch die Pfarrer der Hauptkirchen traten zusammen, um einen Beschluss zu fassen. Es werde hoffentlich keiner unter ihnen sein, sagte Gilbert de Spaignart, der für die Übergabe spreche, denn das wäre Verrat an Gottes Wort.

Man müsse doch auch das Heil der Menschen bedenken, wandte der Domprediger ein, über die man zu wachen habe. Ob sie genugsam bedacht hätten, welches Los der Stadt zufiele, wenn sie erstürmt würde und sich dem Kaiser gänzlich unterwerfen müsse? Dann könne sie sich wegen der Religion nichts mehr reservieren, und bei der Plünderung würde nichts geschont, weder Geschlecht noch Alter, die Schwachen müssten am meisten leiden. Dann müssten sie das Geschrei der kleinen Kinder hören, die ihren Eltern entrissen, gespießt und ins Feuer geworfen würden, wie man dergleichen Gräueltaten genug in diesem Kriege vernommen habe.

Wenn es sich um die Seelen handle, dürfe man des Leibes nicht achten, sagte Spaignart. Ob die ersten Christen auch so heikel gewesen wären, die man den Löwen vorgeworfen, in Pech gewälzt und angezündet hätte, dass ihre zuckenden Leiber weithin geleuchtet hätten? Das lese und höre man, als seien es Fabeln zur Unterhaltung; es seien aber Beispiele, die Christen zur Nacheiferung zu reizen.

Jene Christen, sagte Bake, hätten ihrem Gott abschwören sollen; aber das werde von ihnen nicht verlangt, Tilly hätte deswegen gute Zusicherungen gegeben, und es sei auch noch nicht vorgekommen, dass die Lutherischen in ihren Ländern mit Gewalt von ihrem Glauben gezwungen worden wären.

Ja freilich, rief Spaignart zürnend, man kenne solche Lockmittel und betrüglichen Worte. Es sei doch bekannt, dass der Kaiser das Erzstift seinem Sohne gegeben habe; wie sich damit der evangelische Glaube reime? Versprechungen machten den Papisten nichts aus, da sie doch Ketzern das Wort zu halten sich nicht verpflichtet hielten.

Ja dann, sagte der Domprediger traurig, wenn man einander nicht Glauben schenke, dann müsse Handel und Wandel aufhören. Man solle doch nichts übereilen! Er sei in der Stadt geboren und aufgewachsen, ihr Kind und ihr anhänglich und treu. Er könne ihren Fall nicht ansehn. Sein Herz werde brechen, wenn er ihren Untergang erleben sollte. Gott verlange ein solches Opfer nicht, da er doch der Menschen Vater sei.

So?, rief Gilbert de Spaignart mit flammenden Augen, ob Gott niemals schwere Opfer verlangt habe? Bessere Menschen, als sie wären, hätten ihr Leben unter Martern aushauchen müssen; aber jetzt leuchte ihr Leib in der ewigen Glorie. Er glaube nicht, dass es Verräter unter ihnen gebe, aber schwache Seelen, die den eitlen irdischen Zauber allzu hoch anschlügen.

Nachdem Gilbert de Spaignart noch eine Weile so weitergeredet hatte, ohne dass ihm jemand etwas zu entgegnen wagte, verstummte auch der Domprediger. Sie gingen miteinander auf das Rathaus, wo Gilbert de Spaignart das Wort ergriff und den Rat ermahnte, nicht zu akkordieren. Sie wären ihre Beichtkinder und müssten ihre Stimme hören. Sie, die Pfarrer, wären für ihre Seelen verantwortlich. Der König von Schweden werde sicherlich kommen; wie sollten sie dann vor ihm bestehen, wenn sie trotz seiner vielfältigen Verheißungen nicht ausgeharrt hätten?

Am Nachmittage des folgenden Tages hielt Gilbert de Spaignart wieder eine Predigt. Von der Kanzel herunter sah er zu, wie seine Zuhörer in die Kirche kamen, Männer, Frauen und Kinder waren schwarz gekleidet, die Frauen hielten die Gesangbücher auf einem weißen Tüchlein in der Hand, und sie suchten mit feierlichen Schritten ihre Plätze auf. Durch das geöffnete breite Portal und durch die hohen Fenster floss das Licht der Maisonne und rieselte über die vielen holzgeschnitzten und steinernen Figuren, mit denen die Kirche ausgeschmückt war. Da waren Engel mit Flöten und Trompeten, Heilige, die ihre Marterinstrumente trugen und lächelten, und die trauernden Gestalten der Verstorbenen auf den Grabmälern der vornehmen Geschlechter; sie glühten rosig und festlich wie große, seltsame Frühlingsblumen. Des Pfarrers schwarze Augen ruhten eine Weile auf den ernsten, stillen Menschen, die unter ihm auf den Bänken saßen, dann sagte er, es freue ihn, dass sie in Feiertagsgewändern gekommen waren; denn dies sei eine Prüfung, die Gott in Freude verwandeln werde. Es zieme sich, dass sie ernsthafte Gedanken über ihre Sünde und die Nichtigkeit alles Zeitlichen hätten; aber sie sollten nicht an dem König zweifeln, der ihnen Rettung zugesagt habe. Vielleicht sei er nicht mehr weit; vielleicht sähen die Wächter auf den Türmen schon den Staub, den seine fliegenden Rosse aufjagten.

Auf dem Rathause saßen die Ratsherren noch zusammen. Sie waren alle willens zu akkordieren, der Trompeter sollte sogleich an Tilly zurückgeschickt werden und ihre Bereitwilligkeit anzeigen. Da kam Falkenberg von den Wällen zurück und sagte, atemlos vom eiligen Ritt, sie sollten noch eine einzige Nacht warten; wenn der König bis zum Morgen nicht da sei, wolle er nicht länger wider die Kapitulation reden. Der Trompeter sei ja noch in der Stadt, also sei nichts Ernstliches zu besorgen, Tilly werde nicht stürmen, bis der Trompeter mit der Antwort zurück sei. Jetzt komme alles darauf an, Zeit zu gewinnen. Darüber könnten sie den kostbarsten Augenblick verlieren, sagte einer der Ratsherren. Falkenbergs Gesicht zuckte vor verhaltener Erregung: sie wären wie jene Jünger, zu denen Christus gesagt hätte: »Könnet ihr denn nicht eine Stunde mit mir wachen?«

Die Ratsherren wiesen diesen Vorwurf zurück. Sie müssten für das Wohl der Stadt sorgen, sagten sie, es wären böse Vorzeichen vorgefallen, ein Mann habe kürzlich bei Nacht den Tilly auf einem schwarzen Ross auf dem Wall erscheinen gesehn und dies mit einem Eide bekräftigt, auch wäre vom nördlichen Walle, wo Pappenheim liege und wo die größte Gefahr sei, Bericht gekommen, es würden heimlich Anstalten zum Sturme getroffen. Falkenberg erbot sich, mit einigen Ratsherren dorthin zu gehen und sich darüber zu vergewissern. Die Sonne war untergegangen, bis die

Herren oben waren; wie sie sich im Zwielicht zum Unterwall hinunterbeugten, konnten sie Sturmleitern daneben liegen sehen, die augenscheinlich neuerdings von den Belagerern dorthin geschafft waren. Voll Schrecken wies der eine der Ratsherren darauf hin: die Feinde hätten sich's bequem gemacht, sagte er, daran könnten sie hinaufsteigen wie über eine Freitreppe. Die Leitern wären viel zu kurz, sagte Falkenberg, wer Erfahrung im Belagerungswerk hat, könne das sofort erkennen. Sie dienten, den Feind zu täuschen, sonst zu nichts. Übrigens könne er nachts noch einen Ausfall unternehmen, um Pappenheim die Lust zum Sturm zu vertreiben. Er stand still mit gesenktem Kopfe in einer Mauerlücke, während Fledermäuse mit unhörbarem Taumelfluge an ihm vorüberhuschten; sein Gesicht schimmerte matt in der Dämmerung.

Dass es auf einen Sturm in dieser Nacht nicht abgesehen sei, könne man annehmen, berichteten die Zurückkehrenden auf dem Rathause, es sei alles still drüben.

So wolle man denn in Gottes Namen noch einmal zuwarten, wurde beschlossen; sei aber die Nacht vorüber und der König nicht erschienen, wolle man kapitulieren. Um vier Uhr wolle man sich wieder auf dem Rathause versammeln, bis dahin aber sich ein wenig des Schlafes getrösten. So wolle er um vier Uhr sich auch einfinden, sagte Falkenberg, und die Befehle des Rates vernehmen.

Spät am Abend hielt Tilly Kriegsrat. Der Trompeter sei noch nicht zurückgekommen, sagte er, er besorge, es sei daraus zu schließen, dass die Magdeburger steif in ihrem Widerstande verharren wollten. Es sei nicht zu leugnen, dass nach allerlei aufgefangenen Nachrichten der Schwedenkönig etliche Stunden von hier, zu Saarmünd, stehe und also demnächst zum Entsatz anrücken könne, insofern dränge die Zeit, wenn man etwas unternehmen wolle. Andererseits werde die Stadt sich gut vorgesehen haben, man laufe Gefahr, mit blutigen Köpfen abziehen zu müssen.

Als Tilly schwieg, fiel Pappenheim rasch ein, er halte es für seine Pflicht, den Sturm zu votieren, und zwar schleunig dazu zu schreiten, denn es sei schon allzu viel Zeit verloren. Die Stadt möge im Osten und Westen gut verwahrt sein, im Norden, wo er stehe, sei der Eingang frei. Auch habe er täglich Briefe aus der Stadt empfangen, die Stimmung sei schlecht, die Bürgerschaft verzagt und des Dienstes auf den Wällen müde. Man sei es dem Kaiser schuldig, mit Warten nicht die Gelegenheit zu verspielen.

Tilly entgegnete mit einem ernsten Blick auf Pappenheim, dieser habe die Belagerung einer starken Festung noch nicht mitgemacht.

Das sei ein anderes Werk, als offene, von Bauern verteidigte Plätze einzunehmen, wie er in Unterösterreich getan habe.

Er sei allerdings jung, antwortete Pappenheim, habe nicht so viel Erfahrung wie Tilly, dem er sich deshalb auch stets untergeordnet habe. Aber einmal müsse er doch anfangen, Erfahrung zu erwerben. Er habe den Festungskrieg gründlich studiert, sei auch in den Niederlanden gewesen und wisse, dass die Werke der Stadt Magdeburg nichts taugten. Er wolle stürmen, nicht weil er ein Hitzkopf sei, sondern um seine Pflicht gegen Kaiser und Kurfürsten zu erfüllen.

Dass auch er das zu tun gewillt sei, werde niemand bezweifeln, sagte Tilly. Es sei aber vielerlei zu bedenken. Magdeburg sei eine schöne, große, volkreiche Stadt. Bevor man Hand an sie lege, müsse man ihr Zeit lassen, sich zu bekehren. Der Trompeter, den er abgesandt habe, sei noch nicht zurückgekehrt.

Einige andere Offiziere meinten, dem Trompeter könne auch etwas zugestoßen sein. Die Staatsräson gehe schließlich über alles, es sei hochwichtig für den Kaiser, dass Magdeburg, der Schlüssel zum Elbepass, nicht in Feindeshand falle.

Wenn Tilly nicht jetzt sogleich stürmen wolle, schlug Erwitte vor, so könne man es ja in der Frühe des folgenden Tages tun, da man doch einmal einen Zeitpunkt festsetzen müsse. Damit erklärte sich Pappenheim einverstanden. In der Frühe sei auch im grauen Altertum Sagunt erobert worden; die Bürgerschaft pflege, nachdem sie die Nacht durchgewacht habe, sorglos zu werden und sei desto leichter zu überwältigen. Tilly willigte ein; doch solle niemand losbrechen, bis er selbst um sieben Uhr das Zeichen durch einen Kanonenschuss gegeben habe. Um drei Uhr erwachte der General nach kurzem, unruhigem Schlummer und erteilte Befehle, wie es gehalten werden solle, wenn der Sturm missglücke; in dem Falle wollte er von Magdeburg abziehen. Nachdem er dann eine Messe gehört hatte, kniete er lange vor dem Bilde des Gekreuzigten, das in seinem Zelte aufgestellt war, ohne dass das Gebet seinem Herzen Gewissheit gegeben hätte. Er sagte sich, dass Pappenheim im Rechte sei, wenn er es für erforderlich hielt, zu stürmen, aber gleichzeitig beruhigte ihn der Gedanke, dass niemand beginnen dürfe, bis er selbst das Zeichen dazu gegeben hätte.

Um vier Uhr kam Falkenberg auf das Rathaus, wo einige Ratsherren eben eingetroffen waren; sein braunes Haar, das an den Spitzen rötlich schimmerte, klebte an seiner blassen Stirn. »Ihr seht aus, als ob Ihr wenig geschlafen hättet«, sagte Bürgermeister Braun zu ihm. Ein Kriegsmann müsse den Schlaf entbehren können, antwortete er. Was die Herren nun zu tun willens wären? Sie wären noch zu wenige, um einen Beschluss zu fassen, hieß es; worauf der Marschall erklärte, er wolle inzwischen die Wachen besichtigen, und fortritt. Als er zurückkam, wurde ihm mitgeteilt, sie wären entschlossen, zu kapitulieren. Gott habe sie diese Nacht noch beschirmt, jetzt sei keine Zeit mehr zu verlieren, längeres Warten hieße Gott versuchen. Der Administrator, der anwesend war, sagte seufzend, er glaube auch, es müsse so sein. Gegen die Notwendigkeit solle der Vernünftige sich nicht stemmen. »Notwendig ist nur der Wille«, sagte Falkenberg. Wo sei hier Notwendigkeit? Hätten die Belagerer stürmen wollen, so hätten sie es diese Nacht getan. Wenn sie jetzt kapitulierten, sei es unwiederbringlich. Eine Stunde, nur eine Stunde noch sollten sie warten. Von den Ratsherren standen mehrere ärgerlich auf, und einer sagte mit einem feindlichen Blick auf Falkenberg, es müsse jetzt ein Ende gemacht werden; sie könnten die Stadt nicht wegen der Hartnäckigkeit eines Fremden dem Untergang preisgeben.

In diesem Augenblick hörte man eilige Schritte auf der Straße, der Bürgermeister öffnete das Fenster und sah hinaus; gleich darauf kam ein Ratsdiener und meldete, der Türmer vom Johannesturm schicke seinen Buben, es sei große Bewegung im feindlichen Lager nach Norden zu, hinter Büschen und Mauerwerk lebe es von Reitern, es gehe etwas vor, er besorge, sie wollten stürmen. »Sie sollen kommen«, sagte Falkenberg, »sie werden gut empfangen werden, die Wälle sind besetzt.« – »Aber wir haben ja kein Pulver mehr«, schrie der Bürgermeister Kühlmann außer sich, »wenn sie kommen, so sind wir alle verloren.« Falkenberg sagte, er wolle nach der südlichen Stadt und sein dort liegendes Regiment nach den bedrohten Mauern führen; er lief die Treppe hinunter, und man hörte das scharfe Aufschlagen der Hufe seines Pferdes auf das Pflaster. Christian Wilhelm eilte ihm nach; nun sei ihm wieder wohl, da er kämpfen könne, rief er fröhlich, die verräterischen Schufte sollten sich an der heißen Morgensuppe die Kehle verbrühen. Indessen kamen Leute gerannt und jammerten, der Feind sei schon auf den Wällen, habe die Wachen überrumpelt und dringe in die Stadt; auf der Straße wurde durcheinandergelaufen und -geschrien. Die großen Glocken fingen an Sturm zu läuten; heulend rasten die schweren Töne durch den heiteren Morgen. Die Ratsherren eilten nach ihren Häusern, um für ihre Familie und ihre Habseligkeiten zu sorgen, viele flüchteten zu denen, von welchen man wusste, dass sie mit den kaiserlichen Befehlshabern im Einvernehmen gewesen waren und Schutzwachen wegen der Plünderung von ihnen erhalten würden.

Zwischen sechs und sieben Uhr hielt ein Feldprediger auf dem nördlichen Walle die Frühpredigt. Er sagte, dass, wie Gott durch Simson die Philister geschlagen habe, so würde er auch den Antichrist Tilly und seine Horden treffen. Aber es wären nicht alle rechte Bekenner des Worts, die sich Evangelische nennten. Die Wölfe im Schafpelz, die Maulfrommen, die wären noch schlimmer als die Katholischen, und dass solche in der Stadt wären, wisse ein jeder, ohne dass er sie nenne. Während der arme Soldat sich Wurzeln suchte und um ein schmales Süpplein froh wäre, säßen sie an der Tafel voll Spanferkel, Würzwein und Marzipan, schickten geheime Brieflein an den Feind und steckten dafür das Geld in die Tasche, das dem armen Mann als Kontribution abgepresst wäre. Sie meinten wohl, nur dem Feinde Brieflein verkauft zu haben; aber sie hätten dem bösen Feind Satanas ihre Seele verhandelt, wie sie dessen in der Todesstunde innewerden würden. Da stehe der Teufel an ihrem Kopfkissen und erwarte die ausschlüpfende Seele und fahre mit ihr kopfüber in die Hölle. Bei diesen Worten, die der Prediger mit gellender Stimme schrie, während er mit den Armen in der Luft herumfuchtelte, wurde er durch das laute Geschrei der anstürmenden Pappenheimer unterbrochen. Viele Soldaten waren so bestürzt, dass sie wie gelähmt stehen blieben und sich abstechen ließen, andere mit dem Prediger sprangen blindlings über Stock und Stein und kamen atemlos in die Stadt, das Unglück zu melden. Als Falkenberg an der

Spitze seines Regiments angesprengt kam, waren die äußersten Straßen schon vom Feinde erfüllt; nach kurzem, wildem Kampfe fiel er und wurde von einem seiner Pagen sterbend in ein Haus geschleppt.

Während die Soldaten sich noch wehrten, rannten von den Bürgern die meisten nach Hause, um bei ihrer Familie und ihrer Habe zu sein. Hinter ihnen drein stürmten die Sieger, trunken von dem Wein, den ihnen Pappenheim, um sie anzufeuern, hatte reichen lassen, und von gieriger Ungeduld; denn es galt nun in den zwei Stunden, die ihnen zum Plündern zustanden, sich die lohnendste Beute zu verschaffen.

Als Tilly in die Stadt einritt, um zuerst den Pater Sylvius im Liebfrauenkloster aufzusuchen, sah er, das aus einem Hause in der alten Stadt Flammen schlugen; steil und durchsichtig rein flog der Feuerspringbrunnen in den Frühlingshimmel. Der General spornte sein Pferd und rief den Soldaten, die hierhin und dorthin liefen, zu, mit ihm zu kommen und zu löschen; aber es hörte oder achtete niemand darauf. Als er zur Stelle kam, brannten zwei Häuser lichterloh, und wenn nicht schleunig gewehrt würde, mussten die benachbarten, ja musste die ganze Straße ergriffen werden. Voll Schrecken gebot er den Offizieren, die in seiner Begleitung waren, Leute zum Löschen zusammenzubringen; sie sollten drohen und versprechen, damit der Brand nicht um sich greife und unsägliches Verderben verhindert werde. Feuriger Schein fiel auf das bräunliche Gemäuer des Johanneskirchturms, und Schwärme von Funken rieselten, wie Samen von der Hand eines dämonischen Sämanns geworfen, auf das Dach des Langhauses.

In der Nähe der brennenden Straße sah Gilbert de Spaignart, der planlos umherirrte, um zu helfen und zu retten, eine ihm bekannte Kaufmannsfrau mit ihrer zwölfjährigen Tochter im aufgeregten Gespräch oder Streit mit einem auffallend herausgeputzten, bärtigen Offizier. Er hatte, wie sich herausstellte, das kleine Mädchen am Arme gefasst und suchte es unter dem Vorwande, er wolle es vor dem Feuer und der Rohheit der gemeinen Soldaten schützen, mit sich fortzuziehen, das sich angstvoll an das Kleid seiner Mutter klammerte. Die Frau, die die Absicht des begierig blickenden fremden Mannes durchschaute, stürzte sich flehend auf den Pfarrer, der, um ihr beizustehen, auf den Offizier zuging, ihm höflich dankte und ihm erklärte, er kenne die Frau und werde sie beschützen. Ohne das Kind loszulassen, schrie der Offizier den Pfarrer an, was ihm einfalle, sich einzumischen, er sei ein Pfaff und habe den Tod verdient. Flüchtende Bürger, die es hörten, blieben stehen und stimmten ein: ja, das sei der Verfluchte, der sie verführt und ins Verderben gestürzt habe; von allen Seiten geschlagen und gestoßen, wehrte er sich atemlos, die Augen fortwährend auf die Frau und das Kind gerichtet, Bevor er sich freimachen konnte, schlug der Offizier die Frau mit der Klinge seines Säbels vor die Brust und riss das kleine Mädchen mit sich. Spaignart sah das runde rosenrote Gesichtlein unter der schwarzen Haube, das jetzt von verzweifelter Angst zerrissen war, und die weiche Kinderhand, die ohnmächtig nach der Mutter griff; in einem Augenblick erinnerte er sich, wie er das Neugeborene über die Taufe gehalten hatte und wie das Kind ihn während des Unterrichts anzusehen pflegte, ein wenig zögernd und trotzig, als wenn es lieber gespielt und sich draußen getummelt hätte, als seine Sprüche aufzusagen, Wütend riss er sich los, packte die halbohnmächtige Frau und rannte, sie hinter sich herziehend, dem Entführer nach, den er bereits nicht mehr sah. Plötzlich fiel von einem Hause brennendes Gebälk auf die Straße und traf die Frau; ohne sich nach ihr umzusehen, taumelte er vorwärts, Staub und Qualm in den Augen, von Getöse und Gebrüll betäubt. Vor dem Rathause, wo er sich auf einmal fand, brach er, unfähig weiterzugehen, zusammen. Über den Stufen der Treppe sich windend, das Gesicht auf die Steine gepresst, schrie er: »Verflucht, wer sich auf Menschen verlässt!« Er wünschte nichts weiter, als dass dies eine Kanzel wäre und dass alles Volk in Magdeburg, nein, alle Menschen auf der Erde ihn hören könnten, wie er schrie: »Verflucht, wer sich auf Menschen verlässt!«, und dass sie es verstanden, wie er es jetzt verstand und wie Gott es zur Warnung hatte ausgehn lassen: »Verflucht, wer sich auf Menschen verlässt!« Er versuchte es zu schreien und zu heulen, dass es von allen Mauern widerhallte und fürchterlich zum Himmel aufstiege; aber es kam nur als ein trockenes Geflüster von seinen Lippen.

Indessen wälzte sich die Feuersbrunst weiter, obwohl an einzelnen Stellen Soldaten und Bürger unter der Anleitung von Offizieren zu löschen suchten; doch gelang es durch Niederreißung von Häusern, den Dom abzusperren. Als Tilly bei der Kathedrale ankam, die der singende Flammenkreis umgab wie ungeheure, im feierlichen Siegesjubel geschwungene Scharlachfahnen, und die dort versammelten Offiziere, die Hüte lüftend, glückwünschend an ihn heranritten, nahm auch er seinen

Hut ab und faltete die Hände. Der Herr habe ihm vergönnt, sagte er, dies Heiligtum der wahren Kirche zurückgeben zu können; sein Herz sei voll des Dankes. Nach einer Pause, während welcher die Herren schweigend die Hüte in der Hand hielten, wendete der General sich ihnen zu und dankte ihnen für den Eifer, mit dem sie ihre Pflicht getan hätten. Pappenheims Valor und Unermüdlichkeit werde er dem Kaiser besonders rühmen; dass er das verabredete Zeichen zum Sturm nicht erwartet habe, schreibe er seinem üblichen Kriegseifer zu. Die Offiziere meldeten ihre geringen Verluste; ein so vollkommener und herrlicher Sieg sei seit Jahrhunderten nicht errungen worden.

»Doch besorge ich«, sagte Tilly mit verdüsterter Miene, »dass er sich in unsern Händen in Schimpf verwandelt. Wir werden statt einer Festung einen Aschenhaufen erobert haben, was wir vor dem Kaiser und aller Welt werden verantworten müssen.« Gott möge es demjenigen verzeihen, setzte er langsam hinzu, der dies Verhängnis aus Übermut oder Unbedacht angestiftet habe. Pappenheim, der den vorwurfsvollen Blick des Generals aufgefangen hatte, warf den Kopf zurück und sagte mit lebhafter Empfindlichkeit, er hoffe, Tilly wolle nicht ihn solcher Barbarei und sträflichen Vorwitzes fähig halten. Er wisse, wie viel an der Konservation der Stadt gelegen sei. Der Brand sei wohl ein Strafgericht Gottes; viele meinten auch, und es sei leicht möglich, dass die frevelmütigen Rebellen das Feuer selbst angelegt hätten, um lieber unterzugehen, als in des Kaisers Hand zu fallen. Es sei jetzt nicht der Ort, darüber zu reden, antwortete Tilly, indem er Miene machte, wieder nach der brennenden Stadt umzukehren, jetzt müsse man nach Kräften Schaden zu verhüten suchen. Er bestimme den Dom zu einem Zufluchtsort für alle, jeder solle sorgen, dass seinen Befehlen nachgelebt werde. Der Freiherr von Schönberg ritt ihm nach und flüsterte ihm zu, ob er gestatte, dass er sich als Entgelt für gewisse Forderungen, die er an die Kriegskasse habe, einen Teil des Materials aus den abgebrannten Häusern, etwa das Kupfer, zueigne; jetzt greife jeder zu, am Ende bleibe dem Säumigen nichts übrig. Tilly sagte, er habe nichts dawider, wenn die Gelegenheit dazu da sei; vorerst sei Wichtigeres zu tun, und er hoffe, dabei werde sich niemand säumig finden lassen.

In einer engen Gasse scheute Tillys Pferd vor dem Leichnam einer Frau, der quer über das Pflaster hingestreckt lag; abspringend sah er, dass neben ihr, an ihre volle blütenweiße Brust geklammert, aus der es kurz vorher gesogen haben mochte, ein kleines weinendes Kind kroch. Das Blut stieg ihm heiß ins Gesicht, und er bückte sich und zog mit einer ungeschickten Bewegung das Hemd über den Körper der Toten; dann sah er das Kind an, das einer schönen lebendigen Frucht gleich vor ihm lag und, sein Weinen unterbrechend, seinen stillen großen Blick auf ihn richtete. Mit zitternden Händen nahm er es und wollte es in seinen Mantel einhüllen; aber er wusste es nicht anzustellen und winkte einem seiner Diener. Ob er Kinder habe?, fragte er ihn; so solle er das Kind sorgfältig zu sich aufs Pferd nehmen und bis zum Liebfrauenkloster tragen. Es sollten auch alle Kinder, befahl er, die elternlos weinend gefunden würden, nicht beiseite gelassen, sondern mitgenommen werden, denn er wolle ihr Vater sein. Im Weiterreiten gelobte er alle diese Kinder, die ihm verliehen sein würden, dem allgemeinen Untergang zu entreißen, Gott und der Heiligen Jungfrau; sie würde mütterlich die hilflose Unschuld schirmen, und einst vielleicht würden ihre reinen Herzen an Gottes Thron für ihn beten.

Um Mittag musste die brennende Stadt verlassen werden; viele, die die Hoffnung auf Beute noch zurückhielt, kamen mit ihren Opfern in den Flammen oder unter einstürzenden Mauern und Fachwerk um.

Einige Tage später kam die Kunde vom Fall Magdeburgs nach Dresden. Es waren Wagen voll Geflüchteter angekommen, berichtete man dem Kurfürsten bei der Mittagstafel, die erzählten haarsträubende Dinge. Es sei seit der Eroberung Jerusalems dergleichen nicht vorgekommen. Man glaube, dass mehr als dreißigtausend Menschen umgekommen wären, nur ein paar hundert möchten das Leben davongebracht haben. Nicht nur die Bürgerhäuser, sondern auch das Rathaus und das Zeughaus und die mächtigen Kirchen bis auf den Dom wären mit Stumpf und Stiel niedergebrannt.

Ganze Kirchen abgebrannt?, rief der Kurfürst erschrocken, das gehe freilich zu weit! Niemand könne ihm verargen, wenn er sich das empfindlich zu Herzen nehme! Da müsse einer ein Stein sein, wenn einem da die Augen nicht nass würden.

Wie Stroh waren die Menschen verbrannt, die Keller und Speicher steckten voll Leichen. An der Brust der Mutter habe man die Kinder aufgespießt. Jungfrauen hätten sich von der Brücke ins Wasser gestürzt, um ihre Ehre zu bewahren. Die Elbe sei weithin blutrot und voll von Toten, die reckten die steifen Arme aus dem Wasser, als ob sie den Himmel um Rache für solchen Gräuel anschrien.

Ach Gott, ach Gott, rief der Kurfürst, was nur die unschuldigen Kindlein den Mordbrennern zuleide getan hätten! Und die Arme reckten sie aus dem Wasser! Freilich waren es Rebellen und Aufrührer gewesen und hatten ihr Los verdient, aber das sei doch ungerecht, erschlagene Christenmenschen wie Unrat in das Wasser zu schütten.

Ob sich der Kurfürst des von Körbitz erinnere, der einmal im Auftrage des Administrators in Dresden gewesen wäre? Der sei mit seiner Frau und sieben Kindern, nachdem die Tillyschen sein Gut abgebrannt hätten, nach Magdeburg gezogen und zur Zeit der Erstürmung anwesend gewesen. Während der Mann dem Feind entgegengegangen sei, habe die Frau wegen des Brandes das Haus verlassen müssen, habe zwei Kinder, von denen eins schwerkrank gewesen sei, auf einem Arme getragen und eins an der Hand geführt, die vier andern hätten sich an ihr Kleid hängen müssen. Darüber habe sie eins verloren, und als sie es bemerkt hätte, hätte sie den drei übrigen, die laufen konnten, befohlen, nicht von der Stelle zu gehen, bis sie zurückkäme, und hätte das verlorene Kind zu suchen angefangen. Es wären brennende Scheite und Funken auf sie niedergefallen, denn ihr Kleid wäre hernach voller Brandlöcher gewesen; aber sie wäre, ohne darauf zu achten, weitergelaufen. Gerade sei sie von einem Haufen trunkener Soldaten angefallen worden, da sei plötzlich ein junger Offizier auf sie zugetreten und habe gesagt, er sei der von Pflug, ob sie ihn nicht erkenne? Er habe ihr auf ihrer Hochzeit als Page die Fackel vorangetragen. Dieser habe sie, nachdem sie die drei Kinder am selben Flecke wiedergefunden, nach dem Dome geführt, wo eine Zuflucht sein sollte, und unterwegs habe sie nichts anderes gesagt, als sie höre das Kind weinen, sie höre das Kind rufen. Danach habe der von Pflug auch ihren Mann gefunden, und als nach zwei Tagen der Dom geöffnet worden sei, habe er, ihr Mann, zu ihr wollen, aber kaum gewagt, ohne das Kind vor sie zu treten; da habe sie gesessen wie ein Bild auf einem Grabstein, das kranke Kind, das inzwischen gestorben sei, in den Armen, und die Tränen seien ihr immerfort über das Gesicht gelaufen. Der Mann wäre voller Schrecken auf die Knie gefallen und hätte laut gebetet. Am anderen Tage habe Tilly ausrufen lassen, im Liebfrauenkloster wären viele gefundene Kinder beieinander, und diejenigen Mütter, die Kinder vermissten, dürften sich unter soldatischem Schutze dorthin begeben, um etwa die ihrigen auszulesen. Da sei die Frau plötzlich lebendig geworden und sei allen voran mit fliegenden Haaren gelaufen, dass der Mann kaum habe nachkommen können, und habe wirklich das verlorene Kind gefunden. Aber viele andere Mütter hätten vergeblich gesucht, und mehrere waren wegen der wiedererweckten und getäuschten Hoffnung in Wahnsinn verfallen.

»Das, das sind die Folgen«, sagte der Kurfürst, »da sieht man es nun. Da konnte der Brandenburger sich nicht begnügen, obwohl er doch abgesetzt war und kein Recht mehr auf das Stift hatte, und der Kaiser wollte es mit Gewalt an seinen Sohn bringen. Der alte deutsche Biedersinn ist nirgends mehr zu finden, der mit dem Seinigen zufrieden ist und nicht nach fremdem Gute trachtet.«

Christian Wilhelm, erzählte ein Herr von Bünau, solle tapfer gefochten und dreingehauen haben. Auch habe er, nachdem er gefangen worden sei, dem Tilly frei ins Gesicht gesagt, wider das Geschick vermöge er nichts, aber die Rache für den blutigen Untergang der Stadt Magdeburg stelle er Gott anheim.

Das sei recht wie ein großmäuliger Brandenburger gesprochen, sagte der Kurfürst. Wäre er bescheiden und vernünftig gewesen, würde es nicht so weit gekommen sein. Man sähe nun auch, was es denen einbrachte, die zu dem Schweden gehalten hätten. Bei dem sei Überfluss an Worten und Mangel an Taten, wie heutzutage bei so manchem Prahlhans und Sausewind, Er wolle durchaus kein Bündnis mit Fremden machen, weder mit Schweden noch mit Franzosen. Ein deutscher Fürst solle auf sich selbst stehn, es sei genug, wenn er Gott für sich habe. Er wolle es auch Hoë sagen, dass er eine Schrift darüber ausgehen lasse.

Arnim, der kürzlich in sächsischen Dienst getreten war, sagte, vielleicht hätte der König doch etwas für Magdeburg getan, wenn der Kurfürst sich mit ihm verbündet hätte. Die Lauheit der deutschen Fürsten habe ihn verstimmt, und er hätte allerdings nicht wohl zwei mächtige Fürsten, ohne ihrer sicher zu sein, im Rücken lassen können. Flausen, sagte Johann Georg, er hätte wohl gewusst, dass er ihn nicht hinterrücks angefallen hätte, wenn er Magdeburg zu Hilfe gezogen wäre.

Es sei noch nicht zu spät, sagte Arnim; es komme der evangelischen Christenheit immer noch zugute, wenn der Kurfürst sich mit Gustav

Adolf verbündete. Jetzt könne er dem Kaiser mit einem Schlage zeigen, was er vermöchte. Hernach, wenn er den Kaiser zur Räson gebracht habe, könne er sich ja wieder mit ihm verständigen und sich von dem Schweden so oder so loswinden.

Johann Georg kraute mit der Hand in den Haaren. Gustav Adolf sei hochmütig, sagte er, und obenhinaus gegen die deutschen Fürsten. Das möchten sich die kleinen gefallen lassen, mit ihm sei das eine andere Sache. Außerdem mache er die Untertanen rebellisch, daheim habe er ein scharfes Regiment, und im Reich predige er den Umsturz wie ein kalvinischer Schelm. Er wolle nichts mehr von ihm hören.

Plötzlich fiel dem Kurfürsten ein, dass ein Bauer namens Werner vor einigen Wochen eine Offenbarung gehabt haben wollte, Gott werde Magdeburg wunderbar erretten, und er sagte, nun sehe man ja, dass der Kerl ein Lügenprophet sei und an den Schandpfahl und Galgen gehöre. Man solle nach ihm fahnden und ihn gehörig abstrafen; was dem aufgeblasenen Narren einfalle, sich bei Hofe mit unrichtigen Visionen gehen zu lassen.

Die Nachforschungen ergaben indessen, dass Werner sich nicht mehr in Sachsen, sondern im schwedischen Lager in der Umgebung des Hofpredigers Fabrizius aufhalte, der ihn umso mehr beschütze, als Werner fortwährend Gesichte von zukünftigen Triumphen und Herrlichkeit des Schwedenkönigs habe. Fabrizius wolle auch ein Buch über Werner ausgehen lassen, zum Beweise, dass es auch in neuer Zeit Offenbarungen gebe, womit er dem lübeckischen Pastor Stolterfoth eins zu versetzen gedenke, der alle Gesichte der neuen Zeit, und auch die Werners, für Anstiftung des Lügenteufels erkläre. Der Streit sei bei der theologischen Fakultät zu Wittenberg anhängig, sagte man dem Kurfürsten, und es sei ratsam, die Entscheidung derselben zu erwarten.

Als die Kunde vom Falle Magdeburgs in das Lager von Saarmünd kam, fuhr Gustav Adolf zornig auf und wollte es nicht glauben. Es könne nicht sein, rief er, könne nicht sein! Falkenberg habe ihm in die Hand gelobt, diese Stadt nicht in Feindeshand fallen zu lassen, Falkenberg, so wurde ihm erzählt, habe sich den eindringenden Kaiserlichen entgegengeworfen und sei tödlich verwundet in das nächste Haus gebracht worden; das sei nun abgebrannt und von Falkenberg keine Spur mehr. Der König begann mit großen Schritten auf und ab zu gehen; es müsse Verrat im Spiele sein, sagte er, eine so große, starke Stadt, wohl befestigt und besetzt! Hätte er gewusst, was für ein feiges und lügnerisches Gesindel die Deutschen dieser Zeit wären, so wäre er nie über das Meer gekommen. Nun werde man den Untergang der reichen Stadt ihm aufbürden, ihm, der sein Reich und Volk den armen Deutschen zuliebe verlassen habe. Er habe es den Kurfürsten von Brandenburg und Sachsen genug gesagt und sie gewarnt, sie hätten nicht hören wollen. Und wie habe sich Magdeburg gerühmt und gebrüstet! Und der Faselhans, Markgraf Christian Wilhelm! Aber wenn es zu Taten käme, so zögen sie alle den Schwanz ein.

Er verbrachte den Tag in gereizter Stimmung, die Luft schien ihm nach Rauch zu schmecken. Verschiedene Offiziere sagten, sie erinnerten sich jetzt, gegen Abend eine dunkle Röte am Horizont gesehen zu haben und wie sie sich gewundert hätten, dass die Sonne so düster untergehe, da der Tag so lieblich und hell gewesen sei. Ein Soldat wollte um die Mittagszeit eine Wehklage gehört haben, lang gezogen und durchdringend, sodass es ihn schaurig überlaufen habe, weil sie von keinem Tier oder lebenden Wesen in Erde, Luft oder Wasser hätte hervorgebracht werden können.

Flüchtlinge, die nach Saarmünd kamen, wurden teilnahmsvoll aufgenommen und bewirtet. Der König fragte sie aus und redete ihnen ins Gewissen, sie hätten nicht, wie Christen sollten, alles Gott geopfert, sondern das irdische Behagen vorangestellt, darum wären sie nun so ganz in Elend und Verlassenheit. Viele von ihnen wären Feiglinge und Verräter gewesen, hätten mit den Papisten durchgesteckt, sich nicht tapfer gewehrt, sonst wäre es anders gekommen.

Plötzlich, als er die versteinten Blicke der heimatlosen Leute auf sich gerichtet sah, hielt er ein, gab ihnen die Hand und sagte, er wolle ihr Freund sein und für ihre nächsten Bedürfnisse Sorge tragen. Wenn er reich wäre, würde er sich nichts Lieberes wissen, als ihnen ihre schöne Stadt wieder aufzubauen. Er habe großes Verlangen getragen, die unüberwindliche Jungfrau zu sehen, deren Ruhm die Fama nach Nord und Süd geblasen habe; nun sei sie durch eigene Schuld dahin, und nur Gott könne sie wieder aufrichten.

In den nächsten Tagen entwarf der König eine umständliche Rechtfertigung, warum er Magdeburg nicht entsetzt habe; denn die Spanier im

Reich würden das Unglück ihm aufhalsen und ihn dadurch verhasst zu machen suchen. Er sprach darin von seinen Märschen und der Ermüdung seiner Soldaten, und wie die Kurfürsten von Sachsen und Brandenburg ihn durch ihre Lauigkeit und ihr Zögern hingehalten hätten, denen es doch viel mehr als ihm zugekommen sei, die Stadt zu retten. Schließlich sagte er, dass er für die barbarische, entsetzliche Freveltat eine Rache nehmen werde, von der bis an der Welt Ende geredet werden solle.

Es werde nicht eher anders werden, schrieb Pappenheim an Wallenstein, als bis er den Oberbefehl über das kaiserliche Heer wieder übernehme. Nach der herrlichen Viktoria von Magdeburg, habe er gehofft, werde man sich flugs auf den Feind werfen, allein Tilly lasse sich zu keiner heroischen Tat bewegen und verliere die teure Zeit mit Schwanken und Zaudern. Sei es nun die Unvermöglichkeit des Alters oder die Angst vor dem Schweden, dieser sonst so vortreffliche Mann sei einer Gemütsperplexität verfallen, aus der niemand und nichts ihn zu reißen vermöge. Die Ungeduld steche ihn, Pappenheim, wie ein Schwarm giftiger Mücken; er habe seine Hoffnung nächst Gott auf Wallenstein gesetzt, wenn er nicht hervortrete und helfe, so stehe der Ruin des katholischen Glaubens und des Reiches bevor.

Am 25. Mai gab Tilly den geretteten Magdeburger Dom dem katholischen Gottesdienst zurück. Aus dem Schutt der gefallenen Stadt stieg hie und da ein zartes Wölklein von Rauch und Staub in die Luft, um spurlos im heißen Blau zu versiegen. Glorreich schwang sich das steinerne Riesenbild aufwärts, als dürste es, sich in die ungetrübte Quelle des Lichtes einzutauchen. »Die Kathedrale steht über diesen ausgebrannten Trümmern Magdeburgs, wie das himmlische Jerusalem über unserer armen irdischen Welt schwebt«, sagte Schönberg, der neben Tilly herging, »und Eure Exzellenz mögen froh sein, als erster Bürger in die selige Stadt einzuziehen.«

»Es ist schwerer«, antwortete Tilly, »den Himmel zu erobern als eine Festung auf Erden, und muss mit anderen Mitteln versucht werden.«

Während die Zeremonie ausgeübt wurde, saß er klein und verschrumpft auf seinem Sitze, kniete schwerfällig nieder, wenn die Zeichen gegeben wurden, und hatte Mühe, wieder aufzustehen.

An den Kaiser und an den Herzog von Bayern schrieb er, dass man das zugefallene Kriegsglück nützen könne, um den Frieden zu erzielen. Kursachsen habe ein großes Heer geworben, ebenso Hessen-Kassel, und er habe Ursache zu fürchten, dass sie es mit dem Schweden hielten. Ihnen zusammen sei er nicht gewachsen, wenn er nicht mit mehr Geld versehen würde. Sollte er nun aber auch in einer Feldschlacht siegen, was damit gewonnen sein würde? Holland und Frankreich hätten immer noch Geld, und der Soldaten würden stets mehr statt weniger. Jetzt, jetzt solle man Frieden machen, bevor ein allgemeiner Brand entstehe, den niemand mehr zu löschen vermöge. Würde aber der Friede nicht beliebt, so wolle er seine ihm übrig bleibende Kraft weiter an den Krieg setzen, dringe dann aber darauf, dass er instand gesetzt werde, den Sold auszuzahlen, und bitte um Erlaubnis, Kursachsen und Hessen-Kassel als Feinde behandeln zu dürfen, damit nicht er das Opfer ihrer Praktiken würde.

Als die Erlaubnis des Kaisers eintraf, Tilly dürfe Kursachsen, wenn es beim Leipziger Schluss verharre, als Feind behandeln, stand die Einwilligung Bayerns noch aus, die Tilly durchaus erwarten wollte. Das wären die Prinzipien der alten Schule, sagte Pappenheim ärgerlich, womit große Dinge nicht könnten ausgerichtet werden. Die Herren in der Residenz könnten nicht wissen, wie allemal die Lage auf dem Kriegsschauplatz sei, und Schnelligkeit des Entschlusses sei mehr wert als ein ganzes Regiment.

Das sei richtig, sagte Tilly, wenn es darauf ankomme, ein feindliches Heer zu vernichten.

Worauf es denn sonst ankomme?, fragte Pappenheim erstaunt.

In diesem Kriege, sagte Tilly, standen die Glieder des Reichs gegen das Haupt und ein Glied gegen das andere; dabei könne das ganze Reich zugrunde gehn, und es komme darauf an, es zu erhalten.

Vor allen Dingen müsse der König von Schweden geschlagen werden, entgegnete Pappenheim, der Reichsfeind sei.

Inzwischen richtete Tilly Mahnschreiben an Kursachsen und Hessen-Kassel und erinnerte sie an ihre Pflicht gegen den Kaiser und wie das uralte heilige Reich, an dem Jahrhunderte gebaut hätten und das so lange die Krone und der Hort aller Völker gewesen sei, nun durch die Felonie seiner Fürsten zu wanken beginne. Im Geheimen wurmte Tilly das Verhalten der geistlichen Fürsten und vor allen Dingen das seines Herrn, des Herzogs von Bayern. Sie, die als katholische Kurfürsten des Kaisers vornehmste Stütze sein sollten, paktierten mit Frankreich, das dem Kaiser nachstellte, und wollten Kursachsen als ihren Mitkurfürsten geschont wissen, der vom Kaiser abzufallen im Begriffe war. Lange lag er vor dem Bilde des Gekreuzigten auf den Knien und betete, ohne seine Gedanken dabei halten zu können, die zu einer Wolke von Schwermut geballt auf seinem Herzen lasteten.

Um die Mitte des September endlich forderte Tilly den Kurfürsten von Sachsen auf, sich zu erklären, ob er Freund oder Feind des Kaisers sei, und im ersteren Falle die von ihm geworbenen Truppen mit denen des Kaisers zu vereinigen, damit sie zusammen den Reichsfeind angreifen könnten. Johann Georg antwortete, er sei von jeher dem Kaiser getreu und gehorsam gewesen und wolle es auch ferner sein; aber als ein freier Kurfürst des Reichs habe er das Recht, ein Heer zu unterhalten, wie dasselbe den Fürsten der Liga gestattet sei. Wie die Notdurft es erfordere, behalte er sich vor, es zu verwenden.

Nunmehr rückte Tilly in Sachsen ein und zog vor Leipzig, das ihm nach kurzen Verhandlungen die Tore öffnete. Das den Schweden geneigte niedere Volk hatte die Vorstädte abgebrannt, und so traf es sich, dass nur des Totengräbers Haus in einem geeigneten Zustande war, um die Offiziere zu einem Kriegsrate aufzunehmen. Da es schon dunkelte, forderte Tilly den Totengräber auf, Licht zu machen, worauf dieser ein brennendes Scheit von einem nebenan befindlichen Herde holte, auf einen Stuhl kletterte und einige Öllämpchen anzündete, die im Inneren mehrerer von der Decke herabhängender Totenschädel befestigt waren. »Das sind wunderliche Ampeln«, sagte Oberst Erwitte, indem er erschrocken zurücktrat; er habe sie in der Dämmerung für Kürbisse angesehen. »Dies liebe Gebein wächst mir auf meinem Acker zu wie Unkraut«, sagte der Totengräber, »und so mache ich einen schönen Gebrauch davon, indem ich den ausgeblasenen Köpfen einstweilen wieder ein Lichtlein einsetze, womit sie vielleicht besseren Nutzen als zu ihren Lebzeiten stiften.« Es zeigte sich bei der trüben Beleuchtung, dass auch auf einer Truhe kleine Pyramiden von Schädeln errichtet und andere Knochen als Zierraten an der Wand aufgehängt und verteilt waren. »Ich möchte den Herren zu bedenken geben«, sagte Schönberg, »ob diese Totenlaternlein nicht als Omina oder Vorzeichen zu betrachten seien, welche Gott ausgehängt hat, um uns vor Schaden zu bewahren. Wir können es billig nicht als einen Zufall betrachten, dass wir in diese Höhle geraten sind, die mehr einem Grabe als einer menschlichen Behausung gleicht und uns ein Bild dessen vorstellen zu sollen scheint, was uns nach einer mutwillig ertrotzten Schlacht erwartet.«

Das sei kein guter Soldat, sagte Pappenheim, der sich durch den Gedanken des Todes von der Schlacht zurückschrecken lasse.

Nicht der Tod dürfe den Soldaten schrecken, fiel Tilly ein, aber Gottes Hand. Ein Feldherr dürfe Gott nicht versuchen und das ihm anvertraute Heer nicht in offensichtliche Gefahr stürzen; denn es sei eine kostbare lebendige Waffe und lasse sich nicht so schnell ersetzen wie eine eiserne. Er sei der Meinung, dass eine Schlacht jetzt stattfinden müsse; aber er halte es für gut, zuvor den aus Italien zurückkehrenden Aldringen zu erwarten, damit man dem Feinde besser gewachsen sei. Man dürfe den Feind nicht verachten und habe keine Ursache, sich wegen bisher erfochtener Siege zu überheben. Gustav Adolf habe seine ganze Regierung hindurch Kriege geführt und dabei Kunst, Umsicht und Tapferkeit bewiesen. Auch werde viel von einer neuen Kriegsweise und neuen Kriegswaffen gesprochen, deren er sich bediene, um den Gegner zu überraschen.

Er solle auch eine solche Gewalt über die Soldaten besitzen, setzte Schönberg hinzu, dass es der Zauberei gleichkomme; sei ja auch nicht wie ein Mensch, sondern wie ein Sturmwind oder eine Meerflut jählings einhergebraust und habe das Reich überschwemmt.

Im Kriegswesen gäbe es keine andere Hexerei, sagte Pappenheim, als drauf, dran und vorwärts. Wenn der König ein Magnet und er, Pappenheim, ein Stück Eisen wäre, könne es ihn nicht ungeduldiger ihm entgegentreiben, gerade weil der König ein Held sei. Mit der Erwartung Aldringens werde wiederum die unersetzliche Zeit verloren.

Indessen fand trotz Pappenheims Widerspruch Tillys Ansicht Anklang, dass bei Breitenfeld eine feste Stellung genommen, die Schlacht aber nicht angeboten werden solle, bevor man sich mit Aldringen vereinigt hätte. Nachdem dieser Beschluss gefasst war, wurde sofort aufgebrochen und das Heer zwischen zwei Hügel verteilt, die besetzt wurden; den Rücken deckte die Stadt Leipzig.

An einem lieblichen Septembernachmittage kam Kaiser Ferdinand mit dem Oberjägermeister Grafen Bruno von Mansfeld von der Jagd zurück, ließ sich einen bequemen Schlafrock und Socken anlegen und Obst und Mandelmilch zur Erfrischung bringen. Viel dürfe er nicht nehmen, sagte er abwehrend zu seinen Töchtern, die ihn nötigten, das wüssten sie ja, er müsse mäßig sein. Wäre seine Schwester von Spanien mäßiger gewesen, so lebte sie vielleicht noch; aber sie hätte nie auf die Warnungen des Beichtvaters und der Ärzte hören wollen. Dies Gespräch wurde durch den Grafen Mansfeld unterbrochen, der etwas betreten hereinkam und mitteilte, es sei eben ein Rittmeister mit einem Brief des Aldringen angekommen; er wolle gleich vorausschicken, dass nichts Vergnügtes darin stehe, er behandle ein ungeschicktes Treffen, das Tilly mit dem Schwedenkönige gehabt habe.

Kaiser Ferdinand ließ die Feige sinken, die er gerade in der Hand hielt. Ach, sagte er, wäre er nur lieber statt zur Jagd in den Nachmittagsgottesdienst zu den Franziskanern gegangen, wie er eigentlich gewollt hätte; wenn er aus der Kirche käme, erhielte er immer Glücksbotschaften vom Kriegsschauplatze.

Ja, sagte Mansfeld, das sei wahr, es sei schon jedermann aufgefallen; aber das leidige Treffen habe schon am 17. stattgefunden, und es sei nun doch wohl nichts mehr daran zu ändern gewesen.

Auf des Kaisers Befehl las Mansfeld den Brief vor, welcher meldete, Tilly habe sich bei Leipzig gut verschanzt gehabt und sei durch Pappenheim wider Willen in die Schlacht verwickelt worden. In währender Schlacht sei der Wind umgesprungen und habe dem kaiserlichen Heere den Staub ins Gesicht getrieben, das habe sehr zu dem unglücklichen Ausgang beigetragen. Der erste Kartaunenschuss von schwedischer Seite habe den kaiserlichen Obersten Baumgartner getötet, was billigerweise als ein hässliches Vorzeichen gedeutet worden sei. Außerdem waren Schönberg, Erwitte und der Herzog Adolf von Holstein, an Obersten noch Blankard, Lerma und Gonzaga gefallen. Tilly selbst sei durch einen schwedischen Rittmeister schwer verwundet und würde den Todesstreich von demselben empfangen haben, hätte Herzog Max von Lauenburg nicht jenem den Garaus gemacht; mit diesem Herzog und dem Grafen Egon von Fürstenberg sei dann Tilly in einer Kutsche glücklich nach Halle gekommen, wo er nun krank liege.

Der arme alte Mann, sagte der Kaiser, er wolle ihm schreiben, dass er herzliches Mitleiden mit ihm trage.

Inzwischen war Werdenberg dazugekommen und sagte, da sei man in einen hübschen Sumpf geraten, der Schwedenkönig im Anzuge und Wallenstein nicht am Platze!

Er wolle gleich vierzigstündige Gebete in allen Kirchen anordnen, sagte der Kaiser, damit die Gefahr aufgehalten werde.

Und dann erscheine es ihm als das Beste, bei Wallenstein anzufragen, was er rate, sagte Werdenberg.

Allmählich kamen nähere Nachrichten von dem erlittenen Verluste, von der unaufhaltsamen Furie der schwedischen Soldaten und Gustav Adolfs Verwegenheit, dass die sächsischen Regimenter davongelaufen wären, der König aber, um dem Kurfürsten die Laune nicht zu verderben, sich angestellt habe, als wisse er nichts davon. Tilly, hieß es, sei so perplex, dass nichts Tröstliches von ihm zu erwarten sei.

Gesandte eilten nach allen katholischen Höfen, um Geld aufzutreiben, und erhielten auch eine namhafte Summe von Spanien sowie vom König von Ungarn, dem Sohne des Kaisers, und seiner Gemahlin. Besonders große Vorschüsse spendeten Fürst Eggenberg und ferner der Kardinal Dietrichstein, der Bischof von Wien und der aus Mecklenburg eingewanderte Vizekanzler von Strahlendorff.

Was jedoch den Kaiser sehr bekümmerte, war die schlechte Aufnahme, die der an den Papst abgeordnete ungarische Kardinal Pazmany, Erzbischof von Gran, bei Urban VIII. fand. Derselbe sagte mit dem Anschein der Unbefangenheit, es nehme ihn wunder, dass der Kaiser in Italien Geld zu finden hoffe, da er doch wisse, wie es durch den letzten grausamen Krieg in gänzlichen Ruin gestürzt sei. Damit spielte er auf die Eroberung und Plünderung Mantuas durch die kaiserlichen Truppen unter Aldringen an, wobei es sehr räuberisch zugegangen war und weswegen der Papst dem Kaiser grollte. Auf das Zureden des Kardinals, Seine Heiligkeit möge doch die gefährdete Religion bedenken, antwortete der Papst, er finde nicht, dass es in diesem Krieg um die Religion gehe, was man daraus sehen könne, dass der katholische König von Frankreich mit Schweden verbündet sei. Spanische Kardinäle hätten ihm im Vertrauen erzählt, berichtete Kardinal Pazmany in Wien, der Papst gebärde sich fast verliebt in den Schwedenkönig und habe gesagt, der nordische

Löwe solle nur noch einmal brüllen, damit gewisse schnappende Hunde den Schwanz einzögen.

Wallenstein unterhielt um diese Zeit durch Vermittelung des Obersten Heinrich Holk eine lebhafte Korrespondenz mit dem König von Dänemark; es war derselbe Holk, der im Jahre 1628 Stralsund gegen die Kaiserlichen hatte verteidigen helfen sollen und der damals mit Wallenstein bekannt geworden und in seinen Dienst getreten war. Christian IV. wünschte einige feste Plätze in Mecklenburg zu besitzen, die ihm abzutreten Wallenstein auch erbötig war. Es würde ihm nichts lieber sein, schrieb er, als sich dem Könige gefällig zu erweisen; freilich, seit der Kaiser ihn abgedankt habe, könne er über die in Mecklenburg eingelagerten Offiziere nicht mehr verfügen, wolle aber den Kaiser bitten, sie anzuweisen, dass sie die Plätze dem Könige zedierten. Übrigens, schrieb er, nachdem die Lage des Kaisers kürzlich so verfänglich geworden sei, scheine ihm der Zeitpunkt geeignet für den König, nach den Bistümern Bremen und Verden zu greifen. Wenn der König dazu geneigt sei, so sei er erbötig, die Sache beim Kaiser zu betreiben.

Der neu erwählte Fürstbischof von Würzburg, Graf Franz von Hatzfeld, erhielt in der Frühe des 11. Oktober die Nachricht, dass die würzburgische Grenzfestung Königshofen an den König von Schweden übergegangen sei, womit diesem denn der Weg gegen die Hauptstadt freigelegt war. Die Entrüstung des Bischofs über den Kommandanten der Festung war außerordentlich: so übel lohne er das in ihn gesetzte Vertrauen, sei ohne Pflichtgefühl und Gottesfurcht, habe den Untergang des ganzen Landes verschuldet und den Tod verdient. Zwar vertröstete ein gleichzeitig eintreffender Brief des Abtes von Fulda, Tilly solle in der Nähe sein; aber da dies doch unsicher war, beschloss der Fürstbischof, wenn er bis zum Abend keine Gewissheit über das Vorhandensein des ligistischen Heeres hätte, bei Nacht in der Stille nach Frankfurt zu entweichen und die dort wegen eines Universalfriedens versammelten katholischen Reichsfürsten um Hilfe anzugehen oder solche in Mainz und Köln zu betreiben. Er berief Stadtrat und Bürgerschaft in das Juliusspital, setzte sie von dem vorgefallenen Unglück und der bevorstehenden Gefahr in Kenntnis und schalt auf den Kommandanten von Königshofen. Der Stadtrat war erschrocken und sagte, wenn nur wenigstens die Traubenernte vorüber wäre, ehe die Schweden kämen; denn sie würden gewiss alles verwüsten. Ja, sagte der Fürstbischof, es solle sich nur jeder schicken, dass es damit vorwärtsginge, das sei besser, als mit Sack und Pack davonzulaufen, wie so viele täten. Sie wollten gewiss ausharren, versprach der Stadtrat, und sich auf Gott und den Fürstbischof verlassen, der ihr Vater und ihr Schild sei. So sei es recht, sagte der Fürstbischof, auf ihn könnten sie bauen, er sei am Platze, wolle das Unwetter mit seinem Volke bestehen und es womöglich von ihnen abwenden. Sie sollten sich nicht zur Flucht bereden lassen, es sei schimpflich genug, dass die Jesuiten ihr Kloster verlassen hätten und aus der Stadt gezogen wären.

Der Oberschultheiß Truchseß von Henneberg sagte, das dumme Volk halte die Schweden gar für Teufel oder Riesen und nehme Reißaus, bevor sie noch da wären; die Festung Marienberg könne durch ein paar Männer, es müssten nur rechte Männer sein, verteidigt werden. Dahin könne ja jeder seine Habe, oder was ihm am teuersten sei, flüchten.

Den ganzen Tag über war ein Hin- und Widerlaufen und -fahren, indem viele sich aus der Stadt entfernten, um nach Mainz oder München zu ziehen, andere vom Lande in die Stadt hineinkamen, wieder andere sich auf die Festung retteten. Um Mitternacht bestieg der Fürstbischof, in einen Mantel gehüllt, mit einem Diener und einem Vorrat von 300 000 Gulden eine Kutsche und fuhr davon, nachdem er den Domdechanten zum Statthalter ernannt hatte.

Zu diesem eilten, sowie die Flucht des Bischofs bekannt geworden war, die beiden Bürgermeister und einige Stadträte in banger Sorge und fragten, was für Befehle der Bischof wegen etwaiger Übergabe der Stadt hinterlassen habe oder was er, der Domdechant, ihnen in solchem Falle zu tun riete. Befehle, sagte der Domdechant verdrießlich, habe der Bischof keine hinterlassen, er habe es sehr eilig gehabt und alles ihm aufgebuckelt. Was sie denn aber tun sollten?, fragte der Bürgermeister; ob sie ohne Weiteres kapitulieren sollten? Die Stadt könne sich ja doch nicht verteidigen, und sie würden den König, der sehr empfindlich sein solle, durch fürwitzigen Widerstand nur reizen.

Da hätten sie recht, sagte der Domdechant, und er wisse nichts weiter dazu zu sagen. Übrigens sei er ja da und werde zurzeit schon einen Entschluss fassen. Er finde zwar bei niemandem Dank oder Gehorsam, wie denn der Kommandant der Marienburg, Hauptmann Keller, ganz tue, was ihm beliebe, und seinen Rat in den Wind schlage; aber er wolle ausharren und ein Exempel geben, wie man sich in solchen Okkasionen verhalten solle.

Indessen ärgerte er sich im Laufe des Tages über den Hauptmann Keller dergestalt, dass er sich von dem zufällig anwesenden Bamberger Domdechanten bereden ließ, mit ihm gemeinsam die Stadt zu verlassen, was die übrigen Domherren als ein Zeichen betrachteten, gleichfalls die Flucht zu ergreifen. Einzig der älteste von ihnen, Ehrhard von Lichtenstein, blieb zurück, indem er meinte, es werde ja nicht zum Äußersten kommen, jedenfalls wolle er das Seine tun, um das Unglück entweder abzuwenden oder zu mildern.

Nachdem der König am Sonntage Schweinfurt genommen hatte, das als eine vornehmlich protestantische Stadt, die unter dem Reformationseifer des letzten Bischofs sehr gelitten hatte und da außerdem Widerstand aussichtslos gewesen wäre, sogleich kapituliert hatte, zog er am Montag weiter und erschien am Dienstag, dem 14, Oktober, vor Würzburg. Im Gasthof zum Kleebaum am Spitaltor waren der Hauptmann Keller, der Oberschultheiß Truchseß, die Bürgermeister und Stadträte versammelt und berieten wegen der Übergabe, zu welcher die Letzteren so gut wie entschlossen waren. Dazu könne er nur pfui sagen, rief der Oberschultheiß, wenn er Männer von Übergabe reden höre. Er habe gemeint, die Pfaffen wären jetzt draußen; aber es schienen immer noch nichts als Weiberröcke vorhanden zu sein. – Es wären mehr Exempel aus diesem Kriege vorhanden, sagte der eine Bürgermeister spitz, wo sich Besatzung und Bürgerschaft mit vollem Maule gebrüstet hätten; wenn es dann zum Sturme gekommen wäre, hätten Weiber und Kinder es büßen müssen, und der Kommandant sei wohl gar für seine unverschämte Widersetzlichkeit vom feindlichen Feldherrn gehängt worden.

Das viele Klügeln und Bedenken stehe Untertanen schlecht an, sagte Truchseß von Henneberg, wenn er der Fürstbischof wäre, würde er solche rebellische Köpfe springen lassen.

Er wäre der Fürstbischof nicht, sagte der Bürgermeister, und er glaubte, der hätte sich mit der Kapitulation nicht so lange besonnen.

Da in diesem Augenblick der schwedische Trompeter wiederkam und bereits ziemlich aufgebracht die Entscheidung zu beschleunigen mahnte, begannen die Stadträte die Bedingungen aufzusetzen, indessen Hauptmann Keller und der Oberschultheiß Truchseß beschlossen, die Festung Marienberg bis aufs Äußerste zu verteidigen.

Am folgenden Tage jedoch musste nach kurzer Beschießung auch diese kapitulieren, und als der König, bald nach sieben Uhr, oben anlangte, fand er die Burg voll Geschrei, Blut und Leichen und seine Soldaten im Taumel der Siegesfreude hierhin und dorthin laufen, Gold, Gewänder und Schmuckstücke aus Kisten reißen und umherwerfen oder mit Gefangenen um das Lösegeld feilschen. An der Tür der Kapelle, wohin er sich hatte retten wollen, lag der noch röchelnde Leichnam des ermordeten Schultheißen Truchseß von Henneberg und auf den Stufen des Altars der tote Geistliche, der die Frühmesse gehalten hatte. Der König runzelte die Stirn und befahl einem Adjutanten, dem Blutvergießen schleunig Einhalt zu tun; er habe daran kein Wohlgefallen, besonders nicht am Morde von Geistlichen. Indem er weiterging, sah er in einem Seitengemach drei Soldaten um einen ledernen Beutel herum knien, den sie mit ihren Messern aufzutrennen bemüht waren und aus welchem ein beträchtlicher Haufen von Goldstücken bereits auf den Boden gesickert war. Der König sprang schnell hinzu und rief, das sei Staatsgut und komme ihm zu, sie sollten den Beutel fahren lassen, und da sie nicht hörten, schlug er den einen von ihnen mit der flachen Klinge seines Schwertes auf den Rücken. Auf starkes Schütteln sah sich endlich einer flüchtig nach dem Könige um, fuhr aber, ohne ihn zu erkennen, hastig fort, das Gold in Haufen zu ordnen und zu teilen. »Die sind besessen, so mögen sie ihren Raub behalten«, sagte der König lachend zu seinem Begleiter, trug aber Sorge, dass von den vielen auf der Burg befindlichen Schätzen nichts weiter entwendet wurde. Nachdem einige Ordnung hergestellt war, trat er an ein Fenster und blickte auf das hingestreckte Maintal hinunter, das die Sonne mit einem Morgenbad warmen Lichtes überschüttete. Die Hügel waren mit Rebengärten übersponnen, zwischen denen Apfelbäume zum Teil schon lachende Früchte trugen; es quoll, strömte und duftete von allen Seiten, als ob irgendwo im Laube ein Götterherd stände, wo Ambrosia kochte. »Diesen goldenen Becher«, sagte der König, indem er sich lächelnd zum Herzog Bernhard von Weimar wendete, »kredenzt die Erde gewiss lieber einem Ritter als einem Pfaffen.«

Unterdessen war der Fürstbischof von Frankfurt nach Mainz gefahren, wo sein Bericht Angst und Schrecken erregte. Der Erzbischof rang die Hände und richtete seine blauen Augen verzweifelnd gegen den Himmel; in was für einer Bedrängnis das Unglück ihn treffe, sagte er, könne niemand sich einbilden. Die Stadt Mainz sei durch die Übergriffe der spanischen Besatzung ganz verkehrt und widerspenstig geworden, es sei ja auch ein Kreuz, dass man sich mit diesen Schelmen beladen müsse, ihm werde es übel, wenn er eine von den gelben Fratzen sehe, er glaube, die sogenannten Chinesen und Japaner waren in der Art. Die Mainzer liefen sicherlich dem Teufel zu, wenn sie nur der Spanier ledig würden, und ob die ebenso viel Lust zum Kämpfen wie zum Huren und Müßiggehen hätten, wisse er auch nicht. Was er aber mit seinem Kapitel für eine Not habe, das sei vollends nicht zu beschreiben; Löwen und Bären könnten ihre junge Brut nicht hitziger verteidigen als die Domherren ihr Geld; wo sie den lieben Gott verstauten, wisse er nicht, das Kalb, um das sie tanzten, sei einzig und allein der leidige Mammon.

Der Erzbischof sei wahrscheinlich zu milde, meinte Würzburg; diese Herren gehörten gemeinhin unter eine eiserne Hand, sonst täten sie nicht gut.

Er möchte doch nicht, sagte Mainz, dass es mit ihm dahin komme wie mit Trier, der sich mit seinen Domherren gegenseitig verfluchte. Jedenfalls sei er zu hilflos, um anderen zu helfen, Köln habe ja seinen Bruder von Bayern hinter sich und einen noch größeren Herren dazu; denn soviel er wisse, wollten die ihre Zuflucht zu Frankreich nehmen. Von Frankreich hänge eigentlich alles ab, indem Schweden mit französischem Gelde kriege, und lieber als Spanien sei Frankreich ihm auch. Köln behaupte, Frankreich ziele nur gegen den Kaiser, nicht gegen die Liga, und wolle dieser gern eine gute Neutralität bei Gustav Adolf verschaffen, wenn sie sich nicht in seine Angelegenheit mit dem Kaiser mischte.

Dies bestätigte der Kurfürst von Köln, welcher dem Fürstbischof seine ganze Korrespondenz mit Frankreich vorlegte und dem er vorschlug, er solle nach Paris reisen und dem König und Richelieu die klägliche Lage der rheinischen Fürsten auseinandersetzen. Er wisse durch den Pater Joseph genau, dass der König von Frankreich sehr ungehalten über den Schweden sei wegen seines Angriffs auf die rheinischen Fürstentümer und dass er ihm schleunig einen Zügel anlegen wolle. Es sei ja gewiss bedauerlich, dass die geistlichen Kurfürsten nicht zum Kaiser halten könnten, aber jetzt frage es sich, ob man stehen oder fallen solle, und da sei die Antwort bald gegeben. Der Kaiser würde einem doch noch den Wallenstein über den Hals schicken, das heiße den Teufel mit Beelzebub austreiben; sei man einmal mit Frankreichs Hilfe den Schweden losgeworden, könne im Reich die alte Ordnung wieder hergestellt werden. Übrigens müssten alle Verhandlungen mit Frankreich im tiefsten Geheim betrieben werden, der Kaiser wisse natürlich nichts davon und brauche es auch nicht zu wissen, im Grunde geschehe ja alles zu seinem Besten.

In Mailand sah Pfalzgraf Wolfgang Wilhelm von Neuburg, nunmehr Herzog von Jülich-Cleve, die Augen eines jungen Fräuleins aus dem Hause Crivelli auf sich gerichtet und fühlte unter ihrem Feuerblick ein angenehmes Erschauern. Seit dem Tode seiner Gemahlin, der bayrischen Magdalena, war ihm zuweilen so zumute, als sei ihm eine Kerkertür geöffnet worden. Er war der Meinung, er habe die Prüfung dieser Ehe wohl bestanden, und Gott werde ihm nun zum Lohne ein außerordentliches Glück bescheren. In den Palästen der mailändischen Aristokratie fühlte er sich sehr wohl; er erzählte seinen Gastgebern, wie er sich im Norden gar nicht heimisch fühle und was er schon getan habe, um das Düsseldorfer Schloss zu einer Stätte feinen Geschmacks umzuschaffen, beschrieb die Bilder, die er hatte malen lassen, und verglich sie mit den italienischen aus gegenwärtiger und früherer Zeit. Dass die Gräfin Crivelli den Wunsch aussprach, das ferne, von ihm beherrschte Land kennenzulernen, gab ihm die Gewissheit ihrer Zuneigung, und er vergaß in ihrer Gesellschaft zuweilen, dass er bei seinem Vetter, dem Pfalzgrafen Johann von Zweibrücken, bereits um dessen zweite Tochter geworben hatte. Zu dem Plane dieser Verbindung hatte ihn die Nachricht von dem bevorstehenden Einfall Gustav Adolfs bewogen; denn durch die mit dem Schwedenkönig nah verwandten Zweibrückner würde er sich mit diesem gefährlichen Monarchen gut stellen können, was ihm umso wichtiger war, als er weder beim Kaiser noch bei seinem Schwager von Bayern genügende Berücksichtigung fand. Einstweilen kehrte er also, ohne dass er sich ein bindendes Wort hätte entschlüpfen lassen, nach Deutschland zurück, beschloss aber, wenn die zweibrückensche Heirat sich etwa zerschlüge, der welschen Leidenschaft weiteren Raum zu geben. Als er, etwas übellaunig, in Zweibrücken einkehrte, empfing ihn die Nachricht, dass seine Erwählte, weil er, Wolfgang Wilhelm, so lange nichts von sich habe hören lassen, überhaupt so dunkel und verwickelt in seinen Ausdrücken gewesen sei, sich inzwischen mit einem anderen Vetter, dem Pfalzgrafen von Birkenfeld, vermählt habe. Obwohl Johann II. dem Herzog die Mitteilung im Beisein seiner Mutter machte, konnte Wolfgang Wilhelm einen Ausbruch der Entrüstung nicht ganz zurückhalten. Was das heißen solle?, fragte er. Ob man ihm einen Schimpf antun wolle? Ob Treu und Glauben gar nichts mehr gelte? Pfalzgraf Johann fühlte sein Gewissen nicht ganz frei, weil er in Wahrheit die Hochzeit beschleunigt hatte, um die Möglichkeit einer Verbindung mit dem konvertierten Vetter ein- für allemal abzuschneiden; aber er konnte doch das unschlüssige Verhalten Wolfgang Wilhelms für sich anführen und dass man in dieser bösen Zeit darauf sehen müsse, seine Töchter zu versorgen. Wolfgang Wilhelm nahm diese Entschuldigungen nicht an; er habe geglaubt, jeder Fürst des Reiches könne sich durch seine Werbung geehrt fühlen, er sei nicht der, welcher mit sich spielen lasse, und werde noch am selben Tage abreisen. Er bemerkte, dass dies seinem Vetter gar nicht so unlieb sein würde, und gerade deshalb verging ihm sehr bald die Lust, die Drohung auszuführen. Die Crivelli zog er ohnehin nicht mehr recht in Betracht, wohingegen die Wichtigkeit einer evangelischen Heirat sich ihm immer mehr aufdrängte; vor allen Dingen aber hielt er es für nicht vereinbar mit seinem Ansehen, schimpflich als ein abgewiesener Freier abzuziehen. Wie er darüber nachdachte, fiel ihm plötzlich ein, dass der Pfalzgraf noch eine Tochter hatte, die zurzeit seines letzten Besuches noch ein Kind gewesen war, jetzt aber etwa soweit sein mochte, und dass die Sache sich einfach erledigen lasse, wenn er diese anstatt der älteren Schwester heiratete. Er erinnerte sich eines kleinen Mädchens, das mit klugen dunklen Augen in scheuer Ehrfurcht zu ihm aufgesehen hatte, und er malte sich aus, wie das unverhoffte Glück sie überwältigen würde. Wenn sie seine Frau wäre, würde er sie in den Schoß der Kirche führen, und diese Himmelsgabe von ihm empfangen zu haben, würde ihre Dankbarkeit gegen ihn noch vermehren. Er nahm sich vor, ihr weder ihre Jugend noch ihre Unscheinbarkeit oder ihre Armut nachzutragen, sondern Milde und Nachsicht gegen das Kind zu üben.

Der Pfalzgraf und seine Frau waren über den Vorschlag Wolfgang Wilhelms nicht erfreut und schützten Katharinas Jugend vor; sie sei fünfzehn Jahre alt, dazu von zarter Gesundheit, leide an Kopfschmerzen, es könne ihm mit einer solchen Gemahlin unmöglich gedient sein. Der Anblick der kleinen Prinzessin indessen bestärkte ihn in seinem Wunsche; in ihrem schwarzen Kleid glich sie einer Nonne, prunken konnte er nicht mit ihr, aber er war stolz darauf, nicht zu den albernen Männern zu gehören, die sich durch eitle, aufgeputzte, pfauenhafte Weiber den Kopf verrücken lassen. Die wenigen Worte, die sie sprach, zeugten davon, dass sie verständig und anspruchslos war und ihre eigenen Gedanken hatte, und das gefiel ihm; für das fürstliche Repräsentieren wollte er selbst aufkommen. Durch vieles Zureden erreichte er endlich, dass er mit der Kleinen eine Viertelstunde allein gelassen wurde, welche er benützte, ihr von seinen Absichten zu sprechen. Ihr Erschrecken und Zittern, ihre angstvollen Worte, dass sie, ein unscheinbares, unerfahrenes kleines Mädchen, seiner nicht würdig sei, befriedigten ihn durchaus, und er beschloss, seinen Willen um jeden Preis durchzusetzen. Freilich ging es nicht so glatt, wie er gehofft hatte; denn der Pfalzgraf stellte die Bedingung, dass seine Tochter in Ansehung der Religion keine Kränkung oder Gewalt leiden dürfe, und darauf beharrte auch Katharina selbst, obwohl es ihr sichtlich schwer wurde, ihm zu widersprechen. Er setzte ihr auseinander, die Frau müsse dem Manne unbedingte Hingabe weihen, mehr als ihren Eltern; er sehe, dass sie ihn nicht so liebe, wie seine Zuneigung es verdiene. Sie könne ihm doch vertrauen, dass er ihr nichts Unrechtes oder wider ihr Gewissen zumuten werde; oder ob sie ihn für unedel und grausam halte?

Sie halte ihn für den edelsten und großmütigsten aller Menschen, sagte das Kind, und wenn er ihr nichts wider ihr Gewissen zumuten wolle, so könne er sich die Bedingung ja gefallen lassen.

Er sehe aber darin einen Mangel an Hingabe ihrerseits, sagte Wolfgang Wilhelm, und dass sie ihrem Vater mehr als ihm folge.

Sie sei doch noch in ihres Vaters Hause, sagte Katharina, und sei ihm kindlichen Gehorsam schuldig, liebe und verehre ihn. Sie werde ihm, Wolfgang Wilhelm, in allen irdischen Dingen eine gehorsame Frau sein; aber Gott stehe über ihnen allen, von seinem Wort werde sie nie weichen, und wenn es sie Glück und Leben kosten sollte. Er solle doch barmherzig sein und sie nicht ferner versuchen.

Im Grunde zweifelte Wolfgang Wilhelm nicht an Katharinas Liebe und auch nicht daran, dass sie sich von ihm würde bekehren lassen, wenn sie seine Frau sei; aber heikler war es mit den Eltern, welche ihm vorhielten, dass der Papst in die Ehe mit einer Protestantin nicht willigen würde und dass Wolfgang Wilhelm eine Ehe ohne päpstlichen Konsens nicht schließen könne, davon zu schweigen, dass sie denn für ihn gar keine Gültigkeit hätte. Er beschied sie dahin, dass er bereits mit seinem Beichtvater gesprochen und dessen Zustimmung erhalten habe, es stehe dem Vollzuge der Ehe nichts im Wege. Katharina solle einen Geistlichen ihres Glaubens mitnehmen und den Gottesdienst in ihrer Weise, wenn auch nicht öffentlich, ausüben. Er wolle sie nicht auf Tyrannenweise zwingen, Gott könne ja einen jeden erleuchten, wie er es mit ihm getan habe. Nebenbei ließ es sich Wolfgang Wilhelm angelegen sein, die Mutter des Pfalzgrafen zu gewinnen, und brachte sie denn auch bald so weit, dass sie erklärte, man würde unrecht tun, wenn man einem so edlen Manne misstraute, womit die Sache entschieden war.

Johann II. benützte die Frist bis zur Hochzeit, die am sechzehnten Geburtstage seines Kindes stattfinden sollte, um sie noch durch einen Geistlichen in der Religion unterweisen zu lassen, ihr selbst die Wahrheit des reformierten Bekenntnisses einzuprägen und dass sie als Christin und Fürstin doppelt zur Standhaftigkeit verpflichtet sei. Es könne ja Gottes Wille sein, sagte er ihr, dass der Herzog durch sie dem alten Glauben wiedergewonnen werde, jedenfalls werde sie den armen evangelischen Untertanen ihres Gatten Erleichterung verschaffen können. Sie dürfe zwar nicht drängen und trotzen, denn das würde ihr als Frau nicht anstehen, sondern müsse bescheiden die Gelegenheit suchen, wozu sie ja verständig genug sei. Sollte sie aber Gott und Gottes Wort verleugnen, so würde sie nicht nur den Ehrenschild ihrer fürstlichen Ahnen beflecken, die von jeher Kämpfer für die Wahrheit gewesen wären, sondern sein Herz brechen, da er demjenigen Wesen werde fluchen müssen, das er auf Erden am meisten liebe.

Wolfgang Wilhelm verbrachte diese Zeit in großer und mühevoller Geschäftigkeit; es verhielt sich nämlich keineswegs so, dass der Papst in seine Heirat gewilligt hätte, und er musste die Trauung auf Umwegen zu erreichen suchen, wobei ihm sein Beichtvater zur Seite stand. Er verfuhr dabei so, dass er dem Erzbischof von Utrecht seinen Fall schilderte und sich auf eine gewisse kirchenrechtliche Abhandlung eines spanischen Jesuiten berief, auf die sein Beichtvater ihn aufmerksam gemacht hatte; in diesem Schreiben nannte er sich Wilhelm von Bleienstein und seine Braut Charlotte von Lichtenberg, weil in ihren beiderseitigen Gebieten Grafschaften dieses Namens lagen und es also, nach seiner Ansicht, nicht gelogen war. Gleichzeitig verehrte er dem Erzbischof ein Fass Rotwein und seinem Vertreter, mit welchem er verhandelte, ein Fass Moselwein; und da dieser dem Erzbischof die Angelegenheit in günstigem Lichte darstellte und sie dem Erzbischof nicht wichtig schien, erteilte er den gewünschten Dispens, worauf sich leicht ein Kaplan fand, der gegen geringes Entgelt die Trauung in der Stille vollzog. Wolfgang Wilhelm war stolz auf die feine und gelinde Art, wie er seinen Zweck erreicht hatte; denn es war sein Grundsatz, stets alles zu seinem Vorteil, aber ohne Geschrei und so, dass er tadelfrei dabei dastände, zu lenken. Freilich erschrak der Erzbischof nicht wenig, als er erfuhr, wer sich hinter dem Namen Bleienstein versteckt hatte; aber er sah ein, dass er selbst unvorsichtig gehandelt hatte, und ließ sich deshalb durch das Versprechen des Herzogs, er werde ihm gelegentlich beim Papst eine Prälatur erwirken, begütigen. Nicht so leicht war es, mit dem Papst fertig zu werden, der die Ehe voll Zorn für null und nichtig erklärte; hier, sagte der Beichtvater, müsse man Geduld haben und warten, bis die junge Frau sich zur Kirche bekehrt hätte, worauf der Papst den Konsens nachträglich erteilen würde. Wolfgang Wilhelm nahm sich den Groll des Papstes nicht sehr zu Herzen, weil er die Jesuiten für sich hatte und weil er der Meinung war, der Papst wäre gerade ihm gegenüber zu viel größerer Rücksichtnahme verpflichtet gewesen; hingegen war es ihm nicht angenehm, dass er seine nunmehrige Frau in die Sache einweihen musste, was ihre Unerfahrenheit und die Schlichtheit ihres Geistes schwierig machte. Sie wusste durchaus nicht, wie sie es anstellen sollte, dies Verfahren zu rechtfertigen oder die lebhafte Abneigung zu überwinden, die es ihr einflößte; aber sie gab sich Mühe, zu begreifen, dass der Herzog es aus Liebe zu ihr, um sie heiraten zu können, getan hatte und dass sie ihm dafür dankbar sein musste, umso mehr, als er ihr nicht mit Strenge, wie er es wohl hätte tun können, sondern höchstens durch Blicke und gelegentliche Andeutungen ihr liebloses, überhebliches Bekritteln vorwarf. Auch übrigens warf er ihr Lieblosigkeit und Überheblichkeit vor; denn eine wahrhaft liebende Frau würde es nicht ertragen, einen anderen Glauben als ihr Mann zu haben, und sie scheine sich für klüger als ihn zu halten, da sie ihre Gründe für besser als seine achten müsse. So weh ihr das tat, blieb sie doch fest bei der Antwort, dass man eine Person lieb haben und doch anderes Glaubens sein könne, wisse er ja aus sich selbst; dass ein jeder seine Gründe für besser halte als die des andern, sei bei Meinungsverschiedenheiten nicht anders möglich, sonst wäre ja sogleich einer vom andern überzeugt; übrigens habe sie den evangelischen Glauben und seine Gründe nicht erfunden, sondern sie seien ihr gelehrt worden. An sein Versprechen, sie ungekränkt bei ihrem Glauben zu lassen, erinnerte sie ihn nicht, da ihr das dem Gehorsam und der Bescheidenheit einer Ehefrau nicht zu entsprechen schien.

Im Pfarrhause von Wernsbach standen der Pfarrer Treu und mehrere Bauern mit ihren Frauen an einer Dachluke und betrachteten eine große Feuersbrunst, von der sich dicker Rauch über den südlichen Himmel wälzte. Es leide keinen Zweifel, sagte der Pfarrer, dass Eschenbach brenne, die Kroaten hätten es angezündet und würden wahrscheinlich am folgenden Tage ihren Marsch nach Wernsbach fortsetzen. Sie müssten nun beschließen, was sie tun wollten. Kamen die Kroaten ins Dorf, so müssten sie Leib und Leben Gott befehlen, sie hätten von diesen Teufeln keine Gnade zu erwarten. – Was der Pfarrer angebe, das wollten sie tun, riefen einige Frauen, ihm wollten sie sich in Gottes Namen unterwerfen. Wohlan, sagte der Pfarrer, so wollten sie miteinander über den Berg nach Ansbach wandern, das sei ein ummauerter Platz, wo sie dem Feinde nicht so preisgegeben wären. Sie sollten sich aber nicht mit allen ihren Habseligkeiten beladen, wodurch sie im Gehen behindert sein würden, sondern nur das Notwendige mitnehmen und das Übrige vergraben oder verstecken, wo es ihnen gut schiene. Einer wandte ein, es gebe etliche böse Buben, die würden aufmerken und zurückbleiben, um zu rauben. Er wolle ihnen allen ins Gewissen reden, sagte der Pfarrer nach einigem Nachdenken; übrigens habe der Mensch nicht Macht über alles, er müsse einiges auch Gott anheimstellen. Sie sollten nun ihr Haus bestellen, vor Mitternacht müssten sie aufbrechen. Der Pfarrer ging zu seiner Frau, die hochschwanger war, berichtete ihr, was ausgemacht war, und fragte, ob sie den Weg wohl zu Fuß zurücklegen könne. Er wolle sie gern auf einem Karren ziehen, nur über den Berg, fürchte er, werde es sich nicht tun lassen. Er solle nur den Karren lassen, sagte die Frau, sie sei gut auf den Füßen. Wenn nur die Wehen sie nicht unterwegs anfielen, so werde es gewiss gut gehen. Die beiden Kleinen freilich könne sie nicht die ganze Zeit tragen, da müsse er helfen. Ja freilich, sagte der Pfarrer, und sie noch dazu, wenn es nötig sei, er habe starke Arme.

Dann ging er in die Kirche, um den Kelch zum Mitnehmen zu richten und einige Heiligtümer zu verbergen, und trug dem Küster auf, inzwischen die Dorfleute zusammenzurufen, dass keiner fehle. Nachdem er vor dem Altar ein kurzes Gebet verrichtet hatte, trat er aus der Kirche auf den Platz, wo sich die Bauern inzwischen versammelt hatten. Sie standen in einem Haufen unter den kahlen Linden und Kastanien, an deren vom Winde bewegten Zweigen der Mond wie ein aufgespießter und zerfetzter Schmetterling hin und her wehte.

Gott suche sie schwer heim, so etwa redete er sie an, und es werde gewiss ein jeder wissen, um welcher Sünde willen er die Strafe verdient habe. Sie wollten zuversichtlich als rechte Christen das Kreuz auf sich nehmen ohne Wehklagen und Winseln. Er werde sie wie ein Vater zu einem sicheren Obdach führen; wenn sie ihm folgten, so könnten sie mit Gottes Hilfe das Leben retten und, nachdem das Wetter vorübergebraust sei, umkehren und sich in ihrer lieben Heimat wieder zusammenrichten.

Plötzlich unterbrach er sich mit der lauten Frage, wo denn der Rodemacher sei? Und wo der Hans Bacher und der Schlenker? Man solle sie eilend suchen und herbeibringen. Als die Vermissten nach einer Weile auf den Platz geschleppt waren, fuhr er mit erhobener Stimme fort: Wenn etwa sich etliche das allgemeine Verderben wollten zunutze machen und sich nach dem Auszuge der andern ans Plündern begeben, etwa gar mit den Teufelskroaten unter einem Decklein arbeiten wollten, so wolle er diesen sagen, sie sollten nicht etwa meinen, dass ihre Übeltat in der Finsternis unentdeckt bliebe. Der Satan sei von allen Betrügern der ärgste, führe seine Diener an, locke sie in den Schlamm und lasse sie stecken, wenn Gott seinen allmächtigen Arm zur Strafe ausrecke. Die bleibe niemals aus, sei es hier oder dorten. Die Strahlen von Gottes Augen führen wie Spieße durch die dickste Mitternacht, sodass es vor Gott nicht einen Winkel in der Welt gebe, der nicht im hellsten Sonnenfeuer stände. Daneben sollten sie aber auch bedenken, dass sie nicht für immer auszögen, sondern bald wiederkämen und wohl wüssten, wer zurückgeblieben sei, und dass er es zwar gut mit ihnen allen meine wie ein Vater, aber auch Fäuste habe, die einen Missetäter schütteln könnten, dass ihm die Knochen wie alte Rosskastanien in einem Sack im Leibe klapperten. Nun, fuhr er fort, wollten sie noch miteinander beten, und fing an: »Herr, der du dein Volk aus der Knechtschaft in Ägypten in das Gelobte Land geführt hast, geleite uns aus Gefahr durch Nacht und Wildnis in den Frieden«, und so weiter.

Nach diesen Vorbereitungen machten sich alle auf den Weg, sodass der Pfarrer mit Weib und Kind den Zug beschloss. Es wolle kälter werden, sagte der Totengräber, der neben dem Pfarrer herschritt, besorglich, die Luft rieche nach Schnee. Das möge wohl sein, antwortete der Pfarrer, im vorigen Jahr sei der erste Schnee schon vor dem heiligen Leodegar gefallen. Er habe gestern auch schon eine Meise am Fenster gesehen, die sich einzustellen pflegten, wenn Schnee komme. Nach Verlauf von zwei Stunden verspürte die Frau Wehen, verbiss aber den Schmerz, bis sie nicht mehr weiterkonnte und es also ihrem Manne sagen musste. Er übergab das Kind, das noch nicht laufen konnte, dem Totengräber und stützte seine Frau, trug sie auch zuweilen, wenn es nicht anders ging, sodass sie langsam von der Stelle kamen. Von einer Anhöhe blickten sie zurück und glaubten wiederum eine Röte am Himmel zu sehen; der Pfarrer meinte, es sei die Feuersbrunst in Eschenbach, die noch nicht erloschen sei; aber die Pfarrerin sagte, es sei Wernsbach, und die Kroaten wären gewiss schon angelangt, und sie müssten eilen, dass sie sie nicht einholten. So wollten sie Waldpfade einschlagen, sagte der Pfarrer, wo sie niemand entdeckte; der Totengräber, der des Weges kundig sei, solle einstweilen voranlaufen und das Häuflein führen; er folge mit der Frau nach. Als noch ein paar Stunden vergangen waren, sagte die Pfarrersfrau, sie könnte nun nicht mehr weiter, ihr Mann solle gehn und sie hier liegen lassen. Ach, sagte der Pfarrer, das könne er nicht übers Herz bringen, er wolle sie lieber auf den Armen tragen, Gott werde ihm die Stärke geben. Nein, erwiderte die Frau, das sei nicht möglich, selbst wenn er sie tragen könnte, was er doch höchstens eine Viertelstunde lang vermöchte, so könne sie es nicht aushalten, denn die Geburt stehe nah bevor. Auch sei ja das Kind da, das schon übermüde sei. So wolle er bei ihr bleiben, sagte der Pfarrer, er könne nicht weitergehen, wenn er sie hier hilflos in der kalten Frühe in ihren

Schmerzen wisse. Aber er habe ja der Gemeinde versprochen, sie zu führen, sagte die Frau, und sie wären wie verirrte Schafe ohne ihn. Sie könnten hier vom Feind überfallen und erschlagen werden, und was dann aus dem kleinen Kind werden solle, das er dem Totengräber gegeben habe? Er solle doch ein Christ sein! Wenn sie sterben müsse, werde er ein anderes Weib finden, das ihren Kindern eine Mutter sein werde; er solle es Gott anheimgeben. Nun wohlan, sagte der Pfarrer, kniete nieder und betete mit starker Stimme: »Herr, in deine Hände befehle ich mein liebstes Gut. Behüte und bewahre es. Sieh, wir gehorchen dir als deine Knechte, verlasse du uns auch nicht. Du hast verheißen, dass du uns nicht über unsere Kraft versuchen wollest.« Dann nahm er seinen Mantel ab und deckte ihn über die Frau, hob das weinende Kind auf den Arm und ging fort; aber nachdem er einige Schritte getan hatte, kehrte er wieder um, kniete noch einmal nieder und betete: »Du gerechter, du allmächtiger Gott, halte deine Hand über dieser Frau, dass Frost und Nässe und die Wut des Feindes ihr nicht schaden. Halte mir deinen Bund, wie ich ihn dir gehalten habe!« Die Frau, die sich in Schmerzen wand, versuchte zu lächeln und sagte: »Geh! Geh mit Gott!«, worauf er aufstand und mit großen Schritten in den Wald hineinging, um die andern einzuholen.

Als er am übernächsten Tage zurückkam, fand er die Frau mit dem neugeborenen Kinde tot unter dem Schnee, der seitdem unablässig gefallen war, und grub sie einstweilen an der Stelle ein, hoffend, dass er sie einst christlich in Wernsbach bestatten könne, wenn wieder Friede und er heimgekehrt sei.

Als Gustav Adolf nach dem großen Siege bei Breitenfeld zwischen Hanau und Frankfurt lagerte, erwartend, welche Antwort ihm seine in die Reichsstadt abgesandten Deputierten bringen würden, baten einige aus der Oberpfalz vertriebene Pfarrer, dem König ihre Aufwartung machen zu dürfen, und wurden vor ihn gelassen. Es war ein Novembermorgen, und noch hatte die eben aufgehende Sonne den Nebel nicht durchdrungen. Der König, der in seinem Zelt vor einem Tische sitzend in der Bibel las, begrüßte die Eintretenden freundlich und fragte sie nach ihren Schicksalen. Sie hätten zuerst bei dem Landgrafen von Hessen-Kassel neue Anstellung gefunden, wären aber, da die betreffenden Landesteile bald hernach an seinen Vetter von Darmstadt kamen, als Kalvinisten auch von dort wieder vertrieben worden und lebten seitdem in Frankfurt von spärlichen Almosen. Einer von ihnen war sehr alt, hatte die Hände eingewickelt und humpelte an zwei Krücken, die weißen Haare hingen in Strähnen um seinen zitternden Kopf.

»Warum seid ihr nicht bei der Augsburgischen Konfession geblieben!«, sagte der König streng. »Ich liebe das Tüfteln und Haarspalten nicht. Aber lasst es gut sein«, fuhr er freundlicher fort, »wir sind alle rechte Christen und bieten dem Papst und Teufel Trotz, wir sollen zusammenhalten!«

Die Prediger lobten den König, dass er niemanden um des Glaubens willen verfolge. Sie erzählten, es sei kürzlich ein alter vertriebener Pfarrer aus Siebenbürgen nach Frankfurt gekommen; der habe ein Büchlein bei sich gehabt, das ihm ein Pestkranker auf dem Totenbett gegeben, weil der Prediger bei dem von allen Verlassenen ausgeharrt habe. In diesem uralten Büchlein sei eine Prophezeiung gedruckt gewesen, die habe gelautet: Es werde sich ein Löwe aus Mitternacht erheben, der werde des Pfauen bunte Federn ausreißen. Dann werde jeder Acker zwiefältig Frucht tragen und das Deutsche Reich seiner Drangsal vergessen, auch die ganze Christenheit in unaussprechlicher Freude stehn.

Nun sei diese Prophezeiung durch des Königs herrliche Taten erfüllt. Er, der König, sei wie der Heiland, da er dem Lazarus zugerufen habe: »Stehe auf und wandle!« So werde sich das arme gekreuzigte Volk, das erwürgte und begrabene Römische Reich auf sein Wort wieder erheben und in neuer Jugend und Schöne über der Erde ausbreiten.

Die Feldmarschälle Banér und Horn und der alte Graf Thurn, welche diese feierlichen Worte gehört hatten, blickten voll Bewunderung auf den König, und Thurn sagte, wenn man zurückblicke, wie die Szene sich durch sein Auftreten verändert habe, wie der mächtige Feind in einer einzigen Schlacht niedergeworfen sei und die Städte sich vor ihm beugten, so müsse man freilich sagen, dass die Schweden eines solchen Königs wegen glücklich zu preisen wären.

»Nein«, rief der König, indem er aufsprang und seine blauen Augen zornig auf die Anwesenden richtete, »das sind sie wahrlich nicht! Wohl dem Volk, dessen Fürst ein stiller, einfältiger Mann ist, der sich genügen lässt und mit seinen Untertanen im Frieden grau wird. Ein Held ist einem

Feuer gleich, das einen Wald oder eine Steppe ergreift und unersättlich rast, bis es alles Lebendige gefressen hat und dann sich selber verzehrt!«

»Da sei Gott vor«, sagte der eine Prädikant nach einer Pause, »dass wir des Königs Majestät mit einer verderblichen Brunst vergleichen sollten!«

»Ich sage das auch nicht von mir«, sagte der König langsamer, nachdem er sich wieder gesetzt hatte, »sondern von den ehrgeizigen Königen, die Gott nicht vor Augen haben. Ihr seht, ich suche mir mein Gesetz in der Bibel bei Gott, da die Menschen es einem Könige nicht geben können. Wenn ich auch jetzt Krieg bringe, so tue ich es doch um des Friedens willen, wie ja auch Christus Krieg entzündete, um das Reich Gottes zu stiften. Darum, fuhr er fort, sei es notwendig, dass alle, die den Frieden wünschten, zu ihm hielten und ihm gehorchten. Ob die Frankfurter Bürgerschaft, fragte er die Prädikanten, sich dessen wohl bewusst wäre und wie sie ihn zu empfangen gedächte?

Die Frankfurter, antwortete zögernd der eine, lebten vom Handel, und der König wisse wohl, dass aller Krämer Gott das Geld und der Nutzen sei. Sie fürchteten auch, als Reichs- und Krönungsstadt, von ihren Privilegien und Einkünften vieles einzubüßen, wenn sie den Kaiser gegen sich aufbrächten. Der gemeine Mann aber, dessen höchstes Gut Gottes Wort sei, frage nichts nach dem Jesuitenkaiser und habe alle Hoffnung auf den König von Schweden gesetzt.

Diese Aussage des Prädikanten bestätigten die mit den zurückkehrenden Abgeordneten des Königs eintreffenden Frankfurter Ratsherren; nachdem sie den König zu seinem Siege beglückwünscht hatten, sagten sie, sie hofften von der Großmut des Königs, er werde sie bei ihrer gelobten und verpflichteten Neutralität lassen, da sie als vornehme Reichsstadt in der Devotion des Kaisers verbleiben müssten.

Gustav Adolf runzelte die Stirn und sagte, er verwundere sich, dass er in Deutschland so oft das Wort Neutralität vernehmen müsse. Was denn das für ein Ding sei? Das sei nicht kalt, nicht warm; nicht weiß, nicht schwarz; nicht gut, nicht böse; ein unaufrichtiger, unbrauchbarer Zwitter; damit wolle er sich nicht abgeben. Was sie sich von ihrem Kaiser einbildeten? Ob sie nicht wüssten, dass er sie den Jesuiten in die Hände spielen wolle? Ob sie sich einer solchen Tyrannei unterwerfen möchten?

Dergleichen, sagten die Ratsherren, glaubten sie sich von der kaiserlichen Majestät nicht versehen zu müssen, die Augsburger Konfession sei durch unangreifliche Reichsgesetze geschützt. Der König solle doch bedenken, dass sie vom Handel lebten und dass die Messe gleichsam ihre Lunge sei, ohne welche sie den Atem nicht ziehen könnten. Was denn aus ihnen werden sollte, wenn durch Auflehnung gegen den Kaiser und das leidige Kriegswesen ihre Messen in Abgang kämen?

»Was Messen!«, rief der König. »Hier handelt es sich um Freiheit und Gewissen!«

Wenn der Mensch auf die Welt komme, sagten die Ratsherren bedächtig, sei er nicht viel mehr als ein Bäuchlein, das man füllen müsse, wenn er bestehen wolle; hernach komme das Gewissen.

Darum eben taufe der Christ das heidnisch Geborene, rief der König triumphierend, um es zu heiligen. Sie sollten doch zu Gott und zu ihm Vertrauen haben. Anfangs hätten sie wohl zweifeln dürfen; aber jetzt habe Gott weithin sichtbare Zeichen gegeben, und jeder könne sehen, wo Gott sei. Den alten bösen Teufel Tilly, vor dem der Erdkreis gezittert habe, den habe er aufs Haupt geschlagen und kümmere sich nicht einmal darum, wohin er geflohen sei, so wenig fürchte er ihn. Die Stadt Erfurt habe ihm gehuldigt, ebenso Aschaffenburg, wo des Kurfürsten von Mainz herrliche Burg stehe, er habe Schlüssel, die jede Stadt aufschließen könnten, nämlich seine Kanonen. Solche Schlüssel hoffte er aber bei der Stadt Frankfurt, deren Weisheit weltberühmt sei, nicht anwenden zu müssen. Er liebe die Stadt und werde ihren Flor treiben, statt ihn zu zerstören, habe darüber schon viel gedacht und geplant. Er habe in Schweden eine Ostindische Kompagnie gegründet, zu der schon viel Geld geflossen sei, die werde den Handel in der Neuen Welt an sich bringen und werde den Goldstrom, der bisher Spanien zugeflossen sei, auch nach Deutschland leiten, wenn die großen Städte ihren Vorteil wahrnähmen und beiträten.

Sie wollten sich mit dem Kurfürsten von Mainz bereden, antworteten die Ratsherren ausweichend.

Was Kurfürst von Mainz!, rief der König aus, der sei jetzt er, nachdem er Aschaffenburg erobert habe.

Noch niemals, seit Frankfurt stehe, fuhren die Frankfurter fort, habe ein fremder Eroberer den Fuß hineingesetzt, auch der Kaiser sei nie eingezogen, ohne zuvor die Privilegien zu bestätigen. Als ein pflichtbewusster Magistrat müssten sie darauf bedacht sein, dass die Stadt unter ihrem

Regiment nicht ihrer edelsten Kleinodien beraubt und dass ihre Herrlichkeit nicht verringert werde.

Die Zeiten wären geschwind, sagte Gustav Adolf, wer einstmals Schritte gegangen sei, müsse jetzt laufen lernen.

Am folgenden Tage ritt der König in Frankfurt ein, lüftete rechts und links grüßend den weißen Filzhut mit der grünen Feder, den er in der Schlacht bei Breitenfeld getragen hatte. Die vornehmen Familien, die abschätzig gespöttelt hatten und beiläufig von den Fenstern heruntersahen, konnten ein gewisses Wohlgefallen nicht unterdrücken; man brauche nicht zu fragen, welcher der König sei, sagten sie, kein andrer sei so stattlich gewachsen oder trage eine so festliche Miene.

Freilich sah der Schultheiß und kaiserliche Geheimrat Baur von Eyseneck, der dem König zur Seite ritt, im schwarzen Staatsgewande mit goldener Kette pompös genug aus; aber sein Gesicht glich einem strafenden Ungewitter, das noch ein wenig anhält, um sich desto ausgiebiger zu entladen. Als sie bei ihrem Umritt durch die Stadt an einer wüsten, durch eine Schandsäule bezeichneten Stelle vorbeikamen und der König fragte, was das zu bedeuten habe, erklärte der Bürgermeister, hier habe das Haus des Lebküchlers Fettmilch gestanden, der das Volk gegen die Regierung aufgehetzt habe und im Jahre 1616 rechtgemäß justifiziert worden sei. Dieser habe der Stadt viel zu schaffen gemacht und sich zuletzt in diesem Hause verschanzt, wo niemand ihn anzugreifen sich getraut habe, bis er, damals Zeugherr, es sich mit Gott unterfangen und auch endlich den Sieg davongetragen habe. »Das muss ein Goliath gewesen sein«, rief der König laut lachend, »dass er Euch so hat schwitzen machen.« Das blinde Volk in seiner Wut sei in der Tat einem gefährlichen Riesen zu vergleichen, sagte Baur, die Stirne faltend. Nicht einmal dem Kaiser hätten sie sich beugen wollen und hätten schimpflich diejenigen, die gehorcht hätten, die Parierer genannt. Er habe den Vorwitzigen das Parieren beigebracht, und seit er das Regiment führe, wären die Böcke allesamt zu folgsamen Lämmern geworden.

»Ihr seid ein trefflicher Mann, und ich lobe solche Grundsätze«, sagte Gustav Adolf. Bei einem großen Werk müsse einer der Führer sein, die andern müssten unbedingt gehorchen. Auch er habe sich in den schweren Krieg nur so begehen wollen, dass er der einzige und unbeschränkte Direktor desselben sei und die Übrigen parieren müssten, sonst könne er für ein glückliches Ende zu allgemeinem Nutzen nicht stehen. – Dies und Ähnliches sprach der König deutlich mit lauter Stimme, sodass es alle hören mussten.

Vor dem Ehrenmale, zu dem der König geladen war, führte ihn der Bürgermeister in den Römer, zeigte ihm die Bilder der Kaiser, eine in Kupfer gestochene Darstellung der Krönung des Kaisers Matthias aus der berühmten Merianschen Offizin und den Krönungsmantel.

»Das ist ein Stück, um eine kaiserliche Vogelscheuche auszustaffieren«, sagte Gustav Adolf lustig, »ich meine, ihr Frankfurter hättet Geld genug zu einem neuen.« Der Bürgermeister zog die dichten Brauen über seine Adlernase zusammen und sagte ernst: »Gerade weil er alt ist, ist er uns heilig.« Der König antwortete nichts darauf; aber nach einer Weile sagte er: »Ihr habt mir mit Eurem staubigen Trödel Hunger und Durst gemacht«, und wünschte zu speisen und auszuruhen.

Trotz aller Einwände des Rates setzte der König durch, dass die Bürgerschaft den Treueid leisten musste; nur so viel erreichte der Bürgermeister, dass keine schwedische Besatzung in die Stadt gelegt wurde, außer 600 Mann in die Vorstadt Sachsenhausen. »Ein lahmer Gaul«, sagte der König, »trabt wohl auch so mit; aber einem edlen Rosse muss man einen kleinen Sattel aufzäumen, wenn es parieren soll.«

In Frankfurt vereinigte sich Oxenstierna mit dem Könige und sagte ihm, er freue sich, ihn, den Körnig, im Mittelpunkte des Reiches zu treffen, lieber aber hätte er ihn in der kaiserlichen Hofburg zu Wien aufgesucht. – Im Kriege müsse man sich nach der Gelegenheit richten, entgegnete der König. Er brauche Geld, das habe er hier gefunden und würde am Rhein und Main noch mehr auftreiben; in Wien wäre es ihm vielleicht wie jenem Räuber gegangen, der den Überfallenen aus Barmherzigkeit mit einem Almosen entlassen habe.

Oxenstierna sagte, was dieser Feldzug ihm einbringe, könne er ihn auf der anderen Seite kosten. Es werde Frankreich missfallen, dass er die zugestandene Neutralität der Ligafürsten verletze, und es werde deshalb vielleicht mit der versprochenen Geldsumme zurückhalten.

Das müsse er, Oxenstierna, dem Richelieu ausreden, sagte Gustav Adolf. Er wolle jetzt auf München, hätte er Bayern, müsse der Kaiser von selbst fallen. Wolle man ein Gebäude umwerfen, müsse man zuerst an der morschesten Stelle rütteln, das wären im Reich die Kirchenfürsten.

Wenn einem nur die herabfallenden Balken nicht den Kopf dabei zerschlügen, wandte Oxenstierna ein.

Der König wurde ungeduldig. »Ich sage dir«, rief er, »dass ich diesen Weg eingeschlagen habe, weil der Weiser in meiner Brust dahin zeigte.«

Das sei ein Grund, womit er immer recht behalte, erwiderte Oxenstierna lächelnd. An ihm solle es nicht liegen, dass es nicht zum Guten ausschlage.

Auf den Befehl Gustav Adolfs hatte Sachsen die Eroberung Schlesiens übernommen, Arnim jedoch zog es vor, in Prag einzurücken, einige meinten, weil er von Wallenstein heimlich dazu aufgefordert und weil es kaum verteidigt gewesen sei, andere, weil er gewusst hätte, dass es in Prag mehr zu rauben gäbe. Von dort aus meldete er Wallenstein, der sich auf das dem alten Grafen Terzka gehörende Schloss Kaunitz zurückgezogen hatte, er werde seine Fürstentümer, Güter und Besitzungen mit jeder Kontribution oder Einquartierung verschonen, und bat um die Erlaubnis, ihm persönlich seine Aufwartung machen zu dürfen. Um die Mitte des November traf er, von Wallenstein eingeladen, auf dem Schlosse ein; der Wind schnob kalt um die Mauern und jagte Regen und braune Blätter in Wirbeln gegen die Fenster. Auf der Mittagstafel brannten Wachskerzen in silbernen Leuchtern und erhellten doch den düsteren Saal nicht; von den geschliffenen Gläsern und Kannen zückten diamantene Strahlen durch den Raum.

Arnim nahm einen mit Wein gefüllten gläsernen Pokal in die Hand, auf dem eine Jagd der Diana und ihrer Nymphen eingeätzt war; jubelnd umkreisten die amazonenhaften Gestalten die stille, goldgelbe Flamme. Arnim betrachtete das Kunstwerk aufmerksam und sagte, es stamme wohl aus Kaiser Rudolfs Zeit; derselbe müsse doch ein kluger Herr gewesen sein, dass er die Künste in Böhmen so hochgetrieben habe.

Er hätte einiges getan, sagte der alte Terzka, aber es hätte sich nun wieder verlaufen. Weil es nichts Einheimisches gewesen sei, habe es keinen Bestand gehabt. Wenn die Böhmen einmal mit ihren reichen Erzeugnissen allein gelassen würden, dann solle die Welt Wunder sehen.

Wallenstein sagte, es sei immerhin noch manches aufzutreiben, er besitze viel aus dem Nachlasse seiner ersten Gemahlin und wolle Arnim damit ein Zeichen seiner Freundschaft geben.

Arnim bedankte sich eifrig; er habe an keinem andern Fürstenhofe so viel Pracht und Geschmack gesehen, sagte er.

Der alte Terzka erklärte, dass der gesamte Tafelschmuck Wallenstein, nicht ihm gehöre; denn heute habe Wallenstein der Wirt sein wollen, habe auch seine Küche aus Prag mitgeführt. Aber er bemerke, sagte er, dass es keine Rebhühner gebe, und es sei doch Wallenstein nichts anderes zuträglich; ob er sie für heute nicht befohlen habe?

Ein paar Diener liefen hin und her, worauf ein Küchenmeister erschien und sich angstvoll entschuldigte, es seien keine Rebhühner von den fürstlichen Gütern eingetroffen, obwohl er sie rechtzeitig bestellt hätte. Wallensteins Gesicht war zornrot geworden; Graf Terzka erhalte alle Tage Rebhühner, sagte er, werde also besser bedient als er. Seine Diener schienen ihn für eine Vogelscheuche zu halten. Der Schuldige solle auf der Stelle gehängt werden, ob es der Jägermeister oder ein Knecht oder sonst jemand sei.

Einstweilen sollten Rebhühner in seiner Küche für den Herzog gebraten werden, sagte Terzka begütigend. Er solle die Schuldigen gehörig bestrafen, sich's aber nicht weiter zu Gemüte ziehen. Bei ihm könne leicht gute Ordnung herrschen, er sei ja nichts weiter als ein Gutsbesitzer, könne sich mit Wallenstein nicht vergleichen. Auf ihn blicke ganz Böhmen, dazu noch Kaiser und Reich. »Ja«, sagte er zu Arnim, »der Herr hätte keinen Fuß in Böhmen gesetzt, wenn der Herzog es nicht gewollt hätte.«

Er habe schon gemerkt, sagte Arnim, dass kein Wallenstein wider ihn gestanden sei. Es gehe aber das Gerücht, dass Wallenstein wieder kaiserlicher Generalissimus zu werden gedenke; ob etwas an dem sei?

Wallenstein warf über den Tisch herüber seinen langen, verschleierten Blick auf Arnim. Er sei krank, sagte er, mit dem Kriegswesen werde er sich schwerlich wieder beladen können. Wenn er es aber doch täte, fuhr er in schärferem Tone fort, so geschehe es deshalb, weil dem Kaiser seine Verhandlungen mit Gustav Adolf bekannt geworden wären. Die Buben pfiffen sein Sekretissimum auf der Gasse und legten es nach ihrem Verstande aus. Um des Kaisers Argwohn zu widerlegen, werde er zuletzt gezwungen, das Generalat zu übernehmen.

Wallenstein werde wohl wissen, sagte Arnim, wem er das zu verdanken habe, dem geschwätzigen alten Thurn, dem löcherigen Sieb, der zum Staatswesen weniger tauge als irgendeine alte Vettel.

Er sei hart mit ihm aneinandergeraten in Prag. Der hätte am liebsten alle Katholiken auf der Stelle ausgeschafft, hätte sich überhaupt wie der Herr im Hause gebärdet und die Köpfe der justifizierten Rebellen von 1621 vom Tore herunternehmen lassen.

Nun, das sei wirklich an der Zeit gewesen, fiel Terzka heftig ein; er hätte nur ein paar Papistenköpfe an die leeren Stellen stecken sollen.

An Thurns gutem Willen dazu habe es nicht gefehlt, sagte Arnim; aber davor sei er, Arnim, gestanden.

Er habe gemeint, Graf Arnim sei lutherisch, sagte Terzka.

Ja, das sei er auch, antwortete Arnim, und er habe gemeint, Graf Terzka sei katholisch.

Ja, das sei er auch, rief Terzka höhnisch lachend, und vom Kaiser geprägt noch dazu; ob er die Art kenne?

Wallenstein fuhr dazwischen; die, denen man 1621 die Köpfe abgeschlagen habe, sagte er, wären Rebellen gewesen, und es wäre ihnen ihr Recht geschehen; aber dass man das Tor einmal gesäubert habe, fände er in der Ordnung. Der Kaiser brauche die Toten nicht mehr zu fürchten.

Besonders mit Wallenstein als General, setzte Arnim hinzu. Es schien ihm, als gebe Wallenstein dem Grafen Terzka, der wütende Blicke um sich warf, ein verstohlenes Zeichen mit den Augen; aber in dem düsteren Raume war nichts genau zu unterscheiden. Falls er sich des kaiserlichen Heeres annehme, sagte Wallenstein, so wünsche er, dass der König von Schweden das nicht als eine Feindseligkeit gegen ihn auffasse. Er habe große Achtung vor dem König von Schweden und möchte ihm gefällig sein, hoffe auch noch, Gelegenheit dazu zu haben. Er werde sich der Armee nicht bedienen, um das Kriegsübel zu vermehren, sondern um Ordnung und dauernden Frieden zu schaffen.

Der alte Terzka legte laut seine Bewunderung für den Schwedenkönig an den Tag; seine Frau, sagte er, trage sein Bild an einer goldenen Kette an der Brust. Wenn sie nicht zu fett um den Leib herum und zu kurz von Atem wäre, hätte sie gesagt, möchte Sie Mannskleider anziehn und mit ihm in den Krieg ziehn, und er habe ihr versprochen, sich von Arnim von der Leipziger Schlacht erzählen zu lassen.

Arnim erzählte, es sei ein Vergnügen gewesen, wie die neue Kampfesweise des Königs gegen die alte, niederländische Tillys funktioniert habe. Tilly habe es sofort bemerkt und sich nicht dagegen zu wehren gewusst,

Pappenheim habe sich wie ein Rasender gebärdet; aber damit richte man wenig aus, der Verstand und der Zufall machten den Ausgang der großen Schlachten. Die Sachsen hätten sich schlecht gehalten, es sei im Allgemeinen verderblich, wenn der Fürst sich beim Heere befinde.

Ja, sagte Wallenstein lächelnd, darum lasse er bei sich keinen zu. Der König von Schweden, meinte er, scheine aber eine Ausnahme zu machen.

Der sei kein König, sondern ein Eroberer, sagte Arnim nicht ohne Missbilligung. Und ein rechter Feldherr sei er trotz seiner Klugheit und Erfindungsgabe auch nicht. Er lasse sich vom Augenblick hinreißen und werde deshalb auch vom Augenblick verraten werden. Im Grunde sei er ein Fantast.

Arnim habe doch in früherer Zeit einen großen Enthusiasmus für den König von Schweden gehabt, sagte Wallenstein.

Arnim zuckte die Schultern; er liebe jeden Herrn, in dessen Dienst er stehe, sagte er, Wallenstein sei seinerzeit doch auch zufrieden mit ihm gewesen. Das bestätigte Wallenstein; er habe sich auf keinen wie auf Arnim verlassen.

Wie lange Arnim in Böhmen zu bleiben gedenke?, fragte er nach einer Pause.

Das hänge von vielem ab, antwortete Arnim zögernd. Er hoffe, Wallenstein werde zu einem guten Frieden helfen. Ob Aussicht sei, dass die eine oder andere Kirche den Lutherischen wieder geöffnet werde?

Seinetwegen könnten sie hindostanisch oder türkisch predigen, sagte Wallenstein kurz auflachend. Aber Arnim kenne ja die Vorurteile des Kaisers, da greife man in ein Wespennest. Auch sei zu sagen, dass die Böhmen sich eben an die Messe gewöhnt hätten; es hätte allerlei Bedenken, ihnen nun wieder andere Speisen aufzutischen und den Gaumen zu reizen. Das müsse scharf und behutsam zugleich behandelt werden.

Der alte Terzka rückte auf seinem Stuhle und schien von einer heftigen Bemerkung durch einen schnellen Blick Wallensteins zurückgehalten zu werden. Als Arnim sich entfernte, gestand er sich ärgerlich, dass er keinen deutlichen Einblick in Wallensteins Absichten getan habe. Es war ihm aufgefallen, wie viele Furchen sich in des Herzogs hohe Stirn und um seinen Mund gesenkt hatten und wie viele späte, schwere Schatten sein Gesicht verdunkelten; sie machten es noch undurchdringlicher, als es früher gewesen war. Er hatte mehrmals betont, wie seine Ansichten in allen Dingen mit denen Arnims übereinstimmten; aber hatte er selbst denn bestimmte Ansichten ausgesprochen? Oder solche, die Wallenstein für aufrichtige halten würde? Das eine glaubte Arnim sicher, dass Wallenstein voll Rachsucht gegen den Kaiser sei; vielleicht, dachte er, habe das tägliche Hinunterwürgen der Rache sein Gesicht so gallig und verlarvt gemacht.

In einem Zimmer des Schlosses Kaunitz, das sich Wallenstein nach seinem Geschmack und Bedürfnis hatte einrichten lassen, saß der Herzog im Gespräch mit Seni, der am Fenster stand. Der Schwedenkönig, sagte Seni, habe den Scheitel seiner Bahn noch nicht erreicht, er führe die großen Planeten Mars und Venus wie Hündlein am Bande hinter sich; nicht lange aber, so würden diese heidnischen Geister sich losreißen, und er würde jammervoll zu Tode stürzen. Ob sie dann einem andern dienstbar sein würden?, fragte Wallenstein. Seni sah sorgenvoll aus dem Fenster; der Himmel sei allnächtlich voll Sturm und Wolken, sagte er, die Zukunft wolle sich noch nicht enthüllen. So solle Seni ohne Zeitverlust die Nativität des Königs von Ungarn stellen, sagte Wallenstein; er habe damit begonnen, aber die starken Schmerzen am Bein hätten ihn gehindert. Bevor er gehe, solle er den Vorhang dicht über das Fenster ziehen, damit er die kalte Luft nicht spüre. Ob er Licht befehle?, fragte Seni. Nein, sagte Wallenstein, er wolle im Dunkeln sitzen; er leide zu starke Schmerzen, um zu arbeiten.

Sein Halbschlummer wurde durch den Eintritt seines Leibarztes unterbrochen, der nach dem Befinden des Herzogs fragte. Die Schmerzen wären so arg noch nie gewesen, sagte Wallenstein, sie gingen bis an den Hals hinauf. Es müsse anders werden. Der Leibarzt zündete eine Kerze an, stellte sie neben sich auf den Boden, wickelte den Verband um des Herzogs Bein auf und untersuchte die Wunde. Der Herzog müsste sich ruhig halten, sagte er, bis die Wunde vollständig geschlossen sei, sonst könne es nicht besser werden. Ob es denn kein Mittel gebe, den Prozess zu beschleunigen?, sagte Wallenstein. Der Leibarzt schüttelte den Kopf; das würde nicht gut sein, meinte er; der schädlichen Materie, die noch vorhanden sei, müsse ein Ausgang offen bleiben, verschließe man diesen gewaltsam, so würde sie nach innen steigen und endlich das Herz vergiften.

Ob er etwa in Gefahr des Lebens stehe?, fragte Wallenstein scharf.

»Das tun wir alle zu jeder Stunde«, sagte der Arzt, der das kranke Bein noch auf seinem Schoße hielt.

»Mensch«, sagte Wallenstein nach einigen Augenblicken des Schweigens, »wenn dir dein Leben lieb ist, so sage mir auf dein Gewissen, als wenn du vor Gott ständest, wie lange du mir noch zu leben gibst.«

Der Arzt besann sich eine Weile und sagte dann: »Wenn der Leib von Euer Fürstlichen Gnaden ein Pferd wäre und Euer Fürstliche Gnaden wäre ein adliger Herr, so es kaufen wollte, würde ich ihn warnen, dass er es nicht zu teuer bezahlte, denn länger als drei Jahre würde er es schwerlich mehr reiten können.«

»Ist das gewiss?«, fragte Wallenstein, indem er den Atem anzog und sich langsam in seinen Sessel zurücklehnte.

»Nein«, sagte der Arzt, »das ist das Urteil eines gebrechlichen Dieners Eurer Fürstlichen Gnaden. Daneben steht es bei Gott, Wunder zu tun.«

Er hatte inzwischen das Bein des Herzogs wieder umwickelt, stand auf und sagte, das Feuer im Kamin sei erloschen; ob er nicht einen Diener schicken solle, es frisch anzuzünden? Der Abend sei kühl.

Wallenstein schüttelte den Kopf und hob die Hand ein wenig, zum Zeichen, dass der Arzt sich entfernen solle.

Eine Zeit lang blieb er mit geschlossenen Augen sitzen, dann öffnete er sie wieder und sah sich langsam in dem dämmrigen Zimmer um. Durch das hohe, schmale, von schwarzem Tuch umrahmte Fenster fiel trüber, gelber Schein, der den Winkel, wo er saß, nicht erreichte; nur das Messinggestell, das eine Himmelskugel fasste und auf dem Tische stand, entzündete er zu gelbem Glimmen. Die Wände waren, um Geräusche abzuhalten, überall mit schwarzem Tuch verkleidet, nur ein Teil war von einem Gobelinteppich bedeckt, der das Paradies vorstellte. Auf der einen Seite sah man Löwen, Elefanten, Papageien und Meerkatzen, die mit lächelnden Gesichtern bunte Früchte von Palmbäumen pflückten, auf der anderen Seite die Vertreibung Adams und Evas, über deren tief gebeugten Nacken sich eine Mähne ährengelber Locken ergoss. Die Dunkelheit schien diese Szenen mit einem Zauberstabe berührt und inmitten ihrer Wonne und Trauer entseelt zu haben. Während Wallenstein darauf hinstarrte, ging es ihm durch den Sinn, wie er vor vielen Jahren durch die heiße friaulische Ebene nach Venedig gefahren war und wie er mit dem nun verstorbenen Astronomen Argoli auf der Zinne seines Hauses in Padova, von einem mächtigen Sternenhimmel umflammt, gesessen hatte. Es war ihm, als sei das gestern gewesen; und doch sollte ihm seitdem das ganze Leben entronnen sein?

Und wo war die prophezeite Herrlichkeit?

Von Neuem verfiel er in einen unruhigen Schlummer, aus dem ihn plötzlich das Gefühl schreckte, als sei jemand im Zimmer. Wie er sich scheu umblickte, glaubte er in den schweren Falten des Tuchvorhangs etwas stehen und ein fahles Antlitz lächeln zu sehn. War das der Tod, dessen kühlen, weichen Blick voll nachsichtigen Hohnes er fühlte? Er erhob sich, so schnell er vermochte, und setzte die Glocke, die auf dem Tische stand, in heftige Bewegung. Ob jemand eben sein Gemach verlassen habe?, fragte er den herbeieilenden Diener. Nachdem der Astrolog und der Leibarzt sich entfernt hätten, sagte der, sei niemand aus- oder eingegangen. Aber gerade jetzt sei der Herr von Bubna angekommen und frage, ob der Herzog ihm eine Audienz gewähren wolle.

Der Herzog befahl, ihn einzulassen; gleichzeitig trug er dem Diener auf, Feuer im Kamin zu machen und ihm einen Mantel zu bringen, damit er sich inzwischen erwärme.

Nun, sagte Wallenstein, indem er Bubna die Hand reichte, sein alter Schulkamerad, nämlich Bubna, sei treuer als dessen viel geliebter und hochgerühmter König. Der hätte ihm große Promessen gemacht und nichts gehalten. Ein Glück, dass er von vornherein nicht getraut habe.

Bubna entschuldigte Gustav Adolf: wenn Wallenstein den Kriegsverlauf genau kennte, würde er zugeben, dass der König so viel Volk nicht hätte entbehren können.

Der Diener trat ein und wollte Wallenstein den Mantel umhängen, wurde aber zurückgewiesen. Er wolle nicht den schwarzen, sagte der Herzog, sondern den Scharlachmantel, der mit Hermelin gefüttert sei.

Der König habe auch gehofft, fuhr Bubna fort, dass Wallenstein sich einstweilen das sächsische Heer belieben lassen würde. Er wisse ja, dass er an Arnim einen ergebenen Diener habe.

O ja, wenn nur der Arnim einen anderen Herrn hätte, sagte Wallenstein lachend. Das sächsische Heer verhalte sich zu einer rechten Armada wie ein Knüttel zu einem Schwert; das sei seine Sache nicht.

Aber es sei doch wohl nicht möglich, sagte Bubna, dass Wallenstein wieder Kaisers Dienst annähme?

»Warum sollte das nicht möglich sein?«, entgegnete Wallenstein. »Ihr habt es nicht besser um mich meritiert, da ihr mich mit eurem Schwatzen in Wien zum Schelmen gemacht habt. Ich hätte mich leicht zwischen zwei Stühle setzen können.«

»So sollen wir unsere teuren Hoffnungen verfließen sehen?«, fragte Bubna.

»Wenn ich mich mächtig mache«, sagte der Herzog, »so kann ich euch mehr nützen, als wenn wir auf den Favor und die Kapricen des Königs von Schweden warten müssten. So viel ist sicher, wenn ich vom Kaiser etwas annehme, so muss es die Diktatur sein; denn ich will vorsorgen, dass kein Feind mich besiegen und kein falscher Freund mich stürzen kann.«

An der Mittagstafel im bischöflichen Schlosse zu Mainz, wo Gustav Adolf Quartier genommen hatte, war für mehrere fürstliche Gäste gedeckt, nämlich für Friedrich von der Pfalz, der schon vor mehreren Tagen angelangt war, und für den Landgrafen Georg von Hessen-Darmstadt, der es übernommen hatte, zwischen den Kriegführenden Frieden zu stiften, und für diese Sache großen Eifer an den Tag legte. Während des Essens redete er ein Langes und Breites über den kläglichen Zustand Deutschlands, über das Mitleiden, das er mit der notleidenden Armut trage, und wie er mit Hintansetzung seiner Ruhe und Sicherheit umherreise, um den lieben Frieden zu begründen. Er wisse wohl, sagte er, dem Könige sei von friedhässigen Leuten Widerwärtiges über ihn berichtet, als liebe er den König nicht, halte verräterisch zum Kaiser und befördere wohl gar den papistischen Glauben; das verhalte sich aber anders. Zwar sei er durch fest verklausuliertes väterliches Testament gebunden, jederzeit in der Devotion des Kaisers zu bleiben, und da er mächtige katholische Fürsten zu Nachbarn habe, könne der König sich einbilden, dass er gute Freundschaft mit diesen halten müsse, wenn es nicht über sein Land hergehen sollte; übrigens aber meine er es gut mit den Evangelischen und wolle sich nichts mehr angelegen sein lassen, als das Wohl des Königs zu betreiben. Er beanspruche nichts für seine Mühewaltung, als dass sein Land in der erwünschten Neutralität belassen werde; für sich wolle er nichts, denn er handle ja nicht aus Vanigloriosität oder dem leidigen Partikularinteresse, sondern aus amor boni publici, und dass das bonum publicum der liebe Friede sei, werde doch gewiss niemand in Abrede stellen.

Gustav Adolf, der mit steigender Ungeduld zugehört hatte, fiel dem Landgrafen laut ins Wort: Das sei eine wunderliche Rede gegen ihn, der mit dem Schwert in der Hand hierhergekommen sei. Ob er dafürhalte, dass er, Gustav Adolf, aus Partikularinteressen Krieg führe? Was für Interesse er wohl daran habe, das Blut seines Volkes und sein eigenes auf die schwanke Waage des Kriegsglücks zu setzen? Und wo unter dem lieben Frieden wohl der evangelische Glaube hingekommen wäre? Wenn er die Historien kenne, müsse er wissen, dass Saul, weil er den besiegten Amalekiterkönig geschont habe, von Gott wegen seiner Undankbarkeit gestraft und von der Regierung gebracht worden sei. Gott verleihe einem das Kleinod des Sieges nicht, dass man es wie ein schlechtes Almosen wegwerfe. Die Geschichtsschreiber aller Zeiten hätten Hannibal stark missbilligt, dass er seinen schönen Sieg bei Cannae nicht verfolgt und ausgenützt habe und nicht sofort auf Rom gezogen sei. Wer jetzt vorzeitig nach Frieden schreie, den müsse er für einen Papisten und Spanier und für seinen Feind ansehen. Das sage er frei heraus, damit es sich jeder merken könne, bevor er nicht seinen Freund und Vetter, den Landgrafen von Hessen-Kassel, und seinen lieben Vetter, den König von Böhmen, restituiert oder entschädigt hätte, würde er das Schwert nicht niederlegen.

Landgraf Georg war vor Schrecken und Ärger bleich geworden, versuchte sich aber zu fassen und sagte gegen Friedrich von der Pfalz gewendet, der an der Seite des Königs saß, er werde sich aufrichtig freuen, wenn Friedrich nach so vielen Drangsalen sich wieder in seinem Lande erquicken könne. Da er sich bei diesen Worten der Anrede ›Euer Liebden‹ bediente, fuhr ihn Gustav Adolf von Neuem an: er solle dem König von Böhmen und Kurfürsten von der Pfalz den Titel geben, der ihm gebühre; er, der Landgraf, habe kaum einen Bart ums Maul und sei noch viel zu jung, um Leuten, die mehr als er wären, ihre Titel zu entziehen.

Der Landgraf schwieg und blickte auf seinen Teller; bei dem Bankett, das Friedrich am folgenden Tage gab und zu dem er geladen war, erschien er nicht.

Als Friedrich nach Tische mit dem Könige in einem Seitenzimmer allein war, dankte er ihm für die Genugtuung, die er ihm verschafft habe.

Dem Landgrafen Georg gönne er den Schimpf, dieser lutherische Papst-
knecht mache ihm übel. Übrigens liege ihm an dem böhmischen Königtum nichts mehr, er habe es der Religion zuliebe angetreten und sei mit Undank von allen Seiten gelohnt worden, könne er dem Könige eine Gefälligkeit damit tun, trete er es gern ab. Ob der König denn mit Wallenstein einig geworden sei? Nein, sagte Gustav Adolf, Wallenstein habe sich zu lange besonnen, er brauche ihn nun nicht mehr. Übrigens werde Wallenstein ihm schon wieder kommen; dass die böhmischen Emigranten ihn zum Könige wollten, leide keinen Zweifel, er ziere sich nur noch ein wenig.

Der sächsische Gesandte, von Einsiedel, der den Auftrag hatte, Gustav Adolf wegen der Friedensbedingungen auszuhorchen, erfuhr, dass die Fürsten bei Tafel aneinandergeraten wären, und war peinlich berührt, als er des Königs erhitztes und drohendes Gesicht sah. Einsiedels Versicherungen von der unwandelbaren Bundestreue des Kurfürsten Johann Georg nahm er ungeduldig entgegen; er zweifle nicht, dass der Kurfürst sein und aller Evangelischen wahres Interesse jetzt erkannt habe, sagte er, und hoffe, dass der Kurfürst seinerseits von seiner, des Königs, Friedensliebe überzeugt sei. Er wünsche den Frieden von Herzen, aber nur einen solchen, der Bestand haben könne, keinen löcherigen oder zusammengeflickten, aus dem zugleich ein neuer Krieg herausschlüpfe.

Der Kurfürst, sagte Einsiedel, habe gegründete Hoffnung, dass der Kaiser sich zur Aufhebung des Restitutionsediktes werde bereit finden lassen; überhaupt habe er es ja gleichsam wider Willen und nur den geistlichen Fürsten und Jesuiten zuliebe erlassen.

Es herrsche eine wunderliche Gewohnheit bei den Fürsten im Reich, sagte Gustav Adolf, die Güte und Milde des Kaisers zu preisen, selbst wenn er ihnen das Brot aus der Hand und den Kopf vom Halse reiße. Die Mecklenburger, denen er, Gustav Adolf, ihr Land wiedergegeben habe, hätten auch kürzlich ein Schreiben ausgehen lassen, wie sie den Kaiser liebten und wohl wüssten, dass er an allem unschuldig sei, was sie betroffen hätte. Dagegen wenn ein schwedischer Soldat aus Hunger einem Bauern ein Huhn aus dem Stalle hole, fingen sie gleich alle an zu zetern.

Einsiedel entschuldigte die Anhänglichkeit des Kurfürsten an den Kaiser mit der altbewährten Politik, die ihm gleichsam von seinen Vätern aufgeerbt sei. Ebenso treu und ehrlich gedenke er nun seinen Bund mit dem Könige zu halten.

Das hoffe er, sagte der König, und kam dann wieder auf den Frieden zu sprechen. Eine Hauptbedingung sei die Restitution des Königs von Böhmen in seine Erblande nebst der Kurwürde und die Restitution der böhmischen Emigranten. Davon könne er keinesfalls abgehn, wenn der Apfel dem Kaiser auch sauer vorkommen werde.

Es werde sich hoffentlich ein Weg dazu finden lassen, meinte Einsiedel. Was dem Kurfürsten hauptsächlich auf dem Herzen liege, betreffe die königliche Würde von Schweden. Der Kurfürst sei sich wohl bewusst, dass die Evangelischen dem König nie genug danken könnten für alles, was der König für sie gewagt und geopfert habe, und doch würde es unleidlich sein, nicht wenigstens einen Teil der Dankesschuld abzutragen. Ob der König ihm nicht mit einem Wink zu Hilfe kommen wolle, wie man sich gegen ihn erkenntlich zeigen dürfe?

Der König betrachtete den Gesandten scharf. Ja, das sei das punctum saliens, nicht wahr?, sagte er, und wie gedenke denn sein Herr ihn abzufinden?

Nach einigen Weiterungen kam Einsiedel damit heraus, Pommern, habe der Kurfürst gemeint, müsse dem Könige wohl gelegen sein; und wenn Brandenburg etwas dawider habe, könne es ja sonst irgendwie abgefunden werden.

So!, sagte Gustav Adolf auflachend, Pommern! Ja, allerdings stehe ihm das an. Und was der Kurfürst gemeint habe, das aus dem Herzogtum Franken und dem Erzbistum Mainz werden solle? Der Kurfürst habe es anständig gefunden, sagte Einsiedel zögernd, dass nicht er, sondern der König in solchen Fragen das erste Wort spreche.

Als der Gesandte abgefertigt war, warf sich Gustav Adolf tief atmend in einen Sessel und ließ Oxenstierna rufen. Er sei der deutschen Fürsten müde, sehr müde, sagte er. Hätte er ihre Feigheit und Falschheit gekannt, wäre er nicht über das Meer gekommen. Kaum habe er sie aus der ärgsten Not befreit, so erschalle von allen Seiten das Geschrei nach Frieden. Sie hätten sich die Gerichte munden lassen, die er ihnen aufgetischt hätte, und nun es dazu komme, die Zeche zu zahlen, wolle keiner dabei gewesen sein.

Dem Kurfürsten von Sachsen mache wohl des Königs Verbündnis mit den Weimaranern Sorgen; denn die hatten alle beide nicht vergessen, dass vor hundert Jahren die Kur noch bei denen von Weimar gewesen sei.

Die Weimaraner dürfe er nicht zu übermutig werden lassen, sagte der König; bei jeder Reverenz, die sie ihm machten, gäben sie acht, dass sie den Buckel ja nicht zu tief krümmten. Daran lasse es Herzog Georg von Lüneburg nicht fehlen, sagte Oxenstierna, aber zu trauen sei ihm auch nicht. Sie finden alle das Wörtlein von der schwedischen Oberhoheit unverdaulich für ihren Magen.

Ja, sagte der König, die wolfenbüttelschen Gesandten hätten ihn als einen Moses und Gideon tituliert, wie sie aber im Vertrage dies Wörtlein gefunden hätten, hätten sie lange Gesichter gemacht und ihn wohl plötzlich für einen Herodes angesehen. Und es sei doch nicht seine Schuld, dass sie sich selber nicht helfen könnten! Dem Herzog Georg traue er vollends nicht, dem habe der Dreck von Wien noch an den Stiefeln gehangen, als er in Würzburg bei ihm angekommen sei.

Der König müsse ihm nur die Taschen ordentlich füllen, sagte Oxenstierna behaglich. Er habe bereits ein schiefes Maul gezogen, weil der König das Eichsfeld und Minden, das er ihm versprochen gehabt habe, jetzt dem Landgrafen von Hessen zuwenden wolle.

So, so, sagte Gustav Adolf; nun, es komme nicht so genau darauf an, man müsse nur den knurrenden Bestien einstweilen einen Fetzen Fleisch zeigen, Hessen-Kassel dürfe nicht enttäuscht werden, und da er aus Rücksicht auf Sachsen dem Darmstädter wohl die Landesteile lassen müsse, die er Hessen-Kassel geraubt habe, müsse er Hessen-Kassel einen anderen Ersatz schaffen; es könne ja aber Paderborn und Fulda bekommen, die sagten ihm als Nachbargebiete zu.

Oxenstierna äußerte vorsichtig die Meinung, im Großen und Ganzen könne der König den Frieden auf Pommern abstellen, wenn etwa noch ein paar Tonnen Gold als Entschädigung dazukämen, es sei ein gar zu ungewisses und beschwerliches Handeln mit den Reichsfürsten; allein der König fuhr heftig auf, Oxenstierna solle nicht reden, als ob er ein Emissär seiner Feinde sei. Er habe den Herd nicht geheizt, um einen Knödel zu sieden, Er wolle nicht ruhn, eh er nicht eine solche Verfassung im Reich hergestellt habe, wie sie zur Konservation des evangelischen Glaubens notwendig sei. Auch könne er seinen treuesten Bundesgenossen, den Landgrafen Wilhelm, nicht im Stiche lassen, der wisse, was er wolle, und ergreife die rechten Mittel dazu, sei ehrlich, klar und wahr. Er rief seinen Sekretär Sattler und ließ ihn das Gutachten der hessischen Räte über die

Friedensbedingungen vorlesen, dessen Hauptpunkte etwa folgendermaßen lauteten: Nicht nur die im Besitz protestantischer Fürsten befindlichen geistlichen Güter sollten säkularisiert werden, sondern auch die der katholischen; die Kaiserwahl dürfe nicht mehr von den Kurfürsten abhängen, sondern von den Fürsten insgesamt; die Jesuiten, welche die Brandstifter des Krieges und überhaupt Anrührer und Schürer jedes Zerwürfnisses im Reiche wären, müssten, sowie die Spanier, auf ewige Zeit aus dem Reiche verwiesen werden. Auch nach geschlossenem Frieden müssten die evangelischen Fürsten ein besonderes Korpus mit dem König von Schweden als Haupt oder Direktor bilden, damit die neue Verfassung Bestand hätte.

Was aus der hessischen Kanzlei komme, sagte der Sekretär, das sei alles gründlich durchdacht und verständlich abgefasst; da sei nicht wie bei den andern mit vielen schweren Wörtern Staub aufgewirbelt, um den Sinn und Inhalt zu umnebeln.

Man spüre den Geist des alten Landgrafen Moritz darin, sagte Oxenstierna; der regiere wohl noch aus seinem abseitigen Winkel.

Als Landgraf Wilhelm nach Mainz kam, erklärte sich Gustav Adolf mit dem von ihm entworfenen Projekt über die Neugestaltung des Reiches einverstanden. Dass er selbst das Haupt des evangelischen Korpus werde, sei nicht unbedingt notwendig, sagte er; die evangelischen Fürsten könnten auch einen aus ihrer Mitte dazu bestellen, der dann mit ihm ein festes Bündnis schließen müsse.

Landgraf Wilhelm lächelte halb traurig, halb spöttisch. An wen der König dabei denke?, fragte er. Etwa an Sachsen oder Brandenburg? Was ihn betreffe, abgesehen davon, dass sein Land viel zu gering zu solcher Würde wäre, so sehe der König wohl, dass er die herkulischen Schultern nicht habe, um solche Last zu tragen.

Der König betrachtete das schmale hübsche Gesicht des Landgrafen und seine schlanke Gestalt, die sich leicht unvermerkt ein wenig vornüber neigte, mit Anteil. Die süße Frucht seiner Gedanken, sagte er, müsse doch auf einem rüstigen, ausdauernden Stamme wachsen, wenn er nach seinem Vater arte.

Landgraf Wilhelm schüttelte den Kopf; dieser erhabene Baum, sagte er, sei nun auch gebrochen und werde bald von der Erde verschwunden sein. Übrigens könne er sich weder mit seinem Vater noch mit seiner Frau vergleichen. Er sei stets als ein schwacher Gaul mit stolzen, ungestümen Rossen zusammengespannt gewesen und müsse alle Kraft gebrauchen, um Schritt zu halten. Vielleicht gehe ihm bald der Atem aus, und er müsse am Wege liegen bleiben; inzwischen denke er mit dem Helden Achilles: ein kurzes heroisches Leben sei besser als ein langwieriges Lottern auf dem Faulbette.

Unter den Hexen in Bamberg befand sich eine, die, obwohl sie nicht kräftig, sondern zart gebaut und mager war, doch die Folter bestand, ohne sich schuldig zu bekennen oder zu sterben, was niemand gerade von ihr für möglich gehalten hatte. Sie hatte unter der Qual fortwährend an ihr Heim gedacht, wohin sie so gern zurückkehren wollte: es war eine Wirtschaft mit einem Garten, der an Feiertagen voller Gäste war und womit sie ihr gutes Auskommen hatten. Es freute sie, das Durcheinandersummen der lustigen Stimmen und dazwischen das laute Gelächter ihres Mannes zu hören; abends gab es oft Schlägerei, aber im Allgemeinen ging es ehrbar und ordentlich zu, worauf sie stolz war. Ihre beiden Töchter ließ sie nicht bedienen, obwohl die eine Lust gehabt hätte, und der Vater schmunzelte, wenn die hübschen Mädchen gerühmt wurden. Die schönsten Tage waren, wenn die Äpfel, Nüsse und Pflaumen geerntet wurden; musste sie sich auch dabei anstrengen, so war es doch ein Vergnügen, den Mann und die Töchter, die rotbäckig und rüstig waren, stramm unter den schweren Bäumen hantieren zu sehen. In der Gefangenschaft malte sie sich wieder und wieder aus, wie sie aufschreien und die Hände zusammenschlagen würden, wenn sie plötzlich daherkäme; wie die eine Tochter zum Herde laufen und ihr ein gutes Essen kochen, während die andere das Bett rüsten würde, damit sie nach langem Jammer wieder einmal eine Nacht in einem rechten Bett schliefe.

Es kam jedoch ganz anders; denn zuerst erkannte sie niemand, und hernach graute es ihnen vor ihr, weil sie krumme Glieder, rote Augen und ein gelbes, eingedörrtes Gesicht bekommen hatte. Nachdem sie einen Tag zu Hause war, schien es ihr fast, als habe sie es in dem höllischen Trudenhause dennoch nicht so schlimm wie hier gehabt. Ihr Mann hatte eine Liebschaft mit einer jungen Kellnerin angefangen, die er geheiratet hätte, wenn sie verbrannt worden wäre, und die Töchter trieben sich im Garten zwischen den Gästen umher, hatten sich an ein lustiges Leben gewöhnt und wollten sich nicht mehr hineinreden lassen. Wenn sie nun auch zu allem schwieg und alles gehen ließ, so war doch ihre bloße Anwesenheit lästig; denn weil sie wie eine leibhaftige Hexe aussähe, meinte der Mann, so werde sie die Gäste vertreiben.

Eines Tages kam die jüngste Tochter weinend gelaufen und sagte ihr, die Häscher kämen, sie wieder ins Trudenhaus abzuholen, weil es doch nicht richtig mit ihr sein solle; ihr Vater würde sie schlagen, wenn er erführe, dass sie es ausgeschwatzt habe, aber sie könne nicht anders, die Mutter solle schnell mit ihr kommen und sich im Speicher, wo sie schon einen Winkel wisse, verstecken. Die Frau schüttelte den Kopf und sagte, nein, sie solle es gut sein lassen, sie wolle sich nicht mehr die Mühe machen mit dem Verbergen; bis die Tochter endlich böse wurde und es aufgab. Also wurde sie wieder in das Trudenhaus gebracht und blieb dort, bis die Schweden in Bamberg einzogen.

Als General Horn durch die Stadt ritt, um sich die Gelegenheit wegen der Quartiere anzusehen, fragte er nach dem Trudenhause, was das sei? Man solle es zur Einlagerung frei machen, die Hexen könnten anderswo untergebracht werden. Der Bürgermeister war sogleich damit einverstanden, es wären ohnehin nur noch wenige darin, die wohl in das gemeine Gefängnis gesteckt werden könnten. Beim Aufschließen der Zellen ergab sich, dass noch acht alte Weiber und ein Mann vorhanden waren, die während der Kriegsbeschwerden in Vergessenheit geraten waren und mit blöden Gesichtern, halb verhungert ans Licht kamen. Horn fragte erstaunt, was diese armen Leute getan hätten? Man solle sie ins Spital schicken oder mit einem gereichten Zehrpfennig laufen lassen. Ein Gerichtsassessor gab zu erwägen, man könne sie nicht wohl ziehen lassen, bevor sie den Eid de non vindicando carcere geschworen hätten, nämlich, dass sie sich wegen erlittener Gefangenschaft und Drangsal nicht rächen wollten; hernach wolle man ihnen aus untertäniger Dienstwilligkeit gegen den General den Laufpass geben. Man sollte doch, sagte Horn, die Justiz mit solchen Weitläufigkeiten nicht beladen. Bis zum Nachmittage wolle er ihnen Zeit lassen, dann aber müsse das Haus geräumt sein.

Die Frau ging, nachdem den Gefangenen die Tür geöffnet worden war, mit ihren verkrüppelten Füßen langsam ein paar Straßen entlang, bis sie an den Fluss kam; da setzte sie sich ins Gras und sah in das hurtig fließende, hoch geschwollene Wasser, bis sie gegen Abend unvermerkt einschlief. Am folgenden Morgen stand sie mühselig auf, ging, da sie von den Wachen nicht aufgehalten wurde, aus dem Tor hinaus und aufs Geradewohl querfeldein in das braune Land.

An einem frostigen Märzabend kam der schwedische Gesandte in Dresden, Graf Philipp Reinhard Solms, zu dem schwedischen Residenten Nikolai, der sogleich einen starken Punsch mischte; das sei nicht nur gut gegen die Kälte, sondern auch gegen die Pest, die jetzt so hässlich um sich greife. Er habe neulich von einem Arzt sagen hören, dass die pestilenzialischen Seuchen durch unsichtbare Tierlein oder Lebewesen verbreitet und dass diese durch den Weingeist getötet würden. Sollte dies aber auch nur eine neumodische Hypothese sein, so zähle doch sicher die Feuchtigkeit zu den Ursachen der Pest, welcher nicht besser als durch einen heißen Punsch könne gesteuert werden.

Graf Solms tat einen Zug und gab seiner Freude Ausdruck, Nikolai daheim gefunden zu haben; er habe etwas Seltsames erlebt, wovon er Nikolai zum Zeugen machen wolle, für den Fall, dass er selbst es morgen für ein Traumgesicht halten sollte. Er habe nach der Tafel dem Kurfürsten aufgewartet, der sehr aufgeräumt und vertraulich gegen ihn gewesen sei und ihn zu einem Spaziergang um die Stadt aufgefordert habe. Schnee und Regen hätten ihnen an die Backen geschlagen, und der Schlamm sei ihnen an die Beine gespritzt; dem Kurfürsten habe es aber die Laune nicht gestört, sondern er habe gesagt, Schnee und Sturm tue gut, die Welt müsse einmal ordentlich zerzaust werden, es könne nicht immer alles bleiben, wie es sei. Er sei früher zu gelinde gewesen; aber von nun an wolle er es mit dem Könige halten: scharf drein und vorwärts! Mit den Pfaffen müsse man nicht paktieren, sondern gründlich aufräumen, alles müsse säkularisiert werden. Das Reich müsse in ein anderes Modell gegossen werden, es sei einmal verrottet. Wenn der Kaiser nicht wolle, müsse man ihn zwingen; zum Teufel mit den Spaniern und Jesuiten, jetzt komme etwas Neues auf die Bahn.

»Ja, was ist das, was ist das?«, sagte Nikolai, die Hände gegen die Knie stemmend; wenn Gräfliche Gnaden es nicht selbst gehört hätten, würde er nicht glauben, dass der Kurfürst das gesagt habe!

Gewiss und wahrhaftig, das wären seine selbsteigenen Worte gewesen, sagte Solms. Ob er vielleicht besoffen gewesen sei?, fragte Nikolai nach einigem Nachdenken. Nein, sagte Solms, im Rausch pflege der Kurfürst stark mit den Händen zu fuchteln und ganz absonderlich zu fluchen; er sei aber diesmal ziemlich resolut fürbass gegangen und habe auch ganz verständig und schicklich geredet.

Nikolai schüttelte den Kopf und blickte gedankenvoll in seinen Punsch, dessen edles Aroma das kleine, braun vertäfelte Zimmer durchduftete. Ja, so sei er vielleicht gar nüchtern gewesen, sagte er plötzlich, indem er sich aufrichtete. Möglich sei das, antwortete Solms, aber doch nicht recht glaublich, da es gerade nach Tische gewesen sei.

So viel wisse er, sagte Nikolai, dass die Kurfürstin vor zwei Tagen in Dresden angekommen sei und ein langes Gespräch mit dem Kurfürsten gehabt habe, wobei sie auch geweint haben solle. Sie habe ihm vorgehalten, dass er das Evangelium verrate und sich immer auf die Seite neige, wo sein Wohlleben das beste Gedeihen finde, freilich nur das vermeintliche, denn auf die Dauer richte das Saufen Leib und Seele zugrunde. Der Hoë solle sich auch sehr angegriffen und gesagt haben, der König von Schweden sei von Gott gesandt, und wenn der Kurfürst ihm nicht treu bleibe, so verscherze er seine Seligkeit.

Der habe jetzt eine neue Saite auf sein Lautenspiel gespannt, sagte Solms. Nikolai lachte in sich hinein; ja, dem habe wirklich Gott den König gesandt, und noch dazu auf Silber und Gold geprägt. Man müsse es aber dem Hoë nachsagen, dass er wacker laufe, wenn er einmal angeschirrt sei. Gestern bei einem Bankett habe er, Nikolai, zu ihm gesagt, es sei befremdlich, dass in Dresden in den Kirchen noch immer für den Kaiser gebetet werde, da doch einem aufrichtigen Lutheraner das Wohl und die Siegerlangung des Königs viel mehr am Herzen liegen solle. Da habe er zugestimmt und versichert, es solle bald einen patriotischen Umschwung geben, er wolle lieber abdanken als zusehn, dass noch länger so missbräuchlich gebetet werde.

Was denn nun eigentlich Nikolai von den heutigen Äußerungen des Kurfürsten halte?, fragte Solms. Ob er meine, dass es dem König mitzuteilen, oder ob es nur für ein Geflunker zu halten sei?

Mitteilen müsse man es dem König wohl, sagte Nikolai, aber zu geben sei nichts darauf. Aus dem Bauche kämen nur vapores. Könne man sich nur Arnims versichern, das schiene ihm richtiger. Den halte er für durch und durch falsch und gefährlich, und der König müsse nachdrücklich vor ihm gewarnt werden.

Der Kurfürst sei selbst böse auf Arnim, sagte Solms, denn er beantworte des Kurfürsten Briefe nicht, komme nicht, wenn er ihn rufe, kümmere sich überhaupt nicht um seine Befehle, und darin sei der Kurfürst sehr heikel. Außerdem behaupte Arnim, mit einem so übel ausgerüsteten Heer könne er nichts ausrichten, wogegen der Kurfürst sage, Arnim empfange Geld genug, stecke es aber in die Tasche und lasse das Heer verkommen. Tatsache sei, dass der Soldat einem Bettler oder Räuber gleiche und das arme Volk auffresse, anstatt es zu beschützen.

»Ja, ja, es ist eine üble Ordnung«, sagte Nikolai nachdenklich. Aber wie nun, meinte er, wenn der Kurfürst sich nur so anstellte, als ob er auf Arnim böse sei, aber in Wirklichkeit mit ihm unter einer Decke steckte, und sie plötzlich miteinander zum Kaiser übergingen?

Der böhmische Emigrant, Herr von Hrzan, bei dem er wohne, sagte Solms, habe ihm versichert, wenn Arnim und Wallenstein miteinander traktierten, könne es sich nur darum handeln, dass Wallenstein schwedisch, nicht, dass Arnim kaiserlich würde. Wallenstein sei so ehrgeizig, dass er sich ohne Bedenken dem Teufel verschriebe, um die böhmische Krone zu bekommen. Er sei nur misstrauisch und unschlüssig, warte auf eine rechte Sicherheit vom König von Schweden.

Nikolai zuckte die Schultern. Es möge so sein, sagte er, dass Wallenstein nicht kaiserlich sei, jedenfalls sei Arnim nicht schwedisch, so wenig wie der Herzog Franz Albrecht von Sachsen-Lauenburg, der bisher dem Kaiser gedient habe und jetzt seinen Dienst beim Kurfürsten oder beim Könige suche.

Solms schlug mit der Faust auf den Tisch, dass die leeren Gläser klirrten. Er wolle den König bitten, ihn abzurufen, sagte er. Es stehe ihm nicht an, bei krokodilischem Gesindel den Zarten zu spielen, dem er lieber die Faust unter die Nase halten möchte.

Nikolai redete dem Grafen zu, auszuharren, solange er könne, und aufzupassen. Er solle doch auch dem König wegen des Herzogs von Sachsen-Lauenburg schreiben, dass er sich seiner nicht annähme; denn es stecke doch nur Lug und Trug dahinter. Der Lauenburger wechsle nicht nur die Weiber, sondern auch die Herren, vielleicht nicht aus Bosheit, sondern zur Kurzweil; aber man wisse ja, wie es sich dabei unversehens zu einer Tragödie schürze, darum müsse man ein scharfes Auge auf ihn haben.

Einige Wochen später ereignete es sich, dass der schwedische Resident Transehe in Berlin zu der pfälzischen Kurfürstin-Witwe Juliane gerufen wurde und, wie er ihr Gemach betrat, in einem Sessel neben ihr den Herzog Franz Albrecht von Sachsen-Lauenburg erblickte, den er, von Nikolai aufmerksam gemacht, gerade hatte aufheben und verwahren lassen wollen. Die Kurfürstin-Witwe durchschaute Transehes Gedanken und sagte, sie habe ihn mit einem Fürsten bekannt machen wollen, der ein besonderer Verehrer seines Herrn, des Königs von Schweden, sei; worauf Transehe sich zu fassen wusste und antwortete, wenn das der Fall sei, so sei er dieses Fürsten ergebener Diener, denn nichts beglücke ihn mehr, als wenn die Größe seines heldenmütigen Königs auch von denen endlich anerkannt würde, die ihn bisher verkannt oder nicht gekannt hätten.

Der Lauenburger lachte munter wie ein Knabe und sagte freundlich, ein so treuer Diener seines Herrn werde es ihm nicht verargen, dass er lange und vielleicht allzu lange dem Kaiser angehangen habe. Das sei ihm von vielen seiner Glaubensgenossen übel ausgelegt worden, und er habe viel deswegen ausgestanden, sich aber mit seinem guten Gewissen und der Gnade seines Kaisers getröstet. Wie er nun aber für seine treuen Dienste auch nicht einen Fußbreit Landes vom Kaiser erhalten habe, während Geringere als er, wovon die Beispiele ja mit den Fingern zu greifen wären, königlich ausgestattet und erhöht worden wären, da sei sein lutherisches Gemüt erwacht und wären ihm die Augen endlich aufgegangen, und er sei nach Dresden gekommen mit dem festen Entschluss, sich einem evangelischen Potentaten anzubieten.

Nun habe er es am eigenen Leibe erfahren, sagte die Kurfürstin-Witwe, was andre längst erraten hätten, dass es des Kaisers Absicht sei, die uralten deutschen Fürstenhäuser abzutun und dienstwillige Kreaturen an die Stelle zu bringen, die nur von ihm abhingen.

Transehe stimmte bei: so sei es den Mecklenburgern ergangen, und beim Herzog von Wolfenbüttel habe auch nicht viel gefehlt, vom König von Böhmen ganz zu schweigen. Sein König sei zur rechten Zeit gekommen, um den status imperii, wie er vor alters gewesen, wieder aufzurichten. Dann erlaubte er sich die Frage an den Herzog, ob er beim Kurfürsten von Sachsen eine Bestallung angenommen habe.

Nein, nein, sagte der Lauenburger, das habe er zwar beabsichtigt, wie er aber die liederliche und faule Wirtschaft in Dresden mit eigenen Augen gesehen habe, sei er anderen Sinnes geworden. Er habe einen spaßigen Auftritt mit dem Kurfürsten deswegen gehabt und wolle es Transehe genau erzählen, damit er die entstellten Berichte, die über dergleichen Vorfälle herumgetragen zu werden pflegten, korrigieren könne. Der Kurfürst nämlich sei zornig auf Arnim gewesen, nicht wegen seines Intrigierens mit Wallenstein, denn das sei mit kurfürstlicher Bewilligung geschehen, sondern weil Wallenstein Arnim 10 000 Taler ausgezahlt habe als einen Rückstand aus der Zeit, wo er in kaiserlichen Diensten gewesen sei. Das ärgere den Kurfürsten über die Maßen, wenn einer seiner Diener Geld bekomme, das er lieber selbst haben möchte, und richtig sei es, dass Arnim in Prag genug zusammengestohlen habe, um einstweilen zufrieden zu sein. In seinem Zorne nun habe der Kurfürst beschlossen, Arnim zu entlassen, und habe die Stelle ihm, dem Herzog, angetragen. Da habe er rundheraus gesagt, er bedanke sich schön, ein so verwahrlostes Volk übernehme er nicht, mit dem sei doch keine Ehre zu holen. Darüber sei der Kurfürst in schrecklichen Zorn geraten und habe gesagt, er, der Herzog, habe ihm bereits seine Parole gegeben, ob er sein Wort zu brechen gedenke, und habe dabei den Arm ausgereckt, als wolle er ihm eins versetzen. Er habe mit keiner Wimper gezuckt und ganz kavaliermäßig geantwortet, von Parole sei ihm nichts bewusst, übrigens sei es wohl nichts Neues, dass man seine Meinung verändere; worauf der Kurfürst sich angestellt habe, als werfe er etwas auf den Boden und trete mit dem Fuße darauf, laut dazu rufend, da habe er seine Parole. Nach solcher Beschimpfung habe er sich beeilt, Sachsen zu verlassen, und setze nunmehr seine Hoffnung auf den König von Schweden.

Transehe hatte von der Aufrichtigkeit des Lauenburgers den besten Eindruck empfangen und schrieb in diesem Sinne an Nikolai. Der verharrte jedoch bei seiner Meinung, und auch Oxenstierna warnte Gustav Adolf, als der Herzog einen Dienst um die Person des Königs suchte, sich seiner nicht zu bedienen; allein der König wollte nichts davon hören und behielt ihn bei sich, auch weil er dachte, ihn bei etwaigen Unterhandlungen mit Wallenstein gut gebrauchen zu können.

Als dem Kaiser die Nachricht gebracht wurde, an dem neu errichteten Jesuitenkollegium in Prag sei der Turm eingestürzt und habe, mitten aufs Dach schlagend, dasselbe eingedrückt, sagte er, nach einem so gräulichen Zeichen wolle er nicht länger zögern, sondern alles daransetzen, um Wallenstein wieder an die Spitze des Heeres zu bringen. Eggenberg habe von jeher am meisten über ihn vermocht, der solle ihn überreden.

Eggenbergs persönlichen Bitten nachgebend, ließ sich Wallenstein zu dem Versprechen herbei, dem Kaiser ein neues Heer zu schaffen; nach drei Monaten aber, wenn diese Arbeit vollendet sei, wolle er sich wieder in seinen Privatstand zurückziehen, der seiner Neigung und Gesundheit besser entspreche. Je näher das Ende der drei gewährten Monate rückte, desto dringender wurden die Bitten des Kaisers, des Königs von Ungarn und des Herzogs von Bayern, Wallenstein möge das Heer nicht verlassen; allein dieser schien wiederum nur Eggenbergs mündlichen Vorstellungen nachgeben zu wollen. Es war April, als Eggenberg, nachdem er einen Anfall von Podagra eben überstanden hatte, zum zweiten Male in Znaim eintraf. »Die Luft, die Euer Liebden umgibt«, sagte er, tut einem Kranken wohl. Um Euer Liebden herrscht Tätigkeit und Ordnung, quillt überflüssiges Leben. Gott hat Euer Liebden etwas von seinem schaffenden Odem eingeblasen.« Da, woher er komme, sei es anders; da sei Verwirrung, fruchtlose Geschäftigkeit und Ohnmacht.

Wallenstein sagte, er tue nichts Sonderliches, hinge seinen Namen aus wie ein Wirtshausschild, da kämen sie gelaufen. Er hänge seinen Namen aus wie der Himmel seine Sonne, entgegnete Eggenberg, da lasse die Erde Korn sprießen und trage der Baum Frucht. Er sei einmal ein Zauberer, und sie dürften Gott danken, dass er nicht die Schwarze Kunst übe, sondern Segen stifte.

Dass er nicht rachsüchtig sei, wie seine Feinde wollten, habe er nun wohl bewiesen, sagte Wallenstein. Er habe dem Kaiser ein Heer geschaffen; nun solle der Kaiser weiter sehen. Er habe ja Kriegsräte und Offiziere, der römische König dürste nach Lorbeeren, er neide sie ihm nicht. Sie sollten sich einrichten und ihn verschonen.

Eggenberg, der zwischen Kissen auf seinem Ruhebett lag, fing an beweglich zu bitten. Es könne Wallensteins Ernst nicht sein, dass er den Kaiser hilflos lassen wolle. Wallenstein müsse wissen, dass das Heer, in seiner Hand eine unfehlbare Waffe, für eine ungeübte Hand zu scharf und schwer sei. Wallensteins edles und heroisches Gemüt werde trotz aller erlittenen Kränkung das Opfer bringen. Von dem römischen König sei heute keine Rede mehr; er vereinige vielmehr seine Bitten mit denen seines Vaters, dass Wallenstein sich bereit finden lasse.

Wallenstein sagte, die Stirne finster zusammenziehend, er wolle kein zweites Regensburg erleben.

Eggenberg errötete und versuchte sich zu verteidigen; er würde nicht nachgegeben haben, sagte er, wenn er nicht vorausgesehen hätte, wie bald man ihn, Wallenstein, zurückverlangen würde. Für ihn, und auch für den Kaiser, sei er niemals abgetreten, habe sich nur auf eine Weile zurückgezogen. Der Kaiser sei zu jeder Bürgschaft bereit, lege alles vertrauend in Wallensteins Hand, Wallenstein solle selbst bestimmen, wie es künftig gehalten werden solle. Mit ihm, Eggenberg, sei es seither bergab gegangen; aber was er noch an Leben habe, gehöre Wallenstein. Der Kaiser sei sein Herr und ihm fast wie ein jüngerer Bruder, aber Wallenstein sei sein Freund. Wenn er in des Kaisers Ungnade fiele, so könne er doch stehen bleiben; aber wenn Wallenstein ihn verließe, so würde das sein, als wenn ein Baum stürzte, an dem er sich gehalten hätte. Wenn er es tue, sagte Wallenstein, so tue er es auf Eggenbergs Fürwort und Bürgschaft. Er tue es nicht als des Kaisers Diener, sondern als ein Fürst des Reichs, um des Reiches willen. Es komme ihm nicht darauf an, Schlachten zu gewinnen oder die Feinde des Kaisers oder gar die des Herzogs von Bayern zu bestrafen; er wolle eine solche Ordnung schaffen, bei der das Reich in Frieden bleiben könne.

Das eben, sagte Eggenberg, habe er stets so sehr an Wallenstein bewundert, dass sein Geist nicht am Einzelnen und Nächsten hängen bleibe. Es sei kein Kopf im Reich außer Wallenstein, der solche Gedanken fassen könne. Sie alle wären von Vorurteilen verwirrt und von Eigennutz geblendet; Wallenstein sehe mit dem Blick des Adlers von oben auf die Erde, und was ihnen Berge und Täler scheine, fließe vor ihm wie biegsame Wellen.

Allmählich kam Wallenstein auf seine Forderungen. Vor allem müsse er allein das Kommando über alle Truppen im Reich haben; es dürften keinerlei Truppen im Reich aufziehn, die seinem Kommando nicht unterstellt waren. Er müsse als Ersatz für Mecklenburg ein österreichisches Erbland und das höchste Regal im Reich haben; es solle niemand auf ihn herabzusehen sich unterstehen dürfen. Über seine Offiziere dürfe der Kaiser kein Begnadigungsrecht haben; er kenne des Kaisers Schwäche, alle zu pardonieren, die sich persönlich an die kaiserliche Klemenz wendeten; aber es sei keine Disziplin möglich, wenn das Heer von einem andern außer von ihm abhänge. Nur er müsse Gnade verleihen sowie Strafe austeilen dürfen. Auch müsse er das Recht der Konfiskationen im Reich haben und über dieselben zu verfügen; denn sonst könne er die, welche es verdienten, nicht geziemend belohnen.

Das sei wohl verständlich, sagte Eggenberg, zumal der König von Schweden gegen die Seinigen sich so verschwenderisch zeige. Auf dem Tandelmarkt zu Mainz wären ja jetzt die Fürstentümer fast umsonst feil. Das Zutrauen des Königs zu den evangelischen Fürsten müsse nicht gar groß sein; denn er setze einem jeden allemal ein paar schwedische Offiziere vor die Tür.

Ja, er sei ein großer König, sagte Wallenstein, während er gedankenvoll im Zimmer auf und ab schritt, ein großer König. Plötzlich blieb er stehen und rief, mit dem Fuße hart auftretend; »Er muss fort! Ich kann ihn hier nicht leiden!«, worüber Eggenberg sich aufstützte und mit beifälligem Blick sagte: das sei der Zorn des Achilles; nun zweifle er nicht, dass das neue Troja bald fallen und die entführte Helena, nämlich die abgespannte Reichshälfte, wieder heimgeführt werde. Wallensteins Forderungen betreffend, könne er im Voraus sagen, dass der Kaiser in alles willigen werde, denn dazu habe er ihm Vollmacht gegeben. Schwere Krankheiten wollten schwere Mittel; Wallenstein sei der Arzt, dessen der Kaiser bedürfe und von dem er annehmen müsse, was er verordne, weil er wisse, dass es zu seinem Besten sei.

Er zwinge den Kaiser nicht, sagte Wallenstein kühl, sei noch immer bereit, zurückzutreten ohne Empfindlichkeit. »Jedoch versehe ich mich zu Euer Liebden«, setzte er hinzu, »dass Sie meine wohlmeinende Ergebenheit kennen und bei dem Kaiser dafür einstehen werden.«

Ja, das werde er tun, versetzte Eggenberg, er habe kein anderes Geschäft mehr auf Erden, als dies glücklich hinauszuführen. Ihrer aller Rolle, sagte er, laufe ja nun allmählich ab, sie würden bald abtreten und sich vor dem Herrn dieser irdischen Bühne wegen ihrer Aufführung verantworten müssen. Der Kaiser halte sich noch wacker, unterbreche seine Gewohnheiten nicht; »aber wer das Haus gut kennt und aufmerksam hinhorcht«, sagte er,

»der hört zuweilen den Mörtel in den Mauern heruntersickern und die Balken leise ächzen und schüttern.« Was ihn betreffe, so nehme er jeden Tag dankbar als eine Dreingabe, es liege ihm nichts mehr an, als seine eigenen Sachen und die seines kaiserlichen Herrn gut zu verwahren und abzuschließen, damit die Nachkommen alles in Ordnung fänden.

Wallenstein betrachtete nicht ohne Widerwillen Eggenbergs verkrümmte Hand, die schwach auf der seidenen Decke lag. Es würde wohl große Veränderungen im Reich geben, sagte er langsam, wenn der Kaiser seinem Sohne Platz machte. Derselbe scheine ein passioniertes Gemüt zu haben, arte wohl seinem Oheim Leopold oder seinem bayrischen Oheim nach.

Eggenberg zuckte die Achseln; er werde die neue Zeit nicht erleben, sagte er, der Kaiser sei um zehn Jahre jünger als er, halte schon noch eine Zeit lang aus. Bis dahin werde Wallenstein längst das Reich gesäubert haben und könne von sicherer Höhe und gewünschter Einsamkeit aus zusehn.

Er habe gehört, sagte Wallenstein, die Ärzte hätten des Königs von Ungarn spanischer Heirat wegen der vielfachen Verwandtschaft widerraten, und es sei auch noch keine Schwangerschaft eingetreten.

Das stehe noch dahin, sagte Eggenberg; der Kaiser habe in mehreren Kirchen Gebete für das ersehnte Ereignis angeordnet, man müsse das allerdings wohl Gott anheimstellen.

Den Rhein hinunter fuhren zwei Kähne, in denen die Nonnen des Katharinenklosters Dadenberg vor den Schweden entflohen. Sie blickten nach dem verlassenen Kloster zurück, das im hellen Abendlicht auf einem beschienenen Hügel deutlich zu erkennen war, wie auch, dass sich viele Menschen in der Ebene bewegten. Da einige der jüngeren Nonnen weinten und schrien, sie wären verloren, sogar Miene machten, sich in das Wasser zu werfen, wandte sich der Rheinschiffer, der den Kahn führte, beschwichtigend zu ihnen und sagte, sie hätten nichts mehr zu befürchten, der Strom sei klar, so weit er sehen könne. Wenn nicht noch ein Hinterhalt am Ufer wäre, werde er sie glücklich nach Köln führen können. Vom anderen Kahn herüber gebot die Äbtissin Ruhe: Ob sie vergessen hätten, dass sie Gott gelobte geistliche Frauen wären? Es komme ihnen nicht zu, zu flennen und zu schreien wie Bauernmägde. Sie sollten sich in die von Gott verhängte Prüfung schicken; wenn sie den Tod erleiden müssten, sich darein ergeben und ihre Seele dem Herrn befehlen. Wenn sie sich fürchteten, sollten sie beten oder ein frommes Lied anstimmen.

Die Mädchen waren sogleich getröstet, fassten sich bei den Händen und fingen an, das Laudate Maria zu singen. Der Schiffer hörte wohlgefällig zu und brummte sachte mit; plötzlich aber hielten alle inne, da die Äbtissin mit ausgestrecktem Arme nach dem heimischen Hügel wies, von dem hellrote Flammen hoch in den Abendhimmel flatterten. Die Mädchen schrien laut auf, aus den ernsten braunen Augen der Äbtissin liefen große Tränen über ihr gefurchtes Gesicht. Die neben ihr sitzende Nonne warf die Arme um den Hals der alten Frau und bat sie, es sich nicht allzu sehr zu Herzen zu nehmen, Gott habe es so gewollt.

Ob das gewiss sei?, sagte die Äbtissin, indem sie traurig den Kopf schüttelte. Sie hätte ganz anders handeln können; sie hätte dem schwedischen Volk, das um Einlass gebeten habe, gutwillig die Pforte öffnen können; vielleicht wären es nicht gar so böse Leute gewesen, hätten ja menschliches Aussehen gehabt, und hätten sie verschont, wie sie es versprochen hätten. Oder sie hätten am Platze bleiben und das Kloster verteidigen können, so gut sie es vermocht hätten. Anstatt dessen habe sie dem unbesonnenen Schreien und Drängen der Mädchen nachgegeben und sich zu schimpflicher Flucht bereden lassen. Als ein Feigling sei sie davongelaufen und lasse das ihr anvertraute heilige Haus verbrennen. Das könne sie nie wieder gutmachen, noch könne Gott es ihr verzeihen.

Die andere tröstete sie, sie waren doch schwache, hilflose Frauen und Nonnen, Gott könne keine Mannestaten von ihnen erwarten. Es hätte ja, wenn sie geblieben wären, doch wohl keinen anderen Ausgang genommen. Dazu hätte sie noch die Ehre und das Blut vieler Jungfrauen auf sich geladen.

»Ich hätte meine Pflicht getan und den Ausgang Gott anheimgestellt«, sagte die Äbtissin. Es sei nicht christlich, den Tod und die Marter zu fürchten. Sie habe jahrelang das Kloster gut regiert; denn da sie die erste Äbtissin bürgerlicher Abkunft gewesen sei, habe sie ihren Stolz darein gesetzt, dass kein Tadel an ihrem Werk zu finden sei. Nun müsse das Kloster unter ihr zu Asche werden! Nunmehr drehten sich alle Mädchen zu ihr um, streckten die Hände nach ihr aus und sagten, sie dankten ihr das Leben und würden es niemals vergessen. Sie sei ihrer aller Mutter und habe sie wie eine Mutter behütet, ob das nicht mehr wert sei als alte steinerne

Mauern? Sie könnten sie nicht weinen sehn, es kämen gewiss bessere Zeiten und werde alles wieder gut werden. Sie hätten ja das Geld und die Urkunden mitgenommen und auch die vornehmsten Reliquien gerettet.

Ein etwa vierzehnjähriges Mädchen mit lachenden Augen hob einen Knochen empor und rief, den habe sie beim Hinausgehen unter der Tür gefunden. Er müsse einer anderen entfallen sein, und sie habe ihn aufgerafft.

»Du Glückskind!«, rief die Beschließerin, welche neben der Äbtissin saß, »du bist mit einer gesegneten Hand geboren!« Das sei ja der Kinnbacken des heiligen Adrian, den der berühmte General Spinola dem Kloster zum Dank für empfangene Bewirtung geschenkt habe! Sie könnten Gott nicht genug danken, dass er nicht in die Hände der Ketzer gefallen sei.

Die Äbtissin streichelte lächelnd dem Kinde die Wangen und sagte, sie wolle das als ein gutes Zeichen betrachten und wieder Hoffnung schöpfen. Die Reliquie wolle sie den Jesuiten in Köln schenken, die sie immer um das Heiligtum beneidet hätten; vielleicht verhülfen sie ihr dann desto mehr dazu, dass das Kloster, wenn sich der Feind verlaufen hätte, wieder auferbaut würde.

Die Mädchen klatschten in die Hände, rückten dicht zusammen und stimmten ihren Gesang wieder an; aber auf ein warnendes Zeichen des Schiffers schwiegen sie, damit bei einbrechender Dunkelheit die Musik nicht einem unsichtbar lauernden Feinde die vorübergleitende Flucht verrate.

Im Rathause zu Nürnberg nahmen die Ratsherren den Bericht der beiden Abgeordneten entgegen, die von einer Audienz beim Könige von Schweden zurückkamen. Der König, so erzählten sie, sei zutraulich und freundlich mit ihnen als mit seinesgleichen umgegangen, trotzdem könne man keinen Widerspruch bei ihm anbringen.

Sie waren aber doch nicht von ihrem Auftrage gewichen?, fragte einer der Ratsherren.

Nein, das wären sie nicht, antworteten die beiden. Sie hätten gesagt, dass die Stadt beim Leipziger Schluss bleiben und zu dessen Verteidigung Geld und Gut aufwenden wolle; hätten aber merken lassen, dass sie sich die Devotion des Kaisers vorbehalten und auch ihr eigenes Volk unter ihrem eigenen Stadthauptmann behalten wolle.

Was für ein Gesicht der König dazu gemacht hätte?

Er sei nur in etwas ungeduldig geworden und habe gesagt, die deutschen Stände wären alle so, dass sie den Pelz waschen wollten, ohne sich nass zu machen. Wie er vernommen habe, dass Tilly auf Nürnberg ziehe, sei er sofort aufgebrochen und habe alles im Stiche gelassen, um uns zu entsetzen; denn es sei ihm kein Fürst im Reiche so viel wert wie die Stadt Nürnberg. Nun sollten wir uns aber auch nicht so lange besinnen, sondern seine Zuneigung erwidern. Wir müssten mit unserm trefflichen Verstande einsehen, dass sich die Neutralität nicht zu gezogenen Schwertern reime.

Sie hätten sich noch deutlicher fassen sollen, sagten die Ratsherren bedenklich. Der König habe mit Frankfurt ein böses Exempel aufgestellt; Straßburg und Ulm hätten unter der Hand auch schon zur Vorsichtigkeit gemahnt. Man solle sich zehnmal besinnen und verklausulieren, bevor man mit Potentaten traktiere.

Zum Besinnen sei jetzt keine Zeit, meinten die Abgeordneten; gegen Übergriffe müsse man sich zu verwahren suchen, wenn es soweit sei. Der König sei ein großer Held und evangelischer Christ; lasse man diese Gelegenheit vorübergehen, könne man unversehens in die Babylonische Gefangenschaft geraten.

Mitten in dieser Unterredung trat der Senator Behaim ein und sagte, seine Frau habe ihm erzählt, als die Dienstmagd des Morgens mit dem Eimer zum Brunnen gegangen wäre, sei das Wasser, das sie heraufgezogen habe, blutrot gewesen; das Mägdlein sei schreiend zu seiner Frau gelaufen, die habe ihr Stillschweigen anbefohlen, ihm aber habe sie es nicht verhalten wollen. Das Herz sei ihm schwer darüber geworden, und er halte es für seine Pflicht, seine Amtsbrüder an die obschwebende Gefahr zu erinnern. Der König werde es sicherlich auf ihr Geld absehen, nun wären aber die Läufte böse, die Herzöge von Koburg und von Wolfenbüttel hätten letzthin die Zinsen nicht zahlen können, noch mehreres stehe aus, es sei waghalsig, sich in große Unternehmungen einzulassen, wenn die Kasse nicht gefüllt sei.

Das hätten sie dem Könige auch vorgestellt, sagten die Abgeordneten, es würde bald so weit sein, dass sie mit Kupfergeld zahlen müssten. Da sei er sehr lebhaft geworden mit Erwiderung, das treffe sich gut, Schweden produziere Kupfer genug, in Spanien hätten sie auch aus schwedischem Kupfer Münzen schlagen lassen.

Behaim schlug die Hände über dem Kopfe zusammen: da könnten sie bald allesamt den Bettelsack über die Schulter hängen, jammerte er, wenn sie mit ihrem guten Gelde Kupfergeld kaufen sollten.

Geld würde das Bündnis mit dem Schweden freilich kosten, meinte ein anderer Ratsherr; aber wenn sie es dem Könige von Schweden nicht zahlten, würden sie dem Kaiser zahlen müssen. Vielleicht brächte ein Sieg des Königs doch einmal den erwünschten Frieden.

Ach Gott, sagte Senator Behaim, der liebe Friede entferne sich mit jedem Schritt, den der Schwede näher rücke. Sie sollten auch bedenken, dass dem König von Schweden im Kriege etwas Menschliches begegnen könne, da er bekanntermaßen verwegen sei und sich gleich einem gemeinen Soldaten ins Treffen wage, auch selbst in Stockholm im Reichstage gesagt haben solle, der Krug gehe so lange zu Wasser, bis er breche, und es ahne ihm, dass der Tod ihn auf dem Schlachtfelde ereilen werde. Was aber dann das Los derer sein würde, die, ihrer Pflicht gegen den Kaiser ungeachtet, sich mit ihm verbündet hätten?

Die Herren schwiegen eine lange Weile. Endlich sagte einer von denen, die beim Könige gewesen waren, es habe das Ansehen, dass Gott seine Hand über dem Haupte des Schwedenkönigs halte. Ohne den Beistand Gottes hätte er so herrliche Siege in so kurzer Zeit nicht davontragen können. Auch sei es jetzt ein wenig spät, dergleichen Erwägungen anzustellen; der König stehe mit Heeresmacht ein paar Meilen vor der Stadt und könne eine Empfindlichkeit fassen, wenn man jetzt zurückziehe, nachdem man sich so weit eingelassen habe.

Auf einem Tische standen die beiden Globen, die dem Könige als Geschenk der Stadt überreicht werden sollten, eine Erdkugel und eine Himmelskugel, beide aus purem Silber. Sie ließen sich öffnen und waren, innen schwer vergoldet, als Trinkbecher zu benützen. Der Himmel auf dem einen und das Meer auf dem andern Balle waren durch azurblauen Schmelz dargestellt, aus welchem dort die Gestirne, hier die Erdteile silbern hervorschimmerten. Auf die Empfehlung des Lazarus Haller, sagte der Bürgermeister, seien die beiden Globen, die noch auf einen Entwurf des Christoffel Jamnitzer zurückgingen, dem Christoph Ritter zur Fertigstellung übergeben worden. Leider sei ihm nun wieder überbracht worden, dass dieser heimlich mit den Kaiserlichen praktiziere und einen Auftrag des Aldringen wegen eines Zierschildes angenommen habe; dabei solle er demselben ein Brieflein haben zukommen lassen, in dem alles geschrieben stehe, was in der Stadt wegen des schwedischen Bündnisses vor sich gehe.

Man dürfe das dem Ritter nicht so übel auslegen, sagte Behaim. Der Kaiser sei ihm noch dreihundert Gulden schuldig, er müsse sehen, wie er zu dem Seinigen komme; vielleicht habe Aldringen ihm versprochen, er wolle ihm dazu helfen. Man könne ihn einstweilen verwarnen und ihn übrigens im Auge behalten.

Am folgenden Tage zog Gustav Adolf in Nürnberg ein, am Tore empfangen von Bürgermeistern und Rat und dem Obersten der städtischen Truppen, Johann von Leubelfing. In seinem Gefolge befanden sich eine Anzahl adliger Herren aus der Oberpfalz und den österreichischen Erbländern, die wegen der Religion hatten auswandern müssen und sich einstweilen in Nürnberg niedergelassen hatten. Die Brüder Hanns und Paul Khevenhüller hatten Gustav Adolf schon in Frankfurt begrüßt, nahmen schwedische Bestallung an und ließen sich bereit finden, dem Könige 70 000 Reichstaler vorzustrecken.

Im Leubelfingschen Hause wurde das Erscheinen des Helden mit Ungeduld erwartet. Von den elf Kindern, die dem Ritter seine erste Frau geboren hatte, lebten noch fünf, drei Söhne und zwei Töchter, alle zart, fein und hübsch, wie ihre Mutter, die Letzte eines alten Geschlechtes, gewesen war. Der Witwer hatte vor vier Jahren eine muntere, stattliche Frau genommen, Kunigunde Katharina von Crailsheim, die eine gutmütige Zuneigung für die Waisen hatte und sich bei der häufigen Abwesenheit ihres viel älteren Mannes mit ihnen die Zeit zu vertreiben suchte. Auf Augustus, den Ältesten, würde sie eifersüchtig gewesen sein, wenn er ein Mädchen gewesen wäre; denn es schien ihr, als habe ihr Mann wegen seiner auffallenden Ähnlichkeit mit seiner verstorbenen Mutter eine absonderliche Liebe für ihn; aber als einen sechzehnjährigen Jüngling liebte sie ihn gleichfalls, ohne ihm seine spröde Zurückhaltung übelzunehmen. Den Morgen über hatte sie sich damit belustigt, die Kinder zum Narren zu haben, indem sie von Zeit zu Zeit rief: »Der König kommt!«, worauf sie eilig ans Fenster liefen und sich unter hellem Gelächter betrogen sahen. Einmal ersah sie einen Augenblick, als gerade ein großer, halb geschorener Pudel in der Mitte der Straße heraufkam, woran August, obwohl er gern mitgelacht hätte, als an einem für die Person des Königs zu grobem Scherze Anstoß nahm.

Als dann Trompeten und Trommeln von ferne die erhabene Erscheinung verkündeten, fragten die Kinder bei jedem Vorreiter, ob er das sei, bis er endlich wirklich kam und es keine Frage mehr sein könnte. Er saß auf einem weißen Pferde, dessen kriegerische Ungeduld die königliche Hand zu bändigen schien; auf dem schnaubenden Tiere saß er groß, schwer, ruhig, allgewaltig und gerade wie eine Säule. Den Federhut in der Hand haltend, grüßte er freundlich; durch das Gewoge des jubelnden Volkes zog er wie ein hochmastiges Schiff stolz und einsam im ruhelosen Meere. Als er am Leubelfingschen Hause vorüberkam, hob er den Kopf, und sein lachender Blick flog wie ein Blitz über die Fenster, aus denen die hellen, staunenden Kindergesichter sahen. Augustus war darüber so beglückt und erschrocken, dass ihm die Tränen aus den Augen sprangen.

Als der Oberst nach Hause kam, eröffnete ihm Augustus seinen Wunsch, als Page in den Dienst des Königs von Schweden zu treten. Die Stiefmutter meinte, er sei noch ein wenig zu zart für die Anstrengungen des Lagerlebens, auch könne man nicht wissen, was für einen Gang es mit dem Schwedenkönig gehe; aber endlich entschied Leubelfing, er wolle ihn dem Könige vorstellen, und dessen Wille solle den Ausschlag geben. Seinem Sohne stellte er vor, er nehme als des Königs Page einen schweren, verantwortungsvollen Dienst auf sich; er dürfe nicht denken, weil er jung sei und keine Anführer und niemanden unter sich habe, könne er sich gehen lassen und warten, bis man ihm etwas auftrage. Er müsse wie jeder Soldat Hitze und Kälte, Hunger und Durst ertragen können, müsse immer um die Person des Königs sein, die ihm anvertraut sei, bei ihm ausharren, wie es auch gehe.

Das wolle er eben, sagte Augustus; er habe den König zu seinem Herrn erkoren und wolle ihm treu dienen, was es auch kosten möge. Sein Vater solle nicht fürchten, dass er ihm Schande mache; er sei nicht zu jung, um Ehre zu haben.

Beim Abschied überreichte ihm der Oberst ein kleines in Leder gebundenes Neues Testament des Doktor Luther, welches seiner Mutter gehört und auf dessen erste Seite sie mit zierlich fester Hand geschrieben hatte: ›Sei getreu bis in den Tod.‹ Dies Büchlein, sagte Leubelfing, solle er immer bei sich tragen und seiner Mutter eingedenk sein, von der er hoffe und glaube, dass sie nach ihrem tugendhaften Leben bei Gott sei und zu seinen Füßen für ihre Kinder bete.

In Bamberg, wo Tilly im März, die Schweden vertreibend, einzog, fielen Zeitungen in seine Hände, die von dem Untergang Magdeburgs, der Schlacht bei Leipzig und den ferneren Siegen des Schwedenkönigs handelten. Nunmehr, las er in einer derselben, habe Gott der grausam in ihr Blut gestürzten Jungfrau Magdeburg einen Rächer erweckt. Tilly, der blutdürstige Alte, sei zwar der Schlacht mit dem Leben entronnen, habe aber so schwere Wunden empfangen, dass der Bader, der ihn zu Halle verbunden, an seinem Aufkommen gezweifelt habe. Man wisse ja aber wohl, dass derlei Leuten mit guten christlichen Waffen nicht beizukommen sei, und müsse zuwarten, bis Gott selbst des Tyrannisierens, Mordens und Übelhausens überdrüssig werde und den Satansbuhlen zur Hölle schicke.

Tilly musste es mehrere Male lesen, bevor er unwiderleglich eingesehen hatte, dass er es sei, gegen den so schimpfliche Anklagen in Druck ausgingen. Die Zeit war vorüber, wo er der unbesiegte Tilly war, dem sich niemand ohne Ehrfurcht näherte; nun er niedergeworfen war, fielen ihn Hunde und Geier an, als wäre er schon ein Aas auf dem Schindanger. Er hatte wohl vorausgesehen, dass man ihm wegen des magdeburgischen Brandes Vorwürfe machen würde; aber er hatte solche vom Kaiser oder vom Herzog von Bayern erwartet und gedacht, es werde damit abgetan sein. In den Gedanken, was er tun könne, um seinen Namen zu reinigen, unterbrachen ihn zwei bambergische Bürgermeister mit der Bitte, die Übergriffe der Soldaten abzustellen, die man als Befreier empfangen habe und die nun mit Plündern und Gewalttat so hausten, dass man fast die Zurückkunft der Schweden ersehnen möchte. Unter dem Vorwande, sie hätten es mit den Schweden gehalten, werde Raub und Diebstahl begangen, da man doch als wehrlose Bürgerschaft der Gewalt habe weichen müssen.

Seufzend über das wohlbekannte Klagelied, versprach Tilly Ordnung zu schaffen; der Magistrat müsse ihm aber behilflich sein, die Übeltäter selbst ergreifen und für ausreichenden Unterhalt der armen, ausgehungerten Soldateska sorgen.

Im Dome wurde ein Dankgottesdienst gefeiert wegen der Befreiung von den Schweden, und ein Mönch predigte, Gott habe seinen Erzengel gesendet und den Drachen der Ketzerei, der sein Heiligtum geschändet habe, vernichtet. Ein schwaches Gefühl des Geborgenseins kam über Tilly, solange er in dem edlen Raume war: er gehörte ja der Kirche an, hatte zeitlebens für sie gekämpft und ihre Gebräuche gehalten, er war, wie gering auch immer, ein von ihr unzertrennliches Glied und konnte, an sie geklammert, dem Abgrunde nicht verfallen. Krampfhaft die Hände über dem Rosenkranze faltend, betete er für seine Seele; denn dass das Glück auf Erden sich noch einmal ihm zuwenden würde, glaubte er nicht mehr.

Nachdem verlautet war, dass Wallenstein den Oberbefehl über ein kaiserliches Heer wieder übernommen habe, beglückwünschte er ihn und schrieb ihm, er hoffe, sie würden ihre vormalige gute Korrespondenz wieder aufnehmen. Das einzige, was ihn noch hätte beglücken können, wäre ein Sieg in offener Feldschlacht über Gustav Adolf gewesen, wodurch er seine Ehre wieder hergestellt hätte; aber da er an den Beistand des Glückes nicht mehr glaubte, widerriet ihm sein Gewissen das Wagnis, und er kämpfte unaufhörlich zwischen Zweifel und Entschluss. Aus dem, was ihm seine Kundschafter zutrugen, schloss er, dass Gustav Adolf sich zunächst nach der Oberpfalz und von dort über Bayern nach Böhmen wenden werde. Kaum hatte er jedoch ein Lager in der Oberpfalz bezogen, als er erfuhr, Gustav Adolf sei unterwegs nach Donauwörth, mit welcher Stadt denn der Donauübergang in seine Macht käme und Bayern ihm offen läge.

Von der drohenden Gefahr benachrichtigt, machte sich Maximilian zu seinem Heere auf und traf Tilly mitten in der Nacht vor Ingolstadt. Das Glück habe sich von ihm gewendet, sagte Tilly, es bleibe nichts übrig, als auf Gott zu hoffen, in dessen Hand alle irdischen Dinge ruhten. Er verzage nicht, solange Tilly wohlauf sei, sagte Maximilian; Tilly solle sich vor allen Dingen schonen und bedenken, dass er noch kaum von schweren Wunden geheilt sei. Tilly schüttelte den Kopf; von ihm hänge jetzt das Schicksal Bayerns leider weniger ab als von Wallenstein, sagte er; er allein sei zu schwach, es mit den Schweden aufzunehmen.

Er habe an den Kaiser sowie an Wallenstein selbst geschrieben, sagte der Kurfürst kurz, und Wallenstein habe schleunige Hilfe versprochen.

Um seine Meinung befragt, sagte Aldringen, das Gemüt des Herzogs sei undurchdringlich dunkel; es habe so wenig mit den Worten, die er spreche, zu tun wie der schwarze Grund des Meeres mit dem Gekräusel seiner Oberfläche. Indessen bleibe nun nichts übrig, als die Erfüllung seines Versprechens zu erwarten; er werde ja bei den vereinigten Bitten des Kaisers und des Kurfürsten nicht unempfindlich bleiben können.

Tilly sagte, er sehe voraus, dass Donauwörth fallen werde, und habe dem Kommandanten anheimgegeben, lieber zu kapitulieren, als die Besatzung nutzlos aufzuopfern. Wenn aber Donauwörth gefallen sei, werde Augsburg folgen, das die kaiserlichen Truppen ohnehin nur mit Widerwillen sich habe gefallen lassen. Augsburg aber sei die Schwelle Münchens. Darum müsse alles aufgeboten werden, um Gustav Adolf an der Überschreitung des Lechs zu hindern.

Der französische Gesandte Saint-Etienne hatte den Auftrag, dem Könige von Schweden deutlich zu machen, dass Frankreich sein Sichausbreiten am Rheine sowohl wie seinen bevorstehenden Angriff auf Bayern nicht gern sähe noch dulden würde, und freute sich auf die Niederlage, die er Gustav Adolf zu bereiten gedachte. Er nahm sich vor, den nordischen Löwen zu bändigen, ohne aus seiner Höflichkeit und Gelassenheit herauszutreten, nur durch feines, überlegenes Lächeln und beschämende Ruhe, kurz, durch die unüberwindliche Gegenwart seiner gebildeten Person. Nachdem er die vorschriftsmäßige Reverenz gemacht hatte, ließ er einen nachsichtigen Blick durch das holzvertäfelte Zimmer und über die schweren eichenen Möbel gleiten, denn der König bewohnte ein ansehnliches Bürgerhaus in Donauwörth, und richtete dann seine Augen mit dreister Unterwürfigkeit auf Gustav Adolf, dessen großes, helles Antlitz schon eine leichte Ungeduld gerötet hatte. Wie sehr sein König, sagte Saint-Etienne nach kurzer Einleitung, auch Anteil an den Erfolgen des Königs von Schweden nehme, fühle er sich doch empfindlich gekränkt dadurch, dass Gustav Adolf so wenig Rücksicht auf seine Bundesgenossen nehme und der getroffenen Verabredung so wenig eingedenk sei. Gustav Adolf möge sich erinnern, dass der König von Frankreich als Beschützer der katholischen Religion die hohe Pflicht habe, die schirmende Hand über seinen Glaubensgenossen zu halten.

Die geistlichen Fürsten sowohl wie der Herzog von Bayern, sagte Gustav Adolf, hätten ihr Schicksal durch Treulosigkeit und Verrat selbst verschuldet. Der König von Frankreich wolle ihn hoffentlich nicht abhalten, diejenigen zu bestrafen, die den Waffenstillstand gebrochen und heimlich gegen ihn intrigiert hätten.

Saint-Etienne hörte den grollenden Ton in der Stimme des Königs mit heimlichem Vergnügen und malte sich aus, wie er den Auftritt vor einer auserwählten Gesellschaft am Hofe von Paris schildern wollte. Davon sei seinem Könige nichts bekannt, sagte er. Es sei freundschaftliche Sorge für Gustav Adolf, wenn der König von Frankreich den Wunsch äußere, Gustav Adolf möge doch ohne Zeitverlust seine ruhmreichen Waffen gegen den Kaiser wenden. In diesem Sinne habe ihm der König von Frankreich die Subsidien bewilligt.

Wenn der König so, sagte Gustav Adolf auffahrend, zu seinen Feldmarschällen und anderen Bediensteten spreche, möge das angehen. Ein Verständiger befehle nur denen, die er zu gehorchen zwingen könne. Man solle nicht vergessen, dass er König und dass er siegreich sei.

Saint-Etienne beobachtete aufmerksam die Zornesflamme, die über das königliche Gesicht schlug, und die verhaltene Unruhe in seinem starken, elastischen Körper, wie wenn ein Raubtier sich zum vernichtenden Sprunge anschickte. Er beteuerte die unwandelbare Freundschaft seines Königs und wie sehr derselbe es bedauern würde, wenn Gustav Adolf auf einem Einfall in Bayern bestände und ihn dadurch in die Notwendigkeit versetzte, dem Kurfürsten von Bayern, seinem Bundesgenossen, Beistand zu leisten.

»Sagen Sie Ihrem König«, rief Gustav Adolf, »dass ich, wenn er mich zu sehen wünscht, bereit bin, an der Spitze von 50 000 Mann nach Paris zu marschieren.« Diese Worte donnerte er in ausgelassener Wut hervor und begleitete sie mit einer Gebärde, als wolle er einen Hund aus dem Zimmer jagen, sodass sich Saint-Etienne unwillkürlich zurückzog. Auf der Treppe schon bereute er, dass er einem albernen Erschrecken nachgegeben und sogar den üblichen Handkuss vergessen hatte, auch erwog er, ob er sich nicht doch vielleicht behutsamer hätte ausdrücken sollen; aber für seine Person war er mit der Audienz nicht unzufrieden und versuchte sogleich, die Mienen und Bewegungen des gereizten Königs nachzuahmen.

In Gustav Adolf kochte der Zorn und wogte ein unbestimmtes Unbehagen; er wollte, um sich auszukühlen, an die Donau reiten und sich ein Bild machen, wo der Strom am günstigsten zu überschreiten wäre, als er vor dem Hause auf Camerarius stieß, der nach der Schlacht bei Prag aus pfälzischem in schwedischen Dienst getreten und kürzlich von Holland zurückgekommen war. Auf des Königs Wunsch ging Camerarius neben ihm die Straße hinunter und sprach von dem vortrefflichen Eindruck, den das schwedische Heer, dessen Einzug in Donauwörth er mit angesehen hatte, auf ihn gemacht habe. Von den Mansfeldischen Räuberbanden wolle er nicht reden; aber auch die Tillyschen und Wallensteiner kämen den Schweden an Gleichmäßigkeit und Zucht nicht gleich. Jene wären altmodische Söldner oder Zigeuner, nur die Schweden wären Soldaten, ohne Zweifel werde der König damit etwas Besonderes ausrichten und den anderen obsiegen.

Das sei gut gemeint und möge auch wahr sein, polterte der König heraus, aber es sei verkehrt, zu glauben, die Tüchtigkeit müsse immer etwas ausrichten, oder Kraft und Recht und der gute Wille. Es hänge an etwas anderem, nur wisse er es nicht zu nennen. Im Augenblick, wo er eine Höhe erklommen und eine weite Aussicht sich verheißend vor ihm geöffnet hätte, ja fast im selben Augenblick habe es sich dunkel gesammelt und schwer gegen ihn herangewälzt. Am unerträglichsten sei ihm der Übermut des Königs von Frankreich, der sich getraue, ihn wie einen geworbenen Banditen hierhin und dahin zu hetzen und ihm durch Drohungen den Weg nach Bayern zu verlegen hoffe.

Frankreichs Absicht sei nicht schwer zu durchschauen, sagte Camerarius, es wolle sich selbst am Rheine mächtig machen. Richelieu habe sich eingebildet, er könne den König von Schweden für sich arbeiten lassen; nun er den Helden erkenne, beginne er ihn zu fürchten und suche ihn zu verdrängen.

Ja, es wende sich jetzt fast so, sagte der König, dass er mehr vor Frankreich als vor dem Kaiser auf der Hut sein müsse.

Die beiden in ihr Gespräch vertieften Herren befanden sich plötzlich inmitten einer Herde von Gänsen, nach denen, da sie nicht auswichen, Camerarius mit dem Stocke schlug, worauf ein paar Gänseriche zischend mit vorgestrecktem Halse auf sie losfuhren und sie mit Pfützenwasser bespritzten, denn am Vormittage hatte es stark geregnet. Einige ärmlich gekleidete Leute und Kinder blieben stehen und sahen halb neugierig, halb schadenfroh lachend zu. Camerarius sagte, die Gänse von Donauwörth schienen schon katholisch geworden zu sein; aber wenn es nur die Gänse wären, so hätte es nichts auf sich.

Der König zuckte die Achseln; das Volk, sagte er, habe ihn zwar nicht so angefaucht wie diese Tiere, aber es habe ihn keineswegs als Befreier begrüßt, wie man ihn vorher habe glauben machen wollen. Als er in der Hauptkirche evangelischen Gottesdienst habe halten lassen, sei fast niemand dazu gekommen als ein paar alte Bettelweiber.

Es sei nun über zwanzig Jahre her, dass die Bayern eingezogen, sagte Camerarius; die hätten das jesuitische Wesen mit Hammer und Keule eingetrieben.

Der König sah gedankenvoll vor sich nieder. Sie dächten auch vielleicht, sagte er, man könne nicht wissen, wie lange er hierbliebe. Sie müssten ihn erst kennenlernen, entgegnete Camerarius.

Sie blieben vor einem kleinen Garten stehn, wo eine Frau zwischen Küchenkraut hantierte, ein paar Kinder sich unter blühenden Obstbäumen um eine Ziege jagten und eine Alte auf einer Holzbank murmelnd den Rosenkranz durch die zitternden Finger zog. »Das Glück«, sagte der König, »rollt nicht mehr so stetig neben mir her wie im Winter. Woran liegt es, dass der Boden unter mir zu schüttern beginnt? Liegt es an den Menschen oder an Gott?«

Es möge wohl ein Gesetz in allen irdischen Dingen und Begebenheiten sein, antwortete Camerarius, ähnlich wie die Erde alles gleichmütig an sich heranziehe, dass nichts übermäßig vorragen könne. Warum man aber annehmen solle, dass der König den Gipfel schon erreicht habe? Missglücke einmal etwas oder falle etwas Widriges vor, könne man ebenso wohl schließen, dass es nun wieder besser gehn müsse. Frankreich freilich werde dem Könige desto feindlicher werden, je höher seine Größe steige; aber der König werde es teils durch Entgegenkommen zu begütigen, teils durch Festigkeit zu schrecken wissen.

Wieder erheitert, winkte Gustav Adolf dem Stallmeister, der, sein Pferd am Zügel haltend, in einiger Entfernung wartete. »Das Beste ist«, rief er Camerarius scheidend zu, »dass ich Frankreich nicht mehr brauche und dass ich zwei Bundesgenossen habe, die mir stets treu bleiben: diesen Kopf und dieses Herz.«

Sämtliche schwedische Offiziere hielten es für unmöglich, den Lech bei Rain, wo das bayrische Heer sich in günstiger Stellung verschanzt hatte, zu überschreiten; denn die ohnehin schwierige Überbrückung des reißenden Stromes hätte unter dem Spiel der feindlichen Batterien vor sich gehen müssen, und selbst wenn diese glückte, schien das Heer sich bei der Erstürmung des bewaldeten Hügels aufreiben zu müssen. Nachdenklich ritt der König am Ufer des in seiner Frühlingskraft schwellenden Stromes entlang und besprach sich wieder und wieder mit seinen Ingenieuren. Dieser schöne Wilde habe es ihm angetan, sagte er; sofern es nur gelinge, ihm einen Sattel aufzuschnallen, werde er ihn gewiss zum Siege tragen. Die Einwände seiner Offiziere, die er angesichts der schwierigen Lage versammelt hatte, hörte er an, um sie zurückzuweisen.

Er habe berechnet, sagte er, dass das Wagnis etwa tausend tapfere Schweden kosten werde; das tue ihm weh, sei aber doch kein zu teurer Preis, und er wolle diesen zahlen.

Im Schutze aufgeworfener Erdwälle, auf denen rauchende Feuer, um die Aussicht zu verdunkeln, erhalten wurden, begann die gefährliche Arbeit des Brückenbaus; in schlafloser Nacht hörte Tilly den Schlag der Äxte auf die Pfeiler, die in den Strom getrieben wurden. Das wagte der Schwedenkönig, weil er jung und glücklich war, im Geiste glaubte er Pappenheim zu hören, wie er ihm ungeduldig vorwarf, dass er unschlüssig daliege, anstatt der Gefahr entgegenzugehen, den dreisten Angreifer dreist zurückzuwerfen. Er hatte es für sicherer gehalten, den Feind stürmen zu lassen; aber nun irrte ihn der Zweifel, ob das das Urteil seiner Greisenschwachheit sei, und er befahl den Angriff. Anfangs hielt er mit der Hauptmasse des Heeres im Walde, erst als Aldringen, durch eine Kugel am Kopfe verwundet, aus dem Kampfe getragen werden musste, verließ er die sichere Stellung, um sofort gleichfalls getroffen zu werden.

Sein erstes Gefühl wäre Erleichterung gewesen, wenn er nicht um das Schicksal Bayerns und seines Herrn, des Herzogs, besorgt gewesen wäre; er ordnete den Rückzug nach Ingolstadt an und hielt fest, dass nun alles darangesetzt werden müsse, diese Festung und Regensburg zu bewahren. Die Schweden hatten nichts von Tillys Fall erfahren; langsam und vorsichtig konnte er in einer Sänfte getragen werden. Seine Gedanken kreisten um das drohende Unglück: wenn nicht bald, sehr bald Hilfe von Wallenstein käme, fiele ganz Bayern in die Hände der Schweden. Dazwischen betete er, während an seinen halb geschlossenen Augen das moorige Land vorbeiging, auf dem hie und da braune Gebüsche kauerten und über das schwerfälligen Fluges wiederkehrende Störche ruderten. In seinem Kopfe schwankten die Bilder durcheinander: plötzlich wusste er, dass er jenseits der Erde durch die Ewigkeit zu Gott fahre. Vor ihm her bliesen Herolde in goldgestickten Gewändern auf ehernen Posaunen aus, dass der Graf Tilly komme, der Held des Römischen Reichs, der Sieger in fünfzig Schlachten, der Eroberer von hundert Städten, Tilly, der Überwinder der Ketzer und der Laster. Sein Herz klopfte vor Scham und Schrecken: er wollte seinen Dienern verbieten, solche Ruhmredigkeit in Gottes Antlitz zu schmettern; aber er vermochte sich nicht zu rühren und wusste, dass es die Grabesschwere war, die auf ihm lag. Das Licht wurde weißer und strahlender, je näher sie Gott kamen, und auf einmal rissen die Posaunenklänge ab und stürzten wie von Pfeilen getroffene Vögel zu Boden: es wurde totenstill vor der Stimme Gottes, die die Unendlichkeit erfüllend sagte: ›Halt! Fahre hinunter mit deiner Sünde in die ewige Finsternis!‹ Mit Entsetzen sah er, dass er inmitten von Soldaten, Kanonen und Belagerungswerkzeugen kam, als ziehe er zur Erstürmung einer Stadt aus, und gleichzeitig fühlte er sich durch den Raum stürzen, der sich wie ein Schacht verengerte. Das alldurchdringende Licht wich zurück, bis es unendlich hoch über ihm nur noch wie ein winziger, spitzer Stern stand; dann verlor er die Besinnung.

Als er wieder zu sich kann, sah er das Gesicht des Kurfürsten, der sich über ihn beugte und seine Hand gefasst hielt. Er danke Gott, dass Tilly nur eine Ohnmacht angewandelt habe, sagte er; sie hätten noch eine Stunde bis Ingolstadt, dort würde er sich unter sorgsamer Pflege erholen. Tilly nickte, erkundigte sich nach dem Heer und nach den Schweden und verfiel wieder in Bewusstlosigkeit; doch kam er lebend in Ingolstadt an, wo sein Zustand sich ein wenig besserte, wenn auch der Arzt zu seinem Wiederaufkommen keine Hoffnung gab.

Am Tore von Augsburg stieg Gustav Adolf vom Pferde und ging zu Fuß bis zur Kirche Sankt Anna, wo sein Hofprediger Fabrizius den Gottesdienst abhielt; die Predigt ging über den Text des zwölften Psalms: ›Weil denn die Elenden verstöret werden und die Armen seufzen, will ich auf, spricht der Herr; ich will eine Hilfe schaffen, dass man getrost lehren soll.‹ Das Gemüt des Königs war bewegt und erhoben, denn als Sieger und Retter zog er in die Stadt ein, in welcher einst die Anhänger Luthers die Bekenntnisschrift dem Kaiser überreicht hatten und die deshalb den Evangelischen heilig war. Im Hause der Fugger am Fenster stehend, nahm er die Huldigung der Bürgerschaft entgegen; nirgends war sie so willig dazu gewesen wie hier, wo er die Lutherischen vom Drucke der Katholiken befreit hatte. Er bewunderte die südliche Herrlichkeit der Stadt und gab dem alten Stadtbaumeister Elias Holl die Hand, der, da er sich nicht hatte bequemen wollen, von dem katholischen Stadtrat seines Amtes entsetzt worden und in Armut geraten war. Wenn er gleichsam als ein Bettler durch die Straßen gegangen sei, erzählte der Alte, habe er bei sich lachen müssen: er habe keinen überflüssigen Taler im Sack und doch sei fast die ganze Stadt Augsburg sein eigen. Der König klopfte dem gebückten Greis auf die Schulter und sagte scherzend: »So bist du mein Nebenbuhler, denn jetzt ist die Stadt mein, und ich gedenke sie mit niemandem zu teilen.« Elias Holl zwinkerte mit den Augen und machte eine beschwichtigende Gebärde mit der Hand: ein Vater gebe auch seine Tochter in ihres Eheherrn Gewalt, meinte er, obwohl er sie gezeugt habe. Wenn es ihr nur wohl gehe, so sei er zufrieden. Und in seinem Herzen, fügte er hinzu, behalte er sie ja doch als sein Kind.

Unter anderen kamen einige Ratsherren und Prediger, priesen den König als einen Moses, Josua und Gideon und schilderten ihm dann die Leiden, die die Evangelischen unter dem katholischen Regiment ausgestanden hätten: wie ihrer keiner mehr ein Amt hätte erlangen können, wie ihnen unter eitlen Vorwänden das Geld abgepresst worden wäre, wie sie kein Kind hätten taufen oder zur Schule schicken können, ohne den Drängern den Beutel zu füllen, und mehr dergleichen. Es sei doch nicht billig, dass ihre Peiniger nun so straflos ausgingen. Viele von den Reichen waren sofort bei Ankunft des Königs mit Hab und Gut abgezogen, dadurch litte die Stadt wiederum Schaden, nachdem sie zuvor schon genug geblutet hätte.

Was sie denn von ihm wollten?, fragte der König. Er habe ihnen das Regiment zurückgegeben, und die Kirchen und Klöster, die ihnen durch das Restitutionsedikt genommen wären, würden ihnen wieder eingeräumt werden. Was ihnen Ungerechtes widerfahren sei, habe der Kaiser verfügt gehabt, der könne ihnen nun nicht mehr schaden, wenn sie treu an ihm, dem König von Schweden, hingen. Er habe Frieden und Gerechtigkeit wieder hergestellt, damit sollten sie es sich genug sein lassen.

Das sei keine Gerechtigkeit, fiel der eine Prediger, der eifrig aufhorchend auf der Lauer gestanden hatte, ein, wenn die Übeltäter unbestraft blieben. Es sei gewiss des Kaisers Wille nicht gewesen, dass sie sich mit ungerechtem Gut bereichert hätten. Das hätte man ihnen abnehmen und sie ordentlich abbüßen lassen sollen, bevor man sie ziehen ließe.

Wegen geschehenen Unrechts könne ja jeder an die zuständigen Gerichte gelangen, sagte der König; sie sollten ihn aber nicht anhalten, Wiedervergeltung zu üben, denn daran habe Gott kein Wohlgefallen.

Wie?, rief der streitbare Prediger, es habe doch der berühmte und gottselige König David den Herrn bitten dürfen, ihn an seinen Feinden zu rächen, wie geschrieben stehe im Psalm 35: ›Herr, hadere mit meinen Haderern, streite wider meine Bestreiter. Es müssen sich schämen und gehöhnet werden, die nach meiner Seele stehen; es müssen zurückkehren und zuschanden werden, die mir Übel wollen. Sie müssen werden wie Spreu vor dem Winde, und der Engel des Herrn stoße sie weg. Herr, mein Gott, richte mich nach deiner Gerechtigkeit, dass sie sich nicht über mich freuen. Sie müssen sich schämen und zuschanden werden alle, die sich meines Übels freuen; sie müssen mit Schande und Scham gekleidet werden, die sich wider mich rühmen.‹

Das sei wohl wahr, sagte der König, aber der Erlöser habe gesprochen: ›So ihr liebet, die euch lieben, was Danks habt ihr davon? Denn die Sünder lieben auch ihre Liebhaber. Aber liebet ihr eure Feinde, so werdet ihr Kinder des Allerhöchsten sein.‹

Ach Gott, ach Gott, rief der Prediger, der König werde sie doch nicht heißen wollen, die Gottlosen lieben? Es stehe geschrieben Psalm 9: ›Du schiltst die Heiden und bringest die Gottlosen um, ihren Namen vertilgst du immer und ewiglich. So erkennet man, dass der Herr Recht schaffet.‹ Und Psalm 10: ›Zerbrich den Arm des Gottlosen und suche das Böse, so wird man sein gottloses Wesen nimmer finden.‹ Und Psalm 11: ›Der Herr wird regnen lassen über die Gottlosen Blitz, Feuer und Schwefel und wird ihnen ein Wetter zum Lohn geben.‹ Das werde der König aber doch nicht ableugnen wollen, dass man den Papst für den Antichristen und einen reißenden Werwolf und die Katholiken für die Gottlosen zu halten habe.

Der Apostel Paulus habe aber im Römerbrief gelehrt, sagte der König: ›Ist es möglich, soviel an euch ist, so habt mit allen Menschen Frieden. Rächet euch selber nicht, meine Liebsten, sondern gebet Raum dem Zorn; denn es steht geschrieben: Die Rache ist mein, Ich will vergelten, spricht der Herr.‹

Aber in der Offenbarung Johannis, schrie der Prediger, heiße es: ›Ach dass du kalt oder warm wärest! Weil du aber lau bist und weder kalt noch warm, werde ich dich ausspeien aus meinem Munde!‹ Und der Körnig habe selbst gesagt, er wisse nicht, was die Neutralität für ein Ding sei, man müsse für oder wider ihn sein, wie auch Christus es verlangt habe.

Ja, sagte der König heiter und nachdrücklich, und dabei solle es auch gänzlich sein Verbleiben haben. Sie ständen freilich in einem großen Kriege wider die päpstlich-spanische Gewissentyrannei, der Feind sei aber noch nicht niedergeworfen, und ohne Einigkeit vermöchten sie seiner nicht Herr zu werden. Er sei ihr Haupt in diesem Kriege, ihm müssten sie vertrauen, dass er ihre Sache recht führe. An Privatnutzen oder Privatrache zu denken, sei jetzt keine Zeit; sie sollten, als die Wächter des Volkes, dasselbe in Ordnung und in der Treue zu ihm erhalten, so täten sie ihre Pflicht und wolle er es ihnen danken und lohnen.

Die Schweden hatten auf eine leichte Einnahme der Festung Ingolstadt gehofft, da der Oberst Fahrensbach, früher einmal in schwedischen Diensten, sie auszuliefern versprochen hatte, nachdem ihm auf seine Bitte das Kommando an der gefährlichsten Stelle anvertraut worden war. Eine Warnung Aldringens jedoch, der dem Fahrensbach misstraute, machte rechtzeitig auf seine Heimlichkeiten aufmerksam und hintertrieb die Ausführung des Planes. Er wisse wohl, sagte Tilly, als der Kurfürst es ihm erzählte, dass Fahrensbach beim Wallenstein nicht in Gnade gestanden sei, dass Wallenstein ihn sogar beim Kopf habe nehmen wollen; er habe ihn aber für einen redlichen Mann gehalten und könne es immer noch nicht glauben, dass er mit solcher Untreue hätte umgehen sollen. Er betrachte diese glückliche Errettung, sagte der Kurfürst, als ein Zeichen, dass Gott Ingolstadt nicht in der Feinde Hand wolle fallen lassen. Am Abend begannen die Schweden den Sturm, während Tilly mit dem Rechtsgelehrten Rath, in dessen Hause er wohnte, sein Testament machte. Er setzte seinen Neffen Werner zum Erben über die Hauptmasse seines Vermögens ein, dessen größter Teil in der noch ausstehenden Summe bestand, die ihm vom Kaiser auf Güter im Braunschweigischen oder Hildesheimischen angewiesen war. Ferner vermachte er 6000 Taler seinen alten wallonischen Kriegern, die ihn in der Leipziger Schlacht, da er verwundet worden war, mit ihrem Leibe gedeckt hatten; ferner einen köstlichen Diamanten, den die Erzherzogin Isabella ihm geschenkt hatte, der Madonna von Altötting. Es war bei seiner zunehmenden Schwäche nicht leicht, damit fertig zu werden; denn zuweilen fielen Tilly plötzlich die Augen zu, und der Rechtsgelehrte musste warten, bis er wieder zu sich gekommen war. Einige Male hörte er Krachen, Donnern und Lärmen von den Mauern her, und wenn er sich besonnen hatte, was es bedeutete, gab er Verordnungen, wohin Verstärkungen zu schicken waren und wo besonders aufzumerken sei. Sowie er aber die Augen schloss, verschwanden die Gestalten, die an seinem Bett saßen, und er ging durch die leeren lauen Straßen mitten durch die Stadt bis an das Tor und unangefochten durch das Tor hindurch. Der Lärm der Kanonen verstummte, die feindlichen Soldaten, die Offiziere, der König selbst wichen auseinander und fielen auf die Knie. Er wusste, dass das nicht ihm galt, sondern einem Unsichtbaren, der neben ihm ging und in dessen kühler Hand seine müde, erschöpfte, aufgelöste friedlich lag.

Gegen Morgen kam der Kurfürst an sein Bett und berichtete ihm, dass der Sturm abgeschlagen sei und dass die Schweden sich für diesmal zurückzögen. Tilly, der sich ein wenig kräftiger fühlte, schrieb an Wallenstein: Er danke ihm für das Mitleid, das er mit ihm wegen der empfangenen Wunde trage, und für das Versprechen schleuniger Hilfe, deren sie so sehr benötigten. Es gehe ja nicht nur um Bayern, sondern auch um Kaiser und Reich; sein schwaches Heer könne den Ansturm der Schweden nicht aufhalten, er getröste sich Wallensteins, täglich und stündlich spähten sie nach seiner verheißenen Hilfe aus.

Der vergebliche Aufenthalt vor Ingolstadt machte Gustav Adolf ungeduldig, umso mehr, als er bei einem Sturz vom Pferde eine Quetschung erlitten hatte, die ihm Schmerzen verursachte. Nach dem missglückten Sturme ging er eines Morgens nah an die Schanzen heran, um die Beschaffenheit derselben genauer herauszubekommen; in seiner Gesellschaft befanden sich Friedrich von der Pfalz, der junge Christoph von Baden, Horn und ein paar böhmische Emigranten. Einer von diesen bat den König, nicht weiter vorzugehen, von der Schanze werde geschossen, nicht hundert Schritte vor ihnen seien vorhin Kugeln niedergefallen.

Er tue es nicht aus Mutwillen, entgegnete der König, sondern weil er, wie man wohl wisse, ein kurzes Gesicht habe und aus der Ferne nicht deutlich unterscheiden könne. Es sei ihm bei Mainz von großem Nutzen gewesen, dass er sich nah hinzugeschlichen habe, um die Anlage der Schanze zu untersuchen; denn danach müsse der Angriff eingerichtet werden. Übrigens sollten sie ruhig sein, diese Kugeln wären nicht für ihn gegossen. »Da haben Königliche Würden recht kalvinisch geredet«, sagte Prinz Christoph neckend. Gustav Adolf wandte sich lachend an den von der Pfalz: darin müsse er Bescheid wissen; ob er auch glaube, dass ein König nicht von einer Kugel getroffen werde? Gemeiniglich möchten wohl mehr gemeine Soldaten getroffen werden als hohe Häupter, sagte Friedrich gelassen; aber er wäre doch dafür, dass sie sich ein wenig zurückzögen.

Der König und der Prinz lachten, und der Letztere sagte, er zweifle, ob der Tod einen Mann von Distinktion vom Pöbel unterscheiden könne; ihn bedünke aber, man ziehe eben deswegen in den Krieg, weil er voller Überraschungen und Gefahren sei, und solle sie also eher aufsuchen als vermeiden.

»Das ist brav gesprochen«, rief der König aus, indem er dem jungen Manne, dessen hübsches Gesicht errötete, die Hand auf die Schulter legte.

»Ich weiß nicht, was für eine Vortrefflichkeit daran ist, sich ohne Not totschießen zu lassen«, sagte Friedrich und gähnte, denn es war noch früher Morgen. »Wir bekommen nicht leicht einen anderen König und Haupt wie Eure Majestät, und Sie täten deshalb gut, Ihre kostbare Person, von der unser aller Wohl abhängt, in Sicherheit zu bringen.«

Während das Gespräch noch in dieser Weise geführt wurde, hörte man das Pfeifen einer Kugel und sah im selben Augenblick den Prinzen Christoph lautlos zu Boden stürzen; es ergab sich, dass die Kugel ihm den Kopf vom Rumpfe gerissen hatte. Der König, welcher zunächst gestanden hatte, taumelte ein paar Schritte rückwärts und musste sich an dem Pfalzgrafen halten. Nachdem er sich gefasst hatte, hielt er eine Ansprache, wie sehr dieser Verlust zu beklagen sei und wie groß die Trauer des Vaters, des Markgrafen von Baden, sein müsse. Indessen, sagte er, sei doch im Grunde kein Anlass zur Trauer, denn die Menschen wären nicht Kinder dieser Welt, sondern der Ewigkeit, woran Gott sie zuweilen mahne, damit sie sich der Welt nicht allzu sehr annähmen. Es hätte wohl jeder in seinen jungen Tagen einmal ein geliebtes Weib umarmt, nach abgetaner Lust aber sei er gern im dunklen Strome des Schlafs versunken; so streife man auch willig das Körperkleid ab, wenn der Abend des Lebens gekommen sei. Was aber ihn betreffe, so glaube er nicht, dass Gott ihn schon rufen wolle. Es solle ihn niemand gegen Gott misstrauisch machen. Gott habe ihn an seiner Hand über das Meer und mitten in das Deutsche Reich geführt; das sei nicht umsonst, sondern zu etwas Großem geschehen. Des Königs Blick schweifte über das bewegte Lager und die Türme der Festung in der Ferne. Sollte es aber doch Gottes Wille sein, seinem Lauf ein Ende zu machen, fuhr er fort, so sollten sie deshalb nicht verzagen; denn Gott könne einen anderen Kavalier erwecken, der tapferer und geschickter als er sei, Gottes Willen auszuführen. Es hänge nicht so viel von seiner Person ab, wie sie meinten; ob es zu glauben sei, dass Gottes große Werke auf einen einzelnen gebrechlichen Menschen gestellt wären? Gott werde schon Mittel finden, sie zum bestimmten Ende zu führen.

Am selben Tage starb Tilly, nachdem er die letzten Stunden, unbehelligt durch weltliche Geschäfte, mit seinem Beichtvater gebetet hatte. Das letzte Wort seiner brechenden Lippe war »Domine«, worauf der Beichtvater, der ihn verstand, das Kruzifix erhebend mit lauter Stimme rief: »Domine in te speravi, non confundar in aeternum«, das ist: ›Herr, auf dich habe ich gehofft, verwirf mich nicht ewig.‹ Aus dem Lächeln, das auf dem Gesicht des Toten erschien, schloss der Beichtvater, dass Gott ihm Gnade verliehen habe.

Um seine Soldaten nicht länger nutzlos aufzuopfern, hob der König, der mehrere Angriffe selbst geleitet hatte, die Belagerung auf. Zu Oxenstierna sagte er, ein wenig verstimmt, dies sei das erste Mal, dass er einen Schritt zurückweichen müsse. Ob der jähe Tod des badischen Prinzen etwa doch als ein Warnungszeichen oder böse Vorbedeutung aufzufassen sei?

Man sollte immer auf das Böse gefasst sein, sagte Oxenstierna gleichmütig, umso mehr erfreue einen das Gute. Er halte es im Hinblick darauf mit dem gelehrten, kürzlich verstorbenen Landgrafen Moritz, der gesagt habe, die Finsternis sei die Wesenheit und das Licht nur ein Akzidens der Finsternis. So meinte er, das Böse regiere die Welt und sei gemein; die Kunst und Weisheit bestehe darin, jedes zufällige Lichtlein, woran immerhin kein Mangel sei, aufzusuchen und zu nützen.

Die Bürger der eroberten Stadt Landshut eilten an das Tor, warfen sich dem König zu Füßen und flehten ihn um Gnade für die Stadt an. Er habe keine Ursache, Gnade walten zu lassen, antwortete der König unwillig. Der Herzog von Bayern habe diesen unglücklichen Krieg entzündet, indem er fremdes Gut an sich gerissen habe; um seiner Gewalttaten und

Listen willen habe er sich geschworen, die erste bayrische Stadt, die in seine Hand falle, dem Boden gleichzumachen. Und ob denn die herrliche Stadt Magdeburg Gnade gefunden habe? Er wolle zum Andenken ihres Unterganges, der sich jähre, einen Scheiterhaufen anfeuern, der über ganz Bayerland leuchten solle. Das Gesicht des Königs war stark gerötet und drohend; er gab seinem Pferde die Sporen und ritt an den Flehenden, die fortfuhren zu jammern und zu bitten, ohne ein milderndes Wort vorüber nach der Burg Trausnitz, die er als ein Meisterstück der Baukunst hatte rühmen hören. Während er sie besichtigte, wandelte ihn plötzlich eine Ohnmacht an, sodass er sich auf ein Ruhebett legen musste, um nicht zu fallen. Nach einer Weile konnte er wieder aufstehen und sagte zu Friedrich von der Pfalz, der ihm besorgt ins Gesicht sah, es habe nichts auf sich, es sei die Folge seiner kürzlichen Verletzung, oder der Zorn habe sein Blut zu sehr in Wallung gesetzt. Sie traten miteinander an das Fenster, von dem aus man auf die Stadt Landshut hinuntersehen konnte, und der König sagte, im Anschauen versunken, wohlgefällig: sie liege so funkelnd da, als sei sie eben aus einem Jungbrunnen gestiegen und der Mai habe ihr ein Kränzlein auf ihre erneuerte Schönheit gesetzt.

So habe sein Vetter Maximilian in Heidelberg nicht gedacht, sagte Friedrich; er würde der Schönheit einen Pechkranz aufdrücken, wie auch Gustav Adolf vorher im Sinne gehabt habe.

Er habe sich anders besonnen, sagte Gustav Adolf, vom Fenster zurücktretend. Es nütze ihm nichts, wenn diese Stadt in Asche liege, und es daure ihn, dass die armen Leute für ihres Herrn Übeltaten büßen sollten. Sie sollten sich mit einer gehörigen Summe loskaufen, so wäre beiden besser gedient. Er wolle nicht als ein Mordbrenner durch das Reich ziehen.

Von Landshut ging es nach München, das, vom Herzog und der Herzogin verlassen, dem Könige ohne Widerspruch die Tore öffnete. Er war in heiterster Laune und ermunterte Friedrich zum Bewusstsein des Glückes, dass er nun als Sieger in seines Feindes Residenz käme. Mit besonderer Unterwürfigkeit warteten die Jesuiten Gustav Adolf auf; denn es war bekannt, dass er sie hasste und dass in Schweden jeder, der sich dort treffen ließ, gesetzlich dem Tode verfiel. Er liebe sie nicht, sagte er ihnen, sie mischten sich in weltliche Händel, hätten dadurch viel Brand und Schaden gestiftet; sie sollten den Kapuzinern nacheifern, das wären gute

Leute, die Gott dienten und der Armut beistünden, so wären ihm Mönche und Pfaffen recht.

Die Kapuziner waren auf das Wohlwollen des Königs stolz, und einer von ihnen sprach ihn auf dem Markte an mit der Bitte, katholisch zu werden. Es sei gar zu traurig, sagte er, einen so großen, unübertrefflichen Helden gleichsam in einem schlechten Habit oder in löcherichten Schuhen zu sehen, die mit seiner Pracht und Majestät übel reimten. Was er denn sagen würde, wenn er einen schönen, adeligen Kavalier in löcherichten Schuhen daherstapfen sähe, durch die der Schlamm aus den Pfützen einflösse?

Ja, sagten die Männer und Frauen, die sich um den Kapuziner gesammelt hatten, das sei wahr, das sei kein sauberes Laufen mit löcherichten Schuhen, da habe der Kapuziner recht. Und die Schuhe, fuhr derselbe fort, die der König brauchte, mit welchen man den Himmel erwandern könne, seien bei jedem Kaufmann umsonst zu haben, er müsse deswegen nicht weit laufen noch viel zahlen, warum er denn Heil und Seligkeit nicht ergreife? Es müsse einem ja das Herz brechen um einen so schönen, tapferen und freundlichen König, dem nur ein Tüttelchen abgehe, dass er der erste Potentat der Welt sein könne.

Ja, murmelten die Leute wieder, so sei es, an dem König von Schweden fehle sonst nichts, er solle die Schuhe kaufen, die bayrischen Schuhe, die stünden dem größten König auf Erden an.

Ihr guten Leute, sagte der König lachend, denkt, was meine Schweden sagen würden, wenn ich mit bayrischen Schuhen wieder in mein Land käme! Was würdet ihr zu eurem Herrn sagen, wenn er inskünftig wollte schwedisch oder türkisch einhergehen, dass ihr ihn kaum noch kennen möchtet?

Ja, das sei wahr, nickten die Leute, da habe der König es getroffen; aber der Kapuziner warf sich vor dem König auf die Knie, hob die Hände auf und bat, der König möge nur noch einen kleinen Augenblick verzeihen, bis er zu Gott gebetet habe, dass er des Königs Sinn umwende. Ach, warum er es denn durchaus nicht wolle? Gott werde ihn sicherlich um seiner königlichen Tugenden willen erleuchten, wenn er nur noch ein Viertelstündchen verharren wolle!

Der König unterbrach ihn, indem er sagte, der Kapuziner möge immerhin beten, er wolle indessen weitergehen und seine Geschäfte erledigen. »Freund«, sagte er, »auf Erden hältst du mich für einen großen Helden, und ich halte dich für einen gutmütigen Toren; wie es im Himmel mit uns gehalten werden soll, lass uns Gott anheimstellen.«

Auf eine heimliche Meldung, dass im Zeughause viele Geschütze vergraben seien, stellte der König Leute an, sie herauszuschaffen, wozu sich auch in Hoffnung auf guten Lohn mehrere Bauern willig zeigten. Als das erste Stück ans Licht kam, trat der König herzu und las den Namen vom Laufe ab, welcher Schalmei war, und rief aus: »Du bist in eines guten Jägers Hand gekommen und sollst noch zu mancher fröhlichen Jagd blasen.« Er ließ die Kanone aufstellen und setzte sich darauf, um dem Fortgang der Arbeit zuzusehen. Es kamen zunächst die Apostel, wozu der König bemerkte, sie hätten lange geschlafen, sollten nun wieder in alle Welt gehn und predigen und die Heiden bekehren. Als das elfte Stück ausgegraben war, sagte der eine Arbeiter, sich den Schweiß trocknend, der zwölfte sei der Judas, der könne drunten in der Hölle bleiben. Nein, sagte der König, er habe in dieser Zeit nicht Ursache, so heikel zu sein, und mit umwölkter Stirne fuhr er fort: »Ich habe mehr als einen Jünger, der mich verraten möchte.«

Wie heiter Gustav Adolf sich auch zeigte, hatte er doch Stunden, wo er voll Unruhe und Besorgnis war. Oxenstierna drängte ihn, weiter nach den österreichischen Erblanden zu ziehen, dort die unzufriedenen Bauern aufzuwiegeln und endlich des Feindes Zentrum zu treffen. Was sei mit den vielen, teils kleinen und offenen Orten gewonnen, die man erobert habe und doch nicht werde halten können? Was mit den hundert Kanonen und der Handvoll Geld, die man in München gewonnen habe? Ob es richtig sei, eine Stadt in Brand zu setzen, um ein Stücklein Eisen zu schmieden? Er habe dem Kaiser Zeit gelassen, sich zu stärken, Wallenstein stehe schier unüberwindlich im Feld. Immerhin sei es auch jetzt noch besser, ihm schnell entgegenzugehen, als sich von ihm finden und die Schlacht vorschreiben zu lassen.

Was Wallenstein betreffe, sagte der König, so könne er ihn vielleicht noch auf seine Seite ziehen. Es sei dazumal schon nahe daran gewesen, und sicher sei es, dass er ihm, dem Könige, jetzt gedient habe, indem er Tilly hilflos gelassen habe. Es sei die allgemeine Meinung, dass Wallenstein es mit dem Kurfürsten von Bayern nicht redlich meine; wenn dem so sei, so habe er nichts von Wallenstein zu befürchten und wolle ihn nicht reizen. Gerade weil Frankreich ihn durchaus auf den Kaiser hetzen wolle, wolle er nicht. Solle er diese rheinischen Fürsten und Maximilian mit Frankreich hinter sich lassen? Solle der übermütige König von Frankreich die Frucht einheimsen, die er mühevoll gesät habe? Vielleicht hätte er den Kurfürsten von Sachsen nicht nach Böhmen gehen lassen, wenn er seine und Arnims große Falschheit genugsam durchschaut hätte. Arnim traktiere mit Wallenstein den Frieden, ohne ihn, vielleicht auch ohne seinen Fürsten zu fragen; er hasse den Arnim; ein Schelmengesicht möge immerhin lügen, von einem Cato sei es nicht zu leiden.

Oxenstierna zuckte die Achseln. Der deutsche Adel, sagte er, habe die Großmannssucht. Sie glichen den Jungfrauen, die sich in Dreck und Mist badeten, um eine reine Haut zu bekommen. Der König müsse ihnen misstrauen und zuweilen die Peitsche zeigen, sonst sei nicht mit ihnen auszukommen. Demgemäß schrieb Gustav Adolf dem Kurfürsten, er müsse leider nachdenkliche Zeitungen aus Böhmen vernehmen, als traktiere der Kurfürst ihrem Verbündnis zum Trotze mit dem Kaiser. Es sei aber zwischen ihnen ausgemacht, dass kein anderer Friede könne eingegangen werden, es sei denn ein Universalfriede, in welchem die Krone Schwedens mit ihren notwendigen Forderungen inbegriffen sei. Zum Überfluss schickte er den Pfalzgrafen August von Sulzbach nach Dresden, um den Kurfürsten persönlich auszuforschen und über ihn zu berichten. Die Antwort des Kurfürsten lautete, er habe niemals im Sinne gehabt, sich von seinem Bundesgenossen zu wenden, vielmehr sei er durch seine treue Anhänglichkeit in äußerste Sorge und Not geraten; denn Wallenstein ziehe mit Heeresmacht heran, Weißenburg werde hart belagert und werde sich schwerlich halten können, der König solle doch sein Vertrauen nicht täuschen und ihm zu Hilfe kommen, bevor er mitsamt seinen armen Untertanen von der anwalzenden Wetterwolke zunichte gedrückt werde.

Auch von Nürnberg kamen ängstliche Briefe: der Zorn des Kaisers sei gegen sie erregt, Wallenstein habe gedroht, sie fürchterlich zu strafen, der Kurfürst von Bayern hätte es längst gern mit ihnen wie mit Donauwörth gemacht, sie wüssten sich ihrer Feinde und Neider nicht mehr zu erwehren.

Am Ende beschloss Gustav Adolf, nach Nürnberg zu gehen; da könne er, auf eine große, reiche, ihm fest anhängende Stadt gelehnt, Wallenstein ruhig erwarten und werde es seinem Heere nicht an Proviant fehlen.

In tiefem Geheimnis kam der oberennsische Bauer Thomas Ecklehner nach Nürnberg, um mit dem König von Schweden ein Einverständnis herzustellen, sodass dieser in Österreich einfiele, dadurch den Bauern das Zeichen zum Aufstande gäbe und Wien so zweifach erschüttert würde. Der König fragte nach seinem Namen und Wohnsitz und erkundigte sich nach der Anzahl und den Kräften seiner Landsleute, auf die zu rechnen wäre. Es würde kaum einer zurückbleiben, sagte Ecklehner. Sie gingen wohl zur Messe, weil sie müssten; aber sie hätten Gottes Wort im Herzen.

Er fürchte, sagte Gustav Adolf, es möchte gehn wie die anderen Male: Der Kaiser würde ihnen in der Not gute Worte geben, dadurch ließe der eine und andere sich locken, und zuletzt bliebe nur noch ein Häuflein, dem leicht der Garaus zu machen wäre.

Nein, sagte der Bauer, sie trauten nicht mehr. Wie gut es der Kaiser auch meine, er sei von den Jesuiten verhext, sie ließen sich nicht mehr fangen.

Ob sie sich auch bewusst wären, fragte Gustav Adolf, dass es Weib und Kind, Blut und Leben kosten könne?

Sie wären alle eines Sinnes und wollten es daranwagen, antwortete Ecklehner. Nur dürfe es sich nicht zu lange hinziehn mit dem Kriegführen, dass über nutzlosem Herumschweifen und Verhandeln Acker und Vieh verdürbe. Sie wollten frisch kämpfen, bis einer unterliege.

Gustav Adolf betrachtete den Bauer gedankenvoll. »Wenn alle wie Ihr wären«, sagte er, stünde es anders um den Glauben; aber die Menschen trachten im Allgemeinen nicht nach göttlichen Dingen, sondern nach irdischen, Geld, Macht und allerhand Lust, und die Vielen triumphieren über die Wenigen.«

Der Bauer lachte: sie hätten doch auch ihre Beistände, meinte er, den Herrgott, den König von Schweden und etwa noch den Türken. Ihnen fehle nur ein starkes Haupt zur Direktion; wolle der König das sein, brauchten sie nichts zu fürchten.

Was man nicht selbst vollbringen könne, solle man nicht wagen, sagte der König nach einer Pause. Es sei gefährlich, sich auf andere zu verlassen.

Ecklehner zwinkerte schlau mit den Augen: »Du hast ja selbst«, sagte er, »in vielen Manifesten ausgehen lassen, du seist gekommen, um deinen Glaubensgenossen zu helfen. Du willst mich nur versuchen.«

Der König erwiderte, auch Gott helfe nur dem, der sich selbst helfe. Aber es sei ihm gewiss ernst, den Evangelischen beizustehen, er habe auch besondere Liebe zu den tapferen Bauern in Österreich und er wolle ihnen einstweilen, bis er selbst käme, gute, zuverlässige schwedische Offiziere schicken, die mit dem Kriegswesen Bescheid wüssten. Er selbst habe viel auf dem Halse, müsste jetzt den Wallenstein erwarten, werde aber der Bauern nicht vergessen und wolle mit ihnen in Korrespondenz bleiben.

Auch sie wollten des Königs nicht vergessen, sagte Ecklehner, Gustav Adolfs Hand zum Abschied fassend. Sie wollten nichts als ihr Recht und ihren Glauben, Gott würde ihnen beistehn; sollte es nicht sein, so könnten sie nur vergängliches Gut verlieren, aber den Himmel dafür gewinnen.

Auf Oxenstierna hatte der Bauer einen sehr günstigen Eindruck gemacht. Mit solchen Leuten lasse sich etwas ausrichten, meinte er. Das sei etwas anderes als die deutschen Fürsten und Herren, die sich nur unter des Königs Schutz bereichern wollten.

Ja, wenn er ein Bauernkönig sein wollte, hätte er daheim bleiben können, sagte Gustav Adolf; vielleicht wäre das auch besser gewesen. »Rechnen Eure Majestät uns für nichts?«, fragte Oxenstierna schmunzelnd.

Gustav Adolf lachte und kam dann wieder auf den Feldzug zurück. Er habe es sich wieder und wieder überlegt, sagte er, er könne sich nicht mit den Bauern impegnieren, bevor es sich mit Wallenstein entschieden habe. Durch den Herzog Franz Albrecht von Sachsen-Lauenburg habe er vernommen, die Böhmen wollten Wallenstein zu ihrem König machen; wenn das wahr wäre, so sei ja Wallenstein des Kaisers Feind und nicht der seine. Jetzt verlaute zwar, er werde sich mit dem Herzog von Bayern konjungieren; ob das aber glaublich sei? Vielleicht komme es zu einer Schlacht anstatt zu einer Konjunktion.

Ein paar Tage später, es war um die Mitte des Juni, kam die Nachricht nach Nürnberg, es habe bei Eger eine Begegnung und Aussöhnung Wallensteins und des Herzogs von Bayern stattgefunden.

Wallenstein habe die Bedingung gestellt, dass er allein den Oberbefehl über die vereinigte kaiserliche und bayrische Armee führen wolle, selbst wenn der Kurfürst beim Heere wäre, und der Kurfürst sei darauf eingegangen. Dann hätten sich die beiden Fürsten im Angesicht ihrer Truppen umarmt und geküsst. Der Kurfürst, so lautete der Bericht, habe bei dieser Szene dem Bildhauer geglichen, der eine Statue habe erwärmen wollen; es sei aber leicht möglich, dass die Umarmung dieses verliebten Pygmalion etwas frostiger gewesen sei, als es den Anschein gehabt habe, wenigstens habe niemand einige Rührung oder Empfänglichkeit an dem friedländischen Standbilde wahrnehmen können.

Er würde an Wallensteins Stelle einen solchen Schimpf niemals verziehen haben, sagte Gustav Adolf gereizt. Das habe Wallenstein wohl auch nicht getan, meinte Oxenstierna.

So müsse es sich denn entscheiden, sagte der König, und sei es ihm je eher desto lieber. Wenn er alle seine im Reich verstreuten Truppen an sich gezogen hätte, glaube er der kaiserlichen Armada gewachsen zu sein.

Allmählich sammelten sich die Abteilungen des schwedischen Heeres, die in verschiedenen Teilen des Reiches lagen, auf des Königs Gebot in Nürnberg an; nur Bernhard von Weimar, der in Tirol stand, zögerte, weil es ihm nicht anstand, seine Eroberungen zu unterbrechen, Hierüber kam es zu einem heftigen Auftritt, indem der König ihn zur Rede stellte, Bernhard aber mit trotziger Miene entgegnete, er sei ein freier deutscher Reichsfürst, kein Dienstbote oder Bauer, und lasse sich von niemandem, wer es auch sei, an die Ehre greifen. »In Sachen des Kriegswesens«, sagte Gustav Adolf zornig, »sind Euer Liebden kein Fürst, sondern mein Oberst.« Er habe zu gehorchen wie jeder andere; wie er sonst ein Propositum ausführen könne, wenn jeder tue, was ihm beliebe? Der junge Herzog schwieg, aber keineswegs aus Unterwürfigkeit, sondern, wie es schien, um sich Widerspruch und Widerstand für gelegene Zeit zu bewahren; er kam dem König vor wie eine wilde Dogge, die verstohlen die Zähne fletscht, wenn sie den Herrn die Peitsche erheben sieht. Gustav Adolf erinnerte sich, denselben Ausdruck heimlicher Ungebärdigkeit an Bernhard wahrgenommen zu haben, als dieser ihm das erste Mal aufwartete und Bewunderung und Eifer an den Tag legte, und wie er bei sich gedacht hätte, er sei fast noch ein Knabe und müsse gezogen werden; aber blieb ihm jetzt Zeit und Kraft übrig, den Zuchtmeister der deutschen Prinzen zu spielen? Und wie sollte er dieser stillen, geduckten Widersetzlichkeit begegnen?

Vom Kurfürsten von Sachsen erhielt der König einen Brief, wie er, Gustav Adolf, sich durch seine viktoriösische Tapferkeit ein monumentum immortalitatis gesetzt habe, wie der Kurfürst wohl wisse, dass der König nicht wegen des privatum, sondern zur Rettung des heiligen evangelischen Glaubens sein Leben wage, und wie er, der Kurfürst, dies zeitlebens in höchster Konsideration halten werde. Dass aber aus vielen leicht anzuziehenden Bibelstellen genugsam hervorgehe, wie der liebe Frieden ein gottseliges und höchsterwünschtes Gut sei und wie deshalb die Friedenstraktate nicht auf die lange Bank geschoben werden dürften, und so weiter.

Gleichzeitig schrieb der Resident aus Dresden, es sei offenkundig, dass die Verhandlungen Arnims mit Wallenstein unter Mitwissen des Kurfürsten stattgehabt hätten und noch fortgesetzt würden. Der Arnim rühre sich nicht, lasse das Land so verderben, dass sämtliche Räte und selbst Offiziere in den Kurfürsten gedrungen wären, er solle die Bauern bewaffnen, damit sie sich verteidigen könnten. Der Kurfürst habe aber im vollen Zorne gesagt, lieber als dass er die Bauern bewaffnete, möchte das Land zugrunde gehen; denn wenn die Bauern Waffen hätten, würden sie das Wild erlegen, das ihre Äcker verderbte, und könne er keine Jagden mehr halten. Es glaube niemand, dass Arnim gegen Wallenstein das Schwert entblößen werde, oder es werde nur eine Spiegelfechterei geben. Der König müsse schleunigst kommen und mit Arnim aufräumen, auch die Offiziere selbst in Eid nehmen, um Unglück vorzubeugen.

Unmut und Sorge häuften sich zum Ersticken auf des Königs Brust. Hätte er geradeswegs in eine Schlacht reiten können! Das Stillliegen in der schwülen Ebene drückte jede Verstimmung tiefer ins Herz zurück.

Es war der Peter-und-Pauls-Tag, die dunklen Blätter hingen matt herunter, als ob die schwere Luft sie erstickte, und die stechende Hitze kroch wie Fiebergift durch den Körper der Erde. Als der König, die Stirn zusammengezogen, durch das Lager ging, näherten sich ihm ein paar Bauern, um sich wegen gestohlenen Viehes zu beklagen. Nachdem der König strenge Bestrafung nach dem Gesetze versprochen hatte, kam ein Hauptmann und bat, den Schuldigen, unter denen sich auch ein Rittmeister befand, die Strafe für diesmal zu erlassen. Das könne er nicht, sagte der König, er strafe nicht aus Hass, sondern um der Gerechtigkeit willen und damit die Unschuldigen nicht mehr, als ohnehin unvermeidlich sei, durch den Krieg litten; die Diebe sollten ohne Verzug den Tod erleiden.

Eine Reihe von Fürsten und Offizieren umgaben den König: Friedrich von der Pfalz, die Herzöge Wilhelm und Bernhard von Weimar, Graf Solms, die Schweden Banér und Horn und viele andere; sie bemerkten die außergewöhnliche Gereiztheit Gustav Adolfs und ein drohendes Blitzen in dem Blicke, den er über sie hinjagen ließ. Plötzlich ergriff er das Wort zu einer Ansprache etwa mit diesen Worten: Ich habe hören und lesen müssen, dass im Deutschen Reiche geklagt wird, der Schwede hause mit Mord und Brand, der Schwede verwüste das Land, der Schwede richte das Reich zugrunde, während ich doch auf Eure Klagerufe Euch zu Hilfe gekommen bin. Bin ich es, der das Reich verwüstet? Und wenn ich es wäre, so möchte es mir als einem Fremdling, den der Kaiser beleidigt und verfolgt hat, wohl hingehn. Aber ich bin es nicht, sondern ihr seid es, ihr seid die Diebe und Räuber, vom Geringsten bis zum Höchsten. Ja, ihr deutschen Herren und Fürsten seid es, die wie Wölfe das eigene Vaterland in Stücke reißen. Das Blut verwandelt sich mir zu Galle, wenn ich euch ansehe und euren Eigennutz, Habgier, Verrat und Untreue bedenke! Bin ich um meinetwillen auf einen Beutezug nach Deutschland gekommen? Ich habe Frankenland und Bayerland erobert und alles euch ausgeteilt, für mich habe ich nicht so viel behalten, wie ein Paar alte Stiefel Wert sind!«

An dieser Stelle hielt er inne und sah, wie seine Zuhörer die Köpfe hängen ließen; den Ausdruck ihrer Gesichter konnte er nicht erkennen. Er hatte sich so erregt, dass der Schweiß an seinen Schläfen hinunterlief, sein Herz schlug in starken, schnellen Schlägen, und er musste ein leises Schwindelgefühl unterdrücken.

»Redlich gefochten habt ihr«, fuhr er nach einer Pause fort, »in der Schlacht seid ihr tapfere Kavaliere, und in diesem Punkte bin ich euch Dank schuldig.«

Am selben Tage benützte Friedrich von der Pfalz eine Gelegenheit, um zu Gustav Adolf zu sagen, seine Rede habe ihn sehr bestürzt gemacht, und wenn er seine Vorwürfe auf ihn gemünzt habe, so wisse er nicht, womit er sie verdient habe. Er wolle nichts, als dass ihm sein Land mit der Kurwürde zurückgegeben werde, darum werde ja der Krieg geführt, und es sei sein gutes Recht. Er sei schon mehrfach gewarnt worden, als habe der König andere Pläne mit der Pfalz; trotzdem habe er ihn, Gustav Adolf, nie gedrängt, um ihm nicht lästig zu fallen und weil er ohnehin wisse, Gustav Adolf werde ihm zur rechten Zeit schon geben, was ihm gehöre, und halten, was er ihm versprochen habe.

Er habe Friedrich nichts vorzuwerfen, antwortete der König, auch mit Wissen ihn nie beleidigt. Übrigens werde er niemandem vorenthalten, was ihm gehöre, solange aber der Krieg währe, müsse er alle von ihm eroberten Länder brauchen, wie wenn er ihr Herr wäre, sonst müsse er hier wie ein Räuber in den Wäldern irren, der in Höhlen lebe und sein Haupt auf nackte Steine lege.

Friedrich konnte sich nicht sofort darüber klar werden, wie diese Worte des Königs auszulegen wären, und mochte doch nicht um eine deutlichere Bestimmung bitten. Je mehr er darüber nachdachte, desto bänger wurde ihm zumute. Er hatte niemals ein förmliches, ausdrückliches Versprechen von Gustav Adolf erhalten noch verlangt und sich auch etwas auf seine Zurückhaltung zugute getan; wie, wenn der König es nun nicht redlich mit ihm meinte? Aber wozu, dachte er, wäre er denn hier? Und warum wäre er Gustav Adolf überall wie ein Hündlein nachgezogen? Er war ihm heute erschienen wie ein Löwe oder Tiger, der einen plötzlich, wenn ihn der Hunger oder Zorn überfiele, mit einem Tatzenschlage niederwerfen und zerfleischen könnte. Mit wachsender Sehnsucht dachte er an die Zeit, wenn der leidige Krieg vorüber wäre und er in Heidelberg ausruhen könnte. Freilich brachte er seinen ältesten Sohn, seinen Liebling, nicht wieder, mit dem er vor dreizehn Jahren ausgezogen war; was lag im Grunde daran?

Unterdessen legte sich die Masse des Wallensteinischen Heeres vor Nürnberg. Wie ein stetig fallender Schnee sich allgemach höher aufbaut, bis er die Fenster einer Hütte überwächst, dann das Dach, und sie erstickt, so breiteten sich die Regimenter etwa zwei Stunden vor der Stadt aus. Der König von Schweden beobachtete in guter Laune, wenn auch ein wenig enttäuscht, wie fest und sorglich, als solle es für Jahre sein, der Feind sich verschanzte. Wallenstein habe keine Lust, sich zu schlagen, sagte er, und baue ihnen ein zweites Nürnberg vor die Nase. Man müsse geduldig warten, bis die Affenstadt des Spiels überdrüssig werde.

Bald jedoch zeigte es sich, dass das Land die angeschwollene Menschenmenge nicht ernähren konnte; etwa 60000 Mann zählte das kaiserliche Heer, das schwedische etwa 70000. Auf anfängliche Hitze folgten Gewitter, Regen und Kälte, das Obst reifte nicht und wurde, als Brot und

Fleisch zu mangeln anfing, grün, wie es war, von den hungrigen Soldaten gegessen. Krankheiten verbreiteten sich im schwedischen Lager, und viele starben an der Ruhr. In der Stadt nahm Misstrauen und Niedergeschlagenheit zu, wie die Kranken auf den Wunsch des Königs zu besserer Pflege hineingebracht wurden und zu der schon herrschenden Teuerung noch die Seuche eingeschleppt zu werden drohte. Einmal traf es sich, dass zwei kranken Soldaten das Quartier bei einem Barbier angewiesen war, der in einem kleinen baufälligen Hause nicht weit von der Stadtmauer wohnte; derselbe schloss die Tür vor ihnen zu und rief aus dem Fenster, er habe mit Frau und sieben Kindern nur zwei Zimmer, könne niemand mehr unterbringen, sie sollten weitergehen zu Leuten, die es vermöchten. Von den beiden Soldaten war der eine zu entkräftet, um weitergehen zu können, und kauerte sich in die Tür, wo er vor dem kalten Regen einigermaßen geschützt war. Der andere schimpfte und bat, man möge ihnen wenigstens ein paar Löffel Suppe oder Brot reichen, während der Barbier zeterte, der Kranke solle von seiner Schwelle, er bringe ihm die Pest ins Haus. Die Nachbarn hielten sich still, um nicht zur Hilfeleistung herangezogen zu werden; erst nach einer Stunde kamen ein Ratsbote und der Pfarrer des Viertels und redeten auf den Barbier ein, er solle seine Pflicht tun. Dieser öffnete die Tür nicht, sondern steckte nur sein spitzes Gesicht aus dem Fenster und schrie, er sei nicht verpflichtet, den Tod ins Haus zu lassen, und niemand könne ihn dazu zwingen, der Pfarrer solle es selbst tun, wenn er so mildherzig wäre. Er müsse sein Brot verdienen, es würde aber niemand sich bei ihm scheren oder sonst kurieren lassen, wenn er pestkranke Leute bei sich hätte. Die Kerle gehörten ins Spital, oder die Ratsherren und Pfarrer und andere reiche Hansen, die große Häuser und zu essen im Überfluss hätten, sollten sie zu sich nehmen. Als die Pfarrersfrau mit einem Topf Suppe kam, war der Soldat, der auf der Türschwelle lag, eben gestorben; seine Augen starrten nach oben, seine Hände waren krampfhaft geballt, und der Regen floss an ihm herunter. Eine alte Witwe erklärte sich nun auf Zureden des Pfarrers bereit, den anderen Soldaten aufzunehmen unter der Bedingung, dass er und andere gutherzige Leute ihr mit Speise und Trank ein wenig beiständen.

Am folgenden Sonntage strafte der Pfarrer den Barbier von der Kanzel herunter, indem er den Text vom barmherzigen Samariter anzog und augenscheinlich auf ihn blickte und deutete; allein der Barbier, der zierlich gekleidet und frisiert war, lächelte dreist und ließ seine Augen herausfordernd durch die ganze Kirche spielen. Auch in anderen Gemeinden ermahnten die Geistlichen ihre Pfarrkinder mit strengen Worten zur Barmherzigkeit gegen die schwedischen Soldaten, die ihr Vaterland, Weib und Kind verlassen hätten, um ihnen brüderlich beizustehn, da sie in Gefahr gewesen wären, Leib und Seele an die päpstliche Tyrannei zu verlieren; so sei es billig, dass sie wiederum den Unglücklichen in der Not mit allem, was sie vermöchten, zu Hilfe kämen.

Einige Tage später wurden mehrere Pfarrer auf das Rathaus beschieden und befragt, ob es an dem sei, wie verlaute, dass sie vom König von Schweden silberne Pokale zum Geschenk empfangen hätten, damit sie ihre Gemeinde zur Mildherzigkeit gegen die schwedischen Soldaten anhielten?

Pfarrer Leibnitz nahm das Wort und sagte, es verhalte sich allerdings so, dass die königliche Majestät einigen unter ihnen silberne Becher habe überweisen lassen, allein nicht unter Bedingungen oder als Belohnung, sondern aus angeborener königlicher Freigebigkeit und Gnade. Sie glaubten mit Annahme derselben nichts Unrechtes getan zu haben.

Ob sie denn nicht wüssten, sagte der Bürgermeister, dass es den Stadt-Angestellten verboten sei, von fremden Potentaten Geschenke anzunehmen?

Die Becher, sagte Leibnitz, wären Geschenke, wie sie ein reicher Mann einem armen wohl machen könne, und wären nicht mit Pensionen oder goldenen Gnadenketten zu vergleichen. Zwar sei es allbekannt, dass es viele Fürsten, Herren und Obrigkeiten im Reich gäbe, die dergleichen von fremden Potentaten und auch von der schwedischen Majestät angenommen hätten und annahmen. Auch die Stadt Nürnberg habe sich ja von dem König das Deutschordenhaus und die kaiserlichen und bambergischen Güter schenken lassen; umso weniger hätten sie die silbernen Becherlein anzunehmen Bedenken getragen, wodurch sie zu nichts verpflichtet wären und dem Dienste der Stadt keinerlei Abbruch getan werde.

Dergleichen Anzüglichkeiten und Subtilitäten vernehme man dieserorts nicht gern, sagte der Bürgermeister, sie sollten sich einfältig und ohne Ausschweifungen an ihre Bestallung halten. Man habe auch ungern vernommen, dass verschiedene Pfarrer bis in die Nacht hinein mit den schwedischen Offizieren pokulierten und in augenscheinlichem Rausch, ungestüm und mit lallender Zunge heimkamen. Das stehe christlichen Hirten nicht an, die ihrer Gemeinde das Vorbild eines tugendhaften Wandels aufstellen sollten.

Er für seine Person, sagte Pfarrer Leibnitz, nehme nicht mehr als einen Schlaftrunk vor dem Zubettgehn zu Hause zu sich.

Ja, das sei bekannt, sagte der Bürgermeister, dass er fleißig und fast übermäßig den Büchern obliege, man habe damit auch nicht auf ihn zielen wollen. Dagegen habe er wie verschiedene andere sonntags auf der Kanzel für den König von Schweden gebetet, dagegen das herkömmliche Gebet für die kaiserliche Majestät ausgelassen, was der Kaiser als einen Schimpf auslegen und was daher nicht geduldet werden könne.

Die Stadt stehe ja im Bündnis mit dem König von Schweden, sagte Leibnitz, und führe Krieg mit dem Kaiser; wie er denn mit Fug für den Kaiser beten könne?

Sie führten keineswegs Krieg mit dem Kaiser, sondern allein der König von Schweden, sagte der Bürgermeister. Sie wären eine kaiserliche Reichsstadt, wenn sie sich auch erlaubte Verteidigung gegen die Übergriffe kaiserlicher Soldaten vorbehielten. Auch sollten die Pfarrer, als Geistliche, sich politischer Destinktionen enthalten, deren sie weder befugt noch mächtig wären.

Nun brachten auch die übrigen Pfarrer vor, sie hätten geglaubt, der Stadt mit ihrem Gebet für den König von Schweden einen Dienst zu tun. Was denn aus der Stadt werden würde, wenn Gott dem Könige nicht den Sieg verliehe? Gott habe das wegen der erprobten und offenkundigen Frömmigkeit des Königs bisher getan; das Blatt könne sich aber wenden, und dann werde der Kaiser mit der Rache nicht sparen. Solches Unglück wollten sie mit Gebet abwenden.

Gebet in der Kammer und Gebet in der Kirche sei zweierlei, sagte der Bürgermeister. Man müsse dem Pöbel viele Dinge bescheidentlich sagen, die man unter verständigen Männern laut aussprechen dürfe. Auch sei bekannt, was für ein Schandieren und Lästern in dieser bösen Zeit im Schwange sei und wie auch das Unschuldige übel ausgedeutet werde. Sie könnten ja für den Sieg der evangelischen Sache oder für die Erhaltung des evangelischen Glaubens beten, mit unverfänglichen Worten, aus denen niemand der Stadt einen Strick drehen könne. Was die Becher anbelange, so müsse der Rat darauf bestehn, dass sie dem König zurückgegeben würden, damit den Rechten der Stadt kein Präjudiz geschehe und offensichtlich festgestellt werde, dass sie in des Rats und nicht in des Königs von Schweden Sold ständen.

Wie Woche auf Woche verging, ohne dass Wallenstein sich rührte, vermehrte sich des Königs Ungeduld und Unmut und die Niedergeschlagenheit der Stadt. Zuweilen brachten Überläufer oder Spione die Nachricht, es gehe etwas vor im feindlichen Lager, die Nahrung gehe aus, man rüste zum Aufbruch; aber es blieb unverändert und unbewegt.

Gegen das Ende des August beschloss Gustav Adolf einen Angriff, obwohl ihm seine Offiziere, namentlich Bernhard von Weimar, mit Hinweis auf die Unmöglichkeit, den verschanzten Berg zu erstürmen, abrieten. Der Erfolg gab ihnen recht, denn trotz aufgewandter Tapferkeit prallten alle Angriffe an dem Festungslager ab, einzig Herzog Bernhard gelang es, sich auf einer Anhöhe festzusetzen. Da es aber bereits gegen den Abend ging und der König die Vergeblichkeit des Kampfes eingesehen hatte, schickte er ihm die erbetene Verstärkung nicht, sondern befahl den allgemeinen Rückzug, ohne irgendeinen Gewinn aus dem verlustreichen Sturm gezogen zu haben. Er habe einen Fehler begangen, sagte der König am folgenden Tage, das sehe er ein; aber er wolle sich dadurch nicht entmutigen lassen, sondern sich bestreben, es durch glücklichere Taten wieder einzubringen. Wallenstein tat sich auf den Misserfolg des Königs viel zugute; aber er suchte ihm persönliche Aufmerksamkeiten zu erweisen, wie er ihm denn einen gelegentlich eines Ausfalls gefangenen Offizier ohne Lösegeld zurückschickte. Derselbe erzählte, wenn man den Friedländer von ferne sehe, habe er zwar ein düsteres und gefährliches Aussehen; aber wenn er anfange zu konversieren, stelle er sich als ein höflicher Kavalier dar, mache auch Späße, nur an galanten trage er kein sonderliches Gefallen, lache aber nie laut. Er sei vorzüglich bewirtet worden, und Wallenstein habe ihm besondere Huld erwiesen, auch einmal etwas spöttisch gefragt, wie der König über seine Kriegführung denke. Der Kurfürst von Bayern habe sie anfänglich nicht approbieren wollen.

Durch den kaiserlichen Oberst Sparre, der in seine Gefangenschaft geraten war, ließ der König Wallenstein Friedensvorschläge machen; allein Wallenstein schob es von sich, indem er erwiderte, er müsse damit zuvor an den Kaiser gelangen. Es verlautete, der Kaiser wolle in der Sache den ehemaligen Administrator von Magdeburg, Markgrafen Christian Wilhelm, an Gustav Adolf schicken, mit dem er von früher bekannt war. Christian Wilhelm nämlich war in der kaiserlichen Gefangenschaft schnell unter vielen Tränenvergießungen katholisch geworden, beteuerte häufig, dass er nicht begreife, wie er sich zu so schweren Irrtümern und Abfall von Gott und dem Kaiser habe verführen lassen können, und suchte mit feuchten Augen eine Gelegenheit, diesen schwer beleidigten Majestäten durch willig geleistete Dienste seine Reue und Devotion zu erweisen. Indessen wurde die obenhin angebahnte Traktation von keiner Seite fortgesetzt.

Friedrich von der Pfalz lag krank an der Ruhr, die in Nürnberg umging. Er las ein französisches Buch über die Tugend der Frau; aber es unterhielt ihn nicht sonderlich und konnte seine vielfachen Sorgen nicht zerstreuen. Er hatte kürzlich wieder an seinen Schwager von England geschrieben und erwartete ungeduldig die Antwort, obwohl er im Grunde überzeugt war, sie werde nichts anderes als alle früheren Briefe, nämlich leere Vertröstungen enthalten. Das kränkte ihn nicht so sehr, wie dass Gustav Adolf jetzt so viel Gewicht auf die englische Hilfe legte; er erinnerte sich bestimmt, dass er anfänglich seinen Beistand niemals davon abhängig gemacht hatte. Wenn das ein Vorwand wäre, den Gustav Adolf brauchte, um die Pfalz für sich zu behalten? Nachdem er seine fiebernden Gedanken in diese Möglichkeit hineingebohrt hatte, verwarf er es alles wieder: ein so treuloses Verhalten des Schwedenkönigs war doch unmöglich, auch würde die Entrüstung der ganzen ehrliebenden Welt ihn zur Erfüllung seines Versprechens nötigen. Er, Friedrich, hatte so viel für den Glauben getan und gelitten; endlich einmal, dachte er, müsse er durchaus den Preis für seine Beharrlichkeit ernten. Er malte sich aus, wie es sein würde, wenn er mit den Seinen nach vielen Leiden, Fahrten und Kämpfen wieder in die Heimat einziehn würde. Die Frankenthaler würden ihre schmucken Häuser mit jungen Reisern bestecken und ihm und seiner Frau köstliche Schmucksachen darbringen, wie nur sie sie herstellen könnten, hübsche Mädchen würden vor ihnen aufziehn, würden sich und die ganze Pfalz seligpreisen, dass sie ihn wiederhätten, und ihm Glück wünschen. Dann, wenn das Heidelberger Schloss in Sicht käme, würde er es den Kindern zeigen und ihnen erklären: ›Seht, das ist das Fenster, aus dem die Großmutter uns weinend nachsah, als wir Abschied nahmen, und dort ist das

Zimmer, wo Heinrich geboren wurde.‹ Seine Gedanken verdunkelten sich, und es kam ihm zum Bewusstsein, dass ihm eigentlich alles ganz, ganz gleichgültig sei. Vergebens versuchte er den Faden wieder aufzunehmen, der vorher so bunt geschimmert hatte. Wenn ihm wenigstens der alte Vater Solms entgegengekommen wäre! Es fiel ihm ein, dass ihm obliege, den Sohn des Grafen wieder in den Besitz seiner Güter zu bringen oder ihn dafür zu entschädigen. Was für Klagen und Bitten würden auf ihn eindringen! Er drehte sich seufzend in seinen Kissen nach der Wand.

Als er wieder wohler war, vertrieb er sich die Zeit damit, in die Läden der Goldschmiede zu gehen und sich zeigen zu lassen, was sie Neues verfertigt oder erhandelt hätten. Bei Christoph Ritter sah er ein Gehänge von Perlen, Smaragden und Rubinen, dessen goldgefasstes Hauptstück auf der Rückseite das eingeätzte Bild eines geharnischten Ritters aufwies. Friedrich fragte nach dem Preis und fand ihn zu hoch; er habe es teuer bezahlt, sagte der Goldschmied, es sei ein seltenes Stück aus Augsburg. Die Witwe des österreichischen Ritters Hanns Khevenhüller, der kürzlich vor Freistadt in der Jungen Pfalz gefallen sei, habe es ihm angeboten, und er habe es aus billigem Mitleiden mit den armen Exulanten, die trotz ihres vornehmen Standes oft das liebe Brot nicht hätten, teuer bezahlt.

Um was der eine ärmer würde, sagte Friedrich, würde der andere reicher. Die Goldschmiede hätten das beste Leben, die Offiziere mit ihren Frauen wollten es doch alle den Fürsten gleichtun.

Der Goldschmied verschwor sich, dass er nicht viel mehr als ein Bettler sei, klagte über den Argwohn und die Strenge der Stadt und dass er einen Verweis erhalten habe wegen einer Lieferung goldenen Tafelgeschirrs an den Grafen Ossa, der doch ein alter Kunde von ihm sei. In diesen schlechten Zeiten dürfe ein armer Mann nicht so heikel sein, er würde auch dem Teufel einen eingelegten Bratspieß machen, wenn er zahlte. Ein jeder entschuldigte sich, wenn's ans Zahlen ginge; so hätte jetzt der oberpfälzische Marschall Hans Friedrich Fuchs von Winklarn, der wegen der Religion habe auswandern müssen und sich in Nürnberg niedergelassen habe, zu seiner Hochzeit mit der Sabina von Jagenreuth einer Exulantin aus dem Österreichischen, vielerlei bestellt, Geschirr, Ketten, Schmuck und Tafelaufsatz, rede aber viel von seinen Einkünften, die von Bayern aus noch zurückbehalten würden, und von seinen Gütern, die er verkaufen müsse. Wer könne wissen, wie das auslaufe? Er traue nicht recht und habe doch nicht den Mut, die Lieferung zurückzubehalten. – Er dürfe schon trauen, sagte Friedrich lachend, Ritter Fuchs sei einer der reichsten unter seinen Vasallen; ohnehin werde die bayrische Okkupation nicht lange mehr dauern. Dabei betrachtete er die Gegenstände, unter denen ihm eine wie ein Pfau geformte, mit Diamanten und Rubinen besetzte Agraffe besonders gefiel. Die möchte er wohl für sich haben, sagte er; er könne jetzt zwar auch nicht bar zahlen, aber es sei dem Christoph Ritter wohl bekannt, dass er nun bald wieder in Heidelberg einziehen werde. Der Kurfürst von der Pfalz werde ja wohl Kredit bei ihm haben.

Der Goldschmied wand und drehte sich, rang die Hände und schwur, dass er in den jetzigen Zeiten niemandem mehr Kredit geben könne, und wenn es der Herrgott wäre. Die Zeiten waren allzu böse, Gesetz und Glauben gälten nichts mehr, jetzt herrsche die Fortuna. Er holte aus einem verschlossenen Schranke eine in ein seidenes Tuch gewickelte kleine Figur hervor und stellte sie vor Friedrich auf den Tisch; auf einer Kristallkugel stand, die Spitze des einen Fußes aufsetzend, eine weibliche Figur aus vergoldeter Bronze, die in einer Hand einen Kranz, in der anderen einen Dolch hielt. Der Kranz war aus buntem Schmelz gearbeitet, der winzige Griff des Dolches, ebenso ein Diadem, das die Frau trug, mit kleinen Edelsteinen verziert. Er habe einmal gelesen, erzählte der Goldschmied, dass der römische Dichter Horaz die Fortuna mit einem Weibsbild verglichen habe, das seinen Liebling hinterrücks ersteche, nachdem es ihn bekränzt und geküsst habe; danach habe er in seinen Mußestunden das Kleinod verfertigt. Es brauche es wohl einmal ein Fürst oder reicher Herr in seine Kunstkammer.

Friedrich schob das kleine Kunstwerk zurück und drehte die Agraffe liebkosend in der Hand; er nahm sich vor, sie zu seinem Einzuge in Heidelberg bestimmt zu kaufen, wenn sie dann noch vorhanden wäre.

Pappenheim lag vor Hildesheim, um es den Schweden abzunehmen, als ein Brief aus Köln ihm die Nachricht von den Erfolgen der Schweden und Franzosen am Rheine brachte, dass Koblenz bereits erobert und das Kölnische bedroht sei. Eilig mahnte er in einem Schreiben die Stadt Köln, es nicht am altdeutschen Heldenmute ermangeln zu lassen und die seit uralter Zeit in ihr heimische katholische Religion zu stützen, entschloss sich dann aber doch, in Anbetracht der Wichtigkeit des gefährdeten Gebietes selbst zu seiner Rettung aufzubrechen. Es war ihm dies insofern lieber, als er dadurch einen Vorwand bekam, dem Kurfürsten von Bayern nicht zu gehorchen, der ihn schon mehrmals zum Schutze vor Gustav Adolf dringend zu sich berufen hatte; denn seitdem er nach seiner Trennung von Tilly unabhängig Krieg führte, hätte er sich auch keinem Oberfeldherrn, nicht dem Kurfürsten und nicht einmal Wallenstein mehr unterziehen mögen. Er wollte für sich allein irgendetwas Großes vollbringen, wodurch seine Stellung ein- für allemal gesichert würde, und dann, schwebte ihm vor, sollte Gustav Adolf irgendwie in seinen Umkreis verschlagen werden oder gar ihn aufsuchen, worauf er, um seine Taten zu krönen, ihn überwältigen würde. Die Besorgnis, gestört zu werden, hetzte ihn hierhin und dorthin, damit ihm ja nichts entginge; aber die kleinen Erfolge, die er errang, waren nicht das, was er brauchte, und er gestand sich, dass sie die Lage im Ganzen nicht im mindesten zugunsten seiner Partei veränderten. Mehr und mehr schien es ihm, als sei Geldmangel die hauptsächliche Ursache, dass es nicht vorwärts wollte, und er sann und bohrte, wie er sich einmal ausgiebig davon verschaffen könne; denn die Kontributionen und Brandschatzungen, die ohnehin immer schmächtiger flossen, waren sogleich wieder zerronnen. Hätte er wie Wallenstein das Recht gehabt, Konfiskationen vorzunehmen! Oder wäre der Kurfürst, der ja genug hatte, weniger zurückhaltend gewesen! Er schrieb demselben Briefe über Briefe, wenn er ihm nur ein einziges Mal 100 000 Taler überwiese, so würde er, Pappenheim, die Welt in Erstaunen setzen und dem Kriege ein anderes Ansehn geben können. Maximilian gab zwar endlich nach, aber inzwischen, sagte Pappenheim, wären so viel Rückstände aufgelaufen, dass der Schnee, kaum er den Boden berührt hätte, wieder geschmolzen wäre. Da eröffnete sich ihm eine neue Aussicht, indem ihn die Infantin Isabella bat, die von den Staaten belagerte Festung Maastricht zu entsetzen, so sei sie erbötig, ihm nicht nur das Goldene Vlies zu verschaffen, sondern ihm auch 24 000 Taler monatlich auszuzahlen. Auf dem Wege nach Köln kam Pappenheim zu dem Schluss, dass er diese Gelegenheit, etwas Großes zu vollführen und Geld in die Hand zu bekommen, ergreifen müsse. Allerdings war es ein Wagnis und zugleich ein Unrecht, denn im Grunde war es seine nächste Pflicht, Bayern zu schützen, und ferner, da zwischen den Staaten und der Liga Neutralität bestand, konnte er seine Herren, die Ligafürsten, durch seine willkürliche Einmischung in große Verlegenheit bringen; aber das erste betreffend, so berief er sich auf gewisse Gerüchte, als sei Gustav Adolf in Bayern besiegt worden und also seine Hilfe nicht mehr notwendig, und übrigens würde ein großer Erfolg seine Eigenmächtigkeit rechtfertigen. Er schlug also den Weg nach den Niederlanden ein, der ihn durch das Herzogtum Jülich führte, und bat Wolfgang Wilhelm, als er nahe bei der Grenze war, ihm den Durchgang zu verstatten.

Dieser war ohnehin voll Missvergnügen und Entrüstung. Die zweibrückensche Heirat hatte ihm vonseiten Gustav Adolfs durchaus nicht die verwandtschaftliche Berücksichtigung eingetragen, auf die er gerechnet hatte, vielmehr hatte der Schwedenkönig seine Bitte um Neutralität kühl beantwortet. Das Wort Neutralität, schrieb ihm Gustav Adolf, sei ein weiter Mantel, unter dem sich allerlei verstecke; es sei ja weltbekannt, dass seine Festungen Rheinberg und Orsau von den Spaniern besetzt seien, wie dass er sein Stammland Neuburg und die Erblande seiner Brüder, Sulzbach und Hildburghausen, wider die alten Verträge mittels Gewalt und List den Jesuiten ausgeliefert hatte. Wolfgang Wilhelm sagte sich, dass er diese Feindseligkeit der Anwesenheit seines Bruders August im Lager des Schwedenkönigs zuzuschreiben habe; der würde ihm genug Klagelieder über seine, des Ältesten, Ungerechtigkeit vorwinseln. Unter dem Neide dieser Brüder, sagte er sich, habe er nun einmal zu leiden, das hänge ihm von Haus aus nach; aber der große Trug und Undank, den er vom Kaiser und von Bayern erfahren musste, erbitterte ihn weit mehr. Er antwortete Pappenheim mit gereizten Worten, er habe sich eines Angriffs oder Durchmarsches von den Kaiserlichen nicht versehen, da er mit dem Kaiser und der Liga in tiefem Frieden lebe und wegen vieler geleisteter Dienste eher auf Beförderung und Unterstützung als auf so unleidliche Perturbationen gerechnet habe. Hierauf teilte ihm Pappenheim das Anliegen der Infantin Isabella mit, das er als ein ehrliebender Kavalier nicht habe abschlagen können. Er sei sich wohl bewusst, schrieb er, was er dem Herzog schulde; denn der Herzog habe ihn seinerzeit durch sein beredtes Disputieren der alleinseligmachenden, wahren Religion zugeführt, wovon seine glückselige und ruhmreiche Laufbahn ihren Ursprung genommen habe. Wie er sich damals von ihm, dem Herzoge, habe überreden lassen, so solle dieser jetzt auf ihn hören und den gefährlichen und schwierigen Grundsatz der Verschonung oder Neutralität aufgeben, der der guten Sache des katholischen Glaubens und dem Kaiser überaus hinderlich sei.

Diesen Brief fand Wolfgang Wilhelm ziemlich trotzig und ungebührlich; denn was verstand Pappenheim von der Lage eines freien Reichsfürsten? Pappenheim machte sich leicht mit etlichen Narben, aufgegriffener Beute und aufgeblasenem Kriegsruhm bezahlt; was aber war sein Lohn, wenn er sich mit dem Kaiser einließ? Wenn er es je vergessen könnte, dass der Kaiser die pfälzische Kur, auf die er dem Grade der Verwandtschaft nach den meisten Anspruch besaß, an Bayern gegeben hatte, so häuften jene stets neue Unbill auf, indem der Kaiser die geheime Rebellion seiner Stände fomentierte und indem der Kaiser und Bayern nicht einmal seinen billigen Anspruch unterstützten, Jülich-Kleve allein, mit Ausschließung Brandenburgs, besitzen zu wollen.

Er wäre wohl bereit, schrieb er Pappenheim, offen auf des Kaisers Seite zu treten, doch müsse er sich dann die oberste Leitung des Kriegswesens vorbehalten, da er als ein Reichsfürst sich nicht wohl einem Geringeren unterstellen könnte. Diese Einbildung fand Pappenheim nicht wenig lächerlich, und ohne sich auf weiteren Schriftenwechsel einzulassen, überschritt er die Grenze, ließ auch seinen Soldaten bei ihrem Durchmarsche ein leidliches Plündern und Verwüsten ungestraft hingehen.

Voll Sorge, dass die Staaten diesen Durchzug als Bruch der Neutralität auffassen möchten, zog Wolfgang Wilhelm hinter Pappenheim her, um sich beim Prinzen von Oranien, der Maastricht verteidigte, zu entschuldigen; überhaupt unterbrach er den eintönigen Aufenthalt in Düsseldorf gern durch Reisen, zu denen bei den verwickelten Geschäften nie ein Anlass fehlte.

Außer diesem vorwurfsvollen Fürsten folgten Pappenheim noch die Klagen des geängsteten Kurfürsten von Köln. Er würde es auszubaden haben, schrieb ihm dieser, an ihm würden die Holländer ihre Rache kühlen, und gerade von Pappenheim habe er sich solcher Untreue und Eigenmacht nicht versehen, dem er stets bei seinem Bruder von Bayern das Wort geredet, dem er erst kürzlich die 100 000 Reichstaler verschafft und ausgezahlt habe. Dem Prinzen Friedrich Heinrich von Oranien gegenüber, der ein höfliches Erstaunen über Pappenheims Ankunft aussprach, verantwortete derselbe sich damit, dass Maastricht ein Reichsglied sei, welches er dem Reich nicht könne entfremdet werden lassen, obwohl er übrigens die Neutralität streng zu wahren im Sinne habe. Am allermeisten waren über Pappenheims unvermuteten Heranzug die beiden spanischen Feldherren, die vor Maastricht lagen, erbittert; was dem deutschen Tölpel in den Sinn komme, sich ihrer Angelegenheiten anzumaßen? Er solle nur, wenn er Lust habe, sich den Kopf an den holländischen Schanzen einrennen, sie wollten sich das Schauspiel gefallen lassen.

Pappenheim sank das Herz, als er innewurde, dass die Spanier nicht daran dachten, ihm beizustehen. Indem er seine Lage überblickte, wurde ihm klar, dass er, da er allein nichts gegen die Holländer ausrichten konnte, sich aussichtslos in einen Knoten von Schwierigkeiten und Verlegenheiten verwickelt hatte. Vernunft und Vorsicht hätten erfordert, dass er sogleich wieder abziehe, ohne noch sein Heer durch einen ergebnislosen Sturm zu schmälern; aber es kam ihm unerträglich vor, gleichsam als ein Hund mit eingezogenem Schwanze davonzukriechen. Er wollte wenigstens die Tapferkeit und Wohldiszipliniertheit seiner Truppen ausweisen und den Spaniern vor Augen führen, wie schändlich es von ihnen sei, ihn aufzuopfern und seine guten Soldaten abschlachten zu lassen, ohne ihm beizuspringen. Im Stillen hoffte er, sie würden ihren Sinn vielleicht doch noch ändern oder sich durch den einen oder andern kampflustigen Offizier fortreißen lassen, wenn er mit dem Angriff begänne.

Unterdessen war Wolfgang Wilhelm im Schlosse Geul, wo Friedrich Heinrich von Oranien sich aufhielt, höflich aufgenommen worden. Er werde die Neutralität des Herzogtums Jülich gern anerkennen, sagte der Prinz, sowie Wolfgang Wilhelm es gleichermaßen damit halte; wenn die spanischen Truppen Rheinberg und Orsau evakuierten, sollten auch seine Truppen aus Wesel abziehn. Vorab, das müsse Wolfgang Wilhelm einsehn, würde er gegen die Kriegsräson handeln, wenn er den Spaniern bei ihm freie Hand ließe. Es sei ihm, klagte Wolfgang Wilhelm, die Evakuation längst von der Infantin versprochen, aber immer noch verzögert worden; er sei jetzt auf dem Wege nach Brüssel, um sie zu mahnen. Über Pappenheim lachte der Prinz von Oranien; der sei den faulen Krieg im Reiche gewöhnt und halte sich für unüberwindlich. Dem König von Schweden habe er doch nicht standhalten können. Und was für ein seltsames Wesen und Abenteuern dieser Zug sei! Wenn einer seiner Untergebenen sich dergleichen unterfinge, ließe er ihm den Kopf vor die Füße legen. Übrigens würde er nichts als Schimpf und Schaden davon haben. Ob Wolfgang Wilhelm ihn nicht ins Lager begleiten wolle, um den Angriff besser beobachten zu können? Der Herzog hatte keine Lust, mit dem Kriege in nähere Berührung zu kommen, und die hochmütige Gelassenheit Oraniens ärgerte ihn, obgleich er Pappenheim die Niederlage gönnte; aber er mochte nicht nein sagen, stieg zu Pferde und begleitete den Prinzen bis zu einer Anhöhe, wo sie nach seiner Angabe nicht ausgesetzt wären. Die braven Pappenheimer marschierten ganz munter in den Tod, sagte Oranien, indem er Wolfgang Wilhelm sein Perspektiv reichte, damit er besser sehen könne; vielleicht habe Pappenheim ihnen vorher Wein gereicht, damit pflegten viele deutsche Feldherren ihren Völkern Mut zu machen. Der König von Spanien, sagte Wolfgang Wilhelm, werde nicht wenig ungehalten sein, dass seine Obersten sich nicht mit Pappenheim konjungiert hätten. Darüber lachte Oranien; der König von Spanien, sagte er, sähe es gern, wenn dem Kurfürsten von Bayern ein Tort geschehe; wüssten das die beiden Herren nicht, hätten sie sich wohl anders verhalten.

Pappenheim fieberte vor Zorn, besonders als ihm erzählt wurde, der eine von den spanischen Feldherren habe zum andern gesagt, Pappenheim sei ein vorzüglicher Seiltänzer, und er wolle dem König berichten, für die desperaten Kapriolen, die er vor ihnen aufgeführt habe, sei er wert, das Goldene Vlies zu erhalten. Da nach drei Tagen Maastricht an die Staaten kapitulierte, blieb ihm nichts übrig, als seinem absonderlichen Seitensprung nebst nachfolgender Katastrophe ein ehrenvolles Ansehn zu geben und etwaige üble Folgen zu verhüten. Deswegen bat er den Prinzen von Oranien, er solle doch, was er für Kaiser und Reich zur Rettung Maastrichts unternommen, den Kurfürsten von Köln nicht entgelten lassen, der die Neutralität eifrig und treulich zu halten gesonnen sei. Dann schilderte er dem Kurfürsten von Bayern das neidische und treulose Benehmen der Spanier, wie sich überhaupt niemand außer ihm der katholischen Religion so recht annehme, was für einen staunenswürdigen, geschwinden Zug er ausgeführt und wie der Geldmangel ihn zu diesem Unternehmen genötigt habe. Der Kurfürst, dem mittlerweile Gerüchte über Pappenheims tollen Zug zu Ohren gekommen waren, dachte daran, ihn vor ein Kriegsgericht zu stellen, sowie er ein wenig vor dem Feinde aufatmen könnte, und noch mehr entrüstet war Wallenstein.

Wolfgang Wilhelm setzte seine Reise nach Brüssel fort, wo er sich von den unangenehmen Eindrücken der letzten Zeit wieder erholte. Die Infantin versprach ihm, seinen Wunsch, die Evakuation der Festungen betreffend, bald zu erfüllen, und auch die hohen Geistlichen und vornehmen Damen, die er aufsuchte, überhäuften ihn mit Liebenswürdigkeit. Täglich erhielt er Einladungen und wurde als ein schöner, kunstverständiger und hochgebildeter Fürst gefeiert, entfaltete sein schönes Reden und machte den Damen nicht ohne Herablassung den Hof. Im Kreise der nach neuester Mode und mit großer Pracht gekleideten Schönheiten fiel ihm zuweilen seine kleine nonnenhafte Frau zu Düsseldorf ein und dass sie lernen müsse, so lieb ihm auch ihr unscheinbares Wesen im Allgemeinen war, sich zuweilen fürstlich herzurichten. Indem er mit Hochachtung von ihrem Verstande und ihrer Tugend sprach, erkundigte er sich bei seinen Freundinnen nach den Näherinnen, die ihre Roben verfertigten, und woher sie ihre Spitzen, Handschuhe und dergleichen bezögen.

Unterdessen lebte Katharina Charlotte ein einsam eintöniges Leben in dem großen Düsseldorfer Schlosse. Sie bangte sich zuweilen nach ihrem Manne, obwohl sie sich allein in mancher Hinsicht wohler fühlte; denn wenn er da war, bedrückte sie seine Unzufriedenheit über dieses und jenes, zum Beispiel über ihren Verkehr mit dem reformierten Pfarrer, den sie mitgebracht hatte, oder über die reformierte Kinderfrau, die er stets für irgendetwas verantwortlich machte, womit sie gar nichts zu tun hatte, und diese Tadelsucht ließ sie nie zur Ruhe kommen. Nun saß sie abends am Kamin, in dem sie sich, obwohl es Sommer war, der Kälte wegen ein Feuer anzünden ließ, und spielte mit ihrem kleinen Kinde, bis es für die Nacht schlafen gelegt wurde. An den Wänden des hohen dunklen Zimmers hingen die Bilder der alten Herzöge von Kleve: Herzog Wilhelms des Reichen, der in Geistesschwachheit gestorben war, und seiner schwermütigen habsburgischen Gemahlin, Wolfgang Wilhelms Großmutter, im starren dunkelroten Kleide und mit weißem, angstvollem Gesicht, die so dastand, als ob sie sich vor dem Blick des Beschauers in die Mauer verkriechen möchte; ferner des letzten Herzogs Jan Willem, der in Melancholie und gefährlichem Blödsinn gelebt hatte, und seiner ersten Gemahlin, der badischen Jakobe, mit rotbraunen Haaren, die aussahen, als ob das Feuer der untergehenden Sonne darauf schiene, und von der man sagte, dass sie ihren Mann verzaubert hätte und dass sie geheimnisvoll ermordet worden sei. Diese gemalten Figuren waren ihr eine traurige und furchtbare Gesellschaft gewesen, wenn sie das Kind nicht gehabt hätte, das mit seinem kleinen, unschuldigen Leben wie ein Bild und Zeugnis von Gottes Gegenwärtigkeit war. Sie legte seinen zarten runden Körper gern auf den dunkelroten Teppich oder sah seine tief dunkelblauen Augen in die hüpfende Flamme staunen, wie wenn es sie kenne und sie ihm vor namenlosen Zeiten einmal vertraut gewesen wäre; nur dass es so still lag und fast niemals lachte oder strampelte, ängstigte sie zuweilen so, dass sie die Kinderfrau rief, um ihre Meinung darüber zu vernehmen. Diese pflegte sie zu trösten und zu sagen, dass die schwächlichen Kinder oft zäh wären; freilich sei sie selbst, Katharina Charlotte, noch ein gar junges und gebrechliches Fräulein zur Ehe gewesen; man müsse es aber Gott anheimstellen.

Nachdem Wallenstein das Lager vor Nürnberg abgebrochen hatte, wandte sich Gustav Adolf wieder zur Donau. Er war in Donauwörth, als Oxenstierna seine Bitte erneuerte, der König solle der Einladung der oberennsischen Bauern folgen, ihnen ein Zeichen geben und, wenn das Land in Aufruhr sei, auf Wien ziehen. Der König hörte schweigend zu; der Plan sei wohl gut, sagte er, und er meine ihn auszuführen, indessen in der Frühe des folgenden Tages hatte er sich anders besonnen. Er finde es besser, sagte er, an den Bodensee zu gehen; nach den letzten Briefen der evangelischen Eidgenossen würden sie zu ihm stehn, wenn er sie in Person anspräche. In Biberach traf ihn eine Botschaft, dass Wallenstein sich gegen Bamberg gewendet habe und dass Pappenheim wieder in Westfalen sei und augenscheinlich in Hessen einzufallen gedenke. Es lasse keinen Zweifel, meinte Gustav Adolf, dass Wallenstein den Kurfürsten von Sachsen angreifen wolle; er werde nun wohl nicht umhin können, demselben zu Hilfe zu eilen. Oxenstierna entgegnete, wenn der König seinen Plan auf den Bodensee aufgebe, so sei er es sehr zufrieden; aber er solle doch Wallenstein nicht folgen. Damit werde er Zeit und Kraft verlieren; er, der König, habe seinerzeit in Mecklenburg Tilly so herumziehen wollen, der habe den Speck aber bald gewittert und sich nicht lange mitschleppen lassen. So wolle er zunächst den Marsch auf Neuburg befehlen, sagte Gustav Adolf, und sich dort entscheiden.

Als der König in Neuburg in die Kirche trat, fand er sie schwarz ausgeschlagen und von weinenden Menschen erfüllt; denn es wurde ein Trauergottesdienst für den auf der Rückreise von Dresden gestorbenen Pfalzgrafen August gefeiert. Mehrere Stadtälteste und Beamte, die den König bei einem früheren Besuche gesehen hatten, erkannten ihn, gingen auf ihn zu und fielen, die Hände erhebend, vor ihm auf die Knie. Der König trat mit zitternder Gebärde einen Schritt zurück und rief: »Dies ist Gottes Haus, wie mögt ihr hier vor Menschen knien!« Indem fiel sein Blick auf den neben ihm stehenden jungen Leubelfing, der ihn mit großen, ehrfürchtigen Augen erschrocken ansah, und er nickte ihm zu und lächelte. »Ich bin Staub wie ihr«, fuhr er sanfter fort, »wiewohl ich König bin. Gott braucht nur die Hand zu recken, und mein Sieg und Leben ist am Ende.« Die Leute standen zögernd auf und klagten, wie sie nun gänzlich verwaist wären, da der gute Pfalzgraf August dahin und der junge Prinz nicht so vernünftigen und gesetzten Charakters sei wie sein Bruder, und wie sie nun alle ihre Hoffnung auf den König von Schweden setzten, sonst müssten sie ihr liebes Vaterland oder ihren Herrgott verlassen. Was an ihm sei, so wolle er ihnen helfen, sagte Gustav Adolf. Er habe den Pfalzgrafen August wie einen Bruder lieb gehabt, und sein unzeitiges Sterben sei ihm zu Herzen gegangen, Sie möchten für ihn beten, dass Gott ihm beistehe, so wolle er ihrer auch nicht vergessen und ihre Religion schützen.

Der König war schlecht gestimmt wegen der bevorstehenden Hinrichtung des Obersten Mitschefall, der die zum Lechübergang wichtige Festung Rain ohne Not, aus Furcht oder Kopflosigkeit, den Kaiserlichen übergeben hatte. Marie Eleonore, die Königin, von den Freunden des Verurteilten gewonnen, hing sich an seine Brust, drückte das Gesicht an seinen Hals und bat um das Leben des Unglücklichen; als er es ihr abschlug, klagte sie, es werde heißen, ihr Gemahl liebe sie nicht, da er ihr niemals eine Bitte gewähre.

Gustav Adolf küsste sie auf die Stirn und sagte, es sei ihr Fehler, dass sie sich allzu leicht von Bittstellern ausnützen lasse. Das sei keine Gelegenheit für ihn, seine Liebe zu beweisen, sondern die Ordnung im Kriegsdienst zu erhalten. Wenn die Offiziere nicht wüssten, dass sie den Kopf wagten, würden sie das Interesse des Herrn in den Wind schlagen.

Marie Eleonore lächelte und sagte, dies eine Mal werde es doch gewiss nichts schaden, wenn er ihr das Leben des Obersten schenke, worauf er ihr verbot, weiter von der Sache zu reden.

Als er am Nachmittage von einem Ritt in die Umgegend zur Stadt zurückkehrte, sah er Leute mit dem Abtragen des Gerüstes beschäftigt, auf dem die Exekution vollzogen worden war. Der Delinquent habe sich anfänglich etwas sträuben wollen, dann aber, da er es für vergeblich erkannt, sich der Strafe fromm und verständig unterzogen, wurde ihm berichtet.

Bis zum früh einfallenden Abend las und schrieb der König in einem großen Wohngemache des Neuburger Schlosses. Ihm gegenüber hingen ein paar goldumrahmte, dunkle Bilder, die den alten Pfalzgrafen und seine Gemahlin darstellten; durch die Fenster fiel das blasse Zwielicht auf ihre ernsten, runzeligen Gesichter, ihre schwarzen fürstlichen Gewänder und die steifen Hände, in denen sie das Gesangbuch hielten. Auf einem anderen Bilde waren die drei Prinzen im jugendlichen Alter dargestellt: Wolfgang Wilhelm, einen Fuß zierlich vorangestellt, mit hoheitsvoll gelassenem Lächeln, der nun verstorbene August, ehrlich, treuherzig und ein wenig traurig, und der jüngste, Johann Friedrich, als ein Kind mit weichem Gesicht, ein hölzernes Steckenpferd an sich drückend. Der König betrachtete die Bilder eine Weile, dann stand er auf und setzte sich an eines der hohen Fenster, unter dem die Donau vorüberfloss. Unter ihm wogten die schweren Häupter alter Birken und Ulmen, durch die Luft zog der leidenschaftliche Geruch welker Blätter, denn es war Anfang Oktober. Vom Strom her hörte er durch die Stille leises Plätschern und das verhaltene Lachen und Flüstern junger Stimmen; es könne wohl ein Liebespaar sein, dachte er, das sich dort ein Stelldichein gäbe.

Er stützte den Arm auf und malte sich aus, wie sie in den hohen hellen Himmel sahen, während sie sich Brust an Brust drückten, und unwillkürlich summte er das kleine Liebeslied, an das er lange nicht gedacht hatte, vor sich hin: »Reizend, liebes Mädchen, ist es, mit dir zu plaudern, reizend, dich zu küssen, ach, aber süßer, süßer als alles ist es, um dich zu weinen.« Ein Kahn löste sich vom Ufer und glitt mit dem Strome; vielleicht säßen sie darin, dachte der König, und das Glück und die Hoffnung bei ihnen.

Während er noch auf den dunklen Zug des Wassers hinuntersah, öffnete sich die Tür und Oxenstierna trat ein, blieb stehen und sagte mit einem Lächeln, die Majestät sei wohl am Fantasieren; er würde nicht zu stören gewagt haben, wenn es ihm nicht nötig schiene, die Beschlüsse des Königs für den folgenden Tag kennenzulernen. Er habe noch nichts beschlossen, sagte der König lachend, indem er den Grafen mit einer Handbewegung zum Sitzen einlud; den nächsten Tag wolle er dem Heere noch zum Ausruhn gönnen, hernach ständen ihm lange und eilige Märsche bevor. Da er Oxenstiernas Blick auf sich ruhen fühlte, sagte er: »Du tadelst mich in Gedanken, dass ich nicht mit mir einig werden kann. Was tut es aber? Es ist schnell ausgeführt, was ich mit Überzeugung befehle.« Er wisse wohl, sagte Oxenstierna, dass es unmöglich sei, den König von einem gefassten Entschluss abzubringen; da aber der König noch schwanke, wolle er einen Versuch machen, seinen Willen zu beeinflussen. Er, Oxenstierna, habe von Anfang an geurteilt, der König müsse gerade auf Wien losgehn; Wien sei schlecht verteidigt, könne leicht genommen werden, nur an des Königs Willen habe es gefehlt.

Was für eine wunderliche Weise habe dem König beliebt, sein Heer in viele Teile aufzulösen und über das Reich zu verstreuen, einzig Wien, den Sitz des Kaisers, frei zu lassen. Das komme ihm so vor, wie wenn der Tod einen Menschen erlegen wolle und, anstatt ihn ins Herz zu treffen, allen seinen Gliedmaßen nacheinander etwas anhänge; davon würde der Mensch wohl siech, faul oder schwärig, aber da sein Herz weiterschlüge, bliebe er doch, wenn auch jämmerlich kränkelnd, am Leben. Jetzt könne der König seinen Fehler, oder was er, Oxenstierna, dafür ansehe, wieder gutmachen; die Gelegenheit biete sich zum zweiten Male.

Es sei wider alle Regeln der Kriegskunst, entgegnete der König, ein starkes Heer unter einem großen Feldherrn im Rücken zu lassen, noch dazu einem zweideutigen Bundesgenossen wie dem Kurfürsten von Sachsen gegenüber.

Indem er nach Wien ginge, sagte Oxenstierna, zöge er den Friedländer notwendig nach sich. Vor Nürnberg habe er gezeigt, dass er trotz allem beim Kaiser bleiben wolle, also müsse er notwendig den Kaiser schützen. Dann komme es zur offenen Feldschlacht, wo der König wolle.

Und wenn er diese nun verlöre?, sagte der König. Da Oxenstierna ihn voll Staunen schweigend ansah, fuhr er fort, man müsse jede Möglichkeit bedenken. Dann sei er abgetrennt vom Meere und von der Heimat. Er werde allmählich erdrückt werden, sein Untergang sei gewiss.

Dass er geschlagen werden könne, hätte er nicht in Betracht gezogen, als er Schweden verlassen hätte, sagte Oxenstierna.

Damals habe er die Deutschen noch nicht gekannt, sagte Gustav Adolf; jetzt sehe er, wie feige, treulos und unaufrichtig diese Fürsten wären. Sie wollten ihn benützen wie einen Söldnerführer oder gedungenen Banditen, den man, wenn er dem Feinde den Hals gebrochen hätte, gleichfalls aus dem Wege räumte. Jetzt würfen sich die rheinischen Fürsten Frankreich in die Arme, das ihn vorher zum Kriege gehetzt habe. Seit er siegreich und furchtbar geworden sei, wolle es ihn entfernen, und gerade Frankreich dränge ihn nach Osten, um seine Eroberungen an sich zu ziehn, wenn er den Rücken wende. Je weiter er nach Süden gehe, desto dreister werde Dänemark werden; und ob Oxenstierna etwa glaube, die Holländer würden für ihn eintreten? Er habe jetzt ganz Europa wider sich.

Einen zuverlässigen Freund habe er doch, sagte Oxenstierna, das wären die oberösterreichischen Bauern. Thomas Ecklehner sei zum zweiten Male dagewesen. Wenn er den Kaiser jetzt überrasche, könne er ihm den Frieden diktieren. Er könne Sicherheit in Bezug auf Polen erhalten, ebenso für die Evangelischen im Reich, ferner ein paar Häfen an der Ostsee und eine angemessene Entschädigung in Geld. Dann könne er glorreich nach Schweden zurückkehren. Tue er das nicht, so sei zu fürchten, es werde mit jedem Jahre schwerer werden, alle Ansprüche zu befriedigen, und der Krieg werde sich wie ein unheilbarer Aussatz weiter und weiter verbreiten.

Der König wiederholte seine Gegengründe, die Oxenstierna noch einmal bekämpfte. Endlich stand Gustav Adolf auf und sagte, indem er seinen Arm um seines Kanzlers Nacken legte: »Es mag sein, mein Freund, dass deine Gründe besser sind als meine; aber mein Herz ist stärker, und das zieht mich nach Norden zum Friedländer. Ob ich ihn treffe oder den Kaiser, gilt gleich; er ist mehr Kaiser als der fromme Ferdinand in Wien.«

Oxenstierna verzog das Gesicht und sagte, er habe des Königs schlummernden Willen geweckt; künftig würden alle Worte umsonst sein.

Ein guter Feldherr müsse sein Schlachtfeld riechen, sagte der König fröhlich, und er wittere das seine in Sachsen. Nun wolle er noch ein paar Stunden schlafen; denn sein Gehirn sei satt und sein Gemüt ruhig.

Um zu verhindern, dass der Kurfürst von Trier den Franzosen Koblenz überliefere, die Gustav Adolf sich nicht am Rheine festsetzen lassen wollte, rückte Horn gegen diese Festung vor. Eine kleine Abteilung seines Heeres erhielt den Befehl, sich der Kartause zum heiligen Kreuz zu bemächtigen, die sich wie eine Burg auf einem steilen Felsen auftürmte und von merodischen Musketieren verteidigt wurde. Peter Junclas, der sie kommandierte, wies die Aufforderung der Schweden, das Kloster zu übergeben, lachend zurück. Sie möchten nur vollends heraufkommen, ließ er ihnen antworten, sie würden schneller wieder hinunterfliegen. Dann befahl er den beiden Klosterbrüdern, die nicht mit den übrigen geflohen waren, vom besten Wein aus dem Keller zu holen und mit ihm und ein paar Kameraden Karten zu spielen. Während sie den Wein heraufschafften, verteilte er die Besatzung an den Fenstern und blickte in das Tal hinunter, wo er den Feind wie in einem Puppenspiel durcheinanderwimmeln sah. Die Sonne war eben untergegangen, und der Himmel bog sich wie eine schimmernde Muschel über Wald und Fluss. »Brennt ihnen tüchtig auf den Pelz, wenn sie nah genug sind, dass ihr treffen könnt«, sagte Peter Junclas zu den Soldaten und setzte sich an einen schweren eichenen Tisch, auf dem bereits die gefüllten Becher standen. »Die gottlosen Ketzer werden unsere liebe Flötenbläserin vertreiben«, sagte der eine der Mönche, auf die Nachtigall anspielend, die zu schlagen begonnen hatte. »Sie werden vielmehr mit ihr um die Wette pfeifen«, antwortete Peter Junclas lustig. Als nach einer Weile ein Kanonenschuss fiel, rief er: »Da ist die erste, aber sie hat eine grobe Stimme!« Die Mönche fuhren vor Schrecken zusammen und vergaßen auszuspielen, worauf Peter Junclas auf den Tisch schlug und sie Schandbuben und Schlotterbeine schimpfte. Während des heftigen Feuers, das sich entspann, spielte er ungestört weiter, außer dass er dann und wann den Soldaten, ohne aufzusehen, ein Kommando zuschrie. Plötzlich jedoch, als die Kanonade stärker wurde, warf er die Karten auf den Tisch, rief, bei dem Lärm könne man nicht spielen, er müsse den Nachtigallen das Maul stopfen, und sprang auf, um das größte Geschütz, das er besaß, aufziehen zu lassen. Wie er sich aus dem Fenster bog, um einen Blick auf die feindliche Aufstellung zu werfen, riss ihm eine Kugel den Kopf ab, sodass sein Rumpf wie ein ausgestopfter Balg glatt auf die Fliesen des Saales schlug. Über diesem Unfall verloren die Soldaten die Besinnung, warfen die Waffen von sich und wollten kapitulieren; aber bevor sie noch ein weißes Tuch ausgehängt hatten, drangen die Schweden ein und stachen über den Haufen, was ihnen in den Weg kam, darunter einen der Mönche; der andere hatte sich im Keller hinter einem Weinfass versteckt. Als das Kloster geräumt war, rüsteten die Schweden in Eile einen vollen Tisch, um sich nach der Anstrengung zu erquicken, schleppten in Krügen und Eimern Wein herbei und was sie sonst an Schinken, Eiern, Brot und gedörrtem Fisch auftreiben konnten. Sie waren mitten im Zechen, als sie ein leises Rauschen und Knarren vernahmen, und wie es ihnen einfiel, dass sie die Zugänge nicht verwahrt hätten, stürmte unter Geschrei eine Horde bewaffneter Männer herein. Der schwedische Hauptmann sprang auf und fragte, wer sie wären; sie sähen nicht wie ehrliche Soldaten aus. Der Anführer der Bande, ein großer Mann mit Schlapphut und abenteuerlich umgeschlagenem braunem Mantel, sagte hochmütig, er sei wohl mehr als jener, da er ein selbst geworbenes Heer kommandiere und keinen über sich habe. Ob er noch nicht vom Steinernen Johannes gehört habe? Der sei er. Er habe das Kloster erobert so gut wie die Schweden; sie sollten ihn mithalten lassen und ihm die Hälfte der Beute herausgeben, sonst würden sie es bereuen.

»Ihr seid Schnapphähne«, sagte der Schwede; er unterhandle nicht mit Räubern, sie sollten sich schnell davonmachen.

Sie wollten nicht umsonst da heraufgestiegen sein, sagte der Anführer, ergriff einen Becher, der auf dem Tische stand, und trank ihn aus. Ein Jude aus der Gegend, den die Schweden als Führer mitgenommen hatten, flüsterte den Soldaten zu, sie sollten doch mit dem Manne nicht anbinden, es sei der Werwolf von Gondramstein; er grübe die Leichen junger Weiber aus und fräße sie, sei mit dem Teufel im Bunde und gefroren, niemand könne ihm beikommen. Indessen hatte der schwedische Hauptmann schon das Zeichen zum Kampfe gegeben, der sich aber schlecht für die Soldaten anließ; denn die Schnapphähne fielen sie wie wilde Tiere an, packten und würgten sie, bevor sie ihre Waffen recht benützen konnten. An den Steinernen Johannes, der, die Arme im Mantel verschlungen an die Wand gelehnt stand und lächelte, dass man seine langen gelben Zähne flimmern sah, traute sich keiner; die Kugeln fielen an ihm herunter, sagten die Soldaten, es sei doch alles umsonst, und sie sähen Blut aus seinen Mundwinkeln sickern.

»Habt ihr noch niemals einen Wolf gejagt?«, rief der schwedische Hauptmann und ging, seine Muskete schwingend, gerade auf den Räuber los. Nun folgten ihm die Soldaten, und es gelang ihnen, obwohl der Mann mit einem Messer nach ihnen stach, ihn zu Boden zu werfen und zu binden. Sie könnten ihm doch nichts antun, höhnte der, er sei schon durch und durch gestoßen und geschossen und lebe doch noch; er verstehe die Schwarze Kunst und sei gefroren. »Stürzt ihn den Felsen hinunter!«, befahl der Schwede seinen Leuten, worauf ihn diese zum Fenster schleiften. Er erbleichte und fing an, ihnen Versprechungen zu machen, wenn sie ihn losließen: er habe eine Höhle im Felsen, die sei voll Gold und Kleinodien, auch schöne Weiber habe er, das solle alles ihnen gehören. Der schwedische Hauptmann riss das Fenster auf, das gerade über dem Felsenabhang war: die Dunkelheit füllte den Abgrund aus, dass er bodenlos schien, und von der anderen Seite her, wo der Mond stand, quoll ein weicher, bläulicher Schein über den Himmel. Als der Räuber sich von der lauen Nacht angehaucht fühlte, schrie und flehte er laut, sie sollten ihn leben lassen, er wolle sich bekehren; aber die Soldaten hatten ihn schon losgelassen, und er stürzte mit einem gellenden Schrei in die Tiefe. Nun wurden die Schnapphähne rasch überwältigt, einige entflohen. Die Schweden verrammelten und besetzten die Türen; die Leichname und Verwundeten, die den Boden bedeckten, ließen sie einstweilen liegen und fuhren fort zu zechen.

Als Gustav Adolf am 12. Oktober um zehn Uhr morgens von Nürnberg ausritt, drängte sich das Volk auf den Straßen, um ihn noch einmal zu sehen. Der König winkte heiteren Angesichts mit Hut und Hand und rief: »Auf Wiedersehen!« und: »Habt Dank, meine Freunde!«, worauf ihm lautes Schluchzen antwortete. Aus dem Leubelfingschen Hause sahen traurige Kindergesichtlein dem abziehenden Bruder nach; aber sie wagten nicht zu weinen, weil der Vater es untersagt hatte.

In eiligen Märschen wurde der Thüringer Wald erreicht, der scharlachfarben wie eine Feuersbrunst auf einem Gemälde, still und prächtig, leuchtete. Der König ließ die Nacht durch reiten; er war gesprächig und richtete oft das Wort an Banér oder Leubelfing, die neben ihm waren. Sie befanden sich am Rande eines Waldes, als sie plötzlich ein Rascheln in den Zweigen vernahmen, worauf ein kleiner, augenscheinlich von einer Eule oder einem Bussard gescheuchter Vogel gerade gegen die Brust des Königs stieß. »Suchst du auch Schutz bei mir?«, sagte dieser freundlich, ihn mit der Hand ergreifend, »schlüpfe nur unter, du sollst dich nicht betrogen haben.« »Wie mag er nur den Weg zu Eurer Majestät Herzen gefunden haben?«, fragte der junge Leubelfing. Die Tiere hätten schärfere Sinne als die Menschen, meinte Banér, vielleicht habe das Vöglein es in der stillen Nacht schlagen hören. »Meine Hand ist ihm zum Sarge geworden,« sagte der König, »denn es regt sich nicht mehr und ist tot.« Er hielt den kleinen Körper an Gesicht und Mund und ließ ihn dann zu Boden fallen. »Im nächsten Frühjahr«, sagte er, »wird der Wald wieder voll Zwitschern und dies erloschene Stimmlein vergessen sein.«

Gegen den Morgen wurde gerastet und ein Imbiss genommen. Leubelfing rüstete dem König ein Lager zum Schlafen und fragte nach seinen Befehlen. Ein kühler Wind hatte sich aufgemacht und trieb dürre Blätter am Zelte vorüber. »Sieh«, sagte der König, »sie sind wie gottverlassene Herzen ohne Liebe, die nichts mehr nutz sind.« Er möchte wohl ein wenig Musik hören, ob Leubelfing singen könne? Der Page schüttelte den Kopf; er erinnere sich wohl, dass seine selige Mutter an seinem Bett gesungen habe, als er Kind gewesen sei; aber er könne nicht singen als mit seinen Geschwistern zusammen. Ob er denn eins von seinen Liedern aufsagen könne?, fragte der König. Ja, das könne er, antwortete Leubelfing und sprach einen Vers:

> Tu ab des Teufels Livrei,
> Untreu, Verrat, Lug und List;
> Dein Rüstung Treu und Wahrheit sei,
> So kämpft ein Ritter und Christ.
> Der Welt Hurerei,
> Geh mitten durch, hab's nicht acht.
> Wohlauf, o Held, so reitst du frei,
> Löst Gott dich ab, aus der Schlacht.

Ob er auch zärtliche Lieder wisse?, fragte der König. Nein, er habe nur geistliche Lieder gelernt, antwortete Leubelfing. Ob er denn kein Bräutlein daheimgelassen habe? Der Page errötete; er sei erst siebzehn Jahre alt, sagte er, indem er den König ernsthaft ansah. Dieser legte die Hand auf seinen Kopf und sagte, er solle nun schlafen, der nächtliche Marsch sei fast zu schwer für ein Kind gewesen.

Vor einigen Wochen hatte Herzog Bernhard von Weimar Briefe von seinem Oheim, dem Kurfürsten von Sachsen, erhalten mit der Bitte um eilige Hilfe, da Wallenstein herannahe. Das Herz schlug ihm hoch: Jetzt, dachte er, sei der Augenblick da, wo er seinen Heldenruhm begründen könne. Ihm sei es vielleicht vorbehalten, den furchtbaren Friedländer zu besiegen, an dem sich Gustav Adolfs Kraft gebrochen habe; denn da dieser noch entfernt sei, so könne er sich endlich einmal unverdunkelt von dem königlichen Schatten entfalten und der Welt zeigen, was an ihm sei. In solchen Plänen traf ihn der Befehl Gustav Adolfs, nichts zu unternehmen, bevor er selbst angelangt sei, so hart, dass es ihm im ersten Augenblick unmöglich schien, zu gehorchen. Sollte er die Gelegenheit, den gefährlichen Feind niederzuwerfen, Deutschland zu retten, sich auf ewig berühmt zu machen, dem Neide des Schweden opfern? Wenn es demselben ernst damit war, dass er nur Deutschlands Wohl im Auge habe, warum vergönnte er ihm denn nicht, zu kämpfen und zu siegen? Allmählich begann er jedoch einzusehen, dass er werde gehorchen müssen; wenn er den König ernstlich erzürnte, so konnte es zu seinem Verderben und gänzlichen Untergang ausschlagen. Es würde, dachte er, nicht immer so weitergehen, es würden andere Gelegenheiten für ihn kommen, sich hervorzutun, einstweilen heiße es die Fäuste ballen und warten.

Als sie in Arnstadt zusammentrafen, der König ihm die Hand reichte, herzlich seine Freude aussprechend, dass sie nun zusammenarbeiten würden, und ihm einfiel, wie er Gustav Adolf das erste Mal gesehen und, hingerissen von Bewunderung, ihm seine Ergebenheit beteuert hatte, empfand er solche Reue, dass er vor ihm hatte niederfallen und seine Hände küssen mögen. Dankbar empfing er den Auftrag, sich der Stadt Naumburg zu bemächtigen, und führte ihn glücklich, den Kaiserlichen zuvorkommend, aus. Dorthin begab sich Gustav Adolf, nachdem er in Erfurt von seiner Gemahlin Abschied genommen hatte.

Am 10. November um die Mittagszeit wurden die hohen Türme des Domes sichtbar; die Sonne hatte den Nebel aufgesogen, von welken Blättern umwirbelt, standen die braunen Bäume wie kupferne Säulen und Pyramiden in der stürmischen Luft. Am Othmarstore wartete vor der erregten Volksmenge ein Pfarrer in Ornat und weißem Kragen, breitete, als der König erschien, die Arme aus und rief laut: »Machet die Tore weit und die Türen in der Welt hoch, dass der König der Ehren einziehe. Wer ist derselbe König der Ehren? Es ist der Herr stark und mächtig, der Herr mächtig im Streit.«

Kaum hatte der Pfarrer geendet, so brach die Menge in lautes Jubelgeschrei aus, die Buben warfen ihre Mützen in die Luft und schossen Purzelbäume, wo Platz war. Der König zügelte sein Pferd, grüßte und schickte sich an zu reden; obwohl er nicht sehr laut sprach, durchdrang seine helle, weiche und etwas singende Stimme das Getümmel. »Gott ist über uns allen«, sagte er, »seine Gnade sei über euch und mir. Denn ich bin, so wie von David geschrieben steht, Gottes Pilgrim und Bürger, wie alle meine Väter.« Unter erneuertem Jubel, trat ein etwa vierzehnjähriges Mädchen vor mit gekräuselten Locken und in reicher Tracht und überreichte dem König einen Krug Naumburger Bieres; er nahm ihn, ließ sie kredenzen, schwenkte ihn gegen das Volk und leerte ihn in einem Zuge. Wie er weiterritt, fielen die Leute zu beiden Seiten der Straße auf die Knie, ohne sich durch die abwehrenden Zeichen des Königs zum Aufstehen bewegen zu lassen. »Es gefällt mir nicht«, sagte er zu Bernhard von Weimar, »dass sie mich anbeten, als wäre ich Gott; es könnte mir bedeuten, dass ich meinem Ende nah bin.« Es gebe doch sicherlich auf Erden nichts Herrlicheres, als mit seiner Erscheinung solche Wonne hervorzurufen, sagte der Herzog; ihm wäre es jede Anstrengung, jede Entbehrung, ja den Tod wert. Gustav Adolf, in seine Gedanken verloren, antwortete nicht, und auch Herzog Bernhard folgte seinen Träumen. Ob ihm auch jemals solche Ehren zuteilwerden würden? dachte er. Er sei tapfer und traue sich zu, Schlachten ebenso glücklich zu lenken wie der König, wenn er nur handeln könnte, wie er wollte. Auch er würde gottesfürchtig und nicht hochmütig sein, auch er würde vielleicht Herzen gewinnen können. Seine Augen hingen an dem neben ihm Reitenden: Mit neidvoller, fast quälender Bewunderung betrachtete er seinen schönen, fleischigen Körper, seine mächtige, freie Haltung, sein blondes Haar, das blitzende Blau seiner Augen, sein anmutiges, gelassenes Lächeln. Dieser Held, dachte er, sei doch immerhin ein Fremdling, er dagegen aus alteinheimischem Fürstengeschlecht; gebe ihm das nicht ein größeres Anrecht auf Anhänglichkeit und Unterordnung der Deutschen, Herren und Völker?

Vor Naumburg bezog das Heer ein Lager, um dort Wallensteins Vorhaben und weitere Bewegungen abzuwarten, möglicherweise dort zu überwintern; nach einigen Tagen jedoch brachte ein Kundschafter die

Nachricht, dass Wallenstein in der Meinung, Gustav Adolf wolle nicht schlagen, Pappenheim nach Halle habe gehen lassen, welchen günstigen Umstand der König sofort zu einer entscheidenden Schlacht zu benützen beschloss.

Wallenstein hatte kaum die Nachricht vom Aufbruch des schwedischen Heeres erhalten, als er einen reitenden Boten an Pappenheim abschickte mit dem Befehl, unverzüglich umzukehren und sich mit ihm zu vereinigen. Dann versammelte er seine Offiziere, besprach die Schlacht mit ihnen und sagte, sie sollten den Beginn womöglich so lange hinzögern, bis Pappenheim eingetroffen sei. Das werde sich schon machen lassen, sagte Piccolomini, übrigens sei wahrscheinlich, dass sich der König bei dem nebligen Wetter überhaupt nicht einlassen werde. Tue er es aber doch, so habe er, Piccolomini, ein bestimmtes Gefühl, dass alles gut gehn werde.

Nach dem Kriegsrat sagte Colloredo, es sei sonderbar, was für eine Angst der Herzog vor einer offenen Schlacht mit der schwedischen Majestät habe. Er mache ein Gesicht, als solle er morgen bei Sonnenaufgang, mit Erlaubnis zu sagen, gehängt werden.

Piccolomini sagte, er habe das Podagra und müsse die Schmerzen verbeißen. Dass er den Pappenheim erwarten wolle, sei vernünftig, geschehe wohl aber auch dem Pappenheim zuliebe, der auf ein Treffen mit dem Schwedenkönig erpicht sei. Denn es sei bekannt, wie hoch der Schwede den Pappenheim gerühmt habe, nun wolle er sich einmal recht vor ihm pfauen und ihn womöglich besiegen.

Colloredo zuckte die Achseln; es habe doch das Aussehen, als wolle sich der Herzog auf Pappenheim verlassen. So habe er es vor sieben Jahren an der Elbe mit Aldringen gemacht, der habe eigentlich den Mansfelder besiegt. Wallenstein wisse recht gut, dass er kein Schlachtenmeister sei, eigentlich habe er noch nie eine Schlacht gewonnen.

Während Holk mit einem feindseligen Blick auf den Italiener sagte, das komme ihnen, den Obersten, zu, die Schlachten zu gewinnen, es solle nur jeder seine Pflicht tun, dann werde es nicht fehlen, zupfte Piccolomini den Colloredo am Ärmel, worauf dieser den Kopf zurückwarf und murrte, unter Kameraden müsse man frei heraus reden dürfen.

Wenn der Herzog ein Treffen mit dem Schweden vermeiden wolle, sagte Oberst Preuner, so habe das eine besondere Bewandtnis, indem geweissagt sein solle, derselbe werde nie in offener Schlacht besiegt werden.

Octavio Piccolomini lachte. Ihm sei an der Wiege prophezeit worden, sagte er, dass er einmal ins Grab werde steigen müssen, und das sei gewiss eine richtige Prophezeiung; aber er habe sich doch niemals darum gekümmert.

Kurz vor Mitternacht stand Wallenstein auf, warf sich seinen Mantel über und trat, mühsam auf einen Krückstock gestützt, ins Freie. Der Wind, der tagsüber geweht hatte, war verstummt; an dem stumpfen, schwarzen Gemäuer des Himmels hing, trüben Laternen ähnlich, das feucht verschleierte Licht der Sterne.

Wallenstein horchte; es war so still, dass er den Tritt von Pferden aus weiter Ferne hätte vernehmen müssen. Er habe dem Pappenheim zu viel nachgesehn, dachte er, darum nehme sein Trotz und Eigenwille zu. Er hätte ihm den Zug nach Maastricht nicht verzeihen, nach einer solchen Insubordination ihm nicht mehr so viel trauen sollen. Wenn er diesmal nicht gehorchte, so solle er keine Gnade mehr finden.

Plötzlich fiel ihm ein, dass Pappenheim unmöglich schon in der Nähe sein konnte, und dann, dass er aus eigenem Antriebe sich so viel wie möglich beeilen würde; Wallenstein war es bekannt, dass Pappenheim, in demselben Jahre wie Gustav Adolf geboren, sich einbildete, zu seinem Besieger bestimmt zu sein, wenn er es auch nicht gelten lassen wollte.

Da sein Bein ihn beim Gehen zu sehr schmerzte, ließ der Herzog seine Sänfte bringen und sich durch das Lager tragen; er wollte sich überzeugen, ob alle schliefen und nicht gezecht werde; denn in der einer Schlacht vorangehenden Nacht litt er das nicht.

Nahe der Leipziger Straße kam ihm Holk entgegengeritten, der die Schlachtordnung herzustellen hatte, hielt vor der Sänfte und erstattete Bericht. Die Battaglia sei in der Ordnung nach des Generals Befehl, sagte er, und er habe soeben ein unverhofftes Renkontre mit einem Leutnant gehabt. Diesen habe er auf einen der Hügel neben den Windmühlen gleich oberhalb der Straße postiert, wo sich voraussichtlich ein hitziges Fechten anspinnen werde.

Eben sei nun der Leutnant gelaufen gekommen, als galoppiere der Feind hinter ihm her, und habe erklärt, er bleibe da oben nicht, lieber wolle er sich gleich eine Kugel in den Leib jagen lassen, es sei da oben nicht richtig. Er hätte sich gerade schlafen legen wollen, da hätte er unter der Windmühle um einen Baumstumpf zwei sitzen und würfeln sehen, der eine hätte einen schwarzen, der andre einen feuerroten Mantel getragen. Er sei auf sie zugegangen, habe den im schwarzen Mantel auf die Schulter geschlagen und gesagt: ›Lasst mich mithalten!‹ Da hätte der sich umgedreht, und ein entfleischtes Gesicht mit leeren Augen hätte ihn angegrinst, sodass er sinnlos davongelaufen sei. Er, Holk, habe den Kerl aufs Maul geschlagen und ihm gesagt, er sei ein Hundsfott und solle sich augenblicklich wieder auf seinen Posten begeben; da habe er kehrtgemacht und sei quer über das Feld davongerannt. Er habe hinter ihm dreinschießen wollen, als er Wallensteins Sänfte gesehn habe.

Wallenstein fragte, ob Holk selbst noch einmal oben gewesen sei?

Nein, wozu?, fragte der. Es sei gut, sagte Wallenstein, er solle jetzt einen andern hinkommandieren lassen.

Nachdem Holk sich entfernt hatte, besann sich Wallenstein eine Weile und hieß dann seine Träger den Hügel hinaufgehn. Oben angekommen, stieg er aus: Er sah die Windmühle, lauernd wie eine riesige Falle für schweifende Nachtgeschöpfe, darunter den Weidenstumpf; aber die beiden Gespenster waren verschwunden. Wie er sich wendete, sah er jenseits der Leipziger Straße in weiter Entfernung die Feuer des schwedischen Lagers als kleine glühende Punkte. Plötzlich empfand er die Kälte und eine drückende Müdigkeit und hinkte zu seiner Sänfte; im Einsteigen glaubte er auf dem Gesicht des Dieners, der am Schlage stand, ein schadenfrohes Lächeln zu sehen. Es war ein Böhme und ein unterwürfiger Mensch, der ihm schon seit sieben Jahren diente; aber er fand jetzt, er habe ein widerliches Gesicht, und er wolle ihn bei nächster Gelegenheit hängen lassen. Am liebsten hätte er es auf der Stelle getan, damit er das Gesicht nicht noch einmal sehn müsse.

Um neun Uhr am Morgen des 16. November lag der Nebel noch dicht auf der Ebene von Lützen. Gustav Adolf ritt hin und wieder durch die aufgestellten Truppen und wechselte freundliche Worte mit den Soldaten. Der Nebel werde steigen, meinte er, die Luft sei zu frisch für einen Regentag; in einer oder zwei Stunden werde die Sonne durchdringen. Bei einer Scheune saßen mehrere Offiziere und tranken Wein: es waren Banér, Knyphausen und der Herzog Franz von Sachsen-Lauenburg. Als er an ihnen vorbeikam, zog der König die Brauen zusammen und sagte: »Es steht in der Heiligen Schrift: ›Ein jeglicher, der da kämpft, enthält sich aller Dinge.‹« Banér antwortete fröhlich, das möge für die Kavaliere unter asiatischem Himmel recht gewesen sein; im frostigen Norden müsse eingeheizt werden, wo es Feuer geben solle. Der König lachte. Der von Sachsen-Lauenburg fügte etwas empfindlich hinzu, der König werde sich über ihre Tapferkeit nicht zu beklagen haben; ob sie sich nicht stets wohl gehalten hätten? Ja, sie wären in dieser Beziehung zu loben, sagte der König; es stehe aber ferner in der Heiligen Schrift: ›Und so jemand kämpft, wird er doch nicht gekrönt, er kämpfe denn recht.‹

Banér sagte, der König solle die Güte haben, ihnen den Spruch auszulegen, dass sie es verständen.

»Du bist wohl so gelehrt wie ich«, versetzte der König, »auch bedarf man dazu keiner Gelehrsamkeit, sondern das Herz weiß es.«

Er kam dann auf den Herzog Georg von Lüneburg zu sprechen, auf den er gewartet habe und der schon vor acht Tagen bei ihm hätte sein können, wenn er nach seinem Befehl marschiert wäre. Er wisse nicht, was dahinterstecke, aber solche Fahrlässigkeit und Unbotmäßigkeit eines evangelischen Fürsten erbittere sein Gemüt. Der Herzog von Lüneburg habe früher unter dem König von Dänemark gedient, der habe große Stücke auf ihn gehalten und habe es nicht glauben wollen, dass er einen Dienst beim Kaiser annähme. Damals habe ihn der zweizüngige Landgraf von Hessen-Darmstadt umgestimmt, der sein Schwiegervater gewesen sei. Er sei dann freiwillig zu ihm gekommen, habe sich dies und jenes schenken und versprechen lassen, wo er sich aber für das gemeine Wesen angreifen solle, lasse er sich säumig und träge finden. Das sei nicht recht gekämpft. Glaubten die Deutschen, es werde immer ein Erlöser für sie kommen und sie mit seinem Blut erkaufen? Könnten sie nur in der Trunkenheit raufen oder wenn es der Beute gelte? Das sei heidnisch gekämpft. Aber der christliche Held kämpfe wider den Drachen der Sünde und Tyrannei, und die Kraft, deren er bedürfe, gebe der Herr ihm im Gebet.

Ja, sagte Knyphausen seufzend, der Hilfe des Herrn bedürften sie heute freilich.

Der Nebel habe seinen Plan verrückt, sagte der König, indem er früher anzufangen gedacht hätte. Sie müssten nun alle die Ungunst der Umstände durch Fleiß und Tapferkeit ersetzen.

Ob der König nicht einen Harnisch anlegen wolle?, sagte der Herzog von Sachsen-Lauenburg; mit seiner hirschledernen Weste sei er allzu wenig geschützt, besonders da er sich so weit ins Treffen zu wagen pflege.

»Der Herr ist mein Harnisch«, sagte Gustav Adolf; ohnedies, fügte er hinzu, halte er nichts von den schweren Rüstungen, habe genug an seinem Fett zu tragen.

In diesem Augenblick kam eine Estafette und berichtete, die Vorhut sei in ein Gefecht mit Isolanis Kroaten verwickelt worden, was den König bewog, nach jener Richtung zu reiten; die Offiziere schlossen sich ihm an. Unterwegs kamen ihnen einige Soldaten unter einem Hauptmann mit einer Fahne entgegen, die sie den Kroaten abgenommen hatten; sie war hochrot und wies auf der einen Seite einen Adler, auf der anderen in goldgestickten Lettern das Wort Viktoria. Er habe nicht unterlassen wollen, sagte der Hauptmann, dem König dieses Kornett zu überreichen, welches ihm und seinen Untergebenen als ein Sinnbild des davonzutragenden Sieges habe erscheinen wollen. Während der König ihn und seine Leute lobte und ihnen eine Belohnung versprach, kam Bernhard von Weimar angesprengt und sagte, der Nebel lichte sich, ob der König die Schlacht beginnen wolle. Wirklich begann der Dunst leise zu schwanken und durchsichtig zu werden, und man sah die Bäume, die die Straße begrenzten, tropfend aus der schwindenden Hülle auftauchen. Ja, es sei jetzt Zeit, sagte der König, er wolle noch eine Ansprache halten und einen Psalm absingen lassen, die Herren sollten sich inzwischen auf ihre Posten begeben. Nachdem er die schwedischen und deutschen Regimenter zur Tapferkeit ermahnt hatte, zog er das Schwert und rief: »Jesus! Jesus! Jesus, hilf mir heute streiten!«, worauf der Angriff begann.

In der Klarheit des Tageslichtes zeigten sich die Verschanzungen, die die Kaiserlichen während der Nacht am Straßengraben aufgeworfen hatten und die den Schweden den Übergang sehr erschwerten. Als der König im Mitteltreffen ein Zögern und Zurückweichen vor dem Hindernis bemerkte, ritt er hinüber, sprang vom Pferde und rief, einem Offizier die Partisane entreißend, wenn sie Bedenken hätten, ihr Blut zu vergießen, wolle er selbst sie führen. Sogleich drängten ihm die Soldaten nach und beschworen ihn, seine Person nicht auszusetzen, worauf er wieder zum rechten Flügel, den er kommandierte, hinüberritt.

Die Straße war bereits in ihrer ganzen Länge von den Schweden überschritten und die Höhe bei den Windmühlen genommen, als die zurückgeworfenen Kroaten und Piccolominischen schwarzen Reiter, von ihren Anführern wieder gesammelt, sich mit starkem Anprall gegen die siegreichen Schweden warfen, die sich nun ihrerseits zurückzogen. Der König, der es sah, führte sie wieder vorwärts; er konnte jetzt die gewaltige Front des feindlichen Zentrums überblicken und sagte, ein wenig betroffen, zum Herzog von Sachsen-Lauenburg, wenn Wallenstein alle seine Reihen gut bedienen könne, so müsse er 30- bis 40 000 Mann zur Verfügung haben. Er ritt dabei so schnell vorwärts, dass sein Gefolge Mühe hatte, in seiner Nähe zu bleiben. Plötzlich senkte sich der Nebel wieder und fiel wie ein Vorhang vor die feindliche Aufstellung. »Wir sehen nichts mehr«, rief der von Lauenburg, »gehen Eure Majestät nicht weiter!« »Es wird wieder hell!«, antwortete der König und wurde gleichzeitig von einer Kugel im Oberarm getroffen.

Er empfand keinen Schmerz und achtete nicht darauf; aber Leubelfing, der Blut am Ärmel heruntertropfen sah, rief ihm zu, er sei verwundet und solle sich doch um Gottes Barmherzigkeit willen aus dem Gedränge zurückziehen. »Weißt du es besser als ich, Närrchen!«, wollte er sagen; aber er hörte seine eigene Stimme kaum, und gleichzeitig bemerkte er, dass es ihm in den Ohren sauste und hämmerte. Mit den Worten: »Führe mich fort, Vetter, ich bin schwer verwundet«, wendete er sich zum Herzog von Lauenburg um; da traf ihn eine Kugel am Kopf, und er fühlte laues Blut über sein Gesicht fließen. Aus dem Nebel brachen Reiter hervor, es wurde auf beiden Seiten gefeuert, und der, welcher auf den König geschossen hatte, fiel. Eine Kugel traf auch des Königs Pferd, das sich bäumte und seinen Reiter zur Erde warf, dann galoppierte es in die Ebene zurück.

Als der junge Leubelfing den König fallen sah, sprang er vom Pferde, umfasste ihn und richtete ihn auf, um ihm auf sein eigenes Tier zu helfen; aber er sah wohl, dass das unmöglich wäre, da der König nicht mehr imstande war, sich zu bewegen. Nicht einmal aus dem Gewühl schleppen konnte er den schweren Körper, und es war niemand in der Nähe, ihm beizustehn. Den Herzog von Sachsen-Lauenburg sah er nicht mehr, ein

Stallmeister war eben verwundet oder tot vom Pferde gestürzt. Wie der Nebel sich wieder hob, sah er schwarze Reiter herankommen und presste den König fester an sich; sie hielten an und fragten, wer der Offizier sei, in der Hoffnung auf Beute oder Lösegeld. Da Leubelfing nicht antwortete, feuerten sie ihre Pistolen auf ihn ab und ritten weiter. Der König öffnete mit Anstrengung die Augen und sagte mit einem Blick in Leubelfings über ihn gebeugtes Gesicht, er solle sich retten und ihn liegen lassen, er sei verloren. Entsetzt starrte der Page ihn an: Das teure Antlitz sah grau und alt, fast unkenntlich aus, die helle Stimme klang fremd und wie aus einer bodenlosen Tiefe herauf. Er machte noch einmal einen Versuch, den König mit sich fortzuziehen, vermochte sich aber weniger als vorher zu bewegen und bemerkte nun auch, dass er mehrfach verwundet war.

Durch den Körper des Königs ging jetzt eine zuckende Bewegung, als wolle er sich aufrichten; er stöhnte und sagte: »Gott sei mir gnädig!«, worauf er schwer auf die Schulter des Knaben zurückfiel. Dieser musste alle Kraft aufwenden, um nicht zusammenzusinken. Er sah Reiter, hörte Schreien, Krachen, Knallen und Schnauben, und zugleich schien ihm das alles weit fort und ohne Bedeutung für ihn zu sein. Furcht oder Schmerzen fühlte er nicht, nur war es ihm, als fließe sein Leben von ihm fort. Auf einmal musste er an seine kleinen Brüder und Schwestern denken, die in Nürnberg am Fenster standen und auf ihn warteten; zwischen ihnen blickten die ernsten Augen seines Vaters hervor und waren gerade auf ihn gerichtet. Wie er sich wunderte, dass er sie so nah vor sich sehen konnte, kam von weit her eine breite, immer lauter rauschende Welle und überschwemmte das liebe Bild, und bevor er es wieder sammeln konnte, kam eine andere und noch eine. Sie kamen näher und näher, und er begriff, dass sie es auf den König, den er in seinen Armen hielt, abgesehen hatten. Auffahrend sah er, dass es nicht Wellen, sondern Männer waren, die den heiligen, ihm anvertrauten Leichnam ihm entrissen hatten und sich anschickten, ihn zu entkleiden. Sein Bewusstsein wurde sofort ganz hell, und er warf sich mit ganzem Leibe über die Brust des Toten; da empfand er einen feinen Stich in der Seite und brach ohnmächtig zusammen.

Kurz nachdem Gustav Adolf gefallen war, erschien Pappenheim in der Ebene von Lützen. Er überblickte, atemlos vom schnellen Ritt, das Schlachtfeld und erkundigte sich, auf welcher Seite der König von Schweden kämpfe, worauf er dorthin eilte, um sich sofort in das dichteste Getümmel zu werfen. Von einer Kugel in der Hüfte getroffen, versuchte er vergebens, sich zu halten, und musste sich von einem Trompeter, der in der Nähe war, aus der Schlacht tragen lassen. Während man ihn in einer Sänfte fortschaffte, fluchte er, dass niemand da sei, um ihm das Blut zu stillen; als er dann das Ende des Schwedenkönigs vernahm, sagte er, nun wisse er, dass er sterben müsse, da es so verhängt sei; aber er sterbe gern, denn sein Feind sei hin und die Kirche gerettet. Er wurde auf die Pleißenburg bei Leipzig gebracht, wo er nach ein paar Tagen starb. Der Page Leubelfing starb in Naumburg im Hause der Witwe Koch, die ihn mütterlich pflegte, und wurde in der Wenzelskirche beigesetzt, wo sein Grabstein durch die Inschrift bezeichnet ist: ›Ich weiß, dass mein Erlöser lebt.‹

Indessen war auf der schwedischen Seite das herrenlos dahinjagende weiße Pferd des Königs aufgefallen, und auch die Aussage derer, die ihn im Gedränge hatten fallen sehn, verbreitete sich. Als Herzog Bernhard es hörte, empfand er neben dem Schrecken ein Schwellen des Herzens, als ob plötzlich eine erfüllte Erwartung hineingerauscht wäre. Ohne sich zu besinnen, suchte er Knyphausen auf und teilte ihm das Ereignis mit, der es anfänglich nicht glauben wollte; wenn es aber so sei, sagte er, müsse man es verborgen halten und einen vorsichtigen Rückzug bewerkstelligen; ohnehin sei der Tag verloren, nachdem drüben soeben die Pappenheimer angekommen wären. Das war nicht Herzog Bernhards Meinung: im Gegenteil wolle er den Tod des Königs laut verkünden, sagte er, namentlich die Schweden würden dadurch aufgereizt werden. Ließe man jetzt Unsicherheit oder Verzagen merken, so wäre ihr Untergang gewiss, der Sieg sei ihre einzige Rettung, er nehme alles auf sich. Während Knyphausen es übernahm, für die Bergung des königlichen Leichnams zu sorgen, verkündete Herzog Bernhard Gustav Adolfs Tod, indem er zugleich zur Rache aufforderte. Infolgedessen erneuerte sich die Schlacht mit großer Heftigkeit und währte bis zum Einbruch der Dunkelheit mit dem Erfolge, dass die Kaiserlichen, wenn auch nicht in die Flucht geschlagen, so doch aus ihren Stellungen verdrängt wurden.

Wallenstein stand im Zwielicht auf einen Stock gestützt neben seinem Tragstuhl, als Piccolomini zu ihm geritten kam, vom Pferde sprang und ihm den Koller des gefallenen Königs zeigte. Nur mit dieser Elenshaut habe sich der Schwede geschützt, sagte Piccolomini, seltsame Leute wären doch diese Barbaren. Er habe das Ding von Holk bekommen und wolle dem Kaiser eine Aufmerksamkeit damit machen, man könne sehen, wo die Kugeln eingedrungen wären, und es sei voll Blut. Ob denn etwa Holk den König getötet habe?, fragte Wallenstein. O nein, sagte Piccolomini, seine Reiter wären es gewesen, obwohl es Isolani den Kroaten zuschreiben wolle. Welche Wunde ihm eigentlich den Rest gegeben habe, wisse man nicht, überhaupt sei seine Person zu spät erkannt worden. Da nur ein kleiner Page bei ihm gewesen sei, habe man sich nicht einbilden können, dass es etwas Vornehmes sei.

Der König von Schweden, sagte Wallenstein trocken, habe stets gegen die erste Regel der Feldherrnkunst verstoßen, dass, wer die Schlacht lenke, außerhalb derselben bleiben müsse; dieser unklugen Eitelkeit sei er nun zum Opfer gefallen. Er könne sich aber nicht genug verwundern, dass das Gegenteil trotz dieses Unfalls so große Avantage erlangt hätte; er werde über die Schuldigen ein schreckliches Strafgericht halten; es sei schimpflich und ohne Vergleich in den Kriegsannalen, dass ein so wohlversorgtes Heer sich die sichere Viktoria abstreiten ließe.

Die Schweden hätten wie Verzweifelte gefochten, um ihres Königs Tod zu rächen, sagte Piccolomini, er könne sich eines so heißen Tages nicht erinnern. Es hatte unterdessen einer seiner Untergebenen Wein geholt, wovon er rasch ein paar Gläser hinunterstürzte.

Sein Gesicht war rot, und nachdem er den Helm abgenommen hatte, sah man den Schweiß an seinen rotbraunen Wangen herunterlaufen. Dreimal habe er das Pferd wechseln müssen, sagte er lächelnd, und bis jetzt habe er zehn Wunden gezählt. »Eine jede soll dem Herrn Bruder tausend Gulden tragen«, sagte Wallenstein, dessen düstere Miene sich ein wenig aufhellte. Piccolomini bedankte sich und sagte: »Als ich mir diese hübschen Vögel fing, dachte ich nicht, dass sie auch goldene Eier legen würden.« Ob er sich denn auch habe verbinden lassen?, fragte Wallenstein. Ja, die schlimmsten, sagte Piccolomini, aber es sei nichts Gefährliches dabei; nur die Arme hingen ihm so am Leibe herunter, als wären sie aus dem Scharnier gegangen.

Wenn jeder so seine Pflicht getan hätte, sagte Wallenstein, würde der Ausgang des Tages anders sein. Ein über Erwarten glücklicher Zufall sei nicht ausgenutzt worden; er schmecke die schwarze Galle im Munde vor Zorn.

Wenn der Herzog es wolle, sagte Piccolomini, könne er wieder anfangen, er sei noch im Schwunge. »Es ist Nacht«, sagte Wallenstein. Piccolomini sah sich prüfend um; schließlich könne man ja im Dunkeln fechten, meinte er. Nein, sagte Wallenstein, es sei Zeit, den Tag zu endigen. Er wolle die Ordre zu einem langsamen Rückzug auf Leipzig ausgeben lassen. Das Pappenheimische Fußvolk könne der Ehre wegen auf dem Schlachtfelde bleiben, übrigens liege nichts daran; der König von Schweden habe viel auf solche Kindereien gehalten, er brauche das nicht. Er habe den ganzen Tag große Schmerzen ausgestanden und müsse die Nacht schlafen. Piccolomini sagte, er solle doch unbesorgt der Ruhe pflegen, im Ganzen sei es ein überaus glücklicher Tag gewesen, und der Kaiser werde vor Freuden närrisch sein.

Während Wallenstein auf der dunklen Straße nach Leipzig getragen wurde, gingen ihm die Worte des kleinen padovanischen Professors durch den Sinn: ›Aber der Sturz dieses majestätischen Gestirns wird das Firmament so erschüttern, dass auch Euer Stern nach einer Weile unordentlichen Flimmerns taumeln und gänzlich erlöschen wird‹; so etwa, glaubte er, habe Argoli in jener Sommernacht gesprochen. Wenn er auf die Einladungen des Schwedenkönigs gehört hätte, dachte er, wäre vielleicht alles anders gekommen; aber was für ein Verhältnis hätte es zwischen ihnen geben können, da doch keiner sich dem anderen untergeordnet hätte? Er hatte sich diesen Todesfall nicht so nah vorgestellt und dankte es den plumpen Knechten nicht, die den gefürchteten König umgebracht hatten. Nun würden der Kaiser und der Kurfürst von Bayern wieder übermütig werden, er würde sie niederhalten müssen und hatte keinen machtvollen Bundesgenossen mehr im Rückhalt, den er etwa gegen sie ausspielen könnte. Denn würde Oxenstierna den König ersetzen können? Und würde er sich je so weit herablassen, mit einem schwedischen Edelmanne zu traktieren? Alles in allem, dachte er, möchte niemandem im Reiche dieser Tod so schwer und lästig wie ihm fallen.

In der Frühe fiel ein kalter Regen, mit Schnee untermischt. Als es Tag wurde, lag auf den Flügeln der Windmühle und auf den Körpern der Toten eine dünne Schicht großer Flocken, die nach einer Stunde schmolzen. Herzog Bernhard hatte Unterredungen mit den Obersten und Hauptleuten der schwedisch-deutschen Armee, die ohne Ausnahme erklärten, ihn als ihren Oberen annehmen zu wollen, wenn er sich seinerseits ihnen verpflichten und sie nicht verlassen wollte. Sie hätten viele Forderungen, sagten sie, und wüssten wohl, dass sie damit das Nachsehen hätten, wenn sie nicht Mann für Mann beieinander ständen; ein Haupt müssten sie haben, und der verstorbene König habe dem Herzog von Weimar viel vertraut, so wollten sie sich mit ihm verbünden. Der Herzog solle versprechen, keinen Frieden oder Vertrag einzugehn, in dem sie nicht mit allen ihren Forderungen begriffen wären, unter dieser Bedingung wollten sie ihm den Treueid leisten und es in allen Stücken mit ihm halten wie mit dem hochseligen König von Schweden. Er werde das Schwert nicht niederlegen, sagte Bernhard, bis er es mit Ehren tun könne und Deutschlands Glauben und Freiheit gerettet sei, auch das tapfere Heer den verdienten Anspruch so oder so erhalten habe. Sie hätten jetzt mehr Feinde als Freunde, und zwar, wo sie es am wenigsten vermuten dürften; denn es sei viel Feigheit und Verrat im Reiche, das hätte auch dem verstorbenen König viel Sorge und Trübsal bereitet; aber mit Gott wollten sie es zusammen durchkämpfen.

Nachdem dies einigermaßen geordnet war, fiel dem Herzog mit großem Verdruss ein, dass ihm des Königs Schwert und Türkis entgangen sei, weil er sich am gestrigen Tage nicht sofort darum hatte bekümmern können. Das Schwert stand in dem Rufe, ein Zauberschwert und unbesiegbar zu sein und dass es einer der Vorfahren des alten Gustav Wasa, des Großvaters von Gustav Adolf, von einer Meerfrau empfangen habe. Derselbe sei ein Bauer gewesen und habe die Meerfrau vor ein paar Pfaffen errettet, die sie mit Zaubersprüchen und geweihten Fischernetzen abgefangen hätten. Zum Dank habe sie ihm den Genuss ihrer Liebe oder ein Schwert angeboten, und er habe das Letztere gewählt, das sie triefend aus dem Meer heraufgezogen habe, worauf er ein Kriegsmann und bald ein Edelmann geworden sei. Was es mit dem Türkise für eine Bewandtnis habe, wusste Herzog Bernhard nicht genau, außer dass er uralt und schon im Besitz der ältesten schwedischen Könige gewesen sein solle und dass der König ihn sehr hochhielt und nie von sich ließ; er war sehr groß, voll schwarzer und grünlicher Flecken, in Gold gefasst und hing an einer goldenen Kette. Herzog Bernhard hätte viel darum gegeben, wenn er diese Dinge hätte an sich bringen können, die ihm auch, wie er meinte, als dem Kriegserben des Königs zuständen; es hätte vor Offizieren und Soldaten sein Ansehn bedeutend vermehrt, selbst wenn sonst nichts daran wäre. Dass Knyphausen sie heimlich an sich gebracht hatte und ihm vorenthielte, glaubte er nicht; sollten die Sachen an Piccolomini gekommen sein, so, dachte er, möchte er sie noch gewinnen können; denn Piccolomini tat sich etwas auf Generosität und feines Benehmen auch dem Feinde gegenüber zugute, und den Wert hätte er ihm gern doppelt ersetzt.

Knyphausen, mit dem er darüber reden wollte, fand er im Lager und im Begriff, nach dem nächsten Dorfe Churspitz sich zu begeben, wohin des Königs Leiche zunächst gebracht worden war. Herzog Bernhard schloss sich ihm an, und sie kamen unterwegs an dem Wagen vorbei, in welchem sie mit Gustav Adolf die letzte Nacht zugebracht hatten. Knyphausen blieb stehn und starrte auf die verlassene Kutsche, die noch an derselben Stelle stand, wo sie vor Morgengrauen ausgestiegen waren; unwillkürlich öffnete er den Schlag und griff nach des Königs Mantel, den er selbst wegen der Kälte über den König ausgebreitet hatte und der, wie eben abgeworfen, halb auf dem Sitze, halb auf dem Boden des Wagens lag. Er wolle ihn mitnehmen und die Leiche damit bedecken, sagte er, worauf sie wieder zu Pferde stiegen und bis zu der kleinen Kirche von Churspitz ritten.

In der Sakristei, wo der Leichnam lag, waren der Hofprediger Fabrizius und ein Wundarzt, der die Wunden des Königs untersucht hatte. Im Laufe des Gesprächs, das sich darüber entspann, ereiferte sich Herzog Bernhard: der erste Schuss sei von hinten in den Oberarm des Königs eingedrungen, sagte er, den könne ihm der Feind nicht beigebracht haben.

Unter den Schweden sei gestern schon von Verrat gemunkelt worden, sagte Fabrizius.

Ja, diese Wunde habe ein hässliches Ansehn, sagte Herzog Bernhard; wer denn eigentlich um die Person des Königs gewesen sei, und wo die waren, die ihn zuletzt gesehen hätten? Soviel er wisse, sagte Knyphausen, seien zwei tote Pagen bei seinem Leichnam gefunden worden; die englischen Adjutanten hätten sich, wie der König vom Pferde gestürzt sei, davongemacht und wüssten nichts weiter.

Herzog Bernhard zuckte verächtlich die Achseln wegen der Engländer. Und der Herzog von Sachsen-Lauenburg, sagte er, der stets beim König gewesen sei und den niemand mehr gesehen habe? Vielleicht sei er geradeswegs zum Wallenstein gelaufen, um sich seinen Lohn auszahlen zu lassen.

Während diese Unterredung im Gange war, kam der, von dem sie sprachen, herein, grüßte die Anwesenden kurz und warf einen erschrockenen und bekümmerten Blick auf den Leichnam des Königs.

Nach einer langen Pause fragte Herzog Bernhard in kaltem und strengem Tone, wo Herzog Franz denn gewesen sei, während sie gekämpft und gesiegt hätten? Als er den König habe fallen sehn, sagte Herzog Franz, habe er die Lage für ganz extrem und verzweifelt gehalten und sich nach Weißenfels begeben, in der Meinung, das Heer werde dahin seinen Rückzug nehmen. Übrigens habe sein Dienst ja nur der Person des Königs gegolten.

»Den haben Euer Liebden rühmlich verrichtet«, sagte Knyphausen spöttisch.

Er habe also den König fallen sehn, fiel Herzog Bernhard ein, so könne er sagen, wie es dabei zugegangen sei; denn da die Pagen sich über der Leiche hätten totstechen lassen, könne niemand Bericht erstatten.

Nun, sagte jener, ein Haufen schwarzer Reiter sei auf ihn losgesprengt, und aus ihrer Mitte sei auf ihn geschossen worden.

So könne es nicht gewesen sein, rief Bernhard heftig, auf den von Lauenburg losgehend, der König habe eine Wunde von hinten empfangen.

Was dieser herrische Ton bedeuten solle?, fragte der Lauenburger drohend. Das möge ja wohl sein, der König habe guten Rat nicht annehmen wollen und sich mitten ins Gedränge geworfen. Übrigens sei gerade der Nebel gefallen, und er habe den Vorfall nicht deutlich verfolgen können. So müsse man wohl andere Zeugen aufrufen, rief Herzog Bernhard außer sich, indem er den Mantel, der über des Königs nackten Leib geworfen war, aufdeckte; die Wunden des Erschlagenen pflegten zu bluten, wenn der Mörder nahe sei. Herzog Franz erbleichte und griff ans Schwert; diese Worte verstehe er nicht, sie müssten mit Blut ausgelegt werden.

Knyphausen und Fabrizius warfen sich zwischen die Streitenden; ach, sagte der Prediger, die Fürsten möchten doch bedenken, dass dieser Ort zwiefach heilig sei, da sie an dem armen nackten Leichnam des Königs ständen, der ihnen nicht mehr wehren könne.

Unwillkürlich schwiegen alle und blickten nach der erhabenen Gestalt, die sich nicht rührte. Herzog Bernhard hätte ihn allzu sehr gereizt, sagte endlich Herzog Franz, sonst würde er den Degen in Gegenwart des toten Königs nicht gezogen haben. Sie wollten diese Angelegenheit an einem schicklicheren Ort austragen.

Nachdem er gegangen war, sagte Knyphausen, man müsse doch auch überlegen, was der Grund zu einer solchen Tat sein sollte. Ob der König ihn jemals beleidigt habe? Denn man könne doch den Herzog nicht wohl für einen gedungenen Meuchelmörder halten? Freilich sei es ja an dem, dass er den Herzog von Braunschweig-Wolfenbüttel vor etwa zehn Jahren im Einverständnis mit der Herzogin habe umbringen wollen, die ihren Gemahl als einen Trottel nicht habe ausstehen können.

So viel wisse er, sagte Fabrizius, der Kanzler Oxenstierna habe die Majestät in Nürnberg vielmals vor dem Herzog Franz gewarnt, weil seine Miene ihm nicht zugesagt und weil er mit Wallenstein und dem Kurfürsten von Sachsen durchgesteckt habe. Aber der gute Herr habe keinen Menschen für schlecht ansehen wollen und vorzüglich gemeint, mit Güte könne man auch den Schlechten überwinden, Dabei liefen dem Hofprediger von Neuem die Tränen aus den Augen, und Herzog Bernhard sagte, zunächst müsse der Leichnam nach Weißenfels geschafft und für eine königliche Aufbahrung, auch für die Einbalsamierung Sorge getroffen werden.

Ach Gott, schluchzte Fabrizius, ob denn das durchaus notwendig sei? Der Verstorbene habe sich oft dahin geäußert, er wolle nicht, dass sein Leib geöffnet und ausgenommen werde. Er, Fabrizius, habe sich einmal den Mut genommen, dem König vorzuhalten, dass das ein Aberglauben sei; denn der Apostel Paulus, dem man über diese Materie Glauben schenken müsse, weil er sich am ausführlichsten darüber ausgelassen habe, dieser also lehre, dass das verwesliche Fleisch, das uns auf Erden bekleide, schwinden müsse; auferstehen werde ein unverweslicher Leib, der aus dem Samen der Verwesung erblühen werde. Darauf habe der König geantwortet, das möge wohl so sein; aber er könne die Vorstellung nicht leiden, dass man seinen toten Leib betaste und zerstöre; man solle ihn, so wie er sei, in Gottes Hände legen, der solle nach seiner Allmacht mit ihm schalten. Es müssten sich auch beim Kanzler Oxenstierna königliche Briefe darüber finden.

Bis die da wären, sagte Herzog Bernhard, würde der Körper schon in Fäulnis übergehn. Es könne ihm bei Mit- und Nachwelt üble Nachrede daraus erwachsen, wenn er den Leichnam eines so großen Königs nicht einbalsamieren ließe. Und wenn der Sarg nach Wochen oder Monaten in Stockholm ankäme, würden die Schweden doch sehen wollen, ob ihr König wirklich darin liege.

Der Herzog möge wohl recht haben, sagte Fabrizius; aber es gehe ihm zu Herzen, dass des Königs Wille nicht erfüllt werde.

Nachdem er sich von Gustav Adolf getrennt hatte, begab sich Friedrich von der Pfalz über Frankfurt nach Mainz, wo ihn die Nachricht vom Tode des Königs traf. Der Schrecken erschütterte ihn so, dass die Krankheit, von der er ohnehin noch nicht ganz hergestellt war, wieder ausbrach und er sich wieder zu Bett legen musste. Im Fieber wusste er oft nicht, wo er war und in welcher Lage er sich befand; zuweilen glaubte er, er sei auf der Flucht, suchte seinen Hut oder Mantel und rief seiner Frau zu, sich zu eilen und die Kinder nicht zu vergessen. Oder, wenn man ihm sagte, er sei in Mainz, glaubte er, er sei mit seinem Vater zu Besuch bei dem Erzbischof Schweikhard, und er müsse sie auf die Jagd begleiten. Ließ das Fieber nach, so war er sehr schwach und drückte das Gesicht weinend in die Kissen, indem er sich auf seine traurige Lage und das abermalige Scheitern aller Hoffnungen besann.

Er wurde von einem mainzischen Arzte besucht, aber da sein Zustand sich nicht besserte, rief sein Bruder Ludwig Philipp noch einen brandenburgischen, der im Gefolge der Königin Eleonore nach Mainz gekommen und einstweilen dort geblieben war. Diese beiden saßen in einem Nebenzimmer bei dem Kranken, und der mainzische Arzt sagte, er habe dem Patienten die Wurzel der gelben Schwertlilie, Acorus adulterinus, gegeben, das sei austrocknend und adstringierend und gegen alle Arten von Bauchflüssen das beste Mittel. Der brandenburgische Arzt legte den Kopf ein wenig zurück, lächelte, spielte mit den Fingern und sagte, das sei allerdings ein gebräuchliches Mittel; aber ob es auch gut sei? Er könne sich ja irren; aber er sei der Ansicht, man könne ebenso gut eine Rübe fressen. So?, sagte der Mainzer; ob der andere die Wurzel verkostet habe. Er solle nur einmal daran lecken, dann werde er an dem herben Geschmack sogleich merken, dass sie zur Ruhr gut sei. Der andere zog schweigend einen ovalen, grünlichen Stein aus der Tasche, hielt ihn ans Licht und fragte den Mainzer lächelnd, ob er das kenne. Der Mainzer warf einen kurzen, bösen Blick darauf und sagte, dergleichen würde durch betrügerische Hausierer oft angeboten, sie ließen es sich teuer zahlen und hernach erweise es sich gemeiniglich als verhärteter Kuhmist. Der Brandenburger lachte jetzt geradeheraus, wenn auch ganz leise; dies sei echter Bezoar, sagte er, er habe es von einem Freund aus Amsterdam bezogen, der habe es geradeswegs aus Westindien bekommen, und das Stücklein habe 4000 Reichstaler gekostet. Ha, lachte der Mainzer, er wolle wetten, es sei keine vier Kreuzer wert. Wenn es aber Bezoar wäre, so würde es dem Patienten nicht dienlich sein, denn der sei erweichend und gifttreibend, nicht aber zusammenziehend, könne also dem Kranken noch einen Stoß ins Grab versetzen.

Friedrich hörte das verworrene Geräusch des halblauten Gesprächs im Nebenzimmer, und nachdem er eine Weile darauf gehorcht hatte, kam es ihm vor wie ein Murmeln von Wellen, und wieder in seinen fieberhaften Traum verfallend, glaubte er sich auf dem Wasser zu befinden. Plötzlich hörte er eine ferne, liebe Stimme rufen: ›Vater, hilf! Vater!‹, und er richtete sich hastig auf und rief: »Ich komme!« Angst ergriff ihn: wo war nun das teure Gesicht mit den dunkelblauen Augen, das er eben noch dicht vor sich gesehen hatte? Er rang mit dem Wasser und fühlte sich verschlungen, und im Untergehn überströmte ihn der Glücksgedanke, dass er nun zu seinem Kinde käme.

So starb Friedrich im Beisein seines Bruders Ludwig Philipp, der den Leichnam einsargen ließ, damit er nach Heidelberg gebracht würde; aber da jetzt, nach dem Tode Gustav Adolfs, wieder alles ins Wanken kam, wurde der Sarg einstweilen in Frankental in einer Kirche abgestellt, um mit irgendeiner guten Gelegenheit weitergeführt zu werden.

Als der spanische und der österreichische Gesandte in den Vatikan kamen, um den Papst zum Tode des großen Ketzers zu beglückwünschen, wurden sie abgewiesen, weil Seine Heiligkeit an Rheumatismus leide und das Bett hüten müsse; womit sie sich begnügen mussten, wenn sie es auch nicht glaubten. Sein Gemüt sei in Wahrheit angegriffen, sagte der Papst zu seinen Vertrauten, wenn er auch übrigens gesund sei. Er könne und möge durchaus nicht daran glauben, dass der nordische Held gefallen sei; freilich lasse die unanständige Freude jener Gesandten keinen Zweifel bestehen. Man solle ihm doch die näheren Umstände des unglücklichen Ereignisses noch einmal erzählen; es sei gewiss Mord oder Verrat im Spiele gewesen.

Die Berichte liefen bis jetzt alle darauf hinaus, sagte der Stadtpräfekt von Rom, dass der König gleich im Beginne der Schlacht gefallen sei, möglicherweise durch die meuchlerische Hand eines Fürsten, der in kaiserlichem Dienst gestanden habe. Der König habe in der letzten Zeit Todesahnungen gehabt und sich geäußert, dass ihm die übergroße, fast göttliche Verehrung nicht gefalle, die die Menschen ihm darbrächten.

»Welche himmlische Bescheidenheit an einem solchen Helden!«, seufzte der Papst.

Vor der Schlacht habe er eine Predigt angehört und einen Psalm singen lassen, den er selbst nach seinem Geschmack ausgewählt habe. Sein fliehender Geist habe das Heer ergriffen, sodass die verwaisten Schweden den Tag, welcher noch blutiger als der bei Leipzig gewesen sei, gewonnen hätten. Unter den Kaiserlichen selbst sei geflüstert worden, der Friedländer habe einen Pakt mit dem Teufel, der habe den tapferen König zu Falle gebracht.

Kardinal Onofrio, ein Kapuziner, sagte, er habe durch einen Verwandten, der in Geschäften durch Nürnberg gekommen sei, ein Bild des Schwedenkönigs erhalten. Es sei von einem dortigen Künstler gefertigt, der den König häufig gesehen, und er habe es in einen köstlichen Rahmen fassen lassen, der einen Lorbeerkranz darstelle.

Ach, das müsse er sehen, rief der Papst; es sei gewiss ähnlicher als das, welches er kenne.

Er besitze auch eine gedruckte Schilderung des Königs, sagte Kardinal Colonna, die von einem venezianischen Gesandten herstammen solle und die das Zuverlässigste und Gerechteste sein solle, was man über ihn habe. Wenn Seine Heiligkeit es gestatte, wolle er vorlesen: »Der König von Schweden ist das vollkommenste Muster eines Helden, das die Geschichte aufweist, und nach allgemeiner Meinung einem Epaminondas, Cäsar oder Alexander weit vorzuziehen. In seinen Gewohnheiten ist er frugal, kleidet sich ohne Schmuck und Zierlichkeit, verschmäht alles Künstliche und teilt mit dem gemeinen Soldaten die Entbehrungen des Kriegslebens. Er ist weder Säufer noch Prasser, klug, bescheiden, mäßig, gerecht, ebenso kühn im Entwerfen seiner Pläne wie vorsichtig in ihrer Ausführung. Obwohl Lutheraner, hasst er die Katholiken nicht, mit Ausnahme der Jesuiten, welche er für staatsgefährlich hält. Seine Frömmigkeit ist nicht geringer als seine Gelehrsamkeit und Kriegskunst, er liest häufig in der Bibel, weil er der Meinung ist, ein Monarch, dem niemand zu befehlen habe, müsse sich nach den Gesetzen Gottes regulieren.«

»Er ist der außerordentlichste Mann, der je gelebt hat«, sagte der Papst, indem er sich die Augen trocknete. Er überrage in der Tat Cäsar und Alexander, da er ihnen an Tapferkeit und Schlachtenruhm nicht nachstehe, an Tugend und Frömmigkeit, aber von ihnen nicht erreicht werde.

»Was sein Äußeres betrifft«, las Colonna weiter, »so stellt er die vollkommene Schönheit des Mannes in seiner Person dar. Seine Brust ist breit, seine Beine sind lang und fest, seine Hände groß, fett und wohlgebildet. In seinem Gesicht fallen außer den blauen blitzenden Augen die starke, gebogene Nase und der freundliche Mund auf. Die Farbe seiner Haare ist ein strahlendes Blond, seine Wangen zeigen die Blüte des Frohsinns und der Gesundheit.«

Er gäbe viel darum, ihn gesehen zu haben, sagte der Papst, und er müsse gestehn, dass er zuweilen gedacht habe, es könne dazu kommen. Er erinnere sich, als Kind eine alte Prophezeiung gehört oder gelesen zu haben, es werde einst ein blonder Held aus Norden nach Italien kommen und große Veränderungen herbeiführen. Dem Gustav Adolf traue er wohl zu, dass er, wenn das Glück ihm treu geblieben wäre, die Alpen überschritten und der spanischen Herrschaft in Italien ein Ende gemacht hätte.

In Spanien, erzählte der Stadtpräfekt, wären so viele Freudenfeuer abgebrannt worden, dass die Regierung es zuletzt habe verbieten müssen aus Besorgnis, es möchte im Winter an Holz fehlen.

So hätten sie ja noch Juden genug, mit denen sie einheizen könnten, sagte der Papst. Freilich, setzte er spöttisch hinzu, fände der Frühling dann vielleicht keinen Menschen mehr in Spanien.

Die Kardinäle lachten; es war bekannt, dass der Papst die Rede zu führen pflegte, die den Heiland ans Kreuz geschlagen hätten, müssten Spanier gewesen sein.

Matthias Bernegger las verschiedenen Freunden die Laudatio funebris vor, die er auf den Tod Gustav Adolfs verfasst und in welcher er einen Vergleich mit Alexander dem Großen durchgeführt hatte. Lingelsheim lobte die Eleganz der lateinischen Ausdrucksweise, die moderne Beweglichkeit ausatme, ohne vom Geiste des Altertums abzuweichen, vor allen

Dingen aber rühmte er die feine Ironie, mit der Bernegger fühlen lasse, dass in dem Vergleich mit Alexander dem Großen, der die Griechen ihrer Freiheit beraubte, nur ein zweideutiges Lob liege und dass die Deutschen Ursache hätten, den Tod dieses Helden, je mehr sie ihn verehrten, desto mehr als ein Glück anzusehn.

Sicherlich wäre die deutsche Freiheit seiner Unersättlichkeit zum Opfer gefallen, sagte ein anderer Professor, und es frage sich doch, ob die österreichische Tyrannei der schwedischen nicht auf die Dauer vorzuziehen sei. Nach menschlicher Art würde Schweden des Königs liebstes Kind geblieben sein, und er würde Deutschland, das Findelkind, ausgesogen haben, um jenes zu bereichern. Immerhin sei er ein großer Mann gewesen; aber man könne doch nicht wissen, wer nach ihm käme.

Wenn es nur nicht um die Religion wäre, meinte Frau Bernegger. Man könne sich doch nun und nimmer wieder unter das päpstliche Joch beugen.

Nun, sagte Bernegger, es gebe jetzt doch schon ansehnliche Standespersonen, die billig dächten. Wallenstein pflege zum Beispiel, wie hart er auch übrigens sei, die Protestanten nicht zu verfolgen, außer auf seinen Gütern, wo es des Gehorsams wegen geschehe. Der Kurfürst von Trier, der freilich etwas launenhaft und exorbitant sei, nehme ungescheut Protestanten in seinen Dienst, und mit Ärzten, Künstlern oder Sängern pflege man es ohnehin nicht so genau zu nehmen. Vielleicht einigten sich die Geister doch allmählich in einem lichteren Reich, wo man nicht mehr über Namen disputierte.

Zu den Freunden gesellte sich einer vom Rat, der in gutem Vernehmen mit Bernegger stand, und trug ihm an, eine Lobrede auf König Ludwig XIII. zu schreiben. Man habe sich nunmehr zu einem engeren Zusammenhalten mit Frankreich entschlossen, und demnach werde es dem Rat nicht unlieb und undienlich sein, wenn eine Schrift zugunsten des Königs verbreitet werde.

Wenn der Ratsherr ihm mitteilen wolle, was sich zum Ruhme des Königs sagen lasse, antwortete Bernegger lächelnd, so getraue er sich schon, es in gutes Latein zu bringen.

Dafür sei er Professor der Beredsamkeit, sagte der Ratsherr ein wenig empfindlich, ein solcher müsse immer einen Vorrat wohltönender Sentenzen in Bereitschaft haben.

Er könne ja den Sueton zu Rate ziehen, scherzte Lingelsheim, da finde sich schon etwas Passendes.

Der französische Gesandte, sagte der Ratsherr, sei ein überaus feiner Herr, wohlmeinend und aufrichtig, und habe aufs Klarste demonstriert, dass der französische König sich keine lieberen Nachbarn wünsche als die deutschen Reichsstädte, die nicht auf Vergrößerung ausgingen, und dass er sie deshalb erhalten wolle. Das sei ein Eigennutz, aus dem er kein Hehl mache. Wegen Handel und Verkehr habe er die besten Zusicherungen gegeben. Es dränge sich jetzt einmal alles unter Frankreichs Fittich, Bayern, Köln, Mainz und Trier, da werde man es den schutzlosen Städten erst recht nicht verdenken können. Allein stehen könne man in dem Kriegsgetümmel, wo sich alle wie Wölfe anfielen, nicht, und von Frankreich habe man zuletzt am wenigsten zu befahren, es sei reich, brauche nichts von den andern, teile vielmehr aus und hasse die Spanier. Endlich deutete der Ratsherr an, dass die Stadt sich für einen solchen Dienst Berneggers, der bösen Zeit entsprechend, erkenntlich zeigen werde.

Das sei freilich nicht zu verachten, seufzte Bernegger, der Ratsherr wisse ja wohl, dass er in zwei Jahren kein Gehalt empfangen habe.

Es müsse sich jetzt ein jeder recken und strecken, sagte der Ratsherr. Sie hätten eben erst beschlossen, bei dem diesjährigen festlichen Ratsmahl ein Gericht weniger aufzustellen und auch mit dem Wein eine gewisse Einschränkung zu tun.

Die Lobrede auf Ludwig XIII. versprach Bernegger zu schreiben; der zunehmende Geldmangel verlangte ohnehin manches Opfer, so gehe es in einem hin, dachte er. Weil wenig mehr gedruckt und verlegt wurde, hatte er selbst eine Druckerei eingerichtet, bei der seine Schüler die Setzer waren; aber er verlor so viel Geld bei diesem Unternehmen, dass er es bald wieder eingehen lassen musste. Ein Buch nach dem anderen entschloss er sich zu verkaufen und rückte die übrig gebliebenen sorgfältig zusammen, damit ihn nicht die Lücke an den Verlust erinnere; aber er brachte die lieben, langjährigen Gefährten und ihre vertrauten Gesichter doch nicht aus dem Sinn. Zu den täglichen Ausgaben, die durch die steigenden Preise der Lebensmittel beständig größer wurden, kamen die besonderen, die ihm eigentümlich waren, wie zum Beispiel der älteste Sohn Keplers, Ludwig, der Medizin studierte, sich bittend an ihn wandte, als er wegen leichtsinniger Schulden in Basel eingesperrt werden sollte. Das Geld, das er dem Manne der Susanne Kepler vorgeschossen hatte, stand auch noch aus, da der junge Mensch nach kurzer Ehe gestorben war und er die Frau, die so bald nacheinander Vater und Gatten verloren hatte, in ihrer Trauerzeit nicht damit ängstigen mochte. Noch weniger Aussicht war, dass er von Ludwig je etwas zurück erhielte, wenn er ihm jetzt aushülfe; denn wie oft hatte er schon Änderung und Besserung in Aussicht gestellt, ohne dass es je über Versprechung und Hoffnung hinausgekommen wäre. Konnte er andererseits den Sohn des großen Kepler, seines geliebten Freundes, im Stiche lassen? Sollte er den Kindern des Mannes gegenüber geizen, der ihn wie die ganze Menschheit so reich beschenkt hatte?

Indem er Ludwig das Geld schickte, schrieb er ihm: Zwei Dinge habe sein Vater im Weltenraum geschaut: das Geheimnis und das Gesetz. Niemand könne ergründen, warum ein so himmlischer Geist zeitlebens im Staube nach der irdischen Notdurft habe ringen müssen; aber er habe einem innewohnenden Gesetze folgend seine Pflicht getan, ohne zu wissen, was es ihm eintrage und wohin es ihn führe, ob es vergeblich und ein Nichts sei. Es tue ein Königssohn nicht freiwillig seinen Purpur von sich, viel weniger solle er, Keplers Sohn, das Erbteil der Tugend von sich weisen. Niemand habe Gott von Angesicht gesehn; niemand wisse den Ursprung des Kampfes und des Leidens, das Deutschland zerreiße, noch sein Ende; niemand wisse, ob, was wir wünschten, unser Glück sei oder unser Unglück, was wir fürchteten; so bleibe dem gebrechlichen Menschen nur das Gesetz, das ihn durch sein Gewissen heiße, auch ohne Zweck, ja wenn es wäre, auch ohne Liebe seine Pflicht zu tun.

Der Kapellmeister Heinrich Schütz in Dresden stieg eine schmale dunkle Treppe in einem baufälligen Hause hinauf und klopfte an eine Tür, die sich endlich so weit öffnete, dass Schütz aus der Spalte die spitze Nase des Pfarrers Grüninger vorstehen sah. In dem Zimmer, das er betrat, stand ein breites Bett, und auf diesem lag der Mann, den er suchte, nämlich der Bassist Kramer, die Zierde und Stütze der von Schütz gegründeten kurfürstlichen Kapelle. Beim Eintritt des Kapellmeisters lachte der Sänger laut und fragte Schmitz, wie er ihn denn ausgeschnüffelt habe. Er habe sich hier vor seinen Gläubigern verkrochen, und wenn doch einer da hinaufkäme, so würde er über die Stiege hinunterfliegen, dass er hernach nicht einmal seine Zähne zusammenlesen könnte. Wo denn seine Frau und seine Kinder wären?, fragte Schütz, indem er sich mit Zurückhaltung in dem Raum umsah, wo außer dem Bett ein paar alte Kisten als einziger Hausrat standen. Die habe er fortgeschickt, ihm einen Krug guten Weines zu schaffen, sagte Kramer, und sie wüssten wohl, dass sie sich nicht ohne Wein wiederzukommen trauen dürften, sonst würden sie mit Prügeln empfangen. Ob er ihnen denn Geld mitgegeben habe?, fragte Schütz. Geld?, hohnlachte der Sänger, dergleichen habe er seit Wochen und Monaten nicht in der Hand gehabt, kenne es nur vom Hörensagen. Hoffentlich bringe ihm der Kapellmeister welches, er habe die Hungerleiderei satt. Es wären ihrer viele, die bedürftig wären, sagte Schütz, und auch würdigere; wenn er ihm noch einmal etwas gäbe, so würde er es um Kramers Frau willen tun und auch nur ihr einhändigen, damit es nicht sogleich versoffen würde. »Ha«, rief der Sänger, »sollte nicht diese Kehle, die die göttlichen Töne hervorbringt, mit Malvasier und Burgunder gesalbt werden?« Und in dieser Art fuhr er fort: »O Barbarenmutter, warum hast du mich in diesem Böotien zur Welt gebracht! Aber ich werde ihm den Rücken wenden und dahin gehen, wo man die Musen ehrt. Ich werde Hofsänger beim König von Dänemark werden, der mir die Kehle mit Gold wattieren und jeden Triller in Diamanten betten wird, oder noch lieber, ich werde als ein Stern an den Höfen von Mantua oder Rom aufgehn und mich von den Söhnen des Virgil und Horaz adorieren lassen.«

Hier fing der Pfarrer, der bis dahin teilnahmslos auf einer Kiste gesessen hatte, zu jammern an, wenn Kramer an den päpstlichen Hof wolle, solle er doch lieber stracks zur Hölle fahren, der Teufel selbst sei nicht so hässlich wie der römische Antichrist, und er, der Pfarrer, habe es immer gedacht, dass Kramern die Ehe mit der Katholikin ins Verderben führen werde.

»Schweig, Pfaff, mit deinem Gewinsel!«, schrie der Sänger, »hier in Sachsen ist die Hölle, und euer Kurfürst ist der Erzteufel, der sich selber besäuft und seine Diener verschmachten lässt!«

In diesen Kriegszeiten, sagte Schütz, habe mancher fromme Mann keinen Schluck Wasser und kein Stück Brot für seine Kinder. Kramer habe keine Ursache zu klagen. Er, Schütz, habe auf Befehl der Kurfürstin eine Kantate zum Geburtstage des Kurfürsten geschrieben, Kramer solle ihm seinen Part vorsingen. Dabei holte er ein Notenblatt hervor und legte es vor den Sänger auf das Bett hin. »Bewahre Gott Johann Georg, unsern teuren Herrn«, las dieser, in ein wildes Hohngelächter ausbrechend. »So werde ich singen: Bewahr uns Gott vor Hans Jürgen, mög ihn der Teufel bald erwürgen!«, und er begann diese Worte nach einer einfältigen Melodie herunterzuleiern.

Während der Pfarrer die Hände rang, lachte Schütz und sagte dann, indem er sich behutsam auf die Bettkante setzte, Kramer solle ihm versprechen, seinen Part ordentlich zu singen, so wolle er ihm sofort einen guten Wein holen lassen und ihm auch ein Sümmlein, soviel er vermöge, vorschießen, das seiner Hausfrau zu verwalten obliegen solle.

Der Sänger knurrte, solches Traktieren und Klausulieren passe ihm nicht, lieber wolle er königlich dänischer Hofsänger werden, so habe er es besser als irgendein Fürst im Reich und könne auf die deutschen Buben und Bettler pfeifen. Er habe Deutschland gründlich und für immer satt, auch Weib und Kinder, die er nun seit sechs Jahren mit sich herumschleife, ohne Dank davon zu haben.

Schütz beachtete dies Gebrumme nicht, weil er einen besänftigten Ton darin spürte, und fragte, ob im Hause jemand sei, den er nach dem Wein schicken könne; worauf der Pfarrer sich von der Kiste erhob und sagte, Schütz solle ihm das Geld geben, so wolle er es um Gottes und Christi willen tun.

»Bruder«, rief ihm der Sänger nach, »bringe kein schlechtes Gesöff, sonst schütt ich es dir über den Kopf, dass sich die Läuse daran vollsaufen.«

Inzwischen, sagte Schütz, solle Kramer die Partitur durchsehen. Der Kurfürst und der Kurprinz würden ihn gewiss remunerieren, er wisse ja, dass der Kurprinz auf seine Stimme versessen sei, wenn er nur selbst Geld habe, so werde er seiner nicht vergessen.

Ach was, sagte der Sänger, die Kunst müsse Salz lecken wie die Ziege, indes der Soldat mit goldenen Tressen einhersteige und mit gemästeten Gänsen und Marzipan gefüttert werde.

Es werde ja nun Friede werden, nachdem der Schwedenkönig gefallen sei, sagte Schütz.

Mittlerweile hatte der Pfarrer Wein geholt, wühlte aus einer Kiste ein paar Gläser hervor und schenkte dem Sänger ein. Dieser ermunterte seinerseits den Pfarrer, er solle nur der Gottesgabe Ehre erweisen, ohne sich vor Schütz zu fürchten; der sei ein gutes Männlein und gönne jedem das Seine; worauf sich Grüninger mit der Flasche auf seine Kiste setzte, die Augen zudrückte und selig lächelte.

Während Kramer seinen Part mit halber Stimme sang, wobei ihm Schütz zuweilen einhelfen musste, kam die Frau des Sängers mit zwei Kindern an der Hand, bettelhaft gekleidet, mit eingefallenem, sorgenvollem Gesicht, aus dem zwei schön geschnittene, dunkel umschattete Augen schwermütig hervorsahen. Sie begrüßte den Kapellmeister mit einem ernsten Lächeln und einer anmutig würdevollen Verneigung, von dem Pfarrer jedoch nahm sie keine Notiz. Der Sänger bewillkommnete sie laut und zärtlich: »O meine Geduldige, heiß Geliebte, Angebetete! Ach, es ist meine Schuld, dass aus ihr, die den Charitinnen gleich war, ein altes Scheusal geworden ist! Meine Rohheit, meine Misshandlungen, meine teuflische Selbstsucht haben sie so heruntergebracht!«

Nein, fiel der Pfarrer ein, es sei die Strafe Gottes, erstens, weil Kramer ein abgöttisches Weib heimgeführt habe, zweitens, weil er seine Kinder in der Abgötterei aufwachsen lasse. Aber die Frau solle nun endlich ein Einsehen haben und nicht länger mit Beelzebub buhlen, jetzt sei der rechte Augenblick, sich zu bekehren.

Die Frau, die nicht alles zu verstehen schien, antwortete nicht und sah nur mit traurigem Blick den Kapellmeister an, der sie freundlich bei der Hand nahm und, da er wiederum keinen Stuhl entdeckte, zu einer Kiste führte, indem er ihr auf Italienisch ermutigend zusprach.

Des Sängers Gesicht begann sich zu röten, und er rief, jetzt wolle er singen, ob Schütz nichts Besseres habe als den wurmstichigen Kanon?

Er habe wohl etwas Besseres, antwortete dieser, was er auf den Tod seines Vaters über einen schönen Spruch aus der Bibel geschrieben habe, nämlich; ›Ich sage euch ein Geheimnis, wir werden nicht ewig schlafen, aber wir werden alle verwandelt werden.‹ Dabei zog er seine Geige hervor, die er unterm Arm in einer Tasche mitgebracht hatte, legte die Noten aufs Bett und begleitete sich, die Melodie mit der Stimme andeutend, auf dem Instrument mit einigen Akkorden. Die Töne schienen langsam und schmerzlich wie aus Gräbern aufzusteigen und gingen dann auf den Worten ›verwandelt werden‹ in eine seltsam verschlungene, auf und nieder wogende Figur über. Nachdem er eine Weile aufmerksam zugehört hatte, begann der Sänger sorgfältig zu singen, sodass seine Stimme weich, voll und gelinde dahinflutete. »Man meint«, sagte Schütz, »man höre das Wasser des Lebens im Paradiese rauschen.« So sei es gut, das mache ihm so leicht keiner nach. Kramer solle ihm nun versprechen, dass er keine fremden Dienste annehmen, sondern in Dresden bleiben und die böse Zeit durch ausharren wolle.

»Um Euretwillen«, schluchzte der Sänger, »um Eurer Heiligkeit und Kunst willen, göttlicher Meister, will ich dableiben. Wie ein Kindlein, wie ein ganz kleines Kindlein an seiner Mutter will ich an Euch hangen. Gedenkt meiner aber auch bei dem kurfürstlichen Fasse und zapft ihm etwas ab, damit ich meine Kehle ölen und geschmeidig halten kann.«

Auf die Bitte der Frau, ihr den Text des Gesanges zu erklären, übersetzte Schütz ihr die Worte; was den Sinn des Ganzen belange, fügte er hinzu, so verstehe er davon vielleicht nicht mehr als sie; aber die Musik gestalte sich ihm zu einem Bilde, dass er sich der Wahrheit zuweilen etwas näher fühle. Sie wisse ja wohl, dass sich die Dissonanzen durch Verschiebung des einen oder anderen Tones auflösten, oder dass man aus einer Tonart wiederum durch Versetzung in eine andere übergehen könne, und allemal sei der Augenblick der Verwandlung von überirdischem Wohllaut begleitet, wie wenn etwa die Töne sich dem Wesen Gottes vermischten, um zugleich wieder in die Welt überzuströmen.

Das sei eine Irrlehre, schrie der Pfarrer, plötzlich ganz betrunken von seiner Kiste aufspringend, eine vermaledeite Sektiererei. Wer von Geheimnissen fasele, sei ein Sektierer und müsse verbrannt werden. Man habe an die Auferstehung des Fleisches zu glauben; so wie man gehe und stehe, werde man am Jüngsten Tage herausgeblasen.

»Willst du schweigen, sächsische Tarantel!«, rief der Sänger; »das wäre ein Unrat, wenn wir uns mit unserm schnöden, stinkenden Fleisch in Ewigkeit behelfen sollten. Nein, verwandelt müssen wir werden, das tut dir und mir not, ach, wenn wir nur auf der Stelle gänzlich verwandelt würden!«

Während er so lärmte, trat atemlos und erschreckt die alte Frau ein, der Kramer den Raum abgemietet hatte, und erzählte, es sei ein großes Zusammenlaufen in der Stadt, weil der Ewige Jude sich gezeigt habe, und sie habe ihn auch selbst ganz in der Nähe gesehen. Am Brunnen bei der Kreuzkirche habe er sich zuerst gezeigt, da habe gerade ein kleines Mädchen Wasser geschöpft, und wie es den alten Mann gesehen habe, müde am Brunnenrand lehnend, habe es ihm mitleidig den gemeinen Becher voll Wasser hingereicht. Da habe er den Kopf geschüttelt und es wehklagend angesehen und sei am Stabe weitergegangen, darüber es dem Kinde so gegraut habe, dass es weinend fortgelaufen sei. Entsetzlich sei er anzusehen, langes graues Haar flattre ihm um den bloßen Kopf, er äße und tränke nicht, spreche auch nicht und verstehe keine christliche Sprache. Jedermann sage, das bedeute nichts Gutes, denn der Ewige Jude lasse sich nur sehen, wo er Krieg und Pest und Weltuntergang wittre, in der Hoffnung, dabei das Ende seines Elends zu finden.

Da zugleich von der Gasse ein verworrenes Geräusch heraufdrang, fing der Pfarrer kläglich zu schreien an, der Feind sei da, der Krieg sei in der Stadt, und kroch eilends unter das Bett. Er solle sich schämen, rief ihm der Sänger zu, sich hier zu verstecken und Weib und Kind unbehütet in der Wohnung zu lassen. Ach, die werde Gott schon behüten, jammerte der Pfarrer, er stehe ja den Witwen und Waisen vor; aber die Kroaten verschonten keinen evangelischen Pfarrer, sie möchten ihn doch um Gottes willen nicht verraten. Nein, das könne er nicht leiden, der Pfarrer solle heim zu Weib und Kind, rief der Sänger und suchte, indem er sich herunterbeugte, den Pfarrer unter dem Bett hervorzuziehen, der sich mit beiden Händen daran festklammerte und dazu schalt: Das komme alles von der Bosheit und dem Unglauben der Kalvinisten und Sektierer. Zur Strafe, dass man sie dulde, schicke Gott ein Übel über das andere, man sollte sie doch allesamt umbringen, dass Gott sein getreues Häuflein verschonen könnte.

Indes die beiden Frauen auf den Knien lagen und beteten, die Italienerin leise mit ihrem Rosenkranz, die andere lauter, Gott solle doch die Stadt Dresden, wenn sie es auch verdient hätte, nicht ganz wie Sodom und Gomorrha vertilgen, trat Schütz an das Fenster und sah auf die Gasse hinunter, durch die der fremde alte Mann ging, der der Ewige Jude sein sollte.

In einen braunen Mantel gehüllt, glich die einsame Gestalt dem Stamm einer Weide; wenn er durch die Pfützen schritt, die der Frost mit einer dünnen Haut überzogen hatte, schlug ihm das schwarze Wasser über die Füße. Ein paar Buben liefen in einiger Entfernung hinter ihm her, und in den Haustüren standen Männer und Frauen, die ihm nachstaunten. Vielleicht, dachte Schütz, sei es nur ein vom Kriegselend verschlagener armer Mann, dem ausgestandene Not das Gemüt verwirrt habe, wie das jetzt nicht selten vorkomme. Oder wäre es wirklich der Unglückselige, dessen jahrtausendalte Augen den Heiland der Welt am

Kreuze gesehn hatten und den ein Geruch der Verwesung über Wüsten und Meere an diesen Ort gezogen hatte?

In Schützens Seele fingen der Alte, den der Sturm der Zeit über die Erde jagte, die Menschen, die ihm furchtsam nachsahen, die Häuser und das Wasser, das langsam aus den Rinnen tropfte, zu tönen an, Klagelaute wanden sich aus der Schlucht der Gasse um das Kreuz, das unsichtbar die Erde beherrschte, und verschmolzen oben zu Akkorden der Gnade. Wie Blüten von Frühlingsbäumen rieseln, so tauten die Harmonien von dem furchtbar-heiligen Holze, das allen, Sündern und Duldern, Zuflucht an seinem Fuße gab. Dort, so dachte Schütz, indem er die Hände faltete, würde der Ausgestoßene, wer es auch sei, dort würde jeder Suchende und dort auch er, des Kampfes im Schmutz und Staube müde, den Frieden finden.

DRITTER TEIL

Der Zusammenbruch

1633 bis 1650

Der Kurfürst von Sachsen wurde durch die Nachricht von der bevorstehenden Ankunft Oxenstiernas in Dresden in üble Laune versetzt; er habe gedacht, sagte er, die schwedische Wirtschaft sei mit dem Tode des Königs zu Ende, nun gehe es wieder los; er wolle einmal nichts damit zu tun haben. Herr von Taube und die anderm Räte suchten ihn zu beschwichtigen und schlugen vor, den Kanzler wie den König selbst zu empfangen, damit womöglich alles glimpflich geordnet würde; er betone ja seine Friedensliebe, vielleicht könne man einen guten Frieden erlangen. Solange Oxenstierna sich bescheiden aufführe, entschied der Kurfürst, solle er nach Gebühr traktiert werden; ließe er sich aber einfallen, den Herrn zu spielen, so wolle er als ein vornehmer deutscher Kur- und Reichsfürst ihn Mores lehren. Besonders der Oberhofprediger Hoë redete dem Kurfürsten zu, das schwedische Bündnis zu halten; Gott habe die schwedischen Waffen gesegnet und werde es ferner tun, Abfall und Untreue ständen einem christlichen Fürsten nicht an. Man könne auch nicht wissen, wie Gott das getreue Ausharren des Kurfürsten noch lohnen werde. Als ihn die Böhmen im Jahre 1618 zum Könige hätten wählen wollen, habe er die große Zukunft dem Kaiser aufgeopfert; vielleicht kröne ihn dafür jetzt der Himmel freiwillig mit dieser uralten und reichen Krone. Es gehe ja alles kopfüber, kopfunter in Böhmen, die liebe Religion liege in den letzten Zügen, Mensch und Vieh kämpften miteinander um den letzten Grashalm, und das wisse ja jeder, wie die frommen böhmischen Exulanten auf den Kurfürsten als auf ihren Messias blickten. Der Kurfürst brummte, er wolle nichts, als was ihm mit Fug zustehe, und der hartköpfige böhmische Adel müsse sich noch viel tiefer bücken, bevor er sich mit ihm einließe; aber das Projekt rumorte doch in seinem Kopfe.

Ernstlicher gingen die Kurfürstin und ihre Söhne mit dem Gedanken an Böhmen um; die jungen Prinzen wären glücklich gewesen, wenn sie der väterlichen Tyrannei hätten entrinnen und außer Landes einen ansehnlichen fürstlichen Hof hätten einrichten können.

Ach, sagte der schwedische Resident Nikolai, Tränen im Auge, zu Oxenstierna, als er ihn in Dresden begrüßte, er sei ja so froh, den Kanzler zu sehen; es sei ihm fast, als hafte noch ein Stückchen von des Königs Seele an ihm.

Das möge wohl so sein, nickte Oxenstierna; denn er fühle sich zuweilen zu Handlungen und Plänen getrieben, die er früher missbilligt hätte und die er jetzt gleichsam zu des Königs Gedächtnis und wider seinen Willen tun müsse. Früher sei er mit des Königs Herumstürmen im Reich nicht jederzeit einverstanden gewesen, habe gemeint, es führe ihn zu weit ab von Schweden, und er habe ihm oft geraten, sich mit einem guten Beutel voll Geld aus dem Knäuel zu ziehen, solange es noch mit Ehren möglich sei. Jetzt steckten sie vollends wie die heiligen Märtyrer in einem Löwenzwinger, umringt von heimlichen und offenen Feinden, losgetrennt von der Heimat, ein verschlagenes Häuflein, nur der eigenen Fäuste und des eigenen Kopfes mächtig.

Des Kanzlers Kopf zähle aber auch für viele, Sagte Nikolai, und er sei insoweit der alten neunköpfigen Hydra zu vergleichen.

Oxenstierna lachte und sagte, er sei mit diesem Instrument zufrieden, brauche es aber auch. Die gesamten evangelischen Stände des Reichs, eigenmächtige und verschlagene Leute, samt Frankreich unter einen Hut zu bringen, dazu müsse man ein nüchternes Gehirn und einen festen Schlaf haben. Bis jetzt habe sich der Herkules noch nicht gezeigt, der ihm das kostbare Hauptbüschel vom Halse schlüge, sicher sei es der Kurfürst von Sachsen nicht.

Nikolai schüttelte bedenklich den Kopf. Es würden mehr Stürme durch wucherndes Unkraut umgebracht als durch den Blitz gefällt, sagte er. Oxenstierna möge ihm gestatten, dass er, Nikolai, ihm mit seiner Erfahrung diene, und möge sich seine Warnungen, mehr als der hochselige König getan hatte, zu Gemüte ziehen. Er sei jetzt in Dresden zu Hause, kenne sich aus mit sächsischer Falschheit und Hinterlist. Der Kurfürst sei niemals aufrichtig schwedisch gewesen und werde es nie sein, ebenso wenig sei dem Arnim und dem Lauenburger zu trauen, wie sie sich auch anstellen möchten. Ein redlich schwedisches Gemüt habe nur der alte Graf Mathes Thurn, freilich sei er nicht tief, werde leicht betrogen und könne schlecht dissimulieren. Überhaupt meine es niemand so treu mit den Schweden wie die böhmischen Emigranten, Weil das mit ihrem Partikularinteresse zusammenhänge.

Freilich, ohne Köder fange man keine Fische, lachte Oxenstierna; der sächsische zappele ja schon an der böhmischen Krone, und dem brandenburgischen habe er auch einen ausgeworfen, nämlich die schwedische Heirat des Kurprinzen Friedrich Wilhelm. Das Würmlein komme ihnen zu Berlin fett genug vor, und mittels Brandenburg hätte er Sachsen ohnehin, da sich Sachsen kaum von Brandenburg trennen würde.

Bevor Nikolai sich verabschiedete, schlug er Oxenstierna vor, ihn mit dem Grafen Kinsky bekannt zu machen. Der sei kein Heißsporn wie der alte Thurn, sondern vorsichtig und gelinde. Arnim habe ihn im Jahre 1631 kriegsgefangen aus Prag gebracht, seitdem lebe er in Dresden und genieße das Wohlwollen des Kurfürsten, weil er Anno 1618 nicht dem Pfälzer, sondern ihm, dem Kurfürsten, seine Stimme gegeben habe.

So, so, sagte Oxenstierna, er denke das wohl jetzt noch zu effektuieren? Nikolai zuckte die Schultern. Dass Kinsky, als ein eifriger Protestant, sein Vaterland wieder in den vorigen Freiheits- und Blütenstand setzen möchte, sei gewiss; aber er kenne den Sachsen zu wohl, um von ihm allein viel zu erwarten. Er wisse, dass Böhmen das Heil nur von den Schweden kommen könne. Vor allen Dingen könne er dadurch nützlich werden, dass er vermittelst seiner Frau, die eine Terzka sei, in genauer Verbindung mit Wallenstein stehe; er unterhalte auch mehrere Kundschafter bei dem General und sei von allem, was dort vorgehe, aufs Beste unterrichtet.

Die Verhandlungen Oxenstiernas mit den kurfürstlichen Räten wollten indessen zu keinem Ziele führen, wie scharf er sie auch anhielt, bei der Sache zu bleiben. Ihre Versicherungen, dass der Kurfürst des geopferten königlichen Blutes eingedenk sei und von den Glaubensgenossen nicht weichen wolle, unterbrach er bald mit der Forderung, diese löblichen Absichten in Tat umgesetzt zu sehen; namentlich sollten sie sich erklären, in welcher Weise die Kräfte der Evangelischen künftig zusammengefasst und vertragsmäßig konstituiert werden könnten.

Der Kurfürst sei gesonnen, sagten die Räte, seine Liebe zu der verstorbenen schwedischen Majestät auf den Kanzler zu übertragen und sich nicht von ihm zu separieren; das Weitere würden Zeit und Gelegenheit geben. Sachsen sei ja vom Feinde gesäubert, der Kurfürst wolle sich aber damit nicht begnügen, sondern seine Waffen mit schwedischer Hilfe in Böhmen hineintragen und dem flüchtigen Feinde gänzlich den Garaus machen.

Oxenstierna lehnte sich in den Sessel zurück und spielte mit seiner Feder. So weit wären sie noch nicht, sagte er ablehnend, es sei nicht ratsam, das Kriegstheater weiter auszudehnen, bevor noch eine Basis für den Krieg geschaffen sei. Man müsse zuerst wissen, wie die Mittel für den Krieg aufzubringen wären und wer künftig das Wesen zu dirigieren hätte, damit der Brei nicht versalzen würde, wie es bei allzu vielen Häuptern zu geschehen pflege.

Dass dem Kurfürsten, als der vornehmsten evangelischen Säule des Reichs, der gebührende Respekt zuteilwerde, antworteten die Räte, verstehe sich wohl von selbst. Ob Oxenstierna Ursache habe, den Kurfürsten zu misstrauen?

Dies höflich verneinend, machte Oxenstierna die Herren darauf aufmerksam, dass er viele Geschäfte zu erledigen hätte und deshalb den Sachen gerade auf den Leib ziehen müsse. Er habe sich ausgerechnet, dass das evangelische Kriegswesen auf dreierlei Weise könnte geordnet werden: Erstens könnten wie bisher alle Glieder zu einem Corpus formiert werden, das unter schwedischer Direktion stehe; oder aber es könnten zwei getrennte Corpora gemacht werden, von denen eins Schweden, das andere den Kurfürsten von Sachsen zum Haupte hätte; drittens könnte, falls die Deutschen der schwedischen Hilfe nicht mehr zu benötigen meinten, diese Krone durch eine billige Entschädigung befriedigt werden, worauf sie sich gänzlich aus dem Kriege zurückziehen würde. Die Räte möchten diese drei Punkte dem Kurfürsten vorlegen und einen schleunigen Entschluss zuwege bringen.

Johann Georg hörte den Bericht der bestürzten Herren entrüstet an. Das fehle noch, sagte er, dass er sich von einem schwedischen Adligen an die Wand drücken ließe! Man müsse doch Zeit zum Besinnen und Überlegen haben, auf ein Entweder-oder ließe er sich überhaupt nicht stellen.

Es sei nicht zu leugnen, meinten jene, dass der Kanzler sehr gereizt und empfindlich zu sein scheine; man müsse sich wohl oder übel entschließen, über die vorgeschlagenen drei Punkte zu beraten.

Dazu brauche er keinen Rat, schalt der Kurfürst, um zu wissen, dass er sich nicht unter einen schwedischen Edelmann stellen wolle; einen solchen Schimpf könne er sich nicht selbst antun.

Das erwarte Oxenstierna wohl auch nicht, sagten die Räte; und der erste Punkt sei also von selbst hinfällig. Der zweite Punkt sei aber auch heikel, weil Sachsen dadurch ganz isoliert werden würde.

Den erbosten Einwurf ihres Herrn, warum denn nicht davon die Rede sei, dass er, der Kurfürst, das ganze Wesen dirigiere, was doch dem Leipziger Schlusse gemäß sei, schoben die Räte mit der Bemerkung zurück, bei der exorbitanten Meinung, die Oxenstierna von seiner Krone habe, könnten sie sich nicht wohl getrauen, einen solchen Vorschlag einzubringen. Der verstorbene König habe ja mit dem König von Frankreich stets

Anstände darüber gehabt, dass er mit diesem auf gleichem Fuße habe traktiert sein wollen. Da nun die Entschädigung vollends gar schwer falle, wüssten sie nichts anderes, als einen Modus zu ersinnen, wie man sich jeder bestimmten Antwort überhaupt entschlüge.

Bald jedoch meldeten die Räte, der schwedische Kanzler habe einen solchen Humor, dass verständige Leute nicht mit ihm auskommen könnten. Er habe ihre wohlgemeinten Insinuationen rotunde von sich gewiesen und in einem fast imperiosischen Tone gesagt, er wolle auf seine deutliche Frage eine kategorische Resolution haben.

Nun habe er es satt, rief der Kurfürst aus. Die fantastische Einbildung dieses Menschen sei durch den königlichen Empfang, den er ihm wider Willen und bessere Einsicht bereitet hatte, völlig ins Närrische ausgeschlagen. Er solle sich die Resolution aus seinen Fingern saugen und damit abfahren; ihm dürfe von nun an keiner mehr mit dem schwedischen Bündnis kommen.

Während diese Verhandlungen sich hinschleppten, trafen an einem der letzten Dezembertage Oxenstierna und Graf Kinsky bei Nikolai zusammen. Es war nach Kinskys Wunsch eine späte Abendstunde gewählt worden, damit der Besuch womöglich geheim bliebe, und beim Eintreten hafteten seine Blicke scheu in den düsteren Winkeln des niedrigen holzvertäfelten Zimmers. Während Nikolai ihm half, sich seines Pelzmantels zu entledigen, sagte er erklärend, die Herren kennten ja die wunderliche Gemütsbeschaffenheit des Kurfürsten, wie er bald mit diesem, bald mit jenem unzufrieden sei und dass er ihm, Kinsky, Späher nachzuschicken pflege, die ihm alle seine Schritte hinterbrachten. Er würde sogleich etwas Verräterisches dahinter wittern, wenn er mit Oxenstierna zusammenträfe, obgleich er doch der Herren Schweden Bundesfreund wäre.

Ihm, einem alten Diplomaten, sagte Oxenstierna beruhigend, könne Kinsky Vorsichtigkeit und Verschwiegenheit zutrauen. Übrigens habe er nicht im Sinne, diesen Abend Staatssachen zu traktieren, wolle sich im Gegenteil davon erholen. Er freue sich, die Bekanntschaft eines so hochgelehrten, weitberühmten Mannes zu machen, wie Kinsky sei; es stünden viel böhmische Exulanten als Offiziere im schwedischen Heer, der verstorbene König habe sie wohl zu schätzen gewusst, und es sei sein Wunsch gewesen, den armen Märtyrern zu helfen und sie in ihr Vaterland zurückzuführen. Ihm, Oxenstierna, wären des Königs Wünsche heilig, und wenn er es vermöchte, würde er die böhmischen Herren in den Frieden einschließen, sofern es einmal dazu käme.

Sofern es einmal dazu käme, wiederholte Kinsky, indem er seine traurigen schwarzen, ein wenig starren Augen auf den Kanzler heftete. Es eröffne sich ja nirgend eine Aussicht. Und so wie es in Böhmen jetzt stehe, verlange es ihn auch gar nicht heim; es sei nichts als Untreue und Unfrieden da zu finden.

Ihm komme es seltsam vor, sagte Nikolai, dass die böhmischen Herren sich so still unter dem österreichischen Joch verhielten. So kluge, mächtige und stolze Herren! Man sollte meinen, es hänge nur von ihrem Willen ab, ob sie wieder frei würden.

»Sie sind stark zur Ader gelassen«, sagte Kinsky, »das Blut von 1621 ist noch nicht ersetzt.«

»Und noch nicht gerächt«, fügte Nikolai hinzu.

Er wolle die Gerichteten von 1611, denen Gott gnädig sei, nicht verteidigen, sagte Kinsky; sie hätten keine ganz reine Sache gehabt, und er hätte sich deshalb in ihre Rebellion nicht eingelassen. Man müsse nicht unsinnig auf die eigene Kraft pochen, sondern auch den Gegner recht einschätzen, und nie einen Fuß heben, bevor man wisse, wo man ihn wieder aufsetzen könne.

Der Graf fuhr zusammen, als in diesem Augenblick dröhnend an die Haustür geschlagen wurde, und er wandte sein gelbes Gesicht ängstlich horchend nach dem Fenster, an dem große Schneeflocken, lautlos aus dem Dunkel ins Dunkel tauchend, vorüberglitten. Das sei nichts Besorgliches, sagte Nikolai gutmütig, vielleicht sei es ein Bote mit Briefschaften für ihn. Es könnten aber auch Kinder sein, die das alte Jahr austreiben wollten.

Kinsky erklärte, er sei schreckhaft, weil er krank sei, laboriere schon seit Jahren an Magenschwäche. Es lagen ihm auch zu Hause zwei Kinder krank, so sei er immer auf eine Hiobspost gefasst.

»Ja, ja«, sagte Nikolai, »die Pest ist es, die jetzt gefährlich herumgeht, vom Kriege ist dermalen weniger zu befürchten.«

Kinsky war aufgestanden und blickte auf die Straße hinunter, wo ein paar Knaben standen und mit dünner Stimme ein Lied absangen, zog ein Geldstück aus der Tasche und warf es hinaus, das Fenster behutsam ein wenig öffnend. Dann sagte er, an Nikolais Worte anknüpfend, die kaiserliche Armee unter Wallenstein sei allerdings zurzeit nicht formidabel.

Dazu stecke sie so voll Protestanten, dass gar kein Mut zum Kriege gegen die Glaubensgenossen darin herrschen könne. Auch sei Wallenstein selbst krank und liege meistenteils zu Bette. Einer seiner Leibärzte habe gesagt, wenn er das Jahr überlebe, so sei es nur eine Gnadenfrist, die Gott ihm bewillige.

Er habe auch dergleichen gehört, sagte Oxenstierna, es aber für Geschwätz gehalten. Das Podagra hätten andere auch, das bringe einen Fünfzigjährigen nicht ins Grab.

Das sei je nachdem, sagte Kinsky, von den Ärzten werde er für einen Mann des Todes ausgegeben.

»So hätten wir freilich einen mächtigen Bundesgenossen«, sagte Oxenstierna.

Kinsky wiegte den Kopf und sagte zögernd, es sei die Frage, ob die Schweden nicht mehr Ursache hätten, Wallensteins Leben als seinen Tod zu wünschen. Viele wollten wissen, dass der General keine Lust mehr zum Kriege habe und den Evangelischen eher wohl als übel wolle.

»Ja, wer hätte denn noch Lust zum Kriege!«, rief Oxenstierna aufseufzend. Übrigens wisse er von seinem seligen Könige, dass Wallenstein ein Wasser ohne Grund sei, in dem sich kein Schiff verankern könnte. Es seien da allerlei Knoten geschürzt gewesen, aber niemals zugezogen worden. Auf Traktate mit Wallenstein könne man keinen Wert legen, ja nicht einmal auf seine Taten. Er mache es wie gewisse Leute beim Brettspiel, die jeder Zug gereute, den sie eben getan hätten. Nach seiner Ansicht sei ein offener Feind besser als ein zweideutiger Freund, deren er leider ohnehin genug habe.

Oxenstiernas Ablehnung schien Kinsky ein wenig zu reizen; soviel er wisse, sagte er, habe es das eine Mal an Gustav Adolf gelegen, dass das Projekt nicht zustande gekommen sei. Wallenstein sei dazumal sehr empfindlich und der alte Thurn ganz desperat gewesen. Freilich, setzte er hinzu, wären das subtile Sachen, von denen schwer zu reden wäre.

Als die Herren sich trennten, hatte Kinsky den Eindruck, dass Oxenstiernas Misstrauen gegen Wallenstein schwer zu überwinden sei und dass er sicherlich dem kaiserlichen General nicht entgegenkommen werde. Da aber Wallenstein, wie er nun einmal war, den ersten Schritt nicht tun würde, müsse man, so dachte er, mehr Samen ausstreuen; vielleicht, dass auf einem anderen Acker etwas aufginge.

Nach der Schlacht bei Lützen stieß Herzog Georg von Lüneburg zum schwedischen Heere und vertrieb mit Bernhard von Weimar die kaiserlichen Besatzungen aus Sachsen, worauf sie bei Altenburg Quartiere bezogen. Sie erwarteten ungeduldig die Ankunft Oxenstiernas, um mit schwedischem Beistande ihre Eroberungen vollenden zu können, Georg nach Norden, Bernhard nach Süden strebend. In der Reisekutsche, die den Kanzler von Berlin nach Sachsen führte, bereitete er sich auf das bevorstehende diplomatische Gefecht mit den beiden Herzögen vor, von denen er voraussah, dass sie durch des Königs Tod doppelt ausgelassen geworden sein würden und von Neuem gebändigt werden müssten. Gott sei Dank hatte er einen festen Blick und eine geschickte Hand, und an Besonnenheit und Selbstbeherrschung glaubte er seinem verstorbenen Freunde sogar überlegen zu sein. Wäre der Augenblick geeignet gewesen, eine ansehnliche Entschädigung zu erpressen, so hätte er den Krieg am liebsten abgebrochen; da das nicht der Fall war, wollte er so operieren, dass er sich nicht in weitaussehende Pläne verwickelte, sondern das Nächstliegende und Erreichbare verfolgte. Es wäre wünschbar gewesen, ein starkes Heer mit einem starken Feldherrn aufzustellen; aber da sich einem schwedischen die deutschen nicht unterwerfen würden, ein deutscher sich aber gegen ihn, den Kanzler, auflehnen könnte, beschloss er zu tun, was er an und für sich missbilligt hätte, nämlich das Heer zu teilen. Am liebsten hätte er gesehen, wenn Herzog Wilhelm von Weimar Generalleutnant der Armee geblieben wäre, wie Gustav Adolf vorsorglich angeordnet hatte; aber Bernhard hatte dem älteren Bruder den Oberbefehl bereits aus der Hand gewunden, und Oxenstierna hielt es für unklug, das rechtmäßige Verhältnis wieder herstellen zu wollen, da er bei Bernhards trotzigem Charakter so viel zu erzwingen nicht hoffen konnte. Lieber wollte er von vornherein anerkennen, was er nicht ändern konnte, damit es von ihm auszugehen schien, und womöglich keine Befehle erlassen, denen der Gehorsam nicht sicher wäre. Dagegen wollte er, wo er seinen Willen durchsetzen könnte, standhaft dabei bleiben und mit Drohungen und Grobheiten nicht sparen; das würde bei den deutschen Fürsten bessere Wirkung tun, als wenn er suaviter und caute vorginge. In Berlin hatte er schon guten Erfolg gehabt; vielleicht, dachte er, würde er mit Fuchsschritten weiter kommen als der selige König mit seinen Rosssprüngen. Seine Augen wurden feucht, wie er an die tote

Majestät dachte: mit was für weiten Nüstern hatte der die Lebensluft verschlungen, was für Funken hatte sein Ritt aus den Kieseln geschlagen! Es war festlicher und kurzweiliger gewesen an seiner Seite, und außerdem, dass eine Anregung fehlte, drückte auch noch die schwerere Last der Verantwortung.

Als Oxenstierna den schwedischen Feldmarschällen Horn und Banér auseinandersetzte, warum er das Heer zu teilen beabsichtige, und dass er sie ausersehen habe, die deutschen Häupter, namentlich Herzog Georg und Herzog Bernhard, zu beobachten und zu zügeln, sah Horn missvergnügt vor sich nieder, und Banér lachte geradeheraus. Die Rolle passe nicht für ihn, sagte er, er habe nicht das Zeug zu einem Jesuiten und Spion. Es sei bekannt, wie er mit seiner Meinung herauszufahren pflege, er würde alles verderben. Er glaube nicht, unverträglich zu sein, aber einen Kameraden am Oberbefehl könne er nicht leiden, der Kanzler solle ihn allein schalten lassen, so werde es recht, zu zweit sei er nicht zu brauchen.

Horn, Oxenstiernas Schwiegersohn, erklärte, er sei bereit, sich zu fügen, gehorche ja überhaupt in diesem Kriegswesen mehr der Notwendigkeit, als dass er Lust dazu habe; aber es sei eine undankbare Aufgabe, die Eule oder Kassandra zu spielen, er habe auch vom verstorbenen König wenig Dank für seine wohlgemeinten Warnungen geerntet. Das habe er jedoch hingehen lassen, weil es sein König gewesen sei; von einem Deutschen und jungen, unerfahrenen Draufgänger wie Herzog Bernhard Widerspruch und Widerstand zu ertragen, sei härter.

Oxenstierna versprach, ihn getreulich zu flankieren und nicht im Stiche zu lassen. Er leiste dem Vaterlande einen wichtigen Dienst; denn da man die beiden Herzöge einmal nicht aus der Welt schaffen könne, müsse man sehen, sich ihrer zu möglichst großem Vorteil und möglichst geringem Schaden zu bedienen. Sie hätten ja auch schon mancherlei genützt und wären durch ihr Interesse mit der Krone Schweden verknüpft, man dürfe die wenigen Freunde, die man im Reich hätte, nicht verscherzen. Der Lüneburger sei fast gefährlicher als der Weimaraner; denn beide wären stolz und wollten hoch hinaus; aber Bernhard lasse sich durch Gemüt und Fantasie beeinflussen, Georg dagegen frage wenig nach Glauben und Ehre, desto mehr nach Gewinn und Vorteil, und mit dem Katechismus würden eher Reiche auf Erden errichtet.

Horn schlug vor, Oxenstierna solle womöglich Knyphausen die Aufsicht über Herzog Georg anvertrauen; Knyphausen habe dem verstorbenen König treu gedient, sei als ein niedersächsischer Ritter dem niedersächsischen Fürsten nicht sonderlich gewogen, werde nun auch alt und denke daran, sich zu versorgen, also werde er für einen Rekompens empfänglich sein.

Der Kanzler atmete auf, als er diese schwere Angelegenheit der Lösung nahe sah. So wolle er denn Banér, sagte er, allein ins Zentrum setzen, damit er das ganze Kriegstheater überblicken und, je nachdem es sich notwendig erweise, hierhin und dahin eilen könnte. Vor allen Dingen müsse er mit dem Landgrafen Wilhelm von Hessen in steter Korrespondenz bleiben, ihm in der Not beispringen oder ihn, als den verlässlichsten Bundesgenossen, wenigstens mit guten Worten vertrösten. Banér, mit dieser Einrichtung zufrieden, war guter Dinge und hatte Lust zu feiern und zu bankettieren; aber weder Herzog Georg noch Herzog Bernhard stand der Sinn danach.

Aus Obersachsen sei der Feind vertrieben, sagte Georg, nun wolle er Niedersachsen säubern; es sei hohe Zeit, dass man sich in jenen Orten zeige, wo seit dem Tode des Königs Treulosigkeit und Abfall umginge. Der Herzog von Wolfenbüttel, Friedrich Ulrich, dem der Krieg nie recht angestanden habe, wolle seinen, Georgs, Truppen kein Quartier mehr geben und erkenne sein Recht auf die Stadt Einbeck nicht an, die Gustav Adolf ihm, nebst mehreren Ämtern, angewiesen habe; habe sogar das Amt Uslar, das dazu gehöre, seinem eigenen Feldhauptmann, dem von Uslar, verschrieben. Nun sei es offenbar, dass ein Heer nicht in der Luft kampieren könne, und wenn der Soldat seine Notdurft nicht erhalte, habe man ausgekriegt; Oxenstierna möge dazu tun, dass Friedrich Ulrich bei der Pflicht erhalten werde.

Ja, er habe schon vernommen, erwiderte dieser, dass der Herzog von Wolfenbüttel sich widerwärtig anstelle und große Lust mit dem Kaiser zu traktieren spüren lasse. Er rüste heimlich und habe auch einen niedersächsischen Kreistag ausgeschrieben, wozu er doch nicht das mindeste Recht hätte, als welches dem Administrator von Magdeburg zukäme. Ob Herzog Georg wisse, wer das wäre? Er, Oxenstierna, sei jetzt Administrator von Magdeburg; wer außer ihm einen niedersächsischen Kreistag ausschreibe, maße sich widerrechtlich an, und er werde einen solchen zu bestrafen wissen.

Oxenstierna hatte sich im Reden erhitzt und sah Georg herausfordernd an, der nur ein wenig stutzte und dann wieder ruhig die Daumen umeinander drehte. Er wolle es dem Kanzler danken, sagte er, wenn er Friedrich Ulrich, seinen Vetter, bei der Pflicht erhielte. Derselbe sei ein schwacher Mann, leider allzu leicht von dunstigen Einfällen und Schimären oder von falschen Räten zu regieren, und da er ohne Leibeserben sei, habe die Gesamtfamilie ein großes Interesse daran, ihn zu beaufsichtigen, damit er nicht durch liederliche Politik Land und Leute verzettele. Was ihn, Georg betreffe, so sei er gesonnen, treu bei dem mit dem verstorbenen König abgeschlossenen Würzburger Traktat zu verbleiben, und wünsche, dass die Krone Schweden denselben bestätige. Es sei Oxenstierna gewiss bekannt, wie der König von Frankreich goldene Schlingen nach den evangelischen Reichsfürsten auswerfe, ihm gefalle aber das französische Wesen nicht, und er werde sich nicht fangen lassen. Dagegen möge Oxenstierna bedenken, was er zugesetzt, wie er sein Amt Herzberg preisgegeben habe und kaum einen Stein am Wege, um seine Familie zu behausen, besitze. Ohne die rechten Mittel könne er als General nicht operieren und das gemeine evangelische Wohl nicht befördern. – Hiernach wurde das monatliche Gehalt des Herzogs auf 18 000 Reichstaler festgesetzt, worauf die Verhandlungen mit ihm vorläufig abgeschlossen waren.

Unverweilt brach Georg auf und eröffnete seinen Offizieren, er gedenke stracks die Weser zu überschreiten und mit der Wiedereroberung der Stadt Hameln zu beginnen. Die Offiziere betrachten das als eine ungewöhnlich hitzige Expedition, und besonders Knyphausen erklärte sich rundheraus dagegen. Man sei jetzt im Anfang des Februar, sagte er, der Winter habe erst recht begonnen, da sei es wohlbegründeter Usus, die Truppen in gute Quartiere zu legen und zu verpflegen, damit sie im Frühjahr desto besser bei der Hand wären. Eine Belagerung im Winter verschlinge Zeit und Leute, im gefrorenen Boden richte man in Monaten nicht aus, womit man im Frühjahr in Tagen zustande käme.

Herzog Georg wendete dagegen ein, mit dem Stillliegen lasse man auch dem Feinde Zeit, sich zu stärken, und es sei allemal leichter, ein Heer bei der Arbeit im Stande und in der Disziplin zu erhalten, als in den Quartieren. Knyphausen solle aber immerhin mit den Unlustigen zurückbleiben, während er mit den Willigen und Gehorsamen ans Werk ginge.

Im Kreise vertrauter Freunde schimpfte Knyphausen auf die Habgier des Herzogs: da könne alles in Grund und Boden verderben, wenn er sich nur sein Fürstentum zusammenkratzte. Für den verstorbenen König habe er, Knyphausen, sein Gut und Blut darangesetzt und Ruhe und Gesundheit geopfert, der habe aber auch an andere gedacht und königlich zu belohnen gewusst. Dieser geizige Herzog jedoch ästimiere niemanden, um niemanden beschenken zu müssen, und obgleich er keinen Schwertstreich für das Reich oder die Kirche tun würde, halte er doch jedermann für schuldig, ihm auf seinen Raubzügen beizustehen. – Trotzdem entschloss sich Knyphausen, dem Herzoge zu folgen, den er nach seinen Abmachungen mit Oxenstierna doch nicht wohl sich selbst überlassen durfte und der ihn etwa noch vor der ganzen Welt um seine wohlerworbene Reputation gebracht hätte, indem er ihn für feige ausschrie. Also überschritt in den ersten Märztagen an einer seichten Stelle, wo im Sommer das Vieh durchzuwaten pflegte, das Heer die Weser, und die Kaiserlichen, die es hatten geschehen lassen, zogen sich fliehend auf Hameln zurück.

Vor dem Rathause der Prager Altstadt waren Gerüste und Galgen für die Exekution derjenigen Offiziere und Soldaten errichtet, die den in der Schlacht bei Lützen empfangenen Befehlen nicht gehorcht hatten oder fahnenflüchtig geworden waren.

Bei grauendem Morgen rasselten die Kutschen heran, in denen die Herren vom Kriegsgericht saßen; es sei so dunkel, sagte einer, dass man kaum zur festgesetzten Zeit würde beginnen können. Ei was, entgegnete Holk, der Vorsitzender der Kommission war, der Henker würde den Hals schon finden, bei solchen Gelegenheiten müsse man exakt sein. Die anderen schlossen sich der Meinung an, und Colloredo sagte, in diesem Falle sei es besonders hoch vonnöten; denn es würden sicher noch Pressuren zur Begnadigung ausgeübt, Seine Fürstliche Durchlaucht, der General, sei schon über Gebühr mit der Sache drangsaliert worden. Holk sagte, er sei mit der Gemütsmeinung des Herzogs bekannt und wette seinen Kopf, dass es nichts nütze. Auch hätten diese Leute den Tod reichlich verdient, es könne ehrliebenden Soldaten nicht zugemutet werden, mit Feiglingen zusammen zu dienen.

Ja, sagte Piccolomini, der Herzog habe den Grundsatz, Gnade gegen Schuldige sei Ungerechtigkeit gegen das Verdienst, und das passe freilich manchem nicht. Jedenfalls zögen sie sich durch diese Arbeit mancherlei Hass zu.

»Desto besser«, sagte Holk; »Hass gebührt einem rechten Manne, und die Gnade des Herzogs ist eine gute Rüstung.«

Während das Armesünderglöckchen läutete, bestiegen die Herren die für sie errichtete Bühne. Ein feiner eisiger Wind trieb ihnen die Nässe des Nebels oder Regens ins Gesicht, sie zogen die Mäntel fest um sich zusammen, und Colloredo bemerkte, mit einem gehässigen Blick auf Holk, davor schütze selbst der erwähnte Panzer nicht. Colloredo war nämlich erbittert darüber, dass Holk nach der Schlacht zum Feldmarschall, er dagegen, der ältere General und Graf, nur zum Feldzeugmeister befördert worden war. Holk beachtete weder diese Worte noch die Witterung; seine ganze Aufmerksamkeit war darauf gespannt, dass die Hinrichtung ungestört verliefe; er gab nach verschiedenen Seiten Winke und suchte mit scharfen, ungeduldigen Blicken zur Eile anzutreiben. Der kleine Platz war rings mit Soldaten umstellt, die das Gewehr auf der Schulter und die Hand am Schwerte hielten, hinter ihnen drängten sich die neugierigen Zuschauer. Unter denen, die mit dem Schwerte gerichtet wurden, war ein achtzehnjähriger Fähnrich, ein hübscher Mensch, der sich mit augenscheinlicher Sorgfalt herausputzt hatte und kecke Sorglosigkeit zur Schau trug. Wie das Schicksal ihm näher rückte, warf er verstohlene Blicke die Karlsgasse hinunter, ob nicht eine Gnadenbotschaft von der Kleinen Seite her käme, und auch der Zuschauer und der Soldaten, ja der Richter bemächtigte sich eine gewisse Unruhe. Da sich nichts regte, zuckte der kleine Fähnrich die Achseln, zupfte an seinem keimenden Schnurrbart und begann als letztes Mittel, um den verhassten Augenblick hinauszuzögern, eine Rede; allein Holk sprang auf, stampfte wütend mit den Füßen, winkte den Soldaten, zu trommeln, und dem Scharfrichter, ein Ende zu machen.

Um Mittag bewegte sich die Sänfte des Grafen Slawata über den Marktplatz, wo an der Abtragung der Gerüste und Säuberung des Pflasters gearbeitet wurde; er war jetzt sechzig Jahre alt, grauhaarig und gebückt, und klagte beständig über seine Gesundheit, die er seit dem Fenstersturze nicht wiedererlangt habe. Unweit des Rathauses ließ er halten, winkte ein paar Arbeitern und fragte einen, der herbeilief: »Du musst wohl die Spuren des edlen Vergossenen katholischen Blutes tilgen?«, ferner, wo die gemarterten Leichname geblieben wären. Der Mann gab Auskunft, sie wären ihren Familien ausgeliefert, soweit sie von Adel gewesen wären, und fügte hinzu, es wäre freilich ein erbärmliches Schauspiel gewesen, so vornehme Herren einen so schimpflichen Tod leiden zu sehen, auch hätten Männer und Frauen laut geschluchzt, zumal als das liebe junge Blut, der Fähnrich, den Kehraus hätte tanzen müssen. Da wäre jedem zumute gewesen, als würde sein eigenes Kind geschlachtet.

Slawata schüttelte sorgenvoll den Kopf und sagte, die armen Opfer hätten wohl ihre Pflicht verletzt, denn das Kriegsgericht könne keinen ungerechten Spruch gefällt haben; aber man wisse ja, wie es in einer Schlacht zugehe, in dem grauslichen Getümmel könne manches mit unterlaufen; sie waren deshalb doch gute katholische Christen und des Kaisers treue Diener gewesen.

Das hätten sie selbst auch gesagt, fiel der Arbeiter eifrig ein, alle hätten ihre Unschuld beteuert und auch klar begründet, nur habe der Holk sie nicht zu Worte kommen lassen. Der Fähnrich habe zu guter Letzt noch gerufen: warum er eigentlich sterben müsse? Er habe nichts verbrochen, als dass er mit seinem General davongelaufen sei. Man habe deutlich gesehen, wie der Holk grün und gelb über diesen Worten geworden sei.

Ja, sagte Slawata, der Holk sei ein Ketzer, und manche wollten sogar wissen, dass er mit dem Teufel zu tun hätte. Dergleichen Leute wären leider an gewissem Orte wohl angesehen. Schließlich gab er den Arbeitern ein reichliches Almosen, indem er sie ermahnte, der frommen Märtyrer im Gebet zu gedenken.

Während des Mittagessens, das er bei seinem Freunde, dem Oberstburggrafen Martinitz, einnahm, erzählte Slawata, was er soeben vernommen hatte. Der junge Fähnrich, sagte Martinitz, habe argloserweise ausgesprochen, was jeder ehrliche Mann hätte laut sagen sollen: Wallenstein habe die Schlacht verloren und mit dieser Exekution seine Schande maskieren wollen. Warum hätte er auch sonst Sachsen so eilfertig geräumt? In Prag begreife niemand, wieso der Kaiser seinen prahlerischen Kriegsberichten Glauben schenken könne.

Das sei nur ein Glied in der Kette, sagte Slawata, Martinitz könne sich nicht vorstellen, wie es in Wien hergehe. Da sei keine rechte Regierung am

Hofe, sondern ein paar Ambitiöse, die er wohl nicht zu nennen brauchte, tyrannisierten alles, um ihren Beutel zu füllen, wie die berüchtigten römischen Statthalter im Altertum. Es wäre vielleicht vermessen, einem so gnädigen, gottseligen Kaiser etwas aufmutzen zu wollen; aber das sei gewiss, sein himmlisches Gemüt tauge für die von der luziferischen Schlange begeiferte Erde nicht, weil er das Böse nicht merke. Er sei wie ein Kind, das sein Händlein ganz gutmütig in den aufgesperrten Löwenrachen tauche.

So sei es ja unter den hochseligen Kaisern Rudolf und Matthias auch gewesen, stimmte Martinitz ein, man hätte sie oft wider ihren Willen retten müssen. Das sei jetzt auch notwendig, wenn nicht der allgemeine Ruin um sich greifen sollte.

Ihm sei es geradezu unleidlich, fuhr Slawata fort, dass ein gottloser Bösewicht wie Holk gutes adliges katholisches Blut verströmen dürfte. Ihm sei es nicht anders, als habe das vergossene Blut seinen eigenen Ehrenschild bespritzt. An diesem Beispiel zeige sich deutlich, dass man in schmähliche Servitut geraten sei.

Nach dem Essen kamen noch mehrere Herren, darunter die Grafen Edina und Mitrowitz, die alle ihrer Entrüstung über die Exekution des Morgens Ausdruck gaben. Man müsse sich mit Wallensteins baldigem Ableben trösten, sagte Graf Mitrowitz. Er habe einige seiner Diener in Sold, von denen kürzlich einer berichtet habe, der General könne es nicht lange mehr machen, esse fast nichts mehr und stöhne des Nachts vor Schmerzen.

Das Stöhnen, meinte Slawata, könne auch eine Frucht des bösen Gewissens sein, vielleicht habe er einen Pakt mit dem Gottseibeiuns geschlossen, und seine Zeit laufe bald ab. Wenn es aber wirklich so weit sei, würde Wallenstein umso mehr eilen, seine bösen Projekte zur Ausführung zu bringen, würde den Exulanten die Tür öffnen und mit ihrer Hilfe der heiligen Religion den Todesstoß versetzen. Darauf habe ihn der Teufel vereidigt, oder er tue es als ein Atheist aus eigenem Belieben.

Es wurde beklagt, dass mehrere Familien in Böhmen geblieben wären, die mit den vertriebenen Rebellen zusammensteckten, namentlich die Terzkas. Ihm sei kürzlich, sagte Martinitz, von einem, der auf den Terzkaschen Gütern bedienstet sei, eine Warnung zugekommen, als wollten die Terzkas den Wallenstein zum König von Böhmen machen. Der alte Terzka habe des Friedländers Bild in seinem Gemach hängen, und seine Frau, ein Teufelsweib, sei vollends außer Rand und Band und halte es mit den Schweden.

Das sei bekannt, sagte Slawata, welcher selbst in der Jugend das Bekenntnis gewechselt hatte, dass der Glaube der Neubekehrten nur ein dünngewebtes Mäntelein zu sein pflege, durch welches die alte Ketzerei hässlich hervorscheine. Die Alte solle ja auch evangelischen Prädikanten, die billigerweise an den Galgen gehörten, Unterschlupf gewähren.

Ja, das Geschlecht lasse von der alten Bosheit nicht, sagte Martinitz. Dem Kinsky, der alten Terzka Schwiegersohn, habe der Kaiser die Gnade mit vollen Händen angeboten; die Gnade habe er freilich angenommen, das lutherische Gift aber doch nicht von sich geben wollen. Es verlaute, dass häufige Briefe zwischen ihnen hin und her gingen, sie würden wohl etwas miteinander auskochen. Der alte Erzverräter Thurn spiele auch seinen Part dabei, möchte wohl wieder Oberstburggraf werden.

Indem sie erwogen, was für eine Umwälzung entstehen würde, wenn die Emigranten ihre konfiszierten Güter wiederbekämen, sagte Martinitz, man könne doch kaum glauben, dass Wallenstein ein solches Spiel in Gang brächte, wobei er selbst das meiste verliere; denn er habe ja, wie jeder wisse, dazumal das meiste an sich gerissen.

Slawata kicherte und sagte, wer das Vieh hätte, könne leicht eine Fuhre Mist verschenken; da liege eben der klare, gültige Beweis, dass der Friedländer auf die böhmische Krone ausginge, er würde sonst die Prätentionen der Rebellen nicht unterstützen.

Und wie es denn in Wien stehe?, erkundigten sich die anderen; ob man da auf der Hut sei?

Der Kaiser wolle noch nicht recht heran, sagte Slawata, hörte und sähe leider mit Eggenbergischen und Questenbergischen Ohren und Augen. Auch sei er schon recht abgelebt, Gott wolle ihn noch lange erhalten. Der Thronfolger dagegen, der König von Ungarn, würde lieber heute als morgen mit Wallenstein abfahren, er sei fest überzeugt, dass der General an allem schuld und gleichsam der auf das Haus Österreich gewälzte Leichenstein sei. In dem König von Ungarn blühe die wahre spanische Tugend und Größe des habsburgischen Hauses wieder auf. Unter den hohen Offizieren könne man sich auf Aldringen verlassen, schade sei es, dass Collalto so früh habe dahin müssen.

Ohne den Kaiser werde sich doch aber nichts ausrichten lassen, wendete Martinitz ein.

Slawata zwinkerte listig mit den Augen. Der Kurfürst von Bayern, sagte er, der habe doch noch mehr Macht über den Kaiser als Eggenberg oder irgendein anderer, schließlich werde der wieder voran und Bresche schließen müssen. Zwar werde der fromme Fürst sich ungern aussetzen; aber die fast in den letzten Zügen liegende Religion werde er doch nicht verkommen lassen.

Oxenstierna fand den französischen Gesandten Feuquières tölpelhaft und das ironische Lächeln in seinem steifen Gesicht unausstehlich, weshalb er sein Benehmen zwar höflich und entgegenkommend gestaltete, aber Wendungen persönlicher Vertraulichkeit einstweilen unterließ. Indessen veranlasste ihn das störrische Verhalten der in Heilbronn anwesenden Fürsten, Herren und Deputierten und die wühlende Tätigkeit kursächsischer und kaiserlicher Agenten, Feuquières zu einer besonderen Anstrengung aufzufordern, damit der Bund nach ihrem beiderseitigen Wunsch zum Abschluss käme. Feuquières sagte, er habe im Sinn, an die versammelten Stände eine Ansprache zu halten über die wohlwollende Gesinnung seines Königs, über die Vorteile, die sie durch bereitwillige Annahme derselben erlangen, und den Schaden, den sie durch Zaudern oder gänzlichen Widerstand auf sich ziehen würden; ob Oxenstierna damit einverstanden sei?

Durchaus, erwiderte dieser; er setze großes Zutrauen in Feuquières' Eloquenz. Feuquières verbeugte sich mit ernster Miene. Ob Oxenstierna inzwischen bedacht habe, wie er des Königs Wunsch wegen Besetzung einiger fester Plätze an der Rheingrenze beantworten wolle?

So schnell könne er nicht denken, sagte Oxenstierna, im nördlichen Klima brüteten die Vögel länger über ihren Eiern als im Süden.

Und ein Schwan, setzte Feuquières hinzu, brüte länger als eine gemeine Taube oder Schwalbe; er zweifle nicht, dass Oxenstierna fruchtbare und segensreiche Entschlüsse ausreifen werde.

Feuquières wisse wohl, sagte der Kanzler, dass seines Königs Wünsche gewisse eigensinnige Meinungen oder Vorurteile der deutschen Reichsstände gegen sich hätten, und noch sei seine, Oxenstiernas, Stellung im Bunde nicht so befestigt, dass er sie beeinflussen, geschweige denn zu einem Opfer überreden könnte, dem sie abgeneigt wären.

Es handle sich ja um kein Opfer, sagte Feuquières; denn wenn der König Benfeld, Breisach, Schlettstadt und etwa Philippsburg besetze, so tue er es, um seinen Verbündeten besser beistehen zu können, also einzig zu ihrem Wohle. Zum Beweise seiner Uneigennützigkeit diene seine Absicht, die Plätze nach Abschluss des zu erhoffenden Friedens zurückzugeben. Er könne nicht genug versichern, dass der König sich in diese Verhältnisse nur einließe, um dem Heiligen Römischen Reich zur Erneuerung seiner vormaligen Blüte zu verhelfen. Dies namentlich wolle er den Ständen in einer ausführlichen Rede auseinandersetzen.

Am Tage, nachdem Feuquières die Ansprache gehalten hatte, besuchte ihn zuerst der Markgraf Friedrich von Baden, um ihm zu sagen, was für einen tiefen Eindruck die Rede auf ihn gemacht habe und welche Dankbarkeit die Zuneigung des Königs für die Protestanten ihm einflöße. Nach seinem Dafürhalten liege die Sache so, dass nur die Hilfe des französischen Königs einen guten Frieden herbeiführen könne.

Feuquières sagte, dass es seines Königs Wunsch sei, den Platz des glorreich gefallenen Königs von Schweden einzunehmen. Huldvoll und uneigennützig biete er den versammelten Reichsständen die Hand, sie brauchten sie nur anzunehmen.

Er habe schon durch seinen Abgeordneten vernommen, sagte der Markgraf, dass der König ihm eine gewisse Summe zur Verfügung stellen wolle, falls die kriegerische Zeit seine Hilfsmittel verschlungen habe. Das sei leider an dem, ohne Geld lasse sich ja nicht Krieg führen, namentlich heutzutage. Wenn der König ihn zu seinem Schuldner machen wolle, so mache er ihn dadurch zugleich zu seinem ergebenen Diener und Freunde, der jede Gelegenheit suchen werde, diese Gesinnung zu betätigen.

Nichts werde dem König lieber sein, sagte Feuquières. Des Königs großmütiges Herz brenne vor Ungeduld, dem Markgrafen gefällig zu sein, dessen Verdienste er hochschätze.

Der König habe im Sinn, sagte der Markgraf, ihm eine jährliche Pension von 2000 Reichstalern auszusetzen. Ob der König ihm vielleicht außerdem noch eine Anleihe gewähren wolle?

Feuquières sagte, er wolle es dem König melden und hoffe, dem Markgrafen bald eine erwünschte Antwort geben zu können.

Nachdem der Markgraf von Baden sich entfernt hatte, kam Pfalzgraf Johann von Zweibrücken, den Feuquières mit Danksagungen für sein der französischen Sache gewidmetes Wohlwollen und Vertrauen empfing. Die Zuneigung zu Frankreich, sagte der Pfalzgraf, sei in seinem Hause erblich. Jedermann wisse, wie seine Vorfahren für König Heinrich IV. Blut und Leben gewagt hätten. Freilich habe sich seitdem vieles verändert.

Der Pfalzgraf war noch nicht fünfzig Jahre alt, aber sein Gesicht war verfallen, er hielt sich nur mit Mühe stramm und fiel leicht in einen Zustand von Müdigkeit und Zerstreutheit.

Dem großen Gemüte des Königs, erwiderte Feuquières, sei Glaubenshass fremd. Er, Feuquières, sei zwar für seine Person in den Schoß der Kirche zurückgekehrt, aber seine Frau sei Hugenottin und erziehe auch ihre und seine Kinder in ihrem Glauben; trotzdem genieße er die besondere Gnade des Königs. Er habe zwar kaum nötig, das anzuführen, da ja die Zuneigung seines Königs für den glorreich gefallenen Schwedenkönig, die er jetzt auf die evangelischen Reichsstände übertragen habe, genugsam beweise, dass er kein Fanatiker sei.

Der Pfalzgraf sprach von dem Bestreben des Königs, die aus Frankfurt und Speyer ausgewiesenen Kapuziner zurückzuführen. Der Nachdruck, mit dem Feuquières das Geschäft betreibe, mache böses Blut namentlich bei den Städten, die Einmischung in ihre Angelegenheiten überhaupt nicht liebten. Auch er könne Feuquières deswegen nicht so unterstützen, wie er sonst gern täte.

Die Offenheit des Pfalzgrafen, sagte Feuquières, sei hoch zu schätzen; aber er solle sich in die Lage des Königs versetzen, dem das Los seiner Glaubensgenossen am Herzen liege und der durch uralte Titel zum Schutze des katholischen Glaubens verpflichtet sei. Da er so viel für seine Freunde im Reich täte, wäre es unpassend, wenn sie ihrerseits ihm, wenn auch nicht durch Unterstützung, so doch wenigstens durch Zurückhaltung, nicht gefällig wären, wo es seine persönlichen Wünsche anginge. Er habe nicht unterlassen wollen, seine Ansicht auszusprechen, sagte der Pfalzgraf; übrigens könne er dem Könige nichts vorschreiben, dessen Beistand er ja in Anspruch nehmen müsse.

Ob er dem König mitteilen dürfe, fragte Feuquières, dass der Pfalzgraf ihm die Freude mache, die als Zeichen besonderer Zuneigung ihm angebotene Pension anzunehmen?

Er nehme sie dankend an, sagte der Pfalzgraf, wisse sich leider anders nicht zu helfen. Das Haus Österreich habe sein Haus von jeher mit Hass und Neid verfolgt; seit er sich dem Schwedenkönig angeschlossen habe, sei das Band vollends zerrissen. Versöhnung mit dem Kaiser sei unmöglich, so müsse er den Waffen und Gott vertrauen.

Und dem König von Frankreich! setzte Feuquières hinzu; der werde einen so alten Freund und Bundesgenossen nie verlassen. Wenn die Reichsstände nur nicht selbst den König der Mittel beraubten, sie zu schützen! Es sei unglaublich, wie viele Schwierigkeiten sie machten, ihm ein paar Plätze, wie Breisach und Philippsburg, abzutreten.

Der Pfalzgraf schwieg und sah starr vor sich nieder. Der König wolle sich ja zum offenen Krieg gegen den gemeinen Feind nicht entschließen, sagte er endlich. Also komme es dem Bunde zu, seine Festungen selbst zu behaupten.

Es sei nur zu befürchten, dass der Bund bei der Größe des Kriegstheaters es nicht vermöchte, entgegnete Feuquières; aber er beharrte für den Augenblick nicht bei dem Gegenstande.

Es erschien nun ein Abgeordneter der Stadt Nürnberg, ein großer, beleibter Mann, dem das Heraufsteigen der eng gewundenen Treppe ein wenig den Atem versetzt hatte. Er hatte ein ausgedehntes fleischiges Gesicht und eine gebieterische Nase und ließ den Blick mit verhaltenem Misstrauen und feindseligem Spott auf dem schmalen Franzosen ruhen. Feuquières habe eine verständige Rede gehalten, sagte er, indem er sich langsam in den angeborenen Sessel niederließ. Die Herren Nachbarn wären Muster von Beredsamkeit, das wisse man ja. Er billige, was Feuquières gesagt habe. Entschlossen das gesetzte Ziel zu verfolgen, das sei auch immer der Grundsatz der nürnbergischen Regierung gewesen; jedermann sei ja bekannt, wie die verstorbene Majestät von Schweden sich hauptsächlich auf sie gestützt habe.

Ja, sagte Feuquières lächelnd, das wisse man. Die Stadt Nürnberg sei eine viel umworbene Schöne, unter deren Fenstern die Herren Ständchen brächten.

Der Abgeordnete lachte, dass die goldenen Troddeln an seiner Weste zitterten. Feuquières zweifle hoffentlich nicht, sagte er, dass die Schöne tugendhaft sei. Tugendhaft und sehr wählerisch, bestätigte Feuquières. Sein König selbst achte sich nicht zu hoch, ihr seine Verehrung zu bezeigen.

Er vernehme es gern und mit gebührendem Dank, sagte der Nürnberger Gesandte. Er wolle nun mit uralter deutscher Aufrichtigkeit frei heraussagen, dass er ein Geschäft mit Feuquières zu machen gesonnen sei. Die Geschäfte der Stadt Nürnberg bedeuteten seit alters, dass sie den Potentaten das liebe Geld ausliehe; aber seit der Krieg im Schwange sei, wären viele säumige Zahler darunter, und das Blättlein müsse sich einmal wenden, sodass sie aus Gläubigern zu Schuldnern würden. Da nun der König von Frankreich sein Füllhorn darbiete, so wären sie entschlossen, die Gnade aufzufangen; eine erkleckliche Summe müsse es aber sein, damit der leere Kasten voll würde.

Den Herren von Nürnberg Geld anzuvertrauen, sagte Feuquières, sei fast mehr Weisheit als Gnade; besser könne man es auf der ganzen Welt nicht anlegen. Der König werde sich freuen, zum Glanze der goldenen Säule des Reichs und der guten Sache etwas beitragen zu können.

Feuquières wisse es lieblich zu wenden, sagte der Nürnberger. Das verständen sie im Reich nicht so gut, sie könnten den alten Bärenpelz noch nicht ablegen; wollten es auch nicht, schämten sich ihrer altdeutschen Rauheit nicht, weil sie mit Redlichkeit gepaart sei. Er wisse nichts anderes, als dem Könige untertänigen Dank zu sagen.

Feuquières versprach es auszurichten und hob die Weisheit hervor, mit der die Herren von Nürnberg das Staatsschifflein bisher so sicher durch den Sturm gesteuert hätten. Sie hätten in dem letzten, großen Jahre viel erleiden müssen.

Ja, und noch mehr stehe bevor, sagte der Gesandte mit einem Seufzer. Sie sollten Kassierer für das ganze Reich sein, und dabei würden die Einnahmen immer geringer.

Wenn die Deutschen, sagte Feuquières, nur mehr Zutrauen zu seinem König haben wollten! Sie besännen sich so lange, des Königs billigen Wünschen entgegenzukommen. Sie hätten ja keinen uneigennützigeren, treueren Freund! Wollten sie sich ihm auch nur recht eng und fest anschließen!

»Wir Nürnberger«, sagte der Gesandte, »sind gewöhnt, auf eigenen Beinen zu stehen, und dabei stets gut gefahren. Die Freiheit ist eine Jungfrau, lockert sie den Gürtel nur ein wenig, so büßt sie ihre Kraft ein.«

Ach, sagte Feuquières, solche Grundsätze wären in diesem Falle nicht angebracht. Der König von Frankreich gehe auf ein rechtmäßiges, gottgefälliges Ehebündnis aus. Er freue sich nur, dass ihre Strenge die Herren nicht verhindere, die Sympathie des Königs und ihre äußeren Zeichen anzunehmen, und er sei überzeugt, die gegenseitige Freundschaft werde dadurch befestigt, nicht gelöst werden. Er, Feuquières, bedürfe der Freunde in der Versammlung sehr. Er habe nicht geglaubt, dass die Stände es dem König so schwer machen würden, ihnen beizustehen.

Man müsse sich doch erst kennenlernen und verständigen, sagte der Nürnberger mit Zurückhaltung. Übereilung bei politischen Geschäften sei vom Übel; nur die Bündnisse wären von Dauer, bei denen jeder Teilnehmer seinen Vorteil finde.

Graf Philipp Reinhard Solms, der den Nürnberger ablöste, trat mit der Miene eines vertrauten Freundes ein. Nun, sagte er, Feuquières die Hand bietend, er komme, ihn wegen seiner Rede zu beglückwünschen. Es sei ein großer Erfolg gewesen. Damit habe er das entscheidende Gewicht in die schwebende Waage geworfen.

Er habe geglaubt, einmal die Sporen gebrauchen zu müssen, damit sie vom Flecke kämen, sagte Feuquières.

Die deutsche Langsamkeit, sagte Solms, sei ein großer Jammer und könne einen schier an der ganzen Nation verzweifeln lassen. Feuquières solle aber nicht glauben, dass alle so wären. Es gebe auch solche, die rasch mit der Hand am Schwerte wären.

So kenne er ihn, den Grafen Solms, sagte Feuquières, und ebenso großes Zutrauen habe er zu dem jungen Herzog von Weimar. Es habe ihn aber stutzig gemacht, dass der Herzog die Pension zurückgewiesen habe, die der König ihm habe bewilligen wollen. Er habe geglaubt, mehr Entgegenkommen bei dem Herzog zu finden.

Graf Philipp Reinhard machte ein nachdenkliches Gesicht. Wie viel denn Feuquières ihm angeboten habe?, fragte er.

6000 Reichstaler, antwortete Feuquières; der König habe dem Herzog durch eine so große Summe seine Sympathie und Anerkennung ausdrücken wollen.

Nun ja, sagte der Graf, er, Solms, würde sie mit Dank und Freuden angenommen haben. Aber dem Herzog Bernhard habe es wohl zu wenig geschienen. Er sei außerordentlich stolz. Feuquières möge verzeihen, dass er seine Meinung so offen heraussage, er tue es im Interesse des Königs. Nach seiner Meinung sei die Ursache dieses Refüs nur darin zu suchen, dass die Summe zu gering gewesen sei.

Feuquières bedankte sich für den Wink; er schöpfe nun Hoffnung, den Herzog doch noch zu gewinnen. Dem König liege viel daran, da des Herzogs Kriegstüchtigkeit und gute Gesinnung allgemein gerühmt werde.

Er sei tüchtig, sagte Solms, und der König tue wohl, ihn an sich zu fesseln. Doch müsse er sagen, dass Herzog Wilhelm, sein älterer Bruder, und Landgraf Wilhelm von Hessen fast ebenso wichtig wären. Besonders der Letztere sei unübertrefflich, standhaft und zuverlässig und opfere alles dem Glauben und der Freiheit.

Aber ob er auch glücklich im Kriege sei?, fragte Feuquières.

Er sei unermüdlich, erwiderte Solms, und habe in Melander einen erfahrenen General, der sich schon Anno 1620 beim Weißen Berge hervorgetan habe; auch wären die Hessen gute Soldaten. Herzog Bernhard werde von vielen für hitzköpfig und unbedacht gehalten.

Ob Solms denn glaube, fragte Feuquières, dass der Landgraf französische Bestallung annehmen werde? Der König habe ihm einen Titel in der französischen Armee und 1200 Gulden Pension zugedacht.

Der Landgraf sei hochverständig, antwortete Solms, und sein Land sei durch das räuberische Hausen der Kaiserlichen ganz verarmt; es sei ein gutes Werk, ihm beizuspringen. Wenn er, Solms, raten dürfe, so solle Feuquières hauptsächlich Kursachsen gegenüber nicht sparen. Nur durch Geld könne der Kurfürst aus seiner Unschlüssigkeit gerissen werden. Wenn ihn überhaupt etwas in Bewegung setzte, so wäre es das Geld. Feuquières solle nur tapfer bieten.

Ja, wenn Kursachsen ein anderes Haupt hätte!, sagte Feuquières. Jetzt könne man fast sagen, es sei nur ein Rumpf und wackele hin und her wie eine geköpfte Wespe.

Davon könne er erzählen, seufzte Solms. Feuquières werde aber schon selbst seine Erfahrungen in Dresden machen. Er, Solms, schlüge sich noch lieber durch Dornen, als dass er sich auf dem Miste wälzte. Darum sei er auch fest entschlossen, sich an Frankreich zu halten.

Feuquières sagte, es sei ihm eine wahre Erquickung, in Solms einen Deutschen nach der guten alten Art kennengelernt zu haben. Solms habe vorhin erwähnt, dass er ein gut gemeintes Geschenk seines Königs nicht ausschlagen würde. Ob er ihn beim Wort nehmen dürfe?

Er stehe zu allen seinen Worten, sagte Solms, insbesondere aber zu dem, dass er sich mit ganzem Herzen an Frankreich schließen wolle.

Als Feuquières am Abend dem Herrn de l'Isle, den er nach Straßburg und Württemberg schickte, einige Instruktionen gab, sagte er zu ihm, er habe jetzt ein Trompetensignal herausgefunden, das die deutschen Pferde unfehlbar in die blutigste Schlacht brächte.

»Ich habe Sie immer für ein großes Genie gehalten«, sagte de l'Isle, indem er sich gegen Feuquières verneigte; »was ist es?«

Feuquières griff in eine Seitentasche seines Überrocks und warf eine Handvoll Geldstücke über den Tisch, dass es klirrte.

De l'Isle brach in helles Gelächter aus. »Diese Tiere scheinen sehr musikalisch zu sein!«, sagte er.

»Das ist eine deutsche Eigenschaft«, sagte Feuquières ernsthaft, »vermittelst welcher es mir hoffentlich gelingen wird, die Bedürfnisse der Deutschen in Einklang mit den Wünschen unseres Königs zu bringen.«

Der gelungene Übergang über die Weser und die beim Überfall der Kaiserlichen gemachte Beute hatte die Unzufriedenheit des niedersächsischen Heeres für den Augenblick gedämpft, als aber Herzog Georg zur Belagerung von Hameln Anstalten traf, erwachte der Unwille von Neuem. Da Knyphausen erklärte, sich der Sache nicht mehr annehmen zu wollen, erlaubten sich die Offiziere Vorstellungen beim Herzog und hoben namentlich den Mangel an Belagerungsgeschütz, Pulver und Mundvorrat hervor; allein Georg entgegnete, wenn er sich nur ernstlich zur Belagerung anschicke, würden ihn seine Vettern, die Herzöge von Celle und Wolfenbüttel, nicht im Stiche lassen. Diese waren aber mit dem Umsichgreifen Georgs durchaus nicht einverstanden, teils, weil sie sich dem Kaiser gegenüber nicht kompromittieren wollten, andererseits auch, weil sie merkten, dass es ihrem kriegerischen Verwandten nur auf die eigene Vergrößerung ankam. Besonders Friedrich Ulrich war böse, weil Georg verlangte, dass die von ihm, Friedrich Ulrich, geworbenen Truppen sich mit seinen vereinigten, indem nach dem mit Schweden abgeschlossenen Vertrage er, Georg, die Verfügung über alle in Niedersachsen stehenden Heeresteile hätte; ferner, weil Georg Auflagen an Brot, Kleidern und Geld von seinen Untertanen erhob und sich auch sonst Eigenmächtigkeiten erlaubte. Der wolfenbüttelsche Kriegsrat von Mandelsloh, der wegen dieser Geschäfte zwischen Braunschweig und den Quartieren Georgs hin und her reiste, kam auch nach Ohre zu Knyphausen; denn da er von dessen schlechtem Einvernehmen mit dem Herzog zu Lüneburg gehört hatte, hoffte er sich seine Unterstützung verschaffen zu können.

Knyphausen empfing Mandelsloh in einem niedrigen Zimmer, das durch einen umfangreichen Kachelofen erhitzt war, und hörte, in seinen Bierkrug starrend, zu, was der Rat von Herzog Georgs Rücksichtslosigkeit erzählte; wie er sich gebärde, als sei er allein auf der Erde, während er doch nur ein jüngster Sohn ohne Fürstentum und zurzeit fast ohne Apanage sei. Dann, wie er den neuen hessischen General Melander im Quartier vor Hameln getroffen habe, einen grämlichen, unartigen Mann, der ihn, Mandelsloh, wie ein armes Schreiberlein habe herunterputzen wollen. Da gehe es zu wie im Lager der übermütigen Prätorianer zur Zeit der römischen Kaiser! Er habe seine ganze Dexterität gebrauchen müssen, um zwischen diesen soldatischen Herren das fürstliche Ansehen zu wahren.

Nun, sagte Knyphausen, er sei gewiss mit dem barschen Wesen des Herzogs von Lüneburg nicht einverstanden, aber Herzog Friedrich Ulrich sei auch selbst schuld. Er, Knyphausen, habe sich dermaßen ausgesetzt und verwickelt, um das billige Recht der Herzöge von Celle und Wolfenbüttel Georg gegenüber zu schützen, habe auch manches erreicht, und es wäre gewiss noch ganz anders über das Cellische und Wolfenbüttelsche hergegangen, wenn er sich nicht dawider gesetzt hätte; aber er habe bis dato noch keine Belohnung von ihnen gesehen. Wenn sie so fortführen, würden sie sich bald die treuen Freunde verscherzt haben. Er habe nur 2000 Reichstaler vom Herzog von Celle verlangt, die er notwendig brauche, der habe sie ihm abgeschlagen; nun sei er es müde, sich umsonst Widerwärtigkeiten aufzuladen.

Mandelsloh suchte den Herzog damit zu entschuldigen, dass allerorten Mangel sei; Knyphausen solle den unsäglichen Schaden bedenken, den der Krieg verursacht habe, man könne nicht alle Löcher auf einmal stopfen.

Auf das Notwendige, sagte Knyphausen, müsse aber doch gedacht werden. Er lasse jetzt den Herzog von Celle fahren. Der Herzog von Wolfenbüttel, Friedrich Ulrich, sei hoch in seiner Schuld, er habe es noch nicht aufgegeben, seine Gebühr von ihm zu erlangen, und wenn der Herzog ihn befriedige, so solle er sehen, dass seine Sachen in guten Händen lägen.

Wieso denn der Herzog Knyphausens Schuldner sei?, erkundigte sich Mandelsloh.

Ach, sagte Knyphausen, Mandelsloh solle nicht den Einfältigen spielen. Er habe vor Jahren dem jüngeren Bruder des Herzogs, weiland Herzog Christian, 20 000 Reichstaler geliehen, welche Schuld der auf Friedrich Ulrich übertragen habe; das stehe noch immer aus, er habe bisher Geduld gehabt, brauche es aber jetzt hochnötig und wolle davon abhängig machen, wie er sich inskünftig gegen den Herzog verhalte.

Ach Gott!, rief Mandelsloh aus, es sei ja Knyphausen bekannt, dass Wolfenbüttel noch in den Händen der Kaiserlichen sei und wie unfürstlich Friedrich Ulrich zu Braunschweig sein eigenes Geld verzehren müsse. Das liebe Geld sei ja zurzeit rarer als Diamanten. Auch sei es immerhin eine im Nebel schwebende Sache mit der Christianischen Schuld.

Dagegen verwahrte sich Knyphausen, die Schuld sei sonnenklar, verbrieft und versiegelt, er könne alles nachweisen. Übrigens wolle er sich nicht auf Geld steifen, der Herzog könne es ihm auf ein Gütlein anweisen, etwa auf das Amt Syke; es trage nicht viel, grenze aber an das Amt Meppen, das Oxenstierna ihm als Rekompens versprochen habe, so sei es ihm bequem und wolle er damit vorliebnehmen.

Und was denn Knyphausen Handgreifliches für den Herzog tun wolle?, fragte Mandelsloh.

Des Herzogs Recht bei Georg und bei Oxenstierna vertreten, sagte Knyphausen; Oxenstierna höre mehr auf ihn als auf Herzog Georg, ja, Oxenstierna sei bereits sehr unzufrieden mit dem Herzog.

Das sei doch aber nichts Gewisses, worauf er die Hand legen könnte, meinte Mandelsloh.

So wolle er denn Mandelsloh seinen Sinn rundheraus sagen, war Knyphausens Antwort. Es sei unzweifelhaft, dass Georg die Festung Hameln für sich einnehmen wolle, die doch Friedrich Ulrich zustehe und auf die er auch wegen ihrer Wichtigkeit nicht verzichten könne. Wenn es nicht zu verhindern wäre, dass Georg Hameln erstürme, müsse es wenigstens mit wolfenbüttelschen Truppen besetzt werden. Das würde zwar Mühe kosten, er werde es aber durchsetzen. Wahrscheinlich sei es aber, dass es gar nicht dazu käme, denn Oxenstierna beabsichtige, den Herzog im Reich zu verwenden und, wie er Mandelsloh im engsten Vertrauen mitteilen wolle, ihm, Knyphausen, den Oberbefehl über die niedersächsische Armee zu geben. Dann sei Herzog Friedrich Ulrichs Sache im Trocknen.

Mandelsloh kratzte sich hinter den Ohren, trank ein Schlückchen und schob den Bierkrug wieder zurück. Das sei wohl schön und tröstlich, sagte er, aber bei alledem habe der Herzog doch keine Sicherheit, die ihm Knyphausens gute Dienste verbürgte?

Das gehe ihm nicht ein. Was Mandelsloh damit meine?, sagte Knyphausen Er fing langsam zu sprechen an, wurde aber schnell hitziger. Ob etwa eines ehrlichen Ritters Wort nicht mehr genüge? Es habe ganz anderen Potentaten angestanden, als Friedrich Ulrich sei. Ob Mandelsloh eine bessere Bürgschaft wisse als sein Ehrenwort? Plötzlich sprang er auf und ging mit gezogenem Säbel auf Mandelsloh los: Der Herr solle ihm die Antwort nur gleich mit dem Schwerte geben.

Mandelsloh blieb ruhig auf seinem Stuhle sitzen und schüttelte missbilligend den Kopf. »So kommen wir nicht weiter«, sagte er, und es können auch solche Eruptionen des Herrn Feldmarschalls Gesundheit nicht zuträglich sein.«

»Das ist wahr«, erwiderte Knyphausen, indem er den Säbel einsteckte, »man setzt Gesundheit und Verstand bei diesem Leben zu. Die Hitze hier im Zimmer ist mir zu Kopfe gestiegen.«

»Ja«, sagte Mandelsloh, »der Wind bläst aus Westen, und die Erde gibt einen fruchtbaren Geruch von sich. Das kommt dem Herzog von Lüneburg bei seiner Belagerung zugute.«

Nun, Schloss Knyphausen, Mandelsloh solle seinem Herrn klarmachen, dass die 20000 Taler bei ihm, Knyphausen, wohl angewandt wären. Das Beste würde sein, wenn Herzog Friedrich Ulrich selbst ins Lager käme, sie könnten dann gemeinsam mit desto besserem Nachdruck vorgehen.

Als die beiden Herren aus dem Hause traten und sich die weiche, unruhige Frühlingsluft um die heißen Köpfe wehen ließen, erregte ein heranrollender Wagen ihre Aufmerksamkeit. Vielleicht eine Botschaft von Herzog Georg oder gar von Oxenstierna, meinte Knyphausen, und es kam Mandelsloh vor, als ob der Ritter ihn eilig loszuwerden suchte. Indem er behutsam über den schlammigen Boden stapfte, warf er einen Blick in die Kutsche und glaubte ein wohlbekanntes Gesicht zu sehen; jedenfalls beschloss er, in der Nähe zu bleiben, bis er sich über den neuen Gast Gewissheit verschafft hatte. Mit geringem Aufwand brachte er so viel heraus, dass der Ankömmling der ehemalige wolfenbüttelsche Rat Rauschenberg war, der im Dänischen Kriege seinen Herrn an Wallenstein verraten hatte, und dass Knyphausen wegen der vermeintlichen Schuld Herzog Christians mit ihm verhandelte.

Friedrich Ulrich nahm den Bericht seines Kriegsrates zunächst sehr unwillig auf. Nun und nimmermehr wolle er Knyphausen die 20 000 Taler geben, sagte er. Knyphausen sei es ja gewesen, der seinen armen Bruder Christian zum Bösen verführt und dadurch alles Unglück angestiftet hätte, und nun solle er ihn noch dafür belohnen? Davon zu schweigen, ob er überhaupt ein Recht darauf hätte.

Nach Recht und Unrecht pflegten die Kriegsleute selten zu fragen, meinte Mandelsloh bedenklich. Auch sei jetzt der Erzschelm, der Rauschenberg, bei ihm, der habe sich nicht gescheut, Friedrich Ulrich an Wallenstein zu verraten, werde jetzt das Judasgeschäft weiter treiben. Schließlich könne leicht an der Christianischen Schuld etwas Wahres sein, und davon sei er überzeugt, dass Knyphausen es sonst redlich mit ihnen meine. Mit Herzog Georg und der Cellischen Linie sei er ganz überquer, wenn Friedrich Ulrich ihm den Beutel ordentlich füllte, würden sie einen nützlichen Beförderer an ihm haben. Knyphausen habe sogar den Wunsch ausgesprochen, dass Friedrich Ulrich persönlich ins Lager käme, was er, Mandelsloh, aber widerriete.

Warum denn das?, fragte Friedrich Ulrich. Er könne sich nicht denken, was Mandelsloh dagegen haben sollte. Es sei doch ein altes wahres Sprichwort, dass eine Armee am meisten ausrichte, wenn der Fürst sie selbst anführe.

Nun ja, sagte Mandelsloh, aber mit dem Kriegswesen laufe es heutzutage wunderlich, eins, zwei, drei habe man eine Schlappe weg, dann falle der Schimpf auf den Fürsten anstatt auf den Feldhauptmann.

Mandelsloh wolle doch nicht etwa andeuten, fragte Friedrich Ulrich misstrauisch, dass es ihm an Tapferkeit oder sonst an Feldherrngaben mangle?

Das wolle er beileibe nicht, versicherte Mandelsloh, erinnerte aber daran, wie empfindlich es etwa der Kaiser aufnehmen könnte, womit sich Friedrich Ulrich einstweilen beschwichtigen ließ. Hinsichtlich der Christianischen Schuld machten sie aus, dass der Herzog dieselbe nicht anerkennen, aber Knyphausen die 20 000 Taler als Belohnung versprechen und das Amt Syke pfandweise dafür einräumen solle, wenn Knyphausen zuwege brächte, dass Hameln, falls Herzog Georg es eroberte, nicht in seinem, sondern in Friedrich Ulrichs Namen besetzt würde.

Vergesse der Herr Oberst nicht, dass er zu seinem General und einem deutschen Reichsfürsten spricht«, sagte Herzog Bernhard zum Obersten Pfuel; »sonst zwingt er mich, anstatt der Hand des Kameraden das Schwert des Herrn gegen ihn zu gebrauchen.«

Der Oberst sah dem Erzürnten dreist in die Augen und sagte: »Ich vertraue auf meines Generals und eines tugendhaften Fürsten Gerechtigkeit. Wir kämpfen alle nicht umsonst, auch der Heilige rechnet auf einen Platz an Gottes Seite.«

»Ich rede nicht von der Sache«, sagte Bernhard; »aber den drohenden Ton sollt Ihr mäßigen.«

Stände Bernhard ihnen in der Sache bei, antwortete Pfuel, so wollten sie den Ton gern umstimmen; es sei in der Natur, dass man laut riefe, wenn man leise nicht gehört würde.

Er habe gehört, sagte Bernhard, und sich sehr verwundert, dass sie ihre Klagen in diesem Augenblick vorbrächten. Wenn Gelegenheit zu einer großen Aktion wäre, müsse ein rechter Offizier Essen, Trinken und Schlafen, ja das Atmen darüber vergessen; leben könne man wieder, wenn die Gelegenheit genützt sei. Wenn sie den Aldringen jetzt geworfen hätten, wäre Bayern ihnen offen gewesen. Er selbst gebe ihnen das Beispiel. Pfuel wisse wohl, was für große Projekte er wegen Regensburg gehabt hätte: er habe sie fahren lassen, um im Verein mit dem Feldmarschall Horn Schwaben zu schirmen. Davon, dass er auch vieles, und mehr als die Obersten, vom schwedischen Kanzler zu fordern hätte, wolle er nicht reden.

Und warum er nicht davon redete?, fragte Pfuel. Nun, Bernhard sei ein großer Herr und Fürst und komme wohl immer noch zu dem Seinigen; sie, als arme Obersten und Privatleute, müssten sich beizeiten umtun. Je höher der Schuldner stehe, desto unsicherer sei er. Manch ein großer Kaufherr sei um des Kaisers willen zum Bettler geworden.

Herzog Bernhard stand still, bückte sich nach einem Löwenzahn, der am Wege blühte, starrte in den rötlichgelben Strahlenkelch und ließ die Blume wieder fallen.

Geld sei ja jetzt vorhanden, fuhr Pfuel fort, der französische Gesandte streue mit vollen Händen in Heilbronn aus; aber bis an die Donau fliege der goldene Samen nicht. Ja, wer habe denn eigentlich das Hauptverdienst um die großen, wundervollen Eroberungen, die gemacht worden wären? Etwa die schwedischen Edelleute, die Räte und Schreiber, die sich jetzt in Heilbronn gütlich täten und mit goldenen Ketten prunkten? Da müsste die Sonne vom Himmel stürzen, wenn es so auf Erden zuginge, dass die Müßiggänger gemästet würden und die, welche Schweiß und Blut verackerten, leer ausgingen!

Er habe bereits erwidert, dass er ihre Sache führen wolle, sagte Herzog Bernhard; ob sie bei ihm nicht in guten Händen wäre?

Das wohl, versicherte Pfuel, sie vertrauten gänzlich auf ihn; aber sie unterständen sich, ihn zu erinnern, dass er den Augenblick am Schopfe fassen müsse. Jetzt habe Moses mit dem Stab an den Felsen geschlagen, jetzt müsse ein jeder sein Schälchen unter die Quelle halten.

Gut, sagte Bernhard, er wolle mit Horn reden und verbürge sich dafür, dass ihre Forderungen dem Kanzler eingereicht und von ihm unterstützt werden würden; dagegen solle Pfuel versprechen, die Armee zur Ruhe und zum Gehorsam zurückzubringen.

Lieber hätte Bernhard die Unterredung mit Horn hinausgeschoben; allein er war gewöhnt, sich der drückendsten Aufgaben am schnellsten zu entledigen, und suchte den ungeliebten Mitfeldherrn sofort auf. Horn hörte Bernhards Vorschlag, sie wollten die Forderungen der Obersten bei Oxenstierna vertreten, missbilligend an; es wundere ihn und sei noch nie erlebt, sagte er, dass ein Feldherr sich meuternder Soldaten annähme, die von Rechts wegen an den Galgen gehörten.

Bernhard rügte den scharfen Ausdruck: wenn es Meuterer wären, würde er nicht für sie eintreten. Sie suchten ihr Recht, und das stehe freien Männern zu.

Jetzt gelte kein anderes Recht für sie als das Soldatenrecht, sagte Horn. Wohin käme man, wenn Soldaten wegen ausstehender Forderungen den Dienst verweigern dürften?

Würden berechtigte Forderungen dauernd übersehen, so verliere man den Kredit, entgegnete Bernhard, und werde zuletzt niemand mehr für einen arbeiten. Horn solle sich einmal von der Stimmung überzeugen, die unter den Soldaten herrsche.

Auf den Befehl des Obersten Pfuel kamen die Unteroffiziere seines Regiments, das vor Neuburg lag, in sein Quartier, wo auch Bernhard von Weimar und Horn sich eingefunden hatten. Er habe im Sinn, am folgenden Tage etwas gegen Eichstätt zu tentieren, sagte Pfuel zu den Unteroffizieren; vor Sonnenaufgang müsse aufgebrochen werden.

Nach einer Pause erwiderte einer der Unteroffiziere, das sei unmöglich; wenn er den Befehl ausgäbe, würde offener Widerstand ausbrechen. Sie wollten wohl ihr Leben in der Schlacht wagen, nicht aber sich von einer wütenden Soldateska erwürgen lassen.

Pfuel zuckte die Achseln und sagte gegen Bernhard gewendet, er habe es vorausgesagt, mit Gewalt sei den erbosten Leuten nicht mehr beizukommen.

Davon wolle er sich mit eigenen Augen überzeugen, sagte Horn, dessen blasses Gesicht ungeduldiger Zorn rötete. Die Herren möchten ihn ins Lager führen.

In verhaltener Erregung ritten sie schweigend aus dem Tor heraus, wo die Lagerstatt sich weithin erstreckte. Das Trompetenzeichen, das die Truppen zusammenblasen sollte, schien niemand zu hören; erst nach geraumer Zeit, als Oberst Pfuel im Begriff war, es wiederholen zu lassen, erhoben sich die Soldaten langsam von ihren Plätzen. Sie hatten schon gespeist, denn es war Abend, aber die Sonne noch nicht untergegangen, und sie würfelten mit Kameraden oder spielten mit ihren Kindern; gemächlich schlenderten sie herbei wie Neugierige, die gelegentlich sehen wollen, was es gibt. Oberst Pfuel sah es mit Genugtuung, aber fast wider Willen empörte ihn der Anblick der übermütigen Untergebenen, die seine Anwesenheit kaum beachteten, geschweige denn, dass sie ihnen Unterwürfigkeit einflößte. »Kennt ihr euren Obersten nicht?«, schrie er die nächsten an. »Bin ich unter Bauernrüpel geraten?«

Die Männer redeten eine Weile untereinander, dann trat einer vor und sagte, der Herr Oberst wisse ihre Meinung: sie täten keinen Dienst, bevor sie nicht den rückständigen Sold erhalten hätten.

Horn war kaum imstande, seine Entrüstung zu bemeistern: Pfuel, der Oberst, und Bernhard, der General, sahen der meuterischen Aufführung dieser Kerle zu, ohne sich zu rühren, als gehe es sie nichts an. Würden sich gemeine Soldaten mit solcher Frechheit hervorwagen, wenn sie sich nicht vor Strafe sicher wüssten? Bewies ihr Benehmen nicht, dass eine Verschwörung zwischen ihnen und den Häuptern bestand, die gegen ihn und seinen Schwiegervater, den Kanzler, gerichtet war? Unwillkürlich griff er nach dem Degen und machte eine Bewegung, als wolle er vom Pferde springen und sich mitten unter die Trotzigen werfen, um sie Gehorsam zu lehren.

Inzwischen hatte sich die ganze Mannschaft versammelt und stand in einem massigen Haufen zusammengedrängt gespannt erwartend da. Sie kamen Horn vor wie ein einziges gigantisches Tier, das, scheinbar bewegungslos, die ganze Kraft sprungbereit macht, während es das Ziel mit den Augen an sich reißt. Nur wenige von ihnen hatten Waffen; aber sie bedurften ihrer so wenig wie ein Rudel Wölfe: mit Fäusten und Zähnen hätten sie ihn in einer Minute in Stücke gerissen. Ein Grauen vor dieser Bestie, die man sich zog, um einen Gegner zu erlegen, und die sich unversehens auf den eigenen Herrn werfen konnte, überlief ihn. Wie ekelte ihn vor diesem Kriege und vor denen, die den Blutdurst der Bestie entfesselten, um sich zu bereichern.

Das hatten sie erreicht, dass er seine Ohnmacht einsah und sich trotz seines Widerwillens entschloss, nach Heilbronn zu reisen und seinem Schwiegervater die Forderungen der Obersten vorzulegen, während Bernhard mit der einstweilen beruhigten Armee kleine Streifzüge in der Umgegend ausführte. Oxenstierna erledigte die Angelegenheit dadurch, dass er anstatt Geld diejenigen Güter auszuteilen versprach, mit denen der verstorbene König namentlich während seines Aufenthaltes in Würzburg verdiente Offiziere reichlich beschenkt hatte; der Wert der zu vergebenden Länder wurde auf vier bis fünf Millionen Taler geschätzt.

Es war Mitte Mai, als Horn mit dieser Nachricht zurückkehrte. Wie wenn die Stürme, die den Frühling bringen, sich legen und die erschütterte Erde sich sammelt, bevor sie blüht, wurde der Aufruhr in Bernhards Brust plötzlich still, und er empfand nichts als ein unbestimmtes, feierliches Vergnügen. Ohne zunächst sich zu äußern, warf er sich auf sein Pferd und ließ es traben; bald rascher, bald langsamer trug es ihn einen schmalen Weg an der Altmühl hin, eine Anhöhe hinauf, wo er in der letzten Woche mehrmals gewesen war, um einen Überblick über die Umgegend zu gewinnen. Dort stieg er ab und legte sich ins Gras, um sich dessen, was war und was er wollte, bewusst zu werden.

Dies war der Augenblick: der Schatz blühte, er musste ihn ergreifen ohne Furcht vor Tod und Hölle. Dass Oxenstierna nachgegeben hatte, bewies seine Schwäche; er tat widerwillig, was er musste, und ebenso würde er seine, Bernhards, Forderungen bewilligen. Hatte er einmal Schenkungen des verstorbenen Königs anerkannt, so konnte er auch ihm das Herzogtum Franken, das Gustav Adolf ihm versprochen hatte, nicht vorenthalten: das Recht und die Not wanden es ihm miteinander aus den geizigen Fingern. War es möglich? Er war nicht der waghalsige Beutejäger mehr, der abenteuernde Heerführer, der gewissenlose Söldner; er war regierender Fürst, ein mächtiger Stand des Reichs, Herzog von Franken. Er reihte sich den Häuptern an, die die Kaiserkrone trugen zu jener Zeit, wo die Kaiser des heiligen Reichs Imperatoren der Welt waren. Was nur Schimäre für einen Schweden sein konnte, wenn es auch ein Gustav war, er besaß es in Wirklichkeit: die Anwartschaft auf eine neue Krone im neuen Reich deutscher Nation reines deutschen Glaubens. Bis das verwirklicht werden konnte, musste er sich mit dem Schwert durch Dornen hauen, aber das schreckte ihn nicht; was sein Lehrer ihm, dem Knaben, als Motto in seinen Plutarch geschrieben hatte: Per ignes et enses, das hatte er sich ins Herz gegraben, und es hatte sich unvertilgbar hineingewachsen. Er hörte es klirren und sausen, es schmetterte wie ein Marsch vor ihm her: durch Flammen und Schwerter; es würde ihn über den tiefsten Abgrund tragen.

Indem er sich umblickte, sah er sich umschlungen von den Reigen und Chören der nahen und fernen und ferneren, weit hinten im bläulichen Horizont verschwimmenden Hügellinien; still lag er wie mitten im Kelch einer groß aufgerollten, ihre Vollendung feiernden Blume. Es mochte das letzte Mal vor den Kämpfen sein, die nun beginnen mussten. Das Nächste würde vielleicht das Allerschwerste sein: das hässliche, kleinliche Streiten mit Oxenstierna. Dieser würde Ausflüchte suchen; er würde sagen, dass er, solange der Krieg währte, wichtige Punkte wie Würzburg und Bamberg nicht aus der Hand geben dürfe; er, Bernhard, würde die Gemeinsamkeit der Interessen betonen und auf die Schenkungen weisen, die schwedische Offiziere erhalten hatten, namentlich Oxenstiernas Schwiegersohn Horn. Um sicher zu gehen, würde er die alleinige Direktion des Bundesheeres fordern, wie Gustav Adolf sie gehabt hatte; die würde der Kanzler ihm nie gewähren wollen und würde froh sein, den Verzicht darauf mit einem Herzogtum zu erkaufen. Er, Bernhard, wäre lieber Generalissimus als Herzog von Franken geworden; denn war er Herr des Heeres, so glaubte er zugleich Herr des Krieges, Herr im Reiche zu sein. Es wäre der geradere, kürzere Weg. Als Generalissimus wäre er unabhängig, als Herzog von Franken wurde er gebunden.

Langsam verschattete sich sein frohes Gemüt unter diesem Gedanken. Dieser Schlinge konnte er sich nicht entziehen: begehrte und nahm er das Land als ihm vom König erteiltes Geschenk, so wurde er Vasall der schwedischen Krone. Er hatte oft lange darüber gegrübelt und mit seinem Lehrer Hortleder, der in den staatsrechtlichen Fragen bewandert war, darüber gesprochen; es war ihm nie so bitter erschienen wie in dieser Stunde, die eben noch so leicht gewesen war. Hätte der König gelebt, so hätte er sich wenigstens vor einem Höheren beugen müssen, nicht vor einem Edelmann; andererseits, hätte der König gelebt, wie viel schwerer und gefährlicher wäre die Lehenschaft für ihn gewesen! Von dem königlichen Kind Christine drüben in Schweden hatte er nichts zu besorgen; der schwedische Graf stand zu tief unter ihm, als dass er ihn ernstlich gefürchtet hätte.

Dennoch blieb es eine Demütigung, ein Wagnis, ein Frevel, eine Qual; niemand, auch nicht Gott, konnte es ihm schneidender sagen, als er selbst es sich sagte. Was hätte er geantwortet, wenn eine Stimme vom Himmel ihn angerufen hätte: ›Luzifer! Rebell!‹

Sein Herz schlug laut, und unwillkürlich lauschte er in die leise hauchende Stille, Gott rief ihn nicht; und hätte er's getan, er, Bernhard, hätte doch Rede gestanden. Gab es denn einen anderen Weg, Vaterland und Glauben zu retten? Diese Zweifel gehörten mit zu der ihm auferlegten Prüfung. Die Ritter, die auszogen, um Verzauberte zu erlösen, hatten nicht nur ritterliche Kämpfe auszufechten: Drachen, Fratzen, Unholde und Würmer versperrten ihren Weg und gaukelten ihnen die Hölle vor. Nicht das war das Schwerste, dem Tode zu trotzen, sondern Verhasstes und Niedriges zu tun. Herkules hatte den Stall vom Unrat gereinigt, er war des unwürdigen Mannes und des Weibes Knecht gewesen, bevor das Feuer ihn zum Gott verklärte.

Der Herzog stand auf und atmete tief. Wenn er es nicht vermöchte, was er sich vorgesetzt hatte, dann wäre er schuldig; aber er war der Mann, es hinauszuführen, er, keiner außer ihm. Sie alle suchten den Genuss, sei es den Rausch oder die Liebe, den Ruhm, die, Bequemlichkeit; er opferte alles der heiligen Sache. Die Flamme, die in ihm brannte, verzehrte den unreinen Stoff, mochte sie immerhin zuletzt ihn selbst verzehren.

Indem er sein Pferd lockte und an den großen König dachte, dem es gehört und den es zum Grabe getragen hatte, tauchte flüchtig die Sorge um seine Gesundheit in ihm auf. Seinen Körper hätte er kräftiger wünschen mögen; es kam ihm vor, als ob die Bäder, die er auf den Rat der Ärzte gebraucht hatte, ohne bessernde Wirkung geblieben wären. Er tröstete sich damit, dass sein Wille diese Schwäche ersetzen würde; er hatte es noch immer möglich gemacht, zu tun, als sei ihm wohl, wenn er sich krank fühlte.

Heimreitend sah er von der kürzlich erstürmten Willibaldsburg, die wie ein heidnischer Opferblock dalag, weiße Rauchringe in die kosende Luft schweben. So, dachte er, würde er einst, wenn sein Werk getan wäre, zu Gott auferstehen, nicht mehr ein Fürst, nicht mehr ein Sklave, sondern eines Helden Seele, gottgeworden, frei.

Am Morgen des 15. Mai verließ Wallenstein Prag, um sich zur Armee nach Schlesien zu begeben. Sein junger Vetter Max, der ihm zum bevorstehenden Feldzuge Glück wünschen wollte, stieg mit ihm in die Sänfte, um ihm ein Stück Wegs das Geleite zu geben. Der Fürst sehe ja wieder wohl und gesund aus, begann der junge Graf, indem er einen schnellen Blick auf das fahle Gesicht an seiner Seite warf. Er sei so weit zufrieden, gab Wallenstein zur Antwort, fühle sich nicht eben als ein Sterbender.

Das sei vortrefflich, fuhr Max fort; in Wien erwarte man herkulische Taten von ihm.

So, so, sagte Wallenstein spöttisch. Nun, der Löwe sei bereits erwürgt, jetzt würde er gern einen gewissen Stall ausmisten.

Der junge Graf lachte ein wenig verlegen, da er nicht recht wusste, wie er die Anspielung auffassen sollte. Ob der Vetter ins Reich zu ziehen gedenke?, fragte er nach einer Pause.

Einstweilen habe er vor, in den österreichischen Erblanden zu bleiben, antwortete Wallenstein. Sie sähen in Österreich immer nur des Kriegsgottes Faust voll Beute; wenn sie nicht auch einmal seinen eisernen Fuß spürten, würden sie nie Frieden machen.

Er besorge nur, sagte Graf Max, dass sein Vetter sich dadurch Feinde mache. In Wien sei ein Zetergeschrei wegen der Kriegskontribution gewesen, sogar Eggenberg nehme es empfindlich auf, dass er zahlen müsse, und solle Tränen vergossen haben.

Wallenstein lachte halblaut. »Tränen sind ja kein Scheidewasser«, sagte er, und machen die Münzen nicht schlechter.«

Beim Kloster Strahow ließ Wallenstein halten und stieg aus, um mit dem Abte über Pappenheims Beisetzung zu verhandeln.

Es wurde ihm im Garten ein Frühstück vorgesetzt, wovon er nichts anrührte; aber die starke Wärme schien ihm wohlzutun. Flieder und Rotdorn blühten in Fülle in den großen Gärten, die sich vom Kloster, von der Burg und von anderen Palästen gegen die Moldau hinuntersenkten; von oben sah es aus, als quöllen aus der Erde Ströme und Springbrunnen von Blüten, deren rosige Brandung an den Mauern emporschäumte, verführerische Arme, die das Menschenwerk in das dunkle Element hinunterziehen wollten. Wallensteins Augen wendeten sich gleichgültig von dem ihn umrauschenden Frühlingsgewoge ab und musterten den strahlenden Himmel, dessen Bläue nur am Horizonte hie und da ein leichter weißer Flaum trübte, indem er an das Glück dachte, das ihm Seni aus diesem schönen Tage prophezeit hatte. Der Abt folgte seinem Blick und sagte lächelnd, Gott habe gleichsam einen Triumphbogen errichtet, durch den der General als ein Eroberer auf die Kriegsbühne ziehe. Prag freilich bleibe verwaist zurück und müsse billigerweise ein Trauerkleid anlegen.

Es sei ja nicht auf lange, sagte Wallenstein, und bei seiner Rückkehr gedenke er ein Friedensölzweiglein mitzubringen.

Als der Zug gegen Abend in Brandeis ankam, war die Sonne hinter Wolken verschwunden, die sich düster vom schweflig gelben Himmel abhoben. Beim Aussteigen bemerkte Wallenstein die veränderte Witterung und sah sich prüfend um: die Eichbäume, die auf den Hügeln und am Fluss entlang wuchsen, standen so still, als habe ein plötzliches Grauen sie gelähmt, und ihre erstarrten Blätter glühten geheimnisvoll wie das Grün eines Waldteiches. Es könnte ein Wetter geben, sagte der Verwalter des Schlosses, wo Wallenstein abstieg; nun, der Fürst sei unter Dach, so habe es nichts auf sich. Er überreichte dem General einen für ihn abgegebenen Brief; aber Wallenstein war von der Reise so erschöpft, dass er, ohne ihn zu lesen, sich zu Bette bringen ließ und sogleich einschlief. Kurz vor Mitternacht weckte ihn der Wind, der das Haus erschütterte. Er läutete einem Kammerdiener und ließ den Astrologen Seni rufen, der gleich darauf erschrocken, eine brennende Kerze in der Hand, in einem schnell übergeworfenen Mantel auf Filzschuhen hereinschlürfte. Er habe ihm am Morgen den wolkenlosen Himmel als einen Triumph ausgelegt, rief Wallenstein ihm entgegen; ob dies Donnerwetter einen Umsturz seines Glücks zu bedeuten habe?

Der Wind vertreibe es vielleicht noch, sagte Seni; aber wie dem auch sei, was der Himmel einmal prophezeit habe, könne nicht rückgängig gemacht werden; er wolle sich nun die neue Konfiguration betrachten. Wie er sich bemühte, das Fenster zu öffnen, gegen das der Sturm sich stemmte, warnte ihn der Herzog, nicht mit dem in seiner linken Hand zitternden Licht den Vorhang zu entzünden, worauf er die Kerze auf einen Tisch abstellte und es von Neuem versuchte. Plötzlich fuhr er zurück, da ein erster Blitz fiel, dem nach kurzer Pause ein noch verhaltenes Donnern folgte. Bald danach kam der Kammerdiener und sagte, es werde ein sehr böses Gewitter geben, die Blitze stießen senkrecht vom Himmel in die Erde, das sei ein gewisses Zeichen. Der Herzog möge ihm doch gestatten, das Licht zu löschen, es sei ein bewährter Glaube, dass kein irdisches Licht unter dem Zornfeuer Gottes brennen dürfe.

Er solle es immerhin ausblasen, sagte Wallenstein.

Das Unwetter stürmte heran, und als wenn ein reitendes Heer im Vorüberrasen glühende Lanzen schleuderte, stürzten die Blitze herunter: jäh erschienen die waldigen Hügel, scheinbar mit dem Flusse hingleitend. Der Kammerdiener und Seni beteten auf den Knien, indes Wallenstein die hohlen Augen nach dem wechselweise aufflammenden und erlöschenden Fenster richtete. Als der Regen in plötzlichem Guss dazwischenrauschte und der Donner nachließ, schickte er den Kammerdiener fort und winkte Seni zu sich ans Bett. »Dies muss eine unerwartete und fürchterliche Katastrophe bedeuten«, sagte er. Freilich, freilich, erwiderte Seni, aber sie betreffe nicht ihn, sondern seine Feinde. So gewiss morgen die Sonne sauber und glänzend im Osten aufgehen werde, so gewiss werde des Fürsten unverminderte Glorie über dem niedergeschmetterten Feinde prangen.

Über welchem Feinde?, wollte Wallenstein fragen; aber er sprach es nicht aus, sondern ließ Seni sich wieder zu Bette legen. Er selbst konnte nach der starken Erregung nicht wieder einschlafen, erinnerte sich des

Briefes und öffnete ihn. Nachdem er ihn zweimal gelesen hatte, zerriss er ihn in kleine Fetzen und ließ sie am Lichte verkohlen. Er war vom Grafen Bubna, einem böhmischen Exulanten, der schwedischen Dienst angenommen hatte und dem General meldete, er sei im Auftrage des Grafen Oxenstierna zum Zweck einer persönlichen Unterredung auf dem Wege nach Gitschin.

Wallenstein legte sich in seine Kissen zurück und sann. Dieser Bubna, mit dem er als Knabe die protestantische Schule besucht hatte, war ihm damals nicht unlieb gewesen: er war offen und ehrlich, und obwohl er schweigsam war, verbarg er doch den Kameraden nichts, außer wenn die Pflicht es forderte. Für tiefe und verwickelte Angelegenheiten war er zu einfach und hatte niemals geahnt, was in ihm, dem abseits sich haltenden Mitschüler, vorging; aber eben darum war er ihm recht: er konnte sich gerade so weit gegen ihn herauslassen, wie es ihm beliebte, jener würde ihn weder ausholen noch durchschauen können. Noch wusste er selbst nicht, ob und wie weit er sich mit Schweden, wie weit er sich mit den böhmischen Emigranten einlassen wollte. Was hatte dies Häuflein landflüchtiger Böhmen zu bedeuten? Dass sie zu kurzsichtig und zu engherzig waren, um für sich allein etwas gegen Habsburg auszurichten, das hatte sich 1620 gezeigt; so viel oder so wenig bedeuteten sie wie ein Pfeil, dessen Kraft und Wirkung von dem Schützen abhängt, der ihn abschießt. Ja, von ihm hing es ab, ob des Kaisers Sohn Ferdinand, der scharrende Hahn, der ungeduldig war, den olympischen Adler zu spielen, sich länger auf dem alten böhmischen Throne breitmachen durfte oder ihn räumen musste. Von ihm hing es als, ob die Schweden schimpflich aus dem Reiche abziehen müssten oder dablieben, um noch fernerhin den kaiserlichen und bayrischen Übermut zu dämpfen. Das Horoskop fiel ihm ein, das er erst kürzlich dem Thronfolger hatte stellen lassen und wonach er morsch, natürlichem Absterben verfallen war. Am allerbesten wäre es gewesen, wenn der habsburgische Stamm geräuschlos verfaulte; warum sollte er sich vergebliche Arbeit machen? So einfältig war der Friedländer nicht, sich mächtige Barone zu züchten, die ihn hernach als Hampelmann traktierten. Vielleicht war es eher möglich, den Kaiser als den böhmischen Adel im Zaume zu halten.

Es war schon Nacht, und im Schlosse von Gitschin herrschte Schweigen, als Bubna zu Wallenstein geführt wurde, der in einem Sessel gebettet saß und sich mit seinem kranken Bein entschuldigte, dass er ihm nicht entgegenging. »Widerwärtigkeiten und Sorgen spannen Postpferde vor den Karren des Alters,« setzte er hinzu, als ob er Buhnas Gedanken erriete; denn dieser starrte den General an und wunderte sich, dass er in seinen Zügen nichts von dem Gesicht des schönen, dunkeläugigen Knaben mehr wiederfinden konnte. Jawohl, sagte Bubna schnell, indem er durch sein starkes, buschiges Haar fuhr, er sei auch vor der Zeit ergraut, das begreife sich bei einem armen Vertriebenen. Er bringe die gute alte Zeit nicht aus dem Sinn. Man habe doch zu Kaiser Rudolfs Zeit, was für ein Lügensack und Maulwurf er auch gewesen wäre, Frieden und Wohlstand in Böhmen gehabt. Er habe dazumal nicht gewusst, was für eine Lust es sei, in den eigenen Wäldern zu jagen, das eigene Korn zu ernten und die Kinder im eigenen Hause spielen zu sehen; nun sei alles verloren, zur Strafe dafür, dass die rechte Einmütigkeit nicht geherrscht habe.

Sie tauschten Erinnerungen aus der Vergangenheit aus, und Wallenstein sagte, die schönen Tage könnten ja wiederkommen, und vielleicht sogar schönere; denn König Rudolf habe als ein Fremder doch das rechte Herz für Böhmen nicht gehabt, abgesehen davon, dass von dem faulen habsburgischen Stamme nun einmal nichts Gutes kommen könnte.

Ja, wenn er, Wallenstein, sich Böhmens annehmen wollte, sagte Bubna lebhaft, dann könnten sie wieder hoffen. Und sie täten's ja auch, warteten nur auf ein entscheidendes Wort von ihm und wären dann bereit, für ihn zu kämpfen.

Wallenstein schwieg eine lange Weile und sagte dann in vertraulichem Tone, viele von den böhmischen Herren hätten ihn früher wohl gehasst und ihn für einen Treulosen gehalten, der sich aus Ehrgeiz an den Tyrannen hänge und die heimische Freiheit unterdrücken helfe. Man hätte ihm unrecht getan, er wolle sich einmal frei gegen Bubna darüber aussprechen. Sie hätten es dazumal falsch angefangen, indem sie das Schicksal des Vaterlandes auf die Pfalz gesetzt hätten. Er habe das Unglück vorausgesehen und deshalb zum Kaiser gehalten und ihm zum Siege verholfen, wofür er freilich wenig Dank geerntet hätte. Nie hätte er gedacht, dass sich Neid und Habgier so einmischen und sein liebes Böhmen in Grund und Boden ruinieren würden. Seine Feinde rasten, weil seine Güter in Flor ständen, das übrige Böhmen aber wüst und elend läge; er sei stolz darauf, denn es bewiese nichts anderes, als dass er sein untergebenes Land und Volk gut hielte, der König und seine Kreaturen dagegen das ihrige verderbten.

Er und andere wüssten wohl, sagte Bubna, dass Böhmen in Wallensteins Händen wohlgeborgen sein würde.

Wallenstein sah lange gedankenvoll vor sich hin. Ja, sagte er endlich, im Frieden würde er ihrer gedenken und darauf dringen, dass jeder von ihnen wieder zu dem Seinigen käme. Er wollte, dass seine Landsleute sein Andenken segneten, nicht verfluchten.

Frieden?, fragte Bubna aufmerksam. Ja, wie er denn den herzwingen wollte? Er glaube schon, dass Wallenstein Wunder tun könnte, aber er möchte es so gern mit dem Verstande begreifen können. Die Eindringlinge würden ihren Raub nicht freiwillig herausgeben, und der Kaiser könne sie nicht zwingen, selbst wenn er wollte; nun würde er es aber nicht wollen, man sähe ja täglich, wie grausam er das evangelische Bekenntnis in seinen Erbländern ausrottete. Es ginge einmal nur auf dem Wege, dass in Böhmen die alte Wahlfreiheit wieder hergestellt würde.

Auf den Kaiser komme nicht so viel an, sagte Wallenstein wegwerfend. Und was seinen Sohn betreffe, so sei der so fürchterlich nicht, wie es den Anschein habe. Es wäre manches darüber zu sagen, er wolle es aber jetzt nicht anrühren. Bubna solle nur ihn, Wallenstein, sorgen lassen, die Hundsfötter und Giftmischer in Wien dürften ihre Nase nicht in seine Küche stecken.

Bubnas Herz war voll froher Unruhe: er hatte nicht erwartet, Wallenstein so zutraulich und willig zu finden; andererseits waren seine Aussagen nicht so klar und bindend, dass er andere, die den Eindruck seines Wesens nicht hatten, von seiner Aufrichtigkeit hätte überzeugen können. Wie er nach einer Pause forschend zu Wallenstein hinübersah, bemerkte er, dass seine Augen geschlossen waren, wie wenn er schliefe. Bubna betrachtete ihn mit einem unbehaglichen Gefühl: er hatte etwas Grauenvolles und Heiliges um sich wie ein Leichnam. Sollte er versuchen, sich ohne Geräusch davonzuschleichen? Wie konnte er aber abreisen, ohne eine bestimmte Zusage, einen sicheren Grund für die künftigen Handlungen heimzubringen? Wie er sich zweifelnd bewegte, knarrte sein Stuhl, worauf Wallenstein zusammenzuckte und langsam die schweren Lider hob. Bubna entschuldigte sich, dass er so lange geblieben sei, der General bedürfe nach der Reise und bei seiner schweren Tätigkeit augenscheinlich des Schlafes. Schlaf? wiederholte Wallenstein ein wenig scharf. Er habe nicht geschlafen, schliefe überhaupt selten. Nur einen Anfall seiner Schmerzen habe er gehabt, es sei nun aber vorüber.

So wollten sie noch einmal das Besprochene zusammenfassen, sagte Bubna. Wallenstein sei also willens, mit schwedischer Hilfe den alten Stand in Böhmen wieder herzustellen, wolle sich auch der böhmischen Krone nicht entziehen, wenn sie ihm angetragen würde?

Er sei des Kriegs gründlich müde, antwortete Wallenstein. Wenn der Kaiser sich einem billigen Frieden widersetzte, so müsse man ihn zwingen.

Was ihn betreffe, sagte Bubna zögernd, so habe er Wallenstein recht verstanden und getröste sich seiner Zusage. Leider sei aber bei den Schweden nicht allenthalben ein solcher Glaube. Oxenstierna würde, bevor er sich näher einließe, eine Realdemonstration sehen wollen und dass Wallenstein sich öffentlich und gänzlich vom Kaiser lossagte.

So könne nur Unverstand und Bosheit reden! fuhr Wallenstein auf. Ein derartiges Werk wolle sorgfältig vorbereitet sein. Was wohl die Folge wäre, wenn er jetzt plötzlich vom Kaiser abfiele und zu den Schweden überginge, ohne sich vorher der Armee versichert zu haben? Vielleicht sei es auch gar nicht nötig und könne er den Kaiser bewegen, einen Frieden nach seinem Willen anzunehmen. Zuerst müsse man die gütlichen Mittel versuchen, bevor man das Schwert zückte. Einmal aus der Scheide gerissen, würde es unversehens lebendig, spränge hierhin und dorthin, entspränge auch wohl ganz und gar und raste weiter, solange Blut zu vergießen wäre.

Da er Bubnas erstaunten Blick auffing, sagte er einlenkend, was den Schweden auch einfiele, zu verlangen, dass er sich ihnen mit gebundenen Händen auslieferte? Müsste doch auch er zu ihnen Vertrauen haben! Ein Gleiches verlange er von ihnen.

Müde und in wunderlichen Gedanken ging Bubna durch den duftenden Schlossgarten zur Stadt hinunter, halb unbewusst einer nahen, laut schlagenden Nachtigall lauschend. Der Diener, der ihn begleitete, berichtete allerlei, was in der Gesindestube gesprochen worden war: ein Kammerdiener hatte erzählt, wie er einmal des Morgens in des Herzogs Schlafkammer gekommen sei, habe derselbe steif ausgestreckt und wachsgelb wie ein Toter dagelegen, dass ihm vor Schrecken die Knie gezittert hätten. Auf einmal hätten die toten Augen sich bewegt und langsam herumrollend auf ein Fläschchen voll roter Flüssigkeit geblickt, das auf einem Tischlein vor dem Bett gestanden hätte. Er, der Diener, hatte ihm davon gereicht, obwohl er es vor Zittern kaum vermocht hätte, da sei der

Fürst wieder zum Leben gekommen. Einige wollten wissen, dass er natürlicherweise schon längst gestorben sei und dass der Satan ihm mit diesem Elixier künstlich das Leben friste.

Das sei müßiges Geschwätz, sagte Bubna, es werde eine Arznei wider das Podagra sein.

Es gehe aber die Rede, fuhr der Diener furchtsam und neugierig fort, dass der Fürst immer etwas Scharlachrotes an seinem Leibe habe, weil er die Livree des Teufels tragen müsse.

Unwillkürlich besann sich Bubna: der General war ganz schwarz gekleidet gewesen, nur aus seinen Ärmeln und hohen, weichen Stiefeln hatte er grellrotes Futter hervorlugen sehen. Indessen verschwieg er es und verbot dem Diener, dergleichen weiterzuerzählen, vielmehr solle er für den Herzog beten, der von Gott ausersehen sei, ihres armen böhmischen Vaterlandes Heiland zu werden. Wider seinen Willen überlief es ihn plötzlich, während er auf die von Mondlicht überschwemmten Hügel und Häuser hinuntersah, als habe er die ganze Zeit einer wächsernen Figur gegenübergesessen und durch die gelbe Maske hindurch habe eine dämonische Stimme aus dem Geisterreiche zu ihm gesprochen. Lachend schalt er sich ein altes Weib und schüttelte die Einbildungen von sich; die schwarzen Augen, die zuweilen so böse geblitzt und ihn dann wieder so feierlich und wehmütig angesehen hatten, waren doch die seines einstigen Schulkameraden, und er hatte ihre eindringliche Sprache verstanden. Nicht nur lockte ihn die Krone, sondern seines Vaterlandes Untergang reute ihn, und er wollte es frei und glücklich machen; nur musste man ihn nicht drängen, sondern ihm blind vertrauen; so war er als Knabe schon gewesen, und so musste man ihn nehmen, wenn man mit ihm vorwärtskommen wollte.

Am Bette der alten Gräfin Terzka, die auf den Tod lag, saß ein Prädikant und betete den neunzigsten Psalm, der vom Sterben handelt: ›Das macht dein Zorn, dass wir so vergehen, und dein Grimm, dass wir so plötzlich dahin müssen. Denn unsere Missetat stellest du vor dich, unsere unerkannte Sünde in das Licht vor deinem Angesicht.‹ »Ich denke«, sagte die alte Frau, indem sie sich bemühte, deutlich zu sprechen, »dass ich mein Leben lang rüstig für Gott und die Wahrheit gekämpft habe; das Zeugnis könnt Ihr mir ausstellen.«

»Wenn ich zu Euer Gnaden Fleisch und Blut spräche«, antwortete der Prädikant, »so würde ich sagen: ja, von ganzem Herzen, ich bezeuge es. Da ich aber zu Euer Gnaden Gewissen und unsterblicher Seele rede, sage ich: nein! nein! nein! Und Euer Gräfliche Gnaden weiß, was ich damit meine.« »Ja, ich weiß es; aber Ihr habt unrecht damit«, rief die Gräfin heftig. Nach einer Pause, während sie nach Atem rang, befahl sie ihm, ihre Kissen höher zu richten und das Fenster zu öffnen, sie brauche Luft.

Der Prädikant gehorchte und fragte am Fenster stehend, ob die Gräfin wohl das liebliche Gezwitscher der Vögel in den Büschen höre?

Nein, erwiderte sie, das sei nicht mehr für sie. Sie wolle ihm jetzt Antwort geben auf das, was er vorher angedeutet habe. Ja, es sei wahr, sie habe in dem Unglücksjahre das papistische Hütlein aufgesetzt, es sei eine verfluchte Maskerade gewesen, aber keine Todsünde, weil keine böse, sondern eine gute Absicht dabei gewesen sei. Sie habe es nicht aus Furcht vor dem Tode getan oder um Hab und Gut nicht einzubüßen, obwohl es ohne dergleichen Schwachheit, die einmal am Fleische hafte, nicht abgehe; aber die Hauptsache sei gewesen, dass sie die alte Mutter Böhmen nicht habe lassen wollen. Es sei ja nichts als schlechtes, verräterisches, jesuitisches Pack im Lande geblieben und ins Land gekommen, die der Armen den Strick gedreht und sie hätten erwürgen wollen. Hätten es mehr redliche Protestanten wie sie gemacht, so wären doch Leute dagewesen, ihr beizustehen und die Schelme bei guter Gelegenheit hinauszuwerfen.

Der Prädikant schüttelte den Kopf: das wären Ausflüchte und Beschönigungen, die die schamhafte Seele sich selber webe, um ihre Blöße zu decken. Die armen Exulanten draußen, die in des Königs von Schweden Dienst getreten wären, täten mehr für ihr Vaterland als sie; wenn sie aber auch nichts ausrichteten, so müsse man doch zuerst Gott die Treue halten.

Ja, wenn sie ein Mann gewesen wäre, sagte die Gräfin, so wäre sie auch dem König von Schweden nachgelaufen, das wisse er so gut wie sie. Und was er übrigens gesagt habe, das tauge alles miteinander nicht. Ob sie etwa hier auf Rosen gebettet gewesen wären? Immer von Spionen umschnüffelt und in Gefahr des Lebens! Und wo er, der Prädikant, denn wäre, nämlich am Galgen, wenn sie ihn und viele seinesgleichen nicht versteckt, ernährt und behütet hätte, damit sie das Evangelium predigen könnten!

An seinem Leben sei nichts gelegen, erwiderte der Prädikant, es handle sich jetzt um ihre Seele, die sie durch ihren Abfall befleckt habe. Er wolle aber für sie beten, und sie solle es auch tun, dass Gott ihr die Sünde vergebe.

Nein, rief die Alte zornig, sie sei nicht abgefallen! Sie habe immer den wahren Glauben im Herzen behalten. Den Ferdinand und seine Jesuiten und Klosterschweine habe sie betrogen, das sehe sie aber für erlaubt und sogar verdienstlich an.

Über diesem Wortwechsel kam der alte Graf Terzka mit einem dürftig gekleideten Freunde aus dem Nebenzimmer herein und fragte, ob es seiner Frau besser gehe, weil sie so ungestüm reden könne. Nein, sagte sie schwach aus ihren Kissen heraus, es gehe ihr sehr übel, der Pfaff halte ihr vor, sie habe gesündigt, weil sie papistisch geworden sei, obgleich er es doch besser wissen müsse. Dabei hätte sie es vielleicht nicht einmal getan, wenn er, ihr Mann, sie nicht gedrängt hätte, und ihm sei es freilich um den Kopf und um Hab und Gut bange gewesen.

Je nun, sagte der Graf, die Widerwärtigen hätten genug Blut böhmischen Adels gesoffen, er habe ihnen das Seinige nicht noch dazu schenken wollen. Auch täten sie ja nun das Ihrige, um den wahren Glauben wieder herzustellen.

Sie müssten es aber ganz anders anfangen, wenn es erklecken sollte, keuchte die Alte mühsam; mit dem Friedländer wären sie betrogen, der führe sie nur am Narrenseil.

Ach, sie wolle ihm nun einmal nicht trauen, entgegnete er, und es kämen doch von ihrem Sohn Adam die besten Nachrichten, wie er sich täglich mehr mit dem Hofe zerrütte und dass schon alles ausgemacht sei wegen Böhmen, nur dürfe man es nicht laut sagen.

Das eine sei freilich bedenklich, nahm der Freund das Wort, dass der Wallenstein so viel Rebellengut an sich gebracht hätte. Ob er denn das wieder herausgeben würde?

Nun, sagte Graf Terzka, wenn er erst oben auf dem Dache sei, könne er wohl die Leiter verbrennen.

Der andere rieb sich kichernd die Hände; er für seine Person, meinte er, möchte lieber die Wallensteinischen Güter als die böhmische Krone haben. »Ja«, lachte Terzka, »solch ein schlechtes Edelmännle, wie du bist! Aber der Wallenstein will hoch hinaus, dem ist es um die Ehre und den Königsnamen!«

Eine seltsame Ehre, die der Landsverräter und Landsverderber sich bisher erworben habe, höhnte seine Frau.

Nun, sagte der Graf entschuldigend, er habe sie doch immer mit Salvaguardien versehen, um ihnen das Ihrige zu erhalten, während er den Kardinal von Dietrichstein zu Tode geärgert habe mit Einquartierungen und Kontributionen, und selbst der Eggenberg habe den Beutel aufschnüren müssen. Ihrem Sohn Adam habe er für gewiss die Grafschaft Glatz versprochen, wenn es soweit wäre, und der zweifelte gar nicht, dass es bald sei.

Da könne der Adam sich freuen, wenn er Glatz bekäme, sagte der Freund, da wären vorzügliche Forsten.

Und die Hirsche! fügte der alte Terzka hinzu, in ganz Schlesien und Böhmen sei keine solche Hirschjagd. Adam habe im Sinn, vom Grafen Schaffgotsch Schmiedeberg einzutauschen, dann gäbe es ein schönes, rundes Stück Land.

Der Prädikant mischte sich jetzt ein und sagte, es nehme ihn wunder, dass die Herren sich so weit mit dem Friedländer einlassen möchten, einem Abtrünnigen, der nach mancher Leute dafürhalten im Bündnis mit dem Teufel stehe.

Jedenfalls sei es recht, wenn der Teufel ihn holte, stimmte die Gräfin bei; denn er sei nicht zum Schein und aus Not, sondern mit Haut und Haaren papistisch geworden.

Das bestritt der alte Terzka; Wallenstein gäbe sich überhaupt nicht viel mit der Religion ab und habe erst kürzlich gesagt, man solle doch den Lämmermann, des Kaisers Beichtvater, endlich aufhängen, bevor er zu zäh für die Raben würde. Und in dem Briefe von Kinsky, der heute eingetroffen sei, stehe doch auch geschrieben, der Wallenstein traktiere über den Frieden mit den Schweden, und die Hauptparagraphen gingen, die böhmischen Exulanten sollten in den alten Stand gesetzt und die Jesuiten sollten aus Böhmen und dem Reiche gewiesen werden, damit der Friede ewigen Bestand hätte. Er zog einen sorgsam zusammengefalteten Brief aus der Tasche und zeigte ihn: die Schrift sei so blass, erklärte er, weil er mit heimlicher Tinte geschrieben sei, über dem Feuer würde sie sichtbar. Aus Vorsicht wolle er ihn verbrennen, wenn er ihn noch einmal gelesen hätte, das brauche aber Zeit.

Die alte Frau hatte sich inzwischen die Kissen wieder fortnehmen lassen, weil sie nicht mehr sitzen könne, und lag schwer atmend da. Ihre Tochter, sagte sie mühsam, habe wohl Mut, aber es sei doch nur ein Fünklein, und sie besorge, es werde erlöschen, wenn sie es nicht mehr anblasen könne. Der Kinsky, ihr Tochtermann, sei sonst gut, aber ein Ofenhocker und Träumer; auch sei es ihr zuwider, dass er sich an den Kurfürsten von Sachsen gehängt habe, der sei vom Geschlecht der Fische, könne nichts als in Bier schwimmen und glotzen. Indem sie den Kopf erschöpft auf die Seite legte, sagte sie, auf Erden gäbe es nur Weiber, sie möchte wissen, ob sie im Himmel einen Mann träfe.

Nun, sagte der Graf, sie rede gar jungfräulich, habe doch einen trefflichen Mann und auch Kinder gehabt.

Sie lag eine Weile mit geschlossenen Augen da, dann gab sie ihm die Hand und sagte, ja, er sei ihr ein guter Mann gewesen, sie danke ihm dafür, und er solle ihrer gedenken. Jetzt solle er sie mit dem Geistlichen allein lassen, denn das Ende sei da.

Nachdem der weinende Graf mit seinem Freunde das Zimmer verlassen hatte, sagte die Sterbende, wenn Gott Gott sei, müsse er in ihr Herz sehen können und dass es immer recht evangelisch gewesen sei; aber sie wisse wohl, dass das Fleisch sündhaft sei, darum möge der Prädikant für sie beten und ihr die Beichte abnehmen, wie es in der Ordnung sei. Er nahm darauf die Bibel wieder zur Hand, las den Psalm zu Ende und fragte sie, sich über sie neigend, ob sie Feinde habe und ob sie ihnen vergeben wolle.

»Meine Feinde sind Gottes Feinde«, sagte sie, »denen kann ich nicht vergeben.«

Der Prädikant besann sich und schlug vor, ob sie nicht sagen wolle, sie für ihre Person vergebe ihnen, das Übrige stelle sie Gott anheim.

»Nein«, sagte sie, »das will ich nicht sagen. Wenn ich ein Mann und jung wäre, so wollte ich das Blut meiner Feinde vergießen, bis Böhmen gerächt und frei wäre; hernach könnte ich ihnen vergeben.«

Er glaube und hoffe, sagte der Prädikant, dass Gott ihr diese unversöhnliche Gesinnung nicht als Sünde anrechnen werde.

Schon verdunkelten sich ihre Augen, und sie tastete mit unsicherer Hand nach einer Kassette, die neben ihrem Bette stand; mit der Hilfe des Prädikanten fand sie, was sie suchte, nämlich das auf Gold gestochene Bildnis des Königs von Schweden, das sie an einem Bande auf der Brust getragen hatte. »In diesem niederträchtigen Jahrhundert«, röchelte sie, »hat es nur zwei Männer gegeben, die sind nun hin: der eine war der König, der andere war ich.«

Da Frankreich es mit Bayern nicht verderben wollte, hatte Feuquières Auftrag, sich in Sachen der vertriebenen pfalzgräflichen Familie, namentlich im Hinblick auf die Wiedererlangung der Kur, vorsichtig zu äußern, aber die Zuneigung des Königs für Friedrichs Erben nachdrücklich zu betonen. Dieser Aufgabe sich geschickt zu unterziehen, hatte Feuquières in Berlin häufig Gelegenheit, wo die kurfürstlichen Damen sich sehr für die Zukunft der pfälzischen Verwandten interessierten. Namentlich die Pfalzgräfinwitwe Juliane von Oranien, die sich zu ihrer Tochter, der Kurfürstin von Brandenburg, zurückgezogen hatte, zog den französischen Gesandten oft in ihre Gesellschaft und sprach von ihrer Liebe für Frankreich, ja, dass sie eigentlich Französin sei. Sie verstehe ja auch die französische Sprache besser als die deutsche, und wenn sie von den Erfolgen des Königs von Frankreich vernehme, so berühre das ihr Herz, als betreffe es sie selbst.

In gleicher Weise, sagte Feuquières, ziehe sein König sich das Schicksal ihres Hauses zu Herzen. Der Anteil, den er am Kriege nehme, gehe von dem Wunsche aus, die alten Besitzverhältnisse und die Freiheit im Reiche wieder herzustellen.

Sie könne für ihre unglücklichen Enkel nichts mehr tun, sagte Juliane; aber sie vererbe ihnen ihre Verwandtschaft mit der Familie des französischen Königs, und das sei mehr wert als Gold. Der König möge seinerseits nicht vergessen, dass in den Adern der vertriebenen Waisen Bourbonenblut fließe.

Feuquières versicherte, dass sie stets in Frankreich eine Zuflucht finden würden und dass sein König sich mit Stolz der Verwandtschaft mit einer so erhabenen Fürstin wie der Kurfürstin Juliane bewusst sei. Sich der Vergangenheit erinnernd, erzählte Juliane, wie Heinrich IV., der Vater des regierenden Königs, ihr besondere Gunst zugewendet und ihr bei ihrer Vermählung 100 000 Gulden als Mitgift geschenkt hätte, wovon ihr 50 000 sofort ausgezahlt worden wären. Auf mehrfaches Anhalten wären später noch 15 000 nachgeliefert worden.

Der König, sagte Feuquières, werde es ihm ohne Zweifel Dank wissen, wenn er ihn daran erinnerte, dass diese Ehrenschuld noch nicht gänzlich getilgt sei.

Nein, nein, fiel ihm Juliane ins Wort, von einer Schuld solle nicht die Rede sein. Sie sei dem Könige für seine großmütige hilfreiche Gesinnung zu dankbar, als dass sie ihn an eine Schuld mahnen möchte. Wolle der König ihr aber die 25 000 Gulden als Geschenk geben, so werde sie nie aufhören, ihm dafür erkenntlich zu sein. Dass sie des Geldes für ihre armen vertriebenen Enkel bedürfe, könne Feuquières sich vorstellen.

Er werde nicht unterlassen, dem Könige davon zu schreiben, erwiderte Feuquières; denn er kenne des Königs Herz gut genug, um zu wissen, dass ihn nichts mehr beglücken könnte als eine Gelegenheit, ihr zu dienen.

In einem Dorfwirtshaus in der Umgegend von Breslau befand sich der alte Graf Matthias Thurn und entzifferte mithilfe eines Sekretärs ein Schreiben aus dem kursächsischen Hauptquartier, das er soeben erhalten hatte. »Erstens«, so las der Sekretär, »ob Ihre Gnaden der Herr Graf Thurn die Avisation, wann man aufbrechen sollte, vom Herrn Generalleutnant empfangen wolle.«

Thurn beugte sich tief über den langen tannenhölzernen Tisch, auf dem das Schreiben lag, und folgte dem weisenden Finger des Sekretärs. Das schreibe sich daher, sagte er, dass er kürzlich auf eigene Faust nach Breslau aufgebrochen sei, um die Zölle zu erheben, was ihm auch zugestanden, dem Arnim aber nicht gepasst hätte. Ob er etwa hier die Rolle eines Rössleins spielen und nach dem Hühott des Herrn Arnim traben sollte?

»Zweitens«, las der Sekretär weiter, »ob der Herr Graf die Zugsordnung und Bataille, die der Herr Generalleutnant gut befinde, ihm wolle belieben lassen und sich danach bequemen, und drittens, wie weit der Herr Graf mitzugehen begehre und ob er sich auch von der Oder begeben und in andere Lande mit folgen wolle.«

»Die scheinen mich für einen ehrlosen Buben zu halten«, rief Thurn aus, indem er sich aufrichtete und den Arm in die Seite stemmte. Womit er das verdient habe, da er jetzt über sechzig Jahre alt sei und keiner seine Ehre habe verkleinern dürfen! Es sei ihm wohl noch schlechter gegangen als jetzt, und er habe sich doch nie von der guten evangelischen Sache separiert. Und ob er in andere Lande folgen wollte! Er wäre bis vor Wien und bis nach Jütland, wenn auch mit schlechtem Glück, gezogen, würde auch jetzt nicht dahinten bleiben.

Der Sekretär bemerkte, der Herr Generalleutnant wolle sich wohl den Oberbefehl über die schwedische Armee anmaßen, es aber nicht geradeheraus sagen.

Ja, sagte Thurn nach einer Pause, indem er den Sekretär groß ansah, das sei das punctum saliens. Der Name des Herzogs von Lauenburg stehe zwar auch unter dem Wisch, aber der Arnim habe es sicher allein ausgebrütet. Ein maulfauler, missfarbener, verpichter Mensch das sei, man könne geradeso gut mit einer Kanonenkugel traktieren. Da sei der Lauenburger ein anderer Mann, wenigstens gehe es bei dem von Herzen zu Herzen, wenn auch mitunter unverhofft und widerwärtig. Nur das sei ihm unbegreiflich, dass er so am Arnim hänge, gerade wie der Wallenstein.

Der Herr Generalleutnant wisse sich ein Ansehen zu geben, meinte der Sekretär, weil er meistenteils das Maul hielte.

Bei ihm schlüge das nicht ein, rief Thurn aus, bei ihm käme es auf die Tat und das gute Herz an. Er wisse auch wohl, dass sich alles noch davon herschriebe, dass er vor zwei Jahren die Köpfe der armen böhmischen Märtyrer von der Brücke habe abnehmen lassen, das könne der Arnim nicht verwinden, er sei aber herzensfroh, dass er es getan hätte.

»Sechstens«, schloss der Sekretär, »es solle aber der Herr Graf, wenn er gebeten werde, Avisation anzunehmen, Avisation nicht für Ordonnanz ansehen, was ihm niemand zumuten werde.«

Thurn schlug die Hände zusammen: ja, was denn das heißen solle? Ob sie drüben meinten, er habe nicht so viel gelernt, um Avisation von Ordonnanz zu unterscheiden? Er hoffe allerdings, dass der Arnim ihm keine Ordonnanz erteilen wolle, die würde ihm bald zwischen die eigenen Zähne zurückfliegen; denn er, Thurn, würde der schwedischen Königin gegenüber seine Pflicht schlecht erfüllen, wenn er der kursächsischen Armee einige Präeminenz über die schwedische zugeständе. Dagegen wolle er in seiner Antwort dem Arnim zu verstehen geben, wie redliche Feldherren sich reziprok gegeneinander zu verhalten hätten, damit das gemeine Wesen keinen Schaden litte.

Kurze Zeit hernach saß Graf Thurn beim Herzog Franz Albrecht von Sachsen-Lauenburg in einer Geißblattlaube. Die Sache sei nun beigelegt, sagte er, er trüge niemandem etwas nach, würde am liebsten Frieden und Freundschaft in der ganzen vereinigten Armee sehen, und deshalb sei er auch gekommen. Er sei des Kempfendorff Freund nicht, aber das könne er nicht verbergen, dass der Herzog ihm unrecht tue, wenn er ihn Hurensohn und Galgenvogel schimpfe; womit der Herzog das begründe?

Ach, sagte Franz Albrecht, der Kempfendorff sei einmal ein Hundsfott. Er, der Herzog, habe seinen Getreidevorrat auf rechtmäßige Weise zusammengebracht, da komme der verhenkerte Kerl und beanspruche unter nichtigen Vorwänden einen Teil davon. Wenn er ihm eine tüchtige Tracht Prügel anschmieren könnte, würde er es tun.

Aber er habe doch auf kurfürstlichen Befehl gehandelt, sagte Thurn, gewiss stecke der Arnim dahinter.

So hätte er es auf gelindere Manier anfangen sollen, beharrte Franz Albrecht; er müsse wissen, wie man einem Herzog aus uraltem fürstlichem Geschlecht aufzuwarten habe.

Er sei gewiss ein Ehrenmann, sagte Thurn, anders kenne er ihn nicht; vielleicht sei er gerade betrunken gewesen.

Nun ja, wenn er sich entschuldigte, wolle er es dabei bewenden lassen, sagte der Herzog; er tue das aber nicht wegen des Kempfendorff, der doch eine Hundsschnauze sei, sondern aus besonderer Liebe zum Grafen Thurn.

Thurn bedankte sich lebhaft und versicherte Franz Albrecht seiner Anhänglichkeit. Die Wohlgesinnten, sagte er, sollten doch in dieser Zeit gegen den gemeinsamen Feind zusammenhalten; hätte man vordem die heilige Konkordia besser geachtet, so stände es jetzt nicht so schlecht um die Evangelischen.

Der Herzog lobte Thurns aufrichtiges Herz, das nur allzu gut sei. Der Kempfendorff habe es nicht verdient, dass Thurn so wacker für ihn einträte, er habe Thurn erst kürzlich einen alten Kürbis und Faselhans tituliert, der an allem Unglück Böhmens schuld sei, weil er sich zum Feldherrn wie ein Sauhirt schicke und nach des Feindes Pfeife tanze.

Das Blut stieg Thurn ins Gesicht, und in seinen immer größer werdenden Augen malte sich Staunen und Entrüstung. Nein, er könne es nicht glauben, rief er, wenn Kempfendorff das von ihm gesagt hätte, müsse seine Seele ja geradezu in der Hölle geschwärzt sein.

Er schwatze unbedacht darauf los, sagte Franz Albrecht, das sei alles; der Graf solle es in Gottes Namen ruhen lassen. Für ihn sei es jetzt ohnehin Zeit, er habe noch etwas vor für die Nacht.

Nein, entrüstete sich Thurn weiter, wenn Kempfendorff von ihm, der es so redlich mit ihm meinte, so etwas gesagt hätte, so müsse er ja falscher als Judas sein. Er begriffe nicht, wieso einem solchen Lügner die Zunge nicht verfaulte.

Was Falschheit und Verleumdung betreffe, sagte Franz Albrecht leichthin, so wisse er ein Liedchen davon zu singen; man müsse sich dergleichen nicht zu Herzen nehmen, die schöne Nacht sei etwas Besseres wert.

Er stand auf, als Arnim dazukam, der, von Thurns Anwesenheit offenbar unangenehm überrascht, denselben kurz und steif begrüßte. Ob die Herren damit einverstanden wären, fragte er dann, dass man sich morgen in Verfassung setzte? Seine Offiziere berichteten, es herrsche große Unzufriedenheit unter der Mannschaft, dass man mit Stillliegen die gute Gelegenheit verpasse. Viele hätten ihn in Verdacht, er halte es mit dem Feinde; sein System und Grundsatz sei zwar, böse und einfältige Mäuler schwatzen zu lassen, und er tue es nicht deshalb; aber die Quartiere waren sowieso eng, und sie sollten mehr in Feindesland vorrücken.

Ihm sei alles recht, sagte Franz Albrecht; die Armee sei zwar durchaus nicht vorbereitet zum Schlagen, aber beim Stillliegen komme sie noch mehr herunter, also könne man etwas hasardieren.

Ob er nicht zuvor noch einmal zum Friedländer hinüber sollte?, fragte Thurn. Er hätte immer gehofft, es käme noch zu einem guten Übereinkommen mit Wallenstein. Das letzte Mal hätte nicht viel gefehlt, dass sie sich verständigt hätten.

Vielleicht hätte es gerade an einigem Säbelrasseln gefehlt, sagte Arnim; mit Worten habe man es nun genug versucht.

Thurn sagte, ihm komme es so vor, als liege es an des Generals Krankheit, dass er gar so bedächtig sei. Über seine Gesinnung habe er gar keinen Zweifel. Er würde lieber das Schwert gegen den Kaiser als gegen die Schweden und Sachsen ziehen, die er sehr lieb hätte.

Arnim sah vor sich nieder und scharrte mit seinem Stiefel im Sande, indes Franz Albrecht nach allen Seiten blickte und eine Melodie pfiff. Seine Meinung sei, ein Gefecht könne nicht schaden, sagte er nach einer Weile, die Herren möchten es untereinander ausmachen. Der Mond sei schon am höchsten, und das Geißblatt rieche stark, es müsse spät sein, und er habe eine Verabredung.

Er habe etwas gehört, sagte Arnim, indem er einen forschenden Blick auf den Lauenburger warf, als sei ein französischer Unterhändler verkleidet im Lager und als gehe Franz Albrecht damit um, die sächsische Armee an den König von Frankreich zu verkaufen. Ob sein Stelldichein etwa damit zu tun hätte?

Franz Albrecht lachte laut und anhaltend. Da kenne ihn Arnim wenig, sagte er, wenn er glaubte, er, Franz Albrecht, vertriebe sich die Nächte mit politischen Traktationen. Nein, wenn die Franzosen ihn zu dergleichen Prozeduren sollten veranlassen wollen, würde er Arnim mitnehmen, damit er gleich einen Zeugen für sein redliches Verhalten hätte. Aber der Vertrag, den er jetzt abschließen wollte, sei von der Natur, dass man ohne Zeugen umso besser eins würde, wenigstens halte er es so; und die Dame, um die es sich handle, sei so keusch wie Diana; ach was, Diana, eine Vestalin, eine Lukretia sei sie und würde sich auf der Stelle den Dolch in den Busen stoßen, wenn sie sich belauscht wüsste.

Er habe gestern ein Frauenzimmer in einer Kutsche ankommen sehen, ob es etwa die sei?, fragte Thurn neugierig. Und ob das die Gewisse aus Böhmen sei, die um des Herzogs willen ihrer Familie davongelaufen sei? Der Herzog solle sich nur in acht nehmen, dass es nicht einen Überfall oder ein Duell gäbe.

Ein Duell wäre ihm gerade recht, sagte Franz Albrecht; übrigens wäre die Familie nicht so dumm, dass sie sich etwas gegen ihn herausnähme. Die Dame in der Kutsche sei allerdings die Rechte, es sei aber nicht die Gewisse aus Böhmen, sondern eine Jungfrau aus uraltem Adel, mehr könne er für jetzt nicht sagen und könne sie auch nicht länger warten lassen. Die Herren könnten sich denken, in was für einem Fieber das arme Ding läge, bis er da wäre.

Das Frauenzimmer in der Kutsche, sagte Thurn, als Franz Albrecht fort war, sei allerdings fein herausgeputzt gewesen; ob sie aber von altem Adel sei, komme ihm zweifelhaft vor, nachdem sie so allein im Lager umhervagiere.

Arnim zuckte die Schultern und sagte, es werde irgendeine Trossdirne sein.

Und ob denn wirklich etwas an dem sei, fragte Thurn weiter, was Arnim von den französischen Unterhändlern gesagt habe? Oder ob er es nur gleichsam zur Probe vorgebracht hätte?

Die französischen Unterhändler schössen ja jetzt allerorten wie Pilze auf, sagte Arnim. Dass der Herzog Heimlichkeiten mit dem Herrn von Feuquières habe, wisse er, glaube auch, dass er Geld von ihm annähme; aber er halte dafür, dass er den Franzosen betrügen wolle. Übrigens wolle er die ganze Sache dahingestellt sein lassen.

Am übernächsten Morgen schickte Franz Albrecht einen reitenden Boten an Arnim mit der Frage, was seine Meinung sei. Im feindlichen Lager sei allerdings keinerlei Bewegung mehr wahrzunehmen; aber da die Bataille einmal geordnet sei, könne man wohl doch vorrücken. Arnims Antwort lautete, ihm scheine es besser, vorher noch einen kleinen Kriegsrat abzuhalten, worauf die höchsten Offiziere sich versammelten. Sie saßen noch beieinander, als sie von der Richtung des Wallensteinischen Lagers her sich einige Reiter heranbewegen sahen, von denen einer eine weiße Fahne trug. Es zeigte sich, dass es ein Terzkascher Trompeter war, der Arnim ersuchte, in höchst wichtiger Friedensangelegenheit hinüberzukommen, welche Einladung anfänglich abgelehnt, nach längeren Weiterungen aber angenommen wurde. Es kränkte zwar Thurn, dass er Arnim nicht begleiten sollte, da jedoch ein anderer böhmischer Exulant, der in sächsischem Dienst stehende Herr von Fels, dazu bestimmt wurde, gab er sich zufrieden.

Terzka begrüßte die Ankömmlinge mit lauter, derber Herzlichkeit. Sie hätten wohl beiderseits auf eine hitzigere Begegnung gerechnet, sagte er; nun, er wäre auch dazu bereit. Mit tapferen Feinden sich zu messen, sei ja für jedes ritterliche Herz eine Ehre und Freude; aber als ein Liebhaber des Friedens und der keinerlei persönlichen Hass auf seine Gegner hätte, stimme er doch freudig in die Friedensvorschläge ein, die der Fürst, sein General, ihm aufgetragen hätte. Sie wären doch Narren, habe der General gesagt, dass sie einander die Köpfe zerstießen; ja, das wären seine selbsteigenen Worte. Was hätten sie im Grunde gegeneinander? Wären sie nicht alle des Kriegs müde? Sie sollten mehr Verstand haben, als sich von blindwütigen Spaniern und Jesuiten aufeinanderhetzen zu lassen.

Der Herzog von Friedland, sagte Arnim, kenne ihn als seinen ergebenen Diener und Verehrer, wie er auch ein guter Untertan des Kaisers sei. Wenn er sich als Beförderer des Friedens erweisen könne, so sei ihm nichts lieber; er halte es aus Gründen der Religion und Staatskunst mit Perikles und Thukydides, welche den Krieg nur als Mittel zum Frieden angesehen wissen wollten.

Er halte es allemal mit dem Herzog von Friedland, sagte Kolonna von Fels; er habe nie daran gezweifelt, dass Seine Durchlaucht das Römische Reich nebst Böhmen endlich in den ersehnten Friedensund Glückszustand versetzen werde, da er es ja allein vermöge und an Einsicht und Kraft alle Kriegshelden und Staatsmänner Europas übertreffe.

Nun, sagte Piccolomini, wenn sie alle so guter Gesinnung wären, so würde es nicht schwer sein, dass sie sich einigten. Der Herzog habe die ernstliche Absicht, über einen Waffenstillstand zu traktieren, aus dem wie aus einer verheißungsvollen Knospe mit der Zeit die Friedensrose erblühen werde.

Bei dem zu Ehren der Gäste veranstalteten Festmahl erschien Wallenstein, augenscheinlich bei guter Gesundheit, aufgeräumt und zutraulich. Er sei nun fünfzig Jahre alt, sagte er, wolle endlich das große Werk ausführen, das er sich in der Jugend gesetzt, nämlich den Türken austreiben. Schande und Spott sei es, dass die Christenheit vor dem Hundsfott zittern müsse, heraus aus Europa solle er, möge immerhin in Asien sein Wesen weitertreiben.

Diese Ankündigung des Herzogs fand Beifall. Ein allgemeiner Krieg gegen den Halbmond wäre wohl schön und verdienstlich, sagte Herr von Burgsdorf; wenn man nur den Katholiken besser trauen könnte.

Wallenstein lachte. Ei, sagte er, der Herr habe eine gar schlechte Opinion von den Katholiken. Man habe doch lange Jahre leidlich miteinander gehaust. Ja, antwortete Burgsdorf, das wäre in der guten allen Zeit gewesen. Den alten Katholiken wolle er auch nichts Übles nachsagen, er hätte es nur mit den Jesuiten; die hätten die mörderischen Prinzipien ins Reich eingeführt, durch die Treu und Glauben vernichtet wären.

»Da hat der Herr recht!«, rief Wallenstein, »da spricht der Herr meines Herzens Meinung aus. Der Teufel soll sie allesamt holen, und damit desto geschwinder und gewisser exequiert wird, will ich sein Amt nehmen und Reichsverweser in der Hölle sein.«

Es erhob sich dröhnender Beifall. Die Vorsicht sei vonnöten, schrie Terzka, sonst möchten die Erzschelme auch den Teufel bestechen.

Es sei sehr zu beklagen, meinte Arnim, dass der Kaiser so große Stücke auf diesen Orden halte.

Das vampirische Geziefer habe ihn so eingesalbt, dass er es gar nicht bemerkte, wie sie ihm das Blut abzapften, sagte Terzka. Es müssten dem

Kaiser die Augen geöffnet werden. Man sehe ja jetzt, wie gut sich Evangelische und Katholiken vertrügen. Bei Kavalieren müsse die Ehre, nicht die Religion den Ausschlag geben. Einen meineidigen Verräter könne keine Absolution der Welt weiß waschen. Sie wüssten wohl, dass es auch unter Türken und Tartaren Kavaliere gäbe, mit denen man ein Schwert kreuzen und einen Becher Wein trinken dürfte.

Auch er, sagte Piccolomini, sei kein Freund der Jesuiten. Er tue alles, was ein guter Katholik zu tun schuldig sei; aber das sei auch seine Meinung, dass die Religion nicht mit der Politik vermengt werden dürfe. So leicht werde man aber der Jesuiten nicht Herr werden können; wären sie auch aus dem Reiche ausgeschafft, so bliebe ihnen doch ihr Vaterland Spanien, das ihnen, wie die Mutter Erde dem Riesen Antäus, immer neue Kraft einflößen würde.

Freilich, sagte Wallenstein, man vertilge das Unkraut nicht, wenn man die Wurzeln stehen ließe. Spanien müsse vor allen Dingen klein gemacht werden. Es habe so wenig wie der Türke etwas im Reich zu suchen. Von Spanien komme ihm jeder Disgust, er wolle dafür sorgen, dass es im Reiche das Maul nicht mehr auftun dürfte. Die Pforte müsse einmal verstopft werden, aus der die Pest ins Reich fließe.

Was aber der Kaiser dazu sagen würde?, wendete Arnim ein.

Der Kaiser?, sagte Wallenstein; wenn sie alle eines Willens wären, werde sich der Kaiser auch bequemen müssen. Dafür solle Arnim ihn sorgen lassen. Er zog die Stirn in dicke Falten, und aus seinen schwarzen Augen loderte es düster wie Feuer aus Pechpfannen.

Nachdem der Herzog sich zurückgezogen und die Trunkenheit zugenommen hatte, erzählte Terzka, dass die bevorstehende Ankunft des Herzogs von Feria, der spanische Truppen aus Mailand ins Reich führen sollte, Wallenstein ausnehmend alteriert habe. Es gehe gegen die mit ihm geschlossenen Verträge und geschehe ihm zum Despekt; er sei aber nicht der Mann, einen solchen Affront ungerächt zu lassen. Die Herren dürften also ihr Misstrauen fahren lassen, der General habe ernstlichen Grund, ihre Freundschaft zu suchen.

Nun gut, sagte Arnim, der vollkommen nüchtern war, er wolle, wenn er wieder im Lager wäre, die Friedenspunkte, wie sie sie mündlich besprochen hätten, aufsetzen und dem General zur Bestätigung zuschicken, dann seinem Herrn, dem Kurfürsten, vorlegen.

Auf einer Zusammenkunft mit diesem berichtete Arnim das Vorgefallene, indem er zu äußerster Vorsicht riet. Erstens laufe man Gefahr, sich mit dem Kaiser zu verwickeln, der zwar Wallenstein Vollmacht gegeben habe, über den Frieden zu traktieren, aber doch schwerlich so weit werde gehen wollen wie sein General. Sodann müsse man auch die Schweden berücksichtigen, die leicht Misstrauen schöpfen könnten, und schließlich könne es auch Wallenstein, anstatt auf einen ehrlichen Frieden, auf List und Überrumpelung abgesehen haben. Sein Rat war demnach, sich mit Brandenburg zu verständigen und Wallenstein möglichst hinzuhalten, bis er sich weiter herausließe und seine schimärischen Verheißungen besser verbürgte.

Als Graf Kinsky abends, als es dämmerte, in Dresden auf die Straße trat, lag die Luft bleischwer auf dem Pflaster; sie schien von der Hitze wie von einem Gift durchdrungen zu sein, das sie vergebens auszuscheiden gesucht hatte und von dem überwältigt sie nun hinsiechte. Kinsky hatte nur einige Schritte gemacht, als er einem Leichenwagen begegnete: es war ein schlechter Karren, dessen Ladung obenhin mit einem abgegriffenen schwarzen Tuche verdeckt war und den das magere Pferd nur langsam von der Stelle brachte, obwohl der Fuhrmann fluchend darauf einhieb. Hintenauf saß ein Knecht, ließ die Beine baumeln und wechselte Scherzreden mit den Vorübergehenden. Der Graf blickte angewidert zur Seite und erreichte mit beschleunigtem Schritt bald das schmale, dunkle, nach Norden gelegene Haus, das der schwedische Resident Nikolai bewohnte und in dem es ihn kalt wie in einem Keller anhauchte. Schon auf der Treppe hörte er die knarrende Stimme des Hofpredigers Hoë, der eben bei Nikolai um eine Belohnung für die Dienste anhielt, die er den Schweden nun seit Jahren geleistet habe. Er habe sich ein Gütlein gekauft und dabei in Schulden verstrickt, klagte er, wie es beim Bauen zu gehen pflege, sonst würde er nicht drängen. Auch schmerze es ihn, zu sehen, wie so mancher mit Gnaden überhäuft werde, der nicht halb so viel Herz für die schwedische Sache habe wie er, und es sei doch gewiss ein christliches Verlangen, dass der lieben Gerechtigkeit auf Erden Genüge geschehe und das Verdienst seinen Lohn empfange.

Der Eintritt Kinskys unterbrach das Gespräch. »Euer Gnaden sehen bleich aus, als ob Ihr ein Gespenst begegnet wäre«, sagte Nikolai, seinem Gast entgegengehend.

Es habe ihn ein Frösteln überlaufen, sagte Kinsky, als er aus der Schwüle der Straße in Nikolais kalten Hausflur getreten sei.

Ja, die Sonne scheine jahraus, jahrein nicht in sein Haus, sagte Nikolai, das genieße er jetzt; er habe nicht wie andere von der Hitze zu leiden.

Der Wechsel sei aber auch ungesund, sagte Kinsky, es schaudere ihn noch bis in die Knochen.

»Wir stehen alle in Gottes Hand«, sagte Hoë, die Stimme laut erhebend, »der Mensch sollte nicht so viel sorgen.« Er habe übrigens vernommen, fuhr er fort, dass Kinsky ein Söhnlein verloren habe, und trage christliches Erbarmen mit seinem Leid, sei aber überzeugt, Gott wisse, wozu es gut sei.

Jetzt sei ihm auch das Töchterlein erkrankt, sagte Kinsky, und schwebe in großer Gefahr. Ob es etwa Nikolai unlieb sei, dass er ihn aufsuchte? Sein Haus werde aber täglich mit Wacholderbeeren ausgeräuchert.

Nikolai erklärte, nicht ängstlich zu sein; ohnehin grassiere ja jetzt die Pest so, dass man sich nicht davor schützen könne, sondern es Gott anheimstellen müsse.

Seine Durchlaucht, der Kurfürst, sei ja auch da, sagte Hoë, ohne Zweifel werde Gott seine Hand über diesem werten Haupte halten. Er neige dahin, zu glauben, dass die Seuche eine von Gott verhängte Strafe sei, die der Unschuldige und Gerechte nicht zu fürchten brauche, außer dass er sie etwa als nützliche Prüfung willkommen heißen müsse. Mit diesen Worten und einem herablassenden Kopfnicken verabschiedete sich der Hofprediger und stampfte langsam die Treppe hinunter.

Während ein Diener in dem nun ganz verdunkelten Zimmer einige Kerzen anzündete, sagte Kinsky, wenn sein Töchterlein nicht erkrankt wäre, würde er schon nach Pirna übergesiedelt sein, wo reinere Luft sei, und er wolle es auch effektuieren, sobald es sich mit dem Kinde so oder so entschieden hätte. Er habe Nikolai zuvor noch einmal begrüßen wollen.

Nikolai bedankte sich; er sei umso mehr erfreut, Kinsky zu sehen, als wunderliche Zeitungen vom Kriegstheater einliefen, über die Kinsky vielleicht einige Auskunft geben könnte. Ob es denn wahr sei, dass der Krieg in Schlesien sistiert sei und dass der Frieden bevorstehe? Er habe einen

Brief vom alten Grafen Thurn empfangen, der aber so kraus und extrem ausgefallen sei, dass sich nichts Gewisses darauf basieren ließe.

Was denn Thurn geschrieben habe?, erkundigte sich Kinsky.

Nikolai antwortete, er habe den Brief schon an Oxenstierna weitergeschickt, sonst würde er ihn vorlesen. Er handle von einem bereits beschlossenen Waffenstillstand und dass Wallenstein seine Armee mit der kursächsisch-schwedischen vereinigen wolle, um den Kaiser zum Frieden zu zwingen. Ferner davon, dass der Kaiser, falls er sich widersetzte, auf seine welschen Erblande, Steiermark und Krain, reduziert werden solle und dass Schweden mit Mecklenburg und Pommern, Wallenstein wegen Mecklenburg mit Böhmen solle entschädigt werden.

So im Einzelnen wären ihm die Punkte freilich nicht bekannt, sagte Kinsky; für gewiss wisse er aber, dass Wallenstein sehr erzürnt auf den Kaiser sei und sich von ihm lossagen wolle.

So, so, sagte Nikolai; er habe sich doch aber dem Bubna gegenüber wegen der offenen Ruptur mit dem Kaiser durchaus nicht erklären wollen.

Wallenstein vertraue sich seinen Landsleuten nicht gern an, sagte Kinsky, weil er sie als Schwätzer kenne. Außerdem habe sich inzwischen manches verändert. Er, Kinsky, wisse durch seine Spione, dass Questenberg im Lager gewesen sei und neue Forderungen des Kaisers überbracht habe, nämlich dass Wallenstein einen Teil seiner Armee an den Feria abtreten und künftig den Krieg nur im Osten zu führen haben solle, während Feria im Westen bliebe. Darüber sei Wallenstein in eine Furie geraten und habe stracks den Terzka zum Arnim wegen eines Waffenstillstands geschickt.

Nikolai nickte; es scheine sich also in Wahrheit so zu verhalten. Bevor es zum Abschluss käme, würden aber die Friedenspunkte doch dem Kanzler Oxenstierna vorgelegt werden? So treulos könne Arnim doch wohl nicht sein, dass er über Schweden hinweg mit Wallenstein abschlösse?

Ach nein, das stehe gar nicht zu befürchten, sagte Kinsky; was würde es auch helfen, einen Frieden zu schließen, in dem Schweden nicht begriffen sei?

Nun, meinte Nikolai, in diesem Krieg wären schon viel Bündnisse herüber und hinüber geschlossen worden, etwas Unerhörtes wäre es nicht, wenn sich der Kaiser und Sachsen einmal gegen Schweden zusammentäten. Dem Arnim traue er einmal nicht; von Wallenstein habe er keine genaue Kenntnis, doch solle er auch eines ziemlich labyrinthischen Gemütes sein.

Wallenstein habe doch schon mit dem verstorbenen König in Traktaten gestanden, sagte Kinsky. Und was sollte er eigentlich gegen Schweden haben? Mit dem Kaiser müsse er aber früher oder später zusammenstoßen, Böhmen und Habsburg reime sich einmal nicht.

Nikolai stützte den Kopf in die Hand und blickte gedankenvoll in das stille rötliche Licht der Wachskerzen. Er könne sich doch gar nicht vorstellen, sagte er endlich, dass Wallenstein sich wirklich zum König von Böhmen sollte machen wollen, noch warum die Böhmen es wünschen sollten. Wallenstein sei auch katholisch, noch dazu gewalttätiger als der Kaiser, fahre drein wie ein Dionys oder Kambyses, habe schließlich nicht einmal einen Erben, sodass nach seinem Tode der Tanz von Neuem beginnen würde. Auch scheine der Tod ihm nahe bevorzustehen, und es komme ihm unnatürlich vor, dass ein Sterbender sich noch so tief und verhängnisvoll in irdische Angelegenheiten solle verwickeln wollen.

Das Bedenken habe er früher auch gehabt, sagte Kinsky, aber die Astrologen hätten Wallenstein erst kürzlich nahe bevorstehenden Triumph und Krönung geweissagt, und ein Arzt habe ihn, Kinsky, darauf aufmerksam gemacht, dass der Fürst die große Klimax nun glücklich überstanden habe. Wenn übrigens der Kaiser sich darauf einließe, den Zustand des Jahres 1618 in Böhmen wieder herzustellen, so bedürfe es ja keiner Gewaltsamkeiten. Er für seine Person würde nämlich am liebsten einen evangelischen Fürsten auf Böhmens Thron sehen, habe ja auch 1619 für den Kurfürsten von Sachsen votiert, wie Nikolai wohl bekannt sein werde.

Nikolai sagte, dass des Kurfürsten Wagemut leider in Bier ersoffen sei, wenn er je dergleichen gehabt hätte. Das gefalle ihm aber am Kurfürsten, sagte er, dass er die Franzosen nicht leiden möchte; er, Nikolai, wünsche sich auch nichts Besseres, als dass sie die schlüpfrigen Bundesgenossen loswerden könnten. Vielleicht lasse sich's tun, wenn Wallenstein, Sachsen und Schweden einig würden. Soviel er gehört habe, wolle Wallenstein auch von den Franzosen nichts wissen?

Kinsky, der heimlich mit dem französischen Gesandten Feuquières über ein Bündnis mit Wallenstein verhandelte, erschrak ein wenig und warf einen prüfenden Blick auf Nikolai, ob er etwa Verdacht geschöpft und die Frage absichtlich, um ihn auszuholen, gestellt habe; da der Schwede ihm aber ganz unbefangen vorkam, sagte er, dass Wallenstein allerdings ein geschworener Feind der Franzosen sei. Erst kürzlich habe er gesagt, sie wären gefährlicher als die Spanier, denn die wären so verhasst, dass man sie ohnehin nicht lange duldete, die Franzosen aber wüssten sich beliebt zu machen und nisteten dadurch ganz unvermerkt ihr Dominium ein.

»Das Geld, das Geld!«, sagte Nikolai sinnend; »die gemeine Sage mag recht haben, dass es Teufelsdreck ist und dass derjenige, der es aufliest, sich der Hölle verpfändet.«

Kinsky, die großen schwarzen Augen ängstlich auf Nikolai richtend, stimmte ihm zu. Es habe ihn kürzlich, erzählte er, ein vertriebener böhmischer Prediger besucht, der habe gesagt, die Evangelischen würden verdientermaßen so lange in Unglück und Todesnot schweben, wie sie sich mit dem König von Frankreich einließen, der im eigenen Lande das Wort Gottes und seine Bekenner ausrottete. Das möge auch wohl an dem sein; der alte Graf Zierotin habe einmal gesagt, er habe zur Zeit Heinrichs IV., den er hoch verehrt habe, keinerlei Frömmigkeit und Ernst in Frankreich gefunden. Was wolle man aber machen? Das Evangelium trage nur himmlische Früchte, und man bedürfe doch des Geldes, um auf Erden zu bestehen.

Ja, das Dilemma würden sie wohl nicht lösen, sagte Nikolai, nachdem sein teurer, verstorbener König es nicht vermocht hätte. Es sei vielleicht eine Folge der Erbsünde, dass etwas Trug und Abgötterei auf Erden immer mit unterlaufen müsse.

Als Kinsky aufbrechen wollte, bot ihm Nikolai einen Schluck Branntwein an: Kinsky habe eine so gar bleiche Gesichtsfarbe, und der Branntwein sei ein vorzügliches Spezifikum gegen Pest und allerhand Seuchen.

»Der Tod ist jetzt in diesen Gegenden stabiliert«, sagte Kinsky. Seine Schwiegermutter auf Nachod sei nun auch gestorben. In der habe Schweden eine mächtige Freundin verloren. Ihre Tochter, seine Frau, der zugleich das Kind gestorben sei, könne sich nicht trösten und habe gesagt, nun der Honig aus der Welt sei, möge der hohle Stamm immerhin zusammenbrechen. Der alte Terzka werde auch bald nachfolgen; denn er habe sich immer, ohne es zu wissen, auf seine Frau verlassen.

Bis in die Nacht hinein schrieb Nikolai an den Kanzler, um das oben gehabte Gespräch sogleich festzuhalten. Trotz der Versicherungen Kinskys ängstigte ihn der unverhoffte Waffenstillstand, der ihm nur den Vorteil Sachsens und Wallensteins zu bezwecken schien. Hätte doch Oxenstierna, dachte er, einen anderen als den alten Mathes Thurn nach Schlesien geschickt, der dem Arnim an Verschlagenheit nicht gewachsen war und der den verfänglichen Wallenstein nur durch das bunte Glas seiner Hoffnungen und Wünsche betrachtete! Hatte denn Schweden keinen aufrichtigen Freund in Deutschland? Er kam sich vor wie ein Wächter auf dem Turme und beschloss, wach zu sein und zu vigilieren, um jede heranschleichende Gefahr sogleich melden zu können.

Im Wallensteinischen Lager wurde die Rückkehr Arnims erwartet. Illo und Terzka ergingen sich oft in weitläufigem Ausmalen der Zukunft, wenn alles nach Wunsch ginge, was ihnen umso weniger zweifelhaft schien, als von Oxenstierna ein heimliches Schreiben kam, worin er Wallenstein seine Hilfe in Aussicht stellte, falls er die böhmische Krone zu erwerben willens sei. Wallenstein beteiligte sich an diesen Gesprächen meist nur dadurch, dass er zuhörte oder hie und da ein Wort einwarf; er fragte seine Getreuen mehrmals, ob sie glaubten, dass die Konjunktion mit Sachsen zustande käme, und konnte seine Unruhe über den Erfolg der Arnimschen Reise nicht verbergen.

Der Arnim sei ihm das letzte Mal recht schelmisch vorgekommen, sagte er gelegentlich zu Terzka. Nun freilich sei er ein Heuchler, lachte dieser; das wüssten sie ja aber längst und könnten sich davor schützen.

Die Lust, Ränke zu schmieden und Unheil zu stiften, liege in seiner Natur, fuhr Wallenstein fort, das sei sein Saufen und Würfelspiel; er, Wallenstein, habe lieber mit Hurern und Trunkenbolden zu tun als mit dem fuchsschwänzigen, mönchischen Brandenburger.

Sowie Arnim wieder im Lager eingetroffen war, schickte er Bericht an Wallenstein: Der Kurfürst finde die sämtlichen von Wallenstein vorgeschlagenen Punkte hochweise und vernünftig; auch zweifle er, Arnim, nicht, dass es zu erwünschter Verständigung kommen werde, doch habe der Kurfürst gemeint, er dürfe die zurzeit unter der Vermittelung des Königs von Dänemark schwebenden Friedensverhandlungen nicht durchkreuzen und wolle ein wenig zuwarten, was für Effekt daraus zu verspüren wäre. Inzwischen würde er gern sehen, dass der Waffenstillstand verlängert würde, damit die Konjunktion der Armeen weiterhin in Konsideration gezogen werden könnte.

Während Terzka und Illo über das leidige Zaudern und Hinhalten des Kurfürsten schimpften, sagte Wallenstein gleichmütig, man habe nichts anderes erwarten können, auch lasse sich eine so schwere Sache wirklich nicht übers Knie brechen. Arnim dankte er, indem er seine wohlbekannte Dexterität und heroische Bemühung rühmte, durch welche er das nützliche Werk so weit gefördert habe.

In seiner Brust wühlten indessen Empfindlichkeit und Grimm. Glaubten etwa diese Leute, ihn wie einen Bettler vor der Tür auf ein Almosen warten lassen zu dürfen? Bedurfte er ihrer, oder war es umgekehrt? Konnte er nicht mithilfe Frankreichs zu seinem Ziele gelangen? Ohnehin wären ihm die niederträchtigen Sachsen verhasst, zu schweigen von den vorlauten Schweden. Lag ihm denn überhaupt etwas an der böhmischen Krone, wie der gemeine Haufe, die eigenen unbesonnenen Triebe auf ihn übertragend, sich einbildete? Er hatte ja Macht genug, regierte ja den Kaiser und den König von Böhmen; sollte er ein solcher Geck sein, diese Herrschaft für ein Blendwerk zu hasardieren? Er wollte vielmehr Ruhe haben, Ruhe vor Feinden und Freunden.

Als der Waffenstillstand ablief, kamen Arnim, der Herzog von Sachsen-Lauenburg, der alte Thurn und mehrere andere Offiziere aus dem sächsisch-schwedischen Lager nach Strehlen, wo damals Wallensteins Quartier war, um, wie vorausgesetzt war, die Verlängerung der Waffenruhe festzusetzen. Ein Bankett wurde gerichtet, an dem auch der Herzog teilnahm, der sich ausnehmend gut gelaunt zeigte; dass er schweigsam war, fiel nicht auf, da das seine Art war und auch das Toben und Schreien der Zechenden früher als sonst die Stilleren überschwemmte. Der ungewöhnliche Durst, den die Hundstagshitze erzeuge, müsse mit ungewöhnlichen Weingüssen gelöscht werden, sagte Illo einladend, und Wallenstein fügte ermunternd hinzu, die Herren müssten den Gott Bacchus wegen seiner und Arnims Nüchternheit versöhnen; sie möchten sonst von den empfindlichen Mänaden zerrissen werden.

Wenn er hörte oder läse, sagte Terzka, wie die alten Götter sich nach Belieben in Tiere hätten verwandeln können, so freue es ihn allemal, dass die Menschen im Wein einen Zauber besäßen, vermittelst dessen sie dergleichen zu tun vermöchten. Ihm scheine nichts wonniger, als wenn anstatt der Systeme und Prinzipien, die sonst das menschliche Gehirn vergitterten, plötzlich das purpurne Chaos ein bestialisches Haupt anfüllte.

Was?, rief Illo; er schwatze mit Feuerzungen wie die Heiligen am Pfingsttage!

Das wäre wohl zu glauben, sagte Terzka, dass der ausgegossene Geist himmlischen Trauben ausgepresst gewesen sei.

Prinz Albrecht von Lauenburg sagte, er halte umgekehrt dafür, dass der gemeine Mensch ohne Wein nur ein Vieh sei. Die Götter im Olymp wären ja auch immer betrunken gewesen, und was ihn betreffe, so wolle er lieber ohne Brot als ohne Wein leben. Er erzählte, wie er kürzlich, da ihm im Lager der Wein ausgegangen wäre, sich welchen verschafft hätte: er habe einen verschlagenen und verwegenen jungen Burschen in seinem Dienst, dem habe er ein Fähnlein versprochen, wenn er sich wacker gebrauchen ließe; der habe ausgekundschaftet, dass eine Ladung Wein für den Landgrafen von Hessen-Darmstadt in er Nähe vorbeikäme, habe sich mit ein paar anderen Gesellen verkleidet, die Fuhrleute überfallen und ein paar Fässer davongebracht, ohne dass jemand die geringste Wissenschaft von den Tätern bekommen hätte.

Solche schlaue und ehrgeizige Kerle wären unschätzbar, sagte Piccolomini, und er habe auch einen, dem er in Krieg und Frieden die heikelsten Sachen anvertraute. Kürzlich habe er in Olmütz ein hübsches Bürgermädchen gesehen, die er gern einmal zum Nachtessen bei sich gehabt hätte, sie sei aber spröde gewesen, und er habe nicht gewusst, wie er ihrer habhaft werden könnte. Da habe der Bursche sie durch eine listige Vorspiegelung in eine Kutsche einzusteigen bewogen und zu ihm gebracht, wo er denn für das Weitere gesorgt hätte. Am folgenden Morgen habe er sie mit einem Schmerzensgeld heimgeschickt.

Diese Geschichte gab dem Lauenburger Anlass, die Gesundheit des Frauenzimmers vorzuschlagen, worauf plötzlich Wallenstein die Stimme erhob und sagte, er als General und treuer Diener des Kaisers könne nicht dulden, dass eine andere Gesundheit vor der seines kaiserlichen Herrn getrunken werde.

In dem augenblicklichen Stillschweigen, das entstand, brummte Illo, sie wären unter Kameraden, da brauche es nicht so feierlich herzugehen; hingegen rief der alte Thurn gerührt, er sei dabei, des Kaisers Gesundheit zu trinken. Wenn auch Widerwärtige ihn als Rebellen ausschrien, so habe er doch ein Herz für den Kaiser, wisse, was für ein gutes frommes Gemüt er habe, und wünsche nichts mehr, als mit gutem Gewissen in des Kaisers Dienst treten zu können.

Zum Wenigsten, sagte Wallenstein scharf, sei es des Kaisers Schuld nicht, wenn jetzt die Schwerter wieder aus der Scheide müssten; er habe durch ihn, Wallenstein, die Friedenshand dargeboten.

Arnim warf einen erschrockenen Blick auf den General, aus dessen fahlem Gesicht die Augen düster hervorlauerten. Er habe Seine Durchlaucht wohl nicht richtig verstanden, sagte er, er sei ja gekommen, um den Waffenstillstand, die Pforte des Friedens, zu erneuern.

Das sei auch seine Meinung, entgegnete Wallenstein; aber da der Kurfürst von Sachsen so vorsichtig und argwöhnisch sei, verlange die Politik von ihm dasselbe und bedürfe er einer Bürgschaft, dass es dem Gegenpart ernst mit der Friedensneigung sei. Arnim solle ihm Schweidnitz und Jauer einräumen, das wolle er als ein Pfand der kurfürstlichen Friedenslust ansehen.

Er könne nicht wohl glauben, sagte Arnim, dass dies des Herzogs ernstlicher Wille sei; der Kurfürst müsse ihm ja auch ohne Pfand trauen.

Er verlange es keineswegs, sagte Wallenstein; wenn der Kurfürst ihm nicht traue, solle er es laut sagen.

Ob der General damit die Verhandlungen beenden wolle?, fragte Arnim.

Wenn Arnim es so auffasste, erwiderte Wallenstein, sei es ihm recht; er sei des Kunktierens und der Ränke überdrüssig.

Ein allgemeiner Aufbruch entstand, und nachdem die Gäste sich entfernt hatten, drängten die friedländischen Offiziere sich erstaunt und bestürzt um ihren Feldherrn. Man hätte ja, sagte Illo, den hundsföttischen Sachsen ein paar Dörfer abbrennen können, ohne deswegen die Unterhandlungen abzubrechen. Wallenstein sagte, er bedaure, sich mit den unredlichen Leuten eingelassen zu haben, er wolle ihnen so über den Kopf kommen, dass sie ihre Falschheit bereuen sollten.

Geschwind und heimlich brach er auf, um Schweidnitz zu überrumpeln, das jedoch durch Arnim und Thurn rechtzeitig entsetzt wurde. Nur wenige Tage darauf erhielt Arnim einen Brief Wallensteins: es sei ihm sehr leid, dass sich die Unterhandlungen wegen des Friedens zerschlagen hatten, es sei nicht seine Schuld gewesen, wie er denn auch bereit sei, die Traktate wieder aufzunehmen und eine Waffenruhe herzustellen, um den Fortgang derselben zu fazilitieren.

Kopfschüttelnd las Oxenstierna den Bericht des alten Grafen Thurn von diesen Vorgängen: er wisse sich das extravagante Benehmen des Herzogs nicht zu deuten, schrieb Thurn, und möchte fast denen recht geben, die ihm eine Gemütskonfusion zuschrieben. Antwortend ermahnte der Kanzler Thurn, gut aufzuachten und sich nicht überlisten zu lassen; denn es sei dem Friedländer einmal nicht zu trauen, und die mäandrischen Traktate würden zum Schaden Schwedens auf einen Separatfrieden des Kaisers mit Sachsen hinauslaufen, wenn nicht auch Sachsen durch den erprobten Lügner betrogen würde.

Vom nördlichen Kriegsschauplatze trafen indessen gute Nachrichten ein. Als Abgesandter des Herzogs Georg von Lüneburg berichtete Herr von Hodenberg von dem großen Siege seines Herrn bei Hessisch-Oldendorp, dem die Einnahme Hamelns gefolgt war. Die kaiserlichen Feldherren suchten einer dem andern die Schuld an dem Verluste zuzuschreiben: Merode, der verwundet nach Köln transportiert und dort gestorben war, hatte auf dem Sterbebette seinen Vetter, einen anderen Merode, für das Unglück verantwortlich gemacht. Dem Gronsfeld, sagte Herr von Hodenberg, sei nun das Grafenhütlein, das der alte Tilly ihm nach der Schlacht bei Lutter aufgesetzt, hässlich zerhauen, er werde sich eine Weile nicht mehr können blicken lassen.

Des Umstandes, dass Oxenstierna vor mehreren Wochen auf Knyphausens Betreiben dem Herzog Georg befohlen hatte, von der Belagerung Hamelns abzustehen, und dass Georg sich mit diesem Befehl durch gänzliche Nichtbeachtung desselben auseinandergesetzt hatte, wurde jetzt beiderseits nicht gedacht; vielmehr beglückwünschte Oxenstierna den Gesandten zu dem rühmlichen Erfolge, worauf dieser sich seines eigentlichen Auftrags entledigte. Herzog Georg, sagte er, habe der gemeinen evangelischen Sache nun wiederum einen erheblichen Dienst geleistet, obwohl er noch nie eine Belohnung von der Krone Schweden erhalten hätte. Als der verstorbene Held, König Gustav, auf deutschem Boden erschienen sei, habe der Herzog sein Schwert für ihn gezogen und es tapfer und treu, ohne abzuweichen, geführt, habe auch schöne Versprechungen vom holdseligen König erhalten, aber immer noch keine Realrekompens erblickt. Er sei nun bei dem mühseligen Soldatenleben grau und etwas ältlich geworden, möchte gern einmal einen Ertrag sehen.

Das erkenne er an, sagte Oxenstierna, der verstorbene König habe große Stücke auf Herzog Georg gehalten, und er, Oxenstierna, den der König seiner besonderen Freundschaft gewürdigt habe, betrachte sich als den Vollstrecker seines Willens. Herzog Bernhard von Weimar sei ja nun auch formaliter in sein Herzogtum Franken eingeführt, alle Welt müsse erkennen, dass er, Oxenstierna, nichts für sich begehre, sondern die evangelischen Fürsten groß machen wolle.

Die Forderungen des Herzogs, mit denen der Gesandte nun herausrückte, erstreckten sich außer auf das Eichsfeld, welches ihm Gustav Adolf versprochen hatte, auf die Bistümer Minden und Verden, wozu noch Geld und andere Nebendinge kamen; was alles in einer Schenkungsurkunde zu versprechen Oxenstierna sich bereitwillig bequemte, den Ausgang der Zukunft anheimstellend.

D er Quartiermeister solle sich gefälligst erklären, sagte Feuquières zu diesem Herrn, ob der Kurfürst von Sachsen der Meinung sei, er solle sein Bett unter freiem Himmel aufschlagen oder er solle in der Vorstadt bleiben?

Ei bewahre, antwortete der Quartiermeister, da könne ihm ja bei den unverhofften Einfällen des Feldmarschalls Holk eine feindliche Kugel ins Fenster schlagen.

Ja, was der Kurfürst denn meinte?, sagte Feuquières ungeduldig. Seine Diener hätten kein passendes Hotel für ihn in Dresden auftreiben können.

Der Quartiermeister erklärte sich bereit, die Diener des Gesandten zu begleiten; es werde sich schon ein Plätzchen auftreiben lassen.

Mit einem Plätzchen sei ihm nicht gedient, rief Feuquières, er müsse ein geräumiges Haus haben, wie es sich für einen Vertreter des Königs von Frankreich schicke.

»Wer sucht, der findet«, sagte der Quartiermeister. Er sei bereit, bis Mitternacht zu suchen, Feuquières stampfte mit dem Fuße auf. Damit sei ihm aber nicht gedient! Er wolle keine Nacht mehr in der Vorstadt zubringen.

Nun, dann wolle er keine Zeit verlieren, sagte der Quartiermeister und machte sich mit einigen Dienern des Gesandten auf den Weg. Nach einer Liste der verfügbaren Wohnungen durchliefen sie die Straßen schweigend; denn aus Unkenntnis ihrer Sprachen konnten sie sich nur mühsam verständigen. Viele Häuser lehnten die Diener des Gesandten schon nach flüchtiger Betrachtung des Äußeren durch eine Gebärde ab. Vor einem hohen Gebäude, das einen einigermaßen herrschaftlichen Eindruck machte, blieben sie stehen und sahen den Quartiermeister fragend an, der zuerst die Schultern zuckte, dann mit dem Kopfe nickend sich einverstanden erklärte, es anzusehen. Im Flur fiel ihnen ein starker Geruch auf, der aus Essig und Wacholder gemischt zu sein schien. Auf einem eichenen Tische stand eine Schüssel mit irgendeinem steif gewordenen Brei und ein Teller mit Brot; ein umgefallener Krug hatte seinen Inhalt, augenscheinlich Bier, auf den steinernen Boden ergossen, und er stand, am Rande versiegt, zum Teil in dunkler Lache.

Es sah aus, als hätten die Bewohner in hastiger Flucht das Haus verlassen, Einer der Franzosen öffnete die nächste Tür, blieb aber mit einem Schrei des Schreckens auf der Schwelle stehen: auf einem Bette lag ein Toter, halb nackt, mit verkrümmten Gliedmaßen, blaue Flecke auf dem verzerrten Gesicht. Der Quartiermeister packte den von Entsetzen Gelähmten am Arme und zog ihn aus dem Hause, den anderen nach, die sogleich davongelaufen waren; erst nach einer Weile blieben sie stehen, um den Quartiermeister in französischer Sprache mit Vorwürfen zu überhäufen.

Dieser schüttelte den Kopf und wies auf ein rotes Kreuz an einer Haustür, womit er sagen wollte, ein solches Zeichen bedeute, dass hier jemand an der Pest gestorben sei, und ein ebensolches Zeichen sei auch an dem betreffenden Hause gewesen. Um die Franzosen zu versöhnen und ihre bleichen Gesichter wieder zu färben, führte er sie in das nächste Wirtshaus, ließ Wein bringen und erzählte dem Wirt das hässliche Abenteuer. Die Totengräber, erklärte dieser, hätten sich am vorigen Abend trotz des Klagens der Nachbarn geweigert, den Toten mitzunehmen unter dem Vorwande, ihr Karren sei schon vollgeladen, sie wären müde und wollten Feierabend machen; nun schienen sie ihn leider vergessen zu haben. »Das sind verfluchte Kerle«, sagte der Quartiermeister, »ehrlichen Leuten einen solchen Braten aufzutischen!«

Man sehe ihnen den Schrecken noch an, sagte der Wirt; sie sollten nur fest trinken, der Wein sei wie Feuer, fresse das Pestgift auf. Es sei noch nie ein Besoffener an der Pest gestorben.

Am folgenden Tage erschienen einige kurfürstliche Räte bei dem erzürnten Gesandten, um ihn zu beschwichtigen. Es treffe sich unglücklich, sagten sie, dass am Tage zuvor das Gefolge des Prinzen von Holstein eingetroffen sei, des Verlobten der ältesten Tochter ihres Herrn; daher sei die Stadt überfüllt.

Sie wagten also, sagte Feuquières, ihm Leute vorzuziehen, deren Herr dem seinigen weit nachstehe! Das sei eine neue Beleidigung. Er sehe klar, dass der Kurfürst seine Anwesenheit nicht wünsche, und werde danach handeln. Bei seinem letzten Aufenthalt in Dresden hätten sie ihm zu verstehen gegeben, dass der Kurfürst gern 100 000 Reichstaler von seinem König annehmen werde; er habe das berichtet, und der König habe es gut aufgenommen in der Hoffnung, er setze dadurch den Kurfürsten instand, den Krieg nachdrücklicher zu betreiben. Unter den obwaltenden Umständen könne von dem Gelde nicht mehr die Rede sein.

Oh, sagten die Räte, das werde dem Kurfürsten sehr empfindlich sein. Es sei durchaus nicht des Kurfürsten Schuld, dass Feuquières nicht seinem Range gemäß untergebracht sei, er sei seinem Schwiegersohn entgegengereist und werde erst am nächsten Tage zurückkommen. Feuquières könne überzeugt sein, dass der Kurfürst ihn gut aufnehmen werde; an dem Gelde sei ihm außerordentlich viel gelegen.

Auch der Hofprediger Hoë, der sich für empfangene 2000 Reichstaler bedankte, machte einen Versuch, seinen Herrn zu entschuldigen, wurde aber von Feuquières unterbrochen, der sagte, dadurch mache Hoë die Sache nur schlimmer. Wer den Kurfürsten entschuldige, beleidige ihn gleicherweise.

Das sei leider nicht zu leugnen, sagte Hoë lächelnd, dass der sächsische Hof eine gewisse bäurische Plumpheit noch nicht ganz abgestreift habe. Er bedaure es sehr, dass ein so mächtiger Reichsfürst die feine Sitte, wie Frankreich sie unübertrefflich hervorgebracht und ausgebildet habe, nicht annehmen wolle. Soviel er könne, wirke er darauf hin; aber man müsse bekanntermaßen mit Fürsten glimpflich umgehen, da sie stachelig und gefährlich zu sein pflegten.

Er fürchte sich nicht, sagte Feuquières, und werde es den Kurfürsten unverhohlen merken lassen, dass er sich für eine derartige Behandlung zu hoch schätze.

Der Statthalter von Stettin, Steno Bjelke, wurde von zwei Kammerdienern mit vieler Mühe und unter grässlichen Flüchen angekleidet, um nach Wolgast zu reisen und die Leiche Gustav Adolfs, die in den nächsten Tagen dort ankommen sollte, in Empfang zu nehmen. Als sie damit zustande gekommen waren, ließ er sich in einen Sessel setzen und fragte, ob sie wüssten, weshalb er sie während des Ankleidens so hart geschimpft und sich auch wohl die eine oder andere Maulschelle hatte entwischen lassen. »Weil Euer Gnaden in der Furie waren«, sagte einer der Kammerdiener.

»Teufelskerl,« lachte Steno Bjelke, »die, welche du jetzt bekämest, hättest du rechtmäßig verdient.« Dann erklärte er, dass das Podagra ihm bei jeder Bewegung heftigen Schmerz verursache und dass er außerdem wegen des bevorstehenden Begräbnisses der seligen Majestät betrübt sei, gab ihnen ein Stück Geld zur Vergütung und den Auftrag, ein Frühstück zu bringen, damit er sich von der gehabten Anstrengung erhole. Gleichzeitig kamen mehrere Offiziere, die Steno Bjelke begleiten und sich nach seinem Gesundheitszustande erkundigen wollten. Er stecke nun gottlob in den Kleidern, sagte der Statthalter, und gedenke sich nicht auszuziehen, bis er wieder in Stettin sei und sich zu Bette legen könne. »Generalissimus Tod«, sagte er, »hat einen Sturm auf die Festung Steno Bjelke kommandiert; aber er ist glücklich abgeschlagen, Die paar Löcher, die die Mauer bekommen hat, sind gestopft und die paar Giebel, die gebrannt haben, gelöscht; inzwischen schickt vielleicht der Himmel Entsatz.« Die Offiziere lachten und ergriffen die Becher, um den Abzug des gemeinen Feindes zu feiern. Es sei ja nur ein Aufschub, sagte Steno Bjelke wehmütig, einmal müssten alle irdischen Festungen fallen; aber mit Ehren wolle er's tun und sich mit großen und kleinen Stücken bombardieren und zusammenschießen lassen, bevor er kapitulierte.

Die Offiziere lobten seinen männlichen Entschluss und erzählten, in der Stadt gehe das Geschwätz, als habe er die Pest; sie hätten es aber nicht glauben wollen und hätten die Eulen Lügen gestraft.

Wer sage, dass Steno Bjelke die Pest habe, rief der Statthalter, dem solle sie selbst in die Eingeweide schlagen. Einen guten festen Trinker fasse die Pest überhaupt nicht an, er fürchte sie nicht. Wenn er nur erst zu Pferde säße, er käme den teuren königlichen Helden doch nicht in der Sänfte empfangen.

Indessen rollten die Wagen mit dem Sarge und dem Teil der Leidtragenden, die ihn geleiteten, langsam durch die Julihitze. Die verwitwete Königin saß neben ihrem Bruder von Brandenburg und sprach mit ihm über eine etwaige Verheiratung seines Sohnes mit ihrer Tochter. Ihre Tochter sei von früh auf, sagte sie klagend, eigenwillig und wunderlich gewesen, wie würde es erst jetzt gehen, nun des Vaters Hand sie nicht mehr zügeln könne? Sie habe keinen Einfluss auf das Mädchen, werde überhaupt in Schweden wenig geachtet und als Fremde beargwöhnt.

Der Kurfürst sagte, dass der verstorbene König zwar ein großer Held gewesen sei, dass es aber besser gewesen wäre, wenn er das Labyrinth des Römischen Reiches nie betreten hätte. Nun sei der Faden gerissen, wie sollte sich die verwaiste Schar herauswickeln? Je mehr sich in das Spiel mischten, desto schwerer wäre es hernach, einen jeden auszuzahlen. Er sähe voraus, dass es über ihn und Pommern gehen würde, könne es aber vor Gott und der Nachwelt nicht verantworten, sich das rechtmäßige Erbe aus der Hand winden zu lassen; würde sein Sohn König von Schweden, so ließe sich das Problem am ehesten lösen.

Die Königin versprach zu tun, was in ihrer Macht sei. Ohnehin kränke sie der Hochmut des schwedischen Adels; wenn ihr Neffe die Faust hätte, ihm den Sattel fester aufzuschnallen, möchte sie es ihnen gönnen.

In Wolgast waren inzwischen eine Menge schwedischer Würdenträger angelangt, um beim Leichenbegängnis zu figurieren, und es gab einige Ungelegenheiten, weil der Reichsstallmeister Benedikt Oxenstierna darauf bestand, die Trauerfahne zu tragen, obwohl sie übermäßig schwer und er von schwächlicher Statur war, welche Schwierigkeit, da er auf sein herkömmliches Recht durchaus nicht verzichten wollte, dadurch gelöst wurde, dass man ihm drei Herren beiordnete, die ihm nachzufolgen und die Fahne von hinten zu stützen hatten.

Nachdem der Hofprediger Fabrizius unter dem Schluchzen aller Anwesenden die Trauerrede beendigt hatte, traten einige Herren an ihn heran, gaben ihm die Hand und dankten ihm für die rührenden Worte. Die Tränen wären ihm stromweis übers Gesicht gelaufen, sagte Steno Bjelke, sich die Augen trocknend; nebenbei sei er voll trauriger Gedanken gewesen, weil ihm in letzter Nacht im Traume der verstorbene König erschienen sei, ohne Koller, schmutzig und blutig und das geliebte majestätische Antlitz fast unkenntlich verunstaltet. Er habe ihn flehend angesehen und mit schauerlicher Stimme geflüstert: »Bete für mich!«, und zwar so deutlich, dass er nicht zweifeln könne, es sei wirklich des Königs Geist gewesen. Nun liege es ihm schwer im Gemüt, dass der fromme Held nicht in der Glorie zur Seite Gottes sitze, sondern so trübselig und fast schändlich einhergehen müsse, als ob er gar aus der Hölle oder dem Fegefeuer komme.

Infolge der Erbsünde, sagte Fabrizius nach einer Pause, sei auch der Tugendhafteste nicht ganz ohne Tadel und müsse einer Läuterung unterworfen werden, bevor er die himmlische Seligkeit genießen könne. Nach seinem Dafürhalten müsse der König aber diese Reinigung bereits überstanden haben.

Die Zeit habe in der Ewigkeit wohl ein anderes Tempo als auf Erden, meinte der General Torstensson, und der Mensch könne es mit dergleichen schweren Mysterien überhaupt nicht aufnehmen.

»Ach Gott, ja«, sagte Steno Bjelke, »wir blasen uns auf wie Seifenblasen und platzen und zerrinnen spurlos wie sie. Als ein unüberwindlicher Imperator ist der König kürzlich hier gelandet und wird wieder hergeschleppt als ein Sklave des Todes, des wahren Despoten der Welt.«

Unter diesen gewechselten Reden waren sie beim Hauptportal der Schlosskirche angelangt und traten ins Freie. Es war etwa fünf Uhr nachmittags; während der Predigt hatte es sich zu einem Gewitter zusammengeballt; aber als brächten sie die Lust zum Kampfe nicht auf, zerfielen die aufgeblähten Wolken wieder und lagen auf dem trüben Horizonte wie schlaffe Segel in einer Windstille.

Allerlei Volk, Fischer, Hirten und Bauern hatten sich angesammelt, um die denkwürdige Prozession nach dem Meere schreiten zu sehen, wo ein Schiff vor Anker lag und auf den Sarg wartete. Unabsehbar wand es sich durch die Wiesen; voran zu Pferd Oberst Axel Lilje, dem sein Regiment folgte, dann der General der Artillerie Lennart Torstensson, mit der Blutfahne, dann Reichsräte und Kämmerer mit Windlichtern in den Händen, dann wieder Soldaten, dann der Sarg unter schwarzem Baldachin, und dahinter der Kämmerer Karl Horn auf des Königs Ross in des Königs Rüstung, aber ohne den fröhlichen Schwung, der dem Toten eigen war. Dann kamen der Kurfürst von Brandenburg und Steno Bjelke, dann die Witwe und viele fürstliche und adelige Damen, dann ein wankendes Ungetüm, die von vieren getragene Trauerfahne, wiederum Soldaten, Professoren, Studenten und wieder Soldaten. Es währte drei

Stunden, bis der Zug das Meer erreicht hatte. Während das späte Abendrot erlosch und Erde und Meer gegen den blassen Himmel anschwollen, betrat Steno Bjelke, die Witwe führend, das Gerüst, das vom Ufer bis zum Schiffe errichtet war, und hielt im Namen der Königin die Danksagung an die versammelten Herrschaften für die dem Verstorbenen erwiesene Ehre, worauf zwölf Kammerherren den schwarzen, mit silbernen Totenköpfen beschlagenen Sarg über die Brücke ins Schiff brachten. Während die Leidtragenden mit eingerollten Fahnen den Weg zurück nach Wolgast gingen, umschlang das Meer das Schiff mit dem heimkehrenden Eroberer und trug ihn wiegend und singend in den Schoß der Mitternacht.

Der Hofkriegsratspräsident Schlick, der um die Mitte des August mit allerlei heiklen Aufträgen zu Wallenstein abgeordnet war, machte Piccolomini einen Besuch und erinnerte ihn daran, wie sie sich vor neun Jahren kennengelernt hatten. Es sei ihm nicht leicht geworden, sagte er seufzend, das Schwert mit der Feder zu vertauschen; aber er habe durchaus unter Wallenstein nicht länger dienen können und sich deshalb von der kaiserlichen Majestät auf andere Weise gebrauchen lassen. Es komme doch vor allen Dingen auf des Kaisers Dienst an, der Meinung werde Piccolomini auch sein.

Das sei selbstverständlich, sagte Piccolomini; übrigens sei es gut, wenn im Kriegsrat eine Person sitze, die Soldat gewesen sei und die Bedürfnisse des Soldaten kenne. Es werde im Kriegsrate nur zu oft dadurch gesündigt, dass befohlen werde, was im Felde nicht praktikabel sei.

Schlick gab das zu; andererseits, sagte er, müsse doch auch der Krieg auf den Staatshaushalt und das Gemeinwohl Rücksicht nehmen. Man müsse sich eben entgegenkommen und vertragen. Wenn das Schwert allein regierte, da hätte man ja eine Tyrannis und unleidliche Soldatenherrschaft, was gleichbedeutend sei mit Anarchie. Dem Geschichtskundigen sei es bekannt, wie das alte Römerreich durch den Übermut der kaiserlichen Leibwache und ihrer Befehlshaber in Ruin gestürzt sei. Dahin könnte es jetzt auch kommen, dass die raublustige Soldateska einen aus ihrer Mitte auf den Thron setzte, wenn sich die treuen Diener des Kaisers nicht um diesen scharten.

Schlick werde doch nicht zweifeln, dass hier im Lager lauter treue Diener des Kaisers wären, sagte Piccolomini scharf.

An ihm, Piccolomini, zweifle er nicht, sagte Schlick, darum wende er sich ja an ihn, um über dies und jenes Auskunft zu erhalten.

Er selbst sei weder von dieser noch von jener Partei, halte sich abseits von den Hofränken, tue einfältig des Kaisers Dienst. Der Kaiser glaube Ursache zum Misstrauen gegen den Herzog zu haben und habe ihn, Schlick, beauftragt, seine Gesinnungen zu erforschen; täusche sich der Kaiser, so sei es umso besser. Es wolle dem Kaiser so scheinen, als tue der Herzog dem Feinde nicht genug Abbruch, sorge mehr für des Feindes als für seinen Vorteil. Dagegen habe der Kaiser ihn geradezu an Piccolomini gewiesen, als an einen, dem er unbedenklich Krone, Leib und Leben anvertrauen könne. Auch er halte Piccolomini für einen Offizier von Ehre und sei überzeugt, dass, wenn der Herzog wirklich mit hochverräterischen Plänen schwanger gehe, Piccolominis reines Herz das Kontagium nicht aufnehmen werde, dass er höchstens zu redlich sei, um die im Finstern schleichende Kabale zu durchschauen.

Dass er dem Kaiser unbedingt ergeben sei, beteuerte Piccolomini; aber er glaube, dass auch des Herzogs Treue nicht angezweifelt werden dürfe. Wenn der Herzog sich in etwas verfehle, so sei es höchstens insofern, als er seine Zunge zu zähmen nicht gewohnt sei und oft grob herausfahre, auch sich nicht gern dreinreden lasse; seine Absicht sei aber gewiss gut, wovon er doch schon viele Proben abgelegt hätte.

Ja, sagte Schlick, das Wort recht in die Länge ziehend, wenn die Gebrechlichkeit der menschlichen Natur nicht wäre! Wenn Ehrgeiz und Habsucht nicht wären! Wo wäre eine Tugend so sicher begraben, dass diese beiden schnöden Hyänen sie nicht herauswühlten und schändeten? Piccolomini nehme er freilich aus, und was ihn betreffe, so wisse ja jeder, dass er jahrelang als bescheidener Privatmann und Familienvater gelebt und sich nur ungern und auf Befehl des Kaisers dem drückenden Amt des Hofkriegsratspräsidenten unterzogen habe; was für Mängel ihm auch ankleben möchten, Ehrgeiz und Habgier seien ihm allezeit fremd gewesen. Deswegen habe er dergleichen auch nicht ohne Unwillen an Wallenstein bemerkt, wie auch Aldringen, Collalto und andere mehr getan hätten. Aldringen habe damals, wie er, den Dienst quittieren wollen, er habe ihm aber selbst zugeredet, zu bleiben, damit doch einer da sei, den gefährlichen Mann zu überwachen. Sie hätten dazumal nichts lieber gesehen, als wenn Piccolomini oder der nun längst von Gott heimberufene Collalto an Wallensteins Stelle getreten wäre, Kavaliere, die mit Ehrenmännern hätten umgehen können.

Piccolomini sagte, er sei an Wallensteins Launen gewöhnt und könne sich persönlich nicht beklagen: Wallenstein habe ihn stets als Freund und Bruder traktiert.

Ja freilich, lachte Schlick, er wisse wohl, dass er es nicht mit allen verderben dürfe. Wie er denn seine schwarzen Pläne ausführen sollte, wenn ihm seine Offiziere nicht blind ergeben wären!

Nun, blind ergeben sei er ihm eben nicht, sagte Piccolomini, die Lippen aufwerfend und den Kopf steif in den Nacken stellend; er habe seine eigene Ehre und sein eigenes Gewissen, etwas Ehrloses könne ihm niemand zumuten.

Schlick legte triumphierend seine Hand auf Piccolominis Arm. Das eben habe der Kaiser ihm gesagt, und das sei auch seine Überzeugung gewesen, dass Piccolomini etwas Ehrloses auch auf Wallensteins Befehl nicht tun würde. Darum spräche er, Schlick, so vertraulich mit ihm, wenn er auch sein Leben dabei aufs Spiel setzte, denn wenn Piccolomini es Wallenstein wiedererzählte, so habe sein letztes Stündlein geschlagen, das wisse er wohl. Wallenstein habe Banditen genug an der Hand, um einen Verhassten aus dem Wege zu räumen. Was gelte ihm aber sein Leben, wo es auf des Kaisers Dienst ankomme! Der Kaiser sei ihm heilig, und er habe sich geschworen, ihn vor Unglück zu bewahren; er hoffe, Piccolomini werde ihm darin beistehen.

Piccolomini ergriff Schlicks dargebotene Hand und sagte, Schlick könne in allem, was des Kaisers Dienst betreffe, auf ihn zählen. Ob denn bereits etwas Bestimmtes gegen Wallenstein vorliege? Das vertrauliche Kommunizieren mit dem Feinde habe ihm ja auch nicht gefallen, aber es sei doch auf Befehl des Kaisers zur Beförderung des Friedens geschehen. Eins habe ihn immer verdrossen, nämlich die übergroße Freundschaft des Generals mit Arnim und dem Herzog von Sachsen-Lauenburg. Ihm für seine Person kämen die beiden nicht wie redliche Kavaliere vor, abgesehen davon, dass sie Ketzer wären; er habe den General oft wohlmeinend gewarnt, ihnen nicht so viel zu vertrauen. Auch mit dem Thurn habe er sich nach seinem Dafürhalten nicht so weit einlassen sollen, der ein offenkundiger Rebell und Malefikant sei; er habe darin wohl dem falschen Terzka zu viel nachgegeben.

Nun begann Schlick freier heraus zu reden und erzählte, wie nach der Meinung des Kriegsrates Wallenstein viel eher einen günstigen Frieden vorschreiben könnte, wenn er den Feind rasch unterwürfe, wie er anstatt dessen die liebe Zeit verlöre, um seine schwarzen Anschläge auszukochen; was für gottlose Reden er gegen den Kaiser und sein Haus führte, und dass er dem König von Ungarn, dem Sohne des Kaisers, das Horoskop gestellt habe und auf seinen Tod warte; dass er Böhmen, Mähren und Schlesien dem Kaiser entreißen und teils unter seine Helfershelfer, die böhmischen Rebellen, verteilen wolle; dass er ein abergläubischer Atheist sei, wenn er nicht gar, wie viele bestimmt wissen wollten, mit dem Teufel im Bunde stände, und dass er das Herz des Kaisers verwundet habe, indem er zwei junge Prinzen von Toskana, wohlerzogene, tapfere fürstliche Herren, die ein Regiment unter ihm hätten kommandieren wollen, mit höhnischen Worten heimgeschickt habe, als sei kein Platz für sie frei.

Er habe das auch nicht manierlich gefunden, sagte Piccolomini, habe aber gemeint, der General tue es deshalb, weil eine große Überzahl von Offizieren beim Heere sei, die es belasteten, vorzüglich, wenn sie jung und unerfahren und der fürstlichen Geburt wegen schwer zu regieren wären.

Deshalb tue er es, sagte Schlick, weil er nur von ihm selbst abhängige Kreaturen um sich leiden wolle, die zur Not auch das Schwert gegen den Kaiser zögen.

Heilige Mutter Gottes!, rief Piccolomini, sollte er unwissend vor einem Abgrunde stehen und Wallenstein ihn unter der Maske der Freundschaft dem Höllenrachen überliefern wollen? Er habe es wohl manchmal bedauert, dass Wallenstein der wahren heiligen Religion nicht so anzuhängen scheine, wie ein Edelmann solle; allein da er in so gutem Einvernehmen mit dem Pater Quiroga, dem Beichtvater der Königin von Ungarn, dem Bischof von Wien und anderen hohen geistlichen Personen stehe, habe er sich solcher Zweifel entschlagen zu sollen gedacht.

Er wisse die Guten so gleisnerisch zu verführen, sagte Schlick, wie der Satan selbst es nicht besser könnte. Denen gingen nun aber auch die Augen auf, und wenn sie sich freundlich gegen ihn stellten, so sei das nur die gebührende Vorsicht einem solchen gefährlichen Bösewicht gegenüber. Piccolomini dürfe sich auch beileibe die veränderte Gesinnung nicht merken lassen, sondern dieselbe Anhänglichkeit und Ergebenheit wie zuvor herauskehren. Die Aufgabe der Guten sei jetzt, ihn so zu betören wie Odysseus und seine Gefährten den gewalttätigen Zyklopen; sie waren jetzt gleichsam in seiner Höhle und seiner heidnischen Wut und Gefräßigkeit preisgegeben, und nur der äußersten List und Behutsamkeit könne es gelingen, die erhitzte Keule in sein eingeschläfertes Auge zu bohren. Er wolle es inskünftig auch lieber vermeiden, mit Piccolomini allein zu sein, um keinen Verdacht zu erregen, und Piccolomini solle es sich nicht verdrießen lassen, hie und da Verwünschungen oder argwöhnische Worte gegen ihn, Schlick, auszustoßen; er werde sehen, was für Beifall er damit fände, und könne das zugleich als Beweis für Wallensteins rebellische Gesinnung und Projekte begreifen.

Die Binde falle ihm allmählich von den Augen, sagte Piccolomini, und er sehe nun manches im Licht, was ihm früher dunkel vorgekommen sei. Schlick solle dem Kaiser versichern, dass er in ihm, Piccolomini, den treuesten, bis in den Tod unterwürfigen Diener habe, der nichts anderes auf Erden begehre, als sein Blut im Dienste des Kaisers zu verspritzen. Des Kaisers Klemenz und Gnädigkeit wären ihm zu bekannt, als dass er zweifelte, der Kaiser würde ihm die schuldige Treue nach Verdienst belohnen.

Nachdem Schlick angedeutet hatte, dass Piccolomini bereits zur Übernahme des höchsten Kommandos im Heere ausersehen sei, wenn Wallenstein beseitigt wäre, erkundigte er sich noch nach Charakter und Gesinnung anderer Offiziere und welche er nach Piccolominis Dafürhalten jetzt schon ins Vertrauen ziehen könne. Dass auf Aldringens Treue zu zählen sei, wisse er aus früherer Zeit, Gallas komme ihm leider wie vom Herzog verzaubert vor.

Piccolomini sprach seine Überzeugung aus, dass Gallas, wenn er von wahrhaft verräterischen Absichten des Generals in Kenntnis gesetzt würde, Abscheu davor tragen und das dem Kaiser beweisen würde; übrigens erbot er sich, die Gemüter der Offiziere bei Gelegenheit zu erforschen. Ob denn in Wien schon etwas Gewisses über den General beschlossen sei? An Wallensteins Untreue und bösen Absichten zweifle der Kaiser nicht mehr, sagte Schlick; aber hinsichtlich der Konsequenz und Ausführung sei doch noch dies und jenes zu bedenken. Der Herzog, obwohl als schlichter Edelmann geboren, stelle sich ärger an als die übel berufenen Tyrannen des Altertums; wenn er auch freiwillig abzudanken sich bewegen lasse, so sei doch damit seine Herrschsucht, Rachsucht und Grausamkeit nicht entthront. Es handle sich also darum, ihm vorher die Hände zu binden, damit man vor seinen Eruptionen und Machinationen sicher sei. Es werde Piccolomini nicht entgangen sein, wie schon seine, Schlicks, Anwesenheit ihm die Galle errege, er lasse sich's aber nicht anfechten, verhalte sich höflich und aufrichtig, sage seine Meinung und vertraue auf Gott, der kein Gefallen am Morde der Unschuld habe.

In der Tat war Wallenstein über Schlicks Sendung sehr erzürnt, sodass er sich meistens unter dem Vorwande seines üblen Gesundheitszustandes seine Besuche verbat und sich von Zusammenkünften fernhielt. War er aber zugegen, so führte er spitze Reden, wie dass die Hofleute, die zu Hause säßen, sich einbildeten, ohne tägliches Blutvergießen in Schlachten sei es um das Kriegswesen schlecht bestellt, wie wenn Soldatenblut der beste Dünger für den Acker sei; oder dass, wenn er zwar den Frieden traktieren, aber keinen Waffenstillstand solle gewähren dürfen, dies nicht anders sei, als wenn ein Bauer Brot machen solle, ohne Korn zu schneiden; oder wie gewisse Herren, die in Böhmen konfisziertes Rebellengut an sich gebracht hätten, noch nicht fest in den Zweigen säßen und Angst vor einem konträren Wind hätten, der sie wieder herunterbliese.

Nachdem er sich etwa eine Woche lang im Lager aufgehalten hatte, verabschiedete sich Schlick von Wallenstein: er sei stets, sagte er, ein Bewunderer des Herzogs gewesen, habe ja auch unter ihm gedient, und wenn er sich jemals heroischer Taten rühme, so seien es diejenigen, die er unter des Herzogs glorreichem Befehl habe verrichten dürfen. Was für Vorteil der dermalige Waffenstillstand für den Kaiser habe, könne er nicht durchaus fassen und bitte den Herzog, ihm zu verzeihen, dass er, der seinen schwachen Verstand mit der unergründlichen Einsicht des Herzogs freilich nicht vergleichen könne, sich einer von der seinigen abweichenden Meinung unterstehe. Dieser Waffenstillstand scheine ihm etwas von dem meuchlerischen Pferde an sich zu haben, das die Griechen betrüglich in die trojanische Burg insinuiert hätten und aus welchem das Verhängnis zum Schaden der Trojaner hervorgebrochen sei; und er wage es, aus wohlmeinendem Herzen den Herzog zu warnen, damit es ihm nicht ebenso ergehe. Er bete täglich, dass Gott ihm den Schleier von den

Augen löse, mit dem der schlaue Feind ihn umgarnt hätte; dies müsse er als aufrichtiger Freund und Diener des Herzogs sowie als ebensolcher Diener des Kaisers furchtlos äußern.

Wallenstein feierte die Abreise Schlicks durch ein kleines Bankett im Freundeskreise, an dem auch Piccolomini teilnahm.

Es reue ihn, sagte Wallenstein, dass er den schnüffelnden Spion so straflos habe abziehen lassen, und Terzka stimmte sogleich ein: Spione wären bei allen zivilisierten Völkern verachtet und als schnödester Auswurf des Menschengeschlechts angesehen gewesen; man hätte ihm einen ordentlichen Denkzettel auf den Weg geben sollen.

Man hätte ihn überhaupt nicht abziehen lassen, rief Illo, man hätte ihn in einem rechtschaffenen Duell abstechen sollen. Er hätte es sich zur Ehre angerechnet, seinem General diese lästige Fliege wegzuklatschen.

Wenn ein solcher Schelm nur Ehre hätte, sagte Terzka; er habe ihm absichtlich mit Sticheleien aufgewartet, aber es habe ihn wohl nicht gejuckt, oder er habe das Schwert zum Kratzen zu scharf gefunden und sich lieber hinter den Ofen retiriert.

Piccolomini sagte, nach seinem Dafürhalten dürfe man sich an einem Abgesandten des Kaisers nicht vergreifen, und er zweifle nicht, dass die Herren Kameraden das gleichfalls bedacht hätten; aber es sei ihm allerdings auch lächerlich vorgekommen, dass Schlick so viel mit seinen Kriegstaten geprahlt habe, von denen er glaube, dass sie dem Feinde am meisten genützt hätten.

Wallenstein lachte behaglich. Der Herr tue sich etwas darauf zugute, sagte er, dass er seinerzeit den alten Markgrafen von Baden in den Sund gejagt habe. Dieser alte Fürst sei ein wackerer Bücherleser und Schreiber, aber jämmerlicher Stratege und Feldherr gewesen, und ein jeder ungewaschene Fähnrich wäre auch mit ihm fertig geworden. Es mache ihn lachen, wie diese windigen Lorbeeren in Wien begossen und beschüttet würden, damit sie ein leidliches Aussehen bekämen. Übrigens habe er nur Diffikultäten mit dem Schlick gehabt, jetzt ernte er den Dank dafür ein, dass er ihn so lange mitgeschleppt habe.

Mit den toskanischen Prinzlein wäre es auch nicht anders geworden, sagte Scherffenberg; der Fürst habe zu viel auf sich, als dass er die Amme und Garderobefrau für alle eitlen und müßigen Großmäuler in Europa machen dürfte.

Er schicke sich überhaupt nicht mehr zum Kommandostabe, sagte Wallenstein, seit die Verleumder und alten Vetteln des Kaisers Ohr gewonnen hätten. Vielleicht dächte der Schlick, er stände ihm selber an, obgleich er doch wissen sollte, dass der König von Ungarn schon lange Finger danach machte. Er möchte nur die Sprünge sehen, die manch einer dann machen müsste, und was für Gesichter er dazu schnitte. Er sei der Intrigen und Widerwärtigkeiten oft von Herzen überdrüssig; wem zuliebe kämpfe er eigentlich gegen diese Sündflut, anstatt sich in eine trockene Arche zurückzuziehen und gemächlich dem Schwall und Ersaufen zuzusehen!

Was?, rief Illo aufspringend. Nein, sie ließen ihn nicht. An seinem Namen hänge das Kriegsglück! Er habe das Heer geschaffen, es gleiche einer aus dem erwärmten Boden gezauberten Frühlingssaat, die, wenn die Sonne vom Regiment abträte, erfrieren müsse. Der General solle die schwarzen Gedanken fahren lassen, die der hundsföttische Schlick aufgerührt habe; wäre die Welt auch voll Verräter und Verleumder, so gäbe es doch treue und redliche Herzen, die empfangene Wohltaten nicht vergäßen.

An die Tür eines dicht an der Zwickauer Stadtmauer klebenden Häusleins klopfte es ängstlich und hastig, worauf ein blindes Fenster sich öffnete und eine alte Frau herausschauend einen kleinen Knaben gewahrte, der angstvoll zu ihr aufblickte und um Einlass bat. Die Alte zog den Kopf zurück, machte vorsichtig die Tür auf und ließ den Jungen eintreten, der von Schlamm tropfte und über und über zitterte, obwohl es ein schwüler Augustabend war. Wie er sich denn so zugerichtet habe?, schalt die Alte; er solle alles erzählen, aber nicht lügen, sie könne es ihm von der Stirne ablesen.

Der Junge erzählte, dass er des Apothekers Sohn aus Chemnitz sei und dass die Holkischen Jäger die Stadt eingenommen hätten. Bei seinem Vater sei ein ganzer Haufe im Quartier gelegen, die hätten geplündert, viele Kruken und Gläser voll Arznei aus dem Fenster geworfen, aus anderen Sachen Bündel gemacht, und als sie abgezogen wären, ihn geheißen, sie ihnen nachzutragen. Die Eltern hätten geweint und gefleht, aber der Leutnant habe gesagt, ein Bube sei ihnen an der Pest gestorben, ein anderer davongelaufen, sie brauchten einen Ersatz. Es solle ihm kein Leid geschehen; wenn er ihnen die Bündel bis Zwickau getragen hätte, wollten sie ihn zurückschicken und ihm noch einen Lohn dazu geben. Unterwegs hätten sie ihm aber gesagt, sie wollten ihn behalten, weil er so gescheit und behände sei, er werde sein Glück machen und ihnen später dankbar sein. Da habe er sich vielmals bedankt und geantwortet, er wolle kein Soldat, sondern Pfarrer werden, dürfe auch seine Eltern nicht verlassen, denen der Leutnant ja auch versprochen habe, ihn heimzuschicken; worauf sie böse geworden wären, ihm ein paar heruntergehauen und gesagt hätten, bei ihnen bleiben müsse er, und wenn er zu entwischen versuche, würden sie ihn am nächsten Baum aufhängen. Bei Tage habe er nicht weglaufen können, bei Nacht aber die Gelegenheit gefunden, sich in einem tiefen, mit Wasser gefüllten Graben zu verstecken, und sei viele Stunden darin geblieben, bis das Regiment weitergezogen wäre. Er habe bis an den Hals im Wasser gesteckt und währenddessen alle Sprüche gebetet, die er auswendig wisse, so habe er es mit Gott ausgehalten und sei auf geschwinden Pfaden, die ihm bekannt wären, nach Zwickau gelaufen.

Die Alte klopfte dem Jungen die Backen, lobte seine Tapferkeit und sagte, er solle sich in das Bett legen, das in der Ecke stehe, half ihm, sich auszuziehen, und warf seine verschlammten Kleider in die Regentonne, die vor der Tür stand. Das solle sie doch um Gottes willen nicht tun, bat der Kleine, wenn die Soldaten kämen, würden sie alles um und um suchen, die Kleider finden und seinen Aufenthalt entdecken. Das würden sie sich nicht getrauen, sagte die Alte geheimnisvoll kichernd, vor ihr liefen sie davon wie die Hasen vor einer Krautscheuche. Der Junge betrachtete sie neugierig und ehrfurchtsvoll und fragte leise, wer sie sei? Ob sie zaubern könne? Worauf sie noch mehr lachte, ihm einen Teller mit Mus und ein Glas abgestandenes Bier brachte und ihm befahl, er solle schlafen, er habe das Fieber. So verhielt es sich in der Tat; er sprach immer rascher und lauter: wenn er wieder zu seinen Eltern käme, würden sie sich der Alten dankbar erweisen, die Soldaten hätten ihnen zwar vieles fortgeschleppt, aber das Beste hätten sie in ein Loch in der Brunnenmauer versteckt. Wenn ihn nur die Soldaten nicht fänden, in ein paar Stunden würden sie gewiss in der Stadt sein, es sei ja nicht einmal ein Torwärter da, er selbst habe unvermerkt hineinschlüpfen können.

»Der Torwärter ist gestern gestorben«, sagte die Alte; »aber jetzt ist ein neuer da, der wird die Stadt gut bewachen, braucht nicht einmal Schloss und Riegel dazu.« Der Kleine sah die hüstelnde Alte mit großen glänzenden Augen erwartungsvoll an. »Wer ist es?«, flüsterte er. »Es ist die Pest«, sagte ihm die Alte ins Ohr. Der Junge fuhr ein wenig zurück und besann sich. Und wer denn sie sei?, fragte er weiter. »Ich bin die Pestfrau«, sagte die Alte, »und das Bett, in dem du liegst, ist das Pestbett; kurz eh du kamst, haben sie die letzte Leiche herausgeschafft.«

Dabei fing sie zu lachen an, dass der Schemel unter ihr krächzte. Der Knabe holte tief Atem und sagte, das habe Gott so gefügt, damit die Soldaten ihn nicht auftrieben, faltete die Hände und betete deutsch und lateinisch, worüber er endlich einschlief, sodass er den Lärm der in die Stadt eindringenden Soldaten nicht hörte.

Im Laufe des Vormittags traf Holk selbst in Zwickau ein und begab sich böse gelaunt sofort auf das Rathaus; denn ein paar Offiziere waren ihm mit der Nachricht entgegengekommen, die meisten Häuser ständen leer, in Küche und Keller sei nichts aufzutreiben, man müsse inmitten einer wohlhabenden Stadt Hunger leiden. Die beiden Ratsherren, die Holk in der Ratsstube fand, herrschte er an, was das heißen solle? Wo die Bürgermeister und übrigen Ratsherren wären? Seine Truppen müssten ins Quartier; wo die Bürgerschaft sei? Er würde schon Mittel finden, sie aus ihren Verstecken auszuräuchern. Die Bürgerschaft liege allermeist auf dem Friedhofe, sagte der eine; die Soldaten, die letzthin durch Zwickau gekommen wären, hätten die Pest eingeschleppt, an achtzig Häuser wären gänzlich ausgestorben. Andere wären ausgewandert, da man füglich zwischen lauter Gräbern keinen Erwerb und Nahrung mehr finden könne.

Das wären Ausflüchte, sagte Holk erbost, er kenne die Zwickauer, das Gaukelspiel solle sie aber teuer zu stehen kommen. Die Stadt müsse sogleich 5000 Reichstaler Kontribution erlegen, ferner den Soldaten einen rechtschaffenen Unterhalt beibringen. Ach Gott, sagten die Ratsherren, kümmerlich lächelnd, wie denn die paar übrig gebliebenen, dem Tode abgesparten Elenden 5000 Reichstaler aufbringen sollten? Holk wisse ja wohl, dass die Stadt ihm erst kürzlich 8000 Reichstaler habe zahlen müssen, dabei sei der allerletzte Sparpfennig aufgegangen. Wenn man alles Vorhandene auf einen Haufen sammelte, würde nicht 1000 Reichstaler Wert mehr herauskommen. Das werde sich zeigen, sagte Holk; sie, die beiden Ratsherren, nehme er als Geiseln und werde sie nicht eher freigeben, als bis die verlangte Summe erlegt sei. Die beiden Männer baten, er möge sie doch von ihrer Familie Abschied nehmen lassen, die sie ja wohl nie wiedersehen würden; aber Holk winkte ein paar Soldaten, ihnen die Hände zu binden und sie ohne Verzug im Rathaus einzusperren. Soeben kam in voller Wut ein Offizier gelaufen und meldete, er habe sich eine Mahlzeit aufdecken lassen wollen, da habe auf dem Tisch lang ausgestreckt ein halb verwester Leichnam gelegen; eine solche Ungebühr müsse an der ganzen Stadt gerächt werden, man könne ja vor Abscheu, von der Ansteckung ganz zu schweigen, den Tod haben. Holk fluchte: das sollten die beiden Ratsherren büßen, man solle sie dicht unters Dach legen, damit die Sonne sie verbriete. Und wie das zugehe, wandte er sich an einen zitternden Ratsdiener, dass unbegrabene Tote in den Häusern umherlägen? Das sehe einer Verschwörung gleich, er wolle die Stadt an allen Ecken anzünden lassen und sich der Toten und Lebendigen miteinander entledigen. Der Gefragte gab Auskunft, dass der Totengräber kürzlich davongelaufen sei; ein neuer sei noch nicht bestellt, und die Bader, die die nächsten dazu wären, weigerten sich. Er wolle ihnen schon zum Tanze aufspielen, drohte Holk; inzwischen sollten die Soldaten die Bürgerschaft zum Reinigen der Hauser antreiben.

Beim Verlassen des Rathauses legte einer von Holks Adjutanten ein Wort für die beiden Ratsherren ein; wenn sie stürben, meinte er, fiele es ihm aufs Gewissen, und Geld würde er doch nicht sehen; es scheine in Wahrheit nichts mehr vorhanden zu sein. Holk antwortete verdrießlich, man müsse nur ordentlich pressen, es kämen schon ein paar Tropfen. Der General habe ihm befohlen, starke Mittel zu gebrauchen, und er verlange bündigen Gehorsam; die Folgen gingen ihn, Holk, nichts an, sein Gott und sein Gewissen sei Wallenstein.

Er bezog das Haus des Bürgermeisters, der die Stadt verlassen hatte, ließ Wein aus dem Keller schaffen und zechte bis in die Nacht mit den Kameraden. Stark angetrunken schlief Holk, mit dem Oberkörper auf dem Tische liegend, ein; unterdessen entfernten sich die Offiziere mit den Mädchen, die beim Essen bedient hatten. Nach einer Stunde erwachte Holk mit dem Gefühl, dass ihm jemand von hinten den Hals angehaucht habe, fuhr auf und blickte sich zögernd, nicht ohne Grauen um. Durch das geschlossene Fenster sah er den fast vollen Mond, der gerade über den spitzen Hausgiebeln gegenüber stand; der Anblick erinnerte ihn an die Überreste eines Geräderten auf dem Rade, und ein fauliger Geruch, den er spürte, schien ihm von dort auszugehen. Jetzt fiel ihm ein, dass ein Mädchen die Nacht hatte bei ihm bleiben wollen und dass sie mit einem anderen, den er ohnehin nicht leiden konnte, Blicke gewechselt hatte; war sie mit dem fortgegangen, oder hatte sie sich irgendwo versteckt? Er stand auf und tappte nach einer Tür, die er öffnete: er sah in der Dunkelheit nichts als ein Paar rote Augen, die ihn trübe glimmend anstarrten. Unwillkürlich sprach er ein Stoßgebet; dann fiel ihm ein, dass dies ein erlöschendes Feuer in einer Pfanne war, über der man Wacholderbeeren erhitzt hatte, und dass davon der süßliche Geruch kam, den er nicht loswerden konnte. Unwillig tastete er sich nach einer anderen Tür und rief nach seiner Dienerschaft; aber niemand kam, und niemand antwortete.

Während der ganzen Zeit spürte er den Mond hinter sich, wie wenn der geräderte Tote die modernde Hand nach ihm ausstreckte, und wagte nicht, sich umzusehen und die Täuschung richtigzustellen. Die Diener, die endlich kamen und ihn zu Bett brachten, entschuldigten sich mit schwerem Schlaf; das leere Haus komme ihnen wie verhext vor. Ja, er wolle morgen weiter, sagte Holk; in der verfluchten Stadt setze sich einem noch die Pest auf den Nacken.

Unterwegs traf Holk eine Ordonnanz Wallensteins, er solle in Gera mit Arnim zusammentreffen und sich wegen des Friedens besprechen. Holk solle sich dabei mit seiner gewohnten Prudenz verhalten und nicht in die Fallen gehen, die der listige Arnim ihm stellen würde.

Der schlüpfrige Auftrag beunruhigte ihn ein wenig; andererseits schmeichelte es ihm, Arnim, der sich für einen unübertrefflichen Politiker hielt, zu überlisten; er nahm sich vor, ihn gehörig zu ärgern und womöglich mit kreuz und quer schießenden Irrlichtern in den Sumpf zu locken. In Gera angekommen, kleidete er sich prächtig an, behängte sich mit der schweren goldenen Kette, die er sich in Leipzig hatte verehren lassen, und befahl auch seiner Dienerschaft, sich nach Möglichkeit herauszuputzen. Nach dem Austausch der üblichen Höflichkeiten fing Arnim von der sächsischen Friedensliebe zu sprechen an und dass der Kurfürst ganz perplex über Holks Einfall in sein Land bei währendem Waffenstillstand sei.

Er sei von dem Abschluss des Waffenstillstandes noch nicht unterrichtet gewesen, sagte Holk. Übrigens könne er doch die Waffen nicht niederlegen, solange der Herzog von Weimar mit offenbar feindseliger Intention an der Grenze drohe. Er habe nichts Böses wider den Kurfürsten im Sinne, und wenn seinem Heere nur immer der nötige Unterhalt gewährt worden wäre, hätten sie in Frieden nebeneinander leben können. An seiner Friedensliebe werde Arnim doch nicht zweifeln, er sei ja Protestant, werde seine Glaubensgenossen nicht in Ruin setzen wollen. Auch sei er ja nunmehr deutscher Reichsgraf, wie Arnim wohl wissen werde, und es stehe ihm als solchem besser an, sein Vaterland vor Verwüstung zu bewahren als damit heimzusuchen.

Mit Erwähnung dieser Standeserhöhung gelang es Holk, Arnim empfindlich zu ärgern. Er habe davon gehört, sagte er, auch dass Holk Güter in Böhmen von Wallenstein erhalten habe; wenn aber Böhmen wirklich in den alten Stand restituiert würde, könne ihm der eben gefangene Vogel leicht wieder aus der Hand wischen.

Nun, sagte Holk selbstgefällig, das hänge doch auch davon ab, ob einer wirklich Meriten um Kaiser und Reich hätte.

Beim Mittagessen, zu welchem Arnim Holk mit einem vertrauten Offizier einlud, wurde das Gespräch fortgesetzt. Arnim sagte, von Bernhard von Weimar brauche Holk nichts zu besorgen, er sei jetzt auf dem Wege zu Oxenstierna, wo sie einen endgültigen Beschluss fassen würden. Wallenstein, aus dessen Lager er eben komme, habe ernstlichen Willen zum Frieden und bürge auch so oder so für die Einwilligung des Kaisers.

Ja, sagte Holk eifrig, dass sie, die den Krieg in der Hand hätten, einig untereinander wären, das sei die Hauptsache. Arnim könne ja wohl ebenso für den Kurfürsten einstehen.

Das könne er, sagte Arnim; wenn nur die evangelische Religion stabiliert würde, so finde er keinen Grund mehr zum Kriege.

Plötzlich stieß Holk seinen Teller zurück und sagte, das Rebhuhn ekle ihn, es rieche nach faulen Pilzen.

Das könne er nicht finden, sagte Arnim erstaunt und missbilligend, es munde ihm vorzüglich. Holk solle einen Schluck Wein dazu trinken.

Holk stand auf und öffnete das Fenster. »Mit Euer Exzellenz Erlaubnis«, sagte er, »der unleidliche Geruch benimmt mir den Atem.« Vielleicht komme es davon her, dass sie die letzte Nacht durch einen feuchten Wald geritten wären, wo es nach Pilzen gerochen hätte.

Arnim beachtete es nicht weiter und fuhr fort, über die Möglichkeit zu sprechen, dass der Kaiser auf die von Wallenstein beliebten Friedenspunkte nicht eingehen wollte. Wie Holk sich dazu stellen würde, wenn es gälte, eine nachdrückliche Schärfe gegen den Kaiser zu gebrauchen.

»Des Generals Wille ist mein Wille«, sagte Holk. Er wisse ja auch, setzte er hinzu, dass Wallenstein nichts intendiere, was nicht zu guter Letzt das Wohl des Kaisers bezwecke.

Arnim bat Holk, sich näher darüber zu erklären, was des Kaisers Wohl sei, und blickte, da er keine Antwort erhielt, fragend nach ihm hinüber. Holk habe ja die Farbe verloren, sagte er, und er esse ja nicht?

Der Geruch mache ihm übel, antwortete Holk, er könne keinen Bissen hinunterschlucken.

Der Offizier stand auf und befahl einem Stallknecht, der auf dem Platze stand, wohlriechende Blumen im Wirtsgarten zu pflücken, und stellte den eilig gebrachten Strauß auf den Tisch. »Der Herr hat Einfälle wie ein Weib«, sagte Holk zu seinem Offizier, lobte aber die Wirkung des Blumengeruchs, der die Luft reinige. Nach einigen Minuten jedoch rief er: »Es riecht faul!«, und warf den Strauß aus dem Fenster. Ohne dass die Unterredung zu einem Ergebnis geführt hätte, brach er bald danach auf und begab sich eilig in seine Wohnung.

Am folgenden Morgen sagte er zu dem Offizier, der mit ihm bei Arnim gewesen war, er sei jetzt ganz wohl, und der widerliche Geruch sei verschwunden; es habe also an Arnims Gasthaus, nicht an ihm gelegen.

Ja, was sollten sie denn dort getrieben haben?, meinte der Offizier nachdenklich.

Vielleicht habe Arnim etwas ins Essen praktiziert, sagte Holk; ob er, der Offizier, nichts bemerkt habe?

Nein, erwiderte der, und Arnim habe ja selbst davon gegessen, das sei nicht anzunehmen. Und zu welchem Zweck er das getan haben sollte?

Warum?, sagte Holk heftig. Weil er ein falscher, verschmitzter, pfäffischer Giftmolch sei und Lust an heimtückischen Bubenstreichen habe, es brauche keinen Grund weiter. Arnim sei voll Galle und würde am liebsten Gott selbst vergiften.

Das habe er nicht gewusst, sagte der Offizier erschrocken; Gott sei Dank, dass Holk so wenig zu sich genommen habe.

Holk nickte. Jetzt sei ihm wohl, außer dass ihm die Haut kribbele wie von Ameisen. Er sei jetzt ungeduldig, den Ort und das verwünschte Sachsen überhaupt zu verlassen.

In Plauen befand er sich so schlecht, dass er nicht mehr zu Pferde sitzen konnte und einen Wagen bestellte; aufhalten wollte er sich nicht, sagte er, solange er in Sachsen sei, bleibe er unter keinem fremden Dache. Zu dem Arzt, der gerufen wurde, sagte er, er bedürfe seiner nicht, wisse ohnehin, dass er vergiftet sei. Der Arzt betrachtete und betastete ihn aufmerksam. »Die Symptome sind hässlich«, sagte er, musste aber auf Holks Befehl abziehen, ohne etwas verordnet zu haben.

Eine Stunde hinter Plauen ließ Holk den Arzt holen: er solle bei empfindlicher Strafe eilig zu Pferde kommen und seine besten Arzneien mitbringen. Als der Arzt an die Kutsche trat, lag der Feldmarschall stark fiebernd in eine Ecke gedrückt und hatte augenscheinlich Mühe, die Personen zu erkennen. Mithilfe des Kammerdieners zog ihm der Arzt das Oberkleid ab und sagte nach flüchtiger Untersuchung: »Es ist die Pest, wie ich gleich gedacht habe.« Holk starrte ihn mit glasigen Augen an, sich gewaltsam besinnend. »Was für ein Hund spricht von Pest!«, stammelte er. »Ich habe Gift im Leibe!«

Die Beulen säßen in der Achselhöhle, sagte der Arzt, das sei ein unwiderlegliches Zeichen. Holk solle noch ein paar Decken auf sich legen und schwitzen; übrigens solle er, anstatt zu schimpfen, seine Seele Gott befehlen.

Holk machte einen Versuch aufzustehen, fiel aber wieder auf den Sitz zurück. Der Kutscher solle eilen, eilen, sagte er, dass sie nach Adorf kämen; dort wäre vielleicht ein verständiger Arzt aufzutreiben.

Er kam zu sich, als der Wagen hielt, und rief nach Wasser. Da sich nichts rührte, kroch er mühsam an das Fenster und beugte sich hinaus. Weit und breit regte sich nichts; der Wagen stand auf einer schmalen Fahrstraße zwischen Stoppelfeldern, die wie das kurze, borstige Fell eines großen Tieres anzusehen waren, eines einsamen, auf einer Klippe im Weltraum träumenden Leviathan. Über den Höhen des Erzgebirges loderte die untergehende Sonne; sie schien Holk so nah zu sein, dass er entsetzt zurückfuhr. Er wusste, dass es die Sonne, aber nicht minder gewiss, dass es die Hölle war: aus bodenlosem Kessel schlug das unauslöschliche, allgegenwärtige rächende Feuer. Er glaubte das Wallen und Flackern der Flammen zu hören und die zunehmende Glut zu spüren und versuchte laut um Hilfe und um Wasser zu schreien: da stand plötzlich der Kutscher mit einem Kübel Wasser vor ihm und starrte ihm furchtsam ins Gesicht. Die Pferde seien am Verschmachten gewesen, sagte er, darum sei er fortgegangen und habe

Wasser für die Tiere gesucht. »Wasser!«, stöhnte Holk, »die Hunde lassen mich verdursten.« Der Mann hob den Kübel herauf, und Holk langte mit beiden Händen hinein und führte sie zum Munde, stieß aber sogleich das Gefäß mit Abscheu zurück. »Es schmeckt faul!«, rief er, »woher hast du das Wasser genommen? Wie jedoch der Kutscher sich anschickte, das Wasser den Pferden zu bringen, streckte Holk die Arme nach ihm aus und rief: »Verlass mich nicht! Siehst du nicht, dass ich des Todes bin? Hole mir einen Pfarrer, dass ich beichten kann!« Hierherum sei kein Mensch, kein Dorf, keine Hütte, sagte der Kutscher. Sie wären doch nicht in der Türkei, jammerte Holk, es müsse doch ein Pfarrer da sein! Er solle ihm hundert, fünfhundert Reichstaler versprechen, wenn er schnell käme!

»Hole mir einen Pfarrer, du Schuft, dass ich nicht zur Hölle fahre!«, schrie er, da der Kutscher noch zögerte, der nun, im Grunde froh, den Sterbenden verlassen zu können, spornstreichs davonlief. Gleich darauf kamen mehrere Holksche Offiziere zu Pferde an und fanden ihren Feldmarschall tot in der Kutsche.

Zwei Wochen nach Holks Tode langte Arnim bei Wallenstein an und erzählte ihm, dass er die beiden Kurfürsten von Sachsen und Brandenburg dahin gebracht habe, zu der Konjunktion der Armeen ihre Zustimmung zu geben.

Ja, von Arnim komme ihm nur Gutes, sagte Wallenstein, nicht umsonst habe er seine Angelegenheiten stets gern Arnim anvertraut.

Er habe es sich Mühe kosten lassen, fuhr Arnim fort; den Kurfürsten gehe es mit ihren Entschlüssen wie manchen Leuten mit ihren Gänsen, mästeten sie so lange, dass sie verrecken, bevor es zum Schlachten käme. Er habe aber einen nachdrücklichen Ernst gezeigt und sich auch gewissermaßen für Wallenstein verbürgt.

So könnten sie also unverweilt miteinander auf den gemeinsamen Feind losgehen, sagte Wallenstein.

Arnim stutzte. Allerdings, sagte er nach einer Pause, wer sich dem Frieden widersetzte, dem wollten sie ihre Meinung mit den Waffen demonstrieren.

Den Schweden, sagte Wallenstein, gönne er die Überraschung, die ihnen bevorstehe. Die hätten sich eingebildet, in Deutschland regieren zu können. Er könne es nicht erwarten, sie ins Meer zu jagen.

Das werde nicht nötig sein, entgegnete Arnim. Er komme jetzt von Oxenstierna, der wünsche sich nichts Lieberes als eine aufrichtige Konjunktion mit Wallenstein, um den Frieden herbeizuführen. Wegen der Satisfaktion werde man sich einigen, schließlich müsse Brandenburg Pommern zedieren, der Verlust könne durch die schwedische Heirat ausgeglichen werden.

Wallenstein lachte. Ob Arnim ernstlich glaube, es sei seine Meinung, mit den Schweden zu akkordieren? Hätte er sie gerufen? Er sei der Tölpel nicht, ihnen einen Lohn auszuhändigen dafür, dass sie den Ruhestand Deutschlands perturbiert hätten. Hinauswerfen wolle er sie und hoffe, dass ihm Arnim dabei behilflich sein werde.

Das könne er nur für eine scherzhafte Rede halten, sagte Arnim aufstehend. Er sei jetzt wochenlang hin und her gereist und habe die Kurfürsten bearbeitet, um die Kombination zustande zu bringen; seine Ehre sei verpfändet. Es sei doch nicht möglich, dass Wallenstein jetzt alles verkehre und ihn Lügen strafe.

Ihm scheine es vielmehr, als rede Arnim irre, sagte Wallenstein, indem er eine hochmütige Miene annahm. Er wisse es nicht anders, als dass sie miteinander eins geworden wären, über die Schweden herzufallen und dann den allgemeinen Reichsfrieden herzustellen. Ob Arnim etwas anderes schriftlich von seiner Hand habe?

Arnim wurde dunkelrot und stampfte mit dem Fuße auf. »Der Donner soll mich treffen«, fluchte er, »dass ich noch einmal getraut habe!«

»Der Herr weiß nicht, was er redet«, sagte Wallenstein mit harter Stimme. »Der Herr verdreht mir die Worte im Munde, um mich in seine fuchsschwänzigen Judasprojekte zu verflechten. Er hat mir eine Falle gestellt.«

Als Arnim auf dem Rückwege von dieser Zusammenkunft den Herzog von Sachsen-Lauenburg aufsuchte, sagte dieser lachend, er habe nicht für möglich gehalten, dass Arnim sich so erhitzen könne; er sehe aus, als müsse ihm im nächsten Augenblick ein Äderlein platzen. Arnim gab die gehabte Unterredung wieder; der Teufel habe nun seine Klaue gezeigt, sagte er, man könne sich eben doch mit dem katholischen Schlangengezücht nicht einlassen.

Franz Albrecht hörte nachdenklich zu und meinte endlich, da walte gewiss ein Missverständnis vor; vielleicht sei Wallenstein durch irgendetwas disgustiert gewesen, launisch sei er ja und verwöhnt wie eine schöne Buhldirne.

Gerade darum, sagte Arnim, wolle er nichts mehr mit ihm zu tun haben. Er stecke so voll Lug und Trug, dass er selbst nicht mehr wisse, was er wolle. Wenn er jetzt auch noch einmal glatte Worte brauchte, er, Arnim, lasse sich nicht wieder fangen.

Man müsse mit Wallenstein auf besondere Art umgehen, sagte der Lauenburger, ihm die Worte gewissermaßen selbst in den Mund legen.

Der Herzog möge es immerhin versuchen, sagte Arnim, er sei gegen so viel Falschheit nicht gewappnet.

Franz Albrecht dachte nach: ja, Wallenstein war launisch, und er war furchtsam; er hatte im Grunde Angst vor der kaiserlichen Macht, und der Umstand, dass er soeben seinen ergebensten Offizier, nämlich Holk, verloren hatte, mochte ihn unsicher gemacht haben. Gleichzeitig war dem Thronfolger, von dem er geglaubt hatte, er werde ohne Erben verkümmern, ein Söhnlein geboren worden; das mochte ihm so vorkommen, als nehme das Schicksal sich seiner Gegner an. Es komme also darauf an, dachte er, ihm Mut einzuflößen, was Arnim immer so gut verstanden habe. Wie, wenn es nun aber nicht gelingen wollte?

Übrigens, sagte er, sich plötzlich aus seinem Sinnen gegen Arnim wendend, könne man ja auch wirklich mit Wallenstein vereint die Schweden hinauswerfen.

Arnim warf einen ärgerlichen Blick auf Franz Albrecht. Auf die Art, sagte er, dass man sie jetzt, das Bündnis brechend, überfalle, gehe es einmal gewiss nicht, das müsse anders vorbereitet werden. Franz Albrecht solle sich nur mit seinen Reden vorsehen, er wisse ja gut genug, was für ein Geschwätz unter den Schweden über ihn im Schwange sei.

Das tue ihm nicht weh, lachte der Herzog auf, könne ihn höchstens bewegen, ihnen das Lügenmaul zu stopfen. Die Franzosen wären auch da, denen das schwedische Bündnis im Grunde verhasst wäre. Mit ihrer Hilfe hätten sie gewonnenes Spiel, sie könnten Wallenstein auch in Böhmen einsetzen.

»Von den zwei Spitzbuben«, sagte Arnim böse, »ist mir der schwedische noch lieber als der französische.« Außerdem wolle ja Wallenstein von der böhmischen Krone gar nichts mehr wissen.

Nein, das könne er doch nicht glauben, erwiderte Franz Albrecht, er habe sich zu tief in die böhmische Sache eingelassen. Vielleicht wolle er sich nur nicht klar darüber äußern, wolle, ohne zu sprechen, verstanden sein; aufgeben könne man ihn noch nicht.

Wallenstein fühlte nach Arnims Abreise eine große Befriedigung. Gott sei Dank, dachte er, dass er den selbstsüchtigen, eigenmächtigen Brandenburger ein- für allemal losgeworden sei, der ihm immer seinen Einfluss aufgedrängt habe, um ihn für fremde Zwecke auszunützen. Nun könne er sich wieder frei entschließen. Er ließ Seni kommen und erzählte ihm, dass er mit den Sachsen und Schweden gänzlich brechen wolle. Er habe schon vorausgesehen, sagte dieser, dass ein Umschwung eintreten werde; denn er habe nachts eine bedeutsame neue Konstellation am Himmel beobachtet. Wallensteins Stern schwinge sich wieder mächtig empor, er werde allen seinen Feinden obsiegen.

Den Herzog von Lauenburg empfing der Herzog mit einer Klage über Arnims Arglist: er könne es nicht fassen, sagte er, dass Arnim, der den Frommen herauskehre, solchen Betrug ausübe, ihn mit Worten binden zu wollen, die er niemals gesprochen habe.

Franz Albrecht entgegnete munter, den pfäffischen Arnim wollten sie einmal beiseite lassen. Von ihm, Franz Albrecht, wisse ja Wallenstein, wie widerwärtig ihm die Schweden wären und dass er gewiss nicht daran denke, ein ewiges Bündnis mit ihnen zu halten. Jetzt frage es sich aber, ob man es ohne ihren Beistand mit dem Kaiser aufnehmen könne? Ob man es etwa lieber mit den Franzosen versuchen sollte?

»Habe ich jemals gesagt«, fragte Wallenstein scharf, »dass ich etwas gegen den Kaiser tentieren würde? Das wäre eine Spitzbüberei!«

Nun, erwiderte Franz Albrecht lachend, er habe die Möglichkeit erwogen, dass der Kaiser etwas gegen ihn tentierte, wenn er sich der böhmischen Emigranten annähme.

Böhmen! Böhmen!, rief Wallenstein sich ereifernd, ja, es möchte manchem Leckermaul passen, wenn er ihm die Kastanien aus dem Feuer holte. Franz Albrecht habe ja wohl auch Geschmack an böhmischen Schürzen und Geldsäcken bekommen, täusche sich aber, wenn er glaube, er, Wallenstein, setzte seine Reputation aufs Spiel, um Weiberjägern und Huren den Beutel zu füllen.

Allmählich fing der Lauenburger die Fassung zu verlieren an. Jetzt würde es ihn nicht wundern, sagte er, wenn die Elbe sich umdrehte und ins Mittelmeer würfe. Er möchte aber lieber glauben, dass Wallenstein das Gedächtnis als seine Inklination und Freundschaft für ihn verloren hätte.

»Das sieht euch Schelmen gleich«, sagte Wallenstein trocken, »dass ihr mich zum Narren machen möchtet, um nicht als Lügner dastehen zu müssen.«

Eine nochmalige Unterredung, die der Herzog von Sachsen-Lauenburg und der alte Graf Thurn mit Wallenstein hatten, führte zu keinem anderen Ergebnis. Thurn behauptete, es müsse sich des Generals eine Gemütsverwirrung bemächtigt haben, sonst könne doch nicht aus einem so großen Fürsten und Feldherrn ein so meineidiger, abgefeimter zweizüngiger Jesuit werden. Franz Albrecht dagegen meinte, man müsse die Hoffnung noch nicht aufgeben: ein unsteter Wind könne unversehens wieder umspringen; hüten müsse man sich freilich vor einem zweiten plötzlichen Überfall. Trotz dieser augenscheinlich vorliegenden Gefahr war Thurn so sorglos, dass es Wallenstein gelang, ihn in seiner Stellung bei Steinau einzuschließen und mit sämtlichen Truppen gefangen zu nehmen, wodurch fast ganz Schlesien in seine Hände fiel.

Es war November, und der Nebel lag dick im Hofe der Wiener Burg, als dem Kaiser, der mit seiner Frau und seinem Sohne beim Mittagessen saß, ein Billett Eggenbergs überreicht wurde. Er hielt es weit von sich und gab es dann der Kaiserin mit der Bemerkung, Eggenbergs Schrift werde immer kleiner und undeutlicher, er werde sie zuletzt mit dem Fernrohr suchen müssen.

Man brauche nicht erst zu lesen, sagte der König von Ungarn, er wisse ohnehin, dass Eggenberg sich wegen der heutigen Sitzung entschuldige. Wolle nicht dabei sein, wenn über den Friedländer beschlossen würde.

Der Wallenstein sei einmal sein Freund, sagte der Kaiser begütigend; er wisse aber genau, dass Eggenberg ihn, den Kaiser, über alles und auch mehr als den Wallenstein liebe.

»Wozu er auch verpflichtet ist«, sagte der König.

Nun, wendete sich die Kaiserin liebenswürdig zu ihrem Stiefsohn, sie wollten wegen des Briefes miteinander wetten. Er behaupte, dass Eggenberg nicht zur Sitzung kommen wolle, sie halte dagegen. Ob es um ein Paar florentinische Handschuh gehen sollte?

Er möchte am liebsten etwas Gesticktes von ihrer Hand, sagte der König, wenn es auch nur ein schlechtes Tuch wäre. Sie sollte, wenn sie gewönne, wählen, ob sie Handschuh oder ein Kleinod oder etwa ein paar Jagdhunde wolle; aber es werde nicht dazu kommen.

»Sonst würdest du auch nicht so splendid sein«, sagte der Kaiser lachend.

Er habe ihr doch kürzlich das hübsche Bild geschenkt, das von Rubens sein solle, sagte die Kaiserin.

Das habe er ja den Pragern abgepresst, sagte der Kaiser.

Er hätte es doch auch für sich behalten können, sagte sein Sohn ernsthaft. Nun solle aber die Kaiserin den Brief lesen, damit er eher zu seinem Vorteil käme.

Es zeigte sich, dass Eggenberg in der Tat mitteilte, er könne wegen eines heftigen Anfalls von Podagra an der heutigen Sitzung nicht teilnehmen. Er würde sein Votum aufgeschrieben haben, wenn es nicht misslich wäre, in einer so wichtigen Staatssache sich dem plauderhaften Papier anzuvertrauen. Nur so viel wolle er sagen, dass er dafür halte, wenn die bewusste hohe Person durch einen Vertrauten, etwa den Questenberg, zum freiwilligen Rücktritt veranlasst werden könnte, so scheine ihm das der beste Weg zum Ziele zu sein, falls man nicht bei bekannter großer Leibesschwachheit besagter Person eine wahrscheinlich nahe bevorstehende Fundamentalveränderung erwarten wolle.

Ob sie dem König einen Lorbeerkranz auf seine Schärpe sticken solle? Schloss die Kaiserin; das würde dem künftigen Kriegshelden wohl anstehen.

Der junge König nahm eine majestätische Haltung an und stemmte den Arm in die Seite. Dessen könne sie gewiss sein, sagte er, dass er ihrem erhabenen Geschenk keine Schande machen werde. Gott lege den Kaisern die Kraft in die Wiege, deren sie bedürften, um ihre Feinde in den Staub zu werfen. Er halte sich für auserkoren, der himmlischen Glorie, die sein Vater erworben, die kriegerische hinzuzufügen.

»Wenn du erst das Römische Reich auf dem Buckel hast, wirst du nicht mehr solche Sprünge machen«, scherzte der Kaiser behaglich; aber seine schon etwas verblichenen Augen hingen doch mit verstohlener Bewunderung an seinem ernsten Sohne.

Der Oberstkanzler Slawata, der Vizekanzler Strahlendorff und der Hofkriegsratspräsident Schlick fanden sich zu der Sitzung ein und wurden vom Kaiser, der auf einem erhöhten Sessel saß, mit Handreichung begrüßt. Die Herren sollten ihm helfen, seinen Mitkaiser loszuwerden, sagte er vergnügt; für ein solches Monstrum sei kein Platz auf dem habsburgischen Throne.

Schlick räusperte sich und sagte, die serafische Gnädigkeit und Arglosigkeit des Kaisers habe einem gefährlich wuchernden Schwamme Zeit und Gelegenheit gegeben, sich auszubreiten und anzukleben, weswegen es nun großer Kraft und zugleich Behutsamkeit bedürfe, ihn zu entfernen. Für notwendig halte er es allerdings, da sonst, was jedem aufrichtigen Diener des Kaisers zu Herzen gehe, dessen Ansehen verkleinert und Erblande und Reich verderbt würden.

Von der heiligen Religion nicht zu reden, sagte Slawata, dessen Rücken ein wenig gekrümmt war und der den Kopf stets mit kläglicher Gebärde auf die linke Schulter geneigt trug. Wenn man die Gottlosigkeit ausrotten wolle, die heutzutage floriere, müsse man vor allen Dingen den Stamm umhauen, der ihr Halt gewähre. Nach seiner Erfahrung resultiere alles Übel aus der Gottlosigkeit.

Ob denn der Herzog von Friedland von der heiligen katholischen Religion abtrünnig geworden sei?, fragte der Kaiser neugierig und ängstlich.

Nein, in forma wohl nicht, sagte Strahlendorff mit dröhnender Stimme, die er nicht mäßigen konnte, er nehme vielmehr überhaupt Abstand von der Religion. Es sei offenbar ein gewisses Nihil oder Vakuum beim Herzog von Friedland an Stelle der Religion vorhanden. Darum sei seine Meinung, dass man sich zunächst einmal über die facta hermachen solle, zum Beispiel über den so höchst ruinösen Fall von Regensburg.

Das sei auch seine Ansicht, sagte der König von Ungarn, wenn sein Vater ihm die Meinungsäußerung gestatte. Regensburg hätte nie und nimmer fallen dürfen. Wenn ein Generalissimus, der das ganze Reich, Fürsten, Adel und Untertanen, arm gemacht hätte, einen so wichtigen Pass in die Hände der Feinde geraten ließe, so sei er entweder untauglich oder ein Schelm.

Slawata bückte und krümmte sich in Bewunderung der Worte des Thronfolgers. Der Heilige Geist müsse sie ihm eingegeben haben, sagte er. Auch Schlick fand, der Pfeil habe ins Schwarze getroffen; es sei überflüssig, vielmehr unmöglich, noch etwas hinzuzusetzen. Ohne Zweifel, brüllte Strahlendorff, bedürfe die Weisheit des Erzhauses der Räte nicht, um in der Sache zu entscheiden. Da der Kaiser sie aber herbeschieden hätte, um ihm ihre Meinungen zu unterbreiten, so wolle er noch hinzufügen, dass der Herzog von Friedland allerdings sich damit defendiert habe, dass er die bayrische Garnison aus Regensburg habe ausschaffen wollen, dass der Kurfürst von Bayern es aber hintertrieben und also die Verantwortung auf sich behalten habe. Allein die kaiserliche Majestät habe trotzdem von ihm verlangen dürfen, dass er eine so ansehnliche kaiserliche Stadt vorsichtig im Auge behielte und den Kurfürsten von Bayern eventualiter sekundierte.

Der Kaiser rückte beunruhigt in seinem Sessel. Es wäre wohl besser gewesen, sagte er, man hatte das vielfältige Bitten der guten Stadt, ihr die bayrische Besatzung abzunehmen, erhört; aber es sei ja allbekannt, was für ein wunderliches Kramen mit seinem Vetter von Bayern sei.

Ja, die Furcht, bayrisch werden zu sollen, habe das arme Regensburg wohl etwas vom Kaiser abalieniert, sagte Strahlendorff.

Besser bayrisch als schwedisch, sagte Ferdinand von Ungarn. Er halte zwar die Stadt Regensburg, wo so viele Reichs- und Kurfürstentage von jeher abgehalten worden waren, für einen kostbaren Augapfel des Reichs, wolle sie sich auch nicht aus der Hand winden lassen; aber klar sei es, dass die Bürgerschaft durch Ketzerei verderbt sei und verräterischerweise mit dem Weimaraner und den Schweden unter einer Decke gespielt habe. Der Kurfürst von Bayern, sein Oheim, habe es redlich gemeint; Wallenstein dagegen, der es in der Hand gehabt hätte, Regensburg zu retten, habe es böswillig unterlassen, sei es aus Rachsucht gegen den Kurfürsten oder aus Begünstigung des Feindes oder aus beiden Ursachen zugleich.

Ja, anders könne das Problem nicht gelöst werden, stimmte Strahlendorff bei.

Ach Gott, und wenn es nur um die Stadt Regensburg ginge, sagte Slawata, so möchte es leidlich sein; wenn aber die ganzen österreichischen Erblande dem Satan in die Hände gespielt würden, so möchte einem billig das Herz darüber brechen.

Solange er lebe, werde das nicht geschehen, sagte Ferdinand; er habe keine Furcht, wisse, dass Gott und die Heilige Jungfrau für ihn wären.

Slawata faltete die Hände und sagte zum Kaiser gewendet, er sei selig zu preisen, dass er der Kirche und dem Reich einen solchen Bekehrer und Befreier geschenkt habe.

Der Kaiser, dem vor Schläfrigkeit die Augen zufallen wollten, fuhr in die Höhe und erwiderte, ja, der Ferdinand und der Leopold Wilhelm wären sein Trost in allen Widerwärtigkeiten. Wenn nur die Sache mit dem Herzog von Friedland einmal ins Reine gebracht wäre, er wolle wissen, woran er sei.

Im Augenblick wollten sie die dornige Sache anfassen, rief Strahlendorff beherzt und forderte die Herren auf, Vorschläge zu machen.

Nach einer langen Pause zog Schlick einen Zettel aus der Tasche und sagte, er habe sich da einige flüchtige und unvorgreifliche Notizen gemacht und die hochwichtige Sache in drei Haupt- und verschiedene Unterparagrafen zerlegt, welche einzeln untersucht werden müssten. Die drei Hauptparagrafen wären folgende: Erstens, ob der General seines Amtes gänzlich oder teilweise zu entsetzen und, wenn teilweise, in welcher Gegend des Reiches er zu belassen sei. Zweitens, ob der gänzliche oder teilweise Entsatz gütlich oder mit Gewalt, gleichsam per processum poenale zu vollziehen sei, und endlich drittens, ob weder das eine noch das andere, sondern ein mehr akzidentieller und opportuner Methodus beliebt werden wolle.

Ein beifälliges Nicken begrüßte die Vorlage, und Strahlendorff fragte, ob sie die Punkte nacheinander besprechen oder ob einer als vorzüglich in Betracht kommend herauszugreifen sei?

Es trat Stillschweigen ein, bis Slawata das Wort nahm und sagte, er wolle voranschicken, dass die weisen Schriftsteller des Altertums, Cicero, Herodot, Sallust und andere, die halben Mittel zu verabscheuen lehrten, wie auch die Heilige Schrift bei jeder Gelegenheit gegen Lauheit und Halbheit zu Felde ziehe. Darum halte er für die beste Richtschnur des Lebens, dass man, wenn einmal ein Eingriff als notwendig erkannt sei, denselben sofort und gründlich an die Hand nehme.

Die Herren gaben teils murmelnd, teils brüllend ihre Zustimmung zu erkennen, und der König von Ungarn sagte, die erste Frage sei auch insofern bald erledigt, als der Herzog von Friedland unlängst im Freundeskreise habe verlauten lassen, dass er sich das Kommando nun und nimmermehr würde entwinden lassen. Seine diesbezüglichen Anerbietungen wären als ganz und gar erlogen zu betrachten, habe er sich doch schon wie ein Rasender gebärdet, als Schlick ihm einige wohlmeinende Erinnerungen der kaiserlichen Majestät habe insinuieren wollen. Also sei seine Meinung, dass man gleich zu den folgenden Punkten übergehen könne.

Wer die Historien studiert und dabei eine gewisse Kenntnis des menschlichen Herzens erlangt habe, sagte Slawata, den Kopf tiefer auf die Seite neigend, dem sei es bekannt, dass die herrschbegierigen Tyrannen zu freiwilliger Abdankung der usurpierten Macht niemals die geringste Inklination verspüren ließen.

Der Kaiser klopfte dem neben ihm Sitzenden auf die Schulter und sagte, das sei ganz wie sein gelehrter Slawata gesprochen und sehr tiefsinnig. Das Projekt der Abdankung komme ihm auch etwas schwer und ungereimt vor.

Ja, ungereimt, rief Strahlendorff unter donnerndem Lachen; denn wozu hätte sich der Wallenstein eigentlich so gewaltig aufgeschwungen?

Ein greifbarer Vorschlag, sagte Slawata, sei, soviel er wisse, noch nicht gemacht worden. Der Kaiser sei seiner Natur nach ein ewig fließender Gnadenstrom, und ein jeder wünschte wohl, dass die leidige Sache ohne Disput und zu allseitiger Satisfaktion geordnet werde. Die Frage sei, ob das ebenso möglich wie wünschbar sei.

Hierauf entstand unter den Räten ein Zwinkern und Tuscheln, das sich immer lebhafter fortpflanzte und endlich die Aufmerksamkeit des Kaisers erregte. Auf Befragen erklärte Schlick, der Kaiser wisse ja wohl, was für eine hitzige Person der spanische Gesandte sei. Dieser habe sich verlauten lassen, gordische Knoten pflege ein Alexander mit dem Messer zu durchhauen, und er könne nicht begreifen, warum in der Wallensteinischen Sache nicht nach dem Exemplum und Rezept vorgegangen werde.

Der Kaiser lachte vergnügt und kopfschüttelnd in sich hinein: Ja, die Spanier wären scharf, sagte er. Was man ihm denn darauf geantwortet hätte?

Wenn er dabei gewesen wäre, sagte Slawata, würde er geantwortet haben, möge jener mazedonische Alexander immerhin ein blutiger Herodes gewesen sein – was er aber dahingestellt sein lassen wolle –, so sei doch die kaiserliche Majestät vom Geiste des Heilands voll und werde sich durch keine Bosheit der Feinde darin irren lassen. Indessen glaube er, man dürfe den Kurfürsten von Bayern nicht aus dem Auge verlieren, der ein treuer Erzengel am kaiserlichen Throne sei, und müsse seine immer lauteren Klagen über die Treulosigkeit des Herzogs von Friedland erhören.

Nach der Behauptung des Kurfürsten periklitiere sein gesamtes Reich und werde leider gänzlich exterminiert werden, wenn der Kaiser nicht einen gründlichen Modum gegen den Generalissimus effektuieren wollte.

Inzwischen war der Kaiser eingeschlafen, und die Herren setzten die Unterhaltung halblaut fort: dass die Prozedur mit großer Behutsamkeit vorgenommen werden müsse wegen der Unbedenklichkeit von Wallensteins Charakter; dass auch Piccolomini und Gallas der Ansicht wären, sie setzten ihr Leben aufs Spiel, wenn nicht die strengste Heimlichkeit gewahrt würde; dass deshalb zunächst alles im Gleichen bleiben und der vertrauliche Verkehr mit dem Verräter fortgesetzt werden müsse, er vielmehr durch besondere Begünstigung in dem Glauben zu erhalten sei, als genieße er mehr Favor als je bei Hofe.

Ja, sagte Strahlendorff, Ungetüme durch ein liebliches Karmen einzuschläfern, die Politik habe man von dem Helden Herkules gelernt, der in solcher Weise mit der gräulichen Schlange dissimuliert habe.

Die Stimme seines Vizekanzlers weckte den Kaiser, und er öffnete die Augen, indem er sagte, von der Schärfe wolle er nun einmal nichts wissen, der Kurfürst von Bayern müsse noch ein wenig vertröstet werden. Inzwischen wolle er nochmals versuchen, Wallenstein durch ernstliches Anziehen der kaiserlichen Obergewalt auf den Weg des Guten zu führen, damit seine Langmut und Gerechtigkeit vor der ganzen Welt stabiliert werde.

Untereinander Blicke wechselnd, nahmen die Räte diese Willensäußerung ihres Herrn beifällig und bewundernd auf, und es wurde ein Brief an Wallenstein aufgesetzt, in welchem der Kaiser ihm nachdrücklich befahl, Regensburg zurückzuerobern und Quartier im Feindesland zu nehmen.

Um Neujahr fuhr Kinsky bei anbrechender Nacht im Schlitten von Pirna nach Dresden, in schmeichelnde Träume versenkt. Nach Terzkas letztem Briefe war kein Zweifel mehr, dass Wallenstein, an der Ungnade des Kaisers nicht länger zweifelnd, Ernst machen würde, und er malte sich die Genugtuung aus, die dem französischen Gesandten Feuquières diese Mitteilung bereiten würde. Der Erfolg konnte als gesichert betrachtet werden, da eine so mächtige Koalition, Schweden, Frankreich, Sachsen und Brandenburg, den General deckte. In einer engen Straße der Stadt angelangt, hielt der Kutscher an und fragte, sich zurückwendend, ob der

Herr Graf einen Krug Warmbier befehle? Während Kinsky das aus dem Wirtshaus geholte Getränk in kleinen Schlucken zu sich nahm, fiel ihm ein, dass in dem hohen dunklen Hause nebenan der schwedische Resident Nikolai gewohnt hatte, der vor ein paar Monaten an der Pest gestorben war, und ein leises Unbehagen beschlich ihn. Er verwünschte im Weiterfahren die Unschlüssigkeit und heimliche Herrschsucht des Kurfürsten, welche ihn zwangen, die verseuchte Stadt vor seiner Abreise nach Böhmen noch einmal zu betreten; sonst hätte er schon in Pilsen sein können.

Es war nicht weit von Mitternacht, als er beim Zeughause anlangte und, nachdem er sich durch viele Treppen und Gänge gewunden hatte, vor dem Kurfürsten stand. Nun, fragte dieser, ob Kinsky auch ein Friedensräuschchen gehabt habe? Es werde es niemand glauben wollen, aber gestern habe er den Arnim unter den Tisch gesoffen, so vergnügt wären sie beide gewesen, dass nun alles im Reinen sei. Ob Kinsky einmal dabei sein möchte? So würde er es am folgenden Abend wieder versuchen.

Kinsky entschuldigte sich, weil er die Reise morgen antreten wollte, falls der Kurfürst die Erlaubnis dazu gäbe. Jetzt tue höchste Eile not, denn Wallenstein müsse dem Kaiser zuvorkommen, und man wisse ja, wie launisch er infolge seiner Krankheit sei.

Ein lausiger Böhme sei er, sagte der Kurfürst geärgert, trage die Nase zu hoch, weil der Kaiser nicht rechtzeitig darauf geklopft habe. Nun, ihm sei es gleich, sein Untertan sei er ja nicht, und in der Politik müsse alles ausgenützt werden. Doch sollten es sich Arnim und Kinsky und alle, die das Wesen betrieben, hinters Ohr schreiben: Niemals dürften sich weder Wallenstein noch Schweden oder Franzosen in seinem Lande breitmachen.

Kinsky beteuerte, dass alle die Hoheit des Kurfürsten respektieren, ja sogar vermehren und ausbreiten würden. Er, Kinsky, und andere böhmische Edle hätten ja Anno 1619 dem Kurfürsten die böhmische Krone angetragen, die er leider ausgeschlagen hätte.

»Ich pflege Bettler stets eine Weile vor der Tür stehen zu lassen«, sagte der Kurfürst gut gelaunt. »Wer den andern braucht, darf sich das Warten nicht verdrießen lassen.«

Am folgenden Tage machte sich Kinsky mit seiner Frau und dem ihnen befreundeten Anton von Schlieff nach Pilsen auf. Kinsky und seine

Frau waren in gehobener Stimmung, denn sie würden, meinten sie, nicht mehr dauernd nach Sachsen zurückkehren, wo sie die Trübsal der Babylonischen Gefangenschaft empfunden hätten. In der Heimat würden sie ein neues Leben beginnen; denn das sei gewiss, dass Wallenstein die Wiederherstellung des evangelischen Adels in Böhmen zur Grundbedingung des Friedens machen würde.

Keinem anderen sei so etwas zuzutrauen, sagte Schlieff; aber Wallenstein vermöge mehr als gemeine Menschen. Beunruhigung mache ihm nur die Leibesschwäche des Fürsten. Wie, wenn er vor der Lösung des verworrenen Knotens hinwegstürbe?

Die Gräfin sagte, er sei doch erst fünfzig Jahre alt; und dass seine Feinde etwa mit Gift an ihn herankönnten, dazu sei er zu vorsichtig; er sei ja seit Jahren darauf gefasst.

Ihnen, setzte ihr Mann hinzu, könne man in keinem Falle etwas anhaben; in Sachsen hätten sie sich nichts Unrechtes entwischen lassen und sonst nichts Leserliches von sich gegeben.

Die Gräfin warf einen schnellen Blick auf Schlieff im Gedanken an die heimlichen Verhandlungen, die ihr Mann mit Feuquières gepflogen hatte; aber jener schien nichts davon zu wissen oder nicht daran zu denken.

Was ihn betreffe, sagte er, so habe er sich schon oftmals dünn gemacht und sei glücklich durchgeschlüpft; auf der Abenteuerreise des Lebens müsse man Szylla und Charybdis zu passieren stets gewärtig sein.

Jenseits Fürth lag der Schnee sehr hoch; nach dem Untergange der Sonne schimmerten die Berge wie Lilienblätter auf dem grauen Grunde des Himmels.

Böse würde es doch sein, sagte Kinsky, auf das Gespräch des Vormittags zurückkommend, wenn Wallenstein eben jetzt stürbe. Krank sei er, das könne man ihm ansehen. Und die Leute stürben überhaupt in letzter Zeit so unverhofft.

Die Gräfin legte sich mit verdüsterter Stirn in den Wagen zurück, während Schlieff lachte. Das sei nur in Sachsen so, wo die Pest grassiere, sagte er, und wenn der Tod auch ein Schnitter sei, der überall zugleich mähen könnte, so habe er doch verbundene Augen wie der Genarrte im Blindekuh-Spiel. Wenn Wallenstein nur noch ein Jahr lebte, so könnten sie alle bis dahin unter ein sicheres Dach gekommen sein.

Die Gräfin saß still träumend; es war ihr, als ob in dem Schnee, der groß geflockt zu fallen begann, etwas webte und huschte, was sie anging, als flögen die Geister ihrer verstorbenen Kinder schüchtern zärtlich neben ihr her, und sie rührte sich nicht, um die lieben Fremdlinge nicht zu verscheuchen. Plötzlich richtete sich Kinsky auf und horchte. Ob sie nichts gehört hätten?, fragte er die anderen. Was er denn meine?, fragte Schlieff. Ob Schüsse gefallen wären? Sie hätten ja Waffen, und die Dienerschaft sei auch in der Nähe. Übrigens, fügte die Gräfin hinzu, streiften höchstens weimarsche Truppen in dieser Gegend, von denen sie nichts zu befürchten hätten.

Es sei gar nicht das, sagte Kinsky, er habe ein Bellen oder Heulen zu hören vermeint.

»Denkst du an Wölfe?«, fragte seine Frau. Sie habe nie gehört, dass es in diesem Teil des Böhmerwaldes Wölfe gäbe.

Es sei wohl der eine oder andere in diesem Winter gesehen worden, sagte Schlieff; aber solch ein einzelnes versprengtes, halbverhungertes Tier könne ihnen nicht gefährlich werden.

Ihr wäre auch sonst nicht bange, sagte die Gräfin munter, sie habe ja eine Büchse und könne gut im Fahren und Reiten treffen. Zu Hause habe sie viele Jagden mitgemacht.

Schlieff erzählte Jagdabenteuer aus Preußen und Polen, die er erlebt haben wollte; indessen Kinsky blieb unruhig und fragte den Kutscher, wann sie in Pilsen wären. Etwa drei Viertelstunden hätten sie noch zu fahren, gab der zur Antwort.

Sie hätten besser getan, in Taus oder Stankau zu bleiben, sagte Kinsky. Eben jetzt vernehme er das widerliche Bellen wieder.

Was?, lachte Schlieff, das sei ja eine Eule, die vielleicht ein Mäuschen gefangen habe.

Sie habe Lust, eine zu schießen und später ausstopfen zu lassen, sagte die Gräfin, und Schlieff erklärte sich bereit, mit ihr auszusteigen und in den Wald einzudringen.

Sie griff nach der Büchse und zog die Pelzmütze tiefer in ihr festes, gerötetes Gesicht, als Kinsky die Hand auf ihren Arm legte und einwendete, der Schnee liege zu hoch, und sie hätten keine Zeit zu verlieren. Indem sahen sie etwas Geschwindes über den schimmernden Weg huschen; Kinsky schrak unwillkürlich zusammen, Schlieff jedoch sagte lachend, es sei ein Eichhörnchen oder Häschen gewesen.

Ein Häschen sei es gewesen, sagte die Gräfin, sie habe es deutlich erkannt.

Er glaube es wohl, sagte Kinsky trübselig, und das sei ein böses Vorzeichen. Er wollte, sie wären in Taus oder Stankau geblieben.

»Am Ende wären Euer Gnaden ein Rudel Wölfe lieber gewesen als das einfältige Häschen«, sagte Schlieff und lachte laut heraus.

Kinsky stimmte jetzt ein und sagte, er sei wahrhaftig schreckhaft wie das böse Gewissen; das sei die Folge der vielen verwickelten Geschäfte, mit denen er seit Monaten beladen sei. Er sei froh, dass es einmal zum Austrag komme.

Pilsen war voll Bewegung, Kommen und Gehen. Wallenstein empfing Kinsky bald nach dessen Ankunft und zeigte sich anfangs entschlossen und gesprächig. Es gingen unerhörte Dinge in Wien vor, sagte er, die Maulwürfe hätten so gründlich gewühlt, dass ihm ein neuer Sturz bevorstehe, sie möchten sich aber leicht verrechnet haben und am Ende selbst unter den Trümmern begraben werden. Vom Kaiser wolle er nicht reden, wäre er nur immer bei den Sachen geblieben, die er verstände, so möchte er lieb und recht sein; wer die Suppe gemischt hätte, das wären der Herzog von Bayern, Slawata, Schlick und dergleichen Jesuitenschleppen. Das mache ihm das Blut wallen, dass solche Heuchler und Kujone die Welt regieren sollten! Mit ihrem Maulbeten und Augenverdrehen suchten sie nur ihr Partikularinteresse. Die Hölle müsse ihren Schlund im Heiligen Reiche haben, dass sie ihre Pest so hineinspucken könnte. Sein schönster Tag würde der sein, an dem er ihr den Unrat wieder in den Bauch zurückjagen könnte.

Es würde ihm gewiss gelingen, sagte Terzka, und das ganze Reich, ja die ganze ehrliebende Welt würde ihn dafür preisen.

Wallenstein ließ den Kopf langsam in die Hände sinken. Ja, die Guten möchten ihm vielleicht danken, sagte er; aber es habe ihn doch niemand recht verstanden, und darum möchte er am liebsten Ruhe haben. Sie sollten sich die Köpfe zerschlagen, er wolle nichts davon wissen, wolle seine Gewalt niederlegen und sich in seine Arche einschiffen.

Untereinander sprachen die Offiziere davon, dass sie es auf keinen Fall zu einer Abdankung Wallensteins dürften kommen lassen. Sie wären an seine Person gebunden, sein Abschied würde für die meisten von ihnen Verlust des Vermögens bedeuten, so viel hätten sie im Dienste zugesetzt.

Sein unermesslicher Reichtum sei ihnen für alles genügende Bürgschaft gewesen, nun dürfe er sie nicht im Stiche lassen. Andererseits müsse er sich auf sie verlassen können, dass sie unbedingt zu ihm hielten, wenn etwa seine Feinde ihm einen Tort tun wollten. Wenn sie sich so zusammenschlössen, dass sie gleichsam einen unzertrennlichen Körper bildeten, würden sie unüberwindlich sein.

Piccolomini, der wie Wallenstein in Pilsen am Marktplatze wohnte, stand mit dem Grafen Hatzfeld an einem der hohen Fenster seines Hauses und blickte auf das unten herrschende lustige Getümmel. Vor einem benachbarten Hause stand eine prächtige, an den Ecken mit vergoldeten Knäufen geschmückte Karosse, vor welche vier Pferde von ausgezeichneter Schönheit gespannt waren. So schöne Goldfüchse habe er in seinem Leben noch nicht gesehen, sagte Hatzfeld bewundernd, einer wie der andere sei wie aus Bronze gegossen, und dabei lebendig und zitternd, als ob das Metall noch im Flusse sei. Sie gehörten dem Schaffgotsch, sagte Piccolomini, der vor ein paar Tagen angekommen sei, von Wallenstein gerufen. Er habe noch mehr und ebenso schöne Pferde auf seinen Gütern, gewiss mehr als der Kaiser. Ja, der Schaffgotsch, sagte Hatzfeld, das hätte er sich denken können, er sei ja der reichste Mann in Schlesien. Ein großer Kriegsheld sei er wohl nicht.

Piccolomini zuckte die Achseln. Wäre er nicht der Schaffgotsch, hätte der General ihn längst springen lassen. Bei Steinau habe er übrigens den alten Thurn fangen helfen.

Das Maul aufzusperren, wenn die gebratene Taube hineinfliege, sei keine große Kunst, sagte Hatzfeld. Aber er sei beim Kaiser gut angeschrieben, soviel er wisse.

Wunderbar genug, sagte Piccolomini, es sei ja ganz bekannt, dass er mit den Evangelischen durchstecke. Er habe auch Anno 1620 offenkundig zum Pfälzer gehalten, erst im letzten Augenblick sei er übergelaufen. Der Kaiser habe ein Auge zugedrückt und getan, als wisse er nichts von seiner Untreue, und der Schaffgotsch lasse sich die Gnade wohl bekommen, bleibe aber im Herzen ein widerhaariger Ketzer wie zuvor.

Inzwischen war Schaffgotsch mit zwei Damen aus der Tür eines vornehmen Hauses getreten und öffnete den Kutschenschlag. Das wären die Kinsky und die Terzka, erklärte Piccolomini, mit denen sei Schaffgotsch viel zusammen. »Schöne Weiber«, sagte Hatzfeld, besonders die Kinsky, wenn auch etwas zu üppig.« Die Damen standen plaudernd und lachend im knirschenden, in der Sonne blinkenden Schnee und stiegen dann ein, worauf Schaffgotsch sich auf ein Pferd schwang, um neben der Kutsche her zu reiten. Als er unter dem Fenster vorbeikam, an dem die beiden Offiziere standen, lüftete er den Federhut und begrüßte Piccolomini liebenswürdig in italienischer Sprache. Der antwortete ebenso und winkte kordial mit der Hand. Wieso der Schlesier Italienisch verstehe?, fragte Hatzfeld. Und Polnisch und Französisch dazu, antwortete Piccolomini lächelnd; er sei überhaupt ein Kavalier und deutscher Adonis. Nur sei leider zu befürchten, dass diese blumenbestreute Laufbahn plötzlich gewaltsam abbreche, wenn er nicht beizeiten umkehre.

Zu welchem Zweck ihn denn Wallenstein habe kommen lassen?, erkundigte sich Hatzfeld. Nun, sagte Piccolomini, darüber brauchten Einsichtige nicht zu reden. Wallenstein gäbe Schlesien ganz in des Schaffgotsch Hand, meinte, da wäre es gut aufgehoben. Er habe keine Ahnung, dass dessen Ordres schon nichts mehr gälten.

Da kämen wundervolle Güter zur Verteilung, sagte Hatzfeld nach längerem Stillschweigen nachdenklich, wenn der Schaffgotsch sich ernstlich kompromittierte.

Dahin könne es leicht kommen, sagte Piccolomini.

Es wären aber doch Kinder da, sagte Hatzfeld, deren Prätentionen würden wohl bestehen bleiben, besonders wenn der Kaiser so eingenommen für Schaffgotsch wäre. Wenn er das schwarze Herz seiner falschen Diener erst erkennte, würde sich da manches ändern, sagte Piccolomini. Wenn Hatzfeld etwa Absichten hätte, solle er nur beizeiten beim Kaiser damit vorstellig werden; denn die Schaffgotschschen Güter würden viele Liebhaber finden.

Es sei sonderbar, sagte Hatzfeld träumerisch, er habe stets gedacht, der, welcher das Gut Trachenberg sein nennte, müsse sich schon auf Erden im Paradiese fühlen. Wenn er nun auf so unverhoffte Art dazu käme, könne das doch nur der göttlichen Vorsehung zugeschrieben werden.

Jedenfalls, sagte Piccolomini, habe Hatzfeld gute Aussichten. Er habe dem Kaiser rühmliche Kriegsdienste geleistet, und sein Bruder, der

Fürstbischof von Würzburg, habe durch die schwedische Okkupation viel gelitten; demnach werde sein Gesuch gewiss vor allen berücksichtigt werden.

Am Vormittage des 20. Januar kam Franz Albrecht von Sachsen-Lauenburg in Pilsen an und wurde sofort von Wallenstein empfangen. Er entschuldigte sich wegen seines Hustens und erzählte, er habe drei Tage in Schlackenwerth krank gelegen. Das sei ein Hundenest, er werde zeitlebens daran denken.

Soviel er Franz Albrecht kenne, sagte Wallenstein gutmütig, werde er sich den Jammer nach Möglichkeit versüßt haben.

Was das betreffe, sagte Franz Albrecht lächelnd, so habe er freilich eine reizende Wirtin gehabt. Sie sei dermaßen besorgt um ihn gewesen, dass es einem Barbaren das Herz hätte rühren müssen, habe ihn auch begleiten wollen, um ihn unterwegs zu pflegen. Er habe aber diesmal, in Ansehung der Importanz des Geschäftes, das utile nicht mit dem dulce vermischen wollen.

Wallenstein nickte und fragte nach Franz Albrechts Bericht. Ob Arnim bald komme?

Alles sei im besten Gange, sagte Franz Albrecht. Arnim habe den Kurfürsten schon auf die Beine gestellt und warte nur noch auf Wallensteins letztes Kommando, um ihn ins Rutschen zu bringen.

Es liege viel daran, dass Arnim bald komme, sagte Wallenstein.

Franz Albrecht versprach, noch am selben Tage aufzubrechen, dann solle Arnim sofort nach Berlin, um dort abzuschließen. Arnim und der Kurfürst waren so voll Freuden, dass Arnim sich besoffen hätte, der Kurfürst habe ihn in seiner eigenen Kutsche heimfahren lassen.

Franz Albrechts Bruder, Herzog Franz Julius, sei auch da, berichtete Wallenstein, letzte Woche von Dresden gekommen.

Er habe in Dresden mit ihm gesprochen, sagte Franz Albrecht. Ja, mit den Instruktionen könne man bis zum Jüngsten Tage auf den Frieden warten.

»Es ist ihnen in Wien nicht Ernst«, sagte Wallenstein. »Die Ware, mit der Euer Liebden Herr Bruder hausieren geht, ist nur zum Anschauen, nicht zum Gebrauch.«

Dann wurde von den Schweden und Bernhard von Weimar gesprochen, und Wallenstein sagte, es liege ihm schwer im Sinn, dass er diesem nicht trauen könne.

Sobald er in Dresden fertig sei, sagte Franz Albrecht, wolle er in Person mit ihm verhandeln. Bernhard sei ja sein Vetter, er kenne ihn von Kindesbeinen; zwar sei er ein harter Schädel und Grillenfänger, aber solch ein Narr sei er doch nicht, dass er den Herzog von Friedland nicht lieber zum Freunde als zum Feinde haben wolle.

Während Franz Albrecht, um sich für die Reise zu stärken, schwitzend im Bette lag, besuchte ihn sein Bruder Franz Julius und wollte wissen, warum er es so eilig habe. Ihm, Franz Julius, komme es überhaupt je länger, je wunderlicher in Pilsen vor. Truppen würden zusammengezogen, als ob Krieg ausbrechen sollte, und doch habe der Kurfürst von Sachsen die besten Vertröstungen wegen des Friedens gegeben.

Franz Julius werde sich wohl nicht einbilden, sagte Franz Albrecht, dass der Frieden auf die Art zustande käme. Solange der Kaiser die Schweden draußen ließe und die exulierenden Böhmen als Rebellen traktierte, sei keine Verständigung möglich. Johann Georg mache keinen einseitigen Frieden, nur mit einem Universalfrieden sei ihnen geholfen.

Ob es denn wahr sei, dass es Wallenstein mit den Schweden halte?, fragte Franz Julius. Franz Albrecht solle ihm einmal rein einschenken; er werde doch nicht fürchten, dass der Bruder den Bruder verriete?

Franz Albrecht lachte. Was da weiter zu verraten sei?, fragte er. Solange der Kaiser es mit Wallenstein redlich meine, tue Wallenstein desgleichen. Übrigens habe Wallenstein das Recht, über Krieg und Frieden zu verhandeln.

Warum denn aber so viel Heimlichkeit unterlaufe, wenn er im Rechte sei?, fragte Franz Julius.

»Wenn die Politik mit offenen Karten spielte«, lachte Franz Albrecht, »so wären Bären und Wölfe die feinsten Diplomaten. Sind unsere Früchte erst reif, so werden sie jedermann wohlschmecken und gut bekommen.«

Nachdem die Schwitzkur beendigt war, stand Franz Albrecht auf und nahm in Gesellschaft des Grafen Rietberg ein Abendessen ein, der, obwohl Protestant, weil er wegen seiner Lehen mit dem Landgrafen von Hessen-Kassel im Streite lag, kaiserlichen Dienst angenommen hatte. Sie sprachen von der Absetzung Wallensteins, die nach Franz Albrechts Aussage ganz gewiss in Wien beschlossen sei. Der Kurfürst von Bayern habe es durchgesetzt, es sei kein Zweifel, es werde nur noch gewartet, ob er etwa freiwillig abdanke. Damit sei es nun freilich nichts, nachdem sich die Offiziere förmlich an Wallenstein gebunden hätten.

Es sei vielleicht doch nur ein Geschwätz mit der Abdankung, meinte Rietberg. Nein, nein, erwiderte Franz Albrecht, er wisse genau Bescheid; wer sich mit den Weibern gut stehe, erfahre alles. Im Grunde sei es gut, dass sich einmal die Parteien sonderten. Das müsse er gestehen, dass der Piccolomini ihm nicht gefallen wolle.

Auf Piccolomini, sagte Rietberg lebhaft, könne sich Wallenstein verlassen wie auf keinen andern. Er sei gleichsam Wallensteins Bruder und würde sich eher den Kopf vom Rumpfe schlagen lassen als sich von Wallenstein trennen.

So, so, sagte Franz Albrecht, Rietberg kenne ihn vielleicht besser. Ihm mache Piccolomini den Eindruck eines kalten, falschen welschen Schurken.

Rietberg entgegnete empfindlich, dass Piccolomini ein Herr von feinsten Sitten und von fleckenloser Ehre sei; Wallenstein wisse wohl, warum er ihm so viel vertraue.

Ach, sagte Franz Albrecht leichthin, es möchte Wallenstein schwerfallen, einen Grund für alle seine wetterwendischen Launen anzugeben. Er verlasse sich ja auch unbedingt auf Arnim. Warum? Ein jeder wisse, dass Arnim schlüpfrig wie ein Aal sei. Er, Franz Albrecht, sei allemal froh, wenn er ihn fest gepackt hätte. Wallenstein scheine ihn für einen Felsen anzusehen.

»Von Arnim wollen wir nicht reden«, sagte Rietberg. Aber Piccolomini sei das Muster eines edlen Helden, tapfer, mäßig, offen, habe etwas Erhabenes an sich und sehe in allen Dingen nur auf die Ehre.

Ihm solle es recht sein, sagte Franz Albrecht gleichmütig, wenn er nur Wallenstein keinen Streich spiele. Er, Franz Albrecht, halte ihn wie alle Welschen für einen kaltschnäuzigen, schlangenhörigen Schelm; aber er müsse ja nicht in einem Bett mit ihm schlafen.

Schaffgotsch verließ Pilsen in freudig erregter Stimmung: der General hatte ihn mit Auszeichnung behandelt, ja ihm Vertrauen bewiesen, als ob er ein alter verdienter Offizier wäre, sodass er zuweilen das Gefühl gehabt hätte, als hinge Wallenstein mehr von ihm ab als umgekehrt. Das konnte nur davon kommen, dass Wallenstein körperlich einen so hilflosen Eindruck machte; Schaffgotsch vergaß darüber nicht, wie schnell seine herablassende Stimmung umschlagen konnte und wie er, Schaffgotsch, noch kürzlich vor seinem Zorne gezittert hatte. Immerhin hatte sich das Glück, das ihm angeboren zu sein schien, bewährt. Diese kapriziöse Dame liebte ihn nun einmal, vielleicht weil er hübsch und liebenswürdig war; jedenfalls konnte er es sich gefallen lassen. In solchen Betrachtungen war er, als sein Kammerdiener, Konstantin von Wegner, an seine Seite ritt und ihn fragte, ob es an dem sei, dass Breslau erledigt und ganz Schlesien frei und evangelisch würde?

Schaffgotsch drehte sich um und zögerte ein wenig mit der Antwort. So weit sei es noch nicht, sagte er dann. Woher Wegner das habe?

Er habe in Pilsen dergleichen gehört, wisse ja nicht, was daran sei, erwiderte dieser. Ob der Kaiser und Wallenstein wirklich auseinander wären?

Das wären nur Misshelligkeiten, sagte Schaffgotsch, die sich wohl wieder zuzögen. Der Kaiser könne sich nicht rühren ohne Wallenstein, müsse doch zuletzt nachgeben. Das ganze Heer halte wie ein Mann zum General, das habe sich jetzt klar gezeigt.

Wegner sagte, vielleicht wolle Gott sich Wallensteins bedienen, um das Evangelium zu retten. Schaffgotsch solle aber doch auf der Hut sein, es sei kein Treu und Glauben bei Wallenstein.

Wieso?, fragte Schaffgotsch schnell. Er, Schaffgotsch, tue ja nichts Unrechtes, gehorche nur seines Generals Befehlen.

Es gehe aber ein ungleiches Gerede über den Revers, den die Offiziere unterschrieben hätten. Er habe sagen gehört, sie hätten es sich nicht unterstehen dürfen, es sei Rebellion.

Schaffgotsch fuhr zusammen und wurde rot. Sie hätten ja alle unterschrieben, sagte er, auch Piccolomini; da hätte er sich doch nicht ausschließen können.

Das Gespräch hatte ihn nachdenklich gemacht; denn in Wahrheit waren auch ihm in Pilsen allerlei Bedenken aufgestiegen, die die vielen Geschäfte und Vergnügungen zurückgedrängt hatten. Besonders hatte es ihm geschienen, als wiche Piccolomini, dessen Ansicht er doch so gern erfahren hätte, einer vertraulichen Unterredung mit ihm aus. Er nahm sich vor, mit Gallas zu sprechen, den er in Glogau treffen würde; alleinstehen wollte er nicht, sondern für alle Fälle durch die höchsten und angesehensten Offiziere gedeckt sein.

Dieser Entschluss stellte seine Stimmung wieder her, und er richtete Gallas fröhlich aus, was Wallenstein ihm aufgetragen hatte: dass Gallas nach Pilsen ins Hauptquartier kommen und er, Schaffgotsch, inzwischen das Kommando übernehmen sollte. Gallas blieb eine Weile still und sagte dann, er werde gehorchen. Wie Schaffgotsch denn den General und überhaupt alles in Pilsen angetroffen habe?

Der General sei krank, sagte Schaffgotsch, und habe sich mit der Absicht getragen, abzudanken. Das hätten sie ihm ausgeredet und auch ein Verbündnis gemacht, sich nicht von ihm zu trennen, sofern er das Steuer behielte. Das sei wegen der Intrigen am Wiener Hofe geschehen, wovon Gallas wohl Bescheid wisse. Gallas sagte, dass er durch Piccolomini davon unterrichtet sei.

Nun erinnerte sich Schaffgotsch eines Briefes, den Piccolomini ihm für Gallas anvertraut hatte, zog ihn aus der Tasche und gab ihn ab. Während Gallas las, setzte er sich ans Fenster, blickte hinaus und hörte den in der Sonne schmelzenden Schnee vom Dache tropfen; unwillkürlich klopften seine Finger den lustigen Marschtakt mit.

Er bekomme hier die Nachricht, sagte Gallas endlich, dass Schaffgotsch sich nach Ohlau zurückziehen und Colloredo das Oberkommando in Schlesien führen solle.

Schaffgotsch sprang auf und fuhr sich durch die blonden Haare. »Sind wir denn alle närrisch geworden?«, rief er. »Verzeihe mir der Herr Kamerad«, fuhr er fort, »aber das tritt den Befehl mit Füßen, den ich empfangen habe.«

Der General habe wohl seinen Sinn geändert, sagte Gallas; Schaffgotsch werde hoffentlich nicht zweifeln, dass es so sei, wie er gesagt habe.

Nein, sagte Schaffgotsch, das unterstehe er sich nicht. Aber ob ein solcher Widerspruch Gallas nicht auch absonderlich vorkomme?

Es gingen mehr absonderliche Dinge vor, sagte Gallas.

Schaffgotsch horchte auf und sah Gallas aufmerksam, fast bittend an. Ob Gallas glaube, dass es zu einem Bruch zwischen dem Kaiser und Wallenstein kommen werde?, fragte er.

Hoffentlich lasse es sich vermeiden, antwortete Gallas zögernd.

Es kam Schaffgotsch vor, als wäre Gallas nie so einsilbig gewesen wie heute. Die Offiziere, begann er wieder, schienen sämtlich mit Leib und Seele an Wallenstein zu hängen. Er, Schaffgotsch, habe bis jetzt die Maxime verfolgt, dem General unbedingt zu gehorchen. Was ein Offizier von Ehre auch sonst tun könne? Ob Gallas es ebenso hielte?

»Ja, soweit es sich mit dem Dienst des Kaisers verträgt«, sagte Gallas.

»Das ist selbstverständlich«, sagte Schaffgotsch schnell; und während er im Zimmer auf und ab ging, redete er weiter: Der leidige Konflikt! Genau betrachtet sei es ihm lieb, dass er das Oberkommando nicht führen müsse; umso weniger Verantwortung habe er und brauche nur zu gehorchen wie ein gemeiner Soldat.

Aus Gallas war nichts anderes herauszubringen, auch scheute sich Schaffgotsch, mehr zu fragen. Wer konnte ihm bürgen, dass diese Herren nicht Wallenstein hinterbrachten, was er sagte, um ihm zu schaden? Schien doch Wallenstein wiederum Misstrauen gegen ihn geschöpft zu haben! Solange Wallenstein Generalissimus war, konnte es ihm nicht übel ausgelegt werden, wenn er seine Befehle ausführte. Wurde er vor die endgültige Wahl gestellt, stand es ihm immer noch frei, sich nach Gutdünken zu entschließen. Befand er sich doch auch in Schlesien, mitten unter Landsleuten und Glaubensgenossen, die an ihm hingen, und hatte ein ergebenes Regiment, das ihn schützen würde; er brauchte sich nicht von schwarzen Gedanken ängstigen zu lassen.

Im Auftrage des Kaisers überbrachte Herr von Walmerode Piccolomini seine von Wallenstein beantragte Ernennung zum Feldmarschall und ein am 24. Januar ausgestelltes Patent über Wallensteins Entfernung vom Kommando. Von dort begab sich Walmerode nach Passau zu Aldringen, der ihn mit untertäniger Beflissenheit empfing. Das habe er gewusst, sagte er, dass es an Piccolominis Treue und Ergebenheit nicht fehlen würde. Piccolomini sei kürzlich in Passau gewesen und habe solchen Abscheu gegen die Wallensteinische Empörung bezeugt, wie er selbst sie nicht stärker empfinden könnte. Hier an dieser selben Stelle hätten sie zusammen gesessen, als Piccolomini gesagt hätte, er trüge kein Bedenken, Hand an den General zu legen, wenn es für den Dienst des Kaisers notwendig wäre.

Ja, bestätigte Walmerode, er habe einen wahrhaft löblichen und heroischen Diensteifer an den Tag gelegt, der Kaiser werde die Diensteifrigen aber auch zu belohnen wissen. Übrigens sei Wallenstein in diesem Augenblicke nicht mehr General, er habe das Patent über seine Kassierung mitgebracht, das der Kaiser seinen Getreuen anvertraue, damit sie geeigneten Gebrauch davon machten.

Aldringen riss das Blatt aus Walmerodes Händen und las. Und es wisse noch niemand darum außer Piccolomini und Gallas?, fragte er.

Nein, sagte Walmerode, noch niemand, Wallenstein selbst habe keine Ahnung davon. Der Kaiser habe ihm seitdem noch ein paar gnädige Handbrieflein geschrieben, um ihn in der Unwissenheit zu erhalten.

Aldringen nickte billigend. Nun müsse man aber unverzüglich zur Aktion schreiten, sagte er. Der Kaiser kenne Wallenstein nicht genug, der habe seine Spione, sei wahrscheinlich längst von allem unterrichtet und brüte ungestört die Rache aus. Man müsse ihm zuvorkommen.

Ganz ebenso habe sich Piccolomini vernehmen lassen, fiel Walmerode ein. Er habe vorgeschlagen, man solle die schwedischen und sächsischen Unterhändler abfangen und den Arnim und den Lauenburger als die Hauptverräter auf der Stelle niedermachen. Er besorge aber, dem Kaiser werde das zu geschwind vorkommen.

Das Zögern könne ihnen allen verderblich werden, sagte Aldringen aufgeregt. Man solle sich doch nur ausmalen, mit was für teuflischen Plänen Wallenstein wahrscheinlicherweise umginge, wenn er die Absicht des Kaisers und die wahre Meinung seiner Offiziere kennte. Er für sein Teil halte sich des Lebens nicht mehr sicher, und dasselbe hätten Gallas und Piccolomini zu fürchten. Sie würden ja gewiss gern ihr Leben für den Kaiser in die Schanze schlagen, aber es solle doch auch erklecken. Wenn sie sich nun aber umsonst opferten und der Kaiser doch noch in den tobenden Höllenrachen stürzte!

Es grause einem, wenn man das bedächte, sagte Walmerode.

Aldringen nahm das Patent wieder zur Hand, durchlas es und schüttelte den Kopf.

Das führe nicht zum Schluss, sagte er, indem er es auf den Tisch warf. Da wären ja nicht einmal die Rebellion und sonstige Verbrechen des Herzogs aufgezählt. Das gäbe ja denjenigen nicht einmal die rechte Sicherheit, die sich mit Aufopferung ihres Lebens an die Exekution machten. Freiwillig werde Wallenstein die angemaßte Gewalt nicht herausgeben; wie solle man sich denn verhalten, wenn er sich widersetzte? Da könnten treue Diener der Majestät in des Teufels Küche kommen. Der Kaiser müsse sich deutlicher herauslassen.

In das Patent blickend, sagte Walmerode, von der Seite habe er es noch gar nicht angesehen. Übrigens wären alle Wohlmeinenden in Wien der Ansicht, dass der Kaiser zu kunktatorisch vorgehe. Am besten würde es sein, wenn Aldringen selbst nach Wien käme, um dem Kaiser die Augen zu öffnen und ihn vor dem unvermeidlich platzgreifenden Untergang zu warnen.

E s war Nacht, und der Wind blies um die Bartholomäuskirche auf dem Markte von Pilsen. Gallas saß bei Piccolomini und hielt eine geleerte Flasche an das Licht mit der Bemerkung, es sei kein Tropfen mehr darin, Piccolomini solle mehr Wein bringen lassen. »Du hast genug«, sagte Piccolomini ablehnend, »du willst in der Frühe reisen.«

Ohne Wein halte er die Nacht nicht durch, sagte Gallas, Piccolomini solle ihn um Gottes willen trinken lassen. Wenn er wüsste, was er, Gallas, den Tag über ausgestanden hätte!

Nun, erwiderte Piccolomini, er sitze auch auf Dornen und müsse noch länger bleiben. Ein Diener brachte eine volle Flasche, Gallas schenkte sich ein, goss das neu gefüllte Glas hinunter, schüttelte sich und lehnte sich tief in seinen Sessel zurück. Der Daniel in der Löwengrube sei besser daran gewesen, sagte er. Mit dem General vertraulich umzugehen und das Absetzungsdekret in der Tasche zu tragen, sei schon etwas seltsam für einen Kavalier; man komme sich vor wie ein Schelm.

»Warum?«, sagte Piccolomini; »er ist so gut wie ein anderer Feind des Kaisers.«

Gallas starrte dumpf vor sich hin. Ja, ja, sagte er, aber man stecke doch mitten im Käfig zwischen Löwen und Tigern, die einen jeden Augenblick in Stücke reißen könnten.

Das wohl, sagte Piccolomini; aber der Löwe sei krank, und es scheine auch, als ob er noch keinen Argwohn gegen sie geschöpft habe. Er überhäufe sie ja mit Freundschaftsbezeigungen.

Es könnte auch falsches Spiel sein, meinte Gallas, das würde ihm gleichen.

Nein, sagte Piccolomini entschieden, bis jetzt sei kein Trug dabei. Wallenstein habe nun einmal Vertrauen zu ihnen und sei eigensinnig in seinen Gemütsneigungen; er halte sie für ebensolche Verräter, wie er sei. Terzka und Illo freilich, die würden ihnen gern ein paar Banditen über den Hals schicken.

Gallas fuhr zusammen; er wollte ein Rascheln an der Haustür gehört haben. Nicht doch, sagte Piccolomini, der Wind scheppere mit den Schindeln auf den Dächern. Übrigens wären nur zuverlässige Leute im Hause. Piccolomini solle doch einmal aus dem Fenster sehen, bat Gallas, er habe es zu deutlich gehört. Piccolomini stand auf und öffnete das Fenster, dass der Wind hineinfuhr und die schweren Vorhänge hin und her bog. Es sei alles still, sagte er; ein paar Männer kämen über den Platz von Wallensteins Hause her, er könne sie nicht erkennen. Gallas zog sich in die Tiefe des Zimmers zurück; denn bisweilen flögen auch Kugeln durchs Fenster, sagte er, man müsse sehr auf der Hut sein.

Zum Überfluss wolle er die Haustür doppelt besetzen lassen, sagte Piccolomini, unterdessen solle Gallas sich schlafen legen, Mitternacht sei längst vorüber, und er wolle früh aufbrechen.

Die Unruhe lasse ihn nicht schlafen, sagte Gallas; sie müssten ja auch noch verabreden, wie sie es halten wollten.

Sobald er Nachricht von Aldringen erhielte, dass eine klare Resolution gefasst sei, sagte Piccolomini, wolle er auch abreisen und dazu das Ausbleiben des Gallas zum Vorwande nehmen.

Vorher müsse er aber das Patent veröffentlichen, erinnerte Gallas.

Natürlich, sagte Piccolomini, er wolle für alles Sorge tragen. Gott werde ihn beschützen.

Gallas seufzte tief. Lieber wäre es ihm gewesen, wenn Wallenstein sich wieder mit dem Kaiser versöhnt hätte. Aber die Rebellen hätten ihn im Garn, man könne ihn nicht mehr herauswickeln.

Plötzlich wurde er sehr müde, warf sich auf ein Ruhebett und schlief ein. Bevor die Sonne aufging, brach er nach Linz auf, wohin Piccolomini ihm nach fünf Tagen folgte. Er langte bei Nacht an und wurde von Gallas mit einer Umarmung empfangen. »Das ist ein Wiedersehen, Bruderherz!«, rief dieser. Piccolomini werde ermüdet sein, müsse ihm aber doch das Wichtigste erst melden.

Die letzten Tage wären ihm heiß geworden, sagte Piccolomini, er wolle es nicht leugnen.

»Das will ich glauben!«, rief Gallas. Er selbst sei erst in Linz wieder zum Manne geworden. Und ob alles gut expediert sei? Ob Piccolomini das Patent habe anschlagen lassen?

Er habe es an die gutgesinnten Offiziere verteilt, antwortete Piccolomini, mehr habe er nicht wagen dürfen.

Gallas nickte nachdenklich. Ja, sie hätten ihr Leben genug ausgesetzt, sagte er. Das würde jetzt aber einen Tumult in Pilsen geben. Und was nun werden solle? Ob sie den General in Pilsen belagern wollte?«

»Jetzt steht alles auf des Schwertes Spitze«, sagte Piccolomini. »Es kommt alles darauf an, dass in Wien ein heroischer Beschluss gefasst wird.«

Aldringen habe viel Einfluss in Wien, sagte Gallas, und werde seine ganze Dexteritäit aufbieten.

Inzwischen hatte sich Piccolomini ein wenig erfrischt und erholt und kam auf sein Verhalten in Pilsen zurück. Gallas werde hoffentlich nicht zweifeln, sagte er, dass er bereit gewesen wäre, Wallenstein dort gefangen zu nehmen. Auf sein Regiment hätte er sich ja verlassen können. Aber ohne bestimmten Befehl aus Wien hätte er sich das doch nicht anmaßen dürfen.

Der Ausgang wäre auch zweifelhaft gewesen, sagte Gallas; man müsse das gewaltige Ansehen des Generals im Lager bedenken.

Wie dem auch sei, sagte Piccolomini, er würde es gewagt haben.

Nach einem kurzen Schweigen erkundigte sich Gallas, wie Wallenstein seine Entschuldigung, dass er krank sei, aufgenommen habe?

Die Krankheit komme ihm ungebührlich vor, habe er gesagt, die sich so unzeitig einstelle, erzählte Piccolomini, worauf er mit aller Unbefangenheit geantwortet hatte, sie habe Gallas schon in Pilsen molestiert, und der General sei ja selbst damit behaftet. Da habe er ihn mit dem präzisen Befehl, Gallas zu holen, nach Linz geschickt.

Gott scheine seine Hand im Spiele zu haben, sagte Gallas, dass der Knäuel so glatt abliefe, wie sie ihn gewickelt hätten.

Er müsse ihnen aber noch ferner beistehen, fügte Piccolomini hinzu; denn der Hauptschlag solle noch geführt werden.

Am selben Tage war Aldringen in Wien, wohnte jedoch der Heimlichkeit wegen nicht in der Stadt, sondern in einer kleinen Herberge vor dem Tore, wo er am späten Abend den Besuch des Bischofs von Wien empfing. An der Tür schüttelte der Bischof den Schnee von Mantel und Kapuze und ließ sich von seinem Diener trockene Schuhe anlegen. Er sei, um jeden Argwohn zu vermeiden, ein Stück vor dem Hause abgestiegen, sagte er erklärend und fügte hinzu, es scheine Tauwetter einfallen zu wollen; dann würde er bis an die Knie im Schmutz waten müssen.

Es wisse jeder, sagte Aldringen, dass der Bischof keine Gefahr und Mühe scheue, um dem gemeinen Wohl zu nützen. Hoffentlich bringe er gute Nachricht.

Ja, sagte der Bischof, indem er sich in Aldringens kleinem Zimmer an den Kachelofen setzte und mit einer Zange im Feuer stocherte, Aldringens Besuch habe Wunder gewirkt und das ungare Projekt zur Reife gebracht. Es sei ein neues Patent aufgesetzt, worin die Exekution nach Maßgabe der Umstände auszuführen befohlen sei. Mündlich habe der Kaiser gesagt, Blutvergießen solle nach Möglichkeit vermieden werden, und es werde ja wohl niemand gutheißen, wenn der Justiz ohne Not vorgegriffen würde, zumal es dem Kaiser übel ausgelegt werden könne.

Aldringens Augen hingen begierig an den Zügen des Bischofs. Ob ausdrücklich im Patent stehe, man solle Wallenstein tot oder lebendig fangen?, fragte er.

Er könne es selbst lesen, sagte der Bischof. Der Kaiser sei jetzt recht auf ein promptes und nachdrückliches Geschäft erpicht, nun er die entsetzliche Gefahr erkannt habe, in der er mit seinem ganzen Hause schwebe. Ihm selbst, dem Bischof, wären die Augen erst recht aufgegangen.

Ja, sagte Aldringen, hätte man ihm rechtzeitig geglaubt, so hätten viel Übel vermieden werden können. Wallenstein habe es niemals redlich mit dem Kaiser gemeint, er habe es immer gesagt, aber niemand ihm glauben wollen.

Er bekenne sich schuldig, sagte der Bischof traurig, er sei zu vertrauensvoll gewesen. Aber er stehe nicht allein, der Unglücksmann habe viele einsichtige und treue Diener des Kaisers auf schlaue Weise verblendet. Er hätte sich's nicht träumen lassen, dass Wallenstein mit so höllischen Attentaten schwanger gehe. Jedermann sei voll Dank und Liebe für Aldringen; Schlick, Slawata und viele andere schickten ihm viel tausend inbrünstige Grüße und Wünsche für Erfolg und gutes Glück.

Aldringen sagte, dass er das Verdienst nicht für sich allein beanspruche, der Kurfürst von Bayern habe sich der Sache auch ernstlich angenommen.

Der Bischof bestätigte das; man müsse zugeben, dass es ohne den Kurfürsten nicht so weit gekommen wäre. Der Richel, der sich seit dem Dezember in Wien aufhalte, habe wacker geklopft, bis das Fleisch mürbe gewesen sei; man hätte dem dürren Männlein nicht zugetraut, dass solch ein Metzger in ihm stecke. Wenn nur der Kurfürst nicht immer mit Frankreich schaukeln wollte! Jetzt habe er wieder Frankreich als Friedensvermittler vorgeschlagen, recht zum Despekt des Kaisers. In der Wallensteinischen Sache sei es ihm auch viel um seine Person zu tun. Es laufe beim Kurfürsten von Bayern viel Eifersucht mit unter, gab Aldringen zu; allein er sei doch ein wahrhaft katholischer Fürst, ernst und eifrig, der sich der Geschäfte annehme. Die Jesuiten möchten nicht in allem zu loben sein; aber der Ketzer wegen könne man sie doch nicht entbehren, sie wären Hunde und Jäger zugleich.

Der Bischof, welcher sich bewusst war, der jesuitischen Partei vielfach entgegengearbeitet zu haben, stimmte eifrig zu. Gott verteile seine Gaben verschieden, sagte er, ihn, den Bischof, habe er mehr zu innerlicher Theologie und Verehrung als zum Kampfe geschaffen. Sein Gewissen sei stets seine einzige Richtschnur gewesen, und das mache ihn jetzt zu Wallensteins Feind, wie er früher sein Freund gewesen sei. Luzifer müsse den Unglückseligen verführt haben.

Vom Hochmutsteufel sei er sicher besessen, sagte Aldringen. Und worauf sei er eigentlich so stolz? Sein Geld habe ihm viel geholfen. Er, Aldringen, habe seine Laufbahn ohne einen Heller in der Tasche begonnen, und wenn er bedächte, wie weit er es gebracht hätte, könnte er sich vielleicht deswegen aufblähen; allein er gebe Gott die Ehre, sei nur ein tapferer, redlicher Soldat gewesen.

Aldringens Verdienst sei weltberühmt, sagte der Bischof, ins Feuer starrend, das sein runzliges Gesicht rot färbte. Wenn man sich nur immer bewusst wäre, dass Gott jegliche Herrlichkeit nach kurzer Frist in Asche stürzte. Ob der Weg über einen Thron oder über einen Misthaufen ginge, er führe immer ins Nichts.

Ins Nichts?, sagte Aldringen erschrocken. In aller Demut hoffe er doch durch Gottes Gnade und die Fürbitte der Heiligen den Himmel zu erlangen.

Der Bischof erklärte, er habe nur in Bezug auf das Irdische gesprochen, welches zunichte werden würde, worauf sich das Gespräch wieder der nächsten Zukunft zuwandte. Nach einer Stunde brach der Bischof auf, und Aldringen ließ es sich nicht nehmen, ihn an seinem Arme zur Kutsche zu führen, während der Diener mit der Laterne voraufging. Es regnete in Strömen, und die kahlen Bäume, die die Landstraße besäumten, stöhnten im zügellos schweifenden Sturme. Dicht an den Bischof gedrängt, fragte Aldringen, wie es mit dem Gelde gehalten werden sollte? Das sei ein wichtiger Punkt, den sie noch nicht besprochen hätten. Treue Dienstleistung wolle bezahlt sein, der Mut der Soldaten würde jetzt auf eine harte Probe gestellt werden. Ob das etwa Vorhandene gleich benutzt werden könne?

Der Kaiser sei schon im Begriff, eine Kommission zur Konfiskation des Terzkaschen und Illoschen Vermögens einzusetzen, sagte der Bischof; es solle schleunig gearbeitet werden, die Herren sollten mit der Exekution auch nicht feiern, der Kaiser habe keine Ruhe, bis es erledigt sei.

Aldringen versprach, alles daranzusetzen. Wallenstein, sagte er, sei jetzt wie ein Stier, der das Wurfgeschoss im Nacken habe; es gelte Kampf bis zum Tode.

Indem er, den Diener beiseite schiebend, dem Bischof in den Wagen half und ihm die Hand küsste, bat er um seinen Segen. »Der Friede Gottes sei mit dir, mein Sohn«, sagte der Bischof in lateinischer Sprache und ließ seine Rechte einen Augenblick auf Aldringens tief geneigtem blondem Kopfe ruhen; dann verschwand die Kutsche im Getümmel der Elemente.

Mohr von Wald, der an den Wiener Hof abgeordnet war, stand an Wallensteins Bett, um seine letzten Aufträge entgegenzunehmen. »Der Herr hat schlechtes Reisewetter«, sagte Wallenstein freundlich, »ich habe nachts den Regen aufs Dach tropfen hören.«

Mohr von Wald antwortete, Regen sei besser als Glatteis; er und sein Pferd würden nass werden; aber sie wären es beide gewohnt.

»Ja, der Krieg ist ein guter Lehrmeister«, sagte Wallenstein und schwieg dann, wie wenn er den Faden verloren hätte; der Offizier stand wartend, da er den General nicht anzureden wagte.

»Ist der Herr noch da?«, sagte Wallenstein plötzlich, den Kopf nach ihm wendend. Nun, er solle sich eilen und das Geschäft möglichst befördern. Er wolle Ruhe haben. Mohr von Wald könne es dem Kaiser selbst bezeugen, dass bei dem Verbündnis, das die Offiziere geschlossen hätten, keine rebellische Absicht gewesen sei, wie gewisse Verräter ihnen unterschieben wollten. »Verräter und Schelme sind hier bei mir gewesen«, rief er, in jähe Wut ausbrechend, »aber ihr böses Gewissen hat sie vertrieben.« Er hätte nicht geglaubt, setzte er etwas ruhiger hinzu, dass die Erde so gottlose Verräter behielte. Er hätte gemeint, die Hölle schlänge sie als ihr Erbteil hinunter.

In seinem grauen Gesicht flackerten die Augen wie ein letztes Feuerzüngeln aus der Asche.

Mohr von Wald könne bezeugen, fuhr er nach einer Weile fort, dass er schon vor Monaten bereit, ja willens gewesen sei, abzudanken; nur müsse es in Ehren geschehen. Wäre doch der Holzhauer froh, sein Bündel vom Rücken zu werfen; er müsste ja ein Narr sein, wenn er der übergroßen Last nicht gern ledig würde. Aber er ließe sich nicht wie einen untauglichen Diener ablohnen; er wolle nicht wie Belisar das Almosen an den Türen betteln.

Als Mohr von Wald an der Tür war, rief er ihn noch einmal zurück. Er habe nichts als den Frieden gewollt, das könne Mohr von Wald bei Gott bezeugen. Der Friede sei ihnen allen hochnötig. Die zum Krieg rieten, das wären die Judasherzen; um blutigen Mammons willen verrieten sie Kaiser und Reich.

Etwa eine Stunde lang lag Wallenstein still mit geschlossenen Augen da, dann ließ er Seni rufen. Der trat unwillkürlich einen Schritt zurück, als er des Generals Gesicht auf dem Kissen liegen sah. »Fürstliche Gnaden haben eine schlechte Nacht gehab?«, fragte er. Er habe viel geträumt, sagte Wallenstein. Wie die Zeichen am Himmel gewesen wären?

»Es war eine feuchte, schwarze Nacht«, sagte Seni zögernd. Die Mondsichel sei eine Viertelstunde lang sichtbar gewesen und habe wie ein leerer Kahn auf hoher Flut getrieben.

Wallenstein schloss die Augen wieder und schwieg. Wenn der Fürst ihn habe rufen lassen, um seine Meinung zu vernehmen, sagte Seni, so unterstehe er sich, von großen Unternehmungen abzuraten. Die Konstellation sei in dieser Zeit kriegerischen Aktionen widerwärtig.

Seni solle die nächste Nacht wieder achtgeben, ob der Jupiter sich sehen lasse, befahl Wallenstein.

Das Gestirn sei durchaus verfinstert, sagte Seni. Ihm scheine es fast, als wolle Gott dem Fürsten eine Warnung zukommen lassen.

Wallenstein seufzte tief, winkte Seni mit der Hand, sich zu entfernen, und schickte nach Kinsky. Ob der Arnim noch immer nicht da sei?, fragte er.

Kinsky sagte, die Boten, die er nach Mies geschickt hätte, berichteten, dass sich noch nichts zeige.

Es müsse noch ein Brief an Arnim geschrieben werden, dass er sich beschleunige, sagte Wallenstein; es sei periculum in mora.

Der General sehe zu schwarz, sagte Illo, der eben ins Zimmer trat. Die Verräterei von ein paar meineidigen Schuften habe ihn perplex gemacht. Der Armee wären sie ja sicher und sollten nach seinem Dafürhalten nicht länger zögern. Den Arnim könnten sie in Prag erwarten.

Kinsky, der am Fenster stand, berichtete, dass Terzka eben über den Platz geritten komme. So wäre er gar nicht bis Prag vorgedrungen! sagte Wallenstein. Er könne unmöglich schon von dort zurück sein.

Als Terzka eintrat, erblasste Kinsky, und Illo ballte die Hände vor Ungeduld. Was es gebe?, schrie er. Ob Terzka einem Gespenst begegnet sei?

Schlimmer als das, sagte Terzka; Prag sei verloren, von Gallas und Piccolomini eingenommen. Ein Patent sei angeschlagen, dass Wallenstein abgesetzt und das Heer, des Gehorsams entbunden, an Gallas und Piccolomini gewiesen sei.

Illo schlug mit der Faust auf den Tisch. Er habe es immer gesagt, sie hätten nicht auf ihn hören wollen! Man hätte die Halunken nicht lebendig aus Pilsen kommen lassen sollen! Hernach hätte man sich sofort auf Prag stürzen müssen. Aber er wollte es ihnen eintränken! Die Lust, wenn er ihnen das falsche Herz aus dem Leibe stückeln könnte! Wenn er ihnen erst den Daumen auf die lügnerische Kehle drückte!

Terzka ließ sich erschöpft auf einen Stuhl fallen. Er habe sein Pferd fast zuschanden geritten, sagte er, sei froh, dass er das Leben davongebracht habe.

Ob man etwa von Arnim auch Verrat zu besorgen hätte?, fragte Wallenstein. Kinsky erwiderte, er halte ihn für sicher und wolle ihn sogleich durch einen Brief zu größerer Eile antreiben.

Und dass er durch des Kurfürsten von Sachsen Land, nicht durch die obere Pfalz reisen solle, sagte Wallenstein. Und ob vom Lauenburger noch keine Nachricht da sei?

Er könne kaum in Regensburg angelangt sein, sagte Illo. Er wolle ihm aber einen Boten nachsenden, damit er nicht auf Prag zöge.

Während Wallenstein es für rätlich hielt, Arnim entgegenzugehen, schlug Illo vor, in Pilsen zu bleiben. Er sei überzeugt, sie könnten sich in Pilsen halten. Kinsky stimmte dafür, dass man sich näher nach Sachsen ziehe; allein Terzka schlug sich auf Illos Seite; blieben sie in Pilsen, so bestehe mehr Aussicht, mit schwedischer Hilfe Prag wieder zu nehmen. Wallenstein gab nach; im Laufe des Nachmittags jedoch beschloss er plötzlich, Pilsen aufzugeben und sich nach Eger zu wenden. Es liege günstiger für die Konjunktion mit Schweden und Sachsen; auch sei die protestantische, gewaltsam zum Katholizismus reformierte Bürgerschaft dem Kaiser abgeneigt, und er fühle sich dort sicherer.

Am folgenden Tage wurde aufgebrochen und die Nacht in dem Illo gehörigen Schlosse Mies gerastet. Ein rubinfarbenes Morgenrot stand am trüben Horizonte, als Wallenstein mit Illo, Terzka und Kinsky aus dem Tore trat, um in seine Sänfte zu steigen. Er fühle sich wohler, seit er Pilsen hinter sich habe, sagte er, fürchte nur den holperigen Weg wegen des Podagras; aber in Eger könne er ja ausruhen.

In Plan verabschiedete sich der Kanzler Eltz von Wallenstein, um sich in seinem Auftrage zum Markgrafen von Kulmbach zu begeben. Wallenstein schärfte ihm ein, keine Zeit zu verlieren und dem Markgrafen, der eine dicke Haut habe, gehörig einzuheizen.

Der Herzog könne sich auf ihn verlassen, sagte Eltz, seine Zunge sei ein guter Blasebalg. Er werde dem Markgrafen erklären, wie jetzt der Augenblick da sei, die evangelische Religion und deutsche Libertät auf alle Zeit sicherzustellen, und werde ihm ein Licht über die spanisch-papistischen Mordprojekte anzünden.

Er solle auch behutsam sein, wenn er etwa unterwegs aufgehoben würde, sagte Wallenstein.

Lieber würde er sich mit glühenden Zangen zerreißen lassen, beteuerte Eltz, als dass er seinen Herrn verriete. Aber er sei gewiegt, werde schon ein Loch im Netze finden.

Wie er dem weiland braunschweigischen Minister nachblickte, sah Wallenstein auf der von Taus einmündenden Straße Bewegung von Wagen und Reitern. Es fuhr ihm blitzschnell durch den Sinn, dass es Feinde sein könnten, die ihn einfangen, nach Wien schleppen und als einen Malefikanten vor ein Kriegsgericht stellen würden; Piccolomini, Carretto, Gallas, fluchwürdige Verräter, Schlick, der kriechende Hund, würden ihn inquirieren und ihm den Fuß auf den Nacken setzen. Angstschweiß trat ihm auf die Stirn, und mit Anstrengung bog er sich aus der Sänfte, um sein Gefolge zu rufen, als ein Illoscher Adjutant angesprengt kam und meldete, dass Buttler mit seinem Regiment im Anmarsch sei, willens, nach Prag zu ziehen. Der General wolle sich belieben lassen, ihm andere Order zu erteilen.

Wallenstein atmete erleichtert auf und wunderte sich über seine Zerstreutheit; wie hatte er hier Feinde vermuten können, wo Buttler ihnen notwendig den Pass abgeschnitten hätte! Als Buttler, der soeben flüchtig von den letzten Vorfällen unterrichtet worden war, sich unter tiefen Verbeugungen der Sänfte näherte, reichte der Herzog ihm freundlich die Hand und forderte ihn auf, sich zu ihm zu setzen, damit sie sich besprächen. Was er denn zu der abscheulichen, frevelhaften Verräterei gesagt habe? Die er am meisten begnadigt, ja wie Brüder gehalten habe, die übten so meuchlerischen Undank. Gott sei Dank habe er noch Macht genug, die Treuen zu belohnen. Es sollte keiner bereuen, die Soldatenpflicht geleistet zu haben.

Buttler sagte, er hätte eher den Einsturz des Himmelsgewölbes als solchen Abfall für möglich gehalten. Was der General nun beschlossen habe?

Er ziehe sich auf Eger zurück, sagte Wallenstein, wo er an dem Kommandanten Gordon einen treuen Freund habe und im Schoße der redlichen Bürgerschaft sich sicher fühlen könne. Er müsse ja nun, da er vom Kaiser geächtet sei, sein Haupt vor Meuchelmördern schützen. Übrigens mache er den Kaiser nicht verantwortlich, er wisse wohl, wer der Feind sei, dem der Kaiser ihn preisgegeben habe, und er hoffe, dass Gott ihn hier und dort strafen werde.

Was ihn anbelange, sagte Buttler, so sei er seiner Pflicht eingedenk; der General werde hoffentlich nicht daran zweifeln.

Nein, antwortete dieser, er traue Buttler und liebe ihn und wolle es ihm einst noch besser zeigen. Er halte es für ein gutes Zeichen, dass sie sich hier getroffen hätten.

Nachdem Buttler sein Pferd wieder bestiegen hatte, passte er auf seinen Beichtvater, der, ein Irländer wie er, in Kutte und Schlapphut, mit großem rotem Barte, zwischen ein paar Offizieren ritt und lebhaft gestikulierend lustige Geschichten erzählte. Da Buttler ihm winkte, nickte er jenen zu, dass er den Schwank bei Gelegenheit zu Ende bringen werde, und eilte an seines Obersten Seite, um ihn sogleich mit Fragen zu bestürmen, was die veränderte Marschrichtung zu bedeuten habe. Buttlers Erzählung hörte er unter vielen Ausrufungen an und sagte zum Schlusse fröhlich, so erfülle sich nun Buttlers trübe Ahnung doch nicht, dass er in Prag im schmählichen Kampfe sein Leben lassen müsste. Ja, die Eiterblase hätte einmal aufbrechen müssen; er hätte doch nicht gedacht, dass es so bald geschähe.

Man hätte den Skorpion eher zertreten sollen, sagte Buttler halblaut. Jeder Schritt, den er weiter tue, bringe dem Kaiser Gefahr.

Sie ritten jetzt durch Wald, in dem es dämmerte, obwohl es erst Mittag war; kaum hörte man den Huf der Pferde im nassen Moose. Taaffe, so hieß der Beichtvater, trieb sein Tier nahe an Buttlers heran und flüsterte: »Gott erleuchte Euer Gnaden! Wir sind in des Teufels Schlinge gefallen.«

»Umgekehrt«, sagte Buttler, »Gott hat ihn in meine Hand gegeben.«

Ja, ja, sagte Taaffe, die Begegnung habe sicherlich Gott herbeigeführt. Aber was könne Buttler tun? Er könne nun und nimmermehr mit seinem Regiment gegen das ganze Wallensteinsche Heer bestehen. Wie viele denn noch bei dem General wären?

Etwa 5- bis 6000 Mann, antwortete Buttler, an einen Kampf sei also nicht zu denken; dergleichen habe er auch nicht im Sinn.

Freilich, freilich, stimmte Taaffe ein, mit Gewalt sei da nichts auszurichten. Was Buttler denn mit dem General gesprochen hätte?

Wie er ihn in der Sänfte erblickt hätte, sagte Buttler ganz leise, sei ihm durch den Kopf geschossen, dass er aussehe wie eine Leiche im Sarge. Den Gedanken habe ihm Gott eingegeben.

Der Beichtvater verneigte sich ehrerbietig; der Bewusste sei ja wohl schwer krank, sagte er.

Er halte es für das böse Gewissen, was in seinen hohlen Augen grassiere, sagte Buttler.

Heilige Mutter Gottes, flüsterte Taaffe, die gefalteten Hände erhebend, zu denken, dass der Erzluzifer sich so gleichsam selbst ausgeliefert habe! Gott habe Großes mit Buttler vor, das trage ihm seine Frömmigkeit ein.

Ja, erwiderte Buttler, jetzt wolle er beweisen, dass er ein treuer Diener des Kaisers und der heiligen Kirche sei. Wenn die Gelegenheit erforderte, dass er des Bösewichts Blut vergösse, so könne Gott ihm das doch nicht als Mord anrechnen?

So wenig wie dem heiligen Georg, sagte Taaffe, dass er den Drachen erlegte. Aber ihm sei doch ängstlich zumute, Buttler solle um Gottes willen nichts Unbedachtes wagen. Wallenstein habe in so unermesslicher Gunst heim Kaiser gestanden, dessen Sinn könne sich plötzlich ändern und Buttler seine heroische Tat anders ausgelegt werden. Er, Taaffe, habe sein Herz an Buttler gehängt und bekümmere sich um ihn. Er solle eine so schwere Sache vorher mit anderen bereden.

Auf der anderen Seite sei ebenso viel Gefahr, sagte Buttler. Wenn er nichts täte, lüde er den Schein auf sich, dem Verräter anzuhängen. Was würden Piccolomini und Gallas von ihm denken, wenn sie hörten, dass er sich Wallenstein angeschlossen hätte! Und doch sei kein Entrinnen möglich.

Taaffe bedachte sich eine Weile und machte dann das Anerbieten, er wolle eilig nach Prag reiten, um Gallas und Piccolomini von Buttlers Lage in Kenntnis zu setzen und sie um bestimmte Weisung zu bitten. In einer so vertraulichen Sache könne Buttler nicht jeden schicken, in seiner Brust sei das Geheimnis fest versiegelt. Gott werde um eines so heiligen Zweckes willen seine Kraft verdoppeln, damit er unversehrt und schnell mit dem erhaltenen Bescheid zu Buttler zurückkehrte.

Buttler erklärte sich einverstanden. Da noch keine unmittelbare Gefahr sei, könne er warten. Einstweilen wolle er die Schlinge um seine Beute legen, damit er sie im Notfalle sofort zuziehen könne.

Um drei Uhr stieß die Spitze des Zuges auf die ersten Vorposten des Terzkaschen Regiments, das in Eger lag, und bald darauf erschien Gordon, der Kommandant, um Wallenstein zu geleiten. Er habe nicht so bald auf das Glück gehofft, den General wiederzusehen, sagte er demütig; auf der Festung sei alles in Ordnung, des Generals Quartier sei im Pachelbelschen Hause am Markt hergerichtet, wo er im Jahre 1630 gewohnt habe. Es sei mit allen Bequemlichkeiten wohl versehen.

Das höre er gern, sagte Wallenstein. Er habe den Tag über mehr als sonst an seinem alten Übel gelitten, bedürfe der Ruhe.

Im Schoße Gottes könnte er nicht besser aufgehoben sein, sagte Gordon.

Ob Arnim gekommen sei?, fragte der Herzog. Sie hätten wichtige Traktaten vor.

Nein, er wisse nichts von Arnim, antwortete Gordon; und durch des Generals ungewöhnliche Freundlichkeit ermutigt, fuhr er fort, vielleicht werde Arnim durch das Wetter zurückgehalten. Der Himmel sei wunderlich gefärbt, als solle es einen Schneesturm geben. Auch wären hie und da die Wege verschneit, sodass man sich im Dunkeln leicht verirren könnte.

Wie sich die Bürgerschaft verhalte?, fragte Wallenstein.

Es sei überall Gehorsam und Willigkeit zu spüren, berichtete Gordon. Ketzer wären nicht mehr vorhanden, außer ein paar alten Weibern und Bettlern, die man laufen ließe.

Auch Terzka freute sich, als die graue Masse der Festung am Horizont erschien; die Kehle sei ihm trocken geworden nach dem scharfen Ritt, sagte er, den Abend wolle er ordentlich zechen.

Kinsky, der neben ihm ritt, blickte missmutig nach dem das dunkle Mauerwerk gelblich umrahmenden Himmel. Es sei eine seltsame Laune des Generals, sich da einzuschließen, sagte er. Die Stadt gleiche einem Spinngewebe, in dem das Schloss die Spinne sei.

Terzka drehte sich erstaunt nach seinem Schwager um. »Du hast Gesichte wie ein Prophet«, sagte er. »In Pilsen wolltest du ja auch nicht bleiben.«

Nein, sagte Kinsky, man hätte den Feind auch wohl in Prag belagern können. Bei solchem Spiel sei er lieber draußen als drinnen.

Terzka zuckte die Schultern. Nach Prag könne man immer noch, sagte er, wenn man durch Schweden und Sachsen verstärkt sei.

Auf dem Markte war es so still, als wenn schon Nacht wäre. Vor dem Hause, wo Wallenstein abstieg, standen der Bürgermeister und einige Ratsherren und begrüßten ihn ehrerbietig. »Wo ist der Pachelbel, dem das Haus gehört?«, fragte er. Er sei seit Jahresfrist nicht mehr am Leben, erwiderte der Bürgermeister vortretend; einstweilen habe die Stadt das Haus in Sequester. Und wo der andere Pachelbel sei, der gewesene Bürgermeister?, fragte Wallenstein. Er verharre steif im Unglauben und sei nach Wunsiedel gezogen, berichtete der Bürgermeister, solle verräterischen Umgang mit den Schweden pflegen. Gott werde wohl nicht lange mit der Strafe zögern.

Wallenstein antwortete nicht; aber im Weitergehen sagte er halblaut zu Terzka, das wäre nun sein Schaden, dass er die Stadt auf Betreiben des Kaisers reformiert hätte: die Guten wären ausgezogen und Heuchler und Schelme zurückgeblieben.

Als Wallenstein schon eine Weile im Bette lag, läutete er noch einmal dem Kammerdiener; er höre ein Rauschen, das ihm den Schlaf störe, man solle es abstellen.

Der Kammerdiener sah aus dem Fenster und sagte, es sei ein laufendes Brünnlein im Hof, das so plätschere; er wisse nicht recht, was dagegen zu tun sei.

»Weißt du nicht, wie man einen Brunnen verstopft, du Hund?«, rief Wallenstein ungeduldig; worauf der Diener erschrocken davonlief und das Geräusch nach wenigen Augenblicken verstummte.

Buttler, Gordon und der Wachtmeister Leslie saßen auf dem Schlosse beim Wein und besprachen Wallensteins Abfall vom Kaiser. Die Offiziere wären nun in heikliger Lage, sagte Buttler, bei der bekannten Tyrannei des Herzogs wage man sein Leben, wenn man sich gegen ihn auflehne. Und doch sei es auch nicht ohne, dem Kaiser den schuldigen Eid zu brechen.

Leslie und Gordon pflichteten Buttler bei. Was sie denn auch gegen den Kaiser ausrichten könnten, da die Armee fast ganz auf seine Seite getreten sei? Nur etwa 6000 Mann habe Wallenstein noch; sie würden alle gefangen werden und den schimpflichen Tod der Rebellen erleiden.

Eben darum suche Wallenstein jetzt sein Heil bei den Schweden, erklärte Buttler.

Dadurch würde das Übel noch größer für sie, sagte Gordon. Er möchte um alle Welt nicht gemeine Sache mit den ketzerischen Schweden machen.

Ja, dabei setzte man die ewige Seligkeit zugleich aufs Spiel, sagte Buttler. Er sei als ein Edelmann entschlossen, dem Kaiser die Treue zu halten.

Gordon und Leslie fielen mit ähnlichen Beteuerungen ein. Gordon schlug vor, sie könnten sich noch in dieser Nacht davonmachen und nach Prag reiten; er habe ja den Schlüssel.

Nein, ihm stehe das nicht an, entgegnete Buttler. Dabei wagten sie ihr Leben, ohne der gemeinen Sache zu nützen.

So solle Buttler etwas anderes vorschlagen, sagte Gordon. Ach Gott, sie wären da in eine Klemme geraten, aus der sie schwerlich die Glieder heil herausbrächten.

»Wenn wir nur wollen«, sagte Leslie leise, sich über den Tisch beugend, »so ist der Tyrann in der Klemme. Der Kaiser und viele Fürsten werden es uns danken, wenn wir ihn kaltmachen.«

»Man könnte meinen, Bruder«, sagte Buttler, indem er seine Hand auf Leslies Arm legte, »du habest meine Gedanken gelesen. Was du sagst, das war von allem Anfang an mein Wille.«

Gordon erbleichte. Nein, das wolle er nicht wagen, sagte er, bevor es ihm von den Häuptern anbefohlen sei. Wie sie es denn auch ausführen sollten? Der Illo sei ja auch da und der Terzka! Sie würden im Kampfe sicher den Kürzeren ziehen.

Indem kam ein wachhabender Soldat und meldete, es werde stark ans Tor geschlagen; der Kommandant müsse kommen. Die drei Offiziere sprangen auf und wechselten erregte Blicke. Es könnte Arnim oder der von Weimar sein, sagte Buttler, den müssten sie abfangen. Um Gottes willen, fiel Gordon ein, zurzeit sei der Generalissimus Herr in der Festung; er getraue sich keines Ungehorsams.

Nun wurde der Soldat zurückgeschickt mit der Frage, wer draußen sei, und kam mit der Antwort wieder, es sei ein Bote von Gallas aus Prag, an den Kommandanten abgefertigt.

Der bringe vielleicht die Achtserklärung, meinte Buttler. Wenn Gordon durchaus nicht zu öffnen wage, so solle er immerhin den General entscheiden lassen, damit sei ja nichts verloren.

Er selbst sei es nicht imstande, sagte Gordon. Ob Leslie zum General gehen und fragen wolle?

Leslie erklärte sich ohne Zögern bereit; er werde sich dabei gleich die Gelegenheit gründlich ansehen.

Nachdem auf Wallensteins Befehl der Bote eingelassen war, der in der Tat das Patent über des Generals Entsetzung und Ächtung brachte, machte sich Leslie wieder auf, um es ihm abzuliefern. Sie wollten inzwischen beten, sagte Buttler, dass Gott das rebellische Gemüt des Bösewichts bekehre.

Eine halbe Stunde verging, bis Leslie atemlos zurückkam. »Jetzt ist's beschlossen«. sagte er, »wir müssen ihn töten.« Die beiden drängten sich begierig an ihn heran, um zu hören, wie es abgelaufen sei. Der General, berichtete Leslie, habe das Patent gelesen und auf den Boden geschmissen. So sollten denn die Folgen über den Kaiser kommen, habe er gerufen.

Seinen treuesten Diener überhäufe er mit Schimpf statt mit Dank, der Bayer habe es ihm eingegeben. Einträuken wolle er's ihnen. Nun sei kein Zweifel mehr, die Notwendigkeit sei da. Es solle sofort ein Bote an Bernhard von Weimar abgeschickt werden, er sei zum Bündnis mit den Schweden entschlossen. Bei den Ketzern werde er mehr Dank und Lohn finden als bei dem Kaiser, dem er die Krone gerettet.

Er, Leslie, habe sich sofort verabschiedet, um den Befehl wegen des Boten auszuführen. Bis zur nächsten Mitternacht müsse die Tat vollbracht sein. Er habe einen fröhlichen Eifer dazu, weil es ein gutes Werk sei, dies schwarze Gemüt zur Hölle zu senden.

Buttler reichte dem Erhitzten ein volles Glas Wein, das er in einem Zuge leerte. Wie der Unverschämte das kaiserliche Patent auf den Boden geschmissen habe, sagte er, da hätte er ihm am liebsten auf der Stelle die Kehle abgeschnitten.

Buttler lobte die Besonnenheit, mit der er die preiswürdige Aufwallung unterdrückt hätte; denn sie dürften nicht losschlagen, bevor sie Maßregeln für die Sicherheit getroffen hätten. Es müssten Soldaten in die Stadt, Regimenter lägen ja draußen, um etwaigen Widerstand zu unterdrücken. Auch müssten sie die übrigen Rebellen, namentlich Terzka und Illo, unschädlich machen; am besten wäre es, alle miteinander umzubringen.

Nein, das könne er nicht zulassen, rief Gordon. Es würde ein Aufruhr und allgemeines Blutvergießen entstehen. Zuletzt würde es ihm, als dem Kommandanten, zur Last gelegt.

Ein Aufruhr würde vermieden, entgegnete Buttler, wenn man die Häupter in der Stille abtäte. Sein Vorschlag wäre, sie auf das Schloss zu einem Bankett zu laden und auf ein gegebenes Zeichen, vielleicht wenn sie schon betrunken wären, niederzumachen. Der General freilich ginge nicht aus, müsse im Bett überfallen werden; das habe aber keine Schwierigkeit, wenn die anderen zuvor erledigt wären. Den Kinsky könne man nicht ausschließen, er sei ja auch ein Schelm wie die anderen und ein Ketzer dazu. Zuvörderst komme es indessen darauf an, ob sie genug Geld hätten, um die gemeinen Soldaten zu gewinnen, die zu dem Geschäft gebraucht würden.

Geld?, sagte Leslie. Der Friedländer sei ja der reichste Mann in der Christenheit.

Gordon stützte die Arme auf den Tisch und bohrte die Fäuste in die Schläfen. Leslie möge wohl so reden, jammerte er, er sei nur Oberwachtmeister, aber er, als der Kommandant, trage die Verantwortung. Über ihn werde es hergehen, wenn es missglückte.

Oder wenn der Kaiser etwa gar anderes Sinnes würde?

Leslie und Buttler schoben ihm das Patent hin und schlugen mit der Hand darauf. Sie hätten es ja schwarz auf weiß, riefen sie; wenn sie jetzt zugriffen, würden sie reich und angesehen, ja bis auf die späteste Nachwelt berühmt werden. Beschlossen sei es, Gordon müsse sich entscheiden, ob er für oder wider sie sein wolle.

Wenn es denn nicht anders sein könne, sagte Gordon, in dessen Händen das Patent zitterte, so wolle er treu zu ihnen halten. So oder so wagten sie ihr Leben; es solle wenigstens für Ehre und Pflicht geopfert sein.

Im Dome von Regensburg predigte der weimarische Hofprediger über den Universalfrieden. Die Blicke Franz Albrechts von Sachsen-Lauenburg wanderten behaglich den schönen bunten Schein entlang, der durch ein Fenster auf eine figurengeschmückte Säule fiel, und blieben an dem schmalen, dunkeläugigen Gesicht seines Vetters, des Herzogs Bernhard, hängen. Er sah sehr ernsthaft aus und schien aufmerksam zuzuhören. Ob er als ein Nachahmer Gustav Adolfs den Heiligen spiele, dachte Franz Albrecht, oder ob sein Gemüt in Wirklichkeit so theologisch beschaffen sei? Franz Albrecht fand seinen bärenhaften Ernst und überhaupt seinen ganzen Schulmeisterbetrieb nicht kavaliermäßig; aber er nahm sich vor, da er ihn für seine Pläne gewinnen wollte, augenblicklich mit dieser Ansicht zurückzuhalten. Nur wollte er ihn gelegentlich einmal fühlen lassen, dass er die Heldentaten, auf die er so stolz war, namentlich die Eroberung Regensburgs, nicht so sehr seinem martialischen Ingenium als Wallensteinischer Laune zu verdanken habe, der ein Interesse an seinen Fortschritten hätte. Etwas mehr Bescheidenheit konnte nach seinem Dafürhalten Bernhard nichts schaden, der schon anfing, sich als den deutschen Alexander aufzuspielen.

Die Vettern begrüßten sich, als sie miteinander aus der Kirche traten; denn Bernhard hatte sich sogleich nach seiner Ankunft aus Straubing in den Gottesdienst begeben.

Er habe ihn mit Ungeduld erwartet, begann Franz Albrecht, höchste Eile tue not. Bernhard müsse schleunig mit ganzer Macht auf Pilsen rücken, um sich mit Wallenstein zu konjungieren, so wäre sein und des Reiches Glück gemacht.

Bernhard warf einen missbilligenden Blick auf den Sprecher, indem er sagte, er könne nicht begreifen, wieso Franz Albrecht ihm noch einmal die alten Schlingen legen möchte. Auch ein Blinder ginge nicht wieder hinein.

Bernhard hielte ihn, seinen Vetter, einen Fürsten, doch nicht für einen Possenreißer?, fragte Franz Albrecht vorwurfsvoll.

Vielleicht sei er selbst verblendet und betrogen, sagte Bernhard; darauf wolle er sich nicht einlassen.

Franz Albrecht blieb auf dem von heller, kühler Sonne beschienenen Platze vor der Kirche stehen. Eben hätten sie die schöne Predigt über den Universalfrieden andächtig gehört. Ob denn das nur ein Gaukelwerk gewesen sei? Nun sich die Gelegenheit biete, den edlen Frieden zu effektuieren, wolle er es an sich fehlen lassen?

Bevor noch Bernhard geantwortet hatte, trabte ein Reiter über den Platz, sprang ab und näherte sich Franz Albrecht. Feldmarschall Illo schicke ihn mit einem eiligen Brief an den Herzog, sagte er.

Franz Albrecht erbrach und las das Schreiben hastig, reichte dem Boten ein Trinkgeld und hieß ihn, sich in einer halben Stunde bereit zu halten; inzwischen solle er sein Pferd tränken und einen Imbiss nehmen. Dann schob er seinen Arm in den Bernhards und bat ihn, mit in seine Herberge zu kommen: die Neuigkeit, die er eben erhalten habe, werde Bernhards Sinn ändern.

Der Brief sei aus Mies, erzählte er, Wallenstein sei auf dem Wege nach Eger, Prag zum Kaiser abgefallen. Nun werde Bernhard nicht mehr zweifeln.

Sie waren inzwischen im Gasthause angekommen, und Bernhard setzte sich gleichmütig auf einen Stuhl am Fenster. Was mehr?, sagte er trocken. Verriete Wallenstein den Kaiser wirklich, wolle er umso mehr auf der Hut sein, nicht betrogen zu werden.

Franz Albrecht sprang auf und schlug die Hände zusammen. Was für ein ungläubiger Thomas!, rief er. Er solle doch um Gottes willen nach Eger gehen und die Hand in die Wundmale legen. Er lade eine schwere

Verantwortung auf sich, wenn er die Gelegenheit vorübergehen ließe! Ob er zweifelte, dass er, Franz Albrecht, es ehrlich meinte?

Bernhard wiederholte, er habe nicht im Sinn, seines Vetters Ehre anzugreifen. Er möge immerhin wie die anderen vom Friedländer bezaubert sein. Er, Bernhard, sei für diese satanische Kunst unzugänglich. Mit einem so gottlosen Menschen wie Wallenstein wolle er sich nicht einlassen.

Gottlos?, rief Franz Albrecht aus, indem er die Augen weit öffnete. Wo er doch so viele Klöster und Kirchen gegründet härte!

Gottlos sei es, beharrte Bernhard, seine Handlungen von den Sternen anstatt vom Willen Gottes abhängig zu machen.

Das hätten die großen Helden des Altertums auch getan, verteidigte Franz Albrecht, und es könne einer deshalb doch ein guter Feldherr und Staatsmann sein. Der fromme Gustav Adolf habe sich auch nicht bedacht, mit Wallenstein zu traktieren. Bernhard solle ihm keinen Dienst leisten, vielmehr Vorteil aus ihm ziehen für das liebe Vaterland.

Bernhard wurde nachdenklich. Allerdings könne durch Gottes Allmacht das Böse in den Dienst des Guten gestellt werden. Er wolle auch wohl glauben, dass Wallenstein wirklich vom Kaiser abgefallen sei, nicht aber, dass das ganze Heer mit rebellierte. Eine Handvoll armer Teufel lasse sich wohl kaufen, die meisten aber würden Ehre und sicheren Vorteil nicht im Stiche lassen. Was hätte er, Bernhard, aber davon, wenn Wallenstein mit ein paar hundert Mann zu ihm überliefe? Und wer bürge ihm, rief er, von einem plötzlichen Einfall ergriffen, dass Wallenstein ihn nicht nach Eger abziehen wolle, um Nürnberg zu überfallen, das ihm zweifellos anstehen würde?

Da Franz Albrecht sah, dass nichts auszurichten war, schrieb er an Illo, er habe alles glücklich erledigt, Bernhard werde unverzüglich nach Eger aufbrechen, um sich mit Wallenstein zu verbinden; mit welcher Botschaft er die Estafette abfertigte, damit Wallenstein vertröstet und hingehalten würde.

Nachdem er noch mehrmals auf Bernhard eingeredet hatte, begab er sich unverrichteter Sache nach Pfirt, wo er eine zärtliche Verbindung angeknüpft hatte, und machte sich am Sonntag nach Eger auf, bequem in eine Kutsche gelehnt, um den in der Nacht versäumten Schlaf nachzuholen. Er wachte auf, als sein Wagen um die Mittagszeit vor einem Gasthause hielt, und stieg aus, um etwas zu sich zu nehmen. Während er aß, erzählte der Wirt, in der Nacht habe ein Sturm gewütet, wie seit Menschengedenken keiner erlebt sei. Es habe getönt, als ob die Posaunen zum Jüngsten Gericht riefen, in seinem Garten sei ein alter starker Birnbaum mit der Wurzel ausgerissen. Er habe nichts gehört, lachte Franz Albrecht, so süß sei er von Morpheus' Arm umfangen gewesen. Dann nahm er den entwurzelten Baum in Augenschein, dessen verkrümmte Zweige sich Hilfe suchend in die Luft zu krallen schienen, und schlenderte pfeifend seiner Kutsche zu, den Blick im lieblich schwebenden, gleichsam von einem Kinderlächeln überhauchten Himmel verloren.

Er hatte schon wieder eine Weile geschlafen, als er laute Stimmen und das Schnauben und Trappeln von Pferden vernahm. In der Meinung, sich gegen Räuber wehren zu müssen, sprang er aus dem Wagen und zog eine geladene Pistole aus dem Gürtel; aber ein junger Offizier trat ihm höflich entgegen mit der Meldung, er sei Leutnant vom Terzkaschen Regiment und habe Befehl, ihn, den Herzog, einzuholen. Er werde in Eger mit Ungeduld erwartet.

»Umso besser«, sagte Franz Albrecht, indem er die Pistole wieder einsteckte. Wo sie denn wären? Er habe wohl den ganzen Tag verschlafen.

Sie wären bei Tirschenreuth vorüber, sagte der Leutnant.

Franz Albrecht stieg wieder in die Kutsche, die nun von Bewaffneten umringt war. Nach einer halben Stunde tauchten die braunen Mauern von Eger auf, tief in den zartblauen Himmel schneidend. Soeben kam der Leutnant an die Kutsche geritten und fragte munter, wie es Franz Albrecht vorkommen würde, wenn er ihn in Kaisers Namen gefangen nähme?

Der Lauenburger verwies ihm den ungebührlichen Scherz und fragte, wie der Herzog von Friedland sich befinde?

»Sehr wohl«, lachte der Leutnant, »er ist gestern Nacht ermordet worden und liegt kalt wie eine Kröte auf der Burg.«

Er habe nicht übel Lust, sagte Franz Albrecht, dem Herrn über sein unverschämtes Maul zu fahren.

Das solle er lieber bleiben lassen, sagte der Leutnant. Er habe Befehl, Franz Albrecht als Verräter an der kaiserlichen Majestät gefangen einzubringen.

Franz Albrecht bedachte sich. Wenn es wahr wäre, sagte er ruhig, dass Wallenstein ermordet wäre, so müssten die es verantworten, die es getan hätten. Ihn, den Herzog von Sachsen-Lauenburg, zu verhaften, sei wider das Völkerrecht; er sei kursächsischer Feldmarschall und traktiere in kurfürstlichem Auftrag mit dem kaiserlichen Generalissimus über den Frieden. Es würde denen teuer zu stehen kommen, die sich an ihm, einem Reichsfürsten aus uraltem Geschlecht, vergriffen.

Das werde sich zeigen, sagte der Leutnant, es geschehe alles auf kaiserlichen Befehl.

Man solle ihn augenblicklich aufs Schloss zum Grafen Terzka oder zum Grafen Kinsky führen, rief Franz Albrecht aufgebracht.

Das zu tun sei er im Begriff, antwortete der Leutnant lachend, sie lägen ermordet auf der Burg, wären mit dem Hauptrebellen zur Hölle gefahren.

Jetzt erblasste Franz Albrecht ein wenig. Wenn das wahr wäre, sagte er, so hätten die Mörder mehr als er zu besorgen. Ein so abscheuliches Blutvergießen würde die ehrliebende Welt nicht unbestraft lassen.

Als die Kutsche über den Markt fuhr, kamen ihnen ein paar von Soldaten geführte Pferde entgegen, in denen Franz Albrecht die ausgezeichnet schönen Apfelschimmel erkannte, um die jedermann Terzka beneidet hatte. Ein unbehagliches Gefühl überlief ihn, und er dachte mit einem Seufzer an die letzte Nacht in Pfirt. Warum war er nicht dort geblieben, wozu er doch so große Lust verspürt hatte? Nun trug er die Folgen seines unzeitigen Pflichteifers.

In der Hofburg besprachen Schlick und Trauttmansdorff mit dem Kaiser Wallensteins Ermordung und verschiedene damit verknüpfte Geschäfte, unter anderem, wie die Täter am füglichsten zu belohnen wären. Sie hätten ja, sagte Schlick, nicht nur die Person des Kaisers, sondern das gesamte Erzhaus aus höchster, dringendster Lebensgefahr befreit und müssten, um andere zur Nacheiferung anzufeuern, stattliche Auszeichnungen erhalten.

Es sei ihm wirklich jetzt um vieles leichter zumute, sagte der Kaiser. Die Dankgebete in allen Kirchen würden doch angeordnet? Und wie der unverhoffte Todesfall im Allgemeinen aufgenommen würde?

Schlick sagte, zunächst herrsche noch Konsternation und Perplexität vor. Man müsse nun dazu schreiten, den Grund der Sache öffentlich zu explizieren. Dann kam er auf die Belohnungen zurück: zunächst kämen die in Betracht, die selbst Hand angelegt hätten, damit dort keine Unzufriedenheit Platz griffe.

Ob nicht anzunehmen sei, schaltete Trauttmansdorff ein, dass die guten Leute sich schon selbst leidlich bezahlt gemacht hätten?

Buttler frage eben an, sagte Schlick, ob das bei dem justifizierten General gefundene Geld zur Befriedigung der gemeinen Soldaten gebraucht werden könne? Piccolomini, Gallas und Aldringen wären mit Gütern zu befriedigen, außerdem habe Gallas angedeutet, dass ihm das Illosche Silberzeug sehr wohl anstehen würde; Leslie begehre den Grafentitel, und für die erledigten Regimenter wären auch Liebhaber da.

Ja, da werde man zuletzt viertausend Mann mit sieben Broten speisen müssen, sagte der Kaiser.

Schlick beruhigte, es sei mehr als genug vorhanden. Von dem unermesslichen Reichtum Wallensteins abgesehen, wären ja Terzkas und Illos Güter da, und der alte Terzka sei auch heimlich in die Sache verwickelt gewesen. An des Schaffgotsch Schuld sei ebenso wenig zu zweifeln; übrigens sei eine Klage von Schaffgotschs Verwalter eingelaufen, dass der Carretto sich Pferde und Gespann des Grafen angeeignet habe und auf offenem Markte damit paradiere.

Der Spitzbube!, rief der Kaiser, das sei doch allzu vorlaut! Der Schaffgotsch sei noch gar nicht prozessiert; gar so täppisch dürfe man nicht zugreifen, sonst werde die kaiserliche Justiz schimpfiert. Dem Carretto wolle er fest auf die Finger klopfen.

Trauttmansdorff stimmte zu: es müsse alles seine Ordnung und seinen Grund haben.

Und Pferde anbelangend, fuhr der Kaiser fort, müsse vor allen Dingen sein Sohn, der König von Ungarn, berücksichtigt werden. Das friedländische Gestüt habe er ihm schon fest zugesagt. Es sollte aber den Kommissionen größte Genauigkeit und Redlichkeit eingeschärft werden, der Gerechtigkeit solle einmal kein Abbruch geschehen. Die Beweise könnten doch hoffentlich vorgebracht werden, dass es mit der Rebellion und Verschwörung wirklich an dem gewesen sei?

Leider, leider, sagte Schlick, sei der schelmische Friedländer zu schlau gewesen, etwas Schriftliches von sich zu geben, in Mies habe er noch alle gefährlichen Briefe verbrannt, dass der ganze Kamin voll Asche geworden sei. Aber von den vielen Gefangenen, die durch Gottes Gnade gemacht wären, würde man schon etwas herausbekommen.

Ja, man wisse schier nicht Käfige genug für die losen Vögel aufzubringen, sagte Trauttmansdorff scherzend. Den Eltz, den kalvinischen Erzketzer, habe man nun auch erwischt. Freilich beteuerten sie einstweilen alle ihre Unschuld.

Schlick lachte. In dem Punkte wären die ärgsten Malefikanten wie die Jungfrauen vor der Hochzeit, sagte er; aber es gebe gottlob Mittel, ihnen beizukommen.

Nachdem die Hauptpunkte erledigt waren, fragte der Kaiser, was denn eigentlich davon zu halten sei, dass aus des Friedländers Kehle bei seinem Verscheiden schwefliger Rauch ausgefahren wäre?

Einige von den Soldaten, berichtete Schlick, die bei der Tat zugegen gewesen wären, wollten allerdings vor dem Fenster den Teufel gesehen haben, der auf die entweichende Seele gelauert hätte und mit ihr davongefahren sei. Auch draußen vor dem Hause hätten ihn etliche im Sturme bellen gehört; aber er, Schlick, wolle es dahingestellt sein lassen.

Der Kaiser meinte, es sei nicht unglaublich, da der Friedländer ja von vielen jüngst für einen Ketzer ausgegeben sei, und Trauttmansdorff fügte hinzu, es pflege sich eben im Tode die Wahrheit zu offenbaren. So solle der König von Schweden im Sterben lästerliche Kalumnien und Injurien gegen Gott ausgestoßen haben.

Der Kaiser seufzte und sagte, Gott müsse wissen, wozu er dem Teufel so viel freie Hand auf Erden ließe. Der Herzog von Friedland sei anfangs gewiss ein treuer Diener gewesen.

Ihn habe der Satan beim Hochmut gegriffen, sagte Schlick. Den leidigen Ehrgeiz zu weiden, sei ihm seine Seele nicht zu kostbar gewesen.

In Anbetracht der früher geleisteten Dienste, sagte der Kaiser, möchte er wohl eine Anzahl Messen für seine Seele lesen lassen. Vielleicht wäre er mit der Zeit aus dem Höllenfeuer zu retten.

Trauttmansdorff und Schlick fanden, dass Wallenstein so viel Klemenz nicht um den Kaiser verdient habe, doch wollten sie das kaiserliche Gnadenbächlein nicht verstopfen und es Gott anheimstellen, wie er jenseits mit dem bestraften Sünder weiter prozedieren wolle.

Unterdessen warteten im kaiserlichen Vorgemach der bayrische Gesandte von Richel, Eggenberg, Werdenberg, Christian Wilhelm, der ehemalige Administrator von Magdeburg, und mehrere andere Herren, um die Glückwünsche wegen des vollzogenen Strafgerichts abzulegen.

Eggenberg drückte Richel wiederholt die Hand und bat ihn, dem Kurfürsten auszurichten, wie glücklich er sei, dass der Verräter den verdienten Lohn empfangen habe. Nächst Gott habe der Kaiser dem Kurfürsten und dessen rüstigem Vertreter Richel seine Rettung zu verdanken. Richel solle auch nicht Vergessen, den Kurfürsten wissen zu lassen, wie eifrig er sich die Beförderung dieser Angelegenheit von allem Anfang an habe angelegen sein lassen.

Über Richels derbem Gesicht lag pfiffiges Behagen ausgebreitet. Sein Herr werde alles erfahren und alle belohnen, sagte er. Übrigens habe es jetzt fast das Ansehen, als hätte jeder mit gleichem Verlangen auf des gottlosen Rebellen Ende gewartet. Dabei stieß er den Administrator vertraulich mit dem Ellenbogen in die Seite und zwinkerte nach Werdenberg hin, der sich ihm unter verlegenen Reverenzen zu nähern suchte.

Zu Eggenberg sich wendend, sagte er, er habe mit Bedauern vernommen, dass Seine Gnaden bedenklich erkrankt sei, und bewundere seine Selbstüberwindung, dass er sich dennoch hervorgewagt habe, um der kaiserlichen Majestät bei dieser Gelegenheit aufzuwarten.

Es sei nur sein altes Podagra, sagte Eggenberg, das ihn so mörderisch angepackt habe und ihm wohl auch bald den letzten Stoß geben werde.

Im Gegenteil, sagte Richel, die gute Botschaft von Eger werde ihn völlig wiederherstellen.

Christian Wilhelm mischte sich ein und sagte, er habe allerdings nicht einmal bei der Geburt eines Sohnes solche Freude verspürt. Er habe fast den ganzen Tag mit Gebet am Altare zugebracht, und wenn er eben aus der Kirche gekommen sei, habe er geschwind wieder umkehren müssen, um von Neuem zu danken und zu loben. Es müsse einer ein zu Felsen verhärtetes Herz haben, wenn er jetzt nicht einsähe, dass das Erzhaus unter Gottes besonderem Schutz stände. Auch das könne man lernen, wie Gott noch täglich zum Schutze der Seinen Wunder tue; denn als ein Wunder sei es billigerweise anzusehen, wie der Tyrann, vor dem der Erdkreis gezittert habe, so geschwind und still hätte umgebracht werden können.

Gott müsse den mutigen Männern beigestanden haben, fiel Werdenberg ein, die das Werk unternommen hätten. Er könne aber als ein Kavalier von Ehre schwören, dass er ebenso gehandelt hätte, wenn er zur Stelle gewesen wäre.

Richel stieß den Administrator wieder mit dem Ellenbogen in die Seite und grinste.

Er könne nicht anders als Tränen vergießen, nahm Christian Wilhelm wieder das Wort, wenn er bedächte, in welcher Gefahr der Kaiser gestanden und wie wunderbar er errettet sei, und wie herrlich Gott überhaupt alles hinauszuführen pflege. Was hätte Gott nicht alles angestellt, die ganze Stadt Magdeburg in Feuer aufgehen und zu Asche werden lassen, einzig um ihn, Christian Wilhelm, der damals noch blind im Dunkeln getappt sei, aus der Finsternis in das Licht zu führen. Dass er nunmehr auch diesen Luzifer gestürzt habe, von dem er, Christian Wilhelm, freilich selbst nicht geglaubt hätte, dass er sich so heillose Abscheulichkeiten würde einfallen lassen, sei als ein schönes Vorzeichen anzusehen, dass Gott nunmehr alle Sektierer, Ketzer und Heiden teils bekehren, teils ausrotten wolle, und dann würde es auch mit dem lieben Frieden nicht lange mehr anstehen.

Am Ostermorgen suchte Herzog Bernhard mit seiner anhaltinischen Base im Schlossgarten von Weimar das erste Veilchen, wobei sie sich in französischer Sprache unterhielten. Es sei noch zu früh im Jahr, sagte Bernhard, da wären nichts als Schneeglöckchen und Krokus. Die Base entgegnete, sie hätten auch andere Jahre um dieselbe Zeit Veilchen gefunden. Ob Bernhard sich nicht an jenes Osterfest erinnere, wo er ihr nach dem Gottesdienst von seinen Zukunftsplänen erzählt habe? Sie errötete dabei, denn sie dachte daran, wie er ihr zum Schluss, gleichsam zur Besiegelung des Gelöbnisses, einen Kuss gegeben hatte. Die kleine Base war ein geschmeidiges Figürchen mit silberblondem Haar, das in zierlichen Zöpfen um ihr blasses, schelmisches Gesicht herumgeflochten war; indem Bernhard ihr zusah, wie sie wegen der Taunässe behutsam in das Gras hineinstieg und sich dann und wann niederbeugte, kam sie ihm wie ein lockendes Phantom vor, das in unaufhaltsam sich wandelnden Traumarabesken vorübereilt. Er schickte sich eben an, ihr zu folgen, als sie sich umwandte und ihm mit neckendem Triumph ein Veilchen hinhielt: eine kurz gestielte, noch zusammengefaltete dunkle Knospe. Auf seine Bitte, ihm den Frühlingsherold als Andenken an den Ostermorgen schenken zu wollen, antwortete sie, ja, sie wolle es gern; aber er müsse ihr dafür versprechen, dazubleiben und sich nicht wieder in das abscheuliche Kriegswesen zu verfangen.

In Weimar bleiben?, rief Bernhard; was er denn in Weimar tun solle?

Sie sah ihn ein wenig erstaunt an. Er könne sich einen schönen botanischen Garten anlegen, schlug sie vor, wie ihr Oheim, Fürst Ludwig von Anhalt-Köthen, oder Schulmeister kommen lassen und dergleichen. Bernhard schüttelte den Kopf. »Das sind Weibersachen«, sagte er; er würde die Melancholie dabei bekommen.

Der Krieg scheine ihn aber auch nicht lustig zu machen, wandte die kleine Base ein.

Lustig?, sagte Bernhard, nein, darauf sei es auch nicht abgelegt. Er müsse die Begierde in seiner Brust sättigen. Was für eine Begierde das sei? Die evangelische Kirche und das deutsche Vaterland frei und groß zu machen. Ob sie das denn gar nicht verstehen könne?

Ja, ja, ja, rief sie, sie könne es ja verstehen. Aber sie sähe doch und hörte es auch von anderen, dass vor dem Kriege alles viel besser gewesen sei.

Eben jene glückliche Zeit wolle er wiederbringen, wo das Deutsche Reich geehrt und gefürchtet gewesen sei. Wenn er jetzt das Schwert einsteckte, würden Tyrannei und Falschheit das ganze Reich und vielleicht alle Welt verschlingen. Jetzt sei es aber Zeit zum Gottesdienst, wenn der vorüber sei, wolle er ihr alles besser erklären.

So möchte er wenigstens, sagte sie, sich zärtlich an ihn schmiegend, so lange in Weimar bleiben, bis der Winter ganz vergangen sei; so viel verstehe sie auch, dass es noch zu früh zur Kampagne sei.

Wenn es sich tun ließe, sagte Bernhard, wolle er ihren Wunsch erfüllen, Das wisse sie ja wohl, dass er immerdar bei ihr bleiben würde, wenn die Zeit nicht so ernst und gefährlich wäre und seiner bedürfte.

Es kam jedoch während des Gottesdienstes ein Bote, der meldete, dass Aldringen Straubing an der Donau erobert habe, wodurch Bernhards eben gefasster Entschluss umgeworfen wurde. Hatte zunächst auch Aldringen seine Quartiere wieder bezogen, so war doch klar, dass seine Absicht auf Regensburg ging, den kostbaren Gewinn des vergangenen Jahres, der um jeden Preis festgehalten werden musste. Ohnedies hatte man sich denken können, dass der Kaiser sich die Wiedereroberung dieses wichtigen Platzes sehr würde angelegen sein lassen wie dass er sich stark angreifen würde, um seinem Sohne Siegeslorbeeren zuzuwenden, die bewiesen, dass er mehr als Wallenstein vermöchte.

Dem hatte er, Bernhard, nicht viel mehr entgegenzusetzen als seinen Kriegsverstand und seine Tapferkeit. Glücklicherweise hatte Arnim, mit dem er vor einigen Tagen zusammengetroffen war, sich über die Maßen kriegslustig angestellt und erzählt, er habe seinem Kurfürsten rundheraus erklärt, zu Friedenstraktaten lasse er sich nicht mehr gebrauchen, nachdem es mit Wallenstein so übel ausgelaufen sei. Ganz ohne Nutzen habe er dabei seine Reputation eingebüßt und injuriöse Verleumdungen von allen Seiten verschlucken müssen. An den Einfall in Böhmen, hatte er gesagt, sei nun nicht mehr zu denken, anstatt dessen sich erboten, bei der Erhaltung Regensburgs zu konkurrieren.

Die Sorge um Regensburg bewegte Bernhard so sehr, dass der Abschied von der kleinen Base trockener ausfiel, als sie erwartet hatte. Nachdem er während kurzer Zeit eines wohltätigen Friedens in seinem Inneren genossen hatte, begann es wieder zu wurmen und zu wühlen. Er ahnte die Schwierigkeiten, die Horn ihm bereiten würde, ohne den er doch nichts verrichten konnte. Hatte er jemals Hilfe von diesem ihm wider seinen Willen aufgeschnallten Gefährten gehabt? Was tat denn Horn? Womit verbrachte er die Zeit? Er nahm hie und da ein Plätzchen ein, das hernach mit einer Besatzung versehen werden musste, und zehrte, ohne Ertrag zu bringen. Zur Belohnung solcher Großtaten verpflegte er seine Armee im reichen Schwabenlande, während seine, Bernhards, Soldaten, die gearbeitet und etwas ausgerichtet hatten, in ausgesogenen Quartieren darbten. Wenigstens das wollte er jetzt durchsetzen, dass auch sein Heer sich in Schwaben erhalte. Oxenstierna und sein Schwiegersohn Horn sahen ihn nicht gern mächtig und wollten deshalb sein Heer, seine Waffe, schwächen; ihre böse Absicht zunichte zu machen, schien ihm sein Recht, ja seine Pflicht zu sein.

In Ulm, wo Bernhard und Horn sich trafen, kam es zwischen diesen beiden Feldherren zu einem Zusammenstoß.

Er habe sich in höchster Eile aufgemacht, den Herzog um eine Erklärung zu bitten, sagte Horn; wieso der Herzog gleichsam überfallsweise Schwaben überziehe, das ihm, Horn, zum Quartier angewiesen sei?

Schwaben sei noch wohl imstande, sie beide zu ernähren, sagte Bernhard kurz.

Mit dem sorglich geschonten Vorrat würde es nun bald ein Ende haben, entgegnete Horn. Er habe alles gut eingeteilt gehabt, sodass das Land und die Truppen, beide, zufrieden gewesen wären. Auf einmal liefen Klagen über Klagen ein: dies und jenes Bataillon habe seine Lieferungen nicht bekommen, weil die Weimaraner sie an sich gezogen hätten, dies und jenes Dorf solle auf einmal das Doppelte aufbringen, hie und da murre man über Einquartierung, die sich aufdränge, nachdem eben die letzte aufgebrochen sei.

Bei Horns Rede, sagte Bernhard, komme es ihm vor, als sei er in Feindesland.

Wenn Bernhard Schwaben für Feindesland gehalten hätte, erwiderte Horn, hätte er es wohl gemieden.

Wenn Bernhard die spitze, ein wenig aufgesträubte Nase Horns, seine nackten, nörgelnden Augen, seine ganze fröstelnde, herbe Erscheinung ansah, fasste ihn ein solcher Widerwillen, dass er sich schnell abwandte, um das unleidliche Gespenst nicht anzufallen und zu würgen. Als hätte ihn ein böser Geist damit verflucht, versperrte er ihm den Weg oder zerrte ihn rückwärts, wenn er vorwärts wollte; er saß auf seiner Brust und sog sein Blut, während er ihn mit hungrigen Augen anstarrte und zu bannen suchte.

Sie wollten jetzt klar und deutsch miteinander reden, begann er, seine Stimme stärker erhebend, den Blick in eine andere Ecke gerichtet. In Franken könne er sich nicht erhalten; mit der Daumschraube ließen sich da noch ein paar Tropfen auspressen, aber was hülfe das? Man würde das Land zugrunde richten, ohne sich selbst zu nützen. Da er sein Heer nicht verhungern lassen wollte, hätte er es nach Schwaben führen müssen, wo Überfluss sei. Wenn Oxenstierna und Horn es ihm wehrten, so schienen sie seinen Untergang zu wünschen. Ob das der Fall sei? Er wolle es wissen.

Indem der Herzog die Sachen so auf die Spitze triebe, sagte Horn, verwirre er sie nur mehr. Er, Horn, gönne persönlich dem Herzog alles Gute; aber wolle man sich nicht in Grund und Boden ruinieren, so müsse beim Kriegswesen eine gewisse Ordnung herrschen. Wie die Quartiere einmal verteilt wären, so müsse man damit auszukommen suchen, sonst hätte zuletzt keiner mehr etwas.

Wenn die Verteilung so sei, dass einer dabei krepieren müsste, so protestiere er dagegen, sagte Bernhard.

Er solle nach Frankfurt gehen und bei Oxenstierna protestieren, der die Leitung des Kriegswesens in Händen habe, antwortete Horn kalt.

Wie das Schiedsgericht in Frankfurt ausfiele, rief Bernhard, außer sich vor Wut, wisse er zum Voraus. Verflucht solle der Augenblick sein, wo er, ein freier deutscher Reichsfürst, sich selbst Fesseln angelegt habe; aber er könne sie auch wieder zerreißen. Die sollten es büßen, die ihn für einen hungrigen Söldner nähmen, der sich schindete, um seine Brotgeber groß zu machen. Möchte immerhin Regensburg verloren gehn, möchte der Kaiser Schwaben überziehn, nach Frankfurt gehn und die Schweden ins Meer jagen; wie sie ihn in der Not verließen, so wolle er ihrem Untergang mit gekreuzten Armen zusehn.

Trotzdem reiste Bernhard am Ende nach Frankfurt, um seine Klagen und Vorwürfe gegen Oxenstierna zu wiederholen, womit er freilich nicht zum gewünschten Ziele kam. Wenn auch mit artigen Worten, entschied Oxenstierna doch dahin, dass Horn die Quartiere betreffend im Rechte sei; ohnehin sei es jetzt Zeit, den Feldzug zu beginnen und für Regensburgs Erhaltung Sorge zu tragen.

Nun betonte Bernhard, um diese Aufgabe zu lösen, müsse er frei über sein Heer verfügen können. Nur dadurch, dass er Generalissimus gewesen sei, hätte Gustav Adolf so große Taten verrichten können; ebenso Wallenstein; er würde sich vergeblich verbluten, wenn er niemals seine ganze Kraft ungehemmt gebrauchen könnte.

Zu Lebzeiten der verstorbenen Majestät, erinnerte Oxenstierna spöttisch, habe Bernhard die Obergewalt des Königs vielfach ungern verspürt.

Das sei ihm wohl bewusst, sagte Bernhard dunkel errötend; es habe dazumal politische Diffikultäten gegeben; jetzt handle es sich nur darum, den gemeinsamen Feind zu besiegen.

Ausweichend versprach der Kanzler, Bernhard solle empfinden, wie eifrig er bestrebt sei, ihn zu sekundieren. Er werde alles Erdenkliche zur Erhaltung Regensburgs aufwenden und Horn anweisen, sich mit ihm, Bernhard, zu diesem Zweck zu konjungieren.

Einigen Trost fand der entrüstete Herzog in Nürnberg, wo der Rat ihn bereitwillig, wenn auch nicht ohne Wehmut, mit Proviant unterstützte. Ihr Haushalt befinde sich in abscheulicher Unordnung, sagte einer der Ratsherren vertraulich zu Bernhard, viele fürstliche Schuldner wären im Rückstande, und dem armen Untertan ließe sich auch nicht mehr viel auspressen. Sie hätten sich aber aus Liebe zum teuren Evangelium mit dem verstorbenen König von Schweden eingelassen und wollten nun auch ihr Äußerstes an Herzog Bernhard setzen, der jenem an Redlichkeit und Gottesfurcht gleiche und noch dazu deutscher Nation sei.

Bernhard sprach davon, wie große Stücke Gustav Adolf auf die Stadt Nürnberg gehalten und dass er oft gesagt habe, wenn alle seine Bundesgenossen im Reich vom Feinde bedroht wären, würde er Nürnberg vor allen zu retten suchen.

Der Ratsherr nickte trübe und sagte, Bernhard werde ihrer hoffentlich auch nicht vergessen, wenn sie angegriffen würden.

Sie wären die Einzigen, erwiderte Bernhard, bei denen er nie vergebens anklopfte, das werde er den Herren treu gedenken. In Frankfurt sei er, der allein noch Libertät und Evangelium verteidigte, wie ein lästiger Bettler behandelt worden. Wohin wäre die Liebe des Vaterlandes gekommen! Um das Ihre in Ruhe genießen zu können, verkauften sie das anvertraute Reich an Frankreich.

Auch ihnen habe das nicht gefallen wollen, sagte der Ratsherr. Ein anderes Ding sei es mit den Schweden gewesen, die das Evangelium in höchster Bedrängnis vor dem Papsttum gerettet hätten. Verhandelte man sich aber an den katholischen König von Frankreich, so sei zu fürchten, dass Gott das nicht ungestraft passieren ließe. Es könne doch kein Evangelischer das warnende Exempel der gräulichen Bartholomäusnacht und des stromweis vergossenen Heiligenbluts vergessen, noch sei zu glauben, dass derselbe König, der die Evangelischen im eigenen Lande grausam verfolge und noch dazu seit alters begehrlich nach dem Rheine schiele, es mit den armen Deutschen redlich meine. Sie wollten ihre Stimme in Frankfurt ernstlich gegen einen solchen Handel erheben und hätten auch ihre bundesverwandten Städte ermahnt, das Ihre zu tun, damit Philippsburg nicht übergeben würde.

Dergleichen fromme altdeutsche Gesinnung, sagte Bernhard, sei leider ausgestorben. Er setze aber seine Hoffnung auf Gott; wenn sie ausharrten und seine Gebote hielten, so werde er ihre Treue krönen, wenn möglich auf Erden, sonst aber in der Ewigkeit.

Mitten in der Nacht wurde der Bauer Jäcklin in das Zelt Herzog Bernhards bei Bopfingen geführt, der aus unruhigem Schlaf auffuhr. »Braver Mann«, rief der Herzog, dem Bauern die Hand reichend, »du gehst mir willkommen wie die Sonne auf.« Der Angeredete griff sich in die rötlichen Haare, die borstig um sein schlaues Gesicht starrten, und sagte, das möchte wohl die Sonne sein; als Bube sei er oft deswegen angespien worden. Bernhard lachte nicht und fragte nach Jäcklins Neuigkeiten; aber zuvor solle er sich Brot und Wein reichen lassen und sich erquicken. Der Bauer bedankte sich, die Soldaten hätten ihn schon reichlich versehen, auch gelüste es ihn nicht, wenn er der Not in der Stadt Nördlingen gedenke. Ob es denn gar so arg sei?, fragte Bernhard.

Ärger könne es kaum noch werden, berichtete der Bauer. Die Stadt sei ja nicht groß, die Häuser steckten voll Menschen, da sie außer der Besatzung auch das Landvolk aus der Umgegend hätte aufnehmen müssen. Wo sollte das Brot für so viele Mäuler herkommen? Seit ein paar Tagen tobe die Pest. Da vergehe einem der Mut, wenn der Hunger am Tisch säße und der Tod am Bett. Auch habe das Vertrauen auf den Herzog ein wenig abgenommen.

Es sei nicht seine Schuld, beteuerte Bernhard, dass er Nördlingen noch nicht entsetzt hätte. Jäcklin solle das dem Kommandanten sowie den Herren vom Rat ernstlich ans Herz legen. Er sei seines Versprechens eingedenk, das er der treuen Stadt gegeben habe, und wolle es halten oder sterben. Tag für Tag habe er Boten ausgeschickt an den Feldmarschall Kratz und an den Rheingrafen Otto Ludwig, sie sollten sich eilen; sowie sie in Sicht wären, werde er aufbrechen. Ohne diese Verstärkung könne er's nicht wagen. Wie es im feindlichen Lager aussähe?

Die Spanischen wären jetzt angelangt, erzählte Jäcklin, und es sei großes Feiern und Jubeln im Lager gewesen. Da fehle es nicht an allem Guten. Sie hätten wohl schon längst gestürmt, wenn sie nicht die Ankunft der Spanischen hätten erwarten wollen.

Bernhard setzte sich auf sein niedriges Bett und stützte den Kopf in die Hand. Ob die Stadt mit dem Kommandanten zufrieden sei?, erkundigte er sich.

Ja, der Döbitz, sagte der Bauer, sei ein rechter Mann, immer wach und munter, stärke die Verzagten mit fröhlichen, frommen Worten und ermahne sie auch, an des Herzogs fürstlichem Wort nicht zu zweifeln: er, der Herzog, gäbe Treue für Treue. Wahrhaftig, das wolle er gewiss tun, rief Bernhard aufspringend, in drei Tagen wolle er aufbrechen, es sei gesagt und geschworen, er werde nicht davon wanken. Er sei ja der Stadt so nah, dass sie sich durch Zeichen verständigen könnten; wenn es mit ihrer Kraft am Letzten sei, so sollten sie Feuer am Sankt-Georgen-Turm aushängen, dann würde er wissen, dass eilige Hilfe not sei.

Den Bauer begleitend, der sich nicht lange aufhalten wollte, trat der Herzog mit ihm aus dem Zelte. Die Wachtfeuer waren erloschen, weithin erstreckte sich das dunkle Lager und darüber hinaus der zackige Wald. Trübe schien der abnehmende Mond durch ein schwarzes Wolkengitter und blinkte aus den Sümpfen und schmalen Gräben wider, die zwischen den hügeligen Feldern standen. »Die Nacht ist dunkel«, sagte Bernhard, »das wird dir zugute kommen.« Wenn er sich durchs feindliche Lager schleiche, sagte der Bauer, sich den Kopf krauend, werde ihm allemal ein wenig heiß; denn wenn sie ihn fingen, würden sie sich nicht begnügen, ihn zu erschießen, sondern ihn schinden und spießen. Er gedenke jedoch die Teufel zu überlisten, übrigens gehe ja alles vorüber, und um ihn sei es nicht schade, nur um die Stadt würde es ihm leid tun, dass sie ihn vergebens erwartete.

»Gott wird mit dir sein«, sagte Herzog Bernhard. Und wenn er glücklich angelangt sei, solle er ein Zeichen vom Kirchturm geben, damit er, der Herzog, wisse, dass seine Botschaft ausgerichtet sei.

Wenn er es aber für das Notzeichen hielte?, wendete der Bauer ein. Sie wollten ein zweifaches Zeichen verabreden, sagte Bernhard. Feuer auf der Turmspitze solle Jäcklins Ankunft melden, fiele aber Feuer vom Turm herab, dann wolle er aufbrechen.

»Gnädiger Herr, vergessen Sie unser nicht!«, sagte der Bauer, indem er dem Herzog die Hand bot. Dieser ergriff und drückte sie fest. »Nein, so wahr mir Gott helfe!«, sagte er.

In der nächsten Nacht schon erschien das Notzeichen auf dem Sankt-Georgen-Turme und ebenso in der darauf folgenden; es flammte warnend und zitternd, so war es Herzog Bernhard, über dem Abgrunde, der sich aufgetan hatte, um ein Grab zu werden, tropfte hinunter und war im nächsten Augenblick verschwunden. Vor Tagesanbruch versammelte sich der Kriegsrat in des Herzogs Zelte, dem er die Lage auseinandersetzte. Nördlingen könne sich nicht mehr halten, und mit ihm würde der Feind den Weg ins Schwabenland gewinnen, das bisher die Kornkammer des evangelischen Heeres gewesen sei; also müsse es um jeden Preis entsetzt werden.

Wenn man es retten könnte, so müsste man es freilich, entgegnete Horn; er halte aber dafür, man könne es nicht, weil man dem Feinde nicht gewachsen sei.

Das sei Gott geklagt, rief Bernhard, dass keine Hand sich rühre, um das Verderben abzuwehren. Ein jeder wolle nur das tun, was ihm bequem und gelegen sei. Was liege jetzt daran, ob Rheinfelden erobert werde! Hier müsse es sich entscheiden, ob Deutschland spanisch würde. Auf alles Rufen, Schreien und Bitten habe der Rheingraf mit leeren Vertröstungen geantwortet.

Er sei ja jetzt unterwegs, sagte Horn, in ein paar Tagen könne er da sein; bis dahin müsse man aber warten.

Inzwischen werde Nördlingen über sein, sagte Bernhard, sie hätten es ja mit Regensburg erlebt. Er möchte ungern den kaum verwundenen Jammer aufrühren, tue es nur, dass man wenigstens daraus lernte. Wie hätte er in Landshut zum Aufbruch gedrängt!

Als sie sich dann endlich in Bewegung gesetzt hätten, wäre ihnen die Schreckenskunde schon entgegengekommen.

Man müsse sich nach den Umständen richten, bemerkte Horn kühl; wolle man etwas erzwingen, verderbe man alles. Darum sei er gegen die Schlacht, ließe sich aber der Feind ein, solle man ihn im Württembergischen zu fassen suchen.

Was das bedeuten solle?, rief Bernhard, sich mehr und mehr ereifernd. Ob eine Schlacht dort weniger Schlacht sei? Es handle sich darum, Nördlingen zu entsetzen, dazu müsse geraten werden.

Jeder rate nach seinem Gewissen, erwiderte Horn ruhig. Er halte dafür, es liege mehr an der Konservation des Heeres als an der Konservation einer Stadt. Ginge Nördlingen über und sie hätten das Heer noch, so sei nicht alles verloren. Büßte man aber das ein, so fielen der evangelische Bund und das Evangelium miteinander. Es handle sich darum, ob man lieber alles aufs Spiel setzen oder einen Teil verlieren wolle.

»Es handelt sich um meine Ehre!«, schrie Bernhard außer sich, »um mein fürstliches Wort, das ich verpfändet habe.« Er habe die Stadt Nördlingen zum Widerstand aufgemahnt, indem er ihr gewissen Entsatz versprochen habe, und sie habe ihm geglaubt, geharrt und geduldet. Er wollte lieber tausendmal den Tod leiden, ehe er diesen guten Leuten, die ihm vertrauten, meineidig würde. Sollte man künftig im Reich von ihm sagen, er habe sein Fürstenwort wie einen falschen Pfennig ausgespielt? Horn wolle ihm die Ehre nehmen, seinen Namen zu Spott und Schimpf werden lassen. Er warf sich bei diesen Worten auf sein Bett und brach in Tränen aus, sodass sein Körper vom Schluchzen sichtbar erschüttert wurde.

Niemand sei über Vermögen verpflichtet, sagte Horn endlich, das allgemeine Stillschweigen unterbrechend; so heiße es nach jenem lateinischen Spruche: Ultra posse nemo obligatur.

»Wer sagt denn, dass wir nicht können?«, schluchzte Bernhard. »Das sind Spitzfindigkeiten, um Nichtwollen oder Feigheit zu bemänteln.«

Über Horns bleiches Gesicht flog ein flüchtiges Erröten. Er habe öfters, sagte er, einen solchen Vorwurf erleiden müssen, den allzu Hitzige ihm hernach abgebeten hätten, wenn es zu spät gewesen sei. Er habe gesagt, was seine beste Einsicht ihm auferlegt hätte, nun wasche er seine Hände wie Pilatus. Der Herzog habe es gewollt.

Bernhard atmete auf und dankte. Die Kratzischen und rheingräflichen Truppen, sagte er, würden vielleicht unter Tages noch zu ihnen stoßen, wenigstens teilweise. Und warum sollten sie nicht Glück haben? In einer Feldschlacht müsse man etwas auch dem Glück überlassen, man könne nicht alles berechnen. Der Herr der Schlachten sei Gott.

Unter dem Geläute der Kirchenglocken wanderten die Tübinger langsamen Schrittes der Kirche zu. Mit festlicher Gelassenheit wiegten sich die Vögel über den spielenden Hügeln und führten höher droben schneeweiße Wolken ihre Verwandlungen auf. Eine dick aufgeblasene, die von vielen kleinen, federleichten umschart war, glich einer Glucke mit ihrem Kindervolke, unvermerkt aber formte sie sich zu einem gescheiterten Schiff um, das an der Küste lag und zu dessen Fuße das besänftigte Meer glitzerte.

Unterdessen ließ sich der Hofprediger Osiander in der Sakristei mit Mütze, Kragen und Talar bekleiden, bestieg, als die Kirche sich gefüllt hatte, die Kanzel, stand eine Weile mit geschlossenen Augen und betete in sich hinein, beugte sich über die Kanzel und musterte seine Gemeinde, ob sie vollständig wäre, und begann seine Predigt.

Es werde wohl allen bekannt sein, sagte er, wie dass sich an der Donau
große Heere sammelten und ihren brüllenden Rachen aufrissen, um einander zu verschlingen. Es könne niemand das Ende voraussehen, obwohl zu hoffen stände, dass der Herr den Seinigen Sieg verliehe; täte er
es aber nicht und gäbe er das bisher gnädig verschonte Schwabenland
dem Kriegsgräuel preis, so wäre das eine Folge der überhandnehmenden
Ketzerei, die Gott veranlasste, Schwaben durch eine nochmals ausbre-
chende Sündflut zu säubern oder denn gänzlich zu vertilgen. Es wären
nämlich gewisse basiliskische Pfarrer in Schwaben, die er nicht nennen
wollte, die Bücher ausgehen ließen, in denen sie behaupteten, dem Af-
fendoktor von Braunschweig, Hornejus, ließen sich siebzehn Irrtümer
nachweisen, während er, Osiander, ihm einhundertneunundzwanzig
Irrtümer nachgewiesen hätte, von denen jeder eine pestilenzialische,
galgenwürdige Ketzerei wäre. Wenn das braunschweigische Hornvieh
nichts als die Satanslehre von der Notwendigkeit der guten Werke von
sich gegeben hätte, so hätte er sich schon dadurch als zu der elenden
Rotte der Majoristen gehörig erwiesen, und die gewissen schwäbischen
Basiliskenpfaffen, die ihn nicht ganz und gar verdammten, machten sich
allen seinen Ketzereien teilhaftig. Er wolle nun, damit jedermann sich
vor der ansteckenden Pestilenz hüten könne, die einhundertneunundzwanzig Irrtümer verlesen, die das braunschweigische mameluckische
Hornvieh ausgeheckt hätte.

Erstens habe er gesagt, die guten Werke seien zur Seligkeit notwendig.

Zweitens, die bösen Werke seien zur Seligkeit nicht notwendig.

Drittens, man könne dem Glauben durch fleißiges Lesen in der Bibel
eine Stätte bereiten.

Viertens, man könne auch sonst der Gnade ein ganz klein wenig entgegenkommen, sei es auch nur, indem man sie sehnlich erhoffte.

Fünftens, Gott könne auch ohne die Mitwirkung Christi die Seligkeit
in einem erwirken.

Sechstens, Christus sei Gott nicht in allen Punkten gleich, denn da er
der Sohn sei, könne er nicht zugleich der Vater sein.

An dieser Stelle unterbrach sich Osiander, von Entrüstung überwältigt,
und rief aus: hier habe sich das braunschweigische Hornvieh verraten,
hier scheine der hässliche Teufelshuf hervor, woran man den hinkenden
Satan zum Scheiterhaufen schleifen könnte. Warum könne denn Chris-

tus der Sohn nicht zugleich der Vater sein? Er wisse die ketzerische Antwort wohl: weil das im Lichte der Vernunft nicht sein könne. Also der Vernunft wolle das Listenmaul sich gebrauchen, der läppischen, schändlichen, trüglichen und in Grund verdorbenen Vernunft! Da habe er dem verfluchten Pelagianer und Sozinianer, dem durch Arnd verführten luziferischen Schalk die Larve abgerissen, dass die alte Ketzerfratze herausschielte! Aber er, Osiander, wolle es noch dahin bringen, dass er seine giftgeschwollene Vernunft selber verfluchen müsse, wie der Skorpion sich selbst beim Schwanze auffräße.

»Ei, willst du endlich schweigen, boshafter Pfaffe!«, unterbrach in diesem Augenblick den Prediger eine helle Stimme, »wenn du Hass und Hader aussäen willst, anstatt Gottes Wort auszulegen, so gibt es Leute, dir das geifernde Maul zu stopfen.«

Dem Prediger blieb vor Erstaunen die Entgegnung in der Kehle stecken, er beugte sich über die Kanzel, und sein Blick durchlief die Reihen, bis er den Angreifer gefunden hatte, der, halb soldatisch, halb vagabundenmäßig gekleidet, ein großes samtenes Barett auf dem Kopfe, sprungbereit dasaß und herausfordernd zu dem Pfarrer hinaufsah. »Du bist es, Giftheil rief dieser. »So dankst du es mir, du Teufelszunge, du stachliges Unkraut, dass ich dich zu lange habe wuchern lassen. Schämst du dich nicht, in einer christlich evangelischen Kirche Gott zu lästern?« »Was Kirche!«, rief der Mann. »Eine Kirche ist ein Haufen Steine und mitunter ein Babelturm, wo lateinisches Gemurmel und ungesäuertes Gewäsch umgeht. Die wahre Kirche Gottes ist in einem demütigen, gotterfüllten Herzen, und solche Herzen sind bessere Priester als die dickbäuchigen Pfaffen, die Bibelverse und aristotelische Paragrafen im Maule, aber Eitelkeit und höllische Finsternis in der Brust haben. Ja, ich glaube es wohl, dass die mummelnden Hamster nichts von guten Werken hören wollen, die lieber hinter dem Ofen sitzen, ihr Fleisch weiden und den Nachbarn verlästern als einen heiligen Wandel führen.«

Das sei aus dem Paradiesgärtlein!, rief Osiander. Von Arnd sei Giftheil verführt, Arnd sei der Ohrenbläser, der ihn auf den breiten Lasterpfad gelockt habe. Aber es sei ja bekannt, wohin der führe.

Verdammt wolle er sein, antwortete Giftheil, wenn er den teuren Gottesmann Arnd von einem fledermäusischen Baalspfaffen schandieren lasse!

»Eine Sau aus dem Arndischen Paradiesschweinestall bist du!«, rief Osiander.

Freilich habe er Arnds Paradiesgärtlein gelesen, sagte Giftheil, und rühme sich dessen und glaube auch, dass ein Engel es dem seligen Arnd eingeblasen habe.

Engel?, rief Osiander. Die lose Scharteke verrate ihre Abkunft durch den Mistgestank, der von ihr ausgehe.

Jetzt vermochte Giftheil nicht mehr an sich zu halten, bahnte sich mit Armen und Beinen einen Weg durch die erschrockene Gemeinde, sprang in ein paar Sätzen die Kanzeltreppe hinauf, zog einen kurzen Säbel, den er im Gurte trug, aus der Scheide und schwang ihn drohend in der Luft, indem er fragte, ob Osiander jetzt das Maul halten wollte? Sonst müsse er herunter von der Kanzel und heraus aus der Kirche.

Osiander verlor die Geistesgegenwart nicht, sondern ergriff schnell die große Bibel, breitete sie auseinander und hielt sie wie einen Schild vor sich, hinter dem er laut schimpfte, Giftheil sei ein Weigelianer, ein gottesleugnerischer, schwärmerischer, schwenkfeldischer, ausbündischer Enthusiast!

Unten im Schiff lief mittlerweile alles durcheinander; einige Studenten, die gleichfalls bewaffnet waren, umringten Giftheil, wanden ihm den Säbel aus der Hand und rissen ihn von der Kanzel herunter.

Voll Genugtuung sah Osiander dem unten sich fortsetzenden Kampfe zu, wie Giftheil sich tobend seiner Gegner zu erwehren suchte, zuletzt überwältigt wurde und keuchend und schnaufend, übel zugerichtet, mit gebundenen Händen dastand. Ausrichten könnten sie doch nichts gegen ihn, rief er, und wenn sie ihn in die Erde grüben und ihm die Zunge ausrissen, er werde doch die Wahrheit verkünden; denn der Heilige Geist sei bei ihm.

»Ja, der Teufel ist bei dir!«, rief Osiander, die Faust gegen ihn schüttelnd.

»Du Moloch und Bauchgötz!«, rief Giftheil, »es gibt keine Teufel als die Menschen, die ihre Nächsten plagen, und du bist der oberste von ihnen, ein spanischer, giftspuckender Teufel; aber ich werde nicht ruhen, bis ich die Erde von dir und deinesgleichen befreit habe, und sollte ich Blut eimerweise vergießen.«

»Du liederlicher Atheist«, entgegnete Osiander, »du faselnder Pfingstvogel! Narren deinesgleichen geben keine Ruhe, bis sie mit Hans Galgenbein tanzen müssen!«

»Ja, ein Narr bin ich«, erwiderte Giftheil, »und werde im Narrenhütlein zur Rechten Gottes sitzen und deinen stinkenden, schwefligen Wanst in der Hölle brutzeln sehen.«

Das Gelass, wo Giftheil vom Rat der Stadt verwahrt wurde, um sein Urteil zu erwarten, ging auf die Straße, welchen Umstand der Gefangene benützte, um durch das Fenster die Vorübergehenden anzurufen, er sei ein Narr Gottes, und Gott habe ihm, dem Narren, ein Schwert gegeben, um den Sündengräuel auszurotten, und es wäre so viel Bosheit und Tyrannei auf Erden, dass er nicht feiern dürfe. Es liefen infolgedessen viele Leute zusammen, die zuhörten und Beifall riefen, und dieser und jener ließ sich auch in Disputationen über gewisse Punkte mit ihm ein, zu denen er herausforderte, zum Beispiel darüber, dass das blutdürstige Regiment des Adlers ein Gräuel vor Gott und den Menschen sei, dass nicht alle, die das Wort hätten, auch die Gnade hörten und dass gewisse Pfaffen nicht den wahren Gott, sondern einen Baalsgott, Leviathan und Brüllochsen anbeteten.

Die Geistlichkeit, Osiander an der Spitze, bezeichneten es als hochgefährlich, dass auf diese Weise die Arndsche Schwärmerei auf die Straße gesät würde, und der Rat verstand sich dazu, Giftheil so unterzubringen, dass er keinerlei Verkehr nach außen anspinnen konnte. Hingegen versahen sie ihn auf seine Bitte mit Schreibzeug, wodurch er in den Stand gesetzt wurde, Mahnschreiben an verschiedene Potentaten wegen ihrer Irrtümer und Verbrechen zu verfassen; eins an den Kaiser, er solle sein herodisches Wüten und jesuitisches Morden endlich unterlassen, und ein anderes an den Kurfürsten von Sachsen, er solle sich nicht einbilden, dass Gott sein verfluchtes Buhlen mit der babylonischen Hure unbestraft lassen werde.

Dem Rat kamen diese Manifeste, die auch in Druck ausgingen, im Grunde trefflich und beherzigenswert vor, und da er ohnehin den Prätentionen der Geistlichkeit zu trotzen liebte, beeilte er sich in der Sache des Malefikanten nicht, sondern erklärte dem ungeduldigen Osiander, die liebe Gerechtigkeit sei keine junge Geiß, die Sprünge mache und sich überschlage, sondern müsse Schritt vor Schritt wie ein Maulesel traben. Als bald darauf das kaiserliche Heer Schwaben überzog und alle öffentlichen Verhältnisse auflöste, konnte Giftheil unbemerkt entweichen, und seine Angelegenheit geriet über dem allgemeinen Unheil in Vergessenheit.

König Ferdinand von Ungarn wollte von strenger Bestrafung der Städte Regensburg und Nördlingen nichts wissen, nach altkaiserlichem Grundsatze die Städte im Reich als seine Stütze schonend und schirmend; der olympischen Natur des Kaisers, sagte er, stehe die Rache nicht an, was zu ihm gehöre, trete sofort in den Lichtkreis der Gnade. Hingegen sollte sein Blitz das feindliche Heer treffen, das nach der unglücklichen Schlacht aufgelöst, des einen seiner Feldherren, nämlich des gefangenen Horn, beraubt, durch stramme Verfolgung leicht hätte gänzlich vernichtet werden können, Allein der Kardinalinfant von Spanien glaubte die verwandtschaftliche Pflicht damit erfüllt zu haben, dass er durch sein Erscheinen dem österreichischen Vetter zum Sieg verholfen hatte. In einer Hinsicht war es Ferdinand zufrieden, seine Lorbeeren nicht länger mit dem Kardinalinfanten teilen zu müssen, und er begnügte sich, das feindliche Gebiet nach allen Seiten mit seinen Truppen zu überschwemmen. Zunächst wurde Schwaben betroffen, dessen junger Herzog Eberhard nach Straßburg entfloh und sich unter französischen Schutz stellte.

Von den Soldaten, die Tübingen einnahmen, fiel ein kleiner Trupp in das Haus des Professors Schickard ein, wo sich zurzeit nur seine Mutter, seine Schwester und sein kleiner Sohn befanden, während er selbst mit mehreren Kollegen in der Universität war, um Schutzwachen für dieselbe wie für den ganzen Lehrkörper zu erwirken. Die Tochter hatte der Mutter vorgeschlagen, als der Lärm in die Straße drang, sie wollten sich irgendwo, im Keller oder unter dem Dache, verbergen; allein die alte Frau erwiderte, sie habe keine Furcht, da sie in Gottes Hand stehe, und getraue sich, mit den Männern fertig zu werden; es würden ja keine Teufel sein. Das erste war, dass die Leute Wein verlangten, den die Mutter ihrer Tochter aus dem Keller zu holen befahl; allein jene rissen ihr die Schlüssel aus der Hand, zapften ihn selbst und tranken. Ein wenig berauscht, begannen sie Truhen und Kästen zu öffnen, Kleider und Kostbarkeiten herauszureißen und in Bündel zu packen, endlich drangen sie in das Arbeitszimmer des Professors und wühlten unter seinen Büchern. Die Frau, die bis dahin, die Tochter an der einen, den Enkel an der anderen Hand haltend, ruhig zugesehen hatte, trat jetzt auf die Soldaten zu mit den Worten, das wären die Bücher ihres Sohnes, des Professors, die dürften sie nicht anrühren. Einer der Soldaten herrschte sie an, sie solle schweigen, sie könnten ihr auch das Dach über dem Kopfe anzünden.

»Was hättet ihr davon?«, sagte die Frau, »und was habt ihr davon, diese Bücher zu zerreißen? Für euch sind sie wertlos; aber mein Sohn bedarf ihrer zur Arbeit.« Die Soldaten waren im Begriff, ihr nachzugeben, als einer rief, es wären ketzerische Bücher und verdienten verbrannt zu werden; wobei er mehrere ergriff, auseinanderriss, zu Boden warf und mit Füßen trat.

»Pfui!«, rief die Alte, »den Wein mögt ihr verschütten und die Kleider zerreißen; aber wenn ihr das edle Geisteswort schändet, seid ihr Heiden und Mamelucken vergleichbar.«

Diese Anrede erregte die Wut der Soldaten, und sie packten sie an, um sie von den Bücherregalen, vor die sie sich wie zum Schutz gestellt hatte, wegzureißen. Dabei wurde sie verwundet, dass das Blut über ihre Hände lief, worüber der Kleine, der an ihrem Rocke hing, in ein Jammergeschrei ausbrach. Sie bückte sich zu ihm herab und flüsterte ihm zu, er solle sich im Dachboden verstecken, dagegen suchten er und ihre Tochter sie fortzuziehen. Mittlerweile schalten die Soldaten auf sie los, sie sei eine verfluchte ketzerische Hexe, glaube nicht an Gott und müsse hin werden. »Wenn ich nicht an Gott glaubte«, vereidigte sie sich, »so wäre ich vor euch davongelaufen; aber ich fürchte mich nicht, weil ich weiß, dass Gott über euch und über mir ist.« Einer zog ein Muttergottesbild aus der Tasche und hielt es ihr hin: wenn sie ihr Leben erhalten wolle, so solle sie das Bild anbeten. Sie schüttelte den Kopf und sagte, nein, das könne sie nicht; sie verehre die Mutter des Herrn, aber sie bete nur Gott an. Nun fielen die Soldaten, mit Gewehrkolben schlagend und mit Messern stechend, über sie her; auch ihre Tochter, die sich dazwischenwerfen wollte, wurde verletzt, indes der Kleine, um den Vater zur Hilfe zu holen, davonlief. Er traf ihn auf der Straße, sich einen Weg durch das Getümmel bahnend, und trieb ihn zu verdoppelter Eile an; im Hause, das die Plünderer inzwischen verlassen hatten, fanden sie die beiden Frauen anscheinend leblos zwischen den Büchern am Boden liegen.

Es zeigte sich, dass die Wunden, die Schickards Schwester empfangen hatte, nicht tödlich waren; aber für die alte Frau war keine Hoffnung. Wenn sie zuweilen zum Bewusstsein kam und ihren Sohn an ihrem Bette sitzen sah, den kummervollen Blick auf sie gerichtet, suchte sie ihn mit leiser Stimme zu trösten und ermahnte ihn, sich als ein Christ in den Willen Gottes zu ergeben. »Zu sterben bin ich bereit«, entgegnete er,

»aber kann ein Baum grünen ohne Erde für seine Wurzeln? Meine Mutter war meine Erde, mein Luft und Licht, mein Tau und Regen.«

Dreißig Jahre lang, sagte die alte Frau träumerisch, sei sie nun Witwe und habe täglich ihr Herz stark gemacht, um ihren Kindern Vater und Mutter zu sein; nun dürfe sie ruhen. Nun sei es an ihren Kindern, festzustehen und weiterzukämpfen, bis Gott auch sie abriefe. Sie sollten seinen kleinen mutterlosen Sohn zu einem frommen, tapferen, redlichen Mann erziehen, damit sie einst alle in Gott vereinigt würden.

»Es wird kein Glück und Stern bei mir sein ohne meine Mutter«, sagte Schickard traurig.

Nachdem die Ordnung in der eroberten Stadt ein wenig wieder hergestellt war, kamen die Freunde der Familie und berichteten ein jeder von seinem Jammer. Was die Professoren besonders bewegte, war das Verhalten ihres Kollegen, des berühmten Rechtsgelehrten Besold, der sich dem Sieger zur Verfügung gestellt hatte mit der Erklärung, dass er bereits vor fünf Jahren heimlich zur katholischen Kirche übergetreten sei. Jahrelang hatte der Abtrünnige sie mit der Miene des Freundes betrogen, hatte jahrelang schelmisch die Früchte seines durch Lug und Trug bewahrten Amtes eingeheimst. Ein Spion und Wolf im Schafspelz war der scharfsinnige, gesellige und sanfte Mann geworden und frohlockte wohl nun mit den blutigen Eroberern über den Fall seines Vaterlandes.

Im Kampfe mit dem Teufel, sagte Schickards Mutter schwach aus ihren Kissen hervor, komme es darauf an, dass man ihm von Anfang an das Ohr verschließe. Lasse man sich seine süßen Schmeichelreden einmal eingehen, so sei damit eine Schlinge umgeworfen, mit der man bald festgebunden sei; dann sei man Sklave und müsse dem Tyrannen in die Hölle folgen. Tag und Nacht müsse man gerüstet sein und, wenn man den buhlerischen Atem des Verführers spüre, sich ritterlich wehren. Dazu sei der unglückliche Besold wohl zu weichlich und schwach gewesen.

Gerade die feinen und gelehrten Geister, sagte Professor Lansius, würden oftmals durch die Sophismen und jesuitische Scheinweisheit des Teufels betört, weil ihrem im Tüfteln geübten Geist solche Kost schmeckte. Nur wenn einfältige Treue und Wahrheit dabei bliebe, sei Gott die Gelehrsamkeit wohlgefällig.

»Ja«, sagte die Alte, »wäre Eva nicht ein Leckermaul gewesen, so hätte sie nicht in das Äpflein der Schlange gebissen, desgleichen Adam.«

In das Gespräch hinein scholl plötzlich Glockengeläut wie die schaurig ahnungsvolle Stimme des gewitterschwülen Sommernachmittags. Es würden alle diejenigen begraben, erklärte Lansius der kranken Frau, die an dem unheilvollen Tage von den Soldaten umgebracht oder sonst verunglückt wären. Wegen der großen Anzahl der Toten und weil der Weg zum Friedhof vor dem Tore gefährlich wäre, würden sie ohne geistlichen Beistand in eine gemeinsame Grube gelegt.

Die Alte faltete ihre zitternden Hände und dankte Gott, dass er sie ein Weilchen länger leben lasse; so würde sie doch vielleicht ein Ruhebettlein für sich und ein Gebet erhalten.

Diese Hoffnung verwirklichte sich; denn als sie Ende September starb, konnte man wagen, zum ersten Male wieder eine Beerdigung in der herkömmlichen Weise vorzunehmen. Schickard, ihr Sohn, wurde dadurch nicht getröstet, kaum vermochte ihn das Zureden der Schwester, sich ein wenig zusammenzunehmen. Obwohl selbst noch krank an ihren Wunden, stand sie auf, um sich des Hauswesens anzunehmen, und ermahnte ihn, sie hätten von der Mutter gelernt, dass es unchristlich sei, sich der Verzweiflung hinzugeben, er solle auf den Kleinen sehen, der still mit gefalteten Händen im Winkel auf dem Bänklein sitze, die Augen voll Tränen, jedoch ohne zu klagen. Es sei eben heute der Tag, an dem sie vor dreißig Jahren den Vater verloren und den sie von jeher mit Gedanken an Gott und Gottes wunderbare Ratschläge gefeiert hätten. Sie wollten es jetzt ebenso machen und eingedenk sein, dass ihre Mutter, obwohl unsichtbar, in ihrer Mitte weile.

Schickard nahm sich die Worte der Schwester zu Herzen; aber nach wenigen Wochen erklärte er, das Elend nicht länger ertragen und den Übermut der papistischen Söldner nicht länger ansehen zu können, und verließ mit seinem Sohne Tübingen.

Der Prediger der Hauptkirche in Pirna hatte den Segen ausgeteilt, und die sonntäglich schwarz gekleidete Gemeinde strömte langsam aus dem geöffneten Tore in die Helligkeit des Septembertages. Blassgelbes Licht war wie Wein ergossen und dampfte und verschmolz die Häuser, Bäume und Menschen, dass sie wie ein fernes Bild in einem silbernen Zauberspiegel erschienen. Von den Kirchgängern, die paarweise unter halblauten

Gesprächen heimgingen, blieben einige vor dem Hause des Apothekers am Markte stehen, dessen Mauer durch einen Rosenstrauch überwuchert war, und wiesen auf eine Rose, die sie zwischen den Blättern entdeckt hatten; es war eine gefüllte Rose von der weißen Farbe, wie man sie an vergilbtem Atlas oder an weißen Kirchenfenstern sieht. Der Apotheker wunderte sich, dass er sie noch nicht wahrgenommen hätte, und erklärte es damit, dass der Strauch nicht zweimal zu blühen pflege, er ihn also nicht daraufhin beachtet hätte.

Allerdings sei es fast ein Wunder, setzte seine Frau hinzu, dass der Strauch um diese Jahreszeit eine Rose trüge, noch dazu von solcher Lieblichkeit, und sie möge nichts anderes sein als eine Botin Gottes, die den armen Menschen den Frieden verkündigen sollte.

Ja, sagte ein Nachbar, und damit stimme es auch zusammen, dass im gegenüberliegenden Hause der kaiserliche Gesandte sein Quartier habe, der mit dem Kurfürsten wegen des Friedens traktiere. Wenn er der Apotheker wäre, würde er ihm die Rose zum Geschenk anbieten, als ein Symbolum, durch welches er vielleicht zu verdoppeltem Eifer angetrieben würde.

Der Apotheker billigte den Einfall, zumal bei der Gesandtschaft gute fromme Leute zu sein schienen. In Dresden hätten die Trompeter sogar einen lutherischen Psalm zum Fenster hinausgeblasen, woran sich alle Umwohnenden sehr erbaut hätten. Hingegen wollte seine Frau nichts davon wissen, sondern meinte, man verjage auch die Schwalben nicht, die im Hause nisteten, wie viel weniger solle man sich dieses zugeflogenen Gastes aus dem Paradiese berauben. Da jedoch der Pfarrer, der inzwischen auch herangekommen war, die Ansicht äußerte, dass das Gemüt des kaiserlichen Gesandten, Grafen Trauttmansdorff, durch die edle Blume etwa versöhnlich und friedliebend gestimmt und dadurch dem armen, notleidenden Vaterlande die hochnötige Hilfe könne zugewendet werden, gab sie nach und schnitt unter den gespannten und beifälligen Blicken der Nachbarschaft selbst die Rose aus dem Gesträuch.

Mittlerweile unterredete sich Graf Trauttmansdorff mit einem sächsischen Kammerherrn, der den Auftrag hatte, die Nachgiebigkeit, zu welcher Johann Georg bereits entschlossen war, nach Möglichkeit heroisch zu verkleiden und teuer zu verkaufen. Dem Kurfürsten, sagte er, wären die Traditionen seines Hauses heilig, und die vornehmste dieser Traditionen sei Anhänglichkeit an das Kaiserhaus. Er habe kein Opfer gescheut, um ihr treu zu bleiben, habe Land und Leute, Blut und Gut dahingegeben. Aber sein Glauben und seine Ehre wären ihm, als dem Haupte der Evangelischen im Reiche, gleichfalls heilig.

Freilich, freilich, antwortete Trauttmansdorff, der Kurfürst habe doch aber auch Land und Leute gewonnen. Der Kaiser sei bereit, den Kurfürsten im Besitz der Lausitz zu bestätigen und seinem Sohne das Erzbistum Magdeburg zu überlassen, und dass der Kaiser ihn, den Kurfürsten, bei seinem Augsburgischen Bekenntnis nicht perturbieren werde, daran werde der Kurfürst doch nicht zweifeln. Die alten Verträge wolle der Kaiser alle halten, nur sollten keine Neuerungen, wie die sogenannte kalvinische Religion, ins Reich eingenistet werden, zu welcher der Kurfürst ja auch kein Belieben trage. Es sei dem Kaiser durchaus darum zu tun, den alten Bund mit dem Kurfürsten zu erneuern und zu verstärken.

»Concordia res parvae crescunt, durch Eintracht wächst das Geringe«, sagte ein Trauttmansdorff beigeordneter junger Graf, der ein langes, fades Gesicht hatte und ratlos lächelte.

Das sei es ja eben, sagte der sächsische Kammerherr, der Kurfürst habe doch auch einen Bund mit den Schweden geschlossen, nicht aus dem Gemüt, sondern der Staatsvernunft wegen, und es sei seiner fürstlichen Ehre zuwider, diejenigen, die noch kürzlich seine Bundesverwandten und Mitkämpfer gewesen waren, mit dem Schwert aus dem Lande zu jagen.

Trauttmansdorff zuckte die Achseln. Der Bund sei durch den Tod des verstorbenen Gustav Adolf aufgehoben gewesen, sagte er. Nachher sei alles verändert, und in Wien wisse man genau, wie unwillig der Kurfürst die Prätentionen des hoffärtigen Oxenstierna und das Tyrannisieren des groben Banér ertragen habe. Der Kurfürst werde, wie andere Stände auch, fröhlich aufatmen, wenn die hungrigen Heuschrecken einmal ins Meer geworfen wären.

»Non sit alterius qui suus esse potest«, sagte der junge Graf, »wer sein selbst eigen sein kann, soll keinem andern angehören.«

Allerdings wäre dem Kurfürsten nichts lieber, sagte der Kammerherr; aber sich selbst dabei handgemein zu machen, das sei doch eine andere Sache. Auch wäre vorauszusehen, dass die Schweden sich nicht gutwillig werfen ließen, und so hatte der Kurfürst anstatt des erwünschten Friedens einen neuen und viel hitzigeren Krieg auf dem Halse, dessen Beendigung nicht einmal von ihm abhinge, wenn er ihn nicht im eigenen Namen, sondern unter der Direktion des Kaisers führte.

»Mars gravior sub pace latet«, sagte der junge Graf, »unter dem lieben Frieden pflegt oft ein ärgerer Krieg zu lauern.«

Mit dem Frieden werde es vielleicht leider noch eine Weile anstehn, sagte Trauttmansdorff. Es sei aber wenigstens einmal die Basis für eine zukünftige Ordnung im Reich geschaffen, wenn Kaiser und Kurfürst wieder zusammengingen. Erst müsse das alte System wieder hergestellt werden, das sei das vertraute Nest, in welchem der wiederkehrende Friede sich sicher ansiedeln werde. Was die Schweden anbetreffe, so bestätigten täglich eintreffende Nachrichten, dass der junge kaiserliche Adler sie bei Nördlingen völlig zerzaust hätte; man brauche ihnen nur noch den Gnadenstoß zu geben.

Mit der Erwähnung der Nördlinger Schlacht legte Trauttmansdorff dem Kammerherrn gleichsam eine Schraube an, in welcher er sich krümmte, ohne sofort eine Erwiderung zu finden, und in der dadurch entstehenden Pause trat der Apotheker, die Rose in der Hand, nebst zwei anderen Bürgern ein. Er nehme sich heraus, sagte der Apotheker, dem Herrn Grafen die Rose zu überreichen, die in dieser herbstlichen Jahreszeit in seinem Garten erblüht sei und von jedermann als ein Wunderzeichen betrachtet werde. In ihrem Duft und ihrer Sanftheit gleiche sie einem Balsam, wie ihn wohl Ärzte auf blutende Wunden strichen und wie das Friede verlangende Deutschland ihn benötige; deshalb sei er mit der Bürgerschaft übereingekommen, sie dem Grafen Trauttmansdorff, als dem viel vermögenden Beförderer des Friedens, darzubringen.

Trauttmansdorff nahm die Rose entgegen, und indem er sie betrachtete, wurden ihm unversehens die Augen feucht. Dieser Kelch, sagte er, sei so jungfräulich wie der Schoß der Madonna, und so möge er allerdings den Heiland verheißen, der Frieden heiße.

Ja, das glaubten sie alle, sagte der Apotheker, die Hände faltend, Gott habe diese Trostblume gewiss nicht umsonst erblühen lassen, und er habe sie in Übereinstimmung mit dem Herrn Pfarrer rosa pacis, Friedensrose, genannt.

»Etiam nomen pacis suave et amabile«, sagte der lächelnde junge Graf, »schon der Name des Friedens ist süß und liebenswürdig.«

Es werde ja nun auch nicht lange mehr damit anstehen, sagte der Kammerherr; der Kurfürst lasse sich's nicht verdrießen, Tag und Nacht zu arbeiten, damit er seinem Volke diese Himmelsgabe bescheren könne.

Die Rose sei nur ein gebrechliches Gleichnis, sagte der Apotheker; aber der Friede, auf den sie deute, möge dauern wie Bäume, ja wie Felsen.

Er wolle den zarten Spätling, sagte Trauttmansdorff, in ein Wasserglas unter das Bild des Gekreuzigten, also gleichsam in göttliche Obhut stellen, damit sie sich lange erhalte.

Der Apotheker blickte misstrauisch nach dem Kruzifix, das über einem Betschemel in einer Ecke des Zimmers angebracht war; indessen nachdem er sich besonnen und einige Male geräuspert hatte, sagte er, sie wären zwar, wie dem Herrn Grafen bekannt sein werde, evangelisch, aber der Gott der Katholiken sei dem ihrigen wohl nicht so fremd, dass sie ihm nicht gern, aus demütigem Herzen und um des Friedens Willen, ein liebes Kleinod opferten.

Trauttmansdorff versprach, die löbliche Gesinnung der Pirnaer Bürgerschaft dem Kaiser zu melden; der Lohn werde nicht ausbleiben.

Am 25. November war der zwanzigste Geburtstag der Herzogin Karoline Charlotte von Jülich. Drei Tage vorher war ihr zweites Kind, dem erstgeborenen folgend, gestorben, und so war sie wieder allein; es war ihr, als sei damit alles vorüber und sie könne nun heimgehen zu ihren Eltern nach Zweibrücken. In der Nacht, die ihrem Geburtstage voraufging, lag sie schlaflos mit offenen Augen und hörte dem Regen zu, der unaufhörlich an ihre Fenster schlug; das Geräusch blieb sich eintönig gleich, nur zuweilen wurde es hohler und stärker, wenn ein Windstoß in die Wassermassen fuhr. Wo waren ihre Lieblinge in dieser schwarzen Novembernacht? Unwillkürlich presste sie die gefalteten Hände an ihr angstvolles Herz und bewegte betend die Lippen. Sie waren bei Gott; irgendwo jenseits ihres kurzsichtigen Begreifens blühte das süße Licht, nur sie war für immer im Dunkel. Glücklich, überglücklich war sie gewesen: sowie sie in die Nähe der Wiege getreten war, hatte das Paradies sie umfangen, das wie ein schwebendes Gärtlein das geliebte Kind umkreiste. Zweimal hatte Gott sie diese Seligkeit genießen lassen, wenn auch nur flüchtig; hatte er ihr die Himmelsblumen gezeigt, damit sie nach dem Himmel verlangen lernte? Freilich, dachte sie, machte er ihr dadurch die Pflicht der Erde schwerer. Schaudernd dachte sie an die Stunde, die den trüben Tag heraufführen, und was er ihr bringen würde, an ihren Mann, der immer Aufmerksamkeit und Teilnahme für seine Person und für viele Dinge verlangte, die ihr unverständlich oder abschreckend waren, an das Elend ihrer Glaubensgenossen, das sie nicht lindern konnte. Hätte sie nur ein einziges Mal in die sorgenden Augen ihres Vaters blicken können! Hätte sie seine liebe Stimme hören können, die sagte: ›Halte fest an Gott, so mag die Erde unter dir bersten!‹

Dann schalt sie sich, dass sie immer das begehrte, was ihr entrissen oder was ihr versagt war. Trug sie nicht alle Lehren im Herzen, die ihr Vater ihr jemals gegeben hatte? Warum wollte sie seine Stimme auch mit den Sinnen fassen? Künftig, nahm sie sich vor, wollte sie teilnehmend, heiter, hilfsbereit sein, nicht nach Verlorenem trachten, sondern für empfangenes Gut danken; nur noch einmal, in dieser Nacht, wollte sie sich ausweinen. Mit einem Gefühl uneingeschränkter Erleichterung weinte sie lautlos in ihr Kissen, bis es ganz nass war und sie einschlief.

Als sie morgens am Kamine saß, in dem ein Feuer brannte, trat ihr Stiefsohn Philipp Wilhelm ein, der sie, weil sie ungefähr gleichaltrig waren, im vertrauten Verkehr Schwester zu nennen pflegte.

Er wünschte ihr Glück zum Geburtstage und sagte, dass er lange nachgedacht habe, wie er ihr eine Freude bereiten könnte, und dass ihm eingefallen sei, wie sie kürzlich an Husten und Heiserkeit gelitten habe; deshalb habe er ihr ein Pelzlein um den Hals besorgt, damit sie besser vor Kälte und Zugluft geschützt sei. Sie nahm errötend den kleinen braunen Kragen und dankte, wobei sie an dem großen jungen Mann hinaufsehen musste; dann lud sie ihn ein, sich zu ihr zu setzen. Indem sie den Pelz streichelte, fiel ihr plötzlich ihr totes Kind ein, und die Tränen stiegen ihr in die Augen; aber sie drückte sie hastig hinunter, knüpfte den Pelz um den Hals und fragte, ob es nicht gar zu stattlich für sie sei? Er fange wohl an, sich in der Galanterie zu üben, fuhr sie neckend fort, da er nun bald ein Bräutlein haben werde.

Davon sei ihm nichts bewusst, sagte er abwehrend, er befinde sich ledig wohl genug.

Sein Vater aber denke daran, sagte sie, und er würde doch auch mit einer Kaiserstochter wohl versorgt sein.

Es sei noch nicht soweit, sagte Philipp Wilhelm; er wolle eine Frau, die ihn hoch achte, und keine, die sich mehr als er zu sein dünke.

Die Erzherzogin sei ja seine Base, sagte Karoline Charlotte, und werde ihn schon in Ehren halten. Auch sei es gewiss ein Wunsch seiner verstorbenen Mutter, was seinen Vater bewogen habe, das Projekt zu betreiben.

Nun, sagte Philipp Wilhelm, indem er sich behaglich in den Stuhl zurücklehnte, er wolle sich's überlegen. Jedenfalls wolle er keine Frau, die sein Schwesterchen nicht lieb hätte.

Nach einer Weile trat Wolfgang Wilhelm ein, der erst am Abend vorher von einer Reise zurückgekommen war. Nun werde der Friede zustande kommen, erzählte er. Der Kurfürst von Sachsen habe das Schwert bereits eingesteckt, ohnehin nicht viel Ehre damit eingelegt; Brandenburg werde bald nachfolgen. Hätten die Fürsten es wie er gemacht und wären von Anfang an bei der Neutralität geblieben, so stände es besser ums Reich. Er habe es sich freilich auch Mühe kosten lassen, und es gehöre politischer Verstand dazu. Fürsten sollten Staatsmänner und keine Raufbolde sein.

Ach, sagte Karoline Charlotte, wenn der Frieden käme, das sollte ihr das allerliebste Geburtstagsgeschenk sein.

Nach dem Siege bei Nördlingen, sagte Wolfgang Wilhelm, könne der Kaiser den Frieden vorschreiben, wie er wolle. Es bleibe den Evangelischen nichts übrig, als sich zu unterwerfen, und das geschehe ihnen recht, weil sie ungeschickt und vorwitzig gewesen wären.

Karoline Charlotte und Philipp Wilhelm schwiegen beide. Er wolle nun erwarten, fuhr Wolfgang Wilhelm fort, ob der Kaiser sich seines Sieges vernünftig bedienen werde. Er, Wolfgang Wilhelm, habe sich bisher keiner Billigkeit von ihm zu erfreuen gehabt, obwohl der Kaiser, ganz abgesehen von der Verwandtschaft, Ursache gehabt hätte, ihn besonders zu berücksichtigen. Er wolle es aber dem Kaiser nicht nachtragen, inkliniere vielmehr zu einem engeren Verständnis, zu dessen Beförderung er nach Wien zu reisen gedenke, und es könne sein, dass seine Abwesenheit sich über mehrere Monate erstrecken werde. Karoline solle aber deswegen nicht desperat sein, er werde für alles Vorsorge treffen und ließe auch Philipp Wilhelm zurück, damit er ihr eine Stütze wäre.

Er dürfe auf sie keine Rücksicht nehmen, wenn es das Wohl des Landes gelte, sagte Karoline; sie werde sich Mühe gehen, den Pflichten ihrer Stellung zu genügen.

Davon sei er überzeugt, sagte Wolfgang Wilhelm, dass sie sich bemühen werde und dass, wenn sie es irgendwie am Guten ermangeln lasse, weniger Eigensinn und Eigenwille als missleitete Einsicht daran schuld sei. Es habe ihm billigerweise großen Schmerz verursacht, dass er seine Kinder beide so bald habe müssen dahinsterben sehen und dass die Nachfolge in einem so bedeutenden Lande, wie das seinige sei, einzig auf den beiden Augen seines Sohnes erster Ehe stehe. Er habe ihr schon nach dem Tode des ersten Kindes gesagt, dass Gott ihr damit einen Fingerzeig geben und sie zur Kirche locken wolle; sie habe sich aber angestellt, als verstehe sie ihn nicht, habe sogar trotz seiner Andeutungen die evangelische Kinderfrau behalten. Nun habe sie die Folgen ihres Ungehorsams erlebt, die auch ihn hart trafen. Hätte sie sich gefügt, wie er gehofft habe, so würde diese Strafe sie nicht getroffen haben.

Sie könne nicht glauben, dass es sich so verhalte, entgegnete Karoline Charlotte leise. Es stürben auch Kinder katholischer Mütter. Erst kürzlich habe die Frau Oberstmarschallin zwei Kinder nacheinander verloren.

Das sei etwas anderes, sagte Wolfgang Wilhelm, damals habe die Pest geherrscht. Er wisse es übrigens nicht anders, als dass sie, die schuldige Bescheidenheit der Ehefrau hintansetzend, immer Widerworte gegen ihn habe.

So habe sie es nicht gemeint, entschuldigte sich Karoline Charlotte; sie habe nur sagen wollen, dass es für die Menschen schwer wäre, Gottes heiligen Willen zu deuten.

Philipp Wilhelms Blicke ruhten mitleidig auf der blassen, fröstelnden Gestalt im schwarzen Kleide, wie sie die schmalen Hände fest gegeneinander presste und die klugen dunklen Augen ernst bittend auf den scheltenden Herzog richtete. Als sie fortgegangen war, um einigen Standesdamen Audienz zu erteilen, die sie beglückwünschen wollten, sagte er missvergnügt zu seinem Vater, es falle ihm schwer, anzuhören, wie er die arme leidtragende Frau umsonst peinige.

So?, sagte Wolfgang Wilhelm scharf, es nehme ihn Wunder, das zu hören. Philipp Wilhelm habe doch des Öfteren geäußert, er möchte lieber kinderlos bleiben als eine unkatholische Frau nehmen.

Ja, antwortete Philipp Wilhelm, das sei auch seine Meinung, und sein Vater hätte besser getan, nach demselben Grundsatz zu handeln.

Es sei seine Absicht gewesen, sie der Kirche zuzuführen, sagte Wolfgang Wilhelm, eine gute, heilige Absicht, die den Beifall seines Beichtvaters gehabt hätte.

Er habe sich eben zu viel zugetraut, sagte Philipp Wilhelm; die Herzogin sei kein Rohr, das man nach Belieben biegen könnte.

»Wer hätte gedacht«, sagte Wolfgang Wilhelm sinnend, »dass auf dem zarten Mädchenleib ein so heroisches Köpflein säße? Es ist ihr mit keiner Waffe beizukommen.«

So solle er es doch aufgeben, sagte Philipp Wilhelm, umso mehr, als er ihr feierlich gelobt hätte, sie ungekränkt bei ihrem Glauben zu lassen. Es sei unfürstlich, sein Wort nicht zu halten.

Das zu beurteilen sei Philipp Wilhelm noch zu jung, sagte der Herzog verweisend. Im Widerstreit der Pflichten müsse oft die geringere der vornehmeren weichen.

Der schwedische Kommandant Hastver in Nürnberg war auf dem Rathause und versuchte Bürgermeister und Rat wegen eines von einem seiner Offiziere verübten Mordes zu begütigen: er sei sonst ein tapferer Mann, dem Trunk nicht ergeben; in dieser Zeit, wo die Belagerung täglich schärfer würde und es etwa gar zum Sturm kommen könnte, wo die Mannschaft noch dazu täglich durch die Seuche vermindert würde, sollte man sich nicht überflüssig eines rüstigen Mannes berauben.

Der Bürgermeister gab dem Kommandanten zur Antwort, er solle bedenken, wie schwer sie es jetzt hätten, die Ordnung zu erhalten, wo Bürger, Soldaten und die Bauern vom Lande durcheinander hausten und die Menschen in der übermäßigen Not sich unterständen, an Gott zu zweifeln. Wenn nun noch ihre Justiz zum Gespött würde, wäre das Chaos bei der Hand.

Hastver gab das zu; er wolle auch keineswegs den Herren das Regiment aus den Händen winden, bitte nur aus angeführten Gründen eine Ausnahme zuzulassen.

Sie fänden den Übeltäter auch leider zu mutwillig und unbescheiden, fuhr der Bürgermeister fort; denn er sage aus, dass er sein Opfer nur deshalb erschossen habe, weil derselbe ihm in der Sonne gestanden und seine Ermahnung, beiseite zu treten, nicht beachtet habe. Da sei ihm so durch den Kopf gefahren, es mit einer Kugel zu versuchen. Er solle sogar gelacht haben, als der Getroffene stracks und ohne einen Laut tot vornüber gefallen sei.

Hastver schüttelte den Kopf und sagte, das sei allerdings ungebührlich; man könne ihn etwa durch einen Prediger bearbeiten lassen, dass er seine Schuld begriffe. Er sei ja evangelisch und sonst immer ein frommer, redlicher Mann gewesen.

In diesem Augenblick trat Pfarrer Leibnitz ein und fragte, wie es der Rat mit dem Selbstmörder Robert wolle gehalten haben; man könne es mit der Beerdigung nicht länger anstehen lassen.

Das sei ein schwerer, verdrießlicher Handel, sagte einer der Ratsherren, und es wäre wohl besser gewesen, wenn man den Missetäter sofort in aller Stille auf den Schindanger gebracht hätte.

Leibnitz schwieg eine Weile und sagte dann, die Herren möchten ihm gestatten, sich noch einmal darüber zu verbreiten. Sie zweifelten wohl nicht daran, dass ein rechtgläubiger evangelischer Christ und Pfarrer das verbotene Laster des Selbstmordes billig verabscheue; wer aber über Menschen richten wolle, müsse Distinktion üben, da das menschliche Herz und Schicksal ärger als der Gordische Knoten ineinander verwickelt und etwa nur durch den Finger Gottes zu entwirren wären. So könne er von dem Robert, seinem gewesenen Beichtkinde, nichts anderes sagen, als dass er ein frommer, fleißiger Mann, nur dann und wann ein wenig melancholisch gewesen sei.

Das sei eben doch für verfänglich zu halten, meinte der Bürgermeister.

Ja, der Teufel kralle sich leichter in einem schwarzgalligen Gemüte als in einem lustigen fest, sagte der Pfarrer; davor sei aber die Frömmigkeit des Robert gestanden, mittels welcher er solche Verführung stets siegreich habe abweisen können. Erst in den Monaten, als die Zeit so böse geworden sei, habe es ihn überkommen.

Er habe ihm das letzte Mal ganz aufrichtig gebeichtet, wie er zuweilen an Gott und Menschen zweifeln und denken müsse, die Menschen wären alle des Teufels. Man sähe jetzt freilich nichts anderes als Hunger, Jammer, Übermut, Hass und Neid, und es habe den Anschein, als ob die verhängten Gottesstrafen die Menschen nur verstockter machten. So habe kürzlich eine Witfrau, die kaum die Ihrigen durchbringen könne und dazu noch fünf Soldaten im Quartier habe, in der Desperation zu ihren Kindern gesagt, wenn das älteste Mädchen, ihr Stiefkind, hin wäre, könnten sie es verspeisen und ihren Hunger stillen, da es ohnehin fett sei. Diese unbesonnene und allerdings gottlose Rede sei ruchbar und die Frau wegen ihres lästerlichen Maulwerks vom Büttel ins Loch gesperrt worden, worauf die Kinder auf die Nachbarn und rauen Soldaten angewiesen gewesen wären, die sich ihrer auch gutherzig angenommen hätten, sodass nur das jüngste gestorben wäre. Das und mehr dergleichen habe er erlebt und endlich zu seiner Frau, von der er, der Pfarrer, es wisse, gesagt, er müsse davon, er könne und wolle es nicht länger mit ansehen, und sich mit siebenundzwanzig Stichen vom Leben zum Tode gebracht.

Der Bürgermeister zweifelte, ob das als eine Entschuldigung anzusehen sei, indem der Mensch sich einmal kein Urteil über den Lauf der Welt anzumaßen hätte; die Obrigkeit müsse die Rebellierer und Besserwisser scharf im Auge haben, sonst würde alles kopfüber, kopfunter gehen.

Indessen meinten einige Ratsherren, die Zeit sei allerdings über die Maßen böse und könne einen schon auf lose Gedanken bringen, und deshalb sollte man, auch um des rechtschaffenen Gottesmannes Leibnitz willen, Erbarmen haben und dem Sünder ein Grab in geweihter Erde ausnahmsweise vergönnen. Leibnitz versprach dagegen, am Grabe nicht mehr als ein kurzes Gebetlein zu sprechen, in der nächsten Predigt aber eine Warnung an das Volk ergehen zu lassen, dass sie sich vor Desperation hüteten, vielmehr der Strafe Gottes bescheidentlich unterwürfen und auf Besserung bedacht wären.

Ja, sagte der Ratsherr, die Prediger müssten überhaupt das Volk häufiger vom Laster abmahnen, namentlich von Unzufriedenheit und Neid, die so sehr zur Desperation beitrügen. Sie sollten ihm vorstellen, wie die Oberen, abgesehen davon, dass sie der Krankheit und dem Tode nicht weniger unterworfen wären, gleichfalls von dem allgemeinen Elend betroffen wären und sich von Kleiderpracht und Luxus freiwillig nach Maß ihres Standes enthielten; so hatten sie erst kürzlich den Beschluss gefasst, das alljährlich am Neujahrstag stattfindende Ratsmahl um mehrere Schüsseln zu verkürzen. Übrigens sähen die Herren Pfarrer nun, wohin das schwedische Bündnis geführt habe, das sie in vergangener Zeit so hitzig angepriesen hätten.

Sie hätten geglaubt, zur Erhaltung des Evangeliums alles wagen und einsetzen zu müssen, sagte Pfarrer Leibnitz; der Mensch könne nur tapfer kämpfen, den Sieg verleihe Gott.

Damit entfernte sich der Pfarrer, worauf der Kommandant Hastver wieder vortrat und sagte, da die Herren nun einmal eine so herrliche Großmut hatten vorbrechen lassen, möchten sie dieselbe nicht zurückziehen, sondern auch auf ihn scheinen lassen und seinem mutwilligen Leutnant, der sich vielleicht auch in einer Konsternation oder Gemütsverwirrung befunden hätte, die verdiente Strafe erlassen.

Nach kurzem Zögern entschied der Rat, sie wollten seine Bitte erfüllen, und zwar aus Liebe zu seiner, des Kommandanten, Person, dessen Frömmigkeit, Tapferkeit und Gelassenheit sowie Respekt gegen die städtische Regierung, die die Offiziere im Übermut ihres soldatischen Berufs jezuweilen verachteten, sie nicht genug loben könnten. Sie entschuldigten sich auch wegen der das schwedische Bündnis betreffenden widrigen Bemerkung, die ihnen soeben entschlüpft wäre und die keineswegs ihm oder seiner Regierung zum Schimpf gemeint gewesen sei. Er wisse ja, wie getreulich sie an dem mit der glorreichen verstorbenen Majestät geschlossenen Bündnis festgehalten und was sie dafür geopfert hätten; sie hätten nur dem guten Pfarrer eins auswischen wollen, weil sich seinesgleichen über die Gebühr in die weltlichen Angelegenheiten zu mengen pflegten.

Der Kommandant bedankte sich wegen der erwiesenen Gnade und der bezeigten Zuneigung und beteuerte, dass er der Stadt Nürnberg gebrachte Opfer erkenne und zu würdigen wisse. Das allgemeine Übel gehe ihm selbst zu Herzen; wenn er nur könnte, möchte er es abwenden. Es wolle ihm fast so vorkommen, als wären dem einen oder anderen der Herren seit dem Tage, wo der König zuerst in Nürnberg eingeritten sei, die Haare weiß geworden.

Die Nürnberger nickten traurig. So sei es mit dem Alter, sagte der eine Ratsherr, es zögere oft lange, dann komme es im Sprunge, wenn man schon von anderer Seite angegriffen und wehrlos sei.

Die Sorgen, fügte ein anderer hinzu, die wären des Alters Vorhut. Die schössen Bresche, hernach könne das Alter gemächlich durch den Schutt einziehen.

Wenn sie nur ihre uralte Freiheit davonbrächten, sagte der Bürgermeister, so wollten sie die gebrachten Opfer nicht bereuen. Aber wenn sie auch den Kopf aus der Schlinge ziehen könnten, die ein gewisser mächtiger katholischer Fürst nach ihnen auswürfe, so sei die Verwirrung im Haushalte doch so groß, dass sie nicht wüssten, wie sie je den früheren Wohlstand wieder erreichen sollten. Schulden pflegten wie das Unkraut im Getreide, das nicht rechtzeitig ausgerauft würde, hundertfach zu wachsen und zu wuchern, und wie die Furien den Menschen stets truppweise verfolgten, so pflege Armut die Vorstufe zur Knechtschaft zu sein.

Im Schlosse Wiesensteig lag Buttler, nachdem er vor wenigen Tagen Schorndorf erobert hatte, im Sterben. Seine Frau, eine geborene Gräfin Dohna, häufte immer mehr Kissen und Decken auf ihn, da er über unleidliche Kälte klagte. In einem großen Kachelofen knisterte Feuer, und ins Fenster schien der gelb leuchtende Himmel; die dunklen Kuppen der Alb wölbten sich sammetschwarz in der föhnigen Helligkeit des frühen Dezembernachmittags. Beim Bette saßen der Hauptmann Devereux, der im Anfang des Jahres Wallenstein umgebracht hatte, und ein Arzt, und der Letztere sagte, er könne die Wunde wohl noch einmal schneiden, man müsse aber darauf gefasst sein, dass der Kranke als sehr schwach ihm unter dem Messer stürbe. Buttler wollte nichts davon wissen; er habe keine Zeit zu verlieren, sagte er, wolle noch von den Seinigen Abschied nehmen und sich dann durch den Beichtvater auf den Tod vorbereiten lassen.

Sie sei ihm eine gute Ehefrau gewesen, sagte er zu seiner Frau, solle ihm nun geloben, dass sie ihre Tochter nur mit einem katholischen Herrn vermählen werde. Sollte sie selbst sich wieder verheiraten, so solle sie die kostbare Kette mit Bildnis, die der Kaiser ihm eigenhändig umgehängt hätte, um ihn für seine treuen Dienste bei Extinguierung der Friedländischen Rebellion zu belohnen, niemals veräußern, sondern seiner und ihrer Tochter vermachen, damit sie auf seine Enkel käme.

Ach, weinte die Gräfin, sie werde nicht wieder heiraten, würde doch nie mehr einen so guten Mann bekommen.

Es wäre vielleicht nötig, sagte Buttler, wegen der vielen Feinde und Neider, die er hätte, seit er in Besitz der Terzkaschen Güter gekommen wäre. Wenn sie als Witwe eines Beistandes bedürfe, solle sie sich an seinen Freund Walter Devereux wenden.

Ja, er werde ihr immer ein ergebener Diener sein, fügte dieser hinzu, werde nie vergessen, dass er Buttler sein Glück verdanke, und würde auf der Stelle sein Leben hingeben, wenn er ihn damit retten könnte.

Nunmehr bat Buttler Devereux und seine Frau, dem Beichtvater Platz zu machen, der gleich darauf eintrat und sich anschickte, die Beichte des Sterbenden zu empfangen.

Er habe das Schwert nie anders als im Dienste der heiligen Kirche geführt, sagte Buttler, nie aus Mutwillen Blut vergossen. Bei Eroberung feindlicher Plätze habe er oftmals der Raubgier der Söldner Einhalt getan, auch wenn die Feinde Ketzer gewesen wären. In einer Sache bekenne er sich aber schuldig: als der sogenannte Schwedenkönig Gustav Adolf I. Frankfurt an der Oder erstürmt hatte und gewisse Herren ihn lügnerischerweise beschuldigt hätten, als habe er in der Verteidigung etwas versehen, da habe er den Verleumdern den Tod gewünscht und würde sie umgebracht haben, wenn sie zur Stelle gewesen wären.

Nun, sagte Taaffe scherzend, da der allwissende Herrgott selbst das Zustandekommen der Sünde verhindert hätte, wolle er, als sein armer Knecht, sich nicht dabei aufhalten. Ob Buttler sich sonst einer Todsünde schuldig wisse? Etwa der Völlerei oder Wollust? Nein, sagte Buttler, das wisse Taaffe wohl, dass er kein Fresser oder Säufer sei. In jungen Jahren möge er in venere ein wenig exzediert haben und bereue es von Herzen.

Ob er allen seinen Feinden und Beleidigern aus aufrichtigem Herzen vergeben könne?, fragte der Beichtvater weiter.

Buttler, dem der Schweiß auf der Stirne stand, rang eine Weile mit sich selber und sagte dann, wenn es zur Seligkeit unbedingt notwendig sei, wolle er es tun. Taaffe umfasste den Röchelnden mit einem Arme und hielt ihm das Kruzifix vor, während er ihm tröstliche Aussichten auf den Himmel eröffnete, insonders auch mit Hinweis darauf, dass Buttler ja in seinem Testament allerlei Vermächtnisse für die heilige Kirche verordnet und eine beträchtliche Summe für Seelenmessen ausgesetzt hätte. Die Augen des mit dem Tode ringenden umklammerten das Kreuz, das die schnell einfallende Dämmerung durchblitzte, und seine Lippen versuchten die von dem Priester laut vorgesprochenen Gebete mitzustammeln, bis das Wort ihm erstarb und sein Kopf leblos auf die Schulter des Beichtvaters fiel.

Diejenigen Offiziere, die als Anhänger Wallensteins verhaftet waren, nämlich Schaffgotsch, Mohr von Wald, Scherffenberg und einige andere, wurden von Wien nach Pilsen und von dort nach Budweis geführt und dort in einem vornehmen Hause untergebracht. Sie durften zwar nicht mehr als je einen Diener halten, lebten aber übrigens reichlich und behaglich und verkürzten sich die Zeit mit Banketten, Spiel und Tanz. Schaffgotsch hatte sich in eine schöne Witwe verliebt, die sein Gefühl zu erwidern schien, ihm ihre Gunst jedoch nur gewähren wollte, wenn er sie heiratete. Diese und mehrere andere Damen waren von den Gefangenen an einem der ersten Februartage zu einem Bankett geladen, wobei es laut und lustig zuging. Im Verlaufe desselben sagte der Herzog Julius von Sachsen-Lauenburg, sie wären nun schon recht vertraut geworden und wollten alle miteinander Brüderschaft trinken, zu dem Zweck den Wein in ein Handbecken gießen und dasselbe herumgehen lassen. Der Vorschlag wurde angenommen und unter allerlei geselligen Scherzen ausgeführt, indem die Herren die Damen beim Trinken anstießen, sodass der Wein über ihre Kleider geschüttet wurde, oder indem die Herren den Mund an die Stelle setzen wollten, wo die Damen getrunken hatten, was andere zu verhindern suchten, worüber Geschrei und Gelächter entstand und das Becken immer von Neuem gefüllt werden musste. Nach dem Essen wurde ein Tanz aufgeführt, der fiamma di amor hieß und durch alle Zimmer und über alle Treppen des Hauses getanzt wurde. Als man auf dem Flur zu ebener Erde angelangt war, rief eine Dame, sie wollte nun auch über den Marktplatz tanzen, und auf den Einwand einer anderen, es falle Schnee und sie würden ihre Schleppgewänder schmutzig machen, entgegneten die Herren, die Kleider wären ohnehin mit Wein verschlemmt, und sie wollten ihnen neue schenken. Also traten sie, Spielleute und Fackelträger voran, einen Rundgang um die Kirche an, mit Zuruf und Gebärden nach den Fenstern hinaufgrüßend, wo neugierige Zuschauer erschienen.

Indessen hatte sich Schaffgotsch während des Tanzes mit seiner Dame unversehens abgesondert und sie in ein dunkles Kabinett geführt, wo er sie auf seine Knie zog und in sie drang, wie er sie nun schon seit Wochen verehre, wie er glühe und fast verbrenne, und dass sie ihn endlich erhören solle. Sie schlang einen Arm um seinen Hals und legte seinen Kopf an ihre bloße Brust, damit er fühle, es brenne dort auch Feuer. »Wie soll ich löschen«, sagte sie mit einem süßen Lächeln, »da ich Arme selbst in lichten Flammen stehe?« Schaffgotsch warf den Kopf zurück und starrte verzaubert in ihr in der Dunkelheit leuchtendes puderweißes Gesicht. »So zeigt der Gott selbst an«, flehte er, »dass wir zusammengehören, da er seinen Blitz in unsere beiden Herzen geschleudert hat. Lass uns zusammen den Scheiterhaufen der Liebe besteigen, damit ein Feuer uns verschmilzt und wir zusammen in die Lust des Himmels eingehen!«

Sie presste ihren Mund auf seinen, und die Worte halb in Küssen erstickend, stammelte sie, dass sie es nicht wage, dass sie nicht wisse, ob er sie nicht dennoch betrügen und verlassen werde.

Wie?, rief Schaffgotsch, ob sie noch immer an seiner Liebe zweifle? Oder an seinem adligen Wort? Er habe es ihr ja geschworen, dass er sie heimführen wolle, sowie er den Prozess vom Halse hätte und wieder frei wäre!

Sie zweifle ja nicht, dass er es redlich meine, erwiderte sie, ihn enger an sich drückend; aber da wären seine hochvornehme, fürstliche Verwandtschaft und seine Kinder, die würden es nicht leiden wollen und gegen sie intrigieren, und mit dem Prozess und der Gefangenschaft könne es sich auch noch lange hinziehen.

Was die Verwandtschaft betreffe, entgegnete Schaffgotsch, so sei er sein eigner Herr und reich genug, dass er ihrer nicht bedürfe, und den Prozess belangend sei er überzeugt, er werde bald in Freiheit gesetzt werden, da der König von Polen noch einmal und dringend beim Kaiser für ihn interzediert habe. Sollte er aber trotzdem in eine längere Gefangenschaft verwickelt werden, so habe er doch das Recht auf ein adliges Gefängnis, wo man es wohl eine Weile miteinander aushalten könne. Vielleicht wäre das gerade eine trauliche Zuflucht für die Wonne ihrer jungen Ehe.

In seine beschwörenden Worte tönten die Geigen und Pfeifen vom Markte her, da die Tanzenden sich nun wieder dem Hause näherten. Der dicht fallende Schnee hatte viele Fackeln gelöscht, andere wehrten sich zischend gegen die Nässe; Gekreische und Gelächter schallte laut über den Platz.

Die Verliebten hatten über ihrem Geflüster und dem Lärm draußen das Klopfen des Konstantin von Wegner überhört, der nun eintrat und sagte, er bringe das Geld, das Schaffgotsch, wenn er es bekäme, sogleich hatte haben wollen. Mehr als hundert Dukaten habe der Verwalter von

Trachenberg zwar nicht zusammenbringen können, da bereits alles unter kaiserlichem Sequester sei; die habe er, der Verwalter, einstweilen aus seinem Eigenen vorgestreckt.

Nun, er sei nur froh, dass er das Wenige doch endlich erhalten habe, sagte Schaffgotsch; dem treuen Gottwald wolle er es seinerzeit vielfältig ersetzen.

Inzwischen waren die Tanzenden zurückgekehrt, erfüllten das Haus mit Geschrei, drangen auch in das Kabinett ein und neckten die Verliebten; während Schaffgotsch sich ihrer zu erwehren suchte, brachte Konstantin von Wegner bescheidentlich vor, ob es nicht besser sei, dem Gelage jetzt ein Ende zu machen, da die Stadt sich schon einmal wegen des nächtlichen Ruhestörens und Lärmens beklagt habe. Einige Herren stampften mit den Füßen auf und drohten, Kanonen auf dem Marktplatz abzufeuern, bis die Fenster sprängen, damit die Bürger wüssten, was Lärm sei, sie wollten sich ihre adlige Lustbarkeit nicht vermindern lassen; allein Mohr von Wald meinte, es sei gescheiter, ein scandalum zu vermeiden, zumal sie ohnehin betrunken und schläfrig waren, und da das den meisten einleuchtete, verließen die geladenen Gäste das Haus.

Schaffgotsch suchte, ein wenig ernüchtert, sein Schlafzimmer auf. »Dir gefällt das Bankettieren nicht«, sagte er zu Wegner, der ihm beim Auskleiden behilflich war, »oder was fehlt dir sonst, dass du mir ein grämliches Gesicht machst?«

Er habe in der Stadt von einem Zollbeamten gehört, die Herren Gefangenen müssten sich in ein paar Tagen nach Regensburg einschiffen, antwortete Wegner, das mache ihm Gedanken.

So werde der Prozess losgehen, sagte Schaffgotsch; es müsse ja einmal sein und sei gut, dass es zum Ende komme.

Ja, sagte Wegner, wenn man das Ende zuvor wüsste.

»Du setzest mir einen krächzenden Raben aufs Dach«, sagte Schaffgotsch. Er habe nicht mehr auf dem Gewissen, fuhr er fort, als die anderen Herren auch, ja andere hätten mehr, die frei wären. Der Kaiser könnte sie doch nicht alle miteinander aufs Schafott bringen, würde ihnen auch nicht so viel Freiheit lassen, wenn er ihnen ans Leben wollte.

Wegner schüttelte traurig den Kopf, während er, vor Schaffgotsch kniend, ihm die Lederstiefel abknüpfte. Er habe heute wieder gehört, gerade ihm, Schaffgotsch, sei das Todesurteil schon am ersten Tage seiner

Gefangenschaft geschrieben, der Prozess sei nur ein Schauessen, dem dummen Volk auf die Tafel gesetzt.

Schaffgotsch schwieg eine Weile und sah vor sich nieder. Nein, es könne nicht sein, sagte er dann; der Kaiser sei ihm immer ein wohlwollender Herr gewesen; seine Neider hätten das ausgestreut.

Warum wären denn, sagte Wegner, Schaffgotschs Güter schon alle in Kaisers Händen? Und warum müssten Schaffgotschs Kinder wie Bettler vor den Türen seiner Schlösser stehen?

Die Schurken!, rief Schaffgotsch, die Hände ballend. Das hätten seine Verwandten hindern können! Da hätten diejenigen die Hand im Spiel, die nach seinen Gütern trachteten und ihn ins Garn gejagt hätten, der Colloredo und der Hatzfeld.

Es herrschte ein langes Stillschweigen, dann sagte Wegner, er würde dem Grafen nichts hinterbracht haben; aber es gehe ihm zu Herzen, wenn Schaffgotsch so guter Dinge sei und seine Seele mit überflüssigem Plunder belaste, während das Wetter tief auf sein Haupt herabhinge.

»Was hilft Traurigkeit?«, sagte Schaffgotsch. Es habe jetzt ohnehin ein Ende, wenn sie nach Regensburg müssten. Ihm sei es recht, er sei für das Lotterleben nicht geschaffen.

Ob er die Kerze löschen solle?, fragte Wegner, indem er sich anschickte, das Zimmer zu verlassen.

Schaffgotsch nickte; aber da Wegner noch an der Tür stand, fragte er, ob er gehört habe, wer Präsident des Kriegsgerichts sei? Etwa Piccolomini? Nein, sagte Wegner, nach Verlauten werde es Götz sein.

»Siehst du«, sagte Schaffgotsch, »mit Götz habe ich nie etwas gehabt. Er wird einen Kameraden nicht ins Unglück stürzen!«

Der Schlaf wollte Schaffgotsch lange nicht kommen, so ernste Gedanken waren ihm plötzlich aufgestiegen. Er überlegte sich, worauf er sich bei der Verteidigung stützen und wer sich etwa noch für ihn verwenden könnte. und zwischendurch musste er an seine Kinder denken, die vor den eigenen Türen bettelten. Ein kleines Bild seiner Tochter in kostbarem Rähmlein hatte er bei sich: sie glich darauf einem schönen jungen Weibe, nur dass auf dem starken Halse ein Kindergesicht saß, rein, lachend und funkelnd wie eine betaute Wiese bei Sonnenaufgang. Sollte es denn dahin kommen, dass sie, seine und einer geborenen Herzogin Tochter, schimpflich ihr Brot als Almosen empfänge?

Es wäre nur gut, dachte er, sich selber tröstend, dass der Prozess nun seinen Anfang nähme, so könnte er für sich und sein Recht kämpfen. Schließlich, wenn die Menschen ihn verließen, so würde Gott ihm beistehen, Gott, der wusste, dass Schaffgotsch, als Evangelischer, um seinetwillen verfolgt wurde, und den Treuen am Ende retten, ja reichlich belohnen würde.

Als Herzog Georg in Hameln die Einladung des Kurfürsten Johann Georg erhielt, dem Frieden beizutreten, der zwischen ihm und dem Kaiser vorläufig geschlossen sei und bald endgültig ratifiziert werden sollte, geriet er in große Unruhe und Verlegenheit. Nichts Unlieberes hätte ihm begegnen können als eben jetzt ein Friede, der eigens gemacht schien, um ihm seine herrlichen Eroberungen wieder aus der Hand zu spielen. Nun würde von beiden Seiten gezerrt und gelockt werden, dass auch der Besonnene schwerlich die klare Vernunft würde behalten können. In der Tat liefen bald Briefe und Botschaften von den Braunschweiger Brüdern und Vettern ein, sie erwarteten, er werde des Kaisers dargebotene Hand ergreifen; er solle bedenken, was seit dem Tode des Herzogs Friedrich Ulrich von Wolfenbüttel auf dem Spiele stehe, denn bevor er nicht das Schwert aus der Hand lege, werde der Kaiser ihn schwerlich mit dem schönen Erbe belehnen. Ebenso mahnten die Stände der Braunschweiger Lande, die des Krieges längst überdrüssig waren, und der alte Kanzler Engelbrecht kam in Person, um den Herzog auf die Seite der Vernunft und Billigkeit zu ziehen.

Er wolle ihm nicht verhehlen, entgegnete der Herzog diesem, dass er des lieben Friedens wegen und auch aus reichsfürstlicher Gesinnung sich gern mit dem Kaiser einigen würde; aber er sei nun einmal nicht wie ein schlechter General oder eine Privatperson, sondern habe seine fürstliche Reputation zu bedenken, und insofern würde es ihm übel anstehen, wenn er sich von den Schweden trennte. Der Kanzler solle seine Haare betrachten, die einst schwarz gewesen, aber in der Kriegsmühsal ergraut wären; es würde sich schlecht mit seinem weißen Haupte reimen, wenn er sich jetzt mit dem Schimpf der Undankbarkeit und Treulosigkeit belüde.

In erster Linie sei er aber doch dem Kaiser verpflichtet, sagte Engelbrecht. Aus einem Dilemma könne man sich mit ganz heiler Haut einmal nicht herausbeißen.

Ja, da sei das punctum saliens verborgen, sagte der Herzog, die Augenbrauen hochziehend und den Finger hebend; es sei eben doch auf beiden Seiten nicht gleich viel zu wagen. Der Kaiser werde ihn jetzt bei einem Friedensschluss schwerlich im Besitz seiner sauer erworbenen Plätze Hameln und Minden lassen. Oder ob Engelbrecht sich das einbilde?

Nein, sagte Engelbrecht, etwas müsse der Herzog dreingeben; aber es wäre doch besser, zwei oder drei Plätze als ein altes angeerbtes Land zu verlieren. Der Kaiser würde ihn, wenn er im Krieg verharrte, nicht mit Kalenberg und Wolfenbüttel belehnen, für welche verlassene Braut sich denn leicht andere Liebhaber würden finden lassen. Der Hund, der zu viel erschnappen wolle, verliere gemeiniglich alles.

Der Herzog stützte sorgenvoll den Kopf in die Hand. Die Franzosen hätten sich eben recht schön hervorgemacht, sagte er nach einer Weile, hätten Geld in Fülle und teilten mit vollen Händen aus, um Bundesgenossen gegen Spanien zu werben. Mit ihrem Geld würden sie Schweden wieder mächtig machen, und anstatt dass er dann einen Profit seiner Friedensliebe hätte, würde er die beiden Mächte als Feinde auf den Hals bekommen. Mit Frankreich und Schweden vereinigt, könne der Kaiser es nicht aufnehmen.

Der Herzog habe doch auch viel vom schwedischen Übermut zu leiden, meinte Engelbrecht.

Das gab Georg zu: Oxenstierna möchte ihn am liebsten loswerden, und Banérs Extravaganzen wären vollends unleidlich, der traktiere uralte Reichsfürsten wie Trossbuben.

Darum gefalle es ihm wohl, sagte Engelbrecht schmunzelnd, dass der Kurfürst von Sachsen das Großmaul angeschnarcht habe, er solle sich aus dem Reich packen, oder er wolle ihm Beine machen. Der Banér habe den Bissen schlucken müssen, würge wohl noch daran, und wenn er daran ersticke, so sei es nicht schade.

Wenn er der schwedischen Gesellschaft ledig werden könnte, sagte der Herzog nachdenklich, so wäre er es gewiss zufrieden. Er wolle sich's noch überlegen, wolle auch, um sein Gewissen zu salvieren, bei den theologischen Fakultäten fragen, was vom Frieden zu halten sei. Denn es gehe ja in dieser Sache nicht nur um das Irdische, sondern auch um das Göttliche, und könne man über Geld und Gut unversehens das Seelenheil einbüßen. Eben darum sei der Fall so knifflig und durch eines Menschen Verstand allein nicht zu entscheiden.

Kaum war Engelbrecht abgereist, so kam der Generalmajor in schwedischem Dienst Lohausen mit Aufträgen Banérs, die den Frieden betrafen. Indem er die guten, in ein Gekräusel von Falten und Linien ein wenig zurückgezogenen Augen fest auf den Herzog richtete, sagte er, er wolle als ein deutscher Mann von Adel und Ehre zu einem deutschen Fürsten reden. Wer wollte den Frieden nicht herbeiwünschen, nach dem das ganze Reich und insbesondere die liebe Armut seufzte, Ja, wenn es sich um einen rechtschaffenen Frieden handelte, so müsste man wohl jedes Partikularbedenken beiseite setzen; aber wenn man recht zusähe, so habe nur der Kaiser den Kurfürsten von Sachsen um ein gutes Trinkgeld, nämlich die Lausitz und das Erzbistum Magdeburg, auf seine Seite gezogen, die anderen ständen draußen und könnten zusehen, wie sie ihre Habe unter Dach brächten. Die pfälzische Familie, um die eigentlich der Krieg ausgebrochen, sei vom Frieden ausgeschlossen und die Pfalz mit so vielen reformierten Seelen an die Katholiken, wohl gar an Spanien ausgeliefert. So wären auch die österreichischen und böhmischen Emigranten preisgegeben, und der Reformierten wäre mit keinem Worte gedacht, sodass sie inskünftig rechtloser als die Juden im Reiche wären. Ihnen, den deutschen Offizieren in schwedischem Dienst, habe der Kurfürst nur die Wahl gelassen, entweder in Kaisers Dienst zu treten oder den Dienst ganz, ohne Entschädigung zu quittieren, wonach sie denn auf das ewige oder auf das zeitliche Heil verzichten müssten. Sie hätten sich deshalb resolviert, bei den Schweden zu bleiben, wiewohl sie lieber, wenn es mit Ehren und der Religion unbeschadet hätte sein können, der Fremden entraten und in Deutschland nur mit Deutschen hausen möchten. Es sei doch auch nicht ohne, dass sie durch das Evangelium mit den Schweden verbrüdert und ihnen dankbar zu sein verpflichtet wären. Man müsste ja schamrot werden, wenn man diejenigen wie Missetäter aus dem Lande jagen wollte, die man kurz zuvor als Befreier begrüßt und deren Hilfe man sich gern gefallen lassen hätte. Banér sei zwar aufbrausend und tollköpfig, könne sich nicht bezähmen; aber von Grundsatz und Glauben würde er sich nie abbringen lassen, sondern bis zum letzten Blutstropfen um das Evangelium kämpfen. Ferner sei er dem Herzog wahrhaft ergeben, schätze ihn als Feldherrn hoch und möchte ihn nicht missen; wolle auch für seine Person nicht glauben, dass es wahr sei, was gemunkelt würde, dass der Herzog der gemeinsamen guten Sache abtrünnig geworden sei.

Herzog Georg seufzte. An Banérs Meinung sei ihm nicht so viel gelegen, sagte er, aber Lohausen, ein treuherziger deutscher Mann, dürfe nicht von ihm denken, dass er sich von seinen Glaubensgenossen absondern oder die Schweden mit Undank lohnen wolle.

Oxenstierna und Banér hätten ihm vielfach bitteres Unrecht getan, dennoch sei er zur Versöhnung bereit, wenn sie es wieder gutmachen wollten. Er sei doch aber an seine Vettern, an seine Stände und den niedersächsischen Kreis gebunden, sei auch Familienvater und müsse sorgen, dass er den Seinigen ihr Erbteil erhielte. Aus dem Beschluss, den er mit dem Landgrafen von Hessen und dem Herzog Wilhelm von Weimar gefasst hätte, nämlich, dass sie zwar den Frieden annehmen wollten, aber nur unter der Bedingung, dass die Schweden eine billige Entschädigung erhielten, könne Banér auch ersehen, dass er es treu und redlich mit ihnen meinte. Seine Arbeit sei jetzt, dem Kaiser beizubringen, dass er trotz des Friedens als General des niedersächsischen Kreises und zur notwendigen Defension das Recht habe, in der Kriegsrüstung zu verharren.

Unterdessen waren die herzoglichen Räte zu der Überzeugung gelangt, wenn der Herzog nur nicht in schwedischem Dienst stände, so wäre viel eher ein Verständnis mit dem Kaiser möglich, selbst wenn er, der Herzog, mit der eigentlichen Annahme des Friedens noch zögerte und etwa nur einen Waffenstillstand beliebte. Die Verbindung mit dem Reichsfeind, als welcher der Schwede vom Kaiser billigerweise angesehen werde, sei anstößig und könne zuletzt zur Ächtung des Herzogs führen, sodass es ihm wie dem guten seligen Pfalzgrafen erginge. Legte man dem Kaiser etwas Schriftliches vor, dass es mit dem schwedischen Dienst des Herzogs nichts auf sich hätte, so könnte wenigstens das Ärgste vermieden werden.

Wie das denn aber angehen sollte, fragte der Herzog, da er ja gerade den schwedischen Dienst aufzugeben Bedenken trüge?

Man könnte etwa eine Erklärung aufsetzen, war die Antwort, worin der Herzog sich mit der schwedischen Bestallung ausredete, wie wenn es eigentlich nicht an dem sei, was er in seinem Gewissen so auslegen könnte, dass er als deutscher Reichsfürst nicht wohl in Abhängigkeit von einem schwedischen Reichskanzler stehen könne.

Der Abhängigkeit sei er in der Tat vollauf überdrüssig, sagte der Herzog, und habe sie auch niemals als ein Faktum Betrachtet, was alle seine Offiziere bezeugen könnten.

Freilich, stimmten die Räte ein, und er brauche sich ja auch in Zukunft nichts bieten zu lassen.

Sie sollten also immerhin eine Erklärung aufsetzen, befahl der Herzog, jedoch so, dass er in seinem Gewissen salviert sei, wenn er das schwedische Generalat doch einstweilen behielte.

Demnächst wurde dem Herzog ein Formular vorgelegt, in welchem er erklärte: dass, ungeachtet Uns der eine oder andere für einen von der Krone Schweden bestallten General habe halten wollen, Wir niemals und zu keiner Zeit, weder unter der Königlichen Majestät von Schweden glorwürdigen Andenkens und noch viel weniger nach derselben höchst zu beklagenden Ableben Uns eines solchen oder ähnlichen Titels eigentlich angenommen haben, da Wir als ein Fürst und Glied des Reichs und unperturbierlich in einer solchen Qualität begriffen, von welcher importante Veränderungen mitgeführter Inkonvenienzen halber zu exkludieren, wiewohl Wir aus gewisser Rücksicht nach der Königlichen Majestät zu Schweden seligem Ableben von besagtem Titel Abstand zu nehmen Uns ohne Präjudiz nicht haben unterwinden wollen.

Nachdem der Herzog sich diese Erklärung mehrere Male hatte vorlesen lassen, schüttelte er den Kopf und sagte, sie lasse sich nach beiden Seiten etwas zu weit heraus, müsse noch etwas besser verklausuliert werden, damit kein Loch in seinem fürstlichen Wort gefunden und seine Ehre nicht angegriffen werden könne. Von der verbesserten Fassung urteilte der Herzog zwar, indem er sich hinter den Ohren kraute, sie komme ihm sehr kraus und dunkel vor, da jedoch die Räte meinten, man könne es darauf ankommen lassen, ob sie in der kurfürstlichen und kaiserlichen Kanzlei verstanden würde, gab er sich zufrieden und ließ sie abgehen.

Als um diese Zeit Oxenstierna aus Paris zurückkam, wohin er sich zur Befestigung der Bundesbeziehungen begeben hatte, und von den Umtrieben der Herzogs erfuhr, beschloss er, seinem Abfall zuvorzukommen und die Offiziere seines Heeres von ihm ab auf die schwedische Seite zu ziehen. Freudig ergriff der Generalmajor Speerreuter, der bereits in allerhand Konflikte mit dem Herzog geraten war, die Gelegenheit, sich von diesem unabhängig zu machen, ja in seine Stellung einzurücken, überredete den größeren Teil der Offiziere und rückte mit dem Hauptteil des Heeres, seine bisherigen Quartiere verlassend, ins Lüneburgische. Auf einen entrüsteten Brief Herzog Georgs antwortete Speerreuter, er handle auf Befehl des Kanzlers Oxenstierna, zu dessen Dienst er, als von ihm besoldet, verpflichtet sei, und hoffe, der Herzog werde sich dergestalt mit dem Kanzler vereinbaren, dass er, Speerreuter, sich auch künftig von dem Herzog könnte gebrauchen lassen.

Der Erzbischof von Trier, Philipp von Sötern, wurde in der Frühe durch lautes Puffen und Knattern von Schüssen aus dem Schlafe geschreckt. Er läutete, um zu fragen, was das zu bedeuten habe, und sagte ärgerlich zu seinem Kammerdiener Wiedmann, den der Lärm gleichfalls geweckt hatte und der im Schlafrock herbeikam, er müsse durchaus den Übermut der Franzosen dämpfen, ihre Prätentionen fingen an unleidlich zu werden. Es wäre neugierig, zu sehen, brummte Wiedmann, wie der Fürst den Franzosen die Großmäuligkeit und Vanität auszutreiben dächte; das wäre, wie wenn man der Sau die Borsten abgewöhnen wollte, Gott habe sie sich leider so aus der Hand schlüpfen lassen. Aber er könne nicht recht einsehen, fügte er hinzu, wie sie das Kanonenfeuer verursacht haben sollten, wenn es nur nichts anderes zu bedeuten hätte.

Was sollte es anderes zu bedeuten haben?, sagte der Kurfürst. Die Franzosen schössen aus purem Mutwillen oder zum Schabernack.

Das Schießen nahm jetzt zu, und Wiedmann sprang ans Fenster, ob etwas wahrzunehmen wäre. Wenn seine Domherren nicht so aufrührerische und räuberische Leute wären, schalt der Kurfürst, so hätte er die Franzosen nicht nötig, könnte sich selbst gegen alle Übergriffe schützen und seine fürstliche Souveränität erhalten. Er wollte, dass die Schüsse stracks in ihr galliges Eingeweide führen, da sie allein seiner Leiden und beständigen Aufregungen Ursache wären.

»Jesus Maria!«, rief Wiedmann vom Fenster her, »die Straßen sind voll Laufen, Schreien und Schießen! Wir müssen uns in Defension setzen!«

Narrheit!, entgegnete der Kurfürst; er unterhalte ja die Franzosen zu seiner Defension, wolle hoffen, dass sie ihre Pflicht täten. Jetzt werde er aufstehen und nach dem Rechten sehen, es sei sicher nichts als eine Feuersbrunst oder sonst ein blinder Lärm, aber die Dummheit mache die Leute kopflos.

Während Wiedmann mit zitternden Händen den Kurfürsten ankleidete, kam ein französischer Adjutant mit der Meldung, die Spanier hätten sich bei der Morgendämmerung zu Schiff in die Festung eingeschlichen, sie gedachten sie aber schimpflich wieder hinauszujagen.

Was? Was?, rief der Kurfürst. Ob die Hundsbuben schon in der Stadt wären? Ob denn die Besatzung nicht auf ihrem Posten gewesen wäre?

In der Stadt?, schrie Wiedmann. Auf dem Schlosse würden sie gleich sein. Besatzung? Die Windbeutel hätten natürlich miteinander geschwatzt und gefaselt und darüber die Festung verloren. Hätte er doch die gleisnerischen Fratzen nie gesehen! Aber der Kurfürst habe die Vernunft zur rechten Zeit nicht annehmen wollen.

Dieser bot Wiedmann eine Maulschelle an, während er im Ungestüm vergebens in den Ärmel seines Oberkleides zu fahren suchte. Wenn Wiedmann ihn wahrhaft liebte, sagte er, würde er ihn jetzt nicht mit ungereimten Vorwürfen überlaufen.

»Hilf Gott«, rief Wiedmann, »wenn ich Eure Fürstliche Gnaden nicht so liebte, würde ich mir alles so zu Herzen nehmen? Habe ich Sie nicht auf den Knien gebeten, die Lausbuben von Franzosen nicht hereinzulassen? Habe ich nicht vorausgesagt, dass, wenn Gott auch ein Auge zudrückte, der Kaiser doch den Abfall nicht ungestraft lassen würde?«

»Lass dich aufhängen mit deinem Kaiser«, schimpfte der Kurfürst, »so hängen zwei Gauner an einem Strick.« Woher denn die Spanier kämen, und wer sie anführte?

Wiedmann lief fort und rief zurückkehrend schon in der Tür, der Maillard führe sie an, der früher beim Herrn von Metternich Sekretär gewesen sei, und der Metternich selbst sei auch da.

Der Kurfürst schleuderte den Pantoffel, den er eben an den Fuß ziehen wollte, nach dem Kopfe seines Kammerdieners. Das Schloss solle besetzt werden!, befahl er laut schreiend. Wenn es sonst nicht lange, müsse die Bürgerschaft her, ihn zu verteidigen. Der hundsföttische Metternich dürfe den Fuß nicht ins Schloss setzen. Die Bürgerschaft sei für den Galgen reif, wenn sie nicht ihr Blut einsetzte, um ihren fürstlichen Herrn vor Schimpf zu bewahren.

Da bilde sich der Kurfürst ein wenig zu viel ein, sagte Wiedmann; er habe die Bürgerschaft gar zu wenig respektiert, als dass sie ihn lieben sollte.

»Ich will sie's lehren, die Schelme!«, sagte der Fürst. Wenn aber das Galgengesicht, der Metternich, doch hereinkäme, so sollte er nicht etwa meinen, dass er, Sötern, sich die Sache zu Herzen nähme. Wiedmann solle ihm sogleich seine schöne rote Mütze und Kragen bringen, auch das Zetern und Händeringen beiseite setzen, damit die Bösewichter sich nicht ins Fäustchen lachten.

Es währte nicht lange, so hörte man trabende Pferde, Kommandieren und Durcheinanderlaufen, das Schloss wurde besetzt, und Metternich betrat mit dem Obersten Maillard, unangemeldet die Tür aufreißend, das Zimmer, wo der Kurfürst prächtig gekleidet und anscheinend gelassen in einem Sessel saß.

»Da haben wir den alten Wolf in der Falle!«, rief Metternich lachend. »Nur herein in den Käfig!«

»Ist das die Art, seinen Fürsten zu begrüßen?«, sagte der Kurfürst. Wo es denn Sitte sei, dass Kavaliere sich so bäurisch und ungebührlich aufführten?

Oberst Maillard machte eine kurze Verbeugung und sagte, der Kurfürst habe es selbst verschuldet, dass man so mit ihm umspringe. Er solle sich fügen, Widerbellen sei umsonst, er sei jetzt Gefangener des Kaisers und des Königs von Spanien, die würden weiter über ihn verfügen.

Er brauche nicht so viel Umstände mit dem Ächter zu machen, warf Metternich ein. Er habe den Kopf verwirkt, könne Gott danken, dass sie ihn noch verschonten.

»Du wirst deine losen Reden noch bereuen!«, drohte der Kurfürst, die Faust gegen Metternich schüttelnd. Wer ihn denn in die Acht getan habe? Das sei eine neue Mode, die höchsten Reichs- und Kirchenfürsten, wie wenn man in der Türkei wäre, zu ächten. Der Papst und der König von Frankreich würden seinen Widersachern den Kopf waschen.

Jetzt heiße es Maul halten, befahl Metternich. Wenn er noch weiter sperenzierte, würde man andere Mittel ergreifen.

Er weiche der Gewalt, sagte der Kurfürst. Wiedmann sei Zeuge, dass ihm Gewalt angetan werde.

Ach Gott, jammerte Wiedmann, der Fürst käme doch nicht so fort, ohne seine Morgensuppe gegessen zu haben.

Werde gut tun, sich beizeiten das Hungern anzugewöhnen, höhnte Metternich.

Sie wollten warten, sagte Maillard, bis der Kurfürst einen Imbiss genommen hätte. Er solle sich aber sputen.

Wiedmann läutete, bestellte das Frühstück und beschwor Maillard und Metternich, sie sollten ihm erlauben, den Kurfürsten zu begleiten. Der Kurfürst inkliniere schon zum Alter, fange mit allerlei Gebrechen zu laborieren an, müsse doch als ein hochvornehmer Herr Bedienung haben. Die Majestäten würden gewiss einem hohen Kirchenfürsten nicht verwehren, was einem einfachen Edelmann in der Gefangenschaft zuständle.

Der Kurfürst habe Leib und Leben verwirkt, entgegnete Maillard, könne nur auf Gnade Anspruch machen. Aber es sei ihm bekannt, dass Wiedmann ein redlicher Mann und an den Exorbitanzien und Teufeleien seines Herrn unschuldig sei; wenn er es aus gutem Herzen tun wolle, so dürfe er ihn begleiten.

Wiedmann bedankte sich und machte sich mit der Morgensuppe zu schaffen. Nun sei ihm das Herz ein wenig leichter, sagte er, da er selbst für den Fürsten sorgen könne. Ob der Fürst nicht ein paar Krebsaugen in Wasser zu sich nehmen wolle?

Wiedmann scheine zu glauben, dass er sich alteriert habe, sagte der Kurfürst scharf mit einem bösen Blick auf seinen Diener. Er fühle sich heiter und wohlauf als einer, der im Recht sei. Die möchten zittern, die ein böses Gewissen hätten.

Sowie der Fürst gegessen hatte, wurde er nebst Wiedmann in eine Kutsche gesetzt und zunächst nach Luxemburg, dann nach Brüssel und endlich nach Wien geführt und gefangen gehalten. Durch diese Gewaltmaßregel behauptete der König von Frankreich, als Schutzherr des Kurfürsten von Trier, beleidigt zu sein, und nachdem er ein Bündnis mit Holland geschlossen hätte, erklärte er dem König von Spanien förmlich und feierlich den Krieg, nicht aber dem Kaiser, den er einstweilen nur mittelbar bekämpfen wollte.

An jenem Frühlingstage, als die Spanier in Trier einfielen, zog sich der Straßenkampf zuletzt beim Jesuitenkloster zusammen, hinter welchem die Franzosen sich verschanzt hätten und aufs Äußerste verteidigten. Ihre Bitte um Einlass, damit sie einen festen Platz gewinnen, schlug der Profess ab; aber er gestattete, dass einige Väter, unter denen Friedrich von Spee war, hinausgingen, um die Verwundeten beider Parteien beiseite zu tragen und zu erquicken und den Sterbenden beizustehen. Ein schwer verwundeter Deutscher, dem Spee Wasser einzuflößen versuchte, verlangte nach einem evangelischen Geistlichen; mit den Jesuiten wolle er nichts zu tun haben. Freundlich sich über den Sterbenden beugend, sagte Spee, er wisse nicht, wo ein evangelischer Feldprediger sei, könne jetzt auch nicht suchen; sie wären alle eines Gottes Kinder, der Soldat möge zulassen, dass er, Spee, mit ihm betete. Nein, stöhnte jener, den Kopf gewaltsam von der Wasserflasche wegwendend, jesuitisch gebetet sei schlimmer als geflucht. Mit der Erde sei es jetzt vorbei, so wolle er sich den Himmel nicht verscherzen. »Quäle dein Herz nicht mit Hass«, bat Spee, vergib deinen Feinden, damit Gott dir deine Sünden vergebe.« »Fort, du Teufel!«, röchelte der Verwundete, indem er Spee mit seiner letzten Kraft zurückstieß und dann, mit dem Kopf auf das Pflaster schlagend, verschied. Spee betete bei dem Toten, drückte ihm die Augen zu, faltete seine Hände und ging traurig weiter.

Wie er sich unbekümmert zwischen den Kämpfenden bewegte, traf ihn eine Kugel an der Schulter, welche Verletzung anfangs für ungefährlich gehalten wurde, aber nach einigen Monaten seinen Tod herbeiführte.

Während seines langen Krankenlagers hielt ihm sein Beichtvater vor, er habe unrecht getan, indem er beim Einfall der Spanier sich auch der sterbenden Ketzer angenommen habe, ohne sie zu bekehren, ja sie sogar trotz ihres Irrglaubens der Gnade Gottes vertröstet habe. Spee entschuldigte sich damit, dass keine Zeit zum Disputieren gewesen wäre, worauf der Beichtvater erwiderte, es handle sich nicht um Disputieren, sie hätten sich vielleicht in der Todesangst bekehrt, wenn sie sonst keinen Beistand gefunden und die Hölle recht sichtbar vor Augen gehabt hätten. Das habe er sich nicht getraut, sagte Spee zaghaft, von der Todesangst der armen Leute zu profitieren. Der Beichtvater entrüstete sich. Man tue ihnen ja Gnade über Verdienst an, wenn man sie zur Kirche brächte, sagte er, sei es auch mit etwas Schleppen und Stoßen. Nun wären sie ja verdammt und voraussichtlich auf ewig in der Hölle, wo ihnen weit ärger zugesetzt würde als mit ein paar Fußtritten oder Rippenstößen.

Spee schlug klagend die Hände vor sein abgezehrtes Gesicht, in das die dünnen grauen Haare fielen. Wenn er etwas an den Unglücklichen versäumt hätte, sagte er, so hoffe er, dass Gott es an ihm und nicht an ihnen heimsuche. Sein Gewissen irre vielleicht; er habe aber nicht besser entscheiden können.

Freilich irre das menschliche Gewissen, sagte der Beichtvater strafend, darum sei der Gehorsam da, wodurch Irrtum verhindert und den Schwachen fruchtloser Kampf erspart würde. Aber eben am Gehorsam habe es Spee von jeher gemangelt. Unter der Larve der Demut sei er eigensinnig, verstockt, selbstwillig, hochmütig, rebellisch. Er habe gesündigt, indem er sich nach der eigenen Vernunft habe regulieren wollen, und wenn er es nicht bereute, so müsse er ohne Absolution hinfahren und habe im Jenseits böse Folgen zu befürchten.

Christus sei doch aber für die Heiden gestorben, ohne ihnen zu fluchen, wandte Spee schüchtern ein.

Er wolle sich wohl gar mit Christus vergleichen? schalt der Beichtvater. Da sehe man, zu was für Freveln der Hochmut führe. Eben weil Christus für die Heiden gestorben sei, habe sich Spee dergleichen nicht anzumaßen, dergleichen sei viel zu hoch für ihn.

Gott wolle von ihm nur das Opfer des Gehorsams; alles andere sei vom Teufel eingeblasen.

Spee atmete leichter, wenn er das Gesicht des Beichtvaters nicht mehr wie einen Felsklotz auf sich herunterdrohen sah.

Ja, einer Sünde war er sich bewusst; dass er als Jüngling, nachdem er ein Tier, einen armen kleinen Esel, unter den Schlägen seines Treibers hatte zusammenbrechen sehn, in ein Kloster gegangen war, um sich vor dem Anblick des Leidens der Kreatur zu schützen, und um ihn zu strafen, hatte Gott ihn bestimmt, allezeit und allerwärts Leiden zu sehen und mit zu leiden; so viel hatte er mitgelitten, dass es ihm war, als habe er sein Leben damit aufgezehrt und müsse sterben, weil ihm die Kraft, zu leiden, ausgegangen sei. Sollte es möglich sein, dass er irrte, wenn er zu helfen suchte? Griff er damit in Gottes Weltplan ein, der diese Leiden vielleicht angeordnet hatte? Was bedeutete denn auch eine helfende Hand unter tausend Händen, die quälten!

In seiner Erinnerung tauchten die Frauen mit blutigen Augen und von der Folter verkrümmten Gliedern auf, die er in Würzburg im Feuer hatte sterben sehn; um sich vor diesen Bildern zu retten, kehrte er den Blick nach dem Fenster, durch das er über einer bräunlichen Mauer den Sommerhimmel blitzen sah. Wenn er nur einmal noch, dachte er, vor der Stadt auf einer Wiese liegen könnte, von Himmel und Erde umschlossen, ein zitternder Staub in der Hand Gottes! Immer hatte er sich draußen in der Weite der göttlichen Liebe am nächsten gefühlt und unfehlbar gewusst, dass Gott mit ihm war, wenn er, so gut er es verstand und vermochte, denen half, die litten, und denen wehrte, die quälten. Sehnsüchtig heftete er die trockenen Augen auf das Stückchen Himmel, das er funkeln sah wie das lockende Ufer der Ewigkeit. Würde dort wieder Kampf und Leiden oder würde dort der Friede sein? Was immer, er gab sich willig hin. Indem er die Hände faltete und die Augen schloss, wurde es in ihm licht, und er fühlte sich hoch und höher hinaufzufliegen. Himmel und Erde schienen zu weichen und verschmelzend und verschwindend einer neuen strahlenden Hülle Raum zu geben, in die er wie eine aus dem Käfig erlöste Lerche freiheitberauscht und von den wiedererkannten Elementen fortgerissen stürzte.

Von Frankreich, das jetzt seine einzige Hilfsquelle war, ohne Unterstützung gelassen, entschloss sich Herzog Bernhard bitteren Herzens, das rechte Rheinufer zu verlassen. Nachdem er den an Oxenstiernas Stelle getretenen Vizedirektor des Bundes, den Rheingrafen Otto, nach Frankfurt geführt und den Magistrat ermahnt hatte, sich durch die vom Kaiser ausgeworfene Friedensangel nicht verlocken zu lassen, legte er nach Worms, Mainz und Kaiserslautern Besatzungen und trat den Rückzug an. In Frankenthal, wo ihn der von Heidelberg kommende Philipp Ludwig, Administrator der Pfalz, begrüßte, meldeten sich bei den beiden Fürsten einige Beamte und trugen ihnen vor, es stehe bei ihnen der Sarg mit dem Leichnam des Königs von Böhmen, den sie wegen der launischen Zeitläufte noch immer nach Heidelberg zu überführen gezögert hätten. Sie erbaten des Herzogs und des Pfalzgrafen Meinung, wie sie sich bezüglich desselben verhalten sollten, denn abgesehen davon, dass bei ihnen nicht das rechte Quartier für einen so erlauchten Fürsten aus uraltem Geschlechte sei, so stehe fast zu fürchten, dass er auch hier gestört werden und etwa von mutwilligen Feinden einen Schimpf empfangen könnte.

Das habe er nicht gewusst, sagte Herzog Bernhard, dass der König seine Ruhestätte noch nicht gefunden habe; er wolle den Ort selbst in Augenschein nehmen.

Die Beamten führten ihn und den Pfalzgrafen zur Hauptkirche, wo der Küster eine Weile zwischen ungeheuren Schlüsseln kramte und dann einen hinter der Sakristei gelegenen Verschlag öffnete, in dem zwischen Kisten und Brettern der Sarg gefunden wurde.

Gebückt in dem niedrigen Raume fuhr der Küster mit der Laterne über den Sarg, damit man die in das Zinn eingelassenen Namenszüge und das Gepräge auf den Petschierungen sähe. Das sei freilich keine würdige Stätte für eines Königs Sarg, sagte der Herzog die Brauen faltend.

Er sei hier wenigstens vor Unbilden sicher gewesen, sagten die Beamten, sie wären es aber wohl zufrieden, wenn der Herzog ihnen die Verantwortung abnähme. Man wisse ja nicht, was für Veränderungen bevorständen.

Nach einigem Besinnen sagte Bernhard, er hoffe, dass die Besatzungen, die er in die rechtsrheinischen Plätze gelegt hätte, sich hielten, bis er mit französischer Verstärkung zurückkäme. Er wolle aber nicht leugnen, dass die nächste Zukunft schwer und dunkel sei. Es sei fast kein Stand mehr im Reich, der nicht des Friedens um jeden Preis habhaft werden wolle. Man habe ihm schöne Worte ins Gesicht gesagt, aber er wisse wohl, wie es hinter seinem Rücken lauten werde. Feigheit und Schwäche schössen jetzt überall auf, und sein einziges Schwert könnte des Unkrauts nicht mächtig werden. So möchte es das Beste sein, dass er den Sarg mitnähme und einstweilen in Metz oder Sedan verwahren ließe.

Das wolle ihm nicht in den Sinn, sagte Philipp Ludwig, dass seines Bruders Leichnam aus dem Reiche geführt würde; und die Beamten setzten zögernd hinzu, besser wäre es wohl, wenn der arme Herr in Heidelberg bei seinen Vätern ruhen könnte.

Im Reiche sei jetzt keine Ruhestätte, sagte Bernhard finster. Es sei in diesem Kriege schon vorgekommen, dass man Kranke aus den Betten und Tote aus den Särgen gerissen hätte.

Wenn Bernhard nun unterwegs angegriffen würde, wandte der Administrator ein, so sei der Sarg vollends ausgesetzt und könne das heimatlose Gebein noch auf den wüsten Feldern verstreut werden.

Das wolle er über sich nehmen, entschied Bernhard. Er werde den Rückzug so ausführen, dass ihm keine Schuhsohle von der ganzen Mannschaft verloren ginge.

In Zweibrücken schloss sich dem weichenden Herzog der Pfalzgraf Johann II. an, nachdem seine Räte es für notwendig erklärt hatten, dass er sein bedrohtes Land verließe, um nicht in Feindeshand zu fallen. Es war um Johanni, als der Pfalzgraf sich im Schlosse von den Räten verabschiedete. Es falle ihm schwer, sagte er, sein neues Volk zu verlassen; aber da es sein müsse, füge er sich und empfehle es ihnen und Gott.

Die Räte versicherten ihre Ergebenheit und fügten hinzu, Gott tue allezeit Wunder, und wenn der Sturm vorübergebraust wäre, kehrte der Pfalzgraf wohl vergnügt in ihre Mitte zurück.

Der Pfalzgraf, dem die Augen voll Tränen standen, gab jedem der Herren die Hand, was auch die Pfalzgräfin tat, die hinter ihrem Tuche schluchzte.

Der Pfalzgraf solle nur seine Gesundheit recht in acht nehmen, sagte der eine der Räte; er habe in der letzten Zeit merklich abgenommen.

»Das Alter und der Gram!«, sagte die Pfalzgräfin, indem sie den Herren traurig zunickte. Auf dem Schlossplatz hatten sich viele Menschen angesammelt, um den Abreisenden Lebewohl zu sagen, und ein sauber gekleidetes Mädchen überreichte der Pfalzgräfin einen Strauß roter und weißer Rosen. Der Pfalzgraf wendete sich an die Umstehenden und sagte, so laut er konnte, er lasse sie in der Obhut seiner Räte zurück und hoffte, sie würden ihnen gehorchen, wie wenn er selbst es wäre. Sie wüssten wohl alle, dass sein Sohn das Schwert ergriffen hatte, um sein Volk und den heiligen Glauben zu schützen, der ihnen von ihren Vätern überliefert wäre. Wenn etwa wider Verhoffen das Glück seinem Sohn abhold wäre und wenn etwa auch ihm selbst etwas zustieße, so bäte und ermahne er sie, dass sie lieber Gut und Blut aufopferten als ihren Gott. Unter lautem Zuruf und Schluchzen der Menge bestieg das Paar die Kutsche, die sich langsam in Bewegung setzte. Da einige Stimmen »Auf Wiedersehen!« riefen, schüttelte der Pfalzgraf mehrmals den grauen Kopf; er wollte etwas sagen, vermochte es aber nicht und deutete stumm mit der Hand nach dem Himmel.

Johann II. reiste nach Metz, während Herzog Bernhard in Saarbrücken blieb und Feuquières erwartete, der in seinem Auftrage nach Chaumont gegangen war, um das französische Hilfsheer unter dem Kardinal La Valette zur Eile anzutreiben. In dem Blick des Franzosen, der sich zögernd und besorgt auf Bernhard richtete, las dieser die Enttäuschung seiner letzten Hoffnung. So lasse ihn denn der König im Stich, sagte er bitter, so sei denn alles verloren. Er hätte es auch allein mit seinen geringen Kräften wagen wollen, dem Feinde den Proviant abzuschneiden und ihn dadurch aufzuhalten, aber seine Offiziere hätten es für unmöglich erklärt. Nun sei alles aus. Piccolomini und Gallas rückten heran, Worms habe schon kapituliert, bald werde Kaiserslautern auch übergeben.

Feuquières sagte, er habe es an Briefen und Vorstellungen nicht fehlen lassen, um den Sukkurs zu befördern. Auch vom Hofe aus sei der Kardinal La Valette angewiesen, Bernhard schleunig zu Hilfe zu kommen.

Bernhard zuckte die Achseln und schwieg.

Es sei ihm schmerzlich, fuhr Feuquières fort, an einem Helden wie Bernhard den Ausdruck trostloser Gleichgültigkeit wahrzunehmen.

»Meine Seele ist drüben geblieben«, sagte Bernhard, »und ich bin nur ein nachtwandelnder Körper, bis ich wieder drüben bin.«

Feuquières sah erstaunt und bewegt des Herzogs nasse Augen. Ob er denn gewiss glaube, fragte er, mit dem Sukkurs etwas ausrichten zu können?

Ob er das glaube?, rief Bernhard aufspringend. Er wisse es. Er habe nicht den geringsten Zweifel. Sein Plan sei für den Fall schon fertig, er wolle es Feuquières auf der Karte zeigen. Er würde dann augenblicklich wieder über den Rhein gehen, Frankfurt schützen, dem Feinde den Proviant abschneiden. Der Landgraf von Hessen und der Herzog von Lüneburg würden ihm die Hand reichen, er habe gewisse Nachricht, dass sie den Prager Frieden nicht annehmen wollten. Sein blasses Gesicht hatte sich gerötet, seine Augen leuchteten.

Er wünschte, sagte Feuquières, es gelänge ihm, dem König die Lage deutlich zu machen. Wenn der König nur völlige Sicherheit über Bernhards Anhänglichkeit hätte, so würde er gewiss nicht zögern, seine billigen Wünsche zu befriedigen.

»Ist es königlich«, sagte Bernhard leidenschaftlich ausbrechend, »mit einem Ertrinkenden um den Preis seiner Rettung zu feilschen?« Was für Grund der König habe, an seiner Pflichttreue zu zweifeln? Er habe bisher geleistet, was er versprochen, ihn habe man im Stich gelassen. Verlassen und verraten, sehe er sich gezwungen, in das schimpfliche Grab des Prager Friedens zu steigen.

Nein, sagte Feuquières, das dürfe nicht sein! Ob er denn nicht lieber die Freundeshand, die der König ihm huldvoll biete, ganz und ohne Vorbehalt ergreifen wolle?

Der Herzog warf einen Blick auf Feuquières, in dem Zorn, Stolz und Scham lag. Der König und er, sagte er, hätten ihre Interessen vereinigt: der

König gebe das Geld, er seine Kraft und sein Blut. Übrigens sei er ein freier deutscher Fürst und verkaufe sich nicht.

Aufmerksam und nachdenklich betrachtete Feuquières den jungen Herzog; es kam ihm so vor, als sähe er eine Träne über sein mageres Gesicht schleichen.

Er, Feuquières, sagte er, sei ein treuer Diener seines Königs. Ob ihn Bernhard deswegen geringschätze? Ob Bernhard daran zweifle, dass er ihn liebe und sich glücklich schätzen würde, unter seinem Befehl zu kämpfen?

Nein, sagte Bernhard freundlich, er sei davon überzeugt. Feuquières habe viel für ihn getan, und er sei ihm Dank schuldig.

Nach etwa vierzehn Tagen konnte Feuquières dem Herzog melden, dass La Valette mit einem Sukkurs von 8000 Mann unterwegs sei; er sei bereit, dem Kardinal entgegen zu reisen und ihn zu größerer Eile anzutreiben. Bernhard reichte dem Überbringer so erwünschter Nachricht beide Hände; nein, sagte er, das wolle er selbst tun, um sich mündlich mit La Valette zu verständigen. Feuquières schwieg verlegen und gestand endlich, er habe bereits viel darüber nachgedacht, wie diese Begegnung zu gegenseitiger Satisfaktion eingerichtet werden könne. Den seltenen Fall, dass ein französischer Kardinal und ein deutscher Reichsfürst sich als Oberfeldherren eines königlichen Heeres trafen, habe das Zeremoniell nicht vorausgesehen und nichts dafür festgesetzt. Er wolle Bernhard nicht verhehlen, dass die Furcht, der zu erhoffende Erfolg könne an dieser Schwierigkeit scheitern, ihm den Schlaf raube.

Bernhard besann sich einen Augenblick. Er sei bereit, sagte er langsam, in diesem Falle von seinen Rechten und Ansprüchen, wenn auch unvorgreiflich, etwas preiszugeben und dem Kardinal bei der Begrüßung den Vorrang zu lassen. »Das wird die bitterste Frucht nicht sein, die dieser Baum trägt«, setzte er hinzu.

»Der Lorbeer ist bitter«, sagte Feuquières.

Bernhard nickte schweigend. Würden ihm seine Taten Lorbeer tragen? Wusste er, was für ein Reis er eingrub, hastig, zu Pferde um Mitternacht? Gott würde sein Herz und seinen Willen ansehen. Hatte er nur wieder ein Heer hinter sich und ein Schwert in der Hand, so wollte er auch Fluch und Unheil zum Segen wenden.

Die Akten von Schaffgottschs Prozess riefen große Enttäuschung in Wien hervor, indem durchaus nichts Neues und Erhebliches über die Wallensteinische Sache zutage gefördert worden war und die Verteidigung alle Anklagen so geschickt zurückgewiesen hatte, dass vielmehr der Vorwurf am Kaiser hängen blieb, als habe er die bezichtigten Offiziere gleichsam selbst zu Schuldigen gemacht, dadurch, dass er Wallenstein zu große Macht eingeräumt hätte. Der Kaiser sprach sich sehr beunruhigt aus: man habe ihm so viel von Briefen und Schriften gesagt, aus denen die höllische Verschwörung offensichtlich hervorginge, er warte aber noch immer darauf, und es werde inzwischen böswilliger Verleumdung, als habe er einen treuen, verdienten Diener hinterrücks umbringen lassen, Tür und Tor geöffnet. Er wisse gar nicht mehr, woran er sei; ob es denn etwa gar an dem sei, dass der Wallenstein ihn von Land und Leuten bringen und mit seinem ganzen Hause habe ausrotten wollen?

Schlick und Slawata trösteten: durch die Diener des alten Terzka werde noch vielerlei an den Tag kommen; Schaffgotsch sei leider ein verstockter Bösewicht, mit dem zu glimpflich umgegangen würde. Es liege ja auch schon kaiserliche Verordnung vor, die Schärfe gegen ihn zu gebrauchen, und es sei unbegreiflich, warum man damit angehalten hätte. Wegen der Folter hatte der Kaiser Bedenken: ob es üblich sei, sie anzuwenden, wenn einer schon zum Tode verurteilt sei, und Schaffgotsch sei doch von altem Adel, sogar mit Fürsten verschwägert. Er wolle Gutachten darüber einholen, sagte Schlick, Unrecht solle ihm nicht geschehen.

Infolgedessen erhielt Götz, der Präsident des Gerichtshofes in Regensburg, das den Grafen Schaffgotsch zum Tode verurteilt hatte, einen Brief Schlicks: der Prozess befriedige dieserorts durchaus nicht, sei schlampig geführt, der Kaiser habe ein ganz anderes Ergebnis erwartet, es müsse durchaus noch etwas über die Rebellion beigebracht werden, namentlich über des Friedländers hochverräterische, mörderische Absichten. Käme man anders nicht zum Ziele, müsse zur Folter geschritten werden, womit man nicht so lange hätte warten sollen. Durch den Schaffgotsch könne am ehesten Licht in den höllischen Abgrund fallen, die Gelegenheit dürfe nicht vorübergelassen werden, es könne sonst vielen hohen Personen Schaden daraus erwachsen.

Götz warf den Brief ärgerlich auf den Tisch und fuhr sich durch die Haare. Wenn er das gewusst hätte, sagte er zu seinem Diener, so hätte er sich niemals mit dieser Schweinerei eingelassen. Sie schienen ihn in Wien für einen Henker zu halten. Dergleichen wäre nicht für einen redlichen Kavalier. Sie sollten selber melken, wenn sie Blut saufen wollten.

In der Stadt, sagte der Diener, sei der Verurteilte ungemein beliebt; viele Frauenzimmer und auch Männer hätten seinetwegen Trauer angelegt.

Ja, die Regensburger, das wären alle Galgenvögel, brummte Götz. Der Schaffgotsch sei auch ein Verräter, und es geschähe ihm ganz recht, wenn nur er seine Hand nicht dabei im Spiele haben müsste; er sei ein schlichter Kriegsmann, wolle mit den Schreibersachen und Malefizwesen nicht beladen sein.

Auf den erhaltenen Befehl hin wurde Schaffgotsch am vorletzten Mai aus seiner Wohnung auf der Heide nach dem Rathause gebracht, wo die Tortur vorgenommen werden sollte. Dem Konstantin von Wegner, der neben Schaffgotsch in der Kutsche saß, schlugen die Zähne aufeinander; das könne nichts Gutes zu bedeuten haben, sagte er. Wegner meine doch nicht etwa, sagte Schaffgotsch, dass die Schufte ihn meuchlings abstechen wollten? Dann würde er sich zur Wehr setzen! Er wolle sein Blut teuer verkaufen!

Ach Gott, nein, sagte Wegner, das meine er gewiss nicht. Aber es sei doch ein übles Zeichen, dass sie so mitten in der Nacht auf das Rathaus gebracht würden.

Ein paar Tage darauf wurde der Graf bei Anbruch der Nacht in den Keller geführt, um noch einmal verhört und gefoltert zu werden.

Als er nach Verlauf von drei Stunden wieder heraufgebracht wurde, stand Wegner mit bleichem Gesicht auf dem Flur, einen Krug Bier in der Hand, den er seinem Herrn reichte.

Schaffgotsch schluchzte und keuchte, er konnte sich kaum auf den schlotternden Beinen halten, und Wegner musste ihm helfen, den Krug zum Munde zu führen. »So haben sie mich zugerichtet, die Schufte!«, stieß er, halb schreiend, halb schluchzend hervor, »ich bin nichts mehr als ein stinkendes Stück Fleisch für den Schindanger.« Wegner führte ihn in sein Zimmer, brachte ihn zu Bett und saß die Nacht durch am Bette des Fiebernden. Er leide das um des Evangeliums willen, sagte er zu ihm, Gott werde es ihm im Himmel lohnen.

Als sich Schaffgotsch nach einigen Tagen wohler fühlte, sagte er zu Wegner, im Grunde sei es gut und wohl ein Werk der Vorsehung, dass sie ihn gefoltert hätten; denn da er nichts bekannt habe, sei doch seine Unschuld nun klar erwiesen und müsse der Kaiser ihn begnadigen, wenn anders er nicht als ein grausamer, despotischer Nero vor der ganzen Welt bloßgestellt sein wollte.

Ach Gott, sagte Wegner, was er denn mit diesem zertretenen Leib, wenn er ihm auch geschenkt würde, anfangen wollte? Er habe ja anfangs selbst gesagt, wenn er in Henkers Hand gewesen und entehrt sei, sehe er sich schon als einen Toten an.

Das habe er in Wut und Scham so herausgesagt, erwiderte Schaffgotsch, dessen Augen ein paar in der stillen blauen Luft spielenden Schmetterlingen folgten; aber des Kaisers Wort könne ihn ja auch wieder ehrlich machen. Er müsse doch um seiner Kinder willen nach dem Leben trachten. Oder ob Wegner es ihm nicht gönnte?

Er wäre jede Stunde bereit, sagte Wegner, sein Leben hinzugeben, wenn er damit seines Herrn Leben und Ehre erkaufen könnte.

Ja, ja, er wisse das, sagte Schaffgotsch, indem er ihm die Hand reichte. Er könne ihm seine Treue nie vergelten, müsse es Gott überlassen.

Dass er ihm diente, sagte Wegner, geschehe nicht um des Lohnes willen, sondern aus Liebe; und aus Liebe bitte er Schaffgotsch, er solle sich nicht einbilden, der Kaiser würde ihn begnadigen; denn es sei vom ersten Tag an beschlossen gewesen, ihn aufzuopfern.

Aber die anderen Angeklagten wären doch auch nicht zum Tode verurteilt, wandte Schaffgotsch ein, und sogar der Freiberg, der in offener Rebellion gegen den Kaiser ausgebrochen wäre, sei straflos ausgegangen.

Freilich der, sagte Wegner, der sei auch katholisch geworden, desgleichen der Kanzler Eltz.

Und der König von Polen, fuhr Schaffgotsch fort, habe sich doch zum zweiten Male für ihn verwendet.

Der sei in Wien nicht mehr gut angeschrieben, erklärte Wegner, da er Frieden mit Schweden machen wolle.

Schaffgotsch schwieg und spielte nachdenklich mit den Ringen, die lose auf seinen abgemagerten Fingern saßen.

Einige Tage später erhielt er auf seine Bitte Besuch von zwei Jesuiten, die lange bei ihm blieben und auch am folgenden Tage wiederkamen. Als sie fort waren, machte Wegner ihm Vorstellungen. Was das zu bedeuten habe?, fragte er. Schaffgotsch wolle doch seine Seele nicht dem Teufel verhandeln?

Törichtes Geschwätz!, sagte Schaffgotsch unwillig errötend. Er habe die Leute kommen lassen, um sich ein wenig die Zeit zu verkürzen. Wegner könne sich wohl denken, wie langweilig und schwer der Tag ihm würde.

So könne er um einen evangelischen Prediger bitten, sagte Wegner, das würde ihm sicherlich gestattet werden.

Was die sagten, wisse er ohnehin, sagte Schaffgotsch schmollend, er habe einmal etwas Neues hören wollen. Das Disputieren mit den Jesuiten habe ihn gut unterhalten.

Nein, nein, beharrte Wegner, das sei eine vom Teufel gelegte Schlinge. Man könne so leicht Schaden nehmen, ohne dass man es wisse. Gott prüfe die Menschen ohnehin durch Versuchungen, man solle sie nicht noch selbst aufsuchen. Die ausgepichten, verzweifelten Krokodilsnasen gingen mit solchen Listen und Tücken um, dass ein unbehütetes Herz sich leicht darin fangen könnte.

Wegner sehe ihn auch gar für ein Kind an, sagte Schaffgotsch; er wisse wohl, was er tun und lassen müsse.

Wegner warf sich vor seinem Bett auf die Knie und faltete die Hände. Bei seinen Eltern und bei seinen Kindern, um Gottes willen beschwöre er ihn, auszuharren. Es ergehe jedem Judas, wie es dem ersten ergangen sei, dass er seines Blutgeldes nicht genießen könnte. Unwiderruflich müsse Schaffgotsch sterben; wenn er sich von den Jesuiten fangen ließe, würde er nur seinen Feinden Triumph, sich selbst keine Gnade verschaffen. Wie unermesslich dann sein Elend sein würde, wenn er seinen Gott verraten hatte und auf Erden und im Himmel verdammt in den Tod gehen müsste.

Schaffgotsch legte seine Hand auf die Schulter des Knienden. Er sei ja kein Abtrünniger, sagte er. Er habe ganz gewiss nichts Unrechtes vorgehabt, als er die Jesuiten habe rufen lassen. Er wolle ihnen aber künftig den Zutritt verbieten und, wenn es nicht anders sein könne, sich auf den Tod vorbereiten.

Die Herren, die Schaffgotsch das vom Kaiser bestätigte Todesurteil zu überbringen und ihm die Stunde seiner Hinrichtung anzuzeigen hatten und die sein Zimmer zögernd und beklommen betraten, wurden durch die Freundlichkeit, mit der er sie empfing, überrascht und bewegt. Sie sollten nicht fürchten, sagte er zu ihnen, dass sie ihm unwillkommene Botschaft brächten. Er habe den Abschied von der Welt genommen und sei mit seiner Seele schon drüben. Wenn er bedachte, was für Hoffnungen, Sorgen und Wünsche ihn sonst umgetrieben und bedrückt hätten, so dürfe er behaupten, dass sein Gemüt noch nie zuvor so frei und leicht gewesen sei.

Auf seine Frage, wo er sterben solle, war die Antwort, Graf Götz habe bestimmt, wenn er, Schaffgotsch, es wünsche, so solle der Platz im Hofe des Rathauses hergerichtet werden.

Nein, rief Schaffgotsch lebhaft, er wolle nicht in einem dumpfen Hauswinkel abgetan werden. Unter dem hohen Himmel und der lieben Sonne wolle er sterben.

So solle es auf dem Platz geschehen, der ›Auf der Heide‹ genannt würde, sagten die Herren, dem Gasthof zum Goldenen Kreuz gegenüber.

Ja, so sei es ihm recht, sagte Schaffgotsch, und sang mit halber Stimme ein Soldatenlied: ›Im Kampf auf grüner Heide, da stirbt sich's gut.‹ Ein wenig anders habe er sich's vorgestellt, setzte er lächelnd hinzu; aber wie Gott es füge, so sei es recht.

Den Herren wurden die Augen nass. Wenn man den Herrn Grafen reden hörte, sagten sie, so möchte man sterben, um auch einer so himmlischen Seelenruhe teilhaftig zu werden.

Graf?, wiederholte Schaffgotsch. Damit sei es aus, er sei in Henkers Hand gewesen. Jetzt müsste er warten, ob Gott ihm einen neuen, besseren Adelsbrief ausrichtete. Übrigens aber sollten die Herren sich nicht den Tod wünschen, sondern ausharren, bis Gott ihn verhinge, und bis dahin ihre Pflicht tun.

Die letzten Tage vergingen Schaffgotsch im Gespräch mit einem evangelischen Prediger und mit Wegner, dem er seine bis jetzt getragenen Schmucksachen für seine Kinder anvertraute. Ihm selbst gab er einen Ring, den er sich vom Finger zog. Das sei ein schlechter Dank für Wegners Liebe und Treue, sagte er, indem er ihn küsste; aber er hoffe, seine Kinder würden es abtragen. Mit dem Abschiedsbrief, den Schaffgotsch an seine Kinder schrieb, war Wegner nicht zufrieden. Er müsse es eindringlicher machen, sagte er, dass sie sich nicht von ihrem Glauben abbringen ließen. Es würden ihnen jetzt Schlingen und Fallen gelegt werden, und sie wären junge Waisen; ihres sterbenden Vaters Wunsch würde ihnen heilig sein.

Wenn er dergleichen schriebe, sagte Schaffgotsch, so besorge er, der Brief würde ihnen nicht eingehändigt werden.

Er könne den Brief ihm geben, sagte Wegner, er getraue sich wohl, ihn davonzubringen, Allein Schaffgotsch ging nicht darauf ein.

Dass er für seinen Glauben den Tod leide, sagte er, sei seinen Kindern Beispiels genug. Wenn das nichts fruchtete, so vermöge ein geschriebenes Wort auch nichts.

Am Tage der Hinrichtung, es war der 23. Juli, erwachte Schaffgotsch fröhlich. So wohl sei ihm an seinem Hochzeitstage nicht gewesen, sagte er, Wegner solle ihn herrichten, dass er einem Bräutigam gleichsehe. Während Wegner ihm seine beste schwarze Kleidung und einen Koller von Elenshaut mit schwarzseidenen Ärmeln anzog, erzählte er, die Stadt sei voll Trauer und Klagen, als ob sie ihr liebstes Kind verlieren sollte.

Er wolle es den guten Leuten danken, sagte Schaffgotsch und grüßte, bevor er in den Wagen einstieg, mit der Hand nach den Fenstern, wo er teilnehmende Gesichter sah. Wie er im Goldenen Kreuz, wo der Gerichtshof tagte, die Treppe hinaufstieg, um der Verlesung seines Urteils beizuwohnen, schlug ihm das Herz vor Erwartung; allein die Begnadigung, die ihm immer noch im Sinn gelegen hatte, blieb aus. Er trat dicht an den Tisch heran und sagte mit lauter Stimme, er wisse, und Götz wisse es auch, dass er nicht schuldiger sei als die andern. Den Tod müsse er jetzt erleiden und tue es gern; aber er lade Götz zum Jüngsten Gericht vor Gottes Stuhl: da wollten sie es ausmachen.

Götz, der sich mit einem kühlen Trunk auf den peinlichen Augenblick vorbereitet hatte, erblasste und suchte vergebens ein Wort der Erwiderung; er blickte Hilfe suchend um sich und wies mit unsicherer Hand nach der Tür, als Schaffgotsch sich schon zum Gehen gewendet hatte. Dieser sprang rasch die Treppe hinunter und ging erhobenen Hauptes dem Ausgang zu, wo die Wache den Degen vor ihm senkte. Ein anmutiges Lächeln erhellte sein Gesicht, indem er grüßte und dankte. »Sie sehen mich doch noch für einen Edelmann an«, rief er Wegner zu, der auf ihn gewartet hatte und ihn zum Schafott begleitete.

Sowie sein Kopf gefallen war, legten ihn Wegner und andere Diener des Toten in einen Sarg und trugen ihn in das Haus zum Blauen Krebs, wo die Dienerschaft mit Ausnahme Wegners wohnte.

Von dort aus begruben sie ihn des Nachts bei der Dreifaltigkeitskirche, und evangelische Frauen, namentlich die österreichischen Exulantinnen, bestreuten das Grab mit Blumen.

Auf hart gefrorenen Wegen reisend, traf Wolfgang Wilhelm grollend in Wien ein und trug dem Vizekanzler vor, wie sehr das Verfahren des Kaisers ihn enttäusche und dass er endlich wissen möchte, ob der Kaiser ihn als Feind oder Freund ansehe. Der Mansfeld und der Piccolomini, die der Kaiser ihm über den Hals geschickt hätte, wären in seinem eigenen Lande wie die Herren aufgetreten und hätten über seinen Kopf weg regiert, als ob er ein Missetäter oder kindisch und unvermögend wäre; sie hätten ihm das Heer abspenstig gemacht, seine treu gebliebenen Offiziere ihm zum Tort niedergeschossen und an seinen Untertanen wie Blutegel gesogen, bis sie voll abgefallen wären. Sein Stammland Neuburg habe er jetzt, als er durchgereist sei, wüst und leer gefunden, als ob die Sündflut es abgewaschen hätte. Die ehemals reichsten und angesehensten Bürger wären wie Bettler vor ihm aufgezogen und hätten ihm Gräuel vorgetragen, dass auch ein steinernes Herz darüber bluten müsste. Die entmenschten Soldaten hätten sich nicht begnügt, den armen Pöbel zu misshandeln, sondern auch den Landmarschall und Oberjägermeister Hartenstein umgebracht und dem siebzigjährigen Freiherrn von Graveneck beide Hände abgehauen, die er flehend zu ihnen aufgehoben hätte, welche Herren noch dazu Katholiken gewesen wären.

Ach Gott, sagte Strahlendorff, wenn man alle Klagen der Art sammeln wollte, so möchte man das kaiserliche Archiv damit anfüllen. Kriege könnten nun einmal nicht mit Handschuhen geführt werden, und das würde doch Wolfgang Wilhelm nicht behaupten, dass der Kaiser Schuld am Kriege trüge?

So weit wolle er sich nicht einlassen, sagte Wolfgang Wilhelm, er wisse nur so viel, dass er, Wolfgang Wilhelm, nicht nur keinen Krieg angezettelt, sondern stets und überall seine Friedensliebe beteuert hätte.

Eben dadurch habe er den Feinden des Kaisers Vorschub geleistet, sagte Strahlendorff. Er zweifle nicht an Wolfgang Wilhelms aufrichtig katholischem Herzen, denn Graf Mansfeld habe dem Kaiser geschrieben, dass Wolfgang Wilhelms katholische Frömmigkeit ihn bis zu Tränen gerührt habe; aber an wen der Kaiser sich denn halten solle, wenn nicht an die treu gebliebenen katholischen Reichsglieder? Wie man sonst der zahlreichen, übermütigen Feinde und Rebellen Herr werden sollte?

Dagegen zählte Wolfgang Wilhelm auf, was für Zurücksetzungen er seit Jahren vom Kaiser erfahren hätte: in der Besitznahme des Herzogtums Jülich-Berg, worauf er allein begründete Rechte und wovon Brandenburg einen schönen Teil ganz usurpatorisch abgerissen hätte, sei er vom Kaiser nicht unterstützt worden; er könne auch nicht unerinnert lassen, dass der Kaiser die pfälzische Kur Bayern übertragen habe, die nach uraltem Recht und Herkommen ihm zustehe. Er wolle nun sehen, wie der Kaiser sich in der Zweibrückenschen Sache verhalten werde. Sein junger Schwager, Pfalzgraf Friedrich, habe sich nicht zurückhalten lassen, in französischen Dienst zu treten, und führe die Waffen gegen den Kaiser, was ihm, als dem nächsten und doppelten Verwandten, herzlich leid sei und was er gern verhindert hätte. Wenn nun etwa der Kaiser Zweibrücken als verwirktes Lehen einzöge, so werde er hoffentlich ihn, Wolfgang Wilhelm, nicht wieder übergehen, sondern es ihm übertragen, der unzweifelhaft das nächste Anrecht darauf habe. Wenn der Kaiser sich darin gerecht zeigte, so habe er auch im Sinn, sich als treuer Fürst finden zu lassen.

Strahlendorff versicherte, dass der Kaiser sich gänzlich nach den Vorschriften der Goldenen Bulle richten würde. Übrigens sei der Kaiser hocherfreut, Wolfgang Wilhelm in Wien begrüßen zu dürfen, und hoffe, der Besuch solle sie inniger miteinander verknüpfen.

Wolfgang Wilhelm horchte auf und benutzte die Gelegenheit, um über die Heirat seines Sohnes etwas einfließen zu lassen. Was für Pläne denn der Kaiser in Bezug auf seine Tochter hätte?, fragte er. Er habe in der Heimat auch seine Sorgen. Der Kurfürst von Brandenburg habe es wegen einer Tochter auf seinen, Wolfgang Wilhelms, Sohn abgesehen und möchte auf die Art seine vermeintlichen Ansprüche auf Jülich-Berg effektuieren. Er sei jedoch einstweilen nicht darauf eingegangen, weil er eine katholische Heirat für seinen Sohn wünschte, der auch selbst in diesem Sinne ein Gelöbnis abgelegt hätte.

Strahlendorff antwortete, die Erzherzogin Maria Anna sei jetzt allerdings fünfundzwanzig Jahre alt, und es könne am Ende wohl an eine Heirat gedacht werden. Auch fühle der Kaiser sich alt werden und gehe damit um, seine Kinder zu versorgen; aber es dürfe ein Punkt, der das Herz des Kaisers angehe, nur mit Vorsicht berührt werden, biete sich jedoch eine Gelegenheit, wolle er nicht verfehlen, das kaiserliche Herz zu erforschen.

In Wahrheit war über die Hand der Erzherzogin bereits zugunsten des verwitweten Kurfürsten von Bayern verfügt, und sollte diese Heirat Ausdruck und Bekräftigung des erneuerten Zusammenschlusses der beiden Vettern Ferdinand und Maximilian sein. Als die Tatsache Wolfgang Wilhelm zu Ohren kam, der sich nun wiederum durch Maximilian ausgestochen sah, wollte er in der ersten Erbitterung sogleich abreisen; aber er überlegte sich, dass er dadurch nur seine Enttäuschung verraten und dass er besser tun würde, zu bleiben und bei der Hochzeit der Braut in seiner Person vorzuführen, wie ein wahrhaft großer, pompöser und galanter Fürst beschaffen sein müsse, und sie samt Bräutigam und Vater dadurch zu beschämen. Indessen auch diese Absicht musste er aufgeben; denn da, wie er in Erfahrung brachte, die Verteilung der Plätze unter Benachteiligung seines Ranges vorgenommen war, beschloss er, der Festlichkeit fernzubleiben, um seine Würde keinen Abbruch leiden zu lassen.

Auch die jüngere Schwester der Braut, Cäcilie Renate, hatte ihre Bedenken wegen der Heirat und fragte am letzten Abend, als die Schwestern zu Bett gingen und ihrer Gewohnheit nach miteinander schwatzten, ob es Maria Anna nicht grause, weil der Bräutigam gar so alt und streng sei.

Was ihr einfalle!, antwortete Maria Anna ein wenig empfindlich; ein Alter sei ihr lieber als ein milchbärtiger Geck, und es gefalle ihr ganz wohl, wenn ein Herr streng sei, dass einen jezuweilen Furcht überlaufe.

Ja, sagte Cäcilie Renate, wenn einer zornig würde! Aber dazu sei der Oheim Maximilian doch viel zu trocken und sauertöpfisch. Sie könne sich noch gut erinnern, als er vor einigen Jahren in Wien gewesen sei, wie Maria Anna selbst gesagt habe, sie getraue sich nicht, ihn anzureden, weil er eine so finstere Miene habe.

Damals sei sie noch fast ein Kind gewesen, sagte Maria Anna, und seit er ihr Bräutigam sei, führe er sich auch anders auf, sei recht artig und vertraulich. Sie wolle viel lieber einen, der grämlich und langweilig sei, als einen, der sich vollsaufe, wie so viele täten. Ihr Bräutigam saufe nicht und habe überhaupt kein Laster, sei der tugendhafteste Fürst in der Christenheit.

Er solle doch aber so geizig sein, meinte Cäcilie Renate, man bekomme nicht satt bei ihm zu essen, sie habe es von der Kammerfrau, die bei der seligen Kurfürstin im Dienst gewesen sei. Überhaupt solle es in München recht bäurisch zugehen.

Was das betreffe, sagte Maria Anna mit Bezug darauf, dass über eine Heirat ihrer Schwester mit ihrem Vetter, dem polnischen Prinzen Ladislaus, verhandelt wurde, so sei sie froh, dass sie nach Bayern käme und nicht unter die ungewaschenen Polen müsste, die sauren Rahm und schwarzes Brot fräßen, keine Leintücher hätten und mit Stiefeln und Sporen zu Bette gingen.

Oh, sagte Cäcilie Renate errötend, das stelle sie sich wundervoll vor, einen Mann, der mit den Stiefeln zu Bette ginge! Das habe etwas Heroisches.

Nein, es wäre nicht ihr Geschmack, sagte Maria Anna; da möchte sie noch lieber in ein Kloster gehen, wo man so gemütlich und fast wie die Heiligen lebte.

Ach freilich, sagte Cäcilie Renate nach einer Pause gedankenvoll, so leicht könne es einem in der Welt nicht werden, das habe ihnen ja der Vater auch immer gesagt. Lieber möchte sie auch ins Kloster gehen als heiraten.

Für sie wäre es vielleicht auch besser, sagte die ältere Schwester gutmütig, da sie zart und schwächlich sei. Sie, Maria Anna, sei gesund, werde es mit Gott aushalten.

In einem abseits liegenden Hause in Zweibrücken stand eine Frau an einer Bütte und wusch, während zwei Kinder, ein Mädchen und ein Knabe, auf einer Bank hinter dem Ofen lagen und schliefen. Durch Regen und Wind hörte die Frau plötzlich ein Klopfen an der Fensterscheibe und tastete sich durch das dunkle Zimmer, um zu sehen, wer da sei. Sie solle nicht erschrecken, rief eine leichte Kinderstimme, es sei nur die kleine Lise da, des Besenbinders Enkelkind; sie habe im Walde Reisig und Bucheckern für den Großvater gesucht und sei nun so müde, dass sie nicht mehr von der Stelle könne; ob sie sich ein Viertelstündchen ausruhen dürfte? Die Frau ließ das Mädchen eintreten und bückte sich dicht über sie, um sie zu betrachten. Ja, sie solle nur dableiben, sagte sie dann, in der Kammer stehe ihr Bett, da dürfe sie schlafen. Das Mädchen dankte erschrocken, es sei ja genug, wenn sie in einem Winkel ein wenig rasten dürfte; aber die Frau beruhigte sie: sie selbst müsse noch waschen, und die Kinder lägen hinter dem Ofen, sie, die kleine Lise, zittere ja vor Nässe und Kälte am ganzen Leibe, sie solle ins Bett. Dabei fasste sie das Mädchen am Arm, um sie in die anstoßende Kammer zu ziehen. Der Kleinen wurde es plötzlich bange. Ob sie nicht bei den Kindern hinter dem Ofen liegen dürfe?, fragte sie. Ach nein, sagte die Frau, da sei kein Platz mehr für sie.

Sie solle ins Bett kriechen, es sei auch noch ein kleines Stück Brot da, das wolle sie ihr geben, weil sie so durchnässt und erfroren sei, Gott würde es ihr lohnen.

Als die Frau zurückkam und hinter den Ofen blickte, hatte sich das kleine Mädchen halb aufgerichtet und starrte die Mutter mit großen Augen an. Warum sie das fremde Mädchen in die Kammer gebracht hätte?, fragte sie. Sie solle schlafen, entgegnete die Frau, was sie das angehe?

Und warum die Mutter dem fremden Mädchen ihr letztes Stücklein Brot gegeben hätte?, fragte das Kind weiter; sie hätten doch selbst so großen Hunger.

Sie würde es schon wieder einbringen, sagte die Frau mit einem leisen Lachen. Wie sie das meine?, fragte das Kind, die Frau am Rock fassend. Und warum sie vorhin, als sie aus der Kammer gekommen wäre, gemurmelt hätte: das Mädchen habe ihr der Herrgott ins Haus geschickt?

Die Frau zog ihren Rock aus der Hand des Kindes und befahl ihr flüsternd, indem sie drohend die Faust erhob, ruhig zu sein, damit der Bruder nicht aufwache. Das Kind zog sich in seinen Winkel zurück und verfolgte mit den Augen in der Dunkelheit die Mutter, wie sie erst an einen Kasten ging, dann sich vor eine Truhe kniete und einen starken Strick herauszog, dessen Länge sie prüfte, dann an die Kammertür ging und horchte. Es konnte sich nicht mehr zurückhalten, lief zur Mutter hin und fragte, was sie vorhabe? Sie wolle ja dem fremden Mädchen etwas zuleide tun. Die Frau befahl dem Kinde Schweigen. Es sei jetzt ein Lamm im Stall, flüsterte sie, das wolle sie schlachten, damit sie morgen einen Braten hätten.

Nein, nein, schluchzte das Kind, es wolle keinen Braten essen. Die Mutter hätte dem Mädchen das Brot nicht geben sollen.

So?, sagte die Frau. Aber das Häslein habe ihnen doch geschmeckt, das sie letzthin gebraten habe?

Ja, das Häslein, sagte das Kind. Die Mutter solle wieder ein Häslein im Walde fangen. Das Häslein sei auf zwei Beinen gelaufen, sagte die Frau, und sei der Bub gewesen, mit dem sie damals in den Wald gegangen sei. Wenn sie jetzt stillschwiege, bekäme sie morgen etwas zu essen. Oder ob sie alle zusammen verhungern wollten?

Die Kleine kroch wieder hinter den Ofen und klammerte sich an ihren schlafenden Bruder. Ihr Herz klopfte stark, und sie zog die Decke über ihr Gesicht, während sie zugleich horchte. Als sie ein Wimmern aus der Kammer vernahm, fing sie zu weinen an und stopfte sich die Decke fester in die Ohren. Noch eine lange Weile lag sie vor Angst zitternd wach, dann überwanden sie Müdigkeit und Schwäche, dass sie einschlief.

Auf einem Herrenhof an der Weser hatte Knyphausen eine Zusammenkunft mit seinem Schwiegersohn Wolf von Lüdingshausen, dem Kommandanten der Festung Minden im Dienste Herzogs Georg von Lüneburg. Lüdingshausen war voll Staunen, als er vernahm, dass Knyphausen wieder eine Bestallung angenommen habe. In seinem Alter, sagte er, sich wieder eine solche Last auf den Buckel zu schnallen, nachdem er es ein für alle Mal verschworen gehabt habe! Der französische Gesandte müsse eine geschwinde Zunge haben, dass er ihn so überrumpelt habe!

Ach was, Zunge, sagte Knyphausen, einen vollen Beutel habe er. Er, Knyphausen, sei kein solcher Gimpel mehr, sich mit glatten Worten fangen zu lassen. Dann komme dazu, dass es ihn freue, dem Herzog Georg einen Tort zu tun.

Ob es denn Georg wirklich aufrichtig mit dem Kaiser halten wolle?, fragte Wolf von Lüdingshausen. Es verlaute doch, es sei ihm nicht Ernst, und er erwarte nur eine Gelegenheit, wieder zu den Schweden abzuschwenken.

Einstweilen tue er ihnen aber Abbruch, wo er könne, sagte Knyphausen heftig, hätte dem Kaiser alle seine Regimenter zugeführt, wenn er

Geld genug gehabt hätte. Saint-Chaumont habe einen Hass auf ihn, Oxenstierna desgleichen, werde sich nie wieder von ihm nasführen lassen. Er, Knyphausen, hoffe nur, dass sein Schwiegersohn sich nunmehr auch von ihm trennen werde.

Lüdingshausen geriet in Verlegenheit. Das sei leichter gesagt als getan, erwiderte er. Er habe nun einmal dem Herzog den Eid geleistet; dass der Herzog es jetzt mit dem Kaiser halte, ändere daran nichts, ohnehin könne es leicht wieder anders kommen.

Je dringender Knyphausen auf seinen Schwiegersohn einredete, desto fester versteifte sich dieser in seiner Meinung. Er sei gesonnen, sich in diesem Dilemma an das Nächste zu halten und bei seiner Soldaten-pflicht zu bleiben. Tue er's nicht, könne der Herzog sich empfindlich an ihm rächen.

Nun, so wolle er ihm denn sagen, fuhr Knyphausen zornig heraus, dass er Saint-Chaumont, dem französischen Gesandten, sein Wort verpfändet habe, Lüdingshausen werde ihm die Festung Minden übergeben. Wenn Lüdingshausen sich nicht dazu verstehen wolle, mache er ihn, seinen Schwiegervater, ehrlos.

Lüdingshausen fiel mit bleichem Gesicht in seinen Stuhl zurück und blieb eine Weile starr wie an allen Gliedern gelähmt, dann fuhr er sich mehrmals mit zitternden Händen über die Stirn und durch die Haare. Ob das Ernst oder Scherz sei?, stammelte er endlich. Und was denn daraus werden solle?

Wenn Wolf vernünftig sei, könne etwas sehr Gutes daraus werden, sag-te Knyphausen. Wegen Herzog Georg müsse er sich keine Gedanken machen, der habe es wahrlich nicht verdient. Ob denn Georg gegen die Schweden anders gehandelt habe? Schon den großen König Gustav habe er bei Lützen im Stiche gelassen, und nun habe er's dem Oxenstierna nicht besser gemacht. Viel Tausend ehrlicher Soldatenherzen wolle er dem jesuitischen Kaiser in die Hände spielen! Es nehme ihn wunder, dass Lüdingshausen Ritterehre und Seelenheil so wie einen schmutzigen Pfennig von einer Hand in die andere sollte wandern lassen. Übrigens sei die Meinung nicht, dass sie sich umsonst von den Franzosen gebrauchen ließen. Er habe es von Saint-Chaumont schwarz auf weiß, dass er alle die geistlichen Güter bekäme, die an sein Gütlein grenzten, und Lüdings-hausen sei ja sein alleiniger Erbe.

Der Kommandant war während dieser Auseinandersetzung allmählich wieder ins Gleichgewicht gekommen. Wenn es denn sein müsse, sagte er, wolle er's seinem Schwiegervater zuliebe tun. Es habe ihn ohnehin der Gedanke gewurmt, seine Glaubensgenossen könnten ihn einen Überläufer schelten.

Knyphausen legte ihm mit liebevoller Wucht die Hand auf die Schulter. Es werde ihn sicherlich nicht reuen, rief er aus, das Glück habe sich sowieso den Schweden wieder zugewendet. Wolf sei ihm ja lieb wie ein leiblicher Sohn, das Herz habe ihm geblutet, ihn auf der Seite der Widerwärtigen zu wissen. Nun sei er wieder vergnügt, Gott werde schon seinen Segen dazu geben.

Nachdem die beiden Herren verabredet hatten, wie die Übergabe der Festung ausgeführt werden sollte, begab sich Knyphausen nach Harburg, um die Obersten für den französisch-schwedischen Dienst zu gewinnen, die einstmals unter Herzog Georg gestanden hatten, dann, als dieser sich zum Prager Frieden neigte, sich von Speerreuter für Oxenstierna gewinnen ließen, nun aber wieder mit dem Herzog verhandelten, während Speerreuter sich ganz zurückgezogen hatte, im Stillen seinen Übertritt zum Kaiser vorbereitend.

Es war Anfang Dezember, Regen und Schnee fielen vermischt und lösten den Erdboden in einen trüben Brei auf; eine schmutzig gelbe Farbe durchsickerte die Luft und machte sie dick und undurchsichtig. Von den Obersten, die die heiße Stube füllten, weigerte sich nur einer, die Bestallung anzunehmen, da er wegen seines kurz vorher dem Herzog gegebenen Wortes Gewissensbedenken habe.

Er werde sich doch nicht absondern, redete Knyphausen ihm zu. Die anderen Herren wären doch auch Soldaten von Ehre. Das wohl, sagte der Oberst; aber der eine fühle es mehr, der andere weniger. Er habe an jenem Tage dem Herzoge zunächst gestanden und ihm den Handschlag gegeben, wenn er ja freilich so wenig wie die anderen das versprochene Geld empfangen habe. Er wolle es mit seinem Pfarrer besprechen.

Die Religion in Ehren, sagte der Feldmarschall, aber von Kriegswesen und soldatischer Ehre verständen die Theologen nichts. Das könne ihm übrigens jedes Kind sagen, dass er in schwedischem Dienst für sein ewiges Heil stritte, dass er sich aber die Hölle erhandelte, Wenn er in Kaisers Dienst träte. Davon wolle er nicht reden, dass der Herzog von Lüneburg nie das Geld aufbringen würde, um sie auszuzahlen, vom Kaiser ganz zu schweigen. Mit diesen Worten schob der Feldmarschall dem Obersten den Vertrag hin und drückte ihm die Feder in die Hand, damit er unterschriebe.

Der Oberst blickte unschlüssig in das Dokument und fuhr plötzlich erschrocken zurück. Nie und nimmermehr werde er heute unterschreiben, rief er aus. Ob die Herren nicht wüssten, dass der 2. Dezember ein Unglückstag wäre? Es sei der Geburtstag des Judas Ischariot und der böseste Tag im Jahre.

Ein Tag sei wie der andere, sagte Knyphausen, man hinge nicht von Tagen, sondern von Gottes Willen und dem Glück ab.

Nein, nein, beharrte der Oberst, an einem solchen Tage gebe er seine Unterschrift nicht her, am wenigsten für eine so heikle Sache. Wenn eine Schlacht auf den Tag fiele, würde er zuvor sein Testament machen und sich dann in Gottes Namen abstechen lassen.

Wenn er denn durchaus nicht wolle, sagte Knyphausen, so wolle er ihm zuliebe den Vertrag auf morgen umschreiben lassen. Der Oberst müsse ihm aber die Hand darauf geben, dass er am folgenden Tage keine Sperenzen mehr machen wolle.

Aufatmend versprach es der Oberst, worauf die Herren für diesmal auseinandergingen und der Vertrag am nächsten Tage abgeschlossen wurde.

Professor Matthias Bernegger saß mit Schreibzeug und Büchern am Ofen, als seine Frau eintrat, die kühlen Kacheln befühlte und seufzend sagte, der Holzvorrat gehe schon wieder zu Ende, sie habe nichts mehr zum Nachlegen, und doch sei es schon recht kalt im Zimmer.

Er wolle noch einmal an den Rat gelangen, der ihm ja das Holz zu liefern schuldig sei, sagte Bernegger. Freilich habe der auch genug auf dem Buckel und werde ihm nicht helfen können. Gottlob habe er ja seinen Pelzmantel, zur Not könne er es darin aushalten.

Es sei eine Schande und tue ihr im Herzen weh, sagte die Frau, ihn in dem vermotteten, löcherigen alten Mantel zu sehen.

Sie würden eben alle miteinander alt, sagte Bernegger gutmütig lächelnd.

Das sei Gott geklagt, erwiderte seine Frau, wenn sie nur auch weiser würden.

Mit diesen Worten spielte sie darauf an, dass Bernegger sich trotz seiner vielen schlechten Erfahrungen kürzlich für den jungen Grotius verbürgt hatte.

Er hätte doch den armen jungen Toren, den Sohn eines solchen Vaters, nicht in der Not stecken lassen können, entschuldigte sich Bernegger. Eine wunderliche Sache sei es übrigens, was für defekte Söhne so große Geister herausbrächten; dem Ludwig Kepler müsse man ja auch rechts und links unter die Arme greifen.

Des eigenen Früchtleins nicht zu gedenken, fügte die Frau zwischen Ernst und Scherz hinzu.

Darüber musste Bernegger herzlich lachen. Nun, Gott sei gelobt, sagte er, der habe sich tüchtig herausgearbeitet, und daraus sei zu schließen, dass er, Bernegger, kein so großer Geist sei wie jene, was er ohnehin wisse, oder dass seine Kinder eine besonders vortreffliche Mutter hätten. Und das sei gewiss, einen starken, tätigen Willen hätten sie von ihr erben können.

»Umso besser für sie«, sagte Frau Bernegger. »Der Wille ist der gewaltigste Zauber und auf keiner Schule zu lernen, außer im Mutterleibe.«

Bernegger begann wieder zu arbeiten, wurde aber aufs Neue unterbrochen, und zwar durch einen Herrn vom Rate, der atemlos zum Professor geführt zu werden verlangte. Er sei ein Unglücksbote, rief er schon auf der Schwelle, wolle gar nicht damit hinter dem Berge halten. Man hätte sich's ohnehin denken können, dass die Zeitläufte zum Ruin führten, dies sei nur das Vorspiel, bald würde es über die ganze Stadt hergehen, besonders wenn gewisse Ausländer ihre Unbesonnenheit nicht im Zaume halten könnten.

Ob das auf ihn gehe?, fragte Bernegger mit großen Augen; er sei sich doch keines Vergehens bewusst. Oder ob es seinen Sohn betreffe?

Von dem sei derzeit nichts ruchbar, brummte der Ratsherr, es komme auf Berneggers eigenes Konto. Vor einer Stunde sei der Sekretär, der vom Feldmarschall Gallas aus mit der Stadt zu verhandeln pflege, fuchswild dahergebraust, wie er denn ohnehin nach Art der Kriegsleute sich so hoffärtig aufzublasen pflege, als ob er es mit Leibeigenen zu tun hätte. Sie hätten einen Brief aufgefangen, das sei sein Bericht gewesen, den Bernegger an seinen Schüler und vertrauten Freund Freinsheim in Frankreich geschrieben hätte, aus welchem die verräterische Gesinnung desselben sowie der ganzen Stadt Straßburg offensichtlich hervorginge. Der Feldmarschall verlange, dass Bernegger an ihn ausgeliefert und zum abschreckenden Exempel seinem crimen gemäß bestraft werde.

»Das ist in der Tat eine Überraschung!«, sagte Bernegger, und seine Frau fragte mit strengem Blick auf den Besucher, wie der Rat sich darauf habe vernehmen lassen.

Der Rat, antwortete dieser, habe sein Ansehen wohl gewahrt und dem Sekretär zu verstehen gegeben, dass es niemandem, auch dem Kaiser nicht, zukomme, in die Gerichtsbarkeit einer freien Reichsstadt Übergriffe zu tun, und dass man hoffe, er werde die Stadt mit ungebührlichen Forderungen verschonen. Worauf er seine Hörner ein wenig eingezogen und sich mit einer Erklärung des Rats begnügt habe, derselbe werde für geeignete Bestrafung des Malefikanten schleunig und ernstlich Sorge tragen.

Da Bernegger vor Erstaunen nicht imstande schien, die Tragweite des Unfalls zu begreifen, rief ihm seine Frau zu, mit der Konsternation komme er nicht weiter, jetzt gelte es, einen Entschluss zu fassen, und auch der Ratsherr ermahnte ihn, sich zusammenzunehmen.

Er sei ja zu allem bereit, wenn er etwas tun solle, sagte Bernegger; aber es komme ihm so vor, als könne er nur noch stillhalten, wenn sie ihm den Kopf abschlügen.

Stillhalten?, rief Frau Bernegger. Ja, das möchte ihm gefallen. Fliehen müsse er auf der Stelle nach Frankreich, da müssten sie ihn doch gut aufnehmen, und der Rat würde ihm wohl ein Türlein oder Ritzlein offen lassen, um bei Gelegenheit wieder hereinzuschlüpfen.

Ach, dazu sei es jetzt leider zu spät, sagte der Ratsherr; wenn sie den Verbrecher entkommen ließen, würde Gallas die Stadt dafür verantwortlich machen und ganz Straßburg in Asche legen.

Das sei leichter gesagt als getan, sagte die Frau, durch solche Rodomontaden dürfe eine ehrbare Stadt sich nicht schrecken lassen. Es wäre eine Schande, wenn sie ihren Mann aufopferten, der nichts begangen hätte, im Gegenteil hielten sie es ja selbst mit Frankreich und hätten ihn noch dazu aufgemuntert.

Nach zwei Tagen der Angst und Ratlosigkeit kam der Ratsherr mit einer Aussicht auf Rettung zu Bernegger. Ob er sich eines gewissen Wessel entsinne, der vor etwa fünfzehn Jahren bei ihm studiert hätte?

Ja, sagte Bernegger fröhlich, er habe das Latein schneller als andere das liebe Brot gefressen und habe die Reden des Cicero an Catilina so abdonnern können, dass einem die Knochen im Leibe gezittert hätten.

Nun, derselbe sei jetzt Generalfelddirektor beim Gallas, sagte der Ratsherr, und wenn der sich für Bernegger verwendete, so könnte die Fatalität etwa noch glimpflich abgewendet werden.

Ja, der Wessel, sagte Bernegger, der werde ihn gewiss nicht verkommen lassen, sie hätten oft bei einem Glase Wein miteinander disputiert und dabei weder Kaiser noch Papst und nicht einmal den lieben Gott geschont.

Nachdem der Rat Berneggern ermahnt hatte, nicht außer acht zu lassen, dass Wessel inzwischen in eine ansehnliche Stellung gerückt und vermutlich von der bei der Soldateska herrschenden hochfahrenden Gloriosität ergriffen sei, dass er also guttun werde, den Honig untertäniger Schmeichelei dick aufzuschmieren, setzte Bernegger einen Brief an den ehemaligen Schüler auf, der bald erwünschten Erfolg brachte: der Professor kam mit einer Verwarnung und einem mehrwöchigen Hausarrest davon.

Die häusliche Gefangenschaft sich zu verkürzen, ging Bernegger an ein Geschäft, das er als ein zeitraubendes und zugleich liebes und wichtiges stets auf eine gelegentliche längere Muße verschoben hatte, nämlich das Ordnen der zahlreichen Freundesbriefe, die er seit etwa fünfundzwanzig Jahren erhalten hatte. Er betrachtete sie als seinen teuersten Schatz, wertvoller noch als seine Bibliothek, von der Teile zu veräußern er in diesen harten Zeiten sich schon gezwungen gesehen hatte. Diese mit gedrängter Schrift bedeckten Blätter bedeuteten ihm eine Essenz des Lebens, aromatischer als aus persischen Rosen gepresstes Öl. Der Atem geliebter, verehrter, großer Menschen wehte daraus, deren Augen ihn herzlich angeblickt, deren Hände die seinen gedrückt hatten. Was für einen Ertrag hatte sein Leben, das dieser Ernte der Freundschaft gleichwertig war? Ja, diese Briefe waren der Niederschlag, der im Tiegel bleibt, wenn das Feuer erlosch und die brodelnde Mischung erkaltete, und als ein Zeugnis der Glut und des edlen Stoffes golden in ferne Zeiten funkelt.

Da waren zuerst die Briefe Gruters, des freien, unabhängigen Niederländers, der römische Gesinnung und Sprache handhabte wie Tacitus, nur dass ihm die Togafalten weicher und anmutiger fielen. Die Tränen der

Begeisterung, die er beim ersten Lesen vergossen hatte, wandelten sich jetzt in solche der Wehmut. Mit dem Fall Heidelbergs fielen die ersten Schatten auf das heitere Bild des berühmten Gelehrten. Anfänglich trösteten ihn über den Verlust der Bücher und der heimatgewordenen Stadt die Blumen und Vögel im Garten seines Tübinger Gastwirts. Dann kam die Heirat der Tochter, das leichtsinnige und gewissenlose Hausen und Wüten des Schwiegersohnes, dem der allerwärts eingeschränkte Exulant vergebens zu steuern suchte, Krankheit und schneller Verfall des unglücklichen Kindes, das der Tod befreite. Noch träufelte zuweilen Honig von seinen Lippen, wenn er von der großen Weltrepublik sprach, in der einst alle vom wahren Geist Gottes erfüllte Menschen friedliche Bürger sein würden, noch umleuchtete ihn rosiges Licht, wenn er, im hügeligen Garten wandelnd, das Unkraut von den Beeten entfernte oder welke Blüten und kranke Blätter mit zitternder Hand abbrach; aber häufiger strauchelte er, weil ihn ein Schwindel überfiel, Atemnot und Sorgen um die Zukunft ängstigten ihn. Es war die Abendröte, in deren Helligkeit er ging; tiefer und länger wurden die Schatten, und nun war es schon fast zehn Jahre her, dass das Gras auf seinem Grabe in dem noch immer verlorenen Heidelberg wuchs.

Inzwischen war auch Tübingen, damals eine Zuflucht, gefallen. Der letzte Brief des unglücklichen Schickard erzählte von dem Einbruch der Kaiserlichen und dem Tode der geliebten Mutter; dann erfuhr Bernegger durch gemeinsame Freunde, dass der mit seinem Sohne in der Fremde umherirrende Mann nach Tübingen zurückgekehrt war, um gleich darauf die treue Schwester zu verlieren und selbst von der Pest dahingerafft zu werden.

Nun kamen die zahlreichen Briefe des herrlichen Kepler, ein Strang unschätzbarer Perlen, aus dem Meere des Lebens gefischt, sanft wie Mondstrahlen, tränenhaft schimmernd. Wie viele er durchlas, alle zeigten den einsamen Mann auf steinigem Wege sich weiterkämpfend, oft schweißtriefend in den Staub gebückt, indes sein Geist, unbegreiflich entfesselt, als ein Adler den Äther durchrauschte. Während die Geier der Walstatt auf dem Reichstage zu Regensburg um die Beute stritten, brach mitten unter ihnen das königliche Herz unbemerkt. Wie sehr hätte sich Bernegger gewünscht, nach dem Grabe des verklärten Freundes pilgern zu können; aber inzwischen hatte das Kriegsgewitter sich schwarz und blitzend auf den deutschen Süden herabgelassen, und er selbst, Bernegger, war älter, ärmer und gebrechlicher geworden und glaubte zuweilen ein stygisches Raunen unter seinen Füßen zu hören.

Wenn er aber auch nach Regensburg käme, so würde er Keplers Grab nicht finden; denn es war, so hatte man ihm berichtet, bei der letzten Belagerung durch den Zusammenbruch eines Teils der Mauer verschüttet worden. Bernegger schloss sinnend die feuchten Augen: nicht die Wut zerstörender Menschen, das hatte Gott getan, der den Staub seines Lieblings aus dem Brettersarge riss und unter die Sterne säte. In das Weltall ergoss sich sein Grab und durchzückte die Unendlichkeit mit der Feuerspur seines Gedächtnisses.

Als Kleinodien seines Schatzes betrachtete Bernegger zwei Briefe des berühmten Galilei, den, in welchem er ihn, Bernegger, bat, seine Dialoge ins Lateinische zu übersetzen, und den andern, worin er ihm für das vollendete Werk dankte. Davon, dass der verfemte Mann selbst mit ihm in Verbindung getreten war, hatte nichts in die Öffentlichkeit dringen dürfen: es war Berneggers und seiner Vertrauten köstliches Geheimnis. Er wusste davon zu sagen, wie hart es für einen Reformierten war, im lutherischen Straßburg durchzuschlüpfen; wenn man sich schon um Gottes Sandalen blutig balgte, was wagte der, der die Schleier von seinem Antlitz lüftete?

Und war es denn ein Antlitz? Ein Menschenantlitz? Blickte es mit Menschenaugen? Er, Bernegger, hielt seine Augen für zu schwach, um in die Sonne der Sonnen zu sehen; er begnügte sich, anzubeten und etwa das zu erforschen, was das ewige Licht erzeugte.

Es schien Bernegger, als hätte er seit Jahren nicht eines so himmlischen Wohlbehagens genossen wie während dieser Gefangenschaft. Wie viel Sorgen hatten die Kriegsdrangsale mitgebracht: kleinliche Not um den auszugebenden Pfennig und bitteres Quälen um das Wiedereingehen des geliehenen, endlich den Schmerz, die lieben Bücher verkaufen und zum ersten Male Geld für den Unterricht fordern zu müssen. Die ärgste und letzte Prüfung jedoch, die Angst vor Schande und Tod, hatte sich plötzlich gewendet und ihn unverhofft begnadet.

›Seid gesegnet, ihr ambrosischen Tage‹, so dachte er, ›die ich mit unsterblichen Geistern teilen durfte. Werdet ihr mich drüben empfangen, wenn nun auch meine Schatten länger auf die Erde fallen und meine Nacht anbricht? Wird ein Paradies im Weltall diejenigen vereinen, die hienieden eins in der göttlichen Liebe waren? Fühlte ich doch oft mitten im irdischen Schlachtgetümmel meine Seele sicher in der göttlichen Liebe ruhen: so wird sie auch mich Entschlafenen umfangen, sei es, um mich ihrem Dasein ganz zu verschmelzen, sei es, um zu neuen Tagen frische Sinne des Lebens zu erziehen.‹

Am 18. August wurde in Wien der Geburtstag des Königs von Ungarn gefeiert, von dem man angesichts der zunehmenden Hinfälligkeit seines Vaters annahm, dass er bald Kaiser werden würde. Allerdings war er noch nicht zum römischen König geweiht worden, aber Ferdinand II. zweifelte nicht daran, dass die Kurfürsten an dem auf den Oktober nach Regensburg ausgeschriebenen Tage sich endlich bequemen würden. Sein siegreiches Schwert hatte die vorlauten Herren scharf aufs Maul geschlagen; andererseits konnten und würden sie ja dankbar sein, dachte der Kaiser, dass er die sichtbare Erhöhung durch Gottes Hand nicht zur Rache und Strafe anwandte, sondern in seiner angeborenen Milde verharrte. Die Kaiserin hatte sich die Ausrüstung des Festes nicht nehmen lassen und überraschte die Gäste, die sich gegen Abend bei ihr einfanden, durch die an das Nachtessen sich anschließende Aufführung eines italienischen Theaterstückes; es war ein Gespräch Charons mit einer Seele, die er über das stygische Wasser in das jenseitige Land zu führen hatte.

Als der Vorhang sich teilte, erblickten die Zuschauer das Gemälde einer Straße in Venedig. Vor den bespülten Stufen eines Palastes lag eine schwarze Gondel, in der in schwarzer spanischer Tracht mit weißer Lockenperücke der unterirdische Fährmann stand. Er hielt in einer Hand das lange Ruder, in der andern die Mandoline, mit deren Klängen er die Seele auf den Balkon locken wollte. Nach Absingung einer Serenade erschien eine schöne Dame, beugte sich über das Geländer und fragte flüsternd, wer da sei und was ihn so kühn mache, sie zu stören? Liebe zu ihr, antwortete Charon, treibe ihn an; sie solle ihn erhören und ihm folgen, die Gondel sei bereit.

Er habe nicht die Stimme ihres Freundes, sagte die Dame zaghaft, sie kenne ihn nicht und wisse nicht, wohin er sie führen wolle.

Die Fahrt sei weit, erwiderte Charon, und das Ziel namenlos; aber sein Schiff und sein Ruder irrten nicht.

Die Nacht sei dunkel, fuhr die Dame fort, sie könne sein Gesicht nicht erkennen; aber sein Haar schimmere weiß wie der Marmor auf den Bergen. Wenn er alt sei, so gebühre ihm die Süßigkeit der Liebe nicht und solle er von ihr ablassen.

Da, wohin sie gingen, sagte Charon, herrsche süßes Zwielicht, wo Alter und Jugend, Hell und Dunkel, Tod und Leben ineinander verschmölzen. Da sei nicht Sonne und Mond, da wären keine Juwelen, keine Schminke, keine Flitter, keine Larven.

Die Dame, welche ein prächtiges, tief ausgeschnittenes Kleid trug und sich mit einem aus Perlmutter und Spitzen gefertigten Fächer fächelte, erschrak und klagte, ob sie denn nichts von ihren Kostbarkeiten mitnehmen dürfe?

Was sie Vergängliches besitze, sagte Charon, müsse sie in dies schwarze Wasser versenken; mitnehmen dürfe sie nur die unsterblichen Schätze, die sie im Leben gesammelt hätte.

»Ach, grausamer Liebhaber«, seufzte die Dame, »was verlangst du von mir? Was bietest du mir, um mich zu entschädigen?«

Nun erhob Charon seine Mandoline und schilderte, mit verlorenen Akkorden seine Rede begleitend, die Inbrunst seiner Leidenschaft.

Nicht die Kunst ihrer Kammerfrau, nicht der Reiz gedrehter Locken, nicht das Blitzen ihres Halsbandes, auch nicht der Schmelz ihrer klopfenden Brust habe ihn entzündet; was kein irdisches Auge sehe, die Frommheit ihrer Seele, das ziehe ihn an, die Sorge um ihr ewiges Heil bewege ihn. Er malte ihr das samtene Lager, das er in der Gondel zum Genuss ihrer heimlichen Umarmung bereitet habe, den erlösenden Rausch des Vergessens, den sie von seinen Lippen trinken werde, und wie sie lautlos von nie bestrahlten Wellen in das zeitlose Land getragen werden würden.

Auf seinen Wink erschienen im Vordergrunde der Bühne mehrere maskierte Herren und Damen mit Fackeln in den Händen und führten ein Ballett auf, zu welchem unsichtbare Spielleute eine leise Musik machten. Die Darsteller gehörten dem Gefolge der Kaiserin an, und es belustigte die Zuschauer außerordentlich, sie unter der Maske zu erkennen. Die Dicke dort, sagte der Kaiser zu seiner Frau, scheine ihm die Breuner zu sein; er hätte aber nie gedacht, dass sie so hüpfen und so geschickte Referenzen machen könnte.

Sie sei es auch nicht, scherzte die Kaiserin. Das Bild der Breuner scheine ihm vor den Augen zu gaukeln.

Der Kaiser lachte vergnügt. Sie sei es doch, beharrte er, wenn sie nur einmal die Schleppe aufraffen wollte, so würde er sie gleich an ihren dicken Waden erkennen.

Die Kaiserin schlug ihm lachend mit dem Fächer auf den Mund und sagte, er solle sich so gottloser Scherze nicht unterstehen, was seine gute Laune noch vermehrte. Zuweilen blinzelte er nach seinem Sohne hin, der eine ernsthaft thronende Haltung bewahrte, und dachte, sein Leopold Wilhelm, obwohl fast ein Heiliger, sei doch traulicher; aber der Ferdinand schicke sich trefflich zum Reichsoberhaupt. Er würde große Ehre mit ihm in Regensburg einlegen, dachte er, und malte sich aus, was für eine majestätische Figur er bei den vielen schweren und wichtigen Zeremonien machen werde. Er selbst würde sich in Regensburg noch recht zusammennehmen müssen, nachher aber wollte er sich gründlich ausruhen. Mit den lästigen Geschäften wollte er dann nichts mehr zu tun haben, die ihm seit Eggenbergs Tode ohnehin zuwider geworden waren; dagegen wollte er ein paar schöne Wallfahrten unternehmen und sich in diesem und jenem Kloster aufhalten, wie seine Mutter getan hatte, um sich gehörig auf den Tod vorzubereiten. Hätte er nur erst sein Haus bestellt und wäre aller Sorgen ledig, so erholte er sich auch vielleicht so weit, dass er wieder zur Jagd gehen könnte, was immer seine beste Erfrischung und Arznei gewesen war.

Solche Gedanken zogen ihm träumerisch durch den Sinn, während der Reigen sich auf der Bühne drehte und die Schöne, entzückt von der Zauberkunst ihres fremden Liebhabers, sich bereit erklärte, ihm zu folgen. Sie verschwand vom Balkon und erschien nach kurzer Zeit auf den rieselnden Stufen. Eine Zofe legte ihr einen schwarzen Mantel um die Schultern und begleitete sie die Treppe hinunter, wo Charon sie mit einem Handkuss empfing und sie in die schwarz verhängte Gondel führte.

Die Brüder Jeremias und Joachim Gottwald, seit Jahren Diener des verstorbenen Grafen Schaffgotsch und Verwalter seiner Güter, schrieben Briefe über Briefe an die Vormünder seiner fünf hinterlassenen Kinder, sie sollten sich beim Kaiser dafür verwenden und durchzusetzen suchen, dass ihnen wenigstens diejenigen Güter erhalten blieben, die als ihres Vaters persönliches Eigentum der Konfiskation nicht anheimfielen; allein die Vormünder beteuerten zwar, die Verlassenen beschützen und ihre Rechte wahrnehmen zu wollen, kamen aber bei einer Zusammenkunft dahin überein, dass es unter den obwaltenden Umständen allzu keck sein würde, die herrschende Partei gegen sich aufzubringen, und dass sie sich anstatt dessen darauf beschränken müssten, die Sache dieser armen Waisen Gott anheimzustellen. Auch war Herr von Maltzan, der Gatte von Anna Ursula, der Stiefschwester des Hingerichteten, sehr unzufrieden, als seine Frau in die Angelegenheit eingriff; allein sie bestand darauf, den Mutterpflichten, die sie schon früher an den Mutterlosen ausgeübt hatte, auch jetzt in der Not nachzukommen, sei es mit Hintansetzung ihrer eigenen Kinder, und nahm das verscheuchte Häuflein in ihren Schutz. Von den Brüdern Gottwald und Konstantin von Wegner unterstützt, suchte sie sich der kaiserlichen Offiziere und Beamten zu erwehren, die nacheinander von allen Schaffgotschen Gütern Besitz ergriffen, musste jedoch am Ende froh sein, mit ihren Pfleglingen auf einem Schlosse des Kardinals von Dietrichstein Zuflucht zu finden. Anfänglich bemühte sie sich auch, die Kinder beim evangelischen Glauben zu erhalten, da sie aber sah, dass sie ihnen nur um den Preis ihres Übertritts einen kleinen Teil des väterlichen Vermögens würde erhalten können, gab sie den Widerstand auf.

Er sei im Zweifel, sagte Konstantin von Wegner eines Abends, nachdem die Kinder zu Bett gebracht waren, ob er länger bei ihnen bleiben könnte, nun sie sich akkommodierten. Das gehe wider sein Gewissen, und er hätte lieber mit seinem Herrn den Tod erlitten, als dass er den schrecklichen Abfall seiner Kinder mit erlebte.

Was sie denn aber sonst tun sollten?, sagte Anna Ursula. Sie würden gewiss ihr Brot an den Türen erbetteln müssen, wenn sie nicht nachgäben. So könnten sie doch wenigstens das Leben nach ihrem Stande führen.

Ob es denn nicht besser wäre, zu betteln als seinen Gott zu verleugnen?, sagte Wegner. Sollte denn der arme Märtyrer, ihr Vater, sein Blut umsonst vergossen haben?

Anna Ursula trocknete ihre fließenden Tränen und sagte, sie wisse eben keinen anderen Ausweg. Sie würde ja die Kinder gern bei sich aufnehmen, aber wenn auch ihr Mann es litte, so würde der Kaiser sie deswegen verfolgen und sie auch noch um das Ihrige bringen, und wie sie das vor ihren eigenen Kindern verantworten sollte?

Die Kinder seines Herrn sollten nicht betteln, solange er lebte, sagte Wegner, und die Brüder Gottwald würden sie auch nicht im Stiche lassen.

Ach, das wäre doch ein klägliches Leben!, rief Anna Ursula. Und Wegner könne doch allein gegen die Übermacht des Antichristen nicht an. Er sähe ja, dass Anna Elisabeth ganz bereit zum Übertritt und Christoph Leopold sogar darauf erpicht wäre. Mit dem Kleinen würde es wohl einen harten Kampf geben, der wolle von seinen lutherischen Liedern und Gebetlein durchaus nicht lassen, verstecke sich und trotze, wenn die Jesuiten kämen; aber Anna Elisabeth habe leichtes Blut, verlange nach Lust und Lachen, und Christoph Leopold wolle durchaus ein großer Herr sein. Da werde auf die Dauer kein Widerstreben helfen.

Es gefalle ihm nicht, sagte Wegner, dass Christoph Leopold so schweigsam und so hinterhältig sei. Das sei seines Vaters Art nicht gewesen, der habe wohl auch leichtes Blut gehabt, aber man habe ihm doch nicht zürnen können, weder im Glück noch im Unglück.

Ach, bat Anna Ursula, Wegner solle ihr versprechen, die armen Kinder nicht zu verlassen, wenn sie auch schwach wären und papistisch würden. Er konnte sie doch zuweilen an das teure Gotteswort erinnern und ihnen etwa noch zur ewigen Seligkeit verhelfen.

Nach einigem Besinnen sagte Wegner, er habe es seinem armen verstorbenen Herrn versprochen, sie nicht zu verlassen, und wolle es halten, obwohl es ihm oft ins Herz schnitte, zu sehen, was er sähe. Dass es so schnell gehen würde, hätte er sich nie träumen lassen.

Anna Elisabeth, die anfangs untröstlich über den Verlust ihres Vaters gewesen war, ließ nun wieder ihr Lachen hören, das bald hell plätscherte, bald leise rieselte und zuweilen wie eine glitzernde Kaskade sprang und jubelte. Wenn sie ihrer Tante oder Wegners ansichtig wurde, fiel sie ihnen um den Hals und bat sie, nicht grämlich zu sein, die Messe sei gar nicht so arg, wie sie dächten, die Priester und auch die Jesuiten wären gute, freundliche Leute, der Teufel könne nicht dabei im Spiele sein. Sie behalte ja doch ihr altes Herz, das könne ihr niemand nehmen und umwandeln; ob sie glaubten, sie hätte sie weniger lieb als früher? Sie würde sich dankbar erweisen, wenn sie erst wieder in Trachenberg oder auf dem Kynast wäre.

Ach, sagte Anna Ursula lächelnd und seufzend, sie solle sich nicht zu viel einbilden, das habe der Kaiser schon alles vergeben; wenn sie nur das kleinste, schlechteste Gütlein behielten, müssten sie sich glücklich schätzen, Nun, sagte Anna Elisabeth nach einer Pause, sie müsste doch einmal heiraten, ihr Gemahl würde ja auch Güter und ein Schloss haben, dahin wolle sie Wegner mitnehmen. Sie würde die Heirat davon abhängig machen, dass ihr Mann es erlaubte.

Da der Kaiser den Wunsch aussprach, Anna Elisabeth, von der er gehört hatte, dass sie sehr schön sei, zu sehen, begab sich die Tante mit ihr nach Wien, wo sie im Hause des Grafen Schlick Aufnahme fanden. Während der Kaiser in Gesellschaft seines Sohnes Leopold Wilhelm ihren Besuch erwartete, sagte dieser, wenn die Kinder sich bequemt hätten, müsse ihnen doch von den vielen Gütern ihres Vaters etwas zugesprochen werden.

Ja, das sei eine heikelige Sache, sagte der Kaiser, es sei schon so viel ausgeteilt und versprochen, dass er sich schier nicht zu helfen wisse. Er würde in des Teufels Küche kommen, wenn er dem Hatzfeld Trachenberg nicht ließe. Solche Eile habe es am Ende auch nicht. Schlick habe gemeint, man dürfe mit der Gnade nicht zu flink sein, sonst habe es das Ansehen, als wolle man ein Unrecht wieder gutmachen. Das Mädchen müsse man so schnell wie möglich verheiraten, damit es versorgt sei.

Als die Erwartete hereingeführt wurde, machte sie Miene, dem Kaiser, wie es sie gelehrt war, zu Füßen zu fallen, woran er sie hinderte. Zuerst solle sie einmal den Schleier zurückschlagen, sagte er, sie sähe ja wie eine alte Parze aus, die ihm den Lebensfaden abschneiden wollte. Er winkte Leopold Wilhelm, mit der Kerze, die auf dem Tische stand, zu leuchten, denn es war Abend, und schaute ihr nah ins Gesicht und schlug dann in komisch übertreibender Bewunderung die Hände zusammen. Ja, nun sei er einverstanden damit, sagte er, dass sie einen dicken Schleier trüge, sonst bräche das Gesichtlein allen Männern die Herzen und wäre er zuletzt ein Herr ohne Diener. Er müsse ihr durchaus einmal über die Wangen streichen, ob sie gemalt wären.

Nein, sie male sich nicht, sagte Anna Elisabeth rasch, sie sei nur rot, weil das Herz ihr so stark geklopft hätte.

Ach, sie müsse keine Angst vor ihm haben, lachte der Kaiser, sie sei viel gefährlicher als er, und er wolle sie geschwind in einen Käfig sperren, damit sie nicht noch schlimme Stücklein anrichtete.

Anna Elisabeth schlug die Augen nieder, sie sei noch jung, sagte sie, habe zurzeit noch nicht an Heiraten gedacht.

Nun, sie solle gestehen, fuhr der Kaiser fort, warum sie von dem Lamboy nichts wissen wolle; er sei doch ein hochangesehener, vortrefflicher, auch stattlicher General.

Anna Elisabeth warf einen Hilfe suchenden und zugleich mutwilligen Blick auf den Kaiser. Der Lamboy schnaufe so stark, sagte sie, er komme ihr vor wie ein Bär, und einen solchen könne sie doch nicht heiraten.

Darüber lachte der Kaiser bis zu Tränen und tröstete sie, er wolle sie nicht wider ihren Willen verheiraten, habe es eben erst seinem Sohn, dem Leopold Wilhelm, versprochen. Vielleicht habe das Fräulein seine Augen schon auf einen anderen geworfen?

Anna Elisabeth errötete und machte ein frommes Gesicht. Sie unterwerfe sich dem gnädigen Willen des Kaisers, sagte sie leise.

In der Tat hatte sich ihr Herz für einen Obersten in polnischem Dienst, Jakob von Weiher, entschieden, den sie, da er ein häufiger Gast ihres Vaters gewesen war, seit ihrer Kindheit kannte, und sie war beglückt, als die erwünschte Verlobung zustande kam. Der Kaiser selbst rüstete ihr die Vermählung aus und ordnete an, dass sie in Regensburg bei Gelegenheit der dort tagenden Kurfürstenversammlung gefeiert werde. Am Hochzeitsmorgen begab sich Konstantin von Wegner schweren Herzens zur Braut, die schon geputzt war und wie ein von Frühtau benetztes Rosenbäumchen funkelte. Als ein runder Heiligenschein stand das blonde Gekräusel des Haares um das lachende Gesicht herum, und über der rosig braunen Haut lag ein silberner Schimmer, wie wenn sie sich gepudert hätte. Er warf einen Blick auf ihren Arm und sagte, sie habe ja das Brasselett nicht, das ihr Vater ihr vor seinem Tode vererbt habe. Ja, das hätte sie fast vergessen, sagte sie, holte es aus einer Kassette hervor, küsste es und schob es über die Hand.

Dann schlang sie beide Arme um Wegners Hals und sagte, sie könne sein liebes altes Gesicht nicht traurig sehen. Heute sei ja ein Freudentag! Auch ihr Vater würde froh sein, wenn er ihr Glück sehen könnte. Wegner nickte. Aber wenn sie über den Platz ›Auf der Heide‹ führen, sagte er, solle sie ihres armen Vaters gedenken und dass er ritterlich in unverschuldeten Tod gegangen sei.

Anna Elisabeth versprach es, und als die Kutsche, in der sie neben der Gräfin Schlick saß, am Gasthof zum Goldenen Kreuz vorbeirollte, sah sie

aus dem Fenster und versuchte sich vorzustellen, wie er aus jener Tür gegangen und auf das Schafott zugeschritten war; aber die aufgeregte Erwartung, welchen Eindruck sie auf ihren Bräutigam und die Hofgesell-
schaft machen und was der Kaiser zu ihr sagen würde, zerstreute das Bild
im Entstehen.

Inzwischen hatte Wegner mit sich gekämpft, ob er in den Dom eintreten sollte. Es war ihm, als dürfe er das Kind nicht ohne Aufsicht lassen,
bis es demjenigen anvermählt sei, der künftig sein Beschützer sein würde.
Konnte er andererseits seinem Gewissen Gewalt antun und der abscheulichen Abgötterei beiwohnen, an der die Tochter des armen Märtyrers
teilnahm? Er beschloss, am Portal stehen zu bleiben und dort das Ende
der heillosen Zeremonie zu erwarten. Eine nach der andern sah er die
Kutschen und Sänften ankommen, aus denen die Herrschaften stiegen;
der Kaiser, vergnügt, wenn auch müde, Graf Slawata, gekrümmt und etwas vernachlässigt in der Kleidung, mit gottseligem Lächeln, die popan-
zartig hergerichteten Damen. Wie er die Bettler, zwischen denen er stand,
die Hände ausstrecken und Almosen empfangen sah, dachte er, dahin
möchte es leicht mit ihm kommen, wenn seine Herrschaft nichts mehr
von ihm wissen wollte. Vielleicht würde sein Anblick ihnen bald ein lästiger Vorwurf sein, wenn er auch zu allem schwieg, was er nicht ändern
konnte. Anna Elisabeth zwar hing an ihm wie an einem Vater, sie würde
ihn niemals verlassen können. Hatte sie auch einen leichten Sinn, so war
ihr Herz doch gut; er hätte lieber an sich selbst als daran zweifeln mögen.
Es fiel ihm ein, während er dastand und träumte, sich ein Zeichen zu machen; wenn sie beim Herausgehen aus der Kirche sich nach ihm umsehen
und ihn finden würde, sollte das bedeuten, dass ihr Herz gut bleiben und
dass sie ihn nie verlassen würde.

Er wartete mit Ungeduld, und doch hätte er die fliehenden Minuten
gern zurückgehalten; ja allmählich wurde seine Aufregung so groß, dass
seine Knie zu wanken anfingen und er am liebsten fortgegangen wäre, um
der Entscheidung auszuweichen. Endlich entstand eine Bewegung unter
den Zuschauern, sie drängten vom Portal zurück und machten den Weg
frei, und da kam sie am Arm ihres Mannes, der eine hohe, pelzbesetzte
polnische Mütze trug und sich mit einem Tüchlein den Schweiß von der
Stirn trocknete. Sie blieb stehen, witterte mit der feinen Nase die wohltätige Luft, blickte um sich, und nun, als wäre ihr plötzlich etwas Schönes

eingefallen, drehte sie den Kopf dahin, wo er stand, und nickte ihm eifrig zu, während ein glückliches Lachen über ihr Kindergesicht flog. Die Tränen liefen ihm aus den Augen, und er schalt sich einen grämlichen, lieblosen Zweifler. Er gelobte sich, bis an seinen Tod für sie betend und über sie wachend bei ihr zu bleiben, ja bis über den Tod hinaus, wenn Gott es gewährte, damit er sie am Tage der großen Auferstehung ihrem Vater in die Arme führen könnte.

Am Vorabend des Wahltags, als der König von Ungarn aus dem Dome kam, wo er Andacht gehalten hatte, drängte sich der alte Slawata an ihn und bat unter vielen Entschuldigungen um Gehör. Der junge Eggenberg lasse ihm keine Ruhe, dass er es anbringe, sagte er, habe ihn sogar während der Andacht am Ärmel gezupft und ihn gemahnt; er prätendiere nämlich, bei dem großen Bankett an der kaiserlieben Tafel zu sitzen, was nicht vorgesehen und eigentlich gar nicht zu billigen und zuzulassen sei. Doch könne er es nicht verschweigen, denn der junge Mann sei ganz exasperiert, werde den Acheron in Bewegung setzen, um durchzudringen.

Der König lud Slawata ein, mit in seine Kutsche zu steigen, damit sie sich besprächen. Ihm komme der junge Eggenberg recht unbescheiden vor, sagte er, er poche allzu sehr auf die Gnade, in der sein verstorbener Vater bei seinem Vater gestanden hätte.

Es sei nur zu fürchten, sagte Slawata, dass er sich an den Kaiser zu machen wüsste. Bisher habe er ihn zurückgehalten mit Vorstellung, dass die Majestät leidend sei. Man müsse auch dem jungen Eggenberg nachsagen, dass er sehr fromm sei und mehr spendiere als sein Vater, Er habe schon mehrere Jesuitenkollegien gestiftet und erst kürzlich wieder ein Stift für die unbeschuhten Karmeliter in Graz.

Nach einigem Nachdenken sagte der König, Gott habe alles so wohl geführt, er wolle an diesem Tage nach Möglichkeit jedem billigen Wunsche Rechnung tragen. Auch getraue er sich nicht, den Eggenberg ohne seines Vaters Vorwissen abzuweisen, Slawata solle die Sache lieber diesem vortragen und ihm verschweigen, dass er vorher schon mit ihm, dem König von Ungarn, darüber gesprochen hätte.

Der Kaiser kniete vor einem Kruzifix, den Rosenkranz durch die Finger ziehend, und stand mühsam auf, als Graf Slawata sich melden ließ. Er habe nun eine Stunde lang fließend gebetet, sagte er ihm, habe auch mit der Kaiserin zwei Wallfahrten gelobt, darum habe er gewisse Zuversicht, dass morgen alles gut gehen werde. Die Kurfürsten wären ja so willig und dienstfertig, dahin habe er es endlich gebracht, und könne das Reich seinem Sohne in weit besserem Zustande übergeben, als er es zu seiner Zeit übernommen hätte.

Die Wallfahrt möchte wohl geradeswegs in den Himmel gehen, dachte Slawata bei sich, indem er des Kaisers heroische Laufbahn rühmte, und kam dann auf die Angelegenheit des jungen Eggenberg zu sprechen. Dem Kaiser sei es ja bekannt, sagte er, dass er des verstorbenen Eggenberg Freund nicht durchaus gewesen sei; aber das sei nun alles vergessen und vergeben, er wolle alles in die Gnade des Kaisers stellen.

Das sei doch recht lästig, sagte der Kaiser, dass der Eggenberg so hoch hinaus wolle, er habe es schon bemerkt; er sei dabei nicht so treuherzig, wie sein Vater gewesen sei, auch nicht so fleißig. Er habe noch nie etwas Schriftliches von ihm gesehen.

Aber fromm sei er, sagte Slawata, er versäume keine Messe.

Ja, sagte der Kaiser, ihm wäre es ja auch recht, wenn nur die Kurfürsten nicht wären. Die wären doch empfindlich und würden es gleich als Ehrenkränkung auffassen; und da sie so manierlich wären, sollten sie auch nicht meinen, dass er sie gar wie Kamele hielte und ihnen etwas Ungebührliches aufschnallte.

Sie wären oft genug störrische Esel gewesen, meinte Slawata.

Ja, wenn er an Anno 30 dächte, lachte der Kaiser. Nun, am Ende möchte er es dem Eggenberg auch nicht abschlagen.

Es könne ja bemerkt werden, schlug Slawata vor, dass es niemandem zum Präjudiz geschehen solle.

Den Reichsstandsitz könne er freilich nicht darauf gründen, sagte der Kaiser; ob er sich darüber auch habe verlauten lassen?

Er brüte über etwas, sagte Slawata, es werde wohl nach einer Weile ausbrechen. Mit dem bloßen Fürstentitel werde es nicht getan sein.

Nun, kicherte der Kaiser, wenn er gar nicht nachließe, könne man ihm Aquileja anhängen. In den Sumpf habe sich noch niemand setzen wollen.

Slawata lachte ebenfalls. Er wolle sich's merken, sagte er, aber nicht vorzeitig damit hervorrücken.

Die Anwesenheit Eggenbergs an der Haupttafel erregte die Unzufriedenheit der Fürsten in hohem Maße, und sie äußerten sich am folgenden Tage sehr aufgebracht darüber. Er habe es vor Jahren bei einer gewissen Gelegenheit gleich gesagt, sagte der Kurfürst von Sachsen, dass aus den Standeserhöhungen kein Segen blühe, und er bleibe dabei. Dergleichen Neuerungen müssten dem Reich freilich den Untergang bereiten. Der alte Eggenberg sei gut und recht gewesen, habe sich auch nicht überhoben; aber jetzt wolle jeder etwas Besseres, das sei französische Sitte. Er, als ein biederer altdeutscher Fürst, wolle sich dawidersetzen, streng am Alten halten.

Ihm gefalle es überhaupt nicht in Regensburg, sagte Kurfürst Georg Wilhelm, und dem römischen König sei nicht zu trauen, er könne kaum recht Deutsch, setze den Fuß wie in Spanien; wenn er nach Berlin käme, würden die Gassenbuben ihn auspfeifen.

Wenn er Frankreich nicht hätte das Maul stopfen müssen, brummte Johann Georg missmutig, hätte der Habsburger ihm keinen Finger an die Krone legen dürfen. Diese neu kreierten Fürsten lasse er sich aber doch nicht auf die Nase setzen. Es fange jetzt an davon zu hüpfen im Römischen Reich, wie nach dem Regen von Fröschen auf der Landstraße. –

Früh am 23. Januar brach der Kaiser mit seiner Gemahlin von Regensburg nach Wien auf. Es war ein Tag gewählt worden, an dem er sich leidlich wohl befand und Aussicht hatte, die Reise gut zu bestehen. Als er im Wagen bei der Donau anlangte, wo das Schiff ihn erwartete, lag noch dicht geballter Dunst über dem Wasser, den die eben aufgehende Sonne mit feurigen Geschossen schmelzen zu wollen schien; aber es gelang ihr nicht, die kalte Nebelmasse ganz aufzulösen. Den Aussteigenden empfingen Bürgermeister und Räte und trugen ihm die flehentliche Bitte der Bürgerschaft vor, er möge die Stadt beim Reiche behalten und nicht wieder an Bayern überlassen. Der Kaiser nickte freundlich und sagte, er sei überzeugt, die Stadt sei belehrt und werde sich nicht wieder verführen lassen, es solle nun alles vergeben und vergessen sein; dann ließ er sich auf das Schiff führen und setzte sich auf einen von der Sonne eroberten Fleck, während seine Gemahlin mit ihrem Gefolge sich in die für sie hergerichtete Kabine begab. Wie das Schiff sich schwerfällig in Bewegung setzte, blickte er nach der Stadt hinüber, die wachsend durch den leicht geröteten Nebelvorhang drang; mächtig schwebten die Türme des Domes näher. Nun wäre diese Arbeit zum letzten Male getan, dachte der Kaiser. Es fiel ihm ein, wie er das erste Mal, im Jahre 1608, als Stellvertreter seines Oheims Rudolf den Reichstag eröffnet hatte, wie er sich damals hatte plagen müssen und doch zuletzt nichts ausgerichtet hatte. Und es war doch schön gewesen, schöner, so schien es ihm jetzt, als jemals nachher. Wie der gefrorene Schnee unter den Pferden gekracht hatte in jenem kalten Winter und wie die Eisblumen selbst im erwärmten Zimmer die Fenster gleichsam mit weißem Gobelin bedeckt hatten! Wie gern er sich damals schön gekleidet und sich öffentlich gezeigt hatte! Und wie er die Briefe von zu Hause erwartete und sich nach seiner Mutter, seiner Frau und seinem Erstgeborenen bangte, die nun alle lange tot waren!

Die Augen fielen ihm zuweilen über diesen Bildern zu, und dann flossen sie durcheinander und verschwanden ganz, bis ihn ein Geräusch auf dem Schiffe weckte. Plötzlich fiel ihm die Schule von Ingolstadt ein und die Abschiedsfeier, die seine Lehrer und Mitschüler für ihn veranstalteten, als er nach seines Vaters Tode die Universität verließ. Die Knaben waren als Genien gekleidet, trugen Blumenkränze in den Haaren und sagten Gedichte auf, in denen sie seine Tugend und erworbene Gelehrsamkeit priesen und seinen Verlust beklagten. Das, dachte er, während die turmüberragten Dächer von Regensburg sacht in den Dunst der Ferne zurückwichen, wäre doch der allerschönste Augenblick seines Lebens gewesen. Ob er noch etwas davon wiederfände, wenn er nach Ingolstadt ginge? Aber zuerst musste er ja die gelobten Wallfahrten ausführen, damit er, wenn Gott ihn abriefe, alle mögliche Vorsorge für sein ewiges Heil getroffen hätte.

Einige Tage, nachdem der Kaiser in Wien angekommen war, starb er in den Armen seines Freundes, des Oberjägermeisters von Mansfeld.

In der Freigrafschaft ritt Herzog Bernhard auf müdem Pferde über die mit kurzem Gebüsch bewachsenen Hügel des Jura. Wie ein Schiff das Wasser durchschneidend eine Schaumstraße hinter sich lässt, glomm der Westen noch über der versunkenen Sonne, überall sonst war matte weiße Helligkeit. Jenseits von schwarzen Hügeln und Tälern erstreckte sich unabsehbar die Ebene, aus der man zuweilen den Rhein aufblitzen sah.

Bernhard dachte über die Möglichkeit nach, den Rhein vom basel-schen Gebiet aus zu überschreiten. Würden die evangelischen Eidgenossen ihm den Durchzug gestatten? Wäre es besser, einem möglichen Abschlag durch die Tat zuvorzukommen? Würde er imstande sein, wider ihren Willen den Übergang zu erzwingen, und würde er gut tun, das zu wagen? Und wenn es misslang, was blieb ihm dann übrig? Sollte er dann Richelieu mit seinem Abfall drohen und dadurch wirksamere Unterstützung von ihm erpressen? Er hatte über dies alles seit vielen Tagen schon so viel nachgedacht, dass er kaum noch etwas anderes denken konnte. Wie von dem unerreichbaren Ufer einer anderen Welt her hörte er die süße Musik schlagender Nachtigallen; er vernahm sie und fühlte sich doch davon ausgeschlossen. Er hätte viel darum gegeben, wenn er vom Pferde steigen, sich in das Gebüsch hätte werfen und laut klagen können, um dann zu schlafen. Warum tat er es nicht? Er raste weiter mit seinen Gedanken, wund und müde wie sie, ohne sie und sich selber aufhalten zu können.

Ein Adjutant kam und fragte den Herzog, ob er etwas essen wolle; etwa eine Stunde weit sei ein Dorf, woher man etwas für ihn holen könnte. Bernhard schüttelte den Kopf und dankte; er habe ein Stück Brot in der Tasche, das genüge ihm.

Die Feuerspur des versunkenen Sonnenschiffes erlosch. Nun war nirgend mehr Farbe; aber aus allen Poren des Himmels und der Erde strömte ein starker, unnennbarer Duft. Bernhard dachte plötzlich an seinen Bruder Johann Friedrich, der sich, wie es hieß, dem Teufel verschrieben hätte und einen schändlichen, verzweifelten Tod gestorben war. Jetzt wusste er, wie hart man kämpfen musste, um den Nachstellungen des Höllenfürsten zu entgehen. Hätte der Glaube ihm nicht den Panzer umgeschnürt und das Schwert umgegürtet, so hätte der allgegenwärtige Feind wohl längst einen Augenblick erspäht, wo er aus Schwäche sich hätte überwältigen lassen. Es fiel ihm ein, wie der verstorbene Schwedenkönig vor der Schlacht bei Lützen gesagt hatte: ›Der Herr ist mein Harnisch‹; und indem er daran dachte, richtete er sich unwillkürlich gerader auf, lächelte und hielt sein Pferd an, um die ihm folgenden Begleiter zu erwarten.

Seit er Nachricht von Herrn von Erlach erhalten habe, sagte er munter zu den Herren, habe er großes Vertrauen zur Sache. Erlach sei aus angesehenem Berner Geschlecht, stehe in hohem Respekt bei den evangelischen Eidgenossen; er würde es den Baslern gewiss beibringen, dass sie ein Auge zudrückten.

Wenn sie im Bistum Basel Quartiere bekämen, sagte einer von den Offizieren, dann wäre ihnen geholfen. Dann könnten sich die Soldaten einmal recht erquicken, da wäre Überfluss.

Lieber noch wollte er doch stracks über den Rhein gehen, sagte Bernhard.

Ein paar Tage später, als Bernhard in der eroberten Abtei Lüders lag, traf Erlach bei ihm ein; der Herzog ging ihm entgegen, umarmte ihn und sprach seine Freude aus, ihn wiederzusehen.

Erlach nickte und lachte. Wenn es dem Herzog recht sei, sagte er, so blieben sie jetzt ein Weilchen beisammen. Er müsse sich einmal auslüften. Wäre man so lange draußen in der Welt gewesen, so gefiele es einem zu Hause nicht mehr.

»Ich wollte, ich hätte ein Zuhause«, sagte Bernhard.

Nun, entgegnete Erlach, das habe er doch. Sie würden ihn daheim wohl mit offenen Armen aufnehmen.

Ja, in Weimar, sagte Bernhard; da dürfte er vielleicht Kräuter für die Apotheke trocknen.

Eben, eben, lachte Erlach; dazu brauche man kein Held und Herzog zu sein.

Ein Imbiss war vorbereitet worden, und sie setzten sich einander gegenüber in den Schatten des Zeltes; Bernhard sprach von der bösen Zeit und wie er manchmal am Verzagen gewesen sei. Dass sein Oheim Johann Georg ein Judas sei und das Vaterland verraten habe, das hätte man erwarten können; aber eine bittere Erfahrung sei es, dass auch die anderen abtrünnig geworden wären. Selbst der Landgraf werde nur mühsam mit Tonnen Goldes beim französischen Bündnis gehalten.

Es sei freilich misslich, ohne Geld Krieg zu führen, meinte Erlach. Der Landgraf habe alles Seinige zugesetzt, und seine Ritter rückten nichts heraus. Er habe ja jetzt bis auf Gröningen zurück müssen, nachdem halb Hessenland abgebrannt sei.

»Was macht das?«, sagte Bernhard. »Er hat ein Heer und ein Schwert.«

»Ohne Geld kann er sich das auch nicht erhalten«, sagte Erlach, »und Geld ist nur bei Frankreich zu finden.«

Bernhard klagte über Frankreich, dass sie ihn mit Versprechungen an sich zögen, in der Hoffnung, durch ihn zu gewinnen, zugleich aber fürchteten, er könne mächtig und selbstständig werden, und ihn deshalb im Stiche ließen.

So hätten sie es ja mit Gustav Adolf auch gemacht, sagte Erlach. Wer sich mit Frankreich einließe, müsse Augen und Ohren offen halten. Sonst könne man sich auch keine Achtung bei ihnen verschaffen. Aber nach seiner Meinung sei Bernhard auf dem rechten Wege. Er sei der Mann für ein Wagnis. Frankreich sei nun einmal der natürliche Verbündete der Evangelischen im Reiche sowie in der Schweiz; im Kriegswesen wären sie aber rückständig, darum bedürften sie der Deutschen, und könne jeder bei dem Handel zu seinem Rechte kommen. Wenn Heinrich IV. nicht gestorben wäre, hätte man es freilich leichter gehabt. Zwei Todesfälle hätte er nun erlebt, die zur Unzeit gekommen waren; Heinrichs IV. Tod und Gustav Adolfs.

Bernhard verfiel in Gedanken. Was Gottes Absichten dabei gewesen sein möchten, sagte er, dass er gerade diese beiden Beschützer des evangelischen Wesens so früh abgerufen hätte!

Gott könne wohl auch einmal daneben greifen, schmunzelte Erlach. Übrigens missfiele es ihm vielleicht, wenn sich alle zu sehr auf einen verließen und einen vergötterten. Freilich wären die Menschen einmal so. Wie wäre es in seiner Jugend mit Moritz von Oranien gewesen! Hätte einer unter dem etwas mitgemacht, so hätte er geglaubt, die ganze Kriegswissenschaft im Leibe zu haben. Und die Niedergeschlagenheit, als damals vor Jülich die Nachricht von Heinrichs IV. Tode gekommen wäre! Er fing an, sich in Erinnerungen zu ergehen, wie lustig das Lagerleben damals gewesen wäre, wie es fast alle Tage Zweikampfe und Bankette und Zechereien gegeben hätte. Er sei wohl dabei gewesen, habe aber weder mit duelliert noch mit gesoffen, weil er seinem Vater versprochen gehabt hätte, vor dem achtzehnten Jahre nicht damit anzufangen. Das habe er auch gehalten, habe immer die Betrunkenen mit ins Bett tragen können.

Bernhard hörte mit ungewohntem Behagen zu; er kam sich dem um etwa fünfzehn Jahre älteren, festen, breiten, kühlsinnigen Berner gegenüber fast wie ein Kind vor und fühlte sich wohl dabei.

Von allen Feldherren, unter denen er gedient habe, erzählte Erlach, wären Moritz von Oranien und Gustav Adolf die besten gewesen. Bei denen wäre es nicht kreuz und quer, sondern gerade auf ein Ziel zugegangen; Oranien sei kaltblütiger und dadurch auf einer Seite im Vorteil gewesen, doch habe er sich auch nie so weit expandieren können wie der Schwede. Jetzt sei keiner da, der seine Stelle einnehmen könnte, außer Bernhard.

»Ich hatte es auch einmal gedacht«, sagte Bernhard, »aber ich bin kein König, sondern muss einem Könige dienen.«

Das werde schon anders kommen, tröstete Erlach, und hernach werde sein Ruhm desto größer sein. Was an ihm sei, so wolle er sich gern für Bernhard und die gemeine Sache einsetzen. Zuerst hoffe er zu erwirken, dass die Basler ihn durchpassieren ließen. Lust hätten sie wohl dazu, es fehle ihnen nur an Mut.

Wie Erlach ihnen denn Mut machen wollte?, fragte Bernhard.

Das Maul voll nehmen und Sprüche machen, lachte Erlach. Die Donnerhagel von katholischen Eidgenossen nähmen sich alle Tage mehr heraus, weil man zu viel Umstände mit ihnen machte. Es möchte ja beim katholischen Bekenntnis auch rechte Leute geben, aber eine Schlamperei sei es doch, und im eignen Hause dürfe man es nicht leiden. Solange die Eidgenossenschaft den Krebs im Eingeweide hätte, würde es nie Ruhe und Ordnung geben. Schelme und Verräter wären die katholischen Orte, die jeden Tag Österreich und Spanien einlassen würden, wenn ihnen die Evangelischen nicht aufpassten. Hundertmal in diesem Kriege hätten sie Österreich Vorschub geleistet, das sei jedermann bekannt, und doch hätte man Bedenken, wenn es gälte, die evangelische Sache zu fördern. Die österreichische Nachbarschaft im Elsass habe ihnen genug zu tun gegeben, eine evangelische wäre ihnen lieber. Hätten also Ursache, Bernhard die Hand hinzustrecken, wenn er hinüberspringen wollte.

Er beanspruche ja nicht viel, sagte Bernhard, die Basler brauchten nicht für ihre Güter und Vorräte zu fürchten. Korn brächte er mit; wenn die Basler es ihm nur backen wollten, so bedürfe er nichts weiter.

Umso besser, sagte Erlach, die Basler wären nicht wie die Nürnberger, steuerten womöglich nichts umsonst, außer etwa ein Gebet.

Unter heimlicher Begünstigung der Straßburger gelang es Bernhard, nachts bei Rheinau den Strom zu überschreiten und sich so fest zu verschanzen, dass seine Stellung für uneinnehmbar gehalten wurde. In der Tat prallte ein Angriff ab, den Johann von Werth trotzdem wagte; dennoch vermochte Bernhard seinen Erfolg nicht auszunützen. Außer Werth führten auch Savelli und Speerreuter ihre Truppen gegen ihn heran; diese vereinigte Macht zu durchbrechen, war Bernhards Heer nicht stark genug, und umsonst bat er Richelieu um Unterstützung. Während des Stillliegens in den Schanzen ging der Proviant aus und rissen Seuchen ein, der Herzog selbst war oft krank. Unglücksnachrichten schlugen seine Hoffnung nieder, namentlich dass die Festung Hanau, die als Verbindungspunkt zwischen ihm und Hessen wichtig war und die der schottische Oberst Ramsay lange mit Geschick gehalten hatte, endlich hatte akkordieren müssen. Diejenige Abteilung seines Heeres, die von der Schweizer Seite aus den Rhein hatte überschreiten sollen, kehrte kläglich herabgemindert zu ihm zurück, da die Baseler trotz der Bemühungen Erlachs den Durchzug abgeschlagen hatten.

Im September musste Bernhard sich entschließen, Rheinau zu verlassen und Winterquartiere zu suchen. Die Schanzen, deren Verteidigung er einem französischen Offizier übertragen hatte, wurden bald durch Johann von Werth erobert, womit die einzige kostbare Frucht des mühseligen Feldzuges verloren war.

Das Häuschen des Totengräbers von Ruffach lag in die niedrige Mauer des Kirchhofs hineingebaut auf einer Anhöhe am Rande der Stadt. Kleine schwarze Wolken liefen wie galoppierende Hunde, von der Peitsche des eisigen Nordwindes getrieben, über den kahlen Hügel, auf dem der Galgen stand, über das Stadttor, über die Gräber und weiterhin über den Fluss, auf dem eine plumpe, krötenhafte steinerne Brücke saß.

Der Totengräber erwachte und richtete sich schlaftrunken auf, um sich klar zu werden, was für ein Geräusch ihn gestört hätte. Erst war alles still, dann hörte er das Fauchen des Windes, der näher und näherkam, dann das Klappern eines an die Mauer schlagenden Fensterladens und dann Schritte auf dem gefrorenen Boden des Kirchhofs. Er ergriff ein Beil, das neben ihm an der Wand hing, warf einen Mantel um und sah, an das Fenster tretend, ein paar menschliche Gestalten, die sich vorsichtig auf allen vieren an der Mauer entlang schlichen, über die sie augenscheinlich hereingeklettert waren. Für Soldaten hielt er sie nicht, die wären wohl dreister gewesen; es mochten Marodebrüder oder Zigeuner sein, die Leichen ausgraben und berauben wollten.

Wie ihm durch den Kopf ging, dass sie sich etwas Wertvolles aneignen könnten, das ihm gewissermaßen entginge, verschwand seine Furcht, er eilte aus der Tür und stand plötzlich vor ihnen. Soviel er sehen konnte, hatten sie keinerlei Waffen außer Stöcken, was auch die Angst, die er ihnen augenscheinlich einflößte, zu bestätigen schien. Zwei blieben auf den Knien vor ihm liegen, hoben flehend und abwehrend die Hände und wimmerten, sie hätten seit vielen Tagen nur Gras und Erde gegessen, er solle sie um Gottes willen einen frischen Leichnam ausgraben lassen, damit sie ihren Hunger stillen könnten.

»Pfui«, sagte der Totengräber, »das ist hässlich. Seid ihr Werwölfe?«

Er wollte, sie wären Wölfe, sagte einer, so wären sie nicht so verstoßen. Die Soldaten hätten ihr Dorf abgebrannt, sie hätten sich weitergebettelt, aber überall wären Häuser und Hände leer. Da hätten sie sich entschlossen, bei den Würmern anzuklopfen; ihre Frauen und Kinder warteten draußen im Straßengraben.

Wenn es herauskäme, würden sie bestraft, sagte der Totengräber, und deutete nach dem Hügel, auf dem der Galgen stand und wie ein Wegweiser in die wilde Mitternacht deutete; man konnte sehen, dass etwas daran hing und im Winde schwankte. Erst vor ein paar Wochen, sagte er, sei eine Frau aufs Rad geflochten worden, weil sie einen Soldaten, den sie im Quartier gehabt, geschlachtet und mit ihren Kindern verzehrt hätte.

Hungers zu sterben sei viel ärger, sagte der eine der Männer, weil es länger dauere. Das sei überhaupt ihre Sache, er solle sich in sein Haus einschließen, so werde niemand erfahren, dass er darum gewusst habe. Der Totengräber zögerte; aber ein unbehüteter Blick, der aus den Augen des Mannes auf ihn fiel, warnte ihn, sich der Bande nicht auszusetzen, sie hätten ihn vielleicht trotz seines Beiles mit ihren Knütteln totgeschlagen. Wenn sie es durchaus wagen wollten, sagte er, so wolle er Erbarmen haben. Es sei an dem Tage der reichste Kaufmann in der Stadt gestorben, den die Soldaten vor Wochen als Geisel mitgenommen hätten. Die Stadt und Verwandtschaft hätten ihn endlich mit einer erkleck-lichen Summe ausgelöst, aber das üble Traktament mit Hunger und Kälte habe ihm so zugesetzt, dass er bald nach seiner Rückkehr gestorben sei. Sei früher ein stattlicher Mann gewesen, habe aber sich selbst nicht mehr gleich gesehen.

Während die Leute gruben, stand der Totengräber dabei, unschlüssig, ob er sich in sein Haus zurückziehen oder den Ausgang erwarten sollte. Es wäre billig, sagte er, dass sie das Totenhemd, mit dem der Mann bekleidet gewesen wäre, ihm gäben, da sie ihm ja alles verdankten. Die Männer, die unterdessen den Sarg geöffnet und den Leichnam herausgerissen hatten, packten ihn und wollten sich davonmachen. Sie hätten allein gearbeitet, brummten sie, so komme ihnen auch der Ertrag allein zu. Würden sie gefasst, so würde er es auch nicht mitgetan haben wollen. Was ihnen einfiele?, rief der Totengräber, sie liefen fort, ohne das Grab wieder zu verschütten, und er solle umsonst ihren Dreck nachräumen? Er sprang ihnen nach, packte den einen herunterhängenden Arm des Toten und bemühte sich, die beiden Ringe abzuziehen, die ihm am vierten Finger saßen. Der eine der Männer versetzte ihm einen Stoß, dass er rücklings auf den Boden fiel; aber er raffte sich auf und schrie zornig, er werde das Glöckchen auf seinem Dache läuten, dass die Stadt aufwachte und sie ihren Lohn bekämen. Nun fielen sie über ihn her, und es gelang ihnen, ihm das Beil zu entwinden. Sie könnten ihm leicht den Garaus machen, sagten sie, und sich mit seinem Fleisch den leeren Bauch füllen; aber aus christlicher Liebe wollten sie ihn am Leben lassen und ihm sogar den einen der goldenen Ringe überlassen. Dagegen verpflichtete er sich, das Grab wieder zuzuschütten und sie unterdessen in seinem Hause ihr Mahl zurichten und verzehren zu lassen, wo sie am ehesten ungestört bleiben würden.

Bernhard von Weimar nahm seinen Helm ab und reichte ihn einem seiner Pagen mit der Bitte, er solle ihm aus dem Bache, der zwischen den Hügeln hinunterlief, Wasser schöpfen. Während er trank, kamen ein paar Offiziere herangeritten und riefen von Weitem, der Werth sei auch gefangen, nun wären alle Vögel in der Schlinge. Bernhard erkundigte sich nach den Einzelheiten und sagte dann, es komme ihm wie ein Traum vor, ein solcher Sieg nach dem kürzlich erlittenen Unglück, wo er schon alles verloren gegeben hätte. Es sei wirklich, als habe Gott die Feinde mit Blindheit geschlagen. Sie wären in guter, gesicherter Stellung gewesen, hätten die Bauern im Schwarzwald kampfbereit zur Stelle gehabt, die ihnen Flanken und Rücken hätten frei halten können, sodass er den Überfall für ein fast desperates Stück gehalten hätte, zumal nach dem erlittenen großen Verlust.

Oberst Hatstein erwiderte, es wäre auch sicherlich Verrat im Spiele gewesen. Der Fürstenberg hätte nicht recht sekundieren wollen, möchte französisches Geld dahinterstecken.

Sie ritten jetzt über ein welliges, von kurzen Tannenhecken durchschnittenes Gelände, wo als eine Spur des heftigen Kampfes, der hier stattgefunden hatte, Tote und Verwundete lagen. Am Rande des Baches, wohin er sich geschleppt haben möchte, wand sich ein Mann mit der weimarischen Feldbinde am Arme in Todeskrämpfen. Warum kein Prediger zur Stelle sei?, fragte Bernhard, die Brauen runzelnd, und sprang vom Pferde, um dem Unglücklichen selbst beizustehen. Er kniete neben ihm nieder, stützte seinen Kopf und wollte ihm zu trinken geben; aber der schüttelte den Kopf und sah den Herzog mit einem Blick an, der zu sagen schien, das diene ihm nicht mehr. Bernhard fragte, sich über ihn beugend, ob er fest im lutherischen Glauben sei und ob er seine Sünden bereue? Für den Glauben habe er gekämpft, ein Söldner des gerechten Gottes gegen den Antichristen, der Herr der Heeresscharen werde ihm die ewige Seligkeit zum Lohne geben. Während der Sterbende die brechenden Augen auf das über ihn geneigte Gesicht heftete, betete Bernhard mit fester Stimme: »Dass aber die Toten auferstehen, hat auch Moses gedeutet. Gott aber ist nicht der Toten, sondern der Lebendigen Gott; denn sie leben ihm alle.«

Die Offiziere standen entblößten und gesenkten Hauptes dabei und warteten, bis der Soldat verschieden war.

»Es ist viel gutes Soldatenblut geflossen«, sagte Bernhard, als sie wieder unterwegs waren, »aber ich will sorgen, dass es nicht umsonst für das Vaterland gewesen sei.« Er verfiel in ernste Gedanken, die niemand zu stören wagte. Nun es wieder aufwärtsginge, dachte er, und er den Fuß im Elsass hätte, würde Richelieu alles aufbieten, um ihm die Beute zu entreißen. Dabei würde er sich auf den Vertrag stützen, den er, Bernhard, hatte eingehen müssen; ob mit Recht oder Unrecht, danach würde er nicht fragen. Dieser zweite Kampf würde nicht weniger erbittert sein als der, in dem er eben gesiegt hatte; er würde unablässig wachsam, unablässig auf der Hut sein müssen, sonst würde seine Arbeit Deutschland zum Fluch statt zum Segen werden. Es überlief sein Herz bitter, wenn er daran dachte, wie die Franzosen seine Schritte begleiteten, um wie die Harpyien der Sage auf das Mahl, das ihn ernähren sollte, herunterzustoßen und es selbst zu verschlingen. Nicht seine Schuld sei es, sagte er sich, wenn sein Streben missglückte, sondern die seiner Blutsverwandten und Mitfürsten, die ihn im Stiche ließen, beschränkte Sicherheit dem Strudel des Krieges vorziehend.

Am folgenden Morgen wurde ein Dankgottesdienst auf dem Schlachtfelde abgehalten. Es war ein milder Tag; die Luft schmeichelte sich gelind wie der Pelz junger Tiere über die rötlichbraunen Spitzen der Wälder, über das zertretene Gras, über die Türme von Rheinfelden und die knienden Soldaten. Nach der Predigt stimmte der Geistliche an: ›Ein feste Burg ist unser Gott‹, und alle sangen mit; die Töne marschierten wie eiserne Krieger gegen das Mordfeuer einer feindlichen Batterie.

Bernhard dachte an viele Stunden seiner Kindheit, wenn seine verstorbene Mutter, von mancherlei Unbill bedrängt, namentlich durch seinen misstrauischen und herrschsüchtigen Oheim und Vormund Johann Georg, als schöpfe sie Kraft daraus, dies Lied angestimmt und wie die starke, dunkle Stimme seine schwache, schwankende mit getragen hatte. Er glaubte die Geist gewordene zu vernehmen, wie sie aus Gottes Herzen hervorquellend sich wiederum mit der des begnadeten Sohnes vereinte, und Tränen des Entzückens stiegen in seine Augen.

Zu dem Bankett, durch welches der Sieg gefeiert wurde, waren auch mit Ausnahme Speerreuters, der als Überläufer behandelt wurde, die gefangenen Offiziere geladen. Savelli erhielt seinem Range und Stande gemäß den Ehrenplatz an Bernhards Seite, Johann von Werth und Adrian Enkevort saßen ihnen gegenüber. Auf Bernhards höfliche Erkundigung, ob die Herren mit Unterkunft und Verpflegung zufrieden wären, antwortete Savelli, wenn sie nur an ihre eigene Bequemlichkeit dächten, könnten sie sich nichts Besseres wünschen, als zeitlebens Bernhards Gefangene zu sein, ganz abgesehen davon, dass selbst versuchte Soldaten von einem solchen Helden noch lernen könnten.

Diesmal hätten sie hauptsächlich lernen können, Glück zu haben, sagte Bernhard liebenswürdig; er habe selbst auf solchen Sieg nicht gerechnet.

Johann von Werth, der unmutigen Gesichts auf seinen Teller gestarrt hatte, warf einen grimmigen Blick auf Savelli und sagte, das wolle er wohl glauben; aber was der Herzog Glück nenne, heiße auf ihrer Seite Lotterei.

O nicht doch, sagte Savelli spöttisch, Werth sei zu hart gegen sich.

Ja, hart sei er gegen sich, fiel dieser rasch ein, aber anders, als Savelli meine. Als er zu Augsburg das Handbrieflein des Kaisers erhalten habe, der Herzog von Weimar ziele auf die österreichischen Vorlande, da habe er sich gerade die Kugel herausschneiden lassen, die ihm noch vom vergangenen Jahre her hinter dem Ohre gesteckt habe. Der vortreffliche Wundarzt habe gesagt, er dürfe beileibe nicht zum Heere gehn, bevor die Wunde ausgeheilt sei, sonst könne der Brand hineinschlagen und gar ein tödliches Ende erfolgen; aber er habe geantwortet, solange er Leben habe, wolle er es für den Kaiser einsetzen, die Bank halte Gott. Herzog Bernhards Diskretion und Tapferkeit in Ehren, hätte man seinerzeit auf ihn, Johann von Werth, gehört und ihn den Lauffenburger Pass verstärken lassen, so würde ihn der Herzog nicht haben nehmen können; aber man habe leider dem Grafen von Fürstenberg nachgegeben, der nicht gewollt habe, dass ihm ein braver deutscher Mann auf die Finger sähe. Wie sie dann die schöne Viktoria davongetragen hätten, das sei ja jedermann bekannt, und wie der Herzog von Savelli sich nach Rheinfelden gesetzt habe, als sei der Braten nun gar und brauche nur gefressen zu werden. Savelli werde sich wohl erinnern, wie er, Johann von Werth, noch am Vorabend gewarnt und das Unglück vorausgemalt habe; da ihm aber nur eine spitze Antwort zuteil geworden wäre, habe er das Maul zugeklappt und geschwiegen.

Nun, wenn Werth an die Sache rühre, sagte Savelli scharf, so wolle er jetzt bemerken, dass, wenn Werth sein Bedenken gebührlich vorgebracht hätte, er einen Kriegsrat berufen haben würde, um die Sache zu untersuchen. Das habe Werth aber nicht getan, sondern ohne Begründung gegen seine Anordnungen gemurrt, was er natürlich nicht beachtet habe; denn wenn er Werths Widerspruch und Brummen immer regardieren wollte, so würde er nicht einen Schritt vor den andern setzen können. Werth stemme sich gegen alles, verderbe alles durch seinen Ungehorsam, und dem Rechte nach hätte er, Savelli, schon ganz anders mit ihm verfahren dürfen. Werth sei ohnehin beim Kurfürsten nicht gut angeschrieben, weil er nur seinem eigenen störrischen Willen nachginge und den Krieg wie ein Freibeuter mit Streif- und Raubzügen betriebe.

Wenigstens sei er noch nie davongelaufen, rief Werth. Herzog Bernhard selbst solle bezeugen, ob er je seinen Rücken gesehen hätte.

Nein, niemals, lachte Bernhard, außer bei der gestrigen Affäre.

Auch Savelli lächelte. Er habe geglaubt, sagte er, Kavaliere machten ihre Streitigkeiten untereinander mit dem Schwerte aus, nicht in Gesellschaft mit der Zunge.

Die Mahnung lasse er sich gefallen, rief Werth aufspringend laut und hitzig, er sei auf der Stelle bereit, die Sache auszutragen.

Nicht ohne Spott sagte Bernhard, er müsse die Herren erinnern, dass sie augenblicklich keine Schwerter hätten, und was ihn betreffe, so sei er froh, die Ursache zu sein, die zwei so ausgezeichnete Generäle verhinderte, ihr Blut zu vergießen. Werth setzte sich wieder, und das Mahl nahm seinen Fortgang; aber der Wein brachte keine Fröhlichkeit, sondern erhitzte nur die vorhandene Wut und Rachsucht.

Savelli hatte sich von Herzog Bernhard erbeten, in Lauffenburg bleiben zu dürfen, wo er einige Beziehungen hatte, und benutzte diese, um zu entfliehen. Die beteiligten Personen, mehrere Priester und eine Frau, ließ Bernhard aufhängen; sonst, sagte er, würden die in Paris ausgestreuten Verleumdungen, als unterhandle er mit dem Kaiser und sei die Flucht mit seiner Bewilligung geschehen, Nahrung erhalten.

Dass es des Kaisers Wunsch war, sich mit Bernhard zu vergleichen, ging aus einem Brief hervor, den Savelli aus Heilbronn, wohin er sich gewandt hatte, an den Herzog richtete. Es liege einmal in der menschlichen Natur, die Freiheit zu lieben, begann Savelli, damit werde Bernhard es gewiss entschuldigen, dass er sich der Gefangenschaft entzogen habe. Er wolle sich der erlangten Freiheit zu Bernhards Wohl bedienen, indem er den Frieden zwischen ihm und dem Kaiser vermittelte. Weiter schrieb er, wie schade es sei, dass ein solcher Held seinem Vaterlande entfremdet würde, und dass der Kaiser, wenn Bernhard geneigt sei, ihn, Savelli, mit der Fortführung der Verhandlung betrauen würde.

Bernhard war entrüstet, dass der meineidige Italiener an ihn zu gelangen wagte, und davon absehend, wie hätte er eben jetzt an Frieden denken können, da das Glück sich ihm wieder zugewandt hatte? Allerdings wurde er bald inne, dass die Eroberung von Breisach große Schwierigkeiten haben würde; denn er verfügte über zu wenig Truppen, als dass er die Zufuhr von Vorräten durchaus hätte verhindern können. Obwohl er die Schwarzwaldpässe besetzt hatte, gelang es Götz, auf Umwegen das

Kinzigtal zu erreichen und Lebensmittel in die Festung zu werfen, wodurch die Aussicht, sie durch Hunger zu schneller Übergabe zu zwingen, schwand. Ungeduldig und niedergeschlagen verweilte Bernhard in Neuenburg, als ihm in der Ankunft Erlachs Trost aufging. Dieser hatte, als die evangelische Eidgenossenschaft sich Österreich näherte, seine Staatsämter niedergelegt, um sich Bernhard ganz anzuschließen, da die jesuitische Politik seiner Heimat sich, wie er sagte, mit seinem Gewissen nicht vertrüge.

Bernhard empfing ihn froh und dankbar; solange er lebe, versicherte er, solle Erlach dies heldenmütige Opfer nicht bereuen. Was er besitze und vermöge, gehöre dem tapferen, treuen Offizier, der sein Glück auf ihn baue. Er stehe schon auf der Schwelle seines Traumes; wenn Frankreich nur einmal die oft wiederholte Zusage erfüllte und ihn vertragsgemäß unterstützte, so wäre das Elsass sein.

Erlach, seinen großen Mund schief ziehend, bedachte sich. Bernhard wisse ja Bescheid, sagte er, er sei für Frankreich, weil Frankreich wider Österreich sei, übrigens könne er es nicht gut mit den Franzosen und dürfe es nicht auf sich nehmen, etwas bei ihnen auszurichten, er sei zu grob und zu gerade, verstehe sich nicht auf die Gaukelei und Gleisnerei, die dort im Schwange sei.

Dagegen wandte Bernhard ein, als Berner stehe Erlach bei den Franzosen in hohem Ansehen, niemand würde ihn leicht vor den Kopf stoßen. Dazu komme, dass er, Bernhard, nur Erlach vertraue, sich nur ihm ganz eröffnen würde und dass Erlach deshalb, weil er genau wisse, worauf es ankäme, mehr als ein anderer ausrichten könnte.

So von Bernhard gedrängt, erklärte sich Erlach bereit, in seinem Auftrage nach Frankreich zu gehen, und ließ sich neben der schriftlichen Instruktion durch Bernhard mündlich von allen seinen Ansichten und Wünschen unterrichten.

Es sei nicht damit getan, erklärte Bernhard, dass ihm französische Truppen geschickt würden; darauf komme es an, dass die Hilfsvölker seinem Oberbefehl unterstellt würden. Kämen sie unter einem Anführer von hoher Geburt und Stellung, der sich ihm nicht unterordnete, so erschwerte das seine Operationen, hauptsächlich aber könnte Frankreich dadurch selbstständigen Anteil an seinen Eroberungen gewinnen, wodurch alle seine Pläne vernichtet würden.

Erlach nickte. Aus dem Grunde würden sie eben darauf bestehen, meinte er.

Es sei von äußerster Wichtigkeit, sagte der Herzog. Er durchschaue vollkommen, worauf sie hinaus wollten. Sie dächten ihm als einen Söldnerführer mit einem Trinkgeld zu verabschieden.

»Ja, mit einem gepulverten, das man in den Wein schüttet«, sagte Erlach lachend und sich die Hände reibend, »oder mit einem spitzen, das ein Bandit überbringt.«

Bernhard sah ihn groß an. »Sie möchten wohl«, sagte er, »aber das trauen sie sich nicht.«

Erlach lachte noch immer. »Nein, das sind Possen«, sagte er. Welsche Praktiken waren das, in Frankreich glaubten sie alles mit ihrer Pfiffigkeit und Überlegenheit auszurichten. Wie denn nun eigentlich Bernhards Vertrag laute?

Bernhard klagte, dass auch in dem neuen Vertrage Zweideutigkeiten unterliefen, weil Frankreich sich eine Tür für seine Gelüste offenlassen wollte. Das Elsass sei ihm zwar klar zugesprochen; aber sie wollten Breisach nicht zum Elsass rechnen, und ohne Breisach könne er doch das Elsass nicht halten.

Wenn er es nur erst hätte, so zweifle er nicht, sagte Erlach, dass Bernhard es festhalten würde.

Das müsse er aber auch, sagte Bernhard, der aufgestanden war und unruhig auf und ab ging. Ehe man ihm nachsagte, dass er das uralte Deutsche Reich zerstückt und an die Fremden verkauft hätte, lieber wollte er die himmlische Seligkeit verscherzen.

Nun, nun, beruhigte Erlach, so habe er es ja nicht gemeint. Bernhard indessen redete in seiner Erregung weiter: So hätte er die Hände davon lassen müssen! So wäre das Elsass ja besser bei Österreich geblieben.

Das wolle er denn doch nicht sagen, meinte Erlach langsam; die spanische Teufelei und Schlamperei sei doch die ärgste.

Bernhard schüttelte heftig den Kopf, während er fortfuhr, auf und ab zu gehen. Das lasse er dahingestellt sein, sagte er; er wolle nicht Verräter bei den Deutschen heißen. Er müsse und müsse das Elsass festhalten. Wenn er es sich jetzt entreißen ließe, wäre es auf ewig verloren. Erlach müsse ihm helfen, wenn er sein Freund sei.

Was er könne, wolle er für Bernhard tun, versprach Erlach, er wünschte nur, dass er besser dazu taugte. Die evangelischen Eidgenossen könnten sich keinen lieberen Nachbar wünschen als einen so redlichen deutschen Fürsten wie Bernhard.

»Ja, mein Herz ist redlich und deutsch«, sagte Bernhard, indem er sich die Stirn trocknete, »das schwöre ich bei Gott.«

So werde Gott ihm auch beistehen, sagte Erlach.

Erst im Juni erhielt Bernhard Nachrichten von Erlach aus Paris, die nicht günstig lauteten. Es lasse sich alles übel an, hieß es im Brief, an Höflichkeit fehle es nicht, sei aber nichts dahinter. Dass sie Truppen unter seinen Oberbefehl stellen würden, müsse sich Bernhard aus dem Sinne schlagen, sie spreizten sich gänzlich dagegen unter dem Vorwande, die Franzosen vertrügen sich nicht mit den Deutschen, welche zu grob und ungesittet wären. Auch beständen sie durchaus darauf, die Hand auf Breisach zu legen, freilich nur bis zum Friedensschluss, wo sie alles zurückgeben wollten; aber es wisse wohl jeder, wie das zu verstehen sei. Die Jesuiten hätten zurzeit das Oberwasser in Frankreich, er spiele eine schlechte Figur dazwischen, wolle jedoch ausharren. Das Jahrgeld, das sie ihm hatten anhängen wollen, habe er unter Vorwänden mit guter Miene ausgeschlagen.

Verdüstert durch diese Mitteilungen, befand sich Bernhard in seinem Quartier zu Neuenburg, als ihm ein Mann gemeldet wurde, der um Audienz nachsuche; er gebe vor, Hoffmann zu heißen und an den Herzog von dessen Brüdern mit wichtigen Aufträgen abgesendet zu sein.

Das hätte er freilich nicht erwartet, sagte Bernhard, dem das Blut ins Gesicht schoss; es wisse jeder, dass er nichts mit seinen Brüdern gemein habe.

Ob er das dem Hoffmann sagen solle?, fragte der meldende Offizier.

Ja, sagte Bernhard, eine Audienz könne er ihm nicht gewähren. Aber, fügte er hinzu, er solle wohl gehalten werden, nicht geringer als die Gesandten von Frankreich oder von Schweden. Und wenn er etwas Schriftliches für ihn hätte, so solle er es abgeben.

Das hatte Hoffmann in der Tat, und Bernhard schickte sich noch am selben Abend an, es zu lesen.

Sie könnten es noch immer nicht glauben, so etwa schrieben die weimarschen Herzöge, dass die alte brüderliche Liebe gänzlich zwischen ihnen zerrissen sein sollte. Mit Schmerzen empfänden sie es, dass ihr eigner Bruder es sei, der den edlen, viel erwünschten Frieden, nachdem man ihn schon am Zipfel zu fassen geglaubt, wieder aus dem Vaterlande verscheuchte. Ach, wenn er sich doch die allgemeine Not wollte zu Herzen gehen lassen! Sie hätten ihr kleines Land glücklich aus der Drangsal gesteuert, nun aber, da sie zu seiner Erhaltung um die Belehnung zu gesamter Hand beim Kaiser nachgesucht härten, erhebe sich als Hindernis, dass er gegen den Kaiser in Waffen stehe. Er sollte doch den unnatürlichen Dienst bei den Feinden des Reichs aufgeben und sich dem Vaterlande wieder zuwenden.

Als er das lange Sehreiben gelesen hatte, stützte Bernhard den Kopf in die Hand und starrte in die still brennenden Wachskerzen, die vor ihm auf dem Tische standen, während Jelängerjelieber-Gerüche ins offene Fenster stiegen. Wohl mochten sie seiner denken in der Heimat, hatte er ihrer doch auch nicht vergessen trotz ihrer Untreue! Einst hatten sie sich heilig untereinander verschworen, das Schwert nicht ruhen zu lassen, bis sie Freiheit und Glauben und Vaterland gerettet hätten; was für hohe Träume hatten sie miteinander geträumt! Aus Eifersucht, weil er ihm die erste Stelle im Heer nicht gönnte, hatte Wilhelm ihm Steine auf den Weg geworfen; und wie bald hatte er doch verzagt, wie bald sich aller heroischen Hoffnungen begeben! Sie hatten beide den Stoff zum Feldherrn nicht in sich, weder Wilhelm noch Ernst, der Gute, Redliche; aber wenn er sie deswegen nicht missachtete, warum missgönnten sie ihm den Ruhm, das verlassene Banner hochzuhalten? Warum wollten sie ihn in die Sümpfe ihres Friedens hineinziehen?

Als ob ihn nicht auch nach Frieden verlangte! Ach, wenn er die Qual und das Fieber einmal von sich werfen könnte! Wenn er einmal mit festem, einigem Herzen schlafen könnte!

In seinen Augen, die das Wachs von den Kerzen hinuntertropfen sahen, standen Tränen. Seit jenem heiligfrohen Ostermorgen vor vier Jahren hatte er Weimar nicht mehr gesehen; was für Enttäuschungen, Entbehrungen und Erniedrigungen, was für eine lange, schwarze Nacht hatte er seitdem durchkämpfen müssen, deren Ende er noch nicht sah! Was würde er geben in diesem Augenblick um einen Bruderhändedruck! Rascher und reichlicher stürzten die Tränen aus seinen Augen. Es wäre doch gut, dachte er, dass sie den Hoffmann zu ihm geschickt hätten. Es war wie ein Veilchenhauch aus seinem Kindergarten in dieser kalten, wilden, grausamen Einsamkeit. Und vor allen Dingen gaben ihm seine Brüder Gelegenheit, sich vor ihnen und aller Welt zu rechtfertigen. Sie und viele mit ihnen mochten denken, dass er um eines französischen Jahrgeldes wegen oder aus Lust an zügellosen Abenteuern im Kriege verharrte, dass er aus kindischem Trotz und Eigensinn des Kaisers Gnade zurückstieße. Das konnte er ihnen nun ausreden; denn es war ihm nicht gleichgültig, was sie daheim von ihm dächten. Um des deutschen Vaterlandes willen kämpfte und litt er; so sollten die Deutschen seinem Namen nicht fluchen.

In den nächsten Tagen beschied er Hoffmann, der über die Sinnesänderung hocherfreut war, zu sich. Nachdem er ihn im Beisein mehrerer hoher Offiziere empfangen hatte, lud er ihn allein zu seinem Abendessen ein. »Er ist grau geworden, seit ich ihn nicht gesehen habe«, begann der Herzog freundlich das Gespräch. »Das Alter und die Sorgen!«, erwiderte Hoffmann. »Mein Rücken ist krumm und der von Euer Fürstlichen Gnaden ist stark und gerade geworden.«

»Wer weiß?«, sagte Bernhard. Vielleicht würde Hoffmann ihn dennoch überleben. Krieg und Tod säßen auf einem Pferd.

»Wollen Euer Fürstliche Gnaden denn ewig Krieg führen?«, fragte Hoffmann.

»Wenn ich ihn mit Ehren enden könnte«, sagte Bernhard, »so täte ich's noch heute.«

»Ach, in Ehren!«, sagte Hoffmann, nachdem Bernhard ihm erlaubt hatte, frei zu reden. Ja, die Göttin Bellona würde gewiss einen Lorbeer um seinen Helm winden. Aber ob nicht Hafer und Weizen, von treuen deutschen Bauern gesät, ihn reicher machen würde als das welsche Reis, das doch einmal dorren müsste?

Lorbeerblätter!, antwortete Bernhard; ja, das wäre freilich eine unfruchtbare Beute, und man dürfe ihn wohl einen hochfahrenden Narren schelten, wenn er der nachjagte. Um solcher willen würde er nicht Ruhe und Familie, ja seinen ehrlichen Namen geopfert haben. Es gehe ja um den reinen Glauben, um die Freiheit des Reiches, um die Größe seines Hauses! Ob denn die Brüder vergessen hätten, warum er Krieg führte?

Sie wären deswegen besorgt, sagte Hoffmann, weil Bernhard in französischem Dienst stehe und Frankreich eine katholische Macht sei. Es liefen ja auch täglich Zeitungen ein, wie die frommen Bekenner des Evangeliums in Frankreich misshandelt würden.

Er in französischem Dienst! fuhr Bernhard auf. Er, ein freier Reichsfürst, der uralten sächsischen Kurfürsten Enkel! Nein, er stehe so wenig im Dienst König Ludwigs, wie er je in Gustav Adolfs Dienst gestanden hätte. Er sei frei, frei wie irgendein Monarch der Erde! Warum sollte er dem König von Frankreich nicht einmal einen Reiterdienst tun? Dasselbe hätten ehemals der Pfalzgraf und der Fürst von Anhalt getan. Französisches Geld gegen deutsches Blut, das sei der Handel. Schmählich genug, dass man es im Auslande müsse suchen gehen! Dass die deutschen Fürsten es lieber für Wohlleben und schöne Kleider verprassten.

Was seinen fürstlichen Bruder, Herzog Wilhelm, betreffe, sagte Hoffmann, so könne er für gewiss bezeugen, dass derselbe oft den Wein auf seinem Tische nicht bezahlen könnte.

Traurig genug!, rief Bernhard. Um solches Betteldasein verkaufe er sein Gewissen! Um mit Zagen verschuldetes Brot essen zu können, sehe er zu, wie der Kaiser seinen Glaubensgenossen das papistische Joch aufzwänge! Bleibe ruhig, wenn ganz Schwabenland in die Babylonische Gefangenschaft müsse! Er, Bernhard, wolle nicht ruhen, bis das getretene Deutschland sein Haupt wieder frei erheben könne!

Ach, und wenn sie nun allesamt darüber zur Grube führen?, seufzte Hoffmann.

»Nur noch wenige Schritte!«, rief Bernhard mit blitzenden Augen.

»Nur noch ein Schritt fehlt! Habe ich erst meinen Fuß auf Breisach gesetzt, so ist es errungen; und das Jahr soll nicht vergehen, bis es errungen ist.«

Das wäre freilich eine große Sache, sagte Hoffmann, die Brauen hochziehend. Aber leider sei ja das Elsass schon an Frankreich verhandelt; es würde sich Breisach nicht gutwillig nehmen lassen.

»Mit gutem oder bösem Willen«, sagte Bernhard, »es muss. Wo mein Schwert herrscht, bin ich Herr.«

Hoffmann betrachtete Bernhard gerührt und bewundernd. Da er ihn als Buben gesehen hätte, sagte er, ein wenig plump und verschlossen und ohne Aquilibrium, hätte er nicht gedacht, dass ein solcher Held aus ihm werden würde. Einem solchen Fürsten gegenüber dürfe er das Maul nicht auftun.

Bernhard reichte ihm die Hand und sagte, ein so treuer und redlicher Diener seines Hauses solle ungescheut seines Herzens Meinung aussprechen. Er sei nur falsch unterrichtet, nicht bös gesinnt, das wisse Bernhard wohl. Man sehe ihn, Bernhard, im Reich für einen Freibeuter und Friedensstörer an. Er sei der letzte evangelische Fürst, der gegen die päpstliche Tyrannei fechte, und habe als solcher einen harten Stand. Aber Gott habe den kleinen David gegen Goliath stark gemacht, darum verzage er nicht. Wenn er Breisach hätte, stehe er fester da als zuvor König Gustav Adolf in Mainz.

Mit Gustav Adolfs Lauf solle Bernhard den seinigen nicht vergleichen, bat Hoffmann, das sei ein übles Omen.

»Wir stehen in Gottes Hand«, sagte Bernhard. Hoffmann nickte. Er sähe nun wohl ein, sagte er, dass es allzu verwegen sei, des Herzogs hohen Gedanken folgen zu wollen. Doch sei ihm bange ums Herz. Das arme Deutschland sei ja in Grund und Boden gestampft; was hülfe dem Volke Glauben und Freiheit, wenn es Hungers sterben müsste?

Das Wort Gottes sei der beste Frühling, erwiderte Bernhard; das werde schon neue Saaten keimen lassen.

Wie umständlich der Arzt auch dem Professor Besold in Ingolstadt klargemacht hatte, dass er sterben müsse, wollte er es doch nicht glauben. Wenn er nur dasselbe Pülverlein bekommen könnte, sagte er zu seiner Frau, das ihm früher so gut getan hätte, so würde er gleich gesund werden; aber das aus der Mohrenapotheke sei nicht das richtige.

Nun, erwiderte die Frau, sie wolle jetzt einmal in die Löwenapotheke gehen, vielleicht wäre es da aufzutreiben.

Und dann solle sie den Doktor nicht wieder zu ihm hereinlassen, fuhr Besold fort, so viel Dummheit müsse einen ja krank machen. Der habe gewiss einen Vertrag mit dem Totengräber.

In Stuttgart und Tübingen wären die Leute freilich anders, seufzte die Frau.

Besold spürte die Anzüglichkeit in ihrem Tone und war peinlich dadurch berührt. An die schwäbische Dummheit waren sie einmal gewöhnt gewesen, sagte er. Und nun möchte sie doch schnell in die Löwenapotheke gehn und das Pülverlein holen, fügte er hinzu.

Als er die gute, trauliche Gestalt durch die Tür verschwinden sah, wollte er ihr nachrufen, dass sie lieber bei ihm bleiben sollte, denn es schwamm ihm plötzlich dunkel vor den Augen; aber er brachte die Stimme nicht heraus, und gleich nachher erschien statt ihrer ein Jesuitenpater auf der Schwelle, der ihn, seit er krank war, häufig besuchte.

Nun, fragte der Pater, indem er sich an Besolds Bett setzte, ob Besold wohl vorbereitet auf den Himmel sei? Jetzt könne er sich in Muße das hochzeitliche Gewand anlegen, in dem er zur ewigen Freude eingehen sollte.

Ein Christ, sagte Besold mit etwas ungeduldiger Schärfe im Ton, müsse jederzeit vorbereitet sein. Im Grunde bedürfe es mehr Vorbereitung zum Leben als zum Tode.

Ja, sagte der Jesuit, das sei ein wahres und tiefsinniges Wort, wie man es von einem solchen Gelehrten und Weisen erwarten könne. Es laufe aber auch ein klein wenig Täuschung mit unter, indem man sich nach menschlicher Bequemlichkeit das Sterben zu obenhin ausmalte. Man müsse doch vorher sein Haus bestellt haben.

Natürlich, sagte Besold, das sei alles in Ordnung, sein Testament habe er längst gemacht.

So, also mit Brot und Kleidung und fleischlicher Wohlfahrt habe er seine Frau versehen, sagte der Pater; wie er denn aber für ihre Seele gesorgt habe? Ob ihm dabei kein hässlicher Widerspruch auffiele. Wenn ihr Leib schwelgte und ihre arme Seele verschimpfen und verteufeln müsse? Als einem rechten christlichen Ehemanne müsse es ihm sauer werden, abzufahren, solange er ihre Seele in der pestilenzischen Höllenfinsternis wisse.

Was er denn anstellen sollte?, seufzte Besold. Die Frau sei die beste, treueste Haut von der Welt, aber von unbesiegbarer Hartnäckigkeit in Glaubenssachen. Sie habe den Irrtum mit der Muttermilch eingesogen; das sitze viel fester als alle Weisheit und Vernunft, die er ihr jetzt predigen könnte.

Der Jesuit schüttelte lächelnd den Kopf und sagte: Ei, ei, das könne er doch nicht glauben. Ein Ehemann habe doch Gewalt über die Frau. Wenn ein Mann nur wolle, könne er ein Weiberköpflein regieren. Zumal Besold könne doch seine Frau daran mahnen, dass nach dreißig Jahren unfruchtbarer Ehe der Herr ihnen wunderbarerweise ein Kindlein geschenkt hatte, als Besold in den Schoß der Kirche zurückgekehrt sei, und dass, wenn sie in ihrem Trotz verharrte, es ihr zur Strafe und Belehrung wohl wieder genommen werden könnte. Ferner, wenn er ihr recht beweglich erklärte, dass er nicht ruhig sterben könne, bis sie im Arm der Kirche wohl aufgehoben sei, würde sie sich doch bequemen, wenn sie nicht ganz und gar von Stein wäre.

Sie steife sich auf ihren vermeintlichen Gott, entgegnete Besold, und bilde sich ein, er habe ihr das Kindlein zum Troste wegen seines Abfalls geschenkt. Außerdem sei es noch gar nicht so weit, er fühle sich heute besser, das ingolstädtische Klima gehe ihm nur nicht ein, wäre er nur nach Italien gegangen, so würde er frisch und munter sein. Sein Sinn sei noch nicht aufs Sterben gestellt.

Der Angstschweiß stand Besold auf der Stirn, und seine Frau erschien ihm wie ein aus äußerster Not errettender Engel, als sie mit dem Pulver aus der Apotheke zurückkam. Sie warf einen missfälligen Blick auf den Pater und sagte zu ihm, ihr Mann müsse jetzt eine Arznei einnehmen, schwitzen und schlafen, er solle ihn gefälligst dabei allein lassen; worauf jener sich lächelnd empfahl, ohne dass der Professor ihn zurückzuhalten suchte. Geduldig ließ er sich das Gemisch von ihr einflößen, fasste wehmütig ihre Hand und bat sie, bei ihm zu bleiben und ihn freundlich anzuhören.

Sie hatten nun über ein Menschenalter friedlich und glücklich miteinander gehaust und es stets treu und redlich miteinander gemeint, sie möchte nun auch seinen letzten Wunsch erfüllen und sich zur alten, wahren Mutterkirche bekehren lassen.

Ach, davon solle er doch schweigen, sagte die Frau, der die Tränen in den Augen standen; es sei doch genug, dass sie ihm seinen Abfall nicht nachgetragen habe. Er wisse es wohl, wie es ihr das Herz gebrochen habe, als alle ehrlichen Leute in Tübingen und Schwaben ihn verachtet und verflucht hätten wegen seiner Abtrünnigkeit und Falschheit. Sie habe doch in der alten Weise an ihm gehangen und ihren Schmerz für sich hinuntergeschluckt; mehr werde er in Ewigkeit nicht von ihr erreichen und solle es auch nicht verlangen.

Und was er litte, fiel Besold ein, wenn er dächte, dass die vermaledeiten Lutherpfaffen ihr Gewissen beherrschten und sie nach seinem Tode wohl gar zwängen, ihn zu verfluchen!

Mit einem solchen, der das von ihr verlangte, würde sie nie etwas zu tun haben, entgegnete die Frau; er müsse sie gut genug kennen, um das zu wissen.

Wie er an seine Gegner in Schwaben dachte, erhitzte sich Besold und drang mit noch einmal aufflackernden Kräften auf seine Frau ein.

Wenn sie dächte, sagte sie mit gefalteten Händen und unter strömenden Tränen, dass sie, nachdem er sie verlassen haben würde, auch ihren alten Herrgott nicht mehr haben sollte, der sie treu durch ihr ganzes Leben geführt hätte, so müsse sie ganz verzweifeln und hätte im Himmel wie auf Erden keine Heimat mehr.

Besold bat sie um Gottes willen, nicht zu weinen; er könne sie durchaus nicht weinen sehen, das wisse sie ja. Nein, er wolle ihr nicht noch mehr Schmerz bereiten, sie habe ihm ja schon so viel zuliebe getan. Wenn sie es nicht freiwillig könne, so wolle er sie nicht bedrängen. Mit Gott habe es ja auch ein ganz anderes Wesen, als sie alle dächten, es habe der eine diesen und der andere einen anderen Gott, und über allem, was man erkennte und glaubte, sei Gott immer der eine und derselbe. Das Herz tue ihm weh, dass sie im Bekenntnis nicht wie in allem anderen beieinander wären; er wolle sich aber darein finden, sofern sie ihm nur verspräche, wenn er denn sterben müsste, seiner eingedenk zu sein und das Kind so aufzuziehen, dass es ihn lieb behielte.

Nach Besolds Tode beschlossen die Jesuiten, die Witwe auf dem Wege der List zu bekehren, da sie der Überredung nun einmal nicht hatte nachgeben wollen. Sie erkundeten, zu welcher Zeit die trostlose Frau das Grab ihres Mannes zu besuchen pflegte, und veranstalteten mittels eines hinter dem hohen Grabstein versteckten jungen Burschen einen Spuk, den die frühe Dämmerung des Septemberabends begünstigte. Die Trauernde vernahm, als sie weinend und betend neben dem Hügel kniete, einen langgedehnten Seufzer, der aus einem in Qualen sich windenden Herzen zu kommen schien. Sie schrak zusammen und sah sich um; neben ihr war die kahle Mauer der Kirche, eine schreckhafte Masse, wie wenn ein urweltliches Ungeheuer auf dem Bauche läge und versteinerte, auf der anderen Seite Denkmäler, an denen Kreuze und trübe brennende Lämpchen hingen. Kein Blatt wisperte und kein Fußtritt raschelte, nur der gespenstische Seufzer hauchte durch die fröstelnde Öde.

Mit klopfendem Herzen horchte sie and vernahm nun deutlich ihren hingeseufzten Namen, was ihre Ahnung bestätigte, dass das Zeichen ihr gölte und von ihrem Manne käme. Sie raffte sich entsetzt auf und eilte nach Hause; aber am anderen Tage überwog die Sehnsucht, mit dem Verstorbenen in Verbindung zu treten, den Schrecken, und sie suchte den Kirchhof zur selben Stunde wieder auf, wo denn auch die überirdische Anrufung sich wiederholte.

Da die Frau in Ingolstadt weder Verwandtschaft noch Bekanntschaft hatte, konnte sie es nicht unterlassen, ihr Erlebnis dem Jesuitenpater anzuvertrauen, der ihren Mann so oft besucht hatte und nach seinem Tode häufig zu ihr kam, um ihr mit Trost, Rat und Tat beizustehen. Dass das Seufzen und Anrufen, äußerte sich dieser, von ihrem Manne herrühre, leide kaum einen Zweifel. Man habe schon oft Ähnliches erlebt, wie denn erst kürzlich das Grab eines gewissen Mannes stets von einem schwarzen Vogel umkreist worden sei, bis die Witwe den Einfall gehabt habe, eine Schuld zu zahlen, mit der der Verstorbene im Rückstande gewesen wäre; seitdem habe sich das verdächtige Vögelein nicht mehr blicken lassen. Sie solle doch gehörig nachdenken, ob etwas auf dem Gewissen ihres Mannes läge, weswegen er keine Ruhe im Grabe finden könnte. Die Frau dachte daran, dass Besold wohl wegen seines Abfalls Ursache zur Reue hatte und weil er den Österreichischen so viel schwäbisches Klostergut in die Hände gespielt hätte; aber gleichzeitig lag ihr das letzte lange Gespräch mit ihm im Sinn, als er so traurig und herzlich gesagt hatte, er wolle sie nicht ferner quälen, wenn sie ihn nur lieb behielte. Es wollte ihr jetzt scheinen, als sei sie hartherzig gewesen, dass sie ihn ohne Trost und sichere Aussicht auf dereinstige Wiedervereinigung hatte sterben lassen. Ach, und was sollte ihr selbst die himmlische Seligkeit nützen, wenn sie dieselbe getrennt von ihrem lieben Manne genießen sollte? Hatte nicht Gott selbst den Ehefrauen geboten, ihre Herren über alles zu lieben und ihnen in allen Dingen nachzufolgen?

Die Unterweisung des katholischen Priesters, um die sie nun nachsuchte, leuchtete ihr zwar nicht sonderlich ein; aber gerade die Größe des Opfers lockte sie, weil sie umso mehr Erfolg zu verheißen schien, und so vollzog sie nach einiger Zeit den Übertritt, womit das seltsame Seufzen am Grabe denn auch ein Ende nahm.

In seinem Quartier in Pontarlier saß Guébriant am Fenster und las eine soeben erhaltene Instruktion, nach welcher er schleunig dazu schreiten sollte, Herzog Bernhard zur Übergabe Breisachs an Frankreich zu veranlassen; immerhin so, dass seine Empfindlichkeit möglichst geschont und seine Anhänglichkeit an den König erhalten bliebe. Als der Graf gelesen hatte, schob er das Schreiben in ein Taschenbuch und seufzte; dann zog er einen kleinen Handspiegel aus der Tasche, ordnete seine Locken und zupfte gedankenlos an dem schwarzen Pflästerchen, das er über einer vor Jahren empfangenen Wunde auf der Wange trug. Der Auftrag war ihm außerordentlich zuwider; denn er wusste gewiss, dass er Bernhard dadurch reizen, und ahnte, dass er ihn nicht würde beeinflussen können. Hatte Bernhard sich auch nie deutlich darüber ausgesprochen, so stand es doch über jedem Zweifel, dass er Breisach für sich selbst erobert hatte; so kämpfte niemand um eine Braut, die er für einen andern freite. Guébriant dachte an den vergangenen Herbst zurück, als an den Schanzen gebaut und um die Schanzen gestritten wurde, Bernhard fieberkrank in Kolmar lag und von dort aus das große Werk mit seinem leidenschaftlich gespannten Geist beherrschte. Während sein Körper jämmerlich hingestreckt mit dem Tode rang, stand sein Wille wie ein Adler über dem furchtbaren Bollwerk, das er sich unterwerfen wollte. An einem Oktobertag dachte Guébriant, als die zu einem unerwarteten Überfall vereinigte kaiserliche Macht heranrückte, die vordersten Schanzen eroberte und schon die große Schiffbrücke bedrohte, mit welcher der Zugang zur Festung in die Hände des Feindes gefallen wäre: wie er, von der Not des Augenblicks ergriffen, in seine Truppen drang, zur Verteidigung der Brücke anzurücken, wie sie sich weigerten, wie er mahnte und drohte, seine Offiziere bestürmte, und wie plötzlich Bernhard in ihrer Mitte erschien, alles mit sich reißend auf die Brücke sprengte und unerschüttert zwischen geschlachteten Opfern den Sieg auf seine Seite riss. Unvergesslich stand sein Bild vor ihm, wie er ihn an jenem Abend begrüßte: sein Gesicht war fahl, sein Auge wie von schwarzen Flören umwunden, das lange Haar klebte ihm an den Schläfen, und die Hand, mit der er das Spitzentuch an die Stirn führte, um sie zu trocknen, zitterte. Was er selbst Wunderbares geleistet hatte, schien er kaum zu wissen, anstatt dessen rühmte er Guébriants Tapferkeit und die Bundestreue, mit der er seine widerstrebenden Völker zur Schlacht geführt hatte.

Ein Gefühl der Befriedigung kam allmählich über Guébriant; er hatte sich in der Tat so gegen Bernhard benommen, wie ein Edelmann sollte, und wenn Bernhard war, wie er ihn einschätzte, musste er ihm ebenso begegnen. Bernhards verborgene Absichten durchschauend, die den gerechten Wünschen seines Königs entgegengesetzt waren, habe er ihn doch stets mit Hintansetzung seiner eigenen Bequemlichkeit unterstützt und wie einen ergebenen Anhänger Frankreichs behandelt. Seine Feldherrngröße hatte er bewundert, ohne Neid zu empfinden oder sich durch Eitelkeit täuschen zu lassen; er hatte gezeigt, dass er, von allen zufälligen Umständen absehend, den Menschen schätzen konnte. Wenn nun der Augenblick da war, wo er in der Beschränkung seines Amtes auftreten und die Pflicht eines Vasallen des Königs ausüben musste, würde Bernhard so kleinlich sein, ihn deshalb weniger hoch zu achten? Er richtete sich gerade auf und entschloss sich, ohne Zögern fest in die Dornen zu greifen; hatte er doch gewusst, als er den Rhein überschritt, dass dies ein stygischer Fluss für ihn war, der ihn, vielleicht für immer, von Frankreich, dem Heimatlande der Sonne und der Freude, abschnitt.

Der Herzog saß, als Guébriant bei ihm eintrat, in seinen Mantel gehüllt an einem Tisch und schrieb. Die Sonne sei noch gar zu winterlich, sagte er, es fröstele ihn durch und durch. Aber auch Guébriant sehe leidend aus; ob er von seiner Krankheit noch nicht ganz wiederhergestellt sei?

Davon wollten sie nicht reden, antwortete Guébriant; er hoffe es bald überwunden zu haben und schäme sich, wenn er sähe, wie unermüdlich Bernhard trotz seiner angegriffenen Gesundheit wäre. Es erscheine ein Wunder, wenn man den erbärmlichen Zustand Breisachs nach der Eroberung gesehen hätte, wie es sich jetzt wieder regte und schöner aufblühte. Das sei die Frucht von Bernhards einsichtigen Mühen. Was dabei störe und betrübe, sei nur der Gedanke, der aufgewandte Fleiß könne am Ende noch dem Feinde zum Vorteil gereichen.

Was Guébriant damit sagen wolle?, fragte Bernhard, die Stirne runzelnd. Ob er ihn nicht Manns genug erachte, Erobertes festzuhalten?

O ja, das traue er ihm wohl zu, sagte Guébriant mit einem leisen Anflug von Spott. Aber der Mensch und zumal der Soldat stehe in Gottes Hand. Sollte Bernhard ein Unglück zustoßen, was Gott verhüten möge, so sei keine Vorsorge getroffen, dass Frankreich das Elsass schützen könnte. Ohne Frage würde der Habsburger in solchem Falle Breisach sofort wieder an sich zu bringen suchen. Wer es dann verteidigen sollte?

Er habe das Vertrauen zu Gott, sagte Bernhard, dass er ihn zum Wohle Deutschlands und des Evangeliums noch einige Zeit werde leben lassen. Sollte er ihn aber abrufen, so liege die Pflicht, Breisach zu schützen, seinen Erben ob.

Nach einer Pause, während welcher Bernhard von Guébriant abgewendet aus dem Fenster sah, begann dieser, er könne sich dem Eindruck nicht verschließen, dass Bernhard dem Könige weniger ergeben sei als früher, und es würde ihn außerordentlich schmerzen, wenn Bernhard die Bande zu lösen beabsichtige, die ihn an Frankreich knüpften. Ob Bernhard vergessen habe, wie viel Dienste der König ihm geleistet, wie viel Opfer ihm gebracht hätte?

Nein, sagte Bernhard, noch auch diejenigen, die er gebracht hätte.

Ob er glaube, fuhr Guébriant fort, inskünftig der Hilfe des Königs entraten zu können?

Nein, er glaube es nicht, sagte Bernhard einlenkend, und habe auch nicht im Sinn, sich von dem Könige zu trennen, hoffe vielmehr, dass die erfochtenen Siege die bestehende Verbindung befestigen würden. Dem Könige solle sein Kampf um die Freigrafschaft zugute kommen. Gäbe er diese in die Hand des Königs, so rechne er darauf, dass der König dagegen ihm das Elsass, auf das er Anspruch hätte, nicht antastete.

Der König denke nicht daran, Bernhards Rechte verkürzen zu wollen, sagte Guébriant, und nach dem Vertrage sei sein Recht auf die Einkünfte aus dem Elsass unzweifelhaft. Anders verhalte es sich, wie er berichtet sei, mit den Hoheitsrechten und mit der Festung Breisach, die nicht im Elsass begriffen sei.

Wäre das Recht des Vertrages zweifelhaft, warf Bernhard rasch ein, so hätte er doch das Recht der Eroberung. Was er mit seinem Heer eroberte, wolle er mit seinem Heer festhalten.

Guébriants hübsches, fein geformtes Gesicht errötete. »Das Heer ist dessen, der es bezahlt«, sagte er in höflichem Tone.

Bernhard fuhr zornig in die Höhe. Nicht auf das Heer komme es an, sondern auf des Heeres Herrn, und der sei frei, ein Fürst des Reichs, der von niemandem, nicht einmal vom Kaiser, Befehle annähme.

Ein Ausdruck ablehnender Missbilligung glitt über Guébriants Gesicht, aber seine Haltung und Rede blieben unverändert verbindlich. Niemand erkenne freudiger an, was für ein Held Bernhard sei, als der König, sagte er. Der König beklage es lebhaft, dass Bernhard nicht nach Paris gekommen sei, denn er hätte ihm seine Freundschaft zu beweisen gewünscht. Dem König liege es am Herzen, Bernhards Wohl zu befördern. Er könne nicht begreifen, warum Bernhard, der Erbe der alten sächsischen Kurfürsten, sich mit Lorbeerkränzen begnügen wollte, da er doch das älteste, das heiligste Diadem der Christenheit auf sein Haupt setzen könnte.

Bernhard legte sein blasses Gesicht in die Hände. »Sie vergessen«, sagte er, »dass ich evangelisch bin.«

Ach nein, sagte Guébriant, er müsse oft daran denken. Der König habe mit Schmerz erfahren, wie hart Bernhard gegen die Katholiken in Breisach verfahren sei. Viele Bürger, die schuldlos ihrer Ämter entsetzt wären, hätten sich mit bitterer Klage an den König als an ihren natürlichen Beschützer gewendet. Schon um der Religion willen, zu deren Schutz der König nach uraltem Herkommen verpflichtet sei, müsse er eine Obhut über Breisach und das Elsass beanspruchen. Wäre der Dank zu groß dafür, dass der König Bernhard den Weg zur erhabensten Höhe im Reich zu ebnen geneigt sei?

Das wäre ein trauriger Kaiser, sagte Bernhard bitter, der damit anfinge, das Reich zu verhandeln.

Es sei niemals unziemlich, entgegnete Guébriant, Verträge einzuhalten und Freundschaft mit Freundschaft zu erwidern.

In Bernhards Gesicht zuckre es, und seine Finger spielten krampfhaft mit seiner Feder. »Es gibt keinen Vertrag und keine Freundschaft«, stieß er hervor, »in deren Namen ein Fürst seine Ehre opfern müsste.«

Guébriant trat einen Schritt zurück, und seine Nasenflügel weiteten sich in verhaltenem Befremden, das an Verachtung streifte. Auf seiner Zunge lag die Frage, ob denn das fürstliche Ehre sei, Geld anzunehmen und die bedungene Ware nicht zu liefern? Allein er schwieg, indem er erwog, dass er seinem Könige einen schlechten Dienst leisten würde, wenn er ihm Bernhard ganz entfremdete, und dass er deshalb jetzt nicht weiter in ihn dringen dürfe. Nach seinem Dafürhalten war es nicht ausgeschlossen, dass Bernhard, lieber als dass er das Elsass an Frankreich auslieferte, sich den Schweden in die Arme würfe oder gar mit dem Kaiser aussöhnte. Es entging ihm nicht, wie viele Verbindungen Bernhard heimlich unterhielt: er stand mit der Landgräfin von Hessen, mit deren General Melander, mit der pfälzischen Familie, mit Arnim in Briefwechsel und plante mit ihnen neue Kombinationen. Ja, es war zu merken, dass er nicht mehr der geschlagene, flüchtige, arme Soldatenführer, sondern dass er mit französischem Gelde ein glücklicher Eroberer geworden war. Auch Gustav Adolf hatte einmal einem französischen Gesandten plump ins Gesicht gesagt, er solle seinen Herrn daran erinnern, dass er König und dass er siegreich sei; und die damals gemachten Erfahrungen wiederholten sich nun mit dem Herzog von Weimar: das französische Gold lockte die Barbaren und machte sie geschmeidig, solange sie seiner bedurften; waren sie dadurch mächtig geworden, so kehrten sie sich zähnefletschend gegen den lästigen Gläubiger.

Dennoch konnte Guébriant dem Herzoge nicht zürnen. Wie zwei heimatlos irrende Geister, die unendlichen Gram empfinden und einflößen, hatten ihn die aus seinem kranken Gesicht herausbrennenden Augen angesehen. Der Unglückliche hatte sich verstrickt, und die Bande würgten ihn, je mehr er daran zerrte. Wie konnte er ihn dahin bringen, einzusehen, dass ihn nicht nur die wahre Pflicht, sondern auch der wahre Vorteil mit Frankreich einten? Warum zögerte er, sich dem Könige ganz hinzugeben, dem mächtigsten und erlauchtesten Monarchen der Erde? Warum begriff er nicht, dass es rühmlicher für ihn wäre, dieses Monarchen Diener zu sein als der ungebundenste Fürst dieses wüsten, versoffenen, verschlemmten Reiches?

Im Dorfe Grünwald an der Isar brachen Soldaten ein Häuschen ab, dessen Bewohner an der Pest gestorben waren, schleppten Bretter und Balken an den Rand eines Feldes, wobei ihnen die Bauern behilflich sein mussten, und zündeten Feuer an, um sich zu wärmen; denn es war ein kühler Abend. Der grauweiße Frühlingshimmel flog über der Hochebene wie das geblähte Segel eines vom Winde getriebenen Schiffes; weithin ragte nichts aus der stillen Fläche als der spitze, ein wenig schiefe Kirchturm des Ortes und die schwebenden Kuppeln der noch unbelaubten Linden. In einer Gruppe von Lagernden wurden Igel am Spieße gebraten und die Kinder gelobt, die die Tiere gefangen hatten; auch Rüben hatten sie noch gefunden, aber sie hatten weit, fast bis an die Grenze der Stadt München, danach suchen müssen. Es wäre gut, sagte eine Frau, dass es morgen weiterginge, sonst würden sie hier Erde fressen müssen, obwohl sie doch keineswegs nackt und bloß wären. Sie zum Beispiel besäße wertvolle, mit Edelsteinen besetzte Ohrringe und silberne Beschläge, die ihr Mann in Landsberg von einem Buche losgerissen hätte. Sie hätten damals wegen des Buches gezankt; denn aus Lust an den Bildern, die darin gewesen wären, hätte sie es gern mitnehmen wollen; aber später, als sie kein Pferd mehr gehabt hätten und sie den schweren Band selbst würde haben schleppen müssen, sei sie zufrieden gewesen, dass er es weggeworfen hätte.

Mit Büchern sei es ihm auch einmal übel ergangen, erzählte ein Soldat, nämlich in Memmingen, wo er mit anderen ein Kloster geplündert hätte. Seine Kameraden waren zuerst in die Keller und Vorratskammern gelaufen, er dagegen sei in die Bibliothek geraten; denn weil er ein Lehrersbub sei und auch lesen könne, habe er eine Vorliebe für das Bücherwesen. Wie er das eine und andere Buch aufgemacht hätte, sei ihm eins mit schönen Heiligengeschichten vorgekommen, darin habe er zu lesen angefangen und Ort und Stunde vergessen, bis die Zeit um gewesen sei und die Soldaten zusammengetrommelt worden wären. Da habe er das schwere Buch aufgepackt, um seiner Frau wenigstens etwas mitzubringen, und habe es lange mitgeschleppt, bis sie einmal bei der großen Kälte ein Feuer damit gemacht hätten. Seine Frau habe dazumal nicht wenig geschimpft wegen der Eselsbeute.

Er brächte auch immer das Geringste, sagte die Frau grollend. Sie habe es sich lustiger gedacht, ein Soldatenweib zu sein. Niemals habe sie Ketten und Ohrringe, wie andere, zu sehen bekommen.

Dafür brächte er ihr auch keine Schläge heim, entschuldigte sich der Mann. Ja, dann wäre es kein Wunder, wenn seine Frau ein loses Maul hätte, lachte ein anderer, sie würde ihm auch schwerlich treu bleiben. Weiber wollten geprügelt sein, eine schwere Faust tue einem Weib wohler als ein schönes Gesicht. Überhaupt könne ohne Prügel keine Ordnung und kein großes Werk bestehen, das habe er eingesehen, als er unter dem Gallas gedient hätte, und sei auch deshalb davongelaufen. Da habe jeder getan, was ihm beliebt hätte, gesoffen, gehurt, gespielt, gehext, und der Profos habe alles mitgemacht. Einmal waren sie in der Nähe von Amberg zu zwanzig als Salvaguardia in ein adliges Haus geschickt, wo sie auch gut empfangen und bewirtet worden wären. Um Mitternacht, als alles in den Betten gewesen wäre, hätten sie das Schloss ausgeplündert und dann in Brand gesteckt, dass es mit Mann und Maus zu Asche verbrannt wäre. Es wäre eigentlich ein Schelmenstück gewesen und habe ihn gereut, als er das Geschrei der brennenden Kinder gehört hätte; aber er habe sich's nicht merken lassen dürfen. Die Hauptleute hätten ihren Anteil erhalten, und so sei die Missetat unbestraft geblieben. Er habe ein kleines goldenes Kruzifix bekommen und trage es seitdem auf der Brust zur Buße.

Ja, jetzt treibe man's liederlich, sagte ein alter weißhaariger Mann. Er sei vor vierzig Jahren unter Schwarzenberg in den Türkenkriegen gewesen, da sei es anders zugegangen. Wenn einer des Abends um acht Uhr nach der Trommel nicht im Lager gewesen sei, so habe der Profos ihn aufgeknüpft, ohne weiter zu fragen. Der Profos sei ein krummes, mageres Männlein, aber stark gewesen; er habe sich auf die Schwarze Kunst verstanden, Mittel gegen alle Schmerzen und Wunden gewusst und seinen Lieblingen umsonst davon ausgeteilt. Er habe weit über hundert Jahre auf dem Buckel gehabt und die großen Schweizerkriege unter dem alten Kaiser Maximilian mitgemacht, wovon er ganze Nächte lang wunderliche Geschichten erzählt hätte. Dieser Profos habe eine gewaltige Hakennase mit weiten Nasenlöchern gehabt, in denen habe er eine Spinne gezogen, die sei ganz zahm gewesen, und wenn er eine Fliege oder Mücke auf die Backe gesetzt hätte, sei sie aus ihrer Höhle gekrochen, um das Futter zu holen. In den Mußestunden habe er Salben und Tränke und Amulette zubereitet, wozu er auch Menschenknochen und Menschenhaut gebraucht hätte, und wenn sein Kram ihm ausgegangen wäre, habe er frisch ein paar Kerle herausgegriffen und aufgehängt; man habe ihn aber zu sehr gefürchtet und geliebt, um sich gegen ihn aufzulehnen.

Es gäbe auch jetzt noch solche, die sich das Leben verlängern könnten, sagte ein Soldat; aber es gehe gefährlich und in Teufels Namen dabei zu, sei auch wider Gottes Gebot. Er wurde bestürmt, sich näher darüber auszulassen, als die Aufmerksamkeit durch einen Bauer abgelenkt wurde, der sich durch das Lager schlich. Man ergriff ihn und fragte ihn, wohin er wolle? Er sei vom Pfluge weggelaufen, das gehe nicht an, er müsse arbeiten, bis das Feld umgeackert sei.

Der andere sei umgefallen und habe Krämpfe bekommen, sagte der Bauer, werde jetzt schon hin sein. Er allein könne es nicht schaffen, da er ja auch kein Vieh hätte.

So solle er wenigstens den Toten forttragen, sagten die Soldaten.

Das sei des Totengräbers Sache, erwiderte der Bauer, er rühre keine Pestleiche an.

Einer fragte lachend, warum er so heikel sei? Wenn er sich auf die Erde legte, würden die Würmer gewiss auch an ihn gehen.

Nun freilich, sagte eine mitleidige Frau, ob sie nicht sähen, dass der arme Mensch verhungert sei? Man solle ihm einen Schluck Bier und eine Rübe geben, so werde er wieder arbeiten können.

Während der Bauer verschlang, was ihm gereicht wurde, schalt ein Soldat, wenn die Lumpenhunde merkten, dass sie noch etwas hätten, würden sie der Bettler nicht loswerden. Übrigens könne es ihnen gleich sein, ob das Feld gepflügt werde oder nicht, da sie abzögen; etwa käme es sogar noch dem Feinde zugute.

Der Ort war so verpestet und verarmt, dass, als nach einigen Tagen das Regiment aufbrach, auch die Kränksten sich mitschleppten, um nicht im Dorfe dem Hunger oder der Seuche anheimzufallen. Nur einer, dem im Winter beide Füße abgefroren waren, musste in seinem Quartier bleiben, einer winzigen Hütte, deren Besitzer vor Monaten gestorben war. Die Witwe, eine hagere, gebückte, schweigsame Frau, hatte ihm das Bett ihres Mannes überlassen und ihn, so gut sie konnte, verpflegt, wofür er sich dankbar erwies, indem er ihr nach Kräften, an zwei Krücken hinkend, bei der Arbeit half, auch ihren Kindern etwas Lesen und Schreiben beibrachte. Nachdem das Regiment fort und kein Arzt und keinerlei Unterstützung mehr zur Hand war, starb er zum Kummer der Frau, die einen gutmütigen Gehilfen an ihm verloren hatte. In Abwesenheit der Kinder zerhackte sie den Leichnam, machte ein Feuer und briet ein Stück, um es mit den ausgehungerten Kindern zu verzehren, wenn sie heimkämen. Das Übrige vergrub sie schweren Herzens unter der Regentonne.

Um die Mitte des Juni kam Herzog Bernhard nach Pontarlier, um die endgültige Unterredung mit Guébriant zu haben, die doch einmal stattfinden musste. Erlach schrieb ihm aus Paris, dass seine Sendung nicht nach Wunsch verlaufe. Man bestehe auf der Oberhoheit über Breisach sowohl wie über alle von Bernhard noch zu machenden Eroberungen in Deutschland; davon werde alles abhängig gemacht Bernhards Absicht, über den Rhein und an die Donau zu gehen, finde keinen Beifall, man habe nicht dazu Geld hergegeben. Er, Erlach, habe sich nur mit der Ausflucht helfen können, dass er über die betreffenden Punkte nicht instruiert sei. Für seine Person werde er mit Liebenswürdigkeit überhäuft und habe keinen Vorwand mehr gefunden, die Pension, die ihm aufgedrungen werde, zurückzuweisen. Dass Bernhard nicht nach Paris gekommen sei, habe Enttäuschung und Argwohn erregt. Guébriant sei neuerdings beauftragt, Bernhard dahin zu beeinflussen, dass er ihn, Guébriant, als Gouverneur nach Breisach setze, indem man darauf rechne, er könne es seinem Waffengenossen und Freunde nicht abschlagen; doch habe Guébriant Befehl, es nicht zum Bruche kommen zu lassen.

Auch von Hugo Grotius, dem Vertreter der schwedischen Interessen in Paris, erhielt Bernhard einen Hinweis auf die eigennützigen und verderblichen Absichten der französischen Regierung. Es sei ein Glück, schrieb dieser, dass Bernhard nicht nach Paris gekommen sei; wenn der französische Weihrauch ihn nicht betäubt hätte, so hätte leicht ein französischer Dolch oder Schere der Parze zuvorkommen können. Nicht nur das Deutsche Reich, die ganze evangelische Christenheit blicke hoffend und vertrauend auf ihn; er sei berufen, den großen Gustav Adolf zu rächen und die Freiheit des Nordens auf sicheren Fels zu gründen.

So war denn für Bernhard der Augenblick gekommen, wo er die Maske abziehen und seinem gefährlichen Beschützer das freie Gesicht zeigen musste. Jener hatte die Löwenaugen schon blitzen gesehen und sich doch immer noch so angestellt, als liefe ihm ein treuer Jagdhund nach. Die Enthüllung wäre beglückend gewesen, wenn Bernhard Frankreichs nicht bedurft hätte; aber gerade jetzt, wo er einen großen entscheidenden Schlag wagen, Regensburg zurückerobern, den Kaiser herausfordern wollte, brauchte er französisches Geld.

Noch nie war er so erbittert gegen die evangelischen Fürsten gewesen, die nach seiner Meinung an diesem Verhängnis die Schuld trugen. Wäre er wenigstens Hessens und Lüneburgs sicher gewesen, so hätte er vielleicht Frankreich entbehren können. Sowie er in Pontarlier angekommen war, beglückwünschte er Banér wegen seines bei Chemnitz erfochtenen Sieges und fuhr dann fort: Er habe Banérs Vorwurf wohl verstanden, als habe er ihn im vergangenen Jahre nicht unterstützt und den Feind auf ihn abgewälzt; aber sein Gewissen spreche ihn frei, und wenn Banér bekannt wäre, mit was für Fratzen er sich hätte schlagen müssen, würde er vielmehr Mitleiden mit ihm tragen. Jetzt wolle er aller Welt sein aufrichtiges Gemüt zeigen, sein Herz schlage voll Ungeduld, mit Banér vereint etwas Entscheidendes zu unternehmen.

Dann schrieb er an die Landgräfin von Hessen: Die letzten von ihr empfangenen Nachrichten hätten ihn enttäuscht. Auf sie, die aus der Sündflut dieses Kriegs stets unerschüttert wie der heilige Berg Ararat gestiegen wäre, hätte er zuversichtlich gebaut; sollte es nun dahin gekommen sein, dass die Klagen der Feigen und Falschen, die nur ihr Privatwohl bedächten, ihr Herz erweicht hätten? Er begreife der Landesfürstin Sorge um ihr Land, das viel gelitten und geopfert hatte; es sei jedoch des Christen Natur, lieber alles Irdische als das höchste Gut verlieren zu wollen. Um Gottes und des Vaterlandes willen bitte er sie, sich nicht jetzt aus dem Kampfe zurückzuziehen, nun der Siegespreis endlich winke.

Er bedachte sich, ob er einige Worte hinzufügen sollte, die auf eine etwaige eheliche Verbindung zwischen ihm und der seit zwei Jahren verwitweten Landgräfin Bezug hatten; aber nachdem er eine Weile unschlüssig auf das Papier gestarrt hatte, faltete er es zusammen und petschierte es, ohne die Angelegenheit berührt zu haben.

Melander, dem hessischen General, dankte er für Versicherungen der Verehrung und Dienstfertigkeit. Auch er, Bernhard, hege Bewunderung für Melanders Taten und verspreche sich Großes von ihrem Zusammenwirken. Was Melander von einer dritten Partei im Reiche für Gedanken habe, komme ihm tiefsinnig und wichtig vor, nur halte er dafür, dass es noch verfrüht sein würde, sich auf Defension zu beschränken. Derlei Vermittelung könne leicht auf einen neuen Prager Frieden hinauslaufen, wodurch dann das Vaterland dem gemeinen Feinde in die Hände gespielt würde. Erst müsse das edle Kleinod der Freiheit erkämpft sein, dann werde der Friede von selber folgen, wie alles Leben dem Lichte nachstrebte.

Noch schrieb er an die Kurfürstin-Witwe Elisabeth von der Pfalz im Haag, damit sie ihren Bruder, den König von England, zu einer Geldhilfe vermöchte. Wenn sein Feldzug glückte, so schrieb er dem Kurprinzen Karl Ludwig, hoffe er ihn in sein Land wieder einsetzen zu können und würde dafür die Abtretung größerer pfälzischer Gebietsteile fordern, die sein neues Reich am Rhein abrunden sollten.

Die Feder lief nicht schnell genug für das Ungestüm von Bernhards Wünschen und Hoffen. Die Höhe des Sommers war bald erreicht, es musste schnell gehandelt werden, wenn die Aufgabe dieses Jahres erfüllt werden sollte. In vier Wochen musste der Rhein überschritten, womöglich die Vereinigung mit Banér vollzogen sein. Banér war herrisch, unlenksam, hochfahrend; aber solange ihr Wille auf das gleiche Ziel gerichtet war, würde das nicht stören. Dann würde er die alte Spur wieder betreten, die unheilvolle, die er als ein verhüllter Bettler, vom siegreichen Feinde aus dem Reiche gedrängt, gezeichnet hatte; aber jene auch, auf der er Regensburg erobert hatte.

Es schien ihm, als wäre er damals, vor sechs Jahren, noch jung und unerfahren gewesen. Wohl hatte er schon Entbehrungen, Enttäuschungen und Verluste erlitten gehabt; aber es war Frieden in seiner Brust gewesen.

Die Stunde war da, wo er diesen Frieden wiedergewinnen würde; ging er beherzt in den letzten schweren Kampf, so würde Gott ihm beistehen. Allen Angriffen, Vorwürfen und höflich eingekleideten Drohungen Guébriants setzte er die Erklärung entgegen, dass er das Elsass mit Breisach als unbeschränktes Eigentum betrachte und sich auch in der testamentarischen Verfügung über die Nachfolge nicht binden lassen werde. Dazu verlangte er noch eine beträchtliche Erhöhung der französischen Hilfsgelder. Zwar beteuerte er mündlich und schriftlich gegen Guébriant seine treue Anhänglichkeit an den französischen König, doch verstand dieser des Herzogs Willen deutlich und meldete die wesentliche Veränderung in Bernhards Worten und Ton nach Hause. Richelieu geriet in Verlegenheit und vermochte nicht sofort einen Entschluss zu fassen. Verzichten wollte er nicht auf den Kampfpreis; aber war es klug, jetzt einen Bruch herbeizuführen, wo Bernhard siegreich und vergleichsweise mächtig war, wo er, wie man in Paris wohl wusste, Verbindungen mit Schweden und verschiedenen evangelischen Fürsten angeknüpft hatte? Ging man hingegen auf seine Forderungen ein, was würde die Folge davon sein? Würde die Vorsehung Frankreich ein zweites Mal im rechten Augenblick von einem undankbaren Schützling befreien?

Als Bernhard am 8. Juli neben Guébriant in Pfirt einritt, begrüßte ihn die ausschweifende Verehrung des Volkes. Ein festlich gekleidetes Kind überreichte ihm einen Becher mit Wein, empfahl die Stadt seiner Huld und nannte ihn einen Gottgesandten. Wohin er kam, lagen Menschen auf den Knien, hoben die Hände zu ihm empor, lobpriesen seine Taten oder flehten ihn um Schonung vor der soldatischen Ausgelassenheit an. Es gefalle ihm nicht, dass sie vor ihm knieten, bemerkte Bernhard gegen Guébriant; und indem er das aussprach, fiel ihm plötzlich ein, wie er neben Gustav Adolf durch das Tor von Naumburg geritten war und wie der König zu ihm gesagt hatte, er besorge, die übermäßige Verehrung des Volkes zeige seinen nahen Tod an. Er erinnerte sich, mit welcher Empfindung er den glorreichen Fremdling betrachtet und wie er gedacht hatte, es müsse leicht sein zu sterben, wenn man sich einmal am Ruhm gesättigt hätte.

Bernhard senkte den Kopf und verfiel in Gedanken. Hatte er Ursache, sich mit Gustav Adolf zu vergleichen? Dass Gott dem nordischen König Halt geboten hatte, war Weisheit und Voraussicht gewesen; denn ein grauenvoller Kampf habe sich entspinnen müssen zwischen den Befreiten und dem Befreier, wenn dieser das Tyrannenhaupt enthüllte. Mit ihm war es etwas anderes: er wollte sein Vaterland nicht unterjochen, sondern es frei und groß machen. Was könne Gott veranlassen, ihn abzurufen, bevor er das heilige Werk vollendet hätte?

Rosen, einer von des Herzogs Adjutanten, drängte sich an ihn und flüsterte ihm zu, die Pest herrsche in dem verdammten Neste, Bernhard solle es um Gottes willen schleunig verlassen. Nähme er hier Quartier, so würde sich die Seuche dem einen oder andern anhängen und wäre dann schwer wieder loszuwerden.

Das würde allerdings umso verdrießlicher sein, sagte Bernhard, als das Heer in so gutem Stande wäre, wie er es kaum je gehabt hätte. Es solle nachdrücklicher Befehl erlassen werden, dass die Truppen innerhalb der Stadt nicht rasteten; er habe ohnehin Eile, weiterzukommen.

Von Pfirt aus ging das Heer auf geradem Wege nach Neuenburg, um dort den Rhein zu überschreiten, Bernhard mit kleinem Gefolge nach Hüningen, wo er die Schanzen besichtigen wollte.

Da es seit einigen Wochen nicht geregnet hatte, war die Landstraße sehr trocken; die Blätter der Apfelbäume, die sie besäumten, waren grauweiß vom Staube. Unablässig schlugen die Pferde mit den Schweifen nach den Bremsen, die sie umflogen oder auf ihrer zuckenden Haut saßen.

Es weissage nichts Gutes, von Verstorbenen zu träumen, sagte Bernhard plötzlich zum Rittmeister von Starschedel.

Er sei kein Traumausleger, antwortete dieser; aber freilich halte er es auch immer mit den Lebenden. Von wem der Herzog denn geträumt habe?

Von dem hochseligen König von Schweden, sagte Bernhard; aber es möchte wohl auch davon kommen, dass er kürzlich an ihn gedacht hätte.

Starschedel sagte, der Traum sei doch eher als eine Glücksverheißung anzusehen. Die Erscheinung des großen Königs, dessen Nachfolger Bernhard sei, deute auf Sieg und Ruhm.

Der Traum sei verworren gewesen, erzählte Bernhard; dessen entsinne er sich jedoch genau, dass der König ihm eine Krone hingehalten und dass er danach gegriffen hätte, es sei aber ein tiefes Wasser zwischen ihnen geflossen.

Das sei der Rhein, wo sie jetzt hinüberwollten, sagte Starschedel.

Bernhard schwieg. Der Gedanke an Wasser, sagte er nach einer Weile, habe ihn durstig gemacht. Wenn er den Rhein in einem Becher hätte, möchte er ihn austrinken.

Da ließe sich Rat schaffen, sagte Starschedel; es zeigten sich eben ein paar Dächer, er wolle um Wein schicken.

Nein, nein, sagte Bernhard, er wolle Wasser haben; es grause ihm vor Wein bei der Hitze.

Als das Wasser gebracht wurde, setzte es Bernhard hastig an den Mund; aber nachdem er einen Schluck getrunken hatte, schüttelte es ihn, und er goss es rasch auf die Erde.

Starschedel fragte erschrocken, was es mit dem Wasser auf sich habe? Es sei aus einem Brunnen geschöpft.

Nur warm und widerlich habe es geschmeckt, sagte Bernhard; sonst sei gewiss nichts Unrechtes darin gewesen.

Starschedel lachte. Es habe es ihm auch kein Jesuit oder Franzose kredenzt, sagte er.

Ja, sagte Bernhard nachdenklich, ein so hohes Haupt sei er nun wohl schon, dass es einem Banditen gut bezahlt würde.

Während sie weiter durch die eintönig siedende Ebene ritten, flogen wunderliche Bilder an Bernhard vorüber. Er sah sich vor dem Regensburger Dome, wie Bürgermeister, Räte und Zunftherren mit wehmütig frohen Gesichtern auf ihn zukamen und ihm von den vergangenen Leiden erzählten, sah, wie das Portal sich unter dem Summen der Orgel öffnete und wie das Palmen schwingende Volk zurückwich, damit er einzöge. Plötzlich war er nicht mehr in Regensburg, sondern er sah die steifen, vornehmen Häuser Frankfurts, wie sie sich das letzte Mal seinem gequälten Herzen eingeprägt hatten. Nun ging er auf Teppichen, die den Weg vom Römer zum Dome bedeckten, und die Kurfürsten schritten hinter ihm her, unter ihnen, verdrossen und neidisch, sein Oheim Johann Georg. Er war sich bewusst, dass dies alles Träume waren, die er nur, weil die Hitze ihn lähmte, nicht verscheuchen konnte. Sie schwebte neben ihm und warf im Fluge ihr singendes Schiffchen um ihn, bis ein buntes Gespinst um ihn gewoben war, aus dem er sich nicht befreien konnte. Und wäre es denn so wunderbar gewesen? Oder was wäre ein Wunder bei Gott? Warum sollte es ihm nicht bestimmt sein, die Zeiten Ottos des Großen zu erneuern?

Ja, es würde dieser altheilige Name neben dem seinigen erbleichen; denn er würde der Kaiser sein, der die wahre, gereinigte Kirche zur Weltkirche machte, der erste Kaiser, der Gott von Angesicht zu Angesicht sähe.

Ein Schauder überlief ihn, als Starschedel ihn anredete und er plötzlich wieder die grauen, hängenden Bäume und die weiße, dicke Luft sah. Beinah fröstelte ihn; die Hitze schien sich ganz in sein Herz gezogen zu haben und dort sein Blut zu Gift zu kochen.

Bernhard sehe schlecht aus, sagte Starschedel; ob er seine Tropfen nehmen wolle?

Einer seiner Fieberanfälle sei im Anzuge, erwiderte Bernhard, in Hüningen wolle er sich sofort zu Bette legen.

Dort wurde der Zustand des Herzogs so bedenklich, dass die Ärzte erklärten, er müsse nach Breisach geschafft werden, wo er bessere Pflege haben könnte; untereinander äußerten sie sich, es sei keine Hoffnung, er habe wohl die Pest aus Pfirt mitgebracht. Als das Schiff, das ihn den Rhein hinuntertrug, in Neuenburg ankam, wo er bleiben musste, da Gefahr bestand, dass er sonst unterwegs stürbe, zogen seine Truppen gerade über die Rheinbrücke auf das rechte Ufer. Bernhard, der sie sah, versuchte sich vorzustellen, dass er mit diesen ziehenden Massen etwas sehr Wichtiges zu verrichten hätte, dass er ihnen etwas auftragen, ihnen schleunig folgen müsse; aber sie gingen zu schnell, sie gingen weiter und weiter, sanken tiefer und tiefer, mit verklingenden Trommeln und Pfeifen verschwanden sie in Höhlen und Abgründen. Er blieb allein in der Ewigkeit mit Gott, den über ihn Geneigten, rings um ihn und grenzenlos nach allen Seiten Ergossenen.

In einer Breisacher Herberge saßen der Graf von Nassau, Oberst Rosen und die anderen Offiziere, die Herzog Bernhard neben Erlach zu Direktoren des Heeres ernannt hatte, beim Wein und besprachen die Zukunft. Er betraue des Herzogs Tod aufrichtig, sagte Rosen, indem er sich mit einer lebhaften Gebärde durch das buschige Haar fuhr; bei Gott, er habe Tränen bei seiner Leiche vergossen; aber da es nun so sei, wollten sie das Üble zum Guten zu kehren suchen. Sie wären jetzt in der Lage, dem Heer eine gute Verfassung zu geben, die das Wohl der Gesamtheit in Betracht zöge.

Ja, sagte der Graf von Nassau, er sei auch der Meinung, dass es beim Heerwesen nicht gut sei, wenn alles in einer Hand läge. Es sei gemeinhin keiner von Launen und Ehrgeiz frei. Besonders würde er sich niemals einem falschen und glattzüngigen Franzosen unterwerfen.

Nein, davon dürfe keine Rede sein, sagte ein anderer. Sie wollten dem Heer eine republikanische Verfassung geben; ein Heer sei eigentlich eine Republik, wo ein jeder seine Pflichten und Rechte hätte. Nur in Republiken herrsche Freiheit und Gerechtigkeit.

Ja, in diesem Kriege, rief Rosen begeistert, könne nur ein freies, unbestechliches Schwert siegen. Nur ein wahrhaft freies, reines Schwert könne den verworrenen Knoten durchhauen. Sowie ein Feldherr die ganze Gewalt in Händen hätte, schlichen sich doch gleich wieder Habgier und Ehrsucht, kurz, Partikularinteressen ein.

Leider, sagte der Graf von Nassau, habe der verblichene Herzog dem Erlach zu viel vertraut. Dieser Schweizer sei an Frankreich verkauft, und weil er Frankreich hinter sich wisse, gebärde er sich als Herr. Ihn habe es gewidert, mit anzusehen, wie Erlach, als der Herzog kaum kalt gewesen sei, seine Schubfächer erbrochen, sich alles Geldes und der Schmucksachen bemächtigt und mit allem hantiert hätte, als stehe es ihm zu.

Rosen sagte einlenkend, er habe es doch in guter Absicht getan, habe ihnen ihre Legate richtig ausgezahlt, und man müsse bedenken, dass im Verkehr mit Frankreich Vorsicht geboten sei, als ein Mann in etwas schäbiger bürgerlicher Kleidung eintrat, sich umsah und, die Offiziere erblickend, sich an Rosen wendete mit der Frage, ob er an ihrem Tische Platz nehmen dürfe. Rosen begrüßte ihn und stellte ihn halblaut als einen Agenten des Pfalzgrafen Karl Ludwig vor, den dieser Prinz mit Aufträgen an sie abgeschickt hätte.

So, so, sagte Graf von Nassau mit einem geringschätzigen Blick auf den schäbigen Mann. Ob der Herr denn etwas Schriftliches zur Beglaubigung habe?

Der Mann zog ein Päckchen schmutziger Papiere aus der Tasche; aber Rosen winkte ihm, sie für jetzt wieder einzustecken, und sagte, er habe allerdings Briefe des Kurprinzen und der Königin-Witwe bei ihm gesehen, es sei ganz in der Ordnung. Herzog Bernhard habe die feste Absicht gehabt, etwas für den Kurprinzen zu tun, und sie als seine Erben hätten dieselben Gesinnungen.

Ja, sie wären jetzt umworben wie eine reiche Erbin, sagte der Agent schmunzelnd. Jetzt würde mancher zum Freier, der früher mit Steinen geworfen hätte.

Kavaliere wären keine schwachen Weibsbilder, sagte einer der Offiziere; sie unterschieden nach der Gesinnung.

Es treibe sich jetzt ein alter Jude in Breisach herum, sagte der Agent, der vom Kaiser abgesandt sein wollte und sich mit einem vollen Beutel aufspielte.

Wenn er eine falsche Musik aufspielte, lachte Rosen, könne er etwa mitsamt seinem Beutel zur Tür hinausfliegen. Er, Rosen, werde bis an seinen Tod für Glauben und Freiheit, gegen Österreich und Spanien kämpfen. Und er würde sich's zur Ehre anrechnen, den Kurfürsten wieder in sein rechtmäßiges Land einzusetzen. Sie müssten vorerst aber einmal seine Qualitäten und Absichten näher kennenlernen.

Der Kurfürst, berichtete der Agent, sei zuerst nach England gereist, um sich von seinem Oheim, dem König von England, mit Geldmitteln versehen zu lassen. Der König habe sich verlauten lassen, er wolle seinen Neffen wieder in seine Würde einsetzen, und solle es ihn ganz England und Schottland kosten. Das englische Volk habe den Kurfürsten auf den Schild gehoben, wo er sich habe blicken lassen, so beliebt und verehrt sei er dort. Jetzt wäre er schon wieder in Frankreich und würde demnächst wohl in Breisach eintreffen.

Wenn es so wäre, sagte der Graf von Nassau, und der Kurfürst die Kosten aufbrächte, so könne er sich keine liebere Aufgabe denken, als diesen armen Vertriebenen wieder in sein Land zu führen. Käme er selbst, so sei es wohl möglich, dass sie eins miteinander würden.

Die Unterhaltung wurde leise geführt, weil allerlei Gäste in dem Wirtszimmer saßen und ein und aus gingen. Eben jetzt näherte sich ein dicker schwarzer Mann in Mantel und Reisehut und fragte unter tiefen Bücklingen, ob er den Herren seine Aufwartung machen dürfe? Er sei vom Grafen Philipp von Mansfeld abgesandt, um in seinem Namen an dem Begräbnis des Herzogs von Weimar teilzunehmen. Unter wahren Helden sei es von jeher Brauch gewesen, dass sie Tapferkeit und Edelsinn auch am Feinde verehrten. Der Herzog habe in Wien große Verehrung genossen, das sollten die Herren nur glauben, sein Bild sei bei den Buchhändlern reißend abgegangen. Er würde sich glücklich schätzen, wenn er die jungen Helden kennenlernen dürfte, die unter ihm gekämpft hätten.

Indem er sich setzte und bei der Bedienung etwas bestellte, warf er, wie um sich zu erleichtern, einen schweren Beutel auf den Tisch, worüber einige Offiziere zu lachen anfingen. Er sah sich vergnügt um, betrachtete dann misstrauisch den schäbigen Agenten und sagte, wenn seine Menschenkenntnis gut fundiert wäre, so wäre der Herr nicht vom Soldatenhandwerk?

Bevor der Agent antworten konnte, sagte Rosen lachend, nein, der Herr sei ein Pferdehändler; aber sie wären gut versehen und würden eben jetzt wohl keinen Handel abschließen.

Der Agent warf unwillige Blicke um sich, wagte aber nichts zu sagen und entfernte sich. Ihm nachblickend, sagte der Dicke, die Herren hätten recht, ihm nichts abzunehmen, der Mann sei ein holländischer Jude und würde sie doch übervorteilt haben. Er wolle damit nichts Nachteiliges gegen die Holländer gesagt haben, sie wären in Wien von Vorurteilen frei. Die Herren sollten nur einmal wissen, wie gütig, gnädig und versöhnlich der neue Kaiser wäre! Er würde verleumdet, als wäre er ein Tyrann, und läge doch des Morgens um fünf Uhr schon auf den Knien, um für seine Feinde zu beten. Im Vertrauen könne er den Herren sagen, wenn sie nur einmal die Vorschläge des Kaisers mit aufrichtigem Gemüt prüfen wollten, würden sie über sich selbst erstaunen, dass sie nicht längst die Hand eines so gnädigen Herrn ergriffen hätten.

Er erstaune vielmehr, sagte der Graf von Nassau, die Brauen finster zusammenziehend, dass man ihnen kaiserlicherseits überhaupt Vorschläge zu machen wage. Das sei geradeso, wie wenn ein Mann einer keuschen Jungfrau unziemliche Anträge stellte. Womit sie es verdient hätten, so angesehen zu werden, als verkauften sie ihr Schwert an den Meistbietenden? Sie hätten das Schwert um einer guten und heiligen Sache willen ergriffen. Wie viel Verrat auch zurzeit im Schwange sei, sie wären Kavaliere von Ehre.

Während in solcher und ähnlicher Weise unter den Direktoren des verwaisten Heeres gehandelt wurde, empfing Erlach einen sehnlich erwarteten Gast, den Finanzier Bartholomäus Herwarth aus Lyon. Die Freude, dass er selbst komme!, rief Erlach, indem er den Ankömmling umarmte und ihm die Hand schüttelte. Er würde ihm Palmzweige unter die Füße legen, wenn er sie hätte!

Herwarth bewegte leicht dankend und ablehnend die Hand. Er habe nicht nur sein Geld selbst eskortieren wollen, sagte er, sondern es habe ihn gedrängt, sich nach dem geschehenen schweren Unglück mit Erlach auszusprechen. Er meine immer, es müsse sich plötzlich eine Tür auftun und der gute, biedere Herzog müsse hervortreten.

Der sei nun nichts mehr als Moder und ein Name, sagte Erlach mit dem Kopfe nickend.

Ja, ein Name, sagte Herwarth, darauf komme es eben an. Alles Schicksal und Glück hänge vom Namen und Kredit ab. Wie Fürsten und Privatleute ihm, Herwarth, glaubten, so habe er dem Herzog Bernhard geglaubt. Mit dem großen Wettermacher, dem Tode, habe er freilich nicht gerechnet.

Bernhard habe den Glauben verdient, fiel Erlach ein; wenn er am Leben wäre, würde er es hinausführen.

Sein Herz sei empfindlich wie Wachs und sein Wille unnachgiebig wie Eisen gewesen, fuhr Herwarth fort. Er schwebe ihm noch vor Augen, wie er ihn kurz vor dem letztjährigen Feldzug in Paris gesehen hätte. Wie da er, Herwarth, ihn vor dem Hasse Richelieus gewarnt habe, habe der Herzog in französischer Sprache geantwortet: »Wir setzen beide ein, was wir haben, Sie Vermögen und Ehre, ich Leben und Ehre; sollte ich weniger großmütig sein als Sie?« Ein wahrer Freund sei der Herzog ihm gewesen, und er hätte sein Geld auch an ihn gewagt, wenn er sich nicht ohnehin dem König von Frankreich verknüpft hätte.

Er sei froh, zu vernehmen, sagte Erlach, dass Herwarth seine Gefälligkeit gegen Frankreich nicht von des Herzogs Person abhängig mache.

Nein, sagte Herwarth, er werde den König nicht verlassen. Seine Familie sei nun schon lange in Frankreich stabiliert, und er finde seine Rechnung dabei. Im Reich sei es schwer, Kapital mit Vorteil zu verwerten. Das Reich sei wie eine riesengroße Kuh, die nichts als Gras fräße und den lieben langen Tag mit Wiederkäuen zubrächte.

Ja, lachte Erlach, im kaiserlichen Rachen zumal verschwinde alles auf Nimmerwiedersehen; was endlich hervorkomme, dünge die Felder der Enkel und Urenkel.

Davon abgesehen, fuhr Herwarth fort, wisse Erlach wohl, dass er evangelisch sei und dass der Glaube ihm über die Finanzen gehe, wenn sie miteinander ihren Vorteil fänden, umso besser. Vergliche er sich einem Baum, so wären Stamm und Krone wohl französisch, grabe man aber bis ans Wurzelwerk, so finde man deutsche Erde daran hängen. Er habe dank der Arbeit seiner Vorfahren und seiner eigenen ein schweres Gewicht in die Kriegswaage zu werfen: nun, so wolle er den Sieg seiner Glaubensgenossen damit befördern.

Erlach wusste nicht, wie er seiner Bewunderung hinreichenden Ausdruck geben sollte. Die evangelische Sache habe nur noch an einem Fädlein gehangen, sagte er, wäre Herwarth nicht gekommen, so wäre alles verloren gewesen. Es sei da ein kaiserlicher Rattenfänger, der Fallen stellte, und am Ende wären die Direktoren aus purer Langerweile hineingegangen. Auch kennte ja Herwarth die Deutschen: wenn ihnen jemand ein altes Ammenliedlein vorleierte, fingen sie zu heulen an und liefen der Musik nach, ob es auch geradeswegs in den Abgrund ginge. Nun sei Herwarths gutes Geld da, und sie würden den echten Speck schon riechen.

Wie es denn mit Bernhards Nachfolger stehe?, erkundigte sich Herwarth.

Leider, leider, sagte Erlach, sei Bernhard als Heerführer kaum zu ersetzen. Guébriant habe Verstand und Mut, aber es fehle ihm die Faust und der Instinkt. Das Tempo werde wohl langsamer werden.

»Das lässt sich denken«, erwiderte Herwarth. Schließlich komme alles darauf an, wer es am längsten aushalten könne. Er kalkuliere, der Kaiser könne es höchstens noch zehn Jahre treiben. Spanien sei ganz und gar erschöpft, Bayern habe wohl einen kleinen Sparschatz, davon könne es aber nur eben selbst fett werden. Nur in Frankreich sei großes Kapital flüssig.

»Solange es in diesen Händen ist«, sagte Erlach, seinem Gast auf die Schulter klopfend, »ist mir für das gemeine Wohl nicht bange.«

An den ersten Oktobertagen kamen die Gäste zur Hochzeit des Johann Anton Eggenberg mit der brandenburgischen Prinzessin Anna Maria, welche in Regensburg gefeiert wurde. An der Stadtgrenze fand die erste Begegnung der Brautleute statt, wobei die Zuschauer eine Überraschung erlebten; während man erwartete, dass zu gleicher Zeit die Braut aus ihrer Kutsche und der Bräutigam vom Pferde stiege, um nach gleich viel zurückgelegten Schritten in der Mitte eines Teppichs aufeinanderzustoßen, blieb die Braut steif in ihrem Wagen sitzen, sodass der Bräutigam sich entschließen musste, wiewohl er es ersichtlich ungern tat, bis an die Kutsche heranzugehen. Man wollte bemerkt haben, dass die Prinzessin eine saure Miene machte und die Begrüßung des Bräutigams nur mit einem scharfen Kopfnicken erwiderte. Noch mehr fiel es auf, dass der vornehme sächsische Kavalier, welcher die Braut zu begleiten und dem Bräutigam zu übergeben hatte, diesen nach vollzogener Trauung in einer vortrefflichen, sehr anzüglichen Rede an seine Pflicht mahnte, die Prinzessin in Ausübung ihres Glaubens unperturbiert zu lassen; vollends aber, dass die Braut noch während des Banketts, vor Beginn des Tanzes, unter dem Vorwande schwächlicher Leibesbeschaffenheit von der Tafel aufstand und sich zu Bette legte.

Eggenberg zog den Oheim der Braut, den ehemaligen Administrator von Magdeburg, Christian Wilhelm, in eine Ecke und sagte vorwurfsvoll, hätte er den absonderlichen Charakter seiner Nichte gekannt, würde er sich nicht zur Heirat entschlossen haben. Sie lasse sich trotzig und mürrisch an, wolle ihm auch gar nicht schön vorkommen, Christian Wilhelm habe sie ihm anders geschildert. Dieser fuhr sich verzweifelt durch die Haare und bat, Eggenberg möge doch um Gottes willen Geduld haben, seine Nichte habe die leidigen ketzerischen Gewohnheiten an sich; wären die erst einmal abgestreift, so würden die Annehmlichkeiten desto glänzender hervorschauen. Dass sie nicht geschwätzig sei wie so manche Weiber, solle Eggenberg nur für gut halten; eine Frau, die immer widerbelle, hätten schon die Philosophen der alten Zeit mit Drachen und Furien verglichen.

Sie lasse aber den Mund so grämlich hängen, klagte Eggenberg weiter, das verderbe die gute Laune, mache auch dem Bräutigam wenig Ehre.

Ja, die Törin hätte wohl Ursache, einen solchen Bräutigam anzulachen, sagte Christian Wilhelm und lobte Eggenbergs prächtigen Aufzug, der ganz in weiße Seide mit Silberbesatz gekleidet war und in den Weichselzopf, der ihm am Ohr herabhing, ein Kleinod aus Rubinen und Diamanten verflochten trug, das auf mehrere tausend Reichstaler geschätzt wurde. Übrigens stehe Bräuten ein wenig Sprödigkeit und Schamhaftigkeit wohl an; aber es sei auch an dem, dass seine Nichte stets van zarter Gesundheit gewesen und wie ein junges Vögelein gehegt und behütet worden sei. Eggenberg wäre ja gottlob reich genug, dass sie Dienerschaft und Ärzte zur Pflege genug haben könne.

Wenn es sich wirklich so verhalte, sagte Eggenberg, dessen gutmütiges Gesicht sich wieder geglättet hatte, so wolle er sich zufriedengeben. Wenn sie nur keinen sauertöpfischen Charakter hätte, denn dagegen habe er eine besondere Abneigung, und auch die schuldige eheliche Liebe zu ihm trüge.

Ja, das wisse er bestimmt, die habe sie, sagte Christian Wilhelm eifrig. Es sei ganz gewiss nur jungfräuliche Scham und fürstlicher Anstand, dass sie sich so trocken anstellte. Sie habe ihm, Christian Wilhelm, bei der Begrüßung aufrichtig gedankt, dass er ihr einen so ansehnlichen Bräutigam verschafft hätte, habe auch über Tisch öfters verliebte Blicke nach Eggenberg geworfen. Eggenberg habe noch nicht viel Erfahrung, aber er, Chris-

tian Wilhelm, kenne sich aus, die Kalten und Spröden wären die Aller-
hitzigsten, dass es einem oft zu viel würde.

Davor sei ihm nicht bange, sagte Eggenberg vergnügt, er könne viel
aushalten.

Nachdem sie hierüber eine Weile gelacht hatten und Eggenberg ganz
besänftigt schien, suchte Christian Wilhelm das Schlafzimmer seiner
Nichte auf und ließ mit Pochen und Bitten nicht nach, bis ihm aufgemacht wurde. Er setzte sich ein wenig zaghaft an ihr Bett, fragte nach
ihrem Befinden und drückte seine Hoffnung aus, dass sie am folgenden
Tage wiederhergestellt wäre, damit die Hochzeitsfeierlichkeiten ihren
Fortgang nehmen könnten.

Da die Prinzessin nicht antwortete, fuhr er fort, es betrübe ihn, dass sie
sich der Heirat, die er wie ein Vater für sie zurechtpraktiziert hätte, so wenig zu erfreuen scheine, und sprach von der Pflicht der Frau, ihren Eheherrn durch liebevolles, demütiges Betragen an sich zu fesseln, anstatt
durch Trotz und bitterböses Maulen seinen Abscheu zu erregen.

Ihr sei an der abgöttischen Heirat nichts gelegen, sagte die Prinzessin, von deren Kopf die in dünne Zöpfe geflochtenen Haare wie lange
harte Rattenschwänze abstanden; wenn er sie nicht wolle, gehe sie gern
wieder heim.

Ach, sagte Christian Wilhelm, da rede das stachelige, rebellische Gemüt der Evangelischen aus ihr, unter denen sie aufgewachsen sei. Ihm sei
es ja bekannt, er habe selbst mit beiden Füßen darin gesteckt und müsse
sich nur wundern, wie Gottes Barmherzigkeit die übeln Örter in lauter
Lilienhügel hätte verwandeln können. Sie könne nichts dafür, ihre Eltern
wären schuld, die sich gegen die göttlichen Zeichen verstockt hätten. Sie
solle doch dankbar sein für das Glück, das er, Christian Wilhelm, ihr bereitet habe. Ob sie wirklich wieder nach Hause zurück möchte, wo sie sich
oft kaum am Brot habe satt essen können? Wo manche Krämerfrau bessere Kleider als sie getragen habe! Wie viel Hemden sie gehabt habe, danach wolle er gar nicht fragen. Und jetzt könne sie mit Edelsteinen würfeln, wenn sie wolle! Ein Fingerzeig Gottes sei diese Heirat, der nach dem
Himmel wiese, sie solle nur die Augen auftun und sehen. Für seine väterliche Treue ernte er nur schwarzen Undank, indem sie ihm vor allen Leuten Schande bereitete. Sie solle doch um Gottes und aller Heiligen willen
ihr ketzerisches Genick nicht versteifen, sondern durch Lachen, Tanzen

und verliebtes Wesen sich des Glückes und der Gnade würdig zeigen, womit sie überhäuft wäre.

Als Christian Wilhelm endlich innehielt und sich eine Träne abwischte, warf die Prinzessin einen frostigen Blick auf ihn und sagte: »Halt's Maul!«, worauf sie sich umdrehte, die Bettdecke über sich zog und die Augen schloss.

Jedoch erschien sie am folgenden Tage beim Bankett und trug auch eine leidliche Miene zur Schau, sodass die Hochzeit in der üblichen Weise zu Ende gebracht werden konnte.

Banérs kranke Frau hörte einem an ihrem Bette sitzenden Offizier zu, der in großer Aufregung seine Gründe auseinandersetzte, weshalb er den Dienst quittieren wolle. Er habe zu der angegebenen Stunde durchaus nicht in Budweis sein können, weil keine Brücke über den Fluss geführt hätte. Er hätte entweder einen großen Umweg machen oder mit Zeitverlust den Übergang bewerkstelligen müssen, und das Letztere habe er gewählt. Banér habe ihm nicht nur Vorwürfe wegen des Zuspätkommens gemacht, sondern ihm ins Gesicht gesagt, es sei nicht wahr, dass sich keine Brücke dort befinde. Wie er da unwillkürlich mit der Hand ans Schwert gefahren sei, habe Banér ihm gedroht, ihn vor ein Kriegsgericht zu stellen. So lasse ein ehrlicher Kavalier sich nicht beschimpfen, noch dazu von einem Ausländer; er wolle seine Rückstände und den Abschied.

Nein, nein, sagte die Gräfin, das dürfe nicht sein, sie wisse bestimmt, was für große Stücke ihr Mann auf ihn halte. Vielleicht sei Banér damals im Rausche gewesen, überhaupt sei er ja in letzter Zeit oft unwirsch, weil es ihm mit Prag fehlgeschlagen sei. Es sei ja auch kläglich, wie die Jesuiten Böhmen zugerichtet hätten, da sei kein Glauben und keine Tapferkeit mehr, nur Furcht und Verstellung. Sie habe jetzt auch viel von ihrem Manne zu leiden, verschlucke es aber in der Stille, weil sie in sein Herz sähe.

Ein Mann könne sich nicht so schicken und ducken wie eine Frau, sagte der Offizier, dennoch ein wenig besänftigt. Wenn er nicht eine gründliche Genugtuung erhielte, könne er bei diesem Wesen nicht bleiben.

Sie wolle es ihrem Mann vorstellen, sagte die Kranke, sie sei überzeugt, es gereue ihn schon. Er sei nur rasch, nicht böse. Sie gab ihm zum Abschied die magere gelbe Hand und legte sie wieder auf die grüne Bettde-

cke, wo sie lag wie ein leichtes herbstliches Blatt, das der nächste Wind-
hauch mitnehmen wird. Sie schloss die Augen und fing an einzuschlum-
mern, als Banér eintrat und sich auf den von dem Offizier verlassenen
Stuhl setzte. Er möchte sich auch einmal ausruhen, sagte er mürrisch; die
ganze Sache sei ihm unsäglich zuwider. Jetzt sei er gewarnt worden, dass
sein Traktieren mit Schlick bereits in Schweden bekannt sei, und doch
habe er nur ein einziges Mal vor vier Tagen mit dem Arzt gesprochen, den
Schlick ihm geschickt hätte, weil sie, seine Frau, krank läge. Ihr zuliebe
habe er den Mann vorgelassen und aus Höflichkeit sein Gefasel angehört.
Ob jemand so abgeschmackt sein könnte, zu glauben, er, Banér, ließe sich
wie ein hirnloses Huhn mit goldenen Körnern locken? Jedenfalls wären
Spione in seiner Umgebung, die seine Handlungen überwachten. Der
Gedanke mache ihn rasend; er habe Lust, den zehnten Mann im Heere
hängen zu lassen.

Um Gottes willen, rief die Frau, die, durch sein Eintreten aus dem
Schlaf geschreckt, mit Anstrengung die Augen offen hielt; er solle doch
solche Gedanken fahren lassen! Der Spion könne leicht Schlick selbst
sein, der ihn verdächtigte, um ihm daheim Verlegenheiten zu bereiten
und ihn dadurch zum Abfall anzuspornen; dergleichen sei doch in diesem
Kriege öfter praktiziert worden. Was er davon hätte, wenn er Unschuldige
für seinen gerechten Zorn büßen ließe? Sie ergriff die Gelegenheit, ihn
an den Offizier zu erinnern, gegen den er auch zu rasch gewesen sei, einen
ergebenen und anhänglichen Diener, einen fleißigen und pflichttreuen
Soldaten, auf den er sich verlassen könne.

So?, brummte Banér, der Kerl habe sich hinter sie gesteckt? Es sei nicht
rücksichtsvoll, sie jetzt zu belästigen, und empfindliche Naturen könne er
ohnehin nicht leiden. Nun wolle er es ihm erst recht einträänken! Sich hinter seine Frau zu verschanzen, wie wenn er, Banér, ein Weiberknecht wäre!
Ein Lächeln flog über das kranke Gesicht, das es jung und hell machte.
»Gott sei gelobt, dass du es zuweilen bist!«, sagte sie.

Sie wurden durch den Arzt unterbrochen, den Schlick aus Prag zur Behandlung der kranken Frau, mit der er verwandt war, geschickt und den
er zugleich mit diplomatischen Aufträgen versehen hatte. Er wolle sich
erkundigen, sagte er, wie seine Vorschriften wirkten. Ja, ob die Dame aber
auch danach gelebt habe? Ob sie der Ruhe gepflegt habe wie eine Tote in
der Gruft? Freilich, antwortete sie, sie liege zu Bette, das sehe er ja.

Das sei nicht genug, sagte der Arzt, es müsse um sie her auch Ruhe sein. Sie habe zu viel Kraft spendiert mit Kindergebären, Nachtwachen, Reisen, Kummer und Sorgen, das müsse wieder eingebracht werden.

So ein Weib sei doch auch ein gebrechliches Geschöpf, sagte Banér. Was wollten sie erst machen, wenn sie mit in den Krieg müssten?

Hm, sagte der Arzt, es gäbe viele Frauen, die müssten alle Tage in den Krieg. Was das im Nebenzimmer für ein Lärmen sei?

Das wären die Kinder, sagte die Frau, über deren Gesicht ein heißes Rot huschte. Der Bube sei etwas wild geraten und prügele zuweilen das Schwesterlein, wenn sie nicht beständig dahinter sitze. Er meine es aber nicht böse.

Banér stieß einen Fluch aus und drohte, dem Jungen die Knochen zusammenzuschlagen, wobei er Miene machte, in das Nebenzimmer zu stürzen; aber die angstvollen Bitten seiner Frau hielten ihn zurück. Er könne dem Buben ein Leids antun, klagte sie, wenn er im Zorne losschlüge.

Die Sache könne hernach und anderswie geschlichtet werden, entschied der Arzt, indem er Banér am Rock fasste. Ruhe müsse die Frau haben. Wie alt der Herr Sohn sei? Er sei sechs Jahre alt, sagte die Gräfin.

Nun, so könne man ihm schon ernstlich vorrücken, meinte der Arzt, dass es um das Leben der Mutter gehe.

Ob es denn wirklich so ernstlich sei?, fragte Banér unruhig.

Das wolle er ihm nicht verhehlen, sagte der Arzt halblaut. Sie sei jetzt wie ein Feuerlein, das zu erlöschen drohe. Mit gelindem Atem könne man es vielleicht wieder anfachen, fahre man aber täppisch mit Blasebalg oder Zange dazwischen, könne man es auch vollends ausblasen.

Banér blickte entsetzt nach seiner Frau hin, deren schönes, geradliniges Gesicht frühzeitiges Altern und Todesnähe mit einem spinnwebgrauen Schleier überzogen hatten, und warf sich mit einem lauten Schrei neben ihrem Bett auf die Knie. Indem er die Arme um ihren Leib schlang, sie fast aus dem Bette reißend, flehte er sie an, ihn nicht zu verlassen. Sie wisse ja, dass er ohne sie nicht leben könne, er wolle alles tun, was sie verlange, ihr in allen Stücken gehorchen, nur verlassen solle sie ihn nicht. Wenn sie stürbe, würde er sich lebend mit in ihr Grab vergraben lassen. Was ginge ihn Schweden und Sachsen und Böhmen an? Sie sei seine Heimat, in ihr habe sein Herz Wurzel gefasst, und nicht einmal Gott könne es herausreißen.

Während dieses Ausbruchs bearbeitete der Arzt den Feldherrn mit Worten und Händen, bis er ganz erhitzt war. »Was fällt Euer Gnaden ein?«, rief er böse, »das sind unleidliche Exorbitanzien!« Doch machten seine Ermahnungen keinen Eindruck auf Banér, bis seine Frau, sich über ihn beugend, ihm allerlei zugeflüstert hatte, worauf er sich gutwillig fortführen ließ.

Nachdem er fort war, grub sie einen Augenblick mit dem Ausdruck tiefster Erschöpfung ihren Kopf tief ins Kissen und schloss die Augen; dann läutete sie nach der Kammerfrau. Sie wolle ein wenig Suppe und gewürzten Wein, sagte sie freundlich, und hernach wolle sie aufstehen; es sei ihr viel wohler.

Die Kammerfrau schüttelte den Kopf und machte Einwände, die die Feldmarschallin nicht gelten ließ; der Arzt habe es erlaubt, sagte sie, und sie wolle sich Bewegung machen. Mithilfe der Dienerin zog sie sich an und ließ sich die Frisur aufbauen. Wie sie in den Spiegel sah, wurde sie nachdenklich. Was wollte die geheimnisvolle, trauernde, uralte Frau von ihr, die sie daraus anblickte? Sie versuchte sich anzulachen; aber ein Schaudern überlief sie, und sie legte den Spiegel langsam aus der Hand.

Ein wenig Schminke und Puder werde nicht schaden, sagte sie zur Kammerfrau. Helfen aber auch nicht, erwiderte diese grollend. Die Feldmarschallin lachte. Ihr Gemahl sei nicht so grämlich, sagte sie, wie sie, die Kammerfrau, sondern habe sie lieb; das helfe sicher.

Als Banér gleich darauf eintrat, stand sie mit fröhlichem Gesicht auf und ging ihm entgegen; er zog sie an sich und schwang sich einige Male mit ihr herum. Also habe er sie wieder!, rief er tief aufatmend. Der verdammte Doktor habe falschen Lärm geblasen, habe ihm vielleicht eine Falle stellen wollen und gemeint, in der Todesangst ginge er hinein. Aber ob sie wirklich wieder gesund sei? Viel wohler als vorher, sagte sie und nickte beteuernd. Noch ein wenig müde, das komme gewiss vom ungewohnten Bettliegen.

Nun wolle er auch dem empfindlichen Narren, dem Offizier, ein paar gute Worte geben, sagte Banér vergnügt, obwohl es abgeschmackt sei, sich so heikel mit ihm anzustellen. Aber alle Welt solle wissen, wie viel ihr Fürwort bei ihm gelte.

Um die Mitte Mai 1640 vereinigten sich die hessischen Truppen unter Melander, die lüneburgischen unter Klitzing und die Weimaraner unter dem Prinzen von Longueville mit Banér, der in der Ebene um Erfurt ein Heer von 40 000 Mann mustern konnte. Er rückte mit dieser Macht gegen die Kaiserlichen vor, die sich jedoch, obwohl geringer an Zahl, nicht zurückzogen und dadurch die Verbündeten in große Verlegenheit brachten. Da die Gegend zu arm war, um so viele Menschen zu ernähren, litt die Mannschaft bald Hunger, und es wurde notwendig, irgendeinen Ausweg zu ersinnen, zu welchem Zweck die Generäle und Kriegsräte am 7. Juni sich versammelten. Banér begann mit der Erklärung, dass die Unmöglichkeit, das kaiserliche Lager zu überwältigen, auf der Hand liege. Zu einer Schlacht wagten sie sich nicht heraus, sie trieben das Stillliegen nach Wallensteinischer Mode. So könne es nicht weitergehen.

»Was sagt er?«, fragte der Prinz von Longueville sich vorbeugend, worauf es ihm wiederholt wurde. Nun, sagte er lächelnd, dasselbe habe er vor acht Tagen gesagt. So sei denn Banér jetzt einverstanden, dass sie sich auf Erfurt zurückzögen.

Banér warf wütend den Kopf nach dem Franzosen herum und sagte, er denke nicht daran, auf Erfurt zurückzugehen; er sei kein Pendel in einem Uhrwerk.

»Was sagt er?«, fragte Longueville. Es sei lächerlich, sich gegen das Notwendige zu sträuben. Nach acht Tagen würden sie sich doch auf Erfurt zurückziehen müssen.

Guébriant sagte einlenkend, sie könnten vielleicht erst vernehmen, wie Banér den Knoten zu lösen dächte.

Jetzt fiel der hessische Kriegsrat ein, um vorauszuschicken, dass seine Regierung sich zu einem Vorrücken auf Schlesien keinesfalls verstehen würde, aus mehreren in der Kürze nicht gründlich auseinanderzusetzenden Gründen.

»Wer spricht von Schlesien?«, rief Banér, der vergessen hatte, dass er kürzlich durchaus nach Schlesien hatte gehen wollen. Er denke zurzeit nicht an Schlesien! Das einzig Richtige sei, nicht vom Flecke zu weichen, bis sie die Kaiserlichen aus ihren Schanzen getrieben hätten; sie brauchten nur Verstärkung dazu, die der Herzog von Lüneburg wohl imstande sei zu schicken; er berufe sich dabei auf Klitzing.

Ihm komme es wenigstens vor, als sei es nicht unmöglich, sagte Klitzing mit einem furchtsamen Blick auf den lüneburgischen Kriegsrat.

Melanders faltiges Gesicht verdüsterte sich noch mehr, indem er mit wegwerfendem Ausdruck sagte, sie könnten sich hier doch ohnehin nicht ernähren; kämen noch mehr, würden sie vollends verhungern.

Verhungern! höhnte Banér. Dafür solle Melander ihn sorgen lassen. Er führe lange genug Krieg, um zu wissen, dass ein Heer nicht verhungerte, das stark genug sei, um zu siegen.

Und zu saufen hätten sie ja einstweilen noch genug, fügte Klitzing hinzu; aber dieser schwache Versuch, die Gemüter durch Lachen versöhnlich zu stimmen, wurde nicht beachtet.

Dass der Herzog von Lüneburg Verstärkung schickte, erklärte der Kriegsrat, sei ausgeschlossen, sonst wäre ja sein eigenes Land des Schutzes entblößt.

So bliebe ihnen nichts anderes übrig, als sich auf Niedersachsen zurückzuziehen, drohte Banér.

»Also gehen wir doch nach Erfurt?«, fragte Longueville lächelnd.

Banér machte eine Bewegung, als wolle er dem Prinzen den vor ihm stehenden Bierkrug an den Kopf werfen, und Guébriant flüsterte ihm zu, es sei nicht von Erfurt, sondern vom Lüneburgischen die Rede.

Das bedauere er außerordentlich, sagte Longueville, ganz außerordentlich. Er sei für seine Truppen verantwortlich und müsse in Verbindung mit dem Rheine bleiben.

Wenn die Stellung hier aufgegeben würde, sagte Melander, so müsse er nach Hessen, für den Fall, dass der Kriegsschwall sich dorthin zöge.

Die Herren kämen ihm absonderlich vor, sagte Banér mit drohend erhobener Stimme; sie wären doch keine Kinder, die um die Vesperzeit nach Hause liefen, um ihr Stück Brot zu empfangen. Er habe vor acht Tagen vorgeschlagen, dass sie nach Hof durchbrächen, um die Kaiserlichen von Bayern abzuschneiden. Das sei nicht beliebt worden; aber besser wäre es gewesen, wenn er seinen Willen damals durchgesetzt hätte. Wer es redlich mit der guten Sache meinte, spräche nicht von Trennung.

Melander hob langsam die Augen zu Banér und wollte eine scharfe Antwort geben, als ein Banérscher Kammerdiener in großer Bestürzung gelaufen kam und meldete, die Frau Feldmarschallin liege im Sterben, der französische Doktor habe es gesagt.

»Der Doktor soll zur Hölle fahren!«, schrie Banér; er wäre ein Narr, und ohne ihn würde seine Frau längst gesund sein. Fluchend folgte er dem Diener, der erschrocken davongelaufen war. Am Bette der Sterbenden war lautes Geschrei der drei behandelnden Ärzte, von welchen die beiden deutschen dem französischen, der im Auftrage des Prinzen von Longueville eingegriffen hatte, vorwarfen, der von ihm angeordnete Aderlass sei die Ursache ihres Todes. Durch das Erscheinen Banérs vertrieben, setzten sie vor dem Hause ihr Gezänk fort, in welches sich bald die Offiziere mischten, die auf das Gerücht vom Tode der Gräfin herbeikamen. Er habe sich's am Morgen gleich gedacht, sagte einer, als ihm ein Wachtmeister gemeldet hätte, dass ein Bienenschwarm sich angehängt habe. Das habe noch nie etwas Gutes bedeutet.

So?, sagte der eine Arzt; das sei doch sonst für ein gutes Zeichen angesehen worden. Er erinnere sich noch wohl, wie sich am Tage der Kaiserwahl Anno 1619 ein Bienenschwarm auf Frankfurt niedergelassen habe und wie man das allenthalben als glückliches Omen angerufen habe.

Mehrere Offiziere erhoben lautes Gelächter. Die hätten wohl Honig für des Teufels Küche gemacht, sagten sie. Nun, ihnen könne es freilich recht sein, sie wären den Krieg gewohnt, hätten zuletzt mehr Profit als Schaden davon.

Ja, es müsse auch Krieg geben, sagte der Arzt, zufrieden wären die Menschen doch nie. Am Tage vor der Prager Schlacht Anno 1620 habe sich am Weißen Berge auch ein Bienenschwarm gezeigt, erzählte ein anderer Offizier; er habe damals unter Buquoy gedient, und sie hatten es auf den großen Sieg bezogen.

Dass es jetzt einen Trauerfall bedeutet hätte, sei doch aber unwidersprechlich, beharrte der erste Offizier, worauf die übrigen stillschwiegen.

Als sich Banérs Vertrauteste am folgenden Morgen in das kleine niedrige Zimmer wagten, wo die Tote lag, fanden sie den Feldmarschall schlafend vor dem Bette; sein blonder Kopf ruhte auf ihrem Kissen. Sie getrauten sich endlich, ihn zu wecken, und meldeten, Klitzing und Melander wären in Streit geraten, der Letztere wolle abziehen; wenn Banérs Ansehen nicht durchdränge, stehe das Schlimmste zu befürchten. Banér richtete sich ein wenig auf, starrte die Herren an und sagte nach einer Pause, die beiden sollten sich doch die Köpfe abreißen, ihm wäre das ganz gleichgültig.

Wie er aufstand und das kalte Gesicht der Toten sah, ward er sich plötzlich der Gegenwart und seines Unglücks bewusst und warf sich laut aufjammernd mit ganzem Leibe zu Boden. Die Herren, die ihn aufrichten und besänftigen wollten, stieß er ungestüm von sich: Teufel wären sie, dass sie ihn nicht einmal weinen ließen. Er wollte weinen; weinen, schreien und heulen, bis ihm das Herz auseinanderspränge. Es wäre ihm einerlei, was aus dem Heer würde! Möchten sie doch Hungers sterben! Ihm wäre es recht, wenn sie allesamt krepierten!

Das Zureden seines alten Kammerdieners brachte es doch zuwege, dass er ein paar Gläser Wein hinuntergoss, worauf er in angetrunkenem Zustande sich die Gesellschaft der Generäle gefallen ließ. Inzwischen war neue Aufregung entstanden, weil Piccolomini zwar die Banér zuständigen Gefangenen ausgewechselt hatte, nicht aber die hessischen und lüneburgischen, von welchen er sogar einige hatte aufhängen lassen, weil sie nicht rechtschaffene Feinde, sondern Marodebrüder wären.

Er wolle es dem heimtückischen Welschen zeigen, tobte Klitzing, dass er ein wohlbestallter General sei, so gut wie einer von den Wiener Schranzen. So etwas lasse er nicht auf sich sitzen. Lieber hinge er sein Schwert an den Nagel.

Melander wollte wissen, wie der von Banér abgeschlossene Vertrag wegen Auswechselung der Gefangenen wörtlich gelautet habe. Es sei ihm unbegreiflich, dass ein Edelmann wie Piccolomini vornehmen Bundesgenerälen so an die Ehre griffe. »Der Piccolomini ist immer ein Giftmolch gewesen, sagte Banér; die Herren möchten ihm nur die Zähne zeigen, er habe nichts dagegen.

Melander sagte, es sei Banérs Sache, ihn zur Rechenschaft zu ziehen.

»Was? Meine Sache?«, rief Banér. Ihm habe ja Piccolomini seine Gefangenen zurückgegeben, sie sollten für die ihrigen sorgen. Bisher hätten sie stets gegen seine Verfügungen angebellt, jetzt solle er für sie eintreten! O lustig, sehr lustig! Und plötzlich verfiel er in ein lautes, anhaltendes Gelächter.

Es könne ja sonst das Ansehen gewinnen, sagte Melander, als billige Banér das Verhalten Piccolominis. Solche Verleumdungen sei es besser von vornherein zu verstopfen.

Banér konnte mit seinem sinnlosen Gelächter nicht aufhören. »Lustig, sehr lustig!«, rief er dazwischen. Er sollte mit Piccolomini durchstechen?

Etwas Besseres habe er nie gehört! Nein, ihm wäre alles gleich, er ginge jetzt ohnehin fort.

Die Generäle stutzten und fragten, was das zu bedeuten hätte?

Das habe zu bedeuten, sagte Banér triumphierend, dass er seine Kinder und die Leiche seiner Gattin nach Schweden führen wolle.

Ob sie glaubten, er habe Lust, sich länger in ihre Querelen verwickeln zu lassen? Sie sollten gehen, wohin sie wollten, er gehe ausgemacht nach Schweden.

Die Abwesenheit Banérs war benutzt worden, um den Leichnam seiner Frau einzusargen; als er aber zurückkommend die damit beauftragten Männer im Begriffe fand, die letzten Nägel einzuschlagen, sprang er zornig auf sie los und befahl ihnen, den Deckel wieder abzunehmen. Die Leute wussten nicht, was sie tun sollten, als Banérs Feldprediger eintrat und es unternahm, dem Feldmarschall ins Gewissen zu reden. Er sprach von der Pflicht des Christen, sich in Gottes Willen zu ergeben, schilderte, wie der Held aller Helden, Christus, den Kreuzestod gefürchtet und wie er sich ritterlich zu dem Gebet durchgefochten habe: ›Nicht wie ich will, sondern wie du willst‹, welches seitdem das Haupt- und Schlussgebet jedes Menschen sein müsse. Banér sollte ihm nun einmal die Worte nachsprechen, wie er sie ihm vorspräche: Herr, nicht wie ich will, sondern wie du willst.

Zornig stieß Banér die Worte mit rauer Stimme hervor. Nein, so könne es nicht dienen, sagte der Feldprediger, betrübt den Kopf schüttelnd; das dürfe nicht wie Blut kommen, das man sich aus den Adern kratze, sondern gelinde wie die künstlichen Tränen.

Banér brach in lautes Schluchzen aus, warf sich mit ganzem Leibe über den Brettersarg und presste das Gesicht leidenschaftlich gegen das Holz. So, sagte der Feldprediger, nun sei es gut; nun habe Banér das Opfer gebracht und seinen liebsten Schatz in Gottes Arme gelegt, der werde ihn behüten und ihn am Jüngsten Tage ihm wiedergeben.

Es wurde festgesetzt, dass Banérs verstorbene Frau, bis die Überführung nach Schweden ins Werk gesetzt werden konnte, im Chor der Predigerkirche in Erfurt, wo seine erste Gemahlin beigesetzt war, bestattet würde, und er selbst führte den Sarg dorthin. Seine Kutsche musste so fahren, dass er den Sarg stets im Auge hatte, und müde, wie er nach den starken Erregungen war, strengte er sich doch an, wach zu bleiben, damit ihm der geliebte Leichnam nicht unversehens entschwände. Er war ärgerlich auf seinen Feldprediger, der ihn, so schien es ihm, seine Schwäche ausnützend, überlistet hatte. Warum sollte er seinen Willen in Gottes Willen ergeben, wenn Gott grausam war und etwas Ungereimtes tat? Warum sollte er sich nicht aufs Äußerste dagegen wehren? Er dachte daran, wie oft er auf seinen vielen Fahrten von einem Feldlager zum andern in der Kutsche geschlafen hatte, den Kopf an die Brust der teuren Frau gelehnt, und wie unmöglich es sei, dass das nie wieder so sein sollte. Im Halbschlummer kam es ihm so vor, als ob der Feldprediger an allem schuld sei und als würde er seine Frau wiederbekommen, wenn er sich nur von dem alten Zauberer nicht wieder betören ließe.

Um der Gattin des großen Feldherrn die letzte Ehre zu erweisen, kamen mehrere fürstliche Herrschaften nach Erfurt und versammelten sich zu der feierlichen Stunde in der Predigerkirche. Banér hatte sich festlich ankleiden lassen: er trug eine grüne Feder am Hute, wie die des Königs von Schweden gewesen war, ebenso einen ledernen Koller und eine Schärpe mit dem Trauerflor darüber. Er nahm die Beileidsbezeigungen der erschienenen Trauergäste teilnahmslos entgegen und stand während der ganzen Predigt in sich versunken, die Augen auf den Sarg geheftet. Als die weinerliche Stimme des Redners verstummte und ein paar schwarz verhüllte Männer sich des Sarges bemächtigten, um ihn an Stricken in die Gruft hinunterzulassen, fuhr er zusammen und machte Miene, sich auf den Sarg zu werfen. Die, welche ihm zunächst standen, ergriffen ihn an den Armen und winkten den Männern, sich zu beeilen, damit die Sache ein Ende nähme. Wie der Sarg gehoben wurde und über der Tiefe schwebte, taumelte Banér einen Schritt vorwärts, sodass ein Schrecken durch die um die Öffnung gruppierte Gesellschaft lief, indem es nicht anders aussah, als ob er sich hinunterstürzen wollte. Es zeigte sich, dass einer seiner Füße in die Stricke verwickelt und er dadurch mitgerissen worden war, was er selbst rechtzeitig genug bemerkte, um sich befreien zu können.

Als er sich aufrichtete, während der Sarg langsam in die Gruft sank, fiel sein Blick auf ein ihm gegenüberstehendes junges Fräulein, dessen Augen erschreckt und neugierig auf ihn gerichtet waren. Um ein rundes, flaumiges Kindergesicht herum waren blonde Haare majestätisch gerollt und gepufft, von ihren Ohren hingen tränenförmige Perlen und dahinter ein paar schön gedrehte, tanzende Locken herunter. Die stattliche Einfassung hätte jungfräuliche und fürstliche Würde vortäuschen können, wenn nicht ihre lustigen Augen, die verstohlen in der Kirche abenteuerten, der Schmelz der Haut und das frische, kühle Mündlein das Kind verraten hätten, das sich am glücklichsten fühlt, wenn es zu Hause mit Hunden, Katzen und Puppen spielen durfte. Banérs erste Regung, als er in das hell leuchtende Gesicht sah, war, mit einem Satze über die Öffnung zu springen, durch die der Sarg eben verschwunden war, und es zu küssen; und wenn er das auch unterließ so warf er doch einen solchen Blick hinüber, dass das Fräulein unwillkürlich einen Schritt zurücktrat, ohne aber die Augen von ihm abzuwenden. Sowie er in seinem Quartier angelangt war, befahl er dem Kammerherrn, welcher das Trauermahl anzuordnen hatte, dem kleinen Fräulein, welches eine Prinzessin Von Baden-Durlach war, den Platz an seiner Seite anzuweisen. Dieser wehrte erschrocken ab, das sei eine abscheuliche, ganz unzulässige Unziemlichkeit und könne böse, unabsehbare Folgen haben; allein Banér erklärte, mit dem Fuße aufstampfend, er wolle es so haben und nehme die Folgen über sich. Indessen auf die beschwörenden Bitten des Herrn hin begnügte er sich damit, dass das Fräulein ihm gegenübergesetzt wurde, und jedes Mal, wenn er in das rosige Kindergesicht sah, zu dessen Seiten die tanzenden Löckchen wie jubilierende Glocken zu läuten schienen, kam es ihm vor, als sei er begraben gewesen und nun wieder auferstanden und stehe auf der goldenen Schwelle der ewigen Seligkeit.

Als alle Gäste sich entfernt hatten und er allein in seinem Schlafzimmer war, fiel sein Blick auf den Trauerflor, der seine Schärpe verhüllte, und wie einer etwa sein erstes weißes Haar, das er im Spiegel bemerkt, rasch auszieht, bevor es jemand anders sähe, riss er ihn herunter und hielt ihn in die Flamme der Wachskerze, die vor seinem Bett brannte und die das dünne Gewebe in einem Nu verzehrte.

Die Landgräfin Amalie Elisabeth sah in den Spiegel, während ihr die Kammerfrau die Frisur herrichtete, und bemerkte, wie sie nun fast über Nacht ein weißhaariges altes Weib geworden. Vor drei Jahren, als ihr Mann gestorben sei, wäre sie noch ganz braun gewesen.

Weiße Haare wären die schönste Witwentracht, sagte die Kammerfrau.

»Die Zeit kriecht wie eine Schildkröte, wenn man jung und leichtfüßig ist«, sagte die Landgräfin, »und wird man alt und hinkt und humpelt, so läuft sie davon wie ein Hase.«

»Das ist das Beste an der Zeit«, erwiderte die Kammerfrau, »dass sie uns immer schneller zu Gott trägt.«

Die Landgräfin lachte ein wenig ungehalten. »Ich dächte«, sagte sie, »wir beide hätten noch manches Geschäft auf Erden zu besorgen.«

Wenn die Landgräfin wüsste, was für gräuliche Zeichen vorgefallen wären, sagte die Kammerfrau, würde sie nicht lachen. Es könne ja doch nicht verschwiegen bleiben, so wolle sie es nur gleich erzählen, dass ihr Mann, der Küster, am Abend spät, da er noch in der Schlosskirche gesäubert hätte, es laut in der Gruft habe klopfen hören, wie wenn jemand heraus wollte. Als er sich am andern Morgen mit einer Laterne hinuntergetraut hätte, da sei im Sarge des hochseligen Landgrafen August, des hochseligen Moritz' Vater, ein klaffender Riss gewesen.

»Nun also denn!«, rief die Landgräfin ärgerlich. Sie sähe nichts Gräuliches darin, dass altes Holz risse!

Die Kammerfrau schüttelte missbilligend den Kopf. Das sei noch gar nicht alles, fuhr sie fort. Heute früh sei die Bauersfrau aus Lohne hereingekommen, die den Honig für die Frau Landgräfin zu bringen pflegte, und sei so voll Angst und Bangen gewesen, dass sie kaum hätte sprechen können. Wie sie am letzten Samstag bei einbrechender Nacht mit andern Frauen an den Brunnen gegangen sei, um Wasser zu holen und für den Sonntag zu scheuern, da sei vor aller Augen eine verhüllte Gestalt aus dem Brunnen gestiegen, habe die Hände über dem Haupte gerungen und sei dann ohne Laut wieder versunken. Vor Schrecken hätten sie sich kaum nach Hause getraut, weil sie gemeint hätten, der Feind stehe schon vor der Tür.

»So weit ist es noch nicht«, sagte Amalie Elisabeth. »Ich bin auch noch da!«

Ja, das habe die arme Bäuerin auch gesagt, fiel die Kammerfrau ein, wenn sie nur gewiss wüsste, dass die Frau Landgräfin da wäre, so würde sie sich eher trösten können. Aber draußen auf den Dörfern gehe die Rede, die Herrschaft sei wieder aus dem Lande geflohen wie vor vier Jahren, und nun werde der Feind kommen und alles niederbrennen und ausrauben wie dazumal.

Die gute Frau solle hereinkommen und sich überzeugen, dass sie da sei, befahl die Landgräfin; aber von klopfenden Särgen und Brunnengespenstern wolle sie nichts mehr hören; sie wären hier nicht abergläubische Heiden, sondern vernünftige Christen.

Nachdem die Bäuerin entlassen war, empfing die Landgräfin ihren Rat von Schollei, den sie aus Rücksicht auf die Ritterschaft duldete, aber ungern anhörte. Er habe es auch schon gehört, was sich mit dem Sarge des hochseligen Landgrafen August begeben habe, sagte er mit sorgenvoller Miene. Die Zeit sei freilich danach, dass die Toten aus der Erde steigen möchten.

»Besser, als dass die Lebendigen in die Erde kriechen«, erwiderte die Landgräfin. »Der Tod ist unser aller Erbteil und fällt uns früher oder später gewiss zu; ich hoffe, wir tun alle unsere Pflicht, ohne uns schrecken zu lassen.«

Ja, die Pflicht, sagte Schollei, die möchte er schon tun. Aber welches sei die Pflicht? Darüber zu wachen, dass das arme Hessenvolk nicht in Grund und Boden ruiniert würde. Nun sei das Unglück da, das er geweissagt hätte, als die Landgräfin sich von den schelmischen Franzosen wieder in den Krieg hätte hineinziehen lassen. Es könne und könne kein gutes Ende nehmen, und die Frau Landgräfin solle ihm nur das eine zugeben, dass er es vorausgesagt hätte. Nun könne nicht einmal Westfalen mehr gehalten werden; sonst sei niemand zum Löschen da, wenn ganz Hessen in Flammen stände. Der Herzog von Lüneburg würde sie nicht verlassen, sagte die Landgräfin.

Der!, rief von Schollei. Der merkte auch schon, dass der Boden heiß würde, und träte den Krebsgang an. Das Unglück sei da, man brauche kein anderes Zeichen mehr, wenn schon der hochselige Kurfürst August selbst aus dem Sarge stiege, um es anzuzeigen.

»Das Winseln und Wehklagen mag ich nicht einmal an einem Weibe leiden«, sagte Amelie Elisabeth. »Je größer das Unglück, desto schneller muss man die Hände rühren, nicht das Maul.« Es müsse augenblicklich ein Eilbote an Melander und Banér abgehen, Melander müsse jetzt alles andere hintansetzen, um die hessische Grenze zu schirmen.

Der Bote war noch nicht abgefertigt, als die Ankunft Melanders in Kassel gemeldet wurde. Er lasse fragen, so hieß es, ob er der Frau Landgräfin in dringenden Geschäften seine Aufwartung machen dürfte?

Der Landgräfin schoss das Blut ins Gesicht, und sie musste sich anstrengen, um den Ärger und Schreck, der sie durchfuhr, zu verbergen. Ohne Erlaubnis hatte der eigenwillige Mann seinen Posten verlassen! Hätte er sich dessen erdreistet, wenn ihr Mann noch lebte? Laut sagte sie, das treffe sich gut, so könne sie mündlich mit ihrem General Rücksprache nehmen. Dann schickte sie Schollei fort und ließ ihren alten Rat Sixtinus rufen, mit dem sie in besserem Einvernehmen war als mit jenem.

Sie empfing Melander, den seine Gemahlin begleitete, mit ausgesuchter Freundlichkeit und sagte scheinbar unbefangen, es müsse etwas Außerordentliches sein, das ihn veranlasse, in dieser bösen Zeit in die Stadt zu kommen. Oder ob er ihr seine Gemahlin habe bringen wollen, damit sein lieber Schatz in sicherer Obhut sei?

Melanders Gemahlin, eine geborene Freifrau von Effern, die viel gestikulierte, um die Perlen und Edelsteine in Bewegung zu setzen, mit denen sie an Kopf, Hals, Brust, Armen und Händen beladen war, ergriff rasch das Wort und sagte, das Lager sei jetzt allerdings kein Aufenthalt mehr für eine Dame. Der Tisch könne nicht einmal ordentlich beschickt werden, so mangle es an allem. Davon wolle sie jedoch gar nicht reden. Aber Banér! Nein, sie wolle lieber mit einem Kuhmelker verkehren! Und wenn der schwedische Adel schon so sei, was könne man dann von den gemeinen Leuten erwarten? Sie liebe gewiss das Einfache, ihr Mann habe ja auch eine raue Art und sie eben dadurch gewonnen; die Landgräfin könne also schließen, wie arg es sein müsste, wenn sie die Nase rümpfte.

Melander warf einen ungeduldigen Blick auf seine Frau und unterbrach sie mit den Worten, er sei gekommen, weil jetzt ein Entschluss gefasst werden müsse. Sie wären am Rande des Abgrundes.

Er könne nicht leiden, dass die Geschicke eines Landes, für das er so lange gekämpft hätte, an einen Tollkopf wie Banér geknüpft würden. Der habe nur noch seine neue Liebschaft im Sinne, gehe nicht dem Feinde, sondern der Braut nach. Anstatt die Länder der Verbündeten zu schützen, verlange er immer mehr Verstärkungen und habe sich unterstanden, ihn wie einen Stallknecht herunterzuschimpfen, weil er seine Truppen auf Eschwege gezogen habe, was zur Rettung Hessens notwendig gewesen sei.

Übergriffe dürfe Banér sich nicht gestatten, sagte die Landgräfin, darüber wolle sie ihn zur Rede stellen.

Ebenso gut könne sie einen wütenden Stier zur Rede stellen, sagte Melander. Er habe es satt. Vielleicht werde er noch einmal gegen die Schweden kämpfen, aber mit ihnen nimmermehr!

Das sei ein rasches Wort, sagte die Landgräfin gemessen, und Melander wohl nur im Zorn entfahren. Banér sei ja nicht Schweden und Schweden nicht die evangelische Kirche und deutsche Libertät. Er könne sie doch nicht jetzt in der Not verlassen, nachdem er ihrem verstorbenen Gemahl so lange ein treuer Diener und Mitkämpfer gewesen wäre.

Er habe schon damals manches wider seinen Willen aus Liebe und Verehrung für den Verstorbenen getan, sagte Melander.

Nun, so werde er auch nicht vergessen haben, fiel Amalie Elisabeth ein, dass ihr Gatte ihm im Sterben seine Kinder wie einem Freunde und Vater empfohlen habe. Er hielte sein Wort schlecht, wenn er sie jetzt verließe.

Wenn die Landgräfin, sagte Melander scharf, ihn als einen Treubrüchigen hinstellen wolle, so weise er das zurück. Auch von seiner Fürstin könne er sich das nicht sagen lassen. Er habe ihr nach Kräften gedient, indem er ihr zum Frieden mit dem Kaiser geraten habe. Er sei von Anfang an gegen das Bündnis mit Schweden und Frankreich gewesen; denn die Deutschen gingen nicht zusammen mit den Schweden, und mit den Franzosen auch nicht. Jetzt liege es vor jedermanns Augen offen, wohin das Bündnis geführt hätte: Hessenland werde von Feind und Freund zugleich überschwemmt und aufgezehrt. Es gehe wider sein Gewissen, sich dazu gebrauchen zu lassen.

Was auf ihr Gewissen gehe, das könne seines sich auch gefallen lassen, sagte die Landgräfin streng.

Ja, solange er ihr General sei, fuhr Melander auf; aber von dieser Stunde an sei er es nicht mehr. Er habe sich's geschworen, nicht länger gemeine Sache mit landfremden Räubern zu machen.

Die geborene von Effern legte eine ihrer klirrenden Hände auf Melanders Mund, die andere auf den Arm der Landgräfin und beschwor beide mit hoher Stimme, sich zu beruhigen. Sie liebe und bewundere die raue Art ihres Mannes, sagte sie; aber trotz dieser närrischen Vorliebe sehe sie doch ein, dass sie nicht immer, namentlich der Gemahlin und der fürstlichen Herrin gegenüber, am Platze sei. Er habe ja recht, tausendmal recht im Kerne der Sache; aber General oder nicht, er bleibe doch stets Kavalier oder sollte es bleiben. – Wie nun gleichzeitig auch Melander, seine Frau und Sixtinus ihrer Meinung Gehör zu verschaffen suchten, raffte sich die Landgräfin auf und gebot Stille. Wenn Melander seinen Abschied verlange, sagte sie, so solle er ihn haben. Er möge es redlich meinen, sie tue es auch. Sie kämpfe um einen guten, gerechten Frieden; davon lasse sie sich auch von ihrem wertesten Diener nicht abbringen.

Als das Melandersche Ehepaar sich entfernt hatte, lehnte sich die Landgräfin, ohne auf Sixtinus' Anwesenheit Rücksicht zu nehmen, in ihren Sessel zurück und weinte.

Es sei doch ein rechtes Glück, begann Sixtinus nach einer Weile in großer Verlegenheit und voll Mitleiden, dass sie den Melander los sei. Nun könne der Krieg mit ganz anderem Nachdruck geführt werden. Melander habe kein hessisches Herz, sei im Grunde immer kaiserlich gewesen. Vielleicht sei es auch an dem, was man sich zuflüstere, dass er insgeheim papistisch geworden sei.

Da die Landgräfin schwieg und die Tränen fließen ließ, als hätte sie Lust, sich selbst darin aufzulösen, sagte Sixtinus, es gehe ihm ganz unerträglich zu Herzen, eine solche Fürstin und Heldin, die ganz Europa bewundere, weinen zu sehen.

Amalie Elisabeth sah mit ihren geröteten Augen an ihm vorüber und sagte: »Eine Fürstin soll die Mutter ihres Volkes sein; meine Kinder schreien nach Brot, und ich reiße ihnen den letzten Bissen vom Munde.«

»Ultra posse nemo obligatur«, sagte Sixtinus. Kein Mensch sei über Vermögen verbunden, und das gelte auch für die Fürsten. Das gemeine Volk verlange vornehmlich das Brot, welches den Bauch fülle, es sei aber von Fürsten auch dasjenige, mit dem der Geist sich ernähre, in Betracht zu ziehen. Die Nachkommen würden es ihr einmal danken, dass sie das lautere Wort Gottes gerettet und mit mancherlei gegenwärtigem Unglück erkauft hätte.

»Ja, unglücklich bin ich gewiss gewesen«, sagte die Landgräfin.

Sixtinus horchte ein wenig betroffen. Das könne eine so hochgepriesene und auch siegreiche Fürstin doch nicht ernstlich meinen, sagte er.

»Es wird der seligste Augenblick in meinem Leben sein«, sagte Amalie Elisabeth, »wenn ich mich in meinem Sarge ausstrecken und ruhen kann. Weil die Arbeit getan ist.«

Zunächst wurde beschlossen, im engen Einverständnis mit Herzog Georg von Lüneburg zu bleiben, damit man auf einen Bundesgenossen sicher zählen könne. Die Schweden betreffend, wünschte die Landgräfin eine gewisse Unabhängigkeit von ihnen zu gewinnen, umso mehr, als auch Herzog Georg sich hatte verlauten lassen, er wolle sich der Tyrannei Banérs nicht länger unterwerfen.

Indessen war die Nähe der Kaiserlichen so drohend, dass beide Verbündete der Schweden doch nicht ganz entraten zu können glaubten und nach allerlei Misshelligkeiten und gegenseitigen Bedrohungen wieder einlenkten. Herzog Georg öffnete dem Feldmarschall den verlangten Pass in sein Land, wo das schwedische Heer bis auf Weiteres die Winterquartiere genießen sollte, freilich ungern und lauernd, wie er den unwillkommenen Besuch wieder loswerden könnte.

Die Sonne schien hell in das kleine Zimmer in Heiligenstadt, wo Graf Guébriant übernachtet hatte, und weckte ihn, der sich mit einem Seufzer auf die Obliegenheiten des Tages besann. Am liebsten hätte er geläutet und die Fenster verhängen lassen, damit er weiterschlafen könnte; aber er unterdrückte diese Regung und schloss nur die Augen, um sich zu sammeln, ehe er aufstände. Der Prinz von Longueville, im Grunde gesünder als er, lag zu dieser Zeit in Kassel bei guter Pflege, sorgfältig ernährt, frei von allen Widerwärtigkeiten, indes er, Guébriant, das Knäuel der von jenem begangenen Fehler entwirrte. Als Banér mit seinem ersten Vorschlage an sie herangetreten war, hatte Guébriant vor den Folgen gewarnt, die es für sie haben musste, wenn sie sich zu weit in Deutschland hineinziehen ließen: sie würden mitten in einem unbekannten, feindlich gesinnten, rauen Lande, abgeschnitten von heimischer Hilfe sein; wenn der unbändige Banér sie für seine Zwecke ausnützen wollte, wenn die trotzigen Direktoren des weimarschen Heeres anmaßend und unbotmäßig wären, im Fall einer Niederlage oder eines Verlustes würden sie rettungslos preisgegeben sein. Dies alles hatte Longueville eingesehen; als aber die Landgräfin von Hessen-Kassel eine Weile auf ihn eingeredet hatte, verflogen die vernünftigen Bedenken, und die gewagte, für Frankreich nutzlose Verbindung mit Schweden wurde vollzogen. Was hatte Guébriant seitdem ausgestanden: stets hatte er vermitteln, einlenken, vorbeugen, wieder gutmachen müssen. Longueville hatte die weimarschen Direktoren zu einer Zeit gereizt, wo man die Mittel nicht hatte, sie mit Gewalt zum Gehorsam zu bringen, und als die Verwickelung gefährlich zu werden drohte, hatte er sich ihr entzogen und ihm, Guébriant, die Lösung übertragen.

Dennoch würde der Ruhm jeder geleisteten Tat Longueville als dem Heeresobersten zugeschrieben werden, nur der Vorwurf des Nichterreichten ihn treffen. Warum unterzog er sich denn diesen Quälereien? Warum verwickelte er sich immer tiefer in die Angelegenheiten dieses Krieges, von dem er ahnte, dass er ihm irgendwie zum Verhängnis werden würde? Er erinnerte sich des Tages, als er zuerst die unliebenswürdigen Laute der deutschen Sprache vernommen, diesen ruhelosen Himmel, die zackigen Städte und Wälder, die traurigen Heiden gesehen hatte: ein Schauer hatte ihn überlaufen, wie wenn der Tod an ihm vorübergegangen wäre.

Warum war er doch hier, da doch sein Leben und seines Lebens Güter alle in Frankreich waren?

Indem er sich diese Frage vorlegte und sich die Antwort gab, fühlte er, wie eitel solche Betrachtungen waren: er diente dem König und musste gehorchen, und als einem Edelmanne ziemte ihm, es willig und mit äußerster Kraft zu tun. Wenn er sich nie beklagt haben würde, dass er in einer Schlacht tödlichen Waffen entgegenreiten musste, wie töricht und unzusammenhängend war es, über andere Aufgaben zu murren, die er nun eben peinlich fand? Wie auch die Pflicht beschaffen war, sie musste ohne Zaudern und Zweifel so vollkommen wie möglich erfüllt werden.

Er stand rasch auf, nahm ein kleines Frühstück ein, wobei er sich überlegte, mit was für Gründen er den Direktoren und Offizieren des Heeres entgegentreten wollte, und ritt zur festgesetzten Vormittagsstunde auf das Rathaus, wo er sie versammelt wusste. Es war ein mäßig großer Fachwerkbau mit spitzen Erkern und Giebeln und kleinen, bleigefassten Fenstern, die ihn wie lauter spöttische Fratzen anzuglotzen und die Zunge gegen ihn auszustrecken schienen. Als er den Saal betrat, in dessen Mitte etwa hundert Offiziere auf einem Haufen standen, den Degen an der Seite, einer Meute von Bluthunden ähnlich, die beim Anblick des zu packenden Gegners ein leises, lang gedehntes, lechzendes Knurren hören lassen, empfand er ein lähmendes Unbehagen; allein er überwand es, ging gelassen auf sie zu und bot den Direktoren höflich die Hand, die sie nicht auszuschlagen wagten.

Er freue sich, sagte er, die Herren so zahlreich versammelt zu finden, und betrachte das als ein Zeichen, dass sie, wie er, die bedauerlicherweise entstandenen Misshelligkeiten behoben zu sehen wünschten. Zunächst sprach er von dem Gerücht, als hätten die Direktoren mit dem Herzog von Lüneburg angeknüpft, um in dessen Dienst zu treten. Er habe den Herzog Georg darüber befragt und von ihm die Antwort erhalten, dass er keineswegs die Absicht habe, Frankreich seine ihm eidlich verpflichteten Soldaten abtrünnig zu machen, dass er vielmehr seine Dienste zur Vermittelung anbiete. Er, Guébriant, sei überzeugt, dass auch sie beschworene Verträge halten und den König nicht zwingen wollten, sie als fahnenflüchtig anzusehen.

Der Graf von Nassau stemmte den Arm in die Seite und sagte, Guébriant solle nicht vergessen, dass er, als freier deutscher Reichsfürst, Bündnisse nach Belieben schließen könne.

Im Deutschen Reich möge er Reichsfürst sein, entgegnete Guébriant; in Beziehung zum König von Frankreich sei er dessen Oberster und gelte für ihn kein anderes Gesetz als für andere bestallte Offiziere.

Er wartete einen Augenblick, und da keine Antwort erfolgte, ging er zu dem Vertrage über, den die Direktoren in Breisach freiwillig unterschrieben und durch den sie sich verpflichtet hatten, dem Könige von Frankreich überallhin zu folgen und sich gegen jeden Feind gebrauchen zu lassen.

Rosen ergriff das Wort und sagte, sie bestritten das nicht; aber sie hätten den Vertrag in der Meinung abgeschlossen, dass der Krieg, wie es auch im Vertrage heiße, zur Wiederherstellung deutscher Freiheit geführt werde. Sie wären nicht ehrlose Söldner, die sich gleichgültig hierhin und dorthin schleppen und abschlachten ließen, sie wären deutschen Stammes, wollten für ihr Vaterland und nicht für eigennützige Fremde kämpfen.

Nun erwiderte Guébriant in längerer Rede: Sie hätten recht, für ihr Vaterland den Frieden erkämpfen zu wollen, was im Vertrage als Zweck des Krieges genannt wäre. Eben zu diesem Zwecke, durchaus nicht um des eigenen Nutzens willen, wäre der König von Frankreich in den Krieg eingetreten. Was für Vorteil er davon hätte? Was das französische Volk bewegen könnte, sein Blut im fremden Lande zu vergießen, als reinstes Wohlwollen für die unterdrückten deutschen Nachbarn? Nur um sie vor

Tyrannen zu schützen, ihnen ihre uralte Freiheit wiederzugeben, habe er seit Jahren ungeheure Summen gespendet. Er erinnerte an Herzog Bernhard, den sie alle als Vorbild der Tapferkeit und des Edelsinns im Herzen trügen, wie oft er beteuert habe, dass er sich nie von Frankreichs Fahnen trennen wolle; denn er wisse, dass auf französischen Siegen die Freiheit und der Frieden Deutschlands beruhe. Zum Schlusse verlas er den Vertrag von Breisach, um die gegenseitigen Verpflichtungen festzustellen.

Die Folge hiervon war, dass die Erregung der Offiziere, die zur Annahme des Vertrages durch die Direktoren überredet worden waren, sich plötzlich gegen diese wandte. Sie, die Direktoren, hätten, durch große Summen bestochen, das Heer in ein Verhältnis hineingezogen, aus welchem nur sie Vorteil zögen, für die Allgemeinheit nur Schmach und Untergang hervorginge. Als das Getümmel der Streitenden bedrohlich wurde, trat Guébriant zwischen sie und bat sie, die Schwierigkeiten der Lage nicht durch Uneinigkeit zu vermehren. Sie wären alle Männer von Ehre, hätten alle dasselbe Ziel, Deutschlands Heil; warum sie sich entzweien sollten? Ihrer aller persönliches Wohl liege dem König am Herzen. Das Geld zur Auszahlung des Soldes sei angelangt. Was die Offiziere vorgestreckt hätten, Verluste, die die Kriegsläufte mit sich gebracht hätten, alles werde der König ersetzen; er, Guébriant, sei ermächtigt, es in Ordnung zu bringen.

Als die Unterredung beendet war, atmete Guébriant auf, ohne doch ganz befriedigt zu sein. Für den Augenblick schien er den Sieg für Frankreich gewonnen zu haben; aber wie lange würde das dauern? Er kam sich vor wie einer, der in einen Käfig voll wilder Tiere geraten ist: eine Zeit lang kann er sie von sich abhalten, indem er ihnen etwas hinwirft, was sie benagen, aber der Augenblick ist vorauszusehen, wo sie sich zähnefletschend auf ihn werfen werden; denn mit dem bloßen Blick, sagte er sich, würde er sie auf die Dauer nicht bändigen können. Im Grunde, er fühlte es deutlich, hassten sie ihn als einen Fremden, der sich in ihre Angelegenheiten gemischt hatte, um sie irgendwie zu übervorteilen. Er sie übervorteilen! Er lächelte melancholisch. Wenn nicht sein Leben, so ließ er doch sicherlich sein Glück, seine Kraft und auch wohl seine Ehre in den deutschen Sümpfen. Frankreich, ja Frankreich, das würde und müsste endlich über diese Wilden triumphieren und ihnen, wie unverständig sie sich auch sperrten, den Segen seiner Kultur aufzwingen; aber er, der arme Guébriant, würde dabei zugrunde gehen. Möchte nur sein Name aus seiner Asche steigen, ein gereinigtes Feuer, das eine Weile wenigstens noch lebte und leuchtete!

Am Abend des letzten August wurde der Himmel gelb, die Sonne erblich zu einer fahlen Scheibe und verschwand, und die auf den Zelten des kaiserlichen Lagers aufgerichteten Wimpel und Fahnen flatterten plötzlich auf, als wollten sie hastig Zeichen drohender Gefahr geben. Dann erhob sich Sturm; er lauerte geduckt und kam mit einem Sprunge wie ein Raubtier, das sich auf weichen Tatzen nahegeschlichen hat, um sich laut aufbrüllend auf das überraschte Opfer zu werfen. In Staubwirbeln flogen Mützen und Bänder durch die Luft, man hörte die Wälder von den Hügeln her rauschen und das Wiehern der geschreckten Pferde. Nach einer halben Stunde legte sich der jähe Wind, und im Lager begann man über die sonderbare Erscheinung zu reden.

Wenn es nur nichts Hässliches zu bedeuten hätte, sagte Generalfeldwachtmeister von Beck. Sie säßen ohnehin fast wie Daniel in der Löwengrube.

So schlimm sei es nicht, sagte Piccolomini. Der Feind sei doch nicht besser daran als sie, eher schlechter, es verlaute ja, dass sie sich selbst bei den Köpfen hätten. Übrigens sei doch ein Wind kein portentum; er sähe ihn schlechtweg für ein verschlagenes Gewitter an.

Beck pfiff durch die Zähne und blickte nach dem Himmel; denn sie standen vor dem Zelte. Gewitter? wiederholte er. Da müsste man doch Blitz und Donner vernommen haben. Es habe auch keine absonderliche Hitze vorher geherrscht. Er wisse nur so viel, dass vor der unglücklichen Leipziger Schlacht Anno 1631 auch ein heftiger Wind eingefallen sei, der jedermann in Erstaunen gesetzt hätte und den man hernach, als das Unglück geschehen sei, auch leicht hatte deuten können.

Piccolomini war im Begriff, sich über die Ursachen des Verlustes dieser Schlacht auszusprechen, als ein Leutnant kam und berichtete, bei seinem Bataillon habe sich ein Wunder begeben. Die Spitzen mehrerer Hellebarden, die die Soldaten nach ihrer Art über Kreuz in die Erde gesteckt hätten, wären unter dem Sturm gleichsam lebendig und feurig geworden und hätten dermaßen hin und her gezüngelt, dass sie hüpfenden Irrlichtern geglichen hätten. Es herrsche infolgedessen große Niedergeschlagenheit bei den Leuten, obgleich einige meinten, es deute auf ein blutiges Treffen und reiche Beute. Er erlaube sich vorzuschlagen, man könne den Warner darüber befragen, den sie bei Chemnitz gefangen hatten, der ein berühmter Prophet und Wahrsager sein solle und dem König von Schweden alle seine Siege und auch andere Geheimnisse vorausgesagt hätte.

Ja, sagte Piccolomini, er wolle sich den Menschen gern einmal ansehen, man solle ihn vorführen.

Während Warner erwartet wurde, sagte Piccolominis Beichtvater, er halte es nicht für richtig, dass man einen Ketzer, der vermutlich ein gefährlicher Betrüger oder gar Hexenmeister sei, sich zeigen ließe, als ob man ihn für einen Wundertäter hielte. Wenn er seine untertänige Gesinnung äußern dürfe, so sei der Tau der Piccolominischen Großmut in diesem Falle auf ein schädliches Giftkraut gefallen, das man lieber ausrotten sollte.

Nein, er sei kein Herodes, lachte Piccolomini, und könne den gemeinen Bauernkerl auch nicht für schädlich halten. Der verstorbene König von Schweden habe ihn ja mitgeführt und gut gehalten, also müsse doch etwas daran sein. Etwa könne er, Piccolomini, auch von ihm profitieren.

Nach einer Weile wurde Warner vorgeführt, der, als er gesehen hatte, dass es kein Entrinnen gab, gutwillig, aber in großer Angst mitgekommen war und Gebete vor sich hinmurmelte. Mit einem verstohlenen Blick den Feldherrn herauskennend, warf er sich Piccolomini zu Füßen, hob die Hände auf und flehte um Gnade.

Er solle aufstehen, sagte Piccolomini, es geschehe ihm nichts zuleide. Wenn er der Prophet sei, für den er sich ausgebe, so solle er erklären, was das eben vorgefallene Unwetter zu bedeuten habe.

Er sei ja gar kein Prophet, jammerte Warner, und es sei ganz gewiss nicht seine Schuld, dass man es von ihm sage. Er wisse wohl, dass Prophezeien eine verbotene Sünde sei, und habe viel zu viel Ehrfurcht vor hohen Herrschaften, als dass er sich mit seiner Wenigkeit so hoher Dinge unterfangen würde.

Der verstorbene König von Schweden, sagte Piccolomini, habe ihn doch aber deswegen mitgeführt, und es sei allbekannt, dass er seinen letzten Sieg und Tod richtig vorhergesagt habe.

Er wisse nichts davon, meinte der Bauer, bei Gott und seiner Seligkeit, er wisse es nicht. Wenn er es getan hätte, so habe er es nicht mit Willen und Absicht getan. Allerdings möchte es sein, dass Gott ihn ausersehen habe, um ihm in Träumen seinen Willen zu offenbaren, denn der unerforschliche Ratschluss Gottes bediene sich zuweilen unscheinbarer und niederträchtiger Gefäße; aber es geschehe ohne sein Zutun, und er getröste sich, dass ein so herrlicher Fürst wie Piccolomini es ihn nicht werde entgelten lassen.

Es solle ihm nichts zuleide geschehen, sagte Piccolomini; wenn er ihn hätte wollen hängen lassen, so hätte er es längst getan. Es solle ihm im Gegenteil ein gutes Handgeld gereicht werden, wenn er die Wahrheit über das Unwetter bekenne.

Der Bauer verdrehte sich nach allen Seiten und sagte, Gott habe ihm, dem unwürdigen Gefäß, zwar mancherlei offenbart, aber insgeheim; denn die Menschen wären viel zu böse, um die Warnungen zu verstehen. Wenn er denn aber durchaus reden solle, so habe der Sturm ganz sicherlich ein Zeichen der Warnung sein sollen, damit die Menschen, namentlich die Soldaten und die Bauern, vom Huren und Saufen abließen; was es aber insbesondere zu bedeuten hätte, das wäre nichts anderes, als dass Gott im Sinne hätte, einem hohen Haupte das Lebenslicht auszublasen. Er wolle sich aber lieber die Zunge ausreißen und die Ohren abschneiden lassen, als dass er verriete, wer das sei; denn er habe überhaupt nicht freiwillig prophezeit, und es könne sich auch leicht alles ganz anders verhalten.

Jetzt nahm Beck das Wort und drang ernstlich in Warner, wenigstens zu sagen, ob das hohe Haupt auf kaiserlicher, französischer oder schwedischer Seite oder wo sonst fallen würde; worauf Warner nach vielem Seufzen und Augenverdrehen sagte, kaiserlicherseits habe Gott nichts verlauten lassen, es werde also wohl die Schweden angehen.

Nachdem Warner abgeführt war, unterhielten sich die Herren über ihn, indem Beck begeistert erklärte, er habe allerdings die Allüren und Qualitäten eines wahren Propheten, wohingegen Piccolomini fand, er sehe nicht anders als ein guter, dummer Bauernkerl aus, und der Beichtvater dabei blieb, er sei ein Teufelskind, und das Unwetter sei vielleicht deshalb gekommen, weil sie einen solchen abgefeimten Erzketzer mit sich herumschleppten. Piccolomini entschied, er wolle ihn bei nächster

Gelegenheit laufen lassen, bis dahin solle er so gut wie die anderen Gefangenen gehalten werden. Man könne nicht wissen, ob er nicht etwa doch zaubern könnte, und wenn er ein Narr sei, was er für wahrscheinlicher hielte, so pflege er sich an dergleichen Kreaturen auch nicht zu vergreifen.

Man war in Hof- und Militärkreisen überzeugt, dass Götzens Kopf wegen des Verlustes von Breisach würde springen müssen; denn der Kurfürst von Bayern, hieß es, wolle durchaus seinem Zorn ein Sündenböcklein schlachten, und der Kaiser halte es zur Rechtfertigung seines Lieblings Savelli für notwendig. Am wenigsten Hoffnung hatte Götz selbst, besonders wenn der frühe Abend sein kleines Gelass in der Ingolstädter Burg mit kalter, nackter, hässlicher Nacht füllte und es in eine von Schatten wimmelnde Höhle jenseits der Lichtwelt verwandelte. Dann dachte er wohl an den hellen Sommermorgen zu Regensburg, als der arme Schaffgotsch auf seinem Todeswege in den großen Saal des Goldenen Kreuzes kam, ihn, Götz, mit wild aufflackernden Augen ansah und ihn vor Gottes Richterstuhl forderte. Er erinnerte sich deutlich, was für ein seltsames, unheilweissagendes Gefühl ihm durch Mark und Bein gelaufen war, obwohl er es sich weggeleugnet und geringschätzig die Schultern gezuckt hatte. Deutlich sah er den Krug voll schäumenden Bieres vor sich, der vor ihm gestanden und den er in einem Zuge ausgetrunken hatte, um den verdrießlichen Augenblick wegzuspülen. Was für ein glücklicher, freier Mann war er damals gewesen, und wie hatte er sich geweidet, dass er nicht in der Haut des hübschen, eitlen Schaffgotsch steckte. Allerdings hatte er damals nur seine Pflicht getan, und es war nicht seine Schuld, dass Schaffgotsch in das Wallensteinische Netz gegangen war und sich darin hatte ertappen lassen. Wer ihm die Schlinge um den Hals geworfen hatte, das waren Schlick und Slawata gewesen, die dem Kaiser keine Ruhe gelassen hatten, etwa auch Gallas und Colloredo, die ihn rechtzeitig hätten warnen können. Warum sollte denn ihn, den Guten, Weichherzigen, die Rache treffen? Aber gleichzeitig sagte er sich, dass das nur lose Einwände wären: ihn hatte der leidige Fluch nun einmal getroffen, und es gab denkwürdige Geschichten genug, wo sich Ähnliches begeben hatte und der Betreffende zur bestimmten Stunde ganz unerwartet und unbegreiflich vom Tode erwischt worden war. Den Angstschweiß auf der Stirne, sah er den Tod wie ein gelöstes Rechenexempel vor sich. Indem er die alten lutherischen Gebete zusammensuchte, verwünschte er sich, dass er aus Ehrsucht den väterlichen Glauben verraten und sich mit dem katholischen Wesen eingelassen hatte, was sich nun als der rechte breite Höllenweg erwies, der ihn spöttisch ins Verderben führte. Er hätte sich herzlich gerne zurückbekehrt, wenn er sich nicht hätte sagen müssen, dass seine Rettung jetzt einzig auf katholischer Fürsprache beruhte; aber heimlich verschwor er sich gegen den alten Protestantengott, mit der Abgötterei aufzuräumen, wenn er jemals wieder ledig würde.

Es war ein Septembertag, als Götz in Regensburg während des Reichstages freigesprochen wurde; die Sonne blitzte wie der Rand einer silbernen Posaune am Himmel, und man glaubte fast den Lobgesang zu hören, den sie über die Erde hinschmetterte. Mit behaglichem Grausen dachte Götz an jene schwarzen Stunden in der Ingolstädter Burg zurück und suchte sich die bereits etwas erblichene Erinnerung lebendiger zu machen, um den gegenwärtigen Augenblick desto besser zu würzen. Kopfschüttelnd betrachtete er die Stelle, wo dem Schaffgotsch der Kopf abgeschlagen worden war, und lachte dazu. Wer es nicht durchgemacht hatte, glaubte es nicht, dass ein paar Wochen im Gefängnis aus einem Helden eine abergläubische, niederträchtige alte Vettel machen konnten! Nun, dachte er, vielleicht hätte er mit diesen Leiden jede vergangene Schuld abbüßen sollen, bevor Gott ihm, dem Geläuterten, die neue, wahre Glücks- und Ruhmesbahn eröffnete. Johann von Werth war gefangen, Gallas konnte es nicht lange mehr machen, auch Piccolomini stand nicht so sicher mehr wie einst; hätten sie ihn denn begnadigt, wenn sie seiner nicht bedürften? Und mussten sie ihn nicht mit den höchsten Ehren für die ausgestandene Qual entschädigen?

In einem Waldtal im oberen Elsass suchte ein zwölfjähriges Mädchen Schwämme, Beeren und Reisig; aber sie musste weiter gehen als gewöhnlich, denn in der Nähe des Dorfes gab es nichts mehr. Ohnehin hatte sie es auf eine andere Beute abgesehen als Holz und Beeren, eine, die nur in der Schlucht gewonnen werden konnte, wohin sie sich allein noch nie getraut hatte. Die alte Frau, bei der sie wohnte, da ihre Eltern gestorben oder doch verschwunden waren, hatte ihr erzählt, wie vor Jahren alle Bewohner des Dorfes, damals drei- oder viermal so viel wie jetzt, bei Annäherung der Soldaten in den Wald geflohen waren. Es war ein heißer Tag gewesen, und mit den Flüchtenden zog ein schweres Gewitter; aber in der Angst und Trauer beachtete es niemand. Auch des Mädchens Mutter war mit dabei gewesen, das etwa zweijährige Kind auf den Armen, und der Pfarrer, der ein Kruzifix und den goldenen Abendmahlskelch unter seinem schwarzen Mantel trug. In der Schlucht hatte der Pfarrer zu seinem neben ihm gehenden Enkel gesagt, an diesem verborgenen Ort wolle er die Heiligtümer eingraben, die Erde könne sie zu dieser Zeit, wo keiner seines armen Lebens sicher sei, besser hüten als er. Mithilfe des Knaben grub er ein Loch, legte Kreuz und Kelch hinein, häufte Erde darüber und war im Begriff aufzustehen, als hinter ihm ein paar Soldaten auftauchten, ihn anpackten und fragten, was er da treibe. Wie er ihnen wehren wollte, die vermeintlichen Schätze auszugraben, stachen sie den guten alten Mann ins Herz, sodass er auf der Stelle tot umfiel, und würden es mit dem Knaben ebenso gemacht haben, wenn Gott sie nicht gehindert hätte. Es stürzte nämlich, wie wenn ein feuriges Schwert vom Himmel geschleudert würde, ein Blitz durch die sausenden Baumkronen und fällte den Mörder, worüber seine Kameraden sich so entsetzten, dass sie davonliefen. So habe der Enkel des Pfarrers den Vorgang erzählt.

Das kleine Mädchen konnte nicht begreifen, warum man den versenkten Schatz nicht wieder ausgegraben habe, und beruhigte sich nicht damit, dass man es mehrmals, aber vergeblich versucht habe. Während des langen Aufenthalts im Walde bis zum Beginn des Winters war eine Seuche ausgebrochen, an der neben vielen anderen auch der Enkel des ermordeten Pfarrers gestorben war; so konnte niemand die Stelle bezeichnen. Weder die Leiche des Pfarrers noch die des Soldaten waren bei der Rückkehr mehr in der Schlucht gewesen.

An diesem Tage war es dem Mädchen geglückt, einen alten zerbrochenen Spaten in einer Scheune aufzufinden, und mit dem Werkzeug ausgerüstet, wollte sie es versuchen, die Kostbarkeiten ans Licht zu bringen.

Als sie in die Schlucht kam, überlief sie ein Frösteln; es war dunkel und feucht und still wie in einer Höhle. Kein Vogel piepte, kein Blatt rührte sich an den Bäumen, und keins raschelte zu ihren Füßen, wo sie eine schlüpfrige Decke bildeten. Es roch nach Herbst und Verwesung; wie sie sich daran gewohnt hatte, fühlte sie sich wunderlich wie in einen Traum davon verschlungen. Nach einer Weile weitete sich die Schlucht ein wenig und lud zu einem Aufenthalte ein; es schien ihr, dies könne die richtige Stelle sein. Sie setzte sich auf einen morschen, moosgrünen Baumstamm, den einmal ein Sturm entwurzelt haben mochte, und sah sich um: es war da mitten im Dickicht ein Fleck, wo kein Kraut oder Strauch wuchs; da, dachte sie, könnte der arme Pfarrer gegraben haben. Je länger sie nach der Stelle hinblickte, desto bestimmter glaubte sie daran; es war ihr fast, als sähe sie das Gold des Kelches, rötlich wie die Sonne, die pechschwarze Erde durchglühen. Nun musste sie sich entschließen, was sie tun wollte, wenn sie den Schatz gehoben hatte. Dass sie nicht ins Dorf zurück wollte, stand ihr fest; einen Pfarrer gab es nicht mehr, da sie behaupteten, in einer so armen Gemeinde nicht bestehen zu können, und die alte Frau, bei der sie wohnte, würde die Kostbarkeiten aus Furcht sogleich wieder vergraben haben. Also wollte sie fort, sich bis zur nächsten Stadt durchbetteln und ihren Schatz verkaufen; dann würde sie reich sein, sich satt essen, schöne Kleider anziehen, und diejenigen, die sie früher geschlagen und misshandelt hätten, würden sich vor ihr bücken und ihr schmeicheln. Sie würde die Frau irgendeines großen Herrn werden, dann konnte sie in die Welt hinaus und ihren Vater und ihre Mutter suchen, von denen sie nicht glaubte, dass sie tot wären. Ihr Vater war, als sie noch ganz klein war, unter die Soldaten gegangen, ihre Mutter hatte sich in der Not und Verzweiflung einmal aufgemacht, ihn zu suchen, und war nicht wiedergekommen. Noch erinnerte sie sich an die großen braunen Augen ihrer Mutter und an ihr Entsetzen, als sie sie zum ersten Male im Schlaf geschlossen gesehen hatte; denn sie hatte ein dunkles Gefühl, als hinge die Welt an diesen Augen und müsse mit ihnen zugrunde gehen. Sinnend sah sie an den glatten Buchenstämmen und an der Wand der Schlucht in die Höhe und bemerkte, dass oben an ihrem Rande ein gelbes Blatt von der Sonne beschienen war und funkelte wie ein Flämmchen, an dem man sich wärmen könnte.

Sie sprang auf und begann zu graben. Bei der Arbeit wuchs ihr die Kraft, sodass die Erde flog, und zugleich wurde ihre Hoffnung entschiedener, und sie glaubte jedes Mal, wenn der Spaten auf einen Stein oder eine Wurzel stieß, es wäre das Kreuz oder der Kelch. Allmählich erlahmte sie ein wenig, und indem sie sich aufrichtete und die Haare aus dem Gesicht strich, sah sie, dass das gelbe Blatt am Rande der Schlucht nicht mehr glänzte; die Sonne war weitergerückt, und es mochte schon auf den Abend zugehen. Mit der Enttäuschung wurde sie sich bewusst, dass es sie hungerte; aber noch wollte sie die Hoffnung nicht aufgeben, sondern weitergraben, obwohl es ihr nicht glaublich schien, dass das Versteck so tief sein sollte. Wie sie sich bückte, um die Arbeit wieder aufzunehmen, hörte sie einen behutsamen Schritt hinter sich auf den nassen Blättern. Sie hielt inne, und das Bild des armen Pfarrers stieg vor ihr auf, wie er, von seinen grauen Haaren umflattert, hastig die Erde über seinen Heiligtümern aufschüttete. War er es, der hier umging, um sie zu behüten? Oder war es der von Gottes Hand getroffene Mörder, den der Geruch des vergossenen Blutes aus dem Grabe an diese Stätte zog? Zitternd wandte sie sich um und erblickte hinter sich ein Tier, das ihr wie ein Hund vorkam und das die blutigen Augen starr und gierig auf sie richtete. Plötzlich fiel ihr ein, dass es der Wolf sein müsste, der in einer der letzten Nächte bis in das Dorf gekommen war; die alte Frau hatte gebetet, als sie sein heiseres Bellen gehört hatte, und selbst die Männer fürchteten sich vor ihm. Wie würden sie staunen, wenn Gott ihr beistand und sie, das Mädchen, den Feind erlegte! Da sah sie, wie die schwarzen, triefenden Lippen des Tieres sich schnuppernd bewegten und die starken weißen Zähne herausschienen; ihr Herz zog sich kläglich zusammen, sie dachte an die braunen Augen ihrer Mutter und wie verlassen sie war. Sie vermochte weder zu rufen noch aufzustehen; wie nun aber das Tier zusprang, fassten ihre kleinen Hände unwillkürlich den Spaten fester, und sie setzte sich zur Wehr. Sie kämpfte mit dem ganzen Körper und fühlte eine unerschöpfliche Kraft; da drängte sich der hässliche, borstige Kopf an ihre Kehle, und als sie mit beiden Händen nach ihm griff, um ihn wegzustoßen, verging ihr die Besinnung.

In einer von den Kutschen, die nach Hildesheim fuhren, wo Herzog Georg residierte, befand sich Banér mit seiner jungen Frau, die stramm aufrecht saß und von Zeit zu Zeit einen verstohlenen Blick auf ihren schlafenden Mann warf. Er hatte zuerst den Kopf an ihrer Schulter liegen gehabt; aber da es ihr peinlich war, dass er ihr so dicht ins Ohr schnarchte, hatte sie sich ein wenig geschüttelt, und da war er in die andere Ecke getaumelt, wodurch sie sich sehr erleichtert fühlte. Banér war wider Willen eingeschlummert; denn er schämte sich vor dem jungen, immer wachen, immer munteren Geschöpf, seiner Frau; aber die Mattigkeit hatte ihn überwältigt, und wenn der Tod darauf gestanden hätte, er hätte doch schlafen müssen. Im Traume war er in entlegene Zeiten versetzt und suchte erwachend unwillkürlich die Hand seiner verstorbenen Frau, in deren Schoß er früher zu schlafen pflegte; da fiel sein Blick auf das zierliche Profil und die wippenden Locken der kleinen Prinzessin an seiner Seite, und eine Empfindung, die halb Unbehagen, halb Wonne war, strömte über sein Herz. Sie saß so still und behutsam da wie ein seidenweiches, schnupperndes Häschen, und doch spürte er das listige Lachen, das um das kleine, runde Kinn, um das Mündlein und die frommen Augen gaukelte. Er riss sie an sich, presste sie fest in seine Arme und bedeckte sie mit Liebkosungen. »Hat der Herr Feldmarschall gut geschlafen?«, fragte sie sich windend und wehrend unter tollem Gelächter. Das Küssen und Drücken wurde ihr jedoch bald lästig, und sie war froh, als sie am Ziele waren und sie sich mit ihren Damen in die ihr bestimmten Zimmer zurückziehen konnte.

Herzog Georg schmunzelte, als er die kleine Schönheit sah, und bat um die Erlaubnis, ihr einen Kuss geben zu dürfen. Banér werde wegen eines so alten Verehrers keine Jalousie empfinden.

Man könne nicht wissen, lachte Banér. Von Männern heiße es in der Liebe wie vom Wein: je älter, desto feuriger!

Ja, so feurig wie ein alter, wackeliger Ofen, kicherte Herzog Georg, indem er der hübschen Frau das zarte Kinn streichelte.

Bei dem Bankett, das zu Ehren des berühmten Gastes veranstaltet wurde, brachte der Herzog den ersten Trinkspruch auf den Helden aus, der den unbesiegbaren Banér besiegt hätte.

Dabei wundere ihn hauptsächlich eines, sagte Banér, dass, wenn einer ihn besiegt hätte, der Herzog von Lüneburg, sein fürstlicher Freund und Bundesgenosse, dessen Gesundheit ausbringe!

Ja, das tue er, sagte der Herzog, und er sei überzeugt, nicht nur die größten Imperatoren und Ritter der Welt, sondern Banér selbst rühmte den Riesen, der das Heldenstück vollbracht hätte; es sei nämlich der kleine Gott Amor.

Wahr sei es, rief Banér, besiegt sei er; aber loben und preisen tue er das kleine Ungeheuer nicht, das ihm auf dem Nacken säße.

Wahrhaftig, zum Sklaven habe es ihn gemacht, zum willenlosen, gekrümmten, kniefälligen Sklaven. Und er wolle Rache nehmen, so gut er könne. Er wolle des Gottes Blut in Strömen vergießen, und Gott Amors Blut sei der Wein! Bis auf den letzten Tropfen solle es vergossen werden.

Nun wurde die kleine Markgräfin zum Trinken genötigt. Sie müsse Gott Amor Ehre antun, der aller Weiber Verbündeter sei, sagte der Herzog; es habe doch jede ihre Heimlichkeiten mit Gott Amor.

Die junge Frau nahm einen Schluck und schüttelte mit dem Ausdruck des Widerwillens den Kopf, dass die Locken an ihren Hals schlugen.

Das Schlücklein gehe nicht tief, tadelte der Herzog, sie müsse das Glas auf einen Zug leeren. Banér solle zeigen, dass er der Herr sei! Solche rebellische kleine Weiblein müssten gebändigt werden.

Banér hielt den hohen Römer an ihren Mund und hieß sie trinken. »Hinunter damit!«, rief er, ungeduldig werdend, und versuchte das Glas zwischen ihre fest zusammengepressten Zähne zu zwängen, sodass der Wein über ihre bloße Brust und ihr silberweißes Kleid floss. Die Tränen schossen ihr in die Augen, sie sprang auf und lief geschwind, ehe jemand sie zurückhalten konnte, aus dem Saal.

Der junge Graf von Schaumburg, der voll Entrüstung zugesehen hatte, stand gleichfalls auf und rief aus: Und wenn es ihn das Leben kosten sollte, er müsse es sagen, das sei nicht wie ein Kavalier gehandelt!

»Was?«, schrie Banér, »will der Gelbschnabel mich lehren, wie ich mit meiner Ehefrau umgehen soll!«

Schaumburg habe recht, sagte Christian von Hessen, ein Kavalier müsse eine Dame mit Diskretion und Delikatesse behandeln, auch wenn sie seine Frau sei. Prinz Christian, der jüngste Sohn des verstorbenen Landgrafen Moritz aus zweiter Ehe, stotterte, besonders wenn er getrunken hatte, und brachte dann selten einen Satz zu Ende.

Banér lachte nur und rief, sein dichtes blondes Haar schüttelnd: »Es scheint, die jungen Kälber wollen des Löwen Lehrmeister sein? Nur heran! Wir wollen sehen, ob seine Tatze oder ihre Zunge recht behält!«

Herzog Georg warf sich zwischen die Streitenden und brachte es mit eifrigem Zureden dahin, dass Graf Schaumburg und der Prinz von Hessen Banér um Entschuldigung baten, wogegen er zugestand, dass sie aus guter Meinung und löblicher Gesinnung gesprochen hätten.

»In der Ehe, Ihr Herren«, sagte Banér, schnell begütigt, »ist nicht lauter Girren und Schnäbeln. Man kann auch einmal eine Maulschelle austeilen und doch ein guter Ehemann sein.«

Nein, sagte Graf Schaumburg, wenn ihm das begegnete, dass er sich an seiner Frau vergriffe, würde er sich an einem Nagel aufhängen! Die Dame, die er liebte, müsse unbefleckt bleiben.

Christian von Hessen sagte, er habe kürzlich gelesen, die höchste Tugend sei die Selbstbeherrschung, und das scheine ihm auch richtig zu sein. Für einen Mann von Stand und Bildung zieme es sich nicht, sich von Launen regieren zu lassen.

»Das sind neumodische Torheiten«, sagte Banér. »Ich lasse mein Herz brausen und mein Schwert sausen. Zum Teufel das Denken!«

Es folgte ein Trinkspruch dem andern: Banér trank auf Herzog Georg, seinen freigebigen Wirt, und auf das Wohl Deutschlands.

Er höre es nicht gern, sagte er, wenn man ihn den schwedischen Löwen nennte, obwohl man doch diesen Titel dem großen König Gustav gegeben hatte; aber er sei nun einmal kein Schwede mehr. Er habe deutsche Frauen geküsst, deutschen Wein getrunken und etwa auch deutsches Blut vergossen, und Küsse, Wein und Blut miteinander hätten ihn deutsch getauft. Und wenn seine Väter ihn verfluchten, er könne es nicht ändern, die deutsche Sprache sei ihm die liebste Musik geworden, die möchte er hören, wenn er stürbe. Er wolle seine Liebe auch bezeugen, indem er dem erwählten Vaterlande den Frieden brächte. Ja, Frieden wolle er Deutschland bringen, und müsse er ihn mitten aus der Hölle holen. Nachher könne er sich ins Grab legen; denn er tauge für den Frieden nicht mehr. Im bloßen Hemde komme er sich nicht so nackt vor wie ohne Schwert. Trotzdem wolle er den Frieden, weil der Jammer Deutschlands ihn erbarmte.

Allgemeine Zustimmung begrüßte diese Beteuerungen. Der Herzog ersah die Gelegenheit, um etwas über Banérs Pläne zu erfahren, Ach ja, der liebe Frieden!, sagte er. Es sei sehr zu fürchten, dass der Kaiser nicht nachgäbe, bis er völlig erschöpft und niedergeworfen wäre. Und wie das zu erreichen sei?

Indem man ihn mitten ins Herz träfe!, rief Banér triumphierend. Und das eben habe er jetzt vor. Er wolle das ausführen, was der große König unterlassen hätte. Einen Feldzug werde er machen, der Krone und Ende des Kriegs sein sollte. »Wer sagt«, rief er, »dass Banér ein Bärenhäuter sei? Wer sagt, dass Banér wie ein verliebter Kater auf dem Dache hockt? Nachts geküsst und am Tage gesiegt, das ist Banérs Devise! Schreiben Euer Gnaden die Friedenstraktaten auf, ich hole Ferdinands Unterschrift!«

Der Herzog blinzelte forschend nach dem erregten Feldmarschall hinüber. Inzwischen hoffe er noch recht lange Banérs Wirt zu sein, sagte er.

Banér lachte dröhnend. Er wisse wohl, sagte er, dass der Herzog ihn ungern missen würde, und eh er ihm nicht den Wein ausgesoffen hätte, ginge er nicht. Aber allzu lange dürfe es nicht dauern, die jungen Herren müssten ihm beistehen. »Trinkt, Ihr Herren!«, rief er. »Habt Ihr Lust, mit mir zu gehen und Euch einen Lorbeer vom Eise zu holen? Trinkt, begießt Euern Lorbeer!«

»Ich bin voll«, sagte der Graf von Schaumburg, »es geht nicht mehr.«

»Was seh ich?«, spottete Banér, »ihr jungen Kriegshelden seid kreidebleich, und jetzt soll das Fest erst angehen! Ich hole meine Frau! Ein Hund, wer unter dem Tische liegt, wenn die Königin kommt! Trinkt, ihr Gecken, damit ihr rote Backen bekommt!«

Nach einigen Minuten kam er wieder, die Prinzessin auf der Schulter, die seinen blonden Kopf fest umklammert hielt und schrie und lachte. Sie hatte sich nicht ungern entführen lassen, denn sie langweilte sich, und so war ihr jede Unterbrechung willkommen. Nachdem Banér sie von der Schulter hatte heruntergleiten lassen, ergriff er ein Glas, rief: »Auf das Wohl meiner Herrin!«, leerte es und warf es in großem Schwunge gegen die Wand. Die anderen folgten seinem Beispiel, und Banér rief außer sich: »Wir wollen nicht aufhören, bis alles, was klingt und klirrt, zum Ruhme des Liebesgottes zerschmissen ist!« Herzog Georg, der mitten im Lärm eingeschlafen war, fuhr zuweilen auf und verlangte mit lallender Stimme nach Waffen; denn in traumhafter Verwirrung glaubte er Geschütze krachen zu hören.

Als Banér in nüchternen Stunden seinen geheimnisvollen Plan enthüllte, dass er nämlich Regensburg überrumpeln, den Reichstag aufheben und den Kaiser gefangen nehmen wolle, machte Herzog Georg große Augen. Das sei ja etwas ganz Außerordentliches!, sagte er. Das wäre ein Hauptschlag, wenn er gelänge.

»Wer zweifelt, dem gelingt freilich nichts«, sagte Banér.

Man müsse doch etwas überlegen, wovon Land und Leute abhingen, sagte Georg. Ein Fürst könne das Glück nicht auf einen Wurf setzen. Das habe König Gustav auch nicht getan.

Was wäre da zu überlegen?, sagte Banér. Der Feind liege in den Winterquartieren wie im Grabe. Wenn er nicht verraten würde, werde ihm niemand den Weg verlegen.

Herzog Georg bedachte bei sich, dass, wie das Wagestück auch ausschlüge, er den lästigen Schwarm dadurch loswürde und dass er also keine Ursache hätte, Banér seine Absicht auszureden. Möglich war es ja auch, dass das Glück den Tollkopf begünstigte. Es gehöre ein heroisches Gemüt dazu, solch einen Plan zu fassen, sagte er bewundernd. Banér durchschaute zwar des Herzogs Hintergedanken, gab aber deswegen den Feldzug nicht auf, der ihm die einzige Rettung aus verzweifelter Lage zu sein schien, und nachdem frühes Frostwetter eingetreten war, brach er am 3. Dezember von Hildesheim auf. Mit Guébriant vereinigt, der sich ungern und zweifelnd anschloss, gelangte er an die Donau, überschritt auch den gefrorenen Fluss und erschreckte den in Regensburg versammelten Reichstag; aber anstatt Eroberungen zu machen, musste er selbst auf schleunigen Rückzug denken, da er der rechtzeitig aufmerksam gewordenen kaiserlich-bayrischen Macht nicht hätte standhalten können. Um nicht beschämt wie ein Ausreißer nach misslungenem Bubenstreich zu Herzog Georg zurückkehren zu müssen, wollte er sich in Böhmen festsetzen und entzweite sich darüber mit Guébriant, der sich nicht noch weiter ins Innere des Reiches wagte. Während dieser die Straße nach Nürnberg einschlug, nahm Banér Cham am Eingange des Böhmerwaldes und blieb dort, bis Piccolomini ihn aufschreckte. Durch einen geschwinden Rückzug, der ihm Bewunderung eintrug, entzog er sich der drohenden Gefahr, vom Feinde eingeschlossen zu werden, dem nur Geschütz, Tross und einige Nachzügler in die Hände fielen. Indes Piccolomini und der bayrische

General Geleen in ernstlichen Streit darüber gerieten, wer am Entweichen des Schweden die Schuld trüge, vereinigte sich dieser in Thüringen mit Guébriant, der auf die Schreckensnachricht hin ihm zu Hilfe kam. Schwer erkrankt hatte Banér in Merseburg bleiben sollen, musste aber vor dem schnell nachfolgenden Piccolomini, in einer Sänfte getragen, unaufhaltsam nach Norden fliehen. Die Kunde vom Tode Herzog Georgs von Lüneburg vermehrte seine Sorge und Aufregung; ohne sich die von den Ärzten vorgeschriebene Pflege gewähren zu können, eilte er mit seinem meuternden Heere über Quedlinburg nach Halberstadt.

Durch die engen Straßen von Halberstadt klapperten Reiter des Banérschen Regimentes. An der Tür des Hauses, wo der kranke Feldmarschall abgestiegen war, stand sein Geheimschreiber und schrie einen vorübergaloppierenden Leutnant an, der den Ruf hörte und sein Pferd anhielt. Wie es denn draußen stände?, fragte der Schreiber. Es komme keine Nachricht, ihm sei zumute, als sitze er auf einer Bombe, die jeden Augenblick platzen könnte.

Der Tumult sei ja einstweilen gestillt, berichtete der Leutnant. Ein paar Soldaten wären auf der Stelle gehängt, unter die übrigen sei Geld verteilt worden. Ein sächsischer Agent, den man gefangen habe, sei auch gleich aufgeknüpft worden. Die Soldaten sollten aber des festen Willens sein, sich keinen neuen Herrn aufzwingen zu lassen, wenn Banér tot sei; sie wollten sich selbst regieren wie die Weimaraner.

Man wisse wohl, aus welcher Quelle die Rede käme, sagte der Schreiber. Die Soldaten müssten so oder so hungern und fronen; die Häupter wären es, die keinen Herrn über sich wollten, um ungestört rauben und schlampen zu können.

Der Leutnant nickte, indem er sich ängstlich umsah. Er könne sich nicht aufhalten, sagte er, müsse rekognoszieren, ob der Feind in Sicht sei.

Der letzte Bote, sagte der Schreiber, habe hereingebracht, in Quedlinburg sollten sich schon Piccolominische Schwarze gezeigt haben. Wenn es wahr wäre, so möchten es wohl Abgesandte des Teufels sein.

Ob es dem Feldmarschall noch nicht besser gehe?, fragte der Leutnant flüsternd.

Der Geheimschreiber schlug die Augen zum Himmel auf. Wenn es nur wenigstens schnell ginge, dass der Piccolomini ihn nicht lebendig bekäme!

Inzwischen stritt der Todkranke mit dem Arzt, der an seinem Bette saß, über den Tod des Herzogs von Lüneburg. So strafe Gott die Mörder, sagte er. Der Herzog habe ihm Gift in den Wein gegeben bei jenem verräterischen Gastmahl in Hildesheim, und in seiner Schlaftrunkenheit habe er selbst ein unrechtes Glas erwischt.

Der Arzt wiegte bedenklich den Kopf hin und her. Es waren doch fünf Monate seitdem vergangen, meinte er.

Und was weiter?, entgegnete Banér. Die beiden Schwächlinge, der Schaumburg und der von Hessen, wären nach zwei Tagen hin gewesen, der Herzog und er hatten länger gegen das Gift in ihrem Blute gekämpft.

Der Herzog von Lüneburg sei ein alter, verbrauchter Mann gewesen, sagte der Arzt, schon seit Jahren bettlägerig.

Und er?, fragte Banér, indem er sich aufsetzte und den Arzt aus seinen fiebernden Augen wild ansah. Ob er auch ein alter, verbrauchter Mann sei? Ihm fehlte gar nichts, wenn er nur das Gift nicht im Blute hätte. Der Arzt solle ihm etwas gegen das Gift geben!

Ruhe, Ruhe sei das beste und einzige Mittel gegen seine Krankheit, sagte der Arzt, indem er vorsichtig aufstand und ein paar Schritte vom Bett zurücktrat. Er könne nur das eine immer wiederholen, der Feldmarschall wüte gegen sich selbst, wenn er sich nicht ruhig verhielte.

»Hund, so entkommst du mir nicht!«, rief Banér, sprang aus dem Bette, ergriff das Schwert, das am Knauf der Bettstelle hing, und drang damit auf den Arzt ein, der mit einem verzweifelten Satz aus dem Zimmer entwich.

Banér stand mitten in dem Zimmer, in dessen Dämmerung ein stilles Wachslicht vom Bett her hineinglühte, und sein sinnlos suchender Blick blieb an dem weißen Vorhang haften, der sich am offenen Fenster leise bewegte. Er war überzeugt, das Kleid seiner Frau zu sehen, ging mit wankenden Schritten darauf zu und kniete davor nieder. »Geliebte«, stammelte er, »komm zu mir! Sei mein! Mein Herz bricht vor Liebe! Das Gift, das ich getrunken habe, bist du, heile du mich! Komm in mein Bett, es ist Nacht!« Plötzlich brach er in leidenschaftliches Schluchzen aus und warf sich ganz auf den Fußboden, während der Geruch von Jasmin und die entzückten Wirbel der Nachtigall neben ihm durch das Fenster quollen.

»Küsse mich«, stöhnte er, »küsse mich! Es ist Nacht!« Da es still blieb, sprang er auf, warf sich gegen das Fenster und zerriss mit fliegenden Händen den Vorhang. Dann starrte er auf die Fetzen und brach von Neuem in Tränen aus.

Durch die leise geöffnete Tür sah der Arzt zu und suchte ein paar Diener zu überreden, dass sie ihren Herrn ins Bett brächten. Wenn er nicht Ruhe gäbe, flüsterte er, würde er die Nacht nicht überleben. Das würde er freilich ohnehin nicht.

Wenn er nur das Schwert nicht hätte!, sagten die Diener. Er könnte ihnen in seiner Raserei etwas antun. Es wären auch noch Sachen zu packen und Kisten aufzuladen, bei Tagesanbruch müssten sie fort, der Piccolomini wäre schon in Quedlinburg.

Soeben kam der Geheimschreiber auf den Fußspitzen mit einer kleinen Tasche die Treppe herunter, um zu flüchten. Wenn er in der Kaiserlichen Hände fiele, sagte er, sei ihm der Strick gewiss. Vielleicht dass die Nacht und ein flinkes Pferd ihn retteten.

»Den dort rettet keins mehr, und wenn es acht Beine hätte«, sagte der Arzt, bedeutungsvoll nach der halb offenen Tür weisend, durch die das Stöhnen des sterbenden Feldmarschalls drang. Der Geheimschreiber nickte bekümmert und glitt schnell aus der Haustür, deren Knarren den Arzt veranlasste, mit beleidigter Miene Ruhe zu gebieten.

Jetzt könnten sie es wagen, sagte er dann zu den Dienern, indem er durch die Türspalte spähte, er rühre sich nicht mehr. Behutsam traten sie ein, und während ein Diener das Schwert aus dem Wege schaffte, hoben die andern den bewusstlos Röchelnden auf und trugen ihn auf sein Bett.

Kurfürst Johann Georg war über Banérs Tod sehr erfreut und machte sich den Spaß, seine Frau und seinen ältesten Sohn, die entgegengesetzter Stimmung waren, ausführlich davon zu unterhalten. Gott sei gerecht, sagte er, und gebe zuletzt einem jeden nach Verdienst. Mit Banér habe er lange zugewartet, um ihn endlich desto abscheulicher hinfahren zu lassen.

Einmal müssten freilich alle Menschen sterben, sagte die Kurfürstin ablehnend. Einmal, ja, sagte der Kurfürst scharf, aber es frage sich, wann. Gustav Adolf habe es auch erfahren müssen, als er vorwitzig nach Deutschland gekommen sei und das Kriegsfeuer angezündet habe.

Gelöscht habe er es!, rief die Kurfürstin unwillig errötend.

Der Kurfürst lachte. Gelöscht! Eine hübsche Bezeichnung, das müsse man sagen, nachdem das ganze Reich und nicht zum wenigsten Sachsen seit mehr als zwanzig Jahren in Flammen stünde.

Um die Streitenden abzulenken, fragte der Kammerherr Taube, ob der Kurfürst sich des Bauern Warner entsinne, der früher einmal am Hofe geweissagt habe? Derselbe habe, einem glaubhaften Gerücht zufolge, im kaiserlichen Lager den Tod Banérs richtig vorausgesagt.

Ja, das sei ja der Galgenvogel, rief der Kurfürst, der sich falscher Prophezeiungen über die Stadt Magdeburg unterstanden habe! Wenn er ihn bekäme, den ließe er auspeitschen. Und den Tod Banérs habe er prophezeit? Wie denn das zugegangen sei?

Der Kammerherr erzählte, was er davon wusste, und dass kürzlich mehrere Warnersche Prophezeiungen im Druck ausgegangen wären, die er dem Kurfürsten vorlesen wolle, wenn dieser es erlaubte.

Während der Kurfürst sich behaglich in seinem Sessel zurechtsetzte, zog der Kammerherr ein bedrucktes Blatt aus der Tasche und las: wie die Menschen böse und sündhaft wären, weswegen Gott zuweilen Warnungen ausließe, um sie zu bessern, dass die Menschen diese aber nicht verständen, und weil sie es nicht verdienten, gewarnt zu werden, würde er, Warner, sich das, was Gott ihm hin und wieder offenbarte, auch nicht mit Zangen entreißen lassen.

Der Kurfürst fuhr entrüstet von seinem Sessel in die Höhe. Ja, warum der Kerl denn Bücher drucken ließe? Das heiße doch die Leute zum Narren halten! Wenn er den Warner nur hätte, er wollte ihm seine Warnungen schon herauskarbatschen! Einem erst das Maul wässern zu machen und dann leere Schüsseln vorzusetzen!

Nein, nein, sagte der Kammerherr begütigend, so sei es nicht gemeint, es komme schon noch etwas; und fuhr dann fort zu lesen: Warner habe sich doch endlich erweichen lassen und teile nun von seiner geheimen Wissenschaft einiges mit, nämlich erstens, den Regensburger Reichstag betreffend, so sei das ein Baum mit vielen Blättern, aber ohne Früchte, in dem zwar viel geschwatzt und geratschlagt werde, aber kein Nutzen daraus kommen würde.

Hier schlug der Kurfürst vor Vergnügen mit beiden Händen auf die Armlehnen seines Sessels. Das sei einmal wahr und gut prophezeit, sagte er triumphierend; dasselbe habe er auch dem Lobkowitz geantwortet, als der ihn tribuliert hätte, in Person auf den Reichstag zu kommen. Die Speisen, die auf dem Reichstag gekocht würden, habe er zu Lobkowitz gesagt, habe er schon oft gekostet, aber gemundet hätten sie ihm noch niemals, und dabei sei er geblieben und habe ja auch recht gehabt. Ein hübsches Mäuschen habe der Berg bis jetzt aus seinem Bauch gelassen: den Lobkowitz und den Eggenberg hätten sie zu Fürsten kreiert. Ändern könne er es nicht; aber er, Johann Georg, werde sich niemals auf dieselbe Bank mit den neumodischen Fürsten setzen.

Der Kammerherr sagte, ihm komme die Prophezeiung über den Reichstag auch sehr artig vor, und las weiter. Das Haus Österreich werde vom Herrn nicht gänzlich verworfen, sondern wieder zu Gnaden angenommen werden, in der Meinung, dass es sich bekehrte. Wenn es sich aber nicht bekehrte, so werde Gott es zwar verwerfen, aber nicht gänzlich verlassen, sondern ihm zur Strafe für sein Pochen und Trotzen den Thron etwas tiefer heruntersetzen.

Die Kurfürstin seufzte, und der Kurfürst brummte, ihm sei es gleich, der Kaiser solle jetzt selber zusehen; so lange habe er ihm geholfen und doch keinen Dank davon gehabt, nun dürfe ihm keiner mehr von den Kriegshändeln reden, oder er redete gern umsonst; denn er habe sich die Ohren verstopft.

Was den Frieden betreffe, las Taube weiter, so habe es damit noch gute Weile, einmal weil Deutschland noch nicht genug gestraft wäre; wenn aber auch die Deutschen Frieden machen wollten, so würde Schweden etwas dawider haben oder vielleicht auch Frankreich, oder es könne auch der türkische Sultan sein.

In Amerika werde im nächsten Jahr ein großes Erdbeben stattfinden und in China und Japan viel Blut vergossen werden. Was aber das anbelange, dass in Persien ein schwangeres Weib ein Kind ohne Vater erzeugt habe, welches schon in der ersten Stunde gesprochen und allerlei Seltsames prophezeit habe, so wolle er, Warner, das dahingestellt sein lassen, obwohl es ihm erstunken und erlogen zu sein scheine. Sollte es aber wahr sein, so habe es große Katastrophen und Veränderungen zu bedeuten, mit denen Gott, aus Zorn über die unleidliche Bosheit der Menschen, die Welt zu überziehen gedenke.

Ein Kind ohne Vater!, schrie der Kurfürst. Das wären schelmische Lügen! Es könne ja nicht einmal ein Huhn ohne Hahn ein rechtes Ei legen!

Die Kurfürstin wies auf den Heiland hin, welcher auch nur durch ein Weib mithilfe des Heiligen Geistes erzeugt sei, worüber der Kurfürst sich ärgerte, sodass er sagte, die Jungfrau Maria solle sie lieber nicht anziehen, sondern den leichtgläubigen Katholiken überlassen.

Nach dem blutigen Treffen um die Festung Wolfenbüttel waren die Kaiserlichen, die trotz der großen Verluste nichts erreicht hatten, in verdrießlicher Stimmung, besonders Piccolomini wurmte die Niederlage; aber er trug die ihm eigene unbekümmerte Laune nachdrücklich zur Schau.

Etwa zwei Tage nach der Schlacht bahnte sich der bayrische General Geleen den Weg zu ihm, den Diener beiseite schiebend, der ihn verhindern wollte. »Was gibt es?«, fragte Piccolomini, mit gespieltem Erschrecken von einem Ruhebett aufstehend. »Ist der Feind in Sicht?«

Geleen zuckte geringschätzig die Achseln und sagte, er habe Dringendes mit Piccolomini zu sprechen.

Es wäre wohl nicht so dringend, sagte Piccolomini, dass deswegen sein Mittagsschlaf hätte unterbrochen werden müssen.

Er sei bereits vor einer Stunde dagewesen, sagte Geleen. Inzwischen hätte Piccolomini nach seiner Meinung ausschlafen können.

Er pflege zu schlafen, bis er aufwachte, sagte Piccolomini. Er habe das Recht, glaube er, seine Gewohnheiten zu halten.

Was ihn betreffe, sagte Geleen, so habe er die Gewohnheit, das Warten nicht ertragen zu können. Er wolle sich erkundigen, ob es wahr sei, dass Piccolomini in seinem Schlachtbericht den Verlauf so dargestellt hätte, als habe das bayrische Fußvolk auf dem linken Flügel das Zeichen zur Flucht gegeben? Das wolle er nur wissen!

Wer ihm das gesagt habe?, fragte Piccolomini.

Das tue nichts zur Sache, antwortete Geleen. Er wolle nur die Tatsache feststellen.

Das lasse sich an wie ein Verhör!, brauste Piccolomini auf.

Immerhin!, sagte Geleen. In einer Sache, die seine Ehre betreffe, lasse er nicht mit sich spielen. Nun denn, sagte Piccolomini, aus dessen braunen Augen Wut und Rachsucht blitzten, die Schlachtberichte pflege sein Sekretär auszufertigen; aber wenn Geleen seine Meinung wissen wolle, so sei der große Angriff Guébriants auf den linken Flügel allerdings das punctum saliens der Schlacht gewesen, und wenn das bayrische Fußvolk diesen Angriff besser refüsiert hätte, so würde der Ausgang anders gewesen sein.

Geleen fuhr sich, vor Entrüstung zitternd, in die Haare. Das sei ja zum Auseinanderbersten!, rief er. Über solchen Verdrehungen müsste ja der Himmel einfallen! Ihm ins Angesicht wage Piccolomini das zu sagen? Wo Piccolomini trotz seiner Warnung die offene Feldschlacht gegen den überlegenen Feind in günstiger Stellung gewollt und dadurch das Unglück herausgefordert hätte! Man brauchte ja nur die Toten auseinanderzulesen, um zu sehen, wo am tapfersten gekämpft worden wäre; er habe ja fast kein Fußvolk mehr.

Wenn er recht gehört hätte, sagte Piccolomini mit der Hand am Degen, so wolle Geleen ihn der Lüge zeihen?

Ja, ja, rief Geleen, einer von ihnen müsse hin werden!

Er stehe zu Diensten, sagte Piccolomini; Geleen solle seine Ungeduld nur bezähmen, bis sie draußen wären, hier sei es etwas eng. Er wisse einen angenehmen Platz unter hohen Bäumen an einem Teich, wo es schattig sei.

Sie waren im Begriff aufzubrechen, als Erzherzog Leopold Wilhelm eintrat und, die Lage überblickend, freundlich sagte: Da gebe es wohl ein kleines Missverständnis? Nun, dann sei er ja im rechten Augenblick gekommen; Missverständnisse zwischen so vortrefflichen, unentbehrlichen Generalen müssten geschlichtet werden können. Sie wüssten, dass er sie beide gleich hochschätze, und würden ihn deshalb gern als Schiedsrichter annehmen. Sein kaiserlicher Bruder würde ihm einen Vorwurf machen, wenn er geschehen ließe, dass so unersetzlichen Kriegshäuptern etwas zustieße.

Sowohl Geleen wie Piccolomini waren unwillig über die Störung, hielten aber der unbefangenen Gemütlichkeit des Erzherzogs gegenüber an sich.

Dieser setzte sich, zog einen Brief aus der Tasche und sagte, da sei eben ein Schreiben von den braunschweigischen Herzögen eingelaufen, sie entschuldigten sich mit flehentlichen Worten, dass ihre Truppen am Kampfe teilgenommen hätten; sie hätten nach wie vor die Absicht, sich defensiv zu verhalten, die vorgefallene Betätigung ihrer Truppen sei nicht als Konjunktion, sondern als eine zufällige Verwickelung aufzufassen.

Nach seinem Dafürhalten, sagte Geleen, sollte man diese braunschweigischen Schelme als Rebellen traktieren, die sie wären.

Die rühmlich bekannte Milde des hohen Erzhauses, sagte Piccolomini, vergriffe sich hier allerdings wohl ein wenig. Hätte man Anno 1615 Wolfenbüttel dem seligen Pappenheim oder Tilly gegeben, so wäre man wegen dieser Länder jetzt besser versichert.

Ja, ja, lachte der Erzherzog, die Braunschweiger hätten damals einen mächtigen Fürsprecher gehabt, den es vielleicht jetzt selbst gereue. Nun, soviel er urteilen könne, ließen sich die ärgsten Nachteile vielleicht wieder einbringen. Die Kundschafter meldeten, dass es beim Feinde kopfüber, kopfunter zuginge. Das schwedische Heer löse sich auf, ein paar Obersten wären bestimmt auf die kaiserliche Seite gebracht. Mit Schweden wollten sie alle nichts zu tun haben. Gott habe den Banér doch auch nicht umsonst sterben lassen, jetzt müsse nur ein wenig nachgeholfen werden, dann liege der tönerne Koloss am Boden.

Geleen kraute sich verlegen in den Haaren. Wenn man nur den neuen Kurfürsten von Brandenburg gewinnen könnte, sagte er nach einer Pause; aber dessen Ratgeber legten sich alle auf die schwedische Seite.

Es sei merkwürdig, seufzte der Erzherzog, dass alle Ketzer ein unfriedfertiges Gemüt hätten. Was für Nutzen hätten sie davon? Was ihn betreffe, so sei er des Krieges schon herzlich müde.

Ja, sagte Piccolomini, wenn alle Menschen so engelgleicher Sinnesart wären wie der Erzherzog, würde die Welt leicht zu regieren sein.

Unter den Siegern herrschte nicht mindere Niedergeschlagenheit. Guébriant berichtete über den errungenen Vorteil nach Paris, rühmte die Tapferkeit verschiedener Offiziere und schrieb den glücklichen Ausgang hauptsächlich dem Fehler der Gegner zu, sie in gesicherter Stellung angegriffen zu haben. Im Ganzen sei seine Lage durch den Sieg nicht gebessert. Nur durch täglich neu aufgewendete Kunst vorsichtig verteilter Unterredung und Drohung könne er die Weimaraner bei dem Vertrage festhalten. Wenn das Geld nicht geliefert würde, das man vertragsgemäß schulde und worauf er immer wieder vertröstete, sehe er vor sich, dass er nicht nur sein Leben, sondern auch seine Ehre in Deutschland würde lassen müssen. Er habe drei Jahre lang unter Entbehrungen und Demütigungen ausgeharrt, von denen man in Frankreich keine Vorstellung hätte: nun bitte er um seinen Abschied. Könne er nicht bald nach Frankreich zurückkehren, so würde seine Schwermut ihn ganz dienstunfähig machen und für immer vom Schauplatz großer Taten entfernen.

In der Nähe von Schladen lag das Regiment des Obersten von Seckendorff. Nach einem gewitternden Tage war es am Abend kühl geworden, und in die leichte Luft stiegen von vielen Feuern, an denen gekocht wurde, Rauchsäulen auf wie vom Körper befreite, triumphierende Seelen. In froher Erwartung des Nachtmahls spielten die Lagerkinder mit hölzernen Kreiseln und Kieselsteinen, andere setzten selbstgefertigte Kähne und Segelschiffe auf den klaren Fluss und sahen ihnen nach, solange sie den schaukelnden Punkt wahrnehmen konnten. Als das Essen eingenommen war, versammelten sich die Männer, um eine Ansprache ihres Obersten zu hören, und auch viele Frauen, größtenteils mit einer Näherei beschäftigt, gesellten sich zu ihnen.

Der Oberst ging zuerst zwischen den Reihen der Soldaten hin und her, begrüßte den und jenen, erkundigte sich nach den Verwundeten, scherzte auch mit den Frauen; dann suchte er sich einen bequemen Stein, setzte sich und fing an zu reden.

Es freue ihn, sagte er, dass sie zahlreich beieinander wären; sie wären sich wohl auch bewusst, dass er sie nicht wie ein Blutsauger, sondern wie ein Vater hielte. Ja, er sei streng; aber das achteten sie an ihm, weil sie als tüchtige Männer an ihrem Platze auch streng wären. Unordnung und Unbotmäßigkeit richteten jedes Geschäft zugrunde, darum sei Strenge notwendig; aber er sähe darauf, dass sie nicht über Gebühr geplagt würden. Er habe ihnen den Lohn oft aus seinem Eigenen vorgestreckt, damit sie nicht darbten. Er sei auch nicht wie gewisse Offiziere, die sich besöffen und voll fräßen, indes die Soldaten am Hungertyphus hinstürben. Er stillte seinen Hunger nicht eher, bis der ihre befriedigt wäre; denn so sei es eines rechten Vaters Pflicht.

Ein zustimmendes Gemurmel ging durch die Reihen der Soldaten. Nun, sie wüssten also, dass er es gut mit ihnen meinte, fuhr Seckendorff fort, und deshalb gehe es ihm zu Herzen, wie sie drangsaliert, hin- und hergezogen, ausgebeutet würden, ohne ihren oder des Vaterlandes Nutzen.

Der verstorbene Banér sei ein großer Feldherr gewesen, aber ein Tyrann. Nun, Gottes Hand habe ihn getroffen, er liege und erwarte Gottes Gericht, dem könne man ihn getrost überlassen. Da es aber an dem sei, dass Gott selbst das Joch von ihnen genommen hatte, sollten sie auch Männer sein und sich ferner nicht das Lebensblut durch fremde Vampire aussaugen lassen. Sie sollten einmal nachdenken, wofür sie sich eigentlich schindeten, hungerten und darbten? Wofür sie ihr Blut vergössen? Nur Schweden komme es zugute. Und was gehe Schweden sie an? Sei der gute König Gustav für ihren Glauben gestorben, nun, die Schuld sei hundertmal getilgt. Sie wären es ja am Ende selbst, die alle seine Siege erkämpft hätten, die paar nackten Schweden, die er herübergebracht hätte, wären längst zerstreut und hin. Da rühmten sich denn die paar schwedischen Offiziere ihrer, der deutschen Soldaten, Siege und genössen ihre Eroberungen; von ihnen, den braven, tapferen Deutschen, die darum geblutet hätten, sei nie die Rede. Warum sie sich das von den Eindringlingen wollten gefallen lassen? Er spreche als ein freier Deutscher von Adel zu freien deutschen Männern und Soldaten. Jetzt sei der Augenblick der Befreiung gekommen. Jetzt müssten sie Mann für Mann beieinanderstehen, damit ihnen das Joch nicht wieder aufgeschnallt würde.

Er stand bei diesen Worten auf, und aus seinen sonst freundlichen grauen Augen schlug eine heiße Flamme. Wenn sie ihr Leben wagten, sagte er, so sollten sie es für ihr Vaterland wagen. Wenn sie kämpften und litten, so sollten sie es für ihr Vaterland tun. Jetzt würde geworben und verheißen und geschmeichelt werden: sie sollten sich nicht wieder fangen lassen. An ihn und die anderen Obersten sollten sie sich halten, die sich gegen den schwedischen Dienst verschworen hätten. Sie sollten auch nicht glauben, was man ihnen von Religion vorschwätze, und wenn ihnen einer sagte, dass er, Seckendorff, vom Kaiser bestochen sei, so sollten sie ihn als einen Lügner aufs Maul schlagen. Er sei gut evangelisch und lasse sich seinen Gott und sein Gotteswort nicht nehmen.

Warum aber das Bestechung hieße, wenn ein Soldat von seinem Kaiser Sold annähme, und dagegen der schwedische Dienst den Himmel eintragen sollte? Die Schweden müssten weg vom deutschen Erdboden! Kahl gefressen hätten sie ihn schon, sie sollten ihn wenigstens für neue Saat freimachen. Wenn es möglich wäre, dass er sie allesamt mit seinem einzigen Schwert durchbohrte, so würde er's auf sein Gewissen nehmen und wäre ihnen recht geschehen. Er wüsste gewiss, dass der neue schwedische Feldherr, der unterwegs nach Deutschland wäre, diejenigen vor ein Strafgericht stellen würde, die in letzter Zeit dem Banér aufsässig gewesen wären und jetzt dem schwedischen Dienst widerrieten. Er fürchte sich nicht. Wenn sie alle zusammenhielten, könnten sie der hungrigen Wölfe leicht Meister werden.

Als der Oberst sich entfernt hatte, begann unter den Soldaten lebhaftes Bereden und Beratschlagen. Ein Unteroffizier sprang auf den Stein, wo jener gesessen hatte, und beleuchtete die Sachlage von einem anderen Standpunkt: Dass der Seckendorff allerdings ein guter, rechter Mann sei und es redlich mit den Soldaten meinte, dass aber andere nicht wie er wären und dass er nicht allein den Ausschlag gäbe. Die großen Herren dächten doch allemal zuletzt nur an ihren Vorteil, und der stehe nicht auf demselben Blatt wie der des Soldaten. Jetzt wären der Derfflinger und der Mortaigne und andere in Schweden, da würde man ihnen die Taschen füllen und schöne Titel anhängen, darüber würden sie ihr Großtun und ihre Versprechungen vergessen, würden sich die neuen goldenen Ketten gefallen lassen, und sie, die armen Schlucker, würden als Meuterer bestraft werden. Dann würden ihre Leichname wie nasse Stricke von den Bäumen herunterhängen, und die Obersten würden hoch zu Ross darunter wegreiten, kaum dass eine Reiherfeder auf ihren Hüten sich an den zappelnden Füßen knickte …

Bis tief in die blasse Sommernacht hinein wogten die erregten Massen schwatzend, singend und trinkend durcheinander.

Auf der Rückreise von Wien sprach der Advokat Bögler in Köln vor, wo Melander ein Haus hatte, um ihm von dem unerwünschten Fortgange seines Prozesses Bericht zu erstatten. Melander möge ihm bezeugen, sagte er voranschickend, dass er von Anfang an kein gutes Zutrauen zu dem Prozess gehabt und ihm eigentlich abgeredet hätte.

Ob er damit sagen wolle, fragte Melander stirnrunzelnd, dass seine Sache schlecht wäre?

Bögler beeilte sich zu versichern, seine Sache wäre die Beste von der Welt, es komme vor Gericht aber nicht darauf an, wer recht habe, sondern wer recht bekomme, und dazu habe Melander, obwohl er klärlich und unwidersprechlich im Rechte sei, wenig Aussicht.

Es handelte sich darum, dass Melanders Verwandte mit Berufung auf ihren adligen Stand Abgabenfreiheit beanspruchten, welche der Graf von Nassau-Hadamar, in dessen Erbländern ihre Güter lagen, ihnen nicht zugestehen wollte, indem er die Rechtmäßigkeit ihres Adels bestritt. Es lasse sich zwar nachweisen, behaupteten die Vertreter des Grafen, dass Kaiser Rudolf einen gewissen Wilhelm Eppelmann in den adligen Stand erhoben hätte, nicht aber, dass die Familie des Generals von diesem abstammte, was sie zwar prätendierten, aber nicht erhärten könnten. Vielmehr wären sie nichts als Bauern und daher zur Abgabenleistung verpflichtet, wovon das Gegenteil zu beweisen dem Advokaten des Generals noch nicht gelungen war.

Dem Sinne nach, sagte dieser, habe er das Erforderliche zur Genüge dargetan, er habe darauf hingewiesen, dass Brüder und Oheime des Generals studiert hätten, wie lange der Familiensitz in ihren Händen wäre und mehreres, was im Verein mit dem großen Ansehen und den unsterblichen Verdiensten des Generals vor einem unparteiischen Gericht genügt haben würde, zu seinen Gunsten zu entscheiden; aber in diesem Falle könne er das Recht wie ein Dreieck auf den Tisch legen und die Winkel nach den Vorschriften des Pythagoras berechnen, die Herren würden ihm bestreiten, dass a gleich a und dass zweimal zwei gleich vier sei.

Der Advokat lächelte fein und überlegen, während Melanders Mund sich verkniff und seine Augen mit strengem Blick zu Boden starrten.

Graf Johann Ludwig von Nassau-Hadamar war nämlich, durch Tilly bedrängt und auf Betrieb einer katholischen Tante, im Jahre 1629 in Wien zur katholischen Kirche übergetreten und wurde seit dieser Zeit bei jeder Gelegenheit vom Kaiser begünstigt und ausgezeichnet.

»Wenn der Graf behaupten wollte«, fuhr der Advokat fort, »dass Euer Exzellenz überhaupt nicht existierten, so würde es schlechterdings unmöglich sein, das Vorhandensein des streitigen Gegenstandes zu beweisen. Man würde Euer Exzellenz vermutlich für eine Schimäre oder Hirngespinst erklären.«

»Ich bin imstande zu beweisen«, sagte Melander mit erzwungenem Lächeln, »dass eine Schimäre Schläge austeilen kann.«

Der Advokat lachte hell und herzlich und berichtete, um Melander in gute Laune zu versetzen, allerlei Histörchen über Johann Ludwig von Nassau, die er aufgelesen hatte: wie dass die Gräfin, die bei ihrem Glauben geblieben war, fast nicht mehr aus der Kirche käme, wo sie die Verirrung ihres Gemahls abzubeten versuche, und dass kürzlich der Jesuit auf Schloss Dillenburg gewesen sei, der seinerzeit den Grafen durch glückliches Disputieren überzeugt hätte, und dass der Graf ihn kniefällig wie den Heiland in eigener Person begrüßt habe.

Melander lachte nicht, sondern seine Miene wurde immer saurer und grämlicher. So sei es also des Advokaten Meinung, sagte er, dass im Reiche außer durch Lug und Trug kein Recht zu erlangen sei?

Der Advokat verschnörkelte seine Lippen und sah nach der Decke. Der sicherste und nächste Weg wäre das in dieser trübseligen Zeit wohl, sagte er. Das Recht und der irdische Erfolg wären gewissermaßen zwei Parallelen, die sich in der Ewigkeit schnitten. Vor Gott genüge das ja. Wolle man aber hienieden schon etwas Reales sehen, so müsse man, wie der Graf von Nassau getan hätte, einen Salto mortale oder verzweifelten Sprung darum wagen.

Eins wisse er bestimmt, entgegnete Melander, dass kein Hundsfott auf der Welt ihn zwingen könne, auch ein Hundsfott zu werden. Aber aufgeben tue er den Kampf doch nicht. Ein Ehrenmann könne sich sein Recht mit dem Schwert erkämpfen.

Der Advokat äußerte seine Bewunderung des heldenhaften Entschlusses in lebhaften Worten und erlaubte sich den Rat, Melander möchte schleunig nach Wien gehen, sein persönliches Erscheinen werde Wunder wirken. Ihm sei von vielen Seiten versichert, dass der Kaiser die größte Hochachtung vor Melander hätte. Bei einem Manne von Melanders Verdiensten und Tugenden versteife er sich nicht wegen der Religion. Melander wisse ja wohl selbst, dass Offiziere in Österreich so häufig wie Krautköpfe wären, gute Feldherren aber rar wie das liebe Geld.

Melander wusste das allerdings und dass es nur von ihm abhing, nachdem Piccolomini nach Spanien entfernt war, eine angesehene Stelle im kaiserlichen Heere zu bekommen. Es sprach indessen zu vieles dagegen, als dass er sich ohne Weiteres dazu entschlossen hätte; erstens, dass die Kurzsichtigen und Böswilligen unter seinen Glaubensgenossen ihn Überläufer gescholten hätten, und zweitens würde er niemals unter Callas dienen, den seine zahlreichen Freunde und Gönner trotz offensichtlicher Unfähigkeit an die Spitze des Heeres gebracht hatten und dort erhielten. Würde man ihm die unumschränkte Gewalt einräumen, wie sie etwa

Wallenstein gehabt hatte, so, dachte er bei sich, würde er sich bereit finden lassen und dann vollenden, was Wallenstein nicht vermocht hatte, nämlich Frieden machen. Seiner Meinung nach war er dazu geeignet und gewissermaßen dazu bestimmt: seine Beziehungen nach allen Seiten und die Höhe seines Standpunktes, von der aus er die Schwächen seiner Glaubensgenossen durchschaute, sicherten ihm die nötige Überlegenheit. In seinem Innersten verachtete er sie alle: die Landgräfin von Hessen, ihre Räte, den Grafen von Nassau und seinen Advokaten. Nur der Kaiser, wie untauglich er auch als Person sein mochte, behielt doch den Vorzug, Kaiser zu sein. Eine Autorität, das hatte er eingesehen, musste im Reiche sein, und er wollte inskünftig seinen Degen nur noch ziehen, um rebellische Glieder unter diese Autorität zu beugen und Eindringlinge hinauszuwerfen.

Außer seiner eigenen Angelegenheit hatte er noch einen Anlass, nach Wien zu gehen, nämlich die Restituierung der pfälzischen Familie, mit der er seit Jahren in Freundschaft verbunden war. Er hatte keine besonders hohe Meinung von Karl Ludwig, den er für einen schlechten Feldherrn und planlosen Kopf ansah, aber er bewunderte seine Mutter, die Kurfürstin-Witwe Elisabeth, deren Scharfsinn und Redegewandtheit ihm fast den Atem raubte und die sich trotzdem vertraulich und huldvoll gegen ihn benahm. Sie sollte ihm nicht umsonst gesagt haben, dass sie sich auf ihn verlasse und von niemandem außer ihm die Rettung und Rechtfertigung ihrer Familie erwarte, weil seit dem Tode des Königs von Schweden er der einzige Mann in diesem läppischen Zeitalter wäre. Dem König von Schweden, pflegte sie zu sagen, hätten seine schwedischen und lutherischen Vorurteile geschadet, und nicht zum wenigsten seine alberne Frau. Als Lutheraner habe er stets geglaubt, sich vornehmlich auf den Kurfürsten von Sachsen stützen zu müssen, der nur scheinbar ein starker Knüttel, in Wirklichkeit aber ein Schafsschwanz sei; und seine Frau habe sogleich nach seinem Tode bewiesen, dass für heroische Gedanken kein Platz in ihrem Kopfe sei, indem sie die brandenburgische Prinzessin herausgekehrt und gegen Schweden konspiriert habe.

Das Vertrauen seiner hohen Freundin zu rechtfertigen, machte sich Melander nach Wien auf, wo er namentlich von Lobkowitz mit großer Auszeichnung behandelt wurde. Die pfälzische Angelegenheit, sagte dieser, würde längst geordnet sein, wenn die unerschwinglichen Forderungen des Kurfürsten von Bayern nicht wären. Was hatte den Kaiser die bayrische Bundesgenossenschaft nicht schon gekostet! Das dürfe Melander glauben, dass der Kaiser in seiner Magnanimität keinen Groll gegen die unglückliche pfälzische Familie hege, vielmehr väterliches Mitleiden. Man steife sich auch hierorts nicht auf die Religion. Cujus regio, ejus religio, wenn sich nur ein jeder bei dem Sprüchlein wollte belieben lassen. Melander sehe nun mit eigenen Augen, wie kalumniös diejenigen redeten, die dem Kaiser und den Jesuiten fanatische Glaubenswut zuschreiben möchten. Es komme darauf an, den Kaiser, unabhängig von Bayern, stark im Felde zu machen, und das vermöge niemand als Melander.

Melanders Wunsch, nebst seinen Brüdern und Neffen in den erblichen Reichsgrafenstand erhoben zu werden, glaubten die kaiserlichen Räte nicht abschlagen zu dürfen, obwohl ihnen das Begehren exorbitant vorkam und auch wegen der entgegenstehenden Wünsche des Grafen von Nassau-Hadamar schwierig. Der Kaiser löste die Verwickelung dadurch, dass er dem Grafen Aussicht auf den von ihm ersehnten Fürstentitel eröffnete und sie etwa auch zu verwirklichen sich vorbehielt, wenn es sich durchaus nicht anders tun ließe.

Langsam, langsam reiste Torstensson, der neue schwedische Feldmarschall, zum Heere. Auf der letzten Strecke, vor Winsen an der Aller, wo er Quartier nehmen wollte, befand er sich so schlecht, dass er in der Sänfte getragen werden musste, und auch diese Bewegung verursachte ihm solche Schmerzen, dass er zuweilen mit der knotigen Hand den Trägern ein Zeichen gab, stehen zu bleiben. Diese warfen verstohlene Blicke auf ihn und sahen nicht ohne Grauen das wächserne Gesicht, das vom Schweiß der Todesangst feucht glänzte, und auf seinen Wink trabten sie wieder rasch und leise, als ob es das Leben gälte; denn obwohl er sie weniger grob behandelte, als sie gewohnt waren, fürchteten sie ihn, sie wussten selbst nicht warum, unbeschreiblich. Abseits vom Wege, zwischen Wacholderbäumen und wild wucherndem Heidekraut, stand ein Schäfer mit seiner Herde und ließ den gleichgültigen Blick auf dem lange Zuge ruhen, der fantastisch riesenhaft durch den weichen Novembernebel glitt: hinter der Sänfte Graf Königsmarck auf prächtig gezäumtem Goldfuchs, den breitkrempigen weißen Federhut auf den braunen Locken, einen ziegelroten Tuchmantel über die Schulter geworfen; hinter ihm die Obersten Wrangel und Mortaigne, die alle den kranken Feldmarschall in Stralsund empfangen hatten, dann andere Offiziere, Reiter und Fußvolk und Wagen voll Proviant und Gerät.

Am folgenden Abend fühlte Torstensson sich imstande, Königsmarck zu empfangen; er winkte ihm, sich an sein Bett zu setzen, und sagte mit leiser, deutlicher Stimme, vielleicht kämen seine Schmerzen in einer Viertelstunde zurück, sie wollten das Nötige in der Kürze miteinander besprechen. Königsmarck habe wohl inzwischen einige von den Obersten getroffen: wie die Stimmung wäre und ob Hoffnung bestünde, sie im Guten zu gewinnen.

Allerdings, sagte Königsmarck, die Lage sei günstiger, als man hätte erwarten können. Die meisten Obersten wären schon ins Wanken geraten, als sie gehört hätten, dass Mortaigne bei der schwedischen Krone bleiben wolle. Der Neid auf den Vorzug, mit dem sie, wie Torstensson ja wüsste, beehrt worden wären, ließe ihnen keine Ruhe. Man würde sie mit mäßigen Zugeständnissen gewinnen können. Wäre man der Mehrzahl sicher, so hätte man auch die Übrigen in der Hand, die ja froh sein müssten, wenn sie nur Gnade fänden.

Torstensson, der die Augen geschlossen hielt und von Zeit zu Zeit an einer Zitrone roch, sagte, es entspreche seinen Grundsätzen nicht, Meuterei im Heere durch Versprechungen zu ersticken. Das ermutigte die rebellischen Elemente. Es müssten auch Strafen verhängt werden.

Königsmarck billigte den Grundsatz des Feldmarschalls und nannte einige Obersten, die am eifrigsten und hartnäckigsten gegen Schweden gewesen wären, namentlich den von Seckendorff. Er habe einen unversöhnlichen Hass auf Schweden, und man halte dafür, dass er Geld vom Kaiser genommen hätte.

Torstensson notierte den Namen und fiel nach dieser Anstrengung mit erbleichendem Gesicht in die Kissen zurück.

»Ein paar Köpfe müssen springen«, sagte er nach einer Pause, »das wird den Gehorsam der Übrigen befördern.«

Königsmarck meldete weiter, er habe gehört, dass Guébriant nur auf Torstenssons Ankunft warte, um sich auf den Rhein zurückzuziehen, und dass er sich schwerlich werde halten lassen. Dann fing er von der Verteilung der Quartiere zu sprechen an, unterbrach sich aber, weil er sah, dass Torstensson der Ruhe bedurfte.

Torstensson nickte und versuchte die Zitrone an den Mund zu bringen. Er habe gehört, sagte er nach einer längeren Pause, dass Königsmarck sich die großen Forsten im Halberstädtischen angeeignet und auf seine eigene Rechnung verkauft hätte. Es sei gut, er sei damit vollkommen einverstanden. Die hohen Offiziere müssten über große Geldmittel verfügen, das setze sie instand, ihre Regimenter in Ordnung zu halten.

Königsmarck, über dessen Gesicht ein kaum merkbares Erschrecken geglitten war, lachte leichthin und sagte, seine Habe gehöre wie seine Person der Königin von Schweden; er verschwende beides in ihrem Dienst und sei auf einen Wink von ihr bereit, beides zu ihren Füßen niederzulegen.

Da Torstensson eine entlassende Gebärde mit der Hand machte, verabschiedete sich Königsmarck, schwang sich auf sein Pferd und ritt durch die Heide nach dem nächsten Gasthause, wo mehrere Gefährten ihn erwarteten. Wenn der davonkäme, so berichtete er, müsse man glauben, dass er mit dem Teufel im Bunde stände. Jedenfalls müsse man sich auf seinen Tod gefasst machen.

Mortaigne nippte am heißen Punsch und blickte durch die kleinen Fenster in den schnell sich verdichtenden Nebel. In dem Falle, sagte er, würde das ganze Heer wieder abfallen, und sie könnten in die übelste Lage kommen. Ihn würde man sicherlich als Verräter traktieren.

Königsmarck lachte. Das Gesindel flöße ihm keine Angst ein, sagte er. Was er fürchte, sei nur, dass Gustav Horn an Torstenssons Stelle käme, das passe ihm nicht. Dem Torstensson könne ein Mann von Geist füglich gehorchen, nicht dem Horn, der nur eine Schreiberseele wäre. Wenn er nicht Oxenstiernas Schwiegersohn wäre, würde er nie in die Höhe gekommen sein. Niemals würde er, Königsmarck, sich an die altmodische, kleinmütige Art der Kriegsführung gewöhnen.

Soviel er wisse, sagte Mortaigne, sei Horn bei der schwedischen Regierung auch nicht beliebt, die deshalb seine Auswechslung bisher hintertrieben hätte.

Ja, das sei das einzige Mittel, rief Königsmarck, er dürfe nicht ausgewechselt werden. Wenn nur Horn nicht an seinen Platz käme, möge auch Torstensson immerhin sterben.

Indessen, nachdem Torstensson im Dezember dem Tode nahe gewesen war, genas er unversehens wieder so weit, dass er die Ordnung der Verhältnisse selbst in die Hand nehmen und den Feldzug des nächsten Jahres vorbereiten konnte. Zwar gelang es ihm nicht, Guébriant festzuhalten; aber er stellte die Ruhe im Heere wieder her, sodass er es wagen konnte, die unerfahrenen Schweden, die er mitgebracht hatte, damit zu vereinigen. Nachdem Seckendorffs Kopf in Salzwedel gefallen war, drang er durch die Lausitz nach Schlesien, nahm im Mai die Festung Groß-Glogau und bald darauf Schweidnitz, das zu entsetzen Franz Albrecht von Sachsen-Lauenburg vergeblich sich bemühte.

Bei dem Versuche, die Fliehenden aufzuhalten, ward Herzog Franz gefangen genommen; zwar wehrte er sich verzweifelt, empfing aber eine Wunde am Arm, die ihn kampfunfähig machte. Als er in einer Kutsche in das Dorf gebracht wurde, wo Torstenssons Quartier war, sagte er zu dem ihn begleitenden Offizier, es sei eine rechte Fatalität, dass er gefangen sei. Die Schweden hätten ihn sowie den Arnim niemals leiden können, und nun nach Arnims Tode sei er die alleinige Zielscheibe. Warum sie ihn hassten, wisse er eigentlich nicht. Er habe seinerzeit bei seinem Oheim, dem Kurfürsten von Sachsen, immer die Sache der Schweden vertreten. Jetzt sei er in Kaisers Dienst und müsse des Kaisers Vorteil wahren, wie jeder General von Ehre für seinen Herrn täte. Er hoffe, Torstensson würde ihn so halten, wie ein Edelmann einen tapferen Feind hielte, der noch dazu ein Reichsfürst sei.

Der Offizier hatte kaum eine etwas einsilbige Antwort gegeben, als lautes Stimmengewirr hörbar wurde, die Kutsche schwankte und anhielt; zugleich flog ein Stein durch das Fenster und streifte den Gefangenen. »Was ist das?«, rief der Offizier, sich hinausbeugend.

Einer von den Berittenen, die die Kutsche eskortierten, gab Auskunft, es wären schwedische Soldaten, die den Herzog ausgeliefert haben wollten, um Rache an ihm zu nehmen. Zugleich suchte er die Wütenden abzuhalten, aber sie drängten ihn weg, und nun wurden die Rufe vernehmbar: »Nieder mit dem Mörder unseres Königs! Reißt ihn in Stücke! Reißt ihm das verräterische Herz aus dem Leibe!« Der erschrockene Offizier suchte die Aufgeregten zu beschwichtigen, indem er hinausrief, der Herzog sei Gefangener der Königin, und die Königin würde ihn nach Gebühr bestrafen; aber plötzlich schob Franz Albrecht ihn beiseite und sprang, ehe jener es hindern konnte, mitten unter die tobende Menge.

»Was wollt ihr von mir?«, schrie er. »Habt ihr Soldatenehre im Leibe, dass ihr über einen Kavalier herfallt, der ohne Waffe ist?«

Im ersten Augenblick der Überraschung entstand Stillschweigen.

»Gebt mir einen Säbel«, fuhr Franz Albrecht fort, »so fordere ich einen jeden von euch zum Zweikampf heraus, der es wagt, mich Mörder zu nennen. Oder seid ihr Canaille, die keine Satisfaktion gibt, so fallt mich alle zusammen an; aber gebt mir ein Schwert, ihr Feiglinge, dass ich mein Leben teuer verkaufe!«

Schon wälzte sich die Menge drohend gegen den Herzog heran, als die Sänfte Torstenssons erschien, deren Anblick genügte, um die Wütenden zu verscheuchen. Er ließ Franz Albrecht zu sich einsteigen, reichte ihm aber, wie die Umstehenden mit Befriedigung bemerkten, nicht die Hand. Da der Herzog, der im Zorne den verwundeten Arm aus der Binde gerissen hatte, in der Sänfte vom erlittenen Blutverlust ohnmächtig wurde, gab Torstensson Befehl, dass nach Ärzten geschickt würde; dann lehnte er sich, von dem Bewusstlosen abgewendet, mit geschlossenen Augen in seine Kissen zurück.

Die Wunde des Gefangenen schien nicht bösartig zu sein, aber sei es, dass die Aufregung ihm geschadet hatte oder dass die Behandlung nicht zweckmäßig war, er starb nach einigen Tagen in Schweidnitz, das dem schwedischen Feldmarschall die Tore hatte öffnen müssen.

Im Schlosse von Dachstein hatte Guébriant eine lange Unterredung mit seinem Koch; denn das Fest, das er zu Ehren des Herzogs von Enghien zu geben vorhatte, sollte seine, des Vertreters von Frankreich, ruhmvolle Stellung in Deutschland versinnbildlichen und einen außergewöhnlichen Eindruck von Ansehen und Überfluss machen. Damit es etwas Neues für den hohen französischen Gast wäre, sagte Guébriant, müsse das Mahl auf deutsche Art hergerichtet sein, mit prächtigen Schaugerichten als zum Beispiel einem Pfau oder einem Wildschweinskopf und irgendeinem fabelhaften Gebirge aus Süßigkeiten. Der Koch schlug eine Auerhahnpastete vor, über welcher der Auerhahn im vollen Federschmuck aufgestellt wäre, ferner was es in der Umgegend an besonderen Erzeugnissen gäbe;

auf die Kosten, sagte Guébriant, dürfe es diesmal durchaus nicht ankommen, da es die Ehre Frankreichs gelte.

Die gedeckte Tafel machte allerdings einen pompösen Eindruck; aber als Guébriant dies mit Genugtuung festgestellt hatte, empfand er, dass etwas fehlte, was das allerwichtigste war, nämlich die festliche Stimmung in seinem Gemüte. Er stellte sich an das Fenster und sah gedankenvoll auf die herbstlich bunten Wälder, die, wie das verschlungene Labyrinth einer Zauberin, eines abenteuernden Ritters zu harren schienen, um ihn für immer zu verstricken. Guébriant machte eine Bewegung, als ob er etwas Schweres von der Brust abwerfen müsse, das ihm den Atem hemmte; was war es denn, was ihn so niederdrückte? War es, dass er sich von der stolzen Landgräfin Amalie Elisabeth als zudringlicher Bettler behandeln lassen musste, weil er sich ohne eine Verstärkung von tausend Hessen zu schwach im Felde fühlte? Dass er schweigen musste, wenn Deutsche die Untüchtigkeit der französischen Soldaten verhöhnten? War es Empfindlichkeit, dass Mazarin ihn wegen seiner beständigen Forderungen und Klagen tadelte und ihm Herzog Bernhard als Vorbild aufstellte, der die Kosten der Kriegführung im Feindeslande aufzutreiben gewusst hätte? War es das Heimweh? Aber er konnte sich ja nicht einmal fortwünschen, bevor er diesen Deutschen Krieg, in den er nun verstrickt war, rühmlich zu Ende geführt hatte. Man hatte ihn zum Marschall ernannt und ihn mit Drusus verglichen; man schrieb ihm, dass von ihm allein die Ehre des französischen Namens in Deutschland abhänge; musste er nicht dem in ihn gesetzten Vertrauen um jeden Preis gerecht zu werden suchen?

Sein Blick fiel auf den Rappen, den Herzog Bernhard ihm auf dem Sterbebette vermacht hatte und der eben zur Schwemme geführt wurde. Der wird auch mich, dachte er, zum ehrenvollen Tode tragen und meinem Sarge in die Heimat folgen. Seine Züge hellten sich dabei auf, und seine Brust wurde leichter: dann würde alles, was dunkel und schwer vor ihm lag, überwunden sein, sein Herz und sein Schwert würden ruhen.

Vielleicht, dachte er jetzt, verstimmte ihn auch die Aussicht, den Grafen Rantzau, Enghiens Generalleutnant und Stellvertreter, empfangen und sich im nächsten Jahre mit ihm vertragen, etwa sogar ihm unterordnen zu müssen. Er konnte die Abneigung gegen diesen prahlerischen Holsteiner nicht unterdrücken und sollte ihm doch einer von Paris aus

empfangenen Weisung gemäß besondere Ehre erweisen und die voraus-
zusehenden Misshelligkeiten mit den deutschen Obersten, die ihn hassten, ausgleichen.

Die Tätigkeit, die die Vorbereitungen zum Empfange erforderten, zerstreute schließlich den Grafen; wichtiger und schwieriger als das Gastmahl war es, eine befriedigende Heeresschau zuwege zu bringen, die er
sich doch nicht nehmen lassen wollte. Von den französischen Hilfstruppen, die ihm nach langem Bitten und Drängen endlich zugeschickt worden waren und die mehr einer Bande von Galeerensträflingen als Soldaten geglichen hatten, die er dann auf eigene Kosten leidlich equipiert
hatte, war etwa noch der dritte Teil, jetzt einigermaßen eingeübt, vorhanden. Indem er die aufgestellten Bataillone umschritt, war er unsicher, ob
sie jetzt wirklich einen soldatischen Anblick gewährten oder ob er vorein-
genommen sei, und er versuchte sie mit den Augen der Deutschen zu betrachten. Die grauen Uniformen, die er hatte machen lassen, ließen die
Leute allerdings etwas schneidermäßig erscheinen; etwas Heroisches
umgab diese Legionen nicht. Nie konnte er ohne Erröten daran denken,
wie der erste Anblick dieser französischen Truppen, von denen er so viel
Aufhebens gemacht hatte, auf die Deutschen gewirkt habe. Ob das Regiment, das Enghien mitbrachte, besser sein würde? Er machte sich Mut
und hielt, wie er schon oft getan hatte, eine Ansprache an den französischen Teil des Heeres, indem er sie ermahnte, sich dem großen Augenblick, der herannahte, gewachsen zu zeigen. Als er die Begeisterung wahrnahm, die er entzündete, lächelte er. Im Ganzen war der Anblick seiner
Armee stattlich genug, besonders wenn man bedachte, was er damit ausgerichtet hatte.

Enghien zeigte sich denn auch überrascht und befriedigt und rühmte
Guébriants Leistungen in kameradschaftlicher Weise. Guébriant sehe
nicht wie ein Atlas aus, sagte er, und habe doch den abscheulichen Deutschen Krieg jahrelang allein auf den Schultern getragen. Er, Enghien, begreife nicht, wie einer das ennuyante Leben aushalten könnte, ohne sich
zwischendurch in Paris gründlich schadlos zu halten. Man lebe in
Deutschland wie die Schatten im Hades, und es gehöre ein besonderer
Geschmack dazu, hier den Achilles zu tragieren.

»Es ist nicht mein Geschmack, sondern meine Pflicht«, sagte Guébriant mit wehmütigem Lächeln.

»Sie sind sehr intelligent«, sagte Enghien und setzte hinzu, er könne Guébriant im Vertrauen mitteilen, dass er bei Hofe in großer Gunst stehe und dass er wahrscheinlich im nächsten Frühling nach Paris zurückgerufen werden würde. Guébriants Herz schlug schneller. »Ich hoffe«, sagte er, »dass der nächste Frühling mich noch über der Erde findet.«

Rantzau würdigte die mühsam vorbereitete Truppenparade kaum eines Blickes und redete so, als ob er gekommen wäre, um den Krieg erst einmal in Bewegung zu setzen. Er bemerkte weder die übelwollenden Blicke der deutschen Obersten noch den unter tadelloser Höflichkeit verborgenen Widerwillen Guébriants, sondern behandelte alle mit der gleichen vertraulichen Nichtachtung. Als beim Gastmahl auf die Gesundheit der Landgräfin von Hessen getrunken wurde, erkundigte sich Enghien, ob sie schön sei. Sie solle es vor zwanzig Jahren gewesen sein, sagte Guébriant; jetzt hätten Klugheit und Erfahrung den von der Venus verlassenen Thron eingenommen. »Das gefällt mir!«, rief Rantzau. »Mit Schönheit fange ich nichts an. Schön bin ich selbst.« Guébriant betrachtete staunend das rohe, von Narben zerfetzte Gesicht des Mannes, der als der schönste seiner Zeit gepriesen wurde, und sein Stolz bäumte sich, als er daran dachte, dass dies der Vater seines Königs, der Geliebte der Königin sein sollte. Enghien ersparte ihm die Antwort, indem er sagte, es werde sich niemand einfallen lassen, dies zu bestreiten; man duelliere sich wohl um das schöne Gesicht einer Frau, nicht um das eines Mannes.

Rantzau war mit dieser Anspielung auf seine zahlreichen Duelle zufrieden und lachte wohlgefällig. Den einen Arm, den er noch hätte, sagte er, möchte er auch lieber sparen, um Bayern damit abzutun.

Dies Wort griff Oberst Taupadel auf, der Rantzau gegenübersaß, und sagte scharf, wenn Bayern mit einem Arme zu erwürgen wäre, möchte es längst stranguliert sein.

Rantzau lachte gemütlich, während er einen tückischen Blick auf den Sprecher warf. Es komme auf den Arm an, sagte er. Herkules habe schon als Kind eine Schlange damit erdrückt.

Frankreich habe ernstlichere Feinde als Bayern, sagte Guébriant ablenkend.

Sein Herz dürste nun einmal nach Bayernblut, beharrte Rantzau, und es sei gefährlich, ein Gelüsten dieser Bestie nicht zu befriedigen.

Guébriant, der den steigenden Unwillen der deutschen Obersten bemerkte, fiel schnell mit den Worten ein, ein Held wie Rantzau neige natürlich dazu, den Feind zu unterschätzen. Bayern werde ihnen allen noch viel zu schaffen machen. Übrigens hoffe man in Frankreich, soviel er wisse, immer noch, den Kurfürsten zum Bundesgenossen zu gewinnen, und man habe ihn auch als unermüdlichen Kämpfer für die katholische Religion hochzuachten.

Rantzau zuckte die Schultern. »Ich bin ein guter Katholik«, sagte er, »aber kein Pfaff.«

Einer von den evangelischen Obersten sagte mit Bezug darauf, dass Rantzau, ein geborener Protestant, in Frankreich den Glauben gewechselt hätte, die Fledermäuse schlüge man tot, wo man sie träfe, weil sie weder Vögel noch Vierfüßler wären, und Renegaten wären Fledermäuse.

»Über religiöse Fragen erhitze ich mich nicht«, sagte Rantzau kalt, »das geht die Theologen an.«

Damit erklärte sich Enghien einverstanden. »Ein Edelmann zieht den Hut vor der guten Dame Theologie«, sagte er, »aber für nähere Untersuchung ist sie zu schlecht gelüftet.«

Die Deutschen nahmen an solchen Reden Anstoß, wagten sich aber mit ihrer Entrüstung einstweilen nicht hervor; umso grimmiger wurmte der verhaltene Groll.

Bei der Belagerung von Rottweil wurde Marschall Guébriant von einer Falkonettkugel am Ellenbogen verwundet und musste auf einer Bahre in sein Quartier zu Rottmünster getragen werden. Von Fieberfrost und scharfer Novemberkälte zugleich geschüttelt, versuchte er seine Gedanken festzuhalten und die Anwandlungen hilfloser Furcht zu verscheuchen. ›Vergiss nicht‹, sagte er zu sich, ›dass du ein Ritter und ein Christ bist, und halte dich gut in dem schwersten Kampfe, den du nun kämpfen musst. Was auch kommen möge, bleibe du selbst und entehre dich nicht durch fruchtloses Gewinsel.‹

Die Wundärzte, die ihn empfingen, erklärten nach der Untersuchung, eine Operation vornehmen zu wollen. Ob es notwendig sei?, fragte Guébriant.

»Ja freilich«, antwortete der eine der Ärzte, »sonst könnte der Tod uns hässlich zuvorkommen.«

Guébriant schloss die Augen, öffnete sie wieder und richtete sie mit heimlichem Flehen auf seine Peiniger. »Ist es sehr schmerzhaft?«, fragte er.

Je nun, sagte der Arzt, wenn Guébriant stillhielte, ginge es desto schneller und schnitte man weniger daneben.

»Gott wird mir beistehen«, sagte Guébriant mit einem schwachen Versuch zu lächeln. Während die Ärzte ihn nach Kräften bearbeiteten, presste er die Hände und die Zähne zusammen, um jeden Klagelaut zu unterdrücken, wofür er ein Lob empfing. Die Geduld müsse einem schier dabei ausgehen, meinte der Arzt.

Die Schmerzen wären ja gering, stöhnte der Marschall, verglich man sie mit denen, die der Heiland am Kreuz erlitten.

»Nun«, sagte der Arzt, »wenn es nur nützt. Aber ich traue nicht recht, es schaut bös aus.«

»Wie Gott will«, sagte Guébriant, worauf er in Ohnmacht fiel.

Am folgenden Tage konnte er trotz des Wundfiebers die Anordnungen für den Fall seines Todes und für die zunächst vorzunehmenden Schritte treffen. Zunächst redete er dem General Rosen zu, welcher sich weigerte, unter Rantzaus Oberbefehl zu kämpfen, dessen Pläne unausführbar wären und dem er die Schuld an einer soeben erlittenen schweren Niederlage zuschrieb. Ehm und die Übrigen dächten wie er: von den dänischen Gecken und Prahlhansen machten sie ihre Soldatenehre nicht abhängig.

Guébriant stellte vor, dass Privatgefühle gegen die Sorge um dass Gemeinwohl zurückstehen müssten, und erinnerte an den oft von Rosen gebilligten Grundsatz, ein christlicher Edelmann müsse sich auf die schwere Pflicht des Gehorsams so gut wie auf die des Befehlens verstehen.

Halb widerwillig gab Rosen wenigstens für die nächsten Operationen im Felde nach; dafür möge Guébriant ihm versprechen, dass er ihn wegen des unglücklichen Überfalls in Geislingen in Schutz nehmen wolle, wegen dessen seine Feinde ihn verklagten und verleumdeten.

Von einer gewissen allzu großen Sorglosigkeit, sagte Guébriant, sei Rosen in diesem Falle vielleicht nicht ganz freizusprechen; er glaube aber, dass Rosen die Nähe der bayrischen Truppen wirklich nicht hätte ahnen können, und er wolle das nach Paris melden.

Dann bat er Rosen, unverbrüchlich beim Könige von Frankreich auszuharren. Ihm, Guébriant, sei es oft gelungen, das wankende Heer bei der

Pflicht zu erhalten; diese Aufgabe möchte Rosen übernehmen, wenn er nicht mehr da wäre.

Rosen schnitt verzweifelte Gesichter und fuhr sich wild durch die Haare; endlich sagte er: sich nie von ihm, Guébriant, zu trennen, das wolle er bei seiner Ehre schwören, mehr nicht.

Guébriant seufzte, während zugleich ein Lächeln über sein leidendes Gesicht flog. Nachdem er dem Herzog Friedrich von Württemberg die Verteidigung der nunmehr eroberten Stadt Rottweil empfohlen hatte, schloss er die weltlichen Geschäfte ab. Nun, sagte er, gehöre er ganz Gott an.

Lange und eingehend unterhielt er sich mit seinem Beichtvater. Er habe sich bemüht, sagte er zu diesem, nach den Vorschriften des heiligen Glaubens zu leben, aber er habe es nicht getan. Jetzt, wo er sein Leben vom Ufer des Todes aus überblickte, erkenne er die begangenen Fehler. Er sei nicht frei von Hochmut, Eitelkeit und Neid gewesen.

Dass der Mensch gebrechlich und ihrer keiner unfehlbar sei, sagte der Beichtvater, das wisse Gott. Gott sehe das Herz und den Willen an. Ob Guébriant allen seinen Feinden vergeben habe? Er wisse es nicht, sagte Guébriant, den Beichtvater ängstlich ansehend. Er könne die Worte wohl sagen, sei aber ungewiss, ob das Herz sie aufrichtig mitfühlte.

Der Beichtvater sprach flüsternd von dem schrecklichen Lose, das des sündenvollen Menschen harre, und dass er keine Ursache hätte, solche zu hassen, wohl aber, sie zu bemitleiden. Was hätten diejenigen davon, die ihn etwa verleumdet, zurückgesetzt, auf unehrliche Weise verfolgt und bekämpft hätten? Der Preis, um den sie sich der Sünde verdungen hätten, wäre nur eine vorgegaukelte Fata Morgana; indem sie danach griffen, stürzten sie in das verdeckte Grab unter ihren Füßen. Leere Träume neckten den Sünder und ließen ihn zuletzt allein in rabenschwarzer Finsternis. Hätte er Ursache, diese Unglücklichen zu hassen? Warum sollte er zögern, wenn er sie am Stabe der göttlichen Gnade der bodenlosen Höllentiefe entreißen könnte?

Guébriant führte die Hand des Geistlichen an seine Lippen und sah ihn mit verklärten Augen an. »Jetzt fühle ich nichts als Liebe für alle meine Mitgeschöpfe«, sagte er. »Beten Sie für mich zu Gott!«

Nachdem er die Sterbesakramente empfangen hatte, verfiel er in einen von stürmischen Traumbildern erfüllten Schlaf. Er glaubte, von seinem

Rappen getragen, mitten in der Schlacht zu sein, wie sie in Wirklichkeit einige Tage später vorfiel und zu fast völliger Vernichtung seines Heeres führte. Die, welche sein Sterbebett umgaben, hörten ihn zuweilen in schmerzlicher Erregung rufen: »Meine Armee! Sie ist verloren!«, und andere Worte, die darauf schließen ließen, dass er eine unaufhaltsame Flucht vergeblich zu hemmen suchte.

Schon waren Gerüchte von einer schweren Niederlage nach Rottweil gedrungen, als General Rosen an der Spitze der deutschen Reiter anlangte.

Das sei, soviel er wisse, sagte er zum Herzog von Württemberg, der Rest des Heeres; die Übrigen wären gefangen oder tot. Das wären die Folgen davon, dass man sich Rantzaus Willen gefügt hätte. Die Auflösung sei so vollständig gewesen, dass er nichts anderes mehr hätte tun können, als für die eigene Rettung und die der ihm übrig gebliebenen Truppen zu sorgen. Er wolle schleunig weiter, denn der Feind sei ihm auf den Fersen. Der Herzog werde unter diesen Umständen Rottweil nicht lange halten können.

Er wolle das Mögliche tun, sagte dieser; Rosen solle Guébriants Leiche mitnehmen, damit sie nicht in Feindeshand fiele.

Wenn alles bereit sei, sagte Rosen, wolle er es gern tun; aber warten könne er nicht.

Demnach wurde der Leichnam eilig auf einen Wagen gepackt und von den Fliehenden über die Berge nach Breisach mitgeschleppt, wo ihn Erlach empfing. Von dort zog er langsam und feierlich durch Frankreich und langte am Vorabend des Weihnachtsfestes in Paris an.

Kaiser Ferdinand kniete seit einer halben Stunde vor einem Marienbilde in der Thomaskirche in Prag, als die Sonne aufging und ein durch das gegenüberliegende Fenster fallender Lichtstrahl sich wie ein hübscher bunter Vogel auf seine Schulter setzte. Er stand auf, von seinen herzspringenden Begleitern unterstützt, blickte sich triumphierend um, verneigte und bekreuzte sich noch mehrere Male vor dem Bilde und verließ die Kirche, um zur Burg hinaufzufahren. In seinem Schlafzimmer angekommen, legte er seine Lockenperücke und seinen Oberrock ab, ließ sich einen Schlafrock umhängen und löffelte die Schleimsuppe aus, die ihm gebracht war. Nun schmecke es ihm zum ersten Male seit acht Tagen wieder, sagte er zu seinem Kammerdiener, nachdem er seinen Vorsatz ausgeführt hätte, eine Woche lang nämlich habe er von fünf bis sieben Uhr in sämtlichen Kirchen Prags gebetet.

Ach Gott, rief der Kammerdiener, die Hände zusammenschlagend, aus, das sei es also gewesen! Sie hätten es in der Dienerschaft alle gemerkt, dass die Majestät ein großes Werk betriebe. Er habe auch wohl gedacht, es möchte ein Gelübde sein; aber eben darauf wäre er nie verfallen.

Der Kaiser nickte und lächelte. Sie sollten aufpassen, sagte er, ob nicht heute oder morgen die Nachricht eines großen Sieges hereinkäme. Als er das letzte Gebet gesprochen hätte, sei seine Brust von einem merklichen Gefühl herrlicher Gewissheit erfüllt worden.

Das könne ja auch nicht anders sein, sagte der Kammerdiener. Nun begreife er auch, warum gerade um sieben Uhr, kurz bevor der Kaiser heraufgefahren wäre, der Himmel sich so absonderlich aufgeführt hätte. Er habe sich unterstanden, dem Herrn Grafen Trauttmansdorff, der eben die Treppe heruntergekommen wäre zu sagen, er solle doch zum Fenster hinaussehen, ihm komme es so vor, als ob die Sonne eben einen Luftsprung gemacht hätte. Es sei dann zwar nichts mehr davon zu sehen gewesen, er möchte aber seine Seligkeit verschwören, dass die Sonne einen dreimaligen Luftsprung getan und dass das einen großen Tag zu bedeuten hätte.

Am Tage darauf kam Lobkowitz und erzählte, was er durch einen seiner Stallknechte, der um vier Uhr morgens die Pferde zu putzen pflege, gehört hätte. Bauern, die in der Frühe in die Stadt gekommen waren, hätten berichtet, die Dörfer wären voller Flüchtlinge, die sähen so übel aus, dass man nicht das Herz hätte, sie totzuschlagen.

»Was für Flüchtlinge?«, fragte der Kaiser und sah Lobkowitz verwirrt an; die Schweden, fuhr er fort, würden sich doch nicht auf Prag retirieren?

Nein, sagte Lobkowitz, wenn das Geschwätz sich als wahr erwiese, so wären es Bayern, und die Zunge hinge ihnen aus dem Halse vor lauter Laufen. Es solle eine große Schlacht um Tabor herum stattgefunden haben. Da es aber leicht bloßes Gerede des hämischen Pöbels sein könnte, habe er Leute ausgeschickt, um sich zu erkundigen, und hoffe, dass sie noch im Laufe des Tages sichere Nachricht brächten.

Es müsse durchaus ein Irrtum sein, sagte der Kaiser ratlos, da er so sichere Zeichen von der Heiligen Jungfrau gehabt hätte. Im Vertrauen auf sein Gelübde habe er den Generälen den Befehl gegeben, die Schlacht zu wagen und den Feind zu besiegen. Oder ob vielleicht das Verzeichnis der Prager Kirchen unrichtig gewesen sei?, sagte er, plötzlich erschreckend. Dann hätte er nicht alle Kirchen durchgebetet?

Lobkowitz sprach seine Überzeugung aus, dass es mit dem Verzeichnis seine Richtigkeit hätte. Man sei mit dem Götz doch übel beraten, und der Werth sei zwar tapfer, am Verstande, eine Schlacht zu dirigieren, fehle es aber. Er könne nicht ohne Seufzen an den Erzherzog Leopold Wilhelm und den Fürsten Piccolomini denken.

Man wisse doch aber, meinte der Kaiser, wie es vor drei Jahren bei Leipzig zugegangen wäre.

Damals sei vieles zusammengekommen, sagte Lobkowitz; wider die Launen der Fortuna könne einmal niemand.

Es komme alles auf die Gnade Gottes und die Fürbitte der Heiligen Jungfrau an, sagte der Kaiser, sich Mut zusprechend, und er könne sich nicht denken, warum Gott die Heilige Jungfrau nicht erhörte, ebenso wenig, warum die Heilige Jungfrau sein Gebet verworfen haben sollte.

Der Abend brachte Bestätigung der schlimmsten Gerüchte. Es sei allerdings ein großer Sieg erfochten worden, meldete Lobkowitz dem Kaiser. Hatzfeld habe die Schweden in die Flucht geschlagen, dass es eine Lust gewesen sei, aber der tolle Götz habe seinen Flügel unsinnig aufgestellt und zusammenhauen lassen, den Eigensinn auch gleich selbst mit dem Leben bezahlt, und der Werth habe wie immer seine Weise für sich blasen wollen, wobei denn freilich ein abscheuliches Konzert herauskommen müsse. Dagegen habe denn Hatzfeld nichts ausrichten können und sei leider gefangen, werde wohl demnächst von sich hören lassen.

Des Kaisers Gesicht wurde fahl und schlaff, die Unterlippe hing ihm lang herunter, und seine matten Augen verschleierten sich, sodass Lobkowitz und der alte Schlick in große Verlegenheit gerieten.

Es sei am Ende das Ärgste nicht, sagte Lobkowitz, dass sie des Götz ledig wären, den der Kurfürst von Bayern besser im Gefängnis gelassen oder vollends justifiziert hätte; dann wäre er schon seit sechs Jahren tot.

Ja, man habe jetzt statt dreier Generale einen, fügte Schlick hinzu, damit sei schon etwas gewonnen. Übrigens werde Gott, der stets den Feinden des hohen Erzhauses zur rechten Zeit den Garaus gemacht hätte, mit dem lahmen Torstensson auch nicht lange mehr feiern. Er sei schon so voll Gicht, dass er nicht mehr gehen und stehen könne, lasse sich nur für die Schlacht aufs Pferd binden.

Zuallererst, sagte Lobkowitz, müsse man jetzt daran denken, des Kaisers hohe Person in Sicherheit zu bringen. Er möge geruhen, Befehl zu geben, dass man schleunig nach Wien aufbräche.

Der Kaiser hob langsam den Kopf und sah Lobkowitz tieftraurig an. Sein Kopf war schwer und wirr von qualvollen Gedanken. Führte denn die Heilige Jungfrau ihn irre? Verspottete sie ihn? Was war die Ursache, dass sie, der er sein Leben lang gedient hatte, ihn solchen Schimpf erleiden, die schwedischen Ketzer über ihn triumphieren ließ? Missbilligte es Gott vielleicht, dass er mit dem katholischen König von Frankreich Krieg führte? Aber Frankreich hatte ihn doch angegriffen! Frankreich hatte von jeher die Ketzer gegen ihn aufgehetzt!

Die Majestät habe gewiss wieder ihre Magenschmerzen, sagte Lobkowitz nach einer Pause; ob er nicht vor der Reise noch schnell purgieren wolle?

Es schien nicht, als ob Ferdinand verstanden hätte; er sah Lobkowitz starr an und sagte: Musik! Er wolle Musik! Worauf ein italienischer Kammerdiener, der zur Laute singen konnte, gerufen wurde und dem Kaiser Musik machte, bis er so weit war, dass er sich zur Abreise herrichten lassen konnte.

In Wien hatte Lobkowitz einen glücklichen Einfall um den niedergeschlagenen Kaiser zu trösten: er erinnerte ihn daran, dass er die Errichtung der Mariensäule, die er gelobt hatte, beschleunigen und dadurch die Jungfrau sich geneigter machen könne. Durch diese Aussicht neu belebt, ließ der Kaiser sofort den Direktor der dazu eingesetzten Kommission kommen, trieb ihn zu größerem Eifer an und sprach auch selbst mit dem italienischen Baumeister, dem das Werk übertragen war. Die Heilige Jungfrau, erklärte er diesem, solle von dicken Wolken und Engeln getragen werden, dass es einen ordentlichen Haufen gäbe; mit den trockenen altmodischen Figuren könne er sich nicht genügen lassen.

Daran solle es nicht fehlen, sagte der Italiener verständnisvoll, die Madonna könne auch einen fliegenden Mantel mit vielen Bäuschen bekommen, dass er auch Wolken gliche, die Säule könne er verdreht machen, und ein Springbrunnen könne auch dabei sein.

Von dem Springbrunnen wollte der Kaiser nichts wissen, das verteuere die Sache nur; aber ein Höllendrachen solle zu Füßen der Jungfrau die giftige Seele aushauchen, der könne sich stark ringeln und überschlagen und solle zugleich ein Symbolum für die Irrgläubigen aller Zeiten sein.

In der Herberge des Grafen Johann Ludwig von Nassau-Hadamar, kaiserlichen Gesandten am Friedenskongress zu Münster, saßen der herzoglich braunschweigische Gesandte, Doktor Lampadius, und mehrere andere Herren, um zu beraten, ob und in welcher Weise sie sich an der Einholung des französischen Hauptgesandten, des Herzogs von Longueville, beteiligen wollten. Dieser lag seit einiger Zeit vor Münster, weigerte sich aber einzuziehen, wenn ihm nicht der Titel Altesse zugestanden würde, auf den er, aus königlichem Blut entsprossen, Anspruch habe.

Der Graf von Nassau sagte, die Augen tiefsinnig in einen Winkel bohrend, es sei seine Meinung, diese Titulatur könne dem Herzog ohne schädliche Konsequenzen nicht zugebilligt werden. Altesse entspreche nämlich dem italienischen Altezza und gebühre nur regierenden fürstlichen Häuptern, unter die der Herzog von Longueville nun einmal durchaus nicht zu rechnen sei.

Ja, die französische Vaniglioriosität, sagte Doktor Lampadius lächelnd, treibe wunderliche Blüten hervor; allein man setze billigerweise zuweilen das utile und die Opportunität dem Buchstaben voran, wie man ja auch beim Honigmachen wohl die Körbe mit einem guten Geruch bestriche, damit die Bienen sich nur niederließen und ihr fleißiges Werk begönnen.

Ja, sagte der Graf von Nassau, wenn es ohne Präjudiz geschehen könnte, so wolle er auch nicht absolut dawider sein.

Das sei doch auch eine bedenkliche Sache, sagte der Frankfurter Gesandte, dass der König von Frankreich an die Kurfürsten und andere Stände, zum Beispiel an seine regierenden Herren, Einladungen zur Friedensversammlung habe ausgehen lassen. Man wisse seinerorts nicht, was man dazu sagen und wie man sich dazu verhalten solle.

Wie?, rief der Graf von Nassau. Davon sei ihm noch nichts bekannt. Das habe ja das Aussehen, als ob es der kaiserlichen Majestät zum Despekt gereichen sollte!

Es sei eine abscheuliche Extravaganz, sagte Doktor Lampadius.

Man wisse bald nicht mehr, wo Kopf und wo Schwanz sei und wo man seine Reverenz anzubringen hätte.

Ob denn die Stände, fragte der Graf von Nassau, auf dergleichen Ungebührlichkeit geantwortet oder wenigstens bei der Antwort die Impertinenz deutlich angezogen hätten?

Was seine Regierung anbelange, erwiderte der Frankfurter Gesandte, so wisse er nicht, ob sie sich von ihrer Perplexität schon erholt hätten.

Wenn nur, seufzte der Graf von Nassau, Seine Exzellenz der Graf von Trauttmansdorff einmal einrücken möchte! Die Last erdrücke ihn fast, und er wisse nicht mehr, wie er sich durch die vielfältigen Ansprüche, Übergriffe und Verstöße durchwinden solle, ohne dass dem kaiserlichen Ansehen irgendwie und irgendwo Abbruch geschähe. Das Säkulum sei ja leider, er müsse es sagen, so stolz und verwegen, dass keiner sich mehr dem schuldigen Respekt unterziehen wollte, der ihm obläge.

Allerdings, sagte Doktor Lampadius; so wollten die kurfürstlichen Gesandten um jeden Preis als Exzellenzen angesehen und traktiert werden. Das habe scharfe Gedanken in fürstlichen Kreisen gemacht. Man habe sich da mit der Ansicht getragen, es sollten vielmehr die kurfürstlichen Buckel abgehobelt werden, dass es eine ordentliche platte Ebene gäbe.

Das gehe doch aber gegen die Güldene Bulle, wandte der Graf von Nassau die Stirne faltend ein, und die Güldene Bulle könne man so wenig aus der Welt schaffen, wie man die Sonne vom Himmel reißen könne.

Er gehöre auch nicht zu den ungestümen, titanischen Köpfen, sagte Doktor Lampadius, sondern sei für die Stabilität; denn es sei nun einmal so, dass das Dach einstürzte, wenn man die Mauern wegrisse. Darum sei seine Ansicht, die Kurfürsten sollten sich mit der altbewährten, vielfach beglaubigten Titulatur begnügen, weil, wer zu hoch steigen wolle, öfters zu Falle käme.

Der fürstlich fuldasche Gesandte erlaubte sich zu bemerken, der hochselige Kaiser Ferdinand II. habe vielleicht ein wenig zu hoch gegriffen, indem er dem Kurfürsten von Sachsen die Durchlauchtigkeit bewilligt habe; damit sei der unersättlichen Ambition Tür und Tor geöffnet.

Bei diesem Punkte waren die Herren angelangt, als ein kurfürstlich mainzischer Gesandter erschien und nach geschehenen Komplimenten auf sein Anliegen kam, nämlich dass die schwedische Gesandtschaft zu Osnabrück ein Libell verfasst und im Druck habe erscheinen lassen, in dem sie sich injuriös über die münstersche Versammlung ausgesprochen hätten. Sie hätten darin von den Anstrengungen gesprochen, die die Herren Schweden zur Wiedererlangung des kostbaren Friedens gemacht hätten, auch allerlei Dokumente zum Beweise vorgebracht, sodann höhnisch auf die Reichsstände gestichelt, die es zumeist anginge, die aber zur Effektuierung nichts tun wollten. Über die zu Münster hätten sie noch insbesondere gesagt, dass sie sine modo et methodo vorgingen und dass trotz aller Aufforderungen noch nicht so viel Gesandte beisammen wären, um nur ein vollzähliges Kollegium auszumachen.

Das sei ja leider nur allzu wahr, sagte der Frankfurter Gesandte, dass sich so viele von den geehrten Herren Ständen noch immer nicht blicken ließen. Sie wären aber erhaltenen Briefen zufolge, sagte der Graf von Nassau, bereits in motu und einige sogar in procinctu.

»Eile mit Weile!«, sagte der fuldasche Gesandte. »Gut Ding will Weile haben, und Rom ist nicht an einem Tage erbaut worden.«

Die Herren Schweden könnten ihren Sack nicht schnell genug füllen, wollten alles auf gustavische Weise, holterdiepolter, exequieren und sollten doch bedenken, was für einen bösen Fall der verstorbene König bei seinem Ungestüm getan hätte.

Es möchte doch aber angezeigt sein, sagte Doktor Lampadius, dass man den Lästerern in aller Gelindigkeit übers Maul führe und sie eines Besseren belehrte. Daher nehme er sich ganz unvorgreiflich die Freimütigkeit heraus, zu erinnern, ob nicht demnächst effective vorgegangen, das heißt, irgendeine Sache realiter angegriffen werden könnte.

Man könne etwa darüber eins werden, schlug der Graf von Nassau vor, wie es mit der Einholung des Herzogs von Longueville gehalten werden solle.

Der hessen-darmstädtische und der hessen-kasselsche Gesandte würden schwerlich unter einen Hut zu bringen sein, meinte der Frankfurter. Das hessische Unwesen schlage ja wieder in hellen Flammen aus, nachdem man es kaum gedämpft geglaubt hätte.

Sie wären über das corpus delicti wieder auf einen neuen Zankapfel geraten, sagte Doktor Lampadius lächelnd. Marburg werde die hessische Witwe wohl nicht wieder aus den Händen lassen; er wolle das zwar nicht billigen, aber ihm komme vor, als sei ihr von darmstädtischer Seite doch zu viel geschehen.

Der Graf von Nassau wollte das dahingestellt sein lassen, war aber der Ansicht, die Landgräfin habe das Völkerrecht gar zu sehr beiseite gesetzt und nach Art der Schnapphähne um sich gegriffen.

Nach allerlei Weiterungen kam es zu dem Beschlusse, den Herzog von Longueville feierlich einzuholen, wovon sich nur der venezianische Gesandte ausschloss, da er vor den Kurfürsten zu fahren beanspruchte, was als eine Absurdität abgelehnt wurde.

Deswegen hielt er in italienischer Sprache eine lebhafte Rede, in der er das unerreichte Alter seiner Republik herausstrich und viele Fälle aufzählte, in denen venezianische Gesandte den Vorrang vor sämtlichen anderen Gesandten gehabt hätten.

Nachdem die Anwesenden seine Rede stillschweigend angehört hatten, erinnerten sie ihn daran, dass sie nicht Italienisch verständen, worauf er seine weißen Zähne zeigte und die Oration auf lateinisch wiederholte.

Ob dergleichen in Italien für Lateinisch angesehen würde?, flüsterte Doktor Lampadius seinem Nachbar zu; er halte es für Kauderwelsch.

Der lachte bis zu Tränen und antwortete, ob es Tatarisch oder Chinesisch sei, die Prätentionen des Gesandten wären durchaus venezianisch.

Nichtsdestoweniger wurde der Herzog von Longueville von den übrigen Gesandten eingeholt, die allerdings an dem Gepränge, das er entfaltete, großen Anstoß nahmen. Es dauerte über eine Stunde, bis alle Vorreiter, Reiter, Kutschen, Leibwachen, Lakaien, Trompeter und was mehr vorbeipassiert waren, und die Augen wurden von seidenen und damastenen Decken, goldenen und silbernen Wappen, karminroten und azurblauen Farben fast geblendet.

Durch das Dorf Bruck im Thüringischen humpelte an spätem Abend eine Reisekutsche, schleppte sich mühsam von der Stelle und hielt plötzlich, nicht weit von der Kirche, mit einem Ruck an. Nach einer Weile wurde der Schlag geöffnet, und ein eulenhaftes Gesicht mit einer Nachtmütze erschien und fragte, misstrauisch herumschnuppernd, was vorgefallen sei? Er sei Abgesandter zum Friedenskongress, mit Pass und Salvakondukt versehen, wer ihm nur ein Haar auf dem Haupte anrühre, würde das atroce crimen und Majestätsinjurie an Rad und Galgen zu bereuen haben. Der Kutscher war indessen von seinem Sitz heruntergestiegen und sagte, als der Herr seine Ansprache beendet hatte, es wären keine Räuber da; aber die Kutsche sitze im Schlamme fest.

So solle er sie wieder herausholen, rief der Herr zornig.

Die berittenen Begleiter der Kutsche versammelten sich nun gleichfalls, betrachteten den Schaden und stellten fest, dass die Kutsche ein Stück weit durch den ärgsten Morast geschoben werden müsse, da sie sonst sogleich wieder festsitzen würde. Ein paar Bauern wurden geholt, um zu helfen, und der Leutnant, der die Reiter anführte, schlug dem Herrn vor, inzwischen einen Imbiss im Wirtshause einzunehmen.

Es scheine nur ein schlechtes Dörflein zu sein, sagte dieser, er wolle lieber am Flecke verweilen, bis er wieder einsitzen könnte. Während der Diener ihm die Pantoffeln abzog und in die Stiefel half und der Leutnant ihn wegen seines ungewöhnlichen, beinahe römischen Heroismus bewunderte, wurde plötzlich ein lang gezogenes Singen von einer hohen, hellen Knabenstimme hörbar. »Was ist das? Was für ein Mäuslein pfeift da so lieblich?«, fragte einer von den Reitern.

Es scheine aus der Kirche zu kommen, sagte der Leutnant, indem er die struppigen, tropfenden Zweige auseinanderbog und nach der niedrigen Kirche hinübersah.

Die Bauern, die gefragt wurden, ob Gottesdienst wäre, schüttelten den Kopf und sagten, die Kirche sei dunkel, und die Leute im Dorfe schliefen schon; sie wüssten nicht, was es wäre.

Es klinge so, sagte der Gesandte, als komme es vom Himmel herunter, und vielleicht wäre es ein himmlisches Trostlied, das ihm von Engeln dargebracht würde; er wolle an dieser Stelle zur Erinnerung an seine wunderbare göttliche Errettung eine Kapelle errichten lassen.

Als die Gesellschaft sich weiterbewegt hatte, unterhielten sich die Dorfleute, zu denen sich auch Pfarrer und Küster gesellten, weiter über das Singen, welches ihnen trotz der Vermutung des fremden Reisenden eher aus der Kirche als vom Himmel zu dringen schien.

Die Untersuchung ergab indessen, dass es von einem aussätzigen Knaben ausging, der von seinen Eltern wegen der gefürchteten Krankheit aus dem Hause gestoßen war und in einer verödeten Hundehütte Zuflucht gesucht hatte. Auf Befragen, wozu sich die Gänsehirtin des Dorfes, eine alte Frau, entschloss, behauptete der Knabe, sich nicht aus seiner Hütte entfernt zu haben, doch ging andererseits aus seinen unklaren Reden hervor, dass er den Eindruck einer prächtigen und feierlichen Umgebung empfangen hatte.

Der Küster sagte, dass der Gesang aus der Kirche herausgekommen sei, wohin der Knabe also offenbar durch ein göttliches Wunder im Schlafe versetzt worden sei; es gehe ja auch schon das nicht natürlich zu, dass ein Kind, welches von niederer Herkunft, übel aufgezogen und ganz ungelehrt sei, so herrliche, fromme und gar lateinische Gesänge von sich gäbe. Wirklich sang der Knabe nur in einem nachtwandlerischen Zustande und wusste im Wachen nicht nur nichts davon, sondern brachte überhaupt kaum ein paar leidliche Töne zusammen.

Die alte Gänsehirtin erbot sich, den heiligen Knaben bei sich aufzunehmen, es wurde ihm ein reinliches Bett hergerichtet und er empfing nun fast täglich Besuch, namentlich von dem Amtmann des Dorfes, von mehreren auswärtigen Geistlichen und einem frommen Grafen, der ein besonderes Interesse für Wunder, Missgeburten, Gesichte und andere unerklärliche Phänomene hatte.

Eines Tages saßen zwei Pfarrer, ein Arzt und der fromme Graf zusammen am Lager des schlafenden Knaben, um etwaige Äußerungen desselben aufzufangen, die Aufschluss über Gottes Absichten in Betreff dieses Wunders geben könnten. Für ein sichtbares Wunder halte er es, bemerkte der Arzt, dass der Knabe fünf Tage lang in der Hundehütte ohne Nahrung gelebt hatte, wenigstens verhalte es sich so nach seiner Aussage.

Nicht so ganz, sagte der eine Pfarrer; er habe ausgesagt, dass Engel gekommen wären und ihm wunderliebliche Speisen gebracht hätten.

Das möchte doch als ein Traum zu betrachten sein, sagte der Arzt.

Warum?, entgegnete der Pfarrer; es sei doch aus der Bibel bekannt, dass Elias in der Wüste von Raben gespeist worden sei.

Bibel! Bibel!, sagte der Arzt, ungeduldig die Schultern zuckend; die solle man nicht anziehen, um gegenwärtige Ereignisse zu erklären. Übrigens wären die englischen Speisen offenbar nicht nahrhaft gewesen, denn der Knabe sei nichts als Haut und Knochen.

Ihm scheine es das Beste zu sein, sagte der Graf, sich ins Mittel legend, dass man den Knaben nochmals befragte, was für Speisen die Engel ihm vorgesetzt hätten. Wenn er dann in Verlegenheit geriete, dürfe man billig einigem Zweifel Raum geben.

Inzwischen, bis der Knabe erwacht sei, schritt man dazu, ihn zum Weissagen zu veranlassen, und begann mit der Frage, ob der liebe Friede das geplagte Deutsche Reich bald beglücken werde?

Noch nicht, antwortete der Knabe; es müsse noch viel Blut fließen, so viel, bis die Erde davon tropfte und ausgerungen werden könnte wie ein gewaschenes Hemd.

Ob denn, wenn der Friede einmal käme, die evangelische Kirche triumphieren würde?, fragte der eine Pfarrer.

Wenn einmal Frieden wäre, antwortete der Knabe, dann würden die evangelische und die katholische Kirche friedlich wie zwei Schwestern nebeneinander regieren.

Der Pfarrer fuhr enttäuscht und bestürzt zurück. O weh, sagte er, wo bliebe da der Friede, wenn man mit Papisten regieren sollte, denen die Hände nicht fest gebunden wären!

Den Friedhässigen würden allerdings die Hände gebunden werden, sagte der Knabe, dass sie von Übergriffen und Händelsuchen lassen müssten.

Der Pfarrer schüttelte unzufrieden den Kopf. Die Katze lasse das Mausen nicht, sagte er, und Wölfe blieben Wölfe, wenn sie auch einen Schafspelz anzögen.

Der Knabe habe es doch aber geweissagt, wandte der Graf ein; es werde das Beste sein, dass man sich vorderhand brüderlich einrichtete.

Vorderhand!, rief der Pfarrer, Gott habe kein Wohlgefallen an solchen Ausflüchten. Dann würde man das kalvinistische Unkraut etwa auch erleiden sollen!

Der Graf machte den Vorschlag, den Knaben wegen der Kalvinisten noch einmal besonders zu befragen, welcher antwortete, nein, es sollten nur Katholiken und Evangelische, sonst aber niemand geduldet werden. Alle andern Religionen würden ausgereutet und abgeschafft werden.

Hiermit waren die beiden Pfarrer ausnehmend zufrieden und sagten, wenn nur die verfluchten Sektierer abgeschafft würden, möchte eine leidliche Toleranz wohl hingehen; hingegen sagte der Arzt, er sehe nicht ein, wie es auf diese Art überhaupt zum Frieden kommen sollte, da die

Landgräfin von Hessen mit Recht erklärt hätte, sie wolle die Waffen nicht niederlegen, außer wenn die Reformierten in den Frieden einbegriffen würden.

Mit Recht?, wiederholte der eine Pfarrer höhnisch, und der Graf sagte lächelnd, man dürfe die Höflichkeit gegen die Damen nicht zu weit treiben.

Solange die kalvinistischen Brandstifter sich frei im Reiche zeigen dürften, fügte der andere Pfarrer hinzu, werde man sich des teuer erkauften Friedens wenig erfreuen können.

Sie wären aber einmal da, sagte der Arzt gereizt.

Ja, die Pest wäre auch zuweilen da, lächelte der Graf; ob man sie deswegen dulden sollte?

Warum der Arzt sich überhaupt der Kalvinisten annähme?, fragte der Pfarrer.

Er sei gut lutherisch, beteuerte der Arzt, aber es gehörten hohe und siegreiche Häupter zu den Reformierten, wie zum Beispiel auch der Kurfürst von Brandenburg.

Darauf solle er sich nur nicht steifen, rief der Pfarrer, mit den Stolzen räumte Gott am ersten auf, wenn er sich ihrer auch eine Zeit lang als Geißel bediente.

Es entstand ein heftiger Auftritt unter den Männern, dem der Knabe verstohlen aus furchtsamen, tückischen Augen zusah und den zu beendigen der Weisheit des frommen Grafen nur mit Mühe gelang.

Der kursächsische Prediger Doktor Hülsmann verabschiedete sich vom Kurfürsten und der Kurfürstin, bevor er sich nach Thorn zu dem Religionsfriedensgespräch begab, das der König von Polen zum Zweck einer friedlichen Verständigung der drei christlichen Konfessionen einberufen hatte, und trug das lutherische Glaubensbekenntnis vor, das er einzureichen gedachte. Der Kurfürst nickte befriedigt und sagte, dass er die Schrift gut und recht und in allen Stücken mit dem lutherischen Katechismus übereinstimmend finde. Hülsmann könne aber noch betonen, dass die Protestanten den wahren, gereinigten katholischen Glauben hätten, während die Papisten heidnischer Abgötterei verfallen wären und sich allerhöchstens römisch-katholisch nennen dürften.

Der Kurfürst ging nämlich damit um, einen Neutralitätsvertrag mit Schweden abzuschließen, und sprach sich seitdem feindselig gegen den Kaiser und die Katholiken aus.

Hülsmann sei hoffentlich gut gewappnet, setzte er hinzu; denn der Doktor Bergius werde seine vorlaute, flinke Zunge wieder tüchtig geschmiert haben.

Der kurfürstlich brandenburgische Hofprediger Bergius war wegen seiner Beredsamkeit bei Disputationen sehr gefürchtet und hatte im Jahre 1631, als Johann Georg bei Gelegenheit des Leipziger Konvents ein theologisches Gespräch veranstaltete, den Doktor Hoë heftig angegriffen, auch hernach mehrere Streitschriften mit ihm gewechselt.

Wenn der Hoë nicht darüber hingestorben wäre, sagte der Kurfürst, hätte er den Bergius sicherlich aus dem Felde geschlagen; denn wenn es darauf angekommen wäre, habe der Hoë ein Maul wie eine Metzgerfaust gehabt, womit man Ochsen niederschlagen könnte.

Der Bergius habe dem Hoë zu Leipzig aber scharf zugesetzt, bemerkte die Kurfürstin; der Hoë habe sich zwar nach seiner Art in die Brust geworfen, mit Gründen aber nicht mehr verantworten können.

Ja, darum sollte man sich eigentlich mit den kalvinistischen Windhunden gar nicht einlassen, sagte der Kurfürst. Er habe es damals auch nur getan, um sie vor aller Welt bloßzustellen und den Schaden Josephs aufzudecken. Vom König von Polen sei es aber ein alberner Vorwitz, der könne nicht einmal seinen unbotmäßigen Adel im Zaume halten, und was Glaubenssachen anbelange, so könne er wohl seinen Rosenkranz herunterbeten, aber von Auslegung der Heiligen Schrift verstehe er nichts.

Es verlaute, sagte Doktor Hülsmann mit nachsichtigem Lächeln, der König habe sich seit einigen Wochen ernstlich in die Materie vertieft. Dass gerade der König von Polen sich der Glaubenssachen annehme, sei allerdings lächerlich genug, wo ja Polen ein Schlupfwinkel für allerhand Ketzer sei, so zum Beispiel der gräulichen, gottlosen Sozinianer, und gründlich ausgeräuchert werden müsse.

Der Kurfürst erkundigte sich, was für eine Bewandtnis es mit den Sozinianern habe, worauf Hülsmann erklärte, es hapere bedenklich mit der Dreifaltigkeit, und wenn man nicht an die drei Personen glaube, so solle man mit seinem ruchlosen Atheismus lieber gleich offen herausfahren.

Der König von Polen sei wohl toll und voll, solchen Giftsamen über sein eigenes Land auszustreuen?, sagte der Kurfürst. Das sei eine hässliche Nachbarschaft für den Kurfürsten von Brandenburg.

Es lasse sich bereits spüren, sagte Hülsmann. Mit dem Kalvinismus hebe es gemeiniglich an, und dem Symptom pflege die ganze Pest ungesäumt nachzufolgen.

Die Kurfürstin wünschte dem Doktor ein glückliches Überstehen der mühseligen Reise und des gefährlichen Aufenthaltes. Sie habe schon mehrere Nächte von Heuschrecken geträumt und sei deshalb in großen Sorgen. Es könne ja leicht ein allgemeiner Aufruhr bei dem Religionsfriedensgespräch entstehen, und etwa würden die frommen Lutheraner ein Opfer der abscheulichen Jesuiten werden.

Dergleichen sei allerdings zu befürchten, sagte Doktor Hülsmann er habe aber Briefe aus Danzig und Elbing erhalten, dass diese Städte etliche Hundert Bewaffneter bereitzuhalten vorhätten, damit man sich bei einem etwa ausbrechenden Krawall ihrer bedienen könnte. Infolgedessen sei er ganz ruhig, besonders auch im Vertrauen auf seine Unschuld und Gottes Gerechtigkeit, der seine Kirche nicht werde untergehen lassen. Er habe ja auch kurfürstlich sächsische, königlich polnische und kurfürstlich brandenburgische Geleitsbriefe und sei zum Überfluss mit Waffen versehen von denen die beste das liebe Gebet wäre.

Die erste Sitzung wurde von dem Vorsitzenden, Reichskanzler Ossolinsky, mit einer Rede eröffnet, in der er den König von Polen als Urheber der Versammlung pries und seine Absichten im Einzelnen auseinandersetzte. In der Meinung, dass beim Disputieren nichts anderes herauskomme, als dass man sich gegenseitig die Haare ausraufe, wolle der König durchaus kein Disputieren leiden. Es solle vielmehr ein jeglicher die Glaubenssätze seines Bekenntnisses klar und deutlich auseinandersetzen, damit alle begriffen, worin sie eigentlich miteinander übereinstimmten oder voneinander abwichen. Käme man darüber einmal zur Einsicht, so würde eine gegenseitige Verständigung gewiss leicht herbeigeführt werden können.

Nachdem noch einige Tage über den Modus beratschlagt worden war, legten die Katholiken den Lutheranern gewisse Fragepunkte vor, hauptsächlich, ob sie alle Schriften des Doktor Martin Luther für maßgebend hielten. Da die Evangelischen ohne Besinnen antworteten, das täten sie, fragten die Katholiken weiter, ob sie denn den Papst auch für den Antichrist hielten, worauf die Evangelischen antworteten, das täten sie freilich, und das sei er auch. Gegen diese Erklärung protestierten die Katholiken, wogegen die Evangelischen reprotestierten, was nicht ohne Getümmel vor sich ging.

Inzwischen hatten die Reformierten, die bis dahin wenig berücksichtigt waren, auch eine Konfession verfertigt und eingereicht, in welcher sie unter anderem sagten, dass ihre Richtschnur die volle, sonnenklare Wahrheit wäre und dass diejenigen, welche sie nicht dulden wollten, sondern sie mit Feuer und Schwert verfolgten, nicht für Christen, vielmehr für Antichristen zu halten wären.

Diesen Angriff betrachteten die Katholiken als auf sie gemünzt und protestierten dagegen, während die Evangelischen, obwohl sie manches an dem Bekenntnis der Reformierten auszusetzen hatten, sie doch wegen dieses furchtlosen Aufpochens lobten.

Der Vorsitzende der Katholiken, ein Jesuit, hielt nun eine Rede, die nach Ansicht der Evangelischen nach außen verzuckert, aber innerlich voll Galle war, in welcher er ausführte, es sei der Wille des Königs, dass man sich aller Sticheleien enthalte und nur die christliche Liebe und den ersehnten Frieden im Auge habe; dass er und seine Glaubensgenossen infolgedessen dem widrigen Gegenteil bis jetzt eitel Liebe entgegengebracht hätten und wie Lämmer gewesen wären, die mit einfältigen, gutherzigem Blöken ihre Blümlein geweidet hätten; dass aber auch Lämmer, wenn sie von bissigen Hunden angebellt würden, aus ihrer üblichen Sanftmut aufgereizt werden müssten.

Die Evangelischen verwahrten sich dagegen, dass sie mit bellenden Hunden verglichen würden.

Von Hunden wolle er nichts sagen, erwiderte der Jesuit; aber gebellt hätten sie, das könne jedermann bezeugen.

Die Reformierten protestierten gegen den Ausdruck und sagten, das sei nur Empfindlichkeit, indem die Katholiken die pure Wahrheit, die in ihrem Bekenntnis enthalten wäre, nicht zu widerlegen wüssten.

Abgesehen davon, sagte der Jesuit, dass der König alles und jedes Disputieren durchaus untersagt hätte, so brauchten sie sich nicht mit Widerlegen vermeintlicher Wahrheit zu befassen, da sie im Besitz der Offenbarung Gottes wären, und also jeder, der von ihnen abwiche, sich wider Gott setzte.

Hieran knüpften die Katholiken die Erklärung, dass die Evangelischen und Ketzer überhaupt sich sehr irrten, wenn sie etwa glaubten, sie, die Katholiken, würden auch nur das Geringste von ihrem allein wahren, allein selig machenden Glauben ablassen. Nein, nichts, nichts, nichts würden sie ablassen, möchte die Welt darüber in Stücke gehen.

So hätten er und seine Glaubensgenossen, sagte Doktor Hülsmann, sich die Unkosten der Reise freilich ersparen können; denn dass sie, die Evangelischen, die das einzige Wort Gottes zur Quelle ihres Glaubens hätten, diesen nicht antasten ließen, das brauche er wohl nicht zu sagen, wolle es aber doch sagen, damit es gesagt sei und kein Missverständnis entstehen könne. »Verbum dei manet in aeternum«, schloss er, indem er herausfordernd um sich sah, seine Blicke wie einen Fehdehandschuh im Kreise umherschleudernd.

Unter den Katholiken saß ein winziger, zusammengekrümmter Mann mit einem großen Kopf, der aussah, als sei er irgendwo ausgegraben und ihm lose zwischen die Schultern geklemmt worden, sodass er bei einer unvorsichtigen Bewegung herunter- und auf den Tisch kollern könnte. Dieser, der mit blinzelnden Augen dagesessen hatte, während Doktor Hülsmann seine tapfere Rede hielt, fiel mit hoher Stimme ein: ›Verbum dei manet in aeternum!‹, das sei eine kecke Rede, von der man füglich hätte wünschen mögen, dass sie an diesem Orte nicht laut würde. In was für einer Meinung die Protestanten sie im Munde führten, sei bekannt genug, er wolle nur daran erinnern, dass zu Kaiser Karls V. Zeit die rebellischen Stände sie als Devise in ihren Fahnen geführt hätten.

So, so!, rief Doktor Hülsmann, er wolle es seinem Herrn, dem Kurfürsten von Sachsen, melden, dass seine hochseligen Vorfahren hier als Rebellen schimpfiert würden; der Kurfürst werde dergleichen kalumniöse Insinuationen sicherlich nicht auf sich sitzen lassen.

Die Verstimmung ließ sich so gefährlich an, dass der weltliche Vorsitzende zum König eilte, der in der Nahe von Thorn der Jagd oblag, um sich nötigenfalls ins Mittel legen zu können. Er kam nach einigen Tagen mit der Meldung zurück, der König, dem das Friedensgespräch sehr am Herzen liege, habe mehrere hochweise Verordnungen getroffen, um dem anwachsenden Übel zu steuern: erstens sollten die Sitzungen künftig in einem kleinen Gemach stattfinden, damit nur wenige daran teilnehmen könnten; zweitens solle nichts zu Protokoll genommen werden, was dem einen oder anderen Teile zu Schimpf und Schaden gereichen könnte; drittens solle der Vorsitzende nochmals zur christlichen Liebe ermahnen und was dergleichen mehr war.

Förderlicher für die Verhinderung ernstlicher Ausschreitungen war es, dass die der Versammlung gesetzte Zeit allmählich ablief. Bereits waren mehrere Teilnehmer abgereist, als eine Druckschrift eines Danziger Pfarrers namens Nikolai einlief mit Vorschlägen über die zu erhoffende Vereinigung der papistischen, lutherischen, kalvinistischen und sozianischen Sekten und Rückkehr zur alten Fischereinfalt. Dem Vorsitzenden, der den Titel der Schrift vorlas, fiel das Papier aus der Hand, und er sagte, das könne nur ein Narr geschrieben haben, den man hoffentlich bald einfinge und ins Narrenhaus sperrte. Die Lutheraner, als des Verfassers Glaubensgenossen, erbleichten und sprachen ihre Absicht aus, die Stadt Danzig zu mahnen, dass sie einen solchen Bösewicht und Schandfleck nicht im Amte ließe, sondern gebührend bestrafte, der die gereinigte, apostolische Kirche eine Sekte zu nennen sich unterfinge. Auch die Reformierten verwahrten sich gegen das Lästermaul, das sie mit den Sozinianern in einen Topf würfe, und setzten sofort eine Liste der Punkte auf, in denen sie von den Sozinianern abwichen, und welche überhaupt irrig und verwerflich wären.

Bei den lutherischen Pfarrern Danzigs erregte das Irenicum, so war die Friedensschrift betitelt, nicht geringeren Abscheu, und die Stadt, die nicht sogleich zu scharfen Mitteln greifen wollte, hatte jahrelang mit dem widerspenstigen Nikolai zu schaffen, bis er sich endlich zu einem Widerruf bequemte.

Auf dem Wege nach Freiburg belehrte der Kaiser seinen Sohn, wie er sich in Ungarn zu verhalten habe, um die Krönung zu erlangen; man müsse da zurzeit etwas gemach auftreten und namentlich mit den protestantischen Ständen ein wenig dissimulieren. Ein Regent müsse die Gelindigkeit mit der Strenge abwechseln lassen, mittendurch führe nicht immer am schnellsten zum Ziele.

Der junge Prinz bat seinen Vater, sich seinetwegen keine Sorgen zu machen und die Predigt lieber sich selbst zu halten.

Ja, sagte der Kaiser, es sei wahr, er möchte diese trotzigen Leute am liebsten beim Ohrzipfel nehmen, dass ihnen der Kopf wackelte; aber er habe nun schon gelernt, an sich zu halten und den rechten Augenblick zu erwarten, sein Sohn wisse noch nicht, wie schwer das sei. Andererseits dürfe er auch nicht zu bescheiden auftreten, da er doch jetzt König von Böhmen sei.

Der junge Prinz lächelte überlegen, konnte es aber doch nicht hindern, dass der ausnehmende Pomp, den die ungarischen Magnaten beim Empfang zur Schau trugen, ihm die Fassung raubte. Sein Gesicht wurde immer länger und bleicher, die Schatten unter seinen blassen Augen wurden dunkler, und schließlich fühlte er sich so unwohl, dass er sich zu Bette legen musste.

Er habe das vorausgesehen, sagte der Kaiser, der sich in Person nach dem Befinden des Erkrankten erkundigte; sein Sohn habe zu viel von den fetten ungarischen Speisen zu sich genommen.

Sein Vater müsse Gesichte gehabt haben, sagte der junge Prinz empfindlich; er habe nur zum Schein ein wenig in den Speisen gestochert, könne das schwarze, triefende Zeug nicht einmal ansehen. Es sei die ungarische Luft, die er durchaus nicht vertragen könne.

Zu den Ärzten sagte der erschrockene Kaiser, er mache sich Gedanken, dass der Prinz seiner Mutter nachschlage, wie er ihr ja auch an Gesicht und Gestalt gleiche; dieselbe sei von schwacher Gesundheit gewesen und vor einigen Wochen gestorben.

Die Ärzte erwiderten, der Prinz sei stark wie ein Eichbaum und gleiche seinem erlauchten Großvater, dem hochseligen Kaiser Ferdinand, was auch der Beichtvater bestätigte unter der Voraussetzung, dass das serafische Gemüt der hochseligen Kaiserin auf den Prinzen übergegangen sei. Übrigens, meinte der Beichtvater, leide der Prinz wohl wirklich an einer Neigung, sich den Magen zu überladen.

Nachdem das Unwohlsein vorübergegangen war, äußerte sich der Prinz unverhohlen gegen seinen Vater, das Prunken der ungarischen Magnaten sei unleidlich, und es sei gar nicht zu verwundern, dass sie ihre rechtmäßige Herrschaft verachteten, wenn diese gar so schäbig daherkäme.

Ja, sagte der Kaiser, der Esterházy habe goldene Sporen gehabt, und sein Pferd, er habe es deutlich gesehen, sei mit echtem Silber beschlagen gewesen.

Auch die Reiterburschen, sagte der Prinz grämlich, hätten silbernes Sattelzeug gehabt. Er besitze keinen solchen Schmuck, wie hier die Pferde trügen.

Nun, sagte der Kaiser mitleidig tröstend, sie hätten ihm ja zwanzig schön geschirrte Pferde verehrt. Übrigens solle Ferdinand, der Sohn, ja nicht glauben, dass sie bei sich zu Hause ebenso aufzögen; da hätten sie kaum einen sauberen Nachtkittel, und ihre Weiber müssten sich alle Morgen lausen lassen. Ihre Bauern wohnten in Hundehütten und fräßen aus Hundeschüsseln, und aus solchem Gesindel bestehe ihre ganze Dienerschaft; wenn Gäste kämen, holten sie schleunig ein paar vom Misthaufen herunter und steckten sie ungewaschen in eine Livree, der Gestank dränge aber hindurch.

Darüber musste der Prinz lachen. Schließlich, sagte er, wären sie doch König, und die Zeit käme wohl, wo er es sie spüren lassen könnte.

Die Krönung konnte indessen nicht so schnell bewerkstelligt werden, wie Ferdinand III. erwartet hatte, weil die ungarischen Stände mit dem Frieden, den der Kaiser mit Rakoczy, dem Fürsten von Siebenbürgen, vereinbart hatte, nicht einverstanden waren und ihn nicht ratifizieren wollten. Die katholischen Stände waren darüber entrüstet, dass in einigen der von Rakoczy eroberten Städte den Protestanten gewisse Kirchen eingeräumt werden sollten; diese beklagten sich, weil ein Teil der Kirchen ihren Glaubensgenossen bereits wieder gewaltsam entrissen worden wäre.

Als es bei einer Reichstagssitzung beinah zu einer Defenestration gekommen wäre, begab sich der alte Slawata zum Kaiser und bat ihn, in Erwägung zu ziehen, ob er sich nicht durch den Friedensvertrag an Gott versündige. Sei die Defenestration erst einmal da, würden Rebellion, Krieg und Untergang der Welt bald nachfolgen.

Es sei ja aber niemand de facto zum Fenster hinausgeworfen worden, wandte der Kaiser ein. Bei den Köpfen hätten sie sich aber bereits gehabt, sagte Slawata.

Das habe nichts auf sich, sagte Lobkowitz, dass sie untereinander rauften; wenn sie nur ihrem König gehorchten.

Wie man von Gehorsam reden könne, seufzte Slawata, wenn Jesuiten ausgetrieben und den Ketzern Kirchen ausgeliefert würden. Das heiße ja Beelzebub ein Pförtlein auftun.

Der Kaiser entgegnete ein wenig ungeduldig, sein Beichtvater habe ihm selbst zu dem Friedensvertrage geraten; ginge er nicht darauf ein, so würde der Rakoczy mit dem Schweden gemeine Sache machen und würde man unversehens den Türken im Lande haben.

Der Rakoczy stehe sowieso schon mit Torstensson in Unterhandlung, fügte Lobkowitz hinzu, er wisse es genau; der Friedensschluss fange an ihn zu reuen, nachdem den Evangelischen das Versprechen nicht gehalten würde. Er, Lobkowitz, sei gewiss ein frommer Katholik, aber ein Staatsmann müsse wissen, dass man keine Mauer mit dem Kopfe einrennen könnte.

Der Kaiser stimmte bei, indem er zugleich Slawata seiner unerschütterlichen Gnade versicherte. Das sei alles nur vorläufig, sagte er, Gott werde ihn ohne Zweifel noch von den Schweden befreien, er habe seine Absicht ja deutlich gezeigt, indem er den Gustav Adolf und den Wallenstein rechtzeitig auf die Seite geräumt hätte.

Slawata beteuerte, dass ihn nur die Sorge um den Kaiser und sein Haus antreibe, und warnte nochmals vor Verträgen mit den Ketzern. Durch dergleichen höllisches Paktieren hätten die hochseligen Kaiser Rudolf und Matthias sich in Ruin gebracht und die ewige Seligkeit hasardiert.

Es hielt sich damals in Preßburg der Pater Gladitsch aus Magdeburg auf, der sich wunderbarer Gewalt über die Seelen der Verstorbenen rühmte, sodass er sie dazu bewegen konnte, über ihren Zustand im Jenseits Rechenschaft abzulegen. Diese Kraft sowie das Recht, sie auszuüben, waren ihm nach seiner Angabe von der Jungfrau Maria ausdrücklich verliehen, was denn seinen Produktionen die himmlische Beglaubigung aufprägte und keinen Zweifel aufkommen ließ. Die Beschwörungen wurden in der Weise ausgeführt, dass Gladitsch in einer gewissen Kirche vor einem Marienaltar betete, worauf nach kürzerer oder längerer Zeit die Seele, auf welche es abgesehen war, sich kundtat, sei es durch ein freundliches weißes Licht, das über dem Altar erglomm, durch eine Taube oder Blume, die plötzlich in Erscheinung trat, oder andererseits durch Verdunkelung, Seufzen, Heulen und ähnliche verfängliche Zeichen. Unter großem Zulauf des Hofes gab er mehrere Vorstellungen, bei denen er die Seelen des heiligen Konstantin, der heiligen Kunigunde und anderer bewährter Personen mit bestem Erfolg zitierte.

Ganz besonders befreundete sich der alte Slawata mit Gladitsch und offenbarte ihm, dass der Pater imstande sei, ihm einen wichtigen Dienst zu leisten, indem er ihm ein urkundliches Zeugnis aus dem Jenseits über gewisse Individuen verschaffte, deren Gottlosigkeit er, Slawata, zu ihren Lebzeiten durchschaut, aber nicht unwiderleglich hätte beweisen können. Es würde auch, meinte er, vielen den Glauben stärken, wenn sich öffentlich zweifellos erhärten ließe, dass Gott sich gewissermaßen auf seine, Slawatas, Seite geschlagen und die Gegenpartei verworfen hätte. Die beiden Personen, auf die es Slawata vorzüglich ankam, waren Wallenstein und der alte, vor sechs Jahren verstorbene Graf Thurn, deren jenseitige Verhältnisse Gladitsch nunmehr in einer feierlichen Sitzung festzustellen versuchte.

Er begann mit der Seele des alten Thurn und hatte kaum einige Gebete gesprochen, als sein Auge auf eine Fledermaus fiel, die, vorher von niemandem gesehen, an einer hinter dem Altar befindlichen Säule hing. Es werde sich wohl jeder denken können, sagte er, mit dem Finger darauf hinweisend, was dies zweideutige Wesen und vermummte Teufelein zu bedeuten habe, worauf er zu Wallenstein überging, der aber länger mit der Kundgebung zögerte. Fast wollten den Pater die Kräfte verlassen, und er erklärte, die Seele müsse sich – was aber Gott verhüten möge – in der untersten Hölle befinden, dass seine Beschwörung sie nicht anpackte, da endlich zeigten sich an der Wand des Altars ein paar dicke Blutstropfen, von welchen ein schwefliger Gestank ausging, dem vergleichbar, welchen des Friedländers justifizierter Leichnam, nach der Aussage von Augenzeugen, im Augenblick des Todes von sich gegeben hatte.

Der Kaiser äußerte sich gegen Slawata, es diene ihm sehr zur Beruhigung, dass die Wallensteinische höllische Bosheit nun offenkundig geworden sei; denn es gäbe doch hämische Leute, die immer noch zweifelten, ob er den Tod verdient habe, was der kaiserlichen Ehre verkleinerlich wäre.

Inzwischen verschärfte sich die feindselige Stimmung zwischen den katholischen und protestantischen Ständen so, dass der Kaiser, ohne seinen Zweck erreicht zu haben, abreiste. Erst im Juni des folgenden Jahres waren die schwebenden Streitfragen beigelegt, und die Krönung konnte vollzogen werden.

Am Jüngsten Tage wolle er es mit dem Kurfürsten von Bayern vor Gottes Richterstuhl ausmachen, sagte Johann von Werth. Da wolle er ihm seine Schelmerei und Verräterei um die Ohren schlagen, damit sie Gott offenbar würde. Und wenn er die ewige Seligkeit darüber verlöre, einmal müsse er die volle Brust erleichtern.

Ja, ein hässliches Stück sei es vom Kurfürsten, ein rechtes Judasstück, sagte der Generalwachtmeister Johann von Sporck, einen so gnädigen Kaiser zu verraten. Der Teufel müsse seinen Schwanz darin haben.

Der Teufel sei der Kurfürst selber, sagte Oberstwachtmeister Graf Salm; dem Himmel solle Dank sein, dass man das Schwänzlein noch rechtzeitig habe hervorgucken sehen. Die Herren sollten bedenken, dass der Kaiser sich eigentlich um des Kurfürsten willen den Krieg auf den Hals gezogen hätte; so rächen sie den Schwefel erst recht. Zu Gustav Adolfs Lebzeiten habe der Kurfürst ja auch stets mit den Franzosen gemischt und gekartet; aber das fromme, unschuldige Kaiserherz habe dergleichen bayrische Tücke nicht gemerkt oder glauben wollen und habe sich aus lauterer Bundestreue stets neue Feindschaften über den Hals gezogen.

Er wäre auch viel zu treuherzig gewesen, sagte Johann von Werth, um solches für möglich zu halten, sonst hätte er diesen Dienst längst aufgegeben, bei dem ohnehin nichts als Undank für ihn herausschaute. Der Kurfürst habe ihn nie leiden mögen, vielleicht weil er sein gut kaiserliches Herz verspürt hätte.

Freilich, freilich, sagte Salm, es sei ja eine Schande und öffentlicher Despekt gewesen, dass der Kurfürst ihm, dem ältesten und verdientesten General, wiederum einen anderen vorgezogen hätte. Der Kaiser gehe anders mit seinen treuen Dienern um.

Er wisse wohl, wie es zusammenhänge, sagte Werth, die hochgeborenen Herren wollten sich nicht unter ihn stellen, weil er seine Kindheit nicht in einer gekrönten Wiege, sondern in Schweineställen zugebracht hätte. Aber er habe nie vermeint, dass der Kurfürst den neidischen Gecken sein Ohr leihen würde.

Sporck, der meistens schwieg, lachte aus vollem Halse. Als ob der Heiland nicht im Stalle geboren wäre! Das bedächten die Maulchristen nicht, die bei Hofe und in der Kirche scharwenzelten.

Ihm wolle es so scheinen, sagte Graf Salm, als habe Gott selbst dies herbeigeführt, damit Werths Verdienst endlich nach Gebühr ans Licht gezogen würde, indem er sich ganz auf des Kaisers Seite schlüge. Wenn Werth ihm die Vollmacht gäbe, wolle er sich heimlich ins kaiserliche Lager stehlen und den Handel einleiten.

Johann von Werth ging mit großen Schritten in dem niedrigen Zimmer seines Landshuter Quartiers auf und ab. Wenn er den Kurfürsten nicht gewarnt hätte! grollte er. Noch in seinem Neujahrsglückwunschschreiben habe er ihm die Zweizüngigkeit und Untreue der Franzosen zu Gemüte geführt; er, der Kurfürst, sei ihm aber in seinem Danksagungsbrieflein nur spitzig und fürwitzig übers Maul gefahren. Er habe sich damals schon schwarze Gedanken gemacht, wenn er sich auch solcher Falschheit nicht versehen hätte. Unfürstlich und unchristlich zumal sei es, einen armen Diener in solche Lage zu bringen, wo er seine Ehre nicht heil davonbringen könne. Wie er sich auch anstellte, entweder vom Kaiser oder vom Kurfürsten werde er sich als Verräter müssen traktieren lassen.

In derselben Angelegenheit erschien jetzt ein Jesuit, als Diener gekleidet, um keinen Verdacht zu erregen. Johann von Werth küsste dem Erwarteten die Hand, suchte es ihm so bequem wie möglich zu machen und dankte ihm für sein Kommen, da er Erlösung aus seinen Zweifeln von ihm erhoffe. Er wisse nicht ein noch aus, sei zwar entschlossen, dem Kaiser die Treue zu halten, möchte aber als guter Christ und redlicher Soldat sein Gewissen aus der Schlinge ziehen.

Der Jesuit faltete die Hände und sah Johann von Werth lächelnd ins Gesicht. Ja, wo denn da ein Problem oder Dilemma sei?, fragte er. Er habe kaum je einen so leichten Kasus gesehen! Der Kurfürst habe sich treulos an seinem kaiserlichen Herrn vergangen, indem er mit dem Feinde des Kaisers, den Franzosen, hinterrücks Frieden geschlossen habe, und der Kaiser habe ihn, Werth, nebst allen anderen im kaiserlich bayrischen Heere stehenden Offizieren abberufen. Wer ein ehrliebender Deutscher sei, müsse dem Rufe gehorchen.

Das sei wohl war, sagte Werth; aber die Offiziere hätten das Abberufungsschreiben alle pflichtschuldigst dem Kurfürsten eingesandt, und ihn habe der Kurfürst schon argwöhnisch angelassen, weil er das seinige so lange zurückbehalten hätte. Das wolle er nicht glauben!, sagte der Jesuit mit einem fast erschrockenen Blick auf Werth, dass die Herren sich beim Kurfürsten den Permiss einholten, ihrem Kaiser zu gehorchen! Ob Werth etwa bezweifle, dass der Kaiser sein oberster Herr sei?

Da sei Gott vor, antwortete Werth kleinlaut; aber er habe doch auch dem Kurfürsten den Eid geleistet, der Kurfürst habe ihn bezahlt, und er habe die ganzen Jahre hindurch Ordre vom Kurfürsten erhalten.

Der gemeine Soldat erhalte auch Ordre von seinem Obersten, entgegnete der Jesuit, und doch sei er dem General als dem höchsten Haupte unterworfen. Wenn aber Werths Gewissen so subtil sei, könne er auch von dem Eide, den er dem Kurfürsten geleistet, entbunden werden.

Ja, wenn das möglich wäre!, sagte Werth aufatmend. Dann würde ihm wieder leicht ums Herz werden!

Werth könne gewiss sein, sagte der Jesuit, dass er nicht nur keine Sünde auf sich lüde, indem er dem Kaiser die Armee zuführte, sondern seine Pflicht erfüllte und durch den Nutzen, der damit dem Erzhause und der Kirche geschähe, sich unsterbliches Verdienst erwürbe.

Johann von Werth verfiel wiederum in Nachsinnen. Die ehrwürdigen Väter, sagte er, könnten und würden doch aber nicht das ganze Heer vom Eide entbinden?

Freilich nicht, erwiderte der Jesuit unbefangen, das würde ja auch überflüssige Mühe sein. Der Untergebene brauche nicht für sich zu entscheiden, der hänge von seinem Oberfeldherrn ab; wo bliebe da die Ordnung, wenn jeder Wachtmeister und gemeine Soldat seinem unberatenen Gewissen nachlaufen wollte? Es habe ja auch jeder Mann, vom obersten bis zum niedrigsten, so viel Zutrauen und Anhänglichkeit für Werths Person, dass sie ohnedies alles in seine Hand legen würden. Der Kaiser sei darüber auch ganz beruhigt und habe sich mehrmals geäußert, wenn er nur den guten, frommen Werth hätte, so sei er der ganzen Armee gewiss. Werth tue ein gutes Werk, wenn er so viele arglose Christenseelen verhindere, mit dem bayrischen Luzifer zur Hölle zu fahren.

Erleichterten Gemüts begab sich Johann von Werth nun an die sorgfältige Vorbereitung seines Vorhabens, reiste nach München, wohin der Kurfürst, seinen Schlupfwinkel Wasserburg aufgebend, sich wieder begeben hatte, und benahm ihn und seine Räte jedes Argwohns, den sein Benehmen ihnen eingeflößt hatte. Als er kurz darauf den Befehl des Kurfürsten erhielt, die Regimenter an die böhmische Grenze vorrücken zu lassen, weil diese durch die Schweden bedroht wäre, beschloss er, die Gelegenheit zur Ausführung des geplanten Übertritts zu benutzen. Er fertigte Befehle an die verschiedenen Regimenter aus, nach Deggendorf, Eichstadt, Weiden zu ziehen, und benachrichtigte die kaiserlichen Offiziere, die schon früher angewiesen waren, im gegebenen Augenblick die zu ihnen stoßenden bayrischen Truppen aufzunehmen. Nachdem dies geschehen war, besprach er mit Sporck, ob es rätlich sei, noch mehr Offiziere in das Geheimnis zu ziehen. Sporck meinte, das würde nur Umstände und Weiterungen verursachen, weil doch der eine oder andere sich mit Widerspruch mausig machen würde, wenn man die Sache seinem Urteil unterbreitete. Frage man nicht lange, so zottelten sie wie die Schafe dem Hammel nach.

Seines eigenen Regiments sei er vollkommen sicher, sagte Johann von Werth. Herzog Ulrich von Württemberg sei ihm wie ein leiblicher Bruder zugetan, sie hätten Glück und Gefahr in unzähligen Treffen geteilt und wären unverbrüchlich verbunden. Der Herzog wiederum habe viel Einfluss auf den Walbot und den Druckmüller, so könne es da nicht fehlen.

Diesen evangelischen Herren, meinte Sporck, wäre ohnehin nichts an der Person des Kurfürsten gelegen; sie dienten ihm nur, weil wegen des vorhandenen Geldes das Kriegswesen nirgends so scharf getrieben würde wie in Bayern.

Werth tat einen langen Zug aus seinem Bierkruge und wischte sich den Schweiß von der Stirne; es war Ende Juni, und seit einigen Tagen herrschte drückende Hitze. Über der Trausnitz hatte sich der Himmel verdunkelt, als wolle es Nacht werden.

»Der Schweiß läuft von mir ab wie der Regen aus einer Dachtraufe«, sagte Sporck. »Hoffentlich wird bald ein Wetter aus der Wolke schlagen.«

»Das steht in Gottes Hand«, sagte Werth. Er könne nichts anderes denken, als wie er sich am Kurfürsten rächen könnte. Wäre er, Werth, weniger treuherzig gewesen, hätte er dieses Fürsten unredliche Gesinnung längst durchschaut. Weil jener sein redliches Herz erkannt hatte, deswegen habe er ihn stets zurückgesetzt.

In diesem Augenblick fuhren beide Männer auf und bogen sich aus dem offenen Fenster, weil sie das Klappern eines herangaloppierenden Pferdes vernahmen. »Es wird doch nichts vor der Zeit ausgekommen sein?«, sagte Werth unruhig. »Der Teufel hol es, dass von dreien immer einer ein Verräter ist!«

Indessen erwies sich der Reiter als ein Eilbote aus München mit einem Brief des Kurfürsten, in welchem er seinen Befehl, den Schutz der Grenzen betreffend, zurücknahm.

Johann von Werth fertigte den Mann rasch ab und zerriss dann das erhaltene Schreiben in Fetzen, zerrieb sie zwischen den Händen, warf sie zur Erde und trat mit den Füßen darauf herum. Nun tue Eile not, sagte er, die ganze Armee müsse sich sofort in Bewegung setzen. Es fehle nur noch die Unterschrift des Generalwachtmeisters von Holz, der die Befehle an das Fußvolk ausgeben müsse. Der Holz sei ihm kürzlich etwas verdächtig vorgekommen. Ob Sporck nichts bemerkt habe?

Sporck lachte kurz auf. Der Holz sei von jeher eine verdrossene Bestie gewesen, wie die Ketzer meistens wären. Weiter habe das nichts zu bedeuten. So?, sagte Werth. Er habe ihm, dem Holz, einmal einen Faustschlag versetzen wollen, weil er sich geweigert hätte, die Franzosen Hurensöhne zu nennen.

Werth solle ihm nur die Zähne zeigen, riet Sporck, er sei ein aufgeblasener Besserwisser, Werth war nicht ganz überzeugt und empfing Holz, der sich am folgenden Morgen einfand, nicht unverlegen mit polternder Vertraulichkeit. Er brauche nur noch seine Unterschrift unter ein paar Wische, sagte er, nachdem er ihm zugetrunken hatte, damit das Fußvolk verabredetermaßen aufbräche.

Er wisse nichts von der Verabredung, sagte Holz; ob ein Befehl des Kurfürsten vorhanden sei?

Das müsse ihm doch bekannt sein, sagte Werth unwillig, dass die Grenze wegen der Schweden besetzt werden solle!

Er habe keinen dergleichen Befehl vom Kurfürsten gesehen, beharrte Holz. Werth solle ihm denselben zeigen.

Er habe Befehle vom Kaiser, sagte Werth laut und heftig, das sei genug für einen ehrlichen deutschen Kavalier.

Bei aller schuldigen Ehrfurcht vor dem Kaiser, entgegnete Holz, dürfe er doch, da er dem Kurfürsten den Eid geleistet, nichts ohne kurfürstlichen Befehl tun.

»So!«, rief Werth zornig; »da könnte der Kurfürst dich auch gegen den Kaiser schicken?«

Einer solchen Unbescheidenheit glaube er sich vom Kurfürsten nicht versehen zu müssen, sagte Holz zögernd.

Dunkelrot vor Wut im Gesicht sprang Werth auf und stellte sich dicht vor den Generalwachtmeister. »Solltest du nicht wissen«, schrie er, »dass der Kurfürst zum Schelm am Kaiser geworden ist und mit dem Reichsfeind paktiert hat?«

Es stehe einem ehrlichen Soldaten nicht zu, an seines Herrn Handlungen zu mäkeln, sagte Holz, indem er vorsichtig ein paar Schritte zurücktrat.

»Wenn du ein solcher Hund bist«, schrie Werth, »so gehorche und schreib!« Holz zögerte einen Augenblick, dann setzte er unter die ausgefertigten Befehle, die auf dem Tische lagen, seinen Namen, ohne die Augen aufzuschlagen. Als er damit fertig war, bot Werth ihm die Hand und sagte begütigend, Holz solle ihm verzeihen, dass er ihm so grob übers Maul gefahren wäre. Er wisse aus Erfahrung, dass Holz ein wackerer Kamerad und redlicher Edelmann sei. Sie hätten es ja oft miteinander beklagt, dass der Kurfürst sich von den übermütigen Franzosen anschmieren ließe. Der Generalwachtmeister schob seine Hand wie ein Stück Holz in die dargebotene Werths und antwortete nicht. Werth möge ihn beurlauben, sagte er, er wolle schleunig in sein Quartier zurück, um das Nötige für den Aufbruch zu veranlassen.

Im nächsten Orte fand Holz die Obersten Gehling, Walbot und Druckmüller, die ihn erwarteten und begierig fragten, was vorgefallen sei. Es gelte schnell einen Entschluss zu fassen, sagte Holz, der nach hastigem Ritt außer Atem vom Pferde sprang, Werth wolle die ganze Armee dem Kaiser in die Hände spielen. Der ausführliche Bericht des Generalwachtmeisters versetzte die Obersten in große Erregung; für einen eidbrüchigen Verräter hatten sie Werth doch nicht angesehen, sagten sie. Der sei ja ärger als der Wallenstein! Das sei der Dank, dass der Kurfürst ihn aus dem Dreck geholt und zu etwas gemacht hätte!

Er wolle des Kurfürsten Verhalten gegen den Kaiser nicht durchaus billigen, sagte Holz, aber das entschuldige den Werth nicht. Man dürfe nicht glauben, dass es ihm um den Kaiser zu tun sei, er sei nur empfindlich, weil der Kurfürst ihn nicht zum Feldmarschall gemacht hatte. Er wisse es ganz gewiss durch Herzog Ulrich von Württemberg, dass die Ernennung Gronsfelds den Ausschlag gegeben hätte. Ob der Herzog noch nicht eingetroffen sei?

Er habe, hieß es, einen eigenhändigen Brief geschickt, es sei ihm herzlich leid um den General von Werth, mit dem er immer freundbrüderlich zusammengehalten hätte; aber als ein Soldat von Ehre könne er doch den Kurfürsten nicht verraten. Sei also einverstanden, dass man dem Kurfürsten insgeheim eine Warnung zukommen ließe, werde auch keinesfalls sein Volk über die Donau gehen lassen, und wenn Blut fließen müsse, so werde er seins nicht schonen.

Was das betreffe, sagte Holz, so sei er fest entschlossen, es im Notfall auf einen Kampf ankommen zu lassen. Seiner Truppen sei er ganz sicher, die scherten sich nicht um den Kaiser, wären gut bayrisch.

Von ihnen als Protestanten sei es am wenigsten zu erwarten, sagten die anderen Obersten, dass sie dem Kaiser Vorschub leisteten. Wenn er sähe, dass der Kurfürst ernstlich zum Frieden geneigt wäre, würde er vielleicht endlich auch nachgeben.

Als der Kurfürst den Verrat Johann von Werths erfuhr, wurde er gelb im Gesicht, schloss die Augen und schnappte nach Luft, sodass sein Rat Küttner von Kunitz, der bei ihm war, voll Schrecken einen Sessel herbeirollte, die Arme ausstreckte, um seinen Herrn aufzufangen, und nach der Glocke schielte, als wolle er mit den Augen läuten. Nach einer kurzen Pause jedoch vermochte der Kurfürst einen strengen Blick auf Küttner zu werfen, sich ohne Hilfe zu setzen und den Mund zu öffnen; es solle augenblicklich, sagte er, eine Kommission eingesetzt werden, um den Werth zu prozessieren, und es sei sein ausdrücklicher Wille, dass die Folter angewendet werde, damit keine Einzelheit dieser unerhörten Felonie verborgen bliebe.

Küttner rang die Hände und bemerkte, des Kurfürsten Befehl werde augenblicklich exequiert werden; es stehe zu hoffen, dass keiner der Schuldigen entkäme und auch der Werth verdientermaßen gefangen würde.

Der hundsföttische Verräter, sagte der Kurfürst, wäre ihm mit der halben Armee nicht zu teuer bezahlt.

Da müsste ja kein gerechter Gott im Himmel sein, sagte Küttner, wenn der stinkende Bösewicht entschlüpfte.

Es wären verhoffentlich die nötigen Ordres gegeben?, sagte der Kurfürst.

Die Befehle wären bereits ausgefertigt, erwiderte Küttner, der Kurfürst müsse nur noch unterschreiben. Die allgemeine Meinung wäre, dass, wenn nicht Gewalt oder List angewandt würde, der bayrische Soldat sich nicht von seiner Pflicht würde abtrünnig machen lassen. Von den Obersten Walbot, Druckmüller und Herzog von Württemberg wären schon treuherzige Versicherungen eingelaufen, dass sie mit dem Höllenwerth nichts gemein hätten und gebührenden Abscheu vor dem basiliskischen Verräter hegten. Sie wollten Leib und Leben wagen, um dem Kurfürsten die Armee zu erhalten, und der Herzog von Württemberg habe noch hinzugefügt, er hoffe, der Kurfürst werde sich seines Bruders, des regierenden Herzogs, in Gnaden annehmen.

Es solle in der Antwort an die treu gebliebenen Obersten, befahl der Kurfürst, mit Vertröstungen nicht gespart werden. Die Belohnung der Guten solle ebenso enorm sein wie die Strafe der Übeltäter.

Inzwischen harte sich Küttner wieder gesammelt und sagte, es sei nur gut, dass der Teufel an seinem schwefelichten Gestank zu erkennen wäre und der Böse sich dem Guten verdächtig und auffällig machte. Er, Küttner, habe noch letzthin, als der Werth in München gewesen wäre, gesagt, der Werth habe dem Kurfürsten am besten gedient, als er zu Vincennes gefangen gesessen habe. Und der Kurfürst werde sich erinnern, wie oft er überhaupt gesagt hätte, man solle den Werth in Vincennes lassen, so brauche man ihn nicht selbst zu bewachen.

Es hätte Küttner ja freigestanden, sagte der Kurfürst mürrisch, den Bösewicht damals zu entlarven, als er in München gewesen sei. Eine so weitverzweigte Verschwörung müsse damals schon im Schwange gewesen sein.

Ach Gott, jammerte Küttner, der Schalk habe ihn mit Nachäffung altbayrischer Redlichkeit und Unschuld zu verblenden gewusst! Die Strafe hätte ihn bald erreicht, denn wenn es nach Werths Willen gegangen wäre, so hätte er den Kurfürsten mitsamt seinen Räten gefangen genommen, und Schimpf und Erniedrigung, vielleicht sogar ein elender Tod wäre ihnen allen zuteil geworden.

Es solle wohl umgekehrt kommen, sagte der Kurfürst entschlossen. Sofort solle die Achtung aufgesetzt und in Bayern, Österreich und allenthalben im Reich verkündet werden. Derjenige, der ihn lebend oder tot einliefere, solle 10 000 Taler erhalten; auf den Sporck solle auch etwas ausgesetzt werden, aber weniger. Seine Güter im Bayrischen sollten eingezogen, die Beamten abgesetzt und alle Schriften und Habseligkeiten ausgeliefert werden.

Es wären ihrer viele, sagte Küttner; die Gnade des Kurfürsten habe sich reichlich über den Unwürdigen ergossen.

Die vielen Schlösser und Güter, die er am Rheine hätte, fuhr der Kurfürst fort, sollten alle eingeäschert werden, dafür müssten ihm die Franzosen sorgen. Der Sporck habe Häuser im Hessischen, deren könne man auch durch französische Vermittelung mächtig werden.

Demnächst musste Küttner nach Eger zum schwedischen Feldmarschall Wrangel eilen, damit der nicht etwa meine, der Übertritt Werths geschähe im heimlichen Einverständnis mit dem Kurfürsten. Küttner solle die schönen Worte nicht sparen, schärfte der Kurfürst ihm ein, um Wrangel jeden Argwohn zu nehmen, und ebenso trug er Sorge, die Franzosen seiner unerschütterlich aufrichtigen Bundestreue zu versichern.

Unweit der holländischen Grenze in einer sandigen Mulde lag ein Siechenhaus, das seit mehr als hundert Jahren dazu diente, Aussätzige aufzunehmen; jetzt bewohnten es Vagabunden, die, als sie bettelnd in diese Gegend gekommen waren, den Einfall gehabt hätten, sich hier einzunisten. Die kräftigsten unter den Kranken, die sich ihnen widersetzten, brachten sie um, einige verschonten sie, teils aus Mitleid und Widerwillen, teils damit sie die Vorräte abholten, die ihnen zwei- oder dreimal im Jahre von der jülichschen Regierung zugetragen werden sollten.

Es war August, und die Sonne stach glühend auf die schattenlose Fläche, als ein junger Bursche mit guten Nachrichten von einem längeren Ausfluge zurückkam; aber ehe er berichtete, sagte er, müsse er etwas zu trinken haben, denn die Zunge klebe ihm am Gaumen. Ein alter Mann, sein Vater, schlug es ihm ab; der Wein, der noch da sei, müsse für ihn bleiben. Der Streit endete damit, dass der junge Mann nachgeben und mit Wasser vorliebnehmen musste; dann erzählte er, dass ein vornehmer Herr, nur von einem einzigen Diener begleitet, noch am selben Abend hier vorbeikommen werde. Er gehöre zu der englischen Gesandtschaft, die in Wien gewesen sei, und habe krank in Köln zurückbleiben müssen. Er führe viel Gepäck mit, kostbaren Staat und auch Geld.

Mit dem silbernen und goldenen Zeug könnten sie ja doch nichts anfangen, sagte die Mutter des Burschen abweisend; wenn sie es verkauften, machten sie sich verdächtig. Das bestritt der Mann; er habe doch auch die Dose aus purem Gold und mit Edelsteinen besetzt gut angebracht, die der Schwede ihm damals für ihre letzte Kuh gegeben hätte.

Ja, sagte die alte Frau, fünf Taler habe ihm der Jude dafür gegeben, und an die hundert sei sie wert gewesen. Er hätte den Handel nie eingehen sollen, das Gold habe ihn verblendet. Wenn sie die Kuh behalten hätten, so hätten sie ihr Häuschen niemals zu verlassen brauchen. Sie begann zu weinen in Erinnerung an ihr kleines Anwesen, die strohgedeckte, von Weiden umgebene Hütte am Bache.

Die Traurigkeit, die sich verbreitete, vertrieb der junge Mann, indem er den Vater mahnte, dass sie sich einig werden müssten, wie sie das Wild in die Falle lockten.

Wenn es Nacht würde, bevor er käme, sagte der Alte, wollten sie Licht anzünden, damit er meinte, es sei da ein Wirtshaus, und vielleicht einspräche.

Der Sohn entgegnete, es sei doch sicherer, ihm an der Straße aufzulauern, hinter dem großen Ginsterbusch könnten sie sich verstecken. Oder sie könnten ihn verfolgen und ängstigen, dass er in ihrem Hause Zuflucht suchte.

Als die Dämmerung kam und Licht angezündet wurde, fragten die Aussätzigen, die in einem Winkel kauernd alles mit angehört hatten, was das zu bedeuten habe? Sie wollten kein Licht, es könne Wölfe anlocken.

Ob sie glaubten, ihre Knochen lockten die Wölfe?, fragte der Alte.

Sie hätten die letzte Nacht Wölfe bellen hören, beharrten die Aussätzigen, und sie wollten nicht von Wolfszähnen zerrissen werden.

Nun, sie sollten nur kommen, sagte der Alte, er habe Messer und Äxte schon geschliffen. Ja, sie wüssten wohl, wozu, riefen jetzt die Aussätzigen. Er und sein Sohn wären Mörder! Aber sie wollten es nicht länger leiden, sie hätten der Gräuel genug gesehen, sie wollten sie anzeigen.

Der junge Mann hob einen Knüttel und drohte, er werde ihnen die Knochen im Leibe zerschlagen, wenn sie nicht schwiegen.

Das sei ihr gleich, schrie mit gellender Stimme eine Frau, die rote, vereiterte Augen und offene Wunden im Gesicht und an den Armen hatte; er solle sie nur totschlagen, aber sie wolle es laut herausschreien, dass sie Landstreicher, Räuber und Mörder wären.

Der Bursche wollte auf sie losspringen, allein die alte Frau hielt ihn zurück. Er solle die armen Würmer schimpfen lassen, sagte sie, die brauche er doch nicht zu fürchten. Es solle nicht umsonst Blut vergossen werden, ohnehin werde es nicht gut ablaufen. Dazu jammerte sie und fluchte denjenigen, die sie so weit gebracht hätten.

Unterdessen ritt der junge Engländer die staubige Straße herunter in Gedanken darüber, was für ein wildes, hässliches Land Deutschland sei und wie er sich daheim für die ausgestandenen Entbehrungen entschädigen wolle. Als es dunkelte, sah er sich zuweilen nach dem deutschen Diener um, den er der Sprache wegen gemietet hatte, und sagte zu ihm, er solle sich dicht hinter ihm und die Pistole schussbereit halten.

Der Diener, der vorher Soldat in schwedischem Dienst gewesen war, sagte, daran fehle es nicht; aber verirren würden sie sich. Es sei ja nicht Baum und Strauch da, um den Weg zu erkennen. Sie hätten besser getan, im letzten Dorfe zu übernachten.

Er habe allerdings nicht gedacht, sagte der Engländer, dass sie sich in einer solchen Wüste befänden.

Sie könnten immer noch umkehren, schlug der Diener vor. In einer Stunde würden sie das Dorf erreicht haben.

Umkehren?, sagte der Engländer. Das Wort verstehe er nicht. Es werde wohl wieder ein Dorf kommen, wo sie bleiben könnten oder einen Führer erhielten.

Wenn nun aber keins käme?, meinte der Diener zögernd.

Das werde sich zeigen, entschied der Engländer.

Nach einer kleinen Stunde wurden in der Mulde die hellen Fenster des Siechenhauses sichtbar, das unter dem großen, überhängenden Dache wie ein lauerndes Tier dalag. Der Engländer drehte sich nach seinem Diener um und wies darauf hin.

Man könne doch nicht wissen, was für ein Haus das sei, sagte der Diener argwöhnisch.

So würden sie es erfahren, sagte der Engländer. Jedenfalls würde es Wasser für die Pferde geben.

Diesen Morgen, erzählte der Diener, während sie von der Straße abbogen und auf das Haus zuritten, als er die Stalltür habe öffnen wollen, um die Pferde herauszuholen, sei seine Hand voll Blut gewesen.

Nun, und was weiter?, sagte der Herr. Er hätte sich doch waschen können! Aber es habe gewiss nichts Gutes zu bedeuten, sagte der Diener.

Es habe zu bedeuten, erwiderte der Herr, dass der Wirt und die Stallknechte in der Herberge Schmutzfinken wären und dass er, der Diener, ein Dummkopf sei.

Als sie nahe bei dem totenstillen Hause waren, flüsterte der Diener, es könnten leicht bissige Hunde da sein.

»Sowie sich etwas Verdächtiges rührt, schieße!«, befahl der Engländer. Auf mehrmaliges Klopfen öffnete sich ein Fenster, und die alte Frau erschien, verhieß Wasser für die Pferde und auch ein Glas Wein und Brot für die Reisenden. Ob sie etwa auch Unterkunft für die Nacht erhalten könnten?, fragte der Engländer, dem die Alte Vertrauen einflößte.

Es werde sich wohl tun lassen, wenn der Herr vorliebnehmen wollte, antwortete die Frau; sie wolle ihren Mann und ihren Sohn rufen, die draußen beschäftigt wären. Während der Engländer ins Haus trat und der Diener die Pferde tränkte, tat die Alte einen langen Pfiff durch die Zähne, der sich klagend in der Dunkelheit verlor; gleich darauf tauchten beim Ginsterbusche der alte Mann und sein Sohn auf und gingen mit eiligen Schritten die Mulde hinunter dem Hause zu.

Der Kommandant von Eger setzte seinen Offizieren auseinander, warum er es für richtig halte, zu kapitulieren. Auf einen Sturm dürfe er es nicht ankommen lassen; die Stadt sei ja im Herzen schwedisch und würde mit den Feinden gemeine Sache machen. Kapituliere er, so könne er wenigstens die Besatzung für den Kaiser retten.

Die Offiziere waren derselben Meinung; sie hätten so lange wie möglich auf Entsatz gewartet, nun müssten sie auf anderem Wege Rettung suchen. Was die rechtzeitige Annäherung der kaiserlichen Armee verhindert hätte, wüssten sie ja nicht, lehnten jedenfalls alle Verantwortung für die Folgen ab.

Einzig der junge Schaffgotsch widersprach. Dergleichen wunderliche Judicia, sagte er hochmütig, lasse sein Kopf sich nicht insinuieren. Der Kaiser sei in eigener Person im Heranziehen begriffen und würde sie wunderlich ansehen, wenn sie ihm auf schimpflichem Abzuge begegneten. Er halte eine Kapitulation für nicht kavaliermäßig.

Die anderen fühlten sich durch diese Worte beleidigt. Ob etwa der Kaiser sich freuen würde, sagte der Kommandant, wenn er Eger als Schutthaufen wiedersähe? Er sei für die Besatzung verantwortlich und dürfe sie nicht nutzlos abschlachten lassen.

Schaffgotsch verharrte bei seiner Meinung. Man hätte der verräterischen, ketzerischen Bürgerschaft von Eger, sagte er, von Anfang an die Kehle besser zuschnüren sollen. Er werde in Ewigkeit seine Stimme nicht zur Kapitulation geben.

Der Kaiser war in der Tat nicht wenig erschrocken und entrüstet, als er unweit Pilsen die Nachricht vom Verluste der wichtigen Festung erhielt, und der Kriegsrat, Schlick an der Spitze, bereitete sich zu nachdrücklicher Bestrafung des Kommandanten. Melander, der neue Oberbefehlshaber, nahm ihn in Schutz, da er nach so langer Verzögerung auf die versprochene Hilfe nicht mehr hätte rechnen können. Er, Melander, habe vorausgesagt, was man aufs Spiel setze, aber allen seinen Warnungen zum Trotz habe man die ungeschicktesten Wege eingeschlagen, damit die Güter des Grafen Schlick vom Durchmarsche verschont blieben.

Schlick, der in den letzten Jahren schwerhörig und zahnlos und infolge des Bewusstseins seiner allgemeinen Untauglichkeit durch Alter und Gebrechlichkeit sehr empfindlich geworden war, geriet über diesen Vorwurf in große Aufregung. Dahin sei es also gekommen, rief er aus, dass die treuesten, ergebensten Diener des Kaisers, zu denen er sich wohl rechnen dürfe, sich von Fremden und noch dazu Ketzern müssten beschimpfen lassen! Schon bei den weisen Römern wären die homines novi anrüchig gewesen; nach diesem uralten, erprobten Beispiel habe er sich gerichtet und sich stets vor solchen gehütet. Wozu schützte man eigentlich Kaiser und Reich vor Rebellen und Ketzern, wenn der Kaiser selbst einen Catilina am Busen nährte? Schweden und Türken wären nicht so gefährlich wie ein innerer Krebs, der den Körper von den Eingeweiden aus auffräße. Er habe es vorausgesagt und bleibe dabei, es könne von Melander nichts Gutes kommen, der es als ein Hesse und Mann unbekannten, niederen Ursprungs nicht redlich mit dem Kaiser meinte.

Als Lobkowitz dem Kaiser vorstellte, wie oft die Einmischungen des Kriegsrates den militärischen Erfolgen hinderlich gewesen wären, was für Zusicherungen man Melander diesbezüglich gegeben hätte, dass er der Mann nicht sei, sich etwas gefallen zu lassen, und dass Schlick schwachköpfig und unbrauchbar sei, antwortete Ferdinand, er werde den großmütigen Grundsatz seines Hauses, mit ergrauten Dienern unerschöpfliche Nachsicht zu üben, niemals entwurzeln. Lobkowitz solle sich erinnern, wie schläfrig der alte Slawata zuletzt gewesen sei; aber er, Ferdinand, habe ihm beim Tode seines Vaters versprochen, ihn immerdar bei sich zu behalten, und das habe er getan. Lobkowitz solle zusehen, wie das Problem gelöst würde, ohne Schlick Ombrage zu geben.

Nachdem es Melander nicht gelang, Eger zurückzuerobern, und überhaupt im Verlaufe des Sommers durchaus nichts ausgerichtet wurde, gab Lobkowitz den Rat, der Kurfürst von Bayern müsse wieder auf des Kaisers Seite gezogen werden. Dieser sei nun einmal der natürliche und nunmehr auch der einzig erhältliche Verbündete des Kaisers, er müsse mit aller Gewalt zu seiner Pflicht zurückgeführt werden.

Ferdinands blasses Gesicht rötete sich vor Unwillen. Er wolle lieber der Landgräfin von Hessen oder gar dem treulosen Herzog von Württemberg die Hand reichen, sagte er, als dem Judas, seinem Oheim.

Das sei wohl zu begreifen, sagte Lobkowitz, Maximilian habe hässlich an seinem gnädigen Kaiser gehandelt. Aber er habe es aus Staatsräson getan, um sein Land vor Verwüstung zu retten, und es liege Grund vor, zu glauben, dass es ihn schon wieder gereue. Nach seinem Dafürhalten würde der Kaiser am besten tun, sich Frankreich zu nähern; dadurch würde Bayern lahmgelegt, indem Frankreich den Kurfürsten aufopfern würde, wie er vormals Frankreich gegen den Kaiser ausgespielt hätte.

Frankreich ein Bündnis anzutragen, stehe dem frommen Erzhause nicht an, sagte der Kaiser; aber damit sei er einverstanden, dass man sich Frankreich zum Schein nähere, damit der Kurfürst innewürde, in was für eine Falle er sich mutwillig begeben hätte.

Durch seinen Gesandten davon unterrichtet, dass der Kaiser mit Frankreich angeknüpft hätte und dass Verhandlungen im Werke wären, wonach dem pfälzischen Prinzen Karl Ludwig die ganze Pfalz nebst der Kurwürde zurückgegeben werden sollte, begann Maximilian den Mahnungen seines Beichtvaters Gehör zu schenken, der die französische Politik immer missbilligt hatte. Frankreichs Gottlosigkeit, triumphierte er, habe sich einmal wieder offenbart; es sei sofort bereit gewesen, seinen Bundesgenossen dem Kaiser preiszugeben, gegen den es seit Jahren einen hinterlistigen und räuberischen Krieg führe; Maximilian solle doch sein Heil bedenken und seine Seele durch Versöhnung mit dem Kaiser retten.

Gegen Lobkowitz, der nach München gereist war, um die Beziehungen neu zu knüpfen, äußerte sich Maximilian, er sei bereit, das alte freundvetterliche Verhältnis zum Erzhause, dem er schon so viele Opfer gebracht hätte, wieder aufzunehmen; der Kaiser möge ihm aber so weit entgegenkommen, dass er ihm Johann von Werth ausliefere, damit der schwarze Verräter und undankbare Höllensohn den gebührenden Lohn empfinge.

Das könne des Kurfürsten Ernst nicht sein, entgegnete Lobkowitz. Ja, er solle sich doch einmal in des Kaisers Lage versetzen. Einen Diener, der ihm in der Not die Treue gehalten, preisgeben! Der Kurfürst kenne seinen Schwager wenig, wenn er das für möglich hielte.

Das Faltennetz verstrickte sich enger um Maximilians graues, trockenes Gesicht. Er habe sich geschworen, sagte er, an dem spitzbübischen Schurken, der ihn mitsamt seinen Räten hätte fangen und erdrosseln wollen, Rache zu nehmen, und davon werde ihn niemand abbringen.

Lobkowitz äußerte Zweifel, ob Johann von Werth, der sich stets als redliches Soldatengemüt erwiesen, dergleichen lose Pläne wirklich gehegt hätte. Es zeige sich doch jetzt, wie gut er es mit dem Kurfürsten gemeint hätte, indem er ihn vor den Franzosen warnte, die jetzt sogleich bereit waren, den Kurfürsten, ihren Bundesgenossen, aufzuopfern.

Die Schelmerei der Franzosen hindere nicht, sagte Maximilian, dass der Werth ein abgefeimter Bube wäre und den Galgen verdiente. Seine fürstliche Ehre gestatte es nicht, neben einem unbestraften Verräter zu Felde zu ziehen.

Nun, sagte Lobkowitz, das wäre ja auch nicht nötig, der Kaiser könne den Werth auch anderswo gebrauchen. Freilich sollte auf die Wiederherstellung des altheiligen Bündnisses zwischen Ferdinand und Maximilian kein Schatten fallen, und er glaube sich von vornherein verbürgen zu dürfen, dass der Kurfürst dem Johann von Werth nicht begegnen würde.

Gab der Kurfürst insofern nach, als er auf die Auslieferung Werths verzichtete, so musste der Kaiser die Demütigung auf sich nehmen, das Abberufungsdekret aufzuheben, durch welches er die Offiziere der gemeinsamen Armee an sich zu ziehen gesucht hatte. Der Aufgabe, Werth mit guter Manier zu entfernen, musste sich Lobkowitz unterziehen.

Am 10. Oktober speisten Johann von Werth und Sporck beim Fürsten Lobkowitz, der den Wirt mit einem besonderen Aufwande von Munterkeit und Speisen machte. Sowohl Sporck wie Werth waren nach ihrer Art schweigsam, aber des Letzteren Gesicht glänzte von Genugtuung. Seit einem Jahre, sagte er, habe der Wein ihm nicht geschmeckt wie heute; das sei ihm mehr wert als der herrlichste Sieg, dass der Bayer zu Kreuze gekrochen sei.

Lobkowitz lachte wie närrisch und feuerte die Herren mit Bezugnahme auf Werths letzte Worte zum Trinken an, worauf Sporck, vor Vergnügen grunzend, sein soeben gefülltes Glas langsam hinuntergoss. Was ihn betreffe, sagte er, indem er die Augen langsam im Kreise herumgehen ließ, so höre er heute nicht auf, bis er besoffen unterm Tische läge; aber zuvor wolle er gehörig Bresche in Lobkowitzens Keller schlagen.

Das sei von solchen Feldherren zu erwarten, antwortete Lobkowitz, und habe auch nichts zu sagen; sein Keller sei wie ein Kaninchenstall, es gäbe immer wieder Nachwuchs.

Sporck zwinkerte und schnalzte mit der Zunge. Ja, das sei ein feuriger Wein, sagte er, der könne viele Fässer bersten machen. Johann von Werth solle sich ein Beispiel daran nehmen.

Werth, der seit einigen Jahren Witwer war und mit Heiratsgedanken umging, lachte ein kollerndes, wohlgefälliges Lachen. Das müsse mit dem Teufel zugehen, rief er, wenn er nicht noch einen Sohn erzeugen sollte. Wozu hätte er denn mit lauter Arbeit den Adel und einen ruhmvollen Namen verdient, wenn ihn sein Sohn nicht auf die Nachwelt brächte? Er fürchte nur, dass er zu alt sei. Er habe die beste Zeit und Kraft für den Kaiser und den heiligen Glauben ausgegeben.

Zu alt?, rief Lobkowitz. Werth sei doch gewiss nicht älter als er, und er gedenke seinen Freunden noch manche Überraschung zu bereiten. Übrigens habe Abraham mit hundert Jahren noch einen Sohn erzeugt. Jetzt sei gerade der rechte Augenblick, die beste Gelegenheit für Werth, sich ein Nest zu bauen und ungestört mit einem Weibchen zu kosen.

Werth winkte mit dem dicken Zeigefinger ab. Nein, sagte er, jetzt sei weniger Zeit als je. Jetzt, hoffe er, solle die Kampagne erst angehen, und es solle die schönste und rühmlichste seines Lebens werden. Heldentaten wolle er verrichten unter den Augen des Kurfürsten, der solle ihn jetzt ›Mein lieber von Werth‹ nennen, ihn, den er lieber am höchsten Galgen sähe.

Ach, sagte Lobkowitz, da wäre vieles zu sagen. Werth kenne die Hartköpfigkeit, Verbissenheit und gänzliche Enormität des Kurfürsten nicht.

Ha, lachte Werth, wer denn die kennte, wenn nicht er? Man könne eher einen Wolf aus seinem Fell als den Kurfürsten aus seinem Willen peitschen. Das lege er alles in Gottes Hand, der der Unschuld zu ihrem Recht verhelfe.

Sporck schlug ein Kreuz und goss ein Glas hinunter. Er sage nichts weiter, sagte er, als Gott habe das letzte Wort, und das sei gut.

Noch habe Gott das letzte Wort nicht gesprochen, sagte Lobkowitz; täte er es aber, dann freilich bleibe der Lohn nicht aus. Er erzählte von seiner Mutter, die in diesem selben Hause Anno 1618 den Martinitz und Slawata gepflegt hätte nach der Defenestration, und wie dasselbe Haus dann von den Aufständischen besetzt worden, aber ihre Standhaftigkeit doch nicht zu erschüttern gewesen wäre. Ja, was hätte er eigentlich dazumal für Aussichten gehabt? Und dann bei der Wallensteinischen Affäre! Da hätte er, Lobkowitz, leicht in die abscheuliche Verräterei hineintappen können, da er unter Wallensteins Oberbefehl gestanden hätte. Er sei ja noch glücklich davongekommen, aber zwischen Scylla und Charybdis habe er damals hindurch müssen.

So?, sagte Werth, die Stirne faltend; Lobkowitz sei ein Politiker, er, Werth, aber nur ein alter Soldat und verstehe sich schlecht auf politische Weisheit. Seine Maxime sei, die Segel aufzuziehen, wenn ein Wetter drohe. Fürchten tue er keinen Menschen und habe auch keine Ursache dazu. Er habe den Herrgott und den Kaiser auf seiner Seite, die beiden würden ihn nicht verlassen.

Lobkowitz beteuerte eifrig die Großmut des Kaisers und seine besondere Zuneigung für Johann von Werth. Werth müsse aber auch die Lage des Kaisers begreifen. In was für Not sich derselbe durch die bayrische Treulosigkeit und den französischen Übermut befinde, sei ja bekannt. Was bliebe ihm übrig, als für den Augenblick zum Schein sich den anmaßlichen Forderungen des Kurfürsten zu fügen?

»Was soll das heißen?«, rief Werth und schlug mit der Faust auf den Tisch. »Soll das heißen, dass der Kaiser den treuen Werth dem verräterischen Kurfürsten preisgibt?«

Lobkowitz prallte mit komisch übertriebenem Entsetzen zurück. Solche Worte dürften in diesem Palaste nicht laut werden! In diesem Hause wären selbst die Wände dem Kaiser so ergeben, dass sie solche Worte zurückwürfen! Das sei doch Werth wohl schon mitgeteilt worden, dass der Kurfürst darauf bestände, der Kaiser müsse das Abberufungsdekret aufheben und Werth entfernen, damit seine fürstliche Ehre nicht Schaden litte.

»Und *meine* Ehre?«, schrie Johann von Werth. »Und *meine* Ehre? Das Abberufungsdekret aufheben heißt, mich zum Schelmen zu machen!«

Lobkowitz brach plötzlich in ein Gelächter aus und konnte erst nach einer Weile wieder sprechen. Wenn das so wäre, sagte er, noch glucksend, würde ja dasselbe für den Kaiser gelten. So sei das nicht aufzufassen. Wenn ein wenig Gras über diesen labyrinthischen Vorgängen gewachsen sei, würde alles von selbst wieder in die alten Geleise kommen.

Unterdessen schluchzte Werth so, dass sein Körper davon erschüttert wurde. »Ich habe dem Kaiser meine Ehre anvertraut«, jammerte er, »der Kaiser soll mir meine Ehre wiedergeben!«

Sporck goss ein Glas Wein hinunter und sagte, er fordere jeden vor sein Schwert, der seine Ehre antasten wollte. Er fürchte den Höllenfürsten nicht, wie viel weniger den Kurfürsten von Bayern.

Sporck habe recht, vollkommen recht, sagte Lobkowitz eifrig. Es sei kein Beweis von Furcht, wenn man einem Wütenden nachgäbe, bis er wieder Vernunft annähme. Es sei ja nicht so, als ob Werth in kaiserliche Ungnade gefallen sei, bewahre! Es sei ja auch möglich, dass der Kurfürst noch zur Einsicht käme; was an ihm sei, wolle er tun und ihm womöglich ein Lichtlein in den Schädel setzen.

In dieser beschwichtigenden Rede wurde Lobkowitz unterbrochen und kehrte, nachdem draußen eine Weile laut geredet worden war, in sichtbarer Verlegenheit zurück. So gehe es zu in der Welt, sagte er, man könne nicht vergnügt beieinander sein, ohne dass der Teufel seinen Schwanz dazwischensteckte. Eben bringe ein Eilbote Bericht, dass Graf Gronsfeld mit dem Vortrab der bayrischen Armee im Anzuge sei. Nun helfe kein Maulspitzen mehr, nun müssten Werth und Sporck sich beiseite schlagen, damit nicht Pulver und Feuer in einem Passe beieinander wären.

Ihm wäre es gleich, sagte Sporck gelassen, wenn Prag in die Luft flöge. Lobkowitz lachte krampfhaft. Ja, wenn sein Haus nicht da stände, sagte er, hätte er auch nichts dagegen.

Also der Gronsfeld käme, sagte Sporck. Der würde sich gewiss freuen, den Melander wiederzusehen, dem er das letzte Mal bei Hessisch-Oldendorp den Rücken gezeigt hätte.

Gronsfeld sei aber doch ein sehr gelehrter General, sagte Lobkowitz, habe das Kriegswesen unter Tilly studiert.

Sporck stieß ein grunzendes Gelächter aus. Freilich, sagte er, wenn man das Davonlaufen studiert hätte, ginge es umso besser.

Nun, sagte Lobkowitz, je untauglicher sich Gronsfeld zeigte, desto eher würden Werth und Sporck wieder herbeigerufen. Ach, er beneide sie! Sie könnten sich jetzt wie die Maulwürfe in trauliche, unterirdische Löcher verkriechen, mit dem Frühling steckten sie die Nase heraus, und wenn sie Tauluft witterten, machten sie sich mit Anemonen und Veilchen völlig ans Licht.

Werths Augen standen voll Tränen, als er mit Sporck im Reisewagen aus Prag fuhr. »Ein gewaschener Wolf bleibt doch ein Wolf«, sagte Sporck, »und Fürsten und Adel kleben nun einmal zusammen wie ein Weichselzopf.« Wie hätte es Werth der Württemberger Ulrich gemacht, den er für einen Bruder angesehen hätte! Und von dem Wallenstein sagten auch viele, er sei zu Unrecht ermordet worden.

Werth verschluckte seine Gemütsbewegung, um zu antworten. Wallenstein, sagte er, sei ein Bösewicht gewesen und mit Heimlichkeiten umgegangen, er dagegen, Werth, habe offen wie ein Ehrenmann seine Pflicht getan. Übrigens sei der Wallenstein ja auch ein Edelmann gewesen. Aber was den Württemberger Ulrich betreffe, so sei keine Schlange so giftig wie er, und wenn Gott ihn, Werth, nur so lange leben ließe, bis er seine Rache stillen könnte, so wolle er hernach gern den bittersten Tod erleiden. Müsste er vor seiner Rache absterben, so wolle er auch nichts von Gott wissen und lieber zur Hölle fahren.

Das wäre!, sagte Sporck missbilligend. Wenn Gott im Himmel wäre, und daran könne doch niemand zweifeln, so würde er dergleichen hundsföttische Kerle schon beim Schopfe nehmen. Deshalb sei er auch so getrost und in seinem Gott vergnügt. Den Bösewichten würde es schon eingetränkt werden; die ärgsten Malefikanten kämen beim Rädern zuletzt an die Reihe, und wenn die Rache saftig sein sollte, müsse sie lange kochen.

Im Frühjahr 1648 hatte es Wrangel endlich durchgesetzt, dass Turenne zu ihm stieß und ihn in den Stand setzte, den Eingang nach Bayern zu erzwingen. Er begrüßte Turenne mit ausnehmender Höflichkeit und sprach lächelnd von seiner Freude, ihn wiederzusehen, worauf Turenne ein wenig ungeduldig mit den Augen blinzelte und sagte, in Geschäftssachen müsste das Herz schweigen, sonst würde er sich nie von ihm getrennt haben. Sie besprachen ihre Lage, einigten sich über die Quartiere, und Wrangel teilte mit, dass sie sich etwa sechs Wochen, nicht länger, hier herum, nämlich in der Oberpfalz und Schwaben, würden halten können. Dann würde alles kahl gefressen sein, und sie müssten sich in Bayern erholen. Bis dahin würde Königsmarck von Eger zurück sein, sie würden dann nahe an 20 000 Mann zählen und brauchten am Erfolge nicht zu zweifeln.

Turenne faltete die Brauen und sagte, es sei Wrangel doch wohl bekannt, dass Königsmarck sich unerhörte Impertinenzen gegen ihn herausgenommen hätte.

Dies bezog sich darauf, dass die letzten Reste der Weimaraner sich von Turenne getrennt und ihren Dienst Königsmarck angetragen hatten, der trotz gewisser Bedenken darauf eingegangen war.

Turenne, der die Weimaraner als Deserteure und Rebellen betrachtete, fühlte sich dadurch beleidigt und weigerte sich, seine Truppen neben ihnen fechten zu lassen.

Wrangel entschuldigte Königsmarck damit, dass die Weimaraner im andern Falle zu Lamboy übergegangen wären, der sie mit großen Versprechungen angelockt hätte; es würde doch nicht vernünftig gewesen sein, gute alte Soldaten ins feindliche Lager laufen zu lassen.

Man hätte sie einschließen und niederhauen sollen, sagte Turenne.

Er hätte geglaubt, sagte Wrangel unbefangen, dass Turenne das schon versucht hätte, dass es ihm aber nicht geglückt wäre.

Turenne wurde rot und sagte, er sei damals in einer Lage gewesen, die ihm das unmöglich gemacht hätte.

Wrangel zuckte die Achsel und sagte, das habe er nicht gewusst. Immerhin wäre es schade, erprobte Soldaten niederzumachen zu einer Zeit, wo Mangel daran wäre. Er habe Königsmarck geraten, sie zu den heikelsten Aktionen zu gebrauchen, dann würde der Feind die Bösewichte schon allmählich dezimieren. Um Ärgernisse zu vermeiden, habe er Königsmarck nach Eger geschickt unter dem Vorwande, Proviant in die Festung zu werfen; Königsmarck schlüge nie etwas aus, wobei es Beute zu machen gäbe. Übrigens wäre Königsmarck schon gestraft, denn die Königin von Schweden habe den Anschluss der Weimaraner sehr ungern gesehen. Von dem trotzigen Geist der deutschen Truppen und insbesondere der weimarischen habe man ja genug Proben gehabt, und sie besorgte, dieselben möchten ihre Meuterei auf das reguläre Heer übertragen. In ihren Reden und Erlassen hätten sie allerlei verfängliche Ausdrücke von der deutschen Freiheit gebraucht, dergleichen dazumal dem Oberst Seckendorff den Hals gebrochen hätten. Königsmarcks Kopf habe auch stark gewackelt.

»Schade, dass er nicht ganz heruntergefallen ist!«, sagte Turenne.

Sie sprachen von der Vorliebe der Königin von Schweden für Königsmarck, und Wrangel meinte, sie habe wohl eine mütterliche Zuneigung für den Brandenburger, auch ließen sich die Damen nun einmal von den dreistesten Bramarbassen verblenden. Königsmarck sei im Grunde ein ganz roher Mensch und würde in Schweden kaum für einen Bauern gut genug sein.

Turenne pfiff leise durch die Zähne, um damit anzudeuten, dass es in Schweden überhaupt nichts als Bauern gäbe und dass er Wrangels Neigung, sich mit seinem Adel in die Brust zu werfen, sehr komisch fände.

Nachdem Königsmarck um die Mitte des April zurückgekehrt war, drang das nun hinreichend starke Heer gegen die Donau vor, überschritt sie bei Lauingen und drängte das kaiserlich bayrische Heer auf den Lech zurück, dessen ungestüme Wellen nun wie zu Gustav Adolfs Zeit die beste Schutzwehr des bayrischen Landes bildeten. Melander und Gronsfeld, der kaiserliche und der bayrische Feldherr, waren nicht weniger uneinig untereinander als die Anführer des schwedisch-französischen Heeres; Melander war außerdem durch eine im Beginn des Jahres erhaltene Verwundung beeinträchtigt. Er fiel, von Königsmarck bei Zusmarshausen überrascht, und Gronsfeld, der den unsicheren Erfolg einer Schlacht nicht wagen wollte, zog sich, den Lech preisgebend, ins Innere Bayerns zurück, weswegen ihn der erzürnte Kurfürst vor ein Kriegsgericht stellte. Indem er sich dadurch selbst seines besten, tüchtigen Heerführers beraubt hatte, musste er sich zur Versöhnung mit Johann von Werth bequemen.

Wrangel und Königsmarck freuten sich auf die herrliche Jagd bei München, wovon sie gehört hatten. Die Herren müssten sich aber beeilen, bemerkte Turenne; denn die Schmiede von Osnabrück und Munster hätten das Schloss schon fast fertig, um ihnen die Tür vor der Nase zuzuschließen.

Ach, davor habe er keine Angst, sagte Königsmarck. Das sei alles nur Spiegelfechterei und der Friede so fern wie je. Schweden werde seine Festungen nie herausgeben, bevor es die Hand auf die Satisfaktionsgelder legen könnte. Und der Kaiser schwinge zwar den Ölzweig, mache aber hinterrücks Spanien ein Zeichen mit dem Schwerte. Warum auch die Königin von Schweden schon Frieden machen sollte? Es sei noch viel mehr aus dem Reich auszupressen. Wenn man ihm, Königsmarck, nur Zeit ließe und Raum schaffte, so mache er sich anheischig, dem Kaiser die Schlinge um den Hals zu werfen.

»Hoffentlich bin ich dem Herrn General dabei nicht im Wege?«, sagte Wrangel spöttisch.

»Höchstens durch Euer Gnaden Ruhm und große Talente«, erwiderte Königsmarck schnell und liebenswürdig. »Ich bin dem Zeitalter meinen Ruhm noch schuldig, daher meine Ungeduld.«

Sei es, um dem Brandenburger die ersehnte Gelegenheit zu geben, oder um den Ausbruch der beständig zwischen den Feldherren schwebenden Feindseligkeiten zu verhindern, schickte Wrangel den üppigen Brandenburger wieder nach Eger, an dessen Erhaltung den Schweden viel gelegen war.

Auf dem Wege dorthin meldete sich bei Königsmarck ein Mann, der Odowalsky zu heißen und Oberstleutnant in kaiserlichem Dienst gewesen zu sein vorgab und in geheimer Unterredung sich anerbot, dem schwedischen General die Stadt Prag in die Hände zu liefern. Er sei kürzlich in Prag gewesen, sagte er, kenne die Gelegenheit genau und wisse, wo die Kleine Seite zugänglich sei. Er könne das Heer auch solche Wege führen, dass sein Heranzug sicher unbemerkt bleiben werde.

Königsmarck nahm den Vorschlag zunächst mit Misstrauen auf. Was ihn denn zu solchem Verrat bewege?, fragte er Odowalsky. Dieser erzählte, er habe bei der Eroberung Egers durch die Schweden sein Gut Gehag, das dem Pachelbel gehört und das er nach Austreibung der Protestanten erworben habe, verloren, wodurch er mit seiner Familie ins Elend geraten sei. Er habe sich darauf beim Kaiser um neue Bestallung beworben, es sei ihm auch eine Kommandantenstelle versprochen worden, ohne dass er sie aber wirklich erlangt hätte; er sei selbst nach Prag gereist, sei von diesem zu jenem geschickt, von heute auf morgen vertröstet und endlich doch an der Nase herumgeführt worden. Gut und Blut habe er im kaiserlichen Dienst zugesetzt, sehe sich zum Lohn mit Weib und Kind dem Hungertode überantwortet; wenn er nun, da mehrfaches Sollizitieren nicht geholfen hätte, den Acheron in Bewegung setzte, habe der Kaiser es sich selbst zuzuschreiben.

Es sei ja bekannt, wie das Haus Österreich seine Diener lohne, sagte Königsmarck. Aber wenn er, Königsmarck, Odowalsky trauen solle, müsse er doch eine Sicherheit haben.

Die Sicherheit sei seine Person, sagte Odowalsky. Er gehe ja mit nach Prag, wolle sich stets an Königsmarcks Seite halten. Finde sich List oder Tücke hinter seinen Angaben, so könne Königsmarck ihn im Augenblick niederhauen.

Das leuchtete Königsmarck ein; aber auch Odowalsky wünschte zu wissen, wessen er sich, falls der Anschlag gelinge, von Königsmarck und der Königin von Schweden zu versehen habe. Beim Kaiser werde er hernach verfemt sein; wenn er dann nicht Zuflucht bei Schweden fände, sei er vom Regen unter die Traufe geraten.

Ein Dienst sei des anderen wert, sagte Königsmarck; die Königin von Schweden werde sich erkenntlich zeigen. Wonach denn Odowalsky aspiriere?

Odowalsky versicherte, dass er sich nicht unterstehe, einem großen Herrn wie Königsmarck Bedingungen vorzuschreiben; er werde mit einem angemessenen Dienst im schwedischen Heere zufrieden sein, der ihn vor der Rache des Kaisers schütze. Seine Familie bedürfe zwar auch eines Gütleins oder Geldsümmchens zum Leben; aber in Prag wären ja Schätze aufgehäuft, dass Tausende seinesgleichen davon reich werden könnten. Königsmarck werde ihm gewiss einen kleinen Anteil daran nicht versagen.

Ja, auf dem Hradschin, sagte Königsmarck, dessen Augen weit wurden, da sollten ja von Kaiser Rudolfs Zeiten her Gold und Edelsteine sackweise verborgen sein.

So habe er gehört, sagte Odowalsky. Ein Saal solle voll der kostbarsten Raritäten sein. Für das Horn eines Einhorns, welches in uralten Zeiten in dichten Wäldern gehaust habe und womit man alle Krankheiten und Gebrechen heilen könne, habe Kaiser Rudolf 200 000 Reichstaler gezahlt. Zu der jüngst stattgehabten kaiserlichen Hochzeit habe man ein Bett des besagten alten Kaisers hervorgekramt, daran sei an purem Golde so viel gewesen, dass man ein ganzes Regiment jahrelang damit erhalten könnte.

»Wenn nur der Kaiser nicht inzwischen alles nach Wien wegführt!«, meinte Königsmarck.

Nein, nein, erwiderte Odowalsky, da könne Königsmarck unbesorgt sein. Man lebe in Prag ganz unbekümmert in den Tag hinein; Colloredo, der Kommandant, verprasse seine Kriegsbeute, und so machten es die anderen Obersten, die dort wären, meist alte, ausgediente Leute. Sie tanzten und schwelgten dort, als ob sie auf dem Reisberg des Schlaraffenlandes säßen anstatt auf einem rauchenden Vulkan.

Feste, das sei ihm recht, rief Königsmarck gut gelaunt, da wolle er dabei sein. Er male sich schon die Überraschung der Herren, wenn er in den Saal träte und höflich fragte, ob ein Platz für ihn offen sei.

Im Mai, als die erste Begegnung zwischen Königsmarck und Odowalsky stattfand, kehrte Fürst Octavio Piccolomini aus Spanien zurück und stellte sich in Prag dem Kaiser vor. Dieser empfing ihn sehr gnädig und sagte ihm, er freue sich, dass Piccolomini auf die spanischen Lorbeeren nunmehr verzichtet habe: es sei inzwischen eine Ernte im Reich herangewachsen, die von seinem Heldenschwert gemäht zu werden warte.

Piccolomini erwiderte, dass er, mit welchem Eifer er auch Spanien gedient habe, doch ein patriotisches Heimweh nie habe unterdrücken können. Sein Wunsch sei, sich auszuruhen, vor allen Dingen aber den Befehlen des Kaisers wie immer zu gehorchen.

Noch am selben Tage suchten den Fürsten Graf Trauttmansdorff und Fürst Lobkowitz auf, segneten den Tag seiner Rückkehr und beschworen ihn, sich dem kaiserlichen Dienst nicht zu entziehen.

Sie hätten es vorausgesagt, dass sein Abgang die kaiserlichen Angelegenheiten in Ruin stürzen würde, und so sei es auch gekommen. Von Jahr zu Jahr sei es hurtiger bergab gegangen, sodass man jetzt, Gott sei es geklagt, recht hübsch im Sumpfe säße.

Gallas sei doch seinerzeit ein vortrefflicher Offizier gewesen, sagte Piccolomini, wiewohl etwas kurzsichtig nach Art der Tiroler und trunksüchtig.

Zuletzt sei er aber recht alt geworden, erzählten die Herren. Er habe alles ganz ungewöhnlich schlampen lassen, sich um nichts mehr bekümmert. Vor dem Tode habe er noch die alte Wallensteinische Geschichte aufwärmen wollen, kurz, hätte lieber zehn Jahre früher sterben sollen. Der Götz habe mehr Glück gehabt, indem er bei Jankau gefallen sei, denn der sei auch ganz und gar versoffen gewesen.

Ja, sagte Piccolomini, viele glaubten leider, man brauche nur recht mit dem Schwert fuchteln und fluchen zu können, um ein großer General zu sein. Aber von dem Melander habe man doch etwas Besseres erwarten können.

Er hätte allerdings selbst große Hoffnungen auf ihn gesetzt, sagte Trauttmansdorff; aber Melander habe sich in das österreichische Wesen nicht recht schicken können. Er habe wohl das Heerwesen auf einen leidlich guten Fuß gebracht; aber sein raues Wesen habe die Offiziere disgustiert, und den gemeinen Soldaten habe er auch nicht bei guter Laune erhalten können. Sein unverhoffter Tod sei wohl als eine weise Anordnung der Vorsehung zu betrachten: er habe gleichsam die Lücke in die Mauer gerissen, durch welche Piccolomini, der Feldherr von Gottes Gnaden, wiederum einziehen könne, um die Herrschaft zu übernehmen.

Ja, es sei gewiss höchste Zeit, fügte Lobkowitz hinzu, dass Piccolominis Sonnengestirn aufgehe und die kleinen Sterne unterwerfe, auf dass wieder Ordnung und Klarheit am Himmelsgewölbe herrsche.

Piccolomini lächelte geschmeichelt, Die Herren wüssten wohl, sagte er, dass es nicht geraten sei, eine noch so reiche Erbschaft anzutreten, wenn allzu viel Schulden darauf ständen.

Trauttmansdorff und Lobkowitz versicherten, dass Piccolomini alle Mittel zu Gebote gestellt werden würden, die er zu einer gedeihlichen Kriegführung für notwendig hielte. Überhaupt sei es des Kaisers Wunsch, dass allen Ansprüchen Piccolominis Rechnung getragen werden solle, namentlich verstehe es sich von selbst, dass Piccolomini nicht unter die Würden hinabsteigen könne, die ihm in Spanien zugebilligt wären. Der Kaiser habe sie ausdrücklich ermächtigt, auf dieser Grundlage mit Piccolomini einig zu werden.

Nun versicherte Piccolomini, dass er sein Leben, Glück und Vermögen einmal dem Kaiser geweiht habe und dabei verharren wolle, und dass er allzu patriotisch empfinde, um sein persönliches Wohlergehen zu bedenken, wenn es sich um das Heil des Reiches handle.

Nachdem diese Verständigung erreicht war, fingen die Herren unbefangen zu plaudern an: Piccolomini machte Lobkowitz, auf den ein großer Teil der Wallensteinischen Güter und Titel übergegangen war, ein Kompliment über die Erweiterung seines Besitzstandes, und Trauttmansdorff erwähnte, dass Lobkowitz kürzlich einen Sitz auf der Reichsfürstenbank erhalten habe, worauf Piccolomini sich ein wenig verneigte und auch dazu seinen Glückwunsch anbrachte.

Lobkowitz bekam einen Lachanfall und sagte, als er sich davon erholt hatte, er verdanke das dem Eggenberg. Der habe gewühlt wie ein Maulwurf, und es sei ja bekannt, dass Maulwürfe oft mehr anrichteten als Elefanten. Er wolle sich aber keineswegs mit einem Elefanten vergleichen. Aber sein kaiserlicher Herr habe gesagt, er gebe dem Eggenberg nichts, was der Lobkowitz nicht auch bekäme. Er selbst würde seinem kaiserlichen Herrn damit nicht inopportun gefallen sein.

Piccolomini sagte, der Kaiser sei allerdings gnädig, habe aber auch seinen eigenen Nutzen bedacht, indem er Lobkowitz mächtig gemacht habe. Dann beklagte er, dass sich Lobkowitz ganz vom Kriegsdienst zurückgezogen habe.

Ja, wenn er hundert Arme hätte wie der Riese Briareus, lachte Lobkowitz. Übrigens habe er die Lust verloren, als Piccolomini nach Spanien gegangen wäre, und vollends, als Erzherzog Leopold Wilhelm das Kommando niedergelegt hätte. Piccolomini wisse ja wohl, in was für einem innigen Verhältnis er zum Erzherzog gestanden hätte, und er würde ihm auch nach Belgien gefolgt sein, wenn es sich mit dem kaiserlichen Dienst vertragen hätte.

Dann war die Rede von den häuslichen Verhältnissen des Kaisers und dass sie seine ganze Kraft in Anspruch genommen hätten. Der Tod des Infanten Balthasar habe die hohe Familie aus ihrer Sicherheit aufgeschreckt und die dem Hause drohende Gefahr schauderhaft enthüllt. Nun habe man aber eingesehen, dass es im Grunde so besser sei. Der Infant Balthasar sei doch überaus subtil gewesen und hätte sich in der Ehe vielleicht übel bewährt. Die Erzherzogin Maria Anna sei eine höchst verständige Person und habe sich bald überzeugt, dass sie mit dem Vater viel besser versehen sei als mit dem Sohne. So stehe zu hoffen, dass durch sie noch ein tauglicher Erbe erzielt werde, im schlimmsten Falle aber wäre von der bevorstehenden Heirat des Kaisers mit der Erzherzogin Marie Leopoldine, der Tochter des verstorbenen Erzherzogs Leopold, etwas zu gewärtigen. Nun sei alles aufs Beste stabiliert, und sie hätten auch dabei gehandlangert, wiewohl natürlich des Kaisers hocherleuchtete Weisheit und Frömmigkeit den Hauptbeweggrund eines so wunderlichen Gelingens bildeten.

Der Kaiser war mit dem Erfolge der Verhandlungen seiner Räte sehr zufrieden. Piccolomini, sagte er, sei immerhin ein seinem Hause sehr ergebener Diener, und er gönne ihm den Ruhm, den Krieg, in dem er so vielfach tätig gewesen sei, zu Ende zu führen. Er solle angehalten werden, sogleich einen Hauptschlag auszuführen, durch welchen den Franzosen das vorwitzige Maul gestopft würde. Mehr bedürfe es nicht, die Angelegenheiten seines Hauses wären jetzt ohnehin auf immer geordnet.

Lobkowitz fragte, ob es dem Kaiser gefällig sei, am folgenden Tage dem Adepten zuzusehen, der um die Gnade gebeten habe, seine Kunst vor den Augen Seiner Majestät zu produzieren?

Ob denn der Kerl wirklich Gold machen könne?, erkundigte sich der Kaiser. In dem Falle müsse man ihn doch festhalten.

Trauttmansdorff sagte achselzuckend, es pflege bei der Kochkunst weniger auf die Schüssel zu kommen, als man in den Tiegel getan hätte. Dem hochseligen Kaiser Rudolf sei fast all sein Geld dabei in Rauch aufgegangen.

Je nun, meinte Lobkowitz, wenn kein Nutzen, so schaue doch eine Kurzweil dabei heraus, und es schicke sich für den Kaiser, ein Beschützer der Wissenschaften zu sein.

Dies leuchtete dem Kaiser ein. Aber was denn der Goldmacher für ein Kerl sei? Er könne doch nicht einen beliebigen Halunken sich bei Hofe zeigen lassen.

Man könne ihm ja geschwind einen Adelsbrief ausstellen, schlug Lobkowitz vor, oder ihn zu einem ungarischen Kammergrafen machen; dergleichen gebe es viele und komme auf einen mehr oder weniger nicht an.

Wenn er sich aber hernach als Schwindler ausweise, wie schon oft vorgefallen wäre?, wandte Trauttmansdorff ein.

Das werde er sich doch nicht unterstehen!, sagte der Kaiser erschrocken.

Nein, nein, sagte Lobkowitz, das nehme er auf sich. Er habe schon ein paar Versuche mit dem Manne erprobt. Gold in Haufen könne er zwar nicht machen, dazu sei das Verfahren zu kostspielig; aber ein Stückchen werde schon geraten.

Einige Tage später fand die Vorstellung in einem Zimmer der Burg statt; der Kaiser war bei dieser Gelegenheit nach spanischer Mode gekleidet und trug eine umfangreiche Lockenperücke, die bestimmt war, ihm etwas Olympisches zu verleihen. Nachdem der Hof Platz genommen hatte, hielt der Alchimist zunächst einen Vortrag über seine Kunst und wie er zu derselben gelangt sei. Er habe nämlich das Glück gehabt, den großen, wunderwürdigen Weisen La Busardière zwar nicht persönlich kennenzulernen, aber doch seiner Spur zu begegnen, nämlich im Hause des Grafen Mansfeld. Diesen habe er einmal durch seine chemischen Versuche belustigt und in Erstaunen gesetzt, worauf er ihm erzählt habe, er besitze ein rotes Pülverlein, genannt Rubinus coelestis, das jener La Busardière ihm einmal als Gastgeschenk hinterlassen habe und das er heilighalte, obwohl er sich seiner nicht zu bedienen wisse. Er, der Alchimist, habe sofort erkannt, dass es sich um das weltberühmte arcanum handle, das aus dem Besitz des großen Setonius Scotus stamme, und aus Dankbarkeit, und weil er es doch nicht hatte benutzen können, habe sein Gastfreund, der Graf Mansfeld, es ihm geschenkt. Er lasse das Pülverlein, das mit allen Schätzen der Welt nicht zu erkaufen wäre, nie von sich, werde sich aber glücklich preisen, wenn der Kaiser ein gnädiges Auge darauf zu werfen geruhen wolle. Damit reichte er dem Kaiser ein kleines verstöpseltes Fläschchen, in dem sich etwas Rotes befand.

Der Kaiser betrachtete es, nickte und gab es wieder zurück.

Lobkowitz, der neben des Kaisers Sessel stand, sagte, es habe die Farbe des Morgenrots und bedeute das Morgenrot des Goldenen Zeitalters, wo jedermann Geld in Fülle haben werde. Hierüber lachte der Kaiser, worauf alle anderen lachten, und der Alchimist sagte, er empfinde das selige Schaudern der erkühlten Erde vor dem Aufgang der Sonne, da jetzt das kaiserliche Gnadenantlitz über ihm aufgehen wolle. Die Verwandlung gelinge keineswegs immer, er zweifle aber nicht, dass die kaiserliche Gegenwart den magischen Prozess begünstigen werde.

Nun bewegte er sich mit großer Behändigkeit um den Ofen herum, blies mit dem Blasebalg das Feuer an, rührte in der Masse herum und begleitete alles, was er tat, mit unverständlichen Erklärungen. Endlich sagte er, der wonnevolle Augenblick sei gekommen, wo Braut und Bräutigam das Hochzeitsbette bestiegen und in himmlischer Vermählung verschmölzen. Der rosenfarbige Schaum, der die Masse überziehe, bezeichne die Geburt des neuen Kaisers, den die wohlgelungene Umarmung erzeugt habe.

»Wie wäre es«, sagte der Kaiser, »wenn ich eine Denkmünze aus diesem Golde schlagen ließe, damit meine geliebten Kinder ein sichtbares Zeichen dieses merkwürdigen Augenblicks besäßen?«

Ja, das wäre ein salomonischer Einfall, rief Lobkowitz außer sich. Erst durch das Gepräge des kaiserlichen Antlitzes würde diese Wunderschöpfung vollendet. Es sehe der Großmut und Klemenz des Kaisers gleich, dass er auch in den erhabensten und feurigsten Stunden der Posterität nicht vergäße.

Bald nach diesem Tage verließ der Kaiser Prag, um seine Vermählung zu vollziehen, und etwa einen Monat später brach die schwedische Armee von Eger auf.

Odowalskys Bericht erwies sich als wahr: eine schwache, schlecht verteidigte Mauer beim Kloster Strahow ermöglichte Königsmarcks Truppen, die Ende Juli um Mitternacht den Sturm wagten, mit geringem Verlust die wichtige, von Banér und Torstensson vergebens versuchte Eroberung zu machen, und wenn es auch nicht gelang, in die Altstadt vorzudringen, so konnten doch ebenso wenig die Schweden aus der Kleinen Seite vertrieben werden.

In Münster waren die schwebenden Hauptfragen geordnet bis auf die Abtretung des Elsass an Frankreich, in welche der spanische Gesandte durchaus nicht willigen wollte. Der bayrische Gesandte begab sich deshalb zum kaiserlichen Gesandten Volmar und sagte, es müsse einmal ein Ende gemacht werden; wenn man mit dem Verabreichen der Arznei noch lange zuwarte, werde das arme, kranke Deutschland vorher den Geist aufgeben. Die Herren Kaiserlichen sähen wohl ein, dass ein jeder etwas sakrifizieren müsse.

Volmar brachte geläufig vor, was für Opfer der Kaiser bereits aus purer Gnade gebracht hätte, dass er den Frieden gern mit seinem Blut erkaufen würde, dass die Herren ja wohl wüsten und selbst gesehen hätten, wie furios der spanische Gesandte sich aufführe, und dass er, Volmar, bisher vergeblich versucht hätte, ihn zu besänftigen.

Ei, der spanische Gesandte, sagte der Württembergische, möge Feuer spucken, wenn es ihm Vergnügen machte, sie wollten ihm nicht im Wege sein; es wäre ihm wohl zu Kopfe gestiegen, dass der Friede mit den Staaten zusammengebracht wäre. Sie brauchten nur die Einwilligung des Kaisers, und sie wüssten, dass der kaiserliche Kurier mit dem Antwortschreiben gestern angekommen wäre. Der sei allerdings eingetroffen, sagte Volmar; aber ein verdammter, höllischer Zufall wolle, dass das Schreiben in neuen Ziffern abgefasst wäre, zu denen er den Schlüssel nicht hätte, er könne also trotz allen Eifers den Sinn nicht herausbringen. Er habe aber bereits eine eilende Post nach Wien abgeschickt, um sich den neuen Schlüssel auszubitten, der in einigen Tagen da sein werde.

Nachdem sie ihre Entrüstung nachdrücklich von sich gegeben hatten, traten die Herren den Heimweg an. Die steinernen Giebel und Türme der prächtigen Stadt starrten wie purpurne Klippen aus dem stillen Meere der Luft, das unersättlich saugend an dem späten Licht des Sommerabendhimmels hing.

Die neuen Ziffern kämen ihm seltsam vor, sagte der bayrische Gesandte, als sei es nur für eine Protraktion und Nasführung zu halten.

Dasselbe habe er auch gedacht, sagte der hessen-darmstädtische; Volmar sei bei Weitem so bissig und vorwitzig nicht wie sonst, vielmehr fast kleinlaut gewesen.

Zwei oder drei Tage wollten sie noch warten, sagte der bayrische, nachher wolle er sich nicht länger von den Spaniern ludifizieren lassen, die ja doch hinter allem steckten. Schließlich bestehe die Möglichkeit, ohne den Kaiser abzuschließen.

Man könne immerhin damit drohen, sagte der württembergische; so weit werde Volmar es nicht kommen lassen.

Der Herr Kurfürst von Bayern, sagte der württembergische Gesandte, als der bayrische sich verabschiedet hatte, sei sehr pressiert, sein Schäflein ins Trockene zu bringen, sei erstaunlich friedliebend für einen so martialischen Herrn geworden.

Ja, erwiderte der hessische lachend, er halte es nicht aus in seiner Wasserburger Residenz, wo er sich doch schon heimisch fühlen könnte.

Die Schweden und Franzosen hätten ihm den Strick um den Hals geworfen, brauchten nur zuzuziehen, sagte der württembergische; nun pfiffe sein letzter Atem um Frieden.

Als am übernächsten Abend sich die Kunde verbreitete, es sei ein kaiserlicher Kurier in Volmars Herberge angekommen, eilten die Gesandten zu diesem, um den Erfolg zu vernehmen. Sie wurden indessen nicht vorgelassen, sondern ein Sekretär gab die Auskunft, der Volmarsche Brief müsse leider in Wien missverstanden worden sein; denn anstatt des verlangten Schlüssels oder eines neuen Schreibens sei nur eine Kopie des ersten eingetroffen. Der Herr Rat habe sich gleich darübergemacht, um es mit Gottes Hilfe doch zu entziffern, und dürfe dabei nicht gestört werden. Erst nach drei Tagen erschien Volmar siegreich, wenn auch etwas erschöpft, wieder und verkündete, der grundgütige Gott sei ihm zu Hilfe gekommen, dass er den Brief endlich entziffert habe, und es stehe darin, dass der Kaiser in die Abtretung des Elsass willige, sodass dem Abschluss nichts mehr im Wege stehe.

In den allgemeinen Freudenausbruch stimmte einzig der spanische Gesandte nicht ein, der in vollem Zorne gelaufen kam und Volmar mit Vorwürfen überhäufte. Das sei wider die Abrede, sagte er, nun und nimmer werde sein König in die Cessio Alsatiae willigen, lieber wolle er bis zum Jüngsten Tage weiter kriegen, an Mitteln fehle es ihm nicht. Sein König bereue sehr, den Kaiser mit so ansehnlichen Geldern unterstützt zu haben, und aus der Hochzeit mit der kaiserlichen Prinzessin werde sicher nichts werden, wenn der Kaiser sich so unfügsam zeige.

Volmar entschuldigte sich mit der durch die Eroberung der Prager Kleinseite so unglücklich veränderten Lage. Die Kaiserliche Majestät habe keine Ruhe, solange die Schweden auf dem Hradschin säßen. Der Pfalzgraf Karl Gustav möchte etwa noch versuchen, ob seine Schuhe in die Fußtapfen seines Oheims, des weiland Winterkönigs Friedrich, passten; und das werde dem König von Spanien auch nicht lieb sein, wenn der nun schon dreißig Jahre während Krieg wieder von vorn anfinge.

Der König von Spanien, sagte der Gesandte, zähle die Jahre nicht, die ein Krieg währe, sondern nur die Siege, die er gewänne.

Ja, das sei auch leichter, sagte Volmar bissig. Übrigens habe er den Abschluss so lange wie möglich hinausgezögert, es sei auch jetzt nicht aller Tage Abend, mit der Unterschrift werde er sich noch lange besinnen, inzwischen könne sich die Kriegsfortuna wieder wenden. Der päpstliche Gesandte wolle ohnehin nichts von dem Frieden hören, nach welchem die Katholiken so viel herausgeben müssten, verspreche hoch an den Kosten beizusteuern. Wenn nur der Krieg fortgesetzt werde. Er wolle es nicht an Fleiß fehlen lassen, dass das Türlein offenbliebe.

Allerdings weigerten sich Volmar und die übrigen kaiserlichen Gesandten, den Friedenstraktat zu unterschreiben: der Kaiser habe ausdrücklich befohlen, in dieser Sache caute, circumspecte et secure vorzugehen, ihr Kopf sei ihnen so lieb wie anderen, sie würden sich hundertmal besinnen, bevor sie die Feder eintauchten und sich etwa dem Teufel verschrieben.

Da sich indessen auf dem Kriegsschauplatz nichts veränderte, gaben sie dem allgemeinen Drängen nach, und am Abend des 24. Oktober, einem Samstag, wurde der Frieden unterschrieben.

An einem dunklen, feuchten Vorfrühlingstage des Jahres 1649 kam in Aachen ein Schöffe in den Turm, wo die Gefangenen verwahrt wurden, um die Rechnung zu begleichen, die der Turmwart für Beköstigung der Gefangenen und andere Auslagen eingereicht hatte. Er war neu in seinem Amte, runzelte die Stirn und rügte die Verschwendung des Turmwarts, die zumal in so bösen Zeiten gefährlich sei. Die Malefikanten wären nicht eingesperrt, um mit Haferbrei und sauberer Wäsche ein Freudenleben zu führen, sondern um durch Kreuz und Elend gebessert und womöglich dem Höllenrachen entrissen zu werden.

Der Turmwart entschuldigte sich, er sei über die Vorschriften der alten Zeit nicht hinausgegangen, wonach den armen Leuten Haferbrei und auch hie und da ein sauberes Hemdlein oder Bett gestattet wäre.

Vorschriften aus alter Zeit!, rief der Schöffe. Die Menschen würden täglich frecher und boshafter und würden zuletzt rauben und morden, nur um ein Plätzlein im Turme zu bekommen. Die Stadt könne es nicht erleiden, so viele gottlose Bäuche zu füllen.

Der Turmwart erwiderte, das könnten die Herren draußen leicht sagen, aber wenn man mitten darin säße und das Winseln und Jammern hörte, so könne man sich des Erbarmens nicht immer entschlagen.

Da gleichzeitig aus einem Nebenraume durchdringendes Geschrei ertönte, öffnete der Schöffe die Tür, um zu sehen, was das wäre, und stand erstaunt vor einem seltsamen Schauspiel, dessen Bedeutung er sich nicht sogleich zu erklären wusste. Vier bis fünf Kinder umtanzten ein blasses, mageres Geschöpf, das nur mit einem Kittel bekleidet und mit einer Kette an der Wand befestigt war, und hielten ihm eine Brotrinde hin, nach der es haschte, so weit die Kette ihm Spielraum gab; stolperte oder fiel es etwa gar, von der Kette im Laufe zurückgehalten, so brachen die Kinder in ein triumphierendes Geheul aus und verschlangen die hingehaltene Lockspeise selbst. Auf die Frage des Schöffen, was das vorstellte und was für eine verwilderte Kreatur das sei, erklärte der verlegene Turmwart, das sei das Hexenkind, das vor vier Jahren zum Feuertode verurteilt, aber dazumal nicht verbrannt worden sei, weil die Richter geurteilt hätten, vor dem zwölften Jahre dürfe ein Kind nicht als Zauberer oder Hexe justifiziert werden. Es sei also beschlossen, dass es im Turme verwahrt werden solle, bis es zwölfjährig und damit zur Strafe herangewachsen wäre. Wie es dann im Winter bei der großen Kälte so jämmerlich geweint hätte, habe seine Frau sich des Waisenkindes erbarmt, und sie hätten es in ihre Wohnung genommen, was auch vom Rat gestattet worden sei.

Der Schöffe sagte, er müsse sich sehr verwundern, dass ein guter katholischer Christ eine schädliche Hexenbrut bei seinen Kindern leiden möchte; sie könne ja seine Kinder die Hexerei lehren oder sonst unversehens dem Teufel überantworten.

Nein, das sei nicht zu befürchten, sagte der Turmwart. Das arme Kind sei scheu wie ein Vöglein, tue keinem was zuleide. Seine Kinder vertrieben sich die Zeit damit, und er habe kein anderes Bedenken, als dass seine Rangen es oft gar zu arg misshandelten. Bei diesen Worten versetzte er seinen Kindern schnell ein paar kräftige Maulschellen, was sie bewog, sich schreiend unter das Bett zu verkriechen.

Wann denn das Kind das zwölfte Jahr erreicht haben würde?, erkundigte sich der Schöffe.

Der Turmwart sagte, er wisse es nicht genau, glaube aber, es möchte bald soweit sein.

Dem Aussehen nach, meinte der Schöffe, könne es nicht mehr als sechs zählen.

Es sei an der Kette nicht so recht fortgekommen, sagte der Turmwart.

»Der Teufel wird auch seine Hand im Spiele haben«, sagte der Schöffe und ging fort, um dem Gericht anheimzugeben, dass der Fall in Ordnung gebracht würde.

Es zeigte sich, dass das Kind das zwölfte Jahr kürzlich erreicht hatte und dass also der Exekution nichts mehr im Wege stand; die Richter zweifelten nur, ob dieselbe sofort vorgenommen werden oder eine noch-malige Untersuchung vorhergehen sollte. Da aber das Urteil damals schon gesprochen und nie aufgehoben war, auch bei Kindern von Hexen, da das Früchtlein gemeiniglich nicht weit vom Stamme falle, das crimen als angeboren vorausgesetzt werden könne, einigte man sich dahin, dem Kinde nur noch ein paar schickliche Fragen vorzulegen und es dann ohne Federlesen auf den Scheiterhaufen zu expedieren, da es die Stadt ohnehin schon so viel gekostet hätte. Einer der Herren meinte, der arme Wurm könne nicht viel Unheil anrichten; allein, da man ihm entgegenhielt, wenn man es freiließe, würde doch nur eine Betteldirne aus dem Kinde werden, da es ja keine Mutter hätte und die Verwandtschaft nichts von ihm würde wissen wollen, beschied er sich.

Gleich am folgenden Tage begaben sich zwei Richter in den Turm, setzten sich vor das angekettete Kind und fragten, ob es wisse, dass seine Mutter eine Hexe gewesen sei? Das Kind sah die Herren eine Weile groß an, allmählich zog ein Lächeln über sein Gesicht und es nickte, worauf die Herren sich einen bedeutsamen Blick zuwarfen und spöttisch auflachten. Ob seine Mutter es oft mit zum Tanze genommen hätte?, fragten sie wei-ter. Das Kind nickte mit glänzenden Augen. Als einzige Erinnerung von den Verhören, die vor Jahren stattgefunden hatten, war ihr das nächtliche Tanzen geblieben, von dem so viel die Rede gewesen war, und in ihrer lan-gen, dunklen Einsamkeit hatte sie sich ein liebliches Bild von ihrer Mut-ter gemacht, wie sie auf duftender Wiese einen Reigen mit ihr tanzte. Jetzt hätten sie den Braten gerochen, sagten die Herren zu dem unruhig wartenden Turmwart, mehr bedürfe es nicht, seine Frau solle das Kind für den folgenden Morgen herrichten.

Als das aufgehende Licht in das Turmstübchen fiel, nahm die Frau das Kind auf den Schoß, zog ihm ein sauberes Kittelchen an und kämmte ihm die Haare, wobei sie zuweilen eine Träne wegwischte, die darauf fiel. Das Kind streichelte ihre tätigen Hände und ihr trauriges Gesicht und warf zuweilen einen ängstlich erstaunten Blick nach den Kindern, die heute so still waren. »Komme ich jetzt zu meiner Mutter«, fragte es, »und werden wir zusammen tanzen?« Die Frau legte ihre Hand auf des Kindes Kopf und sagte, ja, es solle nur getrost sein, es werde jetzt die liebe Sonne sehen, und seine Mutter erwarte es im Himmel.

Als sie ins Freie traten, schauderte die Kleine zuerst und bedeckte die Augen mit den Händen; aber allmählich, während sie, zwischen den Turmwartsleuten sitzend, auf dem Karren durch die Stadt fuhr, gewöhnte sie sich, hielt die dünnen Hände in das Licht und sah zu, wie die frische Luft ihre losen Haare hob. Es waren nicht viele Zuschauer in den Straßen; denn seit mehreren Jahren hatten keine Hexenbrände mehr stattgefunden, und dieser vereinzelte Fall war nicht recht bekannt geworden. Auch von der Richterschaft waren zur Ersparnis der Tagegelder nur wenige da, und die Holzhütte, in der das Kind verbrannt werden sollte, war klein, weil das Holz teuer war und die Stadt die Kosten tragen musste.

Beim Anblick der Wiesen, die sich vor dem Tore ausbreiteten, stieß das Kind einen schwachen Freudenruf aus; denn es glaubte den Schauplatz seiner schönen Träume vor sich zu sehen. Voll staunenden Entzückens deutete es mit der Hand auf die gelben Blumen, die wie Strahlenbüschel aus der Erde schossen, auf eine Schafherde, die am Rande des freien Platzes hinging, und auf die Holzhütte, an die ein paar Männer Feuer anzulegen beschäftigt waren, »Ist da meine Mutter?«, fragte es. Der Turmwart und seine Frau weinten und vermochten nur zu nicken; laut schluchzend sahen sie der kleinen weißen Gestalt nach, wie sie unsicheren Schrittes, zaghaft und feierlich, über das Gras hinging und in der qualmenden Hütte verschwand.

Der Maler Daniel Seghers breitete vor Piccolomini die Kopien von vier Gobelins aus, die er in seinem Auftrage erworben hatte, und erklärte die dargestellten Szenen. Sie hatten alle den Sieg weiblicher Schönheit über den Mann zum Gegenstande: Herkules, dessen Muskeln fast das weibliche Gewand sprengten, saß zu Füßen der von ihren Mägden umringten Omphale; Delila hielt die Locken des in ihrem Schoße schlafenden

Simson hoch, im Begriff, sie abzuschneiden; Judith, mit der Rechten noch das Schwert umklammernd, zeigte das Haupt des Holofernes, aus dem Blut wie aus der Röhre eines Springbrunnens hervorschoss, während der gewaltige Rumpf ohnmächtig vom Lager herabhing; Circe, das flatternde Haar von fantastischen Blumen durchflochten, berührte die vor ihr knienden Genossen des Odysseus mit dem Zauberstabe, von denen einige schon in Schweine verwandelt ihr feuerfarbiges Gewand beschnüffelten.

Er habe geglaubt, sagte Seghers, dass diese mit so lustigen Farben geschilderten Geschichten sehr geeignet wären, den finstern Saal auf Nachod lieblich und heiter zu machen, und er habe den Preis von 2000 Reichstalern nicht zu hoch dafür gefunden, besonders weil sie ganz gewiss nach einem Entwurf des Rubens hergestellt waren.

Man müsse schon noch etwas herunterhandeln, sagte Piccolomini; aber haben wolle er sie auf jeden Fall; das sei gerade, was er brauche.

Er sei überzeugt, sagte Piccolominis Sekretär Bilstock, das hässliche Gespenst, das sich jezuweilen auf Nachod blicken ließe, werde sich inmitten dieser passionierten Auftritte nicht heimisch fühlen, sondern wie vor einem morgendlichen Hahnenschrei davonfahren.

Was es denn mit dem Gespenst auf sich habe?, fragte Seghers.

Piccolomini lächelte überlegen und sagte, er halte dafür, Gespenster zeigten sich nur den Hasenherzen, die sich fürchteten. Übrigens meinten einige, dass es die alte Gräfin Terzka sei, die Anno 1633 dort gestorben sei; andere hielten es für die Smersitschka, der Nachod vor dem Ausbruch der Unruhen gehört hätte. Er habe es nie gesehen, vielleicht auch, weil Rebellen sein offenes Gesicht scheuten.

Es kam in diesem Augenblick eine Kutsche über den Weinmarkt gefahren und hielt vor dem Gasthofe, den Piccolomini bewohnte; sie brachte einen höchst vornehmen Besuch, den Pfalzgrafen und Generalissimus Karl Gustav von Zweibrücken, der die schwedische Krone auf dem Nürnberger Kongress vertrat. Diese aus den militärischen Häuptern des Krieges zusammengesetzte Versammlung behandelte hauptsächlich die Entschädigung der zu entlassenden Soldaten, welche in Münster auf fünf Millionen Taler festgesetzt worden war; doch lagen auch noch mehrere andere verwickelte Fragen vor, über welche die Gemüter sich in der gefährlichsten Weise erhitzten.

Er wolle versuchen, sagte der Pfalzgraf, sein Kommen erklärend, ob sich diejenigen Punkte, die der endgültigen Verständigung noch im Wege wären, nicht durch freundschaftliche Unterredung beseitigen ließen. Es scheine ihm unmöglich, dass der so gerechte und scharfsinnige Piccolomini die Berechtigung der schwedischen Forderungen in Bezug auf Eger nicht einsehen sollte.

Piccolomini begann mit der Erklärung, sein Wunsch, dem Pfalzgrafen gefällig zu sein, sei so lebhaft, dass die dem Kaiser schuldige Pflicht fast dadurch beeinträchtigt werde. Dennoch könne er nicht vergessen, wie gerade dieser Krieg die Wichtigkeit der Festung Eger für Böhmen bewiesen habe; und es komme doch nun einmal in der Politik weniger darauf an, was recht, als was opportun sei.

Diesen Standpunkt wollte Karl Gustav nicht anerkennen. Sein Oheim, der hochselige König Gustav Adolf, sei der Erretter und Beschützer des evangelischen Glaubens gewesen, und es solle dies rühmliche Prinzip beim Friedensschlusse zur Geltung kommen. Dass die Stadt Eger sich seit undenklichen Zeiten im Besitz der Reichsfreiheit befinde, sei hinlänglich erwiesen, es werde also von schwedischer Seite nichts als die Restituierung des alten rechtmäßigen Zustandes verlangt. Übrigens wundere er sich, dass Piccolomini von der Evakuierung Egers reden möge, während doch die hochwichtige pfälzische Festung Frankenthal noch von den Spaniern besetzt sei.

Ja, lachte Piccolomini, der Pfalzgraf werde doch den Kaiser nicht für die Seltsamkeiten der Spanier verantwortlich machen! Die wären schwerer auszutreiben als Läuse! Wenn er nur eine gute Salbe dagegen wüsste, wolle er sie gern anwenden.

Feuer und Schwert heiße die Salbe, sagte der Pfalzgraf heftig, und er sei gern bereit, den Bader zu machen.

Ablenkend zeigte Piccolomini dem Gereizten die Bilder, die Seghers gebracht hatte, und sagte, wenn ihn, Piccolomini, die Bellona entlassen hätte, was ja bald der Fall sein werde, wolle er sich dem Dienste der Venus widmen, bei der er auch einige Gnade zu finden hoffe. Er lasse deshalb sein Schloss Nachod zum Empfang einer jungen Herrin herrichten.

Man erzähle Wunderdinge von seinen Einkäufen in der Stadt, sagte der Pfalzgraf.

Das Schloss sei zurzeit des Terzkaschen Prozesses ziemlich herunter-gekommen, erklärte Piccolomini. Überhaupt sei der alte Terzka ein guter Jäger gewesen, habe aber wenig Kunstverstand gehabt.

Er habe in Prag gehört, sagte der Pfalzgraf, sein Oheim, der verstorbene König von Böhmen, habe nach der unglücklichen Schlacht am Weißen Berge eine Nacht auf Nachod zugebracht und im dortigen Keller einen Teil seiner Kostbarkeiten vergraben.

Wenn er sie fände, sagte Piccolomini, wolle er sie dem Pfalzgrafen als ein Zeichen seiner Sympathie überreichen; aber er glaube, derartige Leichen brauchten nicht dreißig Jahre auf ihre Auferstehung zu warten.

Der junge Pfalzgraf betrachtete Piccolomini mit einem Gemisch von Ärger, Neid und Bewunderung. Dieser Italiener trat mit einer Grandezza und zugleich Kordialität auf, seine Reden und Bewegungen hatten eine Farbe und eine Wärme, als kämen sie gerade aus dem Herzen heraus und könnten durchaus nicht anders sein. So fürstlich herablassend und dabei im rechten Augenblick so weltmännisch kameradschaftlich sein zu können, das wäre für den größten Potentaten der Erde erstrebenswert. Eine Ungeduld stieg in dem Pfalzgrafen auf, diesem gewichtigen, unerschütterlichen Manne seine Überlegenheit zu zeigen. Im Kriege, ja, da glaubte er ihm gewachsen, vielleicht sogar überlegen zu sein. Er fühlte, dass er größere Würfe wagen und sie entschlossener durchführen würde. Und gerade jetzt sollte die Bühne, wo sein Genie sich entfalten könnte, abgerissen werden!

Sich den Geschäften wieder zuwendend, sprach er von seiner aufrichtigen Friedensliebe; aber seine Glaubensgenossen, die auf ihn bauten, zu verlassen, gehe wider sein Gewissen. Er habe das Äußerste getan, indem er wegen der Evangelischen in den österreichischen Erblanden nachgegeben habe.

Das könne des Pfalzgrafen Ernst nicht sein, rief Piccolomini aus. Nun sie den Grund zu einer neuen Staatsverfassung im Reich mit Mühe gelegt hätten, solle gar ein Religionskrieg entstehen und alles wieder einreißen? Er erinnerte den Pfalzgrafen daran, wie er, Piccolomini, ihm in allen seinen Wünschen beigestanden, ihm nicht nur die hinterpommerschen, sondern auch die mecklenburgischen Zölle verschafft hatte; für dies Entgegenkommen müsse Schweden den Kaiser nun auch seine Erkenntlichkeit verspüren lassen. Der Kaiser verlange zunächst nichts, als dass die schwedische Garnison von Eger abziehe, unbeschadet der Beschlüsse, die ein künftiger Reichstag über die Stellung der Stadt zu Kaiser und Reich fassen würde. Als nunmehriges Reichsglied werde ja Schweden in besagtem Reichstage auch Sitz und Stimme haben.

Nach dieser Unterredung berichtete Piccolomini dem Kaiser, den Schweden scheine es mit ihrer oft beteuerten Friedensliebe nicht Ernst zu sein; jedenfalls sei es nicht rätlich, mit Entlassung der Regimenter den Anfang zu machen.

Da immerhin eine friedliche Vereinbarung über die Abdankung der Truppen und Auszahlung der Satisfaktionsgelder einstweilen getroffen wurde, veranstaltete der Pfalzgraf ein Freudenfest, welches am 5. Oktober im großen Saale des Rathauses gefeiert wurde. Unter den anwesenden Fürsten befand sich Pfalzgraf Johann Ludwig von Sulzbach, der jüngste Bruder des Herzogs von Jülich, Wolfgang Wilhelm, der, für gewöhnlich still und etwas stumpfsinnig, erst durch eine Welle fortgesetzten Trinkens gesprächig und erregbar zu werden pflegte. Er saß schweigsam neben dem stets lustigen Prinzen Friedrich von Hessen, einem Sohne des verstorbenen Landgrafen Moritz, als im Verlaufe des Essens der durch den Friedensschluss in einen Teil seiner Länder wieder eingesetzte Kurfürst Karl Ludwig von der Pfalz sich erhob und die Gesundheit des Generalleutnants Piccolomini ausbrachte. Er sprach von den Verdiensten Piccolominis um das Zustandekommen des Friedens und dass es die Absicht der deutschen Fürsten sei, den Kaiser zu bitten, er möge den Helden, der nicht nur Heere siegreich anführen könne, sondern der das von denselben wie von laokoontischen Schlangen umstrickte und fast erstickte Deutschland von ihnen befreit habe, zum deutschen Reichsfürsten erheben, damit der allgemein empfundenen Dankbarkeit Genüge geschehe.

Das sei nach der wunderlichen neuen Mode, bemerkte Johann Ludwig von Sulzbach gegen seinen Nachbar, dass man einen Welschen neben sich auf die Fürstenbank setze, und einen Katholiken dazu. Nun, er habe nichts dagegen, wolle beweisen, dass er kein Bauer und Ofenhocker, sondern weltkundig sei, obgleich er nicht wie andere seinesgleichen seine Jugend mit Reisen und im Umgang der Musen habe zubringen können.

Sie wären eben raue Kriegsleute, sagte Friedrich von Hessen, und das sei auch etwas wert. Er möchte sich nie von seinem Schwerte trennen.

Ihm komme ohnehin der Friede nicht zugute, sagte Johann Ludwig. Er sei inzwischen alt geworden, es bleibe ihm gerade noch übrig, zu sterben, und das hätte er lieber in der Feldschlacht getan.

Nun, lachte Prinz Friedrich, indem er dem Klagenden auf die Schulter schlug, so könne er sich doch wenigstens in der väterlichen Gruft zur Ruhe legen. Manches fürstliche Gebein reise zurzeit noch herum wie der Ewige Jude.

Sein Vater und seine Vorfahren, sagte Johann Ludwig mit einem ärgerlichen Blick auf seinen Nachbar, wären zu Neuburg beigesetzt. Er wisse nicht, ob sein Herr Bruder zu Düsseldorf ihm die Erlaubnis gäbe, dort zu liegen. Übrigens möchte er gar nicht zwischen Papisten auferstehen.

Wenn man nur überhaupt auferstände, sagte Prinz Friedrich begütigend. Der Herrgott werde seine Knochen auch in Sulzbach finden.

Man könne das nicht wissen, sagte Johann Ludwig. Es gäbe wohl auch im Himmel Schikanen und Impertinenzen und Gewalttätigkeiten, sonst wisse er nicht, warum Gott sie auf Erden zuließe. Sein Vater habe Gottes Gebote gehalten und habe doch mit Jammer ins Grab sinken müssen, Lug und Trug fahre in goldenen Kutschen, und die Frommen müssten den Staub vom Boden lecken.

Friede! Den Frieden hätten die Wölfe geschlossen, nachdem sie die gewürgten Lämmer untereinander verteilt hätten.

Da der Pfalzgraf immer lauter und heftiger sprach, wurden seine Worte an der ganzen Tafel vernommen, und ein Murmeln und Kichern erhob sich, während Prinz Friedrich dem Aufgeregten den Mund zuzuhalten suchte.

Johann Ludwig machte sich los und redete lauter fort: Alle sollten ihn hören! Ob sie Heiden waren, dass die Wahrheit sich nicht hervorwagen dürfe? Wenn der hochselige König Gustav Adolf noch lebte, wäre ein solcher Bastardfrieden nicht geschlossen worden! Hundertmal habe Gustav Adolf ihm versprochen, sein Schwert nicht niederzulegen, bis er, Johann Ludwig, und sein nun verstorbener Bruder Philipp August ihr rechtmäßiges Erbe Neuburg wiedererhalten hätten! Gustav Adolf sei ihm wie ein Vater gewesen; aber seinem Bruder Wolfgang Wilhelm, als der sich habe bei ihm einschmeicheln wollen, habe er den Rücken zugekehrt und habe ihn Jesuitenknecht und Vatermörder genannt.

Der pfalz-neuburgische Gesandte, der Wolfgang Wilhelm vertrat, stand erschrocken auf und fragte, ob das Pfalzgraf Johann Ludwig im Ernst gesprochen habe?

Johann Ludwig lachte laut und höhnisch. Allerdings rede er im Ernst, rief er, der Gesandte solle es seinem Herrn berichten, er halte ihn für einen Vatermörder, und wenn der Friede nicht ein Räuberfriede wäre, so hätte er Neuburg herausgeben müssen. Der Friede sei nichts als eine Vogelscheuche, deren Lumpen der nächste Windzug forttragen werde.

Jetzt sprangen sämtliche Gäste von ihren Sitzen, und einige stürzten auf Johann Ludwig zu; aber Piccolomini rief mit eherner Stimme über die Tafel: »Ihr Herren, bleibt sitzen! Er ist betrunken, man soll ihn zu Bette tragen!« Er winkte den an der Wand aufgereihten Dienern, von denen mehrere sich näherten, um den Befehl auszuführen. Unterdessen hatte Prinz Friedrich von Hessen den Wütenden schon umfasst und suchte ihm das Schwert, mit dem er sinnlos um sich hieb, zu entreißen; plötzlich jedoch verstummte und erstarrte der unglückliche Mann, als ob ein Zauber ihn gelähmt hätte. Sein Gesicht wurde blaurot, seine Augen rollten angstvoll, und seine Brust keuchte; unter den staunenden und entsetzten Blicken der ihn umgebenden Herren griff er noch einmal mit den Händen in die Luft und fiel dann tot in die Arme der Diener.

Am Ostermorgen des Jahres 1650 brannte die Sonne nicht wie ein Freudenfeuer; sondern wie die Flamme eines Leuchtturmes an der Küste eines wilden Meeres, das Nebel umwogen, schimmerte sie verhüllt durch schweres Frühlingsgewölk. Der Pfarrer des Dorfes, Christian Hohburg, wohnte mit seiner Tochter und ihrem kleinen Kinde bei einem Bauern, weil das Pfarrhaus abgebrannt und noch nicht wieder aufgebaut war, und befand sich im Hofe, wie die Übrigen mit der Fütterung des Viehs beschäftigt. Er band eine Ziege an einen Zaunpfahl, rüttelte daran, und da er ihn locker fand, machte er den Strick wieder los und knüpfte ihn an einen Apfelbaum; dann winkte er dem Sohne des Bauern, damit er ihm behilflich wäre, den Pfahl besser zu befestigen. Am besten wäre es, den morschen ganz zu entfernen und einen neuen einzuschlagen, sagte der hinzutretende Bauer, und wie er über den Zaun hinweg in die wellige Ebene hinuntersah, unterbrach er sich, hielt die Hand über die Augen und sagte, er sehe etwas Schwarzes am Horizonte, das sich bewege. Wenn der Frieden nicht ausgerufen wäre, würde er es für Soldaten halten.

Da der Pfarrer es auch sehen wollte und fragte, wo es wäre, erklärte der Bauer, er müsse gerade über die Wüste hinübersehen, wo vor der Schlacht bei Lutter das Dorf gewesen wäre.

Die Tochter des Pfarrers, die zur Zeit jener Schlacht noch nicht gelebt hatte, erkundigte sich, was es mit dem Dorf und der Schlacht für eine Bewandtnis habe, worauf der Bauer davon erzählte und dass dort, wo man den großen Steinhaufen erkennen könnte, die Mühle gestanden hätte. Sie könne übrigens den alten Schuhflicker ausfragen, der ehemals in jenem Dorf ein wohlhabender Bauer gewesen wäre und eine Frau und schöne Kinder gehabt hätte. Er habe aber nur eins davongebracht, und das sei bei der Flucht aus dem brennenden Dorfe stumm und närrisch geworden.

Der Schuhflicker erzählte auch, fügte die Bäuerin hinzu, dass irgendwo drüben auf dem wüsten Fleck ein Schatz vergraben sei; denn mehrere flüchtende Offiziere hätten ihre Beute, eine unermessliche Menge von Gold, Silber und Kostbarkeiten, in einem Stalle vergraben, in der Meinung, sie nach beendigter Schlacht zu holen, wären aber gefallen und niemals wiedergekommen.

Warum denn der Schuhflicker den Schatz nicht ausgegraben hätte?, fragte der Pfarrer. Der arme Mann werde ihn wohl brauchen können.

Er habe es oft und oft versucht, sagte der junge Bursche, aber er habe die Stelle nicht mehr finden können.

Die Bäuerin blickte besorgt auf ihren Sohn und sagte, sie wisse wohl, mit was für Gedanken er sich trage, sie wolle es aber nicht leiden; die Schatzgräberei sei etwas Teuflisches, und der Mensch solle nicht durch Schwarze Kunst reich werden.

Nun, meinte der Pfarrer, etwas ausgraben, was ein anderer eingegraben hätte, sei natürlich und habe nichts mit dem Teufel zu schaffen. Aber er sei der Meinung, man vergeude wohl nur Zeit und Kraft damit und tue besser, die Erde nach der Frucht umzugraben, die man selbst gesät habe und die Gott wachsen lasse.

Die Pfarrerstochter, eine schlanke, braune, mädchenhafte Frau, die während des Gespräches träumerisch nach den Trümmern des verschwundenen Dorfes hinübergesehen hatte, warf verstohlen einen schnellen, lachenden Blick auf den jungen Burschen, als ob sie doch Lust zu dem Abenteuer hätte und sich mit ihm dazu verabreden wollte.

Als die Stunde zum Gottesdienst kam, begab sich der Pfarrer mit seiner kleinen Gemeinde auf den Kirchhof, der die Kirche umgab. Während des Krieges hatte sich dort einmal eine Abteilung Soldaten verschanzt, und die Kirche war bei diesem Kampfe zerschossen, verbrannt, verwüstet und ausgeraubt worden. Die Armut der Gemeinde hatte den Schaden noch nicht ersetzen können, und so fand es der Pfarrer schicklicher, die Osterfeier im Freien vor der Kirche zu begehen, da das Wetter gut war. Er hatte einen Tisch auf den Kirchhof gebracht und zur Feier des heiligen Abendmahles einen Laib Brot und einen Krug Wein bereitgestellt; von dem dazu bestimmten kirchlichen Gerät war nichts mehr vorhanden.

Der Pfarrer, der zwischen dem vierzigsten und fünfzigsten Lebensjahre stand, dem aber Sorgen und Kämpfe aller Art hart zugesetzt hatten, musterte seine Zuhörer, richtete sich gerade auf und begann seine Rede.

»Ihr seid alle arm«, sagte er, »und habt viel gelitten; aber gebt euch nicht der Trübsinnigkeit hin, denn heute ist der Tag der Auferstehung, ein Freudentag. Es ist der Tag, da es im Grabe des Herrn der Welt leise donnerte wie in einem vulkanischen Berge, da der heilige, gemarterte Leib, herausgeschleudert wie ein feuriges Schwert, den Grabdeckel zur Seite warf, die Luft durchschnitt und in den Wolken verschwand. Auch unser geliebtes deutsches Vaterland ist verhöhnt, gegeißelt und ans Kreuz geschlagen worden und liegt nun begraben; möge es unten im Krater der Gruft still sich mischen und kochen und einst, das Gehäuse zerbrechend, wie eine verwandelte Raupe geflügelt in das eroberte Element steigen. Das kann aber nur geschehen, wenn ein jeder von euch in seinem Herzen Wiedergeburt und Auferstehung erlebt. Die kommt nicht von Worten, die muss errungen und erstritten sein. Glaubt es den feisten Pfaffen nicht, dass es mit Glauben und Katechismuslernen getan sei, und dass die Gnade Gottes einem wie die Taube dem faulen Schlaraffen gebraten ins offene Maul fliegt. Wir haben einen Willen und eine Kraft in uns; denn wir sind, wie geschrieben steht, nicht der Magd Kinder, sondern der Freien; und damit sollen wir das Reich Gottes erobern. Lasst euch nicht verführen, zu glauben, dass wir das Gute nicht vollbringen könnten, weil uns die Sünde aufgeerbt und eingefleischt wäre: das sagen die Trägen, die Schwelger, die

Gleichgültigen, um ihre Unfruchtbarkeit zu entschuldigen. Wir haben einen Simson in uns, der ist, wenn er sich enthält, ein unüberwindlicher Soldat, der schüttelt die Locken wie ein Löwe und zerbricht die Säulen, die das Reich der Sünde tragen, dass es einstürzt. Wasser und Gebet taufen nicht recht, Feuer und Schwert taufen zur Wiedergeburt und Auferstehung. Seid wachsam, seid tapfer, seid ohne Falsch und ohne Furcht, das sind Tugenden über alle Tugenden; so ihr die habt, seid ihr Ritter, mögt ihr auch als Bauern geboren sein. Aus Staub und Dreck seid ihr doch zum Ebenbilde Gottes geschaffen; aber ihr müsst es selber in euch schaffen, wie der Künstler das Bild aus dem Marmor schlägt. Setzt Hab und Gut und die ganze Kraft daran, so wird der neue Mensch, der aus eurem zerrissenen Herzen aufersteht, Gottes Züge tragen.«

Erst jetzt bemerkte der eifrig redende Pfarrer eine Unruhe unter seinen Zuhörern, und indem er ihren über die Kirchhofsmauer gerichteten Blicken folgte, sah er einen Trupp Reiter auf das Dorf zusprengen. Sie hätten doch ihre Häuser gut verschlossen?, wandte sich der Pfarrer an die Bauern. Diese bejahten, setzten aber besorgt hinzu, Soldaten pflegten überall eine Tür zu finden, wenn sie etwas suchten. Der Frieden sei ja verkündigt, sagte der Pfarrer beschwichtigend, blickte aber doch scharf nach den Reitern, unentschlossen, ob er den Gottesdienst weiterführen solle. Unterdessen hatten die Soldaten vergebens an einigen Türen gerüttelt und kamen, da sie die Versammlung gewahr wurden, auf den Gottesacker.

Ihr Anführer, ein junger Mensch, sprang vom Pferde, näherte sich dem Pfarrer und sagte, er sei beauftragt, in diesem Orte eine Kontribution von 1000 Talern zu erheben; der Pfarrer solle das Geld zusammenbringen, und inzwischen solle ihnen ein Essen hergerichtet und ihren Pferden Futter gegeben werden.

Das könne nicht an dem sein, entgegnete der Pfarrer; es sei ja Frieden, die Plackerei habe ein Ende. Brot und Hafer für die Pferde würden sie aus christlichem Mitleiden und gegen Bezahlung hergeben, zu mehrerem wären sie nicht verpflichtet, und vorher wolle er den Gottesdienst zu Ende bringen.

Für wen der Pfarrer sie hielte?, erwiderte der Leutnant gereizt. Sie wären keine Herde Schafe, sondern Soldaten. Sie pflegten nicht zuzuhören, sondern predigten selbst, und wer ihr erstes Wort nicht verstünde, dem hieben sie das zweite mit dem Schwert in den Kopf.

Da er mit dieser Drohung keinen Eindruck auf den Pfarrer machte, wurde er zornig, packte plötzlich die Tochter des Pfarrers am Arm und erklärte, sie als Geisel behalten zu wollen, bis das Geld herbeigeschafft wäre. Die junge Frau wollte sich unwillkürlich zur Wehr setzen, aber da sie das kleine Kind auf dem Arme trug, das leicht hätte verletzt werden können, warf sie einen hilfeflehenden Blick auf ihren Vater. Im ersten Augenblick zuckte die Hand des Pfarrers nach dem Messer, das er im Gürtel trug; angesichts der vielen Bewaffneten jedoch beherrschte er sich und bat den Anführer, eingedenk zu sein, dass sie alle Brüder wären, und ihm seine Tochter mit ihrem Kinde herauszugeben; er sei bereit, zu versuchen, ob er das Geld oder einen Teil davon in den nächsten Dörfern zusammenbetteln könne.

»Du böser, ketzerischer Lutherpfaff«, sagte der junge Mann. »Obwohl du verdientest, dass ich dich am nächsten Baume aufhängte, will ich gnädig sein und dir die Dirne herausgeben, wenn du mir das Geld schaffst; aber nicht eher.« Hierauf entschloss sich der Pfarrer, das Unwahrscheinliche zu wagen, empfahl den Bauern seine Tochter und machte sich auf den Weg.

Als er nach mehreren Stunden zurückkam, war der Kirchhof voll Geschrei und Getümmel. Eine Frau kam dem erschreckten Pfarrer entgegengelaufen und berichtete, der Leutnant habe seine Tochter erstochen, sie liege in ihrem Blute, und bald würden sie alle miteinander des Todes sein. In einem Satze war der Pfarrer zwischen den Kämpfenden, schrie nach seinem Kinde und warf sich, da sie unwillkürlich Raum gaben, auf den noch atmenden, über einen Grabhügel hingestreckten Körper. Nach einer Minute jedoch sprang er wieder auf und rief mit starker Stimme: »Herrgott! bist du wahrhaftig Gott der Herr, so räche deinen Knecht an diesem Mörder!« Dann stürzte er sich, das Messer aus dem Gürtel reißend, mitten in den Haufen. Den Bauern war es zumute, als sei ein Engel vom Himmel gefahren, um ihnen beizustehen; sie drängten mit verdoppeltem Nachdruck auf den Leutnant ein, der von dem Anprall das Gleichgewicht verlor und umfiel. Während Männer und Frauen sich gegen die Soldaten stemmten, kniete der Pfarrer auf der Brust des Mörders. »Du Abtrünniger von Gott!«, rief er, »du Judas! du Judas! Der Herr, den du verraten hast, hat dich in meine Hände gegeben. Jetzt werde ich dir das hübsche Herz aus dem Leibe reißen und es auf den Mist werfen, dass die

Schweine es mit ihrem Rüssel umwühlen und es fressen. Wimmere du jetzt um Gnade! Mir ist es nicht genug, dich wimmern zu hören, ich will dich röcheln und nach Luft schnappen hören. Ja, Gott der Herr wird mir genugtun und mich in Ewigkeit dein Jammergeschrei aus der Hölle hören lassen. Mein Kind wird seinen Engelsleib auf Taubenflügeln schwingen, während dein verfluchtes Fleisch sich unter feurigen Martern krümmt, ohne je zu vergehen.«

Solche Worte schrie der Pfarrer, über den sich windenden Mann gebeugt, halb besinnungslos vor Wut heraus, als er plötzlich in jäh entstehende Stille hinein eine laute Stimme hörte und, sich umwendend, einen reich gekleideten Offizier sah, der mit hochgezogenen Brauen, den blanken Degen in der Hand, neben ihm stand; es war der Oberst, zu dessen Regiment der Leutnant gehörte und dessen unerwartetes Erscheinen den Aufruhr mit einem Male stillte. Er wolle die Sache untersuchen, sagte er, da von allen Seiten auf ihn eingeredet wurde; der Pfarrer möge den Leutnant einstweilen loslassen, sei er schuldig, wolle er, der Oberst, ihn nach Gebühr bestrafen.

Der Pfarrer schüttelte den Kopf. Den Wolf, der sein liebes Kind erwürgt habe, sagte er, wolle er selbst töten; in seine Hand habe Gott ihn gegeben.

Unterdessen hatte sich der Knäuel der Streitenden völlig gelöst, sodass der Oberst des erstarrten Körpers der getöteten Frau ansichtig wurde. Der Täter, der sein Gesicht sich verdüstern sah, richtete sich unter des Pfarrers nachlassenden Fäusten ein wenig auf und winselte, er habe das Weib gewiss nicht töten wollen, habe sie nur zum Spaß an sich gedrückt, da habe sie sich wie eine wilde Katze gebärdet und würde ihn mit den Händen erwürgt haben, wenn er sich ihrer nicht gewaltsam entledigt hätte.

»Du bist ein Mörder und Landfriedensbrecher«, sagte der Oberst finster, »und wirst deinen Lohn durch Henkershand sogleich erhalten. Dein Blut soll das Blut, das du meuchlerisch vergossen hast, auswaschen. Der Pfarrer soll sagen, auf welche Weise ich ihm Genugtuung geben kann; ich bin bereit, sie zu leisten, wenn ich vermag.«

Der Pfarrer kam während dieser Worte wie aus einem Krampfe zu sich; seine Hände, die den Schuldigen an der Brust gepackt hielten, lösten sich auf, er ging wankenden Schrittes zu dem Leichnam seiner Tochter hinüber, kniete neben ihr nieder und brach in Tränen aus.

Mit gerunzelter Stirn blickte der Oberst zu Boden und gab ein Zeichen, dass der Leutnant, dem die Hände bereits gebunden waren, abgeführt würde. Wie er dann das verwaiste Kind bemerkte, mit dem sich ein paar Bäuerinnen beschäftigten, betrachtete er es, dachte ein wenig nach und wandte sich zu dem Pfarrer. Wenn es ihm recht sei, sagte er, so wolle er das kleine Mädchen mitnehmen und zu Hause mit seinen eigenen Kindern aufziehen lassen, dass es einmal eine reiche und vornehme Dame würde.

Der Pfarrer stand auf, legte die Hand auf den blonden Kinderkopf und sagte, das könne nicht sein. Gott habe ihm das Kind anvertraut, es solle lieber bei ihm ein Bettelkind werden als ein Fürstenkind anderswo.

Das sei wunderlich geredet, sagte der Oberst unzufrieden. So möge der Pfarrer denn gestatten, dass er dem Kinde ein Schmuckstück hinterließe, zum Andenken und auch zur Buße; und er löste sich dabei eine goldene Kette mit einem Anhänger von der Brust, auf dem ein Bild der Mutter Maria in Schmelz gegossen war. Der Pfarrer war im Begriff, die Gabe unwillig zurückzuweisen; allein als er das Kind mit Lachen danach haschen sah, besann er sich und ließ es schweigend geschehen, dass der Oberst das Gehänge um den kleinen Leib wand.

Da sich gleichzeitig alle Blicke dahin wendeten, wo eben der Mörder zur Hinrichtung geführt wurde, stieg dem Pfarrer das Blut ins Gesicht, und er wandte sich hastig an den Obersten mit der Bitte, den Delinquenten loszulassen, er habe seine Rache Gott geopfert und wolle seinen Tod nicht mehr.

Das gehe nicht an, erwiderte der Oberst, er könne einen Bösewicht nicht bei braven Soldaten stehen lassen, das sei ein schlechtes Exempel, und Strafe müsse sein.

Es sei Ostern und Frieden, sagte der Pfarrer, seit dreißig Jahren zum ersten Male Frieden. Leider sei der holdselige Tag mit Blut befleckt worden, das müssten sie sühnen, es geschehe aber nicht durch mehr Blut. Der Schuldige solle zusehen, wie er seine Seele errette.

Mit sichtlichem Widerwillen gab der Oberst endlich nach; er tue es ungern, sagte er, und nur, um dem Pfarrer seinen guten Willen zu beweisen.

Der Pfarrer dankte und wies die Bauern an, nunmehr den Kirchhof ein wenig zu säubern, damit er den Gottesdienst vollenden und ihnen das Abendmahl reichen könne; den Obersten lud er ein, mit den Seinigen daran teilzunehmen. Nach einigem Zögern sagte der Oberst, sie wären meistenteils Katholiken und stehe es ihnen fast nicht an, einer evangelischen Osterfeier beizuwohnen, man könne es aber zu dieser Zeit und bei dieser Gelegenheit so genau nicht nehmen, und zum Zeichen des endlich aufgerichteten Friedens willige er ein.

Es war inzwischen Abend geworden, und der weiche Himmel bog sich über das dämmernde Hügelland, wie ein Strauch voll weißer Rosen über ein Grab. Der Tisch wurde wieder hergerichtet, und für den verschütteten Wein wurde Wasser gebracht. Dergleichen Abendmahl habe er noch nicht gesehen, fuhr es dem Obersten heraus, der den Vorbereitungen staunend zusah; es scheine mehr für Vieh als für Christenmenschen zu passen.

»Als Christus auferstanden war«, sagte der Pfarrer, während er das Brot sorgsam von Erde reinigte, »hatte er ein fremdes Antlitz, und seine Jünger erkannten ihn nicht.«

Der Oberst verstand nicht, schwieg aber, und als alle versammelt waren, nahm er seinen Federhut ab, richtete einen befehlenden Blick auf seine Soldaten und kniete nieder, worauf alle seinem Beispiel folgten. Das Stückchen Brot, das der Pfarrer ihm, als dem ersten, reichte, würgte er folgsam, wenn auch nicht ohne Widerwillen hinunter.

Als die stille Zeremonie beendet war, brach die Nacht herein. Wie wenn Chorknaben die Rauchgefäße schwingen und duftendes Gewölk die Pfeiler des Domes verhüllt, wogte es weit um die verschwimmenden Trümmer der zerstörten Kirche, um die Grabkreuze und die knienden Menschen. »Siehe, es ist alles neu geworden«, sagte der Pfarrer, nachdem er den Segen gesprochen hatte. Alle blieben noch eine Weile mit gesenktem Kopfe, dann standen sie von der feuchten Erde auf, die Soldaten blickten wartend auf den Obersten. »Aufsitzen!«, kommandierte der, »weiter!«, worauf sie nach ihren Pferden eilten und in schnellem Trabe aus dem Dorfe ritten. Der Pfarrer lud sein totes Kind auf den Arm und verließ an der Spitze seiner Gemeinde festen Schrittes den Totenacker.